Droemer Knaur®

Naomi Wolf

Die Stärke der Frauen

Gegen den falsch
verstandenen Feminismus

Aus dem Englischen von Andrea Galler,
Sonja Göttler und Enrico Heinemann

Droemer Knaur

Für David

Titel der Originalausgabe: Fire with Fire.
Random House, New York

Die Deutsche Bibliothek – CIP-Einheitsaufnahme

Wolf, Naomi:
Die Stärke der Frauen : gegen den falsch verstandenen Feminismus / Naomi Wolf.
Aus dem Engl. von Andrea Galler ...
München : Droemer Knaur, 1993
Einheitssacht.: Fire with fire <dt.>
ISBN 3-426-26714-4

Die Folie des Schutzumschlags sowie die Einschweißfolie sind PE-Folien und biologisch abbaubar.
Dieses Buch wurde auf chlor- und säurefreiem Papier gedruckt.

Umschlaggestaltung: Agentur ZERO, München
Satzarbeiten: Büro Dr. Ulrich Mihr, Tübingen
Druck und Bindearbeiten: Mohndruck, Gütersloh
Printed in Germany
ISBN 3-426-26714-4

1 3 5 4 2

Inhaltsverzeichnis

Einleitung

In einem Ausschußzimmer in Washington änderte sich am Freitag, dem 11. Oktober 1991, vielleicht für immer, was es heißt, eine Frau zu sein. Die in Oklahoma ansässige Juradozentin Anita Hill setzte an diesem Tag mit ihrer Aussage wegen sexueller Nötigung eine Kette von Ereignissen in Gang, an deren Ende die Erkenntnis steht, daß in den Vereinigten Staaten die Frauen politisch zur herrschenden Klasse geworden sind. Allerdings sind sich die Frauen als einzige herrschende Klasse der Geschichte ihres neuen Status gar nicht bewußt.

Die Wahl Reagans zum Präsidenten 1980 bedeutete die Konsolidierung der Reaktion, den erfolgreichen Versuch, die Rechte der Frau einzuschränken. Aber im Herbst 1991 hat eine neue Phase des Umbruchs im Verhältnis der Geschlechter begonnen. Dieser Umbruch begann mit der von Anita Hill erhobenen Anklage, setzte sich fort in den berühmt gewordenen Vergewaltigungsprozessen der Jahre 1991 und 1992, in den Aussagen gegen Senator Bob Packwood wegen sexueller Nötigung von Mitarbeiterinnen und im Skandal von Tailhook, bei dem weibliche Armeeangehörige sexuell belästigt worden waren, und er brachte schließlich insgesamt 53 weibliche Abgeordnete in den Senat und das Repräsentantenhaus. In dieser kurzen Zeit erreichte das Spendenaufkommen für Frauengruppen Rekordhöhen; Emily's List, die Frauenrechtsorganisation der Demokraten, entwickelte sich zur stärksten Interessengruppe im Lande; ihre Mitgliederzahl stieg in Rekordzeit von 3500 auf 22 000; Emily's List sammelte in kurzer Zeit 6,3 Millionen Dollar für Frauen, die ein politisches Amt anstrebten. Die Werbung änderte sich; auf einmal wurden von Männern bewunderte Frauen in Machtpositionen gezeigt; Frauen legten die Selbsthilfebücher, die wie eh und je die Selbstverleugnung propagierten, beiseite und lasen statt dessen neue Bestseller wie *Women Who Run With the Wolves* oder *Revolution from Within;* eine Million Frauen veranstalteten vor dem Kapitol die in diesem Jahrzehnt größte Demonstration für das Recht auf Abtreibung. Eine Vielzahl neuer Frauengruppen entstand, die medienwirksame Aktionen durchführten und frech und entschlossen auftrat. Sie mobilisierten in einer seit den sechziger Jahren nicht mehr dagewesenen Aufbruchsstimmung massenhaft die Frauen der Basis. Zu nennen sind hier unter anderem die Women's Action Coalition (WAC), die Women's Health Action Mobilization (WHAM!), YELL, The Riot Girls und The Third Wave Organisation.

Wohin soll das alles führen? Wird es den Frauen gelingen, das Erreichte zu bewahren? Wir leben in einer Zeit des Erwachens, einer Zeit großer Veränderungen und schnellen Lernens, in der die Frauen und das so lange verschüttete weibliche Bewußtsein im kulturellen Leben des Landes immer mehr ihren Platz an der Seite der Männer einnehmen. Diese Entwicklung mag vielen als Naturgewalt erscheinen, die uns unweigerlich vorwärts treibt, doch in Wirklichkeit stehen wir an einem Scheideweg: Entweder wir legen endgültig die letzte Strecke zum Ziel zurück, oder wir bleiben stehen, was in naher Zukunft einem Rückschritt gleichkäme.

Wir haben die Wahl: Entweder wir begreifen, daß das Ende des »Bürgerkriegs« um die Gleichberechtigung der Geschlechter kurz bevorsteht, daß wir an einem kritischen Punkt angelangt sind, die Gleichberechtigung der Frau in greifbare Nähe gerückt ist, und wir die Mittel in Händen halten, eine Gegenwart und Zukunft zu schaffen, in der Frauen nicht mehr unterdrückt werden. Oder aber wir schlagen die Lehren der Geschichte in den Wind, halten an einem überkommenen Selbstbild der Ohnmacht fest und kriechen die nächsten paar hundert Jahre im Schneckentempo weiter, ab-

hängig von den Einfällen und Launen der Gegenreaktion. Entweder das alles ist der Anfang vom Ende des Sexismus oder aber nur ein sehr in die Länge gezogener Fototermin. Die Entscheidung liegt bei uns.
Wenn wir uns für die erste Alternative entscheiden, müssen wir drei entscheidende Hindernisse aus dem Weg räumen.

Die meisten Frauen haben ein distanziertes Verhältnis zur Frauenbewegung

Das erste Hindernis auf dem Weg zum endgültigen Sieg ist das gestörte Verhältnis zwischen dem Feminismus und seiner politischen Klientel, der Mehrheit der amerikanischen Frauen und Männer.
1992 wurde offenkundig, daß die politischen Führer den Kontakt zur Realität verloren hatten und daß die ideologische Polarisierung in links und rechts überwunden werden mußte, wenn wirkliche Lösungen gefunden werden sollten. Neue Medienformen und neue Technologien, wie etwa politische Talk-Shows und gebührenfreie Vorwahlnummern, führten zu einer Rebellion von unten. Was wir aus der Wahl von 1992 gelernt haben, müssen wir auf die Beziehung zwischen den amerikanischen Frauen und ihren »Repräsentantinnen« anwenden, denn hier tut sich eine ähnliche Kluft auf. Ein wichtiges Ziel dieses Buches ist es, die beiden Fragen zu beantworten, warum die feministische Bewegung stetig an Popularität eingebüßt hat und wie die Kluft zur Basis überbrückt werden kann.
Führt man sich vor Augen, wie der Feminismus unsere Gesellschaft verändert hat und wie sehr sich amerikanische Frauen und in zunehmendem Maß auch amerikanische Institutionen seine Prinzipien zu eigen gemacht haben, hat der Feminismus eigentlich schon längst gewonnen. Die Zahl der Frauen, die den aktiven Wunsch nach Gleichberechtigung der Geschlechter hat, ist groß

genug, um dieses Ziel bis zur Jahrtausendwende Wirklichkeit werden zu lassen. Doch während immer mehr Ideale des Feminismus Eingang in die Gesellschaft finden, distanzieren sich immer mehr Frauen vom Begriff »Feminismus«. Linda Jaques aus San Gabriel beispielsweise schrieb mir in einem Brief vom 18. Februar 1993: »Die letzte Feminismuswelle in den siebziger Jahren hat mich stark beeinflußt ... aber ich habe wie viele meiner Freundinnen seit Jahren kein ›feministisches‹ Buch mehr gelesen, weil ich mich von der Bewegung nicht mehr angesprochen fühlte.« Die meisten amerikanischen Frauen können mit dem Feminismus wenig anfangen: Sie wissen entweder gar nicht, was »Feminismus« genau ist, oder sie glauben, der Feminismus akzeptiere sie nicht so, wie sie sind, und verstehe ihre Sorgen und Nöte nicht, oder ihnen mißfällt die Art, wie die Bewegung sich in der Öffentlichkeit präsentiert.

Im Oktober 1991 ergab eine Umfrage der Zeitschrift *Newsweek*, daß nur 27 Prozent der befragten Frauen der Aussage Anita Hills glaubten, sie sei sexuell belästigt worden. (Im Dezember 1992 zeigte sich in einer erneuten Umfrage, daß daraus inzwischen 51 Prozent geworden waren.[1]) Dieses Umfrageergebnis erregte bei vielen Feministinnen Anstoß, was wiederum Anlaß zu kritischen Kommentaren gab, in denen den Feministinnen vorgeworfen wurde, »sie hätten jeglichen Kontakt zu den amerikanischen Frauen verloren«.

In einem Artikel über die Frauenrechtsorganisation NOW heißt es unter anderem: »Wir leben in einer Zeit voller Widersprüche, in der Frauen das Etikett ›Feministin‹ ablehnen, aber gleichzeitig Rekordsummen an Frauenrechtsorganisationen spenden.«[2] Meinungsumfragen bestätigen das. Die Stiftung der Zeitschrift *Ms.* gab 1992 die nach eigenem Bekunden erste landesweite Umfrage über Wertevorstellungen von Frauen aller Schichten und Hautfarben in Auftrag. Die unter dem Titel *Women's Voices 1992: A polling report* veröffentlichte Umfrage ergab gleichfalls, daß viele Frauen, die sich den Zielen der Frauenbewegung verpflichtet fühlten, dennoch eine Abneigung gegen das Wort »Feministin« verspürten. Eine 1989 im Auftrag von *Time* und CNN vom Meinungsforschungsinstitut Yankelovich durchgeführte Umfrage ergab, daß 33 Prozent der Frauen sich als Feministinnen verstehen, während 58 Prozent diese Bezeichnung für sich ablehnen. In der jüngsten Altersgruppe bekannten sich lediglich 16 Prozent zum Feminismus. Allerdings glauben 77 Prozent aller Frauen, die Frauenbewegung habe Verbesserungen für Frauen erreicht; nur 8 Prozent sind vom Gegenteil überzeugt. 94 Prozent sind der Ansicht, die Frauenbewegung habe den Frauen zu mehr Unabhängigkeit verholfen, 82 Prozent der Befragten meinten, die Frauenbewegung trage auch heute noch zur Verbesserung der Lebenssituation amerikanischer Frauen bei. Die Frage »Hat die Arbeit von Feministinnen den Frauen geholfen oder geschadet?« wurde von 62 Prozent bejaht, von 18 Prozent verneint. Obwohl also die überwältigende Mehrheit der Frauen hinter den Zielen der Bewegung steht, sagen 76 Prozent der Frauen, sie »interessierten sich kaum oder gar nicht« für die Bewegung selbst.[3] Eine 1987 vom Meinungsforschungsinstitut Gallup für die Zeitschrift *Times-Mirror* erstellte Studie ergab, daß 51 Prozent aller befragten Frauen und Männer sich als Feministen bezeichneten.[4] In einer 1986 von *Newsweek* in Zusammenarbeit mit Gallup durchgeführten Meinungsumfrage bezeichneten sich 56 Prozent aller Frauen als Feministinnen, 40 Prozent lehnten diese Bezeichnung ab, und 4 Prozent bezeichneten sich als antifeministisch. Eine Umfrage der Ms. Foundation unter Frauen aller Schichten und Hautfarben ergab, daß Geld und Familie ganz oben auf der Prioritätenliste rangierten. Außerdem heißt es dort: »Sie [die Feministinnen] kümmern sich nach Meinung vieler Frauen mehr um ihre eigenen Interessen als allgemein um die Belange von Frauen und deren Familien.« Während die Frauen insgesamt die Frauenbewegung in einem durchaus positiven Licht sahen, mochten viele Frauen sich dennoch nicht mit dem Begriff »Feministin« identifizieren. Dieser Begriff läßt sich in ihren Augen nicht mit der Vorrangstellung, die sie selbst der Familie einräumen, vereinbaren und auch nicht mit den täglichen Zeit- und Geldsorgen vieler Ehefrauen und Mütter.

Untersuchungen in England zeigen, daß wir es mit einem internationalen Phänomen zu tun haben: Der Feminismus ist zwar politisch ein Erfolg, aber was sein Image angeht, ein einziger Mißerfolg. Die Zeitschrift *Cosmopolitan* führte 1992 unter englischen Studentinnen eine Umfrage durch, nach der sich 75 Prozent der Befragten als ehrgeizig bezeichneten, aber nur 38 Prozent als Feministinnen.[5] Auf einer Konferenz der British Psychological Association wurde eine weitere Studie vorgestellt, wonach sich 50 Prozent der befragten Studentinnen den Zielen des Feminismus verbunden fühlten, Feministinnen aber ablehnten.[6] Eine 1991 vom *Guardian* durchgeführte Umfrage mit dem Titel *What Women Really Think* ergab, daß nur 9 Prozent der befragten 11 000 Frauen glaubten, der Feminismus habe in der Öffentlichkeit einen guten Ruf; nur 13 Prozent der Befragten gehörten einer Frauengruppe an, obwohl 51 Prozent der Managerinnen sich als Frauen benachteiligt fühlten und 58 Prozent der Frauen angaben, sexuelle Belästigungen am Arbeitsplatz seien nach wie vor an der Tagesordnung.[7] Eine ebenfalls 1991 durchgeführte ICM-Umfrage ergab, daß 57 Prozent der Frauen die Zielsetzungen der Frauenbewegung unterstützten, jedoch nur 41 Prozent glaubten, diese seien noch nicht erreicht.[8]

Wir haben es demnach mit zwei gegenläufigen Trends zu tun. Zum einen ist die Zahl der Frauen, die sich mit dem Begriff »Feminismus« identifizieren können, in den achtziger Jahren immer mehr zurückgegangen. Gleichzeitig aber unterstützen doppelt so viele Frauen die Zielsetzungen der Frauenbewegung. Trotz dieses eindeutigen Bekenntnisses zur Frauenbewegung werden Frauen sich erst durchsetzen, wenn sie sich auf eine Bezeichnung für alle die einigen, die sich gemeinsam für die Durchsetzung dieser Ziele engagieren. In dem Widerspruch zwischen dem erklärten Wunsch von Frauen nach Gleichberechtigung und ihrer mangelnden Identifikation mit dem Wort »Feministin« liegt die Hauptursache da-

für, daß die tatsächliche Stellung der Frau in der Gesellschaft immer noch nicht ihrem Wunsch nach Gleichberechtigung entspricht.
Diese Situation blockiert die politische Willensbildung der Frauen. »Feminismus« bedeutet zunächst einmal nur die Bereitschaft von Frauen, sich für die Durchsetzung ihrer Bedürfnisse politisch einzusetzen. Aber zwischen der politischen Waffe des Feminismus und den vielen Frauen, die diese Waffe benutzen sollten, liegen Welten. Das in den Medien verbreitete Zerrbild des Feminismus in Verbindung mit einigen seiner Unarten führt dazu, daß viele Frauen den Feminismus als Waffe zur Durchsetzung von Frauenpolitik ablehnen, während andererseits eine starre Loyalität Feministinnen davon abhält, sich an die Bedürfnisse der Mehrheit der Frauen anzupassen. Ein Feminismus, der den Kontakt zum realen Leben der Frauen verloren hat, ist unproduktiv, und umgekehrt sind Frauen, die den Kontakt zu einem für sie nachvollziehbaren Feminismus verloren haben, nur halb so stark. Die Ablehnung des Begriffs »Feminismus« steht zwischen der wiedererwachten Wut der amerikanischen Frauen und der politischen Macht, die aus ihr erwachsen sollte.
Feministinnen suchen sich damit zu beruhigen, daß die meisten Frauen zwar das Etikett »Feministin« ablehnen, sich aber dennoch der Bewegung verbunden fühlen. Aber reicht diese beschwichtigende Erklärung, die ich mir selbst oft genug gegeben habe, wirklich aus? Unterstellt sie nicht der Mehrheit der Frauen ein falsches Bewußtsein nach dem Motto »Die Armen wissen ja gar nicht, was gut für sie ist«? Die Tatsache, daß die Mehrheit der amerikanischen Frauen aller Hautfarben und Schichten und insbesondere jüngere Frauen den Begriff »Feminismus« ablehnen, sollte uns zu denken geben. Wir müssen die Ursachen dieser Entfremdung beheben, wenn wir eine Zukunft haben wollen.
Ich habe erlebt, wie Feministinnen sich vor der Auseinandersetzung mit diesen Frauen drücken, statt auf sie einzugehen. Auch ich habe das zuweilen getan, denn diese Ablehnung trifft eine

Feministin natürlich ins Mark. Ich habe wie viele andere versucht, sie einfach wegzuerklären. Aber auf lange Sicht ist das ein schwerer Fehler. Die in der Frauenbewegung engagierten Frauen dürfen dieser Versuchung nicht erliegen, vielmehr müssen sie die Aversionen der anderen Frauen ernst nehmen und ihre Ursachen herausfinden. Ein Feminismus, der seinen Namen verdient, muß alle Frauen ansprechen. Wenn Frauen eine Abneigung gegen den »Feminismus« haben, dann sind nicht nur eine »gezielte Kampagne der Massenmedien, die religiöse Rechte und andere« schuld daran, wie der Bericht der Ms. Foundation abschließend nahelegt. Zwar gibt es diese Kampagne zweifelsohne, und sie ist sicher für sehr vieles verantwortlich, aber die Abneigung vieler Frauen gegen den organisierten Feminismus entspringt nicht nur der gezielten Propaganda ihrer Gegner, sondern bis zu einem gewissen Grad auch eigenen Erfahrungen mit der Bewegung. Das Bild des Feminismus, das den kollektiven Willen nicht an sich binden kann, ist zu 80 Prozent Zerrbild, zu 20 Prozent aber auch Wahrheit. Wem die Rechte der Frau am Herzen liegen, der sollte sich diesen 20 Prozent Wahrheit unvoreingenommen stellen.

Der Feminismus ist in einigen Bereichen in eine Sackgasse geraten

Ein weiteres Hindernis sind eine Reihe von hausgemachten Fehlern und Widersprüchen des Feminismus. Während viele Frauen sich mit dem Feminismus schwertun, identifizieren sich andere, darunter ich, sehr stark mit dem Namen und den Inhalten der Bewegung und sind entsprechend frustriert über einige gedankliche und emotionale Schwächen, die mit dem Feminismus verbunden werden.

Eine Reihe dieser Merkmale, die ich mit dem Begriff »Opfer-Feminismus« beschreibe, haben in der Vergangenheit die öffentliche Debatte beherrscht. Unter »Opfer-Feminismus« verstehe ich das

Streben nach Macht, indem man Ohnmacht und Opferrolle der Frauen in den Vordergrund stellt und gleichzeitig dem männlichen Geschlecht insgesamt Herrschsucht und Aggressivität vorwirft. Doch mit einem solchen Denken ist niemandem gedient, denn es bestärkt Frauen gerade in den Eigenschaften, die verhindern, daß sie die heute sich bietende Chance ergreifen. Dieser Richtung des Feminismus möchte ich einen »Power-Feminismus« entgegenstellen. Seine Basis ist die Toleranz und die Achtung weiblicher Individualität, und er versteht sich als Feminismus des Optimismus und der Stärke.

Die reaktionären Anklänge des Opfer-Feminismus sind verständlich. Feministinnen haben sich in den Jahren der Gegenreaktion weiterhin beharrlich für die Rechte der Frau eingesetzt, ernteten von der Mehrheit der Frauen wenig Dank und wurden statt dessen von Männern und Frauen gleichermaßen lächerlich gemacht. So überrascht es nicht, daß diese Richtung des Feminismus versucht hat, den Frauen über die Jahre der Reaktion hinwegzuhelfen, indem man das Leid zur Tugend, die Anonymität zum Statussymbol und die Existenz am Rand der Gesellschaft zu einem Zeichen höchster Glaubenstreue hochstilisierte. Doch diese Tendenzen hatten in der Vergangenheit einen viel zu starken Einfluß auf das äußere Bild des Feminismus wie auch auf das Selbstbild der Frauen.

Zwar können wir verstehen, warum Frauen in schlechten Zeiten zu solchen psychologischen Strategien greifen, aber wir müssen auch erkennen, daß das gefährlich wird, wenn die Zeiten sich ändern. Präsident Clinton und Hillary Rodham Clinton sind profeministisch eingestellt. Frauen sind in diverse Regierungsämter berufen worden: als Justizministerin, als Ministerin für Gesundheit und Soziales und als Vorsitzende des Wirtschaftsrats. Zwar konnten die Entscheidungen des Obersten Gerichtshofs und Präsident Clintons ausdrückliches Eintreten für das Recht auf Abtreibung den Kampf der Frauen um das Selbstbestimmungsrecht über ihren Körper noch nicht beenden, aber das Schlimmste scheint vorerst überstanden. Ein wichtiger Schritt ist getan.

Wenn wir in Zeiten wie diesen an starren Ideologien festhalten und uns als stumme Opfer am Rand der Gesellschaft begreifen und nicht als aktive Kräfte der Veränderung in deren Zentrum, dann zeigt sich darin ein Selbstverständnis, das überholt ist und das uns überdies in Konflikt mit der sich verändernden Umwelt bringt. Es besteht die Gefahr, daß ein Feminismus, der jahrelang in einer seinerzeit notwendigen Belagerungsmentalität befangen war, jetzt die Zeichen der neuen Zeit nicht erkennt. Unsere Psyche kann wie Treibsand unter unseren Füßen sein; sie kann bewirken, daß wir den historischen Moment verpassen, in dem sich eine wirkliche Chance zur Änderung unserer Lage auftut.

Je stärker eine Bewegung verfolgt wird, desto dogmatischer droht sie zu werden. Der Feminismus der letzten Jahre war zunehmend geprägt von starren Denkgewohnheiten und moralischen Urteilen in Fragen der persönlichen Lebensführung, und das schreckt viele ab, die nicht schon zu den Bekehrten gehören. Ironischerweise ist gerade der Erfolg der zweiten Feminismuswelle der Grund, warum so viele seiner zentralen Prämissen heute überholt sind. Viele Glaubenssätze sind in den Jahren der Reaktion erstarrt und heute derart überholt oder von der täglichen Erfahrung entfernt, daß sie mit dem Leben der meisten amerikanischen Frauen nicht mehr in Einklang zu bringen sind.

Meine Freundinnen und ich sind überzeugte Feministinnen. Aber selbst wir würden, wenn wir vor anderen »Insiderinnen« detailliert Auskunft über unser Privatleben erteilen müßten, mit Sicherheit den einen oder anderen hehren Grundsatz auf der ideologischen Checkliste verletzen und dafür angegriffen werden. Wie oft sagen wir, wenn wir einer Freundin eine romantische Dummheit oder ein unerlaubtes sexuelles Verlangen beichten oder uns »frivole« Gedanken über Kleider oder Männer machen, halb im Scherz, halb aus Verlegenheit: »Sag den anderen ja nichts«, oder: »Versprich mir, daß du mich nicht bei der Keuschheitspolizei verrätst.« Wir alle kennen das Gefühl, eine »Linie« vertreten zu müssen, die nicht in vollem Umfang unserer wirklichen Lebenspraxis und unseren Wünschen entspricht. Wenn man aber den eigenen Feminismus nicht mehr mit der tatsächlichen Lebenserfahrung in Einklang bringen kann und sich beide Ebenen nicht mehr gegenseitig bestätigen, dann stimmt etwas Grundlegendes nicht.

Der Feminismus mischt sich nicht nur viel zu stark ins Privatleben der Frauen ein, er ist auch ideologisch überfrachtet. Anstatt Wünsche von Frauen nach individueller Selbstverwirklichung gelten zu lassen und zu bestärken, ist der Feminismus zu einem Katalog enggefaßter Glaubenssätze erstarrt, und nur wer sich dazu bekennt, wird als Feministin anerkannt. *Der schwerwiegendste Vorwurf von Frauen gegen den Feminismus lautet: Der Feminismus tritt ihnen als ein Paket von Forderungen entgegen, das sie insgesamt kaufen müssen; er wird ihnen als Individuen nicht gerecht.* Ich habe diesen Vorwurf von so vielen Frauen gehört, daß ich mittlerweile davon überzeugt bin, daß er die Hauptursache für die Kluft zwischen den Frauen und dem Feminismus ist. Auch wenn Frauen sich einzelnen frauenspezifischen Themen stark verbunden fühlen, lehnen sie es dennoch entschieden ab, sich für ein Paket von Forderungen zu engagieren, das andere für sie geschnürt haben. Viele Frauen sagen empört, sie wollten nicht riskieren, mit einer Reihe von Glaubenssätzen in Verbindung gebracht zu werden, die sie gar nicht teilen. Anders ausgedrückt, sie lehnen es nicht nur ab, sich von »Männern« oder sexistischen Stereotypen definieren zu lassen, sie lehnen genauso feministische Stereotypen ab. Ironischerweise geht es den meisten Frauen gerade deshalb gegen den Strich, sich von anderen in eine ideologische Schublade stecken zu lassen, weil sie ausgeprägte Persönlichkeiten sind und Wert auf ihre Individualität legen, also Feministinnen sind im besten, fast schon vergessenen Wortsinn.

So kommt es, daß in diesem so vielversprechenden Jahr viele Frauen, die nicht den selbsternannten Zirkeln von New York, San Francisco, London, Sydney, Amsterdam und anderen Großstädten sowie einer Handvoll Universitätsstädten angehören, ratlos bekennen, sie wüßten nicht, was sie unter dem Begriff »Feminismus« verstehen sollten. Geht es dabei um Abtreibung? Aber, könnte eine Frau antworten, ich weiß doch gar nicht genau, wann das menschliche Leben beginnt. Geht es um Lesben? Ich bin aber verheiratet, könnte eine andere sagen. Ist Feminismus nicht nur etwas für weiße Frauen der Mittelschicht? Ich komme aus der Unterschicht. Geht es darum, daß man gegen die Männer ankämpft? Ich bin Afro-Amerikanerin und habe gegen einen afroamerikanischen Mann keine Chance. Ist der Feminismus gegen Pornographie? Ich halte nichts von Zensur, und ich will nicht, daß mir jemand sagt, was ich in meinem Schlafzimmer tun und lassen darf. Ist der Feminismus gegen Make-up? Aber ich sehe nun mal gerne gut aus. Ist der Feminismus nur etwas für Frauen? Ich habe eine Tochter, die ich sehr liebe, aber ich selbst bin leider ein Mann. Geht es um sexuellen Mißbrauch und Vergewaltigung? Vielleicht ist mir das auch passiert, aber ich will vergessen und mich nicht länger als Opfer fühlen.

Durch die ideologische Überfrachtung wurde der Begriff »Feminismus« so starr, daß er aufhörte, das zu sein, »was jede Frau angeht«. Eine Minderheit von Frauen, die oft nicht einmal unter sich selbst einig waren, stülpte ihm ihre Erwartungen über. Teilweise war diese Entwicklung wohl unausweichlich und ein Ergebnis der harten Auseinandersetzungen um das Recht auf Abtreibung, die zu einer Polarisierung der Meinungen führte. Insgesamt schreckte die ideologische Überfrachtung jedoch die Mehrheit der amerikanischen Bevölkerung ab, und ihre große Kraft geht der Frauenbewegung damit verloren: Frauen, die in der Abtreibungsfrage keine eindeutige Position haben oder aber dezidiert gegen Abtreibung sind, Frauen, die nicht als Männerhasserinnen gelten wollen, Frauen, die die Opferrolle strikt ablehnen, Frauen, denen nicht einleuchtet, daß Männer als Sündenböcke für alles herhalten sollen, konservative Frauen und schließlich die Männer selbst.

Fragt man eine Frau auf der Straße nach dem Feminismus, sagt sie wahrscheinlich etwas von Abtreibung oder Pornographie oder dem Artikel zur Gleichberechtigung in der Verfassung. Das heißt, daß uns die beste, die gültigste Eigenschaft des Feminismus verlorengegangen ist. Die Frau auf der Straße identifiziert den Feminismus spontan mit dieser oder jener strittigen Frage, die sie positiv oder negativ beurteilt, statt ihn als Theorie weiblichen Selbstbewußtseins zu begreifen, die ausnahmslos alle Frauen angeht.

Frauen brauchen eine neue Psychologie weiblicher Macht

Schließlich müssen wir Frauen schleunigst vollenden, was wir bereits begonnen haben: die Schaffung einer neuen weiblichen Psychologie der Macht. Die amerikanischen Frauen müssen endlich das Selbstbild der Ohnmacht gegen eines der unbeirrbaren Stärke eintauschen. Frauen haben sich in letzter Zeit damit begnügt, ihren Gegnern zu sagen, sie sollten endlich kapieren, daß sie von ihrer Opferrolle genug haben. Aber offenbar kapieren die amerikanischen Frauen selber viel zu langsam, daß sie die Macht in Händen halten.

Die umwälzenden Ereignisse der letzten Jahre haben vor allem eins gezeigt: Frauen aller Hautfarben sind keine Minderheit. Wir stellen 51 Prozent der Bevölkerung, mehr als die Gesamtzahl der abgegebenen Stimmen bei den letzten Wahlen, und wir haben sieben Millionen mehr Stimmen als die Männer. Trotzdem sind wir immer noch einer Rhetorik verhaftet, nach der andere uns ein »Jahr der Frau« oder eine Frau als Justizminister zugestehen und uns diese Gunstbeweise jederzeit nach Lust und Laune wieder entziehen können. Offensichtlich haben wir immer noch nicht begriffen, daß Frauen niemanden zu bitten brauchen, er möchte sie doch mitnehmen. Wir können nicht einmal mehr darauf hoffen, weiterhin friedlich auf dem Platz des Kopiloten sitzen zu dürfen. Ob wir wollen oder nicht: Wir Frauen sind es, die am Steuer sitzen.

Die »Opposition« hat das längst begriffen. Wie lange sie noch an

der Macht bleibt, hängt davon ab, wie lange sie uns davon abhalten kann, das ebenfalls zu begreifen.
1992 endlich, zweiundsiebzig Jahre nach der Einführung des Frauenwahlrechts in den Vereinigten Staaten, haben wir zum ersten Mal gewagt, wirklich davon Gebrauch zu machen. Wir haben uns lautstark zu Wort gemeldet und bekamen umgehend einen Präsidenten, der für das Recht auf Schwangerschaftsabbruch eintritt und mit einem Federstrich zwölf Jahre Anti-Abtreibungsgesetzgebung vom Tisch wischte, sechs Frauen im Senat, siebenundvierzig Frauen im Repräsentantenhaus, neue Gesetze gegen sexuelle Belästigung am Arbeitsplatz, eine veränderte Berichterstattung der Medien, eine Frau an der Spitze des Justizministeriums und das langersehnte Gesetz zum Erziehungsurlaub.
Was lernen wir daraus? All das haben Frauen bewirkt. Frauen haben den Präsidenten gewählt. Und insofern, als die Mehrheit der Bevölkerung – Frauen – einen Präsidenten gewählt hat, der sich verpflichtet hat, dieser Mehrheit zu dienen, hat unsere Demokratie zum ersten Mal richtig funktioniert. Niemand kann unsere Macht aufhalten. Das haben wir nicht nur im Weißen Haus gezeigt, sondern anschließend auch in den Staaten Washington, Kalifornien und Illinois. Wir haben sie überall geltend gemacht, vom Senat bis zur Schulverwaltung. Wir hatten nicht einfach Glück, und niemand hat uns die Macht überreicht wie einen Strauß Rosen. Deshalb brauchen wir uns auch nicht unsicher nach jemand anderem umzusehen und artig, wie man es uns beigebracht hat, Dankeschön zu sagen. Wir sind niemandem Dank schuldig. Wir haben es allein geschafft.
Und das nicht nur hierzulande, sondern weltweit. Wir trotzen Medien, Hochschulen und Gerichten. Frauen in Australien klagten männliche Richter an und befanden sie für schuldig, in Vergewaltigungsprozessen auf seiten der Vergewaltiger zu stehen;[9] Frauen in Irland klagten zum ersten Mal gegen den erbitterten, jahrhundertealten Widerstand der römisch-katholischen Kirche erfolgreich das Recht auf Selbstbestimmung über ihren Körper ein;[10]

Frauen in Dänemark stimmten in der ersten Volksabstimmung gegen den Vertrag von Maastricht, um sicherzustellen, daß die Rechte werdender Mütter und das Recht auf Schwangerschaftsabbruch erhalten bleiben;[11] Frauen in Großbritannien erstritten für geschiedene Frauen das Recht auf einen Anteil an den Rentenbezügen ihrer Ex-Ehemänner.[12]

Und in Anbetracht der Tatsache, daß Frauen Mehrfachbelastungen gewohnt sind – schließlich arbeiten sie in Beruf, Haushalt und Familie für zwei Drittel des Einkommens, das ihnen eigentlich zusteht –, *war das alles nicht einmal so schrecklich schwer.*

Die Leichtigkeit, mit der die Wut der Frauen 1992 und 1993 politische Veränderungen herbeiführte, wirft ein bezeichnendes Licht auf das wohl verblüffendste Phänomen, das die Situation der Frau kennzeichnet. Wie kommt es, daß in einer Demokratie die demographische Mehrheit, die sich mit überwältigender Mehrheit für mehr Rechte der Frau ausspricht, noch immer unterdrückt ist? Obwohl die überwältigende Mehrheit der Frauen die Abschaffung dieser Mißstände wünscht und sie mit der Macht ihrer Stimmen und ihres Geldes auch durchsetzen könnte, bleibt alles beim alten. Das liegt vor allem daran, daß diese Mehrheit bis jetzt noch nie eine Demonstration ihrer politischen Macht erlebt hat und daher auch nicht an sie glaubt. Anders ausgedrückt, Frauen leiden nur deshalb unter vielfältigen Formen unnötiger Unterdrückung, weil sie das Ende dieser Unterdrückung bisher nicht eingefordert haben.

Aus einer anerzogenen Willensschwäche heraus neigen wir Frauen dazu, uns in bezug auf unsere Rechte irgendwelche Ausflüchte zurechtzulegen: Wir stellen uns vor, daß wir irgendwann – von selbst, durch einen Erlaß oder sonstwie – die gleichen Rechte erhalten werden und bekommen, was wir brauchen. Genau dieses Denken ist falsch. Wir müssen uns umgekehrt wie gleichberechtigte Partner verhalten und uns nehmen, was wir brauchen. Erst dann werden wir es auch bekommen. Oder wie die englische Anwältin Helena Kennedy einmal sagte: Darauf zu warten, daß die

Zeit der Gleichberechtigung kommt, heißt, darauf zu warten, daß »Fischen Füße wachsen«.[13]

Früher, als die Frauen nicht wählen durften, waren sie in der Tat hilflos. Als sie noch nicht selbst Geld verdienen konnten, war Unabhängigkeit für sie nur eine grausame Illusion. Als sie noch nicht wählen konnten, ob sie Kinder haben wollten oder nicht, hatten sie noch nicht alle »Bürgerrechte«. Frauen lebten angesichts dieser Umstände gar nicht in einer repräsentativen Demokratie. Auch heute noch sind wir benachteiligt: Es gibt zu wenige staatliche Einrichtungen zur Kinderbetreuung, die meisten Frauen sind am Arbeitsplatz sexuellen Belästigungen ausgesetzt, unser Strafrecht ist kaum dazu angetan, Vergewaltigung und Gewalt in der Ehe zu unterbinden, und Frauen verdienen für dieselbe Arbeit immer noch weniger als Männer. Aber wir neigen dazu, über diese Hindernisse zu sprechen, als seien sie unüberwindlich, als lebten wir in einem faschistischen Staat oder in einem Land wie Saudi-Arabien, in dem Frauen kein Geld verdienen und nicht wählen dürfen.

Wenn Frauen nicht an ihre politische Stärke und die Möglichkeit zur Veränderung ihrer Lebensumstände glauben, haben sie offenbar immer noch nicht begriffen, daß sie in einer Demokratie leben und das Land daher ihnen gehört. Sie brauchen sich nicht einmal damit zufriedenzugeben, daß das Land »auch« ihnen gehört. Nein, als Bevölkerungsmehrheit gehört es vor allem uns, den armen und den reichen Frauen. Die bestehenden Hindernisse könnten durch den kollektiven Willen der Frauen mit Leichtigkeit aus dem Weg geräumt werden.

Jetzt, wo das Recht auf Schwangerschaftsabbruch und das Recht auf Arbeit wenigstens einigermaßen gesichert sind, müssen wir erkennen, daß wir unser Schicksal in einer Demokratie selbst in die Hand nehmen müssen. Wenn wir die Hindernisse nur ganz allmählich aus dem Weg räumen, mag das viele gute Gründe haben; schließlich müssen wir uns erst langsam an unsere Stärke gewöhnen. Aber wenn wir sie nicht bis zur Jahrtausendwende beseitigt haben, liegt das daran, daß wir Frauen die uns zustehende Macht gar nicht ausüben wollen (es sei denn, die Demokratie wird in einem Staatsstreich abgeschafft).

Wenn ich immer wieder davon spreche, daß Frauen Macht haben, sie aber nicht ausüben, will ich damit nicht bestreiten, daß Frauen viel Unrecht geschieht und sie in jeder Hinsicht benachteiligt werden; ich will auch nicht so tun, als ob jetzt alles in Ordnung sei und wir uns zurücklehnen könnten und nicht mehr zu kämpfen brauchten. Natürlich ist nichts »in Ordnung«. Aber ich meine, wenn wir die richtigen Schlüsse aus den Ereignissen der jüngsten Vergangenheit ziehen und uns entsprechend verhalten, und wenn wir ein neues Selbstbild entwickeln, dann wird nach und nach Ordnung einkehren. Feministinnen sind meist gar nicht glücklich, wenn das von Frauen Erreichte zu sehr betont wird, weil man sich allzuoft voreilig damit zufriedengibt. Ich meine aber, wenn wir den Umbruch der letzten beiden Jahre richtig interpretieren, werden wir nicht aufhören zu kämpfen. Wir werden vielmehr klüger, geschickter, effektiver und zielstrebiger kämpfen. Und wir werden weniger unter der Wut und Hilflosigkeit leiden, die uns jetzt zermürben, und mit mehr Spaß bei der Sache sein. Frauen müssen viel Zeit in die Werbung für ihre Sache stecken. Aber die Zeiten, in denen wir uns darauf beschränkt haben, die »Opposition« um Gerechtigkeit zu bitten, sind vorbei. Wenn ich sage, die Ereignisse der jüngsten Vergangenheit hätten den Status der Frau für immer verändert, dann meine ich damit, daß Frauen niemanden mehr um soziale Gerechtigkeit zu bitten brauchen.

Wir müssen niemanden um Gleichberechtigung bitten und auch nicht ständig beweisen, daß wir sie verdienen. Und warum sollten wir uns mit Gleichberechtigung zufriedengeben? Auch wir Frauen können Demokratie verlangen, und in einer Demokratie sind wir aufgrund unserer Mehrheit die stärkste Macht der Welt. Wir amerikanischen Frauen sind nicht nur für dieses Land, sondern – ob nun zu Recht oder Unrecht – auch für die meisten anderen Länder der Welt verantwortlich. Und diese faszinierende, erschreckende und existentielle Aufgabe kommt nicht erst in der fernen Zukunft eines feministischen Science-fiction-Romans auf uns zu. Sie erwartet uns auch nicht morgen. Nein, wir haben sie bereits. Wir leben bereits mit ihr. »Wir müssen anfangen, wie Sieger zu denken«, sagt die für das Recht auf Abtreibung eintretende Anwältin Catherine Colbert, und sie hat recht. Wenn wir weiterhin geduckt gehen und zugleich über unsere Opferrolle wütend sind, verschwenden wir nur unsere Energie. Wirkungsvoll handeln wir erst dann, wenn wir uns zu unserer Macht bekennen und lernen, aufrecht zu gehen; wir müssen erkennen, daß wir uns auf Dauer nicht in dem Mauseloch verkriechen können, in dem wir uns schon so gut eingerichtet haben. Wir müssen die überkommene, emotional verankerte Opferrolle der Frau ablegen und zu einer neuen Haltung finden, geprägt von Zuneigung und Aufgeschlossenheit, aber auch dem festen Willen, uns mit unserer Macht durchzusetzen.

Wenn wir das tun, werden wir in nicht allzu ferner Zukunft eine Situation haben, für die es meines Wissens in keiner Sprache ein Wort gibt, denn allein schon der Gedanke daran wurde bislang als Phantasiegespinst abgetan: Wir werden in einer sozialen Wirklichkeit leben, in der Frauen nicht aufgrund ihres Geschlechts unterdrückt werden.

Ein solcher Paradigmenwechsel setzt ein neues Selbstbild der Frauen voraus. Frauen dürfen sich nicht länger als hilflose Opfer verstehen; sie müssen dynamische Wegbereiter der Veränderung sein. Dazu gehören eine neue politische Strategie und ein neuer politischer Stil. In den Anfängen der Bürgerrechtsbewegung bedienten sich viele schwarze Aktivisten der Rhetorik und Symbolik der Ohnmacht. Sie stellten keine Forderungen, sondern appellierten mit bewegenden Worten an Mitleid und Gerechtigkeitssinn der weißen Mehrheit. Heute, nach dreißig Jahren antirassistischer Erziehung, hat sich an der Diskriminierung von Schwarzen kaum etwas geändert, und deshalb wenden sich viele der Rhetorik eines Malcolm X oder Jesse Jackson zu. Sie bitten ihre Unterdrücker nicht länger um

Gerechtigkeit, sondern appellieren an den Willen der Betroffenen zur Selbstbestimmung und benutzen dann deren Wählerstimmen, Geld und gesellschaftlichen Einfluß, um einen Wandel zu erzwingen, den die andere Seite bei aller angeblichen Gerechtigkeitsliebe nicht von selbst vollzieht. So konnten Firmen dazu gebracht werden, sich aus Südafrika zurückzuziehen, ein Beitrag zur Beendigung der Apartheid. Schwarze werden aufgefordert, in Geschäften von Schwarzen zu kaufen, in ihrem Wohnviertel zu investieren und Bündnisse einzugehen, die die politischen Parteien dazu zwingen, sie in ihrem Kampf zu unterstützen. Schwulengruppen haben einen ähnlichen Gesinnungswandel durchgemacht; auch sie bitten längst nicht mehr um Verständnis und »Mitgefühl«, sondern demonstrieren politische Stärke. Frauen als Gruppe müssen denselben psychologischen Wandel vollziehen, auch wenn ihnen die mentalen Barrieren unüberwindlich scheinen mögen. Anders ausgedrückt, es geht nicht mehr um die Frage, ob die Gesellschaft bereit ist, Frauen die Gleichberechtigung einzuräumen. Die Gesellschaft kann die Frauen gar nicht mehr aufhalten. Frauen können die Voraussetzungen der Gleichberechtigung aus eigener Macht schaffen. Die Frage lautet nicht, ob die Gesellschaft bereit ist, Gleichberechtigung einzuräumen, sondern ob die Frauen bereit sind, Gleichberechtigung zu beanspruchen.

Die Analyse der in der unmittelbaren Vergangenheit tätigen Kräfte der Reaktion ist unabdingbar. Dieses Buch wäre nicht möglich gewesen ohne Susan Faludis Buch *Die Männer schlagen zurück*. Doch das ist nur die eine Seite der Medaille. Zwar müssen wir kritisch beleuchten, was die Opposition uns Frauen angetan hat, aber wir dürfen es nicht dabei belassen. Wir müssen auch den Mut haben weiterzufragen: Was tun wir uns gegenseitig und uns selbst an?

Frauen leiden an einem doppelten Problem: Sie haben zu wenig Macht, und gleichzeitig haben sie Angst vor der Macht. Die Äste eines Baumes, die sich über Jahre unter der Last der Früchte biegen, richten sich nicht sofort wieder auf, wenn sie von der Last

befreit werden. Sie wachsen noch eine ganze Weile in der bisherigen Richtung weiter.
Sind Frauen psychisch bereit, die ihnen zustehende Macht zu übernehmen? Es ist nicht nur Unsicherheit, die Frauen davon abhält, ihre Macht zu gebrauchen. Ich sehe noch einen anderen Hinderungsgrund. Wenn Frauen mit ihrer Macht die angestrebten Veränderungen herbeiführen und dabei erkennen, daß sie nicht Opfer des Geschehens sind, sondern dieses bestimmen, bedeutet das zugleich den schmerzhaften Verlust eines Teils ihrer bisherigen, vertrauten und als richtig empfundenen Identität. Die Tür steht offen, aber tiefsitzende Reflexe unseres weiblichen Bewußtseins hindern uns daran, durch sie hindurchzugehen. Frauen beanspruchen heute Macht wie nie zuvor, aber dabei ist ihnen nach wie vor unbehaglich zumute. Dieses Unbehagen ist in vielem berechtigt: Es entspringt dem Wissen über vielfältigen Machtmißbrauch. Zum Teil beruht es allerdings auch auf Restängsten aus der Vergangenheit, die sich uns wie Phantome in den Weg stellen. Wir müssen diese tiefsitzenden Reflexe in uns erkennen und ausmerzen. Sie sind der Grund dafür, warum Frauen ihre eigene Macht und die Macht anderer als Tabu und als unweiblich betrachten. Der letzte Teil des Buches widmet sich den Spannungen und Ängsten in der weiblichen Psyche, die Frauen immer noch davon abhalten, ihre Macht in vollem Umfang zu gebrauchen. Sind Frauen psychisch bereit, Macht auszuüben? Offen über die Aspekte weiblichen Bewußtseins sprechen, aufgrund derer diese Frage mit Nein beantwortet werden müßte, und dann Wege zu erkunden, wie aus dem Nein ein Ja werden kann – das sind die beiden Hauptziele dieses Buches. Wenn wir uns diese Frage nicht stellen, werden wir so gut wie sicher wieder in Passivität verfallen und einen Rückschritt erleben, wie er bisher auf jede Phase des Fortschritts in Frauenfragen gefolgt ist. Vom großen Umbruch der Jahre 1991 und 1992 wird nichts übrigbleiben, wenn wir weiterhin einer Psychologie der Weiblichkeit verhaftet sind, die uns für die Folgen des Umbruchs blind macht.

Das zweite Buch, auf das ich mich stütze, ist Gloria Steinems *Revolution from Within.* Gloria Steinems Ausgangsthese lautet: Der erste Schritt eines Individuums in Richtung Ganzheit ist die Selbstachtung und -bestimmung. Wenn Frauen die Bestimmung über ihr Selbst verwirklicht haben, muß der nächste Schritt sein, kraft dieser Selbstbestimmung ein anderes, gesellschaftlich wesentlich komplexeres Recht zu beanspruchen, das folgenreich und potentiell gefährlich ist – das Recht, Macht zu übernehmen und auszuüben und nicht nur sich selbst, sondern auch die Umwelt zu verändern und der Welt einen Stempel aufzudrücken. Viele Kritiker, darunter auch einige Feministinnen, haben Gloria Steinem vorgeworfen, sie konzentriere sich zu sehr auf »weiche« Themen wie das Selbstwertgefühl von Frauen statt auf die »harte« Politik. Sie haben offensichtlich nicht begriffen, wie eminent politisch die Erkenntnisse ihres Buches sein können. Die Frauen der Ersten Welt sind an einem historischen Punkt angelangt, an dem die Unterscheidung zwischen innerem und äußerem politischen Leben überholt ist.

Richtig verstanden bedeutet Selbstvertrauen nämlich nicht nur das Vertrauen, das man zu sich selbst hat, sondern auch das Vertrauen in die eigene Fähigkeit, die Welt zu verändern. So gesehen weicht man keineswegs der Frage der politischen Durchsetzungsfähigkeit von Frauen aus, wenn man über das Selbstwertgefühl von Frauen spricht. Es ist die Voraussetzung jeglichen Fortschritts.

Die Entwicklungspsychologie fördert täglich neue Erkenntnisse zutage, mit denen sich Frauen persönlich und allgemein auseinandersetzen müssen. So wurde festgestellt, daß Menschen mit großem Selbstbewußtsein dazu neigen, ihren Erfolg bei der Bewältigung einer gestellten Aufgabe den eigenen Fähigkeiten und Leistungen zuzuschreiben. Menschen mit geringem Selbstbewußtsein dagegen führen ihren Erfolg darauf zurück, daß die Aufgabe leicht war oder sie Glück hatten. Sie rechnen immer mit einem Mißerfolg und mißtrauen ihren eigenen Leistungen. Wenden wir diese Erkenntnisse auf die Ereignisse der Jahre 1991 und 1992 an, stellen wir fest, daß unser Selbstbewußtsein nicht nur unsere Stimmung beeinflußt, sondern auch unsere Interpretation der Wirklichkeit und unsere Macht oder Ohnmacht, sie zu verändern.

Die momentane Lage berechtigt zu großen Hoffnungen, sie birgt aber auch große Gefahren. Wir könnten uns mit der jahrhundertelangen Konditionierung unseres Verhältnisses zur Macht abfinden, die weibliche Sünde der Selbstverleugnung begehen, die historische Chance als angenehme Abwechslung betrachten und in aller Ruhe weiterleben wie bisher – und damit unsere Töchter und uns selbst verraten. Oder aber wir wagen es, uns innerhalb einer Lebensspanne gleich über mehrere Stufen zu entwickeln, wachsen in die neue Situation hinein und bauen ein neues Frauenbild auf, in dem die Ausübung von Macht im Gegensatz zu heute durchaus erotisch und weiblich ist. Im letzten Teil des Buches werde ich konkrete Wege aufzeigen, wie Frauen ihre verborgenen Kraftreserven entdecken und so die Energie freisetzen können, die sie für den endgültigen Durchbruch brauchen.

Heute, da die Frauen begonnen haben, den Göttern das Feuer zu stehlen und es verantwortlich und zum Guten einzusetzen, müssen wir Schluß machen mit orthodoxer Phrasendrescherei, ideologischem Imponiergehabe und Sektierertum am Rande der Gesellschaft. Wir müssen uns offen und zielorientiert nach außen wenden. Wir dürfen uns in Zukunft nicht mehr darauf beschränken, die schon Bekehrten bekehren zu wollen, sondern müssen mit der Opposition aus einer Position der Stärke heraus verhandeln und eine neue Verbindung zwischen Frauen und Geld herstellen, die es Frauen ermöglicht, mehr zu verdienen und mit Geld Verantwortung zu übernehmen.

Wir leben in einer Zeit, in der reale Veränderungen für Frauen einzig und allein von ihrer Bereitschaft abhängen, sich auf die Macht mit all ihren Verlockungen und Pflichten einzulassen, auf die Demokratie mit ihren ungelösten Konflikten und auf das Geld mit seinen Vorteilen und Gefahren. All das ist für Frauen neu und war für den Opfer-Feminismus ein Tabuthema.

Unter Power-Feminismus verstehe ich einen Feminismus praktischer Riesenschritte im Gegensatz zu einem Feminismus ideologischer Zwergenschritte. Der Power-Feminismus setzt an die Stelle von Selbstgerechtigkeit Toleranz. Er ermutigt Frauen zur weiblichen Solidarität aus einem Gefühl der Freude und Stärke heraus, nicht aus einem Gefühl der Schwäche und Unterlegenheit. Er propagiert ein Bündnis der Frauen, das auf vorurteilsfreiem Eigeninteresse und wirtschaftlicher Selbstbehauptung beruht und nicht auf der sentimentalen und unpraktikablen Vorstellung einer kosmischen Schwesternschaft.

Der Power-Feminismus kann eine Mehrheit an sich binden, ohne seine Prinzipien zu verraten. Er ist flexibel genug, sich vom Kampf um das Recht auf Abtreibung auf die neuen Ziele Geld und Arbeit auszurichten. Er schließt Männer mit ein und achtet deren Rolle im Leben der Frau, und er kann selbst wohl zwischen dem Kampf gegen Sexismus und dem Kampf gegen die Männer unterscheiden. Ich bin nicht so naiv zu glauben, wir Frauen könnten jede für sich durch Selbsthilfe und positives Denken die passive Opferrolle ablegen und zu einem neuen Selbstbewußtsein finden. Das wird uns nur gelingen, wenn wir unsere Forderungen gemeinsam durchsetzen. Frederick Douglass hat einmal gesagt: »Wo es keinen Kampf gibt, gibt es auch keinen Fortschritt. Die Mächtigen geben ihre Macht nicht kampflos her. Das war immer so und wird immer so bleiben.« Wir können also nicht erwarten, daß die Opposition uns aus reiner Nächstenliebe die Macht überläßt. Deshalb müssen wir bereit sein, mit unserer ganzen, bislang noch kaum erprobten Kraft zu kämpfen.

Der Umbruch der letzten beiden Jahre macht eines deutlich: Erst wenn Frauen Feuer mit Feuer bekämpfen, werden sie der Gerechtigkeit zum Sieg verhelfen. Die Feministin und Lyrikerin Audre Lorde schrieb: »Das Haus der Herrschenden kann nicht mit den Instrumenten der Herrschenden abgerissen werden.« Wenn man aber Demokratie, freie Presse und Kapitalismus zu den »Instrumenten der Herrschenden« zählt, hat Audre Lorde unrecht. Dann kann das Haus der Herrschenden sogar nur mit Hilfe dieser Instrumente abgerissen werden, denn nur diesen schenken sie überhaupt Beachtung. Die Herrschenden haben einigen Frauen Zugang zu den drei genannten Herrschaftsinstrumenten gewährt, und jetzt erleben sie, wie Frauen gewaltsam in ihre Festung eindringen und sie verändern. Wir Frauen stehen jetzt vor der Frage, ob wir es wagen, diese Instrumente in Zukunft noch stärker zu nutzen.

1. TEIL

Anita Hill und das Aufbegehren der Frauen

Der Auslöser

Am 11. Oktober 1991 kam etwas zum Ausbruch, was sich über Jahre hinweg aufgestaut hatte. Erdbeben, weiß man heute, sind keine plötzlich eintretenden Ereignisse, sondern die sichtbare und dramatische Folge des sich über lange Zeiträume unmerklich aufbauenden Drucks aneinanderstoßender Kontinentalplatten, der zuletzt in einer gewaltigen Entladung von Energie die Erde erschüttert.
Anderthalb Jahrzehnte lang, in den Jahren der Reaktion unter Reagan und Bush, staute sich die Wut amerikanischer Frauen unter der Oberfläche an. Die Reaktion verhinderte ein Überschäumen, aber die Frauen bäumten sich immer heftiger gegen die Verkrustungen der Gesellschaft auf. Wo immer sich kleine Risse in der Kruste auftaten, brach die weibliche Phantasie in neuen Selbstbildern und Wunschvorstellungen hervor und steigerte den unsichtbaren Druck noch mehr. Die Aussage Anita Hills vor dem Untersuchungsausschuß riß die Kruste vollends auf, ließ überkommene Geschlechtervorstellungen aufeinanderprallen, setzte blockierte Energien frei und führte zu erdrutschartigen Veränderungen. Als der Staub sich gelegt hatte, lag eine völlig neue Landschaft vor uns, in der wir uns erst noch zurechtfinden müssen. Im Rückblick hatte diese Entwicklung eine geradezu biblische Unausweichlichkeit. Der Fall Anita Hill hat sich ins nationale Bewußtsein eingegraben wie die Bostoner Tea Party oder die Demonstrationen auf dem Platz des Himmlischen Friedens in Peking – wie jeder Mythos einer entscheidenden Wende.
Kurz vor den Anhörungen anläßlich der Berufung von Richter Cla-

rence Thomas an den Obersten Gerichtshof wurden in Washington Gerüchte laut, wonach Thomas sich sexueller Nötigung schuldig gemacht habe. Eine junge Frau behauptete, Thomas habe sie sexuell belästigt, als sie zehn Jahre zuvor seine Assistentin bei der Equal Employment Opportunities Commission (EEOC) gewesen sei. Am 10. September begannen die Anhörungen. Am 12. September 1991, schreibt Timothy Phelps in *Capitol Games*, wandte sich Anita Hill, Juraprofessorin an der Universität von Oklahoma, telefonisch an Harriet Grant vom Rechtsausschuß des Senats, der die Anhörungen durchführte. Anita Hill vertraute Harriet Grant an, was während ihrer Tätigkeit bei der EEOC geschehen war, und nannte ihr den Namen ihrer Freundin Susan Hoechner, inzwischen Richterin in Kalifornien, der sie sich damals anvertraut hatte. Harriet Grant versprach, ihre Aussage ohne Namensnennung an die Ausschußmitglieder weiterzuleiten.

Die Anhörungen wurden fortgesetzt. Als Anita Hill sechs Tage später immer noch keine Rückmeldung bekommen und Thomas seine Ausführungen beendet hatte, wandte sich Richterin Hoechner an die Mitglieder des Ausschusses und versicherte, sie könne die Aussagen Anita Hills bezeugen. Am Freitag, den 20. September, dem letzten Tag der Anhörungen, wurde das FBI um eine Untersuchung der Vorwürfe gebeten, was allerdings voraussetzte, daß Anita Hill sich zu erkennen gab. Am Montag, den 23. September, willigte sie ein und faxte eine vierseitige Aussage an den Ausschuß.

Am Mittwoch, den 25. September, entschied Senator Strom Thurmond im Namen der Republikaner, die Anschuldigungen Anita Hills bräuchten nicht weiter beachtet zu werden. Senator Joseph Biden beschloß, das Verfahren fortzusetzen, und setzte die Abstimmung des Rechtsausschusses über Richter Thomas für Freitag an. Das bedeutete, daß keine Zeit bleiben würde, Anita Hills Vorwürfe zu untersuchen. Am Freitag, den 27. September, dem Morgen vor der Abstimmung, erklärte Senator Biden nach Durchsicht der von Anita Hill abgegebenen eidesstattlichen Erklärung, er habe keinerlei Zweifel an Charakter, Kompetenz, Leumund und Glaubwürdigkeit des Amtsbewerbers.[1]

Phelps, ein Reporter des *New York Newsday*, spürte Anita Hill auf und veröffentlichte die Geschichte am 6. Oktober. Nina Totenberg interviewte Anita Hill für den Radiosender NPR. Am 7. Oktober hielt Anita Hill selbst eine Pressekonferenz ab, die von CNN übertragen wurde. Der Damm war gebrochen. Die Senatoren schäumten – nicht über die Anschuldigungen, sondern über deren Bekanntwerden.

Dann fingen die Telefone an zu klingeln. In Senator Daniel Patrick Moynihans Büro gingen über dreitausend empörte Anrufe ein, bei den anderen Senatoren war es teilweise genauso. Das Telefonnetz des Senats drohte zusammenzubrechen. Den Senatoren dämmerte etwas, und sie beschlossen verspätet, die Abstimmung über Thomas im Senat zu verschieben. Am frühen Dienstagmorgen herrschte im Senat Aufruhr.

Phelps schildert die Palastrevolte: »Gegen Mittag stiegen sieben weibliche Kongreßabgeordnete aus dem Repräsentantenhaus die steile Treppe zum Senatsgebäude hinauf. Die Senatoren der Demokratischen Partei, sechsundfünfzig Männer und eine Frau, hielten soeben ihr wöchentliches Arbeitsessen ab und durften nicht gestört werden. Die Frauen unter der Führung von Louise Slaughter aus New York und Patricia Schroeder aus Colorado klopften zweimal an die verschlossene Tür des Speisesaals und wurden beide Male abgewiesen … Aber sie ließen sich nicht entmutigen; auf der Suche nach Ansprechpartnern für ihr Anliegen marschierten sie zu den Büros der Senatoren. Überall traten Mitarbeiterinnen auf die Gänge und feuerten die Volksvertreterinnen bei ihrer Mission in der Bastion männlicher Macht mit Schlachtrufen an.«[2]

Die Abstimmung wurde verschoben. Professor Anita Hill sagte aus, die Anhörung wurde im Fernsehen übertragen, und damit verschob sich das Kräfteverhältnis der Geschlechter zueinander, möglicherweise für immer, auch wenn die Berufung Thomas' als Richter kurz darauf bestätigt wurde. Anita Hills Aussage und ihre

unterschiedliche Bewertung durch Männer und Frauen erschütterten die Gesellschaft, und die verschiedenen Parteien spalteten das ganze Land.
Die genaue Wahrheit wird wohl für immer verborgen bleiben. Sicher ist dagegen, daß im Verlauf der Auseinandersetzung das Fundament des Patriarchats zu bröckeln begann und etwas Neues entstand. Der Eindruck einer geschlossenen Front weißer Männer – allen voran die Senatoren Arlen Specter, Alan Simpson, Orrin Hatch und Joseph Biden –, die im besten Fall blankes Unverständnis, im schlimmsten Fall Arroganz und demütigende Ignoranz gegenüber den Erfahrungen und Aussagen einer Frau an den Tag legten, war für die weibliche Bevölkerung ernüchternd. Mit einem Schlag erkannten die amerikanischen Frauen, wie wertlos die Demokratie ohne eine angemessene Repräsentation von Frauen war. Eine Beobachterin zog einen Vergleich: »Am Ende der Anhörungen zu McCarthy trat ein Zeuge vor McCarthy und fragte ihn: ›Schämen Sie sich eigentlich gar nicht?‹ Daraufhin herrschte absolute Stille im Raum, und auf einmal war alles anders. In diesem Augenblick, noch während der Senator sprach, war der Bann der Hexenjagd gebrochen. Die Anhörungen zum Fall Hill hatten eine ähnliche Wirkung.«
In den folgenden beiden Jahren tobte ein Krieg der Geschlechter völlig neuen Ausmaßes. Seine wichtigsten Etappen sind der Vergewaltigungsprozeß gegen William Kennedy Smith, der Prozeß gegen Mike Tyson und der Skandal von Tailhook. Die Wut der empörten Frauen machte Schlagzeilen und führte zu einer ganz neuen Vielfalt politischer Aktivitäten. Der sogenannte »Anita-Hill-Effekt« hatte eingesetzt.

Die Wahlen von 1992

Eine Rekordzahl von Frauen bewarb sich um politische Ämter, viele aus Empörung über den Fall Anita Hill. Vergeltung lautete die Devise. Der demokratische Senator Brock Adams zog seine Kandidatur zurück, nachdem acht Frauen ihn öffentlich sexueller Belästigungen bezichtigt hatten. Patty Murphy trat seine Nachfolge an; sie nannte sich selbstironisch »Mutti in Tennisschuhen«, in Erwiderung der abschätzigen Bemerkung eines männlichen Volksvertreters, der zu ihr gesagt hatte: »Sie können gar nichts verändern, Sie sind doch bloß eine Mutti in Tennisschuhen.« In Pennsylvania kämpfte Neuling Lynn Yeakel gegen Arlen Specter, getragen von Empörung über die Behandlung, die Anita Hill widerfahren war; Specter hatte Anita Hill bei den Anhörungen besonders rüde und unfreundlich behandelt. Senator Alan Dixon aus Illinois, der für Thomas gestimmt hatte, wurde von einer schwarzen Archivarin aus der Provinz namens Carol Mosely Braun geschlagen. Die beiden Kalifornierinnen Barbara Boxer und Diane Feinstein schlugen ihre männlichen Rivalen mit Kampfschriften, in denen sie für Anita Hill eintraten. Ihre Kontrahenten, schreibt Phelps, behaupteten in ihrer Hilflosigkeit schließlich, »sie seien bessere Feministen als die Kandidatinnen«.[3] Die Wählerinnen verfolgten den Wahlkampf der Frauen mit einer Aufmerksamkeit, wie nur Rachegefühle sie hervorbringen können.

Dieser Umbruch gab auch der Präsidentschaftswahl eine neue Richtung. Im Wahlkampf wurde die Rechtsanwältin und Aktivistin Hillary Clinton, die Frau des Präsidentschaftskandidaten der Demokraten, für Anhänger wie Gegner immer mehr zum zentralen Symbol des Aufbegehrens der Frauen. Die Presse konnte zunächst noch nicht wissen, wie tiefgehend der Umbruch sein würde. Also wurde die Frau des Gouverneurs von Arkansas in den Medien tendenziell in schlechtem Licht dargestellt. Das Land, hieß es, sei noch nicht reif für eine First Lady, die zugleich erfolgreiche Anwältin und Ehefrau sei. Dagegen wurde die eher traditionelle Präsidentengattin Barbara Bush vergleichsweise wohlwollend behandelt.

Die Medien erkannten die zunehmende Entschlossenheit der Frauen nicht, und dies führte zu schwerwiegenden taktischen Fehlern der Republikaner. Sie verließen sich zu sehr auf ihre weibliche Klientel und interpretierten die politische Einstellung der Republikanerinnen vom männlichen Standpunkt aus falsch und übersahen dabei, daß die konservativen Frauen keineswegs hinnehmen wollten, daß ihre Probleme ignoriert wurden. Aus der Sicht von Frauen war sexuelle Nötigung ein ernstes Problem, das alle Frauen betraf und nicht vor Parteigrenzen haltmachte. Hätten die Republikaner auf ihre weiblichen Wähler gehört, hätten sie die Wahl womöglich gewonnen. Während des gesamten Wahlkampfes zeigte sich bei Meinungsumfragen, daß sie bei Frauen weniger erfolgreich waren als bei Männern.

Die grobe Fehleinschätzung der Frauenproblematik trat auf dem Parteitag der Republikaner im August besonders kraß zutage. Inzwischen war selbst den Republikanern klargeworden, daß die Nation einen Bewußtseinswandel durchlebte, bei dem das Verhältnis der Geschlechter eine zentrale Rolle spielte. Man beschloß, sich auf diesen »Kulturkampf« einzulassen, schlug sich aber auf die falsche Seite. Die Republikaner setzten auf die Männer oder vielmehr auf jene politischen »Patriarchen«, die sich in ihrer Macht am stärksten bedroht fühlten; die Unterstützung der Frauen aus den eigenen Reihen setzten sie wieder einmal als selbstverständlich voraus.

Auf ihrem Parteitag riefen sie dazu auf, das Patriarchat in der Politik gegen die einfallenden Horden derer zu verteidigen, die es abschaffen wollten. Dan Quayle gab mit seiner berüchtigten Rede über die »Werte der Familie« den Ton der Auseinandersetzung an. Die Republikaner verwechselten das von der Presse gezeichnete positive Bild Barbara Bushs und das negative Bild Hillary Clintons mit den wirklichen Gefühlen der Wählerschaft, anstatt die unterschiedliche Behandlung der beiden Frauen richtig als

Ausdruck einer von Männern dominierten Presse zu interpretieren. Die Partei stimmte daraufhin ihre Themen auf diesen Gegensatz ab, ohne zu begreifen, daß ein Großteil der republikanischen Frauen sich eher mit der Frau des Gouverneurs von Arkansas und mit Murphy Brown identifizierte als mit Barbara Bush oder Marilyn Quayle.

Der konservative Kommentator Patrick Buchanan machte mit seiner programmatischen Warnung vor einem von »Feministinnen« wie Hillary Rodham Clinton und anderen gefährlichen Gruppierungen angeführten »Kulturkampf« klar, wo die Frontlinien der Auseinandersetzung verliefen. Erst in verspäteter Reaktion auf die erfolgreiche Einbeziehung prominenter Politikerinnen beim Parteitag der Demokraten präsentierten auch die Republikaner ihre Gattinnen. Marilyn Quayle, Frau des Vizepräsidenten und gelernte Anwältin, hatte sich aus dem Berufsleben zurückgezogen, um sich ganz ihrer Aufgabe als Politikergattin widmen zu können. Sie beging einen verhängnisvollen Fehler, als sie den Eindruck erweckte, berufstätige Mütter abzulehnen, und betonte, Frauen wollten gar nicht von ihrer »natürlichen Rolle als Frau« befreit werden. Der Eindruck entstand zwar eher aus Unbeholfenheit als aus politischem Kalkül, aber das Bush-Lager hätte kaum einen sensibleren Nerv treffen können als die Schuldgefühle berufstätiger Mütter, seien sie nun Anhängerinnen der Republikaner oder der Demokraten.

Schlimmer noch war, daß die Wahlkampfstrategen George Bush zum Erzpatriarchen und Retter des untergehenden Reiches der Männer stilisierten. Am Bildschirm konnte die Nation verfolgen, wie der Präsident, umringt von Frau, Kindern und Enkeln, von einem leibhaftigen griechisch-orthodoxen Patriarchen mit wallendem Bart gesegnet wurde.

Mit öffentlichen Auftritten dieser Art suchten die Republikaner die tiefsitzenden Ängste der »Patriarchen« zu beschwichtigen, während sie gleichzeitig darauf vertrauten, daß die Frauen der Partei ihren Vorgaben gehorsam folgen würden.

Die Blindheit der Männer gegenüber der Wirklichkeit der Frauen führte zu politischen Fehlentscheidungen; die Regierung Bush verlor, weil sie Fernsehshows, die tagsüber gezeigt und vor allem von Frauen gesehen werden, zu wenig beachtete. Politische Beobachter stellten fest, die amerikanischen Wähler hätten 1992 zum ersten Mal ihre politischen Informationen direkt von Kandidaten bezogen, die sich unter Umgehung der professionellen Nachrichten-Interpreten den Fragen der Wähler in Radio- und Fernsehsendungen mit Direktbeteiligung der Zuhörer und Zuschauer stellten. Aber das erklärt noch lange nicht den enormen gesellschaftspolitischen Einfluß, den Talk-Shows etwa mit Oprah Winfrey, Donahue oder Sally Jesse Rafael auf weibliche Zuschauer haben. Unbeachtet von männlichen Wahlkampfstrategen, boten diese Shows Hausfrauen jeder politischen Couleur schon seit Jahren ein Forum zur Demontage patriarchalischer Familienstrukturen. Trotz ihres oft zu Unrecht schlechten Rufes haben solche Shows mehr als alle feministischen Aktivistinnen dazu beigetragen, »feministische« Themen wie Inzest, Gewalt und Vergewaltigung in der Ehe und Mißbrauch von Kindern ins Bewußtsein der amerikanischen Frauen zu rükken. Die Shows haben bei den Frauen auch ein Bewußtsein für ihr politisches Gewicht geweckt, weil sie etwas tun, was sonst nicht der Fall ist: Sie nehmen die Meinung aller Frauen, egal welcher Schicht, Hautfarbe und Bildung ernst, und sie nehmen auch die Meinungsunterschiede zwischen Frauen bei »Frauenthemen« ernst. Bei allen Mängeln, die diese Sendungen zugegebenermaßen haben, bewirkten sie doch bei ihrem täglichen weiblichen Publikum eine Revolutionierung des Anspruchsdenkens. Sie zeigten den sonst ungehörten Frauen, daß auch sie das Recht auf eine Stimme haben.

Während die Republikaner sich für die patriarchalische Familie stark machten, wußten die Zuschauerinnen der Oprah-Show genau über die Ungerechtigkeiten und Gefahren patriarchalischer Familienstrukturen Bescheid. Auch viele republikanische Frauen waren schon sexuellen Nötigungen ausgesetzt gewesen, hatten Gewalt in der Ehe erlebt, waren von ihrem Mann verlassen worden oder bekamen von ihm keine Unterhaltszahlungen für die Kinder. Sie waren inzwischen selbst stark an Frauenfragen interessiert und ließen sich nicht mehr von Beschwörungen des Glanzes patriarchalischer Strukturen im familiären und gesellschaftlichen Bereich blenden. Und so verloren die Republikaner die Wahl.

Bill Clinton dagegen begriff das Ausmaß des Umbruchs und stellte sich auf die Seite der männlichen und weiblichen Befürworter der Gleichberechtigung und der entstehenden egalitären Familienstrukturen. Er stellte seine Frau als Partnerin vor und erklärte: »Man muß nicht eine Frau niedermachen, um einen Mann aufzubauen.« In der Rede anläßlich seiner Nominierung benutzte er das Bild eines jungen Mädchens als zentrale Metapher und machte damit Geschichte; außerdem dankte er ausdrücklich seinen weiblichen Förderern und Lehrern. Er sprach sich für das Recht auf Abtreibung aus und gewann. Die Wählerinnen sprachen auf seine Strategie an, unterstützten ihn im Wahlkampf in zunehmender Anzahl und wählten ihn schließlich mit einem etwas höheren Prozentsatz als die Männer.

Die Wahl im Herbst brachte die Quittung: Die Zahl der Frauen im Senat verdreifachte sich, die Zahl der Frauen im Repräsentantenhaus verdoppelte sich fast. Bei der Präsidentschaftswahl waren 54 Prozent der Wahlberechtigten Frauen; dies war der Höhepunkt eines Trends, nach dem Frauen zahlenmäßig schon seit 1980 den männlichen Wählern überlegen sind.[4]

Was ist neu?

Worin unterscheiden sich die letzten beiden Jahre von früheren Jahren, darunter verschiedene »Jahre der Frau«? Auch in der Vergangenheit hat es schreiendes Unrecht und Skandale gegeben. Nicht die Skandale sind das Neue – Vergewaltigung und sexueller Mißbrauch sind im Leben von Frauen seit je an der Tagesordnung.

Neu ist vielmehr, daß die Konzentration von Macht in Frauenhand, obwohl insgesamt noch bei weitem ungenügend, in einigen Bereichen ein kritisches Maß erreichte und eine Kettenreaktion in Gang setzte.

Der Untergang des Männerreiches

Das Reich, in dem Männer, insbesondere weiße Männer, die herrschende Elite bildeten, befand sich bereits seit 25 Jahren in einem steten Niedergang, als Anita Hill den großen Umbruch auslöste. In Solidarität mit den Frauen haben Feministinnen wie Susan Faludi, Marilyn French und ich von einem Krieg oder »Gegenschlag« der Männer gegen die Frauen gesprochen.

Aber diese Sicht wäre unvollständig, würde man nicht gleichzeitig von einem »Krieg der Frauen gegen die Männer« sprechen. Weibliche Beobachter haben das Eindringen der Frauen in die Domäne der Männer heruntergespielt und den »Gegenschlag« der Männer als überzogene und extreme Reaktion dargestellt. »Frauen haben den Wortführern des Gegenschlags weder etwas Böses angetan noch ihnen etwas weggenommen«, schreibt die Psychologin Jean Baker Miller 1986 in ihrem Buch *Toward a New Psychology of Women.*[5] Auch Susan Faludi empfindet den »Gegenschlag« der Männer als unverhältnismäßig angesichts der kleinen Erfolge der Frauen. Ich dagegen meine, daß Frauen stets dazu neigen, ihre Macht zu unterschätzen. Diesen Fehler begehen Männer nicht, und deshalb ist ihre Reaktion eine verständliche, wenngleich unannehmbare Reaktion auf eine massive und tatsächliche Bedrohung. Wir erleben nicht nur einen Krieg gegen Frauen, in dem Frauen die unschuldigen Opfer sind, wir erleben einen »Bürgerkrieg der Geschlechter«, in dem es zwei, wenn auch ungleich starke, Seiten gibt.

Wir Frauen übersehen aus Enttäuschung über den langsamen

Fortschritt und teilweise sogar Rückschritt der Frauenbewegung leicht, daß die Ansprüche von Frauen eine ernste Bedrohung der realen Macht darstellen. In der Sprache der Frauenbewegung wird oft das Teilen der Macht in der Beziehung mit dem Teilen der Macht auf der höchsten Ebene der Politik verwechselt. Dabei wird dann versucht, so zu tun, als hätte dabei niemand etwas zu verlieren. »Warum verstehen die Männer nicht, daß wir einfach nur mit ihnen teilen wollen? Gleichberechtigung macht doch beiden Geschlechtern das Leben leichter!«

Aber die Teilung der Macht in Gesetzgebung und Wirtschaft ist etwas anderes als gemeinsames Geschirrspülen. Während eine gleichberechtigte Partnerschaft in heterosexuellen Beziehungen ganz sicher allen Beteiligten Vorteile bringt, machen wir uns selbst etwas vor, wenn wir nicht wahrhaben wollen, daß die Gleichberechtigung der Frau in Politik und Wirtschaft für Männer schwerwiegende Folgen hat. Eleanor Clift schreibt in *Newsweek*, die Situation sei »so ernst wie in Südafrika: Männer werden aufgefordert, Macht zu teilen.« Der Vergleich mit Südafrika ist durchaus zutreffend, aber Clift geht noch nicht weit genug: Männer werden nicht aufgefordert, Macht zu teilen, wie man sich in einer guten Ehe die Arbeit im Haushalt teilt; sie werden gewaltsam gezwungen, Macht abzugeben. Frauen sehen in der Anerkennung, die ihnen in letzter Zeit zuteil wird, ein »wohlwollendes Entgegenkommen« der Männer. Da sie im Umgang mit der Macht noch unerfahren sind, verkennen sie, daß dabei auf seiten der Männer eine ganze Menge Angst im Spiel ist.

Die 1993 unter dem Titel *The Real Anita Hill* veröffentlichte Studie über die Anhörungen im Fall Hill gegen Thomas zeigt, daß Frauen tatsächlich einen entscheidenden Schritt nach vorne getan haben und daß die Opposition sich dieser Tatsache weit bewußter ist als die Frauen selbst. David Brock, der Autor der Studie, wurde von verschiedenen konservativen Stiftungen finanziell unterstützt und sah es als sein Hauptanliegen an, den Ruf von Anita Hill zu verunglimpfen. In seiner überzogen negativen Darstellung hat er jedoch, ohne es zu wollen, ein viel genaueres und überzeugenderes Bild der neuen politischen Macht der Frauen gezeichnet, als es eine feministische Autorin hätte tun können.

Brock entwirft das Horrorszenario eines »Schattensenats«, bestehend aus Feministinnen und deren Sympathisantinnen. Laut Brock wurde Anita Hill »zu ihrer Aussage gegen Richter Thomas von Senatsmitarbeitern und Parteigängern bestimmter Interessengruppen angestiftet, die Thomas' Berufung in den Obersten Gerichtshof unter allen Umständen vereiteln wollten. Als diese Rechnung nicht aufging, ließen sie Anita Hill fallen.«[6] Brock bezeichnet die Anführerinnen der Frauengruppe NARAL und anderer Gruppierungen, die sich für Anita Hill einsetzten, als »Drahtzieherinnen hinter den Kulissen«[7]. Er schreibt, feministische Gruppierungen hätten eine öffentliche Untersuchung verlangt, ohne daß es Beweise für die gegen Thomas erhobenen Vorwürfe gegeben hätte.[8] Die Frauengruppen hätten im Bund mit den Medien »die feministische Hetzjagd weiter angeheizt«.[9] Anders ausgedrückt, Brock hat, kaum zwei Jahre nachdem Theoretiker des Gegenschlags, die von einem Krieg gegen die Frauen gesprochen hatten, für paranoid erklärt wurden, eine detaillierte Verschwörungstheorie entwickelt, wonach Feministinnen und deren Handlanger auf höchster Ebene Krieg gegen die Männer führen. Und damit hat er offen gestanden nicht einmal so unrecht, denn von seinen patriarchalischen Horrorvorstellungen einmal abgesehen, beschreibt er korrekt die Tatsache, daß Frauen zum ersten Mal in ihrer Geschichte über eine so große politische Macht verfügen.

Warum hat Brock in mühevoller Arbeit so viel Material gesammelt, um Anita Hill unglaubwürdig zu machen? Warum haben konservative Stiftungen wie die Olin Foundation sein Vorhaben finanziell unterstützt? Dafür gibt es nur einen Grund: Sie haben begriffen, um was es geht und was auf dem Spiel steht. Sie wollen nicht nur einen Justizirrtum aufdecken oder den Namen eines Mannes wieder reinwaschen, dem womöglich Unrecht geschehen ist. Brock selbst legt seine eigentlichen Beweggründe offen. Er beschreibt detailliert die großen Fortschritte, die Frauen dank des sogenannten Anita-Hill-Effekts gemacht haben. Wer Anita Hill Glauben schenkt, schreibt er, »ergreift damit in einem Kulturkampf Partei«. Noch vor zwei Jahren wäre eine so heftige Reaktion nicht notwendig gewesen.

Warum die neue Abwehrhaltung? Wovor hat die Opposition Angst? Susan Faludi sieht im Verlust des Status als Ernährer der Familie und den daraus erwachsenden psychologischen Problemen die Hauptursache für den Gegenschlag. Ich glaube, es geht um viel mehr; Männer haben sehr viel mehr reale Macht zu verlieren. Gegenwärtig erwächst ihnen aus der Benachteiligung der Frau ein unverdienter Machtbonus: Sie verdienen ein Fünftel mehr als Frauen gleicher Qualifikation und ein Drittel mehr als Frauen allgemein, sie sind doppelt so oft im Repräsentantenhaus vertreten und haben den Senat fast völlig in der Hand; im britischen Unterhaus gibt es zehnmal mehr Männer als Frauen, im Europaparlament fünfmal mehr. Die Chancen der Männer auf eine Spitzenposition in Wirtschaft, akademischer Welt oder Justizwesen stehen im Vergleich zu Frauen 93 zu 7, im journalistischen Bereich, wie wir noch sehen werden, 80 zu 20 – ganz zu schweigen von der Möglichkeit, häusliche Pflichten an die Ehefrau zu delegieren. Eine wirkliche Gleichberechtigung der Frau würde Männern diese Vorteile rauben. Und wer würde all das freiwillig aufgeben?

Erst wenn Frauen das Wesen der Macht begreifen und erst wenn sie sich den Willen zur Macht eingestehen, werden sie den Widerstand der Männer gegen die Gleichberechtigung der Frau als das erkennen, was er in Wirklichkeit ist: eine ganz normale menschliche Reaktion. Sexismus erscheint vor diesem Hintergrund nicht mehr als Starrköpfigkeit oder Herrschsucht eines Ungeheuers, sondern als natürliche Reaktion auf einen drohenden oder realen Statusverlust. Frauen würden im umgekehrten Fall genauso reagieren.

Ein großer Teil der Feindschaft der Frauen gegenüber Männern beruht darauf, daß Frauen diese Reaktion der Männer falsch interpretieren und den Männern unterstellen, Frauen »unterdrükken« zu wollen. Zwar ist die Vorherrschaft des Mannes zweifellos bedrückend, und es gibt Männer, die persönliche Befriedigung aus der Macht über Frauen ziehen. Viel weiter bringt jedoch die Erkenntnis, daß der »Unterdrücker« nur tut, was jeder andere in seiner Lage auch tun würde: Er verteidigt, was er hat.

Die entscheidenden zwei Prozent

In den Diskussionen über die Gleichberechtigung von Männern und Frauen ist von paritätischer Repräsentation im Verhältnis 50 zu 50 die Rede, aber diese Zahlen haben nichts mit der demographischen Realität zu tun; sie sind vielmehr willkürlich gewählt. Das Zahlenverhältnis der wirklichen Gleichberechtigung lautet in den Vereinigten Staaten 51 zu 49 zugunsten der Frauen. Wenn die bisherigen Wählertrends sich weiter fortsetzen, werden Frauen bald zehn bis zwölf Millionen mehr Stimmen haben als Männer; gegenwärtig haben sie sieben Millionen mehr; aus Meinungsumfragen der achtziger Jahre geht eine höhere Wahlbeteiligung von Frauen bei Wahlen in einzelnen Bundesstaaten und bei den Wahlen zum Kongreß hervor.[10] In den meisten Wahlen entscheiden zwei Prozent, also rund sieben Millionen Stimmen, über Sieg oder Niederlage.

Sobald wir uns des weiblichen Faktors in diesem Gleichgewicht der Kräfte bewußt geworden sind, wird ein weiterer Punkt deutlich. Zu hoffen, die Gleichberechtigung der Frau sei »lediglich eine Frage der Zeit«, ist naiv. Wenn Frauen weiterhin im gegenwärtigen Tempo Funktionen in der Regierung übernehmen, werden sie erst in 342 Jahren mit den Männern gleichziehen.[11] Und wenn Frauen ihre Ansprüche nicht mit Macht durchsetzen, werden sie zwar weiterhin Fortschritte erzielen, aber nur so lange, bis die Gleichberechtigung fast erreicht ist. Frauen werden nicht weit über die 40-Prozent-Marke hinauskommen und dadurch für immer in der Minderheit bleiben. Die Opposition ist nicht dumm. Schon jetzt gibt es Anzeichen dafür, daß ein Ungleichgewicht der Macht in Form einiger weniger entscheidender Prozentpunkte aufrechterhalten werden soll, auch wenn es dafür keine Berechtigung gibt.

Frauen sind regelmäßig auch in Bereichen unterrepräsentiert, in denen es keinen Grund gibt, warum sie nicht ihrer demographischen Stärke gemäß vertreten sein sollten. PR-Leute sprechen von einer »gemischten Gruppe«, wenn auf einem Foto drei Männer und zwei Frauen abgebildet sind; bei gleicher Anzahl von Männern und Frauen würden Frauen als dominant empfunden.

Die *New York Times* bringt regelmäßig Artikel über »Menschen auf der Straße«, in denen mehr Männer als Frauen befragt werden, obwohl die Befragten einen repräsentativen Durchschnitt darstellen sollen. In einem Artikel über die Situation von Teenagern in innerstädtischen Wohnbezirken kamen sechs junge Männer und vier Frauen zu Wort. Auf einer Konferenz zum Thema »Frauen in den Medien« erklärte ein Journalist, daß »Frauenthemen« nicht nur Frauen etwas angehen, sondern die »Mehrheit der Amerikaner«. Die BBC hat sich bis zum Jahr 1996 die Gleichberechtigung von Frauen und Männern zum Ziel gesetzt. Bis zu diesem Zeitpunkt sollen Frauen zu 30 Prozent im höheren und zu 40 Prozent im mittleren Management vertreten sein.[12] Die Zulassungsquote von Frauen zu den Eliteuniversitäten des Landes liegt seit ungefähr zehn Jahren unverändert bei 3 bis 6 Prozent unter Parität. In Oxford sind nur 3 Prozent der Professoren Frauen, im Landesdurchschnitt sind es in Großbritannien 5 Prozent.[13] »Patriarchalisch« eingestellte Männer in Führungspositionen sprechen von Frauen als einer »Interessengruppe« oder von »Frauen und Minoritäten«, als ob Frauen auch eine Minderheit wären. Derartige Äußerungen wirken angesichts der neuesten demographischen Erhebungen besonders lächerlich: Danach machen die sogenannten »Minderheiten« zusammen längst die Mehrheit der Bevölkerung aus. Frauen sollen durch zahlreiche, oft geradezu komisch wirkende Anstrengungen dazu gebracht werden, sich weiterhin als kleine, unwichtige Bevölkerungsgruppe zu verstehen. Sie sollen gar nicht erst darüber nachdenken, was es eigentlich bedeutet, daß sie die Bevölkerungsmehrheit stellen und die Männer die Minderheit.

Die weibliche Psyche trägt noch dazu bei, diesen Mythos aufrechtzuerhalten. Frauen verdrängen genauso stark und unbewußt wie Männer die Tatsache, daß sie in der Mehrheit sind, und die damit verbundene schwere Verantwortung, die das bisherige weibliche Selbstverständnis auf den Kopf stellt. Mit aller Kraft versuchen wir die Tatsache zu leugnen, daß die Macht eigentlich uns zusteht. Selbst feministische Organisationen arbeiten mit dieser »tröstlichen« Vorstellung: Die Feminist Majority Foundation hat eine Broschüre mit dem Titel *50/50 by the year 2000* herausgegeben. Die darin abgedruckten Prognosen über die Beteiligung von Frauen an Regierungsämtern gehen über die magische 50-Prozent-Grenze nicht hinaus. Auch mir wird angesichts der Relation von 51 zu 49 angst und bange, und ich will sie unbewußt verdrängen. Während Männer Frauen geradezu beschwörend und in bewußter Verschleierung der Tatsachen als »Minderheit« bezeichnen, machen sich Frauen oft selbst etwas vor, wenn sie von ihrem Streben nach »Gleichberechtigung« sprechen, weil sie in Wirklichkeit vor der eigenen Mehrheit und der damit verbundenen Verantwortung Angst haben. Frauen legen in bezug auf politische Macht oft eine falsche, »weibliche« Zurückhaltung an den Tag. Das zeigte sich auch bei einer Umfrage der Ms. Foundation, in der Frauen gefragt wurden, was sie von einer Frau als Präsidentin der Vereinigten Staaten hielten. Eine Frau antwortete: »Ich wäre mit einer Vizepräsidentin zufrieden.«[14]

Auch ich reagiere instinktiv so. Immer wenn von den alles entscheidenden 2 Prozent die Rede ist, läuft in meinem Unterbewußtsein derselbe Mechanismus ab: Ich verzichte. Ich winke ab, lehne ab, wie man ein Bonbon ablehnt, mit einer Geste, die mir großzügig vorkommt. Ich gebe die Prozentpunkte den Männern zurück, als Friedensangebot, denn ich will die Macht nicht. Ich will nicht, daß Männer fürchten müssen, von meiner Macht abhängig zu sein. Ich möchte eine gleichberechtigte Partnerin sein, nicht mehr.

Der Anspruch der Frauen auf Gleichberechtigung bedeutet nicht nur, daß sich die Konkurrenz für Männer mit einem Schlag verdoppelt und Männern nur noch die Hälfte der Machtpositionen zur Verfügung stehen. Das Problem liegt tiefer. Susan Faludi hat zu Recht darauf hingewiesen, daß viele Männer durch den Feminismus ihre Position als Ernährer der Familie bedroht sehen und sich deshalb zur Wehr setzen. Aber der Verlust der Rolle als Ernährer ist nur einer von vielen Schlägen, den die Herrschaft des weißen Mannes zu verkraften hat. Der Verlust der Ernährerrolle beraubt den Mann zugleich seiner Position als Familienoberhaupt, und dies führt zusammen mit anderen Entwicklungen dazu, daß er aus einer Position verdrängt wird, die er seit Beginn der geschichtlichen Zeit innehat und die keiner von uns leichten Herzens aufgeben würde: Der Mann war Mittelpunkt des Universums, er war, zumindest bildlich gesprochen, der Beherrscher der Welt. Der Astronom Kopernikus zog den Zorn der Mächtigen auf sich, als er behauptete, die Welt drehe sich nicht um die Erde und der Mensch sei nicht der Mittelpunkt der Schöpfung. Das männliche Geschlecht ist dabei, seine Stellung als Mittelpunkt des Universums zu verlieren, und dies kommt einer kopernikanischen Wende gleich.

Götterdämmerung

Während der vergangenen zwanzig Jahre sind Frauen in alle bisher Männern vorbehaltenen Bereiche eingedrungen. Frauen sind auf der Baustelle wie im Sitzungssaal anzutreffen; Akademikerinnen stellten die zentrale Rolle des Mannes im Lehrplan der Universitäten in Frage; Sportlerinnen holen gegenüber ihren männlichen Kollegen auf und scheinen entschlossen, sie in absehbarer Zeit zu übertreffen; weibliche Soldaten kratzen an der Identität des Mannes als Krieger; Theologinnen stellen in Frage, daß Gott ein Mann ist. Feministinnen werfen der sexistischen Kultur vor, Männer »in doppelter Vergrößerung« zu zeigen, wie Virginia Woolf es einmal ausgedrückt hat, während die Gleichberechtigung sie auf eine humanere und realistischere Größe reduziere. Dabei vergessen sie freilich, daß wir alle bei gleicher Erziehung überzeugt wären, doppelt so groß zu sein, und daß wir jede Veränderung dieses Status als beängstigende und ungerechte Verkleinerung empfinden würden, nicht als Richtigstellung.

Viele Männer sehen ihr Reich zerfallen und haben Angst davor, in die bisherige Rolle der Frau als Opfer gedrängt zu werden. Ihre Welt geht tatsächlich unter. Andere Feministinnen werden jetzt lachen und auf die unveränderten Strukturen männlicher Übermacht verweisen. Aber wir sind an einem Punkt angelangt, an dem Männer, zumal die traditionelle Elite weißer Männer, ihre Autorität eingebüßt haben, die Macht jedoch noch ausüben. In einem ungerechten System kündigt der Verlust der Autorität unweigerlich den Verlust der Macht an.

Männer wissen, daß ihre Herrschaft bedroht ist, und kämpfen um ihr Leben oder zumindest um das Leben, das sie gewohnt sind. Seit dem Umbruch vor zwei Jahren klingt der »Geschlechterkampf« in fast allen öffentlichen Diskussionen an, auch wenn das nicht immer auf den ersten Blick deutlich ist. Der Widerstand der Männer ist Grund vieler Schwierigkeiten Präsident Clintons, der bei seiner Amtsübernahme so dreist gegen die Loyalität zum eigenen Geschlecht verstieß; wer so viele Posten an Frauen vergibt und seiner eigenen Frau so viel Macht einräumt, muß schließlich bestraft werden. Ob es nun um das Muster auf dem Speiseservice der Präsidentengattin geht oder um einen Auftritt von Richterin Kimba Wood als Playboy-Croupier, um die »falsche Abwicklung« eines Sektenmassakers durch Justizministerin Janet Reno, um Chelsea Clintons Aussehen oder um Homosexualität in der Armee – zuletzt geht es immer nur um eins: um den »sanften Geschlechterkrieg«.

Die Bewegung für die Rechte der Opfer hat wesentlich zur Unterhöhlung des Status und der Autorität von Männern beigetragen und dem Patriarchat damit einen entscheidenden Schlag versetzt. In immer mehr Studien war nachzulesen, wie viele Ehefrauen von ihren Männern geschlagen, wie viele Kinder sexuell mißbraucht und wie viele Frauen vergewaltigt wurden. Der Mythos, solche Vorkommnisse seien eine schockierende Ausnahme, konnte nicht mehr aufrechterhalten werden. Die Öffentlichkeit mußte erkennen, daß Fälle wie diese in unserer Gesellschaft auf der Tagesordnung stehen. Verschärft wurde diese Erkenntnis durch eine ganz neue Entwicklung: Frauen begannen von den Geheimnissen der Männer zu sprechen. Über Jahrtausende hinweg konnte sich das Patriarchat auf das Stillschweigen der Frauen über ihre Mißhandlung wie auf ein ungeschriebenes, aber eisern eingehaltenes Gesetz verlassen.

Diese Mauer des Schweigens bekam bereits in den siebziger Jahren Risse und stürzte in den achtziger Jahren unter den Enthüllungen vieler Frauen endgültig ein. Charlotte Fedders, die Frau eines Kongreßabgeordneten, sagte 1982 öffentlich, ihr Mann schlage sie. Mitte der achtziger Jahre sagten Oprah Winfrey und Roseanne Arnold aus, sie seien als kleine Mädchen mißbraucht worden. Die Miss America von 1982 bekannte, von ihrem Mann mißhandelt worden zu sein. Die Frauen hatten ihr Schweigen gebrochen.

Zusätzlich verunsicherte ein Urteil von 1989 viele Männer. Ein Gericht in Minnesota hatte entschieden, daß mißhandelte Kinder ihre Peiniger auch noch im Erwachsenenalter verklagen können. Je mehr über Kindesmißhandlung und Gewalt in der Ehe bekannt wurde, desto tiefer fiel der Status der Männer, desto trüber wurde der Glanz, aufgrund dessen die Frauen sich bisher stillschweigend in alles gefügt hatten.

Mitgefühl kann uns besser zeigen, was in den Männern vorgeht, als die beißende Kritik, mit der wir sie gegenwärtig allzuoft über-

schütten. Männer verhalten sich wie die betrogenen Erben eines untergegangenen Reiches: Die alte Ordnung mag noch so ungerecht und tyrannisch sein, ihre überholten sozialen Formen und Anspruchsrituale haben in den Augen der Männer im Rückblick einen unwiderstehlichen Glanz, und sie rufen eine starke Nostalgie hervor, ähnlich dem Nationalismus eines Volkes im Exil.
Margaret Mead beschreibt in ihrem Buch *Mann und Weib* ein Phänomen, das sie beim Studium vorindustrieller Gesellschaften beobachten konnte. Sobald Frauen anfangen, »Männerarbeit« zu tun, erklären Männer sofort eine bisher nicht geschlechtsspezifische Tätigkeit zur exklusiven »Männerarbeit«, durch die ein Mann zum Mann wird und sich von Frauen unterscheidet. Wenn Frauen wirklich am Dialog mit den Männern interessiert sind und die gegenwärtige Krise im Verhältnis der Geschlechter meistern wollen, müssen sie den momentanen Rückzug der Männer emotional verstehen, auch wenn sie weiter gegen dessen politische Auswirkungen kämpfen. Margaret Meads Erkenntnisse legen nahe, daß es sich beim Verhalten der Männer um eine kulturelle Konstante handelt, die deshalb unser Verständnis und sogar Mitgefühl verdient, nicht unseren Spott und unsere Ablehnung.
Die Männer sehen in einem apokalyptischen Szenario schon die Barbaren vor den Toren stehen. Tom Wolfe beschreibt in seinem Roman *Fegefeuer der Eitelkeiten,* wie die attraktive, blonde Geliebte zur Verräterin wird, während die demokratischen Horden die Herren des Universums entthronen. Michael Douglas spielt in dem Film *Falling Down* einen geschiedenen Mann, der seine Kinder nicht besuchen darf, weil er die Unterhaltszahlungen nicht mehr leisten kann und seine Exfrau sagt, er »könnte« gewalttätig werden.
Der weiße Mann fragt auf dem Weg durch eine multikulturelle Ödnis: Bin ich wirklich so schlecht? Wann bin ich so schlecht geworden? In einer Anzeige für Computer lacht eine schwarze Kellnerin über zwei weiße Männer in grauen Anzügen, die sich an

einem Computer zu schaffen machen. »Wißt ihr Jungs überhaupt, wie man mit so einem Ding umgeht?« fragt sie spöttisch und stellt damit zugleich die Befähigung des weißen Mannes zur Weltherrschaft in Frage. Das Magazin *Esquire,* lange Jahre die Bibel der Männlichkeit, brachte ein Titelbild, auf dem sich Rapsänger Marky Mark mit schmerzverzerrtem Gesicht zwischen die Beine greift. Darunter stand: »Man hat es nicht leicht als Sproß einer sterbenden weißen und protestantischen Kultur, wenn Frauen mehr Selbstvertrauen, Männer mehr Stil und alle miteinander offensichtlich das Recht haben, auf dich zu schimpfen.« In der Titelgeschichte der Ausgabe schreibt Lynn Darling: »Das letzte Stündlein des amerikanischen Mannes hat geschlagen.«[15]

Männer klagen über das Eindringen barbarischer Literatur in ihren heiligen Kanon und trauern darüber, daß mit dem Flirt am Arbeitsplatz nun Schluß sein soll. Seit je haben sie das Recht, Sprache zu schaffen und zu interpretieren, wie selbstverständlich für sich in Anspruch genommen. Jetzt stellen sie erstaunt fest, daß die Situation sich plötzlich so sehr geändert hat, daß sie sich schon durch die Sprache, deren Bedeutung sie doch immer selbst festgesetzt haben, ans Messer liefern können. Eine aufbegehrende Bevölkerung ist gleichsam in den Garten Eden eingedrungen und fordert die Rechte zurück, die Gott zu Beginn der Schöpfung Adam zusprach: Rechte wie die Herrschaft über die Frau und das Recht zur Benennung der Realität, Rechte, die bisher fester Bestandteil der Definition von Männlichkeit waren.

Männlichkeit, allzu lange kritiklos akzeptierte Norm und selbstverständliches Ideal, an dem alles Weibliche gemessen und für unzureichend befunden wurde, wird jetzt erstmals in der Geschichte seiner schützenden Tabus beraubt und als Gegenstand allgemeiner Erörterung, des Vergleichs und der Kritik von Frauen freigegeben. Die Geschichte der Medizin ist die Geschichte bekleideter Männer, die nackte Frauen untersuchen und deren natürliche Körperfunktionen problematisieren. Jetzt dagegen heißt es plötzlich kritisch, Macht und Aggression des Mannes verursachten Herzkrankheiten. Die Hormonzyklen des Mannes werden untersucht, und Männer bekommen den Rat, sich in den Wechseljahren mit Hormonersatzpräparaten behandeln zu lassen. Eine stetig wachsende Schar von Wissenschaftlern widmet sich dem Forschungsgegenstand »Männlichkeit«. Wenn Männer plötzlich zum Objekt solcher Neugier werden, anstatt die Norm darzustellen, bedeutet das einen Machtverlust.

Die männliche Sexualität, einst von Verboten umstellt und so dem Vergleich von seiten der Frauen entzogen, ist heute den Blicken aller bis ins Detail zugänglich; die Gefahren, welche die männliche Potenz bedrohen, sind kein Geheimnis mehr. Eine 1993 publizierte Studie über das Sexualverhalten von Männern wurde von Männern heftig angegriffen; war ein Grund ihrer Empörung vielleicht, daß viele der Befragten angegeben hatten, sie hätten zehnmal wöchentlich Sex? In einer Titelgeschichte der Zeitschrift *Vanity Fair* war zu lesen, daß die Potenz des Mannes mit zunehmendem Alter fast unvermeidlich nachläßt.

Daß nunmehr die einst so heilige Sexualität des Mannes auf dem Prüfstand steht, hat Männer zu Reaktionen veranlaßt, die noch vor zwei Jahren undenkbar gewesen wären. Peter H. Engel stimmt in einem Leserbrief an das Magazin *Vanity Fair* ein langes Lamento über den Niedergang der männlichen Macht an: »Wer brachte denn den phänomenalen technischen Fortschritt der letzten 50 Jahre zustande, wenn ich fragen darf? Wer schuf die globale Ökonomie, wer die bildungsmäßigen, sozialen und medizinischen Voraussetzungen dafür, daß Frauen der Tyrannei von Kindern und Küche entrinnen und zum ersten Mal den ihnen gebührenden Platz unter den Eliten der Macht einnehmen konnten? Wer hat zum ersten Mal in der Geschichte der Menschheit die Kriege zwischen den Nationen womöglich für immer beendet? Männer. Männer, die heute zwar nicht mehr jung sind, aber immer noch stark, männlich und intelligent ... Was macht es da, wenn sie nicht immer eine Erektion zustande bringen?«[16] Derartige Fragen brauchten früher nicht gestellt zu werden, nicht einmal rhetorisch,

und die sexuelle Potenz des Mannes mußte nie zuvor öffentlich verteidigt werden.
Sexuelle Verhaltensweisen, mit denen viele Männer aufgewachsen sind, und bisher nicht in Frage gestellte Beziehungen von Männern zu ihren Familien gelten heute als Kindesmißbrauch und Vergewaltigung in der Ehe. Junge Männer, die ein Werbeverhalten praktizieren, das bisher akzeptiert war oder zumindest nicht kritisiert wurde, handeln sich heute den Vorwurf ein, ihre Ausgehpartnerin vergewaltigt zu haben. Männer haben so viele der kritisierten Verhaltensweisen von Kindesbeinen an verinnerlicht, daß der Vorwurf, diese seien gefährlich und müßten ausgemerzt werden, in ihren Augen der Aufforderung gleichkommen muß, aus der eigenen Haut zu schlüpfen. Was bleibt denn dann noch übrig? Ein blutendes, stummes und nicht wiederzuerkennendes Etwas? Das soll ein Mann sein? Zwar können wir all diese Veränderungen als gesunde Symptome einer sich entwickelnden neuen Kultur begrüßen, doch müssen wir uns darüber im klaren sein, daß es traumatische Auswirkungen hat, wenn Männern nach siebentausend Jahren unumstrittener Herrschaft plötzlich in körperlicher wie geistiger Hinsicht die Macht entrissen wird.
Die meisten Frauen und viele Männer wissen, daß dies letztlich ein gesunder Prozeß ist. Dennoch verzweifeln viele Männer und werden wütend, weil sie kein alternatives, positives Bild vom Mann haben. Sie haben noch keine andere ausgeformte männliche Sprache, in der sie sich zu Hause fühlen und mit der sie nach Liebe suchen, kommunizieren und sich selbst als erfolgreiche Angehörige ihres Geschlechts begreifen können. Ein Teil der kollektiven männlichen Phantasie, jener Teil, der davon überzeugt ist, daß es sich lohnt, eine neue Menschheit aufzubauen, versucht angestrengt, aus vielen besseren männlichen Bildern ein neuartiges Ganzes zu schaffen. Filme wie *Feld der Träume*, *Die Stunde des Patrioten*, *Zeit des Erwachens* und *Bodyguard* suchen nach einem neuen Bild männlicher Stärke in Gestalt des Mannes, der verteidigt, heilt, ein guter Vater ist und beschützt. Ein neues Män-

nerideal des »verantwortlichen Sachwalters« anstelle des Beherrschers scheint auf, wenn sich etwa Vizepräsident Gore zum Anwalt der Umwelt erklärt oder amerikanische Soldaten in Somalia Kinder mit Essen versorgen. Sich als guten Vater zu präsentieren verhilft inzwischen sogar Repräsentanten eines »egalitär eingestellten« Weißen Hauses zu politischem Ansehen, wie das Beispiel von Pressesprecher David Gergen zeigt, der seine kleine Tochter Madeleine zur ersten Pressekonferenz mitbrachte.

Doch auch wenn solche Bilder für viele Männer verlockend sind, die nach einem neuen Selbstverständnis suchen, haben die Männer erst angefangen, ihre traditionelle Rolle zu hinterfragen. Was sie von einer neuen Rolle profitieren könnten, ist immer noch großenteils unklar, was sie dabei verlieren und welche Strafen ihnen drohen, haben sie dagegen deutlich und konkret vor Augen. Viele modern denkende Männer sehen in den gegenwärtigen Veränderungen den zunächst zwar schmerzhaften, auf lange Sicht aber einzigen Weg, Vertrauen und Frieden zwischen den Geschlechtern herzustellen. Andere sehen nur den Verlust. Männer lassen sich in zwei Gruppen einteilen: in Anhänger der Gleichberechtigung und Anhänger des Patriarchats. Auf der einen Seite stehen die Männer, die sich bemühen, Sprache und Bräuche der neu entstehenden Welt zu erlernen, und die glauben, daß die Anpassung erstrebenswert oder einfach unvermeidlich sei. Auf der anderen Seite stehen die Männer, die mit aller Kraft gegen die neue Weltordnung kämpfen. Nur sie und die von ihnen beherrschten Institutionen, die sich dem Fortschritt der Frauen aktiv in den Weg stellen, gehören für mich zur Opposition; es wäre meiner Meinung nach ungenau und unfair zu sagen, alle Männer seien gegen den Fortschritt der Frauen.

Im Geschlechterkampf stehen sich Männer und Frauen also nicht in scharf voneinander abgegrenzten Lagern gegenüber. Vielmehr vertreten viele Frauen die »patriarchalische« Weltsicht, während umgekehrt viele Männer für Gleichberechtigung sind. Die Frontlinie im Geschlechterkampf verläuft zwischen der patriarchalischen und der egalitären Weltsicht. Natürlich haben Frauen und Männer zu vielen Fragen aufgrund ihrer unterschiedlichen Erfahrungen, Wahrnehmungen und Bedürfnisse konträre Meinungen. Und natürlich haben alle Männer viel zu verlieren, wenn die Gleichberechtigung sich durchsetzt.

Viele, womöglich die meisten Männer schwanken in ihren Anschauungen zwischen Gleichberechtigung und Patriarchat (wie die meisten Frauen zwischen dem Verlangen nach Unabhängigkeit und dem Wunsch nach Passivität schwanken); Frauen müssen in Beziehungen mit solchen Männern meist erst lernen, diese schwankende Haltung zu erkennen. Manche Männer sind zu Hause für Gleichberechtigung, und am Arbeitsplatz verhalten sie sich autoritär, oder sie behandeln ihre Töchter als gleichberechtigt und ihre Frauen als Untergebene. Aber viele wollen Bürger der neuen Welt werden, und sie lernen, wenn auch mühsam und langsam, die »Sprache der Gleichberechtigung«.

Die Männer der ersten Gruppe finden Gefallen an jener Vertrautheit mit Familie und Freunden, welche die neue Ordnung verspricht und im allgemeinen auch erfüllt. Aus Umfragen der Frauenzeitschrift *Redbook* geht eindeutig hervor, daß für immer mehr Männer die Familie ganz oben auf der Prioritätenliste rangiert. Gleichzeitig aber weicht die zweite Gruppe von Männern immer mehr in eine Domäne der Männlichkeit zurück, die sich der Kritik und den Ansprüchen von Frauen weitgehend entzieht. Die Männerbewegung hat Männer in die Wälder gelockt; Robert Blys Buch *Eisenhans* führte binnen kurzem die Bestsellerliste an. Die Geheimgesellschaft Skulls and Bones der ehemaligen Studenten von Yale drohte damit, die Tür ihres Gebäudes mit Schlössern zu versperren, um so neugewählten Frauen den Zutritt zu verwehren; im renommierten Londoner Garrick Club, einer traditionellen Bastion des männlichen Chauvinismus, sprach sich die überwältigende Mehrheit der Clubmitglieder dafür aus, auch weiterhin keine Frauen aufzunehmen.[17] Männer, die am Arbeitsplatz weiblichen Kollegen, ja sogar weiblichen Chefs begegnen, suchen nunmehr

Trost bei einem expandierenden Dienstleistungssektor, der Frauen wieder auf ihren Platz verweist. Dort können sich Männer von »Frauen oben ohne« das Auto waschen, die Schuhe putzen oder die Wohnung auf Vordermann bringen lassen. Überall sprießen plötzlich Männern vorbehaltene Oben-ohne-Luxusclubs aus dem Boden. Daß nicht geschossen wird, kann uns nicht darüber hinwegtäuschen, daß wir Krieg haben.

Die »Patriarchen« ziehen sich zurück, weil sie noch vor den Frauen erkannt haben, daß die Frauen »gewonnen« haben. Sie haben Angst davor, Frauen könnten ihnen jetzt antun, was sie den Frauen angetan haben.

Bei diesem Gedanken werden viele Frauen ungläubig lachen. Wie kann jemand glauben, Frauen hätten die Macht oder wollten sie auch nur? Nun, jetzt haben sie die Macht.

Deshalb ist es entscheidend, daß Frauen ihre Opferhaltung aufgeben, ihre Macht bewußt ausüben und lernen, die Verantwortung für das Unrecht zu übernehmen, das auch sie begehen können und manchmal sogar begehen wollen. Wenn Frauen an ihrem Selbstbild unschuldiger Ohnmacht festhalten, während die entscheidende Macht im Land in ihre Hände übergeht, riskieren sie, ungewollt das Gegenteil dessen zu bewirken, was sich der wahre Feminismus zum Ziel gesetzt hat, ein Feminismus, der letztlich nur eine logische Weiterentwicklung der Demokratie ist. Sie laufen dann Gefahr, sich zu jenen Tyranninnen zu entwickeln, vor denen die Feministinnen der letzten Generation sie immer gewarnt haben.

Die Frauen haben auf dem Weg zu Mehrheit und Macht eine entscheidende Etappe zurückgelegt. Jetzt gilt es, entschlossen und unbeirrt für eine Welt zu kämpfen, in der niemand mehr aufgrund seines Geschlechts benachteiligt wird. Aber wir müssen uns den Männern gegenüber fair verhalten und dürfen nicht vergessen, daß auch Frauen ungerecht sein können. Wir müssen geistig offen bleiben und moralisch integer.

Die Erfolge der Frauen

Während der achtziger Jahre hatten berufstätige Frauen zwar Einzug in die Welt der Männer gehalten, waren aber oft gezwungen gewesen, zu feministischen Themen zu schweigen. 1991 und 1992 dagegen hatten genügend Frauen Zugang zu den entscheidenden Instrumenten der Macht, und die Empörung der Frauen an der Basis gab ihnen das Mandat, diese Instrumente zu benutzen.

Nina Totenberg, Reporterin von National Public Radio, führte das erste öffentliche Interview mit Anita Hill. Eine ausreichende Zahl anderer Journalistinnen erkannten, daß die Anschuldigungen Anita Hills und das nur knapp vereitelte Vertuschungsmanöver seitens des Berufungsausschusses eine gute Story für ihre Blätter war. Genügend Frauen hatten politische Erfahrungen gesammelt, um sich um politische Ämter zu bewerben. Und genügend Frauen hatten das Geld, um diese Frauen auf dem Weg nach oben zu unterstützen.

Ohne den Druck der in den Medien tätigen Frauen wäre es nicht zum Zusammenspiel aller Kräfte und zu der unumkehrbaren Kettenreaktion gekommen. Die Frauen in der Presse waren der Dreh- und Angelpunkt, sie katapultierten die anderen Frauen in die neue Ära. 1992 waren bereits 40 Prozent der im Bereich Nachrichten und Redaktion tätigen Mitarbeiter von Tageszeitungen Frauen,[18] im Bereich Management und Verwaltung machten Frauen 46 Prozent der Beschäftigten aus. Die Journalistinnen befragten die Basis und gaben den Antworten der Frauen in ihren Blättern breiten Raum. Nachdem die anfängliche Unruhe um die Anhörungen sich gelegt hatte, begriff die Nation allmählich, daß Frauen beileibe nicht »einer Meinung« waren und daß es auf ihre unterschiedlichen Meinungen ankam.

Eine Folge dieser Aufbruchsstimmung war die ungewöhnliche Beachtung, die die Medien den Gefühlen der Frauen bei der Berichterstattung über die folgenden Prozesse schenkten. So viele Leserinnen zeigten vehementes Interesse an den verschiedenen Verhandlungen und Skandalen, daß die männlichen Redakteure die Wichtigkeit der »weiblichen Perspektive« nicht mehr ignorieren konnten.

Und diesmal saßen genügend Frauen in entscheidenden Positionen; aus einzelnen Alibifrauen war ein ganzes Netz geworden. Solange es nur einige vereinzelte Frauen an der Spitze gibt und Männer den Ton angeben, müssen viele Frauen die Perspektive derer annehmen, denen sie dienen. Wenn dagegen genügend Frauen Macht ausüben und ein frischer Wind weht, stellen wir fest, daß Frauen nicht bloß Männer imitieren, sondern durchaus eigene Interessen vertreten. In Zeiten der Reaktion macht sich unter Frauen allgemein das große »Vergessen« breit. Sie wollen erlittenes Unrecht vergessen, weil sie es emotional nicht verkraften, gleichzeitig wütend und hilflos zu sein. Aber die Anhörungen im Fall Hill wirkten wie eine Art nationaler Perestroika für die Wut der Frauen, und die Menschen wissen sehr wohl, wie sie um ihre Rechte kämpfen müssen, sobald man es ihnen erlaubt. Auch Frauen reagieren auf ihre Umwelt. Sie verdrängen ihre Gefühle, wenn die nationale Stimmung sie nicht zuläßt. Stimmt dagegen die Atmosphäre und sehen Frauen, daß das »Coming-out« anderer Frauen keine negativen Folgen hat, keimen die Gefühle wieder auf.

Nach den Anhörungen und der Wahl im Herbst war sofort ein anhaltender Wandel in der politischen Atmosphäre spürbar. Auf politischer Ebene errangen Frauen einen Sieg nach dem anderen;

im Vergleich mit den zurückliegenden zehn Jahren des Stillstands war dies geradezu eine Flut neuer, für Frauen äußerst wichtiger Ernennungen, Entscheidungen und Gesetze. Die Erfolge der Frauen waren:

- Der Family Leave Act, der schließlich nach zwölfjährigem Kampf verabschiedet wurde; dieses Gesetz garantiert Eltern einen viermonatigen unbezahlten Urlaub mit Arbeitsplatzgarantie, um ein Baby oder ein älteres Familienmitglied zu versorgen.
- Das Ende einer zwölfjährigen gegen die Abtreibung gerichteten Gesetzgebung.
- Eine Verdopplung des Budgets für die Erforschung von Brustkrebs.
- Eine Justizministerin, eine Ministerin für Gesundheit und Soziales, eine Vorsitzende des Wirtschaftsrats und eine Vorsitzende der Umweltschutzbehörde; 30 Prozent der Kabinettsmitglieder sind Frauen.
- Das Recht, Kampfflugzeuge fliegen zu dürfen, das Frauen im Zweiten Weltkrieg verwehrt wurde; diese Entscheidung war ein wichtiger Erfolg für die Gleichberechtigung von Frauen in der Armee. Wieviel sich in den letzten zwei Jahren geändert hat, wird noch augenfälliger, wenn man diese Entscheidung mit der im Sommer 1991, also noch vor Anita Hill geführten Diskussion um Frauen in der Armee vergleicht. Damals vertraten die Militärs noch die Meinung, Frauen sollten nicht an Kriegsschauplätzen eingesetzt werden. Militärberater geben inzwischen zu, daß der Skandal von Tailhook und die Empörung der Frauen darüber zum Umdenken gezwungen haben.
- Ein im Vergleich mit 1992 verdoppeltes Budget zur Erforschung von Frauenkrankheiten.
- Ein vom Rechtsausschuß des Senats einstimmig angenommenes Gesetz zur Gewalt gegen Frauen, das eine Verschärfung der Strafen für Sexualdelikte vorsicht, Zuschüsse in Höhe bis zu 500 Millionen Dollar zur Vermeidung von Gewalttaten gegen

Frauen gewährt und Opfer von Sexualstraftaten berechtigt, ihre Angreifer in einem Zivilprozeß auf Schadenersatz zu verklagen, ohne auf die Eröffnung eines Strafverfahrens warten zu müssen. Der Ausschuß legte außerdem eine Studie vor, wonach fast die Hälfte aller Vergewaltigungen in den Vereinigten Staaten ohne Prozeß enden und fast die Hälfte der verurteilten Vergewaltiger weniger als ein Jahr hinter Gittern sitzen. Demnach hat ein Vergewaltiger mit einer geringeren Strafe zu rechnen als etwa ein Einbrecher. Besonders lautstark bekundeten die Senatoren Biden und Hatch ihre Zustimmung zu dem oben genannten Gesetz und ihr Engagement für Frauen. Hatch sprach von einer »Gesetzesvorlage, die in die Geschichte eingehen und zu grundlegenden Veränderungen in unserer Gesellschaft führen wird«. Bei der Anhörung Anita Hills hatten die beiden sich noch durch völlige Ahnungslosigkeit bzw. Böswilligkeit ausgezeichnet.[19]

- Die Ermittlungen des Senats im Fall von Senator Bob Packwood aus Oregon, dem vorgeworfen wurde, zweiundzwanzig Frauen sexuell belästigt zu haben. Sie stellen eine entschiedene Abkehr vom bislang praktizierten Verfahren nach der Regel traditioneller Männerclubs dar, Stillschweigen zu wahren und alles zu vertuschen.
- Eine Diskussion unter der Leitung von Deborah Tannen mit Senatoren und deren Ehefrauen über die Entwicklung der Geschlechterrollen.[20]
- Die Verurteilung eines Mannes aus Los Angeles, der seine Frau vergewaltigt hatte.[21]
- Die Entscheidung des Obersten Gerichtshofs, sich mit der Frage zu befassen, ob zu Gefängnisstrafen verurteilte, aber nicht geständige Sexualtäter dann auf freien Fuß kommen sollen, wenn sie sich einer Therapie unterziehen, die von ihnen das Eingeständnis ihrer Schuld verlangt.[22]
- Die Berufung von Ruth Bader Ginsburg als Richterin an den Obersten Gerichtshof. Bader Ginsburg hat sich als Streiterin für die Rechte der Frau einen Namen gemacht und gilt feministi-

schen Anwältinnen als Mentorin, Vorbild und Heldin.[23] Sie hat erfolgreich wichtige Prozesse durchgefochten, die zur Gleichstellung von Mann und Frau vor dem Gesetz führten.
Sie war nie eine Alibifrau der »Patriarchen« und nutzte ihre Rede zur Amtseinführung dazu, ihrem Mann dafür zu danken, daß er den Haushalt versorgte, »was mir ermöglichte, mich schon in jungen Jahren aus der Küche zurückzuziehen«. Die neue Richterin sagte, ihre Berufung sei deshalb so wichtig, weil sie zum Ende jener Zeit beitrage, in der Frauen nur in Einzelfällen gehobene Positionen bekleiden könnten.[24]

- Die Berufung von Oberstleutnant Patricia Fornes zur ersten weiblichen Befehlshaberin einer Kampfstaffel der Luftwaffe. In ihrer Rede dankte Patricia Fornes all jenen, die »große Anstrengungen unternommen haben, um zu erreichen, daß die Marine der Vereinigten Staaten nunmehr dem Kampfeinsatz von Frauen zustimmt«.[25]
- Die Berufung von Norma Cantu zur neuen Leiterin des Amts für Bürgerrechte beim Erziehungsministerium. Beobachter sagen voraus, daß das Amt unter der neuen Leitung mehr Verständnis für Frauenthemen aufbringen wird.[26]
- Das Engagement des amerikanischen Außenministers Warren Christopher für die Rechte der Frau auf der Menschenrechtskonferenz der Vereinten Nationen in Wien. Frauengruppen haben die Einrichtung eines speziellen internationalen Gerichtshofs zum Schutz der Rechte der Frau, verstärkte Bemühungen seitens der Vereinten Nationen im Kampf gegen die Gewalt gegen Frauen und die Anerkennung der »Geschlechterperspektive« in allen Vereinbarungen über Menschenrechtsfragen gefordert. Zum ersten Mal wurde eine Resolution zur Gleichberechtigung und zu den Menschenrechten von Frauen verabschiedet; die Konferenz erklärte außerdem, sie »begrüße« die Ernennung eines von den Vereinten Nationen bestellten Beobachters, der über die Gewalt gegen Frauen berichten soll.
- Eine Schadenersatzzahlung an die New Yorker Polizistin Karen

Sorlucco in Höhe von 264 242 Dollar, nachdem diese von einem Kollegen mit vorgehaltener Waffe zum Geschlechtsverkehr gezwungen worden war.

Auch auf kultureller Ebene haben sich die Gewichte zugunsten der Frauen verschoben, in wichtigen und nebensächlichen Dingen. In allen Bereichen ist zu sehen, wie Frauen zur traditionell von Männern ausgeübten Macht greifen und sie für ihre Zwecke einsetzen. Überall, in Fernsehen, Sport und Kultur, auf Anzeigen und in Werbetexten sind die amerikanischen Frauen auf dem Vormarsch. Einer Meinungsumfrage zufolge gehen 76 Prozent der Befragten davon aus, daß im 21. Jahrhundert eine Frau Präsidentin der Vereinigten Staaten wird; eine Anzeige der American Medical Association prangert Gewalt gegen Frauen an; die New York City Opera lädt Karen Keltner, eine der wenigen weiblichen Dirigenten, ein, *La Bohème* zu dirigieren; zum ersten Mal sind Nachrichtenmagazine bereit, Frauen nach ihrer Meinung zu tagespolitischen Themen zu fragen; eine neue Talk-Show mit weiblichen Experten läuft an; landesweit erscheinende Zeitschriften wie *Glamour, Vanity Fair* und *Time* bringen Berichte über das »Jahr der Frau« und die »Frauen des Jahres«.
Die gesellschaftlichen Veränderungen zeigen sich auch in subtilerer Weise in der Werbung. Die Modefirma DKNY bringt eine Anzeigenreihe, in der ein weiblicher Präsident zur Amtseinführung begleitet wird. In Werbeanzeigen mit weiblicher Zielgruppe tauchen phallische Objekte auf, freilich anders als bisher. Während solche Objekte früher von den Frauen auf den Anzeigen bewundert, angebetet oder sonstwie gehätschelt wurden, ragen sie jetzt plötzlich aus der Schamgegend der Frauen hervor. »Nicht nur zum Tanzen«, verkündet eine Anzeige der Firma Danskin mit einer muskulösen jungen Frau in Männershorts. Sie streckt den Zeigefinger herausfordernd zwischen den gespreizten Beinen heraus, die anderen Finger sind um zwei ebenfalls zwischen ihren Beinen baumelnde Hemdmanschetten gelegt. Ein anderes weibli-

ches Modell in Cutaway und Hosen wirbt mit einem elfenbeinernen Spazierstock mit schwerem Goldgriff für Hautpflegemittel der Firma Matrix. Die Zigarettenfirma Virginia Slims bringt gleich eine ganze Serie von Frauen mit Phallussymbolen und feministischen Texten. Auf einer Anzeige hält ein Fotomodell in der rechten Hand eine Angel. Die Angel ist in eindeutiger Weise zwischen ihren Beinen befestigt und ragt siegesgewiß steil nach oben, das Fotomodell ist bis auf ein Paar Gummistiefel, die ihm bis zu den Oberschenkeln reichen, nackt. Am unteren Ende der Angel, an den Schenkeln des Modells, baumelt ein hodensackgroßes Ledertäschchen. Der Text – »Frauen haben nichts gegen eine gute Schnur, es kommt nur darauf an, was an ihr hängt« – macht den Zusammenhang von Angelschnur und männlichem Sexualorgan vollends deutlich. In einer anderen Anzeige besteigt eine Frau ein Motorrad. In wieder einer anderen spielt eine Frau mit lustvoll verzücktem Gesichtsausdruck auf einer großen elektrischen Gitarre; die Frau ist im Profil abgebildet, der Gitarrenhals ragt im 45-Grad-Winkel aus ihrer Schamgegend auf. Emily Malcolm von Emily's List ist auf einem Foto mit einer dicken, himmelwärts gerichteten Zigarre im Mund abgebildet. Was hier deutlich wird, ist weniger, daß Frauen unter Penisneid leiden, sondern daß die Inbesitznahme von Symbolen männlicher Autorität und Macht sie mehr beschäftigt als die traditionellen Bilder der Weiblichkeit.
Auch wenn der Anstoß für solche Anzeigen zuweilen eine zynische Aneignung des neuen Feminismus ist oder damit lediglich eine aktuelle Mode aufgegriffen wird, klar ist jedenfalls, daß die Industrie mit Frauen nicht länger nach Belieben verfahren kann, sondern ihre neuen Bedürfnisse erkennen und berücksichtigen muß. Die Experten einer bekannten Werbeagentur aus der Madison Avenue nahmen eine Podiumsdiskussion mit Susan Faludi, Gloria Steinem, anderen Feministinnen und mir auf Video auf, um zu erfahren, was Frauen denken und fühlen und wie sie diesen Gefühlen in ihrer Arbeit Rechnung tragen können.
Der Wandel in der Werbung ging über Frauen mit Phallussymbo-

len hinaus und stellte Konventionen der Frauenwerbung auf den Kopf, die so alt waren wie die Werbung selbst. Die Strumpffirma No-Nonsense warb mit einem halben Dutzend prominenter Frauen, darunter eine Chirurgin, eine Pilotin, ein weiblicher Feuerwehrhauptmann, eine Billard-Meisterin, die Dekanin eines College und eine Börsenmaklerin; das Gesicht der Gouverneurin von Texas Ann Richards war in dem Symbol für Frauenpower zu sehen. George Lois, Chef der verantwortlichen Werbeagentur, erklärte: »No-Nonsense steht für Frauen, die sich nichts vormachen lassen, Frauen, die tüchtig zupacken können.«[27]

Auch auf dem Umschlag von Liebesromanen wurde mit der Tradition gebrochen: Bekleidete Romanheldinnen beugen sich über bewundernd aufschauende, halbnackte Helden. In einer Parfümwerbung plazierte der Designer Gianni Versace ein Modell rittlings auf einem schweren Motorrad; das Modell lehnt sich an einen halbnackten Mann wie an ein Möbelstück, und um sie stehen drei weitere muskulöse Männer, Gesichter und Augen im Schatten, wie sonst nur die Gesichter und Augen von Frauen abgebildet werden.

Boxen kam als Frauensport in Mode, und Boxerinnen zierten oft die Titelseiten der Zeitungen und Zeitschriften. Auf einer Anzeige der Firma Reebok schlägt ein finster dreinblickendes Modell mit dicken schwarzen Boxhandschuhen auf einen 1,80 Meter langen, zylindrischen, oben abgerundeten Dummy ein. Für Revlon posierten Supermodell Claudia Schiffer, perfekt frisiert und mit bandagierten Handknöcheln, und fünf weitere Schönheiten, die noch in den achtziger Jahren völlig ausdruckslos in die Kamera gestarrt hatten. Jetzt waren sie auf gleicher Höhe neben einem männlichen Boxchampion abgebildet, sahen den Betrachter drohend an und schwangen anmutig große, glänzende und mit dem Revlon-Emblem versehene Kampfhandschuhe. Bekannt wurden auch die feministischen Werbekampagnen einiger Sportschuhfirmen wie Nike oder Ryka. Ryka stiftete einen Teil des Gewinns einem Fonds zur Einrichtung eines Frauenhauses.

Der Umbruch der letzten beiden Jahre ist kein ausschließlich amerikanisches Phänomen, auch wenn er in den Vereinigten Staaten am deutlichsten zu spüren ist. Weltweit brechen alte Machtstrukturen zusammen. Selbst in Großbritannien, wo die Wahlergebnisse Frauen noch wenig Anlaß zur Freude bieten, ist eine neue Zeit angebrochen, und Frauen haben in einigen Bereichen entscheidende Siege errungen. Die Polizistin Alison Halford lenkte das Augenmerk auf die Diskriminierung von Frauen bei der Polizei. Eine daraufhin eingesetzte unabhängige Untersuchungskommission fand heraus, daß neun von zehn Polizistinnen von ihren Kollegen sexuell belästigt worden waren.[28] 1992 willigte die Church of England in die Priesterweihe von Frauen ein und beendete damit eine zweitausendjährige Tradition und eine über siebzehn Jahre währende Debatte. Ein britischer Ableger der amerikanischen Frauenorganisation Emily's List wurde gegründet und sofort von Politikern als »weiteres Beispiel des Designer-Feminismus« gebrandmarkt. Die Organisation beabsichtigt, mit jeweils 30000 Pfund Spendeneinnahmen die Kandidatur von zehn Frauen für das Parlament zu finanzieren.

Während Parteien in den Vereinigten Staaten und Australien ihre Wählerinnen umwarben und siegten, konnte die britische Labour Party die Frauen nicht ansprechen und verlor die Wahl. Die Politik der Labour Party zur Umverteilung von Steuerlasten und staatlichen Beihilfen, mit der sie Wählerinnen an sich zu binden suchte, wurde in der Öffentlichkeit kaum zur Kenntnis genommen. Nach der Niederlage wählte die Partei eine Frau zur stellvertretenden Parteivorsitzenden und verabschiedete eine Resolution, wonach Frauen bei der kommenden Wahl die Hälfte der angestrebten Sitze besetzen sollen.

John Major, der konservative britische Premierminister, zog erst mit Verspätung die richtigen Schlüsse aus dem Wahlsieg Clintons. Mit seinem Programm »Opportunity 2000« unternahm er einen Vorstoß, der künftig mehr Frauen den Einzug ins britische Parlament ermöglichen soll, und er verfaßte eine Bürgercharta für Frau-

en. Neil Kinnock, zur Zeit der Wahl Oppositionsführer, wollte Major noch übertreffen und im Fall seiner Wahl ein Ministerium für Frauenfragen gründen; die Abgeordneten der Labour Party müssen mittlerweile bei den jährlich stattfindenden Wahlen zum Schattenkabinett mindestens drei Frauen wählen. Die Geschäftsführer beider Fraktionen sind eifrig bestrebt, die weiblichen Abgeordneten für die Fernsehkameras strategisch günstig in vorderster Reihe zu plazieren. Auch damit buhlen die Parteien um die Gunst der Wählerinnen. Warum diese plötzlichen Gunstbezeugungen? Die Besorgnis der britischen Politiker entspringt denselben Veränderungen im Wählerpotential, die in Amerika den Umbruch ausgelöst haben. Oder wie der *Guardian* schreibt: »Die Tatsache, daß männliche Politiker plötzlich den Feminismus entdecken, hängt natürlich damit zusammen, daß eine wichtige Wahl bevorsteht, bei der mehr Frauen als Männer wahlberechtigt sind.«
In Irland wurde mit Mary Robinson im November 1990 zum ersten Mal eine Frau zur Staatspräsidentin gewählt. Von Beruf Rechtsanwältin, hatte sich Mary Robinson schon seit langem für die Rechte der Frau eingesetzt und für die Freigabe empfängnisverhütender Mittel, das Recht auf Abtreibung, Scheidungsgesetze und die Rechte alleinerziehender Mütter gekämpft. In ihrer Rede zur Amtseinführung sagte sie: »Die Männer und Frauen, die mich gewählt haben, haben für ein neues Irland gestimmt ... Vor allem Frauen haben mich gewählt ... Statt Kinder zu wiegen, haben sie das System in seinen Grundfesten erschüttert.«[29] Mary Robinson hat das Thema des sexuellen Mißbrauchs von Kindern vehement angesprochen und überdies angeregt, den Schwangerschaftsabbruch erneut auf die Tagesordnung zu setzen. 1992 erhitzte in Irland der Fall eines 14jährigen Mädchens die Gemüter. Das Mädchen war angeblich vom Vater einer Freundin vergewaltigt worden, das Berufungsgericht verweigerte ihr jedoch die Ausreise nach England und damit die Möglichkeit zur Abtreibung. Die irischen Frauen machten aus ihrer Empörung über diese Entscheidung keinen Hehl, so daß der irische Oberste Gerichtshof dem

Mädchen schließlich eine Ausnahmebewilligung zur Ausreise nach England gewährte. Regierung und Opposition beschlossen, das in der irischen Verfassung festgeschriebene Abtreibungsverbot zu überdenken.[30] Irland befindet sich zur Zeit in einem wahren Liberalisierungstaumel, was die Frauenpolitik anbelangt. Neue Gesetze werden erlassen, die geschiedenen Frauen ein Recht am Besitz des Mannes garantieren, den freien Verkauf von Kondomen legalisieren und Frauen berechtigen, zum Zweck einer Abtreibung ins Ausland zu reisen. Politische Beobachter schreiben diese Neuerungen vor allem dem »fortgesetzten Erstarken der Frauenbewegung nach der Wahl von Mary Robinson zu«.[31]

In Australien wurde 1991 mit Dr. Carmen Lawrence zum ersten Mal eine Frau zur Premierministerin eines Gliedstaates gewählt. Paul Keating, Premier des Bundesstaates, wußte genau, daß er die nächste Wahl nur mit Hilfe der weiblichen Wählerschaft gewinnen konnte. Er ließ sich deshalb von Senatorin Rosemary Crowley in Frauenfragen beraten. Im Mai 1993 startete er die Kampagne »Women in Australia«, die einen umfassenden Bericht zur Situation der Frau vorlegte und zur Sensibilisierung der Richterschaft für die Benachteiligung von Frauen vor Gericht beitrug.[32] Er gewann die Wahl von 1993, weil er die Wählerinnen umwarb, Frauenfragen ernst nahm und eine umfassende Frauenpolitik betrieb. Die australische Feministin und Autorin Dale Spender schrieb: »Paul Keating gewann die Wählerinnen und damit die Wahl.«[33]

In Kanada wurde mit Verteidigungsministerin Kim Campbell 1993 zum ersten Mal in der Geschichte des Landes eine Frau an die Spitze gewählt. Kim Campbell hatte mit einer »Politik der Einbeziehung« um die Stimmen der Wähler geworben. Wie in den Vereinigten Staaten war auch hier ein Sexualdelikt vorausgegangen, das 1991 hohe Wellen geschlagen und ein günstiges Klima geschaffen hatte: Nach einem umstrittenen Freispruch in einem Vergewaltigungsprozeß war unter kanadischen Frauen ein Sturm der Entrüstung losgebrochen; die Frauen sahen sich durch die kanadischen Gesetze nur unzureichend geschützt. Kim Campbell, damals Justizministerin, setzte sich für die Beseitigung von Diskriminierungen im Strafrecht ein und schlug Veränderungen im Strafgesetzbuch vor, die die Verurteilung von Sexualstraftätern erleichtern sollten.[34]

Die Anhänger Campbells wurden im Wahlkampf 1993 von einem wahren »Campbell-Fieber« gepackt. Die große alte Dame der kanadischen Politik, Flora MacDonald, hatte sich siebzehn Jahre zuvor selbst um den Parteivorsitz der kanadischen Tories beworben, war damals aber chancenlos geblieben, weil die Wähler für eine Frau an der Spitze der Partei noch nicht reif waren. Jetzt sicherte Flora MacDonald der jungen Kandidatin öffentlich ihre Unterstützung zu, was großen Anklang fand. In einem Bericht hieß es: »Viele Tories fürchteten, die Partei würde für immer gezeichnet sein, wenn sie erneut eine Frau ablehnte.«[35]

Campbells Gegner setzten wie die Republikaner in den Staaten auf die falsche Seite und verloren. In den letzten Tagen der heißen Phase des Wahlkampfs versuchten sie, die »Patriarchen« für sich zu gewinnen. Sie schürten Zweifel an der »Charakterfestigkeit« der Kandidatin; ihr Gegenkandidat Charest habe eine attraktive Frau und Kinder, Campbell dagegen sei zweimal geschieden und kinderlos.[36] In ihrer Rede nach dem Wahlsieg nahm Campbell Stellung zu den Warnungen der Charest-Anhänger, Kanada sei nicht reif für eine weibliche Premierministerin. Vor einem Meer von Anhängern, die pinkfarbene Schilder mit der Aufschrift »Kim!« schwenkten, erklärte sie: »Wir als Partei stehen vor einer einfachen Entscheidung: Entweder wir passen uns an die veränderten Verhältnisse an, oder wir werden von ihnen hinweggefegt.« Und auf einer anderen Versammlung verkündete sie unter dem Gelächter der Zuhörerinnen: »In einem chinesischen Sprichwort heißt es, Frauen tragen die Hälfte des Himmels. Das stimmt – die schwerere Hälfte.«

In Norwegen sind unter Führung von Gro Harlem Brundtland, der ersten weiblichen Ministerpräsidentin, sieben von siebzehn Ministern und 50 Prozent der Polizisten Frauen. Ein Gesetz zur

Gleichstellung der Frau wurde verabschiedet, nach dem 40 Prozent aller öffentlichen Ämter mit Frauen besetzt werden müssen. In Kanada wurde auf Druck der Frauen ein Gesetz zur Sicherstellung gleichen Lohns für gleiche Arbeit durchgesetzt. In der Türkei wurde mit Tansu Ciller, der Führerin der Regierungskoalition, zum ersten Mal in der Geschichte des Landes eine Frau Ministerpräsidentin. Ciller, deren Mann bei der Heirat ihren Familiennamen übernahm, setzte ein Programm durch, das ihre Entschlossenheit zur Stärkung der Rechte von Frauen widerspiegelt.[37] In ihrer Rede zum Amtsantritt sagte sie: »Wir haben gemeinsam der Geschichte der Türkei eine neue Richtung gegeben.«[38] In Italien haben Vorschläge, das Abtreibungsgesetz zu verschärfen, Berichte über Vergewaltigungen bosnischer Frauen und der Vorschlag, verheiratete Frauen sollten sich mit der Zahlung von Sozialhilfegeldern anstelle eines Berufes zufriedengeben, zu einem Wiederaufleben des Feminismus geführt.[39] In Spanien versuchte Oppositionsführer José Maria Aznar von der Volkspartei 1992 den »Hillary-Faktor« für sich zu nutzen, indem er seine Frau Ana Botela für seine politischen Zwecke einsetzte. Die im öffentlichen Dienst tätige Anwältin ist Mitte Dreißig und wird in der Presse oft mit Hillary Rodham Clinton verglichen.

Auf kultureller Ebene und auf der Ebene der Werbung haben sich international ebenfalls die Gewichte zugunsten der Frauen verschoben. In Europa gibt der italienische Reifenhersteller Pirelli angeblich 20 Millionen Pfund für eine neue Werbekampagne aus, in der Sharon Stone ihren männlichen Chauffeur auf den Rücksitz verweist und selbst das Steuer übernimmt. Die Ausstellerfirmen der Britischen Internationalen Automobilausstellung verzichten darauf, wie bisher leichtgeschürzte Modelle auf ihre Luxuskarossen zu setzen, seit Untersuchungen zeigen, daß die Zahl der weiblichen Autokäufer viermal so schnell wächst wie die der männlichen.[40]

Warum zähle ich das alles auf? Haben die politischen Parteien sich auf einmal zum Feminismus bekehrt? Hat die Werbeindustrie ihren Irrtum eingesehen? Natürlich nicht. Ich stelle nur fest, was für einen großen Einfluß Frauen haben, wenn sie erst ihre Stimme erheben. Und ich weise darauf hin, was wir alles in organisierten, gemeinsamen Aktionen erreichen könnten, wenn wir schon so viel durch spontanes und nicht organisiertes Handeln erreicht haben.

Bisher haben Frauen angesichts ihrer Diskriminierung oft gefragt: »Was soll ich denn tun? Ich kann sowieso nichts ändern.« Die Ereignisse von 1992 haben viele neue Antworten auf diese Frage geliefert. Angesichts der politischen und kulturellen Veränderungen der letzten Zeit kann man behaupten, was zunächst vielleicht lächerlich oder theoretisch klingen mag: Die Frauen haben in diesem Land bereits das Sagen, und sie haben auch die Macht, die für ihre Gleichberechtigung notwendigen Bedingungen durchzusetzen.

Die erste Lektion der vergangenen Ereignisse lautet: Es ist von größter Wichtigkeit, daß Frauen ihre Meinung laut sagen. Frauengruppen betonen das schon seit Jahren, aber die Frauen insgesamt müssen aus dem Umbruch der letzten Jahre lernen, daß sie ihre Lebensbedingungen entscheidend verbessern können, wenn sie den einen simplen und doch schweren Schritt wagen, der ihrer ganzen Sozialisation als Frauen so sehr widerspricht: Sie müssen daran glauben, daß ihre Meinung zählt.

Die zweite Lektion steht der weiblichen Sozialisation ebenfalls konträr entgegen: Frauen müssen sich zu dem Geld, das sie verdienen, bekennen und es bewußt einsetzen. Emily's List, die Frauenorganisation der Demokraten, stellt Befürworterinnen einer liberalen Abtreibungsgesetzgebung das Startgeld für eine Kandi datur zur Verfügung und hat es 1992 geschafft, mit nur 6,2 Millionen Dollar fünfundzwanzig Nachwuchspolitikerinnen zum Erfolg zu verhelfen. Diese Summe wurde von weniger als 100000 Spendern aufgebracht. Die fünfundzwanzig neuen Politikerinnen und das hinter ihnen stehende Spendenaufkommen schafften ein neues Klima des Respekts für Frauen als politische Handlungsträger in eigener Sache. Die Bedingungen zur Gleichstellung der Frau herbeizuführen kann so einfach sein wie das Atmen, wenn die Frauen nur erkennen, daß »die Bewegung« nichts Abgehobenes ist und sie nicht gängeln will, sondern daß sie selbst die treibenden Kräfte der Veränderung sein müssen.

Es gibt in den Vereinigten Staaten gegenwärtig knapp 100 Millionen erwachsene Frauen. Die 6,2 Millionen Dollar, die bereits so nachhaltig zu einer Veränderung des politischen Klimas geführt haben, machen umgerechnet lediglich sechs Cents pro Frau aus. Wenn dieser geringe Betrag 25 neue Politikerinnen an die Macht bringen konnte, könnten 6 Dollar pro Frau, also insgesamt 600 Millionen Dollar, 2500 Nachwuchspolitikerinnen zu einem Amt verhelfen.

Dasselbe Ergebnis bekämen wir, wenn nur jede zweite Frau 12 Dollar, jede vierte 24 Dollar oder jede achte 48 Dollar spenden würde. Für den Preis von vier Paar Feinstrumpfhosen im Jahr könnten die besserverdienenden Amerikanerinnen für sich und die anderen amerikanischen Frauen eine überparteiliche Kasse einrichten und den Frauen zur Gleichstellung vor dem Gesetz und zu einer politischen Macht verhelfen, die im Jahr 2000 niemand mehr ignorieren könnte.

Zuweilen eilt die Geschichte dem Bewußtsein der Menschen voraus. Frauen wissen vielleicht theoretisch, was gut für sie ist, können das aber noch nicht in die Praxis umsetzen. Die von mir genannten drei Punkte erfordern eine Veränderung der weiblichen Psyche. Wir sind zwar noch weit von diesem Ziel entfernt, aber ein Anfang ist gemacht. Bestimmte Entwicklungen in der weiblichen Psychologie haben den Weg für den Umbruch der letzten Jahre geebnet.

Frauen lernen den Sieg denken

Der Umbruch war nur möglich, weil Frauen sich allmählich an drei Bewußtseinshaltungen gewöhnen, die ihnen lange fremd waren: nach politischer Vergeltung für das an ihrem Geschlecht begangene Unrecht zu streben, Anspruch auf eigenes Geld zu erheben und es für ihre Zwecke zu verwenden, und sich die Mentalität des Siegers statt des Verlierers zu eigen zu machen.

Angeregt von Büchern und Filmen, hatte die Mehrheit der Frauen schon vorher begonnen, sich mit weiblichen Rachephantasien, der Macht des Geldes und weiblicher Überlegenheit vertraut zu machen und damit zu experimentieren. Dies war eine notwendige Voraussetzung für den entscheidenden Durchbruch. Paradoxerweise distanzierte sich der Opfer-Feminismus um so entschiedener von dem neuen Bewußtsein, je begeisterter Frauen damit experimentierten.

Während sich die Phantasie vieler Frauen mit Bildern ihrer neuen Macht beschäftigte, produzierte die feministische Bewegung nach wie vor die falschen Bilder: Bilder der Hilflosigkeit, des Schweigens, des Schmerzes und der Niederlage. Der Fernsehsender Lifetime TV rief die amerikanischen Wählerinnen mit einer Anzeige zum Urnengang, in der eine Frau ohne Mund zu sehen war. Die Frauenrechtsorganisation NOW verteilte Kleiderbügel an ihre Anhängerinnen, die künftig zu Demonstrationen für das Recht auf Abtreibung mitgebracht werden sollten; die Kleiderbügel sollten an Todesfälle durch illegale Abtreibungen erinnern. Die Aktivistinnen des Fund for the Feminist Majority verteilten an ihre

Spender Armbänder, auf denen der Name Becky Bell und das Geburts- und Sterbedatum des Mädchens eingraviert waren (Bekky Bell war nach einem verpfuschten Schwangerschaftsabbruch gestorben). Außerdem riefen sie Frauen dazu auf, so lange ein Armband mit der Aufschrift »Weltweit stirbt alle drei Minuten eine Frau« zu tragen, bis die Gesetze gegen die Abtreibung aufgehoben würden. Frauenorganisationen, die zu Spenden aufriefen, malten stets die drohende Katastrophe an die Wand und nicht den möglichen Triumph.

Solche Bilder und Appelle konnten die Phantasie der Frauen nicht in dem Maß beflügeln wie die neuen, kraftvollen Bilder. Ein Grund dafür ist, daß Frauen zu oft in der Opferrolle dargestellt wurden; sogar Jeans und Platten wurden damit verkauft, und die entsprechenden Symbole haben jegliche Durchschlagskraft eingebüßt.

Aber es gibt noch einen zweiten, schwerwiegenderen Grund. Frauen sind an einem Punkt ihrer Geschichte angelangt, an dem sie nicht mehr ständig an ihre Unterdrückung erinnert werden wollen. Mit Appellen an ihre Kraft, ihre Stärke und ihr Verantwortungsgefühl erreicht man inzwischen viel mehr, zumal die neuen Bilder weiblicher Stärke auf alte Archetypen zurückgehen: auf Diana, Schützerin und Rächerin der Frauen, auf die Königin von Saba, Herrscherin über Reichtum und Macht, und auf Nike, die weibliche Personifikation des Sieges. Diese Archetypen verkörperten die neuen Eigenschaften, die Frauen sich anzueignen versuchten: die Entschlossenheit, sich gegen Unrecht zur Wehr zu setzen, das Bekenntnis zum Geld und zur Macht, die man mit Geld kaufen kann, und jene unbeschwerte Zuversicht, die der Gewißheit des Sieges entspringt. Es mag überraschen, daß in einem politischen Buch über die Macht solcher »Urbilder« gesprochen wird. Ich bin jedoch davon überzeugt, daß nicht nur das individuelle Unbewußte in der Lage ist, die von C. G. Jung beschriebenen Urbilder zu erkennen und auf sie zu reagieren, sondern auch das kollektive oder politische Unbewußte. Geschichte ereignet sich nicht nur auf materieller oder pragmatischer Ebene.

Sie ereignet sich heute wie früher im Wechselspiel mit Geschichten, Traumbildern, Helden und Mythen. Große Politiker und Führer der Menschheit verstehen es, Geschichten zu erzählen und Symbole zu verwenden, die sowohl das Unbewußte des Menschen ansprechen als auch die aktuelle Lage deuten. So gesehen kann eine Anzeige der Modefirma DKNY genausoviel oder sogar noch mehr zum historischen Fortschritt der Frauen beitragen wie der Gleichberechtigungsartikel der Verfassung.

Vergeltung: das Diana-Prinzip

Im römischen Mythos von Diana und Actaeon badet die jungfräuliche Göttin der Jagd zusammen mit ihren Dienerinnen auf einer Lichtung im Wald. Der sterbliche Actaeon, ein Jäger, erblickt die nackte Göttin, und statt sich respektvoll zurückzuziehen, tut er, was er bei einer sterblichen Frau auch getan hätte: Er sieht der Ahnungslosen aus einem Versteck beim Baden zu. Diana entdeckt ihn und verwandelt den Unglücklichen in einen Hirsch. Der Jäger wird zur Beute seiner eigenen Hunde, die sich auf ihn stürzen und ihn zerfleischen.

Die blutige Fabel mit ihrer ausgleichenden Gerechtigkeit spricht wie alle Mythen eine zentrale Erkenntnis über die ewigen Opfer der Geschichte aus: Solange sie noch einen Rest Selbstachtung besitzen, haben sie in ihrem tiefsten Inneren den Wunsch, sich für die erfahrene Beleidigung und Unterdrückung zu rächen, und dieser Wunsch wird bewußt und dringt an die Oberfläche, wenn die Umstände es zulassen.

Im Jahr 1991 war mit Callie Khouris *Thelma und Louise* zum ersten Mal eine detailliert durchgespielte weibliche Rachephantasie auf der Leinwand zu sehen. Der Film löste einen Schock aus. Die Kritik richtete sich vor allem gegen den Kugelhagel, in dem der Vergewaltiger stirbt, und die Szene, in der zwei weibliche Gangster einen lüsternen Lastwagenfahrer in die Luft jagen; das weibliche Publikum dagegen amüsierte sich köstlich. Die Frauen applaudierten nicht der Gewalt, denn nackte Gewalt wirkt nicht befreiend, sondern jenem Teil ihrer selbst, der nicht mehr gewillt war, alles hinzunehmen.

Im gleichen Jahr stand mit dem Roman *Der Club der Teufelinnen* von Olivia Goldsmith eine weitere weibliche Rachephantasie monatelang auf den Bestsellerlisten. Drei vernachlässigte und gedemütigte Ex-Ehefrauen einflußreicher Männer wollen sich für das erlittene Unrecht an ihren Männern rächen. Einer der Männer hat seine Frau um ihr Vermögen gebracht, zwei haben eine Geliebte gehabt, einer von ihnen hat seine Frau geschlagen.

Die drei Frauen sind zunächst depressiv und voller Selbstmitleid, und sie verbergen ihre Wut hinter selbstzerstörerischen Neigungen. Eine trinkt, die zweite ißt pausenlos, die dritte fühlt sich als Märtyrerin. Als eine gute Freundin der drei Selbstmord begeht und in ihrem Abschiedsbrief schreibt, sie sei von ihrem Mann geschlagen worden, schreiten die drei Frauen zur Tat.

Sie gründen einen Club, eine Art Aktionskomitee geschiedener Frauen. Anfangs hoffen sie noch, sich in der Gruppe gegenseitig helfen und mit sich und ihrer Wut ins reine kommen zu können. Aber dieser Wunsch erfüllt sich nicht, und sie fassen einen pragmatischen Plan mit dem Ziel, ihre Männer angemessen für das erlittene Unrecht zu bestrafen.

Gemeinsam setzen sie ihre Mittel ein: Geld, Aktienkapital, vertrauliche Informationen und soziale Kontakte. Sie nutzen die Instrumente der Herrschenden, um ihre Widersacher zu Fall zu bringen. Eine schaltet eine Anwältin ein, in die sie sich zu ihrer eigenen Überraschung verliebt, und verklagt den eigenen Exmann wegen Veruntreuung ihres Eigentums. Die zweite macht die sexuellen Verfehlungen ihres Gatten publik und zerstört damit dessen Karriere. Die dritte spricht auf einem Wohltätigkeitsball über den Mann, der ihre tote Freundin mißhandelt hat. Allmählich merken die drei Frauen, daß Macht ihnen guttut. Die Alkoholikerin hört mit dem Trinken auf, die Freßsüchtige wird gesund und kann wieder mit ihrer Sexualität umgehen. Zuletzt sind die Männer die Gedemütigten, die Frauen die Sieger. Und die Moral des Ganzen? »Die Männer, die großen, mächtigen, furchteinflößenden Männer waren genau besehen gar nicht so stark und unbesiegbar. Sicher, sie waren die Richter, die Verbrecher, die Industriellen, aber vielleicht konnte man sie ja mit ihren eigenen Waffen schlagen.«

Geld und Macht: das Saba-Prinzip

Im Alten Testament taucht an zwei Stellen eine weise und mächtige Frau auf: die Königin von Saba. Sie stattet mit großem Gefolge und vielen Geschenken König Salomo einen Besuch ab, der als der weiseste Herrscher des Ostens gilt. Ihre Macht und ihr Reichtum verschaffen ihr Zugang zu seinem Hof und ermächtigen sie, die Weisheit des Königs zu überprüfen und den höchsten männlichen Herrscher zur Rechenschaft zu ziehen. Der König begegnet ihr mit Ehrerbietung, nicht nur wegen ihres Reichtums und ihrer Macht, sondern wegen der intelligenten Fragen, die sie ihm stellt. Der »Reichtum« der Königin von Saba war möglicherweise durchaus real, aber in erster Linie ist er metaphorisch gemeint. Er steht für jene Macht, derer sich Frauen bedienen, um sich die Achtung ihrer Umwelt und die Beachtung durch die Großen dieser Welt zu verschaffen. Die Königin von Saba verkörpert das Prinzip weiblicher materieller Macht und Politik.
Frauen haben kein mit positiven Gefühlen besetztes Vokabular für Geld, und das hat meiner Ansicht nach mehr als alles andere dazu beigetragen, Frauen politisch zu neutralisieren. Während viele der großen Männerschicksale von der engen Beziehung der Männer zu irgendwelchen Reichtümern handeln, haben Frauen auch in der erzählenden Literatur kaum ein Verhältnis zum Reichtum und tauchen selten dort auf, wo ein Vermögen gewonnen oder verspielt wird. Während der Reaktion der achtziger Jahre begannen Frauen vom Geld zu träumen und zu phantasieren, was nicht als

Fixierung aufs bloße Geldverdienen, als Habgier oder als Materialismus verstanden werden darf. Vielmehr erfahren Frauen hier erstmals jenes Gefühl von persönlicher Bedeutung, von Wahlmöglichkeit und Macht, wie es durch das Geld symbolisiert wird. Während Feministinnen sozialistischer Prägung weiterhin jeden Kommerz ablehnten, träumte die Mehrheit der Frauen von dessen aufregenden Herausforderungen und Risiken. Bis vor kurzem wurde in der Frauenliteratur in vielen Variationen immer wieder eine Geschichte erzählt: Ein armes junges Mädchen bringt es durch Heirat mit einem reichen Mann zu Wohlstand und Ansehen. Das ist das Grundmuster von Aschenputtel und unzähligen anderen Märchen; die bescheidene Herkunft der Heldin und der Reichtum des Helden sind auch unverzichtbarer Bestandteil vieler Liebesromane.

Hier zeichnet sich ein Wandel ab. In den populären Frauengeschichten der achtziger und neunziger Jahre steigen Frauen nicht mehr durch Heirat auf, sondern durch eigene Kraft. In verschiedenen Frauenmagazinen konnte man 1993 folgende Werbung für Schmuck lesen: »Ich erinnere mich noch gut daran, wie Mutter sagte, Mädchen dürften sich ihren Schmuck nicht selbst kaufen. Aber das ist lange her. Heute bestimme ich selbst, was ich mache. Und belohne mich selbst. Zum Beispiel mit diesem wunderschönen goldenen Ring von Keepsake. Er sieht gut aus und fühlt sich gut an ... Und am besten gefällt mir, daß ich meine Initialen habe eingravieren lassen. Jetzt gehört er nur mir allein. Selbst Mutter fand das gut. Ihr Verlobungsring war auch von Keepsake.« Gold ist hier ein Symbol dafür, daß Frauen für sich selbst sorgen können, eine Aufgabe, die zur Zeit der Mutter der Sprecherin noch ein Mann übernehmen mußte.

Für viele Themen, die in den letzten Jahren aktuell wurden, gibt es Vorläufer. In Margaret Mitchells bekanntem Epos *Vom Winde verweht* steht der unschuldige Engel Melanie der temperamentvollen Hexe Scarlett gegenüber. Melanie ist bescheiden, duldsam, prüde und gut, in einem Wort, gräßlich; Scarlett dagegen ist eitel, erotisch, machthungrig und böse, in einem Wort, wunderbar. Die Geschichte handelt von Reichtum, Kränkung, Vergeltung und Scarletts Entschlossenheit, sich aus ihrer Not zu befreien und den geliebten Familiensitz Tara zu halten. Nach den Wirren des Bürgerkriegs kann Scarlett sich mit ihrem selbsterwirtschafteten Geld sogar Macht über ihre Gegner verschaffen und sich an ihnen rächen: In dem von ihr klug und umsichtig geführten Sägewerk findet nicht nur der für sie unerreichbare Ashley, das Objekt ihrer unerwiderten Liebe, Beschäftigung; der Betrieb verschafft ihr auch so viel gesellschaftlichen Einfluß, daß alle, die sie bisher verachtet haben, sie jetzt zähneknirschend akzeptieren müssen. Scarlett findet zwar nicht die Liebe fürs Leben, aber sie hat sich ihre kleine Welt aus eigener Kraft aufgebaut.

Die in dieser Geschichte in Ansätzen vorhandenen Merkmale kamen in den achtziger Jahren vollends zur Geltung. In der Frauenliteratur trat ein neues Handlungsmuster zutage, in dem es die Heldin und nicht ihr Mann zu Reichtum bringt. Auf der Bestsellerliste für Frauenliteratur stand damals etwa Judith Krantz mit *Skrupel*. Die Protagonistin des Buches entstammt einer gemischtfarbigen Ehe, arbeitet zunächst als Prostituierte und hat sich am Ende des Romans zur Besitzerin einer internationalen Warenhauskette emporgearbeitet. Jackie Collins hat in ihrem Buch Lucky Boss eine ähnliche Erfolgsgeschichte einer Frau gezeichnet. In Ivana Trumps *For Love Alone* arbeitet sich eine arme tschechische Einwanderin zu einer international erfolgreichen Geschäftsfrau empor.

Kritiker nannten diese Bücher verächtlich »Einkaufs-Romane«, weil in ihnen großer Wert auf Statussymbole wie modische Kleider, wertvollen Schmuck und elegante Möbel gelegt wird. Aber die Bücher wollten ihren Leserinnen nicht einfach zur Flucht aus der Realität in eine bessere Welt verhelfen. Sie bereiteten sie psychologisch besser auf die »Realität« vor als der Opfer-Feminismus, der sich immer mehr in vage und machtfeindliche Utopien zurückzog. Die Bücher zeigten, wie eine Frau im Geschäftsleben erfolgreich sein, sich an ihren Vorgesetzten für begangenes Unrecht rächen und ihre Macht geschickt nutzen kann. In vielen dieser Geschichten ist es eine arme oder aus der Unterschicht stammende junge Frau, die die Leiter des beruflichen Erfolgs hinaufklettert; die zusätzlichen Vergünstigungen des Erfolgs – Liebe, Reichtum und sozialer Aufstieg – sind nicht als Wert an sich wichtig, sondern als schönes äußeres Zeichen des Erfolgs der Heldin in dem von ihr gewählten Beruf.

Auch in einer Reihe von Kinofilmen wurden Frauen vorgestellt, die es in der Welt zu Macht und Reichtum bringen. In *Baby Boom – Eine schöne Bescherung* aus dem Jahr 1987 spielt Diane Keaton eine Frau, die aus dem frauen- und kinderfeindlichen Berufsleben aussteigt und in Vermont mit dem Verkauf von Babynahrung ein Vermögen macht; Feministinnen lehnten den Film ab, bei den anderen Frauen fand er großen Anklang. In *Thelma und Louise* wird beschrieben, wie erfolgreich Geena Davis in ihrem neuen Beruf als Diebin ist. In *Die Waffen der Frauen* rächt sich die aus einfachen Verhältnissen stammende smarte und ehrgeizige Sekretärin Melanie Griffith an ihrer arroganten Vorgesetzten Sigourney Weaver, die ihre Ideen geklaut hat; sie übernimmt deren Kleider, Freund und Arbeit und landet zuletzt in einem Büro mit eigener Sekretärin. In *Grüne Tomaten* trotzen zwei Freundinnen dem bösen Ehemann der einen Frau und eröffnen gemeinsam ein Restaurant. Auch in zahlreichen Fernsehserien tauchten erfolgreiche Frauen auf, die beim Publikum großen Anklang fanden.

Beliebte Frauen der Unterhaltungsbranche waren in den achtziger Jahren die Sängerin Madonna, die Produzentin, Aktivistin, Schauspielerin und Sängerin Barbra Streisand, das Fernseh-Multitalent Roseanne Barr, die Talk-Show-Moderatorin Oprah Winfrey und die Schauspielerin Jodie Foster. Als Größen des Showgeschäfts allseits bewundert, wurden sie für Frauen besonders attraktiv, als sie ihre eigenen Produktionsfirmen gründeten, Verträge über 60 Millionen Dollar abschlossen und eigene Filme drehten. Presseberichten nach zu urteilen, sind die weiblichen Fans vor allem von den hohen Summen der Verträge fasziniert und von der Art, wie diese starken Frauen mit reichen Männern um Macht und Führungskompetenz verhandeln, weniger von ihrem Liebesleben oder ihren Schlankheitskuren.

Die Lifestyle-Unternehmerin Martha Stewart, die Modeschöpferin Donna Karan und die Gründerin der Body-Shop-Kette Anita Roddik sind weitere Personifikationen der machtbewußten Karrierefrau. Sie wurden nicht deshalb zu Idolen für andere Frauen, weil sie in einem von Männern dominierten Bereich zur Spitze aufgestiegen sind, sondern weil sie es verstanden haben, aus Dingen wie Aussehen und Sauberkeit, die man ganz selbstverständlich von Frauen erwartet, eine Menge Geld zu machen. Nicht die Produkte sind es, die ihre Anhängerinnen interessieren, sondern der Weg, auf dem diese Frauen es zu ihren Firmenimperien gebracht haben.

Die Mediengeschichte zweier Frauen, Prinzessin Diana und Ivana Trump, zeigt, wie das neue Prinzip weiblicher Stärke sich durchsetzt. Beide Frauen verdanken ihren Aufstieg nicht einer Heirat, sondern der Scheidung. Prinzessin Dianas Geschichte beginnt 1981 mit der Märchenhochzeit der schüchternen, jungfräulichen Braut, einem Aschenputtel aus der Zeit vor dem Feminismus, dessen Leben vom Kuß eines Prinzen abhing. Nach Erscheinen von Andrew Mortons Biographie »stürzte« sie aus ihrer einsamen Höhe und wurde eine Sterbliche, gefangen in der Ehe mit einem fremdgehenden Mann wie andere Frauen. Nach der Trennung von Prinz Charles 1993 wurde sie plötzlich wieder in Frauenzeitschriften gefeiert, denn sie war in Gestalt der nüchternen, tatkräftigen Rächerin wiedererstanden. Sie hatte sich zur Managerin ihrer selbst gemacht und vermarktete ihr »Produkt« so geschickt, daß sie mittlerweile stark genug ist, um es selbst mit einem der wohlhabendsten und einflußreichsten Unternehmen Europas aufzunehmen, dem britischen Königshaus.

Prinzessin Diana war wie die gleichnamige Göttin zunächst ein Opfer: Jahrelang hatten die internationalen Medien sie gejagt. Daß sie die Meute von der Presse zuletzt auf ihren Mann umlenkte, verhalf ihr in den Augen der Frauen zu neuem Ansehen. Und als sich die schüchterne Jungfrau der frühen achtziger Jahre in eine selbstbewußte Fürsprecherin von Aids-Opfern und mißbrauchten Kindern verwandelte, fand sie sogar den Beifall skeptischer britischer Feministinnen.

Ivana Trump machte einen ähnlichen Wandlungsprozeß durch und wurde zu einer Symbolfigur für Frauen. Vor ihrer Scheidung 1991 mußte sie als Ehefrau schlimmste kapitalistisch-sexistische Demütigungen ertragen. Als Bezahlung für die Führung des Kasinos in Atlantic City bekam sie »einen Dollar pro Jahr plus alle Kleider, die sie tragen konnte«; außerdem unterzog sie sich einer Ganzkörper-Schönheitsoperation, um für ihren fremdgehenden Ehemann wieder attraktiv zu werden. Als ihr Mann sie dann trotzdem wegen einer zwanzig Jahre jüngeren Frau sitzenließ, brach Ivana nicht zusammen. Sie ließ sich für das Titelblatt von *Vogue* ablichten, begann unter anderem ein zweites Buch über finanzielle Management-Strategien für Frauen und stieg so in den Augen vieler Frauen wie ein Phönix aus der Asche. Die Sympathien und Rachegelüste vieler sorgten übrigens auch dafür, daß das Ansehen ihres Exmannes Donald Trump drastisch sank.

Solche Erfolgsgeschichten von Frauen und die dahintersteckende psychische Leistung dürfen keinesfalls mit der amoralischen Gewinnsucht der Yuppie-Generation der achtziger Jahre verwechselt werden. Sie zeigen vielmehr, daß Frauen sich nicht mehr damit begnügen, ihr eigenes Leben in den Griff zu bekommen, sondern es wagen, Entscheidungen zu treffen, die das Leben anderer berühren, und sich damit in die Geschicke der Welt einzumischen.

Die Schicksale der genannten Frauen in Literatur und Wirklichkeit sind weibliche Varianten der klassischen Erfolgs-Story des armen Tellerwäschers, der zum Millionär aufsteigt. Die Geschichten von Unternehmerinnen, Arbeiterinnen und Akademikerinnen fördern einen lange verschütteten Teil der weiblichen Psyche zutage, der ungestraft mit Ehrgeiz, Können und Reichtum experimentieren will.

Sieg: das Nike-Prinzip

Als ich Frauen, die dem Feminismus gegenüber kritisch eingestellt sind, fragte, wie ein Feminismus aussehen müßte, den sie bejahen könnten, zitierten sie häufig einen Satz aus der Werbung der Sportschuhfirma Nike: »Tu's einfach!« Die Firma war beim Verkauf von Sportschuhen in den letzten Jahren geschickter und erfolgreicher als der Feminismus bei der Werbung neuer Anhänger. Für Frauen und ihre Politik ist das Bild der Göttin Nike ungleich attraktiver als das Lieblingsbild des Feminismus, die verstümmelte Amazone.

Werbefachleute spinnen zuweilen, aber sie sind selten dumm, und »Nike« bedeutet natürlich »Sieg«. In der Vorstellungswelt der Frauen trat in den achtziger Jahren eine Qualität zutage, deren Symbol die griechische Göttin des Sieges ist. Die bekannteste Statue der Göttin, die »Nike von Samothrake« im Pariser Louvre, ist ein schönes Sinnbild der Macht, die ich meine: Sie ist so stark, daß niemand es wagen würde, sie zu beleidigen, aber zugleich strahlt sie eine solche Anmut aus, daß der Betrachter eher bezaubert als eingeschüchtert ist. Im Unterschied zum Lieblingssymbol der letzten Feminismuswelle, der Amazone, die in einer Frauengesellschaft lebt und sich die rechte Brust abschneidet, um ihre Waffe besser handhaben zu können, läßt sich die Siegesgöttin nicht vom Geschlechterkrieg aufzehren, sondern steht im Glanz ihrer Macht souverän darüber. Macht und Weiblichkeit sind in ihr versöhnt; sie widersprechen sich nicht, sondern ergänzen und verstärken sich gegenseitig. Die breiten kraftvollen Flügel sind genauso ein Teil der Göttin wie ihre weichen, nur leicht verhüllten Brüste.

Vor dem Umbruch waren Frauen nur selten in Siegerpose zu sehen, und wenn sich doch einmal die Gelegenheit dazu bot, wurde der Stolz auf den Sieg durch die verschiedensten Umstände getrübt, etwa dadurch, daß in der Presse nur von ihrer Kleidung oder ihrer sexuellen Ausstrahlung die Rede war. Die Opposition weiß ganz genau, wie gefährlich anregend und berauschend ein solches Glücksgefühl sein kann.

Nach 1991 dagegen sah man plötzlich überall Bilder von Frauen in Siegerpose. Penny Marshalls Erfolgsfilm *Eine Klasse für sich* von 1992 handelt von einer Frauen-Baseballmannschaft der vierziger Jahre. Das Publikum war begeistert von den Baseballspielerinnen, die sämtliche Tricks beherrschten, hinter dem Rücken mit einer Hand Bälle fingen und ihre Gegenspielerinnen mühelos austricksten, kurz gesagt, von Frauen, die mit allen Mitteln siegen wollten und auch siegten. In *Terminator 2 – Tag der Abrechnung* kämpft Linda Hamilton gegen ein Maschinenwesen, in *Alien 3* hat Sigourney Weaver einen Mutanten als Gegner; in beiden Filmen siegen schließlich die Frauen. In Whoopi Goldbergs Filmkomödie *Made in America* kämpft eine schwarze High-School-Schülerin um gute Noten in den naturwissenschaftlichen Fächern; sie wird am Ende mit dem renommierten Westinghouse-Stipendium ausgezeichnet und bekommt so die Möglichkeit zum Studium am Massachusetts Institute of Technology; bei der Preisverleihung auf dem Abschlußfest der High-School steht die schwarze Stipendiatin auf der Bühne, ein Rap-Chor singt ihr ein Hosianna, ihre Freundinnen tanzen um sie herum, und eine tausendköpfige jubelnde Menge wiegt sich mit erhobenen Armen im Rhythmus.

Die Vorstellung, von einer jubelnden Menschenmenge umringt und gefeiert zu werden, begleitet Jungen ein Leben lang, während von Mädchen erwartet wird, daß sie solche Träume vergessen. Als dann aber solche Bilder zu sehen waren, Bilder von Frauen, die nicht den Mann ihrer Träume ergattert, sondern den »Sieg ihrer Träume« errungen hatten, konnten die Frauen gar nicht genug bekommen. Die Modeschöpferin Donna Karan wußte genau, was sie tat, als sie eines ihrer Mannequins wie einen Präsidenten anzog und durch einen Konfettiregen schreiten ließ.

Die Bilder des Umbruchs: Rache, Geld und Sieg

Frauen begnügten sich jedoch nicht damit, sich nur in ihrer Phantasie solchen Bildern hinzugeben. Die Bilder wurden übermächtig und drangen in die Welt der politischen Realität ein. Dort wirkten die drei Prinzipien öffentlichkeitswirksam zusammen, was zu jener Kette von Ereignissen führte, die den großen Umbruch einleiteten.

In einer mediengesättigten Welt können Bilder nicht nur die Geschichte beeinflussen, sie sind zugleich selbst Geschichte. Bilder können mit einem Schlag unsere Wahrnehmung bestimmter Probleme völlig verändern und Ansatzpunkte einer Lösung bieten. Die ersten Bilder der Erde aus dem All zeigten eine kleine blaue Murmel, auf der es keine Ländergrenzen gab. Auf einmal begriffen wir, in welcher Bedrohung wir lebten und daß unser labiles Ökosystem nur durch länderübergreifende Maßnahmen geschützt werden konnte. Die 1972 in der Zeitschrift *Life* erstmals abgedruckten Aufnahmen eines Fötus im Mutterleib beeinflußten die Gesetzgeber in ihrer Entscheidung, wann denn nun menschliches Leben beginne und damit geschützt werden müsse. Der winzige Daumen in dem noch gar nicht voll ausgebildeten Mund des Fötus verhalf der Anti-Abtreibungsbewegung zu einer eindrucksvollen Bildersprache, der sie sich bis heute lieber bedient als der Sprache des Wortes.

Auch eine Reihe von Fotografien veränderten in den Jahren 1991 und 1992 das Selbstbild der Frauen; wie in den genannten Filmen waren es keine Bilder von Frauen in der Opferrolle.

Die ersten dieser Fotos tauchten im Zusammenhang mit der Diskussion um den Einsatz weiblicher Soldaten im Golfkrieg auf. Die Diskussion um den Einsatz von Frauen im Militär schärfte das Bewußtsein aller Frauen für die Frage der Gleichberechtigung der Frau im öffentlichen Leben und stärkte das Gefühl, einen berechtigten Anspruch darauf zu haben. Gleichzeitig konnten sich die Frauen beim Anblick von Geschlechtsgenossinnen in Uniform auf

einmal vorstellen, was bisher unvorstellbar gewesen war: daß sie bei anderen Menschen nicht nur Liebe und Sympathie, sondern auch Respekt, ja sogar Angst hervorrufen konnten.
Die Medien mußten natürlich positiv über den Kriegseinsatz der Soldatinnen berichten, weil die Nation auf sie angewiesen war. Zur Verbesserung des Images der Frauen trug jedoch nicht nur der respektvolle Ton der Berichterstattung bei, sondern auch die Sachlichkeit, mit der die Soldatinnen selbst über ihre Arbeit sprachen. Solche Eindrücke paßten nicht mehr zu dem bisher gängigen Klischee, nach dem eine Frau, die anderen körperlichen Schaden zufügt, entweder eine Heilige oder eine Teufelin ist, eine Jeanne d'Arc oder eine Medea, mit der sich andere Frauen unmöglich identifizieren können. Die Soldatinnen wurden nicht nur beim Kampfeinsatz gezeigt, sondern auch zu Hause im Kreis der Familie. Dort nahmen die heimkehrenden Kämpferinnen ihre Kinder in den Arm und wurden von liebenden Gatten begrüßt. Sie waren keine Ungeheuer. Diese Offenbarung ließ Frauen auch politisch bislang Undenkbares denken.
Eines dieser Bilder zierte den Umschlag der Zeitschrift *Life.* Eine sommersprossige rotblonde Soldatin lächelt fröhlich in die Kamera; im Kampfanzug sieht sie etwas klobig, aber trotzdem attraktiv aus; im Arm hält sie ein Maschinengewehr. Mit einem Mal war eine blonde Scharfschützin vorstellbar geworden, und die Vorstellung schien nicht einmal besonders aufregend. Eine Frau, die Bomben abwarf und Bodentruppen befehligte, blieb trotzdem eine Frau. Nach Dienstschluß stand sie wie alle anderen Muttis mit ihren Kindern an der Kasse im Supermarkt an. Was diese Frau konnte, konnten die anderen Frauen doch sicher auch?
Ein zweites Bild stammt von den Anhörungen zu Clarence Thomas. Anita Hill sitzt ihren Befragern ruhig und selbstbewußt gegenüber, sie beherrscht das Instrumentarium der Herrschenden. Sie »spielt nicht Opfer«, weint nicht oder berichtet von ihrem verpfuschten Leben. Das war entscheidend. Denn nicht Bilder von Opfern haben zum Aktivismus des Jahres 1992 geführt. Sol-

che Bilder begegnen uns täglich tausende Male. Sie zeigen die Geschichte unseres Lebens, und wir kennen sie in- und auswendig; sie hätten uns nicht aus unserer Lethargie gerissen. Nein, die Bilder, die uns zu Taten animierten, waren Bilder aktiv handelnder Frauen.

Ein drittes Bild zeigt sieben weibliche Kongreßabgeordnete, die zielstrebig und mit Aktentaschen in der Hand die Stufen zum Kapitol hinaufsteigen; eine Frau hält einen Aktenordner in die Höhe wie Justitia ihr brennendes Schwert. Ein bewaffneter Polizist steht mit hinter dem Rücken verschränkten Armen daneben und läßt sie ungerührt passieren.

Die Frauen auf dem Bild klagen nicht wie ein griechischer Trauerchor über erlittenes Unrecht. Sie streben zielbewußt dem Ort der Konfrontation zu, dem Ort, an dem die wichtigsten Entscheidungen des Landes getroffen werden. Sie sind keine Opfer, sie sind Parlamentarierinnen.

Das vierte Bild, das die Wiedergeburt des Feminismus markiert, ist das Bild ungeschönter und eindeutiger Rache und stammt aus einer ganz anderen Welt. Es ist eine grob gezeichnete, ganz offensichtlich in aller Eile hingeworfene Skizze, eine Anzeige der Organisation Black Women in Defense of Themselves. Abgebildet ist ein siebenköpfiges Gremium von Frauen, das über Clarence Thomas zu Gericht sitzt. Thomas sitzt allein auf der Anklagebank und blickt zu seinen Richterinnen hinauf. Machen wir uns nichts vor: Hier geht es nicht um ein braves Verfahren nach demokratischen Spielregeln. Denn dann hätten höchstens fünf Frauen über Clarence Thomas zu Gericht sitzen dürfen. Es handelt sich um eine Rachephantasie, und der Täter soll fühlen, was das Opfer gefühlt hat.

Dieses Verlangen nach Rache führte aus der Erstarrung und Depression heraus und war ein erster Schritt zur Heilung. Das Bild der sieben Richterinnen drückte aus, was viele Frauen unbewußt gefühlt hatten. Alle Frauen, besonders aber die überarbeiteten, unterbezahlten und gestreßten Frauen, brauchen positive Anstöße zur Veränderung ihrer Situation. Die neuen Bilder zeigten Frauen nicht mehr in der üblichen Opferrolle, sondern operierten öffentlich mit Symbolen politischer Rache und trugen damit zu einer weiteren Verschärfung der Situation bei.

Nach den Anhörungen im Fall Hill gegen Thomas zückten Frauen ihre Scheckbücher und setzten ihre finanziellen Mittel ein, um sich an den Männern zu rächen. Emily's List bekam rasch Zulauf, und die Medien berichteten laufend über das Geschehen an der Frauenfront. Je mehr die Frauen darüber lasen, daß mit Spendengeldern erneut einer Frau die Kandidatur ermöglicht werden konnte, desto mehr spendeten sie. 63000 Menschen spendeten jeweils bis zu 100 Dollar und machten aus der Frauenlobby eine eindrucksvolle Stimme aller Frauen. Zum ersten Mal in der Geschichte von Frauen spielte ihr Geld im öffentlichen Leben eine Rolle, eine aufregende Rolle. Frauen genossen es auf einmal, den männlichen Parlamentariern ihre Macht zu demonstrieren. Zum ersten Mal lernten sie, daß sie mit Geld tatsächlich etwas verändern und ihren Willen durchsetzen konnten. Sie lernten, daß Geld sie als Frauen stärkte und nicht etwa geschlechtslos machte. Sie lernten, daß sie das Geld nach ihrem Belieben einsetzen konnten. Sie brauchten nicht viel Geld, und sie brauchten nicht das Geld der Männer. Sie mußten lediglich ihr Geld zusammenlegen. Immer mehr Frauen machten diese Erfahrung, und das stachelte sie noch mehr dazu an, Geld zu spenden, denn sie wußten, daß sie damit ins Mark des Gegners treffen konnten. Sie genossen es, sich wie die Königin von Saba zu gebärden.

Und dann spürten sie den Triumph des Sieges und konnten gar nicht genug davon bekommen. Die neugewonnene Macht verhalf ihnen mit einem Schlag zu einer ganzen Reihe von Siegen, die durch »Diskussionen«, »Erziehung« und »veränderte soziale Wahrnehmung« erst in hundert Jahren errungen worden wären.

Zur Untersuchung der Anklagen gegen Senator Packwood richtete der Senat einen eigenen Untersuchungsausschuß ein, in dem auch Patty Murphy saß, eine der Frauen, die aufgrund des Anita-Hill-Effekts Einzug ins Parlament gehalten hatten. Wie im Diana-

Mythos dargestellt, wurde der Jäger zum Gejagten. Überall im Land waren die Hunde los.
Rache, Geld und Sieg: Die drei Prinzipien vermischten sich, Frauen entdeckten zum ersten Mal den direkten Zusammenhang zwischen Taten und deren Folgen, zwischen ihrer Opferrolle und ihrer Macht, diese Rolle abzulegen, ja sogar für erlittenes Unrecht Rache zu nehmen.

2. TEIL

Die Entfremdung der Frauen vom Feminismus

Stimmen der Entfremdung

»Sie glauben, wir hassen Männer und sind gegen Sex.«
»Feminismus ist für viele gleichbedeutend mit der Abkehr von der Heterosexualität. Die Leute glauben, Feministinnen sind lesbisch.«
»Ich habe ein sehr negatives Bild von Feministinnen – Frauen, die Männer hassen und ihnen mit Gewalt begegnen. Daß man gegen Sexismus sein kann, ohne gleichzeitig die Männer zu hassen – davon hatte ich nie gehört.«
»Mary Daly [eine feministische Theologin] verletzte unsere Gefühle, als sie hier sprach. Sie war zornig und schroff, und ihre Witze gingen fast alle gegen das andere Geschlecht. Als Frau, die Männer nicht pauschal verurteilen will, hatte ich das Gefühl, vor eine Entscheidung gestellt zu sein. Als ob sie sagte: ›Wenn du nicht auf meiner Seite stehst, bist du auch keine Feministin und verkörperst für mich all das, was uns Frauen das Leben schwermacht.‹ Ich dachte, so geht es doch nicht. Ich bin eine starke, tüchtige Frau. Aber ich hasse die Männer nicht.«
»Unsere ganze Generation hat keine Beziehung zum Feminismus. Der Feminismus kennt nur Extreme – wer an Feminismus denkt, denkt zwangsläufig auch an Extreme. Deshalb identifizieren wir uns nicht mit ihm, auch wenn wir alle positiven Seiten berücksichtigen.«
»Meine Freundinnen sagen, ich sei keine Feministin. Feminismus ist für sie die Umkehrung des Geschlechtervorurteils gegen Frauen – Feministinnen sind also Frauen, die Vorurteile gegen Männer haben.«
»Selbst Frauen, die aktiv für die Gleichberechtigung eintreten,

werden nicht Mitglied der Bewegung, weil sie nicht mit dem negativen Image des Feminismus identifiziert werden wollen.«
»Ich möchte kämpfen, aber keine Hexe sein.«
Diese Äußerungen junger Frauen bestätigen Meinungsumfragen, nach denen die Frauenbewegung inzwischen einen geradezu unglaublich schlechten Ruf hat. So sehr die Frauen auch die ersten tiefgreifenden Veränderungen begrüßen, sehen sie sich doch mit einer gewaltigen Hürde konfrontiert: Mit dem wachsenden Bewußtsein ihrer Macht wird ihnen klar, daß ihr Verhältnis zur eigenen politischen Bewegung empfindlich gestört ist.
Susan Faludi schildert in ihrem Buch *Die Männer schlagen zurück,* wie Vertreter frauenfeindlicher Strömungen Frauen davon zu überzeugen suchen, daß die Ziele des Feminismus nicht erstrebenswert seien. Doch auch viele von diesen Zielen überzeugte Frauen gelangten zur selben Zeit durch innerhalb und außerhalb der Bewegung begründete Umstände zu der Überzeugung, daß sie sich mit der Bewegung nicht identifizieren konnten. Christine Bellini, 28jährige Sekretärin einer Fahrstuhlfabrik, brachte die Entfremdung vieler Frauen gegenüber einer Bewegung, die ihre eigenen Rechte sichern sollte, in einem Brief auf den Punkt.
In ihrer Stadt, schreibt sie, gebe es eine starke »linke Feministinnengruppe, die in vielen Organisationen tonangebend ist ... Meiner Meinung nach sabotiert diese Gruppe aber auch die Arbeit dieser Organisationen, die sich für das Recht auf Abtreibung, für Homosexuelle oder für Frauen allgemein eingesetzt haben. Es ist schwer, die Frauen zu mobilisieren, wenn einige, vor allem linke Frauen eben die Minderheiten, die sie angeblich unterstützen, mit so viel Kritik und Feindseligkeit überhäufen. In dieser Stadt sehen sich viele überzeugte Feministinnen aus der Mittelschicht zwischen zwei Lagern stehen: Es scheint, als hätten Frauen nur die Wahl, sich entweder nach links zu orientieren, wo Männer abgelehnt und ignoriert werden, oder nach rechts, wo alle Gedanken um Geld und Karriere des Ehemanns kreisen. Viele meiner Freunde und auch ich haben versucht, Gruppen und Organisationen

ausfindig zu machen, die nicht die Entfremdung der Geschlechter voneinander wollen, sondern ein besseres gegenseitiges Verständnis ...
Die Aktionen der linken Feministinnen laufen immer nach demselben Schema ab – man kritisiert und schießt sich auf die Opfer ein. Fast nie geht es um Lösungen oder konstruktive Kritik. Viele Frauen reagieren auf die so vermittelte negative Grundeinstellung mit Ablehnung und Verwirrung.
Ich glaube, die mangelnde Bereitschaft der Frauen zur Verantwortung für ihre Aktionen und Gefühle ist der Hauptgrund dafür, daß der Feminismus bisher noch nicht so erfolgreich ist, wie er sein könnte. Ich weiß, daß manche Frauen tatsächlich noch nicht in der Lage sind, sich für die Frauenbewegung zu engagieren (zum Beispiel Frauen, die von ihren Männern mißhandelt werden), aber Frauen, die dazu imstande wären, lassen sich zu sehr in eine bestimmte politische Richtung drängen und schwächen so ihr Engagement.«
Eine Begebenheit aus dem Jahr 1991 in einem Hörsaal in Toronto veranschaulicht diese Spannungen zwischen Frauen innerhalb und außerhalb der feministischen Bewegung. Die Konfrontation entzündete sich an der Frage nach dem Stellenwert der beiden Eckpfeiler weiblicher Selbstbestimmung: Sex und Geld.
Nachdem ich einen Vortrag gehalten hatte, fragten mich Mitglieder der örtlichen Feministinnengruppe mit spürbarer Feindschaft, mit welchem Recht ich mich als Feministin bezeichne, wenn ich im Auftrag einer Organisation Vorträge halte, die auch einen Kurs für Männer zum Thema »Wie man eine Frau jedesmal glücklich machen kann« finanziere. Auf meine Antwort, daß ich besagten Kurs eher als Sieg für die Frauenbewegung verbuchen würde, spaltete sich meine Zuhörerschaft rasch in zwei Gruppen. Eine kleinere Gruppe griff mich heftig an, die meisten anderen Frauen reagierten darauf mit zunehmender Distanzierung. Eine Frau der kleineren Gruppe meinte anklagend, mein Agent kassiere Geld für Kassetten mit meinen Vorträgen, da eine kostenlose Verteilung

nicht mit meinem »Marktwert« in Einklang zu bringen sei. Ich antwortete, die Arbeit jeder Frau habe einen Marktwert und es sei ja gerade eines der Ziele der Frauenbewegung, den »Marktwert« aller Frauen zu erhöhen, damit sie eigenes Geld verdienen und ihr Leben mit diesem Geld gestalten könnten.

Daraufhin spaltete sich meine Zuhörerschaft noch deutlicher. Es war das erste Mal, daß ich den tiefen Groll der Mehrheit der Frauen gegenüber dem doktrinären Feminismus miterlebte. Der »Insider«-Feminismus schien für die »Mehrheits«-Frauen geradezu ein Reizmittel. Sie traten vehement für das Recht der Frauen auf eigenes Geld und privates Vergnügen mit Männern ein, ohne ihr Tun vor einem Kader von »Schwestern« rechtfertigen zu müssen. »Haben wir denn das Recht, einander in den Geldbeutel zu schauen?« fragte eine Frau der größeren Gruppe. »Soll das den Frauen zu mehr Einfluß verhelfen?« Im Gegensatz dazu schien die kleinere Gruppe der Auffassung, man sei keine Feministin, wenn man nicht alles, was mit Sex und Geld zu tun habe, auch guten Gewissens vor seinen Mitstreiterinnen vertreten könne. Allen war klar, daß wir einen entscheidenden Nerv getroffen hatten. Rückblickend überrascht es nicht, daß gerade Themen wie das Recht auf Sex und das Recht auf Geld die Spaltung zwischen den Mehrheits-Frauen und den Insidern der Bewegung offenbarten. Denn beide Male geht es um Frauen, die eigenverantwortlich handeln und ihr Leben nach eigenen Vorstellungen einrichten. Ein solches Frauenbild des Power-Feminismus aber widerspricht dem Frauenbild des Opfer-Feminismus der kleineren Gruppe, dem zufolge wirkliche Feministinnen zugunsten der ideologischen Forderungen einer kollektiven Identität auf Macht und Vergnügen verzichten müssen.

Dabei wird deutlich, daß die meisten Frauen die Ziele des Feminismus unterstützen, Feministinnen jedoch nicht ausstehen können. Was hat uns in eine solche Sackgasse geführt?

Die Ursachen

Viele Faktoren haben zu dieser Entfremdung zwischen den Frauen der Mehrheit und den Feministinnen beigetragen, deren Name schon bald zum Schimpfwort wurde. Zu nennen wäre einmal das Gedankengut, das in den sechziger Jahren von der revolutionären Linken übernommen wurde und das inzwischen überholt war. Dazu kam zweitens die Hetzjagd auf Lesben, die zu der weitverbreiteten Auffassung führte, Feminismus sei gleichbedeutend mit lesbischer Veranlagung und damit familienfeindlich und gegen Hausfrauen. Ein dritter Faktor war die Unterdrückung am Arbeitsplatz; als die Frauen Anfang der siebziger Jahre in großer Zahl begannen, in Betrieben zu arbeiten, mußten sie sich bald vom Feminismus distanzieren, um beruflich weiterzukommen oder auch nur ihre Stellung halten zu können. Viertens wurde die Entfremdung verstärkt durch die selektive, verfälschende Berichterstattung der Medien; sie bewirkte, daß der Feminismus entweder gar nicht in der öffentlichen Diskussion auftauchte oder nur in verzerrter Form dargestellt wurde. Weder konnten also berufstätige Frauen am Arbeitsplatz offen über den Feminismus reden, noch konnten Feministinnen sich in den Medien angemessen über die Situation der amerikanischen Frauen äußern. Dazu kamen fünftens die feindselige Haltung einiger Feministinnen gegenüber den wichtigsten Medien und sechstens die Tendenz, sich auf Randthemen zu beschränken und nur die eigenen Mitglieder anzusprechen, was zu einer wachsenden Abschottung nach außen führte. Der Hang zum Marginalen wurde siebtens verstärkt durch die Veröffentlichung einiger Thesen, die auf dem Papier plausibel wirken mochten, von den meisten Frauen aber gefühlsmäßig abgelehnt und bisweilen als absurd empfunden wurden (etwa: »Alle Männer sind Tyrannen«, »Geschlechtsverkehr ist Vergewaltigung«, »Alle Frauen, die Frauen mögen, sind lesbisch«, »Geschlecht ist eine soziale Fiktion«). Solche Thesen und Theorien, die nicht öffentlich diskutiert werden konnten, wurden achtens zu starren Verboten, die der intellektuellen Glaubwürdigkeit der Bewegung zum Nachteil gereichten und den Zustrom an neuen Mitgliedern verringerten. Neuntens erfolgte eine erneute Verlagerung der Themen der Frauenbewegung aus den Medien an die Universitäten zurück, wo sich eine für Außenstehende zunehmend unverständliche Terminologie entwickelte. Zehntens machte sich die Vorstellung breit, unter Feminismus sei eine auf weiße Frauen beschränkte Bewegung der Mittelschicht zu verstehen. Insgesamt trugen diese Faktoren dazu bei, daß die Millionen amerikanischer Frauen und Männer, die für die Rechte der Frauen eintraten, und die viel kleinere Subkultur feministischer Insider in den Jahren des beginnenden Kampfes um die Gleichberechtigung feststellen mußten, daß sie trotz der gemeinsamen Ziele eine ganz verschiedene Sprache hatten.

Die Linksradikalen der sechziger Jahre

Eine zahlenmäßig schwache, aber einflußreiche Strömung innerhalb des Feminismus ging aus der revolutionären, von Männern geprägten maoistischen Linken der sechziger Jahre hervor. Einige aus der Mittelschicht stammende, überwiegend weiße Männer priesen in dieser kurzen, faszinierenden Zeit den Kollektivismus, brachten ihre Verachtung gegenüber Kapital in jeglicher Form und der »Kapitulation« vor dem wirtschaftlichen Fortschritt zum Ausdruck, proklamierten Selbstaufopferung und bestanden auf doktrinären Richtlinien. Obwohl die meisten Anhänger dieser Strömung sich inzwischen weiterentwickelt haben und, im günstigsten Fall, auf realistischere, konstruktivere Weise am sozialen Wandel mitarbeiten und obwohl selbst Kommunisten diese Weltanschauung nicht mehr besonders revolutionär oder hilfreich finden, haben diese Werte teilweise in die sich formierende Frauenbewegung Eingang gefunden. Die Frauenbewegung hat sie wie die abgelegten Spielsachen eines älteren Bruders übernommen. In ihr sind die alten Spielregeln eines marxistischen »revolutionären« Verhaltens immer noch rudimentär vorhanden, lange nachdem andere, darunter überzeugte Marxisten, aufgehört haben, sich an ihnen zu orientieren.

Marxistische Analysen waren bei der Verknüpfung von Themen wie Geschlecht, Geld und Macht äußerst hilfreich, und die Kultur des Marxismus konnte den alten, hartnäckig sich behauptenden Vorstellungen von Weiblichkeit eine politische, ja sogar radikale Färbung verleihen. Daher kommen die für den Opfer-Feminismus charakteristische Verherrlichung dessen, was »subversiv« ist, »am Rand der Gesellschaft steht«, »aus dem Untergrund stammt« oder einfach nur schlecht bezahlt ist, und die Verachtung der großen Medien, der Geschäftsfrau und des weiblichen Individualismus. Diese heute fast überall auf der Welt überholten Vorstellungen sind ein unsinniger Ballast in einer Zeit, in der wir aufgefordert sind, Verantwortung zu übernehmen und unsere Macht beherzt für einen Umschwung einzusetzen.

Hetzjagd auf Lesben

Viele Frauen antworten auf die Frage, warum sie sich nicht als Feministinnen bezeichnen, daß sie nicht für Lesben gehalten werden wollen und daß für die Mehrheit der Bevölkerung »Feministin« und »Lesbe« inzwischen gleichbedeutend seien. Feministische Aktivistinnen neigen dazu, dies als Vorurteil gegen Lesben abzutun, und sie betrachten die Entfremdung dieser Frauen vom Feminismus nicht als Verlust. Aber wenn wir uns genauer ansehen, wie die Hetze gegen Lesben dazu benutzt wird, Frauen vom

Feminismus zu entfremden, und wovor solche Frauen wirklich Angst haben, erkennen wir, daß wir es hier mit einem sehr komplexen Problem zu tun haben.

Seit Frauen um ihre Befreiung kämpfen, versucht die Opposition sie mit dem Hinweis auf ihre angeblich »abnorme« oder »perverse« Sexualität zurückzudrängen. Gegner des Feminismus unterstellen, daß Frauen, die um mehr Mitsprache im öffentlichen Leben kämpfen, lesbisch sind. Es verwundert daher nicht, daß der Vorwurf des Lesbentums immer dann verstärkt laut wurde, wenn Frauen einen neuen Vorstoß machten. »Frauen, die nicht auf ›ihrem‹ Platz bleiben wollten, wurden als maskulin verschrien«, schreibt die Historikerin Lillian Faderman. »Sie waren anormal, d. h. lesbisch. Nicht nur in den Vereinigten Staaten und England, auch in Deutschland und Frankreich wurde der Feminismus mit ›sexueller Abnormität‹ in Zusammenhang gebracht.«[1]

In England behauptete Edward Carpenter im Jahr 1911, Frauen, die die Frauenbewegung unterstützten, seien nicht normal, hätten einen nur kümmerlich ausgeprägten Mutterinstinkt und seien von ihrer Veranlagung her »männlich« und lesbisch. Der amerikanische Psychiater William Lee Howard schrieb einen Roman mit dem Titel *The Perverts*, in dem sich Feminismus, Lesbentum und eine degenerierte Moral zu einer »Psychose« verbinden. »Die von männlichen Unabhängigkeitswünschen besessene Frau« und »das abscheulich asoziale Wesen, die weibliche Perverse« sind, so Howard, »letztlich nichts anderes als verschiedene Ausprägungen desselben Phänomens der Degeneration.« In den zwanziger Jahren wurde es dann üblich, Lesbentum, Feminismus und »Degeneration« in einem Atemzug zu nennen. Der deutsche Arzt E. F. W. Eberhard schrieb 1927, der Feminismus unter Führung von »Mannweibern« bezwecke nichts weniger als die Zerstörung der Zivilisation und das Lesbentum diene ihm als Mittel zu diesem Zweck.[2] Eberhard behauptete, die lesbischen Anführerinnen würden junge Mädchen zum Feminismus bekehren, indem sie sie verführten.

Lillian Faderman weist darauf hin, daß die Gleichsetzung von Feminismus und Lesbentum deshalb so entschieden propagiert wurde, weil der Feminismus in England damals verstärkt auf Konfrontationskurs ging und Erfolge verbuchen konnte. »Den Antifeministen und -feministinnen war jedes Mittel recht, das die Frauen von der Bewegung fernhielt: Feministinnen mit dem, was die Experten als Krankheit bezeichneten, in Zusammenhang zu bringen, war sicher ein ausgezeichnetes Mittel, um ihr Ziel zu erreichen.«[3]

Während der zwanziger und dreißiger Jahre wiesen Kritiker immer wieder darauf hin, daß Frauenuniversitäten mit Sportprogrammen und feministischen Studieninhalten bei Frauen zu »lebenslanger Homosexualität« führen könnten. In den vierziger Jahren erschien der Bestseller *Modern Woman: The Lost Sex.* Die antifeministische Schmähschrift wurde zur Bibel aller Antifeministen, welche die Frauen, die in den Kriegsjahren Unabhängigkeit genossen und in der Kriegswirtschaft gute Verdienstmöglichkeiten gehabt hatten, wieder an Heim und Herd binden wollten. Lundberg und Farnham bezeichneten den Feminismus als »Ausdruck einer emotionalen Krankheit, einer Neurose ... Kern einer schweren Krankheit.«[4] Die Gleichsetzung von Feminismus und »Abnormität« verstärkte den in den fünfziger Jahren einsetzenden Rückzug der Frauen in die häusliche Sphäre und war zweifelsohne für die Angst vor dem Lesbentum verantwortlich, die sich etwa in Betty Friedans bahnbrechendem Buch *Der Weiblichkeitswahn* so störend bemerkbar macht.

Es verwundert nicht, daß diese bewährte Taktik in den siebziger Jahren im Kampf gegen die zweite Welle des Feminismus wieder eingesetzt wurde. Lillian Faderman verweist darauf, daß die Zeitschrift *Time* 1970 Kate Millett als bisexuell »ächtete« und in einem Artikel mit dem Titel *Women's Lib: A Second Look* die »Reife, Moral und Sexualität« von Feministinnen in Frage stellte. In dem Artikel hieß es weiter, Kate Milletts Bisexualität werfe ein zweifelhaftes Licht auf ihre Theorien und bestärke Skeptiker, die

Feministinnen schon immer für Lcsben gehalten hätten, in ihrer Ansicht.

Genausowenig überrascht es, daß sich all dies heute, rund zwanzig Jahre später, erneut wiederholt. In einer Titelgeschichte der *New York Times,* die als »Feature« über die Präsidentin der Frauenrechtsorganisation NOW Patricia Ireland getarnt war, wimmelt es von Anspielungen auf die angebliche Bisexualität Patricia Irelands. Jane Gross zitiert Beverley LaHaye, die Präsidentin der konservativen Gruppe von Abtreibungsgegnerinnen Concerned Women for America, mit dem markigen Spruch: »NOW ist eine militante Randgruppe, die sich hauptsächlich für mehr Rechte von Lesben einsetzt, ein Anliegen, das der Mehrheit der Frauen fremd ist.«[5] Natürlich hat Beverly LaHaye ein Recht auf ihre Meinung, aber Jane Gross wird in der Folge noch ausfallender, wenn sie von »lesbischen Kohorten« spricht wie von der »gelben Gefahr« oder den »Barbaren vor den Toren«. Man bekommt den Eindruck, die »lesbischen Kohorten« könnten jeden Augenblick in wildes Geschrei ausbrechen, mit glitzernden Nasenringen durch die Straßen jagen und gesetzesfürchtigen Passanten das Leben schwermachen. »Viele der jüngeren heterosexuellen Frauen klagen, es sei ihnen aufgrund der verbreiteten Gleichsetzung von Feminismus und Lesbentum nicht möglich, Frauen für die Bewegung zu gewinnen«, erklärte ein ungenanntes Mitglied von NOW. »Das ist ein explosives Problem! Es muß sowohl innerhalb unserer Gruppen als auch in der Öffentlichkeit angegangen werden.«

Feministinnen reagieren auf dieses Problem verschieden. Ein Teil schließt sich den Angriffen auf Lesben an. Einige heterosexuelle Frauen versuchen, den Feminismus zu retten, indem sie sich öffentlich von Lesben und Lesbentum distanzieren. Damit entgehen sie zwar dem gesellschaftlichen Stigma, spielen letztlich aber nur der Opposition in die Hände, weil sie sich von ihr die Spielregeln aufzwingen lassen. Betty Friedan etwa versuchte Anfang der siebziger Jahre, die sogenannte »lila Gefahr« aus der Frauenorganisation NOW zu verbannen, was zu einer Kluft innerhalb der Bewegung führte, die noch nicht überwunden ist. Betty Friedan bedauert dies heute.

Heterosexuelle Frauen, die das sehr reale Problem der Gleichsetzung von Feminismus und Lesbentum dadurch zu lösen versuchen, daß sie sich öffentlich von Lesben absetzen, haben die oberste Handlungsmaxime der Opposition nicht begriffen. Die Opposition handelt nicht rational. Wenn eine heterosexuelle Frau auf die Lesben-Hatz der Opposition mit noch stärkeren Angriffen auf Lesben reagiert, unterstützt sie die Behauptung der Opposition, die sexuellen Vorlieben einer Frau könnten die Politik dieser Frau diskreditieren. Wer das erst einmal akzeptiert hat, hat seine sexuelle Selbstbestimmung aufgegeben. Toleranz gegenüber anderen ist die beste Garantie der eigenen Selbstbestimmung. Wir mögen uns zwar vorübergehend mit der Vorstellung beruhigen, daß die Opposition ja Heterosexualität gegenüber Homosexualität oder Bisexualität bevorzugt, aber selbstbestimmte heterosexuelle Frauen findet die Opposition im Vergleich zu Frauen unter ihrer Kontrolle gar nicht »nett«. Die Opposition wird sich nicht damit zufriedengeben, daß wir Lesben oder Bisexuelle den Wölfen zum Fraß vorwerfen. Die Wölfe werden dadurch nur hungriger. Sie werden schließlich vor Jane Gross' oder deiner oder meiner Haustür heulen, begierig, sich in unser Sexualleben einzumischen und uns weiterhin zu unterdrücken.

Die zweite Reaktion heterosexueller Frauen auf die Hetze gegen die Lesben ist die Identifikation mit ihnen. Gloria Steinem sagt, daß sie auf Fragen von Reportern nach ihrer eigenen Sexualität ganz bewußt keine klare Antwort gibt. Auf einer Versammlung in New York trugen sämtliche anwesenden Frauen als Zeichen ihrer Solidarität mit Lesben ein lila Armband. »Wir lassen uns so lange als Lesben bezeichnen, bis es kein Stigma mehr ist, wenn Frauen Frauen lieben«, hieß es in ihrer Resolution. Die Historikerin Lillian Faderman schreibt etwas zu optimistisch: »Jetzt, nachdem dieser Anschlag auf den Feminismus abgewehrt ist, kann der Feminismus ungehindert voranschreiten.«

Doch trotz der guten Absicht ist das Problem damit nicht gelöst. Die symbolische Vereinigung unter dem Banner des Lesbentums ist zwar kurzfristig ein geschickter Schachzug, führt jedoch letztlich dazu, daß Frauen nach wie vor nicht selbstbestimmt agieren, sondern reagieren. Und sie hat dazu geführt, daß viele heterosexuelle Frauen der Bewegung fernbleiben, nicht aus dumpfer Abneigung gegen lesbische Frauen, sondern weil sie die berechtigte Sorge haben, daß ihre eigene sexuelle Identität und ihre Belange nicht vom Feminismus vertreten werden können, wenn »Feminismus« und »Lesbentum« dasselbe bedeuten. Eine Neudefinition ihrer heterosexuellen Identität aber ist für das Selbstwertgefühl heterosexueller Frauen mindestens genauso wichtig wie eine lesbische Identität für die Lesben.

Dazu kommt, daß zwar alle Frauen das Recht haben sollten, sich zu ihrer Sexualität zu bekennen, dies aber für Frauen aus der Oberschicht und in größeren Städten mit weit weniger Nachteilen verbunden ist als etwa für Frauen auf dem Land. Wenn selbst wirkliche Lesben in kleineren Gemeinden es oft aus wirtschaftlichen Erwägungen vorziehen, sich nicht als solche zu erkennen zu geben, dann ist es unrealistisch und elitär, wenn Frauenrechtlerinnen von heterosexuellen Frauen in kleinen Gemeinden erwarten, sich öffentlich als Lesben zu bezeichnen. Viele Weiße bekennen sich öffentlich und aufrichtig zu den Zielen der Bürgerrechtsbewegung, aber ihre Zahl würde wahrscheinlich schnell zurückgehen, wenn damit verbunden wäre, daß sie selbst wie Angehörige einer Minderheitengruppe behandelt würden. Viele Frauen lassen sich von der Hetze gegen Lesben abschrecken, auch wenn sie selbst nichts gegen die Liebe zwischen Frauen einzuwenden haben. Sie haben Angst, daß auch sie unter dem Haß gegen Lesben leiden müssen.

Die Verteufelung von Lesben hat die Mehrheit der Frauen einer Bewegung entfremdet, die sich schwer damit tut, offen zu sagen, daß sie alle Formen der Sexualität als gleichrangig anerkennt und daher Heterosexualität, Ehe und Familie genauso achtet wie Homosexualität. Anfang der siebziger Jahre hatte der Feminismus eine kurze, psychologisch notwendige, aber zu Recht nur vorübergehende Phase durchgemacht, in der Mutterschaft und Hausfrauendasein kritisiert wurden und Slogans kursierten wie »Eine Frau ohne Mann ist wie ein Fisch ohne Fahrrad«. Diese Haltung wurde von den Massenmedien auch noch verbreitet, als sie bei den meisten Feministinnen schon längst nicht mehr populär war. Die Darstellungen in der Presse hinterließen bei vielen Frauen den Eindruck, der Feminismus sei immer noch gegen Hausfrauen und gegen die Familie, und das schreckte viele Frauen aus der Arbeiterklasse ab, vor allem Frauen aus Südamerika und schwarze Amerikanerinnen.

Zensur am Arbeitsplatz

Beim Eintritt in die Arbeitswelt entdeckten die berufstätigen Frauen, daß sie nicht offen über den Feminismus sprechen konnten, weil sie sonst Gefahr liefen, ihren Arbeitsplatz zu verlieren. Dies schuf von Anfang an eine gewisse Distanz zum Feminismus. Anders ausgedrückt, die Frauen standen vor der Wahl: Bekenntnis zur Frauenbewegung oder berufliche Karriere. Dagegen konnten die Mitglieder der zweiten Welle der feministischen Bewegung in den sechziger Jahren, darunter viele Weiße aus der Mittelschicht, durch unüberhörbare feministische Forderungen nur gewinnen und hatten aus wirtschaftlicher Sicht vergleichsweise wenig zu verlieren. Sie waren Außenseiter, die lautstark den Zutritt zu einer expandierenden, um ihre Dienste buhlenden Wirtschaft forderten. Der Arbeitsplatz, der den Frauen zu wirtschaftlicher Unabhängigkeit verhalf, verdammte sie gleichzeitig zu politischer Ohnmacht. Während die Scheidungsraten sprunghaft in die Höhe schnellten und Frauen, besonders alleinstehende oder geschiedene Mütter, zu »neuen Armen« wurden, übten dieselben Institutionen, zu denen die Bewegung den Frauen Zutritt verschafft hatte, Druck auf die Frauen aus und ließen sie verstummen. Die Außenseiter von einst wurden zu »Insidern«, die angesichts einer weltweiten Rezession heftig miteinander konkurrierten. Die Frauen, denen es gelang, sich hochzuarbeiten, wurden im Kampf um die wenigen »Alibi«-Positionen an der Spitze gegeneinander ausgespielt. Die Maxime »schwesterlicher« Gefühle gegenüber anderen Frauen, die einem den besser bezahlten Job wegschnappen wollten, leuchtete immer weniger ein, und das Bekenntnis zum Feminismus schien dem beruflichen Selbstmord gleichzukommen. Wie Medienberaterin Nancy Woodhull sagte: »In den sechziger Jahren konnten wir versuchen, das Boot zum Kentern zu bringen, weil wir nicht drin saßen. Jetzt sitzen wir drin, aber am Rand.« Der drohende Verlust der Existenzgrundlage bringt die Menschen so wirksam zum Schweigen wie ein Gesetz. Um die Revolution der Frauen zum Stillstand zu bringen, befand die amerikanische Gesellschaft, brauchte man ihnen nur etwas zu geben, das sie verlieren konnten.

Die ökonomische Zensur betraf nicht nur die Frauen der typischen Frauenberufe. Im Gegenteil: Je höher eine Frau aufstieg, desto größer wurde die Belohnung für ihre Distanzierung vom Feminismus und desto härter die Strafe für dessen Bejahung. Bei den Vereinten Nationen arbeitende Frauen durften trotz ihrer Zugehörigkeit zu einer Organisation, die auf der ganzen Welt für Gerechtigkeit und gegen den Mißbrauch von Menschenrechten kämpfte, nicht über sexuelle Belästigungen sprechen. »Es war für die Frauen hier politisch nie klug, auf Mißstände hinzuweisen«, sagte die Präsidentin der UN-Frauenorganisation Cecile Gross 1992 gegenüber einem Reporter. »In der Vergangenheit wurden Frauen, die sich beschwerten, gefeuert.« Ein Rechtsanwalt für die weiblichen Angestellten bei der UN warnte die Frauen, sie würden, wenn sie sich beklagten, »danach schlechter dastehen als vorher«. Sogar Lynn Martin, Arbeitsministerin unter Bush, enthüllte, sobald sie aus dem Amt ausgeschieden war, daß ihr Anfang der achtziger Jahre ein Ungleichgewicht bei den Gehältern von Männern und

Frauen im Kongreß aufgefallen sei. Als sie dem Vorsitzenden ihres Ausschusses die entsprechenden Zahlen vorlegte, warnte er sie vor Erklärungen gegenüber der Presse und der Nennung von Namen; statt dessen sollte sie abwarten. Die Vorsitzenden anderer Ausschüsse beschimpften sie, und die Untersuchung wurde auf die lange Bank geschoben. Das Vertuschen der Angelegenheit war, wie sie sagte, »ein Teil der Philosophie des Mit-dem-Strom-Schwimmens und Nicht-Aneckens, die ältere Politiker den jüngeren eindringlich nahelegten.«[6] Dr. Carolyn Heilbrun, eine beliebte Englischprofessorin an der Columbia University, verließ 1992 ihren Arbeitsplatz, da Sexismus es ihr unmöglich machte, als Feministin weiterhin ihren Beruf auszuüben: Sie hatte ihre Studentinnen davor warnen müssen, Kurse über Frauenforschung zu belegen oder bei Bewerbungen das Wort »Feminismus« zu verwenden. Die Künstlerin Fanny Adams spricht von einem ähnlichen Problem an hauptsächlich von Männern geleiteten Kunstinstituten: »Wer als Feministin gilt, gilt als schwierig.«[7] Selbst auf dem Kapitol konnten parlamentarische Referentinnen und weibliche politische Sachverständige 1992 nur hinter vorgehaltener Hand davon sprechen, wie hilflos sie sich fühlten, nicht dagegen protestieren zu können, daß an ihrem Arbeitsplatz Gesetze gegen sexuelle Belästigung, die für andere amerikanische Frauen gelten, ignoriert wurden. »Wenn ich mich wegen irgendwelcher Frauenangelegenheiten beschwere«, sagte eine Betroffene stellvertretend für andere »mächtige« Frauen im Land, »komme ich auf eine schwarze Liste. Und hier in der Stadt spricht sich das herum.«

Selbst dem Anschein nach einflußreiche Frauen sind diesen Zwängen unterworfen. Callie Khouri, Drehbuchautorin von *Thelma und Louise,* bekannte, daß sie nach ihrem Coming-out als Feministin trotz ihrer Erfolge Nachteile für ihre Karriere befürchtete. Bedauernd fügte sie hinzu, eine ganze Reihe von Frauen an der Spitze der Machtpyramide in Hollywood seien heimliche Feministinnen, die aber nicht wagten, sich allzu offen zu ihrer Meinung zu bekennen. Frauen kritisieren immer wieder anscheinend einflußreiche Geschlechtsgenossinnen in Hollywood, bei Frauenzeitschriften und in den Medien dafür, nicht mehr für das allgemeine Wohl der Frauen zu wagen. Doch diese Kritik ist kurzsichtig; ohne Mandat von unten können es sich auch scheinbar mächtige Frauen nur selten erlauben, offen zu sprechen, ohne negative wirtschaftliche Folgen befürchten zu müssen.

Sogar Politikerinnen spüren diesen Druck – selbst in Norwegen, wo die drei großen politischen Parteien von Frauen geführt werden. Berit As, eine ehemalige Parlamentarierin der Arbeiterpartei, konstatiert: »Sobald Frauen Zugang zur Macht haben, haben sie plötzlich Angst, Frauenthemen anzusprechen und von ihren männlichen Kollegen deshalb stigmatisiert zu werden; also wählen sie bewußt neutrale Themen.«[8]

Die Feministinnen fordern Frauen dazu auf, Mißstände an ihrem Arbeitsplatz zu dokumentieren und zu bekämpfen, doch dieser Erwartung liegt ein Bild des Feminismus zugrunde, in dem eigene Interessen für »die Sache« geopfert werden; schließlich haben solche Aktionen oft den Verlust des Arbeitsplatzes zur Folge. Wenn der Feminismus sich lange schwer damit tat, diesem Problem gerecht zu werden, liegt das möglicherweise daran, daß das Ideal politischer »Reinheit« seine Vertreterinnen daran hinderte zu erkennen, daß es häufig ein Luxus der Selbständigen ist, die Wahrheit über die Situation der Frauen zu sagen, daß dagegen Millionen von Frauen sich an ihrem Arbeitsplatz nicht zu ihren Anschauungen bekennen dürfen und täglich gegen ihre eigenen Moralvorstellungen verstoßen müssen, um beruflich überleben zu können.

Das Zerrbild der Medien

Mit dem neuen Aktivismus Anfang der siebziger Jahre nahmen Zerrbilder des Feminismus in den Medien überhand. Journalisten nahmen einzelne Leitfiguren unter den Feministinnen aufs Korn und schrieben abschätzig über ihr Gewicht, ihre Kleidung und ihre Sexualität.

Solche verzerrten Darstellungen waren nicht neu; sie waren schon 1848 eingesetzt worden, als in Seneca Falls eine Frauenrechtskonferenz tagte. Trotzdem verfehlten sie nicht ihre Wirkung. Wenn ich meine Zuhörerschaft um ihre Klischeevorstellung von einer Feministin bitte, höre ich die folgenden Phrasen: »behaarte Beine«, »dick«, »mittleres Alter«, »finstere Miene«, »kurze Haare«, »Gesundheitslatschen«, »großer Busen, aber von der unattraktiven Sorte«. Eine Umfrage der British Psychological Society ergab, daß die Hälfte von fünfhundert Studentinnen Feministinnen für »eingebildete Aktivistinnen«, »Männerhasserinnen« und »Lesben vom Typ Hauptfeldwebel« hielten. Die australische Schriftstellerin Deborah Rechter meint, in Australien würden junge Frauen durch Klischeebilder von Feministinnen »mit behaarten Achselhöhlen und rüdem Benehmen« abgeschreckt. Und Dr. Heilbrun sagt: »In den achtziger Jahren verlor der Feminismus die Kontrolle über sein Image.«

Ich habe von vielen jungen Frauen gehört, die mit diesen Zerrbildern aufgewachsen sind und allen Ernstes glauben, das entscheidende Erkennungsmerkmal einer Feministin sei die Körperbehaarung. »Ich bin feminin, aber keine Feministin«, sagte eine junge Frau 1989 in einem Interview. »Ich rasiere mir die Beine.« Viele glauben auch, eine Feministin dürfe keine langen Haare haben und keinen Lippenstift benutzen und müsse Männer ablehnen. Unter Schülerinnen und Studentinnen war davon die Rede, wer sich zum Feminismus bekenne, müsse damit rechnen, auf körperliche Mängel taxiert zu werden. Junge Frauen sind in bezug auf attraktives Aussehen besonders verletzlich, und das Zerrbild von der häßlichen Feministin schreckte viele davon ab, sich auf den Feminismus überhaupt einzulassen.

In dem Maß, in dem Zerrbilder des Feminismus an Einfluß gewannen, gerieten seriöse feministische Dokumentationen in Vergessenheit. Ältere Frauen sind oft erstaunt, wie wenig jüngere Frauen von den Ereignissen der siebziger Jahre wissen. Sie übersehen dabei, daß die damalige Berichterstattung der Medien, an die sie sich so lebhaft erinnern, der Geschichte angehört. Die Ereignisse um den Aufstand der siebziger Jahre leben lediglich in beiläufigen Erwähnungen und einer Handvoll Bücher weiter, die nur wenige junge Frauen gelesen haben. Auf meine Frage, wer von meinen mehreren hundert Zuhörerinnen und Zuhörern Germaine Greer oder Betty Friedan gelesen habe, melden sich meist nicht einmal ein Dutzend. Amerikanische Studenten und Studentinnen, die auch in allgemeiner Geschichte nur wenig bewandert sind, zeigen eine noch größere Unwissenheit in bezug auf die jüngste Geschichte der Frauenbewegung. »In meinem Geschichtsbuch steht über Al Capone mehr als über die gesamte Frauenbewegung«, beklagte sich eine Studentin völlig zu Recht. Trotz der Proteste aus den Reihen der Kritiker, Feministinnen würden die Lehrpläne an sich reißen, werden in den Vereinigten Staaten 95 Prozent der Stellen an den Universitäten von Männern bekleidet (in Großbritannien 96 Prozent), und nur 162 Universitäten (in Großbritannien 16 Prozent) bieten Seminare zur Frauenforschung an.

Nach 1960 geborene Studentinnen beenden ihr Studium also ohne etwas von den Grimke-Schwestern, Sojourner Truth, Margaret Sanger und dem sechzigjährigen Kampf um das Wahlrecht gehört zu haben. Viele junge Frauen haben den Eindruck, sie seien durch den natürlichen Gang der Dinge in den Genuß ihrer gegenwärtigen Rechte gekommen und die Gesellschaft lege ihre Vorurteile gegenüber Frauen gleichsam von selbst und ohne aktiven Anstoß von seiten der Frauen ab. »Warum sich aufregen?« fragen sie oft. »Es wird doch auch so alles besser.«

Mangelnde Präsenz in den Medien

»Richten wir die Kamera auf etwas Bestimmtes, lenken wir gleichzeitig die Aufmerksamkeit von etwas anderem ab. Eine kritische Betrachtung der Medien sollte daher zuerst nach dem fragen, was nicht zu sehen ist.«[9]

Würde die Frauenbewegung nur in Geschichtsbüchern mißachtet, hätten die Frauen immer noch die Möglichkeit, zur Dokumentierung ihres sich verändernden gesellschaftlichen Status auf die modernen Medien zurückzugreifen. Doch die meisten Medien ignorieren die Frauen allgemein und die Frauenbewegung im besonderen, und das in einem für eine Demokratie beunruhigenden Ausmaß.

Wir haben einen positiven Trend festgestellt, was die Einbeziehung von Frauen in die Massenmedien betrifft. Im Vergleich dazu ist eine erstaunliche Bereitschaft der Medien zu konstatieren, die Augen sogar vor umwälzenden Ereignissen in der Geschichte der Frauen zu verschließen. Selbst im »Jahr der Frau« gelang politischen Magazinen und Fernsehshows das Kunststück, den bedeutendsten Umbruch in der Wahlgeschichte der Amerikaner mit einer Hartnäckigkeit zu ignorieren, die den Schluß nahelegt, daß ein geheimnisvoller Virus den Instinkt der Redakteure für wichtige Nachrichten lahmlegte oder sie ungerechtfertigte Vorurteile gegenüber dem anderen Geschlecht haben.

Sehen wir uns bei unserem Streifzug durch die Medienlandschaft der Umbruchsjahre zunächst das Fernsehen an. Eine von *Women, Men and Media* durchgeführte Studie aus dem Jahr 1990 fand heraus, daß an den drei kommerziellen Fernsehanstalten 85 Prozent der Nachrichten von Männern gesprochen wurden und daß in 87 Prozent der Fälle Männer Gegenstand der Nachrichten waren. 1992 hatte sich die Zahl der männlichen Nachrichtensprecher sogar noch erhöht: An den abendlichen Fernsehnachrichten waren durchschnittlich 86 Prozent männliche Korrespondenten beteiligt, und in 79 Prozent der Fälle waren Männer Thema der Berichterstattung.[10]

In einem politisch wichtigen Jahr üben Fernsehsendungen mit politischen Analysen einen enormen Einfluß aus; sie setzen anhand der Ereignisse der Woche aktuelle Trends fest. 1992 traten in der Sendung *Face the Nation* 186 Gäste auf, darunter 30 Frauen. Eine der Frauen war viermal dabei, eine andere zweimal, so daß es insgesamt nur 26 weibliche Gäste waren. In demselben historischen Jahr, in dem die Frauen den ersten demokratischen Präsidenten nach zwölf Jahren wählten, gab es 2 Sendungen über Abtreibung (beide auch mit männlichen Gästen) und eine Sendung zum Thema »Frauen in der Politik« (mit 2 männlichen Gästen). Bei anderen Shows über moralische Werte oder die Familie, in denen Frauen die Gelegenheit gehabt hätten, über die revolutionären Veränderungen im Verhältnis der Geschlechter zu sprechen, waren wenige beziehungsweise gar keine weiblichen Gäste anwesend. Zu Talk-Shows über Jugoslawien, ein Krisengebiet, in dem Massenvergewaltigungen als Teil eines geplanten Völkermordes Frauen veranlaßt haben, politisch aktiv zu werden, wurden keine Frauen eingeladen. Ohne Frauen fanden auch zwei Shows mit Analysen des Parteitags der Republikaner statt, auf dem George Bush sein Amt vor allem deshalb verspielt hatte, weil sein Programm und seine Rhetorik für jede intelligente Frau eine Provokation darstellte.

Was hatten Chefredakteure und Programmgestalter im Blick? Die Hälfte der Nation befand sich in beispiellosem politischem Aufruhr, und sie starrten wie gebannt in die falsche Richtung und verpaßten die sensationellsten Ereignisse des Jahres fast völlig.

Die Fernsehsendung *Meet the Press* war noch schlimmer. Von 118 Gästen waren 16 Frauen, wobei eine Frau sechsmal und eine andere fünfmal auftrat; in den 50 Folgen der Sendung wurden also nur 8 verschiedene Frauen eingeladen, darunter die beiden unverdrossenen Dauergäste Jeane Kirkpatrick und Phyllis Schlafly. In keiner einzigen Sendung ging es um Abtreibung, den politischen Durchbruch der Frauen, Anklagen wegen sexueller Belästigung und Vergewaltigungsprozesse, Themen, die im politischen Bewußtsein der Frauen das ganze Jahr über besonders präsent waren.

In *This Week with David Brinkley* traten 153 Gäste auf; 12 davon waren Frauen, darunter das Topmodell Iman. Themen von Sendungen, bei denen keine Frauen anwesend waren, waren Gesundheitsvorsorge, der Umweltgipfel, die Neubelebung der Innenstädte, Kriminalität und Sozialreform. Achtzehn Sendungen zur Wahl waren reine Männersendungen. In der Sendung über den Skandal von Tailhook traten eine Frau, die Senatorin Barbara Boxer, und drei Männer auf. In der Sendung über Bosnien-Herzegowina kam die weibliche Perspektive von Margaret Thatcher. In der Sendung über den nationalen Parteitag der Republikaner, auf dem Pat Buchanan und Marilyn Quayle über die Feministinnen gelästert und damit republikanische Frauen abgeschreckt und das Schiff der Republikaner zum Sinken gebracht hatten, gab es überhaupt keine weiblichen Gäste.

In den Folgen der Show *The McLaughlin Group* von 1992 ist das Muster noch auffälliger. Zwar entfielen von 178 Auftritten insgesamt 51 auf Frauen, der höchste Frauenanteil aller Shows, aber die Erklärung dafür ist einfach: Alle Auftritte wurden von derselben Frau absolviert, von Eleanor Clift. Durch die Sendungen führten 10 Experten, 9 davon Männer.

In John McLaughlins Show *One on One* traten 1992 68 Gäste auf, darunter 10 Frauen. Eine der Frauen, Mary Fisher, eine Mitarbeiterin der republikanischen Partei, war an Aids erkrankt; außerdem traten auf die Frau des Vizepräsidenten, eine Reporterin, die zu den Gerüchten über die außereheliche Affäre Bill Clintons Stellung nehmen sollte, die unermüdliche Jeane Kirkpatrick sowie die allgegenwärtige Iman, die sich unter anderem durch eine für die Lösung internationaler Konflikte besonders wichtige Eigenschaft auszeichnet: ihr fotogenes Aussehen.

Gerechterweise sei noch erwähnt, daß eine Sendung über den Feminismus ausgestrahlt wurde, in der Patricia Ireland interviewt wurde; außerdem wurde (vermutlich als Ausgleich) ein Beitrag über den Feminismus mit dem Interview eines Playboy-Kolumnisten gezeigt. Eine andere Sendung behandelte das Thema »Frauen in der Politik«, wobei eine Frau anwesend war, und schließlich stand noch ein Beitrag auf dem Programm, in dem ohne weibliche Beteiligung über Kondome für Frauen und Brustimplantate diskutiert wurde.

Bei der Presse sieht die Situation leider nur wenig besser aus. Eine von *Women, Men and Media* 1992 durchgeführte Studie zeigt, daß die Printmedien insgesamt dreimal so viele Artikel über die Frauen von Präsidentschafts- und Vizepräsidentschaftskandidaten veröffentlicht haben wie über Frauen, die sich um ein politisches Amt bewarben.[11] Im selben Jahr trugen 72 Prozent der Artikel auf den Titelseiten der Zeitungen die Namen männlicher Autoren. Von den in den Artikeln zitierten Quellen stammten wiederum 86 Prozent von Männern, und 68 Prozent der Fotos auf den Titelseiten zeigten Männer.

Die Berichterstattung über Frauen lag in den drei Nachrichtenmagazinen *Time*, *Newsweek* und *U. S. News* 1992 bei durchschnittlich 14 Prozent. Als Beispiel, auf welch bizarre Weise sich diese Diskriminierung auswirken kann, sei daran erinnert, daß amerikanische Sportlerinnen im olympischen Jahr 1992 9 Medaillen nach Hause brachten, die männlichen Athleten dagegen nur 2; trotzdem wurde fast ausschließlich über die Männer berichtet. Für Medienforscherin Junior Bridge ist dieses Ungleichgewicht erstaunlich: »Zieht man in Betracht, daß Frauen 53 Prozent der Bevölkerung des Landes und fast die Hälfte der erwerbstätigen

Lohnempfänger stellen (in großen Städten sogar 60 Prozent), dann ist schwer zu verstehen, warum sie so selten zu Kommentaren herangezogen werden oder in Nachrichten erscheinen.«[12]
Je angesehener und einflußreicher eine Zeitung ist, desto schlechter sieht es mit der Chancengleichheit aus: Die *New York Times* schnitt im Februar bei der journalistischen Präsenz von Frauen auf der Titelseite mit 8 Prozent am schlechtesten ab; nur 16 Prozent der Leitartikel erschienen unter einem weiblichen Namen. Über das Jahr verteilt waren unter dem neuen Verleger Arthur Sulzberger Jr., der sich zur Öffnung der Zeitung für die Meinungsäußerungen von Frauen bekennt, 70 Prozent der Verfasser männlich. Auch bei der *Washington Post* waren Frauen auf der Titelseite unterdurchschnittlich repräsentiert (29 Prozent), auf der Leitartikelseite schnitten sie im Vergleich zu allen anderen Zeitungen am schlechtesten ab (13 Prozent). Die Anzahl der von Frauen verfaßten Artikel bei diesen beiden wichtigsten Zeitungen liegt prozentual mit 26 Prozent bzw. 29 Prozent ebenfalls unter dem Durchschnitt.
Betrachten wir nun die wichtigsten amerikanischen Zeitschriften zu Politik und Kultur vom rechten und linken Spektrum, um festzustellen, wie sie diesem historischen Jahr gerecht wurden. Beginnen wir mit der linken Presse. *The Nation,* eines der ältesten und angesehensten politischen Magazine des Landes, das als links von der Mitte gilt, veröffentlichte 23 Prozent oder knapp über ein Fünftel seiner Artikel unter den Namen weiblicher Verfasser. Dabei handelte es sich überwiegend um Gedichte, Buch- oder Zeitschriftenrezensionen und Leserbriefe. Von 773 längeren Artikeln oder Leitartikeln stammten nur 66 von Frauen, was einem Anteil von 9 Prozent entspricht.
Harper's Magazine, eine liberale Monatszeitschrift, brachte 1992 insgesamt 158 Artikel. Vierzig Artikel, also rund 24 Prozent, wurden von Frauen verfaßt, was vielversprechend klingt, bis man entdeckt, daß 33 davon erzählerische Texte oder Gedichte sind. Von den 7 anderen Artikeln, die von Frauen verfaßt wurden, gehören

4 zu einem Abtreibungsforum, das gewissenhaft auch 4 Männer mit einbezog. Übrig bleiben 3 nicht zur Belletristik zählende Beiträge, von denen 2 von derselben Autorin Sally Tisdale sind (einer davon bricht eine Lanze für die Pornographie).

The New Republic, ein angesehenes, als gemäßigt geltendes politisches Journal mit Sitz in Washington, brachte 1992 706 Beiträge, darunter Gedichte; 97 stammten von Frauen. Unter den 97 Beiträgen weiblicher Autoren sind 8 Gedichte und 23 Buch- und Lyrikrezensionen. Übrig bleiben 66 politische, von Frauen verfaßte Artikel, weniger als ein Zehntel der Gesamtzahl der Beiträge der Zeitschrift.

Im Umbruchsjahr 1992 widmete *The New Republic* den Frauen 2 Titel. In der Ausgabe vom 16. März 1992 sind 2 Artikel und 1 Buchrezension (ein vernichtender Angriff auf ein feministisches Buch) von Frauen. In der darauffolgenden Woche gab es überhaupt keine Beiträge von Frauen, vielleicht um Lesern und Redakteuren Gelegenheit zu geben, sich von der geballten Ladung weiblicher Prosa der letzten Ausgabe zu erholen. In der Ausgabe vom 5. Oktober zeichneten Frauen für 6 Beiträge verantwortlich.

The Atlantic Monthly veröffentlichte insgesamt 218 Beiträge, davon 85 von Frauen, was etwa 40 Prozent entspricht. Darunter sind 14 Gedichte, 3 Romane und 54 Rezensionen von Büchern, Reise- oder Musikbesprechungen; 7 Beiträge sind Buchstabenspiele und Rätsel; nur 7 Beiträge sind ernsthafte politische Artikel.

The New Yorker schneidet nicht viel besser ab. 1992 waren 229 der 716 Beiträge von Frauen, darunter 64 Gedichte, 28 erzählerische Beiträge, 22 Buchrezensionen und 55 andere Rezensionen; 25 Beiträge fielen unter die Rubrik »Verschiedenes« – Mode, Essen und anderes. Nur 35 oder 5 Prozent aller Beiträge waren richtige Artikel zu Politik, Kultur oder aktuellem Geschehen.

Abschließend noch ein Wort zum Rundfunk; schließlich heißt es doch immer, Frauen seien so gesprächig. 1992 waren von den 900 Mitgliedern der nationalen Vereinigung der Talkmaster am Rundfunk nur 50 Frauen.[13] Und ein weiblicher Talkmaster aus Chicago sagte mir, immer wenn sie einem männlichen Interviewpartner harte Fragen stelle, bekomme sie Anrufe, sie solle den armen Mann doch in Ruhe lassen.

Das ist also der in Amerika in linken und gemäßigten Kreisen praktizierte öffentliche Dialog; rechte Zeitschriften wie *National Review* oder *Commentary* sind dabei noch gar nicht berücksichtigt. In ihnen kommen Frauen auf 23 Prozent, 24 Prozent, 14 Prozent, 40 Prozent oder 30 Prozent des verfügbaren Platzes zu Wort, darunter mit Berichten über Modenschauen und Sonetten. Frauen steht für ihren Dialog mit der Öffentlichkeit durchschnittlich 26 Prozent des allgemein kulturellen Teils zur Verfügung. Das bedeutet, daß männliche Philosophen, Kritiker und Politiker eine dreimal größere Chance als die entsprechenden Frauen haben, gehört zu werden, und für ihre Gedanken den vierfachen Platz zur Verfügung haben. Anders ausgedrückt, Männer beanspruchen über ihren Anteil hinaus die Hälfte des Teils, der eigentlich Frauen zusteht.

Wen überrascht es da, daß Frauen bereits in der Schule an sich selbst zweifeln, sich nicht zu Wort melden und keinen Anspruch auf eine eigene Meinung zu haben glauben? Mußte es nicht zwangsläufig so kommen? Die Gewissenshüter der Nation gestehen ihnen keine eigene Meinung zu. Im Bereich der Zeitungen haben Frauen ein Viertel des zur Verfügung stehenden Platzes, um sich über ihre Gedanken klarzuwerden, und mit jeder neuen Ausgabe einer Zeitung oder Zeitschrift wird ihnen wieder bestätigt, daß die Meinung von Frauen nur ein Drittel soviel Gewicht hat wie die der Männer.

In Europa ist die Situation nicht anders. 88 Prozent der leitenden Angestellten und 76 Prozent der Führungskräfte der mittleren Führungsebene der BBC sind männlich. In den britischen ITN (Independent Television News) ist keine der 48 Spitzenpositionen von einer Frau besetzt; weibliche Angestellte verdienen durchschnittlich 10 000 Pfund weniger im Jahr als ihre männlichen Kollegen, und bei Männern ist die Wahrscheinlichkeit, befördert zu werden, doppelt so groß.[14] Die BBC hatte für die Wahl 1992 nicht einmal eine Alibifrau vorzuweisen. In einem Jahr, in dem eine rekordverdächtige Anzahl von Frauen für das Parlament kandidierte, ergab eine Studie der vier wichtigsten politischen Fernsehprogramme, daß von 1031 Auftritten von Politikern nur 36 auf Frauen entfielen, davon allein 28 auf Margaret Thatcher![15] Selbst Lord Rees-Mogg, der Vorsitzende des Broadcasting Standards Council, mußte einräumen: »Frauen haben den Eindruck, daß das Fernsehen von Männern für Männer gemacht wird und ein ihnen fremdes Medium ist, das Maßstäbe, Werte und Interessen vertritt, die sie nicht teilen.«[16] Eine Umfrage des Institute of Manpower Services ergab, daß in der britischen Industrie dreimal mehr Männer als Frauen beschäftigt sind; in den britischen Printmedien liegt der Anteil der Frauen an der Gesamtzahl der Beschäftigten bei 22 Prozent.[17] Eine Studie über in Großbritannien rezensierte Bücher zeigte, daß 24 Prozent der rezensierten Bücher weibliche Autoren haben und daß 18 Prozent der Rezensenten Frauen sind, obwohl Frauen die Mehrheit der Leser stellen.[18] Trotz des in jüngster Zeit phänomenalen Erfolges der Bücher von Autorinnen stammen nur 20 Prozent aller veröffentlichten Bücher von Frauen.[19] Als diese Zahl näher untersucht wurde – Verlagsarbeit ist nämlich ein Beruf, in dem zumindest zahlenmäßig Frauen dominieren –, ergab sich »bei den meisten Verlagen eine verblüffende Entsprechung zwischen der Zahl der Autorinnen und der Zahl der im Verlag angestellten Lektorinnen.«[20]

Auch im Umbruchsjahr 1993 hat sich an ihrer Präsenz in der Presse kaum etwas geändert. Der Anteil der auf den Titelseiten zitierten Männer betrug immer noch 85 Prozent, und 66 Prozent der Männer verfaßten die Beiträge auf den Titelseiten, 74 Prozent die Kommentare. 86 Prozent der abendlichen Nachrichtensendungen wurden von Männern moderiert, 75 Prozent der Interviewten waren männlich. Gab es Negatives über Frauen zu berichten, prangten diese Enthüllungen auf allen Titelseiten; Berichte

über die Bedeutung der neuen First Lady und die neuen weiblichen Mitglieder des Kongresses wurden dagegen als weniger wichtig ins Innere der Zeitung verbannt.
Was sagt man bei der Presse selbst zu dieser geschlechtsspezifischen Verteilung? Andrew Sullivan von *The New Republic* meint: »Es ist eben schwer, überhaupt Frauen für den Job zu bekommen.« Ist diese Erklärung wirklich stichhaltig? In anderen Berufen wird die mangelnde Präsenz von Frauen in Spitzenpositionen der Tatsache zugeschrieben, daß sie Neulinge der jeweiligen Disziplin sind. Aber man kann doch nicht behaupten, Schreiben und Denken gehörten zu den Berufen, in die Frauen erst seit kurzem eingedrungen sind.
Papier ist billig, Stillsitzen weiblich. Aphra Behn, die wohl führende Dramatikerin ihrer Zeit, die erste Romanschriftstellerin und die erste Frau, die sich ihren Lebensunterhalt durch Schreiben verdiente, lebte im 17. Jahrhundert. Phyllis Wheatley, eine schwarze Dichterin, verfaßte im 18. Jahrhundert Gedichte im alexandrinischen Versmaß. Im 19. Jahrhundert nahmen Frauen den Schriftstellerberuf so in Beschlag, daß die erfolgreichsten Autoren des Jahrhunderts weiblich waren. Harriet Martineau veröffentlichte 1837 eindrucksvolle politische und kulturelle Analysen einer eben erst flügge gewordenen Nation; Margaret Fuller verfaßte 1845 Essays über die wichtigen geistigen Strömungen der damaligen Zeit. In den sechziger Jahren des 19. Jahrhunderts machte sich Harriet Beecher Stowe als Bestsellerautorin und leidenschaftliche Gegnerin der Sklaverei einen Namen. Rebecca West, eine kämpferische Frau, deckte in den zwanziger Jahren des 20. Jahrhunderts gesellschaftliche Mißstände auf.
Männliche Redakteure müssen sich also etwas Besseres einfallen lassen als den Hinweis, Frauen seien im schriftstellerischen Bereich noch zu ungeübt; sie brauchen nicht so zu tun, als warteten sie, bis Frauen endlich schreiben könnten. Frauen beschäftigen sich mit seriöser Schriftstellerei viel länger als Männer mit Datenbanken; niemand käme deswegen auf die Idee, die Leitartikel von

Frauen schreiben zu lassen und Männer von den Datenbanken zu vertreiben.

Oder sind Frauen heute schlechtere Autorinnen als in den letzten dreihundert Jahren? Die Daten der National Education Association belegen, daß »Mädchen beim Schreiben regelmäßig besser abschneiden als Jungen«. Andere Erhebungen kommen zu dem Ergebnis, daß die beiden Geschlechter gleich gut sind.[21] Fazit: Presse und Fernsehen räumen Frauen zu Unrecht keinen Platz ein.

Ergeben wir uns also resigniert in unser Schicksal und suchen in der Traumfabrik Hollywood nach interessanten Frauen? Doch auch dort haben wir Pech! Obwohl Frauen 1992 bei drei großen Filmerfolgen Regie führten,[22] sind 95 Prozent der vom Magazin *Premiere* im gleichen Jahr veröffentlichten Liste der hundert einflußreichsten Persönlichkeiten Hollywoods männlich. Nur eine einzige Frau, Sherry Lansing von Paramount, kann entscheiden, ob ein Film gedreht wird oder nicht. Von 400 Mitgliedern der Producers' Guild of America sind nur 15 Prozent Frauen. Und schließlich gibt es kaum gute Rollen für Frauen, weil Sitten und Gebräuche von Männern anderer Länder bestimmen, was die amerikanischen Frauen auf der Leinwand zu sehen bekommen. »Als vor etwa zwanzig Jahren der internationale Markt geöffnet wurde«, erklärt ein Produzent, »bekamen Frauen keine guten Rollen mehr. In den Filmen geht es vor allem um Geld, und in Ländern wie Japan und Indien will man keine Frau in einer Machtposition sehen. Dort will man den Terminator und Sylvester Stallone.«[23]

Man kann solche Zahlen empört zur Kenntnis nehmen und sich dann damit trösten, daß der Eintritt der Frauen in die Medienwelt die Situation ganz von selbst verbessern wird. Doch auch wenn die weibliche Präsenz im Journalismus ein entscheidender Faktor des Umbruchs ist, und viele Reporterinnen mutige und fundierte Artikel über die weibliche Hälfte unserer Gesellschaft verfassen, lastet auf diesen Frauen ein ungeheurer Druck. Weibliche Konsumenten von Presse und Fernsehen sind naiv, wenn sie in diesen

Medien tätige Frauen auffordern, die Situation zu ändern, ohne ihnen dabei Unterstützung von unten zuzusichern. Über Politik berichtende Frauen müssen ständig eine Gratwanderung machen; sie werden von ihren Arbeitgebern kritisch beaufsichtigt, damit sie ja nicht »aus der Sicht der Frau« berichten – dies gilt als mangelnde Objektivität, während die männliche Perspektive diesen Nachteil angeblich nicht hat. Für Chefredakteur Simon Jenkins ist ein an Frauenfragen orientierter Journalismus »entwürdigend für moderne Frauen, die als Menschen und nicht als Frauen betrachtet werden wollen«.[24] Autorin Rosalind Coward bemerkt, daß weibliche Journalisten beliebt sind, »vorausgesetzt, sie distanzieren sich von organisierten Gedankensystemen wie dem Feminismus und schreiben witzig und pointiert«.[25] Und Susan B. Anthony schreibt: »Solange Zeitungen und Zeitschriften von Männern beherrscht werden, müssen dort beschäftigte Frauen Artikel schreiben, die männliche Vorstellungen widerspiegeln. Solange dieser Zustand anhält, können weibliche Vorstellungen und Überzeugungen nicht an die Öffentlichkeit gelangen.«

Feministinnen hoffen seit langem, die Art der Berichterstattung werde sich zwangsläufig ändern, sobald »genügend Frauen« im Medienbereich arbeiten. Diese Erwartung läßt jedoch außer acht, daß Journalistinnen mit denselben wirtschaftlichen Zwängen zum Schweigen gebracht werden können wie Frauen in anderen Berufen. Tatsächlich sind sie sogar oft noch größeren Repressalien ausgesetzt, da ihr Beruf für das öffentliche Bild von der Rolle der Frau so wichtig ist. So zeigt die Studie von *Women, Men and Media* auch, daß Frauen in ihren Artikeln genauso auf Männer fixiert sind wie ihre männlichen Kollegen.

Gleich anderen berufstätigen Frauen bekommen auch weibliche Journalisten vermittelt, daß ein engagierter Einsatz für die Belange von Frauen unweigerlich Nachteile für die Karriere zur Folge hat. So erlebten sie, was aus der ersten offen feministischen Generation weiblicher Journalisten der *New York Times* wurde, die in den siebziger Jahren für eine gerechtere Bezahlung von Frauen und Männern kämpften und dafür ihre Karriere opferten. Zwanzig Jahre später, als weibliche Journalisten der *New York Times* dem Chef vom Dienst Max Frankel eine Studie vorlegten, die die mangelnde Präsenz von Frauen auf der Titelseite nachwies, erwiderte er, Frauen würden dann häufiger zu Wort kommen, wenn »die *Times* auf der ersten Seite über Teegesellschaften und dergleichen berichtet«. Zwar protestierten die Journalistinnen durch das Tragen von Teebeutel-Ansteckern mutig gegen diese Bemerkung, doch die Botschaft aus der Chefetage war unmißverständlich.

Selbst 1992, als das Verhältnis der Geschlechter erneut heftigen Erschütterungen ausgesetzt war, berichteten Redakteurinnen weiter in dem für Männer typischen Stil. Soma Golden von der *New York Times* sah sich einer großen Schar überwiegend weiblicher Journalisten gegenüber, die eine noch nie dagewesene »Steh-Party« einberufen hatten, um gegen die Berichterstattung der Zeitung über eine Vergewaltigung zu protestieren. 1993 wurde Emily Rooney als erste Frau zur leitenden Produzentin einer abendlichen Nachrichtensendung ernannt. Moderator Peter Jennings, für diese Entscheidung mitverantwortlich, betonte, »Frau Rooney ist nicht als Frau gewählt worden, obwohl sie zweifellos eine zusätzliche Dimension einbringt ...«[26]

Jede Frau, die im Medienbereich arbeitet, versteht die Warnung hinter diesen Worten: Drängt sie darauf, »Frauenfragen« aufzugreifen oder mehr Frauen zu interviewen oder einzustellen oder will sie gar gleiche Bezahlung und Beförderungschancen im Studio, riskiert sie, als »Frauen«-Redakteurin oder -Produzentin abgestempelt zu werden. Dagegen brauchen ihre männlichen Kollegen sich keine Sorgen zu machen, je als »Männer«-Redakteure abgestempelt zu werden. Außerdem wird, wenn eine Beförderung ansteht, die Wahl dann bestimmt nicht auf die Frau fallen.

Die Ironie ist freilich, daß man damit das eigene Publikum vergrämt. Vor allem Zeitungen bekommen das zu spüren. Anfang der achtziger Jahre gingen ihre Gewinne um 30 bis 70 Prozent zurück.

Die Zahl der Leser sinkt seit dreißig Jahren. Die Verantwortlichen suchen besorgt nach einem Ausweg, in dem Bewußtsein, daß »Zeitungen irgendwie den Kontakt zu ihren Lesern verloren haben«; männliche Medienkritiker räumen sogar ein, »daß wir Leser, vor allem Frauen, vertreiben, wenn wir uns nur mit den eher langweiligen geschäftlichen Aktivitäten von Männern mittleren Alters befassen«.[27] Doch gehen sie dieses Problem auf eine Art und Weise an, die zeigt, wie stark der Wunsch der Männer nach jener großen kulturellen Macht, dem täglichen Schreiben von Geschichte, nach wie vor ist.

Zeitungsverleger wollen nicht einsehen, daß ihr Problem eine einfache Lösung hat. Wenn viele Frauen keine aus der männlichen Perspektive geschriebenen Zeitungen mehr lesen, so deshalb, weil ihnen im Verlauf der letzten dreißig Jahre Zweifel gekommen sind, ob diese Perspektive die einzig richtige ist. Mit anderen Worten, solche Zeitungen verlieren weibliche Leser, weil sie ihre Autorität verloren haben. In ihrer Verzweiflung stellen Verleger mit ihren Nachrichten alles an, was sie anstellen können, ohne das männliche Medienmonopol aufs Spiel zu setzen; sie werben um weibliche Leser mit besonders ansprechend aufgemachten und spritzigen Beiträgen. Was sie den Frauen dagegen verweigern, ist ein wirkliches Mitspracherecht bei der Entscheidung, welche Art von Nachrichten berichtenswert sind.

Bei einem Essen der Association of Magazine Editors klagte Pete Hamill, Redakteur eines Boulevardblatts, über den Verlust von weiblichen Lesern und schlug vor, dieser Abwanderung mit Rubriken über Einkaufstips und Beiträgen über Gesundheit, Erziehung, Schönheit, Essen, Mode und Lebensstil zu begegnen. Die eine Sparte, die er nicht erwähnte, waren die »Nachrichten«. Frauen wissen ein Lied davon zu singen, was hinter der Aufforderung steckt, auf der Veranda frische Luft zu schnappen, während die Männer über ihren Zigarren politisieren. Die süßlichen Beiträge speziell für Frauen, eingestreut zwischen endlose Nachrichtenblöcke von Männern für Männer, beleidigen Frauen und zeugen

von Arroganz. Solange Journalisten nicht begreifen, daß weibliche Redakteure, die über für Frauen interessante Nachrichten schreiben, weibliche Leser anziehen, werden sie weiterhin Leserinnen verlieren.
Männliche Redakteure haben mit ihrer Behauptung, es sei nicht einfach, durchsetzungsfähige junge Frauen mit ausgeprägter eigener Meinung zu finden, nicht ganz unrecht. Junge Frauen ziehen aus der Einseitigkeit der Medien die Lehre, ein eigener Standpunkt sei nicht gefragt. Ihnen wird vermittelt, daß ihre Chance, überhaupt für eine Zeitschrift schreiben zu dürfen, wesentlich größer ist, wenn sie keinen frauenspezifischen Standpunkt vertreten, und daß sie, wenn sie schon über Frauenthemen schreiben, den schwammigen Stil und die oberflächliche Berichterstattung der meisten Frauenzeitschriften übernehmen müssen.
»Ich finde die Berichterstattung der Presse völlig einseitig«, sagt Kendall Anderson, eine junge Journalistik-Studentin aus Minnesota. »Ich mache mir Gedanken darüber, was ich erwarten oder welche Hoffnungen ich mir machen kann. Wer das Impressum des *Atlantic* liest, stellt fest, daß es sich zu 80 Prozent aus männlichen Namen zusammensetzt. Ich lese es jeden Monat. Es ist für mich als junge Journalistin entmutigend, daß diese Zeitschrift sogar als progressiv gilt. Auch in der Politik gibt es Diskriminierung, aber bei der Presse sieht man immer nur Männer. Dabei ist sie doch der Vierte Stand! Sie darf nicht so einseitig sein. Sie ist doch das Gewissen der Gesellschaft.«
Viele Feministinnen treten für einen Boykott von Frauenzeitschriften und tagsüber ausgestrahlten Talk-Shows für Frauen ein. Doch das wäre völlig falsch, da diese Medien mittlerweile zum Kernstück des Feminismus oder genauer des nicht negativ besetzten Power-Feminismus geworden sind. Bei der Analyse der Wahl '92 verkündeten männliche Kommentatoren den Aufstieg von »sanften Medien« wie Talk-Shows und Sendungen, in denen Zuschauer per Telefon mitwirken; ihnen war klargeworden, daß solche Sendungen jetzt der Ort sind, an dem die Zuschauer mit

politischen Nachrichten versorgt werden. Dieselbe Einsicht muß sich für die verachteten »Frauenmedien« einstellen. Untersucht man, welche Medien Frauen ernst nehmen und sie millionenfach erreichen, dann tragen Shows wie die von Sally Jesse Rafael und Zeitschriften wie *Vogue* und *Glamour* bedeutend mehr zur Veränderung der Lage der Frau bei als *U. S. News, World Report* und das Magazin *Ms.* zusammen.

Den »Frauenmedien« wird jedoch der Respekt verweigert, der ihnen als einzigen Vermittlern aktueller Diskussionen an Frauen gebührt. Ohne entsprechendes Prestige oder das Mandat ihrer Leserinnen und Leser wagen die Frauenmedien nicht, sich allzu unverblümt zum Feminismus zu bekennen. Und ihre Leserschaft ist zwar kritisch, müßte sich aber zugunsten mehr ernsthafter Berichterstattung erst noch gegen die Auftraggeber der Werbung durchsetzen, die solchen Bestrebungen skeptisch gegenüberstehen.

Da der »seriöse« Journalismus die Frauenmedien nicht ernst nimmt, scheinen die sonst üblichen Spielregeln journalistischer Arbeit für Frauenmagazine nicht zu gelten. Journalisten und weibliche Leserschaft lassen zu, daß die Frauenmagazine, in denen Seriosität und Bezug zum wirklichen Leben von größter Bedeutung wären, in eine journalistische Grauzone abgleiten. *Cosmopolitan* etwa kann mit einem unüberlegten Artikel darüber, warum Frauen sich wegen Aids keine Sorgen zu machen brauchen, die Verkaufszahlen in die Höhe treiben. Auf mangelhaft recherchierte Berichte über irgendwelche großartigen Brustimplantate folgen gleichermaßen unzureichend recherchierte Berichte über die Vorzüge einer »neuen Generation« von Diät-Pharmazeutika.[28] Als die britische Frauenzeitschrift *Honey* den Versuch unternahm, mehr über die Rechte der Frauen zu schreiben, und Fotomodelle zeigte, die wenig oder gar kein Make-up trugen, wurde die Redakteurin Carol Sarler gefeuert. Trotzdem wird in zunehmendem Maß mutig versucht, seriösen Journalismus zu betreiben und gegen alte, eingefahrene Muster anzusteuern.

Im Gegensatz zu den Abend- und Wochenendsendungen der Männer ist das so wichtige Forum der Talk-Show für Frauen ein ungenügend recherchiertes, apolitisches Niemandsland, in dem normale journalistische Standards nicht eingehalten werden müssen. Sally Jesse Rafael etwa kann sagen, ihrer Meinung nach sei der Feminismus familienfeindlich eingestellt; wenn sie Rat in Familienproblemen brauche, hole sie ihn deshalb bei der »moralischen Mehrheit« der Frauen, die sich zur Familie bekennen. Auch der Hinweis, daß Frauenorganisationen sich sogar ganz vordringlich mit Familienfragen befassen, beeindruckt sie nicht.
In unserer von Medien beherrschten Kultur, in der Information Macht ist, gilt zweitklassige Berichterstattung für die auch in anderer Hinsicht zweitklassig behandelten Frauen als gut genug. Auch hier kann von Gleichberechtigung keine Rede sein. Mit der wachsenden politischen Macht der Frauen muß sich eine neue Berichterstattung Schritt für Schritt gegenüber den ewig gleichen Mode- und Klatschgeschichten durchsetzen.
Mit ähnlichen Problemen kämpft auch die feministische Presse. Eine Titelgeschichte in *Ms.* über den sexuellen Mißbrauch von Kindern unter der Überschrift »Eine wahre Geschichte« liegt sogar noch unter dem Niveau der Boulevardpresse. Der von einer anonymen Autorin verfaßte Artikel ist hinsichtlich Ortsangaben, Daten und Quellen äußerst vage. Soll ich der Autorin glauben, was sie schreibt? Nur weil ich Feministin bin? Während viele Medien Frauen wie Kinder behandeln, die man gar nicht eigens anzusprechen braucht, behandeln Frauenzeitschriften Frauen oft wie Kinder, die nicht überzeugt werden müssen, sondern gefälligst alles gutgläubig hinzunehmen haben. Die revolutionären Veränderungen nach dem Fall Hill haben jedoch gezeigt, daß die Frauen es leid sind, wie Kinder behandelt zu werden.
Denn die Frauen wissen, daß sie betrogen werden. Die plakative Berichterstattung der Medien wird den Problemen der Frauen nicht gerecht; die Situation der Frauen läßt sich nicht auf Opposition gegen die Männer reduzieren, sondern ist in sich wider-

sprüchlich und komplex. So wollen Frauen arbeiten und zugleich Kinder aufziehen, und sie wissen, daß es dafür keine Patentlösungen gibt. Frauen wollen zwar keine Pornographie, aber sie wollen sich sexuell ausdrücken; Frauen ziehen sich gern schön an, aber sie hassen Zwang; Frauen wollen das Recht, in den Krieg zu ziehen, aber sie wollen nicht töten. Anspruchsvolle Blätter ignorieren Frauenfragen, Frauenmagazine haben nicht den Mut, sich zu sehr einer feministischen Linie zu verschreiben, und feministische Blätter wie *Ms.* wagen es nicht, sich von einer solchen zu weit zu entfernen.

Da viele Medien zögerten, diese Widersprüche aufzugreifen und Themen wie Sexualität oder Mutterschaft kontrovers zu diskutieren und aufzuarbeiten, schafften sich die amerikanischen Frauen in den achtziger Jahren Symbole für ihre Sorgen und Bedürfnisse. Madonna etwa stand für die Möglichkeit einer bildhaften sexuellen Sprache, die Frauen als stark darstellt. In dem Bilderpaar Hausfrau kontra berufstätige Mutter drückte sich der Wunsch nach staatlich finanzierten Kindertagesstätten und Erziehungsurlaub aus, Einrichtungen, die es in den anderen Industrieländern bereits gab. Solche Symbole können eine ernsthafte, ausführliche Diskussion freilich nicht ersetzen, auch wenn sie wunde Punkte im Bewußtsein der Frauen berühren.

Die Auswirkungen der Apartheid der Geschlechter in der Tages-, Wochen- und Monatspresse, in abendlichen Fernsehsendungen und wöchentlichen TV-Politmagazinen beschränken sich keineswegs auf Karrierenachteile für Frauen und die Verärgerung weiblicher Zuschauer und Leser. Durch die bestehende Situation wird der Nation vielmehr ein Instrumentarium vorenthalten, das sie zur Bewältigung ihrer Probleme dringend benötigt. Das Ungleichgewicht der Berichterstattung führt zu einem schiefen Bewußtsein und schließlich zu falschen Entscheidungen. »Ich bitte Sie«, sagte ein hochrangiger Mitarbeiter der *Times* einmal ganz im Ernst zu mir, »von sexueller Belästigung sind doch nur eine Handvoll Frauen betroffen.« Wenn die Verantwortlichen von

Fernsehen und Presse weibliche Experten bei Frauenfragen übergehen, übergehen sie damit feministische Wirtschaftsexpertinnen, die begriffen haben, daß Unterernährung und Überbevölkerung auf den geringen Status und die schlechte Bildung von Frauen zurückzuführen sind; sie übergehen Aktivistinnen, die den Zusammenhang zwischen einer Reform des staatlichen Wohlfahrtssystems und einem ausreichenden Angebot an Kindertagesstätten erkannt haben; sie übergehen Expertinnen der Gesundheitsfürsorge, die darauf hinweisen könnten, daß man die medizinische Forschung nicht nur an Männern orientieren darf, wenn man wirksame Behandlungsmethoden entwickeln will. Wie können wir über »Familienwerte« reden, ohne Daten zu kennen, aus denen hervorgeht, daß nicht die Frauen, sondern die Männer der Familie den Rücken gekehrt haben? Vielleicht schmeichelt die Geschlechter-Apartheid kurzzeitig dem Ego männlicher Journalisten, Redakteure, Fachleute und Konsumenten. Aber läßt man so wichtige Problemaspekte einfach beiseite, bewirkt das langfristig, daß die Medien keine Lösungen anbieten können, die erfolgreich sind.

Konfrontation statt Diskussion und Schwarzweiß-Feminismus: Camille Paglia, FAIR und die Pornographiedebatte

Da der Feminismus von der öffentlichen Diskussion großteils ausgeschlossen ist, fallen die seltenen Anlässe, bei denen tatsächlich von ihm die Rede ist, durch eine geradezu parodistische Schwarzweißmalerei auf. Stehen Frauenfragen zur Debatte, wird die Diskussion von einer scharfen Polarisation beherrscht, die zumal angesichts der wenigen weiblichen Stimmen in der Diskussionsrunde grotesk wirkt. Fernsehen und Presse lieben hitzige Wortgefechte, sind aber kaum an vernünftigen Debatten zwischen Feministinnen interessiert, etwa einem Gespräch von Feministinnen über Rassismus innerhalb der Frauenbewegung. In einer solchen Situation kann man von keiner Feministin erwarten, daß sie sich zu Zweifeln an der eigenen Position bekennt.

Selbst Sendungen, die als Forum für Frauenthemen konzipiert wurden, sind manchmal so verknappt, daß sie dem behandelten Stoff in keiner Weise gerecht werden. Die Filmgesellschaft Paramount plant eine sechsteilige Dokumentation über nichts Geringeres als »Frauen im 20. Jahrhundert«. Eine TV-Sonderserie von Lifetime, einem Sender für Frauen, behandelte die Themen »Arbeit«, »Familie« und »Gesundheit« der amerikanischen Frauen in überwältigenden zwölf Minuten pro Thema.

Das Tempo, das erforderlich war, um in einer so kurzen Zeit die Konflikte und Standpunkte von 150 Millionen Frauen darzustellen, führte zu einer komischen Reihung abgehackter Erklärungen; die seriöse Diskussion über soziale oder politische Fragen blieb dabei auf der Strecke. Die für Abtreibung eintretende Frau spulte ihren Satz ab, die für das Lebensrecht des Kindes eintretende Frau sagte den ihren. Die Frau, die für Frauen in der Armee eintrat, stand auf, die Frau, die darüber gesprochen hatte, wie man Arbeit und Familie unter einen Hut bringt, setzte sich. Inzwischen ist die Sendereihe beendet; zwar kamen einige Probleme und die Verbitterung der amerikanischen Frauen zur Sprache, aber Abhilfe wurde nicht geschaffen.

Wie wirkt sich diese Situation auf die Frauenbewegung aus? Viele prominente Feministinnen nehmen an Diskussionen mit Gegnern nicht mehr teil, da sie der Voreingenommenheit der Medien und der ihnen zugedachten undankbaren Rolle überdrüssig sind. Gloria Steinem beschloß schon vor Jahren, Fernsehauftritte mit Gegnern zu vermeiden. Auch die fast immer zu Diskussionen mit Verfassern von Pornographie eingeladenen Frauen Andrea Dworkin und Catherine MacKinnon lehnen solche Auftritte inzwischen ab. Kein Wunder, daß so viele Frauen nicht wissen, was Feminismus ist. Sie bekommen ihn selten erklärt und noch seltener mit seinem Für und Wider in einem offenen Forum vorgeführt.

Ein gutes Beispiel dafür, wie parteiische Massenmedien und der Mangel an geeigneten Foren jede sinnvolle Diskussion über Frauenfragen im Keim ersticken, ist der Medienerfolg von Camille Paglia. Die Professorin aus Philadelphia präsentierte sich der Öffentlichkeit mit einer Palette vorgefaßter Meinungen, die oberflächlich betrachtet provokativ wirkten und den Vorteil hatten, weitaus flotter formuliert zu sein als die akademischen Arbeiten, die Camille Paglia mit Gusto kritisiert. Als Autorin, die sich Feministin nennt und es zugleich fertigbringt, aus einem schier endlosen Vorrat erzkonservativer, antifeministischer Phrasen zu schöpfen, wurde Frau Paglia von genau jenen Presseorganen hofiert, die es im Lauf der letzten zehn Jahre geflissentlich versäumt hatten, die Öffentlichkeit über die Gedanken und Strömungen zu unterrichten, die Paglia anprangerte.
Die fehlende Möglichkeit, ihr kritisch zu antworten, bewirkte zugleich, daß falsche Darstellungen des Feminismus nicht korrigiert und diskutiert wurden, daß also ein Feedback ausblieb, das nicht nur ihre Position gestärkt, sondern auch die Position des Feminismus allgemein verbessert hätte. Grobe Entgleisungen blieben unwidersprochen: etwa ihre Behauptung, Feministinnen wollten jeden Unterschied zwischen Frauen und Männern beseitigen, obwohl auf dem Universitätscampus in den achtziger Jahren ein wesentlich differenzierteres Bild entworfen worden war. Paglias Behauptung, Psychoanalytikerinnen wie Melanie Klein und Karen Horney würden in Frauenseminaren nicht gelehrt, ist schlicht falsch, desgleichen die Behauptung, der Feminismus sei puritanisch; der Erotik wird im Feminismus große Bedeutung beigemessen. Die Behauptung, Feministinnen würden das Thema Vergewaltigung durch Freunde oder Bekannte zu sehr hochspielen, wird durch Studien widerlegt, denen zufolge ein Drittel der Frauen, die eine solche Erfahrung hinter sich haben, an Selbstmord denken. Schließlich sind viele ihrer Aussagen, in denen sie die Frauen mit der Natur und die Männer mit der Zivilisation identifiziert und die Frauen warnt, sie würden an ihrem Arbeitsplatz

ihre geschlechtliche Identität verlieren, Wiederholungen gängiger antifeministischer Phrasen der letzten großen Gegenreaktion der Jahre 1890 bis 1910.

In Ermangelung eines seriösen Forums zur Überprüfung der Angriffe Camille Paglias werden Diskussionen über von ihr aufgeworfene Fragen als Nahkampf oder theatralisches Medienspektakel mit persönlicher Beschimpfung inszeniert, wie mehrfach bei öffentlichen Begegnungen zwischen Frau Paglia und mir geschehen. Dabei gehen Fragen, die sie zu Recht anspricht, unter – Was ist unter Selbstbestimmungsrecht, was unter Mündigkeit zu verstehen? Ist der Feminismus elitär oder doktrinär geworden? Gibt es innerhalb der Frauenbewegung einen puritanischen Zug? –, und die in ihnen enthaltene berechtigte Kritik wird durch den medienfreundlichen, undifferenzierten Angriff auf den ganzen Feminismus verwässert. So nützlich Frau Paglias kritische Anfragen an die Frauenbewegung sein könnten, werden sie doch dadurch entwertet, daß die Opposition sich die Person Paglias in sexistischer Verzerrung angeeignet hat und damit ihre Kritik am Feminismus bagatellisiert und Paglia selbst als ernstzunehmende Intellektuelle diskreditiert.

Ich habe selbst erlebt, wie die Medien feministische Positionen verzerrt darstellen und wie die feministische Diskussion dadurch behindert wird. Als bei einer Podiumsdiskussion des YMHA (früher YMCA) in New York City im Verlauf der Diskussion, bei der einige Feministinnen anwesend waren, der Name Camille Paglias fiel, ertönten mißbilligende Pfiffe aus dem Publikum. Später, bei der Diskussion eines ganz anderen Themas, erhob sich ein Regisseur, der einen Ausschnitt für *60 Minutes* filmen wollte, und stellte uns vor laufender Kamera Fragen zu Frau Paglia. Daraufhin verlangte Gloria Steinem, die Kameras abzustellen. Der Regisseur protestierte, doch sie beharrte auf ihrer Forderung mit dem Hinweis, es sei schlechter Journalismus, wenn ein Nachrichtenteam nur einen einseitigen Ausschnitt filme, anstatt neutral zu berichten. Sie sagte dem Produzenten, die Zuhörer hätten 30 Dollar

Eintritt bezahlt, um ihre Fragen stellen zu können; das Nachrichtenteam könne gern die ganze Veranstaltung filmen, doch sei der Abend für die Zuhörer und das geplante Programm da und nicht für das Fernsehen.

Diese Szenen wurden herausgeschnitten. Millionen Amerikaner sahen lediglich, wie Gloria Steinem aufgebracht verlangte, gefälligst die Kameras zu stoppen; dann wurde Camille Paglia kurz eingeblendet mit der Bemerkung: »Seht Ihr?« Den Rest der Veranstaltung bekamen die Fernsehzuschauer nicht zu sehen; das Gezeigte konnte sie nur in ihrer Meinung bestärken, daß Feministinnen keine anderen Standpunkte neben sich duldeten. Die Verantwortlichen von *60 Minutes* dachten auch nicht daran, sich für ihr Vorgehen zu entschuldigen; die wichtige Debatte über Frau Paglias Standpunkt und den Standpunkt der Diskussionsteilnehmerinnen fand nie statt. Und vielleicht am schlimmsten war, daß wir uns den Rest des Abends geradezu krampfhaft bemühten, einander beizupflichten und Harmonie zu demonstrieren. Auf die Zuschauer wirkte dies sicher sehr solidarisch, aber es war wahrscheinlich nicht besonders informativ. »Es war ein einziges Geturtel«, sagte eine aufmerksame Zuhörerin kritisch. Sie verstand zwar, wie es dazu gekommen war, bedauerte es aber trotzdem.

Noch schlimmer ist, daß viele Feministinnen auf den Rummel, der Paglias Arbeiten zuteil wird, damit reagieren, daß sie die Arbeiten überhaupt nicht mehr zur Kenntnis nehmen; eine feministische Buchhandlung in Toronto etwa lehnt es ab, Paglias Titel zu führen. Diese Haltung verstärkt noch die »Wir-gegen-alle-Mentalität« und die Angst vor Andersdenkenden, die den Feminismus vergiftet, ebenso wie sie die schlimmsten Anschuldigungen der Opposition zu bestätigen scheint. Lernwillige Feministinnen können daraus eine wichtige Lehre ziehen: *Nicht Dissens schadet dem Feminismus, sondern Konsens.*

Das Schicksal der Frauenredaktion von FAIR (Fairness and Accuracy in Reporting), einer Instanz, die die Medien im Hinblick auf konservative Vorurteile überwacht, ist ein weiteres Beispiel für die verhängnisvollen Folgen der parteiischen Berichterstattung in den Medien.

Die neue Frauenredaktion innerhalb von FAIR war ein hoffnungsvolles Unternehmen und ein wirksames Gegengewicht zur von der Presse praktizierten Apartheid der Geschlechter. Die Redaktion sagte der Gewalt gegen Frauen in einer ehrgeizigen, schonungslosen Kampagne den Kampf an. Sie erzielte ausgezeichnete Resultate und lieferte ihre Berichte an *Good Morning America,* AP und *The Boston Globe.* Der Fernsehsender NBC sagte zu, über Gewalt gegenüber Ehefrauen im Zusammenhang mit wichtigen Sportveranstaltungen zu berichten.

In einem AP-Bericht wurde Sheila Kuehl vom California Women's Law Center mit der Meldung zitiert, eine von Soziologen der Old Dominion University erstellte Studie habe ergeben, daß laut Polizeibericht in Nord-Virginia nach Spielgewinnen durch die Washington Redskins 40 Prozent mehr verprügelte und krankenhausreif geschlagene Frauen gemeldet würden. Als Ken Ringle von der *Washington Post* die Soziologen auf einer Pressekonferenz danach fragte, protestierten diese und sagten, sie hätten keineswegs von 40 Prozent gesprochen, der Anstieg sei viel geringer.

FAIR-Mitarbeiterin Linda Mitchell räumte auf Ken Ringles Anfrage ein, ihr sei bereits damals klar gewesen, daß Frau Kuehl die Studie falsch auslege. Auf die Frage, warum sie ihre Kollegin nicht auf ihren Fehler hingewiesen habe, antwortete sie jedoch laut Ringle: »Ich wollte das nicht vor den Medien tun. Sie hat das Recht, darüber zu berichten, wie sie will.« Später bestritt Linda Mitchell, dies gesagt zu haben.

Ringles »Entlarvung« feministischer Behauptungen, die Gewalt gegen Frauen steige nach wichtigen Sportveranstaltungen, wurde landesweit verbreitet. Alan Dershowitz etwa attackierte in der *Los Angeles Times* die »selbsternannten Anwälte der Frauen«, die »alles glauben, was sie hören«, wie er es ausdrückte. Aber angesichts der Flut von Kommentaren über die angeblich unsolide

Arbeit von FAIR ging das Problem, von dem die Rede gewesen war, völlig unter.

Recherchen des *Portland Oregonian* bei der telefonischen Notrufzentrale für Frauen in Portland zum selben Problem ergaben, daß am Tag des Endspiels der amerikanischen Football-Meisterschaft dreißig Anrufe mehr registriert worden waren – dreimal so viele wie im Durchschnitt. »Manchmal bekommen wir sogar fünfzig bis sechzig Anrufe«, sagte Tess Wiseheart, die Leiterin der Zentrale. »Da wir an den Sonntagen, an denen das Endspiel stattfindet, schon immer deutlich mehr Anrufe registriert haben, sorgen wir für mehr Personal als sonst.«[29] Auch die *Los Angeles Daily News* stellte fest, daß zumindest zwei Anlaufstellen deutlich mehr Anrufe verzeichneten.

Die Soziologen von der Old Dominion University erklärten in einem öffentlichen Brief, ihre Studie sei zwar nur beschränkt repräsentativ, zeige aber jedenfalls einen Anstieg an Gewalt, und boten den Sprechern von FAIR ihre Unterstützung an. FAIR schrieb der *Washington Post,* Ringle habe nie mit der Zentrale von FAIR gesprochen und Zitate aus dem Zusammenhang gerissen, doch der Brief wurde nicht veröffentlicht. Die Zeitschrift *American Journalism* resümierte, FAIR sei »nicht unschuldig«; Ringle seinerseits habe zwar zu Recht den leichtfertigen Umgang mit Zahlen kritisiert, aber »zur Untermauerung seiner Behauptung ganz offensichtlich Zitate verdreht und aus dem Zusammenhang gerissen«.

»Es geht hier gar nicht mehr um die übertriebenen Zahlen von Sheila Kuehl«, sagt Jim Nourekian von FAIR. »Es geht darum, daß die ganze Sache von Reportern hochgespielt wird. Der Bericht über Gewalt stand auf der letzten Seite, Ringles Story dagegen wurde von den Zeitungen, in denen sie erschien, auf der ersten Seite abgedruckt.«

FAIR bekam keine Gelegenheit, den eigenen Standpunkt darzustellen. Das bedauernswerte Resultat war, daß bei Millionen von Menschen weitere Zweifel an der Glaubwürdigkeit sexuell mißbrauchter Frauen geweckt wurden. Die *Washington Post* war nicht zu einem Umdenken bereit; sie hat in vier Jahren nur zweimal einen Bericht über häusliche Gewalt auf der ersten Seite gebracht. Wie der Psychologe Michael Lindsey in Ringles Artikel sagt: »Da geht die Glaubwürdigkeit der ganzen Sache zum Teufel.«[30]

Ein weiteres Beispiel für die fatalen Folgen der Berichterstattung durch die Medien ist die Art, wie über Pornographie diskutiert oder besser gesagt nicht diskutiert wird. Im Fernsehen wird mit geheuchelter Besorgnis über Frauen im Sexgewerbe und in der Pornographie berichtet, um die Einschaltquoten in die Höhe zu treiben. Die Frauen sind darüber verständlicherweise empört. Aber ebensowenig sagt ihnen zu, wie die Frauenbewegung mit diesem Problem umgeht. Frauen aus der New Yorker Gegend erzählten mir wütend, was die dortigen Pornographie-Gegnerinnen tun: Sie stellen sich an eine Straßenecke, neben sich die vergrößerte Fotografie einer geknebelten und gefesselten nackten Frau, und schreien Passanten an.

Viele Frauen haben das Gefühl, daß die Extremisten beider Seiten der Komplexität des Problems nicht gerecht werden. Sie sind einerseits besorgt über die Auswirkungen der Pornographie und besonders deren negative Folgen für das Verhältnis junger Männer zu Frauen. Andererseits verbitten sie sich jede Einmischung in ihre eigene Sexualität, und drittens wollen sie unter keinen Umständen, daß das Recht auf freie Meinungsäußerung eingeschränkt wird.

Auch innerhalb der Frauenbewegung gehen die Meinungen weit auseinander, was das Problem noch schwieriger macht. Patricia Ireland von der Frauenrechtsorganisation NOW sagt: »Das Problem hat zu einer schrecklichen Polarisierung geführt, nach dem Motto: Wie kannst du der und der Meinung sein und trotzdem behaupten, du seist für Frauen?«

Den Befürworterinnen eines Pornographieverbots geht es nicht um die Probleme der Meinungsfreiheit, sondern um eine ganz konkrete Schädigung durch Pornographie; in ihren Augen erfüllt Pornographie den Tatbestand »kollektiver Beleidigung«. Zwar wird ihnen oft vorgeworfen, sie wollten die Zensur wieder einführen, doch in Wirklichkeit wollen sie in erster Linie einen finanziellen Schadensausgleich für Frauen, die vor Gericht nachweisen können, daß sie durch Pornographie geschädigt wurden. Die Gegnerinnen eines Pornographieverbots halten die ganze Debatte über Pornographie für ein Ablenkungsmanöver von den wirklichen Problemen der Frauen und für eine potentielle Gefahr für das Recht von Frauen auf freie Meinungsäußerung und sexuelle Selbstverwirklichung. Die zerstrittenen Parteien sind nicht einmal bereit, einander zuzuhören. Wie Patricia Ireland sagt: »Sie können sich noch nicht einmal darauf einigen, daß sie verschiedener Meinung sind.«

Die Befürworterinnen eines Pornographieverbots lehnen jedes Gespräch mit ihren Gegnerinnen ab und werfen ihnen vor, sich von der Porno-Industrie instrumentalisieren zu lassen. Oft gehen sie sogar so weit, die sexuellen Vorlieben ihrer Kontrahentinnen öffentlich anzuprangern. Im März 1993 fand an der University of Chicago eine Konferenz zum Thema Pornographie statt. Die zur Podiumsdiskussion geladenen Gäste vertraten allesamt dieselbe Meinung, so daß es zu einer kontroversen Debatte gar nicht kommen konnte.

Die Gegnerinnen eines Pornographieverbots lassen sich genausowenig auf Diskussionen ein. So erklärte beispielsweise Katha Pollitt, sie verstehe gut, warum die Presse so wenig über die Anti-Pornographie-Bewegung berichte; denn schließlich »kennt ja jedes Kind die Meinung von Andrea Dworkin, und man kann von Journalisten kaum erwarten, daß sie über Befürworter von Zensurmaßnahmen berichten.« Andrea Dworkin behauptet dagegen, selbst schon des öfteren zensiert worden zu sein. Andere Feministinnen, die die Pornographie nicht verbieten wollen, machen auf weitere Aspekte aufmerksam. So schreibt Betty Friedan: »Die wahre Obszönität ist die Armut.« Leanne Katz von der National

Coalition Against Censorship spricht von »einer kriminellen Verschwendung von Energien«.[31]
Schließlich werfen einige Autorinnen wie beispielsweise Wendy Kaminer in der Zeitschrift *Atlantic* den aktiven Befürworterinnen eines Pornographieverbots fundamentalistische Tendenzen vor. Dieser Vorwurf ist zwar zutreffend und gibt zur Besorgnis Anlaß, ist aber kein konstruktiver Beitrag zur Debatte.
Beide Parteien argumentieren mit einer schwarzweißen Sprache und mit der Logik von Überlebenden eines Schiffsunglücks, die sich in ein kleines Boot retten konnten und jetzt entscheiden müssen, welchen Ballast sie abwerfen wollen. Bei Frauen, die die Pornographie verbieten wollen, hat sich die Vorstellung durchgesetzt, daß das kleine Boot angesichts der Flut an sexueller Gewalt nur dann vor dem Sinken bewahrt werden kann, wenn Frauen ihr Interesse an einer erotischen Kultur und ihre Bedenken gegenüber gesetzlichen Zensurmaßnahmen über Bord werfen. Diese Frauen gehen davon aus, daß wir die zur Frage stehenden Einstellungen und Verhaltensweisen ohne gesetzliche Maßnahmen nicht ändern können. Die andere Partei wiederum hält den Feldzug gegen Pornographie für Energieverschwendung.
Mein eigenes, zugegebenermaßen sehr persönliches Urteil, für das ich mich nur auf mein Gefühl nach dem Ansehen einiger Pornovideos unbekannter Herkunft berufen kann, ist, daß derartige Produkte durchaus zwar schwer definierbare, aber doch offensichtliche seelische Schäden hervorrufen können. Wir sehen uns zu unserem Vergnügen einen sexuellen Akt an, den eine wildfremde Person für Geld und nicht etwa freiwillig oder aus Freude am erotischen Ausdruck und Austausch vollzieht. Wir kennen die Entstehungsbedingungen dieser Produkte nicht, die für die Beteiligten womöglich schlimm waren. Gerade dadurch können wir uns selbst schädigen und unser seelisches Gleichgewicht auf schwer zu quantifizierende Weise gefährden.
Aber wir sollten meines Erachtens weniger Zeit darauf verschwenden herauszufinden, welche konkreten Bilder Frauen »erniedri-

gen« und was dagegen zu tun wäre. Statt dessen müssen wir Kunst, Erziehung, Kommunikation und die Macht der Sprache verantwortlich dazu nutzen, die »Aura«, die Szenen sexueller Gewalt umgibt, zu verändern.
Keine sexistische Erziehung ist so schlimm, daß sie nicht durch eine antisexistische Erziehung unschädlich gemacht werden kann. Wenn ein Teenager hört, daß die Frauenrechtsorganisation NOW ein Buch wie Brett Easton Ellis' *American Psycho* boykottiert, wird er es unbedingt lesen wollen. Wenn derselbe Teenager aber im Unterricht in der Schule gehört hat, was Vergewaltigungsopfer von ihren Erlebnissen berichten, wird er das Buch mit ganz anderen Augen lesen und es viel weniger stimulierend finden. An der Duke University forderten männliche Studenten ihre Kommilitonen in einer Diskussionsrunde mit begleitenden Dias auf, darüber nachzudenken, wie sie durch Pornos beeinflußt würden. In einem Bericht der Fernsehsendung *20/20* über das Projekt berichteten die Studenten von ähnlichen Erfahrungen wie die gemischtgeschlechtlichen Gruppen, mit denen ich mich unterhalten hatte: Männer erzählten, sie seien von frühester Jugend an vom *Playboy*-Ideal beeinflußt worden und hätten Schwierigkeiten, sich auf »wirkliche« Frauen einzulassen; sie müßten sich während des Sexualaktes eine Situation aus einem Porno vorstellen, um zum Orgasmus zu kommen, anstatt mit der Frau in ihrem Bett erotisch zu kommunizieren. Frauen hatten den Eindruck, daß Männer durch Pornos eine falsche Vorstellung von Sexualität und sexueller Bereitschaft von Frauen bekämen. Männer und Frauen waren sich darin einig, daß junge Männer heute in ihrem Sexualverhalten von Pornos beeinflußt werden; sie wissen daher in vielen Fällen gar nicht, wie es ist, wenn eine Frau zu Sex bereit ist, und laufen Gefahr, ein junges Mädchen zu vergewaltigen, ohne daß sie es merken. Wenn Feministinnen einen Stapel *Playboy*-Hefte mit Benzin übergießen, wirft das mehr Fragen auf als es beantwortet; Projekte wie die Diskussionsrunde an der Duke University dagegen bauen Brücken der Verständigung zwischen den Geschlechtern.

Den Frauen, mit denen ich gesprochen habe, ging es nicht um Schuldzuweisungen für die Auswirkungen von Pornographie. Sie wollten gehört werden und vor Gewalt sicher sein. Ich bin auch vielen Männern begegnet, die sich trotz anfänglichen Drucks von seiten gleichaltriger Geschlechtsgenossen dazu bekennen, daß auch sie versuchen, den Sexismus zu hinterfragen und zu einer gegenseitigen Verständigung zu kommen. Sie wollen nicht, daß junge Frauen vor ihnen Angst haben. Sie sehnen sich nach Liebe und sexueller Harmonie.

Wir müssen vermehrt über sexuelle Gewalt in den Medien sprechen, denn nur so lassen sich, wie Informationskampagnen über das Rauchen und die Gefahren des Passivrauchens gezeigt haben, Einstellungen ändern. Kinder sollten weder mit Zigaretten noch mit Darstellungen von sexueller Gewalt in Berührung kommen. Solche Produkte sind gefährlich und vergiften unsere Umwelt. Zwar läßt sich mit ihnen viel Geld verdienen, aber sie machen abhängig, und sie können einen uns lieben Menschen oder uns selbst schädigen. Mit sexueller Gewalt muß man sehr vorsichtig umgehen, und Informationen über ihre Gefahren müssen jedermann frei zugänglich sein, vielleicht sogar durch eine Kampagne zugänglich gemacht werden. Damit kommen wir meiner Meinung nach weiter als mit von oben verordneten Maßnahmen.

Das Magazin *Playboy* gibt eine Menge Geld dafür aus, um die Arbeit der Aktivistinnen der Anti-Pornographie-Bewegung zu behindern, da diese unangenehme Fragen nach dem Zusammenhang zwischen dem Inhalt des Magazins und sexuellen Übergriffen gegen Frauen stellen. Unsere Welt wäre sicherer, wenn *Playboy* nicht mehr auf richterliche Anordnung hin aus den Regalen verschwinden müßte und wenn von dem Geld, das das Magazin für PR-Zwekke ausgibt, Filme und Kampagnen finanziert würden, in denen junge Männer erfahren, was Vergewaltigung bedeutet und wie aufregend es sein kann, wenn *beide* Partner den intimen Kontakt wollen.

Eine Sprache der Bilder und Worte, die uns wieder für Gewalt sensibilisiert, ist der beste Gegenpol zu der abstumpfenden Bilderflut, der wir ausgesetzt sind. D. E. May, eine 23jährige Künstlerin aus Oregon, fertigt aus Polizeiberichten über Vergewaltigungen und Gewalt in der Ehe großformatige, sehr beeindruckende Bilder. Auf einem dieser Bilder sieht man eine Hand, die sich um die Kehle einer Frau legt. Darunter steht: »Manchmal brauche ich unbedingt eine Frau, und dann nehme ich mir einfach eine.« Auf einem anderen, 1,8 auf 2,4 Meter großen Bild ist in weißen Buchstaben auf schwarzem Hintergrund der folgende, einem Polizeibericht entnommene Text zu lesen:

»Das Opfer sagte aus, daß es wegen einer Schachtel Zigaretten zum Streit kam. Es sagte aus, der Beschuldigte (ihr Ehemann) habe sie an den Haaren gepackt, gegen die Badezimmerwand gedrückt und mit der rechten Hand geschlagen. Das Opfer ist zur Tatzeit im siebten Monat schwanger. Es erklärt, der Beschuldigte habe immer wieder zu ihr gesagt: ›Du wirst dieses Baby verlieren, du Schlampe! Dafür sorge ich.‹ Nach den Schlägen im Bad traktierte der Beschuldigte das Opfer wieder mit Schlägen in den Bauch ...«

Erzählungen von Betroffenen haben sich in der Vergangenheit als wirkungsvollste Art des Protests gegen sexuelle Gewalt erwiesen. Wirkungsvoll ist auch, wenn Vergewaltiger mit Vergewaltigungsopfern konfrontiert werden, die schildern, welches Leid ihnen zugefügt wurde. Vergewaltiger reden sich nämlich meist ein, eine Vergewaltigung tue einer Frau nicht weiter weh. Für diese Männer war es nach eigenen Angaben die schlimmste Strafe, im Gefängnis Opfern gegenüberzusitzen und mit den Folgen ihrer Tat konfrontiert zu sein.

Bilder und Worte haben gerade heute eine magische Kraft. Früher lernten Kinder den gesellschaftlichen Sittenkodex in der Familie, in der Schule und in der Kirche. Heute ist das Fernsehen der wichtigste Vermittler der gesellschaftlichen »Normalität«; Befürworter der Meinungsfreiheit bringen sich ganz unnötig in Schwierigkeiten, wenn sie das leugnen. Wenn aber Worte und Bilder, die

Frauen erniedrigen, eine so große Wirkung haben können, gilt dasselbe doch auch für Worte und Bilder, mit denen Frauen sich wehren! Und Frauen haben viel wirksamere Mittel als das schlichte »Nein«, mit dem sich brave Mädchen seit je zu wehren versuchen.
Wenn wir es wagen, offen über alles zu sprechen, über unsere erotischen Wünsche wie über das uns zugefügte Leid, dann wird unsere Welt sicherer und zugleich erregender werden. Denn wir dürfen nicht nur sagen, was wir ablehnen, wir müssen auch sagen, wer wir sind und was wir wollen. Wir haben den dunklen Kontinent weiblicher Phantasien und Wünsche noch kaum vermessen. Wenn wir glauben, daß die über uns existierenden sexuellen Bilder lügen, ist es an uns, dem mit Selbstdarstellungen in Tagebüchern, Romanen, Dramen und Gemälden abzuhelfen.

Die Folge: Rückschlag für die Ziele der Frauen

Geschichtsschreibung und die Schaffung von Bildern, Leitfiguren und Belohnungen unserer Kultur liegen in den Händen der Männer. Die Frauen müssen den ihnen verweigerten Platz deshalb durch einen entsprechenden Aufwand an Zeit und Energie erkämpfen. In ihrem Fortschritt werden sie entscheidend durch die ungleiche Selektion, Interpretation und Präsentation von Nachrichten behindert.
Berichte über umwälzende Ereignisse sind von großem erzählerischen Reiz; die Nachricht von Siegen ermutigt die Menschen und stärkt ihr Zusammengehörigkeitsgefühl und ihren Kampfwillen. Die bei den Nachrichten zu beobachtende ungleiche Behandlung der Geschlechter verhindert jedoch, daß der ganze Zusammenhang sichtbar wird und eine Geschichte ihre volle Wirkung auch auf Frauen entfaltet. Das kann sehr frustrierend oder gar entmutigend sein, wie im Januar zu beobachten war, als das Gesetz über den Erziehungsurlaub endlich durchgesetzt wurde. Obwohl dieser

Triumph gänzlich dem neuen politischen Kampfgeist der Frauen zu verdanken war, war »Nannygate« das Tagesgespräch – Clintons glücklose Hand bei der Auswahl seiner Justizministerin wegen deren illegal beschäftigter Kindermädchen (»nannies«). Werden die komplexen, miteinander verknüpften Geschichten vom Kampf der Frauen um Verbesserung ihres Status nicht in einem allgemeinen Forum zur Sprache gebracht, ist es für Frauen beinahe unmöglich, aus den täglichen Schlagzeilen zu erfahren, wieviel an Boden gewonnen oder verloren wurde, wo Druck ausgeübt werden müßte und wo ein Rückzug ratsam wäre. Die Nachrichtenselektion erzeugt bei Frauen das Gefühl, einen Krieg zu führen, bei dem sie nicht wissen, ob ihre Mitstreiter den Rückzug angetreten haben, gefallen sind, sich ergeben haben oder überhaupt abgezogen sind und sie allein auf dem Schlachtfeld zurückgelassen haben, wo sie jetzt entsprechend dumm dastehen.

Wenn Redakteure Wahltriumphe von Frauen nicht auf deren Ursache, auf die weiblichen Wählerstimmen zurückführen und wenn sie Niederlagen der Frauen lauthals verkünden, Siege der Frauen aber auf die zweite Seite verbannen, erweisen sie der Opposition einen wichtigen Dienst. Sie verhindern so, daß die Frauen dem großen Geheimnis des ausgehenden 20. Jahrhunderts auf die Spur kommen: daß nämlich sie selbst das Ruder in der Hand haben und daß ihre Macht, wenn sie sie erst einsetzen, durch nichts aufgehalten werden kann.

Die beim Journalismus zu beobachtende Diskriminierung der Frauen hat vier Folgen. Erstens sorgt sie dafür, daß Frauen politisch auf der Stelle treten. Zweitens enthalten Fernsehen und Presse, wenn sie sich nicht für Fragen zuständig fühlen, die über die Hälfte ihrer Leserschaft bewegen, damit über der Hälfte der Bürger Informationen vor, die diese für ihre Wahlentscheidung benötigen; da das Recht des Wählers, für seine Interessen zu stimmen, Teil des Grundkonsenses in einer Demokratie ist, werden diese Redakteure ihrer Verantwortung als Journalisten in einer Demokratie nicht gerecht. Drittens wird die Frauenbewegung durch die

Presse lächerlich gemacht, was die Entfremdung der Frauen von ihren Repräsentantinnen noch verstärkt; in einem typischen Bericht der *New York Times* über NOW und Patricia Ireland ist von einem »stählernen Blick« die Rede und von Mitgliedern, die »am liebsten Birkenstock-Schuhe tragen und ihre Gegner anbrüllen«.[32]
Da Frauenthemen viertens so gut wie kein öffentliches Forum haben, auf dem offen diskutiert wird, bekommen die wenigen an die Öffentlichkeit gelangenden Kommentare zuviel Gewicht. Sie klingen oft gar nicht mehr wie Vorschläge, sondern wie starre Dogmen, da der knappe zur Verfügung stehende Raum zum Verzicht auf Modifizierungen, Problematisierungen und Nuancen zwingt.

Die Feindschaft des Feminismus gegenüber den Medien

Das gespannte Verhältnis des Feminismus zur Presse beruht auf der Erfahrung, daß die Presse oft verzerrend über den Feminismus berichtet, und auf der Erkenntnis, daß über Frauen in den Medien oberflächlich geurteilt wird und Frauen alle möglichen Tricks und Kniffe anwenden müssen, um überhaupt gesehen und gehört zu werden.
Diese wichtige Erkenntnis wurde jedoch zu wörtlich genommen und auch nicht neuen Technologien wie dem Fernsehen angepaßt. Die Präsentation in den Medien ist heute, am Ende des 20. Jahrhunderts, zwangsläufig eine Art »Verführung«, unabhängig von Inhalt und Wichtigkeit der Botschaft. Zwar berichtet das Fernsehen über Frauen viel oberflächlicher und viel mehr auf Bilder beschränkt als über Männer, aber andererseits behandelt es alle Themen oberflächlicher und visueller als die Presse. Zwar werden Frauen vor Fernsehsendungen stärker geschminkt als Männer, aber auch die Männer werden geschminkt. Niemand wird geschont. Der feste Vorsatz, sich niemals für die Presse zu erniedrigen, ist ein Anachronismus in einer Zeit, in der sich jeder, vom

rougebetupften Präsidentschaftskandidaten bis zum gefönten Whiskas-Kätzchen, vor der laufenden Kamera prostituieren muß. Gelegentlich kann das von Verweigerung geprägte Verhältnis des Feminismus zu den Medien eskalieren und in der Brüskierung eines wohlwollenden Partners gipfeln. So bestand die junge Organisatorin einer Wohltätigkeitsveranstaltung, die sonst alle Vorbereitungen tadellos abgewickelt hatte, darauf, daß die anwesenden Journalisten die teuren Eintrittskarten bezahlen sollten. Auf einigen Treffen der Women's Action Coalition (WAC) wurden Journalisten kollektiv ausgepfiffen.

Dieses Mißtrauen hängt unmittelbar mit der Erfahrung von Vergewaltigung und sexueller Belästigung zusammen. Frauen lernen unablässig, daß ihr Körper bewußt falsch interpretiert wird, daß ihre »Körpersprache« gegen sie verwendet wird. Tragen sie einen Minirock, um damit die Kontrolle über ihre eigene Sexualität auszudrücken, versteht ein Gericht darunter, daß sie die Kontrolle über ihren Körper an andere abgetreten haben. Das Gefühl der Unmöglichkeit, Kontrolle über die Bedeutung des weiblichen Körpers zu bekommen, veranlaßt Teile der Frauenbewegung zu der Annahme, es bestehe ein enger Zusammenhang zwischen der öffentlichen Diskussion in den Medien und sexueller Belästigung. Diese Feministinnen sehen nur noch die Möglichkeit, sich ganz von der Presse zurückzuziehen.

Die letzte, unheilvolle Folge des Umstands, daß die Presse die feministische Diskussion an den Rand drängt, besteht darin, daß einige Feministinnen im Gegenzug diese Randposition geradezu glorifizieren. Dadurch wird letztlich nur ein elitäres »Wir-gegen-die-anderen-Denken« verstärkt. Folgender Vorfall verdeutlicht dies. *Harper's Bazaar* beabsichtigte, einen Artikel über die WAC zu veröffentlichen. Laut der Reporterin Amruta Slee war ein Teil der Frauen strikt dagegen, da es sich um ein Modemagazin handle. Sie argumentierten, über WAC dürfe nur in »seriösen« Blättern wie *Ms.* oder *The Village Voice* berichtet werden – wobei »seriös« in diesem Zusammenhang offensichtlich »linksorientiert und alternativ« bedeutete. Zuletzt setzte sich dann freilich doch die Mehrheit durch, und ein Fotograf machte ein Bild mehrerer Aktivistinnen.

Dies führte zu neuen Anschuldigungen: Der Fotograf »hätte uns in Aktion aufnehmen sollen, nicht gestellt«, und er hätte keine Farbige in die erste Reihe stellen dürfen. Man hätte überhaupt kein Foto machen sollen. Daraus spricht wieder die Mentalität des Opfer-Feminismus. Wie Invaliden des Viktorianischen Zeitalters, die nur durch ihre Krankheit Macht ausüben können und sich daher weigern, gesund zu werden, hielten diese Frauen an ihrer Identität als Außenseiter fest, selbst dann noch, als ihre Botschaft zunehmend aufgegriffen wurde.

Jede aktivistische Bewegung, besonders in einer Randposition, wird früher oder später zu einer Kultur mit eigener Mode (auch wenn es eine Anti-Mode ist), eigenen Frisuren und eigenem Jargon; es entspricht der menschlichen Natur, Symbole und Regeln zu schaffen, die das Gefühl der Gruppenzugehörigkeit vermitteln. Doch es ist grotesk, wenn eine Subkultur, die sich ausdrücklich dazu berufen fühlt, alle Frauen anzusprechen, ausgerechnet die Medien mit Verachtung straft, die die meisten Frauen lesen – und diese Verachtung damit auf die meisten Frauen ausdehnt. Eine solche Klubmentalität birgt die Gefahr, daß eine wesentliche feministische Erkenntnis verlorengeht: daß nämlich jede einzelne Frau zählt.

Wer liest Frauenmagazine? Wer sieht tagsüber fern? Millionen amerikanischer Frauen aller Schichten, Bildungsstufen und Altersgruppen. Wer liest *Ms.* und *The Village Voice?* Einige hunderttausend, vorwiegend aus der Mittelschicht stammende Frauen mit Hochschulbildung, die überwiegend in Städten leben. Verlangt eine Frau der WAC von anderen Frauen, sie sollten nur die Zeitschriften lesen, die ihre Mitstreiterinnen lesen, drückt sie damit indirekt aus, daß Frauen, die *Harper's Bazaar* lesen, nicht so wichtig sind wie ihre coolen, wortgewandten Freundinnen aus der City; sie distanziert sich von ihnen. Wenn sie es für nicht der Mühe

wert hält, mit anderen Gruppen in deren Sprache über deren Anliegen zu sprechen, zeugt dies von einem des Feminismus unwürdigen Snobismus; schließlich sollte gerade der Feminismus eine breite Basis in der Bevölkerung haben.
Erlebt man, wie sich eine Frau mit einer wichtigen feministischen Botschaft in einer dafür »unpassenden« Sendung Gehör verschaffen will, merkt man sofort, daß ihr das in höchstem Maß unangenehm und peinlich ist. In der für solche Sendungen typischen, auf Vermeidung kontroverser Fragen bedachten Atmosphäre können banale Aussagen wie »Vergewaltigung ist schlimm« eine Frau in eine merkwürdige Außenseiterposition drängen. Zweifellos würde sie in diesem Moment lieber mit Freundinnen, die in allem genau der gleichen Meinung sind wie sie, in einem gemütlichen Café im East Village sitzen. Power-Feminismus aber bedeutet, von Madonna, Spike Lee und Bill Cosby zu lernen: Wenn dir das Image deiner Gruppe in den Medien nicht gefällt, denke dir ein anderes aus und sorge dafür, daß es verbreitet wird. Nur mit Klagen kommen wir nicht weiter. Unsere Verantwortung beginnt mit der Schaffung besserer Bilder.

Geistige Inflexibilität

»Ich widerspreche mir? Gut, dann widerspreche ich mir. Ich bin groß. Ich umfasse vieles.«
Walt Whitman

Infolge der Verhärtung der Diskussion über Frauenthemen hat der Feminismus einige geistig selbstzerstörerische Gewohnheiten angenommen. Fühlt sich eine Bewegung vom allgemeinen gesellschaftlichen Leben abgeschnitten und zu einem Schattendasein verurteilt, neigt sie dazu, starr an ihrer Identität festzuhalten, aus Furcht, sie möglicherweise zu verlieren. Ihre Mitglieder empfinden Herausforderungen und Entwicklungen, mit denen sie sich eigentlich gedanklich auseinandersetzen müßten, als Bedrohung ihres Zusammenhalts als Gruppe.

Aber wir dürfen uns gerade heute nicht an alte Identitäten und Dogmen klammern. Wer blind an alten Denkschemata festhält, gerät ins Hintertreffen; nur wer sich neu orientiert, kann Schritt halten. In der demokratischen Partei hat, sehr zum Leidwesen des konservativen Flügels, ein Umdenken stattgefunden, das der Partei die erneute Machtübernahme ermöglichte, während die Republikaner mit ihren überholten Vorstellungen sichtbar an Boden verlieren. An die Stelle des Zionismus der amerikanischen Juden muß die Bereitschaft zu Friedensgesprächen treten, auch wenn diese noch so problematisch sind. Die amerikanischen Schwarzen beschreiten bei der Diskussion städtischer Probleme bereits neue Wege. Charakteristisch für den Opfer-Feminismus dagegen ist ein »Entweder-oder-Denken«. Man ist entweder Opfer oder Unterdrücker, entweder für oder gegen den Feminismus, entweder nicht-sexistische Frau oder sexistischer Mann. Wer das Gefühl hat, keine Stimme oder keine Alternativen zu haben, klammert sich an die oberflächliche Gewißheit polarisierter Meinungen. Nur wer Selbstvertrauen hat und Ansprüche stellt, wagt es, sich auf das »Sowohl-als-auch-Denken« einzulassen, wie Gloria Steinem es nennt. Der Feminismus muß sich aktiv zu einer solchen Haltung bekennen.

Frauen fürchten zu Recht, ihre Meinung allzu frei zu äußern. Da sic keinen Einfluß auf die Gesetzgebung haben, werden Worte und Einstellungen schnell zu festen Annahmen über Frauen und bestimmen dann konkret, was mit Frauen geschieht. Die gesetzliche Behandlung von Frauen hängt, mehr als bei irgendeiner anderen Gruppe, von Gefühlen und kaum hinterfragten Eindrücken ab, wie Frauen sich verhalten sollen und wie man sich Frauen gegenüber verhält, statt von nachweisbaren Fakten oder allgemeingültigen Verhaltensregeln. Beispielsweise werden Ansichten über Vergewaltigung und darüber, welche Frauen sie »verdienen«, zu realen gesetzlichen Gepflogenheiten, mit denen Frauen dann konfrontiert sind, wenn sie ihre Schuldlosigkeit und die Schuld des Vergewaltigers nachweisen müssen. Jeder Fortschritt, den wir bei den Gesetzen zu Vergewaltigung und häuslicher Gewalt erzielt haben, ist der jahrelangen Überzeugungsarbeit von Feministinnen zu verdanken. Sagen erst genügend Stimmen, Abtreibung sei Mord, steht das Recht auf Abtreibung auf dem Spiel.

Kritiker des Feminismus mißverstehen die Tendenz von Feministinnen, bei bestimmten strittigen Themen vor der Auseinandersetzung zurückzuschrecken. Diese Neigung ist kennzeichnend auch für andere, die sich bedroht fühlen und keine Stimme haben. Amerikanische Juden befassen sich ausführlich mit der israelischen Menschenrechtspolitik, solange Israel nicht in Gefahr ist; sobald die Existenz Israels auf dem Spiel steht, ist davon verständlicherweise keine Rede mehr. Wir Feministinnen fürchten weniger bestimmte Meinungen als die daraus womöglich resultierende Gesetzgebung. Wenn Feministinnen sich dagegen wehren, daß Camille Paglia in den Medien sagen darf, Frauen wollten vergewaltigt werden oder Vergewaltigungen seien zumindest nicht so schlimm, tun sie das deshalb, weil solche Reden nicht nur zu kontroversen Diskussionen, sondern zu einem tatsächlichen Abbau von Rechten von Frauen führen können. Die Opposition kennt diesen Zusammenhang von Wort und Gesetz und nutzt ihn für ihre Zwecke; eine Frau kann keine Kritik an der Pornographie äußern, ohne daß dies sofort als Zensur gebrandmarkt wird. Aber wir zahlen einen zu hohen Preis, wenn wir deshalb vor jedem Dissens zurückschrecken und nicht wagen, unsere Meinung zu äußern.

Die Situation an einigen Universitäten zeigt, wie von oben auferlegtes Stillschweigen ein Klima schafft, das auch Stillschweigen von unten ermutigt.

Rechte Kritiker bezeichnen die multikulturelle Gesellschaft und die Frauenforschung als unliberal und intolerant. Die Hauptbedrohung für die Freiheit der wissenschaftlichen Lehre an den Universitäten geht jedoch mitnichten von irgendwelchen barbarischen Ausländern aus. Am meisten bedroht ist, wer sich dagegen wehrt, daß die Macht an den Hochschulen in den Händen von Männern liegt.

Im großen und ganzen sind die Fakultätsmitglieder in den Vereinigten Staaten heute konservativer als Ende der sechziger Jahre. Von ihren politischen Überzeugungen her sind sie zu etwa gleichen Teilen Liberale (33,8 Prozent) und gemäßigt Konservative (33,8 Prozent). Zur politischen Mitte zählen 26,6 Prozent.[33]

Gegner von Veränderungen schreien oft schon nach Redeverbot, wenn über traditionelle Ansichten auch nur kritisch diskutiert wird und wenn eine erhöhte Sensibilität für die Probleme der verschiedenen Rassen, Geschlechter und gesellschaftlichen Schichten zu einer lebhafteren Auseinandersetzung führt. George Will von der University of Pennsylvania sieht in der Aufforderung von Studenten zu kritischer Hinterfragung ihrer Einstellungen eine geistige Bevormundung.

Wer sich mit geistiger Zensur an den Universitäten beschäftigt, erkennt, daß besonders häufig Perspektiven von Frauen und Frauenforschung von Zensur bedroht sind. Die Zeitung der Vanderbilt University etwa akzeptiert Anzeigen für Striptease-Klubs, aber die Studentenvertretung lehnt es ab, *Muliebriety,* die Zeitung der Frauen, zu finanzieren, weil sie »politisch« sei. Männliche Studenten des Queen's College versuchten, die finanziellen Mittel für die alternative Frauenzeitung *Surface* zu stoppen, als in einer Ausgabe der Zeitung Satiren über sexistische Phantasien veröffentlicht wurden.[34] Beklemmend ist, wie Leiterinnen von Frauenforschungsprogrammen und Frauenzentren überall über die Kürzung ihrer finanziellen Mittel und die Einengung ihres Handlungsspielraums klagen: Trotz ständig steigender Nachfrage seitens der Studenten könnten diese Programme bald nicht mehr durchgeführt werden, und wenn eine neue Studentengeneration Frauenzentren oder Frauenforschung als Hauptfach fordere, lehne die Verwaltung dies mit der Behauptung ab, es sei bereits versucht worden, jedoch ohne Erfolg.

Dazu kommt die verzerrte Darstellung der Inhalte der Frauenforschung in der Öffentlichkeit. Die Kritiker stellen sich dabei oft selbst ein Bein. Dinesh D'Souza etwa amüsierte sich königlich über ein zusätzliches Lehrplanangebot zu *Ich, Rigoberta Menchu,* der Autobiographie einer mittellosen guatemaltekischen Indianerin, die als Dienstmädchen gearbeitet hatte. Wahrscheinlich war D'Souza nicht wenig irritiert, als die »irrelevante« Bauersfrau für ihre Bemühungen um die Menschenrechte 1992 den Friedensnobelpreis bekam.

All das fordert seinen Tribut und führt zu einer Abwehrhaltung und Starrheit des Denkens, die hinderlich ist, wenn es darum geht, Lehrpläne und Leben an den Universitäten auf einen dem 20. Jahrhundert angemessenen Stand zu bringen.

Der Parlamentarier und Abtreibungsgegner Robert Casey aus Pennsylvania sprach 1992 an der Universität Cooper Union in New York. Einige Aktivistinnen der Frauengruppen ACT UP und

WAC gingen zu Caseys Vortrag und schrien und trampelten so laut, daß Casey im Saal nicht zu hören war und er seinen Vortrag nicht halten konnte. Nach ihren Motiven befragt, antworten solche Frauen oft: »Frauen werden auch gewaltsam zum Schweigen gebracht.«

Wer Sätze wie diese sagt, tut so, als würden alle Frauen gleichermaßen unterdrückt. Wir werden zwar unterdrückt, aber nicht alle in gleichem Maße.

Es stimmt natürlich, daß viele Frauen buchstäblich gezwungen werden zu schweigen. Frauen, die mit vorgehaltener Pistole zur Mitwirkung in Pornofilmen gezwungen werden, können ihre Meinung nicht frei äußern. Andere Frauen schweigen, weil sie Angst davor haben müssen, halb totgeschlagen zu werden oder ihre Arbeit zu verlieren. Sechzehnjährige Mädchen in Pennsylvania, die im Parlament keine Vertretung haben und nicht abtreiben dürfen, müssen ebenfalls schweigen. Analphabetinnen und Frauen mit geringer Bildung, die das im Ersten Verfassungszusatz verankerte Recht auf freie Meinungsäußerung zumindest schriftlich nicht ausüben können, sind in dieser Hinsicht zum Schweigen verurteilt. Das gleiche gilt für Frauen, die aufgrund ihrer Armut und der tagtäglichen Existenzsorgen nicht einmal daran denken können, sich den Luxus der freien Meinungsäußerung zu leisten.

Wenn sich aber Frauen, die gebildet sind und sich ausdrücken können, der Sprachlosigkeit der tatsächlich Ohnmächtigen bedienen und etwa Diskussionen oder politische Versammlungen an Universitäten verhindern, dann verharmlosen sie die wahre Not dieser Frauen. Und wenn jemand die Chance und damit die Verpflichtung hat, zu sprechen, dann sind es gerade diese Frauen: Frauen aus der Mittelschicht mit Juraexamen, Schriftstellerinnen und politisch organisierte Frauen. Wir müssen uns fragen, ob wir den Frauen, die ständig unter Gewaltandrohung leben oder unter einem repressiven Arbeitgeber zu leiden haben, wirklich helfen, wenn wir die Chance nicht nutzen, in ihrem Namen zu sprechen. Die meisten von uns können es sich doch leisten, Robert Casey erst einmal anzuhören und ihn dann ins Kreuzfeuer der Kritik zu nehmen. Erst dann haben sie die Chance, einen Hörsaal voller Menschen von der Notwendigkeit des Rechts auf Abtreibung zu überzeugen. Wenn wir das tun können, ohne daß wir fürchten müssen, geschlagen zu werden oder den Arbeitsplatz zu verlieren, dann haben wir nicht das Recht, uns künstlich zum Schweigen zu verurteilen, als sei das eine neue Mode, die wir jederzeit wieder ablegen können.

Ich hielt einmal einen Vortrag an einer Universität, an der progressive akademische Arbeit in ihrer besten, aber auch in ihrer schlimmsten Form betrieben wurde. Bevor ich das Podium betreten durfte, teilte mir die mich begleitende Dozentin in ominösen Worten mit, die Teilnehmerinnen eines Seminars über Frauenforschung wollten mit mir sprechen. Plötzlich fand ich mich in einem Kreis von Frauen wieder, die offensichtlich bereits ein Urteil über mich gefällt hatten.

Die Frauen kritisierten weniger meine Arbeit – was ich begrüßt hätte –, sondern forderten mich auf, ihnen gegenüber Rechenschaft über meine Person abzulegen. Eine Frau warf mir vor, ich sei elitär, weil ich mich in endlos langen Sätzen ausdrücke, eine andere klagte, mir fehle die nötige akademische Strenge, da ich, um mein Buch besser verständlich zu machen, statt akademischer Fußnoten in Klammern gesetzte Erläuterungen verwendet hätte; die beiden Frauen schienen in ihren Standpunkten keinen Widerspruch zu sehen. Es folgten weitere Anklagen: Warum war ich im Fernsehen aufgetreten – machte es mir denn nichts aus, von den Medien als Alibifrau mißbraucht zu werden? Warum hatte ich für meine Publikationen einen Verlag gewählt, der den Massenmarkt bediente? Grenzte ich, wenn ich ein Buch schrieb, nicht automatisch alle Frauen aus, die nicht lesen konnten?

Nach meinem Vortrag ging ich mit einigen Studentinnen noch auf eine Pizza und ein Bier in ein Lokal. Diesmal, außerhalb der Gruppe des Seminars, waren sie sehr freundlich. Sie beherrschten die Theorien französischer Feministinnen hervorragend, hatten

aber keine Sprache, um über ihre wirklichen Anliegen zu sprechen. Sie redeten über Sexualität, Selbstachtung, fehlende Vorbilder und die Bemühungen ihrer jungen Professorin, neben der beruflichen Arbeit auch noch ein Kind aufzuziehen, und sie machten sich Gedanken über ähnliche Konfliktsituationen, die ihnen in ihrem eigenen Leben bevorstehen würden. Sie waren es gewohnt, in selbstgerechten Phrasen zu sprechen, und sie waren durch die pädagogische Tendenz verunsichert, geistige Forschung als verbissenen Kampf zu betrachten, bei dem es darum ging, unter dem fadenscheinigen Deckmantel des »Konsenses« anderen die Spielregeln zu diktieren; ich empfand ihre Standpunkte als ebenso unproduktiv wie den Machismo, der während meiner Collegezeit tonangebend gewesen war. Anstatt die Belange von Frauen aufzuwerten und zu einem Thema zu machen, das den Aufwand unbequemer Fragen verdient, hatten die Feministinnen mit ihren Phrasen die Anliegen der Frauen auf ein paar vorgefaßte Meinungen reduziert. Der einzige Unterschied bestand darin, daß nicht mehr die Männer, sondern die Frauen bestimmten, welche vorgefaßten Meinungen sie haben sollten.
Hier zeigt sich ein großes Mißverständnis, was den Sinn neuer Ideen betrifft. Eine Regierung oder eine Partei etwa muß repräsentativ sein, aber die Meinungen und Äußerungen einer Frau können und dürfen nicht repräsentativ sein. Natürlich kann eine Zuhörerin einer Rednerin sagen, sie habe wichtige Themen nicht berücksichtigt oder ihre Einstellung sei enttäuschend oder falsch. Keine Frau hat jedoch das Recht, Auskunft über die Gedanken einer anderen Frau zu geben. Wir können eine Autorin zwar bitten, uns zuzuhören, aber wir dürfen nicht von ihr verlangen, daß sie so schreibt, wie es die Bewegung will. Ich stellte in unserem Gespräch besorgt fest, daß die Frauen, weil wir ja alle Feministinnen waren, wie selbstverständlich annahmen, auch über meine Gedanken verfügen zu können.
Kollektives Bewußtsein kann ein ebenso autoritärer und falscher Götze sein wie »Autorität« und Wahrheitsanspruch des Mannes

in der Kultur des Westens, mit deren Entglorifizierung die poststrukturalistische Forschung unlängst begonnen hat. Mit der Vorstellung, alle geistigen Anstrengungen müßten kollektiv erfolgen und dürften ohne die Erlaubnis selbsternannter Hüterinnen des Feminismus nicht veröffentlicht werden, zerstört der Feminismus sich selbst.

Paradoxerweise stehen gerade diejenigen dem Fortschritt im Weg, die den feministischen Ideen zum Durchbruch verhelfen wollen, indem sie gemeinsam gegen alles Nichtorthodoxe Front machen. Ideen, die ihnen verwerflich erscheinen, könnten sich, überließe man sie sich selbst, gegenseitig befruchten und zu ungeahnten Ergebnissen führen. Feministische Literatur von bleibendem Wert ist radikal unabhängig und oft aus der Sicht der jeweiligen Zeit »politisch falsch«. Die Heldin von Emily Brontës *Sturmhöhe*, einem großartigen Roman weiblicher Leidenschaft, begeht aus Liebe Selbstmord; in Virginia Woolfs Roman *Orlando* ist der Protagonist gleichermaßen unwiderstehlich in seiner männlichen Inkarnation wie in seiner weiblichen Daseinsform; Germaine Greer versteigt sich am Schluß ihres Buches *Der weibliche Eunuch* zu einer völlig abstrusen Schlußfolgerung – daß nämlich die Antwort auf die Kämpfe der Frauen darin liege, sich sizilianischen Bauern anzuschließen. Aber die Frauen, deren Werk von Dauer ist, gestatten sich, Fehler zu machen, und sind bereit, ihre eigenen ursprünglichen Annahmen in Frage zu stellen, auch wenn diese inzwischen zur anerkannten Meinung der jeweiligen Zeit geworden sind. Hätten diese Frauen unter den mißbilligenden Blicken eines feministischen Kollektivs ähnlich großartige Werke schaffen können?

Verschließen wir uns der Kritik an unseren eigenen orthodoxen Überzeugungen, beginnen wir geistig abzusterben. Das Recht, Fragen zu stellen, ist das Kronjuwel in der Schatzkammer der von den Männern übernommenen und den Frauen vorenthaltenen Rechte. Es ist sogar ein noch kostbareres Menschenrecht als die Bezahlung für geleistete Arbeit, die wir auch so dringend brauchen. Einst war es Frauen per Gesetz untersagt, an denselben Orten wie Männer Fragen zu stellen. Wollen wir uns die Fragen jetzt selbst verbieten? Haben die Frauen, die die ersten Colleges für Frauen gründeten und für gleiche Bildungschancen stritten, das nur getan, damit Frauen eines Tages alles ignorieren, was sie zwingen könnte, eine Annahme neu zu überdenken?

Harmoniedenken

»Wir bestätigen unsere Wirklichkeit, indem wir sie teilen«, ist auf einem von einer Frauengruppe produzierten T-Shirt zu lesen. In dieser auf Harmonie bedachten Haltung liegt genau das Problem. Das Vermächtnis der Selbsterfahrungsgruppen an den Feminismus besteht in dem großen Wert, den Feministinnen darauf legen, die eigenen Lebenserfahrungen von anderen Frauen bestätigt zu bekommen, auf diese Weise der Isolation entgegenzuwirken und die Bemühungen einzelner Frauen in einen gesellschaftlichen Zusammenhang zu bringen. Während eine solche »Bestätigung der Wirklichkeit« der zweiten Phase der Frauenbewegung hervorragende Dienste erwies, werden heute eher die problematischen Folgen deutlich: die Tendenz einiger feministischer Subkulturen zum Harmoniedenken und die Tyrannei der Gruppenperspektive über die Perspektive einer Gemeinschaft, die durch die Interaktion ganz verschiedener individueller Sichtweisen zustande kommt. Statt unsere Wirklichkeit voreilig zu »bestätigen«, indem wir sie »teilen«, sollten wir sie immer wieder in Diskussionen kritisch überprüfen und in Frage stellen.
Donna Minkowitz, eine lesbische Journalistin, hat miterlebt, wie die Angst vor Dissens ihre Frauengruppe, eine Karateschule für Lesben, lähmte. Obwohl dort betont wurde, wie wichtig es sei, sich nach außen abzugrenzen, Raum für sich zu beanspruchen und seine Unabhängigkeit zu verteidigen, erstickten die Leitsprüche der Gruppe jeglichen Dissens im Keim: »Seid nie uneins, habt nie eine unabhängige Meinung und fangt vor allem nie Streit an.«

Frau Minkowitz meint scharfsichtig, die Erfahrung des Kampfes rühre an unterdrückten Gefühlen der Wut, die den Dissens in den Augen der betroffenen Frauen noch schrecklicher erscheinen lassen. Sobald eine Frau in der Gruppe eine abweichende Meinung geäußert habe, sei sie auf heftige Ablehnung gestoßen. »Irgendwie machte es Spaß, politisch weniger erfahrene Frauen mit Dogmen vollzustopfen«, schreibt sie mit seltener Offenheit, und sie interpretiert dieses auf Harmonie bedachte Gruppendenken ganz richtig nicht als Gemeinschaftsgeist, sondern als unterdrückten Herrschaftsanspruch: »Wie alle verschleierten Herrschaftsansprüche war dieses Denken letztlich steril und unproduktiv. Sowohl ich als auch die Frauen, die ich quälte, versuchten verzweifelt jede Auseinandersetzung mit etwas zu vermeiden, das uns noch mehr zusetzte als unsere kritischen/selbstkritischen Sitzungen: mit unserer Angst vor der Wut und unserer erstaunlichen Konfliktscheu.« Die National Lesbian Conference von 1992 sei ein Mißerfolg gewesen, schreibt Frau Minkowitz, »und zwar genau deshalb, weil die Teilnehmerinnen keinen Dissens tolerierten.« Von Frauen verfaßte Flugblätter mit Karikaturen zum »Parfüm-Verbot« wurden beschlagnahmt, um die Gefühle anderer Frauen nicht zu »verletzen«. Lesbische Soldatinnen, die ihre Verhaftung riskierten, um an der Versammlung teilnehmen zu können, wurden mit Redeverbot belegt, und ein offizielles Konferenzbulletin erklärte, daß bestimmte erotische Präferenzen – etwa die Vorliebe für schlanke Frauen – falsch seien. »Unsere Angst vor Konflikten«, faßt Frau Minkowitz zusammen, »hat in den lesbischen Gruppen viel mehr Schaden angerichtet als die Konflikte selbst.«[35] Ich möchte dem hinzufügen, daß dies auch für die Frauenbewegung insgesamt gilt. Elizabeth Fox-Genovese schreibt am Ende ihres Buches *Feminism Without Illusions:* »Ich bin mir der Gefahr wohl bewußt, daß viele andere Feministinnen, deren Ansichten sich von meinen unterscheiden, meine Kritik als illoyal auffassen könnten, aber ich kann nur hoffen, daß es im Rahmen der Frauenbewegung möglich ist, auch andere Meinungen als Teil des kontinuierlichen Bemühens zu akzeptieren, die Bedürfnisse der Frauen zu artikulieren.« Dies ist ein wahrhaft deprimierender Satz. Wenn »Kritik« an der Bewegung als »Illoyalität« gilt, hat diese Bewegung offenbar jeden geistigen Schwung verloren.

Moralische Reinheit

Vor kurzem wurde ich zu einer Diskussion mit Susie Bright eingeladen, einer lesbischen Feministin, die Pornographie und Sadomasochismus befürwortet und eine lesbische S/M-Zeitschrift herausgibt. Eine meiner Leserinnen rief in meinem Büro an und fragte: »Wie kann Naomi nur mit dieser Person sprechen?«
»Diese Person« – wie viele ehrbare Hausfrauen mögen das schon gesagt haben, wenn sie einer aufgetakelten Prostituierten begegneten? Ich habe Susie Brights Buch nicht gelesen, antwortete ich meiner Leserin in Gedanken; ich habe mir nicht einmal angehört, was sie in Diskussionen zu sagen hat. Wie kann diese Leserin also glauben, sie wisse, was ich von Susie Bright halte, wenn ich es selbst noch nicht weiß? Die Anfrage der Frau sprach Bände und deprimierte mich, weil in ihr zum Ausdruck kam, warum die Leute sich vom Feminismus abwenden. Es war die alte feministische Strategie, Zensur auszuüben und mit Personen, die uns beleidigt haben (meist Frauen) nicht mehr zu sprechen.
Dahinter steckt die Angst der Frauen und des Opfer-Feminismus vor »unmoralischem« Verhalten. Diskussionen unter Feministinnen sind gespickt mit Warnungen vor entsprechenden Gefahren, meist in Zusammenhang mit Geld, Ruhm oder unmoralischen Ansichten. Der Opfer-Feminismus gebraucht dabei dieselbe Sprache, die man von Balladen aus dem 18. Jahrhundert kennt; dort werden jungfräuliche Milchmädchen vor listigen Kupplerinnen gewarnt, die sie mit Gold und Tand vom unschuldigen Land in die sündhafte Stadt locken wollen.
Wir können die Angst des Opfer-Feminismus vor der morali-

schen Korruption durch die Versuchungen der Macht, des Geldes und der Medien nicht verstehen, ohne uns das jahrtausendealte Verhältnis der Frauen zur Prostitution vor Augen zu führen. Die Frauen leiden heute noch unter den Nachwirkungen jenes langlebigen Gegensatzes von verheirateten Frauen, Nonnen und Jungfrauen einerseits und Prostituierten und Kurtisanen andererseits. In fast allen westlichen Kulturen mußte sich jahrhundertelang praktisch jede Frau, die nicht zur Aristokratie gehörte, zu einer Ideologie der Respektabilität und Keuschheit bekennen, die sie von der Prostituierten unterschied. Für die »Vorteile« ihrer Sittsamkeit – Sicherheit, Schutz und gesellschaftliche Anerkennung – mußte sie einen hohen Preis zahlen: sexuelle Selbstverleugnung und Abhängigkeit. Umgekehrt führten Straßendirnen ein zahlreichen Bedrohungen und Krankheiten ausgesetztes Leben. Daneben gab es freilich Kurtisanen, denen es gutging und die oft im Mittelpunkt des gesellschaftlichen und geistigen Lebens standen. Im 19. Jahrhundert war allgemein bekannt, daß selbst die ärmsten Prostituierten schneller und mehr Geld verdienen konnten als jene Fabrikarbeiterinnen oder Verkäuferinnen, die seit dem Beginn der Industriellen Revolution den größten Teil berufstätiger Frauen ausmachten.

Eine »anständige« Frau wußte auch, wie schmal der Grat war, der sie von der Prostituierten trennte. Sie brauchte nur einem sexuellen Impuls nachzugeben, außerhalb der Ehe schwanger zu werden oder ihren Mann zu verlieren, und schon drohte ihr ein Leben als Hure. Um sich vor den Versuchungen dieses Lebens zu schützen, mußten anständige Frauen »schlechte Frauen« und schlechtes Betragen stigmatisieren. Außerdem mußten sie den Wert von Keuschheit und Reinheit steigern, um sich für das anständige Leben, das sie führen mußten, zu entschädigen. Die gesellschaftlichen Bedingungen, unter denen so viel Gewicht auf den Unterschied zwischen guten und schlechten Frauen gelegt werden mußte, gehören praktisch der Vergangenheit an, doch die jahrhundertelange kulturelle Anpassung um des Überlebens willen, die seit undenklichen Zeiten

von den Müttern an die Töchter weitergegeben wird, ist immer noch wirksam. Deshalb achtet der Opfer-Feminismus so genau darauf, immer auf der »richtigen« Seite zu stehen, auch wenn das die Ablehnung fruchtbarer Meinungsverschiedenheiten oder das Zurückschrecken vor der Ausübung profaner Macht bedeutet.
Doch wer bezahlt für eine Diskussionsveranstaltung über den Feminismus 15 Dollar, wenn er schon weiß, wie sie ausgeht? Wenn wir an einer starren Linie festhalten, langweilen wir uns selbst und vertreiben unsere Zuhörer, die das Gefühl haben, das alles schon einmal gehört zu haben.
Menschen sind in einem steten Lern- und Entwicklungsprozeß begriffen. Der Umbruch der letzten Jahre hat in rasantem Tempo eingespielte Geschlechterrollen in Frage gestellt. Die Welt hat sich in den letzten fünfzehn Jahren verändert, doch einige der Grundwahrheiten des Feminismus bleiben. Wie können wir die Menschen auffordern, von uns zu lernen, wenn wir selbst aufgehört haben zu lernen oder wenn wir die Herausforderungen fürchten, die ein teils schmerzhafter Wandel mit sich bringt?

Die falsche Strategie

Wenn einige Feministinnen und linke Aktivistinnen anderen ins Wort fallen oder notwendigen Entwicklungen keine Zeit lassen, handeln sie aus Verzweiflung; schließlich sind, wie es oft in kritischen Bemerkungen zum Liberalismus heißt, Frauen vielfach nicht in der Lage, von ihren Grundrechten Gebrauch zu machen. Diese Einsicht wird jedoch zuweilen auch von Frauen, die durchaus im Besitz der meisten Rechte sind, dazu benutzt, die mit diesen Rechten verbundene Verantwortung zu umgehen.
Die Namen angeblicher Vergewaltiger an die Wände von Damentoiletten zu schreiben, gilt als subversiver Gegenschlag; kritzeln Studenten Mädchennamen an die Wände der Männertoiletten, spricht man plötzlich von sexueller Belästigung. Männer sollen

sich mit Frauenforschung befassen, doch einige Frauen lehnen es ab, Texte zu lesen, die sie für sexistisch halten. Frauen protestieren gegen Darstellungen sexueller Gewalt gegen Frauen, aber in einem linken Universitätsblatt kann eine Frau über Verführung, Folter und Tod eines »weißen Jungen« phantasieren. Doch die Vorstellung, daß alles anders sei, wenn Frauen es Männern antun statt umgekehrt, kann nicht unbegrenzt als Entschuldigung herhalten.

Anstatt gegen ungerechte Regeln anzugehen und zu versuchen, sie für alle gerecht zu machen – eine lange, mühevolle Aufgabe –, wird oft die »radikale« Schlußfolgerung gezogen, da die Regeln korrupt seien, müßten überhaupt keine Regeln eingehalten werden. Ein solches Verhalten mag harmlos oder symbolisch wirken, wenn eine hilflose Minderheit es praktiziert, es wird jedoch schnell ungerecht, wenn eine Gruppe es anwendet, die kurz davor ist, die Gleichberechtigung durchzusetzen. Wenn sich »Radikale« verächtlich über Presse, Wahlsystem oder Leistungsgesellschaft äußern, tun sie das, weil diese Einrichtungen nur angeblich gerecht sind, in Wirklichkeit aber nicht. Die angebliche Gerechtigkeit ist ein Mythos des Liberalismus. Kritik daran ist notwendig und richtig; wenn sie jedoch dazu führt, daß sich jemand aus der Gesellschaft zurückzieht, statt um gerechte Regeln des Zusammenlebens zu kämpfen, dann ist überhaupt nichts gewonnen.

Zwar haben Männer die Prinzipien der repräsentativen Demokratie, der Pressefreiheit und des »amerikanischen Traums«, in dem jeder unabhängig von Klassenunterschieden Karriere machen kann, formuliert; doch der Grund der Misere sind nicht die Ideale selbst, sondern die Tatsache, daß die mangelnde Voraussicht der Menschen, die sie formuliert haben, und die Eigeninteressen der heutigen Machthaber die Verwirklichung der Ideale verhindern. Wer diese Ideale geringschätzt oder ablehnt, stellt sich selbst ins Abseits. Wenn wir aber dafür sorgen, daß sie wirksam werden und sich aufgrund der ihnen innewohnenden Logik entfalten – und das ist doch letztlich das Ziel aller »multikulturellen« und feministischen Bewegungen –, dann ist kein »radikaleres« System vorstellbar als das unsrige.

Ich bin in einer Stadt aufgewachsen, in der die Bürgermeister unweigerlich bei der jährlichen Parade der Homosexuellen mitmarschierten. Das heißt nicht, daß die Bürgermeister alle selbst homosexuell waren; sie marschierten mit, weil sie keine andere Wahl hatten. Die Homosexuellen waren gut organisiert und politisch engagiert. Ich habe erlebt, wie »radikale« Werte triumphierten, nur weil Menschen »altmodische«, ja dem Zeitgeist völlig konträre amerikanische Ideale staatsbürgerlicher Verantwortung ernst nahmen und ihren Einfluß entsprechend geltend machten.

Jede erfolgreiche Bewegung braucht radikale Mitglieder, die lautstark auftreten und die Gruppe zu sprengen drohen, und kompromißbereite Mitglieder, die als Vermittler fungieren, wenn die Gruppe sich auf einen neuen Konsens verständigen muß. Eine bestimmte Situation kann einen explosiven Aktivismus erfordern, aber die Bewegung selbst darf nie einen funktionierenden und gerechten gesellschaftlichen Konsens als höchstes Ziel aus den Augen verlieren. Ich lasse die »Umkehrung des Unrechts« als Schockbehandlung gelten, und es gibt viele Situationen, in denen der machtlosen Minderheit nichts anderes übrigbleibt. Doch muß sie immer Teil eines auf den gesellschaftlichen Konsens ausgerichteten Strebens sein, der allen Männern und Frauen gerecht wird. Ich möchte nicht Teil einer Bewegung sein, in der die »Umkehrung des Unrechts« eine Taktik mit eigener Berechtigung ist statt die Herausforderung einer ungerechten Leistungsgesellschaft.

Der »Radikalismus«, wie ich ihn verstehe, ist nicht auf dem Rückzug, noch verharrt er in der Theorie und bewirkt keinerlei Veränderung; er will auch nicht einfach die Spielregeln der Gesellschaft abschaffen, ohne darüber nachzudenken, was die Folgen der von ihm vorgeschlagenen Alternativen sind. »Radikalismus« heißt, die Systematik der Diskriminierung verstehen und sich die Macht verschaffen, mit der man das Unrecht abstellen kann. Eine echte Radikale steht nicht abseits, stolz auf ihre Integrität. Sie steht als streitbare Kämpferin im Mittelpunkt des Geschehens und fragt: Wie können meine Aktionen dazu beitragen, wirkliche Veränderungen zum Guten im Leben möglichst vieler Menschen zu bewirken? Sie begnügt sich nicht damit, nur zu zerstören und sich dann abzuwenden, wie schwache Menschen es tun. Sie hat wie alle starken Menschen ein ausgeprägtes Verantwortungsgefühl und denkt konstruktiv. Hat ein System Widersprüche, verbessert sie es, bis es funktioniert.

Die Lehrpläne an den Universitäten

Die als progressive Politik ausgegebene geistige Erstarrung an den Universitäten verrät in Wirklichkeit die besten Grundsätze wahrhaft progressiver Politik und die Bemühungen, die Perspektiven und Anliegen von Frauen in den Lehrplan miteinzubeziehen. Feministinnen und Linke dürfen nicht immer nach dem schielen, was »politisch richtig« ist. Niemand, der wirklich Interesse an einem progressiveren Klima an den Universitäten hat, darf nur vorgefaßte Meinungen mit sich herumschleppen. Daraus hat sich noch nie fortschrittliches Denken entwickelt. Das Bewußtsein, daß Rassenzugehörigkeit, soziale Stellung und Geschlecht unsere Wahrnehmungen zutiefst beeinflussen, bietet Stoff für viele gute, ja die wichtigsten Fragen unserer Zeit; aber wenn die Fragen nur gestellt werden, um bestimmte Antworten zu bekommen, sind sie falsch gestellt. Solange wir, die wir die Lehrpläne ändern wollen, davon überzeugt sind, daß wir einen glaubwürdigen Standpunkt vertreten, haben wir nichts zu befürchten und können Angriffen und Kreuzverhören getrost entgegensehen.
Wer die traditionellen Lehrpläne hinterfragen will, erweist sich selbst einen schlechten Dienst, wenn er die Voraussetzungen einer liberalen Erziehung ablehnt, statt mit ihrer Hilfe auf die Unzulänglichkeiten des traditionellen Kanons hinzuweisen. Denn ein Lehrplan mit Schwerpunkt auf Geschichte und Vorstellungswelt des

Mannes bleibt hinter den eigenen Maßstäben der klassischen westlichen Tradition zurück und wird seinen eigenen Anforderungen nicht gerecht.

Man braucht gar nicht von den Bedürfnissen der Studenten, einer neuen Kulturpolitik oder sozialen Veränderungen zu sprechen, um eine Neuorientierung des Lehrplans zu begründen. In der westlichen Tradition sind deduktive Schlüsse üblich: Daten werden so objektiv wie möglich gesammelt, dann wird eine entsprechende Hypothese aufgestellt. Die Erfahrungen und die Geschichte der Mehrheit der Menschen zu ignorieren, verfälscht die Daten, und die daraus abgeleiteten Hypothesen können schon deshalb nicht stimmen. Wer in einer Unterrichtseinheit über das perikleische Athen nur von den Anfängen der Demokratie spricht, nicht aber davon, daß die Hälfte der Bevölkerung, nämlich die Frauen aller Schichten, weniger gesetzlich verankerte Rechte hatten als männliche Sklaven, vermittelt den Unterrichtsstoff nicht korrekt. Wird in einem Seminar über das Amerika des 19. Jahrhunderts über die Industrialisierung gesprochen, nicht jedoch über die religiöse »Feminisierung Amerikas«, fehlt den Studenten eine entscheidende Interpretationshilfe, ohne die ein umfassendes Verständnis der amerikanischen Transzendentalphilosophie und anderer kultureller Strömungen der damaligen Zeit unmöglich ist. Weiß ein Student nicht, daß die »Frauenfrage« im Viktorianischen England häufiger erörtert wurde als der Sozialismus, gewinnt er einen falschen Eindruck von dieser Epoche.

Hier umzudenken muß freilich nicht bedeuten, daß die fast ausschließlich männlichen »Großen der Geschichte« auf einmal nicht mehr berücksichtigt werden; es bedeutet vielmehr, daß man sie bewußter liest und ihren Platz im Kanon relativiert. Studenten, die die Geschichte und Kultur der Frau nicht kennen, haben eine schlechte Ausbildung genossen; genausowenig ist ihnen freilich mit Seminaren geholfen, in denen zwar der traditionelle Kanon kritisiert, aber überhaupt kein Originaltext mehr gelesen wird. Ich bin jungen Studentinnen begegnet, die sich zwar hervorragend in der feministischen Literaturtheorie auskannten, jedoch nie einen Kurs über die Grundzüge der Geschichte oder über englische Literatur belegen mußten und ihre Ansichten lediglich mit einem defensiven Dogmatismus verteidigen konnten. Trotz ihrer Absicht, besonders engagiert für die gemeinsame Sache zu kämpfen, werden sie nur wenig ausrichten können. Junge Frauen, die die traditionellen Lehrpläne oder schlicht die ganze Welt ändern wollen, müssen die Traditionen, die sie in Frage stellen, zuerst erlernen, ebenso wie die progressiven Verhaltensweisen, die sie dann dazu befähigen, Veränderungen herbeizuführen. Erst wer mit der feministischen Literatur genauso vertraut ist wie mit den Dramen des Sophokles, ist wirklich »zweisprachig« und genügt damit dem Anspruch exakten Denkens der liberalen Tradition.

Zum Feminismus muß die Freiheit des Denkens gehören, nicht das Denken in einer bestimmten Richtung. Freiheit muß zuerst in unseren Köpfen existieren, bevor sie irgendwo anders existieren kann. Unser Motto muß sein, daß nichts undenkbar ist. Nur durch geistige Flexibilität werden wir die Widerstände bezwingen.

Aus dem Zusammenhang gerissene Theorien

Seit der Wiedergeburt des Feminismus in den siebziger Jahren sind eine Reihe von Theorien entstanden, die dem Nachdenken über das Verhältnis der Geschlechter neue Impulse gaben, zugleich aber in der Öffentlichkeit meist mißverstanden wurden. Oft wurden nur aus dem Zusammenhang gerissene Schlagworte bekannt, die unsinnig klangen.

Die Presse geht mit dem Feminismus anders um als mit anderen politischen Bewegungen. Regelmäßig werden Theoretikerinnen und Vordenkerinnen des Feminismus interviewt, als seien sie die Anführerinnen der Bewegung und als seien ihre Gedanken für alle anderen Frauen repräsentativ. Was ist der Grund dieser ständigen Verwechslung? Die meisten Führerinnen von Frauenorganisatio-

nen befassen sich mit Themen, die allen Amerikanern einleuchten und niemanden erschrecken würden: etwa mit Gesundheitsfürsorge, Erziehungsurlaub und anderen Dingen. Wer ihre Bücher lesen würde, hätte nur wenig Kritik vorzubringen und würde das meiste unterschreiben. Doch die meisten lesen nicht die Bücher, sondern stoßen irgendwo auf aus dem Zusammenhang gerissene Zitate einer feministischen Theoretikerin, die dann etwa so klingen: »Jede Form von Sex ist Vergewaltigung.« Durch die geschickte Manipulation der Medien entsteht der Eindruck, hier sei eine finstere Organisation am Werk, die im Kongreß Anhänger für einen lesbischen Separatismus wirbt oder für die Zensur von Nacktaufnahmen oder die Kastration männlicher Haustiere eintritt.
Die im folgenden zitierten Theorien wurden fälschlicherweise als politische Wegweiser verstanden statt als provozierende Denkanstöße.

Alle Frauen sind Lesben

Die Lyrikerin Adrienne Rich veröffentlichte 1980 einen herausragenden Essay mit dem Titel *Compulsory Heterosexuality and Lesbian Existence.* Da die erste erotische Bindung eines Babys der Mutter gelte, argumentiert sie, sei es für Frauen »natürlich«, lesbisch zu sein. Frauen würden erst durch Sozialisation und ökonomische Abhängigkeit zur Heterosexualität gezwungen. Adrienne Rich bezweifelte, daß es angesichts »intensiver emotionaler Impulse und komplementärer Bedürfnisse, die Frauen zu Frauen hinziehen, überhaupt eine mystische / biologische heterosexuelle Neigung, eine ›Vorliebe‹ oder ›Entscheidung‹ gibt, die Frauen zu Männern hinzieht«.
Adrienne Rich sprach von einem »lesbischen Kontinuum«, das sämtliche intimen Handlungen zwischen Frauen umfaßt, angefangen vom Stillen eines Babys bis zur Pflege einer sterbenden Frau. Ihr zentraler Gedanke ist, daß wir erst dann wissen, ob wir über unsere geschlechtliche Orientierung selbst entscheiden, wenn wir alle Faktoren miteinbeziehen, die uns in die eine oder andere

Richtung drängen. Das klingt völlig plausibel. In die öffentliche Diskussion drangen freilich nur entstellende Schlagworte wie: »Die Liebe zwischen Mann und Frau beruht nur auf Zwang«, »Nähe und Vertrautheit zwischen Frauen hat immer lesbische Züge« oder »Heterosexuelle Frauen sind in Wirklichkeit gar nicht heterosexuell«.

Jede Form von Sex bedeutet die Herrschaft des Mannes und die Unterordnung der Frau

Catherine MacKinnon sagt in ihrem 1980 veröffentlichten Buch *Toward a Feminist Theory of the State*, Vergewaltigung, sexuelle Nötigung und Pornographie dienten dazu, die Frauen als Klasse zu unterwerfen. Das Buch hat entscheidend dazu beigetragen, daß sexueller Mißbrauch mittlerweile als gesellschaftliches Problem erkannt ist und nicht mehr nur als Problem einzelner gilt. Doch daraus wurde in der öffentlichen Diskussion dann: »In allen heterosexuellen Beziehungen geht es um die Herrschaft des Mannes und die Unterdrückung der Frau.«

Auch Andrea Dworkins 1987 erschienenes aufwühlendes und bahnbrechendes Buch *Intercourse* handelt davon, ob Frauen in einer ungleichen Gesellschaft überhaupt freiwilligen Geschlechtsverkehr haben können. Das Buch wurde allenthalben von der Kritik verrissen, und viele Leserinnen bekamen aus den Besprechungen den Eindruck, hier würde die Parole ausgegeben: »Geschlechtsverkehr ist Vergewaltigung.«

Alle Männer sind Vergewaltiger

Susan Brownmiller veröffentlichte 1975 die Studie *Gegen unseren Willen. Vergewaltigung und Männerherrschaft.* Sie schreibt, dadurch, daß einige Männer Frauen vergewaltigten, würden alle Frauen unterdrückt. Vergewaltigung sei als Teil der Kriegführung institutionalisiert, und der Wunsch und die Fähigkeit des Mannes, Frauen zu vergewaltigen, seien in deren biologischer Konstitution angelegt. Daraus konnte man leicht ableiten, Männer seien von

Natur aus Vergewaltiger, und Susan Brownmillers Theorie wurde verkürzt zu: »Alle Männer sind Vergewaltiger.« Dieser Satz hat mehr als alle anderen zitierten Verballhornungen dazu beigetragen, Gespräche zwischen Männern und Frauen unmöglich zu machen, die Ansichten von Feministinnen über Männer zu vernebeln und Männern insgesamt schweres Unrecht zuzufügen. Er markierte zugleich den Wendepunkt, an dem viele der Frauenbewegung bis dahin wohlgesonnene Frauen sich angewidert von ihr abwandten. »In den siebziger Jahren sprach man bereits in unerhörter Weise über böse Penisse und Männer als Vergewaltiger ... Gleichzeitig begannen viele Feministinnen, jeden Satz mit der Bemerkung einzuleiten: ›Ich bin keine Feministin, aber ...‹; ab da gingen immer mehr Feministinnen eigene Wege.«[36]

Feministinnen wollen Männer und Frauen gleichmachen

Viele feministische Autorinnen widersprachen der Annahme, Mann und Frau seien »entgegengesetzte Pole« und Geschlechtsunterschiede seien sozusagen angeboren. Sie beschäftigten sich mit »Androgynie« und redeten von der »sozialen Fiktion des Geschlechts«. Aber in der Öffentlichkeit wurde dies zu »Feministinnen wollen Männer und Frauen gleichmachen«, eine Vorstellung, für die sich verständlicherweise weder Frauen noch Männer begeistern konnten. Teilweise hieß es sogar: »Feministinnen wollen, daß Frauen wie Männer sind.« Phyllis Schlafly und andere Gegnerinnen der Frauenbewegung nutzten die Ablehnung solcher Thesen in den siebziger Jahren geschickt aus und setzten unter anderem das Gerücht in die Welt, Feministinnen träumten von Gemeinschaftsduschen für Männer und Frauen. Aber man muß nicht gleich ein Sexist sein, wenn man an Unterschieden zwischen den Geschlechtern festhält, auch wenn diese Unterschiede oft künstlich übertrieben werden. Schließlich ist man auch kein Rassist, wenn man die Vielfalt verschiedener Rassen feststellt.

Da die Bevölkerung all diese Theorien nur durch tendenziöse Presseartikel kennenlernte und die Originalquellen nicht kannte, entstand nach und nach ein reichlich bizarres Bild davon, was man als Feministin zu glauben hatte.

Akademische Welt und unverständliche Sprache

In den siebziger Jahren konnte jeder die bekannten Ideen des Feminismus verstehen, ohne einen Kurs in Poststrukturalismus belegt zu haben. Marilyn French schrieb *Frauen,* Shere Hite schrieb den *Hite-Report,* Betty Friedan schrieb eine monatliche Kolumne für die Zeitschrift *Redbook.* Obwohl viele feministische Autorinnen akademisch gebildet waren, schrieben sie so allgemeinverständlich, daß ihre Bücher Auflagen in Millionenhöhe erreichten.

In den Jahren des Gegenschlags stieß der Feminismus zunehmend auf Ablehnung in der breiten Öffentlichkeit, und die Universität wurde für feministische Autorinnen wieder attraktiver. Im Gefolge dieser Entwicklung erschienen in den achtziger Jahren die wissenschaftlichen Zeitschriften *Signs* und *Feminist Studies.*

Interessante Gedanken über Frauen wurden nun in einer so unverständlichen Gelehrtensprache ausgedrückt, daß sie außerhalb der akademischen Elfenbeintürme niemanden ansprechen konnten. Je erfolgreicher die feministische akademische Theorie sich zu einer höheren Wissenschaft entwickelte, desto weniger waren ihre Vordenkerinnen bereit, verständlich zu schreiben und ihre Ideen einem breiten Publikum zugänglich zu machen.

Populäre Zeitschriften veröffentlichen oft Artikel männlicher Akademiker, berichten aber nicht über die akademische Arbeit von Frauen. Frauenmagazine dagegen gelten in universitären Kreisen als nicht akzeptabel. Als eine Frauenzeitschrift einmal einen Freund von mir um einen Artikel bat, fragte er, ob er unter Pseudonym schreiben könne, denn ein Akademiker, der für Frauenzeitschriften schreibt, macht sich unmöglich. Insgesamt besteht also zwischen männlichen Akademikern und der breiten Öffentlichkeit ein größerer Austausch als zwischen Akademikerinnen und deren potentiell größerem Publikum.

Feministische Akademikerinnen wiederum wollen gar nicht für Massenblätter schreiben; sind sie doch dazu bereit, schreiben sie in einer Sprache, die für akademisch nicht gebildete Männer und Frauen unverständlich ist. »Es ist fast unmöglich, Veröffentlichungen von Akademikerinnen einem breiten Publikum zugänglich zu machen«, schreibt Judy Coyne von der Zeitschrift *Glamour*. Warum das so ist, läßt sich an der Entwicklung der feministischen Theorie aufzeigen.

In den achtziger Jahren wurden französische Feministinnen wie Julia Kristeva, Hélène Cixous und Luce Irigaray in den Vereinigten Staaten veröffentlicht. Sie stützten sich auf die Gedanken der Freudschen Psychoanalyse und des Poststrukturalismus. Bei letzterem handelt es sich um eine Literaturkritik, die sich komplizierter Wortspiele bedient, um ihre zentrale Aussage zu stützen, daß Sprache ihrem Wesen nach widersprüchlich sei und keine feste Bedeutung habe. Wie sich vorstellen läßt, kommt dabei eine nur schwerverdauliche Nahrung heraus.

Eine französische Professorin für feministische Theorie, die nicht namentlich genannt werden möchte, erklärt die extreme Popularität dieser Vordenkerinnen unter feministischen Akademikerinnen mit der antifeministischen Stimmung der letzten Jahre: »Die Männer benutzten die Ideen des von Derrida entwickelten Poststrukturalismus dazu, ein altes System wiederzubeleben, in dem eine Gruppe von Hohenpriestern (verbeamtete männliche Professoren) über eine Gruppe verschüchterter Frauen (nichtverbeamtete weibliche Professorinnen) herrscht. Es verwundert daher nicht, daß die amerikanischen akademischen Feministinnen sich geradezu auf die Theorien der französischen Feministinnen stürzten, denn diese gaben ihnen das Gefühl, dem Poststrukturalismus der Männer etwas ebenso Schwieriges entgegensetzen zu können.

Auch sie konnten ihren Studentinnen jetzt etwas beibringen, das sonst niemand verstand.« Die von der französischen Literaturkritik abgeleitete feministische Theorie mag noch so genial sein, sie wird »zu einer Zeit, in der jedes Engagement hoffnungslos erschien, geradezu bewußt unbrauchbar gemacht für eine praktische Umsetzung in die Realität«.

Die akademische Sprache feministischer Theorien bewirkte, daß die besten und einflußreichsten Gedanken des Feminismus in der Welt der Politik und des wirklichen Geschehens überhaupt keine Bedeutung hatten. Die Sprache des akademischen Feminismus blieb für Millionen Frauen und Männer eine Geheimsprache, denn warum sollten sie sich die Mühe machen, den hochgestochenen akademischen Jargon in die Alltagssprache zu übersetzen. Dadurch verstärkte sich bei der Mehrheit der Bevölkerung noch der Eindruck, der Feminismus sei eine vergeistigte Subkultur, ein Eindruck, der der Bewegung großen Schaden zufügte. Denn die Grundgedanken des Feminismus wenden sich ja an alle, ob Mann oder Frau, ob reich oder arm, ob akademisch gebildet oder nicht. Besonders schlimm war, daß die akademische Welt oft selbst keinen Wert darauf legt, daß ihre Gedanken in Zeitungen und im Fernsehen einem breiten Publikum zugänglich gemacht werden. Dies bewirkte zusätzlich, daß die akademischen Feministinnen sich mit ihrer Spezialsprache von der allgemeinen Diskussion isoliert und sich ihres Einflusses beraubt sahen. Die Verbitterung darüber führte bei vielen zu Theorien, in denen die Machtlosigkeit der Frauen, die breite Öffentlichkeit zu beeinflussen, überbetont und die eigene Außenseiterposition verherrlicht wurde. Zugleich wurden in den Medien die Ideen, die für viele Frauen und Männer so wichtig waren, weiterhin verzerrt oder gar nicht dargestellt.

Ein überladener Forderungskatalog

Während der achtziger Jahre verfestigte sich bei vielen Frauen der negative Eindruck, zum Feminismus könne nur gehören, wer bestimmten Anforderungen genüge. Einen solchen Feminismus, der sie auf eine orthodoxe Linie verpflichtete, empfanden sie als Beleidigung ihrer Intelligenz.

In Wirklichkeit denken nicht alle engagierten Frauen dasselbe über Homosexualität, Schwangerschaftsabbruch, Militär oder Umweltschutz, über Hillary Clinton, Hausarbeiten oder die Rolle der Präsidentenkatze Socks. Wenn man, um als Feministin gelten zu dürfen, gleichzeitig für Umweltschutz, Abtreibung, die Rechte von Homosexuellen und die politische Linke eintreten muß, dann wird der Feminismus ewig die machtlose Partei einer Minderheit bleiben.

Der Feminismus darf weder den Linken noch den Demokraten gehören. Ich bewundere Gloria Steinem, aber es zeugt nicht gerade von Respekt gegenüber den Ansichten anderer Frauen, wenn sie eine Senatorin der republikanischen Partei als »weiblichen Hochstapler« beschimpft. Wir müssen das Eintreten vieler Millionen konservativer und republikanischer Frauen für mehr Chancengleichheit für Frauen, für Selbstbestimmung, für die eigenständige Rolle der Frau im Geschäftsleben und für den Individualismus der Frau als konservative Variante des Feminismus respektieren. Engagement, Einsatz und Überzeugungen dieser Frauen verdienen ebensosehr den Namen »Feminismus« wie der linke Feminismus und können der Mehrheit der Frauen genausoviel und manchmal vielleicht noch mehr nützen. Ich zähle mich zwar zum linken Flügel der Bewegung, bin aber nicht der Ansicht, daß dieser ein Monopol als Sachverwalter der Interessen von Frauen haben sollte.

Weniger als die Hälfte der amerikanischen Frauen befürworten einen Schwangerschaftsabbruch auf Wunsch der Frau. Nur 42 Prozent tolerieren Homosexualität.[37] Weniger als die Hälfte wählen die

Demokraten. Bei anderen Problemen sinkt der Konsens noch tiefer. Wie viele Frauen würden sich als Gegner des Rassismus bezeichnen? Wie viele haben den Golfkrieg unterstützt?

Feministische Aktivistinnen neigen dazu, alle anderen Frauen als die »Ungläubigen« zu betrachten. In Hörsälen werde ich oft gefragt: »Wie können wir die Frauen für den Feminismus gewinnen? Was können wir tun, damit sie uns verstehen?«

Aber auch Frauen außerhalb des organisierten Feminismus haben feministische Gedanken, auch wenn sie sich vielleicht nicht als Feministinnen bezeichnen. Wir müssen aufhören, Sprache und Stil einer bestimmten Subkultur allen Frauen aufzwingen zu wollen. Im Grunde geht es doch nur um die Frage, wie wir allen Frauen zu mehr Macht verhelfen können, egal wer sie sind und was sie damit anfangen.

Ich selbst bin gegen Rassismus, für Toleranz gegenüber Homosexuellen und für einen aufgeklärten Humanismus. Ich bin für die Mithilfe der Männer im Haushalt, würde bei einer Heirat meinen »Mädchennamen« behalten und trete für das Recht auf Abtreibung ein. Meine feministischen Überzeugungen sind wie die anderer Frauen eine heterogene Mischung; teilweise basieren sie auf irrealen Glaubenssätzen und banalen Erkenntnissen aufgrund demographischer Fakten. Diese Variante des Feminismus ist für mich richtig, aber deshalb habe ich noch lange nicht das Recht, auf Frauen herabzusehen, die meine Ansichten und meinen Lebensstil nicht teilen. Ich kann ihre Überzeugungen ablehnen und sie bekämpfen, aber ich darf mich ihnen nicht moralisch überlegen fühlen. Meine Klassenzugehörigkeit und mein gesellschaftlicher Hintergrund haben meinen Feminismus geformt, und er ist nicht authentischer als der Feminismus anderer. Wenn Frauen die ihnen als Bevölkerungsmehrheit zustehende Macht ausüben wollen, müssen sie imstande sein, Bündnisse mit Frauen einzugehen, deren Überzeugungen sie nicht teilen.

Das oberste Prinzip des Power-Feminismus lautet: Jede Frau hat das Recht auf Selbstbestimmung, auf eine eigene Meinung und auf

Autonomie. Dieses Prinzip ist radikaler als alle mir so wichtigen linken Ansichten. Jede Frau, die an das Selbstbestimmungsrecht und an die Selbstachtung von Frauen glaubt, ist für mich eine Feministin.

Während des Kampfes um das Recht auf Abtreibung in den achtziger Jahren wurde immer mehr als selbstverständlich vorausgesetzt, daß eine Frau nur dann Feministin sein konnte, wenn sie auch für das Recht auf Abtreibung war. Auf das Bild der Frauenbewegung in der Öffentlichkeit wirkte sich das sehr nachteilig aus. Anfang der achtziger Jahre verwehrten Feministinnen einer Gruppe von Abtreibungsgegnerinnen, den *Feminists for Life,* den Zutritt zum Frauenzentrum von Yale.

Wer Abtreibungsgegnerinnen das Recht abspricht, sich als Feministinnen zu bezeichnen, überzeugt niemanden vom Recht auf Abtreibung. Man schreckt vielmehr all die Frauen ab, deren Unterstützung man in anderen Streitfragen dringend braucht.

Das konsequente Abtreibungsverbot der siebziger und achtziger Jahre führte zu Schwarzweißmalerei auf beiden Seiten. Feministinnen sprachen von einem harmlosen Eingriff vergleichbar einer Mandeloperation, einem »Eingriff ohne Narkose«. Sie ignorierten Diskussionen darüber, wann das Leben beginnt, und sprachen lieber von »Embryo« als von »Schwangerschaft«. Allerdings war diese Vereinfachung und Verharmlosung damals notwendig, weil die Abtreibungsgegner mit einer noch eindimensionaleren Sprache operierten.

Doch bei diesem Kampf blieben die realen, sehr widersprüchlichen Gefühle von Frauen in bezug auf die Abtreibung auf der Strecke. Daß der Kampf sich über Jahre hinzog und Feminismus und »Recht auf Abtreibung« allmählich zu Synonymen wurden, erschöpfte den Feminismus. Schließlich gibt es positivere Forderungen des Feminismus als das Recht auf Abtreibung.

Für manche Frauen ist eine Abtreibung nur ein harmloser Eingriff, der ihnen uneingeschränkte Erleichterung verschafft. Aber für andere, darunter selbst Abtreibungsbefürworterinnen, bedeutet eine

Abtreibung auch Verlust und Trauer. Solange das Damoklesschwert des Abtreibungsverbots noch über uns schwebte, wagte das niemand laut zu sagen.

Es fällt mir schwer, öffentlich über meine persönliche Haltung in der Abtreibungsfrage zu sprechen. Wenn ich meinen Feminismus an meiner Lebenspraxis überprüfe, stelle ich fest, daß meine Ansichten zu Verhütungsfragen nicht mit dem übereinstimmen, was von mir als Abtreibungsbefürworterin in der Öffentlichkeit erwartet wird.

Meine Freunde werden gerne bestätigen, daß ich zuweilen ein sehr unordentlicher und nachlässiger Mensch bin. Manchmal steht mein Geschirr die ganze Woche unabgespült in der Küche, oder ich vergesse die Namen guter Freunde und Verwandter und sogar meinen Geburtstag; ich lasse Pässe und Brieftaschen in öffentlichen Transportmitteln liegen und stelle das Schuhputzzeug in den Kühlschrank und die Eier auf die Stereoanlage; ich habe schon Geld, Jobs und Freunde verloren, weil ich zu nachlässig war. Doch in Sachen Verhütung bin ich ganz anders.

Wenn es Zeit für das Kondom oder Diaphragma ist, bin ich auf einmal ganz uncharakteristisch pedantisch und genau. Dieser ebenso starke wie für mich rätselhafte Trieb ist fast schon so etwas wie ein animalischer Instinkt, eine Funktion meines vegetativen Nervensystems. Es ist, als ob ein Teil meines Gehirns zu meinem Körper sagte: Vorsicht! Es geht um Leben und Tod!

Ich bin in einer Zeit aufgewachsen, die eine liberale Einstellung zur Abtreibungsfrage hatte. Meine Eltern und Partner hätten mir sofort geholfen, wenn ich eine Abtreibung gebraucht hätte. Viele Frauen aus meinem Bekanntenkreis haben bereits abgetrieben. Trotzdem hatte ich immer panische Angst davor, das einmal selbst tun zu müssen, und ich war entschlossen, es nie soweit kommen zu lassen.

Zum einen wollte ich mich nie wegen meiner Sexualität schuldig fühlen. Außerdem wollte ich nicht das Gefühl haben, meinen Fortpflanzungsorganen sozusagen ausgeliefert zu sein. Dies hätte ein für mich als junge Frau sehr wichtiges Gefühl zerstören können: das Gefühl, über mein Schicksal selbst zu bestimmen. Zum Teil spürte ich wohl intuitiv, daß eine Abtreibung für mich weit mehr sein würde als die harmlose Operation, als die sie damals hingestellt wurde. Bei einem gemeinsamen Abendessen hielt sich eine Freundin plötzlich die Hände vors Gesicht und berichtete mit erstickter Stimme von ihrer zweiten Abtreibung. Ich war peinlich berührt und versuchte sie zu trösten. »Ich fühle mich, als hätte ich jemanden umgebracht«, sagte meine Freundin, eine modern denkende, unabhängige Befürworterin des Rechts auf Abtreibung. »Aber es heißt doch, eine Abtreibung sei ein harmloser Eingriff«, sagte ich, »vergleichbar einer Mandeloperation.« »Nein!« entgegnete sie mit einem zynischen Lachen. »Das ist nicht wahr.« »Warum nicht?« »Weil ich bereits eine Mandeloperation hatte.«

Ich werde nie meine persönlichen Ansichten anderen Frauen aufdrängen. Und ich werde mit all meiner Kraft das Recht einer jeden Frau auf Abtreibung verteidigen. Wenn ich in meinem bisherigen Leben schwanger geworden wäre, hätte ich wahrscheinlich selbst abgetrieben. Aber sich mit dem Problem der Abtreibung wirklich auseinandersetzen heißt in meinen Augen, Abtreibung als »notwendiges Übel« zu betrachten. Während des gesamten notwendigen Kampfes um das Recht auf Abtreibung hatte ich immer das Gefühl, einen Teil meiner tiefsten Überzeugungen unterdrücken zu müssen. Jetzt, da zumindest vorerst einige Rechte für einige Frauen gesichert scheinen, möchte ich das folgende sagen.

Für mich sind mit dem Selbstbestimmungsrecht über den eigenen Körper auch bestimmte Pflichten verbunden. Das gilt sowohl für Frauen als auch für Männer. Die Leute, von denen ich wußte, daß sie nur unregelmäßig oder gar keine Verhütungsmittel benutzten, hätten es eigentlich besser wissen müssen. Sie waren gebildete Menschen der Mittel- oder Oberschicht. Aber fast alle Abtreibungen, von denen ich weiß, waren die Folge nachlässiger Verhütung. In einigen Fällen fragten die Männer nicht nach, warteten sie nicht, oder machten sie sich einfach nicht die Mühe, ein Kondom zu benutzen. In anderen Fällen wollten die Frauen ihre Partner nicht mit Bitten belästigen. In wieder anderen Fällen forderten Männer und Frauen aus Abenteuerlust das Schicksal heraus und flirteten mit der Vorstellung, Eltern zu werden. In jedem Fall kamen sie ihrer sexuellen Verantwortung nicht nach. Ein junger Mann antwortete auf die Frage, warum er seine Freundin nicht in die Abtreibungsklinik begleitet habe: »Ich will doch mit dem Tod nichts zu tun haben.«

Angesichts der rechtlichen Situation der siebziger und achtziger Jahre haben wir verharmlost, was eine Abtreibung bedeutet. Der Kampf für die Abtreibung nahm uns so in Anspruch, daß wir die Abtreibungsfrage nur noch vom juristischen Standpunkt aus betrachteten. Die Notwendigkeit, das Recht auf Abtreibung landesweit verteidigen zu müssen, überlagerte das Bedürfnis des einzelnen, sein Verhältnis zur Abtreibungsfrage zu überdenken und danach zu entscheiden, ob er oder sie wirklich eine Abtreibung riskieren wollte. Ich glaube, es war falsch, zu meinen, der Kampf auf nationaler Ebene enthebe einen der Verantwortung, auf privater Ebene eine ungewollte Schwangerschaft unter allen Umständen zu vermeiden.

Verhütung ist nie vollkommen. Wie alle sexuell aktiven Frauen habe auch ich schon Ängste durchlitten. Ich lag aber nicht deshalb wach und betete zu Gott, weil ich Angst hatte, nicht abtreiben zu können. Als Frau aus der Mittelschicht hätte ich in der Stadt, in der ich lebe, in dieser Beziehung keine Probleme gehabt. Nein, ich betete, weil ich nicht vor einer Entscheidung stehen wollte, die in meinen Augen letztlich eine Entscheidung über Leben und Tod ist. Aber wie sagte nicht Catherine MacKinnon: »Warum sollten Frauen nicht auch Entscheidungen über Leben und Tod treffen dürfen?« Abtreibung ist der traurige Preis heterosexueller Unabhängigkeit. Aber ich möchte, wenn ich je eine solche Entscheidung zu treffen habe, darüber sprechen dürfen wie über den Tod von etwas, auch wenn dieses Etwas nur ein Fragment, nur der Fingerabdruck der Menschwerdung ist.

Einige Feministinnen beschreiben Abtreibung heute als Gewalt gegen Frauen und weisen darauf hin, daß die Abtreibungsfabriken in China und Rumänien genausowenig ein Garant für das Recht der Frau auf Selbstbestimmung über ihren Körper sind wie der Anti-Abtreibungs-Fanatismus der Regierungen Reagan und Bush. Sie sagen, daß es in einer Welt, in der Frauen wirklich frei über ihre Sexualität und ihr Schicksal bestimmen könnten, viel seltener zu Abtreibungen kommen würde.

Meiner Meinung nach ist dies eine fruchtbarere Einstellung als die, nach der eine Abtreibung »völlig harmlos« ist. Außerdem können wir die Auseinandersetzung dann dorthin zurückverlegen, wo sie hingehört: in das schwierige Gebiet der Verhütung und der Verantwortung von Mann und Frau für ihre Sexualität. Zu wenige Frauen trauen sich, ihre Vorbehalte gegen Abtreibungen öffentlich auszusprechen, denn sie brechen damit ein ehemals politisch sinnvolles, ja notwendiges feministisches Tabu. Frauen müssen über Abtreibungen als Verlust und Tod sprechen können, ohne sofort als Verräter der Bewegung zu gelten, sonst verlieren wir unsere wichtigste moralische Berechtigung: den Anspruch, die wirklichen Lebenserfahrungen von Frauen widerzuspiegeln.

Schwangerschaften aufgrund des Versagens von Verhütungsmitteln sind der Preis für sexuelle Autonomie. Aber laut einer Studie des Guttmacher Institute sind 48 Prozent der Schwangerschaftsabbrüche die Folge ungeschützten Geschlechtsverkehrs. Müssen wir uns deshalb nicht fragen, warum Männer glauben, sie bräuchten keine Verantwortung für die Verhütung übernehmen, und warum Frauen, sogar gebildete und finanziell unabhängige Frauen, Männern so viel Macht über sich geben?

Die Aids-Gefahr hat uns wieder vor Augen geführt, daß wir bei der Vereinigung mit einem anderen Menschen physisch und geistig Verantwortung für das Leben des anderen übernehmen. Heterosexuelle können hier von Homosexuellen lernen und, sei es für eine Nacht oder für das ganze Leben, die wertvolle Erkenntnis der Verantwortung auf ihr eigenes Sexualleben anwenden. Wir müssen beides tun: das Recht auf Abtreibung verteidigen und Abtreibungen mit allen Mitteln vermeiden.

Es ist Zeit für ein neues Konzept sexueller Befreiung: Freiheit durch Verantwortung. Für mich hängt unser Seelenheil nicht von unserer Keuschheit ab. Viel entscheidender ist, daß wir nach einer erotischen Verbindung das Gefühl haben, Freude geschenkt und so wenig wie möglich zerstört zu haben. Denn höher als die rücksichtslose Jagd nach Lustgewinn steht eine Erotik der Rücksichtnahme, des verantwortlichen Umgangs mit unseren Sexualpartnern, auch wenn wir diese nie wiedersehen, mit uns selbst und mit unserer Fortpflanzungsfähigkeit, durch die wir Leben schaffen, aber auch Tod bringen können.

Wenn der Feminismus in Fragen wie dieser Frauen aufgrund ihrer anderen Meinung ausgrenzt, bedeutet das letztlich, daß Frauen die Achtung voreinander verlorengeht. Ich habe so viele verschiedene engagierte Frauen kennengelernt, bei denen nach Meinung orthodoxer Feministinnen politisch oder privat »etwas nicht stimmt« – Frauen, die gläubige Juden, Christen oder Moslems waren, patriotische Soldatinnen, Anhängerinnen der freien Marktwirtschaft oder konservative Geschäftsfrauen –, daß ich nicht länger glauben kann, meine Art des Feminismus oder die meiner Freunde sei der einzig mögliche Weg für alle.

»Macht heißt loslassen«, sagt Marcia Ann Gillespie von der Frauenzeitschrift *Ms.* Wir müssen den Feminismus wieder als etwas definieren, das Frauen stark macht, aber auf eine Weise, die jede Frau für sich selbst festlegt. Das »Loslassen«, der Verzicht auf einen strengen Forderungskatalog für Feministinnen wird den Feminismus nicht, wie orthodoxe Feministinnen befürchten, völlig zersplittern und handlungsunfähig machen, sondern bereichern und ihm Millionen neuer Anhänger gewinnen. Ein Feminismus, der seinen Namen verdient, ist offen für jede Frau und jeden Mann, dem Frauen etwas bedeuten.

3. TEIL

Opfer-Feminismus und Power-Feminismus

Zwei Traditionen

Wenn der Feminismus in einer Krise steckt, so liegt dies zu einem großen Teil an seinen Inhalten. Waren Frauen im Kampf um ihre Rechte zunächst lange Zeit mit undogmatischem Selbstbewußtsein aufgetreten – eine Haltung, die ich Power-Feminismus nenne –, so erstarkte in den letzten zwanzig Jahren eine Strömung, die Frauen als wehrlose unschuldige Opfer begreift. Diese Strömung nenne ich »Opfer-Feminismus«.

Opfer-Feminismus liegt vor, wenn Frauen versuchen, Macht oder Einfluß zu gewinnen, indem sie sich auf eine Position der Ohnmacht zurückziehen. Der Opfer-Feminismus übernimmt Züge des viktorianischen Frauenbilds, die nicht mehr zeitgemäß sind, praktisch unverändert und macht daraus ein »feministisches« Frauenbild. Der Opfer-Feminismus hat eine wirkliche Befreiung der Frau verzögert, die Selbsterkenntnis der Frauen verhindert und durch seine chauvinistischen und reaktionären Ansichten dafür gesorgt, daß die Kluft zwischen den Geschlechtern weiterhin tief ist. Das Phänomen des Opfer-Feminismus beschränkt sich freilich nicht auf die organisierte Frauenbewegung. Es zeigt sich immer dann, wenn Frauen die Forderung nach Verbesserung ihrer Situation nicht damit begründen, daß sie als Menschen den Männern gleichwertig sind, sondern damit, daß sie etwas Besonderes sind.

Es folgt ein subjektiver Vergleich der beiden Haltungen, die Frauen der Macht gegenüber einnehmen können.

Der Opfer-Feminismus
- setzt Frau mit Ohnmacht gleich; auch die Verantwortung für tatsächlich vorhandene Macht wird geleugnet;
- ist gegenüber Sexualität kritisch oder sogar feindlich eingestellt;
- betrachtet die Fähigkeit, Kinder zu erziehen, als Beweis für die moralische Überlegenheit der Frau über den Mann;
- setzt auf »Einflußnahme« und Überredung statt auf Verhandlungen aus einer Position der Stärke;
- hält die Frau für von Natur aus kooperativ und friedliebend; Konkurrenzdenken liegt ihr angeblich fern;
- glaubt, daß Frauen der Natur näher sind als Männer;
- verherrlicht Intuition, weibliche Rhetorik und weibliche Art des Erkennens, statt darin eine Ergänzung zu Logik, Vernunft und öffentlichem Auftreten zu sehen;
- kritisiert Führung und schätzt Anonymität;
- verlangt Selbstaufopferung und weckt damit Neid auf Frauen, die anerkannt werden und ihr Leben genießen;
- betrachtet Geld als schmutzig;
- stellt die Gemeinschaft über den Einzelnen; tendiert zu Gruppendenken und betrachtet die Erfolge einzelner mit Mißtrauen;
- kritisiert Sexualität und Auftreten anderer Frauen; glaubt sich im Besitz der alleinigen Wahrheit und zeigt entsprechenden missionarischen Eifer;
- schreibt Aggression, Konkurrenzdenken und Gewalt nur den Männern und dem Patriarchat zu, leugnet entsprechende Regungen bei Frauen;
- hat eine fixe Idee von »Reinheit« und »Vollkommenheit« der Frau und ist selbstgerecht;
- hält Frauen als solche für gut, Männer für schlecht;
- glaubt, daß alles begrenzt ist: Hat eine Frau mehr, hat eine andere unweigerlich weniger; Frauen müssen deshalb Gleichheit auf unterster Ebene anstreben; nicht Homosexuelle sollen heiraten dürfen, sondern Heterosexuelle sollen auf die Ehe verzichten; wenn Schönheit zu Ungleichheit führt, verzichtet man

lieber auf sie, statt Schönheit in einem weiteren Sinn zu definieren;
- verlangt von allen Frauen, daß sie seine Meinung teilen;
- denkt negativ und glaubt, daß Sinnlichkeit mit Ernst unvereinbar ist; sieht in übermäßiger Lebenslust eine Bedrohung der weiblichen Revolution.

Der Power-Feminismus dagegen
- befaßt sich eingehend mit der Frage, welche Kräfte dem Kampf der Frauen um Gleichberechtigung entgegenstehen, damit Frauen ihren Einfluß gezielter geltend machen können;
- weiß, daß die Entscheidungen einer Frau viele Menschen in ihrer Umgebung betreffen und die ganze Welt verändern können;
- macht Frauen Mut, ihre individuelle Stimme zu erheben, statt im Kollektiv aufzugehen, denn nur starke Individuen können eine gerechte Gemeinschaft schaffen;
- bekennt sich zur Sexualität; ohne Spaß gedeiht keine Arbeit;
- fordert Macht und den verantwortungsvollen Umgang mit Macht, um die Welt für Frauen und Männer gerechter zu machen;
- weiß, daß Armut kein Verdienst ist; Geld ermöglicht es Frauen, Träume zu verwirklichen und unabhängig zu sein; Geld bedeutet Sicherheit und verändert die Gesellschaft;
- bejaht den Anspruch von Frauen auf Verantwortung und Anerkennung; nur wer Verantwortung trägt, kann Erfolg beanspruchen;
- ermutigt Frauen, die eigenen Bedürfnisse zu erfüllen, um anderen gegenüber entsprechend großzügig sein zu können;
- toleriert die verschiedenen Vorlieben von Frauen in Sachen Sexualität und Auftreten; was eine Frau mit ihrem Körper oder in ihrem Bett anstellt, ist ganz allein ihre Sache;
- erkennt, daß Frauen neben den klassischen weiblichen Tugenden auch Aggressionen haben, daß sie miteinander konkurrie-

ren und wie Männer das Bedürfnis nach Unabhängigkeit und Abgrenzung haben; auch Frauen können egoistisch und gewalttätig sein; Frauen müssen wie Männer lernen, mit solchen Regungen umzugehen;
- erstrebt die Verbindung der besten traditionell weiblichen und der besten traditionell männlichen Fähigkeiten und Zielsetzungen;
- ist bei allen festen Überzeugungen stets kritisch und offen und hinterfragt jede Autorität, auch die eigene;
- verabscheut Sexismus und liebt die Männer trotzdem;
- erkennt, daß Frauen und Männer Stärken und Schwächen haben; seine Kritik richtet sich nicht gegen Männer als solche, sondern gegen die Übermacht der Männer und eine Gesellschaft, die Männer über Frauen stellt;
- glaubt, daß für alle genug da ist; Frauen müssen Gleichheit auf höchster Ebene anstreben; alle Frauen haben wie Stars, Divas und Königinnen ein Recht auf Sinnlichkeit und Schönheit;
- schränkt die Meinungsfreiheit anderer Frauen nicht ein;
- weiß, daß der Kampf für gesellschaftliche Veränderungen nicht das Vergnügen ausschließt.

Der Power-Feminismus kommt mit wenig Ideologie aus. Seine grundlegende Forderung lautet: Mehr für Frauen! Seine wichtigsten Grundsätze sind:
1. Frauen sind so wichtig wie Männer.
2. Frauen haben das Recht, über ihr Leben selbst zu bestimmen.
3. Die Erfahrungen von Frauen sind wichtig.
4. Frauen haben das Recht, offen über ihre Erfahrungen zu sprechen.
5. Frauen müssen bekommen, was ihnen als Frauen so lange vorenthalten wurde: Achtung, Selbstachtung, Berufsausbildung, Sicherheit, Gesundheit, politische Vertretung und Geld.

Anders ausgedrückt, Power-Feminismus ist kein starres Programm oder Glaubensbekenntnis, sondern nur der feste Entschluß, Frauen wichtige Bausteine der Macht wie gute Berufsausbildung oder politische Vertretung zu verschaffen, damit sie sich als mündige Individuen verwirklichen können.

An dieser Stelle sei noch ein Wort darüber gesagt, was Opfer-Feminismus nicht ist. Gegenwärtig herrscht einige Verwirrung über den Begriff des Opfers. Als Anita Hill an die Öffentlichkeit ging, der Skandal von Tailhook aufgedeckt wurde und Bücher wie *Der Mythos Schönheit* oder *Die Männer schlagen zurück* erschienen, wurde kritisiert, die Rolle der Frau »als Opfer von Männern oder Opfer einer gesellschaftlichen (männlichen) Verschwörungstheorie«[1] werde durch solche Veröffentlichungen erst festgeschrieben. Dabei handelt es sich hier doch um Dokumentationen, wie Frauen zu Opfern werden. Solche Dokumentationen beruhen auf der Voraussetzung, daß Frauen nicht von Natur aus Opfer sind; wer dagegen an Frauen begangenes Unrecht aus mangelnder Achtung für die eigenständige Persönlichkeit der Frau vertuscht, behandelt Frauen wie Opfer. Eine öffentliche Diskussion ist notwendig, damit Frauen sich selbst ein Urteil bilden können. Wenn man die Verbreitung von Dokumentationen zum Opferstatus der Frau mit dem Argument kritisiert, sie würden Frauen eine Opferhaltung aufzwingen, bedeutet das schlicht Entmündigung. Ich habe noch nie gehört, man dürfe Männer nicht darüber informieren, wie die amerikanische Bundesbank die Wirtschaft kontrolliert, wie mit Spenden Parteiprogramme beeinflußt werden, wie der Profibasketball durch wirtschaftliche Interessen bestimmt wird oder wie Nixon mit faulen Tricks Wahlkampf geführt hat – nur weil man sie damit in eine Opferhaltung drängen würde. Man erwartet vielmehr, daß Männer sich mit diesen Problemen auseinandersetzen, ja daß sie durch eine entsprechende Aufklärung erst mündig und fähig werden, ihre Interessen angemessen zu vertreten.

Ich stimme auch nicht in den Chor derer mit ein, die weibliches Aufbegehren gegen Benachteiligung als »wehleidig« abtun. Wenn Frauen Vergewaltigung, Nachteile in der Ausbildung oder Gewalt in der Ehe dokumentieren, spricht man heute sofort von »Beschwerdekultur«; wenn sie ihre Eindrücke künstlerisch umsetzen, ist das »eine Fiesta des Weinens«.[2] Wenn Männer dagegen in der Presse Besorgnis über die geringe Anzahl italoamerikanischer Romanschriftsteller äußern oder den Niedergang des Baseball beklagen,[3] ist das nicht »wehleidig«, sondern »kulturkritisch«. Und wenn Männer gegen Ungerechtigkeiten zu Felde ziehen, entsteht keine »Opferkultur«, sondern eine Magna Charta, eine Unabhängigkeitserklärung oder eine Marseillaise.

Nein, wenn man Unrecht dokumentiert und bekämpft, hat das nichts mit Opfer-Feminismus zu tun. Und man kommt um die Erkenntnis, daß Frauen in unserer Gesellschaft zu Opfern gemacht werden, einfach nicht herum: In den USA werden jährlich drei bis vier Millionen Frauen von ihren Männern oder Freunden mißhandelt; Prügel sind die häufigste Ursache für Verletzungen bei Frauen.[4] Ein Drittel aller weiblichen Mordopfer waren mit dem Täter verheiratet oder befreundet.[5] Bis zu 45 Prozent der mißhandelten Frauen werden während der Schwangerschaft geschlagen.[6] Zwischen 22 und 23 Prozent der Frauen, die in der Notaufnahme der Kliniken erscheinen, haben Symptome, die auf Mißhandlungen hindeuten; die Hälfte aller obdachlosen Frauen und Kinder sind auf der Flucht vor häuslicher Gewalt.[7] Jede vierte Frau wird einmal im Leben vergewaltigt,[8] und fast ein Viertel dieser Frauen werden im Mädchenalter von einem Mann aus dem Bekanntenkreis sexuell mißbraucht. Diesen Tatsachen ins Auge zu sehen, ist der erste Schritt in Richtung Veränderung.

Ich betreibe keine »Opferschelte«, wenn ich kampfmüde Frauen vor der Versuchung warne, aus dem Opferstatus innere Stärke und Identität zu ziehen. Als das ehemalige Modell Marla Hansen, der zwei Gewaltverbrecher das Gesicht zerschnitten hatten, sich die Narben entfernen ließ, wurde sie gefragt: »Bedeutet es für Ihr Leben einen Unterschied, wenn Sie jetzt keine Narben mehr haben? War der Eingriff auch psychologischer Art?« Marla antwortete: »Die Narben waren Teil meiner Identität. Viele Leute haben in mir vor allem das Opfer eines Gewaltverbrechens gesehen. Meine Ärztin sagte, ich müsse mich darauf einstellen, daß es damit jetzt vorbei sei. Man verliert etwas und muß es ersetzen.« Der Feminismus ist heute an einem Punkt angelangt, wo er sich entscheiden muß, ob er die Opferrolle beibehalten will oder nicht. Ich werde zeigen, daß es emotional wichtig und historisch notwendig war, den Feminismus als Sprachrohr der unterdrückten Frau zu begreifen. Heute aber müssen wir einen Schritt weitergehen. In der Situation zu Anfang der siebziger Jahre, als den Frauen tatsächlich mehrheitlich ihre Rechte verweigert wurden, und angesichts der unverrückbaren Machtstrukturen der Ära Reagan / Bush haben einige Feministinnen den passiven Opferstatus der Frau besonders betont. Aber die Situation hat sich geändert. Die wichtigsten Anliegen des Opfer-Feminismus sind inzwischen hinfällig.

Macht, hat uns der Umbruch der letzten Jahre gelehrt, ist nicht notwendig auf Männer beschränkt. Wir Frauen können uns mit Leichtigkeit einen Anteil daran verschaffen: durch unsere vielen Wählerstimmen und dadurch, daß jede Frau einen kleinen Geldbetrag für das gemeinsame Ziel spendet. Wir müssen den ohnmächtigen Protest, die Anklagen und die Trauer hinter uns lassen und lernen, unsere gewaltige Macht so einzusetzen, daß wir nie wieder zu Opfern werden.

Obwohl der Power-Feminismus letztlich das Ziel zahlreicher politischer Frauenorganisationen ist, ist er in der Kultur und der öffentlichen Diskussion der USA bisher nur schwach vertreten; der Opfer-Feminismus ist dagegen deutlich überrepräsentiert. Der Power-Feminismus der großen Mehrheit der nichtorganisierten Frauen hat den Opfer-Feminismus vieler Insider-Feministinnen schon weit überholt. Leitbilder und Integrationsfiguren des Power-Feminismus wie Roseanne Barr, Königin Latifah oder Janet Reno werden vom organisierten Feminismus nur selten aufgegriffen. Frauen, die sich mit dem Power-Feminismus dieser Frauen identifizieren, verbinden ihn deshalb nicht mit der organisierten Frauenbewegung. Der Opfer-Feminismus lähmt, weil er zu sehr auf traditionell weibliche Werte setzt. Während einige Kritiker Feministinnen vorwerfen, sie seien zu radikal, und von ihnen verlangen, ihre Ziele zu mäßigen, damit alle Frauen sie bejahen könnten, vertrete ich das Gegenteil: Die Frauen der schweigenden Mehrheit sind in mancher Hinsicht schon viel radikaler als so manche organisierte Feministin. Der Opfer-Feminismus hält mit der Entwicklung der Mehrheit längst nicht mehr Schritt.

Der Seelenmythos des Opfer-Feminismus

»Wenn Politik von Männern und Frauen zusammen betrieben würde, hört man zuweilen, würde es im amerikanischen Kongreß weniger unmoralisch zugehen als heute ... Aber ich glaube, wir dürfen von Frauen nicht mehr verlangen als von Männern; wir sollten dafür sorgen, daß sie gleichberechtigt sind, und nicht verlangen, daß sie über Männer herrschen, oder behaupten, daß sie Männern überlegen seien. Denn dann werden sie Tyrannen wie die Männer, wie Katharina II. ... Statt dessen sollten die jeweiligen Fähigkeiten der Frauen und Männer sich zu einem harmonischen Ganzen verbinden.«
Lucretia Mott, die Vorkämpferin des Power-Feminismus, wäre über das Denken heutiger Feministinnen befremdet oder gar erschreckt. Der Opfer-Feminismus hat inzwischen eine umfangreiche Mythologie entwickelt, um seine Vorstellung vom Wesen der Welt und der Stellung der Frauen in ihr zu stützen. Zugrunde liegt der Mythos einer harmonischen, gewaltfreien und egalitären ursprünglichen Gesellschaft, die Frauen verehrte, »weibliche Eigenschaften« hochhielt und den Krieg nicht kannte. Dieser Mythos, eigentlich nur ein Bild, das den geschichts- und heimatlosen Frauen ein Gefühl ihrer ursprünglichen Würde geben sollte, wurde durch eine zu wörtliche Auslegung zum Mythos von der Überlegenheit der Frau, der anderen Mythen an Chauvinismus nicht nachstand. Er wurde zum Kernstück einer Ideologie, die alles Böse von der Umweltzerstörung über den Verzehr von Fleisch bis zur Kindesmißhandlung dem »Willen zur Macht« zuschreibt, der

ausschließlich bei Männern und im Patriarchat anzutreffen sei. Dagegen sind Frauen friedliebende Wesen, die keiner Kreatur etwas zuleide tun und im Einklang mit der Natur leben. Männer haben Hierarchien geschaffen, die Erbsünde der gesellschaftlichen Organisation; Frauen dagegen streben nicht nach Hierarchie, sie sind egalitäre Wesen, die sich lieber in einem sozialen »Netz« von Beziehungen als auf der »Stufenleiter« der Herrschaftsverhältnisse organisieren. Männer wollen teilen und herrschen, Frauen kommunizieren und einen. Männer sind – vor allem im Westen – individualistische Autokraten, Frauen sind nach Gemeinsamkeit strebende Wesen, die alle Wunden heilen, die der Haß geschlagen hat. Männer degradieren Frauen in Beziehungen zu Objekten, Frauen engagieren sich emotional. Und Männer töten, während Frauen Leben spenden.

Viele in diesem Zusammenhang gemachte Erkenntnisse über den Wettbewerb in unserer Gesellschaft, den schrankenlosen Individualismus und die rücksichtslose Ausbeutung natürlicher Ressourcen sind eine konstruktive Kritik am Lebensstil der westlichen Gesellschaft. Immer mehr Menschen, darunter Philosophen und Staatsmänner, sehen in einer »Ethik der Zuwendung« die notwendige Voraussetzung, um Einsamkeit und Entfremdung zu überwinden und der Menschheit auf lange Sicht das Überleben zu sichern.

Problematisch ist nur, daß die beiden verschiedenen sinnstiftenden Modelle von hierarchischer und egalitärer Gesellschaft als geschlechtsspezifisch angesehen wurden. Während Frauen zu Heiligen gemacht wurden, wurden Männer in die Rolle der Bösewichte gedrängt, die eine Schreckensherrschaft errichtet haben. Da jeder Akt der Machtausübung schon als Kollaboration mit dem Patriarchat galt, blieb das Engagement von Frauengruppen und einzelnen Frauen auf politischer Ebene unwirksam. Weil die gesellschaftlichen Institutionen als männliche Erfindungen galten, war es für anständige Frauen Tabu, nach Mitbestimmung in diesen Institutionen zu streben. Die Vorstellung, Macht sei kein wertneutrales Instrument zur Durchsetzung unterschiedlicher Ziele, sondern etwas Schlechtes, behinderte zahlreiche junge Aktivistinnen in ihrem Kampf. In feministischen Kreisen wurde das Bild der egalitären, sich aufopfernden Frau gepflegt, und neu hinzukommende Mitglieder waren schnell enttäuscht, wenn man dann doch nicht ohne hierarchische Strukturen auskam. Und alle Gefahr schien von den Männern als Verkörperung »patriarchalischer Werte« auszugehen, während Frauen der bessere Teil der Menschheit waren.

In seiner schlimmsten Spielart ist dieser Mythos von der weiblichen Überlegenheit genauso diskriminierend wie die Rassentheorie des Schwarzen Leonard Jeffries, der die Menschen in gute »Sonnenmenschen« und hellhäutige böse »Eismenschen« einteilte. Aus plumpen Verallgemeinerungen vielfach kulturell bedingter oder spekulativer Unterschiede zwischen den Geschlechtern entstand das falsche Bild eines vollkommenen weiblichen und eines verdorbenen männlichen Prinzips. Diese Einteilung war um so unbefriedigender, als man bei Frauen jede noch so leise Äußerung von Konkurrenzdenken, Aggression, Geltungsbedürfnis oder auch nur das Verlangen, Fleisch zu essen, als negativen Einfluß des Patriarchats erklären mußte.

»Das Organisationsprinzip unserer patriarchalischen Gesellschaft ist der Krieg«, heißt es in einem für diese Sicht typischen Text. »Ihre hierarchischen Strukturen werden bestimmt durch Vereine, Schulen, Gefängnisse, Krankenhäuser, Universitäten, Kirchen und natürlich Regierungen ... Wenn erst die Geburt zum Symbol unseres Kampfes wird, wird die Welt sich ändern. Der Kosmos wird zum lebendigen Organismus, an dem wir alle durch zyklisch wiederkehrende Ver- und Entbindung teilhaben.«[9]

Mit dem Paradigma von der Geburt werden Konflikt und Wettbewerb einfach aus der Welt gezaubert, und Macht existiert auf einmal ohne rivalisierende Programme oder das Ringen um richtige oder falsche Entscheidungen: »Macht ist nicht nur Macht über etwas – die Fähigkeit zu beeinflussen, zu kontrollieren und zu bestrafen –, Macht ist auch die Kraft in uns, die wir zur Entfaltung unserer Persönlichkeit brauchen, so wie ein Samen die Kraft in sich trägt, Wurzeln zu treiben und zu wachsen. Die innere Kraft ist nicht begrenzt, sie ist im Universum reichlich vorhanden. Wenn ich sie habe, schließt das nicht aus, daß auch du sie hast; im Gegenteil, meine Fähigkeiten und Kenntnisse können deine Fähigkeiten und Kenntnisse vermehren.«[10] Konfliktscheu bestimmt die Entscheidungsfindung: Nach Helen Forsey ist »die weibliche Form der Entscheidungsfindung der allgemeine Konsens: Er vereint, läßt teilhaben, nimmt Anteil, verzichtet auf Herrschaft und spendet Kraft.« Freilich muß Forsey einräumen, daß »viele Leute mit dem Konsens geradezu katastrophale Erfahrungen gemacht haben«.[11] Gegen das weibliche Prinzip steht die kalte Ratio, die »männliche, geradlinige Herangehensweise«[12] oder Adrienne Richs »Todeskultur der Quantifizierung, der Abstraktion und des Willens zur Macht«. Die »zum Leben hin orientierten Menschen, die Frauen«[13] sind der Inbegriff des Natürlichen: »Feminismus und Ökologie sind untrennbar miteinander verbunden und ein und dieselbe Sache.«[14] Nach Sharon Doubiago »denken Frauen seit je wie Berge … Das verdeutlicht am besten die Erfahrung mit dem eigenen Bauch, der zum Berg heranwächst.«

Solche Mystifizierungen der Frau beruhen auf einer falschen Verallgemeinerung: Da in der von Krieg und Barbarei geprägten Geschichte von jeher die Männer die Macht hatten, werden ihnen zerstörerische Eigenschaften zugeschrieben, während Frauen alle gegenteiligen Fähigkeiten verkörpern; diese Verteufelung des Mannes bedeutet eine Umkehrung jener Ideologie, die in der griechisch-römischen und jüdisch-christlichen Tradition alles Übel den Frauen zuschrieb. Daraus folgt die Forderung nach der Herrschaft der Frau: Statt Männer und Frauen als gleichberechtigt und einander ergänzend zu definieren, tritt an die Stelle patriarchalischer Herrschaft eine »frauenzentrierte« Weltordnung.

Nur Männer machen dieser Ideologie zufolge Angehörige des anderen Geschlechts zum Objekt, Frauen tun das nie. »Wenn ein

Pornograph eine Frau erfindet, gibt er ihr einen Körper ohne Seele.«[15] Männer haben mit der Ausbeutung angefangen, denn sie haben Frauen schon Jahrhunderte bevor sie wußten, daß sie natürliche Väter sind, als Privatbesitz betrachtet.[16] Deshalb kann es in der patriarchalischen Gesellschaft eine »Achtung vor dem anderen« nicht geben.[17]

Gewalt wird als männliches, Gewaltlosigkeit als weibliches Prinzip verabsolutiert. »Die Geschichte des ›männlichen Verhaltens‹, auf Gewalt mit noch mehr Gewalt zu reagieren, führt direkt ins Grab. Das gewaltlose ›weibliche Verhalten‹, Kinder zu gebären, aufzuziehen und zu beschützen, hat während der ganzen Menschheitsgeschichte immer zum Leben hingeführt ... Wir haben die Mittel, männliche Aggression in Schach zu halten und die potentiell gewaltlose Macht der Frauen zu vergrößern.«[18] Die Fähigkeit von Frauen, Kinder zur Welt zu bringen, gilt als Beweis für ihr friedliebendes Wesen; Männer dagegen sind Todesengel: »Die schrecklichste Erfindung der Männer ist der Krieg ... den ich nur als krankhaften Neid auf uns Frauen verstehen kann. Es ist, als wollten die Männer sagen: ›Frauen können Leben zur Welt bringen, aber wir können es vernichten.‹«[19]

Wer den Männern pauschal die Verantwortung für die Gewalt zuschiebt, übersieht dabei freilich, daß Werte wie christliche Nächstenliebe oder Gewaltfreiheit in Theorie und Praxis auch von Männern vertreten wurden. Jesus Christus, Gautama Buddha, Mahatma Gandhi und Martin Luther King setzten sich für die Unterdrückten und Geknechteten ein, Albert Schweitzer und Larry Kramer kämpften für die Kranken, ganz zu schweigen von zahllosen aufopfernden Vätern, Ärzten, Krankenpflegern oder Anwälten, deren Namen die Geschichte vergessen hat, weil Generäle stets mehr Ruhm ernten als namenlose Diener der Menschheit. Sie alle sind keine verkappten Frauen, so wenig wie Jeanne d'Arc ein verkappter Mann war. Sie stehen für die lange, wenngleich unterdrückte Tradition männlicher Fürsorge und Anteilnahme, jener oft vergessenen Eigenschaft des barmherzigen Schöpfergottes.

Ich will die Frauen nicht auffordern, das männliche Verhalten zu übernehmen oder sich der herkömmlichen männlichen Weltsicht anzuschließen, in der statt Geborgenheit, Ganzheitlichkeit und Eintracht Herrschaft und Hierarchie dominieren. Auch wurde die bisherige Geschichte, in der Krieg, Unterdrückung und Gewalt herrschten, zweifellos von Männern gemacht, während Frauen vornehmlich Fürsorge und Pflege walten ließen. Und die Gesellschaft muß lernen, »weibliche Sichtweisen« der Realität und »weibliche Werte« zu verstehen. Aber zugleich müssen Frauen lernen, »männliche« Macht einzusetzen und sich den dialektischen Widersprüchen von Einheit und Selbständigkeit, von Ich und Du, von Friedfertigkeit und Aggression zu stellen. Die herrschenden Machtverhältnisse zu überdenken, für den Zusammenhalt der Gesellschaft zu sorgen und die Zukunft unseres Planeten zu sichern, ist nicht nur die Sache der Frauen, sondern aller Menschen.
Ich sage nicht, Männer und Frauen seien gleich. Wissenschaftlern zufolge sind einige menschliche Verhaltensweisen hormonell bedingt, auch wenn noch eine Menge Unstimmigkeiten geklärt werden müssen. Daß das männliche Hormon Testosteron beispielsweise aggressives Verhalten steuert, ist belegt; doch Studien zufolge nehmen beim Mann die Produktion des Hormons und die Aggressivität mit zunehmendem Alter ab, während bei Frauen beides zunimmt. Andererseits zeigen Studien, daß pflegerische Verantwortung bei Männern ein Verhalten fördert, das nach traditionellem Verständnis typisch weiblich ist.
Ebensowenig zweifle ich an der Notwendigkeit, daß Frauen ihre »Wirklichkeit« ins öffentliche Leben einbringen: Vermittlung und Ausgleich, beides Funktionen, die in der bisherigen Geschichte notgedrungen von Frauen erfüllt wurden, sind für unser aller Überleben notwendig. Aber nur weil Frauen in der Vergangenheit gezwungen waren, diese Funktionen zu erfüllen, sind sie nicht von Natur aus besser als Männer, und Freundlichkeit, ganzheitliches Denken und Fürsorge für andere sind nicht nur Sache der Frauen.

Ich meine vielmehr, die in der Frauenbewegung Mode gewordene Unterscheidung zwischen einem moralisch verwerflichen, sexuell ausbeuterischen, herrschsüchtigen und tyrannischen männlichen Prinzip und einem fürsorglichen, liebevollen, uneigennützigen, intuitiven und friedlichen weiblichen Prinzip ist plumpe Schwarzweißmalerei. Die Geschichte und die gegenwärtige statistische Realität widersprechen dem. Eine solche Unterscheidung reduziert die Menschen auf Klischees und zwängt Frauen in ein neues moralisches Korsett, das sie daran hindert, sich auf die eigene Stärke zu besinnen und nach politischer und wirtschaftlicher Macht zu greifen.
Der Opfer-Feminismus hat eine Kritik der Macht entwickelt, nach der die traditionelle Scheu von Frauen, Autorität oder Macht auszuüben, als progressiv gilt. Demnach gibt es zwei Arten von Macht: eine postpatriarchalische und frauenspezifische Macht, die »persönlich« ist, und im Unterschied dazu die schlechte »Macht über andere«, die unpersönlich und zentralistisch ist. Die persönliche Macht resultiert aus der Entscheidung des Individuums, »einen oder mehrere Aspekte des eigenen Lebens in die Hand zu nehmen«. Sobald eine Frau jedoch ihre Privatsphäre verläßt, um eine Führungsposition in der Wirtschaft, der Politik oder der Armee zu übernehmen, infiziert sie sich mit dem Bazillus der schlechten »Macht über andere«.[20] Die Einteilung in gute und schlechte Macht läßt unberücksichtigt, daß jede Macht, die über bloße Selbstbestimmung hinausgeht, notwendigerweise »Macht über andere« beinhaltet und daß solche Macht sehr viel Verantwortungsgefühl voraussetzt. Frauen wird damit die Möglichkeit genommen, in konkreten Situationen in der öffentlichen Sphäre neue Konzepte von Führung und Hierarchie zu entwickeln. Umgekehrt läßt die Theorie außer acht, daß eine Frau auch in der privaten, »weiblichen« Sphäre der persönlichen Macht Herrschsucht und Machtgier ausleben kann.
Eine ganze Generation junger Frauen hat unter dem Einfluß dieser Theorie das Gefühl, daß es in einer vollkommen von patriar-

chalischen Strukturen durchsetzten Gesellschaft überhaupt keine Rolle für sie gibt – denn alle erfolgreichen Frauen üben definitionsgemäß die männliche Macht über andere aus. Viele Frauen fürchten sich vor einer Teilnahme am öffentlichen Leben, vor eigenem Geld, politischem Einfluß und einer eigenen Stimme, als bedrohe all dies ihre Unschuld. Dabei verwechseln sie öffentliche Macht, welche die Möglichkeit beinhaltet, anderen zu schaden, mit faktischem Machtmißbrauch. Sie übersehen, was Frauen an Gutem bewirken könnten, wenn sie der »Macht über andere« vorurteilslos begegnen und sie geschickt einsetzen würden.
Die weibliche Scheu, Macht über andere auszuüben, erklärt sich natürlich daraus, daß Frauen im tiefsten Inneren gar nicht so sicher sind, ob ihnen Impulse wie Aggression, Machtgier, Herrschsucht und Gewalttätigkeit wirklich abgehen. Das dürfte wohl auch der Grund sein, warum der Opfer-Feminismus, der so sehr auf die Unschuld der Frau abhebt, Macht für Frauen kategorisch ablehnt. Obwohl sich Vertreterinnen dieser Ideologie auf die Natur berufen, wenn sie die universelle Harmonie der matriarchalischen Gesellschaft beschwören, schrecken sie vor der Tatsache zurück, daß gerade die Natur viele dunkle Seiten hat: den täglichen Kampf um Nahrung, Fortpflanzung und Lebensraum, das ewige Fressen und Gefressenwerden. Die Anhängerinnen des Matriarchats haben sich ein Amazonenreich ausgedacht, in dem es immer wohlerzogen zugeht und in dem sich Konflikte aus der Welt schaffen lassen wie die taktlose Bemerkung eines Gastes, die von der Gastgeberin geschickt überspielt wird. »Gesunde Macht entspringt der Stärke und Sensibilität eines solchen ganzheitlichen Weltverständnisses und führt ganz natürlich zu jenem kooperativen und fürsorglichen Verhalten, das für eine harmonische Existenz notwendig ist ... Konkurrenz gilt als Form der Herrschaft und Aggression.«[21] Ein euphemistischer Sprachgebrauch täuscht darüber hinweg, daß Überredungskunst, Kampf um Einfluß und widersprüchliche Zielsetzungen nichts an sich Schlechtes sind und auch in einer gewaltfreien und egalitären Gesellschaft zum politischen Alltag gehören.

Nicht selten verschließen sich Frauen, wie in den oben zitierten Äußerungen, der Einsicht, daß auch Frauen »Willen zur Macht« besitzen. Oft verwickeln sie sich dabei in Widersprüche: So wird bei der Gegenüberstellung der »guten« weiblichen Macht als einem »Netz, in dessen Zentrum die Frau steht«, und der männlichen Macht als patriarchalischer »Stufenleiter« übersehen, daß die Frau innerhalb der hierarchisch gegliederten Familie Macht über andere ausübt. Ein weiteres Beispiel für die hartnäckige Weigerung von Feministinnen, die Notwendigkeit von Macht für Frauen anzuerkennen, ist der Sprachgebrauch der Frauenorganisation Fund for the Feminist Majority; für ihre geschickten Aktionen zur Einführung der Abtreibungspille RU 486 gebrauchte sie das irreführende Bild eines »Netzes von Einflüssen«, statt die Aktionen als das zu benennen, was sie tatsächlich waren: eine erfolgreiche Kampftaktik. Unlösbare Lebenskonflikte bleiben ausgeblendet: »Bei legaler Abtreibung geht es nicht um die Tötung von Föten, sondern um die Rettung des Lebens von Frauen.«[22]

Wer sich mit Rassismus, Antisemitismus oder Sexismus befaßt hat, den überrascht nicht, daß eine solch einseitige Sicht, verbrämt mit humanitären Zielen, in die Forderung nach Ausrottung der Männerwelt mündet. Sally Miller Gearhart etwa schlägt vor, den Männeranteil an der Gesellschaft auf 10 Prozent zu senken und auf diesem Niveau zu halten: »Das männliche Wesen unserer Spezies ist die Quelle der Gewalt ... Es ist Sache der Frauen, sich auf ihre Verantwortung als Spenderinnen und Erhalterinnen des Lebens zu besinnen.«[23]

So schließt sich im Opfer-Feminismus der Kreis: Indem der weibliche Wille nach Macht und die dunklen Seiten der Frauen geflissentlich übersehen werden, entsteht ein neuer Mythos von guten und bösen Kräften, eine selbstgerechte Ideologie, die »den anderen« – in diesem Fall den Mann – entmenschlicht und seiner Ausbeutung Tür und Tor öffnet. Dabei war doch gerade der Feminismus mit dem Anspruch aufgetreten, solche Herrschaftsverhältnisse aus der Welt zu schaffen. Stimmen wie die von Sally Gearhart sind zwar Extreme, doch fügen sie sich in ein Spektrum von Ansichten ein, die auf denselben Voraussetzungen beruhen.

Wenn man Männer wegen Sexismus zur Rechenschaft zieht oder feststellt, daß Gewalt gegen Frauen meist von Männern ausgeht, heißt das entgegen landläufiger Ansicht nicht, daß man Männer pauschal verdammt. Das tut man nur, wenn man aus konkreten Fällen männlicher Gewalt eine gewalttätige Natur des Mannes abzuleiten versucht. Eine solche unreflektierte Haltung hat freilich mit einem Feminismus, der um Menschenrechte kämpft, nicht das geringste zu tun.

Bei Vorträgen habe ich oft erlebt, wie Zuhörerinnen Männer nur deshalb angepöbelt und angegriffen haben, weil sie Männer waren. Ich rufe die Frauen dazu auf, jetzt, da »der Stein ins Rollen gekommen ist« und wir nur nach der Macht zu greifen brauchen, solche für den Opfer-Feminismus typischen Vorurteile zu bekämpfen. Wenn Opfer nicht zu Tätern werden sollen, sind wir moralisch verpflichtet, uns auch den dunklen Seiten zu stellen, die die weibliche Seele ebenso hat wie die männliche.

Zwei Beispiele aus der Praxis

Ich habe in einem Zentrum zur Betreuung vergewaltigter Frauen gearbeitet. Sobald man das Haus betrat, war man deprimiert. Zuerst glaubte ich, die bedrückende Atmosphäre werde durch die Tausende von Vergewaltigungen hervorgerufen, über die dort schon gesprochen wurde. Dann aber kam ich zur Überzeugung, daß es nicht die traumatischen Erlebnisse waren, sondern die Art, wie mit ihnen umgegangen wurde.

Schon rein äußerlich konnte das Gebäude nur trübsinnige Gedanken wecken. Wer die feuchten Betonstufen des verdreckten Treppenhauses hinaufstieg, stieß oben auf Sofas mit zerrissenen Polstern, wackelige Klappstühle und nackte Glühbirnen, die an den Wänden traurige Schatten warfen. Gesichter erschienen in ihrem Licht leichenblaß oder kränklich gelb. Die eine Wand war völlig kahl, nicht einmal ein Kunstdruck oder ein Poster hing dort; auf der pockennarbigen Fläche waren nur die Löcher von Reißnägeln zu sehen. An der anderen Wand hingen an einem Schwarzen Brett als einziger Schmuck die endlosen Manifeste aus dem Kampf gegen die Gewalt: »Jamais encore! Frauen sagen nein zur Vergewaltigung!«

Im sogenannten »Auswein-Zimmer«, wo die Frauen ihren Fall zum ersten Mal einer Beraterin schilderten, hingen verstaubte schwarze Vorhänge, die kein Tageslicht einließen. Auf dem Tisch lag lediglich eine Schachtel Kleenex. Die Räume waren alle in schreienden Farben gestrichen – in grellem Rot und Grün, billigen Restposten aus einem Farbengeschäft, das dem Cousin einer Mitarbeiterin gehörte. Das Zentrum unterhielt einen Telefondienst, der immer überlastet war. Der Schrank in der kleinen Küche enthielt Trockenmilchpulver, Berge gefriergetrockneten Kaffees und Tassen mit Sprüngen und braunen Rändern.

Man würde vermuten, daß die Tristesse dieser Umgebung auf Geldmangel und personelle Unterbesetzung zurückging. Weit gefehlt! Das Geld hätte durchaus für einen Lampenschirm, eine Reproduktion von Cezannes Äpfeln und zwei Kartons H-Milch gereicht. Aber die schäbige Ausstattung war ein integraler ästhetischer Bestandteil der Opferkultur. Das hier arbeitende Kollektiv hatte feste Vorstellungen von seiner Arbeit. Unzulänglichkeit und Elend gehörten mit dazu; sie brachten zum Ausdruck, wie sehr wir litten, wie arm wir im Vergleich zur übermächtigen Finanzkraft der Opposition waren und wie edel es von uns war, daß wir unter diesen Umständen freiwillig so viel Zeit opferten. Jeder Versuch, das trübsinnige Einerlei aufzuheitern, galt als antifeministisch und stieß auf erbitterten Widerstand.

Man muß die Gesichter der Opfer gesehen haben, die nach den furchtbaren Erlebnissen jetzt auch noch einige Zeit in einer solchen Umgebung verbringen mußten! Freundliches Licht, heißer Kaffee aus einer hübschen Tasse, ein sauberes, weiches Sofa und eine einladende Topfpflanze am Fenster – niemand hätte das nötiger gehabt als diese Frauen, die den Mut hatten, sich vergangene Schrecken noch einmal in Erinnerung zu rufen, um sie zu bewältigen. Dazu kommt, daß Opfer von Vergewaltigungen in ihrem Selbstwertgefühl zutiefst erschüttert sind. Blumen auf dem Tisch oder ein Bild an der Wand hätten ihnen gesagt, daß andere sie immerhin so weit achteten, daß sie etwa auch an ihr Bedürfnis nach Schönheit dachten. Die schäbige Ausstattung paßte bestens zur Erfahrung der Vergewaltigung, die das Opfer zum Nichts degradiert. Wie soll eine Frau an einem Ort, an dem sich niemand wohlfühlen kann, wieder zu sich selbst finden?

Noch schlimmer wirkte sich das hier herrschende politische Bewußtsein auf unsere Arbeit aus. Alle Treffen waren vom »kollektiven Prozeß« bestimmt, einer Konzeption aus der Frühzeit des

Feminismus, mit dem Frauen eine Alternative zu den aggressiven und von hierarchischen Strukturen bestimmten Versammlungen der Männer schaffen wollten. Im »kollektiven Prozeß« muß sich jede Frau zu jeder anstehenden Entscheidung äußern; es gibt weder Vorsitz noch Abstimmung, eine Entscheidung kann nur mit dem Konsens der gesamten Gruppe gefällt werden.

Prioritäten wurden nicht gesetzt, alles hatte die gleiche Bedeutung. Wer etwas sagen wollte, leitete seinen Beitrag mit vielen beschwichtigenden Floskeln ein. »Ich möchte wirklich niemandem auf die Füße treten, und es mag seltsam klingen, wenn ich das jetzt anspreche, aber ...« So zogen sich die Treffen drei bis vier Stunden hin. Viele Frauen, die neu dazukamen und berufliche oder familiäre Pflichten hatten, sprangen bald wieder ab. Die verbleibenden Gruppenmitglieder waren keineswegs repräsentativ für die anderen Frauen. Mütter oder Ehefrauen fehlten fast ganz, Arbeiterinnen und Schwarze waren selten. Wer blieb, verfolgte meist eine feste ideologische Linie, war gebildet und stammte aus der Mittelschicht; gemeinsam war allen der Lebensstil der feministischen Subkultur: gleicher Haarschnitt, gleiche Musik und gleiche Bücher.

Frauen mit »Führungsqualitäten« – ein Wort aus der Welt der Männer, von der die Gruppe sich so entschieden absetzen wollte – übernahmen ganz automatisch mehr Verantwortung. Eine Frau etwa führte Protokoll, leitete oft das Gespräch und hielt Kontakt zur Presse. Obwohl niemand anders diese ziemlich anstrengende Arbeit übernehmen wollte, wurde sie hinter ihrem Rücken heftig kritisiert, nicht wegen mangelnder Führungsqualitäten, sondern weil sie sich angeblich in den Vordergrund drängte. Wenn ihr Name als Sprecherin der Gruppe in der Zeitung stand, erreichte das Ressentiment jedesmal einen Höhepunkt.

Da zu jedem Thema immer alle gehört werden mußten, reagierten wir auf weitschweifige oder nebensächliche Beiträge zunehmend gereizt. Zugleich hatten wir Schuldgefühle, weil wir vom Ideal des Kollektivmitglieds, das wirklich alle Meinungen hören will (einem

Ideal, das in jeder Beziehung dem unerreichbaren Ideal dcr perfekten Gastgeberin entspricht), noch so weit entfernt waren. Wenn der »Konsens« schließlich erreicht war – meist deshalb, weil wir das höfliche, aber fruchtlose Hin und Her satt hatten –, fühlte sich die Mehrheit von einer Minderheit unterdrückt oder eine Minderheit von der Mehrheit übergangen; kaum waren zwei oder drei Gruppenmitglieder unter sich, rissen sie ihre Gegnerinnen in Stücke. Die zufälligen, aus dem Augenblick geborenen »Bündnisse«, die bei solchen Vivisektionen zustande kamen, hatten selten Bestand. Und jede von uns wußte, daß die Kritik sie als nächste treffen konnte.

Das Klima im Zentrum war schließlich so vergiftet, daß ich mich vor den wöchentlichen Sitzungen zu fürchten begann. Nach den Sitzungen war ich jedesmal so aufgebracht, daß ich einen Streit mit meinem Freund vom Zaun brach, dem ich eigentlich nichts vorzuwerfen hatte. Er war immer freundlich und machte bei der Hausarbeit mit, aber als Rechtsanwalt – als Vertreter der frauenfeindlichen Rechtsprechung, die bei uns im Zentrum angeprangert wurde – war er der willkommene Blitzableiter meiner aufgestauten Wut.

Der psychische Druck am Zentrum gefährdete unsere Arbeit ernsthaft. Die Arbeit mit Frauen und Mädchen, die vergewaltigt oder von Familienangehörigen sexuell mißbraucht worden waren, drohte uns zu erdrücken. Wir wurden täglich mit Fällen unfaßbarer sexueller Gewalt konfrontiert, die von der Öffentlichkeit überhaupt nicht registriert wurden; denn kratzt man an der Fassade der gesellschaftlichen Normalität, kommt eine Hölle zum Vorschein. Wir lernten Fünfjährige kennen, die von ihren Vätern in Bars an angetrunkene Freunde verkauft worden waren. Eine Frau wurde von ihrem Exfreund vergewaltigt, der erfahren hatte, daß er Aids hatte; er wollte sie aus Rache anstecken. Eine geistig zurückgebliebene junge Frau war ihrem Vater, der alle Familienmitglieder einschließlich seiner Söhne vergewaltigt hatte, um Haaresbreite entkommen, und nun mußten wir fürchten, daß er sie totschlagen würde, bevor wir sie auf gerichtlichem Wege seinem Zugriff entziehen konnten. Die Gesetze halfen uns wenig; nur ganz selten gelang es, einen Schuldigen zu überführen.

Wir konnten dieser Situation auf dreierlei Weise begegnen. Erstens konnten wir uns selbst schützen, indem wir einfach unsere Arbeit taten. Man gab dem Opfer bei der Arbeit professionelle Hilfe und menschliche Wärme, ließ das Elend aber nicht an sich heran; von einer ähnlichen Haltung berichtet oft das Pflegepersonal an Krankenhäusern. Allerdings war dies schlecht vereinbar mit unserem Selbstbild als mitleidende und aufopferungsvolle Helferinnen. Zweitens konnten wir mit dem Opfer leiden und es für seinen Mut bewundern, die vergangenen Schrecken noch einmal zu durchleben und innerlich zu bewältigen. Man war dann auf sich und seine Arbeit, auf die schrittweisen Erfolge an den Gerichten stolz, und das machte alles viel leichter. Allerdings paßte ein solcher Stolz auf uns und auf andere Frauen nicht in unser Bild von Weiblichkeit. Die dritte, traditionell feministische Haltung bestand darin, den Opferstatus der Frauen als die wichtigste Quelle unserer Identität, ja sogar unseres Prestiges zu begreifen. Frauenfeinde galten als das Böse schlechthin, alle Männer als potentielle Vergewaltiger. Sexuelle Gewalt war die Conditio sine qua non unserer Existenz, unsere Betroffenheit und Anteilnahme war der Beweis unserer moralischen Überlegenheit über andere Menschen. Diese Haltung überwog.

Aus ihr folgte ein ungeschriebener Verhaltenskodex. Häufiges Lachen war bei uns verpönt, obwohl die Frauen und Mädchen, mit denen wir arbeiteten, selbst oft hysterisch lachten, wenn ihnen in der Bewältigungsphase erst richtig bewußt wurde, daß sie dem Tod nur knapp entgangen waren. Ebenso verpönt war es, liebevoll über einen männlichen Freund zu sprechen, obwohl die vergewaltigten Frauen die Kontaktaufnahme zu Männern, denen sie vertrauten, als wichtigen Schritt auf dem Weg zur seelischen Gesundung ansahen. Wenn wir einen Prozeß gegen einen Vergewaltiger verloren hatten, gehörten Weinen und gegenseitiges Händchenhalten zum guten Ton; Siege dagegen wurden niemals gefeiert. Wer erschöpft zusammenbrach, weil er tagelang ohne Pause Telefonbetreuung gemacht hatte, erntete Bewunderung. Wer Polizisten oder Krankenhauspersonal im Umgang mit vergewaltigten Frauen unterwies, verdiente sich dagegen kaum Respekt; solche Schulungen rochen nach Selbstdarstellung, und bei uns war Selbsterniedrigung gefragt.

Wir sprachen viel über körperliche Folter und ungerechte Gesetze, die Übermacht der Gegner und unsere spärlichen Mittel, und ab und zu gestanden wir anderen, wie sehr uns der tägliche Kleinkrieg aufrieb. Andererseits lehnten wir es ab, eine hauptamtliche Kraft einzustellen; es hätte sich auf die Stimmung der ehrenamtlichen Mitarbeiter negativ auswirken können. Ich erinnere mich nicht, daß wir in den zwei Jahren meiner Mitarbeit am Zentrum einmal einen Sieg gefeiert oder uns herzlich gefreut hätten, einer Frau wieder auf die Beine geholfen zu haben. Kurz, wir gönnten uns nie das Gefühl von Stärke.

Eine Vergewaltigung ist kein Spaß, aber ist es deshalb ein Verbrechen, wenn es manchmal Spaß macht, das herrschende Bewußtsein in bezug auf Vergewaltigungen zu verändern? Bei uns im Zentrum war dieser Gedanke Tabu. Es mag seltsam klingen, aber unsere Arbeit krankte an einem Mangel an Freude.

Was uns so sehr zusetzte, war weniger das Leid der Opfer; ihr robuster Lebenswille machte uns sogar Mut und Hoffnung. Vielmehr litten wir unter der eigenen Opferhaltung, die Lichtjahre von den Einstellungen dieser tapferen Frauen entfernt war. Da wir Rivalitäten und Konflikte bei Wahlen oder Diskussionen nicht offen austragen durften, richteten wir unsere Aggressionen gegen uns selbst und konkurrierten miteinander an Opferbereitschaft. Wir rissen uns um die undankbarsten Aufgaben und die anstrengendsten Zeiten beim Telefondienst. Da wir schließlich alle völlig überanstrengt waren, wurden freiwillige Meldungen immer spärlicher. Anrufe blieben unbeantwortet, und bei der Rechtsberatung entstanden wochenlange Wartezeiten.

Wenn uns die Arbeit zu sehr aufrieb, ließen wir den Ärger aneinander aus. Es kam zu Kränkungen und Vorwürfen. Das Vertrauen in der Gruppe brach zusammen. Nach einem dilettantisch durchgeführten Tribunal, das nur Scherben hinterließ, löste sich unsere engagierte kleine Gruppe, die an überkommenen feministischen Positionen krankte, schließlich auf. Wenn Frauen unsere Nummer wählten, teilte der Anrufbeantworter ihnen mit: »Das Zentrum ist bis auf weiteres geschlossen …«

Eine ganz andere Bilanz ihrer Arbeit konnte die gewerkschaftliche Organisation Local 34 ziehen.

Die weltbekannte Yale University hängt wie alle Hochschulen wirtschaftlich völlig von der unterbezahlten und unterschätzten »unsichtbaren« Arbeit eines Heers von Büroangestellten und Laborarbeiterinnen ab. Diese Frauen schufteten für durchschnittlich 15000 Dollar im Jahr in der Bibliothek der Universität, reinigten Teströhrchen in den Labors oder sortierten Karteikarten für berühmte Professoren. Lange Zeit nahmen sie ihre Situation ohne organisierte Beschwerden hin; es galt als Privileg, für eine so prominente Einrichtung wie Yale zu arbeiten.

Aber selbst die Beschäftigten solcher Einrichtungen haben schließlich genug, wenn das Geld hinten und vorn nicht mehr reicht. 1981 gründeten die Frauen eine Gewerkschaft. Sie setzten auf basisorientierte Gruppen, schufen mit Hilfe von Familie und Freunden ein großes Organisationskomitee und leiteten Kolleginnen an, eigene Gruppen zu organisieren; in offenen Diskussionsrunden wurden Schwierigkeiten beim Aufbau der Gruppen und die Zielvorstellungen der Mitglieder erörtert. In den Diskussionen nannten die Büroangestellten und technischen Assistentinnen neben mehr Geld und besseren Sozialleistungen immer wieder Anerkennung ihrer Arbeit als vordringliches Ziel bei der Verbesserung ihrer beruflichen Situation. Schlechte Bezahlung und soziale Absicherung hingen nämlich, wie die Frauen herausgefunden hatten, direkt mit der Bewertung ihrer Tätigkeit als Frauenarbeit zusammen. Die mangelnde Anerkennung ihrer Arbeit äußerte sich zudem in willkürlichen Praktiken bei Einstellungen und Beförderungen, in fehlendem Mitspracherecht bei der Arbeit und in einer herablassenden Haltung der Vorgesetzten.

Die Organisatoren von Local 34 konzentrierten sich auf das Thema Anerkennung der Arbeit und forderten die Beschäftigten auf, zu dokumentieren, wo der Wert ihrer Arbeit unterschätzt und ihre Bedürfnisse am Arbeitsplatz mißachtet würden. Dann stellten sie einen Katalog von Forderungen zusammen, der von der Yale University allerdings kompromißlos abgelehnt wurde. Jetzt wandten die Frauen sich an die Öffentlichkeit. Sie verknüpften ihre persönlichen Beschwerden und die diskriminierende Bezahlung geschickt mit der landesweit erhobenen Forderung nach gleicher Entlohnung von Arbeit mit vergleichbarem Wert und mit der allgemeinen Unterbezahlung von Frauen. Durch einen eintägigen Streik machten sie die Presse auf den Zusammenhang zwischen der Entlohnung der Frauen in Yale und den 59 Cents aufmerksam, die die Frauen landesweit auf jeden von einem Mann verdienten Dollar erhielten.

Am 26. September 1984 traten über 75 Prozent der Angestellten und Arbeiterinnen in den Büros und Labors von Yale in den Ausstand – Bibliothekarinnen, Laborhelferinnen, Krankenschwestern, Telefonistinnen und Sekretärinnen, darunter 16 Prozent Schwarze und Lateinamerikanerinnen.

Die Gewerkschaft verfolgte eine aggressive Taktik mit großer Breitenwirkung. Streikposten vor zentralen Gebäuden der Universität – Verwaltungsgebäude, Bibliothek und Sporthalle – forderten das Publikum auf, die Gebäude nicht zu betreten. Der Rückhalt an der Universität wuchs: Die Fachschaften unterstützten die gewerkschaftlichen Forderungen und riefen zu Verzicht auf die Nutzung bestreikter Einrichtungen auf. Dann holten die Studenten zum Schlag gegen die verwundbarste Stelle der Universität aus: Sie verweigerten aus Protest gegen streikbedingte Ausfälle einen Teil der Studiengebühren und drohten mit weiterem Zahlungsboykott. Unterstützung erhielten die Streikenden von führenden Mitglie-

dern der Frauenorganisation NOW, worauf in den ganzen USA eine heftige Diskussion um die gleiche Bezahlung von Arbeit vergleichbaren Wertes entbrannte.
Die Organisatorinnen wußten, daß sie zunächst das Selbstwertgefühl der Beschäftigten stärken mußten, bevor diese bereit sein würden, für eine Verbesserung ihrer Situation zu kämpfen. Auf Versammlungen der Gewerkschaftsgruppen wurde ihnen der Wert ihrer Arbeit von Mal zu Mal stärker bewußt gemacht. Mehr und mehr traten sie aus der Rolle emsiger Arbeitsbienen ohne Ansprüche heraus. Schließlich wurde ihnen klar, daß es keine Ehre war, für Yale zu arbeiten, wenn das Geld nicht reichte, eine Familie zu ernähren. Sie entdeckten, daß sie ein Anrecht auf mehr Geld hatten.
Eine Gruppe von Frauen, von denen die meisten noch nie gegen ihre Situation aufbegehrt hatten, organisierten zwei Aktionen zivilen Ungehorsams. Eine Frau schilderte später, wie sie am Abend vor der ersten Aktion ihren staunenden Kindern am Bett erklärt habe, daß sie am nächsten Morgen das Gesetz übertreten und man sie vielleicht verhaften würde. 192 Gewerkschaftsmitglieder blokkierten mit Unterstützung von über tausend Sympathisanten den Eingang zum Haus des Universitätspräsidenten. Sie wurden verhaftet und mit Mannschaftswagen abtransportiert. Zwei Wochen später blockierten 434 Mitglieder, diesmal von mehreren tausend Menschen unterstützt, die Universitätsverwaltung. Wieder wurden die Gewerkschafterinnen verhaftet.
Als Yale immer noch nicht einlenken wollte, spielten die Angestellten ihre letzte Karte aus: den totalen Ausstand in allen Bereichen der Universität. Daraufhin nahm die Universitätsleitung die Verhandlungen wieder auf, machte aber keine akzeptablen Angebote. Die Gespräche wurden bald wieder abgebrochen.
Die Universitätsleitung fühlte sich nicht mehr als Herrin der Lage und reagierte übertrieben. Sie schränkte die Freiheiten auf dem Campus ein; Dekane drohten Professoren und Lehrbeauftragten, die den Streik unterstützten, mit Repressalien; den Assistenten

wurde verboten, in Lehrveranstaltungen über die Forderungen der Beschäftigten zu diskutieren; die philosophische Fakultät drohte Teilnehmerinnen am Ausstand mit Gehaltskürzungen und anderen Maßnahmen; die Studenten wurden aufgefordert, Transparente mit Solidaritätsbekundungen von den Fenstern zu nehmen. Angesichts all dieser repressiven Maßnahmen sah sich die Connecticut Civil Liberties Union gezwungen, der Universität eine Rüge zu erteilen, weil sie die freie Meinungsäußerung ihrer Angehörigen auf nicht hinnehmbare Weise eingeschränkt habe.

Der Ausstand traf die Universität hart. Wichtige Aufgaben wie Auswahl und Zulassung der Studenten für das nächste Jahr blieben liegen. Außer der Arbeit in Lehre und Forschung beeinträchtigte der Streik auch die Organisation von Tagungen, die Beschaffung von Geldern, Dienste wie Studienberatung, die Arbeit der Personalstelle und die Funktion von Labors, Museen, Bibliotheken und Studentengruppen – kurz alles, was den Universitätsbetrieb, für den die Eltern eines Studenten jährlich 18000 Dollar zahlten, am Laufen hielt.

Am 18. Januar 1985 erhielt Local 34 einen Vertrag: Vorgesehen waren eine Gehaltserhöhung von 20 bis 25 Prozent über drei Jahre, die Abschaffung diskriminierender Unterschiede in der Einkommensverteilung, bessere Altersversorgung und Krankenversicherung, verbesserter Kündigungsschutz und die Bildung eines Ausschusses, in dem Vertreter von Gewerkschaft und Universitätsleitung Beschwerden wegen falscher Bewertung von Stellen und Unterbezahlung entgegennehmen würden. Die Gewerkschaft hatte gesiegt.

Die Mitglieder hielten nach ihrem großen Erfolg am Konzept der basisnahen Führung fest; die weibliche Mehrheit der Mitglieder spiegelt sich in der weiblichen Mehrheit auf Führungsebene wider. Seit dem Ausstand haben Mitglieder der Gewerkschaft in über zwei Dritteln der Streitfälle bei der Schlichtung recht bekommen.

Neben den materiellen Vorteilen war ein anderer Aspekt dieses

Sieges besonders wichtig: Er hatte das Selbstbewußtsein der betroffenen Frauen entscheidend gestärkt. Die basisorientierte Führung der Gewerkschaft hatte ihnen die Erfahrung vermittelt, daß Führungsqualitäten nicht auf obere Etagen beschränkt sind, sondern daß alle sie entwickeln können. Statt pauschal alle Führung zu verdammen, wurde versucht, Führung gerechter zu verteilen und auszuüben. Die Frauen zogen sich nicht auf eine Opferhaltung zurück, sondern konzentrierten sich auf das gemeinsame Ziel der Verbesserung ihrer Lage. Ideologischer Ballast wurde dabei vermieden. Statt eines aufgezwungenen kollektiven Willens, dem materielle Ziele und jedes Streben nach mehr verpönt sind, lautet der erste Grundsatz von Local 34: Ich bin mehr wert. Der zweite Grundsatz lautet: Wir sind alle mehr wert.
Dieser grundlegende Satz – meine Arbeit ist mehr Geld wert – steigerte das Selbstwertgefühl der Frauen, machte ihnen Mut, Forderungen zu stellen, und gab ihnen ein völlig neues Selbstbewußtsein, das sich auch nach ihrem überwältigenden Sieg gehalten hat.

Im Meinungsstreit der Traditionen

In den Jahren des Gegenschlags kam es im Namen des Feminismus zu Vorfällen, die alle charakteristisch für den Opfer-Feminismus sind. In der Aufsatzsammlung *Pleasure and Danger* erschien eine Hitliste sexueller Praktiken mit einer Bewertung nach ihrer Frauenfreundlichkeit: Penetrationsfreier lesbischer Sex rangierte dabei ganz oben, sadomasochistischer heterosexueller Sex mit Penetration ganz unten. Feministinnen warfen Hillary Rodham Clinton vor, sie habe sich für den Wahlkampf ihres Mannes zu sehr herausgeputzt. Als die Women's Action Coalition (WAC) eine Protestaktion zu einem laufenden Vergewaltigungsprozeß organisierte, wurde als Parole für die Plakate vorgeschlagen: »Sie sind schuldig.« Während einer Diskussion in einer Buchhandlung erklärte eine junge Frau, sie werde so lange auf Sex verzichten, bis Pornographie und Vergewaltigung endgültig aus der Welt geschafft seien. Als ein Sexladen kostenlos Kondome verteilte und über Aids-Vorsorge informierte, kritisierten Frauen die Veranstaltung als verkaufsfördernde Aktion. Zoe Baird, die nach Präsident Clinton erste Justizministerin in der Geschichte der USA hätte werden sollen, geriet unter Beschuß, weil sie ein peruanisches Kindermädchen illegal beschäftigt hatte; auf Vorwürfe, sie habe Sozialabgaben sparen wollen, rechtfertigte sich die Juristin, deren Jahreseinkommen eine halbe Million Dollar beträgt, sie habe damals »als Mutter gedacht, nicht als Kandidatin für einen Ministerposten«. Bei einer Demonstration von Schwulen und Lesben lehnten es Frauen ab, den Bus der WAC von sympathisierenden Männern fahren zu lassen.

In all diesen Fällen zeigt sich eine Haltung, der das viktorianische Frauenbild des Opfer-Feminismus zugrunde liegt: daß Frauen nie von selbst aggressiv handeln; daß sie gegen Frauenfeinde nichts ausrichten und in der Presse nicht gegen sie anschreiben können und daher jede Diskussion mit ihnen abbrechen müssen; daß als anstößig empfundene Formen von Sex Frauen auch dann erniedrigen, wenn sie ihnen Spaß machen; daß Jungfrauen und »anständige« Frauen besser sind als Huren; daß auch die stärksten Frauen, zumal wenn sie Mütter sind, angesichts widriger Umstände machtlos sind; daß man über sexuelle Belästigungen niemals laut spricht; daß es für eine Frau besser ist, moralisch rein und hilflos zu sein, als Kompromisse zu schließen, Macht auszuüben und die Gesellschaft zu verändern; daß selbst auf dem Schulhof Jungen mehr Macht haben als Mädchen, obwohl Mädchen im Alter von neun Jahren größer und geistig weiter sind; und daß ein Männerkörper per definitionem immer bedrohlich ist.
Im Gegensatz dazu gab es in jüngerer Zeit auch ermutigende Beispiele für einen Power-Feminismus. Emily's List unterstützte den Wahlkampf von fünfundfünfzig Kandidatinnen, von denen fünfundzwanzig ein Mandat errangen. Mit der Erkenntnis, daß benachteiligte Gesellschaftsgruppen mit spektakulären Aktionen auf sich aufmerksam machen müssen, besetzten Aktivistinnen der WAC den New Yorker Hauptbahnhof und verteilten an gestreßte Mütter Grußkarten zum Muttertag mit witzigen Gedichten. Bei einer anderen Protestaktion machten Mitglieder der WAC auf unrechtmäßig entlassene Frauen aufmerksam. Die Guerrilla Girls protestierten mit Gorilla-Masken und Miniröcken dagegen, daß im Guggenheim Museum keine Künstlerinnen vertreten sind. In sechzehn Jahren stieg die Zahl der Kleinbetriebe, deren Eigentümer eine Frau ist, von 4,6 Prozent auf 30 Prozent; nach Plänen der amerikanischen Regierung soll der Anteil bis zum Jahr 2000 weiter auf 50 Prozent steigen. Eine feministische Autorin warnte Studentinnen vor einem Leseboykott sexistischer Bücher. Kanadische Frauengruppen produzierten einen TV-Spot zum Thema Verge-

waltigung durch Bekannte und Freunde, und machten Vorschläge, was beide Geschlechter tun können, um gefährliche Situationen zu vermeiden. Die amerikanische Woman's Economic Development Corporation beriet 20000 Frauen individuell zu Fragen der Unternehmensführung, gewann 1500 Unternehmerinnen für ein Schulungsprogramm zur Leitung des eigenen Unternehmens und ermöglichte 4000 weiteren Frauen, darunter vielen ehemaligen Hausfrauen und Müttern sowie Frauen aus Randgruppen, einen 18wöchigen Kurs, der über die Eröffnung eines eigenen Geschäfts informierte; Schwerpunkt war dabei die Entwicklung von Führungsqualitäten, die bei Frauen traditionell schwach ausgebildet sind. Die Absolventinnen berichteten von Umsatzsteigerungen von bis zu 121 und Gewinnsteigerungen von bis zu 72 Prozent. Die US-amerikanische Organisation berufstätiger Frauen *9 to 5* vertrat und beriet 14000 Büroangestellte bei Rechtsstreitigkeiten. *Ms.* zeichnete als erste Zeitschrift Zeugenaussagen vergewaltigter bosnischer Frauen auf; Frauengruppen und Juristinnen forderten daraufhin die UNO auf, Vergewaltigungen als Verletzungen von Menschenrechten und Kriegsverbrechen zu ächten. Die Zeitschrift *Newsweek* brachte die Greueltaten an bosnischen Frauen auf der Titelseite. Die American Association of University Women protestierte gegen die Herstellung einer Barbie-Puppe, die »Mathematik ist schwer« sagte; die Herstellerfirma nahm die Puppe vom Markt und teilte mit, die neue Barbie-Puppe sei berufstätig. Eine Gruppe schwarzer Mannequins protestierte gegen ihre Diskriminierung in der Modeindustrie und verlangte eine bessere Repräsentanz schwarzer Frauen in den Medien. Vier Topmodelle brachen das Schweigen über ihre berufsbedingten Eßstörungen und wurden auf der Titelseite der Zeitschrift *People* zitiert. Das Modell Cindy Crawford warnte in der Sendung *House of Style* vor Brustimplantaten, informierte Mädchen über Bulimie und erläuterte ihren Standpunkt als Befürworterin der Abtreibung. Die Zeitschrift *Mirabella* warb für mehr Forschung zu Brustkrebs. Justizministerin Janet Reno setzte sich verstärkt für die gerichtliche Verfolgung von Vätern, die keine Alimente zahlen, und von prügelnden Ehemännern ein. Frauenorganisationen legten mit einer Flut von Forderungen, mehr Frauen ins Kabinett aufzunehmen, das Faxgerät des US-Präsidenten lahm. Der Präsident war verärgert – und berief eine weitere Frau in die Regierung.

Der Power-Feminismus, der in diesen Aktionen von Frauen zum Ausdruck kommt, hat eine lange Tradition. Harriet Tubman leitete im 19. Jahrhundert eine Untergrundorganisation zur Befreiung schwarzer Sklaven. In England waren um die Jahrhundertwende Geschäftsboykotte so wirkungsvoll im Kampf um das Frauenstimmrecht, daß Warenhäuser sich gegenseitig mit Solidaritätsaktionen zugunsten der Frauen überboten. Das Londoner Kaufhaus Harrod's rief einen »Tag des Frauenwahlrechts« aus, und Modehersteller und Möbelmanufakturen beeilten sich, feministische Zeitschriften durch teure Werbeanzeigen zu unterstützen. Auch die mutige Guerillataktik und die kompromißlos harte Linie, mit der der siebzigjährige Kampf um das Stimmrecht schließlich zum Erfolg geführt wurde, ist ein Beispiel für Power-Feminismus.

Heldinnen aus der Frühzeit des Power-Feminismus sind Victoria Woodhull und Madame C. J. Walker. Die schöne, lebenslustige und skandalumwitterte Aktienmaklerin Woodhull trat in der Zeitung, die sie mit ihrer Schwester herausbrachte, für die sexuelle Selbstbestimmung und das Wahlrecht für Frauen ein. 1872, noch vor dem Sieg der Stimmrechtsbewegung, erklärte sie ihre Kandidatur für das Amt der Präsidentin der Vereinigten Staaten. Den heuchlerischen Feminismus des 19. Jahrhunderts geißelte sie mit schonungsloser Offenheit: »Ich behaupte, die sogenannte gesellschaftliche Moral sei eine Mischung aus lauter Unverschämtheiten und ein Skandal für die Zivilisation unseres fortschrittlichen Jahrhunderts. Das System der sozialen Spionage, unter dem wir leben, ist abscheulich. Das wichtigste Axiom einer wahrhaftigen Moral ist, daß jeder sich um seine eigenen Angelegenheiten kümmert und lernt, die Freiheit und Privatsphäre des anderen unbedingt zu respektieren. Die Wurzel des Übels liegt in dem Glauben, die Gesellschaft habe das Recht, ihren Mitgliedern bestimmte Formen der Liebe zu verbieten, sie zu reglementieren und zu gängeln und sich auf alle möglichen Arten einzumischen. Dazu hat sie aber ebensowenig das Recht, wie sie ihnen vorschreiben kann, was sie essen und trinken sollen.«

Sarah Breedlove, die arme Tochter ehemaliger Sklaven, kam in Delta in Louisiana auf einer Baumwollplantage zur Welt. In jungen Jahren schlug sie sich als Wäscherin und dann als Köchin durch. Mit 37, so berichtete sie später, sei ihr im Traum die Formel für ein Haarpräparat erschienen. Sie stellte zunächst Mixturen für Freundinnen her und verteilte kostenlose Proben. Als ihre Produkte sich gut zu verkaufen begannen, entdeckte sie ihr Talent für Marketing und Vertrieb. Bald hatte sie tausend schwarze Frauen dazu ausgebildet, ihre Produkte in eigener Regie zu verkaufen. Sie war überzeugt, den Frauen eine Unabhängigkeit und Aufstiegschancen zu ermöglichen, die ihnen als Schwarzen anderswo vorenthalten blieben: »Ich habe vielen farbigen Frauen ... ermöglicht, den Waschzuber gegen eine angenehmere und einträglichere Tätigkeit einzutauschen.« Anfang des 20. Jahrhunderts verdienten nur wenige schwarze Frauen über 1,50 Dollar die Woche.

Schließlich wurde Sarah Breedlove, die inzwischen Madame C. J. Walker hieß, eine der reichsten schwarzen Frauen der USA. Aber mit ihrem Geld befriedigte sie nicht nur ihren persönlichen Ehrgeiz. Sie fühlte sich als Unternehmerin verpflichtet, anderen Frauen die Möglichkeit beruflicher Entfaltung zu verschaffen.

Als sie einmal an der Tagung einer Vereinigung schwarzer Geschäftsleute teilnahm und von den Männern geschnitten wurde, ergriff sie unvermittelt das Wort: »Ihr werdet mir doch nicht die Tür vor der Nase zuschlagen. Ich bin eine Frau von den Baumwollfeldern im Süden ... Dort wurde ich zur Wäscherin befördert. Dann wurde ich zur Köchin befördert. Dann bin ich aus eigener Kraft zur Geschäftsfrau geworden, die Haarkosmetika herstellt.

Ich habe auf eigenem Grund und Boden eine Fabrik aufgebaut.« Ab da hörten die Männer ihr ernst zu.
Je erfolgreicher und mächtiger Madame Walker wurde, desto mehr versuchte sie, Macht an die bei ihr angestellten Frauen abzugeben. Sie ermutigte sie, Führungsaufgaben zu übernehmen und ihre Interessen gemeinsam wahrzunehmen. Sie gründete einen nationalen Verband für ihre Mitarbeiterinnen und rief die Mitglieder in einer Rede zur »Pflicht der Frau an der Frau« dazu auf, den eigenen Erfolg für das Fortkommen anderer Frauen zu nutzen. »Ich will zeigen«, sagte sie, »daß Vertreterinnen von Walker mehr tun als nur Geld verdienen.« Sie forderte sie dazu auf, ein Zehntel ihres Gewinns für karitative Zwecke zu spenden: »Wir wollen der ganzen Menschheit nutzen, den Armen und den Reichen, vor allem aber den Schwarzen.« Wenn sie konnte, investierte sie Geld in Projekte für Schwarze. In Indianapolis ließ sie für Schwarze Häuser bauen. »Wenn ich Aufträge an Farbige vergebe«, sagte sie, »können sie neue Leute einstellen. So trage ich zumindest indirekt dazu bei, daß für unsere Jungen und Mädchen mehr Arbeitsplätze geschaffen werden.« Auf dem Höhepunkt ihrer Macht reiste sie nach Washington, um Präsident Woodrow Wilson aufzufordern, Fälle von Lynchjustiz durch die Bundesbehörde verfolgen zu lassen.[24] Als sie starb, flossen Tausende von Dollar ihres Vermögens in den Kampf der National Association for the Advancement of Coloured People (NAACP), die gegen die Lynchjustiz arbeitete.
Am Anfang einer Karriere wie der von Madame Walker steht die Einsicht, daß Frauen Macht gewinnen und sie sinnvoll einsetzen können; daß sie weder besser noch schlechter sind als Männer und daß ihnen als Menschen die gleichen Rechte zustehen; daß Frauen dort, wo das System ungerecht ist, ihre Mittel einsetzen und eine Änderung erzwingen müssen, statt als Opfer um bessere Behandlung zu betteln.
Wenn Camille Paglia behauptet, der Feminismus sei »puritanisch« oder »kenne nur Opfer«, stimmen ihr viele Frauen zu, denn sie wissen nichts über die Geschichte der Frauenbewegung. Den mei-

sten ist nicht ausreichend klar, daß es schon immer zwei gegensätzliche Formen des Feminismus gibt: den sittenstrengen, moralischen und selbstverleugnenden Feminismus und den freidenkerischen, lebensfrohen und selbstbewußten Feminismus.

Der geschichtliche Hintergrund

Ein kurzer Blick zurück in die Geschichte zeigt, warum der Opfer-Feminismus bislang so erfolgreich war.
Frauen waren nicht immer vom öffentlichen Leben ausgeschlossen. Im Westen waren vor der Industriellen Revolution sowohl Männer wie Frauen mit der Produktion von Lebensmitteln und Kleidern für den Hausgebrauch beschäftigt, und die Waren und Dienstleistungen, die Frauen verkauften, hatten einen wichtigen Platz im wirtschaftlichen Leben einer Stadt. Aus dem *Diary of a Colonial Midwife,* dem Tagebuch der Hebamme Martha Ballard, erfährt man beispielsweise, daß Frauen in der Kolonialzeit in Neuengland die verschiedensten wirtschaftlichen Betätigungen ausübten, daß sie Wolle tauschten, Webstühle vermieteten und sich gegenseitig gegen Bezahlung im Haushalt halfen. Martha Ballard, eine in ihrer Stadt angesehene Frau, hatte eine eigene Praxis, betreute die Frauen der ganzen Region, führte ihre Bücher selbst, zog Honorare ein und unterstützte ihren Mann, der im Gefängnis saß. Daß sie in ihrer Gemeinde hoch angesehen war, zeigt, daß es schon damals wirtschaftlich unabhängige Frauen gab, die Berufstätigkeit und Familienpflichten verbanden, ohne daß dies als besonderer Widerspruch empfunden worden wäre.
Während diese Tradition in der Arbeiterschicht, unter Schwarzen und bei den Frauen vieler Einwanderer nie abbrach, änderte sich für die überwiegend weißen Frauen der Mittelschicht im 19. Jahrhundert alles: Mit der aufkommenden Industrialisierung verlagerte sich die bezahlte Arbeit aus dem häuslichen Bereich in Büros und Fabriken und wurde dort als ausschließlich männliche Domä-

ne neu definiert. Die Männer hatten jetzt für ihre nicht mehr arbeitenden Frauen zu sorgen. Der Aufstieg der Mittelschicht bedeutete für diese Frauen die Verdrängung aus dem öffentlichen Leben in den Privatbereich der häuslichen Sphäre.
Eine Ideologie, die die Trennung der Geschlechter betonte, zwang bürgerliche Frauen in ein Leben, das gekennzeichnet war durch wirtschaftliche Abhängigkeit und unbezahlte »gute Werke«. Die Frauen fügten sich, weil ihnen suggeriert wurde, ein behütetes Leben zu Hause sei angenehmer als die harten Kämpfe des Mannes im »feindlichen Leben«. Frauen waren angeblich zu rein und unschuldig, um an der Seite der Männer zu arbeiten, zu kämpfen und sich zu vergnügen. Frauen, die sich in öffentliche Angelegenheiten einmischten, verloren ihre »weibliche Anmut«.[25] Durch eine Propaganda der Schmeichelei wurde den Frauen das Gefühl vermittelt, sie könnten in ihrem Gefängnis stolz auf sich sein: Ihre Qualitäten als Mütter wurden gelobt, ihre sittlichen Tugenden gepriesen. Und immer wieder warnte man sie vor dem Leben der Männer, in dem Konkurrenz, Ruhmsucht, korrupte Politik und Geldgier herrschten. Ihr Ausschluß aus dieser Welt war angeblich ein Zeichen ihrer höheren Natur. 1887 schrieb Senator George C. Vest, man dürfe »die Frau nicht durch das Wahlrecht erniedrigen ... Es würde sie von jenem Sockel stoßen, auf dem sie heute steht, wenn sie das Tun ihres Gatten durch ihre freundliche und liebenswerte Zärtlichkeit zum Guten und Reinen hin beeinflußt.«[26]
Als die Frauen sich Mitte des 19. Jahrhunderts ernsthaft zu organisieren begannen, bildeten sich zwei Strömungen heraus. Während die eine Strömung die freie Entfaltung der Persönlichkeit und das Selbstbestimmungsrecht für Frauen forderte, knüpfte die andere an das Bild vom »guten Geist im Haus« an.
Zum Ideal vom guten Geist im Haus gehören klaglose Selbstaufopferung, die bedingungslose Erfüllung der strengen Normen der »Ehrbarkeit«, die Kontrolle des Verhaltens anderer Frauen, der Glaube, daß eine Frau asexuell und die männliche Sexualität roh sei, die Überzeugung, Geldstreben und Ruhm würden den Men-

schen verderben, die Vorstellung, sämtliche aggressiven Impulse von Frauen müßten im Keim erstickt werden und die Frau müsse bei Streit die Rolle der Friedensstifterin spielen, und die Überzeugung, die »weibliche Natur« sei grundlegend anders und moralisch besser als die männliche. Diese Ideale klingen vertraut: Sie sind die Grundlage des heutigen Opfer-Feminismus.

Wie kann eine Frau, die diesem Verhaltenskodex gehorcht, nach Macht streben oder Rechte für sich beanspruchen? Sie wird sich nicht in die schmutzige Welt hinauswagen, um dort an Protestmärschen und Kundgebungen teilzunehmen. Sie hat nur indirekte Möglichkeiten der Einflußnahme: Sie kann ihre Kinder mit Liebesentzug unter Druck setzen und sich ihrem Mann im Bett verweigern. Sie kann das Verhalten anderer Frauen kontrollieren, es mißbilligen und diese Frauen schneiden. Ihre Hauptwaffe gegen eine Welt, die ihr mißfällt, ist, einfach nicht mehr darüber zu sprechen. Auch diese Verhaltensmuster kennen wir vom Opfer-Feminismus.

John Stuart Mill schreibt: »Wird einem tatkräftigen Geist die Freiheit verwehrt, strebt er nach Macht; wird ihm die Selbstbestimmung verwehrt, sucht er Bestätigung, indem er Herrschaft über andere zu gewinnen trachtet ... Wer seine Angelegenheiten nicht unbehelligt von anderen regeln darf, entschädigt sich damit, daß er sich möglichst in die Angelegenheiten anderer einmischt.«[27] Für eine Frau, die in der Öffentlichkeit gegen ihre soziale Benachteiligung protestieren will, ist es am bequemsten, wenn sie ihren Status als Opfer hervorhebt und wenn sie sich der Erkenntnis verschließt, daß auch sie ein Mensch mit guten und schlechten Eigenschaften ist. Wenn ihr Unrecht widerfährt, so ist das nicht deshalb verwerflich, weil sie ein Mensch ist, sondern weil sie als Frau per definitionem moralisch gut ist.

Diese Strömung innerhalb der Frauenbewegung, die zu verschiedenen Zeiten »familiärer«, »häuslicher«, »mütterlicher« oder »kultureller« Feminismus genannt wurde, baute bei der Forderung nach Teilnahme der Frau am öffentlichen Leben von Anfang an auf das

Klischee der traditionellen weiblichen Tugenden. Für Frances Willard, die Führerin der gemäßigten Women's Christian Temperance Union, könnte der »heilige häusliche Bereich« bewahrt und »die Moral der Nation gebessert werden, wenn Frauen bei Wahlen ihren geistigen und sittlichen Einfluß geltend machen könnten«. Willard verlangte nicht etwa das Selbstbestimmungsrecht für Frauen, sondern die Nutzbarmachung der Weiblichkeit für die menschliche Gesellschaft. Sarah Josepha Hale griff die Anhängerinnen des Frauenwahlrechts an, »welche die wahrhafte Würde der Frau darin sehen, die Arbeit des Mannes zu tun und sich ihm immer mehr anzugleichen. Welch erniedrigender Gedanke! Diese Frauen tun, als gelte es den Wert des Porzellans an seiner Ähnlichkeit mit Eisen zu messen! Erkennen sie denn nicht, daß sie ihr Geschlecht opfern, wenn sie körperliche und geistige Fähigkeiten über sittliche Vortrefflichkeit stellen?«[28]

Von der Mitte des 19. bis zum Anfang des 20. Jahrhunderts zogen Vertreterinnen dieser Strömung gegen das »Laster« zu Feld. Die Women's Christian Temperance Union, entstanden aus kirchlichen Frauengruppen am Anfang des vorigen Jahrhunderts, machte gegen die verheerenden Auswirkungen des Alkohols auf die Familien mobil und setzte später die Prohibition durch. Ihre Aktivistinnen veranstalteten vor Wirtshäusern Gebetsrunden, mobilisierten während des Bürgerkriegs ein Heer freiwilliger Krankenschwestern, propagierten die »soziale Hygiene«, widmeten sich der Errettung gefallener Mädchen, versuchten die »exzessive« sexuelle Lust der Männer auf ihre kindermüden Frauen einzudämmen und führten einen Vernichtungsfeldzug gegen die käufliche Lust.

Dieser Feminismus, entsprungen aus einer »Feminisierung« des kirchlichen Lebens im 19. Jahrhundert, war von Anfang an religiös, emotional und idealistisch ausgerichtet. Bereits 1847 wurde in einem Leserbrief im Bostoner *Harbinger* zur Bildung einer Frauenvereinigung mit den Worten aufgerufen: »Das religiöse Element muß das Fundament einer solchen Organisation bilden ...

Laßt uns, im Geiste der Liebe neu getauft, unsere Mission mit der Bereitschaft erfüllen, notfalls ›täglich zu sterben‹. Laßt uns zufrieden Armut, Ächtung und Spott ertragen, freudig Beleidigungen und Anwürfe empfangen und denen, die uns verdammen, mit alles überwindender Liebe begegnen und ihnen großmütig und von ganzem Herzen vergeben ...«

In einem anderen Leserbrief heißt es: »Unsere Prüfungen hält das tägliche Leben bereit. Auf Bequemlichkeit zu verzichten, in Armut zu leben, sich einfach zu kleiden, still zuzuhören, sanftmütig zu antworten und geduldig zu warten, das sind unsere Aufgaben.«

Hier klingen die Anweisungen Jesu an seine Jünger im Matthäusevangelium nach: »Steckt nicht Gold, Silber und Kupfermünzen in euren Gürtel ... Nehmt euch aber vor den Menschen in acht; denn sie werden euch vor die Gerichte bringen und in ihren Synagogen auspeitschen ... Und ihr werdet um meines Namens willen von allen gehaßt werden; wer aber bis zum Ende standhaft bleibt, der wird gerettet« (Mt 10,9 und 10,17–23).

Zwar hat dieser Feminismus bleibende Errungenschaften vorzuweisen, aber er begann, seine Mission zunehmend als die Durchsetzung bestimmter sittlicher Normen zu begreifen. Seine Anhängerinnen waren leicht zu schockieren. 1869 wetterte die Ärztin und Aktivistin Mary Livermore beispielsweise über »leichtfertige Äußerungen« anderer Feministinnen in »Fragen der Ehe und Bekleidung«. Der Feminismus, von dem hier die Rede ist, hat sich zweifellos um die Belange der Opfer männlicher Herrschaft verdient gemacht, aber die Auswüchse sind unübersehbar: Die Betonung von Moral und Opferstatus führte zu Puritanismus und Lustfeindlichkeit.

Eine solche Haltung hat gerade in Zeiten, in denen der Feminismus – und die Frauen – verstärkt unter Beschuß geraten, besondere Konjunktur. Wenn ich in diesem Buch immer wieder einzelne Frauen und Gruppen kritisiere, verdamme ich damit nicht pauschal die Frauenbewegung, denn wir alle pendeln ständig zwischen Opfer-Feminismus und Power-Feminismus hin und her. Ich glaube allerdings, daß wir uns dieser falschen Haltung gerade heute bewußt werden und sie uns abgewöhnen müssen.

Die andere Strömung des Feminismus tritt für die Rechte der Frauen als Menschen ein; sie traf die Bedürfnisse und Wünsche der Frauen vor rund hundertfünfzig Jahren besser, als dies der heute vorherrschende Feminismus tut. »Welche Rechte werden der Frau vorenthalten?« fragte Lucretia Mott auf der Frauenrechtskonferenz von Seneca Falls 1848. »Sie will als moralisches, verantwortungsbewußtes Wesen anerkannt werden.«[29]

Feministinnen dieser Art nehmen die weibliche Sexualität zur Kenntnis. Mary Wollstonecraft, die auf eigenen Beinen stand und vor der Ehe bereits mit zwei Männern zusammengelebt und ein uneheliches Kind geboren hatte, wandte sich gegen die Vorstellung, Frauen hätten »keine gewöhnlichen Leidenschaften und Begierden«. Victoria Woodhull, Börsenmaklerin und Fürsprecherin der freien Liebe, hielt die sexuelle Selbstbestimmung der Frau für ein unveräußerliches Grundrecht.[30] Um die Jahrhundertwende liefen Feministinnen Sturm gegen Konventionen, die den Frauen die Entdeckung der eigenen Sexualität verwehrten. Emma Brooke und Olive Schreiner verkündeten, die »sexuelle Leidenschaft« sei in Frauen eine ebenso mächtige Kraft wie in Männern.[31] Vera Brittain vertrat die Auffassung, die wahre Monogamie setze »eine ausgearbeitete Technik des Geschlechtsverkehrs …, die Abschaffung der Zensur und die Tolerierung experimenteller Verbindungen«, ferner Sexualerziehung und allgemeine Offenheit voraus.[32] Für Marie Stopes waren die Männer dazu aufgerufen, sexuelle Techniken zur Steigerung weiblicher Lust zu erlernen.[33] Die Tradition dieser Frauen hat nichts mit dem Klischee der schlampigen Emanze gemein, das Paglia zeichnet.

Geistige Freiheit und das gleiche Recht auf Bildung sind in dieser Tradition leidenschaftlich verfochtene Ziele: Frances Wright, eine Frauenrechtlerin, die in den zwanziger Jahren des 19. Jahrhunderts eine Zeitung herausbrachte, glaubte an das »weitest mögliche Spektrum von Freiheit in jeder Hinsicht und für alle«. Die Leserinnen rief sie zu kritischem Denken auf: »Hinterfrage, forsche nach ... Wisse, warum du glaubst, und verstehe, was du glaubst.«[34] Lucretia Mott war überzeugt, daß Männer und Frauen nicht nach starren Ideologien, sondern nach eigenem Wahrheitsempfinden handeln sollten. Frauen müßten erst ihr eigenes Ich finden und entwickeln, bevor sie sittlich gefestigt mit anderen in Kontakt treten könnten. Zu dieser weiblichen Ich-Suche verfaßte sie eine Abhandlung mit dem Titel *The Solitude of Self.*

Für diese Feministinnen ist der Verstand durchaus nicht der Gegner, sondern die Ergänzung des Gefühls. Klares Denken und die Veröffentlichung der eigenen Meinung sind nicht das Vorrecht von Männern: Im selben Jahrhundert, in dem Präsident Grover Cleveland konstatierte, einer der charmantesten Reize der Frauen bestehe darin, daß sie Argumenten »eher unzugänglich« seien,[35] tritt Margaret Fuller aus Massachusetts dafür ein, daß junge Frauen »systematisches Denken« lernen. Frauen sollten sich präzise und klar ausdrücken können und damit eine Fähigkeit entwickeln, an der es ihrem Geschlecht hauptsächlich deshalb so mangle, weil es nie darin gefördert werde, »Empfangenes zu überprüfen und einzuordnen«. Auch Fuller wollte Frauen befähigen, ihre Gedanken in der Öffentlichkeit klar auszudrücken. Die Frauenrechtlerin Angelina Grimké klagte darüber, daß Frauen getrennt von Männern erzogen würden: »Unser Verstand ist verkümmert, unsere Denkfähigkeit völlig unterentwickelt.«[36]

Es ist diesen Frauen wichtig, daß schon Mädchen dazu angehalten werden, die eigene Meinung zu äußern und sie gegen Gruppenzwänge zu behaupten. Da Mädchen bei den Debatten der Jungen nur zuhören, aber nicht mitreden durften, riefen Lucy Stone und Antoinette Brown in Oberlin einen geheimen Debattierklub für Mädchen ins Leben. Schon früh entdeckten Feministinnen, daß Frauen im öffentlichen Leben allein deshalb benachteiligt waren, weil sie es nicht gewohnt waren, öffentlich aufzutreten; sie redeten so leise, daß man sie kaum verstand. Susan B. Anthony machte es sich zur Lebensaufgabe, Frauen dazu auszubilden, daß sie sich zu jedem Thema einer öffentlichen Versammlung frei äußern konnten.

Ein solcher Power-Feminismus trägt dem Bedürfnis der Frauen nach Anerkennung Rechnung. In einer Erklärung der Frauenrechtskonferenz von Seneca Falls beschweren sich die Frauen unter anderem darüber, daß der Mann »der Frau alle Wege zu Wohlstand und Auszeichnung versperrt, die er für sich selbst als besonders erstrebenswert ansieht«.[37] Ein Aufsatz Lucy Stones sollte anläßlich einer akademischen Feier als Rede gehalten werden; allerdings, so wurde ihr gesagt, müsse der Text von einem männlichen Professor verlesen werden; es schicke sich für eine Frau nicht, »zusammen mit Männern an öffentlichen Veranstaltungen teilzunehmen«.[38] Lucy Stone weigerte sich daraufhin, die Rede fertigzustellen, auch auf das Risiko hin, nicht zur Abschlußprüfung zugelassen zu werden. Nach ihrer Heirat erregte sie weiteren Anstoß, weil sie ihren Namen behielt.

Diese mutigen Individualistinnen traten mit politischen Aktionen für soziale Gerechtigkeit ein. Viele von ihnen kämpften wie die weggelaufene Sklavin Harriet Tubman für die Sklavenbefreiung. Andere hielten überall Vorträge, obwohl öffentliche Auftritte von Frauen damals als ungehörig galten.

Feministinnen dieser Art verlangen das volle Selbstbestimmungsrecht der Frau in allen moralischen Fragen. Männer wie Frauen sind im Sinne des Power-Feminismus zwar nicht identische, aber »sittlich mündige und eigenverantwortliche Wesen, und was ein Mann darf, das darf eine Frau auch«, wie Grimké es ausdrückte. Eine moralische Überlegenheit des weiblichen Geschlechts wird nicht postuliert. »Ich verlange für mein Geschlecht keine Bevorzugung«, sagte Grimké, die eine »Lehre der männlichen und weiblichen Tugenden« entschieden ablehnte.[39] Lucy Stone schrieb: »Wir fordern, daß man uns als erwachsene Menschen mit allen menschlichen Fähigkeiten ansieht, respektiert und behandelt, als sündige Mitmenschen, nicht als kleine Kinder oder schöne Engel, für die Bürgerrechte und soziale Gerechtigkeit nicht gelten.«[40]

Die Vorkämpferinnen der Bewegung schlugen die Männer mit ihren eigenen Waffen. Als Frauen vor dem Weißen Haus für das Stimmrecht demonstrierten, prangte auf ihren Plakaten ein Zitat Präsident Wilsons zur Demokratie: »Wer sich der Staatsgewalt unterwirft, hat ein Recht auf Mitsprache in der Regierung.« Statt die Demokratie als frauenfeindlich zu verwerfen, nehmen Power-Feministinnen die Väter der Demokratie beim Wort.
Die Veranstalterinnen der Konferenz von Seneca Falls entnahmen die Formulierungen für ihr Manifest der amerikanischen Unabhängigkeitserklärung; die Frauenrechtlerin Elizabeth Cady Stanton verfaßte später eine »Frauenbibel«. Eine andere Idee der Frauen war, daß Frauen sich weigern sollten, Steuern zu zahlen, solange sie keine Rechte hätten. Schließlich war die Besteuerung ohne entsprechende politische Vertretung der Grund für den Unabhängigkeitskrieg der USA gewesen. Die Frauen erkannten, daß Geld für die Unabhängigkeit der Frau von entscheidender Bedeutung war. Susan B. Anthony schrieb: »Frauen brauchen eine eigene Brieftasche.« Solange Frauen wirtschaftlich abhängig seien, könnten sie nicht wirklich frei sein.[41]
Solche Frauen warten nicht tatenlos, bis sie gerecht behandelt werden. Margaret Fuller beschloß ihr Buch *Woman in the Nineteenth Century* (1845) mit einem Appell an das weibliche Selbstbewußtsein und einem Aufruf zur Selbsthilfe: Frauen müssen »Selbstvertrauen und Eigeninitiative« entwickeln und Verantwortung übernehmen, wenn sie ihre Stellung verbessern wollen.[42]
Die Power-Feministinnen bezogen Männer immer in ihren Kampf ein. Die Konferenz von Seneca Falls stand schon am zweiten Tag auch Männern offen. Weiße und schwarze Männer nahmen von Anfang an aktiv an der Bewegung teil, sie waren im Kampf um soziale Gerechtigkeit nicht Gegner, sondern Partner der Frauen.
Das Verdienst dieses Feminismus liegt darin, daß er Frauen als mündige Erwachsene und Männer als Menschen statt als Ungeheuer begreift. Seine Schwäche ist, daß er zu einseitig Rechte und

Individualismus der Frauen betont und die Solidarität vernachlässigt. Aus Selbstbestimmung kann leicht Egoismus werden.

Welcher Feminismus ist für uns heute richtig? Wir brauchen einen Feminismus, mit dem wir unsere Forderungen durchsetzen können. Im Umbruch von 1992 zeigte sich wie bereits 1916 in der Endphase des Kampfes um das Frauenwahlrecht, daß Power-Feministinnen Berge versetzen können, während Opfer-Feministinnen auf der Stelle treten.

Als die elitäre National American Women's Suffrage Association Anfang dieses Jahrhunderts das Wahlrecht für Frauen forderte, mischte sie sich nicht in die Parteipolitik ein. Statt dessen lautete die Devise, Frauen könnten »durch moralische Appelle an die Wählerschaft läuternd auf die Regierungen einwirken«. Der Kampf auf politischer Ebene und politischer Druck dagegen galten als nicht damenhaft.[43] Doch obwohl die Opfer-Feministinnen über Jahre ihre persönlichen Beziehungen zu den regierenden Männern einsetzten und diese in aller Höflichkeit von ihren Zielen zu überzeugen versuchten, behandelten die Männer sie weiterhin, wie es ihnen gerade paßte.

Die jüngeren und ungeduldigeren Frauen der militanten Women's Party dagegen hatten ein halbes Jahrhundert Bitten und Appelle satt und besannen sich auf die Macht der Frauen. Ihre Stimmen in den wenigen Bundesstaaten, in denen sie bereits das Wahlrecht hatten, reichten aus, um in der bevorstehenden Präsidentschaftswahl ein entscheidendes Wort mitzureden und die Parteien unter Druck zu setzen.

Als der politische Einfluß der Frauen deutlich wurde, reagierten die Politiker auf einmal schnell. Sie warfen ihre bisherige Rhetorik, mit der sie die Entscheidung für das Frauenstimmrecht drei Generationen lang hinausgezögert hatten, über Bord und handelten. Schlagartig stand das Frauenwahlrecht auf der Tagesordnung ganz oben. Senator Walsh aus Montana erklärte seiner Partei unverblümt, sie müsse das Stimmrecht für Frauen in ihr Programm aufnehmen oder auf die Stimmen der Frauen in einigen Bundesstaaten verzichten; die Frauen hätten die Macht, den Ausgang der Präsidentschaftswahl zu bestimmen. Die Männer lernten rasch. Vier Jahre später hatten die Frauen das Stimmrecht.

Doch der Schock über das entschiedene Auftreten der Frauen saß tief. Eine Frau der Women's Party sagte: »Nachdem wir jahrelang höflich gebeten hatten, waren die Kongreßabgeordneten fassungslos, als dem Protest jetzt politischer Druck folgte ... Alle geheimen Erfolgsrezepte der Frauen sind nichts im Vergleich zu diesem: daß sie ihre ›Freunde‹ nicht mehr bitten, sondern sich einfach holen, was sie wollen.«[44]

So wenig damenhaft diese Strategie sein mochte, sie führte dafür im Gegensatz zur Strategie des Opfer-Feminismus sehr viel schneller zum Ziel.

Warum ist der Opfer-Feminismus so erfolgreich?

Inzwischen sind wir wieder an einer entscheidenden Wende angelangt. Aber noch immer stehen überkommene Vorstellungen, wie Frauen mit der Macht umgehen müssen, dem endgültigen Durchbruch entgegen. Daß der Opfer-Feminismus in den achtziger Jahren so erfolgreich war, hat mehrere Gründe.

Der erste Grund ist historischer Art: Die Männer machten wirksam gegen einen Feminismus mobil, der Rechte forderte. Die Vorstellung, daß Frauen als Menschen die gleichen Rechte zustehen wie Männern, wurde unpopulär, und aus der Forderung nach Gleichberechtigung wurde wieder die Bitte um Gleichberechtigung mit dem Argument der moralischen Überlegenheit der Frau. Ab Mitte der siebziger Jahre erschienen einige Bücher zur Sprache der Frau, zum Organisationsstil der Frau und zum Wertesystem der Frau, darunter Deborah Tannens *Du kannst mich einfach nicht verstehen* und Carol Gilligans *Die andere Stimme des Lebens.* Die im einzelnen verschiedenen, aber thematisch zusammenhängenden Gedanken dieser Bücher wurden unter dem Schlagwort »Feminismus des Unterschieds« bekannt.

Diesem Feminismus liegt ein durchaus vernünftiger Gedanke zugrunde. Für die Opposition sind traditionell weibliche Eigenschaften – wie mütterliches Verhalten, Intuition, Einfühlungsvermögen, Anlehnungsbedürfnis und die Fähigkeit zuzuhören – Schwächen im Gegensatz zu den traditionell männlichen Eigenschaften Selbstbewußtsein, Vernunft und Objektivität. Aus der Sicht des »Feminismus des Unterschieds« sind diese weiblichen Eigenschaften dagegen ein eigenständiges Wertesystem, das dem der Männer gleichwertig ist.

Daß dieser Gedanke so populär wurde, hatte seine Gründe. Der Feminismus der siebziger Jahre propagierte ein Ideal der »Androgynie«, mit dem sich viele Frauen nicht identifizieren konnten. Er reagierte damit auf das Bestreben der Opposition, Frauen mit dem Hinweis auf ihre Andersartigkeit – besonders ihre Rolle als Mütter – aus einflußreichen Positionen fernzuhalten. Feministinnen spielten den Unterschied zwischen den Geschlechtern herunter als Beweis dafür, daß Frauen am Arbeitsplatz das gleiche leisten konnten wie Männer.

Je stärker Frauen mit der männlichen Arbeitswelt in Berührung kamen, desto mehr wurden sie mit den Nachteilen dieser Welt konfrontiert. Die Bedingungen der Arbeit waren mit den Anforderungen der Familie oft unvereinbar, und wer erfolgreich sein wollte, tauschte Lebensqualität für Geld und Status ein. So überrascht es nicht, daß das »Ideal der erfolgreichen Superfrau« viele Frauen abschreckte, weil sie das Gefühl hatten, damit würden traditionelle weibliche Werte wie Mutterschaft, Fürsorge und Familie aufgegeben.

Die Theorien der »Feministinnen des Unterschieds«, ursprünglich als Beschreibungen weiblichen Verhaltens formuliert, wurden schnell zu Vorschriften uminterpretiert und dazu verwendet, den Ausschluß der Frauen aus dem öffentlichen Leben zu rechtfertigen. Statt weibliche Werte in der männlichen Arbeitswelt durchzusetzen, wurde die Kluft zwischen Frauen und öffentlichem Wirken dadurch noch weiter aufgerissen. Da Frauen angesichts des damaligen frauenfeindlichen Klimas nicht mit beruflichen Erfolgen renommieren konnten, erschien der Rückzug in eine »separate Sphäre«, in der alles hochgehalten wurde, was die Opposition verachtete, besonders verlockend. Das Motto war: Wir Frauen haben zwar weder Geld noch Anerkennung, noch eine Vertretung im Kongreß, aber wir sind die »netteren« Menschen.

Die Ideologie der »separaten Sphäre«, die Macht ablehnte und die Rechtlosigkeit der Frau feierte, war eine Folge der Ohnmacht der Frauen und ihrer Unzufriedenheit damit. Sie war gerade deshalb so erfolgreich, weil sie paradoxerweise eine der wenigen Möglichkeiten war, wie Frauen sich Einfluß und Ansehen verschaffen konnten.

Der zweite Grund für den Erfolg des Opfer-Feminismus war psychologischer Art: Frauen haben aufgrund ihrer Sozialisierung regelrecht Angst vor Ausübung »männlicher« Macht. Feministinnen spotten häufig über Männer, die fürchten, »wie Frauen« zu werden, wenn sie »weibliche Fähigkeiten« anerkennen oder im Haushalt »Frauenarbeiten« erledigen. Umgekehrt ist dieselbe irrationale Angst unter Frauen verbreitet: Sie fürchten, wie Männer zu werden, wenn sie Macht ausüben. Weibliche Bedürfnisse nach Liebe und Geborgenheit drohen dabei unbefriedigt zu bleiben. Opfer-Feministinnen schrecken deshalb vor der Macht zurück, statt sie sich zu verschaffen, um sie zur Erfüllung weiblicher Bedürfnisse einzusetzen.

Einschneidende Veränderungen sind immer anstrengend. Streßforscher haben festgestellt, daß freudige Ereignisse wie Eheschließungen oder Beförderungen ebensoviel Streß bedeuten können wie Scheidungen und Todesfälle. Zwischen dem Leben der heutigen Frauen und dem ihrer Mütter und Großmütter liegen Lichtjahre. Vor nicht allzu langer Zeit endeten Frauen, die nach Macht strebten, noch auf dem Scheiterhaufen. Deshalb suchen viele Frauen in der »separaten Sphäre« Geborgenheit.

Wir alle versuchen rasante Entwicklungen, deren Ausgang ungewiß ist, psychisch durch rückwärtsgerichtete Sehnsüchte zu kompensieren. Der »Gegenschlag« ist nicht nur von Männern geführt worden. Die Frauen sehen dem Neuland der Gleichberechtigung selbst mit gemischten Gefühlen entgegen. Wir müssen zugeben, daß viele, manchmal vielleicht sogar alle Frauen gern selbständig und unselbständig zugleich wären. Abhängigkeit, Passivität und Unmündigkeit sind bequem; wer nicht viel wählen kann, hat es einfach, und das Gefühl, als Frau etwas ganz Besonderes zu sein, schmeichelt.

Man könnte die zwiespältige Haltung von Frauen gegenüber dem Neuland der Freiheit auch als »Aussteuersyndrom« bezeichnen. Dieser Begriff erinnert an die weißen Siedlerinnen, die im letzten Jahrhundert in den USA nach Westen zogen, um dort eine neue Existenz aufzubauen. Im Angesicht der vor ihnen liegenden gefährlichen Wildnis wollten sie möglichst viel aus ihrem sittenstrengen, behüteten Dasein ins neue Leben hinüberretten. So schwitzten sie in der Hitze Arizonas in Turnüren und Korsetts, und ihre Planwagen ächzten unter der Last ihrer Aussteuer: des bemalten Porzellans, der handbestickten Bettwäsche, der Polsterdeckchen und des Silberbestecks. In einem Bericht heißt es über diese Trecks: »Die Frauen traten die Reise in langen Kleidern mit engen langen Ärmeln und aufgebauschten Schultern, mehreren Unterröcken und Damenpumphosen an. Unterwegs warfen viele die Scham über Bord und legten die Röcke ab …«

Andere Frauen taten dies nicht. In der fremden Einöde, in der weder Recht noch Gesetz herrschten, klammerten sie sich ängstlich an das Gewohnte der vertrauten Umgebung. Wenn die überladenen Planwagen im Sand steckenblieben, trennten sie sich lieber von Werkzeug und Saatgut als von ihren Turnüren, Nippsachen oder Klavieren. Leider verhinderte diese Haltung nicht nur eine rasche Anpassung an die neuen Verhältnisse: Nur allzuoft brachen Planwagen unter ihrer Last auseinander, bevor das Gelobte Land in Sicht kam.

Die Anziehungskraft des Opfer-Feminismus beruht auf einem weiteren Grund: Frauen werden nicht nur dazu erzogen, sich von der Macht zu distanzieren, sie dürfen nicht einmal zugeben, daß sie Macht wollen. Die normale Aggressivität eines Mädchens, ihr Konkurrenzdenken, ihre persönlichen Träume und ihr frühkindlicher Egozentrismus werden rigoros unterdrückt, bis sich eine Haltung völliger Selbstverleugnung einstellt. Diese Unterdrükkung eines natürlichen Strebens will ich »Syndrom der Machtverweigerung« nennen. Die gesunden egoistischen Regungen sind schließlich nur noch in den Tiefen des Unbewußten vorhanden. Daß sie dort noch schlummern, zeigt die heftige Abwehrhaltung von Frauen, die mit Geschlechtsgenossinnen konfrontiert werden, die diesen Regungen freien Lauf lassen: Sie reagieren mit Empörung und Abscheu, gerade weil sie denselben Trieb in sich spüren. Sie haben ein Wertesystem verinnerlicht, nach dem solche Triebe dem Wesen der Frau völlig fremd sind. Die Tabus des Opfer-Feminismus bezüglich Selbstverwirklichung, Geld, Aggressivität und Macht sind Projektionen unterdrückter Wünsche.

Ähnliche Folgen hat ein weiterer Grund für die Beliebtheit des Opfer-Feminismus: die Tatsache, daß viele Frauen in der Kindheit sexuell mißbraucht wurden. Das Trauma einer solchen Erfahrung kann eine Wut hervorrufen, die für die Frauen selbst so schrecklich ist, daß sie sich von ihren Gefühlen soweit wie möglich distanzieren müssen. Donna Minkowitz zufolge haben die »Opfer von Gewalt zwei Möglichkeiten: Sie können entweder selbst Gewalt ausüben oder mit Andrea Dworkin den entgegengesetzten Weg einschlagen und vergeblich versuchen, den Haß oder das Zerstörungspotential in sich auszulöschen ... und sich als die personifizierte Unschuld zu sehen, um jede Identifikation mit dem Gewalttäter im Keim zu ersticken.«[45] Wenn die Opfer männlicher Gewalt alles Böse auf das Patriarchat und auf männliche Verhaltensmuster projizieren, so verbirgt sich dahinter letztlich die unbewußte Angst vor den eigenen gewalttätigen Rachegelüsten.

Eine andere Folge des sexuellen Mißbrauchs von Frauen in der

Kindheit sind heftige Schuldgefühle. »Sogar wenn es regnete«, berichtet ein Opfer, »hatte ich das Gefühl, ich sei daran schuld.« Eine Ideologie, der zufolge Frauen unschuldige Opfer sind, erteilt diesen Frauen die Absolution von aller Schuld.

Das Bestreben, Frauen als unschuldige Opfer zu sehen, hängt auch mit der gängigen Rechtsprechung zusammen, für die Vergewaltigungen ganz verschieden schwer wiegen. Die Vergewaltigung einer Prostituierten ist demnach ein vergleichsweise leichtes Vergehen, dasselbe gilt für die Vergewaltigung einer geschiedenen und berufstätigen Mutter. Ernster liegt der Fall dagegen bei einer Hausfrau, die regelmäßig zur Kirche geht, oder bei einer Nonne.

Die Neigung des Opfer-Feminismus, Frauen von jeder Verantwortung freizusprechen, auch wenn sie verantwortlich sind, ist zugleich eine Gegenreaktion auf die sexistische Tendenz, Frauen für alles Schlimme, das ihnen widerfährt, selbst verantwortlich zu machen. Wenn Frauen vergewaltigt worden sind, macht man ihnen etwa zum Vorwurf, daß sie getrunken oder kurze Röcke getragen haben. Angesichts dieses Vorurteils überrascht es nicht, daß viele Frauen so daran interessiert sind, ihre Unschuld zu beweisen.

Mitte der achtziger Jahre stellte die American Psychiatric Association das Krankheitsbild einer neuen Persönlichkeitsstörung vor; gestört ist die betroffene Person insofern, als sie wegen ihres Geschlechts diskriminiert wird; sie »schlittert in Situationen und Beziehungen hinein, unter denen sie leidet«. Der Wissenschaftlerin Dr. Margaret Jenvold wurde diese Störung attestiert, als sie sich wegen geschlechtlicher Diskriminierung beim National Institute for Mental Health beschwerte.[46]

Der Opfer-Feminismus hatte nicht zuletzt deshalb so großen Erfolg, weil die Frauenbewegung in den USA hauptsächlich von den weißen Frauen der Mittelschicht getragen wird. Der gesellschaftliche Aufstieg für Frauen nicht angelsächsischer Abstammung ist häufig mit der Übernahme der Normen dieser Schicht verbunden. Eigene Traditionen lateinamerikanischen, afroamerikanischen, italienischen oder jüdischen Ursprungs bleiben dabei häufig auf der Strecke. Dabei haben gerade Frauen aus diesen Kulturen ein unverkrampftes Verhältnis im Umgang mit Macht, Stärke und Geld, auch wenn sie dies in der Öffentlichkeit selten zeigen können. Wenn sie nach Aufstieg und persönlichem Einfluß streben, müssen sie sich paradoxerweise dem Ohnmachtsideal des Opfer-Feminismus unterwerfen.

Sackgassen des Opfer-Feminismus

Trotz der vielen Gründe für den Erfolg des Opfer-Feminismus zeigen öffentliche Kontroversen der jüngsten Zeit, daß der Opfer-Feminismus seine Anhänger in eine ganze Reihe von Sackgassen geführt hat.

Sind Männer von Natur aus böse?

Die Anschauung des 19. Jahrhunderts, nach der es weibliche und männliche Tugenden gibt, hatte in unseren Tagen in der Sexualtheorie des Opfer-Feminismus ein Comeback: Die Theorien Catherine MacKinnons und Andrea Dworkins über die Auswirkung sozialer Ungleichheit auf sexuelle Beziehungen leistete einem geistigen Klima Vorschub, in dem sich Frauen überall von sexuellen Zwängen oder Gewalt umgeben sahen, auch dann, wenn diese überhaupt nicht vorhanden waren.

Gary Hart, der Spitzenkandidat der Demokraten, stolperte 1987 über einen Flirt mit dem blonden Gelegenheitsmodell Donna Rice. Die junge Frau war Hart auf eine Jacht gefolgt und wurde dort auf seinem Schoß fotografiert. Aus Verbitterung über die Rückschläge der letzten Jahre reagierten Frauen auf diesen »Fauxpas« mit moralischer Entrüstung. Die New Yorker Autorin Suzannah Lessard erklärte am 18. Mai 1987 in einem Artikel in *Newsweek*, die »feministische Empfindlichkeit« sei inzwischen so groß geworden, daß ein Kandidat, der Affären habe, für viele Frauen

»abstoßend und inakzeptabel« sei, da seine »sittliche Verfassung« Besorgnis errege. Dies sei kein »Moralismus« im Sinne spießbürgerlicher Rechtschaffenheit, vielmehr stehe die »Würde und Gleichberechtigung der Frau« auf dem Prüfstand. Lessard vergleicht Harts Affäre mit dem Autounfall, durch den Edward Kennedy den Tod seiner Geliebten Mary Jo Kopechne verursacht hatte. Auch damals seien Feministinnen höchst beunruhigt gewesen. Sie hätten in der Affäre den Beweis gesehen, daß Kennedy Frauen nicht achte und daß von ihm allenfalls eine opportunistische Behandlung der Frauenfrage zu erwarten sei.

Für Lessard ist Harts Ehebruch ein feministisches Thema: »Wenn ein Mann seine Frau betrügt, glauben viele Frauen, daß er womöglich auch als Politiker ein Betrüger ist.«

Dieser für den Opfer-Feminismus typische Schluß beruht auf Voraussetzungen, die der Sache der Frau eher schaden. Zunächst einmal kann man die auf gegenseitigem Einvernehmen beruhende sexuelle Beziehung zweier erwachsener Menschen, die nicht voneinander abhängig sind, nicht mit einem tödlichen Autounfall vergleichen, der durch Alkohol und rücksichtsloses Fahrverhalten verursacht wurde. Außerdem wissen wir nicht, wie Gary Hart seine Geliebte und seine Frau behandelt hat und was für Probleme und Übereinkünfte es gab. Wir wissen dagegen, daß Rice Hart freiwillig auf die Jacht begleitet hat. An moralischen Maßstäben gemessen, kann man das außereheliche Verhältnis eines verheirateten Mannes nicht mit einem Autounfall vergleichen, bei dem die Beifahrerin ertrinkt.

Ähnliche Vorwürfe erhob 1991 Robin Morgan gegen den damaligen demokratischen Präsidentschaftskandidaten Bill Clinton. Clinton soll Tonbandaufzeichnungen eines privaten Gesprächs zufolge ein Verhältnis mit der blonden Nightclub-Sängerin Gennifer Flowers gehabt haben. Morgan warf Clinton vor, er beleidige dadurch entweder seine Geliebte, seine Ehefrau (deren Treue vorausgesetzt) oder seine Wählerinnen.

Ich persönlich wurde durch die Tonbandaufzeichnungen darin

bestärkt, für Clinton zu stimmen. Meiner Meinung nach respektiert Clinton Frauen mehr als die meisten anderen Politiker. Was immer sein wirkliches Verhältnis zu der Sängerin gewesen ist, er, der mächtige Gouverneur eines Bundesstaates, hört ihr in dem aufgezeichneten Gespräch jedenfalls aufmerksam zu, fragt sie nach Einzelheiten aus ihrem Leben und sagt ohne jedes Pathos: »George Bush weiß nicht, wie schwer einfache Leute es haben.« Das ist sympathisch. Morgan denkt offenbar an eine hintergangene Ehefrau, die schwesterlichen Beistand braucht. Aber Hillary Rodham Clinton sagte, darauf angesprochen, mit der Entschiedenheit der Power-Feministin: »Das geht nur die beiden etwas an.«

Welches Sexualverhalten kritisiert eine Power-Feministin? Sie kritisiert Beziehungen, in denen Männer Frauen kaufen, sie prügeln oder am Arbeitsplatz sexuell belästigen; sie kritisiert auch Sex mit Minderjährigen. Aber außerehelichen Sex, dem beide Partner zustimmen? Warum? Solange beide das Verhältnis wollen, ist Untreue kein Thema für Power-Feministinnen.

Wenn Lessard sagt, ein Politiker, der die Monogamie nicht ernst nehme, nehme auch die Anliegen seiner Wählerinnen nicht ernst, ist dies der gleiche Kurzschluß, der den Opfer-Feminismus in den achtziger Jahren so erfolgreich gemacht hat. In der damaligen politischen Kultur fehlte den Frauen die Unterstützung, um von Politikern verlangen zu können, daß sie ihre Versprechen an die Wählerinnen einlösten. Ihre legitimen Forderungen kamen nicht zum Zug und wurden wie im Fall Gary Hart in moralische Entrüstung über sittliche Verfehlungen umgemünzt. Harts Frau avancierte als gedemütigte Ehefrau zur Heldin des Opfer-Feminismus, die stellvertretend für alle enttäuschten Hoffnungen der Wählerinnen stand. Doch wenn die Wählerinnen ihre vorhandene politische Macht nutzen, dann müssen die Politiker ihre Versprechungen einlösen. Der Power-Feminismus kümmert sich nicht um die Aufrichtigkeit der Motive der Politiker, so lange die Ziele erreicht werden. Wenn Frauen anfangen, ihre politische Macht zu nutzen, werden sie sich immer weniger für die Bettgeschichten von Politikern interessieren, denn dann haben Seitensprünge nicht mehr die symbolische Bedeutung, die sie in Zeiten weiblicher Ohnmacht haben.

Die Reaktionen von Frauen auf solche Affären sind typische Beispiele des oben erwähnten »Aussteuersyndroms«. Ihr Moralismus hat Geschichte: Als Feministinnen im 19. Jahrhundert Prostituierte befreiten und sich für entkräftete Frauen einsetzten, die trotz zahlreicher Geburten von ihren Männern rücksichtslos weiter geschwängert wurden, entwickelten sie eine Ideologie von der triebhaften Natur des Mannes und der Asexualität der Frau; darin spiegelte sich die Auffassung der Opposition wider, nach der Frauen »so rein« sind, daß sie fast keine »sinnlichen Genüsse« kennen und diese auch ablehnen.[47]

Dieser Mythos von der natürlichen Keuschheit der Frau trieb auch in jüngster Zeit Blüten. 1993 veröffentlichte Sally Cline das Buch *Women, Passion and Celibacy,* in dem unter der Flagge der Frauenbewegung erneut das Bild vom asexuellen weiblichen Wesen verbreitet wird. Für die Autorin ist der Verzicht auf die Ehe ein Weg zur Befreiung des weiblichen Geschlechts. Sex ist ein Machtkampf mit der »genitalen Elite«, den Männern, und der weibliche Orgasmus ist ein von Medien verbreitetes Klischee, mit dem Frauen angehalten werden, sich männlicher Lust zu unterwerfen; er ist »eine manipulierte Empfindung; es kostet Frauen harte Arbeit, wenn sie es den Männern gleichtun und männliche Werte hochhalten wollen ... Wie der Militarismus heute und das Tragen von Pelzmänteln gestern sind Geschlechtsverkehr und sexueller Konsum Dinge, an denen eine Frau heute einfach teilzunehmen hat.« Der »genitale Mythos« beherrscht nach Cline zunehmend das weibliche Leben und sorgt dafür, daß das Kräfte-Ungleichgewicht der Geschlechter wieder größer wird.

Ähnlich puritanische Vorstellungen herrschten bei den Studentinnen vor, die 1992 im kalifornischen Berkeley einen nackten Mann im Namen des Feminismus in die Kleider zwangen. Der 22jährige

Student, der sich selbst lapidar »der Nackte« nannte, war stets nur mit Sonnenhut und Sandalen bekleidet über das Universitätsgelände gebummelt. Er hatte nackt studiert, sich nackt in Seminare gesetzt und nackt in der Bibliothek gearbeitet. Er legte sich nackt unter die Bäume auf dem Campus, setzte sich nackt in Straßencafés, betrat nackt das Postamt, reihte sich nackt in die Schlange vor dem Kino ein und legte nackt Prüfungen ab. Die hüllenlose Existenz war ein Protest gegen Materialismus und gesellschaftliche Zwänge, für Natur und Freiheit.
Mehrere Studentinnen versuchten erfolglos ihn dazu zu bewegen, sich anzuziehen. Schließlich beschwerten sie sich bei der Verwaltung; sie fühlten sich von ihm sexuell belästigt. Die Verwaltung griff ein, und der Student hüllte seine Genitalien in ein grellrotes Tuch.
Über diese Episode könnte ich weinen. Der nackte Student war vermutlich der ungefährlichste Mann im Großraum Berkeley, und die Frauen waren in seiner Nähe sicherer als irgendwo sonst. Er trug keine Waffen und war den Blicken aller schutzlos preisgegeben. Mit den Kleidern hatte er die Möglichkeit zu Angriff und Bedrohung abgelegt; seine Nacktheit war für ihn ein äußeres Zeichen der Naturverbundenheit und der Ablehnung einer Welt, die alles verdinglicht. Nackt den Blicken der Frauen ausgesetzt, war er verletzlicher als jede Frau und machte die Erfahrungen einer Frau. Wer hätte friedlicher, aufrichtiger und ungefährlicher sein können? Wünschen wir Frauen uns von Männern nicht genau das? Daß sie uns nackt entgegentreten, als Menschen, ohne trügerische Hülle und schützenden Panzer? Wie können Frauen diese Geste im Namen der Empfindsamkeit zurückweisen?
Es gibt nicht viele Beispiele für die Harmonie zwischen den Geschlechtern. Wenn ich danach suche, denke ich an Nachmittage, an denen sich eine zusammengewürfelte Gruppe von Männern und Frauen auf dem duftenden Rasen des Campus von Berkeley zum gemeinsamen nackten Sonnenbad versammelte. Ich erinnere mich an diese Nachmittage mit großer Dankbarkeit. Die Sonne

wärmte uns, und es war wie eine lang ersehnte Atempause im täglichen Kleinkrieg der Geschlechter. Wir waren Freunde, nicht Raubtier und Beute.

Wenn Frauen fünfzehn Jahre später für einen Mann, der sich auf dem Campus in seiner schönen, starken Männlichkeit schutzlos ihren Blicken preisgibt, keinerlei Sympathie übrig haben und sich über ihn weder amüsieren noch den unverhofft schönen Anblick genießen – denn schön war er – und wenn sie sich statt dessen bedroht fühlen, dann haben wir einige wichtige Theorien des Feminismus viel zu wörtlich genommen.

Die Furcht der Opfer-Feministinnen vor der vitalen weiblichen Sexualität spiegelt sich auch in der Sprache wider: Es existiert ein umfangreiches Vokabular zur Beschreibung sexueller Übergriffe durch den Mann, dagegen keines, mit dem Frauen ihre Lust am Sex mit Männern in Worte fassen können.

In den USA gibt es eine hoch entwickelte Lesbenkultur, die Autorinnen wie Jeanette Winterson und Treffpunkte wie den Clit Club hervorgebracht hat. Es gibt eine erotische Kultur der Heteros, für die Herrschaft und geschlechtsspezifisches Rollenverhalten Tabu sind. Es gibt die erotische Kultur des New Age mit aromatisierten Massageölen und einem Orientkult, der sich in der Pflege des Kamasutra äußert. Ferner gibt es die abgeschmackte erotische Kultur der Heimatschnulze oder die sportliche, aerobic-orientierte erotische Kultur der Frauenmagazine. Die einzig wirklich geistreiche, pikante und subversive Kultur für heterosexuelle Frauen ist leider die Sadomaso-Subkultur der amerikanischen Westküste, in der die Toleranz allerdings härtesten Zerreißproben unterzogen wird. Einer heute aufwachsenden Heterofrau bietet das alles wenig Orientierung zur Entfaltung ihrer Sexualität. Wo sollen Mädchen eine feministische Perspektive für ihr zukünftiges Sexualleben hernehmen?

In der nächsten Phase des Feminismus müssen wir lernen, daß wir Sexualität verweigern, aber auch bejahen können. Frauen müssen anfangen, offen über ihr Sexualleben zu sprechen.

Meine subjektive Wahrheit sieht so aus: Es macht mich krank, von der Opposition vor die Alternative gestellt zu werden, entweder ein Sexualleben zu haben oder ernst genommen zu werden. Und es macht mich krank, wenn das jetzt auch Feministinnen tun. Ich will als denkendes Wesen ernst genommen werden, ohne meine Brüste verstecken zu müssen. Die weibliche Sexualität ist für Frauen kein Hindernis bei der Ausübung politischer Macht, sie muß vielmehr in sie eingebracht werden. Ich will über meine Sexualität, die für mich zu den wichtigsten Dingen des Lebens gehört, offen sprechen können, ohne um meine politische Glaubwürdigkeit fürchten zu müssen. Ich bin mir bewußt, daß Millionen von Frauen erniedrigt werden, und wahrscheinlich bin ich eine statistische Ausnahme. Aber wenn Andrea Dworkin zufolge die männliche Sexualität für die Frau nur Zwang, Entrechtung und Entwürdigung bedeutet, dann widerspricht das meinen persönlichen Erfahrungen. Natürlich habe auch ich mich von Männern auf der Straße sexuell bedroht gefühlt. Natürlich kenne auch ich die Schreckensmeldungen der Massenmedien, und natürlich habe ich bei meiner Arbeit im Zentrum für vergewaltigte Frauen mitbekommen, wieviel sexuelle Gewalt von Männern ausgeht. Aber diese Erfahrungen von Frauen sind nicht die ganze Wahrheit. Millionen Männer vergewaltigen und mißbrauchen Frauen, aber noch viel mehr Männer tun das nicht. Statt Auswüchse zu verallgemeinern und männliche Sexualität als gewalttätig zu definieren, müssen wir begreifen, daß viele Männer nie daran denken würden, Frauen zu vergewaltigen, sie zu nötigen oder zu mißbrauchen.
Ich finde meine sexuellen Erfahrungen in kaum einer feministischen Veröffentlichung zur Sexualität wieder. Vieles, was geschrieben wird, widerspricht ihnen sogar völlig. Warum entwürdigt es eine Frau, wenn ein Mann ihr sagt, daß er mit ihr schlafen will? Warum soll ich nicht von dem absoluten Glücksgefühl sprechen, das ich habe, wenn ich mit einem Mann schlafe? Ich halte das Gerede von der Destruktivität der männlichen Sexualität für Unfug, weil es meinen schönsten körperlichen Erfahrungen wi-

derspricht. Sex mit einem Mann hat mich getröstet, er hat mir neue Kraft gegeben und mir neue Wege gewiesen und war für mich eine Quelle der Vitalität und kreativen Energie.

Zweifellos gibt es unter den Männern gefühllose Bestien. Aber ich habe Glück gehabt und nie mit einem solchen Mann geschlafen. Die Männer, die ich kennengelernt habe, brauchten Einfühlsamkeit und Leidenschaft. Ich habe Männer im Rausch der Zärtlichkeit erlebt und gesehen, wie das Wort »Liebe« eine Erektion auslöste. Auch solche Erfahrungen sind möglich. Sie sind nicht weniger wichtig als die Erfahrungen einer Frau, die nur die schlimme Seite männlicher Sexualität kennt. Man kann mir nicht weismachen, daß alle Männer Verbrecher seien, die ihr Geschlechtsorgan als Waffe einsetzen. Meine schönen Erlebnisse mit ihnen sind nicht bedeutungslos oder abwegig. Auch die männliche Liebe muß von feministischer Seite gewürdigt werden.

Feministinnen müssen zur Kenntnis nehmen, daß eine »radikale« Heterosexualität möglich ist, eine Erotik zwischen Mann und Frau, die nicht Einschränkung, sondern Bestätigung weiblicher Stärke bedeutet. Der Wunsch nach einem Mann, nach seiner Aufmerksamkeit und sexuellen Zuwendung macht eine Frau nicht notwendigerweise zur Sklavin. Ich fühle mich körperlich ganz zum anderen Geschlecht hingezogen. Mit einem Mann im Bett blühe ich auf. Warum auch nicht? Ein Männerkörper gibt mir Geborgenheit, vermittelt mir Wohlbehagen. Wer Männer verteufelt, verteufelt einen Teil von mir.

Wir müssen besser zwischen gewalttätiger Männerherrschaft und Sexismus einerseits und der Mehrheit der Männer andererseits unterscheiden. Opfer-Feministinnen hassen alle Männer. Ich habe in einem Artikel einmal dargelegt, weshalb ich Männer nicht für die Feinde der Frauen halte. Die Zeitschrift *Ms.* hat den Artikel unter dem Titel »Mit dem Feind schlafen« veröffentlicht! Als ich einmal mit meinem profeministischen Freund zu einem Vortrag von Andrea Dworkin ging, fiel ein Mob von Frauen über meinen Freund her und zischte: »Wir wollen hier keine Männer.« Männer, die an Seminaren für Frauen teilnehmen, bekommen manchmal zu hören: »Das verstehst du nie, du gehörst zu den Unterdrükkern.« Die Theologin Mary Daly beantwortet in Vorlesungen keine Fragen von Männern.

Der Fund for the Feminist Majority verkauft Anstecker mit Sprüchen wie »Adam war ein Rohentwurf« oder »Eine Frau muß doppelt so gut sein wie ein Mann, um als halb so gut zu gelten; zum Glück ist das nicht allzu schwer.« Solche Sprüche waren zu einer bestimmten Zeit subversiv und witzig. Aber das hat sich jetzt geändert. Wenn ein Mann feministische Positionen vertritt, soll er deshalb nicht alle Selbstachtung aufgeben müssen. In der Frauenbewegung erkennt man zunehmend, daß zwischen den Vorurteilen gegenüber Schwulen, Farbigen und Behinderten ein Zusammenhang besteht. Wie können Feministinnen da Vorurteile gegenüber Männern schüren? Sprüche wie die oben zitierten sind im Mund einflußloser Menschen ein Witz; wenn sie von Leuten kommen, die in unserem Land die Macht haben, sind sie Sexismus. Und es gehört zur Aufgabe des Feminismus, ob er nun von Frauen oder Männern vertreten wird, jede Form des Sexismus zu bekämpfen, egal ob männlich oder weiblich. Frauen brauchen Rückzugsmöglichkeiten wie Frauengruppen; wenn aber Separatismus zur öffentlichen Politik wird, ist das nicht besser als Rassismus oder Homophobie. Warum sollen manchmal nicht auch Männer zu den Sitzungen von Frauengruppen zugelassen werden? Wenn sie zuviel Redezeit beanspruchen und die Tagesordnung bestimmen, kann man sie dann nicht einfach in die Schranken weisen? Männer können überzeugte Umweltschützer und Antirassisten sein, warum also nicht auch passionierte Feministen?

Frauen, die behaupten, es gäbe keine männlichen Feministen, kennen ihre eigene Geschichte nicht. Der Reformer William Lloyd Garrison kämpfte im 19. Jahrhundert auch für die Rechte der Frauen. Der Vorkämpfer der Sklavenbefreiung Henry Stanton setzte sich wortreich für das Frauenstimmrecht ein. Ein weiterer

Feminist jener Zeit sagte: »Beweisen Sie mir, meine Herren, daß Ihre Bibel die Sklaverei der Frau, die völlige Unterdrückung der einen Hälfte der Menschheit durch die andere, rechtfertigt ...« Der Geistliche Simon Hosack unterrichtete die spätere Frauenrechtlerin Elizabeth Cady Stanton in Griechisch, während ihr Vater, ein Richter, sie im Recht unterwies. Susan B. Anthonys Vater hielt Mädchen für ebenso wertvoll wie Jungen und unterstützte den Kampf seiner Tochter für das Frauenstimmrecht. Der schwarze Redner und Schriftsteller Frederick Douglass hielt die Befreiung der Frau für einen untrennbaren Bestandteil der Befreiung aller Menschen und half die erste Frauenrechtskonferenz von Seneca Falls organisieren. John Stuart Mill wetterte 1869 in seiner Schrift *On the Subjection of Women* gegen die Benachteiligung der Frau; bei seiner Heirat mit Harriet Taylor protestierte er gegen das Frauen diskriminierende Eherecht.

In unserer Zeit brachte ein Redakteur des *New York Times Magazine* eine Vorausgabe der Frauenzeitschrift *Ms.* heraus. Phil Donahue rührt regelmäßig die Werbetrommel für die Rechte des weiblichen Geschlechts. Der Gynäkologe David Gunn, der für das Selbstbestimmungsrecht von Frauen im Hinterland von Florida gekämpft hatte, fiel der Kugel eines Abtreibungsgegners zum Opfer. In seiner Praxis galt er als »netter und liebevoller Mensch«, der »sich für die Rechte der Frauen aufgeopfert hatte«.[48]

Überall leiden Männer mit, wenn ihre vergewaltigten Frauen und Freundinnen von Alpträumen geschüttelt werden, und versuchen sie zu trösten. Väter zeigen ihren Töchtern, wie man mit einer Drehbank umgeht, andere Väter hüten die Kinder, während die Mutter sich auf eine Prüfung vorbereitet. Es ist schon unglaublich, daß man im Jahr 1993 noch Feministinnen erklären muß, daß Männer auch Menschen sind.

Liebevolle Väter, Brüder, Söhne, Geliebte, Ehemänner und Freunde, alle Männer, denen das Wohl der Frauen in ihrem Leben wichtig ist, sind bewußt oder unbewußt Feministen. Sie haben es nicht verdient, zur Karikatur entstellt oder ignoriert zu werden. Sie verdienen einen Platz neben den Frauen, wenn darüber diskutiert wird, wie man die Kluft zwischen den Geschlechtern überbrükken, wie man Töchtern bessere Bedingungen in der Berufswelt verschaffen und wie man Söhnen das Leben zu Hause attraktiver machen kann.

Das Spektrum der sexuellen Gewalt

Die Debatte der letzten zehn Jahre über die Vergewaltigung durch Freunde oder Bekannte und über sexuelle Belästigungen veranschaulicht, daß der Opfer-Feminismus beim Kampf um soziale Gerechtigkeit über das Ziel hinausschießt und Frauen als ohnmächtiger darstellt, als sie in Wahrheit sind.
Zuvor beherrschte allerdings die Opposition mit der Bagatellisierung solcher Vergewaltigungen die Diskussion. Noch heute werden sie an amerikanischen Universitäten regelmäßig vertuscht. Die Behandlung des Themas durch das *New York Times Magazine* ist für diese Haltung symptomatisch. In einem Artikel wird eine Statistik angezweifelt, nach der in den USA eine von vier Studentinnen von einem Bekannten vergewaltigt wird: Der Erhebung liege eine tendenziöse Definition von Vergewaltigung zugrunde, während die Definition in Wirklichkeit der Rechtsprechung einiger US-Bundesstaaten entsprach. Frauenrechtlerinnen, die gegen diese Art der Vergewaltigung kämpften, mußten sich den Vorwurf gefallen lassen, sie machten Sex zur Verhandlungssache, bei der das Einverständnis mit mündlichem Vertragsabschluß besiegelt werden müsse.
Da Vergewaltigungen von der Justiz häufig bagatellisiert werden, nimmt es nicht Wunder, wenn Feministinnen dazu neigen, kleinere sexuelle Übergriffe in der Öffentlichkeit zu dramatisieren. Sie haben oft das Gefühl, daß sie sonst überhaupt nicht ernst genommen werden, und sind deswegen auch nicht bereit, zwischen verschieden schweren Sexualdelikten zu unterscheiden. In einigen

Fällen hat diese Abneigung der Diskussion über Vergewaltigungen allerdings mehr geschadet als genützt.
Vor einigen Jahren nahm ich an meiner Universität an einer Veranstaltung teil, auf der sich Betroffene öffentlich zu ihren Erfahrungen bei Vergewaltigungen durch Freunde oder Bekannte äußern konnten. Ich war froh, an einer solchen Veranstaltung teilnehmen zu können, die eine abstrakt und emotional geführte Debatte mit konkretem Erfahrungsmaterial füllt. Ich saß mit den anderen auf dem Rasen und hörte mir die Schilderungen von Studentinnen an, die zum Teil brutal, mit vorgehaltener Waffe, von den vermeintlichen Freunden vergewaltigt worden waren. Ich war erschüttert. Am Rand des Rasens standen Studenten, die das Thema gewöhnlich ins Lächerliche ziehen, wenn abstrakt darüber gesprochen wird. Jetzt hörten sie schweigend und betroffen zu.
Doch es gab unter den vielen Schilderungen ein oder zwei, die zu den übrigen nicht so recht passen wollten. Mich beschlich das ungute Gefühl, daß hier etwas nicht stimmte. Ich versuchte es zu ignorieren, aber es gelang mir nicht. An ein oder zwei Berichten war etwas faul.
In einem Fall schilderte eine Frau eine Situation, in der sie aus Scham, Verlegenheit oder Demütigung nicht in der Lage gewesen war, nein zu sagen.
Ich fühlte mit ihr, weil das, was passiert war, auf sie wie eine Vergewaltigung gewirkt hatte. Das Ereignis hatte sie zutiefst erschüttert und ihre Intimsphäre auf brutale Weise verletzt. Es mußte schrecklich sein, sich nicht mit Worten gegen Zudringlichkeiten zur Wehr setzen zu können. Aber es mußte umgekehrt genauso schrecklich sein, mit jemandem zu schlafen und überzeugt zu sein, daß der andere es auch will, und dann plötzlich wegen einer kriminellen Tat angeklagt zu werden. Was die weinende Frau beschrieb, war nicht Vergewaltigung.
Susan Brownmiller schreibt in *Gegen unseren Willen,* Männer seien für das »Nein« einer Frau taub. Umgekehrt muß gesagt werden, daß einige Frauen, aus welchem Grund auch immer, nicht in

der Lage sind, ihr »Nein« vernehmlich zu äußern. Kritikerinnen wie Paglia, die es nicht für dringlich halten, daß Männer lernen, sich dieses Einverständnisses zu versichern, leben in einer Phantasiewelt. Sie verherrlichen eine passive weibliche Sexualität und das alte Klischee romantisch-besinnungsloser Hingabe. Aber was ist denn so unerotisch daran, die Zustimmung des Partners einzuholen? Zu fragen, ob jemand mit mir schlafen will, kann sogar sehr stimulierend sein.

Ein Mann darf nur mit einer Frau schlafen, wenn er sicher weiß, daß sie das auch will; er muß lernen, ihr zuzuhören. Aber genauso müssen Frauen lernen, sich deutlicher zu äußern.

Da den Opfern einer Vergewaltigung vor Gericht, in der Presse und in der Familie oft nicht geglaubt wird, gehen Frauen, die diese Opfer betreuen, aus therapeutischen Gründen von dem Prinzip aus: Eine Vergewaltigung liegt vor, wenn die Betroffene sie als solche empfindet. Dieses Prinzip galt etwa bei uns im Zentrum für vergewaltigte Frauen. Es hatte in der therapeutischen Situation nicht nur seine Berechtigung, es war sogar notwendig. Allerdings muß davor gewarnt werden, das Prinzip auf andere Bereiche wie den politischen oder juristischen zu übertragen. Das hätte für unser Rechtssystem wie für die Beziehung zwischen den Geschlechtern unabsehbare Folgen.

Die Aufmerksamkeit, die dem Thema sexuelle Belästigung und Vergewaltigung in der letzten Zeit zuteil wird, darf uns nicht dazu verführen, das gesamte Spektrum sexueller Übergriffe ohne Rücksicht auf die näheren Umstände über einen Kamm zu scheren. Es geht vielmehr darum, kriminelles von ungeschicktem oder unangemessenem Verhalten zu unterscheiden. In Fairfax County in Maryland beging der 49jährige Lehrer Michael Bullock Selbstmord, weil man ihm sexuelle Belästigung einer Schülerin vorgeworfen hatte. Das Mädchen hatte ihm mit einer scherzhaften Bemerkung auf die Brust geklopft, und er hatte scherzhaft geantwortet, sie sei selbst etwas flachbrüstig.[49] Eine Entgleisung? Vielleicht. In Virginia hatte eine Frau ein sexuelles Verhältnis mit einem verheirateten Priester; als er Schluß machte, warf sie ihm öffentlich sexuellen Mißbrauch vor.[50] Er hat seine Autorität als Seelsorger mißbraucht, natürlich. Aber die Frau war erwachsen, und der Priester war nicht ihr Vorgesetzter. Er war nicht Gott, er vertrat ihn nur. In einem Leitartikel von *Newsweek* beklagte sich eine Kellnerin über das ungehobelte Benehmen der Gäste. Wenn eine Gruppe von Männern spät ins Lokal komme und nach Geschäftsschluß noch ein Dessert bestelle, sei das »eine emotionale Vergewaltigung«. Eine Studentin berichtete in einer Studentenzeitung, sie habe mitbekommen, daß Männer über Computer obszöne Bemerkungen über sie gemacht hätten. So müsse man sich fühlen, meinte sie, »wenn man vergewaltigt wird«. Ein solches Verhalten ist zwar eine sexuelle Belästigung, aber man braucht es nicht mit einer Vergewaltigung zu vergleichen, um deutlich zu machen, daß es beleidigend und erniedrigend ist. Auch wenn dabei Macht im Spiel ist, sind solche Entgleisungen doch eine andere Art der sexuellen Belästigung, als wenn eine Frau als Gegenleistung für ihren Arbeitsplatz sexuelle Übergriffe des Vorgesetzten in Kauf nehmen muß.

Gemeinsam mit einer regionalen Gruppe der National Organisation of Women (NOW) hat das Frauenforschungszentrum des Wellesley College eine Erhebung zu sexuellen Belästigungen an Schulen durchgeführt. 4200 Mädchen der zweiten bis zwölften Klassenstufen beteiligten sich an der Untersuchung. 39 Prozent gaben an, sie seien im letzten Jahr an der Schule täglich sexuell belästigt worden. 29 Prozent sprachen von einer Belästigung einmal in der Woche. 83 Prozent der Mädchen berichteten, sie seien »angefaßt« oder »begrapscht« worden.

Das Ergebnis ist auf den ersten Blick erschreckend. Aber sehen wir es uns genauer an. An nur 4 Prozent der Zwischenfälle waren Lehrer, Hausmeister oder anderes Schulpersonal beteiligt. Die meisten Belästigungen gingen also von gleichgestellten Schülern aus. Als sexuelle Belästigung werden in der Studie auch anzügliche Bemerkungen oder Gesten von Mitschülern gewertet. 89 Pro-

zent der Mädchen berichteten von solchen Belästigungen durch Schüler. Wenn Mädchen angefaßt oder gar bedroht werden, gibt es dafür keine Entschuldigung. Aber was sind anzügliche Bemerkungen oder Gesten? Ich erinnere mich an meine eigene Schulzeit: Wir haben süßen Jungs auch allerhand gesagt und uns von ihnen allerhand sagen lassen müssen. Das konnte gemein, aber auch nett sein. Und es gehörte mit zum Erwachsenwerden.
In Minnesota gibt es vom Kindergarten an aufwärts einen Katalog von Vorschriften, mit dem man sexuelle Belästigungen in den Griff zu bekommen hofft. Zu den indizierten Verhaltensweisen gehören etwa sexuell anzügliche Zettelchen und Briefe, schmutzige Witze, das Ausstreuen entsprechender Gerüchte über Mitschüler, das Begrapschen von Schülern anderen Geschlechts, Hänseleien über die sexuellen Aktivitäten von Mitschülern und der öffentliche Austausch von Zärtlichkeiten.[51] Verstöße können unter Umständen den Schulausschluß bedeuten. Ich frage mich, wie ich mich heute in der Schule verhalten würde. Ich weiß noch, wie ich in der High-School einmal ins Zimmer des Direktors gerufen wurde, weil ich öffentlich mit einem Freund geknutscht hatte (mein Freund wurde nicht zurechtgewiesen). Erste sexuelle Tuchfühlung, Witze und Hänseleien – wenn das schon sexueller Mißbrauch ist, obwohl kein wirtschaftlicher Zwang im Spiel ist, dann werden Mädchen nie zu einer starken, selbstbewußten Einstellung zur Sexualität finden.
Der Studie der NOW und des Frauenforschungszentrums liegt jedenfalls das Bild der hilflosen und ohnmächtigen Frau zugrunde. Danach hat ein Schüler mehr Macht über eine Schülerin als umgekehrt, obwohl er ihr weder kündigen noch ihre Versetzung verhindern, noch ihre Karriere beeinträchtigen kann. Mir wäre es lieber, meine Tochter lernte, auf anzügliche Bemerkungen mit Anzüglichkeiten oder Spott zu reagieren, als daß sie in einer Umgebung aufwachsen müßte, in der sie als so hilflos und zartbesaitet gilt, daß man sie vor männlichen Altersgenossen schützen muß.

Ein Reporter von *Glamour* hat mich in einem Interview einmal zu der Behauptung gedrängt, ich würde es mir kategorisch verbitten, von Männern auf der Straße anzüglich angeblickt zu werden. In diesem Interview merkte ich zum ersten Mal, daß es zwischen meinen Erfahrungen und meinen feministischen Anschauungen eine Kluft gab. Sexistische Verhaltensweisen wie penetrante Blikke sind dann nicht hinnehmbar, wenn sie am Arbeitsplatz zwischen Personen verschiedener Rangordnung erfolgen oder wenn die betroffene Person zu erkennen gibt, daß sie sich belästigt fühlt. Auf der Straße oder dem Pausenhof dagegen ist eine Machthierarchie nicht ohne weiteres erkennbar. Nach meiner Erfahrung kommt es an solchen Orten auf die äußeren Umstände an. Auf der Straße ist entscheidend, wer mich ansieht und wer ich bin; ob ich mich in Gefahr befinde oder mich bedroht fühle, ob mich eine Bemerkung zum Sexobjekt macht oder ob sie bewundernd gemeint ist. Ein Blick kann erniedrigend, aber auch anerkennend sein. Während anzügliche Bemerkungen meist nur unangenehm oder dumm sind, gibt es bei Blicken große Unterschiede: Es ist etwas völlig anderes, ob mich ein freundlicher älterer Herr an der Straßenecke entzückt ansieht oder ob mich ein zwei Meter großer Kerl mit seinen Blicken auszieht.
Ich sehe doch auch Männer an, und alle Frauen, die ich kenne und mag, tun das. Ich weiß, wie es ist, wenn dir irgendwo in der Stadt ein attraktiver fremder Mann begegnet, dich im Vorbeigehen bewundernd anblickt und dir damit den Rest des Tages versüßt. An einige solche Begegnungen kann ich mich noch Jahre später erinnern. Sie sind ein Geschenk, sie sind voller erregender Andeutungen: Was wäre, wenn ...? Dieses körperliche Erkennen zwischen den Geschlechtern ist ein süßes Geheimnis. Es besagt, daß Sex und Erotik ganz einfach sind, solange die Phantasie uns von allen Unterschieden unserer gesellschaftlichen Stellung, Identität und Kultur befreit. Blicke können auch zudringlich und erniedrigend sein, aber wenn dabei keine Machthierarchie im Spiel ist, handelt es sich nicht um sexuelle Übergriffe.

Es nützt der Sache der Frauen nicht, jede Unverschämtheit gleich als »sexuelle Belästigung« zu brandmarken; umgekehrt ist es gefährlich, wirkliche Verbrechen wie die Vergewaltigung durch Freunde oder Bekannte zu verharmlosen, wie etwa Paglia das tut – zumal solche Verbrechen im Zeitalter von Aids tödliche Folgen haben können. Wir brauchen vielmehr ein neues Vokabular, das die großen Unterschiede im Spektrum der Gewalt gegen Frauen ausdrückt und die Erkenntnis vermittelt, daß Ohnmacht und Verletzlichkeit der Frau ebensowenig unveränderliche Gegebenheiten sind wie Autorität und Macht des Mannes. Die Opposition weigert sich, verschieden schwere Arten der Gewalt anzuerkennen, und betrachtet eine Vergewaltigung als einen mißlungenen gemeinsamen Abend. Einige wenige Frauen haben darauf reagiert, indem sie jeden mißlungenen Abend als Vergewaltigung betrachten. Aber wir Frauen sind der Opposition jetzt nicht mehr hilflos ausgeliefert und können uns deshalb den Luxus erlauben, sorgfältig zu unterscheiden. Das Verhältnis zwischen den Geschlechtern muß von einem »vernünftigen weiblichen« Standpunkt aus neu geregelt werden. Deshalb ist es so wichtig, daß sich alle Frauen bei Richtern und Medien Gehör verschaffen, denn die neue Regelung muß aus einer breiten Diskussion hervorgehen, sie darf nicht von extremen Einstellungen diktiert werden.

Die Täterin als Opfer: Jean S. Harris

Jean S. Harris war Schulleiterin an der renommierten Madeira School for Girls in Virginia und sah nicht aus wie eine Mörderin. Die Dame mit dem stets akurat frisierten graublonden Haar und der eleganten weißen Strickjacke hatte seit längerer Zeit eine Liaison mit dem Arzt Herman Tarnower. An einem Abend des Jahres 1980 gab er ihr den Laufpaß, weil er eine Jüngere kennengelernt hatte. Jean Harris rächte sich: Sie zog einen Revolver aus der Handtasche und tötete den Geliebten mit vier Schüssen. Später versuchte sie den Mord als Unglücksfall während eines mißlungenen Selbstmordversuchs hinzustellen.

Einige Frauen entschuldigten die Tat mit der schweren Stellung älterer Frauen in der Gesellschaft und stilisierten Jean Harris zum »archetypischen weiblichen Opfer«, zu »einer Frau, die einen Schuft zu sehr geliebt« habe.[52] Opfer-Feministinnen, Massenblätter und Jean Harris selbst taten alles, um aus der Mörderin eine Märtyrerin zu machen.

Richter Vito Titone schlug in die gleiche Kerbe: »Wenn es je einen im Affekt begangenen Totschlag gegeben hat, dann diesen ... Sie ist mißhandelt worden. Der Mann hat sich eine jüngere Frau gesucht und sie einfach sitzenlassen.«[53] Zeitungen machten aus dem Verbrechen einen Akt der Selbstaufopferung, den tragischen Unglücksfall eines kleinen Mädchens, das sein Kätzchen beim Schmusen erdrückt hat. Als Ursache der »Tragödie« galt übergroße Liebe. Spätere Schlagzeilen machten die Täterin zur Musterschülerin: »Schulleiterin Harris bekommt eine Eins in Führung im Gefängnis.«[54] Und um das Bild vom unschuldigen Opfer abzurunden, wurde ihre gute Erziehung hervorgehoben. Shana Alexanders Prozeßbericht hatte den Titel: »Ganz die Dame.« Die Zeitschrift *Time* kommentierte die Verurteilung mit der Überschrift: »So behandelt man keine Dame.« Harris selbst gab dem Buch, das sie über Frauen im Gefängnis schrieb, den Titel »Man nennt uns Damen«.

Wie konnte es zu der Vorstellung kommen, Jean Harris sei nicht Täterin, sondern Opfer? Tarnower soll sie geschlagen haben, obwohl sie das bei ihrer Verteidigung nicht geltend machte. Außerdem litt sie am Abend des Mordes unter Medikamentenentzug, und sie war ihrem Geliebten geradezu hörig, gefangen in einem Zustand »herrlicher Obsession«, wie sie es selbst nannte. Aber mit diesen Tatmotiven, mit Eifersucht und Drogen oder Alkohol, begründen auch die meisten Männer einen Mord an der Ehefrau oder Freundin.

Die irrationale Argumentation – wenn man nicht sogar von einem

Aufruf zur Rechtsbeugung sprechen will –, mit der Jean Harris vor Gericht entlastet wurde, sagt viel über die gesellschaftlichen Erwartungen an eine Frau aus. Die Rivalität zwischen ehrbarer Ehefrau und lasterhafter Hure ist alt. In diesem Fall war Harris die typische Ehefrau, ihre Rivalin die Hure. Und wie die Angeklagte im Zeugenstand sagte: »Eine Hure bleibt eine Hure.« Im Unterschied zu ihrer mit einer üppigen Figur ausgestatteten Rivalin galt die matronenhafte Harris als geschlechtslos. Entsprechend verhielt sie sich auch im Gefängnis ganz nach dem traditionellen Bild der netten alten Dame, die Teehauben für Wohltätigkeitsbasare bestickt und Frauen in Armenvierteln Sitte und Anstand beibringt. Sie unterrichtete Mütter und schwangere Mitgefangene zweistündig in Säuglingspflege; ferner spendete sie 100000 Dollar aus dem Erlös ihres ersten Buches für die Ausbildung von Kindern, deren Eltern im Gefängnis saßen, und sie versorgte die Kinder mit selbstgestrickten Pullovern.

Frauen wie Männer zollten Harris dafür Beifall. Eine Frauenzeitschrift stellte rückblickend fest, der Mord an ihrem Arzt sei nicht »die letzte Bestimmung von Frau Harris« gewesen. Als Gouverneur Mario Cuomo sie begnadigte, »gab es Beifall von vielen Menschen, die befanden, ein schreiendes Unrecht sei schließlich wiedergutgemacht worden«.

Hinter diesem Beifall steckte die allgemeine Unfähigkeit, sich vorzustellen, eine Frau mit allen weiblichen Tugenden könnte in der Lage sein, ihren Geliebten aus allernächster Nähe zu erschießen. Selbst wenn sie das getan habe, hieß es, zeige ihr anständiges Benehmen doch, daß sie nicht Täterin, sondern Opfer sei, also könne die normale Rechtsauffassung von Schuld und Strafe nicht gelten. Sogar Gouverneur Cuomos Worte klangen wie ein Muttertagsgruß. »Es gibt keine allgemeingültigen Regeln«, sagte er über seine Entscheidung, Harris zu begnadigen. »Jeder muß seine eigenen Kriterien anwenden. Und man kann Gerechtigkeit nicht definieren. Man definiert sie für sich selbst, im Herzen.«

So schön das klingt, für die Forderung von Frauen nach voller

Gleichberechtigung ist diese Haltung gefährlich. Wenn »gute« Frauen für ihre Verbrechen nicht verantwortlich sind, werden »schlechte« Frauen dafür um so härter bestraft. Die Richter entscheiden damit weiterhin über das soziale Verhalten einer Angeklagten statt über das, was sie getan hat, und der Grundsatz der Gleichheit vor dem Gesetz bleibt auf der Strecke.

Ein ähnlicher Fall war der Prozeß um Lizzi Borden, auf den hier nicht näher eingegangen werden soll. Borden, des Mordes an ihrer Mutter und ihrem Stiefvater angeklagt, wurde von einem Geschworenengericht freigesprochen, obwohl alles gegen sie sprach. Aber sie war eine mustergültige Hausfrau, deshalb konnte sie keine Mörderin sein. Die Geschworenen nahmen lieber einen Justizirrtum in Kauf, als ihr Frauenbild revidieren zu müssen.

Solche Freisprüche und Reinwaschungen haben immer denselben Grund: Weil wir alle zuweilen Mordlust in uns spüren, machen wir Mörderinnen, die so sind wie wir, zu Opfern. Die Vorstellung, daß die liebe Schwester oder Mutter von Zeit zu Zeit hinter ihrer wohlanständigen Fassade Mordabsichten hegen könnte, erschreckt nicht nur die Opposition; auch Schwester oder Mutter selbst erschrecken, daß sie solche Gefühle haben. Außerdem hängen ihr Ansehen und ihre gesellschaftliche Anerkennung davon ab, daß sie diese Erkenntnis verdrängen.

Der Mord an Tarnower brachte in den Frauen eine Saite zum Klingen, weil Frauen wie Männer insgeheim Aggressionen und Rachegelüste gegen das andere Geschlecht hegen. Frauen interessierten sich für den Fall aus Empörung darüber, daß Männer mittleren Alters häufig gleichaltrige Frauen wegen einer jüngeren Frau sitzenlassen. Jean Harris verschaffte dieser Empörung stellvertretend Genugtuung, indem sie ihren Geliebten umbrachte.

Freilich weigern sich Opfer-Feministinnen, solche gewalttätigen Impulse anzuerkennen und dann verantwortlich dafür zu sorgen, daß sie nur im Reich der Phantasie ausgelebt werden. Statt in Jean Harris eine Frau zu sehen, die verglichen mit anderen Mörderinnen vor der Tat ein an Möglichkeiten reiches Leben führte – sie war gebildet und hatte Geld und Freunde –, stilisiert der Opfer-Feminismus sie zu einer unglücklichen Frau von tadellosem Ruf hoch, die das Opfer unglücklicher Umstände wird, eine Reinwaschung, die mit den Fakten nichts zu tun hat, sondern vom Unterbewußtsein diktiert wird. So überrascht es denn auch nicht, daß *Lear's*, eine Zeitschrift für ältere Frauen der gehobenen Mittelschicht, Harris nach der Entlassung aus dem Gefängnis zur freiberuflichen Mitarbeiterin erkor.

Der Opfer-Feminismus bewertet eine »Dame« auf der Anklagebank wohlwollender als eine »Hure«, auch wenn die Dame das schlimmere Verbrechen begangen hat. Deutlich wird dies am Fall Amy Fishers, die nicht auf die Unterstützung der Feministinnen hoffen durfte.

Die 18jährige Amy Fisher aus Long Island trug gewöhnlich kurze Shorts, schminkte sich die Lippen kirschrot und hatte einen dichten braunen Pony. Eines Nachmittags fuhr sie zum Haus ihres Geliebten und schoß dessen Frau aus allernächster Nähe ins Gesicht; die Frau überlebte, behielt aber eine Gesichtslähmung zurück. Amy Fisher war keine »Dame«. Sie war Prostituierte. Sie kontaktierte ihre Kunden über ein tragbares Telefon, fuhr ihren Sportwagen ohne Rücksicht auf Verluste und hatte für einen Geliebten ein Sex-Video produziert. Auf einer Tonbandaufnahme sagte sie: »Ich bin wild … Ich liebe Sex.« Die Aufnahme kostete sie alle Sympathien des Gerichts. In der Untersuchungshaft soll sie mit dem BH in der Hand barbusig getanzt haben. Amy Fishers Mutter, lange eine Sympathisantin der Frauenbewegung, war überrascht und betroffen, als sich keine Feministin bereit fand, ihre Tochter zu unterstützen.

Jean Harris wie Amy Fisher hatten ein Gewaltverbrechen verübt, das in der Öffentlichkeit jedoch völlig unterschiedlich bewertet wurde. Harris, eine Heldin des Opfer-Feminismus mit der weiblichen Tugend der Selbstverleugnung, wurde begnadigt, während Amy Fisher mit ihren sexuell provozierenden Auftritten zu achtzehn Jahren Haft verurteilt wurde. Ihr Fall erregte nicht weniger

Aufsehen als der Fall Harris – er wurde zu drei erfolgreichen Fernsehsendungen und zum Bestseller verarbeitet –, aber trotzdem bleibt Amy Fisher mangels Reue und Zucht bis auf weiteres hinter Gittern.

Die Schwierigkeit von Feministinnen, Frauen im Guten wie im Schlechten volle Verantwortung für ihr Tun zu übertragen, erinnert an das traditionelle Bild der Opposition, nach dem Frauen Kinder sind, die weder einen Vertrag unterzeichnen noch für sich sorgen, noch vor Gericht Zeugnis ablegen oder eine mündige politische Entscheidung treffen können. Auf der Frauenrechtskonferenz von Seneca Falls wurde unter anderem angeprangert, der Mann verweigere der Frau das Recht, als strafmündige Person behandelt zu werden: »Er hat sie zu einem moralisch nicht verantwortlichen Wesen gemacht; sie kann ungestraft Verbrechen begehen, solange diese in Gegenwart des Gatten geschehen.«[55] Vom Standpunkt des Opfer-Feminismus aus mutet diese Forderung nach Strafmündigkeit seltsam an. Power-Feministinnen dagegen wissen, daß Gerechtigkeit kein sentimentales Pardon ist, sondern ein Gesellschaftsvertrag mit Rechten und Pflichten.

Opfer werden geliebt: Azalea Cooley und Susan Soen

Ein besonders tiefsitzender Reflex bei Frauen ist ihre Bereitschaft, das Leiden anderer Frauen zu honorieren, ihnen aber die Anerkennung für Erfolge zu versagen. Azalea Althea Cooley war schwarz, lesbisch und an den Rollstuhl gefesselt. Im Jahr 1992 wurde sie mit ihrer weißen Lebensgefährtin Susan Soen in Portland im Bundesstaat Oregon zur Zielscheibe einer Serie von Anschlägen, die sich gegen ihre Hautfarbe und ihre sexuelle Andersartigkeit richteten. Die Serie begann im Spätsommer, als Unbekannte an ihre Haustüre ein Hakenkreuz und das Wort »Nigger« schmierten. Sofort nahmen sich mehrere Gruppen von Aktivistinnen der beiden Frauen an. Die alternative Zeitung *Wil-*

lamette Week begründete diese Solidarität so: »Cooley war für die gegen Gewalt kämpfenden Frauen von Portland geradezu ein Musterfall.« Auf den Anschlag folgten weitere. Die Motorhaube des Wagens von Azaleas Freundin wurde mit Säure bespritzt, in den Rasen ihres Hauses wurde ein Kreuz gebrannt.

Die Aktivistinnen machten mobil. Sie bewachten das Haus rund um die Uhr, beschafften eine Therapeutin, die Cooley helfen sollte, mit ihren Ängsten fertig zu werden, organisierten eine Kundgebung, ließen am Haus der Freundinnen eine Alarmanlage installieren und setzten für Hinweise zur Aufklärung der Anschläge eine Belohnung aus. »Zwei Wochen lang«, sagte eine Aktivistin, »drehte sich unser Leben ausschließlich um diese beiden Frauen.«

Schließlich trat die Polizei in Aktion. Beamtinnen überwachten die Wohnung von innen. Als kein weiterer Anschlag erfolgte, wurde die Aktion abgeblasen.

Am 1. November hielt Cooley vor der Versammlung der organisierten Gewaltgegner eine Rede. Die Frauen feierten sie begeistert, anschließend zog Cooley mit fünfhundert Frauen durch die Stadt. Zur gleichen Zeit fand die Polizei im Haus der Freundinnen Streichhölzer, Lampenöl und zwei Handfeuerwaffen.

Mit den Beweisstücken konfrontiert, gestand Cooley, die einundzwanzig Anschläge selbst inszeniert zu haben. Ihre Freundin Soen hatte ihr dabei offensichtlich geholfen. Die organisierten Gewaltgegner waren wie vor den Kopf gestoßen. Zwar hatte es schon vorher Verdachtsmomente gegen Cooley gegeben, aber die Aktivistinnen hatten keinen Verdacht schöpfen wollen: Zu sehr war Cooley das »perfekte Opfer« gewesen. Eine Aktivistin erklärte die Gutgläubigkeit der Gewaltgegner: »Es hätte ja auch alles wahr sein können: der Rassismus, die Homophobie, die Angst vor denen, die anders sind – das gibt es doch alles, das ist doch alles furchtbar real.«

Warum hat Cooley ihre krankhafte Geltungssucht gerade auf diese Weise befriedigt? Die Antwort ist einfach: Weil sie als »vollkommenes Opfer« mit mehr Unterstützung und Zuwendung rechnen konnte, als wenn sie ihre schwierige Lebenssituation erfolgreich gemeistert hätte. Eine Aktivistin berichtete später über eine Sitzung ihrer Frauengruppe, in der Cooley ein Band mit Morddrohungen abgespielt hatte: »Azalea stand plötzlich im Mittelpunkt unserer Aufmerksamkeit.«

Cooley hatte der Frauengruppe außerdem weisgemacht, sie habe wegen eines Gehirntumors nur noch kurze Zeit zu leben. Um glaubhaft zu bleiben, rasierte sie sich Kopf und Augenbrauen. Zweimal täuschte sie im Beisein einer Freundin einen Herzanfall vor. Sie war auch nicht gelähmt. Sie hatte sich in den Rollstuhl gesetzt, weil Metastasen ihres Gehirntumors angeblich ihr Rükkenmark befallen hatten. Je mehr Leiden sie vortäuschte, desto mehr Zuwendung durfte sie sich erhoffen.

Wir müssen uns fragen, ob Azalea Cooley die gleiche Aufmerksamkeit erfahren hätte, wenn sie eine Serie glanzvoller Erfolge vorgezeigt hätte. Daß die Aktivistinnen auf ihre Inszenierungen hereingefallen waren, hing zweifellos mit ihren Erfahrungen zusammen, nach denen brutale, ja tödliche Gewalt gegen Minderheiten an der Tagesordnung sind. Doch hat der Täuschung auch eine in unserer Gesellschaft verbreitete Geisteshaltung Vorschub geleistet, der zufolge Stärken und Erfolge von Frauen gern übersehen werden; dazu kam die allzu große Bereitschaft der feministischen Subkultur – und das soll keine Schmälerung ihrer unleugbaren Verdienste sein! –, Gewaltopfer zu verherrlichen, statt den Akzent auf die erfolgreiche Bekämpfung von Gewalt zu legen.

Anständige Frauen machen sich keine Konkurrenz: Elizabeth Holtzman und Geraldine Ferraro

Bei den Vorwahlen zum New Yorker Senat 1992 lieferte sich Elizabeth Holtzman einen heftigen Schlagabtausch mit Geraldine Ferraro, der Kandidatin, die 1988 beim Rennen um das Amt des Vizepräsidenten landesweit die Vorzeigefrau der Demokraten ge-

wesen war. Die aktive und streitbare Liz Holtzman galt ihren Kritikerinnen als undiplomatisch und aggressiv, für ihre Anhängerinnen war sie dagegen eine Vorkämpferin für die Rechte der Frau. Ferraro war in Frauenfragen allerdings ebenso engagiert aufgetreten und galt zudem als aussichtsreichere Kandidatin für die Senatswahl. Sie wurde von feministischen Aktionsgruppen und zahlreichen prominenten Frauenrechtlerinnen unterstützt. Da sie landesweit einen Namen hatte, war ihr Geschlecht für eine Wahl in den Senat kein Hindernis. Elizabeth Holtzmans Chancen dagegen waren viel geringer.
Als das Rennen um die Nominierung in die heiße Phase trat, zeigten Meinungsumfragen einen Vorsprung für Ferraro von drei zu eins. Holtzman reagierte darauf mit heftigen und – nach Meinung vieler – heimtückischen Attacken gegen die Rivalin. Sie warf Ferraros Mann Verbindungen zur Mafia und dubiose Geschäftspraktiken vor.
Zahlreiche Feministinnen reagierten auf Holtzmans Angriffe entsetzt. Die Anhängerinnen Ferraros liefen gegen Holtzmans Vorwürfe Sturm. In Schlagzeilen geißelte die Presse Holtzmans Kampagne als Rückschlag für den Feminismus. »Es ist eine traurige Ironie«, schrieb Letty Cottin Pogrebin, Mitbegründerin der Zeitschrift *Ms.*, »daß Holtzman in diesem sonst so vielversprechenden Jahr der Frau ihre Tiefschläge nicht gegen andere demokratische Konkurrenten richtet, sondern gegen Ferraro, die einzige andere Frau im Rennen.« Im Jahr 1992, so Pogrebin weiter, müsse die Öffentlichkeit weibliche Kandidaten als Symbole der Veränderung begreifen. »Frauen sind mit dem Versprechen angetreten, es anders und besser zu machen. Liz Holtzman hat mit ihrer Schmutzkampagne die Erwartungen enttäuscht.« »Die Frauenbewegung«, meinte die ehemalige Abgeordnete Bella S. Abzug, »hat lange versucht, deutlich zu machen, daß wir Frauen an die Macht bringen müssen, um etwas zu verändern. Es ist traurig, wenn jetzt antifeministische Vorbilder nachgeahmt werden, wie es meiner Meinung nach bei der Kritik an Ferraro der Fall ist.«[56]

Andere sahen das anders. Für sie war die moralische Integrität der Kandidaten ein legitimes Thema. Ruth Messinger, Präsidentin des Stadtrats von Manhattan, meinte: »Alle Kandidaten in diesem Rennen müssen sich heiklen Fragen stellen. Im Wahlkampf wird alles über die betreffende Person in die Waagschale geworfen, das Gute wie das Schlechte. So ist das Leben.« Wieder andere sahen die Angriffe als völlig normale Strategie einer Kandidatin, die in Meinungsumfragen schlechter wegkommt. »Liz wollte Gerry gleich am Anfang ausschalten«, meinte eine anonyme Wahlhelferin. »Als es nicht klappte, fanden alle sie plötzlich irgendwie abscheulich. Aber sie hat versucht, eine Konkurrentin aus dem Weg zu räumen, und diese Option steht allen Politikern offen, auch wenn viele darin einen Verrat an der feministischen Sache sehen wollen.«[57] Und wiederum andere sahen in den Vorwürfen gegen Holtzman eine doppelte Moral. Wenn ihr Gegner ein Mann gewesen wäre, so meinten sie, hätte man sie noch angefeuert.

Holtzman selbst sagte zu ihrer Verteidigung, eine falsch verstandene weibliche Solidarität sei gefährlich. »Es gibt Unterschiede zwischen Frauen ... Man darf den Kandidatinnen unbequeme Fragen nicht verbieten.« Wahlkämpfe seien »nun einmal politische Auseinandersetzungen«. Zum Vorwurf, sie sei keine Feministin, meinte sie nur: »Das ist doch ein Witz, das ist doch lächerlich ... Niemand hat sich im Namen des Feminismus mehr blaue Flecken und Beulen geholt als ich.«[58]

Holtzman verlor haushoch; sie bekam von den vier Kandidaten am wenigsten Stimmen. Ferraro verlor knapp gegen Bob Abrams, der bei der Wahl dann gegen den republikanischen Gegenkandidaten D'Amato verlor. Viele Frauen waren auf Holtzman wütend. »Weil sie es nicht geschafft hatte, sollte Gerry es auch nicht schaffen«, urteilte Pogrebin. Marie Wilson, die Direktorin der Ms. Foundation, meinte, wenn Holtzman das Rennen aufgegeben hätte, hätte sie sich als »feministische Heldin« gezeigt; statt dessen habe sie sich zum »Werkzeug eines Republikaners« gemacht.[59] In späteren Artikeln machte man Holtzman den Vorwurf, sie habe sich nicht öffentlich zu ihrem Fehler bekannt: »Ob die Veteranin, die seit zwanzig Jahren Politik in New York macht, durch die Niederlage zur inneren Einkehr und zur Selbstkritik angeregt wurde, ist unbekannt.«

Auch ich war enttäuscht, daß keine der beiden Frauen in den Senat gekommen waren. Frustration verführt leicht zur Wut, die sich in diesem Fall gegen eine Frau richtete, die eine andere Frau scharf attackiert hatte. Wir lassen uns schnell zur Verurteilung von Frauen hinreißen, die mit solchen Mitteln um die Macht kämpfen. Und doch müssen wir unsere spontane Reaktion überprüfen. Die USA gehen nicht unter, weil die Chance verpaßt wurde, eine Frau in den Senat zu wählen. Das Land hat durch die harte Auseinandersetzung auch gewonnen: Es hat die Erfahrung gemacht, daß Frauen sehr wohl in der Lage sind, einen harten, engagierten Wahlkampf zu führen. Der kurzfristige Rückschlag ist dafür ein geringer Preis.

Vielleicht war Holtzmans Kritik an ihrer Rivalin hart an der Grenze zur Schmutzkampagne. Vielleicht war sie aber auch ganz normal, denn Abrams hatte gegen Ferraro die gleichen Vorwürfe erhoben, war aber nicht unter Beschuß geraten. Ich möchte keine der beiden Kandidatinnen gegen die andere in Schutz nehmen, glaube aber, daß wir dem Power-Feminismus nicht dienen, wenn wir eine Frau im Senat wollen, sie aber verurteilen, wenn sie darum mit allen erlaubten Mitteln kämpft. Wir bleiben im Opfer-Feminismus stecken, wenn wir die Opposition diktieren lassen, wie eine anständige Frau ihren Wahlkampf zu führen hat. Dann bleibt es bei der Doppelmoral, der zufolge Männer härter kämpfen dürfen – auch gegen Frauen – als Frauen gegen Frauen oder Männer. Holtzman hielt sich für die bessere Kandidatin und glaubte, sie sei es der Welt schuldig, den Kampf mit allen Mitteln zu führen. Ist Feminismus nicht das Recht jeder Frau, alle legitimen Mittel zur Durchsetzung ihrer Ziele zu nutzen? Oder sind wir schon so weit, daß Frauen, die es aufgegeben haben für ihre Ziele zu kämpfen, Heldinnen sind, während Aktivistinnen, die bis zum bitteren Ende

Schläge austeilen und einstecken, keinerlei Respekt verdienen? Was hat das mit Feminismus zu tun, wenn eine Frau der anderen sagt, sie solle das Rennen aufgeben, weil sie sowieso keine Aussicht auf Erfolg habe? Man kann Holtzman schmutzige oder selbstzerstörerische Methoden vorwerfen, aber gewiß nicht Antifeminismus.

Je mehr Frauen für ihre Überzeugungen kämpfen – auch gegeneinander –, desto mehr andere Frauen werden ermutigt, gleichfalls zu kämpfen. Wenn wir uns Zwänge auferlegen und anderen Frauen einen Feminismus vorleben, der nicht die Summe einer Vielzahl widersprüchlicher Ziele, sondern eine von oben diktierte Einheitsvision ist, erreichen wir kurzfristig vielleicht einige beschränkte Ziele, aber die Mehrheit der Frauen wird sich enttäuscht von uns abwenden.

Wir werden scheitern, wenn wir Frauen in der Politik nach einer anderen Moral beurteilen. Es gibt viele Gründe, warum Frauen in der Politik eine Verbesserung bedeuten: weil sie ihre Interessen und damit die Interessen der Hälfte aller Menschen vertreten; weil es Frauen gibt, die sich für diese Aufgabe besonders gut oder besser als manche Männer eignen; oder einfach, weil es in der Politik schon genug Männer gibt. Nur eine Begründung ist sicher falsch: daß Frauen die bessere Politik machen, weil sie bessere Menschen sind.

Warum müssen Frauen vollkommen sein, wenn sie Macht ausüben wollen? Hoffen wir, daß sie die Macht, wenn sie sie erst haben, rücksichtsvoll und zur Verwirklichung von politischer und sozialer Gerechtigkeit einsetzen. Aber unabhängig davon haben sie den gleichen Anspruch auf die Macht wie Männer.

Der Opfer-Feminismus ignoriert, daß bereits kleine Mädchen eine gesunde Aggressivität gegenüber ihrer Umgebung zeigen und mit ihren Geschlechtsgenossinnen konkurrieren, ein Verhalten, das ihnen erst durch die Erziehung ausgetrieben wird. Diese Einsicht ist deshalb so brisant, weil sie die Vorstellung einer universellen »Schwesternschaft« der Frauen in Frage stellt.

Daß unter Frauen oft Konkurrenzdenken herrscht, macht keineswegs unmöglich, daß sie sich zusammenschließen, im Gegenteil, es gibt Zusammenschlüssen erst die richtige Basis. Das Bekenntnis zum Konkurrenzdenken macht Frauen auch nicht zu Männern, sondern zu ehrlichen Frauen.

Sowohl Anhänger des Patriarchats wie Opfer-Feministinnen geißeln die Konkurrenz unter Frauen. Für die Anhänger des Patriarchats sind Frauen gegeneinander boshaft und heimtückisch und zur Zusammenarbeit unfähig. Ein solches Frauenbild nützt all denen, die kein Interesse daran haben, daß die Frauen sich vereinen, weil dadurch ihre eigene Herrschaft ins Wanken geraten würde.

Als Reaktion auf das Negativbild der weiblichen Zerstrittenheit hat der Opfer-Feminismus die Fiktion einer friedvollen Gemeinschaft der Frauen entworfen. Danach müssen Frauen einander Rückhalt geben; die Krallen dürfen sie nicht verwenden. Frauen reagieren deshalb auf die Abneigung gegen andere Frauen häufig mit Schuld- und Schamgefühlen, denn eine solche Abneigung gilt als patriarchalischer Reflex, den man ausmerzen muß.

Aber je mehr Frauen ins öffentliche Leben treten, desto öfter wird es zwischen ihnen zu Konflikten kommen. Diese Konflikte sind heilsam, sie geben Kraft und sind ein Zeichen, daß Frauen in allen Bereichen der Gesellschaft vertreten sind. Frauen, die einen Arbeitsplatz wollen, konkurrieren gegeneinander und empfinden Genugtuung, wenn sie andere ausstechen. Frauen, die andere Frauen führen, kritisieren und einstellen oder entlassen, sind bei ihren Angestellten verständlicherweise nicht immer beliebt. Und Frauen, die in der Abtreibungsdebatte kontroverse Standpunkte vertreten, haben nicht nur zärtliche Gefühle füreinander. Über solche Aggressionen sollten wir nicht erschrecken, wir sollten sie verstehen und respektieren. Es kommt nur darauf an, sie in die richtige Richtung zu lenken.

Aggressivität schadet unserer Weiblichkeit nicht, sie wirkt sich vielmehr positiv aus. Frauen entdecken nach und nach eine alte und besonders schöne Vorstellung aus der Antike, den »Agon«.

Dieses griechische Wort, das etymologisch mit »Agonie« zusammenhängt, bedeutet Wettkampf, die Auseinandersetzung zwischen zwei ebenbürtigen Gegnern. Auch wenn der Agon im Mittelpunkt der männlichen Mythologie steht – von Jakob und dem Engel im Alten Testament bis hin zu Schwarzenegger und dem Roboter im *Terminator II* –, ist er doch keineswegs auf Männer beschränkt.

Für stolze Kriegerinnen gibt es zahlreiche Vorbilder: von Zenobia von Palmyra über die britische Boudicca bis hin zur indischen Göttin Kali. Den wenigen modernen Vorbildern fehlt es dagegen an innerer Kraft und einer Identität, die ganz im Wettstreit mit der Gegnerin aufgeht. Die wenigen Darstellungen gegeneinander kämpfender Frauen sind entweder komisch oder pornographisch, oder sie ziehen die Vorstellung ins Lächerliche, daß Frauen öffentliche Auseinandersetzungen führen: Typisch dafür ist das »Schlamm-Catchen«, Schlammschlachten von Frauen, die im wahrsten Sinne des Wortes vorführen, daß Auseinandersetzungen unter Frauen schmutzig sind.

Doch Frauen erkennen zunehmend, daß Frauen unterschiedlicher Rassen und aus verschiedenen Schichten, seien sie Lesben oder Heterosexuelle, unterschiedliche und widersprüchliche Ziele haben. Wir brauchen keine Angst vor Konflikten und kein schlechtes Gewissen zu haben, wenn wir Konflikte austragen, denn dies bedeutet nicht das Ende jeglicher Solidarität. Insgesamt sind solche Auseinandersetzungen ein Sieg für die Sache der Frau.

Zombie aus Liebe: Hedda Nussbaum und das Syndrom der mißhandelten Frau

Im Jahr 1984 wurde in einer verwahrlosten Wohnung im eleganten New Yorker Stadtviertel Greenwich Village ein totes kleines Mädchen gefunden. Joel Steinberg, der Adoptivvater, hatte die kleine Lisa offenbar seit Jahren mißhandelt, sie schließlich bewußtlos geschlagen und dann sterben lassen. Ihre Adoptivmutter Hedda Nussbaum, ebenfalls von Steinberg mißhandelt, hatte dem Verbrechen tatenlos zugesehen und keine Hilfe gerufen. Als sie verhaftet wurde, hatte sie einen gebrochenen Kiefer, gebrochene Rippen und ein gebrochenes Nasenbein; ihr Körper wies überall Prellungen und Schnittwunden auf. Hedda Nussbaum wurde wegen Beihilfe zum Mord und Verletzung der Fürsorgepflicht verhaftet, aber nie rechtskräftig verurteilt.

Schon ihre Festnahme löste einen Sturm der Entrüstung aus. Wegen ihrer schweren Mißhandlungen ging man davon aus, daß sie das Kind nicht vor dem mißhandelnden Vater habe schützen können. Bald wurden die psychologischen Hintergründe aufgedeckt. Nussbaum, eine Weiße aus der Mittelschicht, die für den renommierten amerikanischen Verlag Random House arbeitete, hatte einer Freundin zufolge ein »nettes Wesen« und eine »empfindsame Seele«, aber nur wenig Selbstbewußtsein. Ihr Freund konnte ihr deshalb einreden, er sei der einzige Mensch, der sie wirklich liebe. Seine Zuneigung wurde für sie lebenswichtig. »Sie hatte schon Angst, eine andere Meinung zu haben als er«, sagte die Freundin.[60] Hedda Nussbaum selbst sagte: »Ich war unsicher und traute mich nicht, eine Gehaltserhöhung oder Beförderung zu verlangen.« Steinberg drängte sie dazu, Forderungen zu stellen, die dann jedesmal erfüllt wurden. Die Erfolge schrieb sie seinen übernatürlichen Kräften zu. »Sie war eine Sklavin«, diagnostizierte ein Arzt. »Sie war dem Mann völlig hörig und hatte weder die Fähigkeit noch den Willen, ihre Tochter zu retten.«[61]

Ihre Anwälte machten die Hörigkeit gegenüber Steinberg geltend. Nussbaum sei weder physisch noch psychisch in der Lage gewesen, ein Verbrechen zu begehen; der Mann habe sie völlig in der Gewalt gehabt. Einige Monate nach der Katastrophe nannte Nussbaum das Verhältnis zu diesem Mann »die beste Beziehung meines Lebens«. Sie habe für das schwerverletzte Kind keine Hilfe gerufen, weil sie an Steinbergs wunderheilende Kräfte geglaubt habe und nicht »unloyal oder mißtrauisch« erscheinen wollte.

Nach der Tat hatte sie stundenlang allein bei dem Mädchen ausgeharrt und, als dieses kein Lebenszeichen von sich gab, die Zeit damit zugebracht, Akten zu ordnen. Bei der polizeilichen Untersuchung deckte sie Steinberg bewußt mit falschen Aussagen.
Nach ihrer Verhaftung wurde sie im Krankenhaus von anderen Frauen mit Sympathiebekundungen überschüttet. An einem dikken Strauß roter Rosen hing ein Zettel mit der Botschaft: »Sie sind eine Ermutigung für mißhandelte Frauen.« Die *New York Times* führte die Welle der Sympathie darauf zurück, daß sich andere Menschen in »Nussbaums unterwürfiger Haltung« wiedererkannt hätten. Nach Gloria Steinem waren wir Frauen deshalb so fasziniert von dem Fall, weil wir in ihm unsere eigene Verletzlichkeit erkannten. Mary Cantwell räumte ein, viele Frauen, sie eingeschlossen, seien »ein wenig wie Hedda«.
Wie Jean Harris versuchte man auch Hedda Nussbaum damit zu entschuldigen, daß der Mann »ihr Gott gewesen« sei.[62] Und auch Hedda Nussbaum fertigte Handarbeiten an: Im Warteraum des Gerichts stickte sie oder war sie mit einer Makramee-Arbeit beschäftigt.
Die Feministinnen waren über ihre Schuld am Tod des Kindes geteilter Meinung. Ann Jones, die Autorin des Buchs *Frauen, die töten,* war von ihrer Unschuld überzeugt. Als Begründung führte sie die psychischen Auswirkungen der Mißhandlungen an, die genauso einer Gehirnwäsche gleichkämen wie das, was Terroristen mit Geiseln machten.
Susan Brownmiller war anderer Meinung: »Die Frauenbewegung sagt: Wer gleichberechtigt ist, muß die gleiche Verantwortung übernehmen … Hedda Nussbaum hat an ihrer eigenen Zerstörung mitgewirkt und sich selbst die Möglichkeit genommen, das Leben ihres Kindes zu retten … Einige behaupten, durch die demoralisierenden Mißhandlungen habe sie jede Willenskraft verloren, aber mir genügt das nicht. Frauen können sich aus tragischen Verstrikkungen befreien: Einige haben dabei zu den äußersten Mitteln gegriffen und ihre Peiniger getötet. So hilflos wie Hedda Nuss-

baum sind nur wenige gewesen. Ich halte es für falsch, Hedda Nussbaum nur als Opfer zu sehen. Für mich ist sie für ihr zerstörtes Leben und für den Tod eines unschuldigen Kindes verantwortlich, auch wenn sie es nicht selbst getötet hat.«[63] Anteilnahme, so Brownmiller in einem Artikel für die *New York Times*, sei eine Sache, Identifikation im Namen des Feminismus eine andere. »Frau Nussbaum eine Heldin zu nennen, wie dies die Solidargemeinschaft mißhandelter Frauen getan hat, ist nicht nur eine Verkennung der Tatsachen, sondern ein schlechter Dienst an den Frauen und letztlich an den Menschen.«[64]

Wieder anderer Meinung war Marilyn French. Nussbaum war für sie das Beispiel einer »so vollkommenen Abhängigkeit von einem skrupellosen Mann, als ob sie in die Sklaverei oder Ehe verkauft worden wäre, als ob es Gesetze gäbe, die Joel berechtigten, sie so zu behandeln, oder als ob sie im Assyrerreich des dritten vorchristlichen Jahrhunderts gelebt hätte.«[65]

Hier stellt sich eine grundlegende Frage: Was ist freie Wahl und was Zwang? Wo kann eine Frau frei entscheiden, wo kann sie es nicht? Ich glaube, daß mehrere Faktoren dazu beitragen, die Entscheidungsfreiheit einer Frau wie Hedda Nussbaum zu beeinträchtigen: mangelndes Selbstwertgefühl, Drogenabhängigkeit, fehlende Unterstützung durch öffentliche Einrichtungen, die destruktiven Folgen eines romantischen Liebesideals, psychische Auswirkungen von Mißhandlungen oder einfach nur die Scheu, sich mit zerschlagenem Gesicht auf der Straße zu zeigen. Allerdings müssen wir uns davor hüten, Nussbaum wegen ihres fehlenden Selbstbewußtseins ganz aus der Verantwortung zu entlassen. Sie war im Vergleich zu vielen anderen Frauen noch in einer privilegierten Situation: Sie hatte etwas Geld, sie hatte eine gewisse Glaubwürdigkeit, und sie kam aus der Mittelschicht und hatte eine entsprechende Bildung. Nicht alle Frauen sind Mißhandlungen hilflos ausgeliefert, und ihre Verantwortung gegenüber dem Leben Dritter bleibt bestehen. Man braucht nicht den Stab über Hedda Nussbaum zu brechen, aber man muß sich auch davor hüten, ihr im Namen des Mitleids jede Eigenverantwortung abzusprechen.

In den vielen Stimmen, die sich zu Hedda Nussbaum bekennen, drückt sich vielleicht die Einsicht aus, daß Frauen eine dunkle Seite haben, die sie nicht zulassen dürfen. Keine Mutter ist vollkommen. Oft geraten elterliche Fürsorgepflicht und eigene psychische und sexuelle Bedürfnisse in Konflikt miteinander wie bei Hedda Nussbaum, die sich zu ihrem Peiniger unwiderstehlich hingezogen fühlte. Für viele Mütter ist die Vorstellung, sie könnten versucht sein, die Bedürfnisse des Kindes den eigenen Bedürfnissen zu opfern, ein Alptraum. So steckt hinter der allgemeinen Bereitschaft, Nussbaum als willenlose, unschuldige Frau darzustellen, sicher auch die Weigerung, solche Versuchungen als Tatsache anzuerkennen.

In der Diskussion um Nussbaums Verantwortung war von einem sogenannten »Syndrom der mißhandelten Frau« die Rede, das bei mißhandelten Frauen zu einer Beeinträchtigung der Zurechnungsfähigkeit führen könne. Das Syndrom, für das es eine Menge einleuchtender Indizien gibt, wurde als Erklärung angeführt, warum mißhandelte Frauen den gewalttätigen Partner nicht verlassen, obwohl er ihr eigenes oder das Leben ihrer Kinder bedroht; andererseits diente es auch zur Verteidigung von Frauen, die ihren Partner getötet hatten. Während die Solidargemeinschaft der Opfer die Anerkennung dieses Syndroms als strafmildernden Umstand als Sieg feiern, melden Kritikerinnen inzwischen Vorbehalte an.

Elizabeth Schneider, Professorin an der Brooklyn Law School, vertrat früher den Standpunkt, mißhandelte Ehefrauen, die ihre Männer töten, seien nicht Täterinnen, sondern Opfer; inzwischen hat sie ihre Meinung geändert. »Die Gerichte und die Gesellschaft sehen in solchen Frauen vor allem die Opfer«, sagte sie in der *New York Times.* »Doch das ist eine zweischneidige Sache: Viele mißhandelte Frauen verlieren das Sorgerecht für die Kinder, weil Richter sie als hilflose und ohnmächtige Opfer sehen, die ihr tägliches Leben nicht meistern. Und wenn sie es doch meistern und allem Anschein nach gut zurechtkommen, dann glaubt man ihnen womöglich nicht.« Nan Hunter, Professorin an derselben Hochschule, stimmt zu: »Die Frau als Opfer ist ein kulturell bedingtes Klischee, das Mitleid weckt, ohne die hierarchischen Strukturen zu verändern. Diese sentimentale Sichtweise läßt die äußeren Umstände, durch die Frauen zu Opfern werden, unangetastet.« Für Charlotte Taft, die Gründerin einer Abtreibungsklinik in Dallas, trägt der Feminismus »den Stempel der Opferhaltung: Man leugnet die eigene Verantwortung und schiebt den anderen alle Schuld in die Schuhe. Wir haben darum gebettelt, daß die Männer uns mit ihren Gesetzen beschützen ... Statt zu versuchen, andere Menschen zu verändern, die sich nicht ändern wollen, sollten wir uns selbst verändern.«[66]

Die Rechtstheoretikerin Suzanne Levitt greift einen ähnlichen Aspekt auf. Gilt das Syndrom der mißhandelten Frau vor Gericht als entlastend, so warnt sie, dann entsteht eine Situation, in der Frauen vor Gericht seelische Schäden oder Beeinträchtigungen nachweisen und damit deutlich machen müssen, daß sie vollkommen hilflose Opfer sind. Levitt warnt vor einer Situation, in der Frauen nur dann recht bekommen, wenn sie unzurechnungsfähig sind. Sie spricht sich für eine andere Rechtspraxis aus: Ausschlaggebend für einen Freispruch sollen nicht Unzurechnungsfähigkeit oder fehlende Willensstärke sein, sondern Angemessenheit der Reaktion in einer bestimmten Situation. Mit anderen Worten: Wenn eine Frau bei ihrem Peiniger bleibt oder ihn tötet, ist sie nicht deshalb vermindert schuldfähig, weil sie wahnsinnig oder willensschwach ist, sondern weil sie sich in der Situation einer Geisel befindet und rational abwägen muß, wie sie überleben kann.

In der Gesetzgebung der USA macht sich der Gegensatz zwischen Opfer-Feminismus und Power-Feminismus immer mehr bemerkbar. 1986 faßte der Oberste Gerichtshof einen einstimmigen Beschluß: Danach macht sich nicht nur strafbar, wer als Gegenleistung für einen Arbeitsplatz oder eine Beförderung sexuelle Gefälligkeiten verlangt, sondern auch, wer ein frauenfeindliches Arbeitsklima schafft, das Mißbräuchen Vorschub leistet. Die verschiedenen Gerichte sind allerdings noch geteilter Meinung darüber, wann eine sexuelle Belästigung vorliegt: wenn eine »geistig gesunde Frau« eine Situation als belästigend empfindet oder wenn ein »psychischer Schaden« entstanden ist, der dann nachgewiesen werden muß. Drei Bundesgerichte verlangen den Nachweis einer psychischen Beeinträchtigung; für drei andere gilt als Maßstab die »geistig gesunde Person«, die eine Situation als belästigend empfindet.[67]

Immer mehr Menschen auch außerhalb des Feminismus kommen zu der Einsicht, daß eine Psychologie des Opfers den Frauen mehr schadet als nützt. In dem Buch *No Pity* über die Bewegung für die Rechte der Behinderten heißt es lapidar: »Mitleid unterdrückt.« Die Aktivisten der sehr erfolgreichen Bewegung wenden sich entschieden gegen das Bild vom bemitleidenswerten armen Krüppel. Sie haben deutlich gemacht, daß es statt dessen darauf ankommt, »die Unabhängigkeit von Behinderten zu fördern«, und daß dies, so der Präsident von Easter Seals, James E. Williams, durch Mitleid verhindert wird. Inzwischen bekennen sich Behinderte genauso provokativ und selbstbewußt zu ihrer Behinderung wie Homosexuelle zum »Schwulsein«. Sie zeigen der Welt die Faust, statt sich als Opfer behandeln zu lassen. Die Bewegung legt Wert darauf, daß Behinderte keine »unschuldigen«, auf Fürsorge angewiesenen Kinder sind, die sich nur über ihre Behinderung definieren.

Immer mehr Studien zur Ich-Entwicklung zeigen eines: Wenn man sich selbst vornehmlich als Opfer definiert, führt dies zu einer »Schwächung der Primäridentifikation«, zu einem negativen Selbstbild. Wer sich hauptsächlich als Opfer sieht, ist weniger erfolgreich als derjenige, der selbstbewußt auftritt. Eine Frau, die sich als Opfer begreift, ist deshalb weniger tüchtig und glücklich und hat größere Aussichten, tatsächlich zum Opfer zu werden.

Die Identifikation mit dem Status des Opfers hat vor allem für die

psychische Gesundheit negative Folgen. Wer sich vor der Verantwortung drückt, seinen Status als Opfer zu ändern, schädigt nach Frank Riessman, dem Leiter des National Self-Help Clearinghouse, seine Psyche. Ein Mehr an Eigenverantwortung ist dagegen hilfreich: »Es spricht vieles dafür, daß besonders hilfreich ein Denkmodell ist, nach dem Menschen an ihren Problemen zwar keine Schuld tragen, wohl aber für deren Lösung verantwortlich sind.« Die Psychologin Dr. Diane Tice von der Case Western University hat vierhundert Männer und Frauen auf diese Problematik untersucht; ihre Ergebnisse deuten darauf hin, daß die vom Opfer-Feminismus geförderten Verhaltensweisen bei Frauen zu Apathie und Verzweiflung führen. Depressionen lassen sich demnach am effektivsten bekämpfen, indem man das eigene Selbstwertgefühl stärkt und sich an Erfolge erinnert, indem man sich belohnt, etwa mit einem netten Abend im Restaurant, und indem man sich mit anderen vergleicht, denen es schlechter geht.
Der Opfer-Feminismus verhindert, daß Frauen zu solch gesunden Einstellungen finden. Die Bewegung, die für die Opfer eintritt, versperrt zugleich den Opfern den Weg in eine bessere Zukunft.

Die entscheidende Wende

Es stellt sich in zunehmendem Maß heraus, daß das Frauenbild des Opfer-Feminismus falsch ist. Frauen, die Macht und Verantwortung übernehmen, zeigen bisweilen ein Verhalten, das bisher als ausschließlich männlich galt. Dabei entdecken sie in sich eine dunkle Seite, das »unartige Mädchen«.

Sind Frauen wirklich wehrlose Opfer?

In den achtziger Jahren haben 12 Millionen amerikanische Frauen die Grundannahme des Opfer-Feminismus, daß Frauen wehrlos seien, Lügen gestraft. Sie haben sich, für Opfer völlig untypisch, bewaffnet. Frauen sind nicht mehr bereit, tatenlos zuzusehen, wie die Statistik der Gewalt gegen Frauen weiter in die Höhe schnellt. In immer größerer Anzahl lernen sie, sich gegen potentielle Angreifer zur Wehr zu setzen.

Im Jahr 1992 verdankte der Waffenhandel seine Umsatzsteigerung hauptsächlich der weiblichen Kundschaft.[68] In den USA besitzt inzwischen eine von neun Frauen eine legal erworbene Handfeuerwaffe.

Frauen erkennen, daß sie bewaffnet sicherer sind als unbewaffnet. Die Direktorin der Organisation Gun Owners of New Hampshire zitiert das Justizministerium mit einer Studie: Danach konnten sich Frauen in 97 Prozent der Fälle mit einem Messer oder einer Pistole erfolgreich gegen eine versuchte Vergewaltigung zur Wehr setzen.[69] Sie zitiert weiter eine Statistik des Justizministeriums, nach der sich in den USA täglich 950 Menschen, hauptsächlich Frauen, mit einer Feuerwaffe gegen Mord, Verstümmelung oder Vergewaltigung verteidigen. Nach der *Washington Post* kommt das überzeugendste Argument für den Besitz einer Waffe »von Frauen, die ihr Dasein als leichte Beute satt haben«. Laut der Umfrage einer Zeitschrift unter Waffenkäuferinnen begründeten 81 Prozent der Befragten ihren Schritt damit, daß sie sich gegen einen potentiellen Angreifer zur Wehr setzen wollten. 30 Prozent gaben an, sie seien bereits einmal Opfer eines Gewaltverbrechens gewesen, 93 Prozent meinten, sie würden auch dann eine Waffe bei sich tragen, wenn dies verboten sei.

Amerikas bewaffnete Frauen sind weder reiche Exzentrikerinnen noch arme Bewohnerinnen der Slums. Den Statistiken zufolge handelt es sich um völlig durchschnittliche Frauen. »Ich bekomme doch mit«, sagt eine von ihnen, »wie in unserer Gesellschaft Verbrechen an Frauen und Kindern begangen werden. Mich beschützt keiner, wenn ich es nicht selbst tue. Die Vorstellung, die Frau sei für Kinder und Haushalt verantwortlich und der Mann für Frau und Kinder, ist überholt: Die Zeiten, in denen es zu Hause sicher war und der Mann da war, um die Familie zu beschützen, sind vorbei. Jetzt gehen Männer und Frauen zur Arbeit, aber die Frau sorgt für den Haushalt, bringt die Kinder zur Schule und macht dazwischen die Einkäufe. Wo ist der Mann? Er ist nicht da, also sind wir auf uns selbst angewiesen. Wir müssen die Kinder, uns selbst und das Haus schützen. Wir haben keinen natürlichen Schutz wie Stachelschweine oder Stinktiere, deshalb müssen wir Waffen kaufen.«

Eine andere Frau sagt, sie habe ihre Wahl getroffen: »Ich werde kein Opfer sein.« Sie ermuntere Freundinnen dazu, sich ebenfalls zu bewaffnen. »Ich hoffe sehr, daß keine von uns gezwungen wird, die Waffe einzusetzen. Aber sollte das der Fall sein, bin ich froh, wenn ich meinen Freundinnen eine Alternative aufgezeigt habe, wie man nicht zum hilflosen Opfer wird.«

Daß bewaffnete Frauen noch immer auf Vorurteile stoßen, zeigt ein Artikel der Zeitschrift *Women & Guns.* Karen MacNutt klagt darin, die typischen Sicherheitsbelehrungen der Kriminalpolizei dienten eher dazu, die Opferrolle der Frau festzuschreiben. Frauen würde geraten, an den Haustüren zusätzliche Schlösser anzubringen, die Fenster vergittern zu lassen und eine Pfeife mit sich herumzutragen, um im Notfall andere auf sich aufmerksam zu machen. Auf die Frage einer Frau, ob sie eine Feuerwaffe bei sich tragen solle, habe ein Beamter geantwortet: »Sie wollen doch niemanden umbringen, gute Frau.« Ein anderer Beamter meinte: »Pistolen sind kein guter Schutz ... Der Angreifer nimmt ihnen die Waffe wahrscheinlich ab und erschießt Sie, bevor Sie ihn erschießen können.«

Die Einstellung von Frauen zur Gewalt ändert sich. Selbst Frauen, die gegen Gewalt sind, reagieren auf sexuelle Belästigungen und Übergriffe jetzt nicht mehr mit Schuldgefühlen und Selbsthaß; vielmehr richten sie ihre aufgestaute Wut nach außen gegen den Täter. Wir müssen deshalb die Vorstellung von der weiblichen Friedfertigkeit und Versöhnlichkeit überdenken. Sarajevo ist ein Beispiel dafür, daß die Befreiung der Frau auch Aggressionen freisetzen kann.

Die Frauen auf dem Balkan nehmen an den gewaltsamen Auseinandersetzungen der Region zunehmend teil und sind nicht mehr bereit, sich der Rolle zu unterwerfen, die ihnen das Patriarchat zuweist. »Die Frauen haben sich seit Kriegsausbruch verändert«, sagt Jasna Delalic. »Sie haben sich zusammengeschlossen ... Sie wollen nie wieder Sklavinnen sein.«[70]

Sie reagieren auf die Gewalt gegen sie als Frauen und Opfer mit der nüchternen Bereitschaft zu militärischer Vergeltung. »Wir haben dreimal mehr männliche als weibliche Patienten«, berichtet ein Arzt aus Sarajevo. »Die Frauen erholen sich von traumatischen Erlebnissen schneller als die Männer ... Ich habe achtzehn vergewaltigte Frauen zwischen 12 und 47 Jahren behandelt. Nach der Entlassung hat ungefähr ein Drittel von ihnen zur Waffe gegriffen.«

Zu ihrem Dienst mit der Waffe meint die 30jährige Isudina Sisic: »Ich habe mich der Armee unter dem Eindruck der Mißhandlungen, der Morde und der Vergewaltigungen angeschlossen. Das ist meine Rache ... Wenn ich an der Front bin, ist es mir egal, daß ich eine Frau bin ... Ich sehe keinen Unterschied zwischen Mann und Frau. Ich war beim Angriff der Spezialeinheiten am 10. Oktober an der Front dabei ... Ich habe auf sie geschossen. Ob ich jemanden getroffen habe, weiß ich nicht. Es war Nacht. Aber ich wollte jemanden treffen.«
Auch anderswo haben Frauen ihren Wunsch nach Vergeltung in nüchternen Worten ausgedrückt. In New York sagte eine Frau, die in bewußtlosem Zustand von fünf Männern vergewaltigt worden war: »Für das, was sie mir angetan haben, gehören sie alle aufgeknüpft.« Richard Ellis berichtete in der *Sunday Times* über südafrikanische Frauen, die bei einem ehemaligen Soldaten ein Überlebenstraining absolviert haben.[71] Eine Teilnehmerin, die weiße Graphikdesignerin Lynne Carson, die nur 1,52 Meter groß ist, hat kürzlich einem Straßenräuber, der sie mit dem Messer bedrohte, den Arm gebrochen. »Das war ein tolles Gefühl«, sagte sie. »Früher hätte ich für so etwas viel zuviel Angst gehabt.« Die 34jährige Themba Kuluse, eine schwarze südafrikanische Geschäftsfrau und alleinerziehende Mutter, sagte, sie würde jeden erschießen, der es wage, sie anzurühren.

Sind alle Frauen gute Mütter?

Für Opfer-Feministinnen ist die höhere Natur der Frauen in ihrem Status als Mutter begründet. Studien zu Mißhandlungen und Vernachlässigungen von Kindern zeigen allerdings, daß es mit der Mutterliebe unter bestimmten Umständen schnell vorbei sein kann. Wenn Männer sehr viel häufiger als Frauen gegen elterliche Pflichten verstoßen, bedeutet dies keineswegs, daß Frauen ihnen immer nachkommen. In den USA sind Frauen für 49,9 Prozent aller körperlichen Mißhandlungen von Kindern verantwortlich, für 56,8 Prozent der schweren und für 48,5 Prozent der leichten Fälle von Kindesmißhandlung, für 17 Prozent des sexuellen Mißbrauchs oder der sexuellen Ausbeutung von Kindern, für 69,7 Prozent des Mißbrauchs oder der Vernachlässigung von Kindern, für 52,2 Prozent der seelischen Mißhandlungen und für 65,5 Prozent anderer Arten von Mißhandlung. Offensichtlich sind viele Mütter durchaus dazu fähig, Kinder genauso schlecht zu behandeln wie Väter.

Frauen sind nicht automatisch besser als Männer, nur weil sie Kinder gebären können. Auf der anderen Seite können auch Männer, wenn es um die Bedürfnisse ihrer Kinder geht, ein erstaunliches Einfühlungsvermögen entwickeln. Caron Tavris zeigt in *The Mismeasure of Women,* daß alleinerziehende Väter und Männer, die ihre Eltern pflegen, genauso wie Frauen erzieherische und pflegerische Fähigkeiten entwickeln.

Der Opfer-Feminismus sieht in der Mutterliebe eine »natürliche« Veranlagung. Aber wie sieht es in der Natur tatsächlich aus? Natürlich sind Frauen keine Affen, aber trotzdem ist in diesem Zusammenhang interessant, was die Primatenforscherin Jane Goodall, die mit Schimpansen zusammengelebt hat, berichtet; ihr zufolge zeichnen sich nicht alle Schimpansinnen, die in der afrikanischen Wildnis leben, durch besondere mütterliche Eigenschaften aus.

Goodall berichtet etwa von der Schimpansin Pom, einer Rabenmutter, wie sie im Buche steht: Pom zeigte an ihrer Tochter Passion kaum Interesse und legte das Neugeborene schon einen Tag nach der Geburt auf dem Boden ab. Mit zwei Monaten, als das Baby noch gar nicht richtig greifen konnte, setzte sie es sich auf den Rücken. Panisch klammerte es sich dort fest, während die Mutter mit einer Gruppe erwachsener Männchen herumtollte und sich offensichtlich überhaupt nicht für ihr Junges interessierte.[72] Wenn das Baby in einem Platzregen durchnäßt wurde und wimmernd versuchte, unter den schützenden Bauch der Mutter zu kricchen, wurde es jedesmal zurückgescheucht. Als es schließlich laufen lernte, verlor die Schimpansin das Interesse an ihm völlig. Wenn es schrie, machte sie keine Anstalten, zu ihm zu gehen, und schließlich lief sie dem Baby einfach davon, während dieses verzweifelt versuchte, sie einzuholen.

Die Einsicht, daß Mutterschaft und mütterliche Aufopferung keine mystischen Gegebenheiten sind, ist für die Gesellschaft wie für die Frauen heilsam. Wir müssen einsehen, daß Mütter gegen das Versagen ihrer Fähigkeiten nicht gefeit sind. Mit dieser Erkenntnis will ich nicht den Zusammenbruch der Familie heraufbeschwören. Ich rufe vielmehr dazu auf, fürsorgliches Verhalten bei Männern und Frauen als eine tägliche Herausforderung zu begreifen, als eine schwierige Aufgabe, die oft gegen natürliche Neigungen erfüllt werden muß, weil sie zu einem höheren Bereich des Menschseins gehört. Daß die mütterliche Fürsorge nichts Selbstverständliches ist, bedeutet keine Herabsetzung, sondern auf lange Sicht eine Aufwertung des elterlichen Status.

Die Existenz eines »Mutterinstinktes« galt in der sexistischen Gesellschaft lange Zeit als völlig sicher. Deshalb brauchte man sich um Frauen und Kinder nicht besonders zu bemühen: Eine ursprüngliche Kraft, die angeblich allen Säugetieren eigen war, würde alles überwinden, auch wenn es an Geld fehlte oder andere Probleme auftauchten. Die Einsicht, daß eine emotionale Bindung der Mutter an ihr Kind auch beschädigt werden kann, zeigt indes, daß mütterliches Verhalten nichts Gegebenes ist, das die Männer von aller Verantwortung entbindet. Wie die Frauen sind auch sie dazu aufgerufen, aktiv an der Erziehung der Kinder teilzunehmen und für ihr Wohlergehen zu sorgen.

Sind nur Männer zu sexuellem Sadismus fähig?

Einige der Rachephantasien aus der Zeit des Umbruchs kreisen um sexuelle sadistische Praktiken und Verstümmelungen. 1989 veröffentlichte die britische Romanautorin Helen Zahavi den Roman *Dirty Weekend.* Die Heldin des Buches wird von einem Voyeur verfolgt und belästigt und rastet schließlich aus: Sie verführt und tötet systematisch alle Männer, die ihr zu nahe treten. Eine britische Zeitung bot gleich mehrere Psychiater auf, um einer Autorin, die sich so etwas ausdenken konnte, eine Geisteskrankheit zu attestieren.

Der Ausbruch aus der Opferhaltung drückte sich auch in einer Flut von Filmen mit gewalttätigen Frauen aus. Es begann mit der Darstellung einfacher Selbstverteidigung: In *The Burning Bed,* einem Film aus der Mitte der achtziger Jahre, spielte Farah Fawcett die Rächerin in Gestalt einer mißhandelten Ehefrau, die ihren schlafenden Mann im Bett anzündet. Dieselbe Schauspielerin spielte später in *Extremities* das Opfer einer Vergewaltigung, das den Täter überwältigt, fesselt und foltert.

In den neunziger Jahren folgte dann eine weibliche Rachephantasie auf die andere, darunter *Der Feind in meinem Bett, Eine verhängnisvolle Affäre* und *Das Schweigen der Lämmer.* Die Unterhaltungsindustrie, die früher mit brutalen Vergewaltigungsszenen Kasse gemacht hatte, entdeckte als neue Einnahmequelle den weiblichen Sadismus.

Es gibt immer mehr Filme mit scheinbar harmlosen Frauen, die sich als eiskalte Killerinnen entpuppen. Die Ablehnung dieser Filme von feministischer Seite ist typisch für eine bestimmte weibliche Haltung: Man sieht sich selbst in der Defensive, als Opfer der Umstände, während oft das Gegenteil der Fall ist. Filme mit weiblichen Rachephantasien sind inzwischen deshalb der Hit, weil Frauen sie gerne sehen: weil sie die Botschaft enthalten, daß Frauen Demütigungen, Unterbezahlung und Ausnutzung satt haben. Sie machen den weiblichen Überdruß darüber deutlich,

daß zur Unterhaltung der Massen immer nur Frauen zerstückelt werden.
In den im Selbstverlag veröffentlichten amerikanischen Underground-Magazinen erscheinen die Wünsche der Frauen in ihren extremsten Formen. Ein Blick in diese Abgründe zeigt genau jene grausamen Gewaltphantasien gegen männliche Täter, die Feministinnen verabscheut haben, als die Rollen noch umgekehrt waren. Eine beliebte Comicfigur aus dieser Welt ist die lesbische Terroristin Hothead Paisan. »Hast du dir je gewünscht, eine Kalaschnikow dabeizuhaben, wenn dir so ein Idiot etwas über deine Titten hinterhergrölt? Hast du je Lust bekommen, die Frauenabteilung einer Klinik zu stürmen und an den überbezahlten weißen Ärzten einige Totaloperationen vorzunehmen? Die männermordende Hothead Paisan ist eine rasende Großstadtlesbe mit schrecklichen Haaren und einer perversen Vorliebe für Revolver, Granaten, Holzhämmer und scharfe Gegenstände.« In einem anderen Comic kettet sich ein Weißer im Anzug an eine Statue von Christoph Kolumbus und erklärt: »Frauenrecht nur über meine Leiche!« Hothead schreit: »Wie du willst!« und schlägt mit dem Holzhammer zu.
Ein ähnliches Magazin ist *Frighten the Horse.* In »Penisneid II« liest ein Mann Gewaltpornos, bekommt einen Riesenpenis und vergeht sich mit ihm an betrunkenen einsamen Frauen, die er in Bars aufliest. Eine Frau, auf die er bei seinen Streifzügen stößt, verwandelt sich in eine riesige gezähnte Vagina und frißt ihn auf. In einem anderen Comic vergeht sich ein Unhold in einer Seitenstraße an einem Mädchen; da taucht »Charlotte« auf und brüllt: »Laß mein Mädchen in Ruhe, du Schwein! Faß es bloß nicht wieder an, du Drecksack.« Sie tritt dem Unhold in die Genitalien, schlägt ihn bewußtlos und kastriert ihn.
Nancy Fridays *Befreiung zur Lust* enthält eine geballte Ladung weiblicher sadistischer Phantasien. In einem besonders wüsten Kapitel berichtet Friday von einer neuen Gruppe von Frauen, die sich zu sexuellen Gewaltphantasien gegen Männer bekennen, wie

sie vor zwanzig Jahren noch undenkbar gewesen wären: »... Frauen, die in der Phantasie Männer vergewaltigen, waren mir bei meinen Untersuchungen bislang noch nie begegnet.« Viele von ihnen sind Opfer von sexuellem Kindesmißbrauch, und »immer sind es Männer, an denen sich diese Frauen in der Phantasie vergreifen ... [Sie] legen den Männern Fesseln an, lassen sie hungern, behandeln sie wie Säuglinge, treiben es mit mehreren hintereinander und degradieren sie zu ›Sexualobjekten‹. Schließlich kehren sie ihnen den Rücken, um ihnen zu zeigen, was sie in Wahrheit von ihnen halten, und suchen bei anderen Frauen sexuelle Erfüllung. Das ist wirkliche Rache: die endgültige Abwertung oder Eliminierung des Mannes.«[73] Friday fragt zu Recht, ob sich die Frauen nicht allmählich mit der moralischen Dimension solcher Phantasien auseinandersetzen müßten.

Machen nur Männer das andere Geschlecht zum Objekt?

Opfer-Feministinnen werfen Männern vor, sie würden Frauen zu Objekten machen, während dies umgekehrt nicht der Fall sei. Männer seien polygam und unverbesserliche Voyeure, Frauen dagegen seien monogam und gefühlsbetont. Männer ließen eine ältere Frau wegen einer jüngeren rücksichtslos sitzen, während Frauen nie in diese Versuchung kämen. Männer seien Verräter, Frauen dagegen treu.

Feministinnen mögen Männern vorwerfen, was sie wollen, sicher ist dagegen eines: Je mehr Frauen die Macht und die Gelegenheit haben, Männer zum Sexualobjekt zu machen, desto größer ist die Wahrscheinlichkeit, daß einige es tatsächlich auch tun. So wollen Frauen nach einer Studie der Zeitschrift *Glamour* mehr nackte Männer im Kino sehen. In Hollywood sind viele Schauspielerinnen von Cher bis Michelle Pfeiffer mit jüngeren Männern befreundet. Die legendäre Madonna ist bekannt für ihre Streifzüge im Auto, auf denen sie sich nach dunkelhäutigen schönen Jünglingen

aus der Unterschicht umsieht. Der gutaussehende Sabino Guiterrez, ein 33jähriger Ehemann aus dem kalifornischen Pomona, bekam eine Entschädigung zugesprochen, weil ihn seine 39jährige Vorgesetzte Maria Martinez sechs Jahre lang sexuell belästigt hatte. Guiterrez zufolge hatte Martinez ihn in ihr Büro geführt, die Tür verschlossen und sein kleines Mitbringsel aus dem Urlaub entgegengenommen. Mit den Worten »Ich möchte mich ganz herzlich dafür bedanken« sei sie über ihn hergefallen. »Der Kuß«, berichtete der Angestellte, »ging direkt in den Mund.« Zu späteren Übergriffen gehörten »unerwünschte Zärtlichkeiten, Küsse, Berührungen an den Genitalien und Aufforderungen zum Sex.« Als Guiterrez sich verlobte, entzog ihm Martinez seine Führungsaufgaben. »Sie behandelte mich wie einen Straßenkehrer.«
Die Zeitschrift *Penthouse* beschloß, als Zugeständnis an Frauen mehr nackte Männer zu zeigen. In Frauenzeitschriften stellen immer mehr Männer ihre Muskeln zur Schau, und Magazine mit Titeln wie »Nur für Frauen« mit auf Frauen zugeschnittener Pornographie verkaufen sich blendend. Leserinnen schreiben an Herausgeber, sie wollten mehr Erektionen sehen. Im Bericht über den Skandal von Tailhook werden auch Fälle genannt, bei denen Frauen Männer an den Hintern griffen oder ihnen mit dem Ruf »Paketkontrolle!« an die Genitalien faßten. Im gutbesuchten Nachtklub Chippendale's lassen schöne Tänzer vor begeisterten Frauen die Hüllen fallen. In Holland geht das Gerücht, wohlhabende nordeuropäische Geschäftsfrauen hätten aus dem Urlaub in Marokko Lustknaben mitgebracht und sie später, als sie ihrer überdrüssig waren, ohne Winterkleidung auf die Straße gesetzt. In Rio de Janeiro haben innerhalb weniger Monate zehn Frauenklubs eröffnet, in denen sich Männer ausziehen. Die Klubs offerieren »Sexy Boys – eine Schönheits- und Verführungsshow ausschließlich für Frauen« und szenisch dargebotene erotische Phantasien mit »römischen Zenturionen, New Yorker Motorradfahrern, Kavalleristen, Playboys, einem griechischen Gott, Matrosen, Piraten und Cowboys« und »einem Doppelgänger von James Dean«. »Sie

haben mich zerkratzt«, berichtete der Stripper Alexandre Hakan der *New York Times.* »Die Frauen versuchen immer, mir die Unterwäsche vom Leib zu reißen.«[74]
Auf der Hochzeitsparty meiner Schwägerin trat ein junger Stripteasetänzer auf. Die Gäste waren kein dekadenter Jet-set, sondern vornehmlich Studentinnen und Friseusen. Sicher sahen sie ihn mit anderen Augen an, als Männer eine Frau angesehen hätten; außerdem zog er sich nicht ganz aus und ließ sich auch nicht berühren. Trotzdem blickte alles gespannt zur Bühne, als das Licht ausging und die Musik zu spielen begann. Die Stimmung im Raum jedenfalls dürfte der Stimmung sehr ähnlich gewesen sein, die Männer in vergleichbaren Situationen erleben.
Ich weiß aus eigener Erfahrung, daß auch Frauen Männer zu Objekten machen können. Ich weiß heute, daß ich mein Buch *Mythos Schönheit* nicht nur deshalb geschrieben habe, weil ich es als erniedrigend empfinde, als Objekt betrachtet zu werden, sondern weil ich selbst leicht in Versuchung gerate, schöne Männer als Objekte zu behandeln. Als Jugendliche haben meine Freundinnen und ich uns mit Männern vornehmlich dann abgegeben, wenn sie schön waren, Stil hatten, uns zum Lachen brachten oder gute Stimmung verbreiteten. Wir hatten Schwierigkeiten mit der Treue, und alles, was neu war, zog uns an. Und wir sprachen über die körperlichen Eigenschaften von Männern genauso interessiert und detailliert, wie Männer über Frauen sprechen.
Wir musterten sie, trafen unsere Auswahl, malten uns allerhand aus und stellten ihnen nach, wie sie uns nachstellten. Wir tauschten unsere Erfahrungen aus, und immer ging es dabei um Sex; Sex mit schönen Männern, Sex mit erotischen Männern, Sex mit neuen Männern und Sex mit Männern, die Tabu waren. Es war ein richtiges Ritual: Wir feuerten uns gegenseitig an, liehen uns für Verabredungen gegenseitig teure Lidschatten und französische Reizwäsche aus und beschafften uns Massageöle und Badezusätze. Die Gefühle und die Zuneigung unserer Partner verletzten wir dabei mehr als einmal. Unser Opfer-Feminismus machte es uns

schwer, unsere Macht zu erkennen und Männer als vollwertige Menschen zu betrachten. Unser Verhältnis zu Männern war mehr eine Ich-Es- als eine Ich-Du-Beziehung.
Allerdings war dies kein »falsches Bewußtsein« unsererseits, es war einfach menschliche Unreife. Wie Männer mußten auch wir erst lernen, im Sexobjekt den Menschen zu sehen. Auch wir waren hin und her gerissen zwischen egoistischem sinnlichen Genuß und den Verpflichtungen einer dauerhaften Beziehung. Man kann nicht sagen, daß wir die Männer nachgeahmt hätten. Wir waren ganz normale junge Mädchen und hatten das Glück, als erste Generation von Frauen selbst über unsere Sexualität bestimmen zu können. Das bedeutete in unserer Entwicklungsstufe, daß wir uns verhielten wie bisher nur die Männer. Obwohl wir schließlich alle mühsam lernten, jenseits vom oberflächlichen Sex eine feste Bindung mit einem Partner einzugehen, stellten wir fest, daß dieser Lernprozeß sehr schwer war. Noch heute überkommt mich in schwachen Momenten die Sehnsucht, mir von einem hübschen 17jährigen jeden Wunsch von den Augen ablesen zu lassen oder mit einem Surfer auf die Bahamas zu verschwinden. Und zuweilen mache ich mir Sorgen darüber, ob mein Partner immer noch gut aussieht, wenn er älter wird. Die gleichen Phantasien, die Männer über Frauen haben, haben auch Frauen über Männer, wenn sie das Erwachsensein für einen Augenblick vergessen. Die Feministinnen sollten sie nicht nur den Männern ankreiden und damit Gesellschaftspolitik machen. Vielmehr können wir solche Phantasien verstehen, und dieses Verständnis kann dazu beitragen, die Kluft zwischen den Geschlechtern zu überwinden.

Das unartige Mädchen in uns

In der griechisch-römischen, der christlich-abendländischen und der jüdischen Tradition gilt die Frau als Ursache allen Übels, von der griechischen Pandora, deren Neugierde das Schlechte in die

Welt brachte, bis hin zur Eva der Erbsünde. Das Negativbild der Frau hat sich auch in späterer Zeit gehalten, in Form der bösen Stiefmutter des Märchens oder als Femme fatale der Literatur am Ende des 19. Jahrhunderts. Der Feminismus der siebziger Jahre hat gründliche Aufklärungsarbeit geleistet und nachgewiesen, daß viele dieser Negativbilder von der Angst der Männer vor Frauen herrühren. Heute speisen sich die Bilder von Frauen allerdings aus anderen Quellen. Hinter vielen Bildern stehen Rachephantasien und Aggressionen von Frauen.

Wir haben gesehen, daß auch die weibliche Psyche ihre dunkle Seite hat. Wir brauchen nicht die Gewalt zu verherrlichen, wenn wir daraus die richtigen Lehren ziehen wollen. Es gibt im Augenblick den starken Trend, die weibliche Psyche in ihrer moralischen Vielschichtigkeit zu begreifen. In der Frauenkultur taucht überall das »brave Mädchen« auf, das sich in ein verführerisches, unwiderstehliches, gewalttätiges und dämonisches Weib verwandelt. Dieser Topos ist kein Anzeichen für die moralische Degeneration oder Vermännlichung der Frau. Die weibliche Psyche hat dieses Bild lediglich zu ihrer Vervollständigung hervorgebracht. Die herrschende Männerkultur und später der Opfer-Feminismus haben die weibliche Psyche in zwei Teile gespalten. Eine Frau konnte danach nicht zugleich gut und schlecht, egoistisch und selbstlos, aggressiv und liebevoll sein.

Die gesellschaftlichen Zwänge haben sich heute soweit gelockert, daß man jetzt eine Wahrheit über Frauen aussprechen kann, die bisher nie ausgesprochen wurde: Frauen sind gut und schlecht, mütterlich und aggressiv, Schöpferin und Zerstörerin. Kurz, sie sind keine Opfer, keine Heiligen, sondern vitale menschliche Wesen: liebevolle Freunde und gefährliche Feinde.

Seit den Jahren des Umbruchs im Verhältnis der Geschlechter hat das weibliche Böse Hochkonjunktur. Amerikanische Untergrund-Magazine stellen den Opferstatus der Frau hemmungslos auf den Kopf und zeichnen ein provokativ respektloses Bild der Weiblichkeit. In den Bildern dieser Magazine kommt eine andere, die sexuelle Seite der Frau zum Vorschein. Damit wird eine Unzulänglichkeit des Opfer-Feminismus überwunden: Der weibliche Sex wird bejaht und von Vergewaltigung fein säuberlich getrennt. Die Sex-Ikonen dieser Erweckung sind für ihr Liebesleben selbst verantwortlich; sie genießen die Lust hemmungslos und setzen sich gegen Vergewaltiger erbittert zur Wehr.

Ein Symbol der Sexualität des »unartigen Mädchens«, das nicht Opfer sein will, ist Catwoman, die »Katzenfrau«. In dem Film *Batman Returns* spielt Michelle Pfeiffer eine typische unterwürfige Büroangestellte. Sie bewegt sich zunächst in einem Milieu, das Millionen berufstätiger Frauen vertraut ist. Dann stößt ihr tyrannischer Chef sie aus einem Fenster. Ein Heer von Katzen hilft der Halbtoten wieder auf die Beine – Katzen sind im Mittelalter die Vertrauten der Hexen und wurden zusammen mit diesen verbrannt. Pfeiffer wird nun zur maskierten Rächerin der erniedrigten und gedemütigten Büroangestellten. Sie bedient sich der typisch weiblichen Tätigkeit des Nähens zur Herstellung eines ganz untypischen weiblichen Kriegsgewandes: einer zweiten Haut aus schwarzem Latex, die sie zu einer Mischung aus Domina und Superfrau macht. Dieses Gewand ist das perfekte Outfit für ihre neue Rolle als Vorkämpferin der neuen weiblichen Psyche: Es zeigt verführerisch alle Kurven, verbirgt ihre Waffen – einziehbare Krallen, die erotischen Berührungen nicht im Wege stehen – und schützt sie vor Vergewaltigungen. Es verkörpert die weibliche Sehnsucht nach voll ausgelebter Sexualität bei gleichzeitiger Unverletzbarkeit. In einem Szenario, das sich als weiblicher Wunschtraum in einer frauenfeindlichen Realität deuten läßt, tritt Catwoman als Rächerin des Power-Feminismus auf: Sie befreit eine Frau, die gerade von einem Mann vergewaltigt wird, begegnet dem schutzlosen Opfer, das sie mit Dank überschüttet, aber mit einem Gemisch aus Mitleid, Geringschätzung und Spott: »Du machst es ihnen ja auch einfach.«

Zeitgleich mit dem Film kam 1991 ein Comic strip über Catwoman heraus, »Catwoman: Her Sister's Keeper«. Leitmotiv ist die Frau, die ihre Zerrissenheit zwischen Jungfrau und Hure zu überwinden und so die hellen und dunklen Seiten ihres Wesens in Einklang zu bringen sucht. Zu Beginn der Handlung liegt die Prostituierte Selina Kyle halbtot und mit zugeschwollenen Augen und zerrissenen Kleidern in einer Seitenstraße. In einem Krankenhaus wird sie wieder zusammengeflickt, dann kehrt sie zu ihrem Leben unter der Fuchtel des üblen Zuhälters Stan zurück. Ein netter Polizist bringt die heruntergekommene Frau zu einem geheimnisvollen Trainer namens Ted, einer freundlichen, respektvollen Vaterfigur. Ted unterrichtet Selina gründlich im Straßenkampf. (Das Thema der Einführung in die »männlichen« Praktiken der Selbstverteidigung durch einen Sympathisanten kehrt in den Filmen *Nikita* und *Das Schweigen der Lämmer* wieder.) Die Vaterfigur Ted macht deutlich, daß Frauen nicht gegen Männer allgemein kämpfen wollen, sondern sich nach einem beschützenden »Vater« sehnen, der ihnen im Kampf gegen die schlechten Männer beisteht.

Selina ist durch ihre neue Stärke wie verwandelt. Sie schneidet sich die Haare ab und schlüpft in das aufreizende schwarze Lederkostüm von Catwoman. Sie befreit eine andere Prostituierte, die fast noch ein Kind ist, aus den Klauen eines sadistischen Freiers. Später pirscht sie sich mit Maske und Katzenohren an ihren Zuhälter heran, umschlingt ihn mit der Peitsche und schlägt ihm ins Gesicht. »Willst du spielen, Kätzchen?« fragt er. Daraufhin schlägt sie ihn zu Boden und rammt ihm ihren 10-Zentimeter-Absatz in den Nacken: »Tritt die Katze nie wieder, Stan.«

Selinas Schwester, eine Nonne, die ihr wie aus dem Gesicht geschnitten ist, versucht sie aus dem Sündenpfuhl zu erretten. Zuhälter Stan nimmt die Nonne als Geisel, in der Hoffnung, so wieder an die Schwester heranzukommen. Als Stan die Nonne quält, ist das wie ein Exorzismus des passiven Opfers. Die Nonne verzeiht Stan und nimmt alle Schuld auf sich. Stan schafft sie aufs Dach, um sie hinabzustürzen. Dort fährt Catwoman dazwischen. Sie verzeiht nicht so leicht. Mit Peitsche und Schnappmesser tritt sie in Aktion und rettet die Schwester; Stan stürzt in den Tod.

In der vorletzten Szene treten sich die Schwestern gegenüber, die eine als Nonne gewandet, die andere als Domina. »Fühlst du dich wirklich sicherer so?« fragt die Nonne. In der letzten Szene ist die Ordnung wieder hergestellt. Die Nonne hat sich inzwischen der kleinen Hure angenommen, die Catwoman aus den Händen des Sadisten befreit hat. Fürsorglich fordert sie sie auf, sich die Zähne zu putzen und zu Bett zu gehen. Nonne und Hure blicken sehnsuchtsvoll aus dem Fenster. »Ich weiß, Holly; ich vermisse Selina auch. Aber sie kommt nie wieder ... Nie.« Das letzte Bild zeigt, wie Catwoman über der Kirche vor dem erleuchteten Fenster schwebt, allzeit bereit, Frauen in Gefahr aus der Bedrängnis zu helfen.

Ein solches Szenario bringt die Träume von Frauen zum Ausdruck, die eine Opferhaltung ablehnen, ihre aggressive, dunkle Seite bejahen und die »Jungfrau« mit der »Hure« in Einklang bringen wollen, zwei gewaltsam getrennte Elemente derselben weiblichen Psyche.

Warum sich zur dunklen Seite bekennen?

Wir müssen erkennen, daß es für Frauen von Vorteil ist, wenn sie sich zu dieser dunklen Seite bekennen. Auch wir Frauen stehen unser ganzes Leben vor der Wahl zwischen Gut und Böse, zwischen guten und schlechten Neigungen.

Es gibt viele Gründe dafür, auch diese dunkle Seite ins Leben der Frauen zu integrieren. Viele Frauen leiden, weil sie das Gefühl haben, nicht vollkommen zu sein. Wenn aber das Böse und die Gewalt nicht angeboren oder geschlechtsspezifisch sind, dann sind das auch Zuneigung und Liebe nicht. Es ist deshalb eine Leistung, eine gute Mutter, Ehefrau oder Freundin zu sein, statt eine Bürde, der man nicht gewachsen ist. Wenn wir begreifen, daß nicht nur Männer, sondern auch Frauen anderen schaden können, dann können wir Aggressionen zwischen den Geschlechtern abbauen, ohne in unserem Kampf gegen Diskriminierung nachzulassen. Dann können wir diese dunkle Seite einsetzen, ohne daß wir andere damit unnötig verletzen. Denn oft leiden Frauen unter der Überzeugung, daß sie mit selbstbewußtem Auftreten notwendig anderen schaden.

Der sexistischen Gesellschaft paßt es gut ins Konzept, wenn sich Frauen weiterhin für Sklavinnen oder Heilige, unschuldige Opfer oder Dämoninnen halten, die alle Schuld der Welt auf sich geladen haben: Denn keine dieser Rollen bezieht Frauen in die gesellschaftliche Verantwortung ein.

Wenn Opfer-Feministinnen den Frauen den Status der Heiligen oder Märtyrerin zuweisen, dann bedeutet dies, daß Frauen besser sein müssen, um gleiches Recht zu beanspruchen. Wenn wir aber ignorieren, daß auch Frauen sich mitunter bewußt für die Unmoral entscheiden, dann verfehlen wir ein grundlegendes Ziel des Feminismus: klarzumachen, daß wir Frauen in jeder, nicht nur in positiver Hinsicht Menschen sind. Wir müssen mit der Gleichberechtigung auch die volle Verantwortung für unser Tun beanspruchen, denn Menschsein schließt die Freiheit der moralischen Entscheidung ein.

4. TEIL

Auf dem Weg zu einer neuen Psychologie weiblicher Macht

Sind wir bereit?

Hütet euch vor euren Träumen:
Sie könnten wahr werden.
Jiddisches Sprichwort

Heute, am Scheideweg, erkennen wir, daß wir Frauen als Bevölkerungsmehrheit unser Schicksal selbst in die Hand nehmen müssen. Doch bevor wir diese Erkenntnis in Handeln umsetzen können, müssen wir uns mit einigen letzten Hindernissen auseinandersetzen: den weiblichen Ängsten vor der Ausübung der Macht.

Die männliche Psyche hat viele Märchen über die Suche nach der Identität als Mann hervorgebracht. In diesen Märchen erscheinen die Ängste der Männer als Ungeheuer, die es zu bezwingen gilt. Die Kämpfe der sich entwickelnden weiblichen Psyche haben bisher meist im verborgenen stattgefunden, doch sie folgen einem entsprechenden Schema der Suche nach weiblicher Identität. Auf einer der Stationen dieser Suche lernt sie, sich weibliche Macht zu verschaffen, die von weiblichen Ungeheuern oder »freundlichen Drachen«, wie wir sie halb scherzhaft nennen könnten, bewacht wird.

Anders als die feuerspeienden Ungeheuer aus den Erzählungen der Männer sind diese Ungetüme nett und allenfalls auf passive Weise aggressiv. Während sie ihre scharfen Krallen und glänzenden Schuppen pflegen, flüstern sie Frauen, die an ihnen vorbeigehen wollen, unaufhörlich Bemerkungen zu wie: »Wir strengen uns aber mächtig an, nicht wahr? Vielleicht ein bißchen zu sehr? Hm.

Dann mag dich aber keiner mehr. Sei nicht egoistisch! Glaubst du, du bist etwas Besonderes?«

Daß Frauen durch eigene Ängste ebenso konkret an der Ausübung von Macht gehindert werden wie durch äußere Hindernisse, weiß ich aus eigener Erfahrung. Ich entdeckte überrascht, daß auch ich, wenn es darauf ankam, trotz meines relativ starken Selbstbewußtseins und meiner soliden feministischen Erziehung Macht ablehnte und nicht mit ihr umgehen konnte.

Als junges Mädchen hatte ich davon geträumt, meine Ansichten einmal öffentlich zu äußern. Doch als sich dieser Traum erfüllte, stellte ich fest, daß ich genügend typisch mädchenhafte Abwehrhaltungen – wenn auch in abgeschwächter Form – verinnerlicht hatte, um ganz und gar nicht mit meinen neuen Erfahrungen zurechtzukommen. Als ich herumreiste und selbstbewußt verkündete, wie wichtig es sei, die Wahrheit zu sagen und Macht auszuüben, behielt ich meine eigenen zwiespältigen Gefühle für mich. Gloria Steinem hat einmal gesagt, man lehre das, was man selbst noch lernen muß. Mein eigenes Verhältnis zur Macht schärfte meinen Blick für das Verhalten anderer Frauen, und dabei stellte ich fest, daß viele Frauen ähnlich fühlten wie ich und daß keine Gesetze oder beruflichen Erfolge den Frauen die vollkommene Gleichberechtigung oder das vollkommene Glück bringen können, solange es ihnen nicht gelingt, eine neue Psychologie der Macht zu entwickeln.

Wenn ich jetzt berichte, wie die Erfüllung meiner Mädchenträume mich in eine tiefe Krise stürzte, muß ich mich über zwei Tabus hinwegsetzen. Zum einen dürfen Frauen nicht offen darüber sprechen, daß sie Zugang zu Macht oder Geld haben. Zum anderen dürfen Frauen nicht sagen, daß ihre Schönheit oder ihre Sexualität ausschließlich ihnen gehöre. Dadurch sind diese so wichtigen Dinge mit einem Geheimnis umgeben, das andere in die Lage versetzt, sie zu manipulieren.

Ich war 26 Jahre alt, mein erstes Buch erschien; bald darauf kamen die ersten »Drachen« zu mir. Besonders setzten mir zwei Ängste

zu, die viele Frauen kennen: die Angst vor Kritik und die Angst davor, »zuviel« zu haben.
Wie bei den meisten Veröffentlichungen gab es Kritik, und ich mußte mich unter anderem in Rundfunk und Fernsehen mit Vertretern der Unternehmen auseinandersetzen, die ich angegriffen hatte. Viele waren verständlicherweise wütend und verteidigten sich. Auch die Moderatoren der Sendungen äußerten zuweilen Kritik und wurden oft persönlich. Selbst wohlwollend gesinnte Gesprächspartner leiteten ihre Fragen mit aggressiven Formulierungen ein wie »Sind sie nicht ...« oder »Haben Sie nicht ...« Obwohl ich meine Ansichten energisch vertrat und von der Wichtigkeit der Sache überzeugt war, fühlte ich mich nicht so recht wohl in meiner Haut.
Die Interviews wurden in dem üblichen kontroversen Stil geführt, der an traditionellen Maßstäben gemessen sehr unweiblich ist. Ich steckte in einem Dilemma: Ein Teil von mir wollte für Gerechtigkeit kämpfen, ein anderer Teil verlangte nach Harmonie, Liebe und Zugehörigkeit. Die beiden Bedürfnisse ließen sich nicht miteinander vereinbaren. Obwohl ich den Streit mit meinen polemischen Äußerungen selbst eröffnet und damit einem inneren Bedürnis nachgegeben hatte, konnte ich aufgrund meines Wunsches nach Anerkennung überhaupt nicht mit Kritik umgehen. Diese Spannung machte mir schwer zu schaffen.
Natürlich wußte ich, daß die Auseinandersetzung notwendig war. Aber ich hatte keine Vorbilder, an denen ich mich hätte orientieren können und die mir Sicherheit gegeben hätten. Wie die meisten meiner Freundinnen hatte ich nur verschwommene Vorstellungen davon, was es heißt, im Mittelpunkt des öffentlichen Interesses zu stehen. Die meisten anderen von der Öffentlichkeit beachteten Frauen waren Sängerinnen oder Schauspielerinnen – und sie erregten nur selten den Zorn der Menschen. Die Anerkennung, auf die ich so großen Wert legte, blieb mir versagt, und Reaktionen, aus denen eher Respekt als Liebe sprach, registrierte ich wie viele junge Frauen nicht.

Ich war weiterhin von der Richtigkeit meiner Positionen überzeugt. Glücklicherweise hatten mich meine Eltern so erzogen, daß mir meine Überzeugungen weit wichtiger waren als mein Unbehagen; außerdem bekam ich nach und nach auch Briefe von wohlwollend gesinnten Lesern. Aber ich begann die starken Gefühle abzulehnen, die meine Äußerungen hervorgerufen hatten.

Mein Selbstbild war erschüttert. Ich hatte mich immer für warmherzig, freundlich und weiblich gehalten, denn so hatte ich mich im engen Freundeskreis verhalten. Ich erkannte nicht, daß man nicht auf mich persönlich, sondern auf die Kritikerin und die Antagonistin reagierte, die eine Bedrohung für bequeme Ansichten darstellte. Genau das hatte ich zwar von Anfang an sein wollen, aber trotzdem nahm ich die Kritik jetzt sehr persönlich.

Wie die meisten Frauen ertrug ich das Gefühl nicht, auf Herz und Nieren geprüft zu werden. Worte des Lobes glitten an mir ab, während Kritik mich tief traf. Wenn ich glaubte, schlecht gewesen zu sein, meinte ich, ich hätte nicht nur mich selbst, sondern auch andere im Stich gelassen. Hatte ich dagegen meine Sache gut gemacht, konnte ich mich nur kurz an den Ermutigungen erfreuen.

Das ging sogar so weit, daß ich mich nach heftigen Diskussionen zu Hause in den Armen meines Partners ausweinen mußte. Obwohl ich in meinem tiefsten Inneren wußte, daß ich nicht mehr zurück wollte, hatte ich das Gefühl, daß das, was ich erreicht hatte und noch erreichen konnte, die ganze Aufregung nicht wert war.

Dann tauchte ein zweiter, allerdings weniger gefährlicher Drache in meinem Leben auf: die Angst, zuviel zu haben. Sie kam mit dem ersten Scheck für meine Arbeit. Es mag pervers klingen, über die Angst vor Geld zu reden, wenn die meisten Frauen zuwenig Geld haben. Aber wer über Frauen und Macht spricht, muß auch über diese Angst sprechen, denn sie ist unter Frauen in ganz unterschiedlichen finanziellen Verhältnissen verbreitet.

Da ich aus einer Familie stamme, die kulturell der Mittelschicht angehörte, aber ständig pleite war, hatte ich als Mädchen eine gesunde Einstellung zum Geld: Ich wünschte mir, welches zu haben, war aber von diesem Wunsch nicht besessen.

Auf dem College war ich dem kombinierten Einfluß der für die obere Mittelschicht typischen weiblichen Scheu vor Geldangelegenheiten und linker, vom Opfer-Feminismus inspirierter Schuldgefühle ausgesetzt. Viele meiner Kommilitoninnen hielten Geld für unanständig und ihre Väter für »Kapitalistenschweine« (aber die Väter durften ihr mangelndes Engagement in Nicaragua ausgleichen, indem sie die Winterferien der Kinder auf den Bermudas bezahlten). Als ich später jenen ersten Scheck in den Händen hielt – der Betrag war verglichen mit dem, was meine männlichen Kommilitonen verdienten, nicht einmal besonders hoch –, war ich wie gelähmt vor Angst.

Das Geld erschütterte mein Selbstbild. Wenn ich nicht mehr zu den Unterprivilegierten zählte, hatte ich auch meine Rechtschaffenheit eingebüßt. Der Scheck schien meine Weiblichkeit zu mindern, er haftete mir wie ein Stigma der Männlichkeit an.

Meine Reaktion war, daß ich von Geldangelegenheiten noch weniger wissen wollte als zu Collegezeiten. Wie viele Frauen ließ ich mich von Zahlen verwirren, und es war mir peinlich, über mein Einkommen zu reden. Immer wenn ich mich mit meiner Steuerberaterin unterhielt, geriet ich in Verlegenheit. Ich hielt es für unpassend, auch nur irgend etwas von diesen Dingen zu verstehen.

Mein Unbehagen steigerte sich noch durch das Gefühl, meine Prominenz könnte irgendwie Menschen verletzen, die mir nahestanden. Bisher hatte ich immer offen über alles gesprochen, was ich erlebte, und nun erzählte ich immer weniger über die Reisen, Vorträge und anderen Dinge, die mein Leben veränderten. Wenn ein Zitat von mir abgedruckt wurde, hatte ich einigen Freunden – besonders Freundinnen – gegenüber ein unbehagliches Gefühl. Ich glaubte, egoistisch oder unhöflich gewesen zu sein, weil ich mich »vorgedrängt« hatte. Je erfolgreicher ich war, desto stiller wurde ich in ihrer Gegenwart, denn ich befürchtete, daß mein Erfolg unser Verhältnis bedrohen könnte. Durch meinen Rückzug schienen mir die Erfolge freilich weniger großartig, weil ich sie nicht mit anderen teilen konnte.

Schließlich wurden meine Ängste so groß, daß ich Psychotherapeuten aufsuchte, wie die Weisen unserer Zeit genannt werden, und sie um Rat fragte.

Eine Psychotherapeutin sagte: »Das Unbehagen gehört dazu, Sie müssen sich damit abfinden.« Nein, dachte ich, ich wußte nicht, daß es so schlimm sein würde. »Wenn Sie nicht damit zurechtkommen«, sagte sie, »ziehen Sie sich aus der Öffentlichkeit zurück. So einfach ist das.«

Ein anderer Psychotherapeut hieb in die gleiche Kerbe. »Hören Sie doch mit dem Schreiben auf«, sagte er. »Das kann ich nicht«, erwiderte ich. »Dann schreiben Sie unter einem Pseudonym.« »Das kann ich auch nicht«, sagte ich und war noch unglücklicher. »Dann schreiben Sie unter Ihrem eigenen Namen, aber vermeiden Sie kontroverse Themen. Mildern Sie ihren Ton.« Ich war so frustriert, daß ich beinahe losgeheult hätte. Trotz meiner Unsicherheit wußte ich, die Wahrheit zu sagen und dies unter eigenem Namen zu tun war von grundlegender Bedeutung für das, was ich für meine Lebensaufgabe hielt. Die Wahrheit zu verwässern war pervers, völlig sinnlos.

In meiner Verwirrung suchte ich einmal sogar bei einer ganz anderen Dimension Rat. Meine Mutter kannte eine Frau, die Karten legte. »Naomi muß sich von dem kleinen Mädchen in sich lösen, das nach Anerkennung verlangt«, sagte die Frau. Vielen Dank, Kosmos, dachte ich verärgert. Ich wußte, was ich wollte. Aber ich hatte keine Ahnung, wie ich es bewerkstelligen sollte.

Was wollte ich von den Psychotherapeuten? Ich wollte nicht hören, ich solle mich zurückziehen und aufgeben. Ich wollte zum Weitermachen ermutigt werden. Ich wollte nicht auf den Widerspruch der Kritiker verzichten, nur weil ich sie aus Höflichkeit nicht verärgern wollte. Ich brauchte Unterstützung, damit ihre Kritik mich nicht mehr so verletzte. Ich brauchte die Erlaubnis, ein ungezogenes Mädchen zu sein, um meiner Berufung folgen zu können. Eine Autoritätsperson sollte mir sagen, daß es richtig war, Leute zu verärgern, daß Veränderungen nun einmal Spannungen erzeugten und daß man die Wahrheit sagen mußte, ohne sich um die Kritiker zu scheren. Zwar sagten meine Familie und einige gute Freunde mir das laut und deutlich, aber ich hatte zu wenige weibliche Vorbilder, die bestätigen konnten, daß der Rat vernünftig war. Eines Tages las ich dann aber etwas, das mir die Angst nahm, einen Essay von Audre Lorde. Als bei ihr Brustkrebs diagnostiziert wurde, schrieb sie: »Ich werde sterben. Mein Schweigen hat mich nicht geschützt. Auch dich wird Schweigen nicht schützen ... Wann hast du zum letzten Mal deine Worte hinuntergeschluckt?« Ich erkannte: Mein Schweigen würde mich tatsächlich nicht schützen. Was konnte mir schlimmstenfalls passieren, wenn ich weiterhin meine Wahrheit verkündete? Ich lebte nicht in einem faschistischen Staat, deshalb war es unwahrscheinlich, daß mir etwas Schlimmes passieren würde. Weder würde ich in einer Gefängniszelle von Männern vergewaltigt werden wie eine politische Dissidentin, noch würde ich zu nächtlicher Stunde heimlich beseitigt werden. Meine schlimmste Folter war psychischer Natur, sie existierte nur in meinem Kopf. Audre Lordes Worte lösten in mir einen Lernprozeß aus, der mich zweifellos mein ganzes Leben beschäftigen wird: Ich mußte lernen, mich zu meiner Macht zu bekennen und sie zu nutzen.

Bald hatte ich immer häufiger Gelegenheit, über meine Einstellung zur Macht nachzudenken. Eine junge Studentin suchte mich auf und stellte beiläufig fest: »Du hast doch so viel Einfluß ...« Mein erster Impuls war, zynisch zu lachen und ihr darzulegen, weshalb das nicht stimmte. Aber als ich gerade dieser so tiefverwurzelten Abwehrhaltung nachgeben wollte, die geradezu zu den guten Manieren einer Frau gehört, wurde mir klar, daß sie aus ihrer Sicht recht hatte. Wenn ich der Verantwortung, die sie mir zuschrieb, aus dem Weg ging, drückte ich mich vor meiner Verpflichtung ihr und mir selbst gegenüber – auch wenn ein solches Verhalten gesellschaftlich sanktioniert war. Ich erinnerte mich vage daran, wie überlegen und einflußreich ältere Frauen auf mich als Jugendliche gewirkt hatten. Auch ich hatte mir damals gewünscht, sie möchten mich an ihrer Macht teilhaben lassen und sie für mich einsetzen. Ich konnte dieser Studentin also tatsächlich etwas geben.

Eine weitere Gelegenheit eröffnete sich, als ich eine Frau einstellte, die mir bei meiner Arbeit helfen sollte. Ich hatte mir zwar ein möglichst gleichberechtigtes, auf gegenseitiger Achtung gründendes Arbeitsverhältnis gewünscht – ob ich innerlich bereits soweit war, sei einmal dahingestellt –, aber allein dadurch, daß ich sie für ihre Arbeit bezahlte, hatte ich Macht über sie. Ihr Wohlergehen hing davon ab, wie verantwortungsvoll ich mit meiner Macht umzugehen verstand. Wenn ich die Macht nicht verantwortungsvoll nutzte, schadete ich nicht nur mir selbst, sondern auch ihr.

Bald darauf hörte ich zufällig von einer Zeremonie amerikanischer Indianerinnen. Sie stellen sich mit einem Seil im Kreis auf, dann wird das Seil in Stücke geschnitten. Dahinter steht die Vorstellung, daß alle Seelen an einem Seil hängen und durch die Meinungen anderer Menschen buchstäblich hin- und hergezogen werden. Bei dieser Zeremonie, die besonders für Frauen wichtig ist, wird das Seil im Innern verankert, so daß die Frauen nicht mehr durch die Kritik und die Erwartungen der anderen aus dem Gleichgewicht gebracht werden können. Diese Metapher führte mir vor Augen, was ich noch lernen mußte.

Schließlich muß ich mich noch bei Anita Hill bedanken, die mir half, meine Angst vor Geld zu überwinden. Am Tag nach den Anhörungen war ich so wütend, daß ich eine große Summe von meinem Konto an eine Frauenorganisation überwies. Ich wollte zeigen, daß zumindest einige andere Frauen auch empört waren. Eigenartigerweise erfüllte mich der Scheck mit Euphorie, er vermittelte mir ein angenehmes Gefühl von Macht. Nach einiger Zeit zweigte ich regelmäßig ein Zehntel meines Einkommens ab, und ich stellte fest, daß ich mich immer mehr berechtigt fühlte, Geld zu verdienen. Bald kannte ich mich in Geldangelegenheiten recht gut

aus; ich legte meine Einnahmen gewinnbringend an und verhandelte sogar über mehr Geld. Geld war kein selbstsüchtiger, unmoralischer Luxus mehr, der mich zum Teil eines oppressiven Systems machte, sondern ein Mittel, um Veränderungen herbeizuführen.
So änderte sich nach und nach meine Einstellung, und ich begann den Kampf zu genießen. Ich war glücklich, als Silikonimplantate verboten wurden, denn ich hatte mich zusammen mit vielen anderen Frauen für dieses Verbot eingesetzt. Ich faßte neuen Mut, als mir eine Frau sagte, ich hätte ihr mit meinen Schriften geholfen. Ich genoß es, öffentlich meine Meinung zu sagen. Ich fühlte mich großartig als Lehrerin junger Frauen, denen ich meine Erfahrungen zu vermitteln suchte. Ich war hoch erfreut, wenn ich einen Scheck an eine Organisation schicken konnte oder zur Ausbildung eines Familienmitglieds finanziell beitragen konnte. Ich fand wieder zu mir selbst zurück, und meine Freundschaften festigten sich.
In meinen Vorträgen sagte ich den jungen Frauen etwas, was mir in jungen Jahren niemand gesagt hatte: daß es wirklich Spaß macht, mit Macht und Geld umzugehen, wenn man damit wichtige Ziele verfolgt, und daß die Macht sie nicht in männliche Ungeheuer oder Außenseiterinnen verwandeln würde. Sie dürften nicht nur mehr verlangen, sie müßten es sogar; es sei politisch notwendig.

Der richtige Umgang mit der Macht

Ich stellte fest, daß andere Frauen in meiner Umgebung, darunter auch sehr reiche Frauen, ebensowenig mit Macht umgehen konnten wie ich. Dazu fallen mir mehrere Begebenheiten ein. Ich erinnere mich noch an eine junge Fernsehproduzentin, die gerade eine Gehaltsaufbesserung von 30 Prozent erhalten hatte. Ganz aufgelöst saß sie mir gegenüber und redete davon, wie sie die Produktionsfirma bitten würde, ihr wieder weniger zu bezahlen, damit sie nicht so viel koste. Eine andere Frau, eine bekannte Autorin, deren Frauenbiographien in den Vereinigten Staaten sehr populär sind, rief ihren Agenten an und bat ihn – während der Verhandlungen über ein neues Buch –, nicht zuzulassen, daß die Angebote noch höher stiegen.

Eine Sekretärin, die Bürobedarf eingekauft hatte, hatte Hemmungen, alle Quittungen einzureichen, da sie nicht als »kleinlich« gelten wollte. Eine Floristin führte ein 30minütiges Ferngespräch, um einem Kunden – völlig überflüssigerweise – zu erklären, warum er im voraus bezahlen müsse. Eine Studie kam zu dem Ergebnis, daß Frauen regelmäßig zu wenig für ihre Arbeit verlangen. Eine Agentur gab inoffiziell zu, daß Arbeitgeber dieselbe Stelle höher dotiert ausschreiben, wenn sie keine Bewerbungen von Frauen wünschen. Generationen von College-Absolventinnen entscheiden sich für ein geisteswissenschaftliches Studium, nach dessen Abschluß ihnen nur schlechtbezahlte Stellen offenstehen; 80 bis 90 Prozent der Studenten der Naturwissenschaften, der Ingenieurwissenschaften und der Mathematik sind männlichen Geschlechts. Wenn Oberschülerinnen aus der Arbeiterschicht gefragt werden, welchen Beruf sie einmal ergreifen wollen, nennen die meisten schlechtbezahlte Berufe im Dienstleistungssektor und Pflegeberufe; nicht einmal 4 Prozent nennen höherbezahlte Berufe.

Ich hörte jetzt genauer hin, wenn eine Frau über Geld sprach. Folgende Äußerungen waren typisch: »Ach, entscheiden Sie, wieviel Sie mir zahlen wollen.« »Ich sagte ihm, ich würde in seinem Büro jede Arbeit machen.« »Ich verlange jetzt fast nichts von meinen Klienten, damit ich die Praxis aufbauen kann.« »Das macht zweihundert Dollar, einverstanden? Ich kann Ihnen auch etwas nachlassen.«

Sogar meine Freundinnen waren im Umgang mit Geld und Macht wenig selbstbewußt. Obwohl wir aus ganz unterschiedlichen Schichten stammen (etwa auch aus der Oberschicht), konnte keine von uns die Börsenkurse lesen, eine Pressekonferenz abhalten, einen Vertrag richtig interpretieren, ein Gehalt aushandeln oder grundlegende Rechte als Konsumentin wahrnehmen. Frauen und Männer derselben Schicht scheinen in Geldangelegenheiten zwei verschiedene Sprachen gelernt zu haben: eine, die befähigt, damit umzugehen, und eine, die dazu untauglich macht. Das zeigte sich beispielsweise daran, daß alle meine männlichen Freunde ein Gehaltsangebot lediglich als Verhandlungsbasis verstanden und selbst ein Gegenangebot unterbreiteten. Im Gegensatz dazu gingen meine Freundinnen – obwohl sie genauso alt waren und denselben Hintergrund hatten – davon aus, daß für die Arbeit eben nicht mehr bezahlt wurde.

Im Freundeskreis diskutierten wir über unsere Unfähigkeit, Macht zu gebrauchen, und wir beschlossen, uns gegenseitig dabei zu helfen, mehr Geld für unsere Arbeit zu bekommen. Die in ganz unterschiedlichen Bereichen tätigen Frauen dieser nicht repräsentativen Auswahl, darunter eine Babysitterin, eine Lehrerin und eine freie Autorin, waren ebenso überrascht wie ich, als sie auf Anfrage mehr Geld erhielten. Zwar bekamen sie nicht immer das, was sie gefordert hatten, aber es war doch fast immer mehr als das, womit sie sich sonst zufriedengegeben hätten. »Wenn du zum ersten Mal mehr Geld verlangst«, sagte eine, »neigst du als Frau dazu, damit herauszuplatzen oder heftig zu werden, damit du es schnell hinter dir hast. Hinterher bist du dann unglücklich. Aber beim zweiten Mal bist du schon viel lockerer, und bald macht es dir gar nichts mehr aus.«

Je mehr mir bewußt wurde, wie unterschiedlich Frauen und Männer den Wert ihrer Arbeit beurteilen, desto mehr hatte ich den Eindruck, als seien die beiden Geschlechter in ganz verschiedenen Wirtschaftssystemen tätig. Viele Männer vor allem der Oberschicht halten sich für einzigartige und unersetzliche Führungskräfte einer expandierenden Wirtschaft und wollen deshalb auch möglichst viel verdienen. Im Gegensatz dazu neigen Frauen aus allen gesellschaftlichen Schichten dazu, sich selbst als billige Arbeitskräfte einer darniederliegenden Wirtschaft zu sehen. Da ihnen gesagt wird, sie seien wenig wert und ersetzbar, glauben sie, daß sie am besten fahren, wenn sie möglichst wenig fordern – natürlich bei größtmöglicher Leistung – und so Mitbewerberinnen ausschalten.

Ich habe erlebt, daß Frauen beinahe erleichtert sind, wenn ihnen ein niedriges Gehalt angeboten wird, weil sie dann meinen, ihr Arbeitsplatz sei sicher; umgekehrt habe ich erlebt, wie Frauen absolut hysterisch werden, wenn ihnen ein hohes Gehalt angeboten wird, weil sie dann instinktiv glauben, das sei »zuviel« und sie würden wie jeder andere Luxus überflüssig, sobald es hart auf hart gehe. Dazu kommt die ewige Dankbarkeit der Frauen. Frauen sind immer glücklich über das Erreichte; sie denken nicht daran, daß sie es verdient haben und daß sie noch mehr verdienen.
Allmählich erkannte ich, daß die weibliche Einstellung zum Geld ein viel größeres Hindernis für die Gleichberechtigung der Frau ist, als ich bisher für möglich gehalten hatte. Frauen mit höherem Einkommen und Bildungsstand sind davon sogar noch mehr betroffen als ärmere Frauen, aber im Vergleich zur Mehrheit der Männer leiden alle Frauen darunter.
Männer bekommen mehr, aber nicht nur, weil sie das System gemacht haben, sondern weil sie mehr verlangen. Frauen werden zwar auch direkt unterdrückt, aber vor allem fordern sie nicht, was ihnen zusteht. Wir könnten einiges erreichen, wenn wir es erst fordern würden.
Ich erkannte, daß ein gewisses Maß an finanzieller Autonomie mich von der wirtschaftlichen Angst befreite, die mich verfolgte, soweit ich zurückdenken konnte. Ich sah nun, wie sehr diese Angst mein Leben beherrscht hatte. Einflußreiche frauenfeindliche Männer konnten mich nicht mehr so leicht einschüchtern. Ich gewann den Eindruck, daß sie sich nur deshalb stark und überlegen fühlten, weil sie glaubten, sie verdienten weit mehr Geld als die Frau, die ihnen gegenübersaß. Mir wurde bewußt, daß es für die Gleichberechtigung der Frauen sehr viel wichtiger ist, den Frauen die Angst vor dem Geld zu nehmen, als die ideologischen und gesellschaftlichen Probleme zu lösen, denen im organisierten Feminismus häufig Vorrang eingeräumt wird.
Diese Erkenntnis ist gar nicht so neu: Bereits Virginia Woolf hat

einmal geschrieben, Frauen benötigten 500 Pfund im Jahr, um frei zu sein. Doch seit 1920 sind noch immer keine entscheidenden Fortschritte erzielt worden. Ähnliche Störungen prägen das Verhältnis von Frauen zum Essen und zur Sexualität. Das macht Sinn, denn auch diese an sich wichtigen Dinge gelten als verbotener Luxus, als Hinweis auf ein verbotenes Selbstwertgefühl.
Essen, Sexualität und Geld sind mit vielerlei Tabus belegt, denn sie machen abhängig und selbstsüchtig. Viele Frauen akzeptieren und verstärken diese Tabus noch, weil sie – vielleicht unbewußt – meinen, sie müßten im Zustand der Entsagung verharren und ihre Lust künstlich in Zaum halten. Sie sagen, sie hätten Angst, nicht mehr mit dem Essen aufhören zu können, wenn sie sich selbst erst einmal die Erlaubnis dazu gegeben hätten. Deshalb kommt es so häufig zu Freßorgien, die Frauen für kurze Zeit ein Gefühl des Überflusses vermitteln und auf die dann später, sozusagen als verdiente Strafe, Hungerkuren folgen. Auch beim Geldausgeben verhalten Frauen sich häufig »bulimisch«: Sie geben geradezu zwanghaft viel Geld aus, hassen sich dann dafür und empfinden die Einschränkungen durch die Schulden als gerechte Strafe. Das Geldausgeben erfüllt sie nach eigener Aussage oft mit einem Gefühl von Macht, die nachfolgende Phase der Entbehrung bringt sie wieder zur Besinnung.
Frauen stehen nicht nur dem eigenen Geld, sondern auch dem Geld anderer Frauen ambivalent gegenüber. Seien wir aufrichtig: Männer sind nicht die einzigen, die über Geld, Lust und Sexualität von Frauen bestimmen wollen. Auch Frauen haben davor Angst. Eine Frau mit Geld erzeugt bei beiden Geschlechtern das Bedürfnis, dieses Geld mit den verschiedensten Auflagen unschädlich zu machen. Das Geld einer Frau bedroht ebenso wie die freie Sexualität einer Frau den Status quo: Nur wenige fühlen sich bei der Vorstellung wohl, daß eine Frau über diese »Quellen der Macht« verfügen kann. Die Männer lehnen finanziell unabhängige Frauen ab, und auch in die Bewunderung der Frauen mischen sich häufig starke Ressentiments.

Warum ist das Bedürfnis von Frauen nach Kontrolle über Geld, Essen und Sexualität anderer Frauen so irrational stark? Die Gründe dafür sind in der Kindheit zu suchen. Die Kindererziehung liegt zumeist in den Händen der Mütter, und wir haben gelernt, daß Frauen für die Erziehung und Pflege von Kindern verantwortlich sind. Unsere Angst vor finanziell unabhängigen Frauen wurzelt in dem kindlichen Bedürfnis, über die betreuende Person zu bestimmen, und der Angst des Kindes, sie zu verlieren. Wenn die Mutter Geld und Sex-Appeal hat, könnte sie ja einfach weggehen und die ganze Nacht im Ritz tanzen. Wir haben Angst, von ihr abhängig zu sein, wenn sie nicht ihrerseits von einer Person oder Sache abhängig ist.

Das Verlangen nach Kontrolle zeigt, wie trügerisch die Prämisse des Opfer-Feminismus ist: Wenn Frauen wirklich so selbstlos und fürsorglich sind, warum fühlen sich dann alle so bemüßigt zu kontrollieren, daß sie ihr Geld tatsächlich für das Wohl anderer und nicht für ihr eigenes ausgeben? Was fürchten wir denn, daß sie mit dem Geld tun könnten? Der Power-Feminismus dagegen tritt, wie wir gesehen haben, für Toleranz ein; wir dürfen dem Verlangen, anderen Frauen vorzuschreiben, was sie mit ihrem Geld, ihrer Sexualität und ihrer Macht zu tun haben, nicht nachgeben.

Doch weder der Feminismus noch die Gesellschaft insgesamt bieten der Frau einen kulturellen Rahmen, in dem das Streben nach Geld ein legitimes weibliches Verlangen ist. Während die meisten Frauen »mehr Geld« als wichtigstes Ziel ansehen, lehnen organisierte Feministinnen häufig jene kapitalistischen Fertigkeiten ab, die den Frauen am ehesten Macht verschaffen könnten. Akademisch gebildete Feministinnen marxistischer Überzeugung nutzen ihre Kenntnisse, um den Kapitalismus heftig anzugreifen, im allgemeinen aber nicht, um Möglichkeiten aufzuzeigen, wie Frauen die Mechanismen des Kapitals zu ihrem Vorteil nutzen können. Es klingt ironisch, daß nach dem Zusammenbruch des Kommunismus in Osteuropa die letzten Marxistinnen in der amerikanischen Frauenbewegung zu finden sind.

Organisierte Feministinnen fühlen sich offensichtlich wohler dabei, auf die wirtschaftliche Ausbeutung der Frau hinzuweisen und auf Gesetze zu dringen, die Frauen eine bessere Bezahlung sichern – sie führen Kampagnen durch, in denen sie die gleiche Bezahlung von Frauen fordern –, als Frauen Wege zu zeigen, wie sie selbst Gewinne erzielen können. Kurz, sie haben noch nicht den Schritt vom Bitten zum Nehmen getan.

In den siebziger Jahren eröffneten Feministinnen eine Bank für Frauen, die später wieder geschlossen wurde. Viele Kleinbetriebe von Feministinnen dagegen florieren, und einige Organisationen, wie die Ms. Foundation, bieten Programme an, in denen wohlhabende Frauen besser mit ihrem Vermögen umgehen lernen und finanzschwache Frauen Hilfe zur Gründung von Kleinunternehmen erhalten.

Diese Bemühungen dauern an, obwohl Frauen immer noch Skrupel davor haben, große Summen für große Veränderungen einzusetzen. Die Ms. Foundation versucht, 10 Millionen Dollar Stiftungsgeld zusammenzubringen, trotz des Widerstands einiger Ausschußmitglieder, die befürchten, daß die Stiftung durch die finanzielle Absicherung ihren Basis-Charakter verliert; immer wieder sind Mitglieder empört, wenn die Stiftung finanzschwache Aktivisten aus der Arbeiterschicht komfortabel unterbringt und gut verköstigt. Ich selbst habe meine Studentinnen früher davor gewarnt, etwas nur des Geldes wegen zu tun. Um die Bibel des Feminismus, Shulamith Firestones *Frauenbefreiung und sexuelle Revolution*, ist achtzehn Jahre nach ihrem Erscheinen ein heftiger Tantiemenstreit entbrannt, weil die Autorin ihre Rechte an ihre Frauengruppe abgetreten hat. In der Einleitung zu dem von Robin Morgan herausgegebenen Buch *Sisterhood is Powerful* findet sich folgende Verzichtserklärung: »Das durch den Verkauf dieses Buches erzielte Geld geht an eine Fraueninitiative, die sich für Abtreibung und Tagesstätten einsetzt, ferner an Verteidigungs- und Kautionsfonds etc.« Eine junge Feministin ergriff einmal meine Hände und sagte, sie repektiere mich deshalb ganz besonders, weil ich eine Arbeit tue, mit der ich nichts verdiene; sie war sicher enttäuscht, als ich ihr versicherte, es gehe mir finanziell gut. Von einer feministischen Organisation weiß ich, daß sie Schecks, auch über höhere Beträge, erst Wochen nach deren Eingang einlöst. Die Angst der Frauen und Feministinnen vor Geld wurzelt im viktorianischen Feminismus, der von in kirchlichen Gruppen organisierten Frauen der Mittelschicht ins Leben gerufen wurde und Geld als »schnöden Mammon« verachtete. Die Angst zeigt, wie stark religiöse Frauengruppen mit ihrem Armuts-Schwur politische Frauenorganisationen beeinflußt haben.

Ganz anders klingt dagegen, was Amy Haydn-Rod sagt, eine 19jährige Mathematikstudentin, die ganztags in einem Buchladen arbeitet und auf Junggesellen-Parties tanzen muß, um ihren Abschluß an einem staatlichen College zu finanzieren. »Als meine Mutter sich von meinem Vater scheiden ließ, hatte sie keinen Beruf, keine Ausbildung. Sie war fünfzehn Jahre lang nur daheim. Jetzt mußte sie umziehen und von Sozialhilfe leben. Sie begann in einem Lebensmittelgeschäft zu arbeiten. Sie verdient auch heute nicht mehr als 14000 bis 15000 Dollar im Jahr, und davon muß sie noch meine Schwester großziehen. Wie hat mich das beeinflußt? Ich glaube, der Kapitalismus ist an sich etwas Gutes. Aber keiner darf aufgrund künstlicher Barrieren wie Gesellschaftsschicht, Hautfarbe und Geschlecht davon ausgeschlossen werden. Ich habe viele Freunde und Freundinnen aus der oberen Mittelschicht. Und ich habe jetzt eine genauere Vorstellung davon, was noch getan werden muß. Man muß ins Zentrum der Macht und des Geldes vordringen, in die Klubs der Männer, und es von innen zugänglich machen.«

Die Einstellung der organisierten Feministinnen zum Geld ist immer weniger zeitgemäß. Führende Bürgerrechtler setzten mit großem Erfolg auf wirtschaftliche Macht, suchen öffentlich-private Partnerschaften, führen Schulungen für Kleinunternehmer und andere Programme durch. Schwarzenführer aus Los Angeles, die sich um Kapital für ihre Gemeinden bemühen, haben erkannt, daß der Kampf gegen den Rassismus auf wirtschaftlicher Ebene geführt werden muß: »Es reicht nicht, im Bus vorn zu sitzen. Wir können den Rassismus erst dann wirkungsvoll bekämpfen, wenn wir die Busgesellschaft besitzen.«

Warum sollten also Frauen als einzige Gruppe in den USA nicht für Geld kämpfen? Warum sollten sie auch in geschäftlichen Angelegenheiten eine Opferhaltung einnehmen? Viele Frauen würden, wenn sie nur die Chance bekämen, mit Geld genauso kreativ umgehen wie mit Kuchenteig oder Häkelgarn.

Finanzielle Eigenständigkeit und Unabhängigkeit sind ebenso wichtig für die Gleichberechtigung der Frau wie das Recht auf den eigenen Körper. Ist es nicht geradezu ungehörig, wenn wohlhabende Frauen der Mittelschicht ihr Geld lieber für wohltätige Zwecke spenden, als finanzschwachen Frauen der Arbeiterschicht damit zu ermöglichen, was diese so unbedingt wollen: nämlich selbst Geld zu verdienen? Wird hier wirklich progressive Politik für Frauen gemacht – oder handelt es sich lediglich um milde Gaben für die Armen, wie sie die wohlhabenderen Frauen im 19. Jahrhundert auszuteilen pflegten? Viele Frauen setzen den organisierten Feminismus mit Selbstverleugnung statt mit Gelderwerb gleich. Aber könnten sich nicht Millionen von Frauen besser mit einer Bewegung identifizieren, die für das kämpft, was sie mehr als alles andere brauchen (vom Recht auf Selbstbestimmung über ihren Körper abgesehen): für Geld und damit für wirkliche Macht, Selbständigkeit und die Möglichkeit der Selbstverwirklichung?

Mit ihrer ablehnenden Einstellung zum Geld leisten solche feministischen Ideologien den Frauen einen schlechten Dienst. Mit mehr Geld könnten sich viele Frauen Dinge auf der feministischen »Wunschliste« erfüllen, die jetzt von der Willkür des Gesetzgebers und der wechselhaften öffentlichen Meinung abhängig sind. Frauenfeindschaft würde es zwar auch dann noch geben, wenn Frauen genausoviel Geld hätten wie Männer, aber sie hätte keinen großen Einfluß mehr. Auch wenn es immer noch einige gäbe, die Frauen unterdrücken wollten – sie könnten es sich nicht mehr leisten.

Das Machttabu

Ich fragte Frauen, wie sie über Macht, Autorität und Herrschaft denken, und stellte fest, daß die ambivalenten Gefühle vieler Frauen gegenüber der Macht die Ängste vieler Männer vor Frauen mit Macht widerspiegelten. Die Einstellung der Frauen waren in mancherlei Hinsicht sogar noch dogmatischer und extremer als die der Männer.

Wenn Frauen über solche Themen sprachen, veränderte sich ihre Körpersprache. Wenn ich sagte, sie sollten sich in einer Führungsposition vorstellen, wichen sie fast immer körperlich vor mir zurück: Sie zuckten mit den Schultern, als wollten sie eine Last abschütteln, senkten den Blick, verschränkten die Arme, schlugen die Beine übereinander und rückten vom Tisch ab. Sie schienen körperlich demonstrieren zu müssen, daß sie es ablehnten, Macht zu übernehmen.

Wenn sie aber indirekt dazu ermutigt wurden, von Ereignissen zu sprechen, in denen sie etwas durchgesetzt oder über widrige Umstände triumphiert hatten, wenn sie gleichsam die »Erlaubnis« bekamen, darüber zu sprechen, weil andere Frauen wie ich auch darüber sprachen, veränderte sich ihre Körpersprache genau ins Gegenteil: Sie setzten sich aufrecht hin, hoben das Kinn und sahen ihrem Gegenüber in die Augen. Ihre Stimmen wurden merklich fester und lauter.

Und noch etwas anderes Überraschendes geschah: Unabhängig von Gesellschaftsschicht, Hautfarbe und persönlichen Lebensumständen reagierten die Frauen fast immer kokett, mit einer geradezu erotischen Ausstrahlung. Sie erröteten tief, ihr Atem beschleunigte sich, und sie lachten lebhaft, sinnlich und klangvoll. Lange Zeit galten nur hilflose Frauen als erotisch. Aber diese Reaktionen zeigen, daß Macht, von der man sagt, daß sie Männern erotische Ausstrahlung verleiht, auf Frauen dieselbe Wirkung hat.

Ich bin keine Sozialwissenschaftlerin, aber nachdem ich diese Reaktion so oft erlebt habe, drängen sich mir drei Schlußfolgerungen auf. Erstens existiert offenbar ein Tabu, das es unmöglich macht, in der »Sprache der Frau« offen über Macht und Leistung zu reden. Da Frauen, wenn sie sich »sicher« fühlen, bereitwillig, ja sogar begierig über ihre Stärken und Erfolge sprechen, ist diese Zurückhaltung offensichtlich nicht darauf zurückzuführen, daß sie diese Themen ablehnen. Vielmehr scheinen Frauen das Gefühl zu haben, daß sie nicht darüber sprechen dürfen.

Zweitens wird der Machtanspruch der Frauen nicht nur von den Männern unterdrückt, sondern auch von den Frauen selbst. Frauen sind so erzogen, daß sie Angst davor haben, andere Frauen »zu überflügeln«. Ihr Machtanspruch hängt stark davon ab, wieviel Macht andere Frauen ihnen zugestehen. Wenn die weibliche Subkultur zuläßt, daß Frauen selbstbewußt handeln, tun sie dies auch; wenn Selbstbewußtsein jedoch bestraft wird, schrecken die meisten Frauen davor zurück.

Die geschilderte erotische Reaktion auf die gesellschaftliche Erlaubnis, nach Macht zu streben und darüber zu reden, läßt drittens den Schluß zu, daß die Macht der Frauen nicht jene harte, männliche Kraft ist, als die sie Opfer-Feminismus und Opposition gern hinstellen. Wenn Autorinnen wie Tannen, Baker Miller oder Gilligan (etwa in Gilligans erstem Buch *Die andere Stimme. Lebenskonflikte und Moral der Frau*) behaupten, Frauen seien mehr an menschlichen Beziehungen als an Anerkennung, Status und Individuation interessiert, ist das voreilig. Frauen erkennen trotz aller Tabus und Verbote die Ausübung von Macht als das, was sie im Idealfall sein kann: eine überaus angenehme Erfahrung, etwas zutiefst Weibliches und faszinierend Erotisches.

Tannen, Gilligan und Baker Miller haben überzeugend dargelegt, daß Frauen großen Wert auf menschliche Beziehungen und Intimität legen und daß sie Konkurrenzdenken, Leistung und »männliche« Formen der Macht ablehnen. Doch ich bin überzeugt, daß die Autorinnen eine unterdrückte, verbotene Seite der weiblichen Psyche übersehen haben. Ich glaube, daß einige ihrer Theorien ein Verhalten psychologisch erklären, das letztlich von der Gesellschaft bestimmt wird und sich in dem Maß verändert, wie sich das Verhältnis der Frauen zu Macht verändert. Die Schlußfolgerungen von Tannen, Baker Miller und Gilligan werden dadurch verfälscht, daß Mädchen und Frauen gerne über ihren Wunsch nach Intimität und Beziehungen reden, nicht aber über Phantasien, die Wut, Konkurrenzkampf, Sieg, Ruhm, Reichtum, Macht und Herrschaft zum Inhalt haben – wie ausgeprägt diese Phantasien auch sein mögen. Die Autorinnen beschränken sich darauf, freundschaftliches und rücksichtsvolles Verhalten von Mädchen zu beschreiben, während sie Konkurrenzdenken, Aggressivität und Stolz über Erfolge unerwähnt lassen – Verhaltensweisen, die, wie ich glaube, zumindest ebenso häufig zu beobachten sind (nur Gilligan spricht in ihrem zweiten Buch offener über Konflikte). Ich meine, hinter der an der Oberfläche so selbstverständlich erscheinenden Harmonie und Freundschaft verbergen sich Unterdrükkung, Grausamkeit und Mißtrauen. Mädchen lernen etwas, das nicht in der Natur des Menschen liegt: Macht abzugeben und den eigenen Willen zu unterdrücken. Gilligan beschreibt in ihrem zweiten Buch zwar, wie Mädchen dagegen ankämpfen, »nett« sein zu müssen, aber gleichzeitig präsentiert sie dem Leser ein »harmonisches« Bild von Mädchen, die sich nicht davor fürchten, »auszusprechen, was ihrer Ansicht nach schlecht oder falsch ist«.[1] Im schlimmsten Fall ist ihr Verhalten »störend und widerspenstig«; Mädchen sind »ehrlich, selbstbewußt, sich ihrer Beobachtungen und Urteile sicher, hartnäckig, entschlossen ...« Gilligan ist immer noch der Ansicht, der stärkste weibliche Trieb sei der Wunsch nach Beziehungen. Sie erkennt zwar die Willensstärke der Mädchen, sieht darin aber nicht Machtwillen, sondern lediglich den Wunsch nach »authentischeren« Beziehungen.

Auch ich glaube, daß junge Mädchen ein großes Bedürfnis nach Intimität und Beziehungen haben. Aber die genannten Autorinnen liefern keine Erklärung für den anderen starken Trieb der Mädchen: den Wunsch, die Welt zu regieren. Ich respektiere ihre Beobachtungen, aber sie stimmen nicht mit meinen Erinnerungen

an meine eigene Kindheit überein. Ich bin überzeugt, daß Mädchen nicht nur Beziehungen, sondern auch Macht, Selbständigkeit und Herrschaft wollen. Woher kommt denn die Faszination der Macht, die sich in den Phantasien von Mädchen und erwachsenen Frauen zeigt? Wenn ich Frauen bat, mir ihre kindlichen Machtphantasien zu schildern, entdeckte ich wahre Schätze – oder ich öffnete die Büchse der Pandora, je nach Perspektive. Ihre Phantasien waren keineswegs so harmlos wie die von Feministinnen beschriebenen Gefühle netter, selbstbewußter Mädchen, die großen Wert auf »authentische Beziehungen« legen.
Ich befragte ganz unterschiedliche Frauen nach ihren Mädchenphantasien. Sie alle hatten davon geträumt, Königinnen und Kaiserinnen zu sein; sich grausam an Gegnern zu rächen; auf der Titelseite einer Zeitschrift von begeisterten Fans angebetet zu werden; den Nobelpreis zu erhalten; auf den Schultern ihrer Verehrer herumgetragen zu werden; Symphonien zu dirigieren; wichtige gerichtliche Entscheidungen zu fällen; vergrabene Schätze zu entdecken; Rivalen zu beschämen; Feinde zu foltern, bis sie ihre Vergehen bereuten; über Kolonien zu herrschen; gegen Alligatoren zu kämpfen und von der Königin zum Ritter geschlagen zu werden. Nirgends tauchte die Angst auf, daß durch solche Erfolge andere verletzt oder ausgeschlossen werden könnten. Es ging auch nicht darum, die eigene Identität aus den Gefühlen anderer abzuleiten (mit Ausnahme des Gefühls der Ehrfurcht vielleicht). Die Phantasien zeigten nicht, daß die klassische Definition des »Selbst« nicht auf die weibliche Entwicklung anwendbar wäre, sondern nur, daß Frauen ihre Wünsche verdrängen.
Die Frauen bestätigten meine eigenen Erinnerungen. Sie widersprachen jenen feministischen Theorien, die behaupten, daß Mädchen nicht das gleiche Bedürfnis nach Selbständigkeit haben wie Jungen, daß sie vor Hierarchien zurückschrecken und daß sie ihre Identität nicht von den Gefühlen der Menschen ihrer Umgebung abtrennen können. Ich stellte fest, daß die Phantasien gesunder Mädchen von Selbständigkeit, Anerkennung, Leistung, Herrschaft

und Konflikt handeln und daß die Mädchen erst später lernen, solche Phantasien zu verdrängen, weil sie als schlecht und unnormal gelten.
Die folgenden Erinnerungen stammen von einer 31jährigen Akademikerin indianisch-marokkanischer Abstammung.
»Wenn ich Streit mit meiner Mutter hatte, stellte ich mir vor, wie ich mich an ihr rächen würde. Es würde sich herausstellen, daß ich im Recht war und sie im Unrecht, und sie würde ganz kleinlaut werden.
Ich stellte mir auch vor, daß meine Feinde in der Schule bestraft und in Verliese geworfen würden. Davon träumten auch viele meiner Freundinnen, die wie ich in der Schule Außenseiterinnen waren.
Ich träumte oft, ich sei berühmt, eine weltberühmte Chirurgin, Schauspielerin oder Sängerin, ein Fotomodell oder eine Forscherin. Die Menschen würden mich anerkennen und mir applaudieren. Sie würden neidisch sein, und es würde ihnen leid tun, daß sie so gemein zu mir gewesen waren.
In meinen Phantasien handelte ich entschlossen und mutig. Ich hielt Züge an, rettete Menschenleben, war Spionin und verriet Geheimnisse. Geheimnisse gaben mir ein Gefühl von Macht. Ich allein kannte sie, und niemand war schlau genug, sie zu erraten. Dann verriet ich sie, und alle staunten über meine Intelligenz.
Wenn ich davon träumte, berühmt zu sein, wollte ich letztlich anders sein. Die Menschen sollten anerkennen, daß ich es zu mehr gebracht hatte als alle anderen. Oder zumindest, daß ich anders war als alle anderen.
Wir spielten auch mit Puppen. Eine von uns war die Königin, die anderen waren Dienerinnen. Wir waren unglaublich gemein zu den Dienerinnen. Wie wechselten uns ab, aber ich hatte eine Freundin, die immer Königin sein wollte. Damit kam sie nicht durch, denn niemand wollte Dienerin sein. Immer wollten alle Königin sein.«
Während Tannen meint, daß sich das Interesse der Mädchen an

Geheimnissen mit ihrem Wunsch nach Intimität erklären läßt, ging es dieser Frau um Macht. Ihre Erinnerungen deuten darauf hin, daß viele Mädchen, die an ihrem Streben nach Selbständigkeit und Macht und sogar an dem ungehörigen Wunsch zu herrschen und zu bestrafen festhalten wollen, gegen ihren Willen gezwungen werden, sich in die Gruppe »egalitär« denkender, beziehungszentrierter Mädchen einzufügen.

Aus den genannten Arbeiten geht nicht hervor, welchen Beruf die Eltern der befragten Mädchen hatten und welcher Elternteil primär für die Betreuung der Kinder zuständig war. Die Vorstellung, Mädchen legten mehr Wert auf »Beziehungen« als auf Unabhängigkeit, stützt sich auf eine These von Nancy Chodorow: Da Mädchen von ihren Müttern betreut werden, leiten sie ihre Identität aus der Intimität ab, während Jungen ihre Identität in der Selbständigkeit finden.

Inzwischen sind solche Theorien durch veränderte Regelungen bei der Kinderbetreuung bereits wieder überholt. Die Mütter der Frauen, die am bereitwilligsten über ihre Kindheitsphantasien sprachen, waren alle berufstätig gewesen, und die Väter hatten, sofern sie in der Familie lebten, die Kinder zumindest teilweise mitbetreut. So hatte ich es auch in meiner Familie erlebt, ich hatte nicht gelernt, daß sich Beruf und Familie gegenseitig ausschließen oder daß weibliche Eigenständigkeit gefährlich ist. Mein Vater wechselte meine Windeln und war außerdem Lehrer; meine Mutter fütterte mich und schrieb daneben hinter verschlossener Tür ihre Doktorarbeit; sie war deshalb nicht weniger liebevoll. Das Gefühl, daß Beruf und Familie nicht miteinander vereinbar waren, wurde mir erst später, außerhalb meiner Familie, vermittelt.

Ich glaube, daß der Machtwille bei allen gesunden Mädchen anfangs mindestens ebenso ausgeprägt ist wie der Wunsch nach Intimität (obwohl er natürlich vom jeweiligen Temperament abhängt). Der Machtwille bleibt eher erhalten, wenn das Kind von beiden Elternteilen, von Vater und Mutter, betreut wird oder wenn die Mutter ihre Autorität für genauso wichtig hält wie ihre versor-

gende Tätigkeit als Mutter. Ich glaube, daß Führungsqualitäten, Kreativität, Genialität, eigenständiges Denken und Standhaftigkeit ebenso wie Aggressivität und Grausamkeit von diesem Machtwillen herrühren. Meiner Meinung nach lernen Mädchen im Verlauf ihrer Sozialisation in gleichgeschlechtlichen Spielgruppen und durch Nachahmung von Frauen in ihrer Umgebung, diese Seite ihres Wesens zu unterdrücken. Die Unterdrückung des Machtwillens erzeugt bei vielen erwachsenen Frauen ambivalente Gefühle. Einerseits wollen sie über Macht verfügen, weil das natürliche Verlangen danach so lange unterdrückt wurde, andererseits haben sie insgeheim Angst, daß sie, wenn sie erst einmal die Möglichkeit haben, über das Ziel hinausschießen und ihre Macht mißbrauchen könnten. Um diesen blinden Fleck in der weiblichen Psyche ranken sich Ideologien, die behaupten, Frauen hätten keinen Willen zur Macht. Wenn Frauen sagen, sie würden großen Wert auf Beziehungen und Zusammenarbeit legen, Konkurrenzkampf und Herrschaft aber ablehnen, sprechen sie eine gesellschaftlich sanktionierte Geschichte aus, die nur die halbe Wahrheit wiedergibt. Wenn es erlaubt wäre, würden sie auch mit der anderen Hälfte herausrücken, wie es Frauen tun, denen die Opferhaltung nicht in Fleisch und Blut übergegangen ist.
Wenn meine Annahmen stimmen, ergeben sich daraus wichtige Folgerungen. Viele Feministinnen vertreten die Theorie, der Wille zur Macht sei eine typisch männliche Eigenschaft und Frauen würden sich selbst Gewalt antun, wenn sie sich in der Öffentlichkeit wie Männer verhalten wollten. Ist der Wille zur Macht aber auch den Frauen angeboren, dann ist der Umgang mit der Macht für Frauen nur deshalb problematisch, weil die Macht von Männern geprägt ist, nicht aber, weil Macht grundsätzlich von Frauen abgelehnt würde. Frauen fühlen sich in der männlich dominierten Arbeitswelt vor allem deshalb unwohl, weil sie nicht über ausreichend Macht verfügen, ihren Arbeitsplatz in einer für sie angenehmen Art und Weise zu gestalten. Wenn Frauen erst genügend Macht haben, werden sie sie vermutlich auf andere Art und Weise

und für andere Ziele einsetzen als die Männer. Auf jeden Fall dürfen wir nicht sagen, der Unterschied zwischen Frauen und Männern bestehe darin, daß Frauen Macht ablehnten; Macht zieht Frauen genauso an wie Männer, allerdings im Verborgenen.

Junge Frauen und Macht

Ich habe immer wieder die Erfahrung gemacht, daß gerade junge Frauen im Umgang mit Macht die größten Schwierigkeiten haben. Carol Gilligan spricht in ihrem Buch *Meeting at the Crossroads* von einer inneren Stimme, die, tief im Unbewußten verankert, junge Frauen in Konflikte stürzt. Ich merkte, wie schwer diese innere Stimme jungen Frauen zusetzt, wenn sie über Macht reden. Ob diese Stimme sich nun aus bestimmten Überzeugungen zusammensetzt oder aus dem Glauben an die eigenen Fähigkeiten oder der Vision eines Zieles besteht – immer haben die Frauen Angst, auf sie zu hören. Offenbar fürchten sie die harte Strafe, die sie ihrer Ansicht nach dann unweigerlich treffen muß. Im Gegensatz zu jungen Männern fühlen sie sich mehr dazu verurteilt als dazu berufen, Großes zu vollbringen.

Die Erfahrungen anderer Frauen bestätigten meine eigenen: Die größten Hindernisse für das Streben nach Macht und Einfluß waren die Angst vor Kritik und die Angst vor dem »Zuviel«. Die Frauen beschrieben, wie Kritik sie geradezu körperlich schmerzt und handlungsunfähig macht. Viele schilderten mir eine Erfahrung, die auch ich gemacht hatte: daß es sich nicht lohne, nach Erfolg oder einer Führungsposition zu streben, weil doch ihr Machtstreben unweigerlich bestraft würde. Sie meinten, eine Führungsposition sei gefährlich und mache verletzlich. Je prominenter, anerkannter und mächtiger sie seien, desto weniger hätten sie die Situation unter Kontrolle.

Viele der von mir befragten Frauen kannten Geschichten, die in ihren Gruppen die Runde gemacht hatten und allen als warnendes

Beispiel dienen sollten. Sie handelten von Frauen, die sich Gehör verschafft und Führung übernommen hatten, dafür aus der Gesellschaft ausgestoßen und öffentlich lächerlich gemacht worden waren. In einigen Fällen waren diese Frauen sogar bedroht und angegriffen worden.
Solche Geschichten dämpften die Hoffnungen auf Erfolg. Berufsberater erzählen mir frustriert, Stipendien würden fast ausschließlich an junge Männer vergeben, weil junge Frauen mit vergleichbarer Qualifikation von ihrer Erfolglosigkeit überzeugt seien.
Fast ausnahmslos sprachen die von mir befragten jungen Frauen das Problem an, wie die Medien über bekannte Frauen berichten. Sie klagten darüber, daß einflußreiche Frauen von den Medien ignoriert und daß dadurch den Frauen notwendige Vorbilder vorenthalten würden; Frauen, die in die Schlagzeilen gerieten, müßten ein wahres Spießrutenlaufen mitmachen. Der Weg zur Macht stellt sich als erniedrigend und qualvoll dar. Die Berichterstattung in den Medien warnt die jungen Frauen vor Erfolgen, davor, andere zu überflügeln und sich ins Scheinwerferlicht der Öffentlichkeit zu begeben. Die Frauen sagten, in den Medien werde der Eindruck erweckt, daß Erfolge für Frauen eher etwas Peinliches als etwas Schönes seien. Während die Frauen sich noch vorstellen konnten, daß Schauspielerinnen und Fotomodelle Macht und Anerkennung genossen, glaubten sie nicht, daß die Ausübung von Macht in anderen Positionen so viel Spaß machen konnte, daß sie die Peinlichkeit der öffentlichen Untersuchung überwog. Tatsächlich verwirrte viele Frauen meine Frage, ob ihnen noch niemand gesagt habe, daß die Ausübung von Macht auch Frauen Spaß machen könne. Dieser Gedanke war vollkommen neu für sie. Da wirkliche Vorbilder fehlen, die zeigen, daß weibliche Macht etwas Schönes sein kann, empfinden viele Frauen ihren Ehrgeiz als eine Form von Masochismus.
Wenn Frauen ihre ambivalenten Gefühle gegenüber der Macht beschreiben, wählen sie häufig Bilder von hohen Gipfeln und Bilder vom Fliegen. Die Frauen schildern, daß sie sich gleichzei-

tig nach Höhe sehnen und vor ihr Angst haben. Wenn Jungen vom Fliegen träumen, malen sie unbesiegbare Raketen und Kampfflugzeuge; Mädchen sehen sich als schwache und verletzliche Vögel. Wenn sie von ihrer Sehnsucht nach dem Fliegen reden, sprechen sie gleichzeitig davon, daß sie »abgeschossen werden« könnten, eine Formulierung, die ich immer wieder hörte. Die Sehnsucht, ihre Schwingen in großer Höhe zu erproben, war genauso groß wie die Angst, daß sie von dort wie Ikarus abstürzen könnten.

Das folgende typische Gespräch fand in einem Lokal an der Hauptstraße von Geneseo (New York) statt, einem kleinen Ort mit einer staatlichen Universität. Die Gesprächsteilnehmerinnen gehören der Frauengruppe der Universität an und sind durchweg intelligent, engagiert und ehrgeizig. Fast alle entstammen der weißen Arbeiter- oder Mittelschicht und müßten in einigen Jahren eigentlich zur Führungsschicht gehören. Männer mit vergleichbaren Fähigkeiten werden wichtige Positionen in Wirtschaft und Gesellschaft besetzen, der Politik neue Impulse geben und in den Medien präsent sein. Doch aus dem Gespräch mit den Frauen geht hervor, wie wenig gesellschaftliche Unterstützung sie bei ihrer Karriere erhalten und wie wenig hilfreich eine bestimmte Form des Opfer-Feminismus für die Einstellung der Frauen zur Macht ist.

NAOMI: Was werdet ihr tun, wenn ihr euren Abschluß gemacht habt? Wie wollt ihr eurer künftigen Verantwortung in führenden Positionen gerecht werden?

NICOLE: In einer Führungsposition hast du ständig das Gefühl, dich rechtfertigen zu müssen. Wer Erfolg hat, wird ständig von anderen beurteilt. Du stehst ganz allein da. Ich lehne Hierarchie ab. Ich will Menschen um mich. Irgendwie habe ich das Gefühl, wer erfolgreich sein will, muß andere treten.

NAOMI: Stell dir vor, du wärst Präsidentin der Vereinigten Staaten. Wie wäre das?

NOEL: Clinton ist ganz allein, wenn er für irgend etwas Rede und Antwort stehen muß.

COREY: Er bekommt alle Schuld.

NAOMI: Warum macht euch das Angst?

COREY: Weil es schlimm ist. Du ziehst alle Kritik und Aufmerksamkeit auf dich, das tut weh.

NAOMI: Was ist am schlimmsten, wenn man Erfolg hat?

NICOLE: Daß alle dich wieder in deine Schranken weisen wollen. Was du im Wahlkampf durchmachst, ist so schmerzhaft. Frauen werden dazu erzogen, es anderen recht zu machen. Wer ein öffentliches Amt bekleidet, kann es nicht allen recht machen.

JESSICA: Daß du abgelehnt wirst.

LAURA: Ich habe mich entschlossen, für ein Amt zu kandidieren. Am wichtigsten war der Sieg – am schlimmsten ist eine Niederlage.

NAOMI: Weshalb macht dir eine Niederlage Angst?

COREY: Weil einer Frau ein Stigma anhaftet, das einer Frau anhaftet, wenn sie verliert. Die Niederlage fällt nicht allein auf dich zurück, sondern auch auf alle anderen.

NOEL: Ich habe immer hohe Erwartungen an mich selbst. Ich muß mir und auch allen anderen immerzu beweisen, daß ich als Frau etwas trotzdem kann.

NAOMI: Wenn du für ein Amt kandidierst, bist du also ganz auf dich allein gestellt, und das ist dir unangenehm. Wer ist der gleichen Ansicht?

JENNA: Ich hätte Probleme damit, weil ich Leute mit Ideen um mich herum brauche.

NAOMI: Der Präsident hat doch solche Leute.

JENNA: Schon. Aber vor dem Mikrofon steht er dann allein.

NAOMI: Was ist daran so schlimm?

JENNA: Wie du heute abend. Stell dir vor, du hättest eine der Fragen nicht beantworten können? Wenn ich eine Frage über meine feministische Position nicht beantworten kann, bin ich nicht glaubwürdig.

NAOMI: Aber der Präsident hat doch auch oft keine Antwort parat. Du fürchtest dich also davor, nicht mehr glaubwürdig zu sein?

JENNA: Ja. Das wäre nicht nur für mich persönlich schlimm, sondern auch für die Sache, für die ich kämpfe.

NAOMI: Kennst du eine Frau, die Macht auf eine Weise ausgeübt hat, die dir imponiert?

JENNA: Ja, aber nur in meiner Familie, niemand in der Politik. Wenn ich Macht hätte, wollte ich eigene Ideen verwirklichen. Dazu müßte ich aber rücksichtslos zu anderen sein.

NAOMI: Warum glaubst du, daß du, wenn du dich durchsetzen willst, rücksichtslos zu anderen sein mußt?

JENNA: Weil jedesmal andere meine Ideen kritisierten und mich gar nicht mehr zu Wort kommen ließen. Ich merke immer, damit werde ich nicht fertig.

NICOLE: Ja, genau.

KIRSTEN: Ja. Als ich einmal in meinem Geschichtsbuch blätterte, fiel mir auf, daß so wenige Frauen erwähnt werden. Fast keine! Es gibt einfach keine Vorbilder. Wenn wir aber keine Vorbilder haben, die zeigen, daß auch Frauen in Machtpositionen kommen können, wie sollen wir es da überhaupt versuchen?

JENNA: Ich kann den Präsidenten nicht wie ein Mann anschauen und mir denken, was der kann, kann ich auch. In meiner Familie haben Frauen in bestimmten Bereichen das Sagen, und sie machen ihre Sache wirklich gut. Ich weiß, daß ich auch Großes vollbringen kann, aber ich habe keine Vorbilder, an denen ich mich orientieren könnte. Jungen Frauen wird nicht gezeigt, wie sie etwas Großes machen können. Wenn Frauen Macht haben, werden sie immer stark kritisiert. Zum Beispiel Hillary Clinton …

JENNA: Oder Zoe Baird …

TAMI: Oder Geraldine Ferraro …

COREY: Nur weil sie geweint hat. Das ist angeblich schlecht für unser Land.

MOIRA: Es ist ein doppeltes Problem. Wenn du redest, hast du Angst, jemandem über den Mund zu fahren. Wenn du Macht hast, hast du Angst, daß andere dir über den Mund fahren.

COREY: Selbst wenn du ganz oben bist, bestimmen immer noch andere über dich. Durch ihre Urteile.

NAOMI: Also können über den, der weniger Macht hat, andere auch weniger bestimmen? Verstehe ich dich richtig?

JENNA: Ja.

NAOMI: Stell dir vor, du stehst am Rednerpult des Präsidenten. Würdest du gern dort stehen?

JENNA: Nein!

NAOMI: Weshalb nicht?

JENNA: Ich möchte irgendwo sein, wo ich weniger Macht habe.

NAOMI: Warum?

JENNA: Weil ich die Situation mit weniger Macht besser im Griff habe.

NAOMI: Kannst du dir nicht auch vorstellen, über so viel Macht zu verfügen, daß du die Forderungen der Frauen politisch umsetzen könntest?

COREY: Nein, unmöglich.

NAOMI: Wollt ihr nicht die Abtreibungsgesetze ändern?

NOEL: Damit veränderst du nicht das System. Du hättest nur eine Stelle innerhalb des Systems verändert. Ich will, daß sich das ganze System ändert. Ich will diese kapitalistische, patriarchalische Pseudo-Demokratie abschaffen.

NAOMI: Wie willst du eine »Pseudo-Demokratie« ohne demokratische Mittel abschaffen?

NOEL: Es hat bereits Veränderungen gegeben. Aber diese Veränderungen gehen nicht von Einzelpersonen aus.

NAOMI: In diesem Staat wurde die Frauenbewegung doch auch von vier Frauen angeführt.

JILL (geduldig): Im Feminismus gibt es eine Bewegung, deren Motto lautet: Arbeite nicht mit dem System zusammen, sondern zerstöre es.

NAOMI: Welche Bewegung meinst du?

JILL, COREY, NICOLE: Radikale Feministinnen, Marxistinnen, Separatistinnen, militante Feministinnen.

NAOMI: Die Weigerung, Veränderungen innerhalb des Systems herbeizuführen, und die Ablehnung der Macht gehören nicht zum Gedankengut der ersten Phase des Feminismus. Haben solche Gedanken eure Vorstellungen von Macht während des Studiums beeinflußt?

JENNA, NICOLE: Ja.

NICOLE: Du meinst, daß wir nicht mit dem System zusammenarbeiten wollen? Ja.

KIRSTEN: Die Vorstellung, außerhalb des Systems zu stehen, gibt mir ein Gefühl von Macht.

JENNA: Es existiert dieses Bild der wahren, unverfälschten Feministin. Du kannst nicht wirklich Feministin sein, wenn du mit Männern schläfst oder mit dem System zusammenarbeitest. Zumindest scheint es so. Dann verkaufst du dich.

NICOLE: Die feministische Kultur vermittelt mir das Gefühl, daß ich das System – ebenso wie Hierarchie – unbedingt ablehnen muß. Sie hat Probleme mit der Gegenwart, weil wir einen Präsidenten haben und gewisse Strukturen vorgegeben sind. Ich finde, daß Meinungsvielfalt im Feminismus keinen Platz hat. Man muß dem Ideal der richtigen Feministin gerecht werden.

NAOMI: Wie sieht dieses Ideal aus?

NICOLE: Man muß materiellen Gewinn und Hierarchien ablehnen.

JENNA: Der Grund dafür ist, daß das System sexistisch und rassistisch ist. Radikale Feministinnen sagen, daß du dir als Feministin nicht bestimmte Dinge herauspicken kannst, du mußt alles ablehnen.

NAOMI: Heißt das auch, daß man sein Geld nicht für Veränderungen einsetzen darf?

KIRSTEN: Für sie ist der Kapitalismus ein System innerhalb des Systems.

NICOLE: Ja, das stimmt, und genau das mag ich nicht. Ich will nicht auf eine Konferenz gehen und das Gefühl haben, daß ich zu einer Randgruppe innerhalb des Feminismus gehöre, weil ich heterosexuell bin. Ich will meine Doktorarbeit fertigstellen und Geld verdienen. Damit ich es für Frauen einsetzen kann.

NAOMI: Mir fällt auf, daß bei den Frauen, die in der nächsten Generation Führungspositionen besetzen werden – also bei euch und euren Kommilitoninnen – die Führungsqualitäten nicht besonders gefördert werden. Viele Frauen auf dem Campus haben nur wenig Selbstvertrauen, weil sie keine anderen Frauen in Machtpositionen als Vorbilder haben. Wer gefördert wird und etwa Kurse in Frauenforschung belegt, will auf einmal nichts mit Wahlen, Geld und Massenmedien zu tun haben. Könnte es sein, daß hier wichtige Theorien auf wenig hilfreiche Weise interpretiert werden?

NOEL: Ja, sie sind fast schon ein Hindernis.

COREY: Was ändert sich, wenn wir herumsitzen und miteinander reden? Wenn wir alle Angst vor Geld haben, weil uns das lange genug eingetrichtert wurde – Angst, uns zu verkaufen –, und wenn wir Angst vor den Massenmedien haben, dann passiert nie etwas.

SERENA: Das eigentliche Problem ist die Sprache der sechziger Jahre.

JILL: Unsere ganze Generation schreckt davor zurück, in die Politik zu gehen. Wir wollen nichts damit zu tun haben.

NAOMI: Was haltet ihr von erfolgreichen Frauen? Mögt ihr sie?

DINA: Ja. Ich respektiere sie. Aber sie haben eine so große Verantwortung. Was ist, wenn sie scheitern? Sie führen einen aussichtslosen Kampf.

NAOMI: Wie meinst du das?

JENNA: Für Frauen gelten ganz andere Regeln. Wenn eine Frau oben ist und andere über sie richten, ist zuerst von ihr als Frau die Rede.

SERENA: Denkt doch nur an Hillary Rodham Clinton. Sie mußte im Fernsehen über Kochrezepte sprechen.

NAOMI: Ja, das ist schlimm. Aber inzwischen setzt sie sich für eine Verbesserung der Gesundheitsvorsorge für arme Frauen ein.

KIRSTEN: Aber wenn du versuchst, in eine leitende Position zu gelangen, führst du einen fortwährenden Kampf, der keinerlei Erfüllung bringt. Die Kritik ist mörderisch, und das ist die Sache doch nicht wert.

NAOMI: Hat euch noch niemand gesagt, daß es auch Frauen sehr viel Befriedigung verschaffen kann, Macht auszuüben und Veränderungen herbeizuführen?

KIRSTEN (nachdrücklich): Das habe ich noch nie gehört.

[Sieben weitere Frauen nicken zustimmend.]

SERENA: Die Vorstellung, daß Macht Spaß macht, ist mir absolut fremd.

NOEL: Bisher hat noch niemand alles gegeneinander aufgewogen und dann festgestellt: Was du erreichen kannst, hat mehr Gewicht als der Ärger, den du damit hast.

SERENA: Nichts ändert sich. Wir sehen keine Erfolge.

NAOMI: Und die junge Frau, die eben erst im All war?

JILL: Solche Erfolge gelten als patriarchalisch.

ANNA: Sie sollte lieber etwas für andere Frauen tun.

NAOMI: Aber das hat sie doch! Sie hat gesagt, sie will unterrichten und damit ein Beispiel für andere junge Frauen in den Naturwissenschaften und im Ingenieurwesen sein.

ANNA: Davon haben wir nichts gehört. Wir erfahren viel weniger über unsere Siege als über die der Männer.

JILL: Wir haben niemanden, der uns den nächsten Schritt zeigen könnte.

NAOMI: Meiner Ansicht nach brauchen wir ganz dringend ein Netzwerk von Mentorinnen. Wenn ihr direkte Vorbilder und Betreuerinnen hättet – wenn Jill zum Beispiel von einer Ärztin an einem großen Lehrkrankenhaus betreut würde –, würdet ihr dann anders über die Ausübung von Macht denken und ein anderes Verhältnis zur Gesellschaft haben?

ALLE: Ja! Absolut!

NOEL: An die wenigen Frauen, die es zu etwas gebracht haben, kommst du nicht heran. Wenn sich die Mentorinnen-Idee durch-

setzen würde, wäre das ausgesprochen hilfreich und ermutigend. Du wüßtest endlich jemanden, der deine Schwierigkeiten kennt.
JILL: Wir lehnen ja Macht ab, weil niemand uns sagt, wie wir Macht erlangen oder einsetzen können. Wir hören nur, daß sie den ganzen Ärger nicht wert ist.

Aus diesem Gespräch geht hervor, daß die für Führungspositionen qualifizierten Frauen der nächsten Generation viel mehr brauchen als Gesetze zur Gleichstellung der Frau. Sie brauchen Mentorinnen und Vorbilder; sie brauchen Kontakt zu erfolgreichen Frauen und müssen lernen, mit der Macht umzugehen. Kurz gesagt, sie müssen vom Opfer-Feminismus zum Power-Feminismus geführt werden. Vor allem aber müssen sie ihre Ängste ablegen, denn sie sind der Grund dafür, daß Erfolg und Leistung ihnen nicht der Mühe wert erscheinen.

Mehr als ein persönliches Problem

Die Ängste, die den Gesprächsteilnehmerinnen aus Geneseo und mir zugesetzt haben, haben auch die Geschichte der Frau insgesamt mitbestimmt.
Seit Einführung des Wahlrechts für Frauen stellen Frauen auch die Mehrheit der potentiellen Wähler, doch erst 1992 haben sie begonnen, ihre politische Macht zu nutzen. Warum so spät?
Historiker können nicht erkären, weshalb der Feminismus zerfiel, als die Frauen das Wahlrecht gewonnen hatten, und weshalb dann wieder siebzig Jahre vergehen mußten, bis sie begannen, das Wahlrecht für ihre eigenen Interessen zu nutzen. Shulamith Firestone sagt, die Frauen seien des Kampfes müde gewesen. Für Susan Kingsley Kent ist der Zerfall des britischen Feminismus auf drei Dinge zurückzuführen: die Wirtschaftskrise und das Aufkommen des Faschismus, die Reaktion gegen den Feminismus und die zunehmende Zersplitterung innerhalb der Bewegung. Die Frauen

hätten klein beigegeben, als Presse und Regierung nach 1918 zum ideologischen Gegenschlag ausholten und die Feministinnen attackierten.

Aber ist das nicht höchst merkwürdig? Würden die Schwarzen in Südafrika das Wahlrecht erhalten und dann siebzig Jahre nur weiße Politiker wählen, die sich wenig für die Belange der Schwarzen interessieren, würde man doch auch nach dem Grund fragen und irgendein falsches Bewußtsein verantwortlich machen. »Warum«, fragte Winifred Holtby in den dreißiger Jahren, »lehnen oft gerade die Frauen die Frauenbewegungen der letzten hundertfünfzig Jahre ab, die ihnen doch zumindest die Grundlagen politischer, wirtschaftlicher und moralischer Gleichberechtigung verdanken?« Holtbys Feststellung, moderne junge Frauen wüßten erstaunlich wenig über das Leben vor dem Krieg und wiesen den Feminismus und alles, was sie damit verbinden, entschieden zurück, gilt auch heute noch. In den dreißiger Jahren wurden laut Holtby Frauen in Zeitschriftenartikeln aufgefordert, ihren Arbeitsplatz Männern zur Verfügung zu stellen. Mit Erfolg: »Die meisten Frauen protestierten nicht und gaben das, was sie erreicht hatten, wieder auf. Sie ließen die alten starren Beschränkungen wieder zu, weil sie glaubten, sie wären dazu verpflichtet.«

Mit anderen Worten: In den dreißiger Jahren bewirkte Kritik von außen, daß die Frauen sich nach ersten Erfolgen nicht an die politische Macht heranwagten. Das gleiche wiederholte sich in den achtziger Jahren. Wieder ließen sich die Frauen nach ersten Erfolgen durch Kritik von der politischen Macht abschrecken. Zwar standen ihnen beide Male durchaus reale politische Feinde gegenüber, aber sie hatten offenbar auch nicht die Kraft, ihre Errungenschaften zu verteidigen, und nicht den Willen, sich gegen die Kritik zu wehren.

Wir müssen uns darum fragen, weshalb Unterdrückung die Frauen mit Tatkraft erfüllt, während die Kritik, die der Erfolg nach sich zieht, sie lähmt. Warum brach die Frauenbewegung in den dreißiger Jahren zusammen, kurz nachdem die Frauen das Wahlrecht erhalten hatten? Warum scheiterte die Frauenbewegung in den achtziger Jahren, nachdem Gesetze zur Gleichstellung der Frau erlassen worden waren?

Psychologen sprechen von einer »negativen therapeutischen Reaktion«, wenn Patienten nach bedeutenden Fortschritten plötzlich größere Probleme haben als vor der Therapie.[2] Eine solche Reaktion »setzt dann ein, wenn der Patient auf dem Weg ist, die Verantwortung für das eigene Leben wieder zu übernehmen. Er hat erkannt, daß er sich aus seiner hilflosen Situation befreien und wieder wirkungsvoll handeln kann, bekommt dann aber Angst vor den Folgen dieser Möglichkeit... Er schreckt zurück und weigert sich, den eingeschlagenen Weg weiterzugehen.«[3]

Was Baker Miller zufolge so häufig bei Frauen in Therapie der Fall ist, läßt sich auch auf die Geschichte der Frau insgesamt übertragen. Wenn Frauen erste Erfolge haben, passiert folgendes: Zuerst reagiert die Opposition und schlägt zurück; es folgt eine Phase der Desorientierung nicht nur einzelner Frauen, sondern der Frauen insgesamt, und dies führt wie bei mir und meinen Gesprächspartnerinnen dazu, daß die Frauen weiteren Fortschritten ambivalent gegenüberstehen oder sich sogar ganz zurückziehen.

Frauen können ihre politischen Siege möglicherweise deshalb nicht nutzen, weil sie, nachdem sie bisher immer von anderen bestimmt worden sind, sich nicht mehr vorstellen können, das Schicksal ihres Landes selbst zu bestimmen. Dieser Gedanke ist ein großes Trauma, das die weibliche Identität zerstört und die politischen Wünsche der Frauen ins Gegenteil verkehrt.

Warum haben Frauen Angst vor der Macht?

Warum ist die Macht für Frauen ein solches Trauma? Als Mädchen fürchten wir uns nicht vor der Macht. Am Beginn unserer Sozialisation sind wir beinahe ausnahmslos kleine Power-Feministinnen. Aber zugleich mit der Sozialisation durch Gleichaltrige, die im Alter von sechs Jahren anfängt und in der Adoleszenz besondere Wichtigkeit erlangt, wird uns neben vielen anderen Dingen die Angst vor der Macht beigebracht.

Die ersten Wunden – das Gefühl, ausgeschlossen und unbedeutend zu sein – fügen uns nicht die Institutionen der Männer zu (sie kommen erst später), sondern andere kleine Mädchen. Als Erwachsene versuchen wir, den Schmerz dieser Wunden in Zusammenschlüssen mit Frauen zu lindern, allerdings vergebens. Wir versuchen nicht, eine Welt zu schaffen, in der Frauen erfolgreich sind (das können wir uns gar nicht vorstellen), sondern eine Welt, in der sich niemand ausgeschlossen fühlt.

Baker Miller und Tannen sind der Ansicht, daß das Verhältnis von Mädchen untereinander weniger durch Statusdenken als durch Beziehungsdenken geprägt ist. In Mädchengruppen werden viele wunderbare Dinge vermittelt. Tannen weist darauf hin, daß in solchen Gruppen wichtige typisch weibliche Gefühle, Fähigkeiten und Eigenschaften wie Intimität, Sensibilität, Mitgefühl und Kommunikationsfähigkeit erprobt werden. Aber die Sozialisation fordert einen Preis.

Bereits im Alter von sechs oder sieben Jahren ahnen Mädchen, daß ihnen ein eingeschränktes Leben beschieden ist. In Mädchen-

gruppen wird jeder Überschuß an Energie gebremst und der Wille zur Macht in neue, gesellschaftlich akzeptierte Richtungen gelenkt. Gilligan vertritt die Auffassung, daß der Wille zur Macht den Mädchen in der Adoleszenz abhanden kommt. Ich glaube, daß dies bereits früher beginnt und daß bereits unter sechsjährigen Mädchen die Strukturen eines komplexen Unterdrückungssystems vorhanden sind und die Persönlichkeit vieler Mädchen einer inneren Zensur unterworfen ist.
Wenn ich mit einigen Thesen der genannten Autorinnen nicht übereinstimme, heißt das nicht, daß ich die Sozialisation des Mannes für besser halte oder typisch weibliche Fähigkeiten und Eigenschaften nicht zu schätzen wüßte. Wie die Autorinnen betonen, verhindern beide Sozialisationsformen, daß die Menschen zu einem inneren Gleichgewicht finden und das Yin und das Yang – das passive und das aktive Prinzip – harmonisch miteinander verbinden können. Ich warne jedoch vor der unzulässigen Vereinfachung, den Frauen Machtwillen und die Fähigkeit zum Umgang mit der Macht einfach abzusprechen. »Patriarchalische« Attribute wie Aggressivität, Konkurrenzdenken, territoriales Denken, Logik, Ehrgeiz, Kraft, Herrschaftsanspruch und der Wunsch nach Anerkennung und Erfolg sind von Anfang an tief im Innern des weiblichen Bewußtseins verankert und werden erst später umgelenkt. Diese Attribute machen die Frauen freilich nicht zu Männern; sie machen sie zusammen mit den »weiblichen« Eigenschaften, die von Feministinnen so oft betont worden sind, erst zu richtigen Frauen.
Die Eigenschaften, die zum Umgang mit Macht befähigen, haben bei Frauen möglicherweise eine eigene, »weibliche« Ausprägung. Aber animalische und destruktive Elemente gehören genauso zum Wesen der Frau wie Güte und Fürsorge. Wir können uns erst dann wirklich kennenlernen, wenn wir unsere Natur nicht verleugnen. Beobachten wir die Sozialisation von Mädchen in gleichgeschlechtlichen Gruppen, so stellen wir fest, daß dabei sieben Ängste vor der Macht vermittelt werden: die Angst, eine Führungsrolle

zu übernehmen; die Angst vor Egoismus; die Angst vor Spott; die Angst, ausgeschlossen zu werden; die Angst, wir könnten »zuviel« haben; die Angst, andere Frauen könnten »zuviel« haben, und schließlich die Angst vor Konflikten.

Die Angst vor Führung und Egoismus

Aus der Studie *All That She Can Be* von Dr. Carol J. Eagle und Dr. Carol Colman über Mädchengruppen geht hervor (ohne daß die Autorinnen dies beabsichtigt hätten), wie Mädchen lernen, daß es weder richtig noch bewundernswert ist, wenn Frauen Führungspositionen innehaben, und daß Frauen ein »Diva-Verhalten« mit einem schmerzlichen Verlust an Privatsphäre bezahlen müssen.

Die Angst, eine Führungsrolle zu übernehmen, rührt daher, daß sich Mädchen weniger aufgrund gemeinsamer Ziele als aufgrund gemeinsamer Gefühle zusammenschließen. »Mädchenfreundschaften«, schreiben Eagle und Colman, »beruhen weniger darauf, daß man irgendwohin geht oder irgend etwas tut, als darauf, daß man Gedanken und Gefühle miteinander teilt. In solchen Freundschaften lernen die Mädchen den vertrauten Umgang mit anderen Menschen und die Fürsorge für andere Menschen.«[4] Mädchen machen nicht die unpersönlichen und bis zu einem gewissen Grad austauschbaren Erfahrungen, wie Jungen sie in der Sportgruppe machen, sondern setzen organisatorische und kämpferische Energien in sozialen Gruppen ein.

Für viele Feministinnen gibt es zwei getrennte Welten: die der Männer, in der ein unbarmherziger Konkurrenzkampf herrscht, und die der Frauen, die von Gleichberechtigung und Fürsorge geprägt ist. Aber im Mannschaftssport der Männer findet man oft viel Zusammenhalt und Teamgeist, während es umgekehrt in Frauengruppen die schlimmsten versteckten Aggressionen und das schlimmste Konkurrenzdenken geben kann.

Jungen lernen durch den Sport, daß man gewinnen kann und was man dabei empfindet. Mannschaftsführer werden am Anfang viel-

leicht von den anderen beneidet, aber wenn sie ihre Mannschaft zum Erfolg führen, freut sich das ganze Team über den gemeinsamen Sieg. Jungen lernen, ihre Anführer zu unterstützen, wenn sie ihre Sache gut machen, und sich mit ihrer Stärke zu identifizieren. Selbst Jungen, die schlechte Sportler sind, können für eine bestimmte Sportmannschaft schwärmen, sich leidenschaftlich mit ihr identifizieren und auf diese Weise immer wieder »siegen«.
Für Mädchen, die keinen Mannschaftssport betreiben, heißt Gemeinschaft nicht Teamarbeit, sondern Nähe. Wer führt, braucht keine bestimmten Fähigkeiten, sondern muß beliebt sein. Mädchen erfahren in ihren Gruppen, was Liebe bedeutet, nicht aber, was es heißt, zu siegen. Sie wollen in ihren Gruppen keinen Pokal erringen, sondern einfach nur dazugehören.
Im Gegensatz zu den Sportmannschaften der Jungen beruht die Organisationsstruktur von Mädchengruppen auf subjektiven und undemokratischen Prinzipien. Wer die »Staatsformen« beschreiben wollte, die Mädchen auf dem Schulhof lernen, würde feststellen, daß die Skala von einer »Oligarchie der Beliebtheit« bis zu einem Persönlichkeitskult reichte, der fast schon einer Diktatur gleichkommt.
Im Gegensatz zur objektiven Leistung der Mannschaftsführer bei den Jungen, die auch von weniger sportlichen Jungen anerkannt wird (wenn auch zuweilen nur widerwillig), werden die Anführerinnen von Mädchengruppen aufgrund unverdienter Attribute wie Charisma, Aussehen, Kleidung und Beliebtheit ausgewählt. Mädchen lernen, daß oft nur subjektive, zweifelhafte und persönliche Gründe für die Wahl der Anführerin ausschlaggebend sind; sie machen nicht die Erfahrung, wie wichtig gute Führung für Erfolg und Zusammenhalt einer Gruppe ist. Aus solchen Auswahlprinzipien aber können keine gültigen Regeln für soziale Organisationsstrukturen abgeleitet werden, die allen gerecht werden. Die Ablehnung von Führungsqualitäten und von herausragenden Leistungen anderer ist deshalb durch die soziale Struktur der Mädchengruppen geradezu vorprogrammiert.

Die frühe Erfahrung mit den Organisationsformen ihrer Gruppen weckt in den Frauen den Eindruck, ihre Anführerinnen würden »zuviel« bekommen. Sie erfahren nicht, daß eine Frau aufgrund ihrer Verdienste ganz legitim zur Anführerin wird und daß im Prinzip jede Frau das werden kann. Statt dessen halten sie wie selbstverständlich nach einer Autoritätsperson Ausschau, der sie ihre Macht abgeben und die sie dann dafür hassen können. Konkurrenzkampf und Konflikte zwischen Mädchen degradieren zu sozialen oder verbalen Machtspielen, und die Mädchen wachsen ohne ein Vokabular auf, mit dem sie ihren natürlichen Gefühlen angemessenen Ausdruck verleihen könnten.

Wenn Frauen sportlich aktiv sind und ihre Aggressionen und Rivalitäten ausleben dürfen, kommen diese »unweiblichen« Gefühle schnell wieder zum Vorschein. Es ist kein Zufall, daß gerade der aufblühende Frauensport die Voraussetzungen für die gegenwärtige Erneuerung einer Sprache weiblicher Macht geschaffen hat.

Ein Beispiel dafür ist Cindy Watters. Ihre Mutter ist Grundschullehrerin, ihr Vater Vertreter. Cindy ist 22 Jahre alt und Präsidentin der Studentenschaft an der Yakima University. Bei ihrer Wahl setzte sie sich gegen drei Männer durch. Sie ist Basketballspielerin und glaubt, daß sie durch ihre sportlichen Aktivitäten gelernt hat, sich durchzusetzen.

CINDY: Durch den Sport habe ich gelernt, Führung zu übernehmen. Ich trat nur gegen Mädchen an. Ich konnte neue Ideen ausprobieren. Der Sport gab mir Selbstvertrauen, weil ich wußte, daß ich gut war. Sport ist für Frauen ganz wichtig. Du lernst, daß es nichts Anstößiges ist, zu gewinnen und sich mit anderen zu messen. Du kämpfst auch gegen dich selbst. Wenn du dich wirklich anstrengst, hast du Erfolg. Du kannst mit Herausforderungen umgehen, weil du schon viele gemeistert hast.

Ich glaube, daß es Mädchen guttut, sich offen und nicht versteckt mit anderen zu messen. Bei Frauen, die keinen Sport treiben, wird das Konkurrenzdenken unterdrückt und auf andere Dinge umgelenkt. Du willst schöner oder schlanker als andere Mädchen sein.

Nicht deine Fähigkeiten oder Kenntnisse zählen, sondern dein Aussehen, dein Make-up, deine Kleider, deine Freunde.

NAOMI: Einige sagen, Konkurrenzdenken sei ein typisch männliches Verhalten.

CINDY: Ich glaube, daß es allen Menschen angeboren ist. Keiner verliert gern. Frauen verhalten sich im Wettbewerb vielleicht anders, aber Konkurrenzdenken macht sie nicht zu Männern, sondern zu vollwertigen Mitgliedern der Gesellschaft.

Ich bin fest davon überzeugt, daß mich der Sport darauf vorbereitet hat, zu führen. Wenn ich mit anderen Frauen trainiere, sage ich mir: ›Du tust das nicht nur für gute sportliche Leistungen. Es hilft dir auch, als Frau in der Gesellschaft zu bestehen‹. Seien wir ehrlich: Als Frau kannst du in dieser Gesellschaft im Sport nicht das große Geld verdienen. Aber du kannst einen finanziellen Nutzen aus dem ziehen, was du im Sport lernst. Du lernst, dich mit anderen zu messen und deine Führungsqualitäten zu erproben. Und du erfährst, was es heißt, Mitglied eines Teams zu sein. Du lernst, nach einer Niederlage wieder auf die Beine zu kommen. Du lernst, daß man hart trainieren muß. Du entwickelst eine bestimmte Arbeitsmoral, denn auf dem Spielfeld zählen Talent und harte Arbeit. Wenn du dann siegst, hast du hart dafür gearbeitet; du hast den Sieg deshalb verdient. Niemand kann dir den Sieg streitig machen.

NAOMI: Glaubst du, daß Frauen lernen müssen, Niederlagen nicht persönlich zu nehmen?

CINDY: Ich glaube, manchmal ist das schon schwer. Wir Frauen sind nun einmal emotional. Aber du lernst, daß eine Niederlage nicht gleich das Ende der Welt bedeutet. Und dir bleibt immer die Hoffnung auf weitere Spiele, weitere Chancen. Du lernst, Niederlagen nicht so wichtig zu nehmen, denn wenn du das machst, kannst du nicht gewinnen. Aber du kannst aus den Niederlagen lernen.

Du weißt, wie man siegt, und du weißt, wie es ist, zu einem Team zu gehören. Wenn du dich um eine Stelle bewirbst, ist das nichts Neues für dich.

Die unterschiedliche Erziehung von Jungen und Mädchen macht Frauen vielleicht zu besseren Eltern und aufmerksameren Freundinnen und Partnerinnen, aber sie ist auch der Grund, weshalb Frauen im Kampf um die eigenen berechtigten Ansprüche und um gemeinsame Belange oft so schlecht sind.
Bis vor kurzem entschied die Heirat und nicht die eigene Leistung über den sozialen Status einer Frau; Frauen erlebten, daß andere aufgrund ihrer Schönheit oder sexuellen Anziehungskraft gesellschaftlich aufstiegen. Diese falsche Vorstellung von weiblichen Verdiensten wird heute dadurch am Leben erhalten, daß die Medien die Erfolge von Frauen ihrem Aussehen, ihrem Ehemann, einem Verwandten oder einem Förderer zuschreiben.
Schließlich glauben Frauen nicht mehr daran, daß ihre eigenen Führungsqualitäten oder die Leistungen anderer Frauen Bewunderung verdienen. Da Ruhm und Ehre, die Männer zu immer neuen Leistungen antreiben, Frauen nicht zuteil werden, tun Frauen sich schwer, sich gemeinsam hinter eine Frau zu stellen oder sich für gemeinsame Ziele zusammenzuschließen.

Die Angst vor Spott und Konflikten und die Angst, ausgeschlossen zu werden

Da Mädchen sozial in Gruppen organisiert sind, muß ein Mädchen, das unkonventionell denkt und von den Normen der Gruppe abweicht, befürchten, ausgeschlossen zu werden.
Dazu Colman und Eagle in einer längeren Passage: »Meist gibt es ein oder zwei Gruppen, die gerade besonders ›in‹ sind. Diesen Gruppen gehören Mädchen an, die beliebt sind und den Ton angeben. Beliebte Mädchen sind zwar nur eine kleine Minderheit, aber trotzdem wünscht sich die Mehrheit der Mädchen, diesem ›exklusiven Club‹ anzugehören, und ist traurig, wenn das nicht der Fall ist.
Die Mädchen, die den Ton angeben, sind nicht unbedingt die nettesten und nicht einmal die, denen die größte Sympathie entgegengebracht wird. Obwohl alle anderen diese Mädchen bewun-

dern, wissen sie, daß sie nicht unbedingt nur gute Eigenschaften haben. Die Mehrheit der Mädchen gehören anderen Gruppen an, denn es ist aus der Sicht der Mädchen besser, irgendeiner als gar keiner Gruppe anzugehören. Eine größere Minderheit von Mädchen sind Außenseiterinnen. Aus irgendeinem Grund gehören sie zu keiner Gruppe, auch wenn sie das unbedingt wollen.
Mädchen können äußerst grausam sein, wenn es darum geht, andere auszuschließen, die sie für eine Belastung der Gruppe halten. Da sie selbst noch auf der Suche nach der eigenen Identität sind, fürchten sie, an Ansehen zu verlieren, wenn sie sich mit weniger beliebten Mädchen abgeben. Mädchen werden ausgeschlossen, weil sie als unreif gelten, weil sie falsche Sachen sagen oder weil sie die falschen Kleider tragen … Die Welt der heranwachsenden Mädchen ist nicht leicht zu durchschauen, und Eltern werden wahrscheinlich nie wirklich begreifen, warum einige Mädchen ›in‹ sind und andere nicht … Dabei kann sich so etwas schnell ändern. Mädchen, die heute ›in‹ sind, sind morgen schon wieder ›out‹.«

Tannen führt eine Studie von Marjorie Harness Goodwin an, die beschreibt, wie ein Mädchen, dessen Verhalten auf starke Mißbilligung stieß, eineinhalb Monate lang geächtet wurde. Dies ist das wirkungsvollste Mittel, gesellschaftlich unangemessenes Verhalten zu bestrafen.[5]

Da unkonventionelles Verhalten mit sozialer Ächtung bestraft werden kann, fühlen sich Mädchen nur dann sicher, wenn sie sich der Meinung der anderen anschließen. Wenn sie eine unpopuläre Ansicht vertreten, den Status quo in Frage stellen oder an etwas glauben, das alle anderen ablehnen, erfahren sie von anderen Mädchen nur wenig Unterstützung – es sei denn, sie haben Glück und gehören einer Gruppe von Rebellinnen an.

Heranwachsende Mädchen sind sich laut Tannen des eigenen Status noch nicht sicher und fürchten, daß sie, wenn sie sich den Wünschen der Gruppenführerin oder eines anderen beliebten Mädchens widersetzen, aus der Gruppe ausgeschlossen werden.

So lernen Frauen schon als Mädchen, daß man ihnen nicht hilft, weil sie recht haben, sondern weil sie nett sind.

Die Angst, wir selbst oder andere Frauen könnten »zuviel« haben

Colman und Eagle beschreiben den Machtkampf einer Jugendlichen: »Das aggressive Mädchen fühlt sich bedroht, wenn ein anderes Mädchen die Macht an sich reißen will oder wenn die Mädchen der Gruppe jemand anders finden, den sie bewundern und dem sie sich anschließen wollen. In einigen Fällen versucht sie vielleicht, die Oberhand zu behalten, indem sie noch dominanter und aggressiver wird; durch dieses Verhalten entfremdet sie sich jedoch meist die Mädchen, deshalb muß sie schließlich klein beigeben. Manchmal unterdrückt sie auch ihre eigenen Gefühle und wird passiv.«[6]

Status ist in diesem Zusammenhang etwas sehr Unsicheres. Er beruht nicht auf bestimmten Fähigkeiten oder auf Achtung, sondern auf willkürlich veränderbaren Loyalitäten. Ein neues Mädchen in der Gruppe kann die bisherige Konstellation bedrohen oder ein Gewinn für die gesamte Gruppe sein. Das beliebte Mädchen darf nicht offen um den Erhalt seiner Position kämpfen, es muß seine Wünsche unterdrücken. Aber wenn ein Mädchen oder eine Frau den eigenen Willen unterdrückt, will sie nicht, daß andere ihren Willen durchsetzen und damit womöglich auch noch erfolgreich sind. Deshalb hat sie Angst, daß andere Frauen »zuviel« haben könnten.

Frauen lernen, daß sie sich in ihrem eigenen Interesse fügen müssen, daß Beziehungen intensiv und romantisch und nicht kameradschaftlich und pragmatisch sind. »Mädchen ziehen enge Beziehungen mit einigen ausgewählten Freundinnen lockeren Beziehungen mit vielen Freundinnen vor. Deshalb erscheinen ihre Beziehungen Außenstehenden hermetisch abgeschlossen, während sie in Wirklichkeit neue Freundinnen erst besser kennenlernen wollen, ehe sie sie in ihren Kreis aufnehmen. Vielleicht befürchten sie auch, daß die Neuen ihnen ihre Freundinnen wegnehmen oder das Beziehungsgefüge innerhalb der Gruppe zu ihrem Nachteil verändern.«[7] Hier sind die Gründe dafür zu suchen, weshalb Freundschaften zwischen Frauen so engagiert und zugleich so wechselhaft sind und weshalb sich Frauen so schwer damit tun, unpersönliche Bindungen zu knüpfen, wie sie etwa für politische Koalitionen wichtig sind.

Tannen und Baker Miller plädieren für ein Umdenken der Menschen, weg von der Konkurrenz und hin zur Beziehung. Sie haben in vielem recht, idealisieren allerdings häufig die weibliche Psyche. Aus dem verständlichen Wunsch heraus, traditionelle Qualitäten der Frau hochzuhalten, gehen sie oft zu weit und zählen auch Dinge dazu, die in Wirklichkeit eher der Unterdrückung der Frauen zuzuschreiben sind. Und wie viele andere feministische Theoretikerinnen treten auch sie nicht dafür ein, daß Frauen im wirklichen Leben Macht ausüben.

Laut Tannen konzentrieren sich Frauen auf Intimität und Männer auf Unabhängigkeit: »Es scheint, als fließe ihr Blut in verschiedene Richtungen.«[8] Mädchen ziehen Betätigungen vor, bei denen es keine Gewinner und Verlierer gibt, denn »sie wollen gar nicht im Mittelpunkt stehen, deshalb fordern sie einander nicht direkt heraus.« Tannen erläutert an einem Beispiel, wie Mädchen dem Konflikt aus dem Weg gehen und die Harmonie durch Kompromisse aufrechterhalten.[9] Ein anderes Beispiel zeigt, wie Mädchen »gleichberechtigt« miteinander spielen, wodurch die Macht der Gruppe und nicht die Macht der einzelnen vergrößert wird. Im Gegensatz dazu sind Jungen ständig in »rituelle Kämpfe« verwikkelt, in denen Äußerungen fallen wie »Jetzt schlag ich ihm aufs Auge« oder »Jetzt gebe ich ihm eins auf die Nase«. In einem weiteren Beispiel sitzen zwei Mädchen ruhig da und reden vertraulich miteinander, während zwei Jungen herumtollen und raufen.

Tannen hat meiner Ansicht nach insofern recht, als es immer noch viele Mädchen gibt, die nett miteinander spielen; emanzipiertere Mädchen sind nach wie vor in der Minderzahl. Ich meine aber, das von Tannen beschriebene Verhalten hängt davon ab, wie konventionell Mädchen erzogen werden. Dies soll das folgende Beispiel zweier Schwestern im Alter von vier beziehungsweise sechsdreiviertel Jahren veranschaulichen, die bei einem liebevollen Vater und einer starken Mutter in Virginia aufwachsen. Sie leben auf einem Bauernhof auf dem Land, unter Künstlern; Fernsehen gibt es nicht. Ich nenne die ältere Ann, ihre kleine Schwester Sara.

»Was würdest du tun, wenn du einen Zauberstab hättest?« frage ich Ann.

»Ich würde böse Menschen in Frösche verwandeln.«

»Was noch?«

»Ich würde etwas tun, damit es ihnen wieder bessergeht.«

Während Ann spricht, lehnen sie und ihre kleine Schwester an einer Wand. Arme und Beine sind ständig in Bewegung, und sie haben ständig auf vertraute und spielerische Weise Körperkontakt. Sie spielen oft miteinander und sind gute Freundinnen. Während Ann spricht, versucht Sara, ihr rasch einige Male auf den Kopf zu hauen. Als Ann nicht reagiert, bohrt Sara der Schwester den Zeigefinger in die Hüfte.

Ann fragt mich: »Weißt du, wie ›Brennessel‹ geht?«

»Nein.

Ann packt den Arm ihrer Schwester kurz über dem Handgelenk, schließt die Hände fest um den Arm und dreht sie heftig in entgegengesetzte Richtungen.

Sara schreit und reißt sich los. Dann sagt sie, sie will auch mal. Sie ergreift ihrerseits den Arm der älteren Schwester und dreht so heftig, wie sie nur kann. Ihr Gesicht verzerrt sich vor Anstrengung und wird rot; sie hängt praktisch mit ihrem ganzen Gewicht am Arm ihrer Schwester. Doch das tut Ann nicht weh, und sie sieht ihr bewußt gelangweilt zu.

»Tut sie dir nicht weh?« frage ich. Ann macht ein ungläubiges Gesicht. Frustriert dreht Sara noch fester. Plötzlich fällt ihr etwas ein, und ihre Miene hellt sich auf.

»Warte nur, bis ich sieben bin«, ruft sie. »Dann tut es dir weh.«
Ich folge den beiden ins Wohnzimmer. Ann hüpft wie ein Frosch auf dem Boden herum, dicht gefolgt von Sara, die ihr mit den Händen auf den Rücken schlägt. Dann legt sich Ann unter das Klavier und streckt die Arme nach Sara aus. Sara kniet nieder, lehnt sich vor und tut so, als wolle sie Ann einen Kuß geben. Als ihre Lippen Anns Gesicht schon fast berühren, bläst sie ihr plötzlich kräftig ins Gesicht. Ann zwickt Sara in die Nase. Dann fällt den beiden ein neues Spiel ein, und sie kriechen unter dem Klavier hervor. Sara spielt nun eine Katze. Wieder tut sie so, als wolle sie Ann küssen, schleckt dann aber ihre Wangen ab, bis Ann mit den Fäusten auf sie eintrommelt. Dieses Spiel wiederholen sie fünf- oder sechsmal.
Schließlich sagt Ann: »Wenn du mich noch einmal abschleckst, werde ich zu einer ganz großen Katze und fresse dich und deine Freundinnen.«
Sara lacht, legt die Hände um Anns Hals und schüttelt sie vor und zurück. Dann umarmt sie sie und schleckt wieder ihre Wangen ab. Ann miaut und ist jetzt wie angedroht eine große Katze. Sie krümmt ihre Finger zu Krallen und bohrt sie ihrer Schwester mehrmals in die Brust, bis sie beide hinfallen. Dann schlägt sie Sara auf den Hintern.
Sara umarmt sie und sagt ganz ruhig: »Auf die Plätze, fertig, los!«
Beide wissen, was das heißt. Sie schlagen und hämmern aufeinander ein und zerren und ziehen einander an beiden Armen.
Ann warnt Sara: »Ich werde jetzt eine immer größere Katze ... immer größer ...«
Sara lehnt sich unbeeindruckt wieder vor und schleckt Ann demonstrativ ab. Ann springt auf, kreischt und jault und stürzt sich auf ihre Schwester. In heller Aufregung tut sie, als wolle sie ihre Schwester mit den Krallen zerreißen. Dann steht sie auf, klopft sich die Knie ab und läßt ihre Schwester am Boden liegen. Über die Schulter sagt sie ruhig: »Ich habe dich gefressen.«
Wir dürfen über das aggressive Verhalten der Mädchen nicht er-

schrecken; sie werden deshalb später nicht zu »Männern« oder gar Mörderinnen. Vielmehr sollten wir uns daran erinnern, daß wir auch einmal so gespielt haben, bevor wir uns das Raufen in Gesellschaft anderer braver Mädchen abgewöhnen mußten. Die Interaktion zwischen Ann und Sara bestand aus einem steten Wechsel von Intimität und Aggressivität. Beide griffen das Territorium der Schwester immer wieder an und verteidigten das eigene. Die intime Bindung zwischen den beiden blieb dabei immer bestehen – tatsächlich war die Aggression Teil der Bindung, wie das laut Tannen auch bei Jungen häufig der Fall ist. Jedes Mädchen genoß die eigene Stärke und die Stärke der provozierten Schwester.

Die weibliche Sozialisation, die Frauen zur Aufgabe ihrer Aggressivität zwingt, hat aber bereits Spuren hinterlassen. Im Gespräch mit einer erwachsenen Person schwächt Ann ihre Auskunft, daß sie mit einem Zauberstab gemeine Menschen in Frösche verwandeln würde, bereitwillig wieder ab: »Ich würde etwas tun, damit es ihnen wieder bessergeht.« Der Sozialisationsprozeß hat seine eigenen Rituale: Gewalttätige Spiele wie »Brennessel« gehören ebenso dazu wie vorenthaltene Küsse. Ich kenne diese Rituale noch aus meiner eigenen Kindheit. Wenn keine Erwachsenen in der Nähe waren und wir Mädchen unsere Phantasien ausleben konnten, setzte ein spielerischer Kampf ein, wie er für Jungenfreundschaften typisch ist. Anns und Saras Aggressionen und ihre leidenschaftlichen, ja sinnlichen Umarmungen waren extremer und ungehemmter, als ihre spätere Sozialisation zulassen wird.

Beide Mädchen lebten die Rivalität mit der Schwester, ihre Zuneigung, ihren Wunsch, die Schwester zu vernichten, und den Wunsch, mit ihr zu verschmelzen, offen aus. Ein solcher spielerischer Überlebenskampf ähnelt den aggressiven Territorialkämpfen, die nach Ansicht orthodoxer Feministinnen eher typisch für Jungen sind. Kleine Mädchen wissen – wenn auch nur unbewußt –, daß sie selbst klein und andere groß sind und daß sie lernen müssen, ihre wachsenden Kräfte gezielt einzusetzen. Sie wissen, daß sie zu ihrer Selbstverwirklichung und emotionalen Befriedigung mehr brauchen als Zusammenschluß und Bindung; auch Separation und Kampf sind wichtig. Sie müssen andere überlisten und ihre Grenzen verteidigen, wenn sie ihren noch starken und ungebrochenen Willen entwickeln und die Ziele ihrer Begierden erreichen wollen.

Orthodoxe Feministinnen haben eine andere Perspektive. Jean Baker Miller glaubt, ein wichtiger Aspekt der weiblichen Psychologie sei, daß »Frauen den kooperativen Charakter der menschlichen Existenz klarer erkennen«.[10] »Die Sorge für andere ist ein Grundprinzip im Leben der Frauen.«[11] Weiter schreibt sie: »Frauen werden dazu ermutigt, sozial nützliche Menschen zu sein ... Frauen entwickeln daher eine psychische Struktur, für die der Begriff ›Ego‹ in seiner gewöhnlichen Bedeutung möglicherweise nicht zutrifft.«[12] Die psychische Entwicklung des Mannes führt sie dagegen auf »Kriegsspiele, Eroberung und Zerstörung« zurück.[13] »Viele Frauen«, schreibt Baker Miller, »erleben die drohende Zerstörung von Bindungen nicht nur als den Verlust von Beziehungen, sondern als etwas, was dem totalen Verlust des Selbst gleichkommt.« Dies könne zwar zu Depressionen führen, doch stelle diese Eigenschaft Frauen in einer Gesellschaft, die Zugehörigkeit höher bewerte als Selbsterhöhung, über die Männer. »Frauen kommen mit fortschrittlichen, auf Beziehungen ausgerichteten Lebensweisen besser zurecht als Männer, während sie den gefährlichen Verhaltensweisen der Gegenwart weniger verhaftet sind.«[14] Baker Miller lehnt einen Begriff wie »Autonomie« ab, weil er die Entwicklung des Mannes und nicht die der Frau charakterisiere. Für Frauen sei Autonomie eine Gefahr, weil ein autonomes Individuum »dafür mit der Aufgabe von Zugehörigkeit bezahlen muß«.

Die Autorinnen widersprechen entschieden männlichen Psychologen, die weibliche »Abhängigkeit« als Schwäche interpretieren. Statt dessen argumentieren sie, daß alle voneinander abhängig seien und daß es eine Form von Stärke sei, damit zurechtzukommen. Obwohl sie darauf hinweisen, daß Extreme selbstzerstörerisch sein können, neigen sie dazu, alle weiblichen Eigenschaften gleichermaßen zu verherrlichen. Ich glaube, daß einige dieser Eigenschaften authentisch und gesund sind, während andere von außen auferlegt sind und für die politische und geistige Stärke der Frauen verheerende Folgen haben.

Denn sind diese Eigenschaften für die Durchsetzung politischer Ziele geeignet? Tannen schreibt, daß das Bestreben, andere zu überflügeln, sich abzusetzen und zu kämpfen, die für Frauen so wichtigen persönlichen Beziehungen bedrohe. Die Angst vor diesem Verlust ist sicher der Grund dafür, weshalb Frauen sich in der Gesellschaft nicht das holen, was sie zusätzlich zu ihren Beziehungen brauchen. Das Gefühl, nicht mit etwas prahlen zu dürfen, kann Frauen davon abhalten, eine Gehaltserhöhung oder eine höhere Stelle zu fordern.[15] Wenn die Mehrheit der Frauen, die eigenständig gehandelt haben, sagen, sie hätten später darunter gelitten,[16] so tun andere Frauen sich schwer, die Verantwortung einer Führungsposition zu übernehmen, die sehr einsam sein kann. Im Gegensatz zu Männern fehlt Frauen das Vokabular der selbstbewußten Selbstdarstellung. Wenn Frauen durch »Gespräche über Probleme« Kontakt miteinander herstellen, ist daran grundsätzlich nichts auszusetzen. Aber wenn Gespräche über Erfolge tabu sind, fehlt den Frauen die Möglichkeit, ihre Fähigkeiten oder ihr Können einander so darzustellen, daß eine Konsolidierung der gemeinsamen politischen oder wirtschaftlichen Macht möglich wird. Was ist so wunderbar am Egalitarismus von Frauengruppen, wenn er nur dem Status quo der Frauen gilt und nicht gleiche Möglichkeiten für alle zum Ziel hat? Macht es die Frauen wirklich stark, wenn sie nach Gleichheit auf der untersten Ebene streben?

Tannen zitiert das Beispiel einer Studentin, die »ihr Wissen für sich behielt. Sie wirkte in Gesprächen und schriftlichen Äußerungen uninformiert und desinteressiert, weil sie ihre Kommilitoninnen mit ihrem Wissen nicht beleidigen wollte.« Ein Student dagegen »sprach und schrieb mit Sachverstand und offensichtlichem Selbstvertrauen, weil ihm daran lag, die anderen zu überzeugen.

Während es der Frau egal war, ob sie andere überzeugte, war es dem Mann egal, ob er andere kränkte.«[17] Tannen warnt vor Werturteilen: »Würde man das Selbstverständnis dieser Frau ›abhängig‹ nennen, wäre das eine negative – und wie ich meine typisch männliche – Beurteilung ihres Verhaltens.«

Ich finde jedoch als Frau und als Mensch, daß das Verhalten einer Frau, die sich aus Furcht, sie könnte andere durch ihr Wissen kränken, nicht zu ihrem Wissen bekennt, verurteilt werden muß. Ein solches Verhalten zeugt nicht von Mitgefühl oder Sensibilität, sondern von einer geradezu tragischen Selbstzerstörung.

Einige der von den zitierten Autorinnen herausgearbeiteten Unterschiede zwischen Männern und Frauen sind meines Erachtens auf politische Faktoren und nicht auf die Psyche der Frau zurückzuführen. In Gilligans erstem Buch diskutieren ein Mädchen und ein Junge über die moralische Frage, ob ein Mann, der kein Geld hat, ein Medikament aus der Apotheke stehlen darf, um seiner kranken Frau das Leben zu retten. Während der Junge von abstrakten gesellschaftlichen Normen und Gesetzen spricht, denkt das Mädchen an die Folgen, die der Diebstahl für das Verhältnis zwischen dem Mann und seiner Frau haben könnte. Außerdem sagt sie, der Apotheker sollte dem Mann das Medikament geben, der Mann könne ja später dafür bezahlen. Mit Hilfe solcher und ähnlicher Beispiele stellt Gilligan eine umfassende Theorie über die Unterschiede zwischen weiblicher und männlicher Moral auf.

Doch in diesem konkreten Fall ist die unterschiedliche Einstellung vielleicht nur darauf zurückzuführen, daß der Junge und das Mädchen unterschiedliche Vorstellungen von ihrem späteren Leben haben. Abstraktes Denken ist für Rechtsanwälte, Richter und andere Berufe notwendig, in denen gesellschaftlich relevante und mehr oder weniger allgemeingültige Entscheidungen getroffen werden müssen. Spontanes, situationsbezogenes und »beziehungszentriertes« Denken dagegen ist für alle die wichtig, die für andere sorgen und nur Entscheidungen auf der Ebene persönlicher Beziehungen treffen müssen. So wie prinzipielle Entscheidungen nicht für die Erziehung von Kindern geeignet sind, sind ausschließlich situationsbezogene Entscheidungen nicht für die Gesetzgebung geeignet. Der Junge und das Mädchen argumentieren wahrscheinlich nicht deshalb verschieden, weil sich Jungen und Mädchen moralisch grundsätzlich anders verhalten, sondern weil sie unterschiedlich erzogen worden sind. Jungen werden dazu ermutigt sich vorzustellen, daß sie eines Tages selbst Gesetze verfassen, während bei Mädchen Denkweisen gefördert werden, die für Menschen angemessen sind, deren Einfluß nicht über den Bereich persönlicher Beziehungen hinausgeht.

Tannen meint, das Interesse der Männer für Politik, Nachrichten und Sport sei darauf zurückzuführen, daß Statusdenken für sie so wichtig sei, während das Desinteresse der Frauen für diese Themen und ihr Interesse für »Klatsch« über Beziehungen etwas mit ihrer Fixierung auf Bindungen zu tun habe. Ich schlage eine andere Interpretation vor. Der Unterschied geht meines Erachtens schlichtweg darauf zurück, daß die Frauen das öffentliche, von Männern bestimmte Leben langweilig finden und die Männer umgekehrt den von Frauen bestimmten »privaten Bereich.« Die öffentliche Aufmerksamkeit für das Jahr der Frau macht deutlich, daß Frauen, wenn sie in die Politik, Nachrichten und den Sport miteinbezogen werden, an »Statusgesprächen« äußerst interessiert sind. Die gleiche Verlagerung der Interessen kann bei Männern beobachtet werden, die sich mit Kindererziehung beschäftigen. Letztlich interessieren sich die Menschen für das, was sie als »ihre Welt« zugewiesen bekommen.

Im großen und ganzen stimme ich Baker Miller zu, wenn sie sich dagegen wehrt, daß der intensive Wunsch nach Bindungen bei Frauen falsch oder rückständig sei. Aber nicht jede Form dieses Wunsches ist gleichermaßen berechtigt oder für Frauen förderlich. Wenn Frauen an die Macht kommen, müssen sie erkennen lernen, welche Bindungen wirklich wichtig sind. Die von mir befragten jungen Frauen stimmten mir zu, daß das Problem nicht unsere

Bindungen an uns liebe Menschen sind. Das Problem ist vielmehr, daß wir selbst Menschen, die uns gar nichts bedeuten, nur ungern verärgern. Die Frauen müssen unterscheiden lernen, zwischen Menschen, zu denen sie die Bindung um jeden Preis aufrechterhalten müssen, und anderen, die sie durchaus provozieren, ja sogar in die Knie zwingen dürfen.

Folgendes Beispiel zeigt, wie das weibliche Bedürfnis nach Zugehörigkeit benutzt wird, Konflikte aus dem Weg zu räumen. Ich habe mit einem Universitätsstipendium studiert, das nur selten an Frauen vergeben wird; in den letzten siebzehn Jahren waren weniger als ein Viertel der Stipendiaten Frauen. Als wieder einmal nur ein Bruchteil der Stipendien an Frauen ging, rief ich den Vorsitzenden der Auswahlkommission an und machte ihn auf dieses Problem aufmerksam. Er plauderte freundlich mit mir und nannte viele Gründe, weshalb er nichts dagegen tun könne. Ich verabredete mich mit ihm zum Frühstück, um über Lösungsmöglichkeiten zu sprechen. Wir trafen uns, aber das freundschaftliche Gespräch brachte uns nicht weiter, und mir wurde klar, daß er sich nicht mehr mit dem Problem befassen wollte. Schließlich teilte ich ihm mit, daß ich, falls die ungleiche Behandlung bestehenbliebe, öffentlich darüber berichten würde.

Die bis dahin freundliche, wenn auch etwas gelangweilte Miene des Mannes änderte sich schlagartig. Er straffte sich und sagte schroff: »Warum drohen Sie mir jetzt auf einmal, wo wir doch in aller Ruhe miteinander sprechen könnten?«

In diesem Moment wurden mir mehrere Dinge gleichzeitig klar: Wir konnten nur deshalb »in aller Ruhe« miteinander sprechen, weil er mich beschwichtigen wollte. Ich hatte recht, ihm meine Ansichten zu unterbreiten, und ich hatte meine Macht, die Öffentlichkeit zu unterrichten, richtig eingesetzt. Zugleich aber hatte ich das Gefühl, unhöflich und kindisch gewesen zu sein. Denn er gab mir zu verstehen, daß meine Forderung, so berechtigt sie auch sein mochte, das freundliche Verhältnis zerstörte, das er so vernünftig zwischen uns herzustellen versucht hatte.

Ich glaube, daß viele, die Forderungen von Frauen abwehren wollen, die Angst der Frauen vor der Zerstörung von Beziehungen und vor Kritik kennen und schamlos ausnutzen. In diesem Fall ließ ich mich aber nicht beirren. Ich hatte bereits gelernt, daß ich meinen Gesprächspartner in einer solchen Situation verärgern durfte. Ich erkannte, daß es für Frauen besonders dann schwer ist, sich zu ihrer Macht zu bekennen – selbst wenn sie legitimen, gewaltlosen und egalitären Zielen dient –, wenn andere die Macht fürchten. Wir können damit zurechtkommen, daß andere Menschen uns respektieren, aber nicht damit, daß sie uns fürchten.

Baker Miller und andere Autorinnen tun jedoch so, als ob Frauen keinerlei Machtkonflikten ausgesetzt wären, bei denen es um Erfolg und Mißerfolg geht. Baker Miller schreibt, Frauen könnten »die eigene Entwicklung und die Fürsorge für andere« besser zusammen verwirklichen als Männer; sie hoffe, daß Frauen in Zukunft häufiger Gelegenheit zu beidem bekommen würden. Sie fordert die Frauen zu »mehr Wirksamkeit« auf, indem sie fragt: »Wie bekommen wir die dafür notwendige Macht, wenn wir die Macht über andere und die Macht, andere zu unterdrücken, nicht wollen?«[18] Ihrer Meinung nach »besteht ein großer Unterschied zwischen der Fähigkeit, andere zu beeinflussen, und der Macht, andere zu kontrollieren und einzuschränken«. Frauen brauchen Macht, »um sich weiterzuentwickeln, nicht um die Entwicklung anderer zu hemmen.«

Auch ich sehne mich natürlich nach einer Welt, in der Macht nicht Herrschaft bedeutet und in der niemand andere einschränken und unterdrücken will. Aber die an die Macht der Frauen geknüpften Bedingungen verhindern, daß Frauen lernen, mit Macht angemessen umzugehen und sich auch außerhalb des persönlichen Bereichs zu behaupten. Wenn die Frauen die ihnen zustehende Macht nutzen, sind Kriege vielleicht weniger grausam. Vielleicht ändert sich aber auch nichts. Wenn eine Frau eine Wahl gewinnt, bedeutet das notwendigerweise, daß sie ihren Gegner »ausgeschaltet« hat. Wenn Frauen Gesetze erlassen und die Regierungsverantwortung übernehmen, mag die von ihnen geschaffene Gesellschaft noch so viel gerechter sein als unsere heutige, aber mit jeder Entscheidung werden die Interessen anderer Gruppen eingeschränkt.

Den Frauen ist nicht geholfen, wenn man ihnen nicht klar sagt, was Macht ist. Erst wenn die Frauen die Wahrheit über die Macht kennen und annehmen, können sie Macht ausüben, ob nun zum Guten oder zum Schlechten.

Die Rückbesinnung auf das »unartige Mädchen«

Wie bereits erwähnt, glaube ich, daß in den meisten Frauen, wie zwiespältig sie der Macht auch gegenüberstehen, eine Power-Feministin schlummert, die aufgeweckt werden kann.

Neuen Theorien zufolge hilft es erwachsenen Frauen, die im Kindesalter mißbraucht worden sind, wenn sie sich an das »innere Kind« erinnern. Dieses Kind ist gut, es hat das Leid nicht verdient, das ihm zugefügt wurde, und die erwachsene Frau bemitleidet es. Aber das Kind ist nicht nur unschuldiges Opfer, es hat noch eine ganze Reihe anderer Eigenschaften.

Erinnern wir uns an die Zeit, als wir noch nicht in Gruppen mit anderen Mädchen »Einkaufen« spielten oder Abzählreime aufsagten. Hinter diesem Kind, das es gewohnt ist, sich in Gesellschaft anderer nach bestimmten Mustern zu verhalten, verbirgt sich ein anderes, früheres, dessen Energie nicht ohne Kampf zu gesittetem Spiel umgelenkt werden kann.

Dieses andere Mädchen ist zwischen eineinhalb und fünf Jahren alt. Es sprüht vor Leben und kann nicht stillhalten. Es stellt alles auf den Kopf und genießt, was es anrichtet. Es ißt leidenschaftlich gern und wünscht sich, sein Hunger würde niemals nachlassen. Wenn etwas glitzert, greift es danach. Wenn es nicht weitergehen will, bleibt es einfach stehen und hockt sich hin. Ist es müde, legt es sich mit dem Gesicht nach unten auf den Boden. Wenn es nicht aufgehoben und in die Arme genommen werden will, windet es sich wie eine Schlange, schreit wie am Spieß und versucht mit Händen und Füßen, freizukommen. Wenn ein älteres Kind ihm sein Spielzeug wegnehmen will, drückt es das Spielzeug an sich, heult oder rennt weg. Manchmal starrt es seine Hände oder Füße lange im Spiegel an, weil es ihm wie ein Wunder vorkommt, daß es so ist und nicht anders. Wenn Mutter oder Vater es füttern wollen, reißt es ihnen den Löffel aus der Hand. Es will nicht, daß andere ihm helfen, auch wenn sie es besser können.

Sobald es sprechen kann, kann es auch widersprechen. Mit zwei Jahren weiß es, was »mein« bedeutet. Mit etwa drei Jahren sagt es: »Du kannst mich nicht dazu zwingen!« Mit fünf Jahren sagt es zu Erwachsenen: »Du kannst nicht über mich bestimmen.« Seine Sexualität gehört nur ihm allein. Es sucht das größtmögliche Vergnügen aus allem zu gewinnen. Es ist sinnlich, egozentrisch, wild, gierig, größenwahnsinnig und überzeugt, daß es alles haben kann. In den wenigen Jahren zwischen dem Erwachen des Bewußtseins und der Unterdrückung all dieser ungezogenen Eigenschaften sind seine Träume lebhafter und seine Welt mehr von Leidenschaft, Phantasie und Ekstase geprägt als zu irgendeinem späteren Zeitpunkt seines Lebens. Es hat keine Manieren, es ist ein ganz ungezogenes Kind.

Dieses Mädchen mit seiner Ungezogenheit ist die andere, nicht beachtete Seite des weiblichen Bewußtseins. Seine schlechtesten Eigenschaften sind sein Narzißmus und seine Zerstörungswut, seine besten Eigenschaften seine Kreativität, seine ursprüngliche Selbstachtung und seine Rebellion gegen Ungerechtigkeit. Wenn wir wieder stark werden wollen, müssen wir nach diesem Mädchen suchen, auch wenn wir eigentlich nichts mit ihm zu tun haben wollen. Wenn wir beim Sex, in Momenten der Gefahr oder im Theater für einen Augenblick aus der uns vertrauten Welt gerissen werden und die uns anerzogene Freundlichkeit uns verläßt, sind wir diesem Mädchen ganz nahe, diesem wilden, fremden und und zugleich vertrauten Geschöpf, das wir schon ganz vergessen hatten und das wir gleich wieder vergessen, wenn wir in die Normalität zurückkehren.

Orthodoxe Feministinnen preisen die Bereitschaft der Frauen, den eigenen Willen im Interesse des Gemeinwohls zu unterdrücken. Aber wir alle waren als kleine Mädchen unverbesserliche und zügellose Größenwahnsinnige, sobald wir die Möglichkeit dazu erhielten. Bevor sich die kleinen Mädchen mit weniger zufriedengeben, träumen sie von der absoluten Herrschaft.

Hier ein Beispiel, wie der Machtwille kleiner Mädchen übersehen wird: Männer und Jungen bauen groß, heißt es, Frauen und Mädchen bauen Zuhause. Der Psychologe Erik H. Erikson stellte fest, daß kleine Mädchen mit Bauklötzchen kleine, sichere Häuser bauten. Er dachte nicht daran, daß die Mädchen gegenüber der kleinen Puppenfamilie, die sie mit sich herumschleppen, gigantische Naturkräfte sind.

Viele Feministinnen lästern über die phallisch protzige Architektur der Männer und werten sie als Manifestation der pathologischen Psyche des Mannes. Frauen repräsentieren demgegenüber die Natur. Würden sie bauen, kämen niedrige und runde, an ökologischen Maßgaben orientierte Hütten dabei heraus.

Viele Feministinnen stimmen darin überein, daß Frauen ihre Umgebung nicht verändern oder beherrschen wollen. Evelyn Fox Keller sagt, der Wunsch, die Geheimnisse der Natur wissenschaftlich zu ergründen, sei typisch für den Mann. Ich bin jedoch nicht davon überzeugt, daß der Wunsch, die Umgebung zu formen, zu verändern und sogar zu beherrschen, wirklich auf ein defektes Gen der Männer zurückzuführen ist. Vielmehr glaube ich, daß er menschlich ist. Und wenn Frauen glauben, daß sie nicht einmal im Traum etwas Großes bauen würden, liegt das daran, daß sie nie dazu ermutigt worden sind.

Als ich ein kleines Mädchen war, war meine Sozialisation noch unvollständig. Ich errichtete große, protzige und vulgäre Bauwerke. In meiner Vorstellung wurden Bauklötzchen zu hochragenden Bastionen, Zinnen, Aussichtstürmen, Geschossen, Strebepfeilern,

Kuppeln, Wandelgängen und hohen Türmen. Ich versah meine Burgen sogar mit einem Graben und einer Zugbrücke, die ich nach Belieben hochziehen und herunterlassen konnte.
Zeigte ich männliche Neigungen zu Herrschaft und Separation statt weibliches Streben nach Kooperation und Harmonie? Wollte ich ein Mann sein? Nein, ganz und gar nicht. Ich wollte ein Mädchen sein. *Aber ich wollte ein großes Mädchen sein.*
Mein eigenes, angeblich unnatürliches Verlangen nach Macht fand ich in den Phantasien anderer Frauen und Mädchen wieder. Die elementarsten Wünsche der Frauen spiegeln sich nicht in ihrem Verhalten, sondern in den Büchern, die sie lesen. Daß viele der von orthodoxen Feministinnen aufgezählten weiblichen Eigenschaften anerzogen und nicht ursprünglich sind, zeigen die Bücher, die Mädchen am liebsten lesen und die nicht von egalitären Beziehungen und friedlichen Spielen handeln, sondern von Autonomie, Separation, Macht, Schmeichelei und Herrschaft. Einige der beliebtesten Machtphantasien von Mädchen seien im folgenden aufgezählt.

Die Prinzessin

Es ist kein Zufall, daß Schönheitswettbewerbe wie die Krönung einer Königin ablaufen. Konkurrenzneid und egoistische Tendenzen der Mädchen können durch solche Wettbewerbe in harmlose Bahnen gelenkt werden. Der Wunschvorstellung, von königlicher Abstammung zu sein, ist weit verbreitet.
Viele Frauen erinnern sich, daß sie in ihrer Kindheit überzeugt waren, Prinzessinnen zu sein, und daß sie sich bald in ihrer ganzen königlichen Pracht zu erkennen geben würden, um die, die sie verachtet hatten, zu demütigen. Dieser Wunschtraum von Herrschaft besonders über den Vater und andere erwachsene Männer klingt etwa in der Redewendung »Papis kleine Prinzessin« an.
Das Prinzessinnen-Thema ist Gegenstand von Romanen wie Frances Hodgson Burnetts *Sarah, die kleine Prinzessin.* Diese rührselige viktorianische Erzählung handelt von dem reichen Mädchen

Sarah und spielt in einer vornehmen Londoner Mädchenschule. Sarah wird von ihrem Vater vergöttert. Als er stirbt, sinkt sie in den Stand einer Küchenmagd hinab. Sie muß die anderen Mädchen bedienen, die sie zuvor beneidet haben und die sie nun grausam behandeln. Sie befindet sich auf dem tiefsten Punkt der Armut und Erniedrigung, aber es gibt ein noch ärmeres Mädchen, das Sarah bewundert und ihre Dienerin sein will.

Der wohlhabende Freund ihres Vaters findet heraus, in welchen Umständen Sarah lebt; er gibt sich nicht zu erkennen, schickt Sarah jedoch einen dunkelhäutigen ostindischen Matrosen – das Buch spielt zur Kolonialzeit –, der zu allen Opfern bereit ist, um ihre Wünsche zu erfüllen. Schließlich tritt der anonyme Schutzpatron ins Rampenlicht; das ungerechte Verhalten der grausamen Lehrerinnen wird offenkundig, und die Klassenkameradinnen, die Sarah so schlecht behandelt haben, erblassen vor Neid.

Die auf dem Höhepunkt der Viktorianischen Epoche vorherrschenden Einstellungen zu den Eingeborenen der Kolonien, zur sozialen Schicht und zum Reichtum verbinden sich in dieser Geschichte zu einer Machtphantasie. »Natürlicher« Adel versetzt eine siebenjährige Engländerin in die Lage, nicht nur über ein anderes, in der sozialen Hierarchie tiefer stehendes Mädchen, sondern auch über einen erwachsenen Diener wohlwollend-diktatorisch zu herrschen.

Auf ein kleines Mädchen wirkt eine solche Machtfülle in Verbindung mit Reichtum, dadurch ermöglichter Rache und dem Leben an der Spitze der Schulmädchen-Hierarchie äußerst verführerisch. Das Buch wird seit über hundert Jahren immer wieder neu aufgelegt.

Auch für Frauen, die keine »Schönheitsköniginnen« sind, gibt es in unserer Kultur eine Situation, in der sie sich als Königinnen darstellen können: die Hochzeit. Hier darf die unterdrückte königliche Natur der Frau für einen Tag sichtbar werden in glitzerndem Schmuck, in der Schleppe, dem Schleier, den Brautjungfern und dem großen Augenblick, wenn sie mit ihrem Hofstaat in die

Kirche einzieht – durch all dies wird, freilich innerhalb der sicheren Grenzen der Konvention, für einen Tag wieder jene verschüttete psychische Dimension lebendig, in der Frauen geborene Herrscherinnen sind. Und aus genau diesem Grund – ob bewußt oder unbewußt – lieben die meisten Frauen die Prachtentfaltung der Hochzeit.

Die allmächtige Exzentrikerin

Die bei jungen Mädchen beliebtesten Romanheldinnen zeigen keineswegs eine »größere Fähigkeit, die Bedürfnisse anderer zu erkennen«, wie Baker Miller mit Blick auf die weibliche Psyche feststellt. Diese Heldinnen sind auch nicht gewillt, ihre Originalität oder ihre Fähigkeiten zum Nutzen der Gruppe aufzugeben. Nein, sie sind höchst eigensinnige kleine Mädchen mit geradezu übermenschlichem Mut, die bewußt und sogar mit einer gewissen Schadenfreude gegen sämtliche Verhaltensregeln für brave Mädchen verstoßen.

Madeleine, die Heldin eines französischen Kinderbuches, lebt in einer Klosterschule, in der die braven Mädchen nur in geordneten Zweierreihen gehen dürfen. Die Mädchen verrichten ihre Gebete, essen ihre Brote auf, putzen die Zähne und gehen ins Bett. Nicht jedoch unsere Madeleine: Obwohl sie das kleinste Mädchen ist, hat sie mehr Mut als die anderen. Sie tritt einem Tiger gegenüber, balanciert über eine Brücke und fällt in die Seine. Sie ist ganz anders als die furchtsamen und braven Mitschülerinnen, die sich wie Marionetten bewegen. Sie verbündet sich nicht mit den anderen und geht keine Kompromisse ein. Sie ist der Prototyp der kleinen Kämpferin, wie sie sich immer wieder unter braven Schulmädchen findet.

Heloise, die Heldin eines amerikanischen Kinderbuches, ist ähnlich exzentrisch. Sie lebt im Hotel Plaza als allmächtige Herrscherin einer Welt des Luxus; Eltern hat sie nicht. Sie rutscht die Treppengeländer hinunter, fährt mit dem Lift auf und ab, ruft den Zimmerkellner und hat unzählige erwachsene Diener. Sie verfügt

nach Belieben über Geld und weist die Verkäufer bei jedem Kauf gelassen an: »Schicken Sie mir die Rechnung.«
Pippi Langstrumpf, die skandinavische Kinderbuch-Heldin, ist noch exzentrischer und einsamer. Sie lebt ganz allein in einem Baumhaus, ist übernatürlich stark und vollkommen selbständig. Sie tut alles das, was ein kleines Mädchen nicht tun darf. Wie Madeleine und Heloise strebt auch Pippi Langstrumpf immer nach oben – ohne Angst, »abgeschossen« zu werden, wie die Frauen, von denen weiter oben die Rede war. Heloise fährt mit dem Lift nach oben, Madeleine klettert auf Brücken, Pippi Langstrumpf spaziert an der Decke entlang und klettert auf hohe Bäume. Auch sie verfügt über mysteriöse Geldquellen – diesmal in Form goldener Zaubermünzen.
Pippi besitzt ein Pferd als Verkörperung ihrer Macht. Das Pferd lebt auf der Veranda ihres Hauses (als Symbol der Wildheit des kleinen Mädchens). Pippi ist zu Heimlichkeiten, Streit und Rache fähig: Sie nimmt Landstreicher gefangen und zwingt sie, »schottisch« zu tanzen, bis sie völlig erschöpft sind; Polizisten, die ausfallend werden, verbannt sie zur Strafe auf Bäume. Sie verkörpert die Integration zweier Prinzipien, die im späteren Mädchenleben getrennt werden: Ihre Mutter ist ein Engel, ihr Vater ein Kannibalenhäuptling.

Die Pferdenärrin

Im Alter zwischen neun und fünfzehn Jahren erkennen die Mädchen, daß sie ihr Verlangen nach Herrschaft und Macht fast nirgends befriedigen können, ohne anzuecken. In dieser Phase beginnnen sie, sich mit Pferden zu beschäftigen.
Die enge Beziehung junger Mädchen zu Pferden wurde verschiedentlich als Ausdruck pubertärer weiblicher Verehrung von männlicher Sexualität und Aggression interpretiert. Das ist Unfug: Die Mädchen verehren ihre eigene Sexualität und Aggression, Teile ihrer Identität, von der sie sich in diesem Alter außerhalb des Pferdestalls lossagen müssen.

Wenn ein Mädchen auf ein Pferd steigt, beherrscht es ein Tier, das eine Vierteltonne wiegt und das Kind mit seinem Gewicht töten könnte. Das Mädchen nimmt die Schnelligkeit und Wildheit des Tieres in sich auf; indem es mit ihm eins wird, gewinnt es seine Willenskraft noch einmal für kurze Zeit zurück, ehe es sie endgültig verliert.

Wenn wir Wildheit und Machtwillen kleiner Mädchen erst erkennen, bekommen sogar harmlose, »brave« Betätigungen eine ganz andere Dimension, etwa das Spielen mit den in den Vereinigten Staaten so beliebten bunten Plastikpferden, deren Mähne aus seidigem Kunsthaar in allen Farben des Regenbogens schillert. Der ganze Firlefanz und die kitschigen Farben sind gewissermaßen nur ein Vorwand, um die Erwachsenen zu beruhigen. Wäre das Spielzeug ein Hase, es ließe sich nicht annähernd so gut verkaufen. Die Mädchen lieben Pferde, weil sie wissen, wie groß und stark Pferde sind. Mit ihrem Spielzeugpferd betreten sie eine Phantasiewelt, in der sie größer sind und schneller laufen und höher springen können als jeder Erwachsene.

Die Spielzeugproduzenten wissen, daß kleine Mädchen vor allem lange Haare attraktiv finden, und vermuten dahinter ein rein kosmetisches Interesse. Doch in Wirklichkeit steckt dahinter, angesichts des Mangels an Symbolen weiblicher Macht, etwas ganz anderes: Wie die Angehörigen eines Naturvolkes wissen die Mädchen, daß lange Haare animalische Kräfte haben.

Die Bewahrerin großer Geheimnisse

Eine weitere im Mädchenalter verbreitete Wunschvorstellung ist das geheime Wissen über ein Phantasieland. Dieses Wissen gibt dem Mädchen Macht über das Leben anderer Menschen. In Hodgson Burnetts zweitem Kinderbuchklassiker *Der geheime Garten* hat die Heldin den Schlüssel zu einem geheimen Garten, in dem Abenteuer stattfinden, die den Augen der Erwachsenen verborgen bleiben. Im Garten herrscht das kleine Mädchen, es rettet den Garten und den kleinen Jungen, der dort lebt. In dem

Buch *Harriet the Spy* weiß die achtjährige Harriet Einzelheiten über ein Verbrechen, das eine ganze Familie von Erwachsenen belasten würde. Bei der Aufklärung des Falles setzt sie Hilfsmittel der Spionage wie unsichtbare Tinte ein. Im Verlauf der Handlung wird erzählerische Spannung dadurch erzeugt, daß die Erwachsenen gegenüber der Macht des Kindes blind sind. Auch die vielgelesenen Bücher von Nancy Drew zeigen einen vergleichbaren Aufbau. Die Pointe solcher Geschichten besteht oft darin, daß der böse Gegenspieler das kleine Mädchen unterschätzt, weil es so harmlos aussieht. Unterschwellig kommt ein Gefühl zum Ausdruck, das in den Herzen aller kleinen Mädchen vorhanden ist: Sie empfinden sich als geradezu allmächtig, erkennen jedoch zugleich, daß man sie kaum wahrnimmt oder beachtet. Wenn die anderen nur wüßten! In geheimen Phantasiewelten können sie ihre Machtwünsche ausleben, ohne Konsequenzen oder Strafen fürchten zu müssen.

Die Hüterin des Schatzes

Junge Mädchen durchlaufen eine Phase, in der sie unbedingt Geld verdienen und sparen wollen. Auch dahinter steht ihr Machtwille. Beliebte Mädchenbücher beschreiben in allen Einzelheiten die kleinen Geschäfte und Unternehmungen von Mädchen oder wie Mädchen durch harte Arbeit helfen müssen, die Familie zu versorgen. Geschichten, in denen Mädchen Geld für sich selbst verdienen, vermitteln den Leserinnen ein Gefühl von Selbständigkeit und Unabhängigkeit; Geschichten, in denen Mädchen zum Familieneinkommen beitragen, verschaffen den Leserinnen ein Gefühl der Selbstachtung und Wichtigkeit. In Louisa May Alcott's Mädchenbuch *Little Women* lautet der erste Satz: »Ohne Geschenke ist Weihnachten nicht Weihnachten.« Ein Höhepunkt der Handlung ist erreicht, als Jo, eine der Heldinnen des Buches, ihre erste Kurzgeschichte veröffentlicht und erkennt, daß sie mit ihrer Schriftstellerei Geld verdienen kann. Sie feiert den Erfolg so ausgelassen, als habe sie soeben eine schwere Prüfung bestanden, und sie steigt im Ansehen der Familie, denn jetzt ist sie »Herr im Hause«. Der Gelderwerb drückt genau wie bei Jungen den Wunsch aus, sich von der Kindheit zu trennen und sich in der Welt zu bewähren, jenes Streben nach »Autonomie« also, das viele Feministinnen für so bedenklich halten.

Das Fotomodell

Im Jugendalter sind Mädchen von Fotomodellen und deren Berufsbild fasziniert. Dabei steht nicht die Schönheit des Modells im Vordergrund ihres Interesses, vielmehr ist ein Fotomodell ein Symbol absoluter weiblicher Macht.

Wenn ein Fotomodell für die Aufnahmen vorbereitet wird, steht es im Mittelpunkt der Aufmerksamkeit von Profis. Es wird von Männern und Frauen hergerichtet, dann betrachtet der Fotograf es aufmerksam und versucht, die richtige Einstellung zu finden. Das Bild des Modells erscheint auf den Titelseiten von Magazinen, wo auch Staatsmänner abgebildet werden. Obwohl es noch jung ist, verdient es sehr viel Geld. Jede Einzelheit im Leben dieser jungen Frau ist auch für andere Frauen wichtig: was sie ißt, wie lange sie im Bett bleibt, wieviel sie trinkt. Sie hat einen regelrechten Hofstaat, als Mannequin schreitet sie über den Köpfen der Zuschauer auf und ab. Mädchen wollen nicht Modelle sein, um anderen zu gefallen, sondern um Macht zu besitzen. Für die meisten Mädchen ist das Image des Fotomodells das Höchste, was sie sich in bezug auf Anerkennung und Herrschaft der Frau vorstellen können.

Hinter all diesen Vorstellungen und Geschichten verbirgt sich das hungrige, leidenschaftliche, selbstbewußte und ungezähmte Kind, die »gute dunkle« Seite des Kindes. Je mehr Frauen Macht gewinnen, desto öfter wird ihre Sozialisation mit ihrem Willen in Konflikt geraten. Würden Frauen das »unartige Mädchen« in ihrem Innern wieder hervorholen, wäre dies ein großer Schritt nach vorn – die Rückkehr zu ihrem ursprünglichen, selbstverständlichen Verhältnis zur Macht.

In Konfliktsituationen zwischen Sozialisation und Machtanspruch können die Instinkte des »unartigen Mädchens« erwachsenen Frauen weiterhelfen. Wir tun gut daran, uns an das aufsässige Mädchen in uns zu erinnern und ihm zu seinem Recht zu verhelfen.

Neue psychologische Strategien

Wenn Frauen die ihnen zustehende Macht ergreifen wollen, müssen sie organisieren lernen. Unsere Gegner spotten, Frauen könnten nicht zusammenarbeiten. Wir versuchen stets, uns gegen diesen Vorwurf zu verteidigen, obwohl wir wissen, daß er ein Körnchen Wahrheit enthält. Frauenorganisationen scheitern oft an einer ganz bestimmten weiblichen Eigenart.

In der Mädchenzeit werden soziale Organisationen als eng geknüpfte »Beziehungsnetze« verstanden. Eine solche Vorstellung erschwert die organisatorische Arbeit von Frauen. Denn innerhalb solch enger Beziehungen interpretieren Frauen andersartige Auffassungen anderer Frauen schnell als »Verrat« statt nur als Meinungsverschiedenheit. Aus diesem Grund lehnen viele Frauen auch den Feminismus und die Führerinnen der Frauenbewegung ab.

Da aus der Sicht der Mädchen Zusammenschlüsse auf enger Eingliederung beruhen, reagieren sie später als Frauen oftmals bitter auf Feministinnen, die öffentlich in Erscheinung treten. Wir lehnen Feministinnen entweder ab, weil sie zwar »wie wir« sind, wir jedoch nicht zum inneren Kreis gehören, oder weil sie nicht »wie wir« sind und wir uns mit ihnen auf einer persönlichen Ebene nicht identifizieren können. Wenn Frauen über ihre problematischen Empfindungen für die Frauenbewegung sprechen, wählen sie als Beispiele häufig Gruppen von Frauen, die anders sind als sie selbst, die aber ihrer Meinung nach das »Erscheinungsbild des Feminismus« prägen: Lesben, Establishment, Radikale, Mütter, al-

leinstehende Frauen, Arbeiterinnen, Yuppie-Frauen und andere mehr.
Der Feminismus wird also dadurch behindert, daß Frauen das Gefühl haben, die Gruppe, die den Feminismus in der Öffentlichkeit repräsentiert, sei nicht ihre Gruppe. Dies gilt selbst dann, wenn Übereinstimmung über das Ziel besteht. Da sich Mädchen eher mit Blick auf Beziehungen organisieren als mit konkreten Zielen, spielt in ihren Augen die Persönlichkeit der anderen Beteiligten eine größere Rolle als die politische Sache. Es fällt Frauen schwer, Gleichberechtigung mit der Einstellung eines Sportteams anzustreben und einzusehen, daß man dieselben Ziele verfolgen kann, auch wenn die Teammitglieder verschieden sind.

Problematische Schwesternschaft

Der Feminismus hat sich seit seinen ersten Ansätzen im 19. Jahrhundert an der utopischen, idealisierten Vorstellung einer »Schwesternschaft« orientiert, die alle Frauen vereint. Der Grundgedanke der »Schwesternschaft« wurde in der jüngsten Phase des Feminismus wiederbelebt und ist nach wie vor die vorherrschende Metapher für die feministische Gemeinschaft.
Doch dieses Modell engen weiblichen Zusammenhalts ist für die anstehende Aufgabe ungeeignet; es taugt nicht mehr für das Ziel, die Frauen an die Macht zu bringen. Das Modell beruht auf der Hoffnung, daß Frauen durch die Bande persönlicher Liebe und gemeinsamen Leidens zusammengehalten werden. Doch diese Bande sind höchst »feminin« und außerdem viel zu schwach. Glücklicherweise sind wir viel zu verschieden und viel zu viele, und unsere Beziehungen zueinander sind notwendig viel zu komplex und unpersönlich geworden, als daß dieses Modell weiblicher Verbundenheit noch funktionieren könnte.
Doch woher kommt dieses Ideal politischer Vereinigung? Es wurde nach dem langen Winterschlaf des Feminismus in den späten

sechziger Jahren wiedererweckt. Die Feministinnen trafen sich in »Selbsterfahrungsgruppen« zu therapeutischen Sitzungen. Das Gespräch über die gemeinsame Erfahrung der Unterdrückung hielt die Gruppe zusammen.
Diese Strategie ging damals insofern auf, als sie den teilnehmenden Frauen ermöglichte, ihre private Existenz in politischen Begriffen zu definieren und durch enge Beziehungen zu anderen Frauen der Isolation des vorstädtischen Mittelschicht-Haushalts zu entkommen. Aber heute funktioniert die Strategie nicht mehr.
Ein Problem, das sich aus dem Beziehungsverständnis der Mädchen für die Frauenpolitik ergibt, ist die mangelnde Vielfalt. Eine typische Szene auf dem Campus einer Universität: Eine Gruppe weißer Frauen sitzt im Kreis auf dem Boden; die Stimmung ist schlecht, weil sie als Weiße unter sich sind. »Wir wollen Vielfalt in unserer Gruppe, aber die farbigen Frauen wollen sich uns nicht anschließen.« Eine Gruppe farbiger Frauen sitzt in einem anderen Gebäude; sie sind gereizt. »Die Weißen wollen, daß wir auf sie zugehen und sie bei uns aufnehmen. Wir sollen ihnen etwas beibringen. Aber wir haben genug davon, uns dauernd erklären zu müssen. Wir brauchen einen Ort, an dem wir unter uns bleiben können.«
Statt andere Vorstellungen zu respektieren, meinen die weißen Frauen aufgrund ihres Beziehungsverständnisses, alle müßten sich zuerst zusammensetzen, »alles durchdiskutieren« und »klären«, ehe man sich zu gemeinsamen Aktionen zusammenfinden kann.
Für antirassistische weiße Frauen ist diese Zurückweisung so schlimm wie die Zurückweisung eines Geliebten. Hören wir ihnen denn nicht zu? fragen sie. Versuchen wir denn nicht, uns mit den Problemen zu beschäftigen? Doch in den Ohren der schwarzen Frauen klingt das, als glaubten die weißen Frauen, einzig durch ihre guten Absichten würde der Rassismus über Nacht verschwinden. Weiße Frauen wollen von schwarzen Frauen Vertrauen und Liebe, doch klingt dabei oft die Hoffnung an, sie würden gleichsam durch Zauberwort vom Vorwurf des Rassismus freigespro-

chen. Die Annahme »egalitärer« Beziehungen aller Frauen täuscht über die Ungerechtigkeit des Rassismus hinweg.
Würden wir lernen, »Achtung« anstelle von »Vertrautheit« und »Teamwork« anstelle von »Schwesternschaft« zu setzen, könnten diese Spannungen die organisatorische Arbeit der Frauen nicht in dem Maß lähmen, wie das jetzt der Fall ist. Der Feminismus will eine einzige große Gemeinde sein, in der sich alle Frauen an der Hand halten, auch wenn sie gar nicht an einer Freundschaft interessiert sind. Doch je größer die Gemeinde ist, desto geringer ist ihre Flexibilität und desto anfälliger wird sie für jede zufällige Einwirkung.

Eine neue Form der Beziehung zwischen Frauen: die Power-Gruppe

Frauengruppen scheitern heute, weil sie am Konsens orientiert sind; weil sie einen Gesprächsstil pflegen, der das Leiden in den Mittelpunkt stellt statt das Handeln; weil sie glauben, sich persönlich mögen und alle Meinungsverschiedenheiten bereinigen zu müssen, statt konstruktiv damit umzugehen; weil sie nie gelernt haben, daß man sich zusammenschließen kann, um Macht und Vergnügen zu teilen. Frauen neigen zu der Vorstellung, daß eine Gruppe sich irgendwie aufopfern müsse, statt Ressourcen und Chancen für ihre Mitglieder zu erschließen und diese Arbeit gern zu tun. In der jetzt beginnenden neuen Phase des Feminismus müssen wir zu einer Haltung finden, in der wir stark genug sind, die Frauen der Welt mit ihren unterschiedlichen Zielen in Koalitionen zu vereinen.
Ich empfehle eine neue Form der sozialen Organisation von Frauen als Ersatz für die mit Bewußtseinsbildung beschäftigten Gruppen: die »Power-Gruppe«. Wer diesen Begriff zu bedrohlich findet, mag von »Ressourcen-Gruppe« sprechen: In die Gruppe werden die gemeinsamen Ressourcen eingebracht.

Zusammenschlüsse von Frauen haben eine lange Geschichte: Aus den Frauenklubs gingen die Aktionen hervor, die den Frauen das Wahlrecht verschafften. Frauen erschrecken häufig bei dem Gedanken an Vereinigungen, die auf die Konsolidierung von Macht gerichtet sind, weil sich darin Elitedenken und Exklusivität auszudrücken scheinen. Tatsache ist freilich, daß die Frauen unterschiedliche Prioritäten, Hintergründe und Interessen haben. Die »Power-Gruppe« ist ein Weg, mit Vielfalt umzugehen, und sie ermöglicht zugleich, eine neue Psychologie der Macht zu entwickeln und den entscheidenden Schritt zur Konsolidierung weiblicher Macht zu tun. Bevor ich mich der Beschreibung der »Power-Gruppe« für Frauen zuwende, müssen wir uns vor Augen führen, wie Männer ihre Macht festigen.

Feministinnen beschreiben die »Machtspiele« der Männer als extrem wettbewerbsorientiert und individualistisch. Beziehungen zwischen Männern seien zynisch und inhaltsleer, weil sie auf dem Austausch von Macht beruhte. Baker Miller schreibt: »Männer gehen zu bestimmten Zeiten Verbindungen auf der Grundlage einer genauen Kalkulation der Macht ein, die sie einbringen können. Viele Männer kennen und antizipieren dieses Verhalten und sind in diesem Spiel gut geübt. Frauen dürfen daran bezeichnenderweise nicht teilnehmen. Und was noch wichtiger ist: Viele Frauen wollen gar nicht daran teilnehmen.«

Trotzdem ist die Macht der Männer an der Spitze der sozialen Hierarchie keineswegs zersplittert, vielmehr wird sie bemerkenswert kollegial gehandhabt. Es gibt eine Reihe formeller und informeller Klubs, in denen die mächtigsten Männer eine Art kollektiver, geschlossener Bewirtschaftung der Macht betreiben.

Die Männer und Frauen in meinem Bekanntenkreis, die um dreißig Jahre alt sind, die gleiche gute Ausbildung genossen haben und vergleichbare berufliche Ziele verfolgen, entwickeln sich verschieden; die Männer haben bessere Jobs und Chancen und verdienen mehr Geld als die Frauen. Das ist natürlich teilweise der Diskriminierung der Frauen zuzuschreiben, teilweise aber auch der Tatsache, daß Männer im Gegensatz zu Frauen durch ein Netz ehemaliger Mitschüler oder Kommilitonen unterstützt und gefördert werden. Der wichtigste Grund ist jedoch, daß die Männer ihre Macht bündeln, während die Frauen dazu noch nicht imstande sind.

Das Verhalten mächtiger Männer ist im allgemeinen nicht individualistisch und auch nicht übertrieben wettbewerbsorientiert – diese Beschreibung trifft eher für die wenigen mächtigen Frauen zu. Sie verstehen nicht, was die unterschwellige Dynamik der Kultur, in der sie leben, wirklich kennzeichnet. Wie gehen die Männer an der Spitze denn mit ihrer Macht um? Sie verteilen sie an ihre Freunde.

An erster Stelle verbinden sie sich natürlich in den »richtigen« Schulen. Aber damit endet bereits die Ähnlichkeit mit einer herrschenden Elite. Im Alltag verbringen die Männer den Rest ihres Berufslebens nämlich damit, ihre Macht in die jungen Männer ihres beruflichen Umfeldes zu investieren. Sie beschäftigen sich damit, ihre Freunde der Öffentlichkeit vorzustellen, sie zu interviewen und weiterzuempfehlen. Das Ergebnis nennen sie dann »Leistung«.

Sie häufen Macht nicht an, sondern wählen eine Gruppe von Männern aus, mit denen sie gut auskommen, und nützen jede Chance, die Mitglieder dieser Gruppe zu fördern. Dieses Verhalten wirkt verblüffend »erzieherisch« und »fürsorglich«. Früher oder später zahlt sich die Förderung aus. In der Zwischenzeit spielen sie Basketball, essen auf Spesen und unterhalten sich über Belanglosigkeiten. Die Gespräche drehen sich zum großen Teil um andere Menschen ihres Berufes; dabei wird auch entschieden, wer in ihre Kreise aufgenommen wird und wer draußen bleiben muß.

Solchen Gesprächen liegt unbewußt die Ansicht zugrunde, daß andere Männer potentielle Mitglieder des Machtklubs sind, andere Frauen jedoch nicht. »Er denkt vernünftig« oder »Er ist es wert, daß man in ihn investiert« heißt es über einen Mann, der »wie sie selbst« ist. Über Frauen wird ganz anders geredet: »Sie ist entscheidungsschwach, wenn es hart auf hart geht. Sie ist zu sehr mit ihrem Baby beschäftigt. Sie muß ständig überwacht werden.« Mächtige Männer erzählen sich gegenseitig von der Kompetenz bestimmter anderer Männer und der Unzulänglichkeit bestimmter Frauen. Solche sprachlichen Muster bleiben nicht bewußt sexistischen Männern zweifellos völlig verborgen. Durch die Gespräche rechtfertigen die Männer im Lauf der Jahre vor sich selbst, daß sie, wenn sie die Spitze erreicht haben, die Beute unter ihren männlichen Freunden verteilen.

Wenn Frauen versuchen, ähnliche Beziehungsnetze und Klubs aufzubauen, ist ihnen oft unwohl dabei. Der Gedanke, andere als Mittel zum Zweck und nicht als Zweck an sich zu sehen, ist ihnen fremd. Sie haben dann das Gefühl, daß sie andere hinterlistig für ihre Zwecke »gebrauchen«. Und sie verkennen allzuleicht, welches Maß an wirklichen Gefühlen Männer in ihre Verbindungen im Dienst der Macht und wieviel Zuneigung sie in ihre Schützlinge investieren. Frauen unterschätzen das Gefühl emotionaler Geborgenheit, das mächtige Männer empfinden, wenn sie ihre Macht auf diese Weise pflegen und wenn sie sich in anderen Männern wiedererkennen, die Ressourcen in gemeinsame Unternehmungen einbringen.

Bei Diskussionen mit meiner Freundin Amruta über die Schwierigkeiten von Frauen im Umgang mit der Macht beschlossen wir, eine für uns neue Form feministischer Organisation auszuprobieren. Es entstand die »Power-Gruppe«. Durch die Struktur der Gruppe versuchten wir jene psychologischen Fallstricke zu vermeiden, denen Frauen im Umfeld der Macht begegnen. Wir wollten Frauen einen Weg zur Macht aufzeigen, der zu ihrer Psyche paßt.

Einmal im Monat trifft sich eine Gruppe von zwanzig bis dreißig Frauen. Diese Frauen können aus jedem beliebigen Bereich der Gesellschaft stammen; es ist jedoch wahrscheinlich, daß sie einen Beruf, eine religiöse Ausrichtung oder andere übergreifende Interessen gemeinsam haben. Die Versammlung findet im Rahmen des nach Auffassung der Opfer-Feministinnen frivolsten aller gesellschaftlichen Ereignisse statt: einer Party. Essen und Wein stehen bereit, Musik spielt. Die Frauen unterhalten sich, stellen Kontakte her, lassen sich durch den Raum treiben und sind glücklich, anderen Frauen zu begegnen, die sie mögen, ohne daß sie Übereinstimmung mit dem »Kollektiv« vortäuschen müssen. Dann, in einem bestimmten Augenblick, sagt jede Anwesende, was sie gerade macht und zu welchen Ressourcen, Kontakten oder Informationen sie Zugang hat. Sie erklärt der Gruppe auch, welche Ressourcen, Kontakte oder Informationen sie braucht. Jede Frau erhält eine Liste mit den Telefonnummern der anderen; jede kann jede anrufen und eine Bitte äußern, ein Projekt vorschlagen, Informationen austauschen oder ein Geschäft anbieten. Und jede kann ablehnen. So kann jede Frau nehmen, was sie braucht, ohne der Geschäftsordnung einer allmächtigen »Gruppe« folgen zu müssen.

Zur Zeit nimmt die Neigung der Frauen wieder deutlich zu, sich Gruppen von zwanzig oder mehr Personen anzuschließen. Ihr Hunger nach Gesellschaft im Gefolge der neuen Phase des Feminismus zeigt sich in zahlreichen Buchklubs, Kochklubs, Gesprächskreisen, Müttergruppen und Frauengruppen in Kirchen und Synagogen. Jede dieser Gruppen läßt sich leicht in eine »Power-Gruppe« umwandeln.

Die Gruppe kann nach dem Rotationsprinzip auch für neue Mitglieder geöffnet werden, so daß ständig neue Frauen in die »Ressourcen-Börse« aufgenommen werden, während andere wieder ausscheiden. Die Gruppe fordert ihre Mitglieder auf, über Erfolge und positive Wirkungen zu berichten, die sich aus der Gruppenmitgliedschaft ergeben haben. Die Berichte stärken das Gefühl der Effektivität in der Gruppe; gleichzeitig lernen die Frauen, über Erfolge zu sprechen und an den Erfolgen anderer Frauen Anteil zu nehmen. Ein weiteres Ziel der Gruppe sollte sein, Frauen psychologische Unterstützung zu bieten, wenn sie Gehaltserhöhungen fordern. Die Gruppe muß – schon um der eigenen psychischen Verfassung willen – jüngere Frauen fördern, sie bei der Jobsuche wie auch bei der Wiederaufnahme einer Berufstätigkeit unterstützen, ihre Fähigkeiten weitervermitteln und ihnen helfen, ihre Bedürfnisse zu artikulieren. Eine Gruppe kann sich auch bei spezifischen Problemen in Branchen und Berufen einsetzen, in denen hauptsächlich Frauen arbeiten. Dazu gehören auch die Erziehung der Kinder und die Tätigkeit als Hausfrau. Die Gruppe kann Dozenten einladen; sie kann Beiträge erheben, die an Frauenorganisationen auf einer höheren politischen Ebene abgeführt werden. Sie kann jedoch auch jede ideologische Fixierung ablehnen und sich auf die zwanglose, auf die jeweiligen Bedürfnisse bezogene Vermittlung von Ressourcen und Macht beschränken. Die Gruppe sollte klarstellen, daß sie für Dissens und Meinungsverschiedenheiten offen ist und daß eine abweichende Meinung ebenso willkommen ist wie Zustimmung. In ökonomischer Hinsicht kann die Bildung eines Investmentklubs für die Gruppe vorteilhaft sein, selbst wenn nur wenige Börsenwerte vorhanden sind. Die Frauen lernen dabei, über Geld zu sprechen. Mit Blick auf die zukünftige Entwicklung der Gruppe empfehle ich, eine möglichst große Vielfalt anzustreben und den »Aufstieg« junger und talentierter, aber mittelloser Frauen zu fördern.

Das klingt einfach, vielleicht zu einfach. Aber unsere Erfahrungen zeigen, daß sich auf diese Weise Macht in einem Umfang gewinnen läßt, der unvorstellbar ist, solange wir allein handeln. Viele von uns haben Zugang zu Gütern, Dienstleistungen oder Informationen, die uns selbst im Augenblick vielleicht nicht viel nützen, die aber für andere von entscheidender Bedeutung sein können. Frauen unserer Gruppe bekamen auf einmal Jobs, Wohnungen oder Auftragsarbeiten; sie verglichen Gehälter oder informierten einander über für bestimmte Stellen »übliche« Gehälter. Sie suchten nach Investoren, fungierten als Babysitter, vergaben Autorenaufträge und organisierten Wohltätigkeitsveranstaltungen. Sie entwickelten ein Programm, in dessen Rahmen Frauen Schulen besuchten und Schülerinnen über ihre Berufe informierten. Viele der in unserer Gruppe vermittelten Chancen waren der Tatsache zu verdanken, daß sich die Gruppe aus Angehörigen vor allem der Mittelschicht oder noch privilegierteren Schichten zusammensetzte. Doch das meiste können auch Gruppen anderer sozialer Zusammensetzung erreichen.

Denn viele Frauen haben, unabhängig von ihrer finanziellen Situation oder ihren Beziehungen, Zugang zu einem Gut, das im heutigen Wirtschaftsleben immer wertvoller wird: zu Informationen. Männer tauschen Informationen wie Briefmarken, und sie können Frauen diskriminieren, weil sie zu Recht annehmen, daß diese weder über Kontakte noch über stabile Informationsquellen verfügen. Schließen sich die Frauen jedoch zu Power-Gruppen zusammen, weiß ein Mann, der eine Frau bewußt benachteiligt, nicht mehr, über welche Informationen oder Beziehungen sie verfügt.

Obwohl es die Power-Gruppe noch nicht lange gibt, kann sie bereits viele der psychologischen Probleme lösen, die Frauen im Umgang mit der Macht haben. Sie trägt dazu bei, daß Feminismus erstens Spaß macht und zweitens sogar lukrativ ist. Drittens zwingt die Arbeitsweise der Gruppe die Frauen buchstäblich dazu, ihre Macht zu gebrauchen, eine Bestandsaufnahme ihrer Fähigkeiten und Ressourcen zu machen und sich auf Möglichkeiten des Handelns zu konzentrieren statt auf erlittenes Unrecht. »Gespräche über Probleme« sind nicht verboten, sind aber nicht das Wichtigste. Im Mittelpunkt stehen vielmehr »Gespräche über Möglichkeiten«, und mit der Veränderung des Diskussionsgegenstandes scheint sich auch das Verhalten der Frauen in der Gruppe zu verändern. In unserer Gruppe hatten selbst »mächtige« Frauen zunächst Schwierigkeiten damit, auszusprechen, was sie tun und über welche Ressourcen sie verfügen. Aber je öfter die Darstellung der eigenen Macht wiederholt wurde, desto selbstverständlicher erschien sie. Zuletzt wurde sie sogar als angenehm empfunden, und wir genossen es, anderen Frauen zuzuhören, wenn sie ihre Zugangsmöglichkeiten, Ressourcen und Fähigkeiten beschrieben.

Viertens vergrößert die Power-Gruppe das Umfeld oder »Netzwerk« – ein Begriff, den ich verabscheue – der beteiligten Frauen um das Dreißigfache oder mehr. Fünftens trägt sie dazu bei, daß ein Gemeinschaftsgefühl entsteht. Die Frauen glauben nicht mehr, daß sie einander herzlos und geldgierig »ausnutzen«. Sechstens und damit zusammenhängend kommen durch die Power-Gruppe neue, echte Freundschaften ohne hintergründige Absichten zustande. Siebtens mildert die Gruppe die Ängste der Frauen, wenn sie nach Macht streben, weil ihnen klarwird, daß sie damit einen Beitrag für die Gemeinschaft leisten. Außerdem hilft sie den Frauen, die Lektionen zu vergessen, die ihnen als Mädchen eingetrichtert wurden: Die Frauen in der Gruppe können sich auch über die Erfolge anderer Frauen freuen, denn jede Ausweitung der Chancen kommt letztlich der Gemeinschaft zugute. Achtens fühlen sich die Frauen durch die Power-Gruppe viel stärker, weil die Gruppe ihnen eine neue Sicht eröffnet. Auf jeder Stufe der Erfolgsleiter können sich Frauen aufs neue verunsichert fühlen, denn immer wieder steht ein Mann über ihnen, der sie oft völlig in der Hand hat. Aber wenn Frauen sich mit anderen Frauen zusammenschließen und dann erleben, was für Schwierigkeiten junge Frauen haben, die noch ganz am Anfang stehen, erkennen sie, wie stark die Gruppe sie macht. Neuntens verändert die Power-Gruppe die Art und Weise, wie Frauen einander wahrnehmen: Andere Frauen leisten Hilfe und vermitteln Macht, genau wie bei den Männern. Andere Frauen sind nicht bedrohliche Gegner (oder sentimentale »Schwestern«), sondern Mitkämpferinnen im Rahmen einer gemeinsamen Strategie.

Wenn Frauen über das ganze soziale Spektrum hinweg solche Gruppen bilden, entsteht relativ mühelos eine alternative Machtstruktur, die der entsprechenden Machtstruktur der Männer ebenbürtig ist – wenn nicht in bezug auf die Mittel, so doch wenigstens in bezug auf die Mitgliederzahlen.

Wir müssen den sentimentalen Gedanken der »Schwesternschaft« durch ein pragmatischeres Modell ersetzen. Die Organisationen der amerikanischen Einwanderer bieten ein Beispiel, an dem wir uns orientieren können. Einwanderer schließen sich zusammen, weil es ihren Interessen dienlich ist, ihre Organisationen basieren auf dem Prinzip des gegenseitigen Nutzens. Das altruistische Element der Einwandererorganisationen beruht dabei mehr auf einer Art Ehrgefühl und dem Verantwortungsbewußtsein für das eigene soziale und kulturelle Erbe als auf den mystischen, »natürlichen« Banden gemeinsamer Abstammung oder gemeinsam erfahrener Unterdrückung.

Das Modell dieser Organisationen könnte manche Risse kitten, die sich im Feminismus entlang der verschiedenen sozialen Schichten aufgetan haben. Die Einwanderer finden nicht, daß alle auf derselben ökonomischen Ebene stehen müssen, um zusammenzuarbeiten. Sie bündeln ihre Ressourcen und machen sie anderen zugänglich, weil ihr gemeinsames Ziel darin besteht, ihren Status als Gruppe zu heben und ihre Ressourcen zu mehren. Sie erwarten nicht, daß alle dasselbe glauben; sie erwarten lediglich, daß die Mitglieder die Organisation an ihrem Erfolg beteiligen.

Nach dem Modell der »Power-Gruppe« wäre der Feminismus nicht Selbstaufopferung, sondern Ausdruck von Eigeninteressen; dadurch wäre auch den Bedürfnissen der Frauen nach Beziehungen und zugleich Unabhängigkeit gedient. Frauen schließen sich in solchen Power-Gruppen aus mehreren Gründen zusammen: erstens, um mehr Geld zu verdienen und bessere Chancen zu haben; zweitens, um eine Art Schuld gegenüber den Frauen abzutragen, durch deren Arbeit in der Vergangenheit ihr heutiger Lebensstil möglich wurde – ein Aspekt, der den altruistischen Neigungen der Frauen entspricht. Drittens bietet das Modell den Frauen die Möglichkeit, wie die Mitglieder einer Einwanderergruppe stolz auf ihre Identität und ihr Erbe zu sein – das Gefühl, das das Verlangen der Frauen nach Gemeinschaft befriedigt, ohne sie einem Zustimmungszwang zu unterwerfen.

Das »Einwanderermodell« beruht auf pragmatischem Denken, Verantwortungsbewußtsein und gegenseitiger Achtung. Wer eine andere Meinung äußert, macht sich deshalb nicht wie im Modell der »Schwesternschaft« des persönlichen Verrats schuldig. Die Verbindung mit anderen Frauen ist durch klare Abmachungen geregelt, und Enttäuschungen sind nur möglich, wenn sich die Partnerinnen nicht an die Regeln halten. Die Erfüllung der Abmachungen aber erzeugt eine Art Ehrgefühl – was Frauen im Umgang mit Männern und anderen Frauen häufig vorenthalten wird.
Auf diese Weise können wir die aus unserer Mädchenzeit herrührende Vorstellung eines Kreises von »Schwestern« neu definieren und als Geflecht flexibler, klar unterscheidbarer, jedoch ineinandergreifender Kreise verstehen. Jeder Kreis stärkt die anderen, so daß sich ein Netzwerk weiblicher Macht bildet, das eines Tages die ganze Welt umspannen kann.

Was wir jetzt tun können

Zur Verwirklichung der Gleichberechtigung brauchen wir natürlich viel mehr als eine alternative weibliche Machtstruktur. Aber wir haben dargelegt, welche Wege für Frauen in Frage kommen und auf welchen Wegen Frauen mit ihrer Macht das 21. Jahrhundert verändern können. Für Frauen am besten geeignet sind ergebnisorientierte und sowenig wie möglich durch Ideologien belastete Vorgehensweisen.

Erfolge des Power-Feminismus

Der Feminismus muß wirtschaftliche Aktivitäten sehr viel stärker einbeziehen. Während es marxistische Feministinnen verächtlich ablehnen, den Kapitalismus für den Machterwerb zu nutzen, sind die Frauen der Dritten Welt eifrig bemüht, Kleinbetriebe zu gründen. Die Mehrheit der armen Frauen der Welt besteht aus Bäuerinnen, Handarbeiterinnen und Händlerinnen.[19] Der Power-Feminismus schlägt dann Wurzeln, wenn Frauen Geld in die Unabhängigkeit anderer Frauen investieren. Women's World Banking (WWB) ist eine internationale Gruppe weiblicher Bankiers. Den Mitgliedern war nach der Frauenkonferenz der Vereinten Nationen von 1975 bewußt geworden, daß die weltweite Diskriminierung von Frauen dadurch festgeschrieben wird, daß man ihnen den Zugang zu den zentralen wirtschaftlichen Betätigungsfeldern verweigert. Women's World Banking brachte fast 6 Millionen Dollar zusammen, um Unternehmerinnnen zu zinsgünstigen Krediten zu verhelfen, dabei bürgt das WWB für 25 Prozent der Kreditsumme. Das WWB gründete ein Institut für Management-Training, in dem Frauen lernen, wie sie kleine Unternehmen gründen, internationale Geschäfte abwickeln und Finanzmittel auftreiben können.

Das WWB hat in zehn Jahren fast 45000 Kredite vergeben. Die Rückzahlungsquote lag bei 99 Prozent – ein besseres Ergebnis, als die meisten in den Entwicklungsländern tätigen Geschäftsbanken erzielen konnten. Die Mitglieder des WWB, die diese Kredite jeweils auf lokaler Ebene vergeben, sind Frauen mit demselben kulturellen Hintergrund wie die Kreditnehmerinnen. Sie können die jungen Unternehmerinnen von der Buchhaltung bis zum Marketing beraten. Das Programm bildet mittellose Frauen darin aus, ihren Lebensunterhalt selbst zu verdienen, und bietet ein globales Netzwerk für Unternehmerinnen.

Wir müssen aus diesen internationalen Erfahrungen lernen. Die geschäftlichen Unternehmungen von Frauen müssen zu den Bausteinen ihrer Macht im 21. Jahrhundert werden. Laut Wendy Reid Crisp, der Direktorin der National Association for Female Executives (NAFE), gibt es in Amerika sechshundert Wirtschaftsorganisationen von Frauen – zuständig für Frauen im Film bis zu Frauen in der Baubranche. Hillary Rodham Clinton wies 1989 in einem Interview auf den Unterschied zwischen NAFE und »der organisierten Frauenbewegung« hin. Die Ziele der »Association« seien praktische Lösungen, keine Rhetorik, betonte sie, und häufig seien bei den Versammlungen auch Männer anwesend: »Wer will schon ständig mit geballter Faust herumlaufen?«[20]

Die erfolgreiche Emily's List darf nur eine Vorbotin jener Macht sein, die politische Frauenlobbies künftig entfalten werden. In gleicher Weise dürfen auch die Mitglieder einer Vereinigung wie WWB nur als in die Zukunft weisende Vorläufer dessen gelten, was einmal sein wird.

Wenn Frauen über Geld verfügen, muß auch die Opposition zuhören. Wenn wir Eigenkapital besitzen, besitzen wir auch Einfluß – als Sponsorinnen, Aktionärinnen und Absolventinnen der Universitäten. Die einzige Sprache, die in der gegenwärtigen Gesellschaft verstanden wird, ist die des Geldes, der Wählerstimmen und der öffentlichen Skandale.

Konkrete Maßnahmen ohne ideologischen Ballast

Im Power-Feminismus bleibt die Macht in den Händen der Frauen; dieser Feminismus konzentriert sich auf den Aufbau von »Bausteinen der Macht«, die ideologisch sowenig wie möglich belastet sind. Grundlegende Bausteine sind natürlich Geld, Gesundheit, Chancengleichheit, Bildung, politische Repräsentation und Sicherheit. Der Power-Feminismus vermeidet es, den Frauen vorzuschreiben, was sie zu tun haben und wie sie beispielsweise eine bestimmte Chance, verfügbare Geldmittel oder politische Einflußmöglichkeiten nutzen sollen.

Als großer Erfolg des Umbruchs im Verhältnis der Geschlechter darf die Initiative zur Bekämpfung des Brustkrebs von 1992 gelten, in deren Verlauf die National Breast Cancer Coalition (NBCC) mit einem umfassenden, von ideologischem Ballast befreiten Appell alle formulierten legislativen Ziele erreichte.

Im Oktober 1991 startete die Breast Cancer Coalition eine große Kampagne, in der dazu aufgerufen wurde, Briefe an den amerikanischen Kongreß zu schreiben. Ziel waren 175000 Briefe aus 50 Staaten der USA oder mindestens 1 Brief für jede diagnostizierte Brustkrebs-Erkrankung. Auf welch breite Unterstützung jenseits aller Ideologien der Aufruf stieß, bewiesen die 600000 Briefe, die dem Kongreß zugestellt wurden. Das Ergebnis übertraf alle Erwartungen.

Im Februar 1992 führte das Forschungsteam der NBCC öffentliche Anhörungen durch. Im März 1992 teilte NBCC dem Kongreß mit, daß der sofortige Einstieg in die Suche nach einem Heilmittel 300 Millionen Dollar kosten würde. Im Mai 1992 koordinierte die NBCC 38 Veranstaltungen in 31 US-Staaten im Zusammenhang mit dem Muttertag, um das Problembewußtsein der Öffentlichkeit zu stärken. Über 30 Zeitschriften, Radiosender, landesweite Fernsehanstalten und viele lokale Medien berichteten über die Veranstaltungen. Als der damalige US-Präsident Bush sein Veto gegen die Zuweisung der Gelder an die National Institutes of Health einlegte, verlangte die NBCC statt dessen 1 Prozent des Verteidigungshaushalts. Zahlreiche Busse mit empörten Frauen fuhren nach Washington, Frauen nutzten den Telefondienst der NBCC und wandten sich per Fax oder Telefon an ihre Abgeordneten. Als das gewonnene Terrain in letzter Minute wieder bedroht schien, organisierte die NBCC vor dem Tagungsraum des zuständigen Ausschusses rund um die Uhr eine Mahnwache.

Die Strategie der »ideologischen Zurückhaltung« zahlte sich aus. Die NBCC erhielt die nötigen Finanzmittel, die sich auf mehr als das Doppelte der Zuweisungen für 1991 in Höhe von 132 Millionen Dollar und mehr als das Dreifache der 90 Millionen Dollar für 1990 beliefen. Ferner konnte die NBCC 1992 zwei Gesetzesinitiativen zur Krebsforschung und zu verbesserten Behandlungsmethoden durchsetzen. Kurz, die NBCC erreichte alle ihre Ziele. Frauen hatten ihre Muskeln spielen lassen, und man hatte ihnen nichts verweigern können.

Auch ein anderer Erfolg konnte ohne den Einsatz von Ideologien erzielt werden. Im April 1993 sponserte die Ms. Foundation einen Aktionstag, an dem Eltern ihre Töchter zur Arbeit mitnehmen sollten, um ihnen beruflichen Ehrgeiz und Selbstbewußtsein zu vermitteln. Der Aktionstag erwies sich als außerordentlich erfolgreich und bekam mehr positive Berichterstattung in den Medien als jedes andere feministische Projekt seit Beginn der neuen Phase des Feminismus. Eine Million Eltern beteiligten sich an dem Aktionstag.

Dies ist ein gelungenes Beispiel für Power-Feminismus. Selbstbewußtsein ist eine Voraussetzung jener Macht, mit der Frauen und Mädchen ihre Ziele verwirklichen können. Außerdem wurde niemand als Opfer hingestellt. Die Mütter konnten sich endlich ein-

mal in einer Rolle zeigen, in der sie nicht als Unterdrückte erschienen, die Väter konnten beweisen, daß sie sich an der Erziehung ihrer Töchter beteiligten. Der Aktionstag begeisterte alle.
Welche Lehre können wir aus diesen Beispielen ziehen? Wir müssen Frauen konkret an die Macht heranführen, statt sie mit Ideologien zu versorgen, wir brauchen mehr Präsenz in den Medien, und wir brauchen mehr Selbstvertrauen. Dann werden die Unabhängigkeit der Frauen und die Schlagkraft des gesamten Feminismus wachsen.

Was Frauen haben

Anna Quindlen hat den Status der Frauen einmal als ein Glas beschrieben, das entweder halb voll oder halb leer sei. Betrachten wir die Ressourcen, über die Frauen bereits verfügen, so erkennen wir, daß wir uns mit einem halbvollen Glas getrost auf den Weg machen können.

Die Macht, Abgeordnete zu wählen

Die Zahl der Frauen in den gesetzgebenden Körperschaften ist von 424 im Jahr 1973 auf 1516 im Jahr 1993 gestiegen. 16,9 Prozent der Senatoren sind Frauen, ihr Anteil an den Mitgliedern des Repräsentantenhauses beläuft sich auf 21,7 Prozent.
Im Jahr 1992 kandidierten 2373 Frauen für einen Sitz in einer gesetzgebenden Körperschaft, 1373 erreichten das Ziel.[21] Wie schon weiter oben angeführt, können Frauen ihren politischen Einfluß um ein Vielfaches wirkungsvoller einsetzen, wenn sie in größerer Zahl auch nur kleine Summen für den Wahlkampf weiblicher Kandidaten spenden.
Man wird einwenden, Frauen hätten kein Geld. Aber das stimmt nicht mehr ganz. Nach der Volkszählung von 1991 gibt es in Amerika über 2 Millionen Frauen, die über ein Jahreseinkommen von mehr als 50 000 Dollar verfügen. Den Daten zufolge haben Frauen

aller Rassen in den oberen Segmenten des Arbeitsmarktes rapide Fortschritte erzielt. Heute sind in Management- und anderen qualifizierten Berufen mehr Frauen tätig als in Büro- oder Verwaltungsberufen. 7 Prozent der Hispanoamerikanerinnen, 7,4 Prozent der schwarzen Frauen und 11,9 Prozent der weißen Frauen arbeiten heute als Managerinnen oder Führungskräfte. Der Anteil der weißen Frauen hat sich seit 1980 um 7,7 Prozent erhöht. Der Vormarsch der Frauen in die besserbezahlten Tätigkeiten trug dazu bei, daß sich die geschlechtsspezifischen Gehaltsunterschiede verringerten. Amerikanische Frauen erhalten heute rund 75 Prozent des Gehalts der Männer in vergleichbaren Beschäftigungen.

Die Zahl der Mitglieder der National Association of Black Women Attorneys wuchs bis heute von unter 1000 im Jahr 1972 auf über 17000.[22]

Aber das Vorhandensein von Geld garantiert noch nicht, daß die Frauen dieses Geld auch für ihre Ziele einsetzen. Frauen mit geringerem Einkommen spenden Erhebungen zufolge mehr an politische Organisationen als Frauen mit höheren Einkommen. Der Einsatz von Geld für politische Zwecke verlangt eine neue Einstellung zum Geld. Frauen und Männer spenden aus unterschiedlichen Gründen: Männer spenden, um ihren Namen auf einer Gedenktafel verewigt zu sehen oder um sich mit anderen Männern zu messen; Frauen wollen wissen, wofür ihre Spenden verwendet werden.

Ich glaube, daß Frauen auch Geldausgaben gewissermaßen »personalieren« wollen. Viele Frauen haben mir gesagt, daß es ihnen abstrakt und unpersönlich erscheint, etwa jedes Vierteljahr einen Scheck an NOW zu schicken. Die unpersönliche Formulierung der Zahlungsaufforderung trägt dazu bei, daß sie sich eher hilflos als stark vorkommen.

Wahlkampfkomitees und Frauenorganisationen können hier die stärkende Wirkung einer Power-Gruppe entfalten, indem sie Versammlungen abhalten, bei denen die Spenderinnen – welcher Summe auch immer – die Kandidatinnen persönlich kennenlernen und außerdem Kontakt zu anderen Frauen zum Austausch von Ressourcen und Verbindungen aufnehmen können. Auf diese Weise erzielen die Organisationen Einnahmen, und jede neue Initiative ist ein Zugewinn für die Machtbasis der Frauen. Wenn Frauen Geld spenden – eine Handlung, die bei vielen Unsicherheit und Ängste vor der Armut auslöst –, bekommen sie dafür im Gegenzug etwas Greifbares zurück. Spenden wird zu einer guten Investition.

Die Macht des »Cross-Targeting«

Vorweg eine kleine Allegorie, die aus zwei Szenen besteht. In der ersten Szene sitzt eine Gruppe von Menschen an einem reichgedeckten Tisch, doch keiner kann die Arme beugen, sie können also nichts essen. Das ist die Hölle. In einer zweiten Szene sitzen Menschen an einem ähnlichen Tisch; auch sie können die Arme nicht beugen, aber sie helfen sich gegenseitig beim Essen. Das ist der Himmel.

Diese kleine Allegorie enthält eine Lehre. Frauen haben oft Schwierigkeiten, für ihre eigenen Interessen zu kämpfen, während sie im Kampf für Kinder, Gemeinden, Ehegatten oder die Umwelt kein Hindernis scheuen. Außerdem müssen sie, wie bereits dargelegt, mit wirtschaftlichen Sanktionen rechnen, wenn sie es wagen, sich für ihre Rechte einzusetzen.

Eine Lösung dieses Problems ist in der allegorischen Szene angedeutet. Ich nenne diesen Ansatz nach einem Begriff aus dem Management »Cross-Targeting«.

Im Cross-Targeting vereinbaren Frauen oder Gruppen von Frauen, füreinander gegen alle Arten von Belästigungen oder ungerechtfertigte Entlassungen einzutreten, gegen die sich die Betroffenen selbst nicht wehren können. Wenn die Mitarbeiterinnen von Politikern in Washington es nicht wagen, laut dagegen zu protestieren, daß sie bei der Arbeit sexuell belästigt werden, kann ihre Power-Gruppe einer anderen Power-Gruppe, beispielsweise den Künstlerinnen in New York, einen entsprechenden Hinweis geben, und diese Power-Gruppe prangert den Mißstand dann öffentlich und lautstark an. Die Frauengruppe in Washington kann sich bei der Frauengruppe in New York mit einer entsprechenden Aktion revanchieren. Wenn Ärztinnen in einem Krankenhaus darum kämpfen, daß ihre Kinder während ihrer Dienstzeiten betreut werden, können sich die Ärztinnen eines anderen Krankenhauses für sie einsetzen. Wenn einer Professorin die Berufung auf einen Lehrstuhl verweigert wird, können die Power-Gruppen der Studentinnen ihre Studiengebühren so lange auf ein Treuhandkonto überweisen, bis die Universität sich eines anderen besinnt. Wenn eine Fluggesellschaft ungerechte Vorschriften über das Körpergewicht ihrer weiblichen Beschäftigten einführt, kann die Power-Gruppe einer anderen Fluggesellschaft die Angelegenheit durch die Presse an die Öffentlichkeit bringen.

Solche »Hilfeleistungen« durch Cross-Targeting sind für die Frauen, die diese Aktionen durchführen, weit weniger bedrohlich als Aktionen in ihrem eigenen Umfeld. Zugleich wird der Opposition verdeutlicht, daß man Frauen ernst nehmen muß, weil man nie weiß, wer zu ihrer Unterstützung bereitsteht.

Die Macht der Verbraucherinnen

Werbung und Medien sind Bereiche, in denen die Frauen scheinbar hilflos ausgeliefert sind. Ich behaupte jedoch – und kann mich dabei auf entsprechende Daten stützen –, daß Werbung und Medien den Frauen in Wirklichkeit dienen und daß sie in vielem von ihnen beherrscht werden. Über 85 Prozent aller Konsumausgaben werden von Frauen getätigt, die Werbebranche ist stärker auf ein gutes Meinungsbild der 25- bis 40jährigen Frauen angewiesen als auf die Meinung jeder anderen Bevölkerungsgruppe. Als Konsumentinnen verfügen Frauen über eine gewaltige Macht. Protestiert beispielsweise eine Frau in einem Leserbrief an ein Magazin gegen bestimmte Anzeigen oder gegen die Art und Weise, in der Frauen dargestellt werden, wird ihrem Brief ein Gewicht beigemessen, als repräsentiere er die Meinung von 10000 Leserinnen.

Frauen haben Dutzende bislang ungenutzer Möglichkeiten, ihren Einfluß als Konsumentinnen geltend zu machen, um ihre politischen und wirtschaftlichen Interessen zu fördern. Eine Möglichkeit besteht darin, PR-Leute und auf die Zielgruppe Frau orientierte Medien zu zwingen, den Feminismus ausgewogener darzustellen.

Frauenorganisationen sind die einzigen großen Lobby-Gruppen, die keine kontinuierliche, aktive Medienarbeit betreiben. Selbst die Katholische Kirche hat eigene PR-Leute. Der moderne Power-Feminismus muß sich die Prämisse zu eigen machen, daß die Menschen am Ende des 20. Jahrhunderts zumindest in der Ersten Welt nicht mehr primär durch Gesetze und militärische Gewalt kontrolliert werden, sondern durch Bilder und Einstellungen.

Die Schwulen- und Lesbenbewegung wandte vor kurzem eine halbe Million Dollar für eine einjährige Kampagne auf, um die Vorurteile der Öffentlichkeit gegenüber Homosexuellen abzubauen. Der Feminismus braucht eine ähnlich umfassende PR-Kampagne. Wenn der Feminismus erfolgreich für die Produktwerbung eingesetzt wurde, muß er doch auch erfolgreich für sich selbst werben können.

Die Leserinnen von Frauenmagazinen könnten mobilisiert werden, die Frauenpresse wieder stärker zu kontrollieren. Durch den Einfluß der Leserschaft können die Auftraggeber der Mode-, Kosmetik- und sonstigen Anzeigen, deren Umsätze vom Wohlwollen der Frauen abhängig sind, gezwungen werden, einen Beitrag zur politischen Macht der Frauen und zur Verbesserung der öffentlichen Meinung über den Feminismus zu leisten.

Viele werbetreibende Unternehmen bemühen sich gegenwärtig um weibliches Wohlwollen. Sie unterstützen beispielsweise Programme gegen Brustkrebs oder fördern Maßnahmen gegen die Gewalt. Wenn sich die Frauen ihrer wahren Macht als Konsumentinnen bewußt werden und erkennen, daß die Beziehungen zwischen Werbetreibenden und Konsumenten wie die Beziehung zwischen den Medien und ihren Konsumenten von ihnen, den

Konsumentinnen, bestimmt werden, können sie diese Bemühungen als kleine Unterstützung ihrer Forderungen begreifen.

Leserinnen von Zeitschriften könnten die Veröffentlichung einer aufwendigen Anzeigenserie verlangen, in der alle möglichen Frauen, darunter Hausfrauen, Studentinnen, Modelle, Lehrerinnen, Filmstars und Wissenschaftlerinnen sich zum Feminismus bekennen. Die Kampagne könnte unter dem Motto stehen: »Was mir der Feminismus bedeutet.« Ziel könnte sein, den Feminismus so weit zu definieren, das er alle Frauen und Männer einschließt, die sich in irgendeiner Weise für Frauenrechte einsetzen. Wenn die Frauen dies fordern, werden sie bei den Zeitschriften auf viel Sympathie stoßen: Die meisten Frauen, die Frauenmagazine leiten, sind Feministinnen. Sie warten geradezu darauf, daß sie von ihren Leserinnen gedrängt werden, ernsthafter über Frauenfragen zu berichten und sich deutlicher für die Verbesserung der Stellung der Frau einzusetzen, als ihnen die Auftraggeber der Anzeigen bisher erlauben.

Auf den Bildern solcher Kampagnen sollten Frauen aller Rassen und sozialen Schichten gezeigt werden, zum Beispiel eine Hausfrau, die sagt: »Das Recht, einen Scheck einzulösen, ein Auto zu fahren, eine Abgeordnete zu wählen: Das bedeutet Feminismus für mich.« Oder eine Großmutter, die sagt: »Meine Enkelin wird Zahnärztin: Das bedeutet Feminismus für mich.« Für eine alleinstehende, berufstätige Mutter wäre Feminismus etwa »das Recht, selbst einen Kredit aufzunehmen«, für einen Teenager »das Recht, zu tragen, was ich will«, für ein Lesbenpaar »das Recht zu lieben, wen ich will« und für eine Fabrikarbeiterin »das Recht, nicht zwischen Kindern und Beruf wählen zu müssen«. Auch berühmte Frauen könnten sich in die Kampagne einbringen. Unter den Bildern könnte folgender Text stehen: »Das Wahlrecht, das Recht, ein Auto zu fahren und das Recht auf Ausbildung, auf Arbeit, auf Familienplanung, auf ordentliche Gesundheitsfürsorge und auf Mitbestimmung, all diese Rechte wurden euch nicht in die Wiege gelegt. Die amerikanische Frauenbewegung hat sie euch verschafft. Feminismus ist wahre Demokratie. Wenn euch an diesen Rechten liegt, laßt auch andere daran teilhaben. Bekennt euch zum Feminismus, erhebt eure Stimme, wenn ihr unterdrückt werdet, gebt eure Stimme den Rechten der Frau, spendet für Frauenorganisationen.«

Eine solche Anzeigenkampagne wird die starren Definitionen des Feminismus aufbrechen, auch wenn manche Feministinnen darüber spotten, weil sie ihnen zu einfach, direkt und banal erscheint. *Die Anzeigenkampagne muß deutlich machen, daß der Feminismus gegen Sexismus ist, nicht gegen die Männer.* Durch die Kampagne wird der Begriff neu definiert, so daß er die vielen Spielarten einschließen kann, die unter den Frauen gegenwärtig verbreitet sind.

Ein Schönheitsideal entsteht, wenn eine ausreichende Anzahl bestimmter Bilder als »schön« vorgestellt und von einer ausreichenden Anzahl Menschen als schön erkannt wird; verschiedene Bilder von Schönheit ermöglichen verschiedenen Menschen, sich selbst als schön wahrzunehmen. In gleicher Weise ermöglichen verschiedene positive Vorstellungen des Feminismus verschiedenen Frauen, sich mit zumindest einer Variante zu identifizieren. Die Frauen können sich nun zum Feminismus bekennen, weil genügend andere Menschen die Anzeigenserie gesehen haben und damit sichergestellt ist, daß sich die Bedeutung des Wortes verändert hat.

Die Macht über die Medien

Frauen sind bei weitem der größte Teil des Publikums, das von den Medien umworben wird. Zwar ist es wichtig, die Frauenpresse zu gewinnen, für den Machtzuwachs der Frauen sind jedoch die anderen Medien ausschlaggebend. Es muß gelingen, durch eine entsprechende Kampagne angemessenen Raum in den Medien zu erhalten. Eine Bewegung, die die Rechte der Leserinnen artikuliert, kann zahlreiche Aktionen einleiten und eine allgemeine Berichterstattung über die Welt der Frau erzwingen.

So könnte man beispielsweise auf dem New Yorker Times Square

eine große Anzeigentafel aufstellen, auf der für alle sichtbar aufgelistet wird, wieviel Platz bestimmte Zeitungen und Magazine Frauenthemen einräumen.
Eine weitere Möglichkeit bestünde darin, ein elektronisches Kommunikationssystem aufzubauen. Frauen könnten ihre Namen gegen eine Gebühr auf eine Liste setzen lassen und erhielten damit das Recht, auf bestimmte Darstellungen von Frauen oder Frauenthemen in den Medien telefonisch zu reagieren. Die Auswertung ihrer Reaktionen könnte den entsprechenden Medien wöchentlich zugestellt werden.
Wenn in einer Zeitung wie der *New York Times* weiterhin nur ein geringer Prozentsatz der Beiträge von Frauen stammt, könnten Leserinnen eine Briefkampagne starten. Doch sie sollten sich nicht nur beschweren; vielmehr sollten sie den Anzeigenkunden der betreffenden Zeitung mit einem Boykott ihrer Produkte drohen, wenn die Zeitung ihre diskriminierende Einseitigkeit – die einer Zensur gleichkommt – nicht korrigiert.

Die Macht von Ehrungen und Auszeichnungen

Frauen haben deshalb kein Verhältnis zur Macht, weil ihnen der Zugang zur Macht bislang verwehrt wurde. Zur Macht gehört das Prestige, das Ehrungen und Preise verleihen. Wenn die Opposition den Frauen den Zugang zu prestigeträchtigen Ehrungen verweigert, müssen wir selbst eine solche Auszeichnung schaffen.
Auszeichnungen bewirken Anerkennung, Anerkennung spornt zu neuen Leistungen an. Als eine Künstlerin aus Portland im Bundesstaat Oregon beim Bergsteigen ums Leben kam, stifteten ihre Freunde einen nach ihr benannten Preis für junge Künstler. Mit diesem Preis werden vornehmlich, aber nicht ausschließlich, Frauen ausgezeichnet. Er ist mit 2000 Dollar dotiert, doch das Preisgeld ist weniger wichtig als die Ermutigung durch die Anerkennung.
Ich fragte die erste Preisträgerin Christine Bourdette, was es ihr bedeutete, einen Preis verliehen zu bekommen, der nach einer Künstlerin benannt und für andere Künstlerinnen bestimmt ist.

»Der Preis hebt das Selbstbewußtsein enorm«, sagte sie. »Das Geld ist schnell verbraucht, aber die Anerkennung bleibt. Daß der Preis auch in Zukunft verliehen wird, gibt mir das Gefühl, Teil eines größeren Zusammenhangs zu sein. Einer der Kuratoren fragte mich: ›Glauben Sie, daß Ihr Name in die Geschichte eingehen wird?‹ Ich dachte, typisch Mann, sich darüber Gedanken zu machen!« Und lachend fügte sie hinzu: »Aber heute denke ich darüber anders.« Ich fragte sie, ob diese Dinge ihrer Meinung nach wichtig für die weibliche Psyche seien. »Wir sind doch immer mit uns unzufrieden, wenn wir keinen Erfolg haben, und fragen uns schließlich, was soll das alles? Deshalb ist eine Preisverleihung wirklich eine große Ehre. Man hat das Gefühl, ausgewählt worden zu sein. Mir kam es vor, als hätte mir jemand eine Fackel weitergereicht, als sei ich in einen Kreis auserwählter Personen aufgenommen worden, die zu mir sagen: Wir zeichnen dich aus und nehmen dich in unseren Kreis auf.«

Die Macht der Spenden für wohltätige Zwecke

Frauen spenden mehr für wohltätige Zwecke als Männer. Den statistischen Daten der Wohlfahrtsorganisation von United Way zufolge stammt knapp über die Hälfte der Spendeneinnahmen von Frauen, obwohl ihr Einkommen um ein Viertel unter dem der Männer liegt. Trotzdem kommen weniger als 5 Prozent der Spendeneinnahmen Frauen zugute.

Im Jahre 1990 überwies United Way der Young Men's Christian Association (YMCA) 39 Millionen Dollar mehr als der Young Women's Christian Association (YWCA). Die Pfadfinder erhielten 32 Millionen Dollar mehr als die Pfadfinderinnen. Von den 3,25 Milliarden Dollar, die 1990 als Stipendien von verschiedenen Stiftungen ausgezahlt wurden, waren nur 5 Prozent für Programme vorgesehen, die sich an Mädchen und Frauen richteten. Von den Stipendien für Frauen gingen nur 4 Prozent an Farbige, obwohl sie mit dreifach höherer Wahrscheinlichkeit als weiße Frauen mittellos sind. Selbst Organisationen, die bei ihren Finanzzuweisungen Männer und Frauen angeblich gleich behandeln, geben den Löwenanteil an die Männer. Die Nutznießer des Programms »Big Brother / Big Sister« beispielsweise sind zu 75 Prozent Jungen. Obwohl in den Vereinigten Staaten Gewalt in der Ehe das häufigste Verbrechen ist, weist United Way den Frauenhäusern nur 0,5 Prozent der zu verteilenden Mittel zu. (In den Vereinigten Staaten gibt es fünfmal so viele Tierheime wie Frauenhäuser.) Insgesamt erhalten Frauen und Mädchen nur 4 Cents von jedem für Wohlfahrtszwecke abgegebenen Dollar.

Der Fund for a Feminist Majority schlägt vor, Frauen sollten gegen diese Benachteiligung mit Briefen und Anfragen protestieren; als schärfste Waffe könnten Frauen verlangen, daß ihre eigenen Spenden nur zweckgebunden verwendet werden. Doch all diese Ratschläge sind noch viel zu brav. Sie bleiben dem Denken in »getrennten Sphären« verhaftet: Da nicht in Frage gestellt wird, daß Frauen spenden, bleibt uns nur die Hoffnung, wenigstens wünschen zu dürfen, wofür wir unsere Spenden verwendet sehen wollen – wobei mir natürlich klar ist, daß meine kleine Spende von 20 Dollar nur ein Tropfen auf den heißen Stein sein kann und ich niemals ein konkretes Ergebnis sehen werde, ob ich nun einen Verwendungszweck angebe oder nicht.

Aber drehen wir das Problem doch einfach um: Was wäre, wenn Frauen Spenden so lange verweigerten, bis die Spenden Frauen zugute kommen? Solange Frauen daran nicht einmal zu denken wagen, nimmt die Gesellschaft ihre Spenden als selbstverständlich entgegen.

Einzeln können Frauen mit ihren Spenden nur einen Bruchteil dessen erreichen, was sie erreichen könnten, wenn sie sich mit anderen Frauen zusammentun. Warum gehen wir nicht aufs Ganze und überweisen alles auf ein Treuhandkonto? Wir könnten sagen, welche Organisationen unsere Spenden bekommen sollen, sobald sie nachweisen, daß sie Frauen bei der Verteilung der Gelder nicht diskriminieren.

Eine solche Regelung würde den Frauen vollständige Kontrolle über ihre Spenden verschaffen, zugleich würde dadurch die für wohltätige Zwecke einsetzbare Macht der Frauen demonstriert. Die Wohlfahrtsorganisationen müßten innerhalb eines Jahres den entsprechenden Nachweis erbringen, wenn sie nicht Gefahr laufen wollten, die Hälfte ihres Spendenaufkommens zu verlieren. In einem einzigen Jahr könnten die Frauen ihre Ressourcen vervielfachen, denn ihre Spenden würden in verstärktem Maß etwa Frauenhäusern, der Gesundheitsforschung, der Kinderstationen und Ausbildungsprogrammen zugute kommen. Und dafür müßten die Frauen weder eine Wahl gewinnen noch eine Leitungsfunktion übernehmen oder auch nur einen Cent mehr spenden als jetzt.

Die Macht durch Öffentlichkeit

Fehlverhalten öffentlich aufzuzeigen kann in hohem Maß motivierend wirken. Frauen aller Einkommensschichten können Beispiele für Repressalien von Menschen aufzeigen, von denen sie nicht physisch oder finanziell abhängig sind. Je mehr solche Fälle wir – innerhalb der Grenzen von Ehrlichkeit und Fairness – »offenlegen«, desto sicherer werden wir uns fühlen. Durch das Offenlegen werden aus drückenden Geheimnissen, die wir bisher wahren mußten, Aktivposten für unser Handeln.

Die Macht der modernen Informationstechnologien

Die Frauen haben noch nicht damit begonnen, die Macht der großen Informationstechnologien für ihre eigenen politischen Ziele zu nutzen. Es könnte ein Netz von Computern eingerichtet werden, in dem jeder Fall von sexueller Belästigung gespeichert wird. Damit könnte man beispielsweise feststellen, ob in einer bestimmten Institution verschiedene, unabhängig voneinander gemeldete Fälle mit demselben Namen verbunden sind. Das System würde dann seine Informationen zur Überprüfung an einen unabhängigen Dritten weiterleiten. Ein solches Verfahren bietet den Opfern der Belästigungen Schutz und verhindert zugleich, daß Unschuldige zu Unrecht als Täter verfolgt werden.

Eine weitere Möglichkeit für einen kostengünstigen Einsatz neuer Technologien könnte eine nationale Datenbank für Mentorinnen und ihre Schützlinge sein. Die Frauen könnten sich bei diesem System mit detaillierten Angaben über ihren bisherigen Werdegang registrieren lassen. Die Nutzung der Datenbank erfolgt unter der Maßgabe, daß die Nutzerin später, wenn sie auf ihrer Karriereleiter ein paar Stufen höher gerückt ist, selbst als Mentorin einer jüngeren Frau tätig wird.

Die Macht der Selbstverteidigung, die öffentlich wird

Wenn eine Frau mit Gewalt konfrontiert wird, ist sie auf sich gestellt. Der Feminismus hat sich vor allem auf die Bewältigung der Folgen konzentriert – durch Zentren für die Opfer von Vergewaltigungen und Fortbildungen für die Beamten der Polizei und der Rechtsprechung. Die Pflege der Opfer ist eine den Frauen vertraute Rolle.

Aber warum sollten wir nicht vorbeugend tätig werden? Warum sollte nicht öffentlich bekanntgemacht werden, daß von neun Frauen eine bewaffnet ist? Ich möchte keine Schußwaffe tragen und propagiere auch nicht die Erleichterung des Waffenerwerbs. Ich bin damit zufrieden, wenn diese Tatsache öffentlich bekannt ist. Denn dann muß jeder Angreifer damit rechnen, daß sein Opfer bewaffnet ist.

Was hindert uns daran, aus jeder Gemeinde hundert Frauen auszuwählen, ihnen einen zweiwöchigen Kurs in Selbstverteidigung zu ermöglichen und diese Aktion über die Medien zu verbreiten? Überall in unseren Städten könnten Ankündigungen folgender Art öffentlich ausgehängt werden: »Hundert Frauen dieser Stadt sind in Kampftechniken ausgebildet, darunter Krankenschwestern, Studentinnen, Hausfrauen, Prostituierte und Mütter. Die nächste Frau, die überfallen wird, könnte eine von ihnen sein.« Und was sollte uns daran hindern, solche Ankündigungen auszuhängen, auch wenn es keinen Kurs gegeben hat?

Die Macht etablierter Netzwerke

Die Ms. Foundation hat den richtigen Ansatz für einen flexiblen Feminismus der neunziger Jahre entwickelt. Die Stiftung versucht nicht, Frauen für den Feminismus zu gewinnen, sondern umgekehrt die wichtigsten Erscheinungen der heutigen Frauenkultur für den Feminismus zu erschließen. Frauen versammeln und organisieren sich zum Beispiel in allen möglichen Organisationen, in studentischen Vereinigungen, bei den Pfadfinderinnen, in religiösen Organisationen, in Diätklubs oder Gesundheitsklubs. Einige studentische Vereinigungen bieten Kurse an, in denen die Frauen lernen, sich gegen Vergewaltigungen zu schützen; Gesundheitsklubs haben Initiativen gegen Brustkrebs finanziert. Solche Maßnahmen können nur ein Anfang sein. All diese Organisationen sollten von ihren Mitgliedern gedrängt werden, ihr übliches Programm um politische und ökonomische Angebote für Mädchen und Frauen zu erweitern. So kann sich der Feminismus auf natürliche Weise aus den Überzeugungen und Interessen bereits bestehender Organisationen heraus entwickeln, statt seine Organisation auf eine Ideologie zu gründen, zu der alle bekehrt werden müssen.

Die Macht der Studiengebühren

An den Universitäten könnten Treuhandeinrichtungen sofort wirksam werden. Hochschulen mit gemischter Studentenschaft haben kein besonderes Interesse daran, die Belange der Frauen zu fördern, denn nach ihrem Kalkül werden Frauen im späteren Berufsleben weniger für die Hochschule spenden als die ehemaligen männlichen Studenten. Jede Hochschulverwaltung würde jedoch aufschrecken, wenn die Studentinnen ihre Studiengebühren nicht mehr direkt an die Hochschule, sondern auf Treuhandkonten überwiesen. Bedingung für die Freigabe der Gelder könnte sein, daß Frauen als Lehrstuhlinhaber angemessen vertreten sind, daß die Studienplätze nach dem Gleichheitsprinzip verteilt und daß wirksame Beschwerdeprozeduren bei sexuellen Übergriffen eingeführt werden. Ich habe schon mehr als einmal erlebt, daß Hochschulpräsidenten blaß wurden, wenn sie solche Vorschläge hörten.

Im März 1991 gab es in den Vereinigten Staaten 10707000 Frauen mit einer abgeschlossenen vierjährigen College-Ausbildung. Die Zahl der Voll- und Teilzeitstudentinnen lag 1991 bei 7752000; damit übersteigt die Zahl der Frauen um 1347000 die der Männer (6405000). Trotzdem erhalten Frauen nach Daten der Association of American Colleges weniger finanzielle Unterstützung als Männer. Das gilt sowohl für das Studium vor der ersten Prüfung als auch für das postgraduale Studium. Auch nach einer Untersuchung des Bildungsministeriums werden Studentinnen durch Stipendien und Darlehen weniger gefördert als männliche Studenten.

Der Status quo könnte durch Lösungen wie Treuhandkonten kräftig aufgemischt werden, die Interessen der Studentinnen würden endlich in angemessener Weise berücksichtigt. Wenn auf dem Campus eine Vergewaltigung nicht aufgedeckt wird, könnten die Studentinnen ihre Eltern veranlassen, der Hochschule mit der Zurückhaltung ihrer Beiträge zu drohen. Eine Drohung kostet nichts, aber die Wirkung wird unübersehbar sein. Viele Eltern leisten finanzielle Beiträge, die weit über ihren Verhältnisse liegen, um ihren Töchtern eine Ausbildung zu ermöglichen. Wenn ihnen durch entsprechende Beispiele klargemacht wird, daß ihre Töchter keine angemessene Gegenleistung für das finanzielle Opfer erhalten – weil eine Hochschule ihnen etwa nicht ermöglicht, sich für Führungspositionen zu qualifizieren, oder keine Sicherheitsmaßnahmen für junge Frauen ergreift –, wird der Zorn der Eltern auch die bornierteste Hochschulverwaltung erschüttern. Die genannten Beispiele sind nur einige Vorschläge, die zeigen sollen, wieviel Schlagkraft wir Frauen entwickeln können, wenn wir aktiv nach Veränderungen streben, statt uns nur als Opfer zu begreifen. Der Ansatz ist nicht neu, und auch die Beispiele können nur ein Anfang sein. Sie zeigen jedoch, daß Frauen ihre Stellung verbessern können, wenn sie ihr Selbstverständnis ändern, wenn sie sich nicht mehr damit begnügen, brav zu sein, sich gekränkt zu fühlen oder um Gerechtigkeit zu bitten, sondern versuchen, sich durchzusetzen und selbst über ihr Leben zu bestimmen.

Psychologische Strategien

Wenn wir den Power-Feminismus handlungsfähig machen wollen, müssen wir anders miteinander umgehen. Der Power-Feminismus kann nicht funktionieren, solange wir unser Verhalten gegenüber uns selbst und gegenüber anderen nicht nach den folgenden Grundsätzen neu gestalten:

- Wir müssen Verallgemeinerungen über Männer vermeiden, die implizieren, daß ihr Wesen als Männer die nicht veränderbare Ursache des Problems ist.

- Wir dürfen die Kluft zwischen den Geschlechtern nicht vergrößern, wenn die Chance besteht, sie zu verkleinern.

- Wir dürfen nicht unüberlegt etwas über Männer sagen, das wir umgekehrt als sexistisch empfinden würden. Auf jeden Fall sollten wir erklären können, warum eine solche Bemerkung aufgrund der bestehenden Ungleichheit anders zu bewerten ist, wenn das tatsächlich zutrifft.

- Wir müssen unterscheiden zwischen den Männern, die wir lieben und die auf unserer Seite stehen, und dem Machtsystem der Männer, gegen dessen Diskriminierungen wir uns zur Wehr setzen. Man muß nicht Männer hassen, um den Sexismus zu bekämpfen, und umgekehrt darf der Kampf gegen den Sexismus nicht zum Haß auf Männer führen.

- Wir müssen dem Gedanken widerstehen, daß die sexuelle Identität unveränderlich ist und daß die sexuellen Präferenzen einer Frau legitimer sind als die einer anderen.

- Wir müssen der Vorstellung widerstehen, daß es eine absolute Wahrheit oder allgemeingültige Aussagen über den Feminismus gibt oder daß der Einsatz einer bestimmten Frau für die Sache der Frauen von vornherein wertvoller ist als der Einsatz einer anderen Frau.

- Wir müssen unser Engagement für Aktionen zugunsten von Frauen vom jeweiligen Ziel abhängig machen, nicht davon, ob wir die anderen Beteiligten mögen und uns mit ihnen persönlich verstehen.

- Wir müssen klar unterscheiden zwischen dem Recht, sich eine eigene Meinung über das Verhalten einer anderen Frau zu bilden, und dem Recht, sie zu verurteilen.

- Wir müssen Selbstkritik üben, wenn wir uns an »Weibergeschwätz« beteiligen, in dem wir uns gegenseitig bemitleiden.

- Wir müssen erreichen, daß das Gespräch zwischen Frauen über ihre Fähigkeiten und Leistungen gesellschaftlich anerkannt wird.

- Wir müssen die Frauen drängen, über finanzielle Fragen offen zu sprechen, und dafür sorgen, daß das Gespräch über Geld gesellschaftlich akzeptabel wird.

- Wir müssen uns daran erinnern, daß wir als Mädchen mächtig sein wollten und von großen Taten träumten.

- Wir müssen unsere Scheu im Umgang mit Macht kritisch hinterfragen oder uns zu unseren Führungsqualitäten bekennen.

- Wir müssen uns darin üben, Gehaltserhöhungen zu fordern, und auch unsere Freundinnen dazu ermutigen.

- Wir müssen unser Verhalten in finanziellen Angelegenheiten überprüfen und die Empfindung vieler Frauen in Frage stellen, daß man sich mit Geld die Finger schmutzig macht und sich männlich verhält.

- Wir müssen durch Kurse an den höheren Schulen Mädchen aller Schichten beibringen, wie man debattiert, Spenden sammelt, eine Pressekonferenz organisiert, eine Kampagne durchführt, Verträge liest, über Mietverträge und Gehälter verhandelt und ein Budget verwaltet.

- Wir müssen, wenn wir älter sind, vorsichtig sein mit Bemerkungen derart, daß junge Frauen zuviel verlangen oder es zu leicht haben. Als jüngere Frauen müssen wir den Frauen gebührende Achtung erweisen, die uns den Weg geebnet haben.

- Wir müssen die innere Unruhe hinterfragen, die sich instinktiv beim Anblick einer Frau einstellt, die »zuviel« hat. Wir dürfen nicht aus Gewohnheit zusammen mit anderen Frauen über erfolgreiche Frauen herziehen.

- Wir müssen unser Recht auf eine »dunkle Seite« anmelden und dafür die Verantwortung übernehmen. Wir müssen anerkennen, daß die Neigung zu Aggression, Rache, Herrschaft und Grausamkeit den Frauen ebenso angeboren ist wie den Männern.

- Wir dürfen nicht verlangen (wie es auch die Männer tun), daß eine Politikerin in allem doppelt so gut sein muß wie eine »normale« Frau.

- Wir müssen unseren Töchtern ermöglichen, daß sie in einigen Bereichen »unartige Mädchen« bleiben.

- Wir müssen Meinungsverschiedenheiten zwischen Frauen begrüßen. Wir müssen die Diskussionsfreude stärken und Rituale (entsprechend dem männlichen Handschlag) einführen, durch die Frauen bei Streitigkeiten nicht Versöhnung, sondern gegenseitige Achtung bekunden.

- Wir müssen versuchen, uns die Macht, die wir anstreben, konkret vorzustellen, und uns ausmalen, was schlimmstenfalls passieren kann, wenn wir sie erringen. Wird sie uns zerstören? Oder werden wir überleben und sie sogar genießen?

- Wir müssen klar unterscheiden zwischen persönlichen, emotionalen Beziehungen, die es zu erhalten gilt, und Beziehungen, die aufgrund von Geschäfts- oder politischen Interessen oder einfach um der Gerechtigkeit willen abgebrochen oder neu ausgehandelt werden müssen.

- Wir müssen uns unsere eigenen Vorbilder schaffen, reale oder mythische Frauen, die Widerspruch geäußert, Kontroversen ausgelöst, sich in Führungspositionen bewährt und Macht ausgeübt haben. Dafür sind Geschichtsbücher und Biographien hilfreich; sie zeigen uns, daß unsere Forderung nach Macht keineswegs neu ist.

- Wir müssen die Vorstellung aufgeben, daß der Kampf um Gleichberechtigung zwangsläufig eine furchtbare Sache sein muß. Wir sollten jede Gelegenheit nutzen, den Kampf spielerisch, witzig, erotisch und unterhaltsam zu gestalten.

Schluß

Viele Historiker stimmen darin überein, daß die Frauen die Chancen nicht genutzt haben, die sich nach dem Unabhängigkeitskrieg, nach dem Bürgerkrieg und nach dem Ersten Weltkrieg für sie eröffneten. Heute haben wir wieder ein solche Chance.

Der Feminismus ist für mich im Grunde eine konsequente Erweiterung der Demokratie. Wenn der Power-Feminismus Demokratie und Kapitalismus dazu benutzt, um Macht für Frauen zu gewinnen, ist das weder egoistisch, noch kommt es einem »Ausverkauf der Ideale« gleich, es ist weder eine Nachahmung der Männer noch die Aufgabe »radikaler« Ziele. Das Wort »radikal« kommt vom lateinischen Wort für »Wurzel«. Nichts ist radikaler, als an den Wurzeln, am Ursprung der Macht anzusetzen.

Wenn wir der Macht unserer Vorstellungen, unseres Geldes oder unserer Worte mißtrauen, überlassen wir denen den Sieg, die sich eine schweigende Mehrheit wünschen. Die Frauen haben durch ihre große Zahl und mit ihrem wenigen Geld bereits »gewonnen«. Aber sind wir psychisch vorbereitet, das noch in dieser Generation zu erkennen? Werden wir uns der Verantwortung stellen, die bislang verborgenen Perspektiven der Frauen in die Politik des 21. Jahrhunderts einzubringen, Perspektiven, die diese Politik zum Wohl der Menschen so dringend braucht?

Wir haben einen Punkt erreicht, an dem die Ungleichheit der Geschlechter, jener entscheidende Antrieb des Feminismus, endgültig zur Vergangenheit werden kann, wenn wir bereit sind, uns von ihr zu verabschieden.

Die Arbeiterin Charlotte Woodward hat vor hundertvierzig Jahren über ihre Zeit geschrieben: »Ich glaube nicht, daß es Frauen gab, die in ihrer Seele nicht den Flügelschlag der Rebellion verspürten.« Diese Worte passen auch heute wieder.

Wir können noch einmal hundertvierzig Jahre auf die nächste Chance warten. Wir können aber auch fragen: Wann, wenn nicht jetzt?

Anmerkungen

Einleitung

1 Eloise Salholz, »Did America Get it?«, in: *Newsweek* (28. Dezember 1992), S. 20 – 22; Jill Abramson, »Reversal of Fortune: Image of Anita Hill Brighter in Hindsight, Galvanizes Campaigns«, in: *The Wall Street Journal* (5. Oktober 1992), S. 1.
2 Jane Gross und Patricia Ireland, »Does NOW's New President Speak For Today's Women«, in: *The New York Times* (1. März 1992).
3 Claudia Wallis, »Onward, Women!«, in: *Time* (4. Dezember 1989).
4 Fund for the Feminist Majority, »Empowering Women in Business«, *The Empowering Women Series,* Nr. 1, Arlington 1991, S. 8.
5 *The Guardian* (17. August 1992).
6 *The Observer* (4. April 1992).
7 *The Guardian* (17. März 1991).
8 *The Guardian* (9. Januar 1992).
9 *Sydney Morning Herald* (14. Mai 1993).
10 *Ms. Magazine* (März/April 1993).
11 *The Guardian* (23. Mai 1993).
12 *The Observer* (23. Mai 1993).
13 *The Guardian* (31. Dezember 1991).

Teil 1

1 T. Phelps und H. Winternitz, *Capitol Games: The Inside Story of Clarence Thomas, Anita Hill and a Supreme Court Nomination,* New York 1992, S. 221.
2 Ebenda, S. 264.
3 Ebenda, S. 422.
4 *Feminist Majority Report,* Bd. 4, Nr. 4 (Dezember 1992).
5 Jean Baker Miller, *Toward a New Psychology of Women,* Boston 1986, S. XVI.

6 David Brock, *The Real Anita Hill,* New York 1993, S. 285.
7 Ebenda, S. 40.
8 Ebenda, S. 375.
9 Ebenda, S. 136.
10 *Feminist Majority Report,* Bd. 4, Nr. 4, Dezember 1992, S. 30.
11 »The Feminization of Power«, The Fund for the Feminist Majority, S. 2.
12 Zahlen des *British Film Institute* vom März 1993.
13 *The Guardian* (12. März 1993).
14 »The Feminization of Power«, a. a. O., S. 31.
15 Lynn Darling, »Sex and the Single Guy«, in: *Esquire* (Juni 1993), S. 97, 99.
16 Peter H. Engels, »Letters to the Editor«, in: *Vanity Fair,* Juni 1993, S. 28.
17 *The Guardian* (7. Juli 1992).
18 »Trend in Female Employment By Newspaper Department«, in: American Newspaper Publishers Association, *Survey of Employment of Women and Minorities in US Daily Newspapers,* 1992, S. 13.
19 George Lardner, Jr., »Justice System Lax in Cases of Rape, Senate Report Says«, in: *The Washington Post* (28. Mai 1993), S. 1.
20 *The New York Times* (7. März 1992), S. 8.
21 *The New York Times* (24. April 1992), S. a8.
22 *The New York Times* (3. März 1992), S. a15.
23 Guy Gugliotta und Eleanor Randolph, »A Mentor, Role Model and Heroine of Feminist Lawyers«, in: *The Washington Post* (15. Juni 1993).
24 Transkript der Erklärung des Präsidenten und der Ansprache von Richterin Ruth Bader Ginsburg, in: *The New York Times* (15. Juni 1993), S. a24.
25 »New Milestone for Women in Combat«, in: *USA Today* (17. Juni 1993).
26 Tamara Henry, »Civil Rights Crusader Begins New Mission«, in: *USA Today* (17. Juni 1993), S. 4d.
27 »Garzarelli's Latest No-Nonsense Move«, *USA Today* (26. März 1993).
28 *The Guardian* (12. Februar 1993).
29 *The Guardian* (17. Dezember 1990).
30 *The New York Times* (27. Februar 1992), S. a1.
31 James F. Clarity, »Irish Begin to Liberalize Laws on Sex and Family«, in: *The New York Times* (16. Juni 1993), S. a10.

32 *Sydney Morning Herald* (4., 14. und 19. Mai 1993).
33 *Sydney Morning Herald* (16. März 1993).
34 *The New York Times* (2. Februar 1992), S. a18.
35 Clyde H. Farnsworth, »Canada's Tories Name a Woman as New Premiere«, in: *The New York Times* (14. Juni 1993), S. a1.
36 Charles Truehart, »Woman Set To Succeed Mulroney«, in: *The Washington Post* (14. Juni 1993), S. 1.
37 John Murray Brown, »Woman Gets Call to Lead in Turkey«, in: *The Washington Post* (15. Juni 1993), S. a15.
38 »Woman Tipped to Become Turkey's Next Prime Minister«, in: *The Washington Post* (14. Juni 1993), S. a15.
39 *The Guardian* (20. April 1993).
40 *The Guardian* (26. Oktober 1992).

Teil 2

1 Lillian Faderman, *Köstlicher als die Liebe der Männer: Romantische Freundschaft und Liebe zwischen Frauen von der Renaissance bis heute*, Zürich 1990, S. 352.
2 Ebenda, S. 353.
3 Ebenda, S. 354.
4 Ebenda, S. 357.
5 Jane Gross, *The New York Times Magazine* (1. März 1992).
6 Lynn Martin, »Still a Boys' Club«, in: *The New York Times* (23. Januar 1993).
7 *The Guardian* (5. August 1992).
8 *The Guardian* (23. Mai 1991).
9 Linda Ellerbee, »The News, As If All People Mattered«, in: *Women, Men and Media* (September 1992), S. 15.
10 *Women, Men and Media Survey*, Unabridged Communications, 5. April 1992.
11 *Women, Men and Media Study*, Unabridged Communications, 30. September 1992.
12 Junior Bridge, »Year of the Women ... Not!«, in: *Women, Men and Media Survey*, Unabridged Communications, 30. Oktober 1992.
13 Toni L. Kamins, »Women in Radio: Shut Up, Shut Out«, in: *Extra*, Sonderausgabe 1992.
14 *Mail on Sunday* (7. Juni 1992).
15 Lesley Abdela im *Guardian* (20. November 1992).

16 *The Guardian* (2. Juli 1992).

17 *The Report of the Hansard Society Commission on Women on Top*, London 1990.

18 *Euromonitor Book Survey* (Juli 1992).

19 Dale Spender, *The Writing or the Sex*, Oxford und New York 1989, S.45.

20 *The Guardian* (30. Mai 1991).

21 Bericht der American Association of University Women, S.24.

22 *The Prince of Tides, Wayne's World* und *A League of Their Own.*

23 David Toussaint, »Breaking Through – Not«, in: *Working Woman* (April 1993).

24 Rosalind Coward, *Our Treacherous Hearts: Why Women Let Men Get Their Way*, London 1992, S.12.

25 Ebenda, S.12.

26 John Carmody, »The TV Column«, in: *The Washington Post* (15. April 1993), S.c6.

27 Howard Kurtz, »What's Wrong With Newspapers?«, in: *The Washington Post Magazine* (18. April 1993), S.11.

28 *Elle* (Oktober 1992).

29 »Portland Hot Line Shelters Vary in Calls on Super Bowl Sunday«, in: *The Oregonian* (1. Februar 1993), S.a1.

30 Ken Ringle, »Wife-Beating Claims Called Out Of Bounds; Experts Dispute Feminists' Report of Sugar Bowl Battering Surge«, in: *The Washington Post* (31. Januar 1993), S.a1 – a16.

31 Isabel Wilkerson, »Foes of Pornography and Bigotry Join Forces«, in: *The New York Times* (12. März 1993).

32 *The New York Times* (1. März 1992).

33 Dennis Kelly, »College Teachers Aren't As Liberal«, in: *USA Today* (8. März 1993).

34 Justin McKellar, »Surface Under Attack«, in: *Queen's Journal* (19. März 1993).

35 Donna Minkowitz, »Lesbians Without a Movement«, in: *The Advocate* (26. Juni 1993).

36 Minette Martin in *The Daily Telegraph* (18. September 1992).

37 Jeffery Schmalz, »Poll Finds an Even Split on Homosexuality Question«, in: *The New York Times* (5. März 1993).

Teil 3

1 Cathy Young »Victimhood ist Powerful«, in: *Reason* (Oktober 1992), S. 19 – 23.
2 Robert Hughes, »A Fiesta of Whinig«, in: *Time* (22. März 1993).
3 Richard Ford, »Stop Blaming Baseball«, in: *The New York Times Sunday Magazine* (4. April 1993), S. 37.
4 *US Surgeon General.*
5 Bericht des FBI.
6 Bericht des American College of Obstetrics und Gynecology.
7 Bericht des US Department of Housing and Urban Development.
8 Bericht des FBI.
9 Starhawk, »Feminist, Earth-based Spirituality and Ecofeminism«, in: Judith Plant, Hg., *Healing the Wounds: The Promise of Ecofeminism,* Philadelphia 1989, S. 175.
10 Ebenda, S. 177.
11 Caroline Estes, »Consensus and Community«, in: Plant, a. a. O., S. 227.
12 Charlene Spretnak, »Toward an Ecofeminist Spirituality«, in: Plant, a. a. O., S. 131.
13 Ynestra King, »The Ecology of Feminism and the Feminism of Ecology«, in: Plant, a. a. O., S. 19.
14 Sharon Doubiago, »Mama Coyote Talks to the Boys«, in: Plant, a. a. O., S. 42.
15 Susan Griffin, »Split Culture«, in: Plant, a. a. O., S. 11.
16 Mab Segrest, »Feminism and Disobedience: Conversations with Barbara Deming«, in: Pam McAlister, Hg., *Reweaving the Web of Life: Feminism and Nonviolence,* Philadelphia 1982, S. 51.
17 Judith Plant, »Towards a New World«, in: Plant, a. a. O., S. 2.
18 Marion Bromley, »Feminism and Nonviolent Revolution«, in: McAlister, a. a. O., S. 154.
19 Mab Segrest, a. a. O., S. 52.
20 Priscilla Prutzman, »Assertiveness, Nonviolence and Feminism«, in: McAlister, a. a. O., S. 381.
21 Charlene Spretnak, »Toward an Ecofeminist Spirituality«, in: Plant, a. a. O., S. 131.
22 Leah Fritz, »Abortion: A Woman's Right to Live«, in: McAlister, a. a. O., S. 398.
23 Sally Miller Gearhart, *The Future – If There Is One – is Female,* S. 267.
24 A'Lelia Perry Bundles, *Madame C. Walker, Entrepreneur,* New York 1991.

25 Miriam Gurko, *The Ladies of Seneca Falls,* New York 1976, S.188.
26 Ebenda, S.256.
27 Ebenda, S.274.
28 Ebenda, S.267.
29 Ebenda, S.6.
30 Carol Dyhouse, *Feminism and the Family in England, 1880 – 1939,* London 1989, S.157.
31 Ebenda, S.171.
32 Ebenda, S.177.
33 Ebenda, S.184.
34 Gurko, a.a.O., S.32.
35 Ebenda, S.300.
36 Ebenda, S.40.
37 Ebenda, S.308.
38 Ebenda, S.133.
39 Ebenda, S.42.
40 Ebenda, S.138.
41 Ebenda, S.174.
42 Ebenda, S.79.
43 Aileen S. Kraditor, *The Ideas of the Woman Suffrage Movement, 1880 – 1920*, New York 1981, S.232.
44 Ebenda, S.242.
45 Minkowitz, »My Father, Myself«, *The Village Voice* (6. April 1993), S. 17.
46 Alisa Solomon, »Girl Crazy? Psychiatry tries to Make PMS a Mental Illness«, in: *The Village Voice* (6. April 1993), S.33.
47 Lynda Nead, *Myths of Sexuality: Representations of Women in Victorian Britain,* Oxford 1988, S.19.
48 Paul Gray, »Thou Shalt Not Kill«, in: *Time* (22. März 1993), S. 44 – 45.
49 Richard Cohen, »The Wide Net of Sexual Harrassement«, in: *The Washington Post* (15. Juni 1993), S.a21.
50 Laurie Goodsetin, »Women's Anger Reaches Beyond Amorous Priest«, in: *The Washington Post* (31. Mai 1993), S.a1.
51 »Kindergarten Cops«, in: *Harper's Magazine* (Juni 1993).
52 Deborah Solomon, »The Uses of Adversity«, in: *Women's Review of Books,* Bd.9, Nr.8, (Mai 1992), S.12.
53 *The Washington Post* (30. Dezember 1992), S.15.
54 *People* (11. Mai 1992).
55 Gurko, a.a.O., S.308.

56 Alison Mitchell, »Holtzman Draws Criticism From Feminists Over Ads«, in: *The New York Times* (27. August 1992), S. 4.
57 Catherine S. Manegold, »Holtzman and Ferraro Fought Double Standard as Well as Each Other«, in: *The New York Times* (16. September 1992), S. 36.
58 Todd S. Purdum, »The Feminist Paradox: Holtzman-Ferraro Battle Testes Idea of Women in Politics«, in: *The New York Times* (30. August 1992), S. 33.
59 James C. McKinley, Jr., »Holtzman, After The Flood: Trying to Heal the Wounds from her Own Attack«, in: *The New York Times* (7. März 1993), S. 43f.
60 Barbara Whitaker, »Nussbaum's Struggle to Regain«, in: *New York Newsday* (24. Oktober 1988).
61 Barbara Kantrowitz, »A Tale of Abuse«, in: *Newsweek* (12. Dezember 1988).
62 Murray Kempton, »A Tormented Soul Confronts Reality«, in: *New York Newsday* (2. Dezember 1988).
63 Nadine Brozan, »Unresolved Issue: Is Nussbaum Culpable?«, in: *The New York Times* (24. Januar 1989), S. B1.
64 Susan Brownmiller, »Hedda Nussbaum, Hardly a Heroine«, in: *The New York Times,* (2. Februar 1989).
65 *Ms.* (April 1989), Bd. 17, S. 60.
66 Tamar Levin, »Feminists Wonder If It Was Progress to Become ›Victims‹«, in: *The New York Times* (10. Mai 1992), S. 6
67 Linda Greenhouse, »Justices to Decide if Psychological Injury is Needed to Prove Sex Harassment«, in: *The New York Times* (2. März 1993), S. a17.
68 Peggy Tartaro, »Fish on Bicycles«, in: *Women & Guns* (September 1991), S. 50.
69 *Women & Guns* (März 1992), S. 4.
70 Chuck Sudetic, »In Sarajevo, War Also Means Battle for Sexes«, in: *The New York Times* (6. Juni 1993), S. 12.
71 *Sunday Times* (7. März 1993), S. 1.
72 Jane Goodall, *In the Shadow of Man,* Boston 1971, S. 148.
73 Nancy Friday, *Befreiung zur Lust: Frauen und ihre sexuellen Phantasien,* München 1992, S. 170.
74 *The New York Times* (21. Februar 1993), S. 3.

Teil 4

1 Carol Gilligan und Lyn Mikel Brown, *Meeting at the Crossroads: Women's Psychology and Girls' Development*, Cambridge (Mass.) 1992, S. 52.
2 Jean Baker Miller, *Toward a Psychology of Women*, Boston 1986, S. 93.
3 Ebenda, S. 93.
4 Carol J. Eagle und Carol Colman, *All That She Can Be: Helping Your Daughter Achieve Her Full Potential and Maintain Her Self-Esteem During the Critical Years of Adolescence*, 1993, S. 141.
5 Tannen, *You Just Don't Understand: Women and Men in Conversation*, New York 1990, S. 108.
6 Eagle und Colman, a. a. O., S. 149.
7 Ebenda, S. 142f.
8 Tannen, a. a. O., S. 26.
9 Ebenda, S. 45.
10 Miller, S. 41.
11 Ebenda, S. 61.
12 Ebenda, S. 73.
13 Ebenda, S. 78.
14 Ebenda, S. 86.
15 Tannen, a. a. O., S. 223.
16 Ebenda, S. 178.
17 Ebenda, S. 131.
18 Miller, a. a. O., S. 96.
19 Sharon Capeling-Alekija, *Unifem Annual Report 1991*, New York 1991, S. 3.
20 Claudia Wallis, »Onward Women«, in: *Time* (4. Dezember 1989), S. 4.
21 Center for American Women and Politics.
22 »Empowering Women in Philantropy«, The Fund for the Feminist Majority.

Bibliographie

Alcott, Louisa M., Little Women. New York 1871.

Andersen, Margaret und Collins, Patricia Hill, *Race, Class, and Gender. An Anthology.* Belmont, Calif. 1992.

Anderson, Bonnie S. und Zinsser, Judith P., *Eine eigene Geschichte. Frauen in Europa.* Zürich 1992.

Anzaldua, Gloria, Hg., *Making Face, Making Soul (Haciendo Caras). Creative and Critical Perspectives by Women of Color.* San Francisco 1990.

Aufderheide, Patricia, *Beyond P.C. Toward a Politics of Understanding.* St. Paul 1992.

Barnett, Rosalind C., *Women in Management Today.* Wellesley, Mass. 1992.

Belenky, Mary Field et al., Hgg., *Das andere Denken. Persönlichkeit, Moral und Intellekt der Frau.* Frankfurt 1991.

Bem, Sandra Lipsitz, *The Lenses of Gender. Transforming the Debate on Sexual Inequality.* New Haven 1993.

Berman, Paul, Hg., *Debating P.C. The Controversy over Political Correctness on College Campuses.* New York 1992.

Berry, Mary Frances, *The Politics of Parenthood. Childcare, Women's Rights, and the Myth of the Good Mother.* New York 1993.

Breitman, George, Hg., *Malcolm X Speaks. Selected Speeches and Statements.* New York 1965.

Bright, Susie, *Susie Sexpert's Lesbian Sex World.* Pittsburgh 1991.

Brock, David, *The Real Anita Hill. The Untold Story.* New York 1993.

Brownmiller, Susan, *Gegen unseren Willen. Vergewaltigung und Männerherrschaft.* 8. Aufl., Frankfurt 1991.

Capeling-Alekija, Sharon, *Unifem Annual Report 1991.* New York 1991.

Card, Emily, *The Ms. Money Book. Strategies for Prospering in the Coming Decade.* New York 1990.

Chesler, Ellen, *Woman of Valor. Margaret Sanger and the Birth Control Movement in America.* New York 1992.

Chesler, Phyllis und Goodman, Emily Jane, *Women, Money, and Power.* New York 1977.

Cohen, Marcia, *The Sisterhood. The Inside Story of The Women's Movement and the Leaders Who Made It Happen.* New York 1988.

Collins, Patricia Hill, *Black Feminist Thought. Knowledge, Consciousness, and the Politics of Empowerment.* New York 1991.

Davis, Angela Y., *Women, Race, and Class.* New York 1983.

Davis, Flora, *Moving the Mountain. The Women's Movement in America Since 1960.* New York 1981.

Debold, Elizabeth und Wilson, Marie, *Mother-Daughter Revolution. From Betrayal to Power.* New York 1993.

Demac, Donna A., *Liberty Denied. The Current Rise of Censorship in America.* New Brunswick 1990.

Deutsch, Helene, *Psychologie der Frau.* Bern 1948.

Dinnerstein, Dorothy, *Das Arrangement der Geschlechter.* Stuttgart 1979.

Drugs Play Major Role in Female Jail Population Increase, hrsg. von Bureau of Justice Statistics. Washington 1992.

Dworkin, Andrea, *Erbarmen.* Berlin 1992.

– *Intercourse.* New York 1987.

– *Woman Hating. A Radical Look at Sexuality.* Dutton 1974.

Dyhouse, Carol, *Feminism and the Family in England. 1880 – 1939.* Oxford 1989.

D'Souza, Dinesh, *Illiberal Education. The Politics of Race and Sex on Campus.* New York 1992.

Echols, Alice, Daring to Be Bad. Radical Feminism in America. 1967 – 1975. Minneapolis 1989.

Ehrenreich, Barbara, *Die Herzen der Männer. Auf der Suche nach einer neuen Rolle.* Hamburg 1984.

– und English, Deirdre, *For Her Own Good. 150 Years of the Experts' Advice to Women.* New York 1979.

– Hess, Elizabeth und Jacobs, Gloria, *Remaking Love. The Feminization of Sex.* New York 1986.

Elshtain, Jean Bethke, *Women and War.* New York 1987.

Epstein, Cynthia, *Deceptive Distinctions. Sex, Gender, and the Social Order.* New Haven 1988.

Erikson, Eric H., *Childhood and Society.* New York 1963.

Faderman, Lillian, *Köstlicher als die Liebe der Männer. Romantische Freundschaft und Liebe zwischen Frauen von der Renaissance bis heute.* Zürich 1990.

Faludi, Susan, *Die Männer schlagen zurück. Wie die Siege des Feminismus sich in Niederlagen verwandeln und was Frauen dagegen tun können.* Hamburg 1993.

Firestone, Shulamith, *Frauenbefreiung und sexuelle Revolution.* Frankfurt am Main 1975.

Fisher, Helen E., *Anatomy of Love. The Natural History of Monogamy, Adultery, and Divorce.* New York 1992.

Fitzhugh, Louise, *Harriet the Spy.* New York 1964.

Foucault, Michel, *Sexualität und Wahrheit. Bd.1: Der Wille zum Wissen.* Frankfurt am Main 1977.

Fox-Genovese, Elizabeth, *Feminism Without Illusions. A Critique of Individualism.* Chapel Hill 1991.

Friday, Nancy, *Befreiung zur Lust. Frauen und ihre sexuellen Phantasien.* München 1992.

Friedan, Betty, *Der zweite Schritt. Ein neues feministisches Manifest.* Hamburg 1982.

Giddings, Paula, *When and Where I Enter. The Impact of Black Women on Race and Sex in America.* New York 1985.

Gilligan, Carol, *Die andere Stimme. Lebenskonflikte und Moral der Frau.* 4. Aufl., München, Zürich 1990.

– und Brown, Lyn Mikel, *Meeting at the Crossroads. Women's Psychology and Girls' Development.* Cambridge, Mass. 1992.

Girls in Our Schools. A Bibliography of Research on Girls in U.S. Public Shools, Kindergarten Through Grade 12, hrsg. von Wellesley Center for Research on Women. Wellesley, Mass. 1992.

Gluck, Sherna, Hg., *From Parlor to Prison. Five American Suffragists Talk About Their Lives.* New York 1976.

Goldsmith, Olivia, *The First Wives Club.* New York 1993.

Goodall, Jane, *In the Shadow of Man.* Boston 1988.

Gordon, Vivian M. D., *Black Women: Feminism and Black Liberation. Which Way?* Chicago 1987.

Greenfield, Lawrence A. und Minor-Harper, Stephanie, *Women in Prison.* Washington, D.C. 1991.

Griffin, Susan, *Frau und Natur. Das Brüllen in ihr.* Frankfurt am Main 1987.

Grimshaw, Jean, *Philosophy and Feminist Thinking.* Minneapolis 1988.

Gurko, Miriam, *The Ladies of Seneca Falls. The Birth of the Women's Rights Movement.* New York 1976.

Hahn, Emily, *Once Upon a Pedestal.* New York 1975.

Haley, Alex, Hg. *Malcolm X. Der schwarze Tribun. Eine Autobiographie.* Frankfurt am Main 1966.

Helgesen, Sally, *Frauen führen anders. Vorteile eines neuen Führungsstils.* Frankfurt am Main 1991.

Helsinger, Elizabeth K., Sheets, Robin Lauterbach und Veeder, William, *The Woman Question. Society and Literature in Britain and America. 1837 – 1883. Bd. 3.* Chicago 1983.

Hentoff, Nat, *Free Speech for Me But Not for Thee. How the American Left and Right Relentlessly Censor Each Other.* New York 1992.

Hooks, Bell, *Black Looks. Race and Representation.* Boston 1992.

– *Feminist Theory. From Margin to Center.* Boston 1984.

– *Talking Back. Thinking Feminist, Thinking Black.* Boston 1989.

Hull, Gloria T., Scott, Patricia Bell und Smith, Barbara, *All the Women Are White, All the Blacks Are Man, But Some of Us Are Brave. Black Women's Studies.* New York 1982.

Hymowitz, Carol und Weissmann, Michaele, *A History of Women in America.* New York 1978.

Irigaray, Luce, *Das Geschlecht, das nicht eins ist.* Berlin 1979.

Jacoby, Russell, *The Last Intellectuals. American Culture in the Age of Academe.* New York 1987.

Johnston, Jill, *Lesbian Nation. The feminist Solution.* New York 1973.

King, Martin Luther Jr., *Kraft zum Lieben.* Konstanz 1964.

– *Warum wir nicht warten können.* Wien, Düsseldorf 1964.

Kleiman, Carol, *Women's Networks.* New York 1980.

Kraditor, Aileen S., *The Ideas of the Woman Suffrage Movement. 1880 – 1920.* New York 1981.

– *Up from the Pedestal. Selected Writings in the History of American Feminism.* New York 1968.

Langer, Marie, *Mutterschaft und Sexus. Körper und Psyche der Frau.* Freiburg 1988.

Leone, Bruno, Hg., *Sexual Harassment.* San Diego 1992.

Lerner, Gerda, *Black Women in White America. A Documentary History.* New York 1973.

Lieberman, Annette und Lindner, Vicki, *Unbalanced Accounts. Why Women Are Still Afraid of Money.* New York 1988.

Lorde, Audre, *Sister Outsider. Essays and Speeches.* San Francisco 1984.

– *Zami. Mythobiographie. 2. Aufl., Berlin 1988.*

MacKinnon, Catharine A., *Feminism Unmodified. Discourses on Life and Law.* Cambridge, Mass. 1987.

Macurdy, Grace Haroet, *Hellenistic Queens. A Study of Woman-Power in Macedonia, Seleucid Syria, and Ptolemaic Egypt.* Baltimore 1932.

Maguigan, Holly, »Battered Women and Self Defense. Myths and Misconceptions in Current Reform Proposals.« In: *University of Pennsylvania Law Review* 140 (1991), Heft 2.

Mead, Margaret, *Mann und Weib. Das Verhältnis der Geschlechter in einer sich wandelnden Welt.* Hamburg 1958.

Miller, Jean Baker, *Die Stärke weiblicher Schwäche. Zu einem neuen Verständnis der Frau.* Frankfurt am Main 1977.

Moraga, Cherrie und Anzaldua, Gloria, Hgg., *This Bridge Called My Back. Writings by Radical Women of Color.* New York 1984.

Morgan, Robin, *The Anatomy of Freedom. Feminism, Physics, and Global Politics.* New York 1984.

– Hg., *Sisterhood is Powerful. An Anthology of Writings from the Women's Liberation Movement.* New York 1970.

Morrison, Toni, Hg., *Race-ing Justice, En-Gendering Power. Essays on Anita Hill, Clarence Thomas and the Construction of Social Reality.* New York 1992.

Nead, Lynda, *Myths of Sexuality. Representations of Women in Victorian Britain.* Oxford 1988.

Newell, Mindy, *The Catwoman. Her Sister's Keeper.* New York 1991.

Ornstein, Norman, Kohut, Andrew und McCarthy, Larry, *The People, the Press, and Politics. The Times-Mirror Study of the American Electorate.* Reading, Mass. 1988.

Ostrander, Susan A., *Women of the Upper Class.* Philadelphia 1984.

Phelan, Shane, *Identity Politics. Lesbian Feminism and the Limits of Community.* Philadelphia 1989.

Phelps, Timothy M. und Winternitz, Helen, *Capitol Games. The Inside Story of Clarence Thomas, Anita Hill, and a Supreme Court Nomination.* New York 1992.

Plant, Judith, Hg., *Healing the wounds. The Promise of Ecofeminism.* Philadelphia 1989.

Rich, Adrienne, *On Lies, Secrets, and Silence. Selected Prose. 1966–1978.* London 1980.

– *Von Frauen geboren. Mutterschaft als Erfahrung und Institution.* München 1979.

Richardson, Diane und Robinson, Vicki, Hgg. *Thinking Feminist. Key Concepts in Women's Studies.* New York 1993.

Robertson, Nan, *The Girls in the Balcony. Women, Men, and the New York Times.* New York 1992.

Ruddick, Sarah, *Maternal Thinking. Toward a Politics of Peace.* New York 1990.
Sanders, Marlene und Rock, Marcia, *Waiting for Prime Time. The Women of Television News.* New York 1990.
Schneider, Susan Weidman und Drache, Arthur, *Head and Heart. A Women's Guide to Financial Independence.* Pasadena 1991.
Shapiro, Joseph P., *No Pity. People with Disabilities Forging a New Civil Rights Movement.* New York 1993.
Shreve, Anita, *Women Together, Women Alone. The Legacy of the Consciousness-Raising Movement.* New York 1989.
Smith, Barbara, Hg., *Home Girls. A Black Feminist Anthology.* New York 1983.
Snell, Tracy J., *Women in Jail, 1989.* Washington, D.C. 1992.
Sterling, Anne Fausto, *Myths of Gender. Biological Theories About Women and Men.* New York 1986.
Stein, Nan, Marshall, Nancy L. und Tropp, Linda R., *Secrets in Public. Sexual Harassment in Our Schools.* Wellesley 1993.
Stoltenberg, John, *Refusing to Be a Man. Essays on Sex and Justice.* New York 1989.
Stone, Merlin, *When God Was a Woman.* New York 1978.
Stratton, Joanna L., *Pioneer Women. Voices from the Kansas Frontier.* New York 1981.
Tannen, Deborah, *Du kannst mich einfach nicht verstehen. Warum Männer und Frauen aneinander vorbeireden.* Hamburg 1991.
Thomas, William I., *The Unadjusted Girl.* New York 1967.
Travis, Carol, *The Mismeasures of Woman. Why Women are Not the Better Sex, the Inferior Sex, or the Opposite Sex.* New York 1992.
Trump, Ivana, *For Love Alone.* New York 1992.
Tuttle, Lisa, *Encyclopdia of Feminism.* New York 1986.
Ulrich, Laurel Thatcher, *A Midwife's Tale.* New York 1990.
Wall, Ginita, *Our Money, Our Selves. The Guide for Women at Financial Crossroads.* Yonkers, NY 1992.
Weldon, Faye, *Die Teufelin.* München 1989.
Williams, Patricia J., *The Alchemy of Race and Rights. Diary of a Law Professor.* Cambridge, Mass. 1992.
Wolf, Deborah Goleman, *The Lesbian Community.* Berkeley 1979.
Women's Action Caolition Staff, Hg., *WAC Stats. The Facts about Women.* New York 1993.

Danksagung

Mein Dank gilt den vielen Menschen, ohne deren Hilfe ich dieses Buch nicht hätte schreiben können.

Folgende Personen nahmen sich trotz ihrer vielen Verpflichtungen Zeit für ein Gespräch mit mir: Katha Pollitt von *The Nation,* Marie Wilson von der Ms. Foundation, Nancy Woodhull von *Women, Men and Media* und Holly Ainbinder und Jim Naurekas von FAIR.

Mein besonderer Dank gilt ferner all den Männern und Frauen, die ihre Sorgen und Hoffnungen in bezug auf die Frauenbewegung mit mir teilten. Von ganzem Herzen danke ich den jungen Frauen, die mir erlaubten, ihre Gedanken über Macht und Führung festzuhalten – insbesondere den WAC-Mitgliedern von SUNY-Geneseo, mit denen ich mich bis in den frühen Morgen unterhielt. Ich werde nie vergessen, was sie berichteten. Ich möchte auch meinen FreundInnen und KollegInnen danken, deren Arbeiten über Frauenthemen mein eigenes Wissen vertieft und meine Thesen gestützt haben: Ich danke Elizabeth Alexander von der University of Chicago, die im Unterricht und in ihren Gedichten in vorbildlicher Weise progressive Gedanken mit intellektueller Strenge und Toleranz verbindet, für ihre Erörterung der Themen weibliche Identität, Rasse und Feminismus sowie für das Lesen des Manuskripts; Susie Bright für unser Gespräch über einen Feminismus, der die Sexualität bejaht; Karen Cook, die mich auf das gespannte Verhältnis der Aktivistinnen des Feminismus zum Kapitalismus aufmerksam gemacht hat; Judy Coyne von *Glamour,* die mein Manuskript kritisch gelesen hat; Rhonda Garelick von der University of Colorado; Marcia Ann Gillespie von der Zeitschrift *Ms.;* Barbara Findlen und Julie Felner, ebenfalls von *Ms.,* dafür, daß sie trotz ihrer vielen Arbeit die Zeit gefunden haben, erste Fassungen meines Manuskriptes ausführlich zu kommentieren; Ann Godoff, in der ich die ideale, feministisch engagierte Gesprächspartnerin für dieses Projekt fand; Ann Hornaday für ihre scharfsinnigen Kommentare zum Manuskript; Susan Faludi für ihre wertvollen Hinweise; Nancy Frank und Suzanne Levitt von der Yale University; Tom Molner; Donna Minkowitz; Will Schwalbe;

Amruta Slee; ferner Beth Pearson und der Herstellungsabteilung von Random House, die in meine unleserlichen Notizen und mein umständliches Einfügungs-System Ordnung gebracht haben. Danken möchte ich auch meiner Mutter Deborah Goleman Wolf und meinem Vater Leonard Wolf, die meine Arbeit kritisch kommentierten und auf deren Hilfe und Unterstützung meiner »inneren Stimme« ich mich immer verlassen konnte.
Weiter gebührt mein Dank Andrea Dworkin und Gloria Steinem. Dworkin hat mich auf viele in diesem Buch angesprochenen Probleme aufmerksam gemacht. Als ich ihr sagte, daß ich nicht immer mit ihr übereinstimme, meinte sie, das sei nicht schlimm; schlimm sei vielmehr, daß sie sich nicht vorstellen könne, solche Meinungsverschiedenheiten würden je offen ausgetragen. Ich hoffe, die Diskussion über dieses Buch trägt dazu bei, dies zu ändern. Gloria Steinem hat einen Entwurf des Buches gelesen und Anmerkungen dazu gemacht.

Bedanken möchte ich mich bei all denen, die mir Arbeit abgenommen haben, so daß ich mich ganz auf die Niederschrift des Buches konzentrieren konnte. Mein Dank gilt Enrika Gadler, Ann Godoffs Assistentin bei Random House, für ihre Geduld, Rücksichtnahme und gute Zusammenarbeit. Helen Churko, Lucy LePage und Carlton Sedgley von Royce Carlton achteten darauf, daß ich meinen Vortragsverpflichtungen nachkam, was angesichts meiner chaotischen Terminplanung nicht immer eine leichte Aufgabe war. Bethany Saltman leistete mir erstklassige Hilfe bei Forschung und Recherche. Joan und John Shipley stellten mir mit ihrem Haus in Gearhart (Oregon) einen idealen Ort für die Niederschrift des Buches zur Verfügung. Das Virginia Center of the Arts mit seinem freundlichen Personal ermöglichte mir produktives Arbeiten unter angenehmsten Bedingungen. Mein Dank gilt nicht zuletzt Anastasia Gochnour, die mein Büro weitblickend und kreativ leitet.

Manche LeserInnen mögen sich wundern, daß ich in einigen Teilen des Buches TheoretikerInnen oder Publikationen würdige, die ich in anderen Teilen kritisiere. Das Buch sollte mit jenem Gedanken im Hinterkopf gelesen werden, der mich dazu bewog, es überhaupt erst zu schreiben: Es ist eine ehrenvolle Verpflichtung, nicht immer der gleichen Meinung wie die anderen zu sein; eine kritische Auseinandersetzung mit unserer Bewegung ist kein Sakrileg, sondern ein Liebesbeweis.

Heinrich Jacoby

Jenseits von »Begabt« und »Unbegabt«

Zweckmäßige Fragestellung und zweckmäßiges Verhalten
Schlüssel für die Entfaltung des Menschen

Herausgegeben
von Sophie Ludwig, Berlin

CHRISTIANS VERLAG · HAMBURG

CIP-Kurztitelaufnahme der Deutschen Bibliothek

Jacoby, Heinrich

Jenseits von »Begabt« und »Unbegabt«: zweckmäßige Fragestellung u. zweckmäßiges Verhalten; Schlüssel für d. Entfaltung d. Menschen / Heinrich Jacoby, Hrsg. von Sophie Ludwig. – 2. Aufl. –
Hamburg: Christians, 1983.
ISBN 3-7672-0711-7

2. überarbeitete Auflage 1983

Satz und Druck Hans Christians Druckerei, Hamburg
Schutzumschlag: Entwurf Sophie Ludwig
ISBN 3-7672-0711-7
Printed in Germany

Inhalt

Vorwort

Das vorliegende Buch ist aus ca. 1000 Seiten Gesprächsprotokollen (durch Magnetophon akustisch fixiert) von einem Kurs in Zürich — 1945 — entstanden, in dem Heinrich Jacoby eine Einführung in seine Arbeit gegeben hat. Es enthält auch Elemente der Arbeit von Elsa Gindler. Jacobys Plan ist es gewesen, diesen Kurs, der in einer für ihn schwierigen Situation stattgefunden hat, durchgearbeitet und gekürzt, aber mit vielen später entstandenen Ergänzungen zu den Grundthemen seiner Arbeit zu einem größeren Werk zusammenzufassen. Äußere Umstände ließen es nicht dazu kommen.

Als langjährige Mitarbeiterin und Erbin seines Nachlasses habe ich mich — einer großen Verantwortung bewußt — zu einer Publikation dieses Kurses entschlossen. Dafür war eine Kürzung um ungefähr die Hälfte des ursprünglichen Umfanges unerläßlich, womit leider auch ein Teil des Gesprächscharakters verlorengegangen ist. Außerdem war eine sprachliche Bearbeitung, eine Übertragung von „Rede in Schreibe" notwendig.

In den zwanziger Jahren bedeutete für Heinrich Jacoby der Versuch einer allgemeinen Verbreitung seiner Erfahrungen und Erkenntnisse Kampf gegen Vorurteile und Denkklischees, gegen ungeprüft übernommene Meinungen über den Menschen und seine Möglichkeiten und für ein wissenschaftlich fundiertes Bild vom Menschen und seiner Entfaltungsfähigkeit. Diese Arbeit verlief in ständiger Wechselbeziehung zwischen praktischer Erziehungstätigkeit, eigenem Musizieren, Vorträgen — meist mit Demonstration — und Forschung. Fortschrittliche Menschen aus vielen Bereichen auch außerhalb der Musik nahmen regen Anteil an Jacobys Untersuchungen.

Seit dieser Kurs stattgefunden hat und seit dem Tod von Heinrich Jacoby, 1964, ist wieder viel Zeit vergangen. Obwohl man in Psychologie und Pädagogik neue Wege versucht hat und versucht und im Kulturbetrieb neue Produktionsarten und -formen entstanden sind, hat sich im allgemeinen zu wenig von der Wurzel aus gewandelt. Es wird viel deklamiert und geschrieben. Viele Fragen blieben unbeantwortet.

Wir hoffen, daß dieses Buch im Sinne Heinrich Jacobys zur Sicherung der Entfaltung jeder neuen Generation beiträgt und zur Nachentfaltung ungeahnter Potentiale von Erwachsenen helfen wird. Dann wird es weniger therapiebedürftige Menschen geben!

Das Buch will nicht nur gelesen, sondern studiert werden. Es verlangt vor allem Ausprobieren und Überprüfen der einfachen Versuchsangebote, die unmittelbares Reagieren ermöglichen und Kontakt zur Realität bewirken. Die Problematik Erarbeiten — Lernen hat, zumindest teilweise, seine Form bestimmt. Rezepte und Übungen wird man vergeblich darin suchen. Wer es liest, um nur sein Bescheid-Wissen zu vermehren, geht an seinem Sinn und Gehalt vorbei.

Mein herzlicher Dank gilt unserem treuen, 1969 verstorbenen Freund, Herrn Oberschulrat a. D. Dr. h. c. Franz Hilker, Leiter der Pädagogischen Arbeitsstelle, Wiesbaden/Bonn, für die Ermutigung zur Publikation und seine freundschaftliche Beratung sowie Frau Dr. med. Ruth Matter, Zürich, für ihre Mitarbeit und freundschaftliche Zusammenarbeit bei der Kürzung und sprachlichen Bearbeitung des Manuskriptes. Herzlich danke ich außerdem den Mitarbeitenden beim Korrekturlesen, insbesondere Frau Ursula Asheuer für ihre Hilfsbereitschaft.

Herr Kurt Christians und Herr Werner Schese, Lektor des Hans Christians Verlages, haben mich mit großem Interesse und Verständnis und mit Geduld für besondere Wünsche bei der Gestaltung des Buches beraten und unterstützt.

Auch ihnen gilt mein Dank!

Sophie Ludwig,
Berlin—Zürich, August 1980

2. Vorwort
Zusammenfassung von zwei skizzierenden Darstellungen, die Heinrich Jacoby 1939 von seiner Arbeit verfaßt hat.

Ausgegangen bin ich seinerzeit (um 1913) mit meinen Untersuchungen von der Musik, insbesondere von den tieferen Ursachen des sogenannten Unmusikalisch-Seins, der „Unbegabtheit für Musik". Aber schon 1921 habe ich in einem Vortrag „Grundlagen einer schöpferischen Musikerziehung" auf der Kunsttagung des Bundes entschiedener Schulreformer in Berlin sowie in allen späteren Veröffentlichungen nachdrücklich darauf hingewiesen, daß es sich um funktionelle Zusammenhänge und allgemeine Verhaltensprobleme handelt, die — nur demonstriert am Stoffgebiet Musik — analog für die Wahrnehmungsvorgänge über alle Sinnespforten und analog für alle anderen Ausdrucksgebiete wie Körperbewegung, Sprache, bildnerischen Ausdruck und für Denkprozesse Geltung haben.

Praktische und theoretische Auseinandersetzung mit Grundproblemen der Wahrnehmungs- und Ausdrucksfähigkeit, und zwar sowohl von der biologisch-physiologischen und psychologischen wie von der praktisch-pädagogischen Seite, haben eindeutige Resultate hinsichtlich der Probleme der Begabung, der verminderten Leistungsfähigkeit und der Möglichkeiten der Leistungssteigerung im Sinne produktiver Leistungen ergeben.

Leistungsschwierigkeiten erscheinen mir nicht als Problem der Leistungsfähigkeit (Möglichkeit) oder Leistungsunfähigkeit (Unmöglichkeit), sondern als Problem der Leistungsbereitschaft bzw. der gestörten Bereitschaft; d. h. also weitgehend als Zustands- und Verhaltensproblem — als dynamisches Problem — und nicht als Problem der Qualität der Organe und der Konstitution, nicht als statisches Problem.

Zunächst erwies sich in praktischer pädagogischer Arbeit mit mehr als 1000 Menschen verschiedenen Alters und der verschiedensten Berufe, daß es Unmusikalische nicht geben müßte. Die unzähligen Menschen, die sich in der Praxis so verhalten, als hätten sie kein „musikalisches" Gehör, als könnten sie keine Melodie behalten, als hätten sie kein geeignetes Stimmorgan etc., müssen nicht so sein und können nicht so bleiben, sobald es in praktischer Arbeit gelingt, (a) negative Auswirkungen von Kindheits- und Milieueinflüssen zu neutralisieren, (b) die Qualität des Verhaltens bei

Wahrnehmung und Äußerung in bestimmtem Sinne zu disziplinieren und (c) für die zweckmäßige Art der Aufgabenstellung und der Erfahrungsgelegenheit zu sorgen.

I

Die Meinung, besonders qualifizierte, „begabte“ Leistungen hingen weitgehend von spezifischen, besonders günstigen physiologischen Voraussetzungen ab und besonders „unbegabte“ Leistungen von besonders ungünstigen Voraussetzungen physiologischer Art; die Meinung, daß der eine z. B. ein besseres, der andere ein schlechteres Gehör, geschicktere oder ungeschicktere Hände o. ä. schon mit auf die Welt bringe, ist ein irreführendes und unhaltbares Vorurteil und reicht nicht aus zur Erklärung „begabter“ oder „unbegabter“ Leistungen. Die Zweckmäßigkeit pädagogischer Maßnahmen mit dem Ziel der „Sinnesschulung“,* mit dem Ziel der „Verbesserung der Sinne“ durch isolierte Übungen muß bezweifelt werden (Gehör-, Seh-, Riech-, Tastübungen).

II

Statt dessen ist zuerst zu untersuchen, wie weit Unfähigkeit oder minderwertige Qualität der Leistung verursacht sind durch (a) affektive Verhaltensweisen, durch Angst, Panikstimmung oder Aggression, durch Neurosen erzeugende Einflüsse in der Kindheit, durch Vertrauen störende Milieueinflüsse, die die Bereitschaft zu unmittelbarem Kontakt mit der Umwelt beeinträchtigen, — und (b) durch die traditionelle Art und Form der Aufgabenstellung und damit durch unbewußtes Verleiten zu unzweckmäßigem Verhalten beim Erfahren und Leisten. Diese Aufgabenstellung hat eine negative Wirkung, auch wenn die Funktionsbereitschaft nicht durch Angst, Panik o. ä. beeinträchtigt ist.

Diese zweite Tatsache enthält den wesentlichsten Beitrag sowohl zum Verständnis der optimalen Leistungsfähigkeit als auch der Leistungs„unfähigkeit“ und gibt somit die Basis für praktische Maßnahmen zur Entfaltung der Leistungsfähigkeit und Steigerung der Leistungsqualität.

Sowohl das Verhalten beim Wahrnehmen, beim Erfahren als auch das

* „Modernere“ Sensibilisierungsübungen mit nach außen gerichteter Aufmerksamkeit gehen auch am Wesentlichen vorbei. S. L.

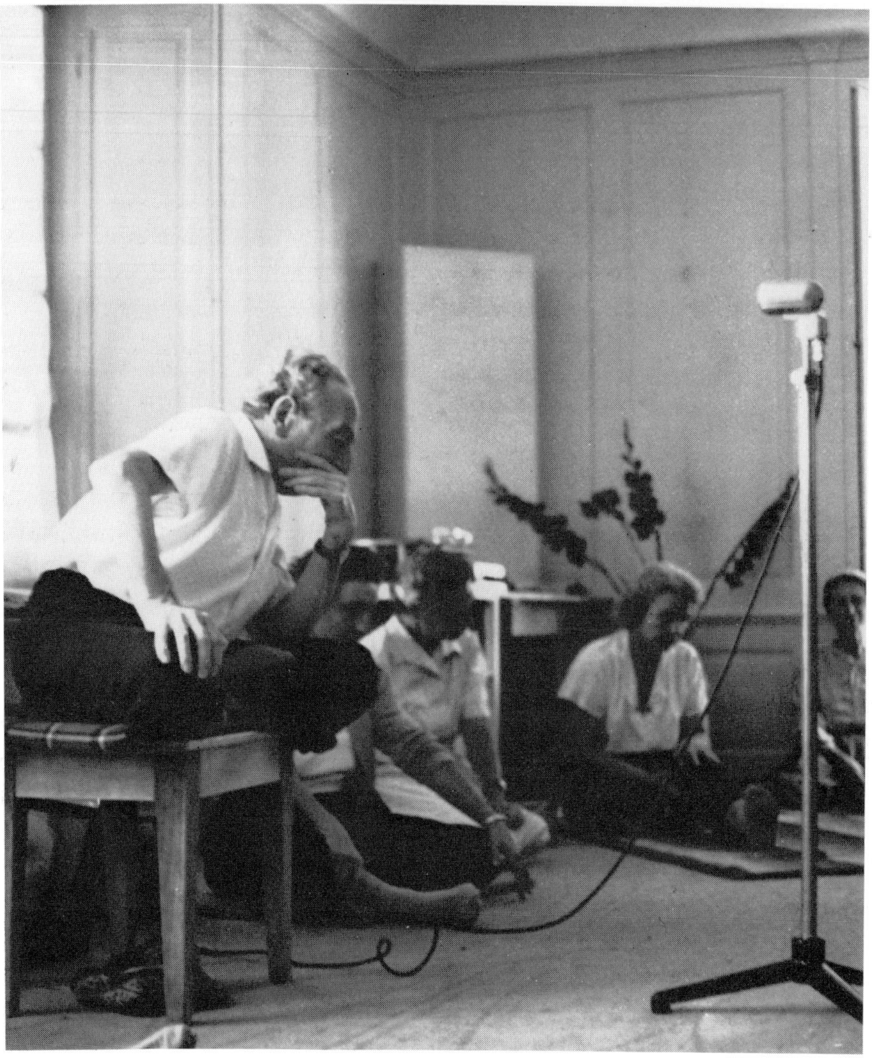

Ferienkurs

Verhalten beim Sichäußern — und dadurch später auch die Qualität der Leistungen — werden von der frühesten Kindheit bis ins Erwachsenenalter in entscheidender Weise beeinträchtigt, vor allem durch unbeabsichtigte, aber auch durch — aus Unkenntnis der Konsequenzen — beabsichtigte tendenziöse Umwelteinwirkungen.

Sie führen dazu, daß der Mensch sich bei der Auseinandersetzung mit der Umwelt gegensätzlich zu den biologischen Gegebenheiten, d. h. unzweckmäßig verhält. Sie beeinträchtigen den Gebrauch der Fähigkeit zu spontanem, unmittelbarem Kontakt mit der Umwelt und verleiten zu einem Kontakt erschwerenden Verhalten beim Erfahren und Leisten, zum „Verhalten auf Vorrat". Unmittelbarer Kontakt zur Umwelt und Entfaltung von Fähigkeiten werden dadurch geradezu verhindert.

Es ist nüchterne, naturwissenschaftlich bestätigte Erfahrung, daß die „biologische Ausrüstung" des Menschen für den Kontakt mit der Umwelt physiologisch so organisiert ist, daß durch ihr bloßes Spielenlassen ohne „aktives Dazutun" die Möglichkeit zu unmittelbarem Kontakt gesichert ist. Der zwanghafte Wunsch wahrzunehmen, ist dabei nicht nur überflüssig, sondern — wie sich experimentell nachweisen läßt — unzweckmäßig. Er wirkt störend.

Hier ist der Schlüssel zum Verständnis des Entstehens vieler Leistungshinderungen und Leistungsminderungen, derentwegen wir einen Menschen als „unbegabt" werten; zum Verständnis der Störungen, die durch praktisches Überprüfen der elementaren Zusammenhänge zwischen Verhalten und den Qualitäten des Erfahrens und der Leistung und durch anschließende Umdisziplinierung sogar noch im Alter behoben werden können.

So ist z. B. die biologisch und physiologisch gegebene Voraussetzung für den Wahrnehmungs-, Erfahrungsprozeß beim Sehen die Empfangsbereitschaft für das „Einfallen des Lichtes", die Bereitschaft, auf Helligkeitsschwankungen zu reagieren, und nicht „aktives", analysieren-wollendes An-sehen und Be-trachten der Gegenstände.

Beim Hören ist es die „Empfangsbereitschaft für den Schall" und nicht das mehr oder weniger angestrengte, analysieren-wollende Zu-hören und „Ohrenspitzen". Beim Tasten und Greifen ist es das tastende, erfahrungsbereite In-Kontakt-Kommen mit dem Objekt und nicht ein An-fassen und Be-greifen mit überflüssigem Druck.

Entscheidende Charakteristika des von der Natur vorgezeichneten zweckmäßigen Verhaltens bei Wahrnehmung und Erfahrung, für das Entstehen von Kontakt mit Aufgaben und Menschen sind also die Qualität der Empfangsbereitschaft, Reagierbereitschaft und Registrierbereitschaft; die Bereitschaft, eingeleitete Funktionen, Prozesse ablaufen, geschehen zu lassen, statt sie zu „machen" oder unterwegs ändern zu wollen; die Bereitschaft, sich gewissermaßen von der Aufgabe mitteilen zu lassen, wie man sich beim Erfahren und bei der Leistung zu verhalten hat; die Bereitschaft, sein „Körperinstrument" durch Kontakt mit der Aufgabe zweckmäßig für die zu lösende Aufgabe verwandeln zu lassen.

Das ist auch von entscheidender Bedeutung für sämtliche Äußerungs- und Gestaltungsprozesse!

Ich nenne diesen Faktor des Kontakt- und Leistungsproblems, der von der Seite der Aufgabe her Zustand und Bewegungsbereitschaft des Menschen, des „Leistungsinstrumentes", beeinflußt, die „Einstellwirkung" (die Wirkung des Eingestelltwerdens). Alles Machen-Wollen, alles „Verhalten auf Vorrat" beeinträchtigt den unmittelbaren Kontakt zwischen Mensch und Umwelt, das Spiel der Einstellwirkung, und beraubt uns einer entscheidenden — dem sogenannten Hochbegabten meist nur unbewußt zur Verfügung stehenden — Hilfe für das Zustandekommen qualifizierter Leistungen.

Diese Problematik begegnet einem auf Schritt und Tritt im täglichen Leben, sobald man erst einmal darauf aufmerksam geworden ist. Sie besteht — um mit einem einfachen Beispiel anzufangen — beim Schwimmen: Statt sich durch gelernte Bewegungen über Wasser halten zu wollen, könnte man sich vom Wasser tragen lassen, bei angstloser Interessiertheit gewissermaßen vom Wasser erfahren, wie man sich für das Getragenwerden zweckmäßig verändern lassen müßte. Bei solchem Vorgehen kann und muß jeder ein guter Schwimmer werden.

Beim alltäglichen Sichbewegen würde ein Eingestelltwerden durch Kontakt zu der zu bewegenden Last, zu der Richtung und dem Weg, über den sie bewegt werden soll, entfaltend wirken. Durch die übliche Routine im Energieverbrauch und Mißbrauch des Hebelsystems wird Verschleiß, Entstellung und unnotwendige Ermüdung bewirkt.

Wir finden diese Problematik bei Gedächtnisproblemen, bei Schwierigkeiten im Sicherinnern: Zweckmäßig wäre es zu versuchen, etwas — er-innernd — auftauchen zu lassen, statt sich „anzustrengen" und angestrengt „nachzudenken". Das hat jeder schon erfahren, wenn ihm z. B. „ein Wort auf der Zunge liegt".

Wir treffen das gleiche Problem beim Gespräch, wobei Kontakt und

Verstehen um so sicherer verhindert werden, je mehr man aufeinander einredet.

Das gleiche Problem existiert beim wissenschaftlichen Forschen, beim Erfinden und Entdecken: Durch die Bereitschaft, sich beim Studieren und Vergleichen von Fakten und Zusammenhängen „ansprechen" zu lassen („es geht einem ein Licht auf", „es fällt einem etwas ein"), wird eine grundsätzlich andere Arbeitsqualität entwickelt und kommt man weiter als durch „bohrendes", angestrengtes Suchen.

Das gleiche trifft für alle Denkprozesse zu: Das Bewußtwerden-Lassen von Vorgängen und Zusammenhängen, das Zueinander-in-Beziehung-kommen-Lassen von Erfahrungen und Eindrücken leistet etwas grundsätzlich anderes als Gewandtheit im Begriffe-Kombinieren, als Wiedergabe und Kombination von Auswendiggelerntem, als „Grübeln", „Nachdenken" und Spekulieren.

Es trifft ebenso zu für alles Erkennen und das Interpretieren unserer Wahrnehmungen sowie für das Zustandekommen produktiver Leistungen. Dabei werden Zusammenhänge deutlich, die es ermöglichen, das Wesen und die gesetzmäßigen Voraussetzungen improvisatorischen Verhaltens zu verstehen und damit Gesetzmäßigkeiten in Gestaltungsvorgängen überhaupt zu erkennen.

Das ist eines der zentralen Probleme, das ich zum ersten Male in einem Vortrag auf dem „Kongreß für Ästhetik und allgemeine Kunstwissenschaft", Berlin, Okt. 1924, dargestellt habe: „Voraussetzungen und Grundlagen einer lebendigen Musikkultur". (Erschienen als Sonderdruck unter dem Titel: Jenseits von „Musikalisch" und „Unmusikalisch", F. Enke, Stuttgart, 1925.)

In jahrzehntelanger Forschungsarbeit ist nachgewiesen, daß und in welcher Weise die biologisch vorgezeichnete Verhaltensqualität, nämlich Empfangsbereitschaft, andere Eindrucksqualitäten und damit grundsätzlich andere Bewußtseinsinhalte vermittelt als das „aktiv" wahrnehmenwollende, analytisch interessierte Gerichtetsein auf die Objekte, auf den „Stoff", durch den sie wahrnehmbar werden. Ebenso verursachen entsprechende Verhaltensqualitäten unmittelbar damit zusammenhängende Wesensunterschiede in der Qualität von Gestaltetem und Geleistetem.

Diese Zusammenhänge sind durch eindeutige Dokumente bewiesen.

Dieser grundsätzliche Unterschied läßt sich auf allen Gebieten nachweisen:

Das empfangsbereite Schauen vermittelt die Eindrücke gestalthafter, plastischer, farbiger. Es läßt die Gestalt als Ganzes im Zusammenhang mit ihrer Umgebung erleben und garantiert die unmittelbare Orientierung an den optischen Eindrücken, den Unterschieden von hell und dunkel.

Das „aktive" Betrachten dagegen ist die Ursache unseres Linien- und Umrisse-Sehens. Es isoliert die Objekte, macht sie gewissermaßen statisch, flach, linear, betont die Umrisse und liefert verminderte Umweltausschnitte.

Das nicht zu-hörende, nicht hin-hörende Lauschen sichert analog bei der Sprache den Kontakt mit dem Zusammenhang, mit dem Sinn des Gesagten (offenbart allerdings auch unbarmherzig eventuelle Sinnlosigkeit). Es läßt auch bei unzulänglicher Deutlichkeit des Gesagten Schlüsse auf den gemeinten Sinn zu und gibt außerdem einen Gesamteindruck vom Verhalten und Zustand des Sprechers.

Das angestrengte Zu-hören dagegen isoliert Eindruck und Partner, liefert eher leeres Wortverständnis und bedeutet zunehmende Voraussetzungen für Mißverständnisse.

Auch bei der Musik wirkt das „aktive" Zu-hören in gleicher Weise, nämlich isolierend, lenkt das Interesse auf Stoffeinzelheiten, auf einzelne Klänge und Klangkomplexe, während bei entgegengesetztem Verhalten die energetischen Tendenzen, die funktionelle Bedeutung des Klanggeschehens, der Zusammenhang und damit der „Sinn" des Zusammenhangs in Erscheinung treten (wobei auch hierbei Störungen des Sinngehaltes, Störungen des energetischen Ablaufes deutlicher offenbar werden).

Dementsprechende Analogien gibt es auf allen anderen Ausdrucksgebieten.

Empfangs-, kontakt- und reagierbereites Verhalten verlangt und bedeutet größere Stille, Gelassenheit und Selbständigkeit des Erfahrenden und des Sich-Äußernden. Es führt zu Selbständigkeit im Urteilen. Das bloße Sichverlassen auf erlernten Wissensstoff oder das Anknüpfen an von außen gegebene Vorschriften, Vorbilder, Anregungen oder Meinungen führen ebenso wie alles unnotwendige Machen zu beziehungsloser Routine.

Routine, Nachahmen von Modellen, Vorbildern und „Idealen" beeinträchtigen genauso das unmittelbare In-Beziehung-Kommen zur Umwelt und die Bereitschaft, sich der Einstellwirkung zu überlassen, wie es durch Panik, Angst, Ehrgeiz und andere außersachliche Beunruhigungen geschieht.

Das angestrengte und auf das Objekt gerichtete Verhalten wird zwangsläufig provoziert durch die planmäßige und unplanmäßige erzieherische, bildnerische Beeinflussung und ebensosehr durch Einschüchterung und Verängstigung wie durch die in der Lebenszeit des Individuums jeweils geltenden kulturellen Einflüsse: Gebote, Verbote, Moral, Brauch und Lehre.

Da diese unübersehbare, mannigfache und nie mehr aussetzende Beeinflussung des Individuums durch die Gesellschaft, durch die Umwelt im weitesten Sinne vom ersten Lebenstag an in bezug auf alle seine Verhaltensweisen erfolgt, wird der Charakter der von ihm erwarteten Leistung in hohem Maß und bis ins einzelne im voraus festgelegt. Das Kind und der Erwachsene leisten nicht mehr von sich aus, sondern nach dem ihnen ständig vorgehaltenen Vorbild, einer „Idee", einem Leistungsmuster, einem „Ideal". Dies gilt für alle Leistungsgebiete und Möglichkeiten eines Menschen.

Die biologische Ausrüstung für den Kontakt des Menschen mit der Umwelt ist nicht zufällig so strukturiert, sondern ist im Laufe der Entwicklung der Lebewesen durch den Zwang zur Auseinandersetzung mit den gesetzmäßigen Gegebenheiten der ihn umgebenden Natur entstanden. Andererseits sind auch Gestalt und Gehalt aller menschlichen Leistungen durch die eigentümliche Struktur unserer biologischen Ausrüstung gesetzmäßig bestimmt. Diese biologische Ausrüstung ist bei jedem organisch Gesunden völlig ausreichend sowohl zur Wahrnehmung alles dessen, wofür diese Organe geschaffen und wahrnehmungsfähig sind, als auch zum positiven Gestaltenkönnen und zur positiven Bewältigung aller kulturellen Forderungen.

Der Realisierung dieser Möglichkeiten wirkt die Verführung zu unzweckmäßigem Verhalten durch die bildende und verbildende Tendenz der menschlichen Umwelt entgegen. Sie bedeutet hauptsächlich Störung des Vertrauens zur Umwelt. Der Mensch bleibt von frühester Kindheit an nicht mehr offen und empfangsbereit für das, was die Welt dem Individuum anbietet. Es wird ihm abgewöhnt, sich der Einstellwirkung zu überlassen. Er wird verleitet, durch eigene Aktion die Welt zu erhaschen, aufzunehmen, zu „verschlingen".

Voll entfalten kann sich die mitgebrachte biologische Ausrüstung allein durch Gebrauchtwerden in der Auseinandersetzung mit der Umwelt. Das ganze Ausmaß der latenten Fähigkeiten kann wiederum nur durch zweckmäßigen Gebrauch in Erscheinung treten.

Unzweckmäßiges Verhalten, wie z. B. alles „Machen", wo der Ablauf von Prozessen nur zugelassen werden müßte, verhindert aber zweckmäßigen Gebrauch der biologischen Ausrüstung und damit auch ihre optimale Entfaltung.

Die jeweilige Qualität des Verhaltens läßt sich an den sich im Menschen vollziehenden Zustandsänderungen erkennen. Diese Zustandsänderungen bleiben dem Menschen zumeist unbewußt. Die Fähigkeit, sich ihrer bewußt zu werden, muß entfaltet werden mit dem Ziel der bewußten Beeinflussung des Verhaltens, und zwar im Sinne einer diametralen Wendung vom Interesse am Objekt zum Interesse an den durch Eindrücke bewirkten eigenen Zustandsänderungen.

Dabei wird zugleich die Entfaltung des Unterscheidungsvermögens und des „Umschalt"vermögens für die verschiedenen Verhaltensqualitäten und Zustände erreicht. Bei der Bestimmung des Charakters von Zuständen und Zustandsänderungen zeigt sich deutlich, von welcher Bedeutung Angst, Panikstimmung und Aggression für Erfahren und Sichäußern sind. Sie hauptsächlich verhindern die freie, offene und unmittelbare Kontaktbereitschaft der Welt gegenüber und die unbehinderte Wirkung der Welt auf den Menschen. Immer wieder findet sich eine unbewußte Abwehrhaltung, ein Sichverschließen, oder auch das Gegenteil, eine meist unbewußte Tendenz zum Angriff, zur Bekämpfung dessen, was man doch wahrnehmen möchte.

Dies gilt sowohl für das Verhalten beim Erfahren als auch für das Verhalten beim Sichäußern, für alles Tun und Leisten des Menschen. Auch die Initiative zu produktiver Leistung ist gewöhnlich nicht mehr unmittelbar, sondern nur noch mittelbar. All das zeigt sich bei der genaueren Untersuchung des Verhaltens während der Leistung sowohl bei den sogenannten „Unbegabten", als auch bei sogenannten „Hochbegabten". Nicht das, was das Individuum wirklich könnte (hätte es tastend probiert, wäre es unbeschwert von tausend Gebrauchsanweisungen, Verhaltensvorschriften und Erfolgsabsichten geblieben, welche ihm die Umwelt sozusagen vom ersten Lebenstag an insinuierte), — nicht das kommt in seinen Leistungen zum Vorschein, sondern immer weniger oder ganz etwas anderes.

Der Weg zu originaler Leistung kann nur geebnet werden durch den Abbau des „Verhaltens auf Vorrat", durch völlige Wendung der Aufmerksamkeit des Schaffenden — im Sinne bewußten Gehorsams gegenüber der „Einstellwirkung" — und durch eine Befreiung seiner Äußerungsfähigkeit von aller künstlich geschaffenen Voreingenommenheit.

In der experimentellen Arbeit mit Gruppen läßt sich deutlich verfolgen, wie man sich einen zweckmäßigen Standort für die Selbstbeurteilung erarbeiten kann und wie sich durch systematischen Abbau unzweckmäßiger Verhaltensweisen, auch selbst bei bejahrten Menschen, Wahrnehmungs-, Erfahrens- und Arbeitsqualität verbessern.*

Durch die Zusammenarbeit mit in ihrer Herkunft, ihrer individuellen Lebensgeschichte und ihrer „Begabtheit" oder „Unbegabtheit" sehr verschiedenen Menschen** werden die zu studierenden Phänomene im einzelnen deutlicher und mannigfaltiger, und ihre Gesetzmäßigkeit und Allgemeingültigkeit werden überhaupt erst an der Gleichartigkeit der Reaktionen offenbar. Zugleich ist die Befreiung von Leistungshemmungen überzeugender, eindrucksvoller, wenn viele sie gemeinsam erleben und wenn sich diese Befreiung durch deutliche Wandlung der Leistungsqualität auf verschiedenen Gebieten erweist. Viele Symptome, die man bisher für konstitutionelle, pathologische, unbeeinflußbare Begabungs- und Unbegabtheitsmerkmale gehalten hat, kommen in eine neue Beleuchtung, müssen anders eingeordnet werden, werden verstehbar, beeinflußbar und auflösbar.

Kurz zusammengefaßt:

Für die allgemeine pädagogische Praxis ergeben sich zwei Forderungen:

a) Die bewußte Disziplinierung eines zweckmäßigen Verhaltens, d. h. die Selbstumerziehung zu Kontaktbereitschaft, Empfangsbereitschaft, Abklingenlassen von Verstörtheit, Abbau und Abklingenlassen von Panik- und Aggressionsbereitschaft und allem überflüssigen „Machen-Wollen" als Grundverhalten.
b) Aufbau von Fragestellungen und Aufgaben in einer solchen Weise, daß man vom Kontakt mit der biologischen, funktionellen Organisation des

* Die affektive Reaktion der Jugend — als Produkt der Umwelteinwirkungen kann sie kaum anders reagieren — auf die bewußt oder unbewußt als unzweckmäßig empfundenen Einwirkungen, die (a) zu Erschlaffung und damit zu Gleichgültigkeit, Resignation, Ablehnung sozialer Verantwortung und Stumpfheit oder (b) zu affektiver, blinder (blindwütiger), gewalttätiger, beziehungsloser Aktion führt, bringt keine Lösung vorhandener Probleme und hindert leider die Beteiligten an der Entfaltung der einem jeden gegebenen, ungeahnten Fähigkeiten, mit denen sie produktiv an der Lösung dringender gesellschaftlicher Probleme arbeiten könnten.

** Heinrich Jacoby ist seit 1913 seinem Grundsatz, nicht mit einzelnen Personen, sondern nur mit größeren Gruppen (ca. 15—30) zu arbeiten, bis auf ganz wenige Ausnahmen treu geblieben. In seinen Einführungskursen in Berlin bis 1933 hatte er zwischen 30 und 60 Teilnehmer.

„Instrumentes“ Mensch durch Erziehung und Unterricht nicht ablenkt, sondern daß man möglichst so fragt, daß die biologische Ausrüstung zwangsläufig ungestört funktioniert und damit durch jeden Gebrauch auch wirklich entfaltet wird.

Wenn zweckmäßiges Verhalten und zweckmäßige Frage- und Aufgabenstellung zusammentreffen, werden immer qualifizierte Leistungen entstehen, und dann kann auch ein sogenannt unbegabter Mensch nicht länger „unbegabt“ bleiben.

Die Bereitschaft zu wirklich tastenden Versuchen und zu sachlicher Forschungsarbeit gegenüber dem eigenen Verhalten fällt keinem leicht, der die übliche Erziehung gehabt hat. Diese Arbeit an der unerläßlichen bewußten Zustandskontrolle und Standortklärung ist — neben dem Unwirksammachen der traditionellen Begabungsvorurteile und neben dem Sicherarbeiten einer Methode des Sich-etwas-Erarbeitens und Ausprobierens (als Gegensatz zu „Beibringen“ und formalem Lernen) — eine der wichtigsten praktischen Aufgaben meiner Arbeitsgemeinschaften.

In zunehmendem Maße wichtig wurde dabei die Gewinnung einer bewußten Beziehung zum eigenen Körper als dem Instrument, in dem sich alle Zustandsänderungen abspielen, denn diese sind Voraussetzung aller Wahrnehmung und Äußerung.

Erst als ich nach langem Suchen 1925 in Berlin die Arbeitsweise von Elsa Gindler kennenlernte, sah ich, daß das, was ich bisher vergeblich von der Gymnastik erwartet hatte, möglich ist. Hier war der Versuch einer Erziehung von der Seite des Körpers her, bei dem die bewußte Auseinandersetzung mit den in jedem Menschen latenten ordnenden Tendenzen des Organismus zur Grundlage aller Arbeit gemacht wurde. Anstatt den Körper nach ästhetischen, formalen, optisch bestimmten Vorbildern und „Idealen“, mit durch Kommandos oder durch Rhythmen „geordneten“ Bewegungsübungen „verbessern“ zu wollen, stand hier im Mittelpunkt aller pädagogischen Bemühungen das Sicherarbeiten einer wachen Beziehung zu den ordnenden und regenerierenden Prozessen des eigenen Körpers aufgrund bewußten Zustandsempfindens.

Die einzige wirkliche Förderung für die praktische Weiterentwicklung meiner Arbeit verdanke ich dem Zusammentreffen mit Elsa Gindler, unserer gemeinsamen Arbeit und dem Austausch unserer Arbeitserfahrungen. Erst dadurch ist eine präzise, bewußte Beziehung zu den während des Äußerungs- und Verständigungsvorganges im Organismus entstehenden, gesetzmäßig bedingten Zustandsänderungen möglich geworden.

Anmerkung S. L.:

... Leider existiert von Elsa Gindler keine schriftliche Darstellung ihrer Arbeit und der Bedeutung der Zusammenarbeit mit Heinrich Jacoby, der wesentlich zur wissenschaftlichen Fundierung und Weiterentwicklung der Arbeit von Elsa Gindler beigetragen hat.*

1957 äußerte Elsa Gindler sich in einem Brief an eine Schülerin wie folgt:

„Die Forschungsarbeit von Heinrich Jacoby ist so weit fortgeschritten, daß die Grundlagen jeder nur denkbaren Entwicklung eindeutig klargelegt sind. In nun beinahe 50jähriger Arbeit hat er wissenschaftliche ‚hieb- und stichfeste' Fragestellungen erarbeitet, denen unter anderen auch Sie Erfolge zu danken haben. Meine Arbeit wäre ohne die Arbeit von H. J. nicht denkbar.

Erst durch ihn ist mir klar geworden, wie untrennbar das körperliche Geschehen von der ‚seelischen' Situation des Menschen ist und umgekehrt, wie sich auch das körperliche Geschehen nur aus der jeweiligen Art des Eingeordnetseins des Menschen in seine gesamte Umwelt verstehen und beeinflussen läßt ...“

* Publikationen über Elsa Gindler und ihre Arbeit sind in Vorbereitung.

Heinrich Jacoby — Einführungskursus 1945

1. Kurs

Vorbereitung der Zusammenarbeit und allgemeine Vorerfahrungen
Form der Zusammenarbeit, Art und Themen der Verständigung
Fragebereitschaft — „dumme Fragen"
In-dividuum — Originalität
Das Verhaltensproblem bei sprachlicher Äußerung
Unmittelbare Äußerung
Verständigung er-arbeiten — keine logische Linie beim Klärungsprozeß
Vielfältige Stoffe — wenige grundsätzliche Beziehungen und Zusammenhänge
Lernen — Er-arbeiten
Angst vor dem Falschmachen
Zweckmäßiges Verhalten — zweckmäßige Fragestellung
Über Nicht-Stimmendes stolpern
Das „Selbstverständliche"
Das Wahrsein von etwas
Er-arbeiten des gesamten Kulturgutes?
Kopernikus — Sonnenaufgang — Sonnenuntergang
Unbegabt für Mathematik? — mangelnde Bezogenheit auf erlebte Erfahrung
Kinder sind unbestechliche Forscher
Wissen — Glauben
Erster konkreter Schritt zur Auseinandersetzung mit Arbeitsproblemen
Er-innern — zweierlei Verhaltensqualitäten
Einfall — Erleuchtung
Zweckmäßiges Verhalten — zweckmäßiges Sichgebrauchen — zweckmäßige Fragestellung
Was ist zweckmäßig?
Entfaltung durch Gebrauch — nur durch zweckmäßiges Verhalten beim Sichgebrauchen
Erpreßte Höchstleistungen

Konzentration — machen oder erlauben, zulassen
Musik machen — Aufgaben machen
„Benutzen“ der Sprache — Verhaltensproblem
Die Qualität des Erzieherverhaltens ist entscheidend für die Entfaltung der jungen Menschen

1. Februar 1945

Heinrich Jacoby:
Wenn wir uns heute zum ersten Mal zu unseren Arbeitsgemeinschaften zusammenfinden, so fängt die Auseinandersetzung mit unseren Problemen nicht erst jetzt an.

Die meisten von Ihnen haben sich zur Mitarbeit für diese 24 Abende entschlossen, weil sie etwas über meine Arbeit gelesen oder gehört haben oder weil sie an Familienmitgliedern, Freunden oder Bekannten Veränderungen konstatiert haben, die diese auf die Mitarbeit in meinen Kursen zurückführen.

Aus Ihren Fragebögen, die ich mit jedem einzelnen von Ihnen vor der Zulassung zur Mitarbeit durchgesprochen habe, ist zu erkennen, daß Gründe und Ziele für die Mitarbeit der einzelnen wenig übereinstimmend sind und wie vielfältig verschieden Ihre Erwartungen sind, die sich aber in fast jedem Fall von dem unterscheiden, was Ihnen hier begegnen wird.

Mit diesen Fragebögen wurden Sie vor Forderungen gestellt, bei deren Erfüllung sich manches — wenn auch Ihnen vielleicht unbewußt — in Ihnen vollziehen mußte, dessen Sinn und Tragweite erst im Verlaufe unserer Zusammenarbeit deutlicher werden wird. Ganz gleich, ob Sie die Ausfüllung der Fragebögen mit mehr oder weniger Ernst, mit Bereitschaft oder Widerstand versucht haben, — auf jeden Fall mußten Sie versuchen, sich dabei Rechenschaft über die Meinung zu geben, die Sie selber und Ihre Umgebung z. B. bisher von dem hatten, was man so unsere „Begabtheit" oder „Unbegabtheit" nennt. Die Notwendigkeit, mir so persönliche Auskünfte zu geben, wie sie meine Fragen nach fördernden oder verstörenden Erlebnissen und Einflüssen, die für Ihre Entwicklung — Ihrer Meinung nach — von Bedeutung gewesen sind und dgl., von Ihnen verlangten, mußte bestimmt Widerstände erzeugen. Kaum jemand kann die Fragebögen ausgefüllt, den Lebenslauf mit all den Angaben geschrieben haben, ohne ziemlich heftige Diskussionen mit mir in Abwesenheit geführt zu haben.

Auch die schriftliche Darstellung und noch mehr die Aufnahme des Phonogramms, bei der die Beunruhigung für viele von Ihnen groß gewesen ist, haben die meisten von Ihnen gezwungen, sich einigermaßen zu mobilisieren. Und ich weiß, daß für Menschen, die seit ihrer Schulzeit nie mehr etwas gezeichnet haben, oder gar für Menschen, die sich für zeichnerisch „unbegabt" halten, die Zumutung, zwei Zeichnungen abzuliefern, so groß sein kann, daß sie fast lieber auf die Teilnahme am Kursus verzichten. Viele können ihre Widerstände und Ängste nur so weit überwinden, daß sie jene Forderungen nur gerade so erledigen, damit sie erfüllt sind. Das sieht man den betreffenden Arbeiten sehr gut an. Aber diese Art der Erledigung erzählt mir mindestens so viel wie die gewissenhafte Ausführung. Diese Aufgaben haben bei den einen Interesse an Sinn und Nützlichkeit dieser Forderungen und bei den anderen Widerstände gegen mich ausgelöst.

Die Erzeugung derartiger Reaktionen war beabsichtigt.

Sie müssen Sie — so oder so — etwas aus der traditionellen Schüler-, Hörer- oder Lernhaltung herausbringen und verlangen persönliches Sicheinsetzen. Vollzieht sich dabei schon eine gewisse Auseinandersetzung oder Einstellung, auch wenn sie zunächst nicht bewußt wurde?

(Allgemeine Zustimmung!)

In den ernsten persönlichen Gesprächen vor Beginn des Kursus erlebe ich immer wieder, wie sehr alle, ohne daß ihnen bisher die Hintergründe bewußt geworden wären, tief berührt sind von den Problemen, die uns nun beschäftigen werden, — auch wenn sie Probleme der Fähigkeit und Leistungsfähigkeit, die Möglichkeit von verschiedenen Verhaltensweisen etc. meistens nur leidend erlebt haben.

Sie wissen bereits, daß ich keine Vorträge halten werde. Da wir uns erst so etwas wie eine gemeinsame Sprache erarbeiten müssen, bitte ich Sie, mich zu unterbrechen, sobald eine Frage oder ein Einwand entsteht.

Es wird Ihnen allen bekannt sein, daß man von etwas Nichtausgesprochenem so besetzt sein kann, daß man den weiteren Auseinandersetzungen nicht mehr zu folgen vermag.

Bereits in den ersten Lebensjahren wird in der Familie, dann im Kindergarten und noch systematischer in der Schule oft die Fragebereitschaft abgedrosselt. Das geschieht, weil das Kind viele und auch unbequeme Fragen stellt und damit dem Erwachsenen lästig wird. Dann heißt es: „Frag nicht so viel!" — „Frag nicht so dumm!" oder „Red nicht, ehe du gefragt wirst!" und dgl. mehr. Die Bereitschaft zur spontanen Frage, ja überhaupt zur spontanen Äußerung wird durch gewisse sonderbare Formen der Disziplin gedrosselt. Sie wissen alle, daß es in manchen Schulen, sogar noch bei älteren Schülern, üblich ist, daß nicht nur die ganze Klasse aufsteht, wenn der Lehrer ins Zimmer kommt, sondern daß die Schüler bei jedem Gefragtwerden und bei jeder Aussage aufzustehen haben.

Kontakt und Arbeitsbereitschaft werden dadurch verhindert oder gestört.*

Die Worte, die hier gesprochen werden, können zunächst nicht immer jedem gleich leicht zugänglich sein; die Tatsachen aber, von denen hier die Rede sein wird, sind jedem Mitglied der Arbeitsgemeinschaft zugänglich, denn die Probleme, mit denen wir uns auseinanderzusetzen haben, sind so elementar und beziehen sich auf so Allgemeinmenschliches, daß niemals mangelnde Schulbildung oder mangelnde Fachkenntnisse hindern könnten, mit ihnen in Beziehung zu kommen.

In diesem Zusammenhang möchte ich noch an eine Tatsache erinnern, die bestimmt Ihnen allen bekannt ist: Man möchte zwar gern etwas fragen, was einem nicht klar geworden ist, oder etwas zum Gespräch beitragen und sagt sich gleich: „Ach, sag das lieber nicht, all die anderen wissen das ja!" Oder: „Die werden über meine dumme Frage lachen!" Vermutlich wird jeder von uns schon aus solchen Gründen geschwiegen haben. Wenn man aber den Mut hat, trotzdem zu fragen, stellt sich oft heraus, daß die anderen das auch nicht wissen. Ich habe in unzähligen Fällen erfahren, daß die sogenannten dummen Fragen die Klärung der Probleme gefördert haben. Ähnlich geht es übrigens auch mit Fragen, die besondere persönliche Probleme zu betreffen scheinen. Hier zeigt sich, wie wertvoll es ist, in größeren Gruppen zu arbeiten; denn wenn sich jemand schließlich zum Sprechen überwindet, erleben wir immer wieder, daß viele die gleichen Fragen und Probleme haben. Das bedeutet für die Verständigung mit anderen wie für die Einschätzung der eigenen Schwierigkeiten eine Hilfe, denn was einen bisher besonders belastet haben mag, verliert an Gewicht, wenn man erlebt, daß die eigene Situation nicht so originell ist.

Das Individuum als einzigartige Persönlichkeit im Sinne des üblichen Persönlichkeitskultes gibt es nicht. Der Gehalt des Wortes In-dividuum besagt nur, daß es der nicht mehr teilbare Teil der menschlichen Gesellschaft ist. Der Gehalt, der ihm mit der Zeit im Sinne von Eigenartigkeit, von einzigartiger Persönlichkeit beigelegt worden ist, also das, was dem Individuum an Großartigkeit der Leistung, des Charakters, der Kenntnisse etc. zugerechnet worden ist und sich die „Persönlichkeit" gewöhnlich auch als ihr Verdienst zumißt, sollte überprüft und abgebaut wer-

* Inzwischen — d. h. seit 1945 — hat sich manches geändert.

den. Jedes Individuum wäre nichts und wüßte nichts — ja, könnte nicht einmal seine leibliche Existenz haben ohne die anderen, durch die es zum Leben gelangt ist, mit denen es gelebt hat — ohne all das, was ihm als Kollektivleistung aus Jahrtausenden an Kultur und Zivilisation überliefert worden ist. Diese Tatsache ist theoretisch jedem von uns bekannt, jedoch ohne daß wir in unserer Lebensrealität daraus die praktischen Konsequenzen ziehen. Ist uns wohl gegenwärtig, daß alles, was wir als „originell" von uns gedacht und geleistet empfinden, in keiner Weise unser persönliches Verdienst ist, — daß wir allein schon mit unserer Muttersprache die Weisheit und das Wissen einer in unbekannt gebliebene Vergangenheit zurückreichenden kollektiven Leistung empfangen haben? Unsere Muttersprache enthält in ihrer Struktur und dem Schatz ihrer Begriffe sehr viel mehr, als dem, der sie spricht, bewußt wird. Uns selber unbewußt, sagen wir oft viel Zutreffenderes, Gehaltvolleres aus, als wir ahnen!

Und wenn ich Sie gebeten habe, mich zu unterbrechen, so muß ich Sie in diesem Zusammenhange bitten, mir zu erlauben, Sie in Ihren Äußerungen beim Wort zu nehmen. Möglicherweise werde ich denjenigen, der in der Diskussion etwas äußert, auf den Wortlaut seiner Bemerkungen festlegen müssen. Sie werden dann bald selber merken, daß es sich dabei nicht um Pedanterie oder Wortklauberei handelt. Es ist nicht zufällig, welche Worte ein Mensch benützt, und die Wortwahl ist auch dann nichts Zufälliges, wenn man sich noch so sehr zum Reden hat überwinden müssen.

Wenn dann durch Gegenfragen deutlicher geworden ist, was der Betreffende meinte, und darüber ein dem gewählten Wortlaut entgegengesetzter Gehalt zutage getreten ist, hört man nicht selten die Bemerkung: „Gerade das habe ich sagen wollen!"

Vielleicht hat man das, was als Ertrag der nachfolgenden Auseinandersetzung herauskam, geahnt, als man sich äußerte; aber wenn dem Sprecher das wirklich klar gewesen wäre, wären ihm andere Worte „zugewachsen".

Diesem Vorgang liegt eine ganz bestimmte Qualität des Verhaltens des Sich-Äußernden zugrunde. Von dieser hängt es ab, wie weit man sich unmittelbar zu äußern vermag. Ich habe Sie im Einzelgespräch ausdrücklich darauf hingewiesen, daß wahrscheinlich im Verlaufe der Arbeit allerhand Widerstände entstehen werden, weil oft auch Sie selber und Ihr reales Verhalten, Denken und Meinen zur Diskussion stehen werden. Daß dabei Abwehr und Proteste manifest werden können ist natürlich.

Das, was ich Ihnen nahebringen will, das, wofür ich Sie interessieren möchte, kann Ihnen erst im Verlauf unserer Auseinandersetzung deutlich werden und im Grunde überschaubar erst am Ende unserer Einführungsarbeit. Ich möchte, daß wir uns eine Verständigung *erarbeiten*! Über die mir bekannten Resultate, die ich mir für Sie wünsche und erwarte, könnte ich Ihnen viel erzählen. Wesentliche Einsichten, die Ihnen unbekannt sind oder gar befremdlich erscheinen, könnte ich Ihnen in klaren Formulierungen einfach mitteilen, wie man das in einem Vortrag oder Buch gewöhnlich tut. Ich möchte aber, daß Sie hier nicht wieder nur Ihr Wissen erweitern, sondern daß wir uns unsern Problemen so nähern, daß sie nicht nur allmählich eine deutliche Gestalt für Sie annehmen, sondern daß Sie auch merken können, wie weitgehend es Ihr alltägliches Leben ist, das wir hier zur Diskussion stellen, und nicht Heinrich Jacobys Meinungen über gewisse Fragen.

Eine Begleiterscheinung dieses Vorgehens, die besonders die intellektuell Geschulten im Anfang sehr irritieren kann, ist, daß ich durchaus keine logische Linie bei unserem Klärungsprozeß verfolge, daß ich nicht von Punkt A zu Punkt B und von Punkt B zu Punkt C weitergehe, sondern daß wir eine Reihe scheinbar nicht zusammenhängender Fragen und Gegenstände berühren werden, wie sie durch Beispiele, die jemand in die Diskussion bringt, oder durch Zusammenhänge, auf die ich Sie hinweise, akut werden. Durch das „Vielerlei“, das wir wahrscheinlich streifen werden, durch die vielfältigen „Stoffe“, die in unserer Auseinandersetzung vorkommen werden, sollen Ihnen einige grundsätzliche Zusammenhänge und Beziehungen allmählich erkennbarer werden.

Das ist ein Vorgehen, das Sie zunächst beunruhigen kann, weil Sie im allgemeinen gewohnt sind, etwas zu *lernen*.

Nun hoffe ich aber zuversichtlich, daß Sie bei mir nichts *lernen* werden! Das klingt paradox, aber ich meine mit „Lernen“ das bloße Hinnehmen der *Resultate* von Erfahrungen *anderer*: das bloße Hinnehmen, Zurkenntnisnehmen und dann Aufbewahren. *Erarbeiten* aber wäre, sich die Voraussetzungen, die zu Erkenntnissen und Einsichten führen, zu erarbeiten und sich dann die Erkenntnisse und Einsichten auf Grund jener Voraussetzungen zu erarbeiten. Zum Erarbeiten gehören geradezu entgegengesetzte Ziele als zum Lernen. Wer ist beim Lernen der „Beste“?

Herr Q.: Wer das beste Gedächtnis hat!

H. J.: Ja, und noch etwas!

Dr. X.: Wer wenig Fehler macht!

H. J.: Jawohl! Je weniger Fehler, je schneller keine Fehler mehr, desto besser der Schüler! Das ist doch weitgehend die Einstellung unserer durchschnittlichen Lernschulen.

Frau B.: Gibt es nicht Schulen, in denen die Zensuren nicht nach der Fehlerzahl gegeben werden?

H. J.: Wenn es hie und da anders eingestellte Schulen oder anders eingestellte Lehrer gibt, so dürfen wir uns dadurch nicht verleiten lassen zu sagen, es sei gar nicht so schlimm. Für die Entwicklung der Menschheit, für die Mentalität in unserer Gesellschaft ist nicht entscheidend, was hie und da als Ausnahme geschieht, sondern entscheidend ist, was für die überwiegende Mehrheit getan wird. Es ist grundsätzlich wichtig, sich nie durch positive Ausnahmen bestechen zu lassen.

Dahinter steht mehr ein Problem der staatsbürgerlichen Erziehung als ein Lehrer-, Eltern- oder Erzieherproblem. Wir sind durch unsere Erziehung, durch die gesellschaftliche Mentalität eher darauf eingestellt, uns möglichst geschwind zu beruhigen, solange wir nur selber nicht unmittelbar von irgend etwas betroffen oder bedroht scheinen. Wir dürfen uns nicht damit beruhigen, daß wir Schulen kennen, in denen die Arbeiten nicht auf Grund der Fehlerzahl zensiert werden. Sicher gibt es derartige Schulen. Aber das ändert nichts an jener grundsätzlichen Feststellung, daß von einem bestimmten Standort aus gesehen *Lernen* bedeutet, möglichst schnell dazu zu gelangen, möglichst wenig Fehler zu machen, bzw. die „richtigen" Antworten zur Verfügung zu haben. *Erarbeiten* bedeutet, von demselben Standort aus gesehen, das Entgegengesetzte, nämlich: immer am Falschen erfahren, entdecken, erarbeiten, was weniger falsch ist, und dadurch nicht nur zu erkennen, was richtig ist, sondern vor allem auch, wie das Richtige zustande kommt und warum gerade dieses das Richtige ist! Diese Formulierung vom Wesen des Erarbeitens gibt nur eine Sicht des Problems, nämlich die Charakterisierung der Qualität Er-arbeiten durch den Hinweis auf gegensätzliche charakteristische Züge des Lernens. Neben dieser Charakterisierung gibt es eine vom Standort der Qualität des beim Erarbeiten zweckmäßigen Verhaltens (probieren, tasten etc.) und eine vom Standort der dafür zweckmäßigen Frage- und Aufgabenstellung: *Appell an die biologische Ausrüstung.*

Ich wünsche oft, daß über dem Eingang zu unseren Schulen stünde: „Hier sollt Ihr Spaß am Falschmachen haben!" Verstehen Sie, was ich in diesem Zusammenhang damit sagen will? (Zustimmung)

Eine der größten Ängste ist die Angst vor dem Falschmachen, vor den Fehlern und ihren Folgen! Dabei vollzieht sich in der Geschichte der

Menschheit das Zustandekommen von Erkenntnissen, Einsichten und Entdeckungen weitgehend durch Erarbeiten, durch das Merken, daß etwas nicht stimmt, und durch das Ausprobieren, wie es weniger falsch und schließlich brauchbar werden kann. Erst wenn man gezwungen wird, sich zu fragen, warum da etwas nicht funktioniert, kann bewußt werden, was das störungsfreie Funktionieren sicherstellt und unter welchen Umständen es gesichert ist.

Ich rate Ihnen, sich für die Geschichte der Wissenschaften und für die Geschichte von Entdeckungen zu interessieren und vor allem auch für autobiographische Äußerungen, Tagebücher und Briefwechsel von Menschen, die Ungewöhnliches geleistet haben, aus denen wir etwas über ihre eigene Entwicklung und Arbeitsweise erfahren können. Dann werden Sie erleben, daß das, was jene Menschen selber über das Zustandekommen ihrer Entdeckungen und Leistungen berichten, anders klingt als das, was die meisten Menschen darüber zu denken gewohnt sind.

In einer Diskussion sagte einmal Wilhelm Ostwald, der große Chemiker und Nobelpreisträger (Ihnen vielleicht als der Begründer der Ostwaldschen Farbenlehre bekannt): „Selbstverständlich ist eigentlich nur das, worüber ich noch nicht nachgedacht habe!" Damals war er beinahe 80 Jahre alt. In diesem einen Satz steckt die Lebensweisheit eines wirklichen Forschers!

„Selbstverständlich" ist nur das, womit man sich noch nicht auseinandergesetzt hat. Wir sind auf Grund unserer Schulbildung und Lernvergangenheit bis obenhin angefüllt mit solchen „Selbstverständlichkeiten", d. h. wir „wissen" lauter Sachen, die wir noch gar nicht wissen. Aus diesem Grunde werden Sie in unseren Gesprächen viele altgewohnte und „liebe" Meinungen als *angegriffen* empfinden und manchmal vielleicht schokkiert sein, weil etwas, das so ganz selbstverständlich zu sein scheint, nun gar nicht mehr so selbstverständlich sein soll.

Und damit komme ich zu einer weiteren Bitte: Wenn ich sage, ich möchte, daß Sie nichts *lernen* bei mir, so will ich damit gleichzeitig sagen: Ich möchte, daß Sie mir auch nichts glauben! Das spreche ich aus mit dem Wunsch, daß Sie es ernst nehmen mögen.

Bitte fragen und protestieren Sie bei allem so lange, bis Sie es nicht mehr nur hinnehmen müssen! Ohne dieses beharrliche Bedürfnis nach Überprüfen und nach Ein- und Zuordnung zu Überprüftem bleiben auch die „richtigsten" Aussagen „falsch". Auch das „Wahre" ist so lange noch „falsch", wie wir es unüberprüft hingenommen haben, solange wir seine

Wahrheit nicht erlebt haben. Etwas kann noch so wahr sein; es ist nicht meine Wahrheit, wenn ich sie nur hinnehme. Dabei spreche ich nicht von „der" Wahrheit, sondern von der Wahrheit von etwas, vom Wahrsein von etwas. Die allgemeine Wahrheit gibt es so wenig, wie es eine Freiheit an sich gibt. Es wird immer ein Freisein für etwas, ein Freisein von etwas sein müssen und ein Wahrsein von etwas gegenüber dem, von dem es sich als wahr abheben wird.

Herr A.: Meinen Sie, daß man sich wirklich die gesamten kulturellen Errungenschaften der Menschheit vom Uranfang her erarbeiten müßte?

H. J.: Selbst an dieser zugespitzten Formulierung, die ich nicht so ausgesprochen habe, ist etwas Richtiges.

All die differenzierten Gehalte unseres durch Jahrtausende zusammengetragenen und überlieferten Kulturgutes sind auf relativ wenige Grundfunktionen und Grundtatsachen zurückzuführen.

Wenn man sich mit diesen auseinandergesetzt hat, erlebt man neue Tatbestände entweder als echte Analogien zu schon Erarbeitetem oder als Differenzierungen und Ableitungen davon.

Dr. X.: Aber es gibt doch Dinge der wissenschaftlichen Erkenntnis, die festliegen, wie z. B. mathematische, algebraische, chemische Grundbegriffe, das Fallgesetz und dgl. Alles das kann man sich doch nicht erst noch einmal erarbeiten.

H. J.: Gerade all das muß man sich — jeder für sich neu — erarbeiten! Es muß auch das Wahrsein-Sollen von etwas, das Richtigsein-Sollen von etwas, das ganz allgemein als richtig anerkannt ist, von jedem neu erarbeitet und nicht bloß gelernt werden. Auf Grund der persönlichen Vergangenheit kann es allerdings kaum jemand anders sehen, als Dr. X. es eben ausgesprochen hat.

Gerade beim Fallgesetz ist es nicht nur möglich, sondern notwendig, daß jedes Kind sich die Grundlagen dafür erarbeitet.

Nur muß der Lehrer Situationen schaffen, in denen dem Kind gewisse Tatbestände so auffallen müssen, wie etwa Galilei seinerzeit über gewisse Phänomene „stolpern" mußte, um schließlich das Fallgesetz erkennen und aussprechen zu können. Es handelt sich dabei um verhältnismäßig einfache Phänomene. Aber besonders dort, wo wir auf Grund des bloßen Gelernthabens komplizierte Hintergründe vermuten, treffen wir elementare Zusammenhänge an, die jeder, aber auch jeder Mensch sogar an sich selber, am eigenen Leibe, zu erleben vermag und mit denen er sich auf der Grundlage eigener Erfahrung so weit auseinandersetzen könnte, daß er nicht bloß „glauben", auf Autorität hinnehmen müßte, sondern selber ausprobieren und nachprüfen könnte.

Sie alle haben doch elementare Physik, Grundlagen der Mechanik und dgl. gelernt. Wer von Ihnen hat von Kopernikus gehört oder gelernt, die Erde bewege sich um die Sonne etc.? Und wer spricht trotzdem noch von Sonnen-Aufgang und Sonnen-Untergang?* (Überraschte, aber lachende Zustimmung!) Bei solchen Gelegenheiten wird das bloße Gelernthaben besonders deutlich, ein Erlernthaben, das sich in keiner Weise auf die Qualität unserer damit zusammenhängenden Erlebnisse auszuwirken braucht! Dabei könnte sich jeder junge Mensch auch die Grundlagen des kopernikanischen Weltbildes weitgehend erarbeiten. Wir könnten nachträglich noch versuchen, uns beim Wahrnehmen des Sonnen-„Aufgangs" oder -„Untergangs" so zu verhalten — damit sind wir schon bei einer sehr wesentlichen Seite des Verhaltensproblems —, daß wir das, was wir theoretisch wissen, so zu erleben versuchten, wie wir wissen, daß es sich abspielt. Es ist gar nicht so schwierig, sich eine Situation zu schaffen, in der man versuchen kann zu empfinden, wie sich etwa die Erdoberfläche mit den Dächern oder dem Bergkamm vor uns gewissermaßen in die Höhe, „nach oben" bewegt und die „untergehende" Sonne allmählich verdeckt und das Umgekehrte beim Sonnen-„Aufgang" geschieht. Bevor einem dergleichen nicht erlebbar oder zumindest vorstellbar wird, hat man alles Wissen darüber bloß gelernt, und die Beziehung zu diesen Elementen der Orientierung im Bereich der Astronomie ist so vage, daß man die differenzierteren und komplexeren Beziehungen auch nur wieder „auswendiglernen" könnte. Auf solcher Basis kann niemand — weder forschend noch lehrend — zu einer produktiven Arbeit in diesen Bereichen gelangen.

Mit den Grundlagen der Mathematik ist es nicht anders. Die meisten haben auswendig gelernt, was ein Winkel, ein Quadrat, eine Gerade oder Parallelen etc. seien. Aber all das kann ein Kind sich wirklich e r a r b e i t e n und den Zusammenhang jener Begriffe mit ihm praktisch längst bekannten Phänomenen entdecken. Das Ereignis und das Erlebnis „Winkel" hat schon das zweijährige Kind erlebt in jeder „Ecke". Und später lernt es: „Ein Winkel ist ...", „eine Gerade ist ..." ohne jede Beziehung zu der Realität, die es längst gelebt hat. Mangelnde Bezogenheit auf Erfahrung ist mit der wesentlichste Grund, weshalb später so viele Erwachsene, aber auch viele Kinder in den höheren Schulklassen darüber klagen, daß sie für

* Siehe 12. Kurs und Ergänzung zum 12. Kurs (Kopernikanisches Weltbild).

Mathematik unbegabt seien. Auf einem nicht erarbeiteten Fundament mit immer komplizierteren Abstraktionen jonglieren zu sollen, führt entweder zur Resignation oder zu einem mühsamen, durch Examenszwang erpreßten Auswendiglernen dessen, was „richtig" ist. Dabei könnte man sich jeden Lehrsatz und jeden Beweis erarbeiten, wenn die Elemente der Orientierung im Kontakt mit unmittelbar Erlebbarem erarbeitet worden wären und man jene Axiome und Definitionen selber entdeckt hätte, aus denen und mit denen schließlich jeder spätere Beweis erbracht werden muß.

Die mathematischen Abstraktionen sind doch ursprünglich von realen Phänomenen und Verhältnissen abgelesen worden. Winkel ist ein Ausschnitt und ist zugleich ein für eine bestimmte Art von Phänomenen gewählter Begriff, dessen Gehalt z. B. bei Euklid auf eine bestimmte Art definiert wird. Zugleich bezieht sich diese Definition auf Winkel, die so lange nicht existierten, solange sie nicht auch eine Größe von soundsoviel Graden im gegebenen Fall hätten. Ohne daß ein realer Winkel oder die Klärung des Phänomens Winkel zur Diskussion stünde, bliebe Winkel nur ein Wort. Und doch verführen wir schon die Kinder zum Auswendiglernen von Definitionen und zum Jonglieren mit Abstraktionen, deren Gehalt sie nicht erarbeitet haben, deren Wortlaut sie nur zu memorieren brauchen!

Kinder wehren sich lange dagegen, bis sie schließlich klein beigeben und „brav" genug geworden sind, um bereitwillig auswendig zu lernen. Das Kleinkind will von sich aus probieren und will sich nicht gerne etwas zeigen lassen. Fritzi selber! oder Fritzi allein!

Erst wenn die Erwachsenen auf die Kleinen einreden, ihnen bei allem helfen, ihnen zeigen, wie sie etwas machen müssen, sie ängstlich machen und bedrohen, wenn sie etwas „falsch" — d. h. anders, als man es ihnen vorgemacht hatte — machen, hört ein Kind auf zu sein, was ausnahmsweise etwa ein Newton oder ein Robert Meyer, ein Leibniz oder ein Helmholtz als Erwachsener noch gewesen ist, nämlich ein unbestechlicher und unermüdlicher Forscher.

Jedes kleine Kind, das wir Erwachsene noch nicht verstört haben, ist ein unermüdlich und unbestechlich forschender Forscher.

Wir haben uns aber daran gewöhnt, es als seltene „Begabung" anzusehen, wenn ein Erwachsener sich noch so verhält. Jedes noch unverstörte kleine Kind beweist durch sein Verhalten, daß die Natur den Menschen dafür ausgestattet hat, sich auf die Weise und mit den Qualitäten zu verhalten, die wir an den großen Forschern als typische Forscherfähigkeit bewundern: Versunkensein, Hingegebensein und Realitätssinn und nicht mit Schlagworten, Wissensfertigware und Redensarten!

Solange ein kleines Kind noch es selber ist, läßt es sich nicht mit Redensarten abfinden. Aber je besser die Erziehung „geglückt" ist, um so mehr ist das Kind bereit, sich mit Redensarten zu begnügen, bis es schließlich gar nicht mehr merkt, daß es nur noch mit Redensarten gefüttert wird.

Wenn ein junger Mensch sich entschließt, für bestimmte Studiengebiete auf bestimmte Examina hinzuarbeiten, hat er bereits unbewußt anerkannt, daß Studieren zum großen Teil darin bestehe, ein gewisses Quantum an Buchinhalten auswendig zu lernen. (Allgemeine Zustimmung!)

Um einen haltbaren Hintergrund für das Bild zu bekommen, das wir gemeinsam malen wollen, müssen wir uns mit der Geschichte und der Qualität jener Realität beschäftigen, aus der sich unser Denken speist und an der sich unser Prüfen abspielt, um nicht einer Illusion über jene Realität und einer Illusion über die Qualität unseres Denkens und Prüfens zum Opfer zu fallen.

Frau B.: Es gibt doch Situationen, Probleme, bei denen es schwer oder fast unmöglich ist, sich echte Kenntnisse durch Überprüfen zu verschaffen!

H. J.: Zweifellos gibt es solche Fälle! In diesen müßte man sich aber bewußt sein, daß man — evtl. nur vorläufig — nur aus zweiter Hand weiß, und dürfte man sich nicht so verhalten, als wäre es aus erster Hand, als hätte man überprüft. Sich selber etwas erarbeiten zu sollen, bedeutet nicht in jedem Fall, etwas nur durch Augenschein verifizieren zu können.

Es sollte aber soweit als irgend möglich gegenwärtig bleiben, was in unserm Bestand zu dem gehört, was man notgedrungen nur aus zweiter Hand übernehmen konnte, besonders, wenn man damit weiter argumentieren und begründen wollte.

Will man verantwortlich mit diesem Bestand weiterarbeiten, muß man sich das Überprüfen zumuten, muß man selber nachforschen!

Herr Z.: Orientierung und Äußerung aus zweiter Hand ist ein sehr treffender Ausdruck! Heutzutage betrachtet man fast nur aus zweiter Hand: Die ganzen Konventionen, die Orientierung der Menschen an Richtlinien und die Unterwerfung unter die Meinung der Mehrheit, das alles ist doch nichts anderes als Leben aus zweiter Hand.

H. J.: Gewiß denken und sagen wir viel mehr aus zweiter Hand, als wir ahnen. Es geht sogar so weit, daß sich die meisten, selbst wenn sie sich z. B. im Gespräch spontan zu äußern meinen, vielfach nur noch aus zweiter Hand äußern. Wie selten hat man sich mit dem wirklich auseinandergesetzt, was man z. B. als Einwand vorbringt! Argumente enthalten oft nur etwas von dem, was man im eben besprochenen Sinne bloß weiß, bloß gelernt hat.

Wir werden diese Tatsache hier noch häufig antreffen, ohne daß mit ihrer Konstatierung ein Vorwurf gemacht oder auch nur gemeint ist.

Besonders scheinbar nicht mehr der Überprüfung bedürftige selbstverständliche „Wahrheiten", die sich auf den Menschen und auf menschliche Verhältnisse beziehen, müssen wir als prüfungsbedürftig entlarven. Vorerst liegt mir daran, bei Ihnen die Bereitschaft zu einer gewissen Skepsis gegenüber scheinbaren Selbstverständlichkeiten zu erzeugen. Sobald man nicht mehr nur die logische und statische Betrachtungsweise anwendet, wird die verwirrende Vielfalt von Erscheinungen und Problemen überschaubarer und einfacher. Wir müssen uns bloß, anstatt über jene niemals ganz bewältigbare Vielfalt von stofflichen Einzelheiten, als die die Welt sich uns darzubieten scheint, Bescheid wissen zu wollen, für die funktionellen Zusammenhänge, für die gesetzmäßige Bedingtheit von Strukturen, für das, was sich als allgemeingültiger Hintergrund hinter den stofflichen Einzelfällen darbietet, interessieren.

Das betrifft auch das Problem der bloß isolierten Kenntnisse oder der in Zusammenhänge eingeordneten Erfahrungen. Je mehr wir den Zusammenhang, auf den sich Einzelfälle beziehen, gegenwärtig haben, desto sicherer werden wir gleichzeitig den Zugang zu ungezählten anderen stofflichen Anwendungen spontan finden. Wir werden überall — auch außerhalb der Naturwissenschaften — Analogien finden, ohne für jeden einzelnen Fall neu bei Adam anfangen zu müssen, aber auch ohne deshalb gezwungen zu sein, nur glauben zu müssen.

(Nach einigen Zwischenfragen)

H. J.: Bleiben wir zunächst in Beziehung mit dem Anlaß, durch den diese Fragen ausgelöst wurden: Mit meinen Forderungen, nicht den „Selbstverständlichkeiten" zum Opfer zu fallen, sich die Elemente erarbeiten zu sollen und auch mir nichts unüberprüft abzunehmen! Prüfen können wir nur an konkreten Beispielen, nicht aber durch Spekulationen. Und wenn einem die dialektische Bedingtheit aller Qualitätsbegriffe bewußt gegenwärtig ist — d. h. die Tatsache, daß die Vorstellung der Qualität von etwas ihren Gehalt allein aus der bewußten oder unbewußten Vorstellung ihres Gegenteiles, bzw. eines von ihr Abweichenden erhält —, wird einem die Verständigung über abstrakte Fragen leichter. Der Begriff „Grenze" oder „Begrenztheit", z. B. des menschlichen Weltbildes, enthält doch ohne weiteres auch die Tatsache, daß noch mehr vorhanden sein muß, von dem etwas durch die Grenze abgegrenzt wird. Erst die Erfahrung der Möglichkeit von „noch mehr" gibt dem Begriff Grenze seinen Gehalt. Begrenzt kann nur dann einen Erlebnisgehalt haben, wenn sein Gegenteil, nämlich nicht begrenzt, erlebbar gewesen ist und umgekehrt! Groß bekommt seinen Gehalt durch die Erfahrung von etwas, das jenem groß gegenüber weniger groß ist, begabt seinen Gehalt durch die Erfahrung von „nicht" oder „weniger begabt" usw. So erhält z. B. auch Lehren und Lernen seine von mir negativ bewertete Qualität nur durch das Erlebnis der Möglichkeit des Erarbeitens und setzt umgekehrt die Möglichkeit, das Erarbeiten positiv zu bewerten, das Erlebnis der problematischen Eigentümlichkeiten des traditionellen Lehrens und Lernens voraus. Was wir, wo wir nicht prüfen, nicht wissen können oder noch nicht wissen können, glauben, das ist ein ganz anderes Problem.

„Glauben" fängt nicht an, wo man nicht mehr wissen kann, — auch wenn es für die meisten Menschen leider so ist.

Glauben fängt dort an, wo man nicht bedürftig ist zu wissen. Glauben kommt aus einer grundsätzlich anderen Verhaltensweise und einem anderen Gerichtetsein unseres Wesens als aus Unwissenheit. Hinter Glauben steht ein Vertrauensverhalten, ein Gewißsein anderer Art als hinter der Gewißheit des Wissens, die durch Nachprüfen erworben und durch logische Argumente begründet und bewiesen wird. Nur so ist auch jenes „Credo quia absurdum" zu verstehen. Solche Fragen tauchen nicht immer im ersten Kurs auf, und was wir jetzt mit diesem angeschnittenen Problemkreis tun, mag ein Beispiel für jene Art von Vorgehen sein, die ich schon erwähnt habe: Wir lassen diese Fragen ganz bewußt offen, aber nicht, um sie aufzugeben, sondern mit der Absicht, ihnen auf einer anderen Ebene, nach realen Erfahrungen in der Verhaltensproblematik und mit der Möglichkeit, auf gemeinsam erarbeitete Beispiele zurückgreifen zu können, wieder zu begegnen . . .

Ein erster konkreter Schritt zur Auseinandersetzung mit unseren spezifischen Arbeitsproblemen wäre es, wenn Sie zu Hause so weit zur Ruhe zu kommen versuchten, daß etwas von dem, was hier vorgegangen ist, was

Sie evtl. bewegt hat, wieder auftauchen dürfte. Wenn Ihnen dabei bewußt wird, daß etwas problematisch geblieben oder geworden ist, notieren Sie es bitte.

Problematisch Gebliebenes sollten Sie, wenn es sich nicht allmählich hier klärt, später wieder vorlegen.

Die Zumutung, nach der Arbeit noch einmal still zu werden und zu versuchen, auftauchen zu lassen, was Ihnen hier begegnet ist, sichert auch bei jedem ein gewisses Maß an Munterkeit, an Auseinandersetzungsbereitschaft, eine Mobilisation, bei der etwas anderes bei Ihnen geschieht, als wenn Sie zu Hause Notizen, die Sie hier gemacht haben, durchlesen. Ähnliches wird Ihnen wiederum im nächsten Kurs zugemutet, nämlich vorher, entweder schon zu Hause oder spätestens, wenn Sie hier, allerdings nicht in der letzten Minute, angekommen sind, so still zu werden, daß Sie wieder in Beziehung zu dem kommen können, was wir besprochen haben.

Sie sollten also nicht jene Publikumshaltung haben, die Sie aus Vorträgen oder Konzerten zur Genüge kennen: Hingehen und warten, daß jemand etwas mit einem „mache", etwas für einen leiste, der dazu engagiert ist, einen zu mobilisieren, zu belehren, zu unterhalten etc. —

Wir verabreden also, Sie mögen bewußt versuchen, den Zusammenhang mit dem, was hier gewesen ist, nicht durch Nachdenken und „Grübeln", sondern dadurch, daß Sie stiller werden und offen dafür, ob Ihnen etwas einfallen kann, ob etwas wieder auftauchen kann, wiederzufinden! Ist es deutlich, daß grübeln, bohren, sich anstrengen eine andere Verhaltensqualität ist, als still und gelassen werden, um etwas wieder auftauchen lassen zu können? Wenn man nur zu erlauben braucht, daß einem etwas geschieht, ist es zweifellos unzweckmäßig, sich anzustrengen, etwas zu „machen". Der Sprachgebrauch von „Einfall", sich etwas einfallen lassen, hat uns in dieser Hinsicht Wesentliches zu sagen.

Es gehört auch zu den zu revidierenden Meinungen, daß der schöpferische Mensch etwas mache, obwohl die Weisheit unserer Sprache uns davon sprechen läßt, er habe einen Einfall oder er habe eine Erleuchtung. Erleuchtung ist ein wirklich anschauliches und treffendes Bild: Es wird auf einmal so hell, daß ich etwas sehen, bemerken kann, das offenbar vorher auch da war, das ich aber im Dunkel nicht sehen konnte! . . .

Frau B.: Aber man sagt doch auch, daß Genie gleich Fleiß sei, also daß ein sogenannt Genialer seine Leistungen der Unermüdlichkeit seiner Bemühungen zu verdanken hat.

H. J.: Da sind gleich mehrere Probleme angeschnitten. 1. nennen Sie jetzt das „Genie“, als ob auch nur einigermaßen geklärt wäre, was und wen wir damit meinen dürfen, und 2. benutzen Sie Fleiß mit einer Selbstverständlichkeit, als ob wir unter Fleiß alle das Gleiche verstünden. Sie haben durch den Nachdruck, den Sie eben auf das Wort Bemühungen legten, eine bestimmte Art von Fleiß charakterisiert. Nun gibt es aber Menschen, und gerade unter den großen „Schöpferischen“, die zuweilen auf die Weise fleißig sind, wie jener Mystiker* es empfiehlt: „Wenn du ein Ding nicht begreifst, so gehe müßig; dann begreift dich das Ding!“

Fleiß kann einerseits unermüdliche Offenheit und Bereitschaft, sich bewegen, sich erleuchten, sich etwas einfallen zu lassen, sein und anderseits, was für die Mehrzahl unter uns zutrifft, grübeln, üben und sich anstrengen. Wenn man still an etwas hingegeben ist, kann einem in kurzer Zeit mehr geschehen — und das, was einem geschehen ist, kann sich dann produktiv auswirken —, als wenn man viele Stunden grübelt und bohrt. Wir können unmöglich unüberprüft Fleiß gleich Fleiß setzen. Welche Art von Bemühungen, welche Art von Sicheinsetzen könnten wir als eine zweckmäßige Art von Fleiß ansehen? —

Wir werden uns mit der zweckmäßigen Qualität des Verhaltens, mit der zweckmäßigen Art des Sichgebrauchens und mit der zweckmäßigen Frage- und Aufgabenstellung auseinandersetzen müssen. Der Gehalt von zweckmäßig ist dann nicht etwas Rationelles, Utilitaristisches, — nichts, was an Ertrag und Nützlichkeit erinnert, sondern etwas, das sich von bestimmten, noch zu klärenden Standorten aus als den gegebenen Voraussetzungen und dem angestrebten Zweck gemäß aufdrängen wird. Wir werden uns dabei sowohl an der biologischen Struktur des Menschen als auch an der Qualität der Leistung zu orientieren haben.

Wie wir für die Bewältigung des Lebens und der Kulturansprüche organisiert sind, müssen wir vom biologischen und physiologischen Standort aus fragen. Wie sind wir organisiert für Erfahren? — wie für Denken? — wie für Vergleichen? — wie für Einfälle-Haben? — wie für In-Kontakt-Kommen mit etwas? etc.

Wenn wir nach der entsprechenden biologischen Ausrüstung fragen, erfahren wir eindeutig, was „zweckmäßig“ und was „unzweckmäßig“ ist. Das Zweckmäßigsein ergibt sich aus der Art des Organisiertseins. So

* Siehe Heinrich Seuse († 1366), Deutsche Schriften, Stuttgart 1907, Hrsg. Karl Bihlmeyer ‚Ein mensch mag die sachen nit begrifen: sie muessig, so begriffent in die sachen‘.

funktioniert z. B. unser Auge wie eine Antenne. Sobald Licht durch die Linse einfällt, sehen wir. Das Licht fällt ohne unser Zutun ein, wenn unsere Augenlider geöffnet sind. Es ist dann unvermeidbar, daß die Lichtreize uns treffen. Damit sind die optischen Voraussetzungen gegeben, um auch zu erkennen, — Voraussetzungen dafür, daß die gesamte Wahrnehmungs- und Interpretationsfunktion von sich aus zu spielen anfangen kann. Wir wissen aber aus Erfahrung, wie wir glotzen können, wie wir uns oft anstrengen beim Sehen, beim Sehenwollen. Wir strengen uns an, obwohl alles zu uns kommt! Wir sehen noch extra „hin", wir sehen „an", wir „be"-trachten, wir „be"-gucken.

Wenn wir prüfen, was für eine Verhaltensweise beim Schauen zweckmäßig ist, ergibt sich, daß Erlauben, daß Gelassensein, daß Aufsicheinwirkenlassen die zweckmäßige Verhaltensweise ist.

Jeder Aufwand wird zu einer Quelle von Störungen, ist unzweckmäßiges Zuviel. Wenn wir angestrengt „nach außen" gerichtet sind, können wir weniger sauber lesen, was uns — trotzdem — erreicht, als wenn wir uns der Auswirkung dessen überlassen, was uns ganz ohne unser Zutun erreicht.

Beim Hören besteht die gleiche widersinnige Verhaltensgewohnheit —„Hin"hören! „Zu"hören, — „Hör doch besser zu!" — Wie oft hat man von klein an so etwas gehört!

In der frühen Kindheit werden wir die Wurzel für das Herausbilden so unzweckmäßiger „Normal"verhaltensweisen antreffen. Die meisten strengen sich unwillkürlich an, wenn sie z. B. besser hören wollen. Sie ziehen dabei die Stirne in Falten, machen den Nacken steif, halten den Atem an und dgl. Je schwieriger einem etwas erscheint, um so mehr strengt man sich an. Statt dessen müßte man um so offener, um so gelassener zu werden versuchen, denn das „Erlauben" ist der Struktur unserer Organisation nach Voraussetzung für Kontakt und qualifizierte Leistung. Der Schall z. B. trifft uns, gleichgültig, ob wir etwas dazu tun oder nicht. Weder an der Schau- noch an der Lauschapparatur besitzen wir, wie die physiologische Überprüfung zeigt, irgendwelche Muskulatur, deren Innervation irgend etwas zum Erreichtwerden durch Licht oder Schall beitragen kann.

Diese Selbstverständlichkeiten muß ich seit Jahrzehnten immer wieder aussprechen, denn im täglichen Leben verhält sich fast jeder dem genau entgegengesetzt, was als Wissen, als Gewußtes bekannt ist. Auch das ist ein Beleg für die Sterilität des bloß gelernten Wissens, das wenig geeignet erscheint, die Qualität unseres realen S e i n s zu beeinflussen . . .

Dr.X.: Ich bin etwas kurzsichtig. Mache ich etwas Unnatürliches, wenn ich die Augenlider zusammenkneife, um in der Ferne etwas deutlicher zu erkennen?

H.J.: Sie machen nichts Unnatürliches, sondern etwas — unter den besonderen Voraussetzungen einer bereits bestehenden Störung — Natürliches. Sie versuchen, mit dieser Aktion etwas von der Lichtfülle abzubremsen, bevor das Licht Ihre Schauapparatur erreicht. Das hat mit dem Sehprozeß nichts zu tun.

(Analogie: Photographie — Blende!)

Beim Schauen durch den Lidspalt dämpft man den evtl. zu großen Helligkeitsreiz und gelangt so dazu, Helligkeitsunterschiede registrieren zu können, die beim ganz geöffneten Auge unser Auge auch erreichen, die sich aber durch die zu starken Kontraste in ihrer Abgestuftheit nicht so auswirken können, daß sie uns auch bewußt werden. Im übrigen: Alle Adaptions- und Einstellvorgänge stellen sich als unwillkürliche Reaktionen auf Reize ein und können durch unser Anstrengen, Augenkneifen und dgl. in keiner Weise verbessert werden. —

Bei ehrlicher Selbstüberprüfung müssen wir registrieren, daß wir sehen *wollen*, hören *wollen*. Wir wollen noch extra haben oder nehmen, was schon von sich aus auf uns zukommt. Unsere Erziehung hat bewirkt, daß wir mit unserer Aufmerksamkeit fast immer mit „*Pfeilrichtung auf die Umwelt*" funktionieren.

(Auf eine Zwischenfrage:)

Ob uns das, was wir sehen und hören, „interessant" oder „wünschenswert" erscheint oder „uninteressant" und „belanglos", spielt für das Phänomen Sehen oder Hören keine Rolle, wohl aber für die Qualität, in der wir Gehörtes oder Geschautes verarbeiten und bearbeiten, in der wir es interpretieren, beurteilen, ablehnen oder bejahen. Leider ist uns sachliche Hingegebenheit ziemlich abgewöhnt worden. Wir sind eher bereit, offen und hingegeben zu funktionieren, wenn uns etwas sympathisch ist oder wir sonstwie affektiv lustbetont engagiert sind. Nur wenn man sich über die Ursachen des so weit verbreiteten unzweckmäßigen Verhaltens klar wird, kann man einen praktischen Beitrag für die Nacherziehung der Erwachsenen leisten und Klarheit darüber gewinnen, auf welche Weise andere Generationen vor entsprechenden Verstörungen bewahrt werden können.

Die Tendenz sich anzustrengen, wo Prozesse von selber verlaufen würden, finden wir nicht nur beim Sehen, Hören, Schmecken, Riechen, Tasten. Ich weise Sie vorläufig z. B. noch auf die Erfahrung hin, daß das Gesuchte, wenn man sich anstrengt, um sich an etwas zu erinnern, nicht auf taucht und daß häufig erst, wenn man nicht mehr daran denkt oder es einem nicht mehr wichtig ist, das Gesuchte plötzlich kommt. Bei derartigen Gelegenheiten haben Sie im täglichen Leben schon, vermutlich ohne daß Ihnen die Tragweite bewußt geworden ist, oft erlebt, was ich „unzweckmäßiges" Verhalten nenne. Zugleich haben Sie dabei auch den positiven Ertrag zweckmäßigen Verhaltens erlebt, der einem zufällt, wenn man nicht mehr sucht, grübelt und preßt. Nicht die Meinung des Heinrich Jacoby oder irgendeiner wissenschaftlichen Theorie bestimmt, was „zweckmäßig" ist, sondern die Überprüfung der Struktur der menschlichen Organisation und ihrer Funktionsweise.

Wenn Ihnen deutlicher geworden ist, daß man auf Grund zweckmäßigen Verhaltens einen anderen Zugang zur Welt bekommen kann und daß man dadurch auch für seine Umwelt ein nützlicherer Mitmensch werden kann, bedarf es noch des Genies — des Fleißes —, von dem Frau B. vorhin sprach: Man muß sein ganzes künftiges Leben lang immer wieder bewußt probieren, mehr am Leben zu sein, offener, hingegebener, gehorsamer gegenüber dem zu sein, was sich an und in uns bei zweckmäßigem Verhalten vollziehen kann.

Auf Grund von viel Erfahrung bin ich überzeugt, daß die Menschen im allgemeinen viel fleißiger sind, auch die sogenannten Faulen, als man so meint. Nur bleibt ihr Fleiß meistens ohne Preis. Man bemüht sich und bemüht sich oft unermüdlich und ausdauernd, aber so unzweckmäßig, daß man Jahre und Jahre an Arbeit, an Übungen, an Nachmachen und an Suchen für etwas einsetzen kann, ohne dorthin zu gelangen, wo man hinzugelangen hoffte.

Auf der Basis eines zweckmäßigeren Verhaltens gibt es nicht weniger zu tun als bisher, aber jeder Versuch in dieser Richtung wird mit Sicherheit ein Mehr an Entfaltung bringen. Es scheint, daß es immer nur glückhafterweise, auch bei den sogen. Genies, so gewesen ist und ist, wenn fleißige Menschen unbewußt auch auf zweckmäßige Weise fleißig gewesen sind und sind. Wir sehen das besonders deutlich an den Schülern der „großen Meister" oder der großen Vorbilder. Die großen Lehrer und Vorbilder können ihnen viel und vielerlei mitteilen, — eben „wie sie sich räuspern und wie sie spucken". Aber das Wesentliche, nämlich auf welche Weise sie dazu gelangt sind, so schöpferisch funktionieren zu können, ist den Meistern selber nicht bewußt. Das können sie instinktiv, „aus Begabung". Und die Schüler versuchen, es so zu „machen", wie der Meister es „macht", anstatt so zu werden, wie er ist, — anstatt zu versuchen, so zu sein wie das Vorbild.

So besteht die Frage, ob man dazu gelangen könnte, sich jene Art der Reaktions- und Funktionsweise als Erwachsener zurückzuerobern, die einem in den frühesten Etappen der Jugend selbstverständlich gewesen ist, eben bevor die Erziehung durch Vormachen, durch unnötiges Helfen etc., von Verhaltensweisen wegerzogen hatte, die an sich dem Menschen für sein ganzes Leben angemessen wären. Der kleine Mensch wird — zwar aus Unwissenheit und bester Absicht — zunehmend vom wirklichen Menschseinkönnen wegerzogen! Was wir wirklich an Möglichkeiten mitbekommen haben, kann niemals eindeutig deutlich werden durch das, was wir gerade leisten, oder dadurch, wie wir im Augenblick der Beurteilung sind, sondern nur durch zweckmäßigen Gebrauch unserer Ausrüstung. Die Organisation, die wir auf die Welt mitgebracht haben, wird — und das ist ein elementarer Satz der Biologie! — allein durch Benutztwerden, durch Gebrauch entfaltet, und nur durch entsprechendes Ausmaß und eine bestimmte Qualität des Gebrauchs können die latenten Möglichkeiten offenbar werden. Vollzieht sich die Art des Gebrauchtwerdens in jener Verhaltensqualität, die wir im vorhin angedeuteten Sinne als zweckmäßig anerkennen, dann wird dadurch ein anderes Niveau des Entfaltetseins erreicht werden, als wenn die vorhandene Organisation ständig mehr oder weniger unzweckmäßig benutzt, wenn nicht gar mißbraucht wird. Wahrscheinlich ist verständlich, daß z. B. das, was meine Hände an differenzierter Leistung zu leisten fähig sind, nur in dem Maße offenbar werden kann, in dem ich meine Hände zweckmäßig gebrauche. Schon bei primitiven Aufgaben ist die Verhaltensqualität von wesentlicher Bedeutung. Ein Mensch, der hastig, ängstlich oder gar in Panik ist, wird vielleicht nicht einmal eine Nähnadel einzufädeln imstande sein! Ist jemand gelassen — das ist zugleich auch vertrauend, angstlos —, dann ist sein Gesamtorganismus in einem wesentlich anderen Zustand, als wenn er ängstlich und starr ist.

Dr.X.: Beim Sport werden die Leistungen auch von Jahr zu Jahr besser, weil die Menschen lernen, sich zweckmäßiger zu verhalten. Bei den ersten Olympiaden 1896 wurden noch wesentlich schwächere Resultate erzielt als heute.

H.J.: Dem kann ich nur mit großen Vorbehalten zustimmen, denn ein Teil dieser Höchstleistungen ist durchaus nicht auf Grund von zweckmäßigerem Verhalten erarbeitet worden, sondern ist nur zu häufig durch Brutalisierung der eigenen Organisation erpreßt und steht oft nur während der wenigen entscheidenden Wettkampfminuten oder gar -sekunden dem Menschen zur Verfügung.

Herr Q.: Könnte man nicht vielleicht das, was vorhin vom Fleiß des Genies gesagt wurde, als Fähigkeit bezeichnen, in einer wunderbaren Konzentration nur das zu tun, worauf es wirklich gerade ankommt?

H.J.: Bei dem Phänomen Konzentration können Sie die gleichen zwei Verhaltensweisen bewußt erfahren, für die ich Sie im Zusammenhang mit dem Verhalten beim Schauen, Lauschen, Riechen, Tasten und Erinnern zu interessieren versucht habe. Echte Konzentration entsteht niemals durch Sichanstrengen oder durch den Versuch, Störendes wegzuschieben oder auszuschalten. Wo es stimmt, wird der Mensch durch die Aufgabe, die er akzeptiert hat, konzentriert, durch sie verwandelt und sogar festgehalten! Es gehört zu den Begleiterscheinungen des wirklichen Kontaktes mit einer Aufgabe, daß die akzeptierte Aufgabe den Menschen zu konzentrieren vermag. Solange der Mensch noch „sich konzentrieren will" und dazu etwas zu „machen" versucht, d. h. sich anstrengt, solange ist er genauso auf der „unzweckmäßigen" Leitung, wie wenn man sich beim Sehen, beim Hören, beim Sicherinnern-Wollen usw. anstrengt.

Es gibt kein Gebiet und keine Funktionsmöglichkeit, wobei wir nicht diese beiden Tendenzen antreffen können: das bei näherer Überprüfung allerdings nur scheinbar gleiche Ziel entweder durch Sichanstrengen und „Machen" oder aber durch Hingabe — ein Wort, das leider etwas belastet ist —, durch Aufgeschlossenheit, durch Gehorsam zu erreichen.

Selbstüberprüfung und eigene Versuche werden erkennen lassen, daß für jeden von Natur aus die Möglichkeit besteht, still, aufgeschlossen und gehorsam so mit einer Aufgabe in Kontakt zu kommen, daß die Aufgabe uns belehrt, uns einstellt, daß sie uns so verwandelt, wie wir sein müssen, damit ihre optimale Lösung gelingt, anstatt daß wir uns den Kopf darüber zerbrechen oder andere fragen, was wir zu machen haben und wie wir es zu machen haben.

Es ist auch kein Zufall, daß man gewöhnlich sagt: „Aufgaben machen". Ebenso — leider zutreffend — sagt man „Musik machen", spricht aber auch von Musizieren! Kein Zufall, daß beide Redeweisen vorhanden sind, auch wenn denen, die diese Formulierungen unbewußt so oder so wählen, nicht klar ist, daß damit dem Gehalt nach Verschiedenes ausgesagt wird.

Hoffentlich können Sie schon ahnen, in welcher Richtung sich unsere

Zusammenarbeit vollziehen wird und wie sich Probleme unserer Fähigkeiten und Möglichkeiten, etwas zu leisten, etwas zu lernen, zu probieren, und unserer Art, sich zu verhalten, darstellen werden. Vielleicht bekommt auch das, was ich mit „zweckmäßigem" und „unzweckmäßigem" Verhalten meinen könnte, bereits einen gewissen Gehalt?

Frl. Qu.: Ich wollte im Zusammenhang mit der Konzentration noch einmal auf das Kind zurückkommen, das doch so versunken forscht, bis es herausbekommen hat, was es interessierte ... — und selbst ohne zu wissen, was es wollte.

H.J.: Nun, das bewußte Wissen, „was man will", ist dabei nicht entscheidend. Viele der wichtigsten Erfindungen und Entdeckungen sind entstanden, ohne daß die Menschen gewollt oder gesucht hätten, was sie gefunden haben. Ihnen ist, wie ich vorhin schon andeutete und wie unsere Sprache uns sehr bezeichnend sagen läßt, etwas auf-gefallen oder zu-gefallen oder ein-gefallen, aber sie haben es nicht gesucht! Auch das hängt mit der unzutreffenden Einschätzung des Individuums, der Persönlichkeit und der Verdienste zusammen, die man sich bzw. den anderen zuschreibt. Er-finden kommt von *finden*. Und finden kann ich nur, was schon da ist. — Und ent-decken heißt die Decke fortnehmen von etwas, was da ist. Die latente Weisheit der Sprache könnte uns durch die Wahl der Bilder, deren die Menschen sich bei der Entstehung der Begriffsbildungen bedienten, lehren, was wirklich jeweils vorgeht; aber wir „benutzen" die Sprache und reden mit ihren Worten — und spüren so selten das, was wir über unser „Wissen" hinaus aussagen!

Auch dahinter steht ein Verhaltensproblem und ein Problem von Lauschenkönnen. Es handelt sich dabei nicht um etymologische Spielereien oder philologische Feinheiten, sondern es handelt sich um Ehrfurcht vor dieser wunderbaren Kollektiverbschaft. Die gesamte uns vorausgegangene Menschheit hat kollektiv an diesem Instrument gearbeitet, und es gibt kaum eine Erbschaft, für die Goethes Wort: „Was du ererbt von deinen Vätern hast, erwirb es, um es zu besitzen!" mehr zutrifft. Was wir nur ererbt haben und nicht noch einmal erworben, bleibt im gleichen Sinne für uns äußerlich wie das, was wir bloß gelernt und nicht auch erarbeitet haben. Wie viele Menschen „beherrschen" ihre Muttersprache, schreiben elegant, sind virtuose Diskutierer und besitzen dennoch ihre Sprache nicht! Genauso, wie es in der Musik großartige Virtuosen gibt und Komponisten, die „brillant" komponieren und denen trotzdem nichts *einfällt*. Damit berühren wir scheinbar komplizierte Probleme der Ästhetik und der Psychologie, und doch wird Ihnen hoffentlich bald spürbar werden, daß das, was wirklich dahinter steht, so einfach ist, daß jeder Mensch dazu unmittelbaren Zugang finden kann, wenn er offen und unbefangen funktioniert.

Es braucht Zeit, um einigermaßen deutlich erkennen zu können, wo und inwieweit wir nicht so entfaltet sind, wie wir es auf Grund unserer Anlagen sein könnten. Entfaltungshinderndes muß so eindeutig erkannt werden, daß seine Wirksamkeit neutralisiert und eine Nachentfaltung eingeleitet werden kann. Unsere Erzieherverantwortung verlangt, dafür zu sorgen, daß die junge Generation nicht mehr den gleichen verstörenden und entfaltungshindernden Einwirkungen zum Opfer fallen muß, die uns beeinträchtigt und verstört haben, — Einwirkungen, die nicht etwa nur durch ungünstige gesellschaftliche Verhältnisse, sondern weitgehend und oft stärker durch lauter Liebe, aber aus Unkenntnis und Gedankenlosigkeit der Erziehenden bedingt waren. Es genügt aber nicht, nur lernen zu wollen und zu fragen, was man mit den Kindern anders und besser machen solle und könne.

Durch nichts läßt sich so deutlich die Richtigkeit der Forderung, daß die bessere Erziehung der Kinder über die Um- und Nacherziehung der Erzieher zu gehen habe, nachweisen als durch die bewußte Einsicht in die weitreichenden Folgen, die die jeweilige Qualität unseres eigenen Verhaltens für die Atmosphäre hat, in der andere Menschen, und vor allem die jungen, die Möglichkeit zur Entfaltung haben sollen.

2. Kurs

Die Antennenstruktur unserer Erfahrorganisation
Antenniges Verhalten
Der zivilisierte Mensch verhält sich beim Gebrauch seiner Organisation für Erfahren — seiner Sinnesorgane — unzweckmäßig
Bewußtwerden — Erlauben
„Sinnesschulung"
Sich-selbst-Begegnen als Ganzem — den eigenen Körper erfahren
Vererbung erworbener Eigenschaften?
Füße — entfaltete und unentfaltete Füße — Füße von Armlosen, Füße von Chinesinnen
Begabt — Unbegabt — Grenzen der Entfaltungsmöglichkeiten
Latente Möglichkeiten des Menschen
Die Vorstellung ererbter Unbegabtheit muß unmöglich werden
Jenseits von „Begabt" und „Unbegabt"
Antenniges Verhalten
Drei Fakten, die gegen übliche Auffassungen von Begabung sprechen
Ganzheit Mensch
Selbständigkeit — Angstlosigkeit
Verhalten beim Essen — Rauchen
Stille — Angst — Vertrauen
Das Empfinden für das Stimmende
1. Ergänzung: Über die Entfaltungsmöglichkeiten

5. Februar 1945

Frau V.: Können wir noch auf das Sehen ausführlicher eingehen?

H.J.: Das Verhalten beim Sehen ist kein Spezialproblem. Ich erwähnte es neulich nur als ein Beispiel für zweckmäßiges und unzweckmäßiges Verhalten beim Erfahren überhaupt! Haben Sie inzwischen überprüft, was ich über die *Antennen-Struktur* unserer Erfahrorganisation gesagt habe?

Frau H.: In der Theorie stimme ich Ihnen zu. Aber es scheint mir, daß es schwer zu verwirklichen ist!

H.J.: Es muß allmählich klar erkannt werden, daß es sich hierbei nicht um eine Theorie, sondern um die Feststellung physiologischer Gegebenheiten handelt. Unsere Sinnesorgane sind so strukturiert und organisiert. Selbstverständlich reicht das Erkennen der Unzweckmäßigkeit des bisherigen Verhaltens allein — die nur intellektuelle Zustimmung — nicht aus, um sich zweckmäßiger verhalten zu können, wenn man auf Grund bestimmter Gewohnheiten von Kindheit an auf eine bestimmte Verhaltensweise „eingefahren" ist.

Es wird eine beharrliche und wache Arbeit an sich selber akut.

Frau B.: Wenn es aber am Auge eine Deformation gibt, ist es fast unvermeidlich sich anzustrengen, um besser sehen zu können.

H.J.: Auch das kurzsichtige Auge und das schwerhörige Ohr sind nur Empfangsorgane, so daß in solchen Fällen „antenniges" Verhalten das einzig zweckmäßige bleibt. Auch unsere Tast-, Riech- und Schmeckorganisation sind ganz analog allein für das Getroffenwerden von Reizen und für deren Weiterleitung eingerichtet.

Allmählich wird Ihnen auffallen, wie unzweckmäßig der zivilisierte Mensch sich beim Gebrauch seiner Sinnesorgane verhält. An Blumen z. B. schnüffelt er, als ob einem der Duft nicht von selber in die Nase stiege! Auch hierbei kann man mit aktivem Einatmen nichts dazu beitragen, besser oder differenzierter zu riechen. Durch kein Sichanstrengen kann man etwa die Süße oder die Schärfe, die einem „auf die Zunge" kommen, mehr oder differenzierter schmecken!

Schwester W.: Ist es nicht so, daß wir, wenn jemand sagt, es rieche so gut, die Aufmerksamkeit darauf lenken und dadurch mehr spüren?

H.J.: Es wäre zu überprüfen, was mit Aufmerksamkeit gemeint ist, was dabei mit uns vorgeht und wie dieses Lenken am zweckmäßigsten geschähe. Wir strengen uns gewöhnlich auch an, wenn wir aufmerksam sein wollen. Was müßte aber geschehen, wenn uns jemand aufmerksam macht mit seinem: „Riechst du, wie wunderbar der Flieder duftet?" Tun müßte man jedenfalls überhaupt nichts; man hätte nur zu versuchen, anwesender, stiller zu werden, d. h. andere Dinge, die einen besetzt halten, abklingen, zurücktreten zu lassen! Wir müßten uns so verhalten, daß uns das, was uns bereits getroffen hatte, auch bewußt empfindbar werden kann.

Was man über Sinne, Sinnesorgane und vor allem über Sinnesschulung zu denken gewohnt ist, steht meistens im Widerspruch zu dem, was sich in der Realität abspielt. Die Sinnesorgane selbst sind so vollkommen, daß an ihnen nichts zu „schulen" ist. Falls bei sogenannter Sinnesschulung irgendein Qualitätszuwachs erreicht wird, kann er nur darin bestehen, daß man erfahrener wird im bewußten Interpretierenkönnen der Reize, die uns über unsere Empfangsorgane erreichen. Wenn der Mensch mehr, wenn er differenzierter erfahren will, so ist das vor allem ein Problem des Stillerwerdens. Der Gebrauch und die Entfaltung unserer Fähigkeit, still sein, still werden zu können, sind von entscheidender Bedeutung für das Zustandekommen qualifizierter Erfahrungen und Leistungen! Solange man sich anstrengt, verpaßt man trotz aller „Erfolge" das Wesentliche!

Erinnern Sie sich an unser Beispiel, den Sport! Bis zu einem gewissen Niveau kann man überdurchschnittliche Leistungen zwar durch Anstrengung erpressen; aber überdurchschnittliche Leistungen von ganz anderer Qualität entstehen, wenn der Mensch mit seiner Gesamtorganisation gehorsam, hingegeben an die Aufgabe und Situation, funktioniert. Sie müssen an konkreten Beispielen studieren, wie man bewußt versuchen kann, gehorsamer zu werden, während man sonst, wenn man sich „begabt" verhält, gewöhnlich nur unbewußt gehorsam ist.

Wenn Sie anfangen, sich mehr für Ihr eigenes Verhalten und das Ihrer Umgebung zu interessieren, wird Ihnen z. B. deutlich werden, wieviel Geltungsbedürfnis u. dgl. einem zweckmäßigen Verhalten störend im Wege stehen. Wieso das meistens so werden muß, wird allmählich deutlicher lesbar und verständlich werden. Die Voraussetzung dazu ist nichts kompliziert Theoretisches, sondern allein die Bereitschaft, gewissermaßen „sich selbst zu begegnen"; aber nicht bloß seinen Gefühlen und seinen Reflexionen begegnen zu wollen, sondern sich selbst als Ganzem, auch dem Empfinden und dem Erleben der eigenen Leiblichkeit und der jeweiligen Qualität des eigenen Verhaltens, ——— nicht bloß „sich selbst zu begegnen" als jener Karikatur, die Erziehung und Verhältnisse aus uns gemacht haben mögen, sondern sich selbst dabei als jenes Wesen mit all den Möglichkeiten und Entfaltungstendenzen zu entdecken, als das wir ursprünglich entstanden sind.

Das ermöglicht eine Nachentfaltung, eine Selbstnacherziehung, durch die das, was lange Zeit brach lag oder unzweckmäßig gebraucht wurde, allmählich wieder zu zweckmäßigerem Funktionieren kommen kann.

Solche Nachentfaltung wird wesentlich darin zu bestehen haben, die unzweckmäßigen Verhaltensweisen, den unzweckmäßigen Aufwand, zu dem wir erzogen worden sind, allmählich aufzugeben. Das setzt voraus, daß man überhaupt erst einmal spürt und merkt, daß etwas aufzugeben ist und was. Deswegen zwingt mich die Arbeit, die wir hier zusammen tun wollen, zu der gar nicht so angenehmen Aufgabe, Sie dazu zu bringen, in zunehmendem Maße zu stolpern. — D.h., Sie müssen allmählich so wach und empfindlich werden, daß es Ihnen immer mehr auffällt, wenn Sie sich vor Aufgaben und gegenüber Problemen unzweckmäßig verhalten. Das ist unbequem, also durchaus nicht immer angenehm. Viele werden erst einmal ärgerlich, wenn es bisher „auch so" ganz gut gegangen ist, und reagieren mit Abwehr.

Deswegen sind Menschen, die es im Leben schwer gehabt haben, und solche, die sich bereits eingesetzt haben und noch nicht mit dem Niveau, das sie erreicht haben, zufrieden sind, eher bereit, stolpern zu wollen, und, wenn sie spüren, daß etwas nicht stimmt, auch auszuprobieren, wie es anders gehen könnte. Ohne solch produktive Unzufriedenheit und Beunruhigtheit wird das, wofür ich Sie zu interessieren beabsichtige, leicht zu einem intellektuellen Diskutieren von „interessanten Gedanken und Theorien".

Herr P.: Mir wird klar, daß wir uns meistens beim Sehen und Hören unzweckmäßig verhalten. Kommt dieses unzweckmäßige Verhalten nicht bei den meisten unwillkürlich? Mir ist aufgefallen, daß der Hund auch zu einem angespannten Hören kommt. Der hört natürlich auch in der Ruhestellung. Aber in dem Moment, wo er reagiert, ist das ganze Tier gespannt. So könnte auch bei uns etwas seit Generationen weitergegeben worden sein, das wahrscheinlich mit der Urangst zusammenhängt. Im

Moment, wo wir etwas hören, haben wir das Gefühl, daß wir reagieren müssen, und dann spannt sich alles.

H.J.: Was Herr P. sagt, auch die nichtbewußte Vertauschung von angestrengt und angespannt, ist naheliegend. Sie haben wahrscheinlich alle schon erlebt, wie ein „guter" Hund in seinem gesamten Organismus straff, hellwach und munter wird — sogar mitten aus dem Schlaf —, sobald irgend etwas ihn alarmiert.

Dabei stellt er auch seine Ohren, die — ganz anders als bei uns — wie ein Schalltrichter gerichtet werden können, so, daß sie ihm beim Lokalisieren der Schallquelle tatsächlich behilflich sein können, nicht aber für das Hören selbst. Würden wir etwa, sobald wir von einem uns angehenden akustischen Reiz erreicht worden sind, auf ähnliche Weise straff und munter, wäre das durchaus begrüßenswert. Wir aber können schlaff im Sessel liegen und uns gleichzeitig anstrengen. Wenn der Hund den Kopf hebt und die Ohren richtet, strengt er sich dabei nicht an, um zu hören, sondern dieses Straff- und Munterwerden ist bereits ein Resultat des Gehörthabens!

Da ist noch immer die biologische Ausrüstung des wilden Tiers im Spiel, die den Hund beim ersten Erreichtwerden durch bestimmte Reize sofort munter, bewegungs-, sprung-, angriffs- oder fluchtbereit werden läßt.

Die Urangst, von der Herr P. eben sprach, sollten wir als Motiv nur mit größter Reserve in Anspruch nehmen. In diesem Begriff steckt zuviel Literarisches und Pseudo-Philosophisches. Wir stecken zwar voller Ängste, aber wir haben viel umfassender als bisher zu untersuchen, woher solche Angstbereitschaft kommen mag. Auch daß wir uns beim Sehen und Hören so anstrengen, hat seine Geschichte, aber nicht im Sinne einer Erbschaft aus den Gewohnheiten vieler vergangener Generationen. Jeder Säugling muß in seiner gelassenen Empfangsbereitschaft immer wieder neu verstört und irritiert werden, bis er sich so unzweckmäßig verhält, wie das bei uns Erwachsenen schließlich „zur zweiten Natur" wird.

Ich möchte jetzt noch nicht näher auf das Problem der „Vererbung" eingehen, sondern nur daran erinnern, daß man in der Biologie bisher noch keinen eindeutigen Fall von Vererbung erworbener Eigenschaften — die durch viele Generationen dauernde Gewöhnung erworben sein sollen — hat finden können! Auch wenn sehr viele Generationen die Gewohnheit in frühester Kindheit erworben hätten, beim Wahrnehmen so angestrengt oder ängstlich zu reagieren, wie das bei uns meist der Fall ist, so würden die Säuglinge der jeweils folgenden Generation stets genauso gelassen und empfangsbereit reagierend auf die Welt kommen wie der Säugling der ersten Generation, — vorausgesetzt, daß sie nicht schon im Mutterleib oder bei der Geburt verstört worden sind. Wir sehen jede Generation mit den gleichen funktionellen Voraussetzungen auf die Welt kommen, wie sie der biologischen Struktur des Bauplans „Mensch" entspricht! . . .

Dr.X.: Wie kann man das sagen? Man macht doch gar nicht durch so viele Generationen derartige Versuche.

H.J.: Saubere biologische Versuche über Vererbung sind beim Menschen nicht durchführbar. Aber wir finden vielfach in der Umwelt Belege, die uns über das Nichtvererben erworbener „Eigenschaften" orientieren können. Vielleicht ist Ihnen bekannt, daß in China in gewissen Schichten seit Jahrhunderten die Gepflogenheit bestand, die Füße der Mädchen künstlich zu verkrüppeln. Die Füßchen wurden schon bald nach der Geburt eingebunden. Das galt natürlich nur für Schichten, deren Frauen nicht schwer arbeiten mußten. Trotzdem bringen die Mütter, aus vielen Generationen mit eingebundenen Füßen hervorgegangen, Kinder mit normalen Füßen auf die Welt! Und die jetzige Generation von Chinesinnen, der man die Füße nicht mehr einbindet, hat normale und funktionsfähige Füße.

Herr P.: Das sieht man auch bei den Appenzellern*, die seit Generationen Ohrringe tragen. Trotzdem kommt kein Kind mit einem Loch in den Ohrläppchen auf die Welt! (Heiterkeit!)

H.J.: Dieses Beispiel könnte jemand ablehnen, weil das Ohrläppchen keine besondere Funktion hat, während der Fuß durch das Einbinden nicht nur in seinem Größenwachstum behindert wird, sondern dabei sowohl die Muskulatur verkümmert, als auch über zwei Dutzend Gelenke verwachsen und unbeweglich werden. Nicht zu reden von den immensen Auswirkungen der Störung der Beziehung zum Boden auf den ganzen Organismus. Hier wurde also der Gebrauch, und damit die Entfaltung, während des ganzen Lebens systematisch verhindert.

Auch wir Erwachsenen haben meistens keine nur einigermaßen entfalteten Füße. Auch im üblichen Sinne gesunde Füße sind noch keine wirklich entfalteten Füße.

Wir ahnen gar nicht, welch erstaunliche Möglichkeiten unsere Füße der

* Appenzell = Kanton der Schweiz

biologischen Ausrüstung nach immer wieder mitbringen, selbst wenn sie seit Generationen und Generationen durch Nichtgebrauch nicht zur Entfaltung gebracht wurden.

Auch das ist eine Antwort auf den Einwand von Herrn X.

Es gibt Menschen, die ohne Arme geboren wurden und ihre Füße allein durch Gebrauch, und zwar durch zweckmäßigen Gebrauch, so entfaltet haben, daß sie sich nicht nur im täglichen Leben beim Waschen, Anziehen etc. alleine helfen können, daß sie nicht nur mit Feder oder Schreibmaschine gut schreiben können, sondern daß z. B. Hermann Unthan ein ausgezeichneter Schütze, ein hervorragender Pistonbläser und sogar Geigenspieler — mit den Füßen — werden konnte. Und die Genferin Aimée Rapin ist eine überdurchschnittliche Malerin geworden.* Wenn man weiß, was dazu gehört, um mit gesunden Armen und Händen auch nur in einer durchschnittlichen Qualität geigen zu können, dann müßte durch solche Leistungen bewußt werden, was für — bei uns Vollgliedrigen unentfaltet bleibende — Voraussetzungen und Möglichkeiten in unseren Füßen biologisch gegeben sein müssen.

Der kleine Unthan und die kleine Rapin waren Kinder aus einer langen Generationsreihe von Menschen mit den üblichen, nie zum Greifen und Arbeiten benützten Füßen. Durch Jahrhunderte wurden in unserem Kulturkreis die Füße weder zum Greifen noch zu differenzierteren Leistungen gebraucht. Aber sowie eine wirkliche Notwendigkeit dazu eintritt, z. B. dadurch, daß jemand ohne Arme geboren ist oder die Arme früh verloren hat, zeigt es sich, daß die biologischen Voraussetzungen so weitgehend latent vorhanden sind, daß man mit den Füßen geschickter werden kann als der Durchschnitt der Menschen mit den Händen. Und wie oft werden ungeschickte Hände als „gegeben" angesehen! Es muß an etwas anderem fehlen, wenn die Hände zu ungeschickt sein sollen! Es gibt noch andere in diese Richtung weisende Tatsachen, die als isolierte Tatsachen gewiß vielen — auch unter Ihnen — bekannt sind, ohne daß man die Tragweite jener Tatsachen zur Kenntnis nimmt.

Ob wir es mit eindeutigen Krankheitserscheinungen, mit Störungen oder Zerstörungen zu tun haben, die die Entfaltung bestimmter spezifisch

* Unthan, C.I.: Das Pediskript, Aufzeichnungen aus dem Leben eines Armlosen, Robert Lutz, Verlag, G. m. b. H., Stuttgart 1925
Schuler, Rose-Alsa: Aimée Rapin, sa vie-son oeuvre, son écriture, Editions Delachaux & Niestlé S.A., Paris, Neuchatel 1937
Siehe 10. Kurs vom 8. 3. 45 und Bilder!

menschlicher Möglichkeiten ausschließen, läßt sich ziemlich zuverlässig abgrenzen. Der Ausfall einzelner Sinnesorgane sagt darüber allerdings nichts Entscheidendes aus; denn sogar eine taub-stumm-blinde Helen Keller* hat doktorieren können! Wenn man taub-stumm und blind sein kann und offenbar trotzdem noch immer ausreichend ausgerüstet bleibt, um für das ausgedehnte Kulturgut zugänglich werden zu können, das man für solch ein Doktorat kennen muß, dann muß uns das gegenüber den landläufigen Meinungen über den Menschen skeptisch werden lassen.

Diese ersten groben Andeutungen werden bald ergänzt und differenziert werden, denn Fragen, die sich auf unser Bild vom Menschen und von den Möglichkeiten des Menschen beziehen, werden uns von nun an ständig von anderen Standorten aus begegnen.

Herr A.: Wie weit ist eigentlich Entfaltung durch Gebrauch möglich?

H.J.: Das ist wahrscheinlich eine Ihnen allen naheliegende Frage; aber in dieser allgemein gehaltenen Fassung läßt sie sich nicht sauber beantworten. Sie läßt sich nur durch die Praxis, nämlich auf Grund von stattgefundenem zweckmäßigem Gebrauch beantworten. Aber sowenig sich das Niveau der jeweils erreichbaren Entfaltung von vornherein abgrenzen oder theoretisch bestimmen läßt, so gewiß liegt es weit über dem, was man bisher vom Durchschnitt der Menschen erwarten zu dürfen annahm. Die Grenze der Entfaltungsmöglichkeit hängt ab von der Qualität des Sicheinsetzens, von der Qualität des Kontaktes mit Aufgaben, von der Qualität des Interessiertseins etc. — alles, was von der Jugendgeschichte und von Umweltfaktoren bestimmt wird — und nicht von einer gewissermaßen als statisch gegeben aufgefaßten Qualität bestimmter Organe!

Je mehr durch echte Auseinandersetzung mit einer Aufgabe die Qualität der Beziehung zu dieser Aufgabe zunimmt, desto weiter schieben sich die Grenzen hinaus, die man vorher zu sehen meinte.

Meinungen über die Notwendigkeit spezieller Sinnes-„schulung" müssen allerdings — wie bereits gesagt — revidiert werden. Sofern keine pathologischen Störungen vorliegen, kommen wir auf Grund unserer biologischen Ausrüstung mit so vollkommen vorgebildeten Organen auf die Welt, daß sie nicht besser sein könnten! Nicht Augen und Ohren sind geschult worden, wenn wir merken, daß wir z. B. mehr und differenzierter sehen und hören als zuvor, sondern es ist die uns gegebene Fähigkeit, Ein-

* Helen Keller: Die Geschichte meines Lebens, Robert Lutz, Verlag, G. m. b. H., Stuttgart

drücke, die uns treffen, bewußt zu lesen, zu werten und anderem zuzuordnen, die sich auf Grund von Erfahren und zweckmäßigem Verhalten mehr entfalten konnte.

(Nach einem Frage-Antwortwechsel:)

H.J.: Unsere Aufgabe ist es, die tatsächlichen Entfaltungsmöglichkeiten jener Art kennenzulernen, zu der wir selber gehören und die sich als Art als ziemlich stabil erweist.* Da wir uns nicht mit irgendeiner abstrakten Idee vom Menschen, sondern ganz konkret mit der Person und der Art des Verhaltens auch jedes einzelnen hier zu beschäftigen haben, werden, so oft von Verhaltens- oder Leistungsmöglichkeiten die Rede ist, all die Gedanken, Meinungen und Vorurteile, dazu alles Schul- und Buchwissen über den Menschen aktualisiert, all das, was wir jemals darüber gelernt, gelesen und gehört haben. So bleibt es nach meinen bisherigen Erfahrungen unvermeidbar, daß, trotz meiner Bitten um Vertagung, immer von neuem Fragen und „Beispiele" von „Vererbung" vorgebracht werden, die im Anfangsstadium der Zusammenarbeit den Fortgang unserer Verständigung eher belasten als erleichtern. Wenn wenigstens aus dem, was gewöhnlich vorgebracht wird, das heute zugängliche sachliche Wissen über solche Probleme oder ein echtes Interesse an biologischen Fragen spräche! Sicher bekommen Sie noch Gelegenheit mitzuerleben, was für ein Gemisch aus mißverstandenen biologischen und psychologischen Termini und Theorien die Meinungen des durchschnittlichen Gebildeten über Fähigkeiten, Anlagen, Charakter, Vererbung usw. formt. Wie darf uns das wundern, wo uns verworrene Anschauungen darüber von klein an in Wort und Schrift begegnen, die den Charakter des Selbstverständlichen nicht bloß in unzähligen Biographien, Romanen, Gerichtssaalchroniken etc. bekommen. Einigermaßen zuverlässige Aufschlüsse dürfen wir nur von einer sauberen, naturwissenschaftlich orientierten Biologie erwarten, die mit Tier- und Pflanzenexperiment arbeitet, deren Beobachtungen und Schlüsse aber nicht ohne weiteres auf menschliche Verhältnisse übertragen werden dürfen.

Schwester W.: Ich hatte in der Säuglingspflege einmal ein Kind, das noch nicht recht nach Dingen greifen konnte und mit dem Händchen immer nach dem Ohrläppchen tastete, bis es es schließlich fassen konnte. Als ich den Vater darauf aufmerksam machte, wurde er rot und sagte: „Ich muß Ihnen gestehen, daß ich seit meiner Kinderzeit an meinem Ohr

* Siehe Ergänzung vom 23. 1. 48, Seite 65

spiele, sogar im Büro. Man konnte es mir nicht abgewöhnen. Das Kindchen hat das wahrscheinlich geerbt."

(Heiterkeit!)

H.J.: Schwester W. hat doch recht. Auf solche Weise kommen bei den meisten Laien — und nicht bloß bei denen — Meinungen über das, was man von jemandem „geerbt" haben könnte, zustande. Vielleicht hat das Kind in seiner Erbmasse ein Spezialgen für Sich-ans-Ohr-Fassen mitbekommen? Wir alle sind doch unter dem Einfluß des gleichen Vererbungsgeschwätzes aufgewachsen. Da hat z. B. der Vater ständig Kopfschmerzen. Das Kind hat später auch viel Kopfschmerzen. Natürlich hat es das „vom Vater geerbt". Ein Onkel mit Migräne genügt evtl. auch! Also vom Onkel geerbt! — Bestimmt hatte das Nach-dem-Ohr-Fassen beim Vater einen tieferen Grund. Es könnte eine Ersatzhandlung — wie z. B. Daumen- oder Zehenlutschen — für einen Mangel an Zärtlichkeit gewesen sein, der bei Vater und Kind gleichermaßen bestanden haben kann. Aber auch nur zu vermuten, daß jene tiefere Ursache vielleicht beim Kind „ererbt" wirksam sein könnte, ist recht kühn! Wieviel verantwortlicher und gründlicher müßte da nachgeforscht werden, ehe wir auch nur in Erwägung ziehen dürften, daß es sich um „Vererbung" handeln könne!

(Es folgt ein Hinweis auf Kinder, die gar nicht erwarten können, eine Brille zu bekommen, weil eine geliebte Person eine Brille trägt. Die haben dann ihre Kurzsichtigkeit, oder was es sein mag, selbstverständlich auch „geerbt", obwohl sie vielleicht nur schon sehr früh angefangen hatten, unbewußt die Haltung, evtl. sogar die Glotztendenz zu übernehmen, die die geliebte Person praktiziert.)

Mit solchen Hinweisen ist noch nichts geklärt oder erklärt! Ich möchte Sie vorläufig nur ein bißchen zurückhaltender werden lassen in der Bereitschaft, „Vererbung" zu vermuten. Wir sollten jede andere Möglichkeit der Erklärung ausschöpfen, bevor wir jene „magische" Ursache in Anspruch nehmen.

Wie viele eigentümliche Züge, die wir bei unseren Kindern wiederfinden, die nur der Ausdruck des „Auchmachens", des Übernehmens einer bei geliebten Personen erlebten Verhaltensweise sind, gelten später als „geerbt"! Aber es ist kein Zufall, daß Menschen so denken. In den Meinungen über die Vererbung beim Menschen gibt es sogar Modeströmungen. Um 1900 sind Vererbungsdiskussionen in der Gesellschaft so verbreitet gewesen, daß die „Tragik der erblichen Belastung" auch in der Schönen Literatur ausgiebig als Motiv benutzt wurde (z. B.: Ibsen, „Gespenster"). Dadurch wurde eine ähnliche Panik ausgelöst und für die Zukunft eine ähnliche Panikbereitschaft geschaffen wie vorher die Bazillen- und Ansteckungsangst durch die Verbreitung des Wissens um die Gefahr von Infektionen. Auf dem Wege über die Erzeugung von Angst vor der Vererbung von nervösen Störungen, von Geisteskrankheiten etc. hat die phantasievolle Übertragung der Verhältnisse des Pflanzen- und Tierexperimentes auf den Menschen geradezu katastrophale Folgen gehabt. Wie viele Menschen warten auch heute noch darauf, wann wohl die ersten Symptome einer Störung bei ihnen auftreten werden, weil bei Eltern oder nahen Verwandten derartige Krankheiten bestehen oder bestanden haben! Schließlich gehört nicht mehr viel dazu, daß man auch so wird, wie man erwartet, daß man werden müsse. Selbstverständlich gibt es eine Fülle von Störungen, die ein Kind schon mit auf die Welt bringen kann, die aber meistens nachweisbar intrauterin oder bei der Geburt erworben wurden. Es gibt einige Arten von Anomalien, die mehr oder weniger zuverlässig als vererbt nachweisbar sein können, wie z. B. die sogenannte Bluterkrankheit oder gewisse Formen von Farbenblindheit. Ziehen wir ruhig in Betracht, daß sich möglicherweise eine Reihe von Anomalien als ererbt nachweisen lassen können. Vorerst bestehen darüber nur — sich oft sehr widersprechende — Hypothesen. Wir sollten uns das gegenwärtig halten, damit wir nicht mehr so leicht in Gefahr kommen, uns gerade dann auf die Vererbung zu berufen, wenn es aus irgendwelchen Gründen bequem ist.

Für die Praxis bleibt nichts übrig, als — wie wir es auch bei dem Begabungsproblem tun müssen — zu fragen: Wenn das oder das, was uns stört, wirklich geerbt wäre, — könnte uns dies tatsächlich von der Möglichkeit positiver Bewältigung unserer Aufgaben ausschließen? „Geerbthaben" mag gut sein als bequeme Ausrede, um sich einer Aufgabe entziehen zu können! Sie sehen ja aus Ihren eigenen Fragebögen, daß man es sich noch gut leisten kann zu sagen, man sei z. B. technisch oder handwerklich oder praktisch unbegabt, man habe ungeschickte Hände. Sicher fehlt es bei Rückfragen nicht an einem Vater, einer Mutter oder einem Onkel, die auch ungeschickt oder technisch unbegabt waren. Von Taubstummheit, Blindheit, bestimmten Geisteskrankheiten wissen wir, daß ihr Auftreten durch die Auswirkungen syphilitischer Erkrankungen oder durch Alkoholmißbrauch und dgl. bedingt sein kann, also mit Vererbung im Sinne einer bestimmten ererbten Struktur nichts zu tun hat.

Für unser Bild von den Entfaltungsmöglichkeiten des Menschen und vom Interesse an der Erziehung gestörter Menschen aus ist es von großer

Bedeutung, ob wir beim Auftreten von Widerständen, Schwierigkeiten und Ausfallerscheinungen allzu bereit der Meinung sind, es handele sich dabei um unveränderbare, angeborene wirkliche Strukturverschiedenheit! Ich habe immer feststellen können, daß schon der Gedanke an erbliche Belastung den Betroffenen zu einer fatalistischen Haltung verführt: „Es nützt nichts, sich dagegen zu mobilisieren oder einen Ausgleich zu versuchen; das ist eben ererbt!" Gönnen wir es ruhig dem Rechtsbrecher, wenn er durch die Diagnose der „erblichen Belastung" vor der vollen Strenge des Gesetzes bewahrt werden kann. Wenn es sich aber darum handelt, durch solche Diagnosen die Möglichkeiten der Entfaltungsfähigkeit, der Leistungsfähigkeit oder die Verantwortung für die möglichst volle Entfaltung eines Menschen zu vernebeln, habe ich sehr viel dagegen; denn man kann sich dann auf unzureichendes Erbe berufen und sich damit der Verantwortung und der Notwendigkeit des eigenen Sichmobilisierens entziehen.

Frl. E.: Ich treffe das in meiner Arbeit als Fürsorgerin gerade bei den Erziehern an! Wenn ich etwas beanstande, heißt es einfach: „Das Kind hat das eben vom Vater oder von der Mutter. Das ist geerbt!" Dann kommt man den Menschen nicht bei, mit keinem Rat und mit keinem realen Vorschlag. Das ist so und wird immer so bleiben.

H.J.: Ich möchte fast sagen, leider sind die meisten nicht in der Situation von Frl. E. und müssen nicht miterleben, wie verheerend sich diese Mentalität auswirkt. Ich sehe es für eine meiner wichtigsten Aufgaben an, dafür zu arbeiten, den Gedanken sowohl eines ererbten Minus wie eines Plus zumindest überall, wo es sich um sogenannte Gaben — d. h. immer um etwas Komplexes — handelt, allmählich undenkbar werden zu lassen. Das gilt in noch höherem Maße für die geradezu zur Selbstverständlichkeit gewordene Meinung, jemand könne von Natur aus für irgend etwas unbegabt sein! Wenn diese Meinung unhaltbar ist — ich habe seit mehr als 30 Jahren* auf verschiedenen Gebieten Belege gesammelt, die ihre Unhaltbarkeit beweisen —, so hat das praktische Folgen, die allerdings für viele Erzieher und Psychologen unbequem sind.

Herr Z.: Es hat sich doch auch bei Untersuchung von Schwachsinnigen gezeigt, daß sich solche oft durch ihre Absperrung der Erfüllung von Aufgaben gegenüber der Gemeinschaft entziehen.

H.J.: Das Schwachsinn-Problem ist besonders schwierig, weil dabei

* Zur Zeit des Todes von H. Jacoby — 1964 — waren es 50 Jahre! S.L.

saubere Diagnosen oft kaum möglich sind. Es gibt Kinder mit schweren, einwandfrei nachweisbaren, organischen Ausfallerscheinungen, die sie am Kontakt mit der Umwelt so behindern, daß ihre Gesamtorganisation bei der Auseinandersetzung mit der Umwelt nicht weit genug ins Spiel kommen kann, um ihre intellektuelle Entfaltung — selbst bei zweckmäßigem Gebrauch — möglich zu machen. Aber selbst dabei gibt es Fälle, die heute noch unzugänglich scheinen, in denen aber durch noch auszuarbeitende Verfahren Regeneration möglich werden könnte. Es käme vor allem darauf an, sich nicht um die Schulung der Intelligenz schwachsinniger Kinder zu kümmern, sondern erst Kontakt-Bereitschaft gegenüber den Umweltvorgängen anzustreben. Die Entfaltung der Intelligenz ergäbe sich daraus als eine Folge.

Schwach-Sinn

Der Schwachsinn ist ursprünglich durch den Begriff erklärt: schwache Sinne, die daran schuld sein sollen, wenn die Umwelt solche kleinen Wesen nicht mit der gleichen Eindrücklichkeit erreicht wie den „normalen" Menschen. Die Qualität unseres Denkens bildet sich auf Grund der Qualität, mit der die Eindrücke aus der Umwelt uns erreichen. Aber aus der Behandlung der Begabungsproblematik können wir den pathologischen Schwachsinn genauso ausschalten, wie wir Taubheit bei der Prüfung der Musikalität oder Blindheit bei der Prüfung der malerischen „Begabung" ausschalten. Wir dürfen uns nicht verleiten lassen, uns jetzt schon in Spezialfragen zu vertiefen, bevor wir uns die elementaren Voraussetzungen einer Verständigung einigermaßen erarbeitet haben.

Sie sollten nun selber versuchen, mehr „antennig" zu funktionieren, und später werden wir prüfen, woher es kommt, daß wir fast alle statt dessen nach außen gerichtet sind und einen unnötigen Aufwand machen. Hie und da treffen wir allerdings Menschen an, die trotz der üblichen sozialen Gegebenheiten einigermaßen offen und antennig funktionieren. Selbst wenn solche Menschen nur hie und da und nur in einzelnen Sektoren „antennig" funktionieren, genügt das meist schon, damit sie in der Menge der Menschen in positiver Weise auffallen. Wenn z. B. ein Musiker bei 100 Takten, die er spielt, nur während 24 Takten wirklich lauschend bei sich ist, so erleben wir es als beglückend, und es genügt bereits, um ihn „ungewöhnlich begabt" erscheinen zu lassen. Im Grunde ist das auf allen Gebieten so. Wir sind im allgemeinen an ein großes Maß von Unerfüllt-, von Abwesendsein, von Unlebendigkeit als Durchschnittsqualität des Verhaltens der Menschen gewöhnt. Man sollte nicht unbescheiden sein und nicht etwas haben wollen, das einem nicht zukommt; aber das, was wir an potentiellen Möglichkeiten in unserer biologischen Struktur offenbar mitbekommen haben, sollten wir uns zu erarbeiten versuchen.

Eine bessere Zukunft des Menschengeschlechts hängt von der realen Entfaltung der Menschen ab und nicht von Hypothesen und Theorien über den Menschen und Wünschen und Forderungen, wie er sein und handeln solle. Ein Mensch, der entfalteter ist und damit aufgeschlossener gegenüber der Umwelt, empfindet, erlebt und denkt auf einem anderen Niveau und hat andere Theorien über sich und die Umwelt als einer, der vom Leben nicht voll erreicht wird, der ständig auf der Suche nach theoretischen Stützen für seine eigene Unzulänglichkeit sein muß, um mit gutem Gewissen so bleiben zu können, wie er ist. Zuweilen sieht es für mich so aus, als ob die „Unbegabten" die „Begabten" erfunden hätten! Nichts ist so bequem, als den, der sich voll für etwas einsetzt, zu bewundern: „Das ist ein Hochbegabter! Ein Genie! Was der kann, kommt für uns ‚gewöhnliche Sterbliche' gar nicht in Frage!" ...

Zwei Fakten, die gegen bisherige Auffassungen von Begabung sprechen, haben wir erwähnt: 1. Jedes halbwegs unverstörte Kind funktioniert offenbar noch so, daß wir als Erwachsene jedermann als „hochbegabt" erscheinen würden, wenn wir noch so funktionierten. Unbeirrbares Forschen, Konzentriertheit, Unbestechlichkeit und Unermüdlichkeit im Fragen sind jederzeit nachweisbare Fakten. Offenbar muß während des Aufwachsens etwas geschehen, das einen allmählich hindert, so positive Verhaltensweisen und Möglichkeiten beizubehalten und zu realisieren. Das geschieht so wirksam, daß diese Möglichkeiten schließlich überhaupt nicht mehr vorhanden zu sein scheinen. Allein die Funktionsweise einigermaßen unverstörter Kinder müßte zurückhaltender machen in der Bereitschaft zu glauben, daß Menschen diese oder jene „Gabe" fehlen könne! Viele Kinder kommen mit sechs Jahren noch „begabt" in die Schule, aber wenn sie erst ein paar Jahre erfolgreich „gelernt" haben, sind sie wie der große Durchschnitt. Wem ist das schon aufgefallen? (Allgemeine Zustimmung!) Das kann unmöglich in Ordnung sein, es sei denn, wir nähmen an, es läge im Plane der Natur, die Menschen nur solange sie sehr jung sind „begabt" sein zu lassen. Diese Tatbestände müßten zwingen nachzuforschen, wieso die Entwicklung so häufig so verläuft, daß jene entfaltungsfördernden Verhaltensqualitäten mit dem Älterwerden verschwinden. —

Vom zweiten Faktum habe ich vorhin schon kurz gesprochen, nämlich, daß selbst schwer behinderte und beeinträchtigte Menschen noch ausreichend ausgerüstet sind, Leistungen vollbringen zu können, die weit über dem Durchschnittsniveau der Vollsinnigen, der Unbeschädigten liegen. Wären Sie offen dafür, derartige Leistungen in den Zusammenhängen zu lesen, für die ich Sie zu interessieren versuche, so läge die Welt voller Tatsachen vor Ihnen, die es Ihnen auch unmöglich machen müßten, noch länger anzunehmen, der Mangel eines Gliedes oder einer Sinnespforte könne jemals ein ausreichender Grund sein, um vom Wettbewerb mit den Gesunden, den Vollsinnigen, ja selbst mit solchen, die überdurchschnittliche Leistungen vollbringen, auszuschließen.

Ein drittes Faktum, das gegen übliche Auffassungen von „Begabung" spricht, ist ein Resultat der Arbeit, die ich während der letzten Jahrzehnte mit Gruppen von Menschen auf ähnliche Art durchgeführt habe, wie ich es jetzt mit Ihnen versuche. In diesen Gruppen waren stets Menschen, die sich auf den verschiedensten Gebieten für unbegabt hielten und auch von anderen dafür gehalten wurden. Nachdem ich diese Menschen für ihr Verhalten beim Erfahren interessiert und allerhand Ängste und Begabungsvorurteile aufgelöst hatte und die betreffenden Arbeitsgebiete — z. B. sprachliche und musikalische Äußerungen oder Schreiben und „Zeichnen" — auf wesentlich andere als die üblichen Weisen an sie herangebracht hatte — so daß sie auf die Aufgabenstellungen positiv reagieren mußten —, ergab sich mit überraschender Regelmäßigkeit, daß diese „Unbegabten" in kurzer Zeit Leistungen zustande brachten, die jeder spontan für Leistungen „Begabter" hielt.

Die ersten zwei Fakten liegen so vor aller Augen, daß diese beiden Gruppen von Tatbeständen im Grunde schon längst hätten nachdenklich machen müssen, und zwar in ganz anderem Maße, als es bisher hie und da bei manchen Ärzten und Pädagogen der Fall gewesen ist, denn Alfred Adler hat den Hinweis auf Krüppelleistungen schon seit langem als Mittel zur Ermutigung bei der Behandlung der sogenannten Minderwertigkeitsgefühle benutzt. Wenn aber auch das dritte Faktum sich als nachweisbare Realität erweist, wenn sich also belegen läßt, daß Menschen, die jeder auf diesem oder jenem Gebiete für „unbegabt" halten würde, zu Leistungen gelangen können, die nicht nur das Normalniveau erreichen, sondern sogar über dem Durchschnitt liegen, dann kann auch das dazu beitragen, übliche Anschauungen über Begabung zu erschüttern. Eine zweckmäßigere Art des Vorgehens kommt aber nicht nur denen zugute, die unbegabt zu sein scheinen. Auch der, der bereits etwas kann, wird, wenn er bewußt zweckmäßiger vorgeht, u. a. weniger von Stimmungen und dgl. abhängen.

Die Qualität der Leistungen kann sich bei fast allen steigern!

Frau H.: Beim Hören sollen wir also den Schall ohne die geringste Anstrengung auf uns zukommen lassen. Wie kann ich dazu kommen? Ich kann mir doch nicht einreden, es interessiere mich alles nicht, es sei mir alles gleich!

H.J.: Wer hat so etwas von Ihnen verlangt? Offenbar handelt es sich um eine für viele Menschen durchaus naheliegende Verwechslung, wobei „Gelassenheit", „Offenheit" und „Hingabe" verwechselt wird mit „Schlaffheit", und man meint, Antennigwerden und Gelassensein bedeute, man solle sich um nichts kümmern, uninteressiert werden. Um erreichbar zu sein, um möglichst ausgiebig als Antenne funktionieren zu können, müßten wir im Gegenteil so munter werden wie jener Hund, von dem vorhin die Rede war. Wer z. B. schlaff und zusammengesunken hockt, ist keine brauchbare Antenne. Vielleicht haben Sie schon im Theater oder Konzert erlebt, wie alle Menschen, wenn etwas Interessantes vorgeht, wenn etwas besonders gelingt, munterer und aus ihrem Zusammengesunkensein aufgerichtet werden, wie es auf einmal mäuschenstill im Saal wird? Aber das dauert immer nur so lange, wie der Mensch auf dem Podium wirklich bei sich ist.

Wenn wir uns mit der Bedeutung von Verhaltensqualitäten für die Entfaltung des Menschen und für qualifizierte Leistungen auseinandersetzen wollen, müssen wir die Qualität der körperlichen Situation in die Auseinandersetzung miteinbeziehen. Wo es allein um den „Geist" geht, stimmt etwas nicht, und wo es allein um den „Körper" geht, stimmt ebenfalls etwas nicht. Auch dieses geradezu zur Selbstverständlichkeit gewordene Auseinanderfallen der Ganzheit Mensch ist nichts Zufälliges. Wenn man den Menschen studieren und beschreiben wollte, bestand zunächst die große Schwierigkeit, die außerordentlich komplexen Erscheinungsformen und Lebensäußerungen dieser Ganzheit zu erfassen. Aber jener historisch notwendig gewesene Schritt, das Menschsein dabei in „Körper" und „Geist" aufzuspalten, hat sich mit der Zeit in der „Wissenschaft" vom Menschen geradezu verheerend ausgewirkt. Weder können wir die geistig-seelische „Schauseite" wirklich verstehen, solange wir den Menschen nicht als Ganzes sehen, noch können wir die körperliche „Schauseite" verstehen, wenn wir den Menschen nicht als Ganzes nehmen.

Sobald wir uns nur isoliert für eine Seite interessieren, wird das Bild, das wir bekommen, falsch, und deswegen werden auch die Maßnahmen, die wir auf Grund dieses Bildes ergreifen, problematisch. Wir werden kaum sonst in ähnlichem Ausmaß so drastisch unzweckmäßiges Verhalten finden, wie in der beziehungslosen Art, in der „Kultur"-Menschen sich oft gegenüber ihrem Körper verhalten. Auch das ist kein Zufall. Was für eine Verpönung des Leibes hat allein eine mißverstandene „religiöse" Erziehung während Jahrhunderten bei uns zustande gebracht! Ähnlich verheerend wirkt sich noch jetzt jene isolierende Mentalität aus, die uns daran gewöhnt hat, die Ganzheit Mensch in Körper und Geist oder in Leib und Seele zu sondern und jene gar nicht existierenden Teile auch noch verschieden zu bewerten. So ist der Körper, nicht nur für betont „geistige" Menschen, etwas Minderes geworden, das man beherrschen will und das zu „gehorchen" hat.

Wenn wir ein brauchbares Instrument für entfaltend wirkendes, erfülltes Leben sein und werden wollen, müssen wir uns um dieses Instrument als Ganzes kümmern. Wenn es ungepflegt und verschlackt ist, wie das auf Grund unserer üblichen Erziehung und „guten" Lebensweise sehr verbreitet ist, wird sich das auf den Geist auswirken. Eßgewohnheiten des Durchschnittsbürgers und sein Verhalten beim Essen sind genauso überprüfungsbedürftig wie unser Verhalten beim Sehen, Hören, Erinnern etc.

Ein Mensch, der beim Essen anwesend ist, wird mit geringeren Quantitäten besser ernährt sein — besonders, wenn er auch spürt und weiß, was ihm zuträglich ist — als jemand, der große Quantitäten abwesend verschlingt.

Man könnte geradezu von einer Verwahrlosung der Beziehung zum Körper sprechen, obwohl sich darin seit der Zunahme des Interesses an Sport und Wandern manches geändert hat. Aber stundenlanges Herumsitzen im Wirtshaus bei Alkohol und Tabaksqualm oder beziehungslose, erpresserische Gewalttätigkeit gegenüber dem Organismus durch Rekordsucht in Turnen und Sport bezeugen in gleicher Weise, wie aktuell die Konstatierung solcher Verwahrlosung noch immer ist.

Was wir gesund oder krank nennen, hängt auf das engste mit zweckmäßigem oder unzweckmäßigem Verhalten zusammen. Wie man zum „Antennig"-sein straff, zum Gelassen- und Offensein munter sein muß, so setzt auch Gesundsein ein gewisses Maß an Geordnetsein im Ganzen voraus.

Frau B.: Es gehört eine gewisse Überwindung dazu, wenn andere rauchen und einem eine Zigarette anbieten, diese abzulehnen. Man will den andern nicht kränken. So wird man durch die gedankenlose Anbieterei dazu verführt, etwas zu tun, wonach man gar kein Bedürfnis hat.

H. J.: Gewiß nicht aus diesem Grund! Auch diese Art zu „reagieren" hat ihre Geschichte. Keinem Kind schmeckt im Anfang die Zigarette oder das Bier. Doch das sind Symbole für Erwachsensein! Oder aber es ist etwas Verbotenes und hat darum seinen Reiz für Kinder, denen man auf unzweckmäßige Weise Dinge verbietet, vor denen sie zu Recht bewahrt bleiben sollten. Es mag einem zuerst schlecht schmecken, doch man überwindet sich, und später behauptet man, es sei einem ein Bedürfnis!

Frau B.: Sie sprechen von den Kindern, ich meine aber die Erwachsenen . . .

H. J.: Ich spreche aber, obwohl ich von den Kindern spreche, auch von den Erwachsenen, denn diese Kinder werden „verführbare" Erwachsene. Ein sinnvoll heranwachsendes Kind, das sich wirklich selbständig auseinandersetzen durfte, das infolge seiner Selbständigkeit schon als Kind nicht mehr so verführbar ist, wird zu einem Erwachsenen werden, der einfach, selbstverständlich und unverletzend ablehnt, was ihm nicht schmeckt.

Es handelt sich dabei nicht um Alkohol oder Nikotin, sondern um etwas ganz anderes: um Selbständigsein, um Angstlosigkeit und Aufrichtigkeit. Ich sagte bereits, daß hinter unzähligen „stofflich" verschiedenen Tatbeständen des Lebens, gewisse sehr wohl überschaubare allgemeine Zusammenhänge erkennbar werden, sofern man feste Standorte gewinnt. So stecken auch hinter den unzähligen Gelegenheiten zu unzweckmäßigem Verhalten ganz wenige, elementare, einerseits in der biologischen Struktur des Menschen gegebene funktionelle Voraussetzungen, andererseits aus historischen und sozialen Bedingungen entstandene Einwirkungen.

Wenn wir diese bewußt zu erkennen anfangen, verstehen wir recht gut, wieso Menschen sich zu Dingen getrieben fühlen, die ihnen nicht nur schädlich sind, sondern die sie sogar selber oft als unerwünscht empfinden. Wem ein guter Wein wirklich schmeckt, weil er ihn anwesend schmeckt, der kann kein Säufer werden, und wem ein aromatischer Tabak schmeckt, der kann nie ein Kettenraucher werden. Der Trinker trinkt aber nicht um des Wohlgeschmacks willen, und der Raucher raucht nicht um des Aromas willen. Stets steckt ganz etwas anderes dahinter.

Es ist ein Zeichen von Unselbständigkeit, wenn ein Mensch gegen sein Empfinden, d. h. solange sich das Ablehnungssignal noch deutlich in ihm meldet, bereit ist, z. B. etwas aus Prestigegründen, aus Wettbewerb, aus Großtuerei, aus Widerspruchsgeist, aus sogenannter Höflichkeit und sogenannter guter Erziehung — alles Folgen unzweckmäßiger Erziehung —

zu tun. Das Problem „Selbständigkeit" — d. h. ohne fremde Stütze selber stehen — können Sie auf Schritt und Tritt antreffen.

Selbständig ist, wer auf *seinen* Beinen steht, jemand, der Boden unter den Füßen hat . . .! Die Sprache erzählt uns da etwas Wichtiges und Richtiges.

Diese Zusammenhänge sind von großer praktischer Bedeutung nicht nur für unsere Kinder, sondern auch für unser Verhalten als Erwachsene. Straffe, gesunde, funktionsfähige Menschen, wie wir sie z. B. bei einigen „primitiven" Völkern noch erleben können, könnten auch bei uns die Norm sein. Das wäre sogar unter sozialen Verhältnissen möglich, die im üblichen Sinne nicht gut sind. Es bedarf dazu vor allem bewußter Einsicht in gewisse Vorbedingungen und Realisierungsbereitschaft.

Wir müssen uns und unseren Zustand mehr spüren und so still werden, daß wir bewußt empfinden, was eine Instanz *in uns* uns rät. Wer wirklich stiller wird, kommt in Kontakt mit jener zuverlässigen Instanz in sich, die einen nie betrügt.

Aber es ist bei unserer Vergangenheit und bei unseren Verhaltensgewohnheiten gar nicht einfach, so still zu werden. Der stärkste Störfaktor ist die *Angst*! In unserer Angst, unserer Unsicherheit, der ständigen Sorge, ob etwas richtig sei oder falsch, dem mangelnden Vertrauen zu dem, was man spürt, ist der Hauptgrund zu finden, weshalb wir so schwer still werden, weshalb wir so beunruhigt und so leicht beunruhigbar sind. Ein Mensch, der kein Vertrauen zu sich hat, kann nicht in Kontakt zu der *Instanz in sich* kommen, die ihn orientieren kann, — in Kontakt zu dem „*Empfinden für das Stimmende*"!

Dabei kann man mitten im größten Lärm und in den größten Sorgen *still* werden.

Und wie voller Unruhe und Angst kann man sein, sogar in der tiefsten Stille der Nacht! Auch in diesem Zusammenhang kann die zentrale Bedeutung der Qualität von Zustand und Verhalten wieder etwas deutlicher werden. Wer voller Angst ist, kann sich nicht zweckmäßig verhalten. Darum muß man sich praktisch damit auseinandersetzen, auf welche Weise man daran arbeiten kann, die vorhandene Angstbereitschaft aufzulösen, — die vielen großen und kleinen Paniken abklingen zu lassen, um bewußt gelassener werden zu können. Gerade dafür müssen wir uns auch mit unserem Organismus beschäftigen, denn allein vom „Geistigen" her kann man das Problem weder richtig verstehen noch bewältigen. Auch der „Leib" ist verstört, wenn man in Panik ist!

Man muß die leibliche Seite dieser Probleme mit der gleichen Ehrfurcht, der gleichen Bereitschaft und Selbstverständlichkeit zur Kenntnis nehmen wie die geistige und dafür sorgen, daß auch dort so „aufgeräumt" ist, wie wir es uns für einen aufgeräumten Geist wünschen. Kennen Sie wohl die Bezeichnung aufgeräumt auch für heiter? Spüren Sie einmal, was für einen realen Gehalt dieses Bild für die Fähigkeit zur Heiterkeit hat! Um nicht nur zu wissen, daß man wie eine Antenne funktionieren kann, muß es einem im Alltag bewußt werden, wenn man sich unzweckmäßig verhält — wenn man „glotzt" und gierig ist —, um dann versuchen zu können, sich zweckmäßig zu verhalten, zu gelassener Empfangsbereitschaft zu kommen.

Frl. St.: Ich habe immer das Bedürfnis, den Vortragenden auch zu sehen. Gehört das auch zum Kapitel gierig? (Heiterkeit)

H. J.: Wir alle sind doch so erzogen worden! Man hat uns von klein auf noch extra ermahnt: „Schau mich doch an, wenn du mit mir sprichst!" etc. In diesem „Schau mich doch an!" als einer ausdrücklichen Forderung wird die verbildende Tendenz gewisser Erziehungsgewohnheiten drastisch offenbar. Wer offen ist und Kontakt mit dem andern hat — und gerade das ist bei einem noch nicht verstörten Kind gegeben —, wird sowieso nicht auf den Boden sehen, wenn er mit dem anderen spricht, — höchstens, wenn er ein „schlechtes" Gewissen hat! Dieses scheinbare Bedürfnis, immer zu sehen, wenn man etwas wissen will, sollte auch überprüft werden! Die Auseinandersetzung mit der Beziehung zwischen Sehen, Hören und Denken kann zu einem wesentlichen Ansatzpunkt für eine intellektuelle Um- und Nacherziehung werden.

Ergänzung zum 2. Kurs

Über die tatsächlichen Entfaltungsmöglichkeiten jener biologischen Art, zu der wir Menschen gehören und die sich als Art ziemlich stabil erweist.

H. J.: Was bei unserer Art heute anders ist als vor Jahrtausenden, ist keine Veränderung der Art im biologischen Sinne. Die Erweiterung unserer Möglichkeiten ist nicht durch die Veränderung der Struktur des Menschen eingetreten, sondern durch die vom Menschen gefundene Lösung, sich für das, was der eigene Organismus nicht zu leisten vermag, Prothesen zu schaffen. Alles Weitere ist der Zuwachs an Bewußtsein in bezug auf früher genauso Vorhandenes, das nur noch nicht so bewußt war, und der Zuwachs an Möglichkeiten, die durch jenen Riesenschatz an Prothesen, den sich die Menschen im Laufe der Jahrtausende geschaffen haben, entstanden sind. So können wir heute mit Hilfe unserer modernen Prothesen eine Fülle von Dingen sehen und hören und sehr viele Zusammenhänge erkennen, von denen man früher nichts bewußt wissen konnte, die aber schon immer bestanden haben.

Selbst den Zugang zur Auswertung der Atomenergie können wir als eine — außerordentlich kühne — bloße Auswertung und Weiterführung von Ansätzen, die uns bis dahin weniger weit entwickelte Prothesen bereits ahnen und erkennen ließen, verstehen, d. h. auf Grund nicht nur der Fülle von Prothesen, sondern auch von Prothesen-Wissen, von erst mit Hilfe von Prothesen erworbenem Wissen. Prothesen in diesem Sinne sind nicht nur Werkzeuge, Maschinen und Mikro- und Teleskope etc., sondern auch die moderne Mathematik ist Prothese. Von Prothesen und Prothesenwissen kann man wirklich mit Recht sagen, daß sie im Laufe der Jahrtausende von Menschen erarbeitet worden sind. Aber den Menschen selber in all seinen Reaktionsweisen mit Liebe und Haß, Gelassenheit und Ungeduld, Sachlichkeit und Unsachlichkeit, Freude und Leid, mit seiner Art zu sehen, zu hören, zu erkennen — den hat es schon genauso vor Jahrtausenden gegeben.*

* Hinweis auf die Odyssee, die Heimkehr des Odysseus, die Reaktions- und Handlungsweisen der Beteiligten, die Treue des Eumaios, das Verhalten der Penelope, die Habgier der Freier, die Frechheit des Bettlers etc. — all das ist uns so nahe und verständlich, als ob es unter uns geschehen wäre! Für diese Menschen ist Mut, Stolz, Feigheit oder Geduld etc. dasselbe — spürbar dasselbe — wie für uns Menschen von heute.

Was sich im Weltbild des zivilisierten Menschen, in seiner Art der Beziehung zu sich und zur Umwelt, geändert hat, das hat sich nicht durch irgendeine Veränderung der Art im biologischen Sinne verändert, sondern dadurch, daß jede neue Generation in ein Milieu hineingeboren wird, in dem sich das Gut, das Hunderte und Tausende von Generationen sich vorher erarbeitet hatten, bereits gestaltend ausgewirkt hat. Was der Mensch sich so erarbeitet hat, das sind nicht Eigenschaften, die in irgendeinem Sinne und von irgendeinem Standort aus Strukturveränderungen vorstellen, das sind keine Änderungen — und seien es noch so minimale — der Art!

3. Kurs

Verhaltensprobleme beim Hören — Sehen — Sprechen
Grundverhalten bei Fremdsprachen
Antenniges Verhalten beim Hören — Lauschbereitschaft — Schau-Absicht aufgeben
Edison — Kultur auf akustischer Grundlage
Sprechen — sachliches Interesse an der eigenen Art zu klingen
Wortsinn — Zusammenhang
Ausdruck — immer ganzheitlich
Glotzen — isoliertes, ausschnitthaftes Erfahren
Stimme = die Art eines Menschen zu klingen — Ausdruck des jeweiligen Gesamtzustandes
Der Mensch — ein Ganzes —— Gutsein — Bösesein
Der Mensch ist Ausdruck seiner Geschichte, seiner Vergangenheit
Individuum und Gemeinschaft
Jeder ist biologisch ausreichend ausgerüstet
Realbild und Idealbild vom Menschen
Die Bedeutung des Verhaltens und Zustandes für den Umgang mit Menschen, Kontakt
Summierendes und ganzheitliches Erfahren
Lernen — Erarbeiten
Entfaltung des Kleinkindes: Probieren lassen — nichts mit ihm „machen“
Die große Leistung des Kindes in den ersten drei bis vier Jahren
2. Ergänzung: Schrift und Bedeutung des Phonographen
3. Ergänzung: Stimme

8. Februar 1945

Herr O.: Wenn man in einem Gespräch das Gegenüber ansieht, wird aus den Gebärden, dem Mienenspiel, evtl. manches, das gesagt wird, klarer. Es wird u. U. verständlicher.

H. J.: Diese Frage berührt Grundsätzliches unserer Arbeit, das in seiner Bedeutung erst allmählich verständlich werden kann. Man braucht dazu bewußte Erfahrung, wie verschieden Verhaltensqualitäten beim Hören sein können. Aus dem Bedürfnis, den Sprechenden zu sehen, spricht etwas Berechtigtes und auch die in unserer Zivilisation tief verankerte Gewohnheit, sich „instinktiv" durch das Auge zu „sichern", zu ver-„sichern", zu ver-gewissern. Außerdem sind wir — vor allem, wenn uns etwas vorgetragen wird, wenn wir etwas dabei „lernen" wollen — daran gewöhnt, auf den Wortlaut zu hören, uns für den logischen Gehalt des Gehörten zu interessieren. Aber vieles von dem, was wir beim „Zu-hören" hören, hat dem logischen Gehalt nach oft eine wesentlich andere Bedeutung als die, die sich uns erschließen würde, wenn wir mehr spürten, empfänden, wie es gesagt wurde. So kann das stenographische Protokoll einer Verhandlung z. B. etwas anderes aussagen als deren Phonogramm. Der Tonfall, ein kleines Zögern oder Beschleunigen kann dem gehörten Wortlaut einen anderen Gehalt geben. Ein zweifelnd fragendes kurzes „Ja?" sagt klingend etwas anderes aus als das „Ja?", das wir geschrieben lesen. Manches „Nein" will gar nicht so selten als „Ja" genommen werden! Beim antennigen Lauschen wird einen auch der leiseste Unterton berühren. Man wird unbestechlicher auch gegenüber dem, was evtl. nicht stimmt. Wenn man aber dabei gleichzeitig hinsieht, kann man sogar den gehörten bedeutungsvollen „Unterton" überhören. — Man kann also unter Umständen, wenn man nicht still ist, zum einen durch das Nicht-hin-Sehen weniger Auskunft bekommen, und man kann zum anderen durch das Nicht-hin-Sehen, wenn man wirklich lauschend ist, mehr und zuverlässigere Auskunft bekommen.

Das Geschaute kann also eine Ergänzung oder eine Berichtigung zum Gehörten bringen. Ob und wieweit es geschieht, hängt von der Gesamtqualität des Verhaltens des Zuhörers ab. Durch die Entwicklung und die Verbreitung von Schreiben und Lesen ist eine Zwitterbeziehung zum Phänomen Sprache entstanden. Sie bewirkt, daß, wie ich vorhin schon andeutete, unser Interesse beim Hören — auch beim spontanen Ausdruck — einseitig auf den logischen Gehalt des Wortstoffes gelenkt ist. Andererseits sprechen viele Menschen, besonders wenn sie etwas ihnen Wichtiges sagen, das sie sich vorher zurechtlegten, nicht spontan sondern eher *papieren!* Es hat sich tatsächlich mit der Zeit neben der Sprechsprache eine Schreibsprache entwickelt. Diese Tatsache tritt besonders drastisch bei Schweizern in Erscheinung, die im Alltag Schweizerdeutsch reden und, wenn sie Hochdeutsch sprechen, alle Unmittelbarkeit verlieren und im eigentlichen Sinne des Wortes nur noch Schriftdeutsch reden. Hätte die historische Entwicklung das Schweizerdeutsch auch zu einer Schriftsprache werden lassen, dann wäre „Schweizerisch" genauso eine eindeutige Fremdsprache, wie „Dänisch" oder „Holländisch" für den Deutschen Fremdsprachen sind. Und umgekehrt: Wäre „Schriftdeutsch" für den Schweizer eine Fremdsprache, so würde er sich in seinem Gesamtverhalten auch so auf den anderen Sprachklang und die dazugehörige Verhaltensqualität der „Fremd"sprache „Deutsch" einstellen müssen, wie sie dem Akzent des „Deutschen" entspricht.

Der Charakter einer anderen Sprache ist nicht bloß durch andere „Vokabeln" und evtl. durch andere grammatische Strukturen bestimmt, sondern auch der Ausdruck eines anderen Grundverhaltens! Keiner könnte aus dem Deutschsprechen z. B. auf Französisch umschalten und dabei verhaltensmäßig so bleiben, wie er beim Deutschsprechen gewesen ist, wollte er auch nur zwei französische Sätze so sprechen, daß sie auch französisch *klingen*. Vielen, die schnell umschalten können, wird gar nicht bewußt, daß sie sich dabei für die spezifische Melodie und den spezifischen „Fluß" haben verwandeln müssen, den dann ihr Französisch oder Italienisch bekommt. Die großen Schwierigkeiten, die so viele Menschen mit dem Akzent einer fremden Sprache haben, liegen darin, daß sie die andere Sprache nur auf Grund einer isoliert intellektuellen Umschaltung sprechen wollen. Auch das ist kein Zufall. Wir brauchen uns nur gegenwärtig zu halten, auf welche Weise man früher gewöhnlich die lebenden „Fremdsprachen" in den Schulen gelernt hat, — von Grammatik und Satzvorlagen ausgehend, von Wörtern, die nach Regeln miteinander verbunden werden, etc.

Frl. D.: Ich habe das Gefühl, daß es auch eine Sicherung für den Redner ist, wenn er die Hörer ansieht. Es ist leichter für mich, wenn ich sehe, daß die Menschen in einem größeren Kreis mit mir mitgehen.

H. J.: Das ist aber noch ein wesentlich anderes Problem. Für mich ist es aus verschiedenen Gründen z. B. nützlich, daß ich Sie alle sehen kann, obwohl es nicht unbedingt nötig wäre. Die Resonanz spürt man auch aus anderen Anzeichen als den sichtbaren. Wir sprachen kürzlich von der Stille, die im Saal eintritt, sowie und solange bei der Mitteilung etwas stimmt. Auch auf dem Podium spürt man dieses Eintreten der Stille als Zeichen des Kontaktes mit dem Publikum. Man spürt an der Atmosphäre, die im Raum herrscht, ob man Kontakt hat und wann dieser Kontakt gelockert wird.

Aber ich habe nie gesagt, man solle oder man dürfe beim Hören nicht sehen wollen. Ich habe in einem ganz bestimmten Zusammenhang auf das Problem der Lauschbereitschaft und des „Antennenverhaltens“ als des auch beim Hören zweckmäßigen Verhaltens hingewiesen und auf die uns vertraute, dem entgegengesetzte Tendenz, gierig zu sein und zu glotzen. Wir beeinträchtigen die Qualität unserer Erfahrungen, wenn wir die Schau-Absicht in Situationen, in denen es etwas zu lauschen gibt, nicht abklingen lassen. Das werden wir hier praktisch zu prüfen haben.

Im sprachlichen Ausdruck haben sich gewissermaßen zwei „Stile“ — ein mehr akustisch-dynamisch orientierter und ein mehr intellektuell-logisch orientierter — herausgebildet.

Sie kennen wahrscheinlich die Aussage, daß „eine Rede eine Rede und eine Schreibe eine Schreibe“ ist? Eine sachlich und klar geschriebene Darstellung hat einen anderen Stil als eine klar und überzeugend gesprochene Äußerung. Etwas klar Geschriebenes kann man durchaus so vorlesen, daß die Hörer wie von spontan Gesprochenem angesprochen werden. Allerdings muß man viel können, um so vorzulesen, daß es nicht nur „vorgelesen“ klingt. Aber etwas spontan Gesprochenes, auch wenn es klar gestaltet ist, kann man — umgekehrt — nicht ohne weiteres wörtlich aufschreiben, ohne daß es dadurch problematisch würde. Das wirklich lebendige Wort ist durch nichts anderes vollwertig zu ersetzen als durch das Phonogramm. Diese Möglichkeit haben wir aber erst seit Edisons Erfindung des Phonographen. Dadurch werden wir in der Zukunft vermutlich eine weitgehend akustisch bestimmte Kultur haben. Edison eröffnete mit seiner „Tat“ die Aussicht auf grundlegende Wandlungen in unserer Mentalität. Bisher war unsere Kultur einseitig visuell bestimmt. Der bewußt werdende Gehalt unserer Erfahrungen wie auch unser Denken und unser Wissen sind weitgehend einseitig visuell bestimmt. Das verrät der Ursprung des Wortes „Wissen" selber: der Stamm „uid" (lat. videre) Wissen = „gesehen haben"! In unserer Kultur ist das „Gewußte" bisher vorwiegend aus dem „Gesehenen" bezogen worden. Auch fast alle Abstrakta unserer Sprache sind von konkreten Bildern abgeleitet, abgelesen. Der Mensch hat sich bei den ersten Ansätzen zur Entwicklung des Denk- und Sprechvermögens notgedrungen weitgehend am Sichtbaren orientieren und vergewissern müssen. Er hat sich dadurch angewöhnt, Vertrauen zur Zuverlässigkeit seines Wissens aus der Möglichkeit der Nachprüfung durch das Auge zu beziehen. „Ich glaube nur, was ich mit meinen eigenen Augen gesehen habe." Die Erfindung des Phonographen wird das „geistige" Bild der Welt von Grund aus verändern.

Um das vorauszusagen, braucht man bloß nüchtern zu erkennen, was für neue Möglichkeiten das Phonogramm gebracht hat, allein zur Selbsterkenntnis und zur unmittelbaren — ohne Umweg über die Abstraktionsprozesse des Aufschreibbar-Machens* — Fixierung sprachlicher Äußerungen und zum bewußten Studium akustischer Erscheinungen, die zum ersten Male, seit es Menschen gibt, wiederholbar sind. Welch eine grandiose Tatsache, daß seither Gehörtes nicht mehr flüchtig bleiben muß! Den Spiegel für das Visuelle — das Wasser! — gab es von jeher, für das Akustische erst seit Edison! Vorläufig ist es für uns schwierig, unsere „Stimme" im Phonogramm wiederzuerkennen, weil wir in unserem Alltag zu wenig auf unsere Art zu klingen lauschen. Allerdings sollte man sachlich interessiert werden an seiner eigenen Art zu klingen und nicht narzistisch.

Schwester W.: Es ist etwas Unsympathisches, wenn Leute sich beim Sprechen richtig „hören" und sich am Klang ihrer Stimme berauschen!

H. J.: Dem kann ich nur zustimmen. Aber wer z. B. Stimmbildung gelernt hat und nun weiß, wie man reden muß, damit es volltönend klinge, und der auch noch merkt, daß es Leute gibt, denen dieses „Tönen" imponiert, funktioniert eher exhibitionistisch als narzistisch.

(Es folgen Hinweise auf das hysterische Sichsteigern bei Tenören und bei Volksrednern, auf Hitler und die hysterischen Ausbrüche der Zuhörer.)

Die akustische W i r k u n g ist zweifellos die u n m i t t e l b a r s t e Wirkungsmöglichkeit, die der Mensch zur Verfügung hat.

* Siehe Ergänzung: Schrift und die Bedeutung des Phonographen zum 3. Kursabend.

Herr O.: Unsere vierjährige Kleine hat am Radio eine Kinderaufführung gehört, bei der gespreizt gesprochen wurde, und seitdem, wenn sie selber für sich spielt, bekommt sie plötzlich diesen andern Ton und spricht fast genau, wie sie es damals am Radio gehört hatte . . .*

H. J.: Sie erleben, wie wenig dazu gehört, die selbstverständliche Einfachheit zu tangieren. Was hinter dem Klingen wirksam ist, wirkt tiefer in der spontanen Äußerung eines Menschen mit und wirkt tiefer in das Wesen des Hörers hinein, als was hinter dem logischen Gehalt von Gesprochenem steht! Ein paar belanglose Worte können in einem bestimmten Zusammenhang, einer bestimmten Gemütslage „eine Welt“ bedeuten! Stellen Sie sich nur ein Stenogramm von Liebesgeflüster bei wirklich Sich-Liebenden vor! Wir sind von klein an so auf das Wichtignehmen des Vordergrundes gedrillt worden, daß wir auch bei spontanen Verständigungsmöglichkeiten meistens an den Worten hängen bleiben: „Aber Sie haben doch das und das gesagt!“ Das kann sogar wörtlich belegt werden, man kann sogar nicht leugnen, daß man diese Worte gesagt hat, und dennoch kann sich zeigen, daß man in Wahrheit das Gegenteil gesagt hat, sobald dieses Zitat wieder in den Zusammenhang gestellt wird, in dem es gesagt wurde! Jede Formulierung erhält und behält ihren Sinn nur auf der Basis des größeren Zusammenhangs, in dem sie entstanden ist. Der nur im Wortlaut gegebene Gehalt des Gesagten ist als bloß logischer Gehalt der Sprache zu dürftig, um außerhalb größerer Zusammenhänge, ja selbst außerhalb gewisser kultureller und zeitlicher Voraussetzungen, auch *eindeutig* wirken zu können.

Das ist die Sonderleistung des wirklichen *Dichters* und der Dichtung: In geglückter Dichtung ist eine Aussage sprachlich so gefaßt, daß sie von sehr verschiedenen Standorten aus einen eindeutigen Gehalt zu offenbaren vermag. Je geglückter die Dichte der verdichteten Aussage, um so mehr Menschen wird sie erreichen und zeitlich um so unbegrenzter wird sie sich auswirken.

Auch Menschen mit sehr verschiedenen Vorgeschichten und Lebensanschauungen finden in so ge-dichteten Aussagen etwas, das sie eindeutig anspricht. Je weniger verdichtet, je einseitiger, je mehr auf isolierte Ausnahmeverhältnisse bezogen die Aussagen sind, desto kleiner ist der Interessentenkreis und zeitlich desto begrenzter, weil nur ähnlich gestimmte Menschen sich angesprochen fühlen. So etwas kommt in einem bestimm-

* Siehe auch Kurse 17, 21 und 22!

ten Kreis in Mode und mit dem Verschwinden solcher Grüppchen wieder aus der Mode! Das ist vereinfacht gesagt und bekommt seine Gültigkeit eben nur aus dem Zusammenhange, in dem ich es eben gesagt habe. Ich spreche von ganz bestimmten Elementen, die wirksam sind, wenn gewisse Dinge bei großen Gruppen und über den schwankenden Geschmack der Zeiten hinweg Resonanz finden können. Was kann man alles im Aphorismus, in einem einzigen Satz finden oder aus ihm herauslesen! Jeder interpretiert ihn für sich anders, und evtl. sogar sinnvoll, und ist überzeugt, ihn richtig interpretiert zu haben, und dabei kann in gewissem Sinne sogar jeder recht haben.

Weil die meisten Menschen durch unsere zivilisatorische wie kulturelle Vergangenheit so einseitig optisch-visuell fixiert sind, daß jene unmittelbar wirkende Komponente, die hinter dem Klingenden wirksam ist, vernachlässigt wird, ist es verständlich, daß man sich evtl. unsicher fühlt, sobald man den Sprecher nicht auch sieht. Es bleibt eine berechtigte Unruhe, solange man noch in der Zu-hörhaltung ist . . .

Ich möchte gern, daß Sie etwas Grundlegendes bewußt zur Kenntnis nehmen, nämlich, daß der Mensch nicht isoliert mit einzelnen Sinnesorganen funktioniert, sondern daß er in seinen Äußerungen — gleich, ob in Sprache, Schrift, Zeichnen, Malen, Musik oder Gestik — immer seine ganze Art zu sein zu erkennen gibt, immer ganz er ist.

Wenn der Mensch sich äußert, spricht, so spricht er mit allem, was er ist, und spricht aus allem, was er ist und wie er ist. Je spezialisierter man eine Ausdrucksform in einem besonderen Stoffgebiet entwickelt, um so uneinheitlicher und zwiespältiger oder um so einseitiger wird man gewöhnlich.

Aber gerade dadurch, daß wir etwas als uneinheitlich, zwiespältig oder einseitig empfinden, verrät sich unser Empfinden für das „Ganz-Sein", das „Vielseitig-", das „Rund-Sein". Ohne dieses uns eigene Empfinden könnten solche Urteile gar nicht entstehen!

(Es folgen Hinweise auf die Einheitlichkeit, die zentrale Geordnetheit und deshalb Vielseitigkeit bei ungewöhnlichem Niveau — Michelangelo, Leonardo, Goethe etc. — und auf den wirklich großen Schauspieler, der nicht an Sprache und Geste hängen bleibt, der, wenn er einen Bösewicht darzustellen hat, sich auch ganz wie ein Bösewicht die Nase putzen und sich kratzen wird etc.)

Der Mensch setzt sich nicht aus lauter Attributen und anekdotischen Zügen zusammen, die dann schließlich ein Ganzes geben sollen. Der

Mensch bleibt ein untrennbares Ganzes! Selbst wenn er verstört ist, äußert sich seine Verstörtheit ganzheitlich! Daß wir im allgemeinen nicht aufgeschlossen genug sind, um die Umwelt und besonders Menschen als Ganzes auf uns wirken zu lassen, ist sowohl eine wesentliche Ursache für unzweckmäßiges Verhalten wie gleichzeitig eine Wirkung von unzweckmäßigem Verhalten. Es muß Ihnen bewußt erlebbar werden, daß alles „Glotzen" (Sichanstrengen beim Erfahren!) das, was wir dabei erfahren, isoliert und die Welt immer nur ausschnitthaft erleben läßt. Ein verstörter Mensch klingt ängstlich, matt, heftig, schrill, hastig, aufdringlich oder salbungsvoll. Nähme so jemand Anstoß an seiner Art zu klingen und würde er gern anders klingen, müßte er sich im Ganzen verwandeln. Kein Mensch kann gelassener sprechen, ohne auch gelassener zu werden! Bloß äußerlich geändertes Timbre klingt stets affektiert. Die Stimme als eine „Sache", als Material, als schöne oder unangenehme „Stimme" gibt es in Wirklichkeit nicht.

Das Phänomen „Stimme"* ist eine Funktionsweise unseres Organismus, der Ausdruck der biologischen Tatsache, klingen zu können. Und wie der Mensch klingt, das sagt der Begriff „Stimme" ebenso klar, wie daß er klingt: Unsere Stimme stimmt immer. Kokettiert einer mit seiner Art zu klingen, stimmt seine Stimme auch, denn man kann sofort spüren, daß er kokettiert. Ist jemand ängstlich, so stimmt es, daß seine Stimme leise und zaghaft klingt, wenn sie nicht überhaupt versagt.

Am Klang hört man unvermeidlich, in welchem Zustand ein Mensch ist. Unsere Art zu klingen, ist der unverfälschbare Ausdruck unseres jeweiligen Gesamtzustandes.

Frau B.: Was umfaßt es wohl alles, wenn Sie sagen, der Mensch sei ein Ganzes? Ich kann mir vorstellen, daß sogar harmonische Menschen ganz entgegengesetzte Möglichkeiten — gleichzeitig den Drang zum Guten und zum Bösen — in sich haben.

H. J.: Zur Tatsache, daß wir den Menschen als Ganzes sehen müssen, gehört nicht nur, daß wir den Körper nicht vom Geist isolieren dürfen, nicht das Hören vom Sehen und nicht die Bewegung vom Denken. Wir müssen auch erkennen, daß in jedem Menschen Tendenzen sind, die uns unter gewissen Voraussetzungen als „gut" erscheinen, und solche, die uns unter gewissen Voraussetzungen als „böse" erscheinen. Ein Mensch, der

* Siehe 20. Kurs und Ergänzung zum 3. Kurs: Über Störungen im Organismus, die sich auf den Stimmklang auswirken.

gut sein will, sagt damit — bewußt und unbewußt — aus, daß er es noch nicht ist, und es gehört zu seiner gegenwärtigen Einheit und Ganzheit, daß er versucht, etwas anderes zu erreichen.

Es gehört auch zu einem niemals zutreffenden Bild vom Menschen, einem Bild, mit dem schon sehr viel Unglück in die Welt gebracht worden ist, wenn man vorgibt — besonders den Kindern gegenüber —, daß die moralischen Forderungen, die notwendigerweise in einer Gemeinschaft bestehen müssen, von einem selber ganz selbstverständlich erfüllt würden. Wir sagen schon dem kleinen Kind: „Du darfst nicht lügen!" — und im selben Augenblick sagt die Mutter zum größeren Schwesterchen: „Marili, wenn's jetzt läutet, dann sag der Frau Bünzli, ich sei ausgegangen!" Man verhält sich doch den Kindern gegenüber so, als ob man all das ganz selbstverständlich könnte und erfüllte, was man als moralische Leistungen von ihnen fordert. Fordern müssen wir in einer Gemeinschaft so etwas von allen Mitgliedern der Gemeinschaft, nur müßten wir den Kindern dabei zu erkennen geben, daß wir uns selber auch um die Erfüllung zu plagen haben und daß man gemeinsam versuchen müsse, dem als wünschenswert Erkannten so nahe zu kommen wie nur möglich. Durch die Verpflichtung, ein „Idealbild" vorzustellen, machen wir oft Karikaturen aus uns! Und nochmals zur Frage nach der Ganzheit: Es kann nichts als Wunsch, als Abgelehntes, als Gefürchtetes etc. auftauchen, das nicht zum ganzen Menschen gehört, auch wenn man das, was man bei sich vorfindet, noch so sehr ablehnt und sich angewöhnt hat, wegzuschieben, was zu einem Idealbild nicht paßt.

Zu einer Bemerkung von Herrn Z. über Michelangelo und Schiller und dessen „Pathos": Wir müssen dabei viel mehr Zusammenhänge berücksichtigen. Mindestens so sehr, wie der Mensch, wenn er sich äußert, ganz er ist, so ist er zugleich auch ganz und gar Ausdruck seiner Geschichte, seiner Vergangenheit. Alles, was ihn während des Lebens erreicht, verändert ihn, mobilisiert ihn, läßt ihn — bewußt und unbewußt — sich auseinandersetzen mit dem, was ihn trifft. Auch in diesem Sinne ist er stets ein Kind seiner Zeit, manchmal wie ein in ein Kämmerchen gesperrtes „Kind seiner Zeit", wenn er sich ängstlich, nach außen abgesperrt verhält. Kann man abseits von charakteristischen Wirkungen einer Zeit existieren, so verrät das wiederum nur, es gehöre zu dem Wesen dieser Zeit, daß Menschen auch abseits existieren und wirken können. So etwas kann nicht einmal ein totalitäres Regime verhindern.

In einer Welt voller Angst und gewalttätiger Bedrohung ist es unvermeidbar, daß der „Durchschnitts“-Mensch auch mit Sichverstellen und Sichverhehlen etc. reagiert, d. h. mit alledem, was man gewöhnlich spontan auf Grund von Zwang und Angst tut.

Wenn man den Menschen vor allem als „Individuum“ ansieht, wenn man seine „Individualität“ nur als Ausdruck seiner persönlichen, eigentümlichen „Anlage“ sieht, kann man kein auch nur einigermaßen zutreffendes Bild von ihm bekommen. Man muß erkennen, wie entscheidend zum Werden eines jeden Menschen seine gesamte Geschichte, die Art, wie der Mensch vom Leben gebraucht, verwendet wird — ob er zweckmäßig oder wenig zweckmäßig gebraucht und deshalb mehr oder weniger entfaltet wird —, unvermeidlich mit wirksam ist. Das ist bei der Untersuchung und Überprüfung dessen, wie und was der Mensch „ist“, was er mitbringt, nicht bequem. Es ist viel bequemer, die Menschen nach „Typen“ und auf Grund von Tests, Zensuren und Prüfungen einzuteilen und zu bewerten. Überbetontes oder einseitig motorisches, visuelles oder auditives Reagieren oder Interessiertsein im Sinne psychologischer Typen gibt es nicht als etwas Angeborenes, sondern nur auf Grund der Geschichte, auf Grund bestimmter Milieueinflüsse. Und bei den Bewertungen von Tests oder bei Prüfungen dürfte nie übersehen werden, daß die registrierten „typischen“ Reaktionen z. T. auch durch die Art des Gefragtwerdens ausgelöst werden.

Wir müssen offen und unvoreingenommen zu erkennen versuchen, was ein Mensch — trotz seines gegenwärtigen Aussehens und Verhaltens — noch an anderen Möglichkeiten mitgebracht hat und daß ein Mensch unter bestimmten Bedingungen und Verhältnissen so werden mußte, wie er sich zeigt. Wir können den Einzelmenschen für seine Beurteilung nicht aus der Menschheit herausnehmen, ohne daß der Einzelmensch aufhört, „lesbar“ zu sein . . .

Der Mensch, der unaufrichtig ist, ist es nicht aus angeborener Bosheit oder Schlechtigkeit, sondern ihm muß einmal etwas geschehen sein, was die vertrauende Selbstverständlichkeit, die ihm erlauben würde, spontan und unverstellt reagieren und funktionieren zu können, erschüttert hat. Das heißt aber nicht, daß der Mensch so bleiben könne oder solle, wie zu sein er „Lust“ hat.

Im Gegenteil! Das Individuum kommt meist mit der Umwelt in Konflikt, wenn ihm nicht gegenwärtig ist, daß es nur ein T e i l einer Gemeinschaft ist. Durch die übliche statische und mechanistische Betrachtungsweise ist unser Denken über den Menschen so an isolierten Zügen, Eigentümlichkeiten, an Ererbtem, an Gaben und Unbegabtheiten orientiert — sofern jemand überhaupt darüber denkt! —, daß wir Charakterzüge als die angeborenen Eigentümlichkeiten der Menschen lesen statt als Niederschlag des Zusammenstoßes mit Ereignissen und der Auseinandersetzungen, die dabei stattgefunden haben. Ein sogenannter Unmusikalischer verhält sich zweifellos so, als ob er unbegabt für Musik wäre. Doch es bedarf der Nachprüfung, ob er so „unbegabt" bleiben muß, wenn die Wirkung der erlittenen Verstörungen aufgelöst werden kann und wenn man zweckmäßig fragt.

Zu der Feststellung, daß jeder Mensch biologisch ausreichend ausgerüstet ist, um sich auf positive Weise mit allen Kulturgütern auseinandersetzen zu können, bin ich auf Grund gewisser Tatsachen und Erfahrungen gekommen. Ich habe auf Grund meiner Erfahrungen die durch Zeugen gewonnene Überzeugung, daß der unter unseren gegenwärtigen Umweltverhältnissen heranwachsende Mensch nur einen Teil jener Möglichkeiten realisiert, die er nachweisbar mit seiner biologischen Ausrüstung mitbringt und für deren Existenz stets einige „hochbegabte" Exemplare den Nachweis bringen. Solche Ausnahmen zeigen im Grunde nur etwas von dem, was „die anderen" auch sein könnten.

Wenn aber der „unbegabte" Mensch in eine Situation gebracht werden kann, in der es ihm möglich wird, zweckmäßig zu funktionieren, und er dann auf Grund zweckmäßigen Gebrauchs ein höheres Niveau der Entfaltung erreicht, wird er nur der Verwirklicher seines eigenen Real-Bildes und nicht irgendeines Ideal-Bildes.

Ich spreche weder von irgendwelchen utopischen Wunschträumen noch von Idealvorstellungen, wie der Mensch zu sein habe oder in der Zukunft werden müsse, etwa im Sinne von „der Mensch ist gut!".

Der Mensch ist von Natur aus nicht böse und nicht gut —— und nicht „sündig"! ——. Wie der Mensch ist, wie er werden kann, das kann man nur dadurch erfahren, daß man, statt seine Entfaltung zu stören und zu hemmen, so viel wie möglich dazu beiträgt, seine optimale Entfaltung zu ermöglichen. Es wird keiner mehr und keiner anders, als es dem Ausmaß der eigenen Auseinandersetzungsbereitschaft entspricht, die er — wiederum mitbedingt durch seine Geschichte — aufzubringen vermag. Unsere Aufgabe ist es, uns bewußt ein zutreffenderes Bild vom Menschen und seinen Möglichkeiten zu erarbeiten, — vom Menschen, wie er seiner Ausrüstung nach ist, und von den Entfaltungsmöglichkeiten, die sich daraus ergeben, und nicht vom Menschen, von dem wir aus irgendwelchen weltanschaulichen, affektiven, ökonomischen oder sonstigen Gründen *wünschen*, daß er so oder so zu sein habe.

Sowie es sich um den Menschen handelt, mischen sich Vorurteile, Wünsche, religiöse, philosophische, politische etc. Bindungen und „Ideale“ ein, die — weitgehend unbewußt — dem Menschen den Blick für den Menschen verbauen.

Theoretisch hätten wir zwar die beste Gelegenheit, die Menschen, die uns am nächsten und vertrautesten sind, mit denen wir jahrzehntelang nahe beieinander leben, am genauesten kennenzulernen, wenn nur nicht gerade dort das Sachlichbleiben so schwer fiele. Distanz und Bescheidenheit dem Phänomen Mensch gegenüber scheint dem Menschen ganz allgemein schwerzufallen. Auch ich bilde mir nicht ein, vorurteilsfrei zu sein, denn auch ich bin ein Kind der üblichen Erziehung. Aber ich versuche, soviel mir davon bewußt wird, aufzugeben. Damit erscheint einem der Mensch nicht nur anders, sondern er wird auch zugänglicher . . .

Auch interpretieren können wir nichts, ohne daß unsere Vergangenheit, unsere Geschichte, unser momentaner Zustand — wenn auch uns unbewußt — beim Interpretieren mitwirken.

Eine bewußte Beziehung zur Qualität des eigenen Verhaltens und eine bewußte Kenntnis einer Verhaltensqualität, die zweckmäßig ist für In-Kontakt-Kommen, ist darum auch für die Auseinandersetzung mit Menschen von großer Bedeutung. Ob ich bei mir bin, angstlos bin oder Eindruck machen will, ob ich offen und gelassen oder aggressiv bin, jeweils werde ich, derselbe Mensch, von demselben Partner verschiedene Eindrücke bekommen. Auch das gehört zum Problem *Ganzheit*.

Alle Faktoren als Teile eines Mosaiks erfassen zu wollen und aus lauter Teilen schließlich ein ganzes Bild zusammentragen zu wollen, wäre bei der Komplexheit des Phänomens ein aussichtsloses Verfahren. Wir würden doch immer irgend etwas vergessen, was zu berücksichtigen wäre. Es gibt nur einen grundsätzlich andersartigen Ausweg: Wenn man still und aufgeschlossen wird, wird einem auf einer anderen „Leitung“ so viel mehr mitgeteilt und durch eine andere Instanz lesbar gemacht als über jene Details einsammelnde Interessiertheit am Stoff, an der äußerlichen Erscheinung.

Wenn man aufgeschlossen der Umwelt gegenüber funktioniert, erfährt man *ganzheitlich*, und erst nachher, wenn man reflektiert, beginnt man, sich über Einzelheiten Rechenschaft zu geben. Je mehr man darauf gedrillt worden ist, sich an Einzelheiten zu halten, desto weniger erhält sich die naturgegebene Tendenz, gegenüber dem, was einem begegnet, so aufgeschlossen zu sein, daß es einen zunächst als Ganzes ansprechen kann. Wir werden von klein an dazu erzogen, uns an Details zu orientieren, bevor eine Beziehung zum Ganzen hat entstehen können: nämlich die Dinge immer an-zusehen, zu be-trachten, zu be-tasten, zu be-greifen, zuzuhören, hin-zuhören und uns für Symptome zu interessieren. So ist man nicht nur nicht offen dafür, vom Ganzen getroffen und bewegt zu werden, sondern man wird auch immer weniger bereit, wenn man sich schon an die Merkmale klammert, sich wenigstens hinterher durch die Realität zurechtweisen zu lassen.

Nun noch einmal zum Problem des Erarbeitens:

Ganz unverständlich brauchte Ihnen nicht zu sein, was ich über eine von der gewohnten abweichende Art, uns Kenntnisse zu verschaffen, und über das Erarbeitenkönnen bisher nur angedeutet habe. Sind Ihnen nicht auch schon hie und da Menschen begegnet, die von einer Sache, die zur Diskussion steht, im Sinne des Fachmannes gar nichts verstehen und den Nagel auf den Kopf treffen, zuweilen sogar bei einem Problem, um das sich der Fachmann vergeblich bemüht hatte?

Wenn jemand dadurch, daß er sich selber mobilisiert und Kontakt mit einer Aufgabe gewinnt, zu einer naheliegenden, aber von den andern nicht gesehenen Lösung kommt, sprechen wir lobend von seinem gesunden Menschenverstand. Der normale, verbreitete, mit den üblichen Methoden geschulte Menschenverstand scheint also offenbar nicht so gesund zu sein! Ein Mensch mit gesundem Menschenverstand ist auch als ganzer Mensch in seinem Verhalten gegenüber der Welt, in der Art seiner Selbständigkeit, anders als der Durchschnitt. So jemand steht und sitzt anders, ist nicht so ängstlich um sein Prestige besorgt. Am Vorgehen solcher Menschen könnte deutlich werden, wie weitgehend es möglich ist, eine zweckmäßigere Art von Zugang zu den Elementen unserer Einsichten und Probleme zu gewinnen als über einen Berg von Wissen auf Vorrat, von Vorschriften und von besonderer Fachbildung als Grundlage.

Selbstverständlich gehört zu einem wirklich fundierten Wissen, zu einem Bescheid-Wissen im besten Sinne des Wortes („bescheiden“ ursprünglich = klar, deutlich, bestimmt), die bewußte Auseinandersetzung mit dem, was andere Menschen auf dem betreffenden Gebiet bereits gesehen und gedacht haben, aber erst als Ergänzung und Vertiefung dessen, was man zuvor selbständig zu erfassen versucht hat.

Das Typische der verbreitetsten Lehrmethoden ist, daß man umgekehrt vorgeht. Man verlangt, daß zuerst möglichst all das gelernt wird, was bisher andere bereits darüber gedacht und geschrieben haben. Aber gerade dort, wo das wirklich Zutreffende und Haltbare schon allgemein bekannt ist, sollte jeder erst versuchen müssen, selber darauf zu kommen und das den anderen bereits Bekannte erst hinterher als eine — dann beglückende — *Bestätigung* der Zweckmäßigkeit des eigenen Vorgehens und der eigenen Leistung zur Kenntnis nehmen. Hierin besteht einer der wesentlichen Unterschiede von Lernen und Erarbeiten.

Doch ganz abgesehen von den vielen verpaßten Gelegenheiten, den Zugang zu Gehalten wirklich erarbeiten zu lassen, verführen viele der üblichen Lehr- und Lernmethoden den Schüler systematisch dazu, vorzeitig auf Vorbilder und Vorlagen zurückzugreifen, sich vorzeitig Auskunft zu holen — z. B. aus den Lehrbüchern —, ohne zuvor selber durch Erinnern von ihm bereits Bekanntem mobilisiert worden zu sein. Dadurch wird der Durchschnittsschüler noch jener geringen Chance des Entfaltetwerdens, die es für ihn beim bloßen Lernen und Auswendiglernen noch geben könnte, beraubt. Es könnte sogar ohne bewußtes Erarbeiten zu einem Inhalt mehr Beziehung entstehen, wenn man beim ersten Lesen oder Hören bloß versuchte, ohne jedes absichtliche Interesse am Wortlaut einen — und sei es auch noch so ungefähren — Eindruck vom Inhalt, vom Gehalt des Textes zu bekommen und sich das Gelesene oder Gehörte schlecht und recht zu rekonstruieren, um immer erst dann, wenn man ohne den Text nicht mehr weiterkommt, im Buche *nach*-zusehen. Dieses Nachsehen dürfte nichts sein als ein Versuch, sich über jene „Stelle" zu vergewissern, bei der man unsicher ist oder wo einem etwas wirklich fehlt. — Auf diese Weise bliebe der vorliegende Text immer das, was er seinem Wesen nach zu sein hätte — ein Auskunfterteiler —, anstatt etwas zu sein, dessen Wortlaut man so schnell wie möglich zu memorieren, zu be-halten versuchen sollte. Geht man *konsequent* so vor, steht schließlich der genaue Wortlaut, soweit er als Wortlaut wichtig ist, *außerdem* „ganz von selbst", aber als Nebenprodukt von Erinnerungsversuchen zur Verfügung.

Wenn z. B. jemand versucht, sich eine kleine Melodie, die er gehört hat, nach dem Gehör auf einem Instrument zusammenzusuchen — z. B. auf dem Klavier mit seinen übersichtlichen Geländeverhältnissen —, und dabei immer wieder merkt, daß dieser oder jener Klang nicht stimmt, und schließlich merkt, daß er jene Melodie auf diese Weise anscheinend nicht ganz so zusammenbekommt, wie er sie zuvor gehört hatte, und dann in den Noten nachschaut, werden ihm die Noten etwas anderes mitteilen, als wenn er damit angefangen hätte, die Noten als Vorlage zu benutzen, um auf Grund der Entzifferung der Noten die nötigen Griffe auf dem Instrument zu machen. Erst dann könnten die Noten ihre spezifische Funktion erfüllen. Man muß nicht ganz ohne Zu-Rate-Ziehen der Noten auskommen. Sie sollten aber — genau wie das Buch — nur dann in Anspruch genommen werden, wenn man ihrer wirklich bedürftig ist, wenn man ohne sie nicht mehr weiterkommt.

Es leuchtet vermutlich ein, daß mit den ständigen Versuchen, sich zu erinnern, Stofflücken zuerst von sich aus sinnvoll zu ergänzen, nicht nur eine andere Qualität der eigenen Arbeitsleistung, sondern auch eine andere Art Verständnis und eine andere Beziehung zum Ganzen entstehen muß, als mit bis zum Stumpfwerden wiederholtem Durchlesen und Hersagen von „Texten". In der frühzeitigen Anleitung zum gedankenlosen Auswendiglernen- und Auswendigbehaltenwollen wurzelt die verbreitete Gewöhnung an schematisches Üben, an leeres, routiniertes Wiederholen.

Was ich eben über das vorzeitige Zu-Rate-Ziehen von Texten, Noten etc. sagte, das gilt entsprechend für analoge Situationen auf allen anderen Gebieten, bezieht sich — wohlgemerkt — nur auf ein Erarbeiten der Wortlaute, der Texte, nur auf das Behalten von gegebenen Inhalten, aber noch nicht auf das Erarbeiten des Zugangs zum Wesentlichen irgendeines Kulturgutes.

Wie bereits gesagt, soll das aber nicht heißen, man müsse beim Erarbeiten dieses Zugangs zum Wesentlichen auskommen, ohne die bestehenden Fachkenntnisse in Anspruch zu nehmen, ohne das Kennenlernen jener hervorragenden Leistungen, die uns als Erbe von unzähligen Generationen überliefert sind.

Die elementaren Grundlagen sind auf sämtlichen Gebieten so geartet, daß man gerade sie sich zuerst erarbeiten könnte, um sich auf der erarbeiteten Beziehung zu den Elementen dann mit einem ganz anderen Interesse und mit anderer Verständnismöglichkeit in die Spezialerfahrungen und Spezialkenntnisse einarbeiten zu können. Das Spezialisieren sollte erst spät anfangen. Auch hierbei gilt: Je fester und tiefer die Fundamente, desto höher der Bau, den sie zu tragen fähig sind.

Herr Z.: Sollte man beim kleinen Kind jede Situation ausnützen, die es gestattet, es zur Mitarbeit heranzuziehen? Daß man ihm z. B., wenn es gebadet wird, die Seife oder den Schwamm zum Halten gibt und daß man dadurch, daß man es an dem, was man mit ihm tut, interessiert, bei ihm Assoziationen erweckt, die seine Persönlichkeit entfalten?

H. J.: Man hat noch kein zutreffendes Bild vom wirklichen Wesen, vom Ausmaß der Ausrüstung und von dem selbstverständlichen Interessiertsein eines unverdorbenen Kindes, solange man noch meint, es sei nötig, extra „Interesse“ zu erwecken und Assoziationen zu provozieren.

Frau V.: Das kleine Kind will gar nicht, daß man ihm etwas in die Hand gibt. Bei meiner kleinen Tochter beobachte ich immer, daß das Spielzeug, das man ihr gibt, sie gar nicht interessiert, während sie an allem interessiert ist, auf das sich ihr Interesse von ihr aus wendet. Mir ist in diesem ersten Jahr wirklich deutlich geworden, was Sie sagen: daß man mit den Kindern viel zuviel macht, während sie sich von sich aus so ausdauernd und vielseitig beschäftigen.

H. J.: Ihre Erfahrung ist sicher richtig, obwohl Ihre Erfahrung an einem einzelnen Kind noch nicht gestatten würde, so allgemeine Konsequenzen zu ziehen. Aber Sie haben an Ihrem Kind zugleich auch die Bestätigung von vielem erlebt, das Sie schon vorher durch Ihren Mann, der an meinen Kursen teilgenommen hat, zu dieser Frage gehört haben, so daß Sie in der Lage waren, nicht nur, was Ihnen an Ihrem Kind begegnete, auf eine andere Weise zu lesen, sondern auch zweckmäßiger mit ihm umzugehen. — Im übrigen spricht aus jener verbreiteten Meinung, man müsse so viel mit den Kindern machen, damit ihre Persönlichkeit auch entfaltet oder ihre Intelligenz gefördert werde, doch nur die eigene Unselbständigkeit, in der und zu der wir selber erzogen wurden, und außerdem — trotz all unserer Vielwisserei — die simple Tatsache der Unwissenheit über die Art und Weise, in der so ein kleines Wesen, wenn man es nicht beunruhigt und ihm nicht auf unzweckmäßige Weise hilft, sich von sich aus mit der Welt und mit sich auseinandersetzt und sich dabei entfaltet. Die meisten Erzieher scheinen blind dafür, wie sehr das Kind die Tendenz hat, sich den Zugang zur Welt und die Orientierung in der Welt wirklich ausprobierend, Fehler machend am „Falschen“ zu erarbeiten, zu erobern!

Auf diese Weise leistet selbst ein unzweckmäßig geleitetes Kind in seinen ersten drei, vier Lebensjahren eine so umfassende und qualifizierte Arbeit, daß sie wahrscheinlich größer ist, als das, was die meisten Menschen in ihrem restlichen Leben noch leisten. Eine so intensive, so grundlegende und so produktive Arbeitsleistung wie die der ersten Lebensjahre hat später kaum mehr ihresgleichen.

Ergänzung zum 3. Kurs

Schrift und die Bedeutung des Phonographen

H. J.: Das Entscheidende ist, daß man vor Edison nur über das Auge verifizieren konnte, in Sichtbares „übersetzen" mußte, wenn man Klingendes fixieren wollte. Dieser Zwang zum „Umweg", akustische Ereignisse nur mittelbar an die nachfolgenden Generationen übermitteln zu können, traf das wichtigste, für alle Kultur entscheidende Kommunikationsmittel des Menschen, die Sprache.

Das hat eine von vielen kaum geahnte Tragweite. Alles, was der Mensch von seinen Empfindungen und seinem Denken den nachfolgenden Generationen überliefern wollte, konnte er vor der Erfindung des Phonographen — außer durch die offenbar nicht sehr zuverlässige mündliche Tradition — allein auf dem Umweg der Übersetzung in irgendeine Sorte von Schrift überliefern. Es mußte irgendein Mittel zur „Aufzeichnung" seiner Empfindungen und Gedanken erfunden werden, — also ein Mittel, das wir heute als „Schrift" — im allerweitesten Sinne — bezeichnen.

Die ältesten uns bekannt gewordenen Arten von „Schrift" waren viel unmittelbarer wirkende Aufzeichnungsweisen als unsere heutigen Schreibschriften. Sie gestatteten unmittelbarere Tradition — wenn auch unpräzisere — als unsere heutige Buchstabenschrift. Es waren Bilderschriften. Man hat, was man erlebt oder gedacht hat, anscheinend zunächst als Bilder irgendwo hinzumalen, aufzuzeichnen versucht. Die ägyptischen Hieroglyphen sind bereits sehr späte, schon stilisierte Abkömmlinge solcher frühen Versuche, in denen man das Mitzuteilende in Bildern darstellte. Aber das Mitteilen mit Hilfe von Bildern mußte Ausmaß, Kompliziertheit und Differenziertheit des Mitzuteilenden zwangsläufig einengen, weil eine Fülle von Vorgängen und Beziehungen sich schwer allein mit bildlichem Schildern verdeutlichen läßt. Alles Abstrakte, alle Empfindungen, Qualitätsbezeichnungen etc. bekommen bei der Darstellung durch Bilder notwendigerweise etwas Vieldeutiges, da die gewählten Bilder nur Symbol — Sinnbild — sein können. So sind Hieroglyphen, die bloße Tatsachenberichte enthalten, zuverlässiger entzifferbar als solche, die seelische Beziehungen, Gemütsbewegungen und dergleichen zu betreffen scheinen.

Der Vorgang des Tötens z. B. läßt sich mit Bildern real schildern, das Phänomen „Tod" aber nur durch Symbole. Das Verwunden von jemand läßt sich mit Bildern real schildern, das Leiden aber oder der Schmerz wiederum nur durch ein Symbol.

Differenziertere Aussagen, abstrakte Beziehungen, abgelöst von etwas im Bilde Faßbarem, waren, wenn überhaupt, zunächst nur auf dem Umwege über eine mündliche Tradition möglich. Sie konnte hinzufügen, welche übertragene Bedeutung das betreffende Bild außer seiner realen Bedeutung haben sollte, in welchem bestimmten Sinne gewisse beigefügte Merkmale oder Kennzeichen den ursprünglichen Sinn des Abbildes veränderten. Hier lagen auch die größten Schwierigkeiten bei den ersten Versuchen der Entzifferung von Hieroglyphen.*

Bei der Interpretation solch alter Bilderschriften fängt das Raten und der Meinungsstreit über die Bedeutung bereits da an, wo es um die übertragene Bedeutung der Bilder geht. Alles mit der Zeit Hinzugefügte, das den Bildern von Realem abweichende, bzw. übertragene Bedeutung geben sollte, ist bereits Vorläufer einer Schrift in heutigem Sinne, bedeutet Übergang von einer reinen Bilderschrift zu einer Schrift, bei der die Bilder ihre ursprüngliche Bedeutung weitgehend eingebüßt haben.

Frau C.: Hätte man damals schon die Möglichkeit der akustischen Konserve gehabt, wäre es dann nicht trotzdem für uns schwer, uns in jener andern Mentalität zurechtzufinden?

H. J.: Wenn Sie so fragen, begeben wir uns mitten ins Spekulieren. Hätte es vor Jahrtausenden schon die Möglichkeit des unmittelbaren Phonogramms anstelle der umständlichen Übersetzung von Gesprochenem in mehr oder weniger unzulängliche, visuell zu entziffernde „Zeichen" gegeben, würde zweifellos heute unser ganzes D e n k e n anders verlaufen, würde unsere Tradition anders gefärbte Gehalte haben, und wahrscheinlich würde darüber hinaus auch die akustisch konservierte Tradition wegen ihrer Zuverlässigkeit und allzeitigen Nachprüfbarkeit verursacht haben, daß es viel weniger verschiedene Sprachen gäbe, als es heute gibt. Es wären jederzeit authentische Dokumente vorhanden gewesen, nicht nur darüber, wie der Großvater gesprochen hat, sondern auch wie die Urahnen aus weit zurückliegenden Generationen gesprochen haben. Die

* Hinweis auf: „Sie schrieben auf Ton" von Chiera, Verlag Orell Füssli, Zürich und CHINESE WIT WISDOM AND WRITTEN CHARACTERS BY ROSE QUONG, PANTHEON BOOKS INC, New York 12, N.Y. 1944

Wandlungen, die unsere Sprachen in historischen Zeiten durchgemacht haben (z. B. Alt-, Mittel-, Neu-Hochdeutsch, Lateinisch-Italienisch, Lateinisch-Französisch), sind weitgehend Umwandlungserscheinungen, Resultate von Abschleifen etc. als unvermeidbare Folge fehlender eindeutiger und schwankungsfreier akustischer Tradition. Andere wesentliche Faktoren bei diesem Prozeß sind Wanderungen, Okkupationen etc.

Ich bin sonst sehr gegen Spekulieren, aber in diesem Fall könnte es sogar fruchtbar sein, wenn wir versuchten, ein Bild davon zu bekommen, wie wohl das Schicksal der menschlichen Verständigung und des menschlichen Denkens, der menschlichen Kultur hätte werden müssen, wenn man unmittelbare, unverfälschte Äußerungen aus Jahrzehntausende zurückliegenden Epochen besessen hätte und besäße. Wahrscheinlich hätte es dann die Sprachverwirrung beim Turmbau zu Babel nie geben können!

Bei phonographierter Tradition hätte es vermutlich gar keinen realen Anlaß für so vielfältig verschiedene Sprachen gegeben, da nur verhältnismäßig wenige Sprachgruppen wesensverschiedene Grundzüge und Struktureigentümlichkeiten zeigen. So wenig ich, wie gesagt, retrospektive oder in die Zukunft weisende Spekulationen schätze, so nützlich kann die Vorstellung eines „dann hätte ..." sein. Aber Frau C.s Frage scheint wenig fruchtbar, weil es vor Jahrzehntausenden aus Gründen unentwickelter Wissenschaft und Technik kein Phonogramm gegeben hat. Die dazu nötige technische Entwicklung ist erst relativ spät eingetreten. Dabei wäre im Prinzip die Erfindung des Edisonschen Phonographen bereits bei den alten Griechen möglich gewesen. Sowohl die dafür nötigen mechanischen wie die akustischen Kenntnisse waren — grundsätzlich — schon zur Zeit der Pythagoräer gegeben. Es ist auch kein Zufall, daß es nicht schon damals dazu kam, denn vor jenen uns so lange erscheinenden zweieinhalb Jahrtausenden war die Schreibschrift im Sinne unserer heutigen Buchstabenschrift bereits voll ausgebildet. Es existierte damals bereits eine umfangreiche schriftliche Tradition, und der einseitig optisch bestimmte Gehalt unserer Kultur war längst Wirklichkeit geworden. Jene lange Zeitspanne von den Pythagoräern bis heute erscheint klein wie ein Stecknadelkopf gegenüber der schwer vorstellbar langen Strecke vom Beginn der ersten menschlichen Sprech- und auch Aufzeichnungsversuche bis zur Zeit der Pythagoräer. Vielleicht waren es Jahrhunderttausende, in denen schon vorher Menschenwesen an den Voraussetzungen und den Mitteln für das Entstehen einer Kultur und damit auch der Entwicklung von Aufzeichnungsverfahren gearbeitet haben mögen, wie sie bereits einige Jahrtausende vor den Pythagoräern im Euphrattal und in Ägypten bestanden haben.

Auf diese Rückfrage von Frau C. will ich noch einmal versuchen, wenigstens anzudeuten, wieso ich der Tatsache, daß Gesprochenes nur auf dem Umwege über sichtbare Zeichen „konservierbar" werden konnte, eine so große Bedeutung für wesentliche Züge unserer Kultur, wie wir sie heute vorfinden, zuschreibe: Die ganze Struktur, nicht etwa nur der Sprachen, sondern auch des menschlichen Denkens, hätte sich in entscheidenden Eigentümlichkeiten anders — weniger der Gefahr eines isolierten Intellektualismus und der Routine ausgesetzt — entwickelt, wenn eine unmittelbare Fixierung des sprachlich Ausdrückbaren schon sehr früh möglich gewesen wäre. Das ist mehr als Spekulation! Der Mensch wäre dann nämlich nie zu jener analysierenden, den Sprachstoff in den Vordergrund rückenden Einstellung gezwungen gewesen, ohne die die uns bekannten Schriftarten niemals hätten geschaffen werden können. Im Vergleich zu dem Ausmaß an analysierender, ja „atomisierender" Mentalität, der unsere heutige Buchstabenschrift ihr Entstehen verdankt, erscheint die Einstellung, die zur Schaffung von Bilderschriften führte, noch weitgehend dem Ganzen, dem Zusammenhang verbunden und produktiv. Die Ausbildung einer Schrift ist nicht überall gleich verlaufen, denn noch heute gebrauchen die Chinesen eine stilisierte Bilderschrift, die eine Wort- bzw. Silbenschrift geblieben ist.

Was die Art der Aufzeichnung für die Struktur des Denkens für Folgen haben muß, wird deutlich, wenn uns bewußt wird, daß man Äußerungen, Mitteilungen zum Zwecke der Niederschrift nicht nur zuerst aufspalten muß in echte Sinnzusammenhänge, wie etwa noch ganze Sätze sie vorstellen, nicht nur in einzelne Worte, wie das in der Bilderschrift der Fall ist, sondern später auch in Silben und in den Schriften des westlichen Kulturbereiches sogar in einzelne Buchstaben! Worte sind ursprünglich Begriffe, akustische Symbole, die sich auf klar unterscheidbare Phänomene beziehen. Silben sind bereits intellektuelle Abstraktionen, sind etwas, das es beim spontanen sprachlichen Ausdruck gar nicht gibt.

Kein unverstörter Mensch spricht in erkennbaren Silben, ja nicht einmal in Worten, die auch noch — wenn uns auch nicht mehr bewußt — aus dem Fluß des Zusammenhangs herausisoliert werden müssen. Keines der herausanalysierten Worte klingt — in verschiedenen Zusammenhängen auftretend — sich selber völlig gleich. Wenn man sagt: „Die Sonne ist ein Himmelskörper," oder „wie wunderbar die Sonne heute wärmt!", so klingt beide Male das Wort Sonne etwas verschieden etc. Daß wir heute, wenn wir durch unsere Schule gegangen sind und Lesen und Schreiben gelernt haben, alles Gedachte in Worte und Silben und dann noch in Buchstaben aufspalten, wenn wir es niederschreiben wollen, ist uns — leider — gar nicht mehr bewußt. Für unzählige Menschen führt Lesen und Schreiben zu einer tiefwirkenden Korrumpierung ihres Denkens überhaupt, entfernt sie von dem, was uns manchmal bei einfachen, nicht zu sehr belesenen und mit Wissen angefüllten Menschen so positiv als „gesunder Menschenverstand" entgegentritt. Sie haben sich das Reagieren auf Zusammenhänge, das Sichorientieren an Zusammenhängen und das Denken in Zusammenhängen abgewöhnt. Auf den Zusammenhang zwischen Wissen und Sehen habe ich schon wiederholt hingewiesen. Hier finden wir eine der Wurzeln für das „Isoliert-in-Begriffen-Denken", das einer Mentalität ganzheitlichen Funktionierens, die nie die Beziehung zu größeren Zusammenhängen verliert, entgegengesetzt ist. Es ist kein Zufall, daß viele „Eigentümlichkeiten" im Denken der Ostasiaten ein ganzheitlicheres Funktionieren verraten als die sogenannte westliche Mentalität. Das hängt damit zusammen, daß sich z. B. die Chinesen für die Niederschrift ihres „Gedachten" — ihrer Sprache — einer Bilderschrift bedienen, deren kleinste Elemente sich auf Worte und ganze Silben beziehen und die — selbst wenn sie mit der Zeit noch so stilisiert worden ist — stets unmittelbar auf Tatbestände, Ereignisse, konkrete Beziehungen zurückzuführen ist.

Die 24 Buchstaben, die wir in unserem Kulturbereich seit den Phöniziern für alle Aufzeichnungen benutzen, haben hingegen nichts mit dem Inhalt des Aufzuzeichnenden zu tun. Und die heutigen Formen unserer Buchstaben sind so wenig zufällig wie die Tatsache, daß alle Sprachen, die sich der Buchstabenschrift bedienen, mit ungefähr der gleichen Anzahl von Zeichen auskommen, — den 24 Buchstaben. Während die Bilderschriften z. B. der Ägypter und Chinesen von einer Analyse von Geschehen, von einer Aufteilung des Zuberichtenden in einzelne, durch Bilder faßbare Phänomene ausgehen, hat die Buchstabenschrift ihren Ausgang von einer — unsern Wünschen nach einer akustisch orientierten Konservierung scheinbar näherliegenden — Schallanalyse genommen.

Ich weiß nicht, wie weit Ihnen wirklich bewußt wird, von welch großer Tragweite der Unterschied zwischen diesen beiden Prinzipien der „Aufzeichnung" sein muß.

Das eine Mal geht die Aufzeichnung von Gegenständen, von Vorgängen, von Im-Bild-Schilderbarem aus, um Gedachtes, Wortgewordenes aufschreibbar zu machen; das andere Mal zwar vom Interesse an einem akustisch erlebbaren Teilphänomen des Gesprochenen, das aber mit dem jeweiligen Gehalt des Gesprochenen nichts zu tun hat. Sicher war es eine unvergleichlich größere Abstraktionsleistung, aus dem Fluß des Gesprochenen die Tatsache zu erkennen, daß alle Worte eine relativ beschränkte Zahl von „Lauten" enthalten, daß es Laute gibt mit einem Charakter, den wir heute als Konsonant bezeichnen, und solche, die wir als Vokale bezeichnen, als der naheliegendere Versuch, „abbilden" zu wollen. Es war eine großartige Leistung, gewisse klangliche, immer wiederkehrende Struktureigentümlichkeiten im Gesprochenen zu erkennen, eine bestimmte, gesetzmäßig bedingte „Systematik" aufzufinden und aus der äußerst differenzierten klanglichen Wirklichkeit zu einer vereinfachenden, gewissermaßen typisierenden, begrenzten Zahl von Lauten zu gelangen. Zum Aufzeichnen gelangt nur ein kleiner Bruchteil der „Vokale" und „Konsonanten", die beim Sprechen wirklich erklingen. Einen der 24 Buchstaben zum Aufzeichnen zu benutzen, bedeutet fast immer einen Kompromiß gegenüber dem tatsächlich Gehörten. Kaum ein -o- klingt einem andern -o- gleich, aber die Unterschiede sind weniger groß als etwa der zwischen irgendeinem -o- und irgendeinem -u- etc.

Welch eine Leistung, mittels des Abstraktionsvermögens in dieser Fülle von Klangverschiedenheiten allmählich wenige wesentliche Gemeinsamkeiten aus einer Fülle unwesentlicher Unterschiede herausgehoben zu haben, — die vielen tatsächlich erklingenden „Vokale" auf die „Typen" -a-o-u-e-i- etc. und die vielen tatsächlich erklingenden „Konsonanten" auf jene wenigen „Typen" reduziert zu haben, mit denen die Schreibschrift fast aller Kultursprachen heute praktisch auskommt. Wieviel Jahrtausende Arbeit mag dahinter gesteckt haben, bis das Buchstabenalphabet so ausgesehen hat, wie es die Phönizier schließlich benutzt haben! Die Keilschrift liegt noch weiter zurück.

Aber etwas ganz Wesentliches muß schon sehr früh Menschengruppen und Kulturen unterschieden haben, die sich für die Fixierung ihrer gesprochenen Tradition zu einer Bilderschrift oder zu einer Buchstabenschrift entschieden haben.

Die phantastischen Abstraktionsleistungen, die für beide Aufzeichnungsarten — auch für die Bilderschrift und besonders für die Gestaltung der vereinfachten, „stilisierten" Bildtypen — nötig gewesen sind, waren aber unzulängliche, komplizierte Umwege über Auge und Reflexion im

Vergleich zur phonographischen Fixierung von Gesprochenem und ihrer Unmittelbarkeit, die feinste Eigentümlichkeiten — selbst dem Hörer gar nicht bewußt werdende — hörbar, erlebbar werden läßt.

Es ist kaum vorstellbar, welch anderes Gesicht die menschliche Kultur, welch andere Eigentümlichkeiten die Menschen in ihrem Denken heute zeigen würden, wenn das, was Menschen beschäftigt hat, was sie gedacht und gesagt haben, schon sehr früh unverfälscht, eindeutiger und unmittelbarer reproduzierbar hätte konserviert werden können.

Eine echte „Schrift" für Klingendes, die unmittelbar mit dem akustischen Phänomen zusammenhängt, ist allein das Oszillogramm. Es ist die direkte Übersetzung von Schall in visuell erkennbare Zeichen. Bei der Übersetzung des Schallereignisses in „Schrift" findet eine — vom Menschen unbeeinflußte und unabhängige — „Übersetzung" von Schalldruck (der auf ein Mikrophon wirkt) in Stromschwankungen (die einen Stickel oder eine Photozelle steuern) statt. Was der Mensch beitragen kann, beschränkt sich darauf, Apparate so präzise zu konstruieren, daß die Übersetzung mit einem Minimum an Verzerrung möglich ist. Hierbei entsteht eine eindeutige Schrift, geboren und „geschrieben" durch den Schall! Die aufgezeichneten Schallkurven — die Struktur der Schallschrift — offenbaren dem sehenden Menschen auf ähnliche Weise typische, wiederkehrende Eigentümlichkeiten, wie einstmals bei der Entstehung der Buchstabenschrift das Klingende der menschlichen Sprache den hörenden Menschen auch gewisse strukturelle Eigentümlichkeiten offenbart hat.

Es hat übrigens schon 1928 Versuche gegeben, durch das Zeichnen von Schallbildern gewissermaßen synthetischen Schall zu erzeugen und Laute und Klänge mit Hilfe „gezeichneter", konstruierter Schallkurven zu erzeugen, die zuvor noch niemand gehört hat. Dabei ist man aber nicht mehr am Schallbild als an einer optischen Erscheinung interessiert, sondern als einem Äquivalent für ein akustisches Phänomen. Auf Grund von viel Erfahrung kann man die sichtbar gemachten Schallkurven eines Phonogramms ohne Benutzung der Wiedergabeapparatur „lesen", d. h. man kann, wenn man die Zacken sieht, hören, sich vorstellen, wie das klingt. An sich wäre Lesbarkeit im optischen Sinne gar nicht mehr nötig, weil diese „Schrift" mit Hilfe einer geeigneten Apparatur wieder zum Klingen gebracht werden kann. Wenn man so etwas durch die Reproduktion wieder hört, so wird das eine wirkungsvollere, unmittelbarere Mitteilung, als wenn man — die entsprechende Spezialerfahrung vorausgesetzt — vom Oszillogramm „ablesen" wollte.

Vermutlich wird man in nicht allzu ferner Zeit eine „stilisierte“, aber zuverlässige Schallschrift in den Schulen lesen und „schreiben“ lehren und damit den bisher unlösbaren Konflikt zwischen phonetischer und orthographischer Schrift, zwischen den verschiedenartigen lautlichen Interpretationen der Zeichen unseres Alphabetes in den verschiedenen Sprachen etc. aus der Welt schaffen können. Das sind nicht Utopien oder Jules-Verniaden, sondern naheliegende, sachliche Erwägungen und Andeutungen von unausweichlich kommenden Entwicklungen. All das klingt heute nicht mehr so unwahrscheinlich, wie es klang, wenn ich dergleichen vor 20 Jahren sagte!

Frau C.: Haben sich die Menschen nicht zuerst mit visueller Zeichensprache zu verständigen versucht, bevor die akustische Mitteilung entwikkelt wurde?

H. J.: Auch darauf kann man nur mit etwas Erspekuliertem antworten, denn das sind Probleme aus der ersten Zeit der Menschwerdung. Meiner Ansicht nach kann man nicht von einem „Zuerst“ und einem „Nachher“ sprechen, denn Zeichensprache könnte als eine isolierte selbständige, nur visuell wirksame Art der Verständigung nur bei Menschen mit verschiedenen Schallsprachen oder bei Tauben akut werden. Die Vorstellung, es könne sich eine besondere, rein visuell wirkende Zeichensprache bei Wesen, die wie der Mensch der lautlichen Äußerung fähig sind, entwickelt haben, ist eine ähnliche abstrakte Fiktion, wie wenn man von einer reinen „Wort“sprache spricht. Eine reine Wortsprache als unmittelbares Ausdrucks- und Verständigungsmittel hat es nie gegeben. Aber durch die Ausbreitung von Schreiben und Lesen ist der bloße Wortlaut, der „Text“, das mit Mitteln der Schrift Aufschreibbare — der logische Gehalt der Mitteilung — so in den Vordergrund gekommen, daß das Wort sich geradezu selbständig gemacht hat. Beim Sprechen ist aber immer der ganze Mensch beteiligt. Er läßt sein Gestimmtsein, sein Ablehnen oder Zustimmen etc. auch durch seine Gesten, durch alles, was von ihm sichtbar wird, erkennen. Selbst wer sorgfältig beim Sprechen seine Gesten zu vermeiden sucht, „spricht“ dennoch — dann durch seine Starre, seine Zurück-„Haltung“ — durch seine Leiblichkeit mit.

Herr K.: Dann brauchte man also zur phonographischen auch noch die visuelle Wiedergabe des Gesprochenen, auch wenn die akustische wichtiger ist.

H.J.: Daß bei der sprachlichen Äußerung der ganze Mensch beteiligt ist, bedeutet nicht, daß es unmöglich sei, alles Entscheidende durch bloßes

Hören zu erleben. Gerade die technische Entwicklung der letzten hundert Jahre — 1939 waren es erst hundert Jahre seit Erfindung der Photographie! — hat die Möglichkeit des Nachweises erbracht, was für das eindeutige Erkennen- und Wiedererkennenkönnen bei Gehörtem und Gesehenem prinzipiell wesenswichtig ist. Die Schwarzweißphotographie hat bewiesen, daß das Entscheidende der Gestalteindrücke auch ohne bunte Farbe erlebbar wird. Der zunächst stumme Film hat bewiesen, daß das Entscheidende im Ausdruck der Gestalt und ihrer Ausdrucksbewegungen sogar ohne das Wort verständlich werden kann. Und das Radio — wie in gewissem Maße schon vorher der Phonograph — hat bewiesen, daß das Entscheidende der Ansprache und des Angesprochenseins sich, auch ohne daß man den Sprecher zu sehen bekommt, auswirken kann.

Frau C.s Frage hätte möglicherweise einen Sinn gehabt, wenn sie vor Tausenden von Jahren hätte gestellt werden können. Inzwischen hat der Mensch die Sprache eindeutig als klingendes Ausdrucks- und Verständigungsmittel und schließlich noch zur Aufschreibbarkeit hin entwickelt, wodurch von vornherein der logische Gehalt eine größere Rolle spielt als das Emotionale. So ist es kein Zufall, daß die Menschen mit der traditionellen Schreibschrift fast keine Hilfsmittel entwickelt haben, um etwas vom emotionalen, vom affektiven Gehalt der Äußerung aufzuschreiben, falls wir überhaupt gewisse Zeichen wie etwa den Gedankenstrich, das Fragezeichen, das Ausrufezeichen o. a. dazu rechnen wollen. Bei der Notenschrift ist das ganz ähnlich. Dort geben nur gewisse Akzentzeichen, Crescendo- und Decrescendo-Zeichen, dynamische Anweisungen wie piano und forte o. a., Hinweise — und zwar ungenaue und vieldeutige Hinweise — auf das, was sich auf die affektive, emotionale Seite des musikalischen Geschehens bezieht.

Wenn Sie sich vorzustellen versuchten, wie anders unsere Kultur sich heute darstellen würde, wenn die phonographische Aufzeichnung schon vor etwa 10000 Jahren möglich gewesen wäre, bekämen Sie vielleicht einen kleinen Hinweis darauf, auf welche Weise und in welchem Maße anders unsere Kultur sich einmal gestalten wird, wenn die phantastischen Möglichkeiten, die durch die phonographische Aufzeichnung für unsere Kultur, für unsere Tradition entstanden sind, sich weithin in der Realität durchsetzen würden.

Diese Zusammenhänge können auch bewußt werden lassen, in welchem Ausmaß Faktoren, die scheinbar nur dem zivilisatorisch-technischen Sektor angehören, ganz wesentliche Auswirkungen auf das im besten

Sinne Kulturelle haben können und müßten. Allerdings setzt das voraus, daß diese Möglichkeiten als Möglichkeiten bewußt werden, damit sie zu Wirklichkeiten werden können.

Wenn man durch Radio oder Grammophon das Musizieren wirklich hervorragender Musiker oder Sprechen der besten Schauspieler bis in das entlegenste Dorf hören kann, könnte es dazu führen, daß das bloße Beherrschen des Technischen, das bloße Richtigspielen in konventionellem Sinne immer weniger imponieren und als Kunst mißverstanden werden kann.

Wer konnte schon vor ungefähr 1928 z. B. einen Casals, einen Toscanini oder einen Caruso, — einen Bassermann oder Kayssler hören! — Nur einige gut situierte Einwohner von verhältnismäßig großen Städten, Menschen, die zu einer Schicht gehörten, die Interesse an Theater und Konzerten hat. Die überwältigende Mehrheit aller als „Publikum" in Frage kommenden Menschen hatte bis zur Verbreitung von Radio und Grammophon keine Chance, lebendige erfüllte Darstellung zu erleben, — zu erkennen, daß es so etwas geben kann.

Die Ausbreitung von Radio und Grammophon könnte mehr zum Verschwinden jenes dürftigen, beziehungslosen und routinierten „Kunstbetriebes" beitragen, als es „Fortschritte" in der „Kunst"erziehung je fertigbringen können, — und sie wird und muß in der Zukunft diese Wirkung haben, obwohl gerade dieses routinierte Mittelmaß sich vorläufig auch im Sendealltag und in der Massenschallplattenfabrikation noch breit genug macht.

Die positive Auswertung jener Erfindungen müßte alle Mittelmäßigkeit in zunehmendem Maße entlarven!

Ergänzung zum 3. Kurs

Über Störungen im Organismus, die sich auf den Stimmklang auswirken

H.J.: Die Kastration von Knaben mit „schöner Stimme“ war früher üblich, um sie auch als Erwachsene in den katholischen Kirchen als Sopranisten verwenden zu können (Sixtina). Die „Kastratenstimme“ mancher Männer weist auf das Bestehen von Störungen im Sexualapparat hin. Aber auch in solchen Fällen „stimmt die Stimme“, denn sie klingt so, wie es durch die vorhandene Störung bedingt ist. In Fällen von „Fistelstimme“ hat sich das Konservieren der Knabenstimme über die Pubertätszeit hinaus auf psychische Traumata zurückführen lassen. Nach Auflösung der traumatischen Wirkung durch eine Analyse hat sich auch der Charakter der „Stimme“ in Richtung des Stimmklanges eines Erwachsenen verändert. Das „Gackern“, wenn aufgeregte Mädchen oder Frauen beisammen sind, das „Umkippen“ der „Stimme“, wenn Menschen mit kleinen Kindern sprechen und dabei kindisch werden, und das „Umkippen“ der Stimme in Wut kennen Sie wohl ebenso wie das Hochtreiben des Stimmklangs bei Männern wie Frauen, wenn sie erregt und heftig werden. In all diesen Situationen „stimmt“ die Stimme, denn diese Menschen klingen so unter der Einwirkung ihrer Affekte. Sie verändern durch Kontraktionen und Starrwerden die Reaktionsfähigkeit ihres Atem- und Stimm-„Apparates“, so daß es nur so klingen kann, wie es dann klingt!

Bei uns in der Arbeit verändert sich bei allen Menschen, die längere Zeit mitgearbeitet haben und allmählich gelassener funktionieren, der Stimmcharakter zum Dunkleren hin, denn in unseren Verhältnissen haben fast alle Menschen eine mehr oder weniger stark „nach oben“ verschobene Stimmlage. Je mehr man bei sich ist, je mehr man aus der Gepreßtheit und Irritiertheit der üblichen Alltagsverhaltensqualität herauskommt, desto dunkler wird der Stimmcharakter. Eine Ausnahme bilden jene seltenen Fälle von ungewöhnlicher Erschlaffung, in denen der Stimmklang „zu tief“ liegt.

Dafür besteht ein umfangreiches Belegmaterial in meinem Platten- und Bänderarchiv.

So etwas tritt ein, ohne daß wir uns direkt mit der „Stimme“, mit dem Stimmklang beschäftigen, allein als Begleiterscheinung von zweckmäßigerem Verhalten.

Je unfreier und affektierter Menschen sind, desto höher ist gewöhnlich auch ihre „Stimmlage". Je gelassener Menschen sind — gleichgültig ob Mann oder Frau —, desto dunkler klingen sie gewöhnlich. Man sagt von einem Menschen, er sei „verstiegen". Nehmen Sie dabei auch dies wunderbar drastische Bild zur Kenntnis! Aber dann klingt er auch „verstiegen".

Wenn Menschen affektiert reden, äffen sie, meist unbewußt, irgendein von ihnen als wünschenswert empfundenes „Ideal" nach. Derselbe Mensch kann, je nach seiner momentanen Lebenssituation — ob er beunruhigt und mit Sorgen belastet oder froh und unbefangen ist —, sehr verschieden klingen. Und je mehr ein Mensch seine jeweilige Situation nicht zu erkennen geben will, desto mehr bekommt z. B. auch sein Stimmklang einen „verhaltenen" Ausdruck. Dann verrät der verhaltene Charakter des Klingens, daß der Mensch sich „zusammennimmt"! Unsere Art zu klingen ist immer der Ausdruck unserer jeweiligen Gesamtsituation einschließlich der Auswirkungen unserer Geschichte.

Man reagiert stets seiner persönlichen Geschichte entsprechend auf die momentane Beanspruchung, vorausgesetzt, daß keine bewußte Selbstnacherziehung stattgefunden hat. Wenn sie stattgefunden hat, gehört sie zu der mitwirksamen „Vergangenheit".

(Hinweis auf die Verschiebung, die die Bedeutung von „es stimme etwas" als einer sachlichen Feststellung, es sei etwas „stimmend", d. h. „in Übereinstimmung mit etwas", dadurch erfahren hat, daß man heute im Alltagssprachgebrauch, wenn etwas besonders in Ordnung, wenn etwas „schön" ist, etwas von uns positiv bewertet wird, gewissermaßen lobend sagt: „Es stimmt!". Dieser Begriff bekommt außerdem unter anderen Gegebenheiten noch die Bedeutung von Zu-Stimmung. So kann man z. B. sogar sagen: „Es stimmt, daß ich falsch gerechnet habe!", wenn man auf einen Fehler aufmerksam gemacht wird.)

Wenn Sie Mühe haben, wirklich zu erfassen, was ich meine, wenn ich sage: „Die Stimme stimmt immer!", so treffen Sie dabei offenbar eine ähnliche Schwierigkeit an wie früher, wenn ich sagte, auch das „Falsche" sei für den betreffenden Menschen solange „richtig", als er dessen Falschsein noch nicht erarbeitet, erkannt habe, und das Wahre sei für jemanden solange noch das „Falsche", als er dessen Wahrsein noch nicht erarbeitet habe.

Frau B.: Wenn man sagt, die Stimme stimme immer, weil sie ein Spiegelbild dessen sei, was in dem Menschen geschieht, dann ist das doch trivial. Wenn ich mir vorstelle, ein Mensch müsse anders sein, damit er unverstört klingen würde, dann nivelliert diese Vorstellung doch alles auf eine Norm, — er entspricht dann eben nicht der Norm des Unverstörten.

H.J.: Offenbar meint Frau B., daß wir von einem Klangideal ausgehen und daß der, der dem Klangideal nicht entspricht, nicht in Ordnung ist.

L.S.: Man sagt: „Das Instrument ist gestimmt." Das weist doch auch in diese Richtung!

H.J.: Mir scheint, daß Frau B. noch etwas anderes meint, denn beim Instrument, das gestimmt wird oder ist, trifft zu, was Frau B. von der „Norm" sagte. Es trifft aber für die „Stimme" nicht zu. Das Musikinstrument wird so lange „bearbeitet", gestimmt, bis die Höhe eines errechneten oder eines — z. B. in der Stimmgabel gegebenen — „genormten" Klanges erreicht worden ist. Ein Instrument kann man stimmen und kann es verstimmen. Allerdings, einen Menschen kann man auch „stimmen" und „umstimmen" und „verstimmen", aber in einem anderen Sinne, — in einem, der nicht auf den Stimmklang zielt. Das entstandene Gestimmt-, Umgestimmt- oder Verstimmtsein wird jedoch wiederum am Stimmklang des Menschen hörbar, aber nur auch hörbar.

(Hinweis auf Hamlets Bemerkung; 3. Aufzug, 2. Szene.)

Für uns ist das, was man gemeinhin „Stimme" nennt, was man wie einen „Gegenstand" betrachtet und auch behandelt (die laute, leise, große, kleine, schöne, häßliche Stimme, an der man „arbeitet", die man „bildet"), die Art, in der ein Mensch klingt, wenn er sich äußert.

Wenn man erfahren ist, kann man am Stimmklang erkennen, in welchem Zustand ein Mensch ist, ob er ruhig, frei, unbefangen, frisch, couragiert ist, ob er Angst hat, unter Druck steht, müde ist, erregt oder affektiert ist. Das kann man erkennen, ohne daß man im voraus etwa eine Norm hören müßte, einen objektiven Maßstab dafür besäße, wie ein Mensch zu klingen hätte, wenn er weniger irritiert, wenn er bei sich und unverstört wäre.

Dadurch, daß wir etwas spontan als „uneinheitlich", als „zwiespältig", als „einseitig" etc. empfinden, zeigt sich unser angeborenes Empfinden für das Ganzsein, das Geordnetsein, das Vielseitigsein etc.! Indem ich spüre, daß eine „Stimme", d. h. die Art eines Menschen zu klingen, nicht „stimmt", Unordnung verrät, offenbart sich gleichzeitig, daß ich — obwohl ich den betreffenden Menschen vielleicht gar nicht kenne — ein Empfinden dafür habe, wie dieser Mensch tönen würde, wenn er nicht „verstimmt", nicht verstört, nicht in Unordnung wäre. Das hat nichts, aber auch gar nichts mit einem ästhetischen Klangideal zu tun, sondern diese Fähigkeit gehört auch zu unserer biologischen Ausrüstung, die uns gestattet — wenn wir selber anwesend und still sind —, außerordentlich fein und zuverlässig zu registrieren, ob irgendein Prozeß, ein Zusammenhang geordnet oder ungeordnet verläuft . . .

(Es folgt eine Demonstration des Vertikalstehens, des Neigens etc. eines Gegenstandes und der spontanen Reaktion auf Ruhelage und gestörte Ruhelage.)

Wenn Ruhelage da ist, bzw. Ordnung, dann nehmen wir das gewöhnlich gar nicht zur Kenntnis, weil es in gewissen Verhältnissen — z. B. gerade bei Gleichgewichtslagen — zum Selbstverständlichen zu gehören scheint.

Das sind im Grunde „Trivialitäten", aber sie sind es wiederum nicht, weil kaum jemand die Tragweite dieser unüberprüften Selbstverständlichkeiten zu erkennen scheint. Außerdem denken und handeln wir durchaus nicht so, als ob irgend etwas von alledem uns bekannt, geschweige denn selbstverständlich wäre.

Die „Stimme", d. h. unsere Art zu klingen, ist ein Symptom für etwas aus unserm Gesamtzustand. Alle Menschen, die die „Stimme" verändern, sie schulen und verbessern wollen, wollen das Symptom verändern, anstatt die Voraussetzungen zu schaffen, die es dem Menschen ermöglichen, anders zu klingen.

4. Kurs

Zweckmäßiges Verhalten im Alltag — Sicherinnernwollen
Denken auf Grund von Erfahrenhaben
Denken und „Selbstverständlichkeiten"
Die Familien Bach und Bernoulli in der Erbbiologie
Spaß am Falschmachen
Nichts anderes scheinen wollen, als man ist = ein Schlüssel für Angstlosigkeit — Angstlosigkeit auf religiöser und auf bewußt erarbeiteter Grundlage
Zweckmäßiges Sichgebrauchen läßt unsere Möglichkeiten offenbar werden
Erinnern in Zusammenhängen und isoliert
Das Vorgehen in den Arbeitsgemeinschaften
Allgemeine Zugänglichkeit der Mathematik
Unzweckmäßiges Verhalten?
Beim Diskutieren — Stimmaufwand — beim Umgang mit dem Kleinkind — Ratschläge
Konsequent sein
Das Empfinden für das Stimmende
Bei-sich-Sein
Charakter
Positive Widerstände und Verstörend-Wirkendes
Versuchsverabredungen, um Verhaltensweisen zu studieren:
Schau-Absicht aufgeben — Hör-Absicht aufgeben — zweckmäßiges Verhalten
4. Ergänzung: Infragestellung der Haltbarkeit der Beispiele der Familien Bach und Bernoulli zum Begabungsproblem

12. Februar 1945

H. J.: Ist Ihnen bei dem Versuch, den Gehalt des vorangegangenen Kursabends auftauchen zu lassen, schon empfindbar geworden, daß man sich einerseits dabei anstrengen kann, grübeln kann und daß man andererseits bewußt versuchen kann, gelassen zu werden, — bereit zu werden, sich etwas „einfallen" zu lassen? (Zustimmung der meisten Mitarbeitenden)

Bei allem, zu dem wir mit der Zeit einen bewußten Zugang erarbeiten wollen, handelt es sich um Erscheinungen, Möglichkeiten, die Ihnen durchaus nicht fremd oder ganz neu sein werden. So handelt es sich bei dem Problem des zweckmäßigen Verhaltens um eine Verhaltensqualität, die Ihnen bei sich und bei anderen in „guten Stunden" — oder besser gesagt in „guten Minuten" — erkennbar werden würde, sofern es Ihnen schon möglich wäre, Verhaltensqualitäten bewußt zu erkennen, zu unterscheiden, und sofern Sie ganz allgemein an der Daseinsqualität von Menschen interessiert sind. Leider konstatiert man, wenn etwas positiv verlaufen ist, aber meistens nur, daß man „gut aufgelegt", „in Stimmung" oder „in Form" gewesen sei, ohne sich der Ursache — nämlich der Qualität seines Verhaltens — bewußt zu werden. Der Versuch, gelassen und offen zu werden, so daß einem etwas einfallen oder auffallen kann, daß man von etwas „berührt" werden kann, bedeutet etwas anderes als „sitzen und warten". Wem ist empfindbar, was ich damit sagen will? (Zustimmung)

Es ist nun Ihre Aufgabe zu prüfen, ob und bei welchen Gelegenheiten Sie in Ihrem Alltag das Verhaltensproblem bewußt antreffen können. Je mehr konkrete Erfahrungen Sie haben — und seien sie noch so bescheiden! —, die wir auf Grund Ihres Erlebthabens überprüfen können, desto eher können wir uns verständigen, weil wir dann über Erlebtes „denken" und nicht nur über als „Meinung" Gehörtes.

Die meisten Menschen, die unsere Schulen durchlaufen haben, denken auf Grund von „Gedachtem", anstatt zu denken auf Grund von Erfahrenhaben. Was übrigens für den „gesunden" Menschenverstand charakteristisch ist!

Je mehr man „gelernt" hat — nur „gelernt" hat! —, desto mehr ist man in Gefahr, über bloß Gedachtes — über nur von anderen Gedachtes! —

weiter zu denken, also über etwas, dem die Basis des Erlebthabens fehlt.

Es ist notwendig, sich vieler unüberprüfter „Selbstverständlichkeiten" bewußt zu werden, weil diese „Selbstverständlichkeiten" für unser „Denken" den Charakter von Tatbeständen haben. Wie häufig verhält man sich unbewußt so, als hätte man überprüft.

Fräulein D.: Es gibt Stammbäume, mit denen die Vererbung z. B. von Geisteskrankheiten oder von Musiker- oder Mathematiker-Begabungen, z. B. der Bernoulli, nachgewiesen wird. Wenn die Wissenschaft das durch Generationen hindurch nachweist, scheint mir das Beweis genug.

H. J.: Imponieren können solche Darstellungen, und man ist leicht der „Autorität der wissenschaftlichen Aufmachung" ausgeliefert. Wenn man solche Stammbäume aber ernsthaft überprüft, dann schwimmen z. B. die schönen „Beweise" der Familie Bach oder der Familie Bernoulli davon, und zwar sowohl aus sachlichen Gründen, die uns ausführlicher beschäftigen werden, wenn wir uns für die funktionellen Hintergründe einer Musik-„Begabung"* oder Mathematik-„Begabung" interessieren werden, als auch aus Gründen der Sauberkeit bei der Heranziehung von Belegen. Es ist nicht leicht, einen Menschen, dessen Arbeitsweise und dessen Leistungen wir miterleben, in bezug auf seine „Begabung" zu beurteilen. Und wenn wir mehrere „Sachverständige" um ihr Urteil bitten, können wir darauf rechnen, voneinander abweichende Urteile zu bekommen. Trotzdem beruft man sich immer wieder auf solche Bewertungen von „Begabtheit" ganzer Folgen von Generationen einer Familie, deren „bewertete" Mitglieder seit mehreren hundert Jahren tot sind und über deren Leben wir außer der Tatsache, daß sie aus der Masse ihrer Zeitgenossen durch ihre Leistungen aufgefallen sind, wenig wissen!

Es ist grotesk, mit was für einer pseudo-wissenschaftlichen Mentalität derartiges Material in der Literatur über die Vererbung „geistiger Eigenschaften" zu finden ist. Die „Begabungen" der Menschen in erbbiologische Arbeiten einzubeziehen, ist aus vielen Gründen problematisch, nicht zuletzt deshalb, weil das, was als „Begabung" gewertet wird, unbestimmt und subjektiv gewertet wird, aber so komplex bedingt ist, daß man bei der üblichen Betrachtungsweise von vornherein versagen muß. Ich bin überzeugt, daß man auf diesen Wegen nicht weiterkommen kann, sondern die Probleme immer mehr vernebelt. Man muß von einem andern Standort aus fragen. Es müßte klar werden, welche Voraussetzungen in der Ge-

* Siehe Kurs 17

samtstruktur der menschlichen Ausrüstung sein müssen, damit jemand z. B. als „musikalisch" erscheinen kann, — wobei sich die „Fachleute" darüber einig sein müßten, was alles zum Musikalischsein zu gehören habe. Mit der mathematischen „Begabung" ist es ebenso. Welche komplexen Voraussetzungen müssen zusammenspielen, bis das funktionieren kann, was einem Menschen die Erkenntnis mathematischer Beziehungen ermöglicht!

Keine Theorie kann für uns diskutabel sein, die nur auf Autorität hin angenommen werden muß!

Wenn man überdurchschnittliche Leistungen in den Familien Bach und Bernoulli von einem anderen Standort her verständlich machen kann, dann können so manche Meinungen über Begabungs-Vererbung nicht mehr bestehen.* Sie sollen auch hierbei nicht „lernen" oder „übernehmen", was ich sage. Vorläufig genügt es, wenn Sie anfangen zu merken, daß das, was Sie über Vererbung und „Begabung" zu denken gewohnt sind, fragwürdig ist, — wenn Sie den Wunsch nach mehr Unterlagen und eingehenderer Überprüfung bekommen.

Frau B.: Bei dem Versuch, mich an die Kursabende zu erinnern, fand ich es schwierig, auch den Zusammenhang zu finden, in dem bestimmte Dinge vorgekommen sind. Es ist eigentlich nur von halbem Wert, sich gewisser Dinge zu erinnern, ohne auch den Zusammenhang mit zu übersehen. Ein einziges Mal ist mir der Zusammenhang deutlich geworden beim Erinnern an das, was im Kurs vorgegangen ist.

H. J.: Das ist schon viel! (Heiterkeit!) Ich meine das im Ernst. Man erwartet nämlich schon Resultate, ehe man bereit ist, häufig und auch sinnvoll zu probieren. Anderen wird es auch so gehen, daß ihnen vorläufig eher „Stoff"-Fetzen als große Zusammenhänge einfallen, mehr Äußerlichkeiten, Anekdotisches, also Stücke vom Stoff, mit dem wir uns beschäftigt haben.

Frau H.: Ich erinnere mich eigentlich eher an das, was die andern gesagt haben, als an das, was Sie gesagt haben.

H. J.: Ich fände es gut, wenn Sie alles, was ich sage, bis auf das, was von selber wiederkommt, „vergessen" könnten.

Was Sie wirklich berührt, wird in Ihnen arbeiten und nicht nur memoriert werden. Wir sind dazu erzogen, alles möglichst wortgetreu zu me-

* Siehe Ergänzung zum 4. Kurs: Zur Infragestellung der Haltbarkeit der Beispiele der Familien Bach und Bernoulli zum Begabungsproblem

morieren. Solange wir aber memorieren wollen, funktionieren wir auf der „Lern"leitung.

Ich habe aber mit den Jahren erfahren, daß man Mitteilungen so arrangieren sollte, daß man sie nicht bequem schwarz auf weiß nach Hause tragen kann. Es schafft verständlicherweise im Anfang ein gewisses Unbehagen, wenn man weder „Schüler" noch bloß „Hörer" sein soll; aber wenn wir uns gegenseitig erst etwas besser kennengelernt haben, werden Sie schon merken, wohin der Wagen fahren will.

Machen Sie ruhig viel „falsch"! Ich meine das sehr ernst, denn wir sind erzogen in lauter Angst vorm Falschmachen. Diese Sorge betrügt uns mit am wirkungsvollsten ums lebendige Leben. Das Prestige, die Geltung scheint für die meisten davon abzuhängen, daß niemand etwas an ihnen aussetzen kann. Hat man einen Fehler gemacht, ist man zufrieden, wenn er von niemand bemerkt wird. Es ist einem aber viel wohler, wenn man imstande ist, zu dem zu stehen, wie man im Moment *ist*, — was man auf Grund seiner Vergangenheit und auf Grund des Ausmaßes seines Sicheinsetzens sein kann. Das zu können ist ein wesentlicher Schlüssel zur Angstlosigkeit.

Nun, von diesem Schlüssel läßt es sich leichter reden, als ihn benützen. Fast alle Beunruhigtheit und Angst kommt daher, daß man, anstatt zu *sein*, wie man im Moment sein kann, sich Mühe gibt zu scheinen. Ob wir das bewußt oder unbewußt tun, spielt keine Rolle. Wir wollen auch vor uns selber immer irgendwie „aussehen", „erscheinen". Das ist eine Belastung, die wir unserer Erziehung verdanken. Ihr Ausmaß ist bei den einzelnen verschieden; der eine ist in dieser Richtung stark, der andere kaum beunruhigt.

Schwester W.: Ich weiß aus Erfahrung, wieviel man sich mit andern vergleicht und dann das Gefühl bekommt, daß die anderen besser oder gescheiter sind als man selber. Mit diesen Minderwertigkeitsgefühlen ist man viel weniger leistungsfähig, als man sein könnte. Aber mit dem Moment, in dem man den Schöpfer anerkennt und das Gefühl hat, man habe nun einmal das mitbekommen und mit dem müsse man auskommen, ist es nicht mehr so wichtig, was der andere macht oder sagt, und es kommt eine größere Freiheit über einen.

H. J.: Ob Sie sich das von der religiösen Seite oder einer — sagen wir mal vorsichtig — ehrfürchtigen Vernunft her erarbeiten, auf jeden Fall ist man um so freier und um so offener, je weniger man etwas scheinen will oder scheinen zu müssen meint, was man nicht ist oder noch nicht ist. Das kann sowohl aus einem gläubigen Vertrauen geschehen wie aus einem nüchtern bewußten, auf Grund von Einsichten in unsere Möglichkeiten und auf Grund von eigenen Erlebnissen gewonnenen Vertrauen. Aber ohne Vertrauen schaffende Erlebnisse kommt man nicht zum Wieder-vertrauen-Können.

Wer unsere übliche Erziehung gehabt hat — und da wirkt die Kleinkindererziehung nachhaltiger als die Schule —, vertraut mit großer Wahrscheinlichkeit nicht mehr dem, was das Leben bringt, anderen Menschen und sich selber. Die Schule verstärkt das nur mit ihren Zensuren und Prämien.

Ich stimme Schwester W. nur so weit zu, daß dieses Vertrauen beim Bestehen einer echten religiösen Haltung eigentlich selbstverständlich wäre. Für uns stellt sich die Aufgabe, auf Grund nüchterner Einsicht und sachlicher Arbeit an uns selbst angstloser werden zu können. Schwester W. sagte, „man habe nun einmal das mitbekommen und mit dem müsse man auskommen." Wenn wir „nur" das zur Entfaltung brächten, was wir mitbekommen haben, wäre das so viel, daß wir gar nicht mehr meinen könnten, damit müsse man eben „auskommen" und „sich bescheiden." Man brauchte im Grunde nur wieder in Beziehung zu kommen zu dem, was man latent in sich trägt, um viel mehr zu werden, als man oft gerne vorstellen möchte. Echte religiöse, vertrauende Einstellung kann unbewußt zweckmäßiges Verhalten sichern. Nur kann man echte religiöse Haltung weder „lernen" noch experimentell ausprobieren, noch „machen." Sie ist ihrem Wesen nach etwas, das einem als Glücksfall, als seltene Gnade begegnet.

Wir wollen durch bewußte Einsicht dies Vertrauenkönnen beim Kind vor Verstörung bewahren und bei uns selber wieder etwas davon erdienen und erarbeiten. Ich sagte es schon einmal: Welche Möglichkeiten, was für eine Ausrüstung wir mitbekommen haben, das läßt sich nicht durch Tests bewerten, sondern das tritt nur zutage auf Grund von zweckmäßigem Gebrauch.

Je mehr wir uns zweckmäßig gebrauchen, desto mehr kann von unseren Möglichkeiten offenbar werden. Je mehr wir uns anstrengen, um etwas aus uns zu machen, desto weniger wird aus uns. Aber auch dieser Satz kann nicht isoliert für sich stehen. Er hat seine eindeutige Bedeutung nur auf der Basis unserer bisherigen Überlegungen, denn unter Anstrengungen — mit negativem Vorzeichen — verstehen wir unzweckmäßigen Aufwand.

Es ist so wenig von dem Ansatzpunkt bekannt, von dem aus, und von der Richtung, in die wir hätten entfaltet werden können, weil schon sehr früh ein Zurechtstutzen an uns versucht worden ist, — lange bevor so ein Pflänzchen hat kräftig genug werden können, um seine ihm innewohnende eigentümliche Wachstumstendenz sich selber wie seiner Umgebung eindeutig offenbaren zu können.

Nachdem wiederholt bewußt erlebt worden ist, daß man durch Gelassenbleiben beim Sicherinnern bedeutend mehr Chancen bekommt für das Wiederauftauchen, sollte man nun im Alltag bei jeder Gelegenheit, bei der einem etwas nicht gegenwärtig ist und bei der man spürt, daß man sich anstrengt, bewußt versuchen, sich weniger anzustrengen. Nur wenn wir „stolpern", haben wir eine Chance auszuprobieren, wie man zweckmäßiger vorgehen könnte.

Fräulein D.: Frau B. berichtete vorhin, daß es sie besonders befriedigt habe, als einiges aus der Kursarbeit nicht als Bruchstück, sondern in einem Zusammenhang bei ihr aufgetaucht sei. Mir ist im Laufe dieser Woche manches aus der Arbeit hier plötzlich wieder bewußt geworden. Ich habe dabei immer gespürt, daß da ein Ansatzpunkt für etwas ist, das sich ganz von selber darbot. Warum sich denn bemühen, das im Zusammenhang zu sehen?

H. J.: Was Sie feststellen, ist gut für Fräulein D., und jenes ist — vorläufig — gut für Frau B.! Ein Mensch, der sich wie Frau B. viel mit intellektuellen Problemen beschäftigt hat, Juristin ist, Philosophie studierte und ein besonderes Bedürfnis nach Überblick entwickelt hat, hat eine andere „Hausordnung", andere „Gewohnheiten" als jemand, der — wie Sie — sich mehr mit dem lebendigen Menschen beschäftigt hat, mit dem, was ihm in der Fürsorge, im Unterrichten etc. begegnet ist, und der dadurch gewöhnt ist, sich mehr am Konkreten zu orientieren.

Im übrigen haben Sie etwas wesentlich anderes berichtet als Frau B. Sie sagten, es sei Ihnen im Laufe der Woche plötzlich manches wieder bewußt geworden. So etwas kann gar nicht „isoliert" auftauchen. Es muß irgendein Zusammenhang wirksam gewesen sein, damit es in diesem Augenblick auftauchen konnte. Daß Ihnen eventuell bloß „Brocken" einfallen, hängt weitgehend mit der Art meines Vorgehens zusammen. Ich bringe Ihnen absichtsvoll keinen „logischen" Faden! Ich benutze verschiedenste „Stoffe" als Beispiel, um gewisse Probleme nur zu berühren. Vielleicht aber merken Sie bereits, daß das nicht zufällig ist, sondern daß die Probleme in anderer Gestalt wieder auftauchen und dabei allmählich mehr Gestalt bekommen.

Es braucht gewöhnlich längere Zeit, bis es einem möglich ist, die hinter so verschiedenartigen „Stoffen“ vorhandenen Gemeinsamkeiten zu erkennen. Solange man am „Stoff“ hängenbleibt, meint man, es handle sich bei so verschiedenartigen Beispielen um verschiedene „Sachen.“ So ein Vorgehen kann für manche unter Ihnen beunruhigend sein, und je mehr Sie „Systematiker“ sind, desto mehr kann Sie solch ein Vorgehen beunruhigen. All das wird jeden von Ihnen auf eine andere Weise beunruhigen, ansprechen oder angehen, ganz nach der Vergangenheit des einzelnen. Diese bestimmt wesentlich die Art, in der jeder von Ihnen heute auf irgendeinen Satz, auf irgendeine Feststellung reagieren wird. Jeder von uns hat auf Grund seiner Vorgeschichte eine andere Art von Resonanzmöglichkeit! Darum ist es ein grundlegender pädagogischer und psychologischer Irrtum, wenn man meint, es genüge, etwas an sich Richtiges bloß „vorzutragen“, ohne sich darum zu kümmern, wie es aufgenommen wird. In der Mathematik allerdings sind Gegenstand und Formulierung so sachlich und „zeitlos“, daß man sich in gewissem Grade auf die „Mitteilung“ beschränken kann, ohne die jeweilige Resonanzbereitschaft berücksichtigen zu müssen.

Der große Mathematiker Leonhard Euler,* der später blind wurde, hat seine Arbeiten seinem Diener diktiert, der nicht viel mehr als lesen und schreiben konnte, und sich hinterher vergewissert, ob diesem das, was er schreiben mußte, auch verständlich gewesen sei. Euler war der Meinung, seine Art der Darstellung könne noch nicht in Ordnung sein, wenn ein einfacher Mensch sie nicht verstehe!

Dr. X.: Wieso kommt es, daß bei demselben mathematischen Unterricht — z. B. in der Schule — die einen etwas fertigbringen und daß den anderen das Verständnis vollkommen fehlt? In bezug auf Mathematik werden Kinder von den Eltern meistens nicht verstört, denn die Eltern verstehen doch meistens nichts von Mathematik.

H. J.: Die Verhältnisse sind komplexer! Jedes Kind bringt in denselben Mathematik-Unterricht seine Vorgeschichte mit. Da braucht zu Hause kein spezieller Einfluß in Richtung Mathematik wirksam gewesen zu sein. Zum Erfassen mathematischer Zusammenhänge gehört eine bestimmte

* Kurze Mathematikerbiographien: Leonhard Euler, von Dr. Rudolf Fueter. Verlag Birkhäuser, Basel.

Verhaltensqualität, interessierte Aufgeschlossenheit des Schülers. Ängstlichkeit oder „Besetztsein" durch etwas können einen Schüler genauso beim Folgenkönnen belasten und versperren, wie bei jeder anderen Art von Unterrichtsstoff auch. Bemerkungen über die Schwierigkeit des Zugangs zur Mathematik können genügen, daß ein Kind mit „Angst auf Vorrat" in die ersten Mathematikstunden geht. Die bestimmenden, die wirksamsten Faktoren sind oft so unaufdringlich, daß gerade sie leicht übersehen werden können. Wir ahnen noch nicht, wie vielfältig und wie „unauffällig" die Anlässe sind, aus denen heraus Vorurteile und Ängstlichkeit etc. erzeugt werden. So eindeutig und einfach, wie ich es gerade andeute, braucht die Erzeugung von Befangenheit „auf Vorrat" nicht einmal passiert zu sein. Als wir kurz über die Vererbung bei der Familie Bernoulli sprachen, wies ich schon darauf hin, daß das Zustandekommen mathematischer Einsichten so komplexe Voraussetzungen hat, daß wir uns nicht gut die Existenz eines Spezialgens für Mathematik als in der Erbmasse gegeben vorstellen können. Wie entscheidend hängt die Qualität des Verhaltens des Schülers in der Mathematikstunde davon ab, ob er für Mitteilungen aus dem Bereiche der Mathematik offen ist, weil dies „Fach" nun einmal im Lehrplan steht oder weil er merkt, das habe auch mit ihm selber, mit seinem Leben und Erleben etwas zu tun, und dadurch ein echtes Interesse entstehen kann. —

Wo gäbe es im Alltag außerdem Gelegenheiten, um über unzweckmäßiges Verhalten zu stolpern?

Frau B.: Beim Diskutieren! Zum Beispiel die Überzeugungskraft des gesteigerten Stimmaufwandes zu überprüfen oder das ewige Wiederholen, um zu verdeutlichen.

H. J.: Ja! Wer kennt den Aufwand, wenn man etwas „eindrücklich" machen will? Eindrücklichkeit und Nachdrücklichkeit beim Sprechaufwand, — ein Aufwand, der oft im gleichen Verhältnis zu der bestehenden eigenen Unklarheit wächst. Wer sich verführen läßt, in der Diskussion heftig zu werden, hat damit meistens schon die Schwäche seiner Position eingestanden.

Dr. X.: Leider ist aber manchmal die Wirkung von Geschrei größer als die von stillem und vernünftigem Reden.

H. J.: Da das Publikum fast überall aus Menschen besteht, die unsicher sind, kann man dem unsicheren Partner evtl. auch mit Schreien imponieren.

Herr O.: Kann man in diesem Zusammenhange nicht auch das Schreien des Kleinkindes erwahnen, das, wenn es etwas durchsetzen will, auch sein Geschrei steigert, sogar aus den gleichen Gründen?

H. J.: Es ist mir besonders lieb, wenn wir die Brücke zur Situation des Kleinkindes herstellen können. Das Kleinkind schreit erst dann „eigensinnig", wenn es schon erlebt hat, daß es damit Wirkungen beim Erwachsenen auslösen kann und daß man auf seinen „Eigensinn" hereinfällt. Wenn es anfängt, sich mit nachdrücklichem Schreien durchsetzen zu wollen, ist das bereits ein Resultat unserer Erziehungsfehler. Ein Kind, das aus „vollem Herzen", „mit seinem ganzen Körperchen" schreit, weil es zu seiner Entwicklungsetappe gehört, schreit mit einem anderen Tonfall, als wenn es trotzig oder zwängerisch schreit. Der Erwachsene ist nur dann unsicher, was mit dem Kinde los ist, wenn er nicht genügend bei sich ist, um spüren zu können, aus welchem Grunde das kleine Wesen schreit, und unternimmt leicht mancherlei Unzweckmäßiges, um das Kind zu „beruhigen". Es ist sogar schon für einen Säugling wichtig, daß er sich mit echten Nöten auseinandersetzt. Psychologische und pädagogische Hilfen, die man Pflegerinnen und jungen Müttern gibt, sollten im wesentlichen darin bestehen, sie empfindlich dafür werden zu lassen, wie dem Kinde zumute ist, — ihnen die Konsequenzen deutlich werden zu lassen, die sich aus dem üblichen „Beruhigen", „Ablenken" und „Nachgeben" für die spätere Beziehung zum Kind ergeben.

Etwas Grundsätzliches, das schon gegenüber dem kleinen Kind unbedingt erfüllt werden sollte, aber mindestens ebensosehr auch zwischen Erwachsenen, ist folgendes:

Bevor man etwas von einem anderen verlangt, sollte man deutlich empfinden, ob man es verantworten kann, ob man wirklich dazu stehen kann. Hat man den Eindruck, daß man es kann, dann müßte man es auch durchsetzen! Wenn man aber um etwas bittet oder etwas fordert, ohne recht bei sich zu sein, oder wenn gar zwei „Kommandeure" da sind, die Entgegengesetztes fordern, wird die echte Autorität verspielt, und das Kind wird immer unsicherer. Mit Forderungen an ein kleines Kind muß man so konsequent sein wie mit einem Tier, das man dressieren will, zu dem eine Beziehung auch nur durch Vertrauen und Bestimmtheit entstehen kann. Wissen Sie, daß ein guter Dresseur ein Tier niemals schlägt und auch nicht anschreit, sondern möglichst gleichmäßig freundlich, aber sehr bestimmt und konsequent zu seinem Zögling ist? Er wird nie etwas fordern und es nachher auf sich beruhen lassen! Da ihm — bewußt oder aus „Begabung" — klar ist, daß er unter allen Umständen konsequent sein muß, wird er genau erwägen und überlegen, bevor er etwas fordert oder bevor er eingreift.

Konsequent zu sein gegenüber dem Kind fällt meistens deswegen so schwer, weil man sich selber gegenüber nicht genügend konsequent ist.

Wie viele „moralische“ Vorschriften machen wir den Kindern ganz so, als ob wir selber sie selbstverständlich erfüllen. Da es sich dabei meist um sozial notwendige Zielsetzungen handelt, sollten wir von „wir“ sprechen, die wir alle ständig versuchen müßten, diesen Zielsetzungen zu entsprechen!

Wie man es mit einem kleinen Kind „machen“ soll, sollte man einem Menschen nicht als „Ratschlag“ sagen. Man sollte ihm nur dazu verhelfen, so viel Beziehung zur Qualität seines Verhaltens zu bekommen, daß er stolpert, sowie er im Begriffe ist, etwas Unzweckmäßiges zu machen. Damit appelliert man an eine andere Instanz als an das Gelernte, an eine Instanz, die „signalisiert“, wenn man sich unzweckmäßig verhält.

Wir sind so von klein auf gewöhnt, bei andern nachzufragen, was „richtig“ sei, daß man im allgemeinen gar nicht mehr Vertrauen zu dem hat, was sich in einem meldet. Die sogenannte „innere Stimme“ spricht beim Erwachsenen meist nicht mehr klar und zuverlässig. Sie hat durch unsere Erziehung einen problematischen „Stimmbildungsunterricht“ erhalten.

Verstehen Sie dieses Bild? Wir sind doch unsicher gemacht worden, so daß wir dem, was sich in uns meldet, nicht mehr vertrauend Gehör schenken können. Wünsche und Ängste vermengen sich oft mit dem, was diese „innere Stimme“ mitteilt. Sie machen für ihre Mitteilungen taub. Man hört gewöhnlich gerne auf die „innere Stimme“, wenn sie etwas Angenehmes sagt. Aber wenn sie etwas mitteilt, das einem nicht gefällt, fehlt es nicht an „logischen“ Gründen, mit denen man sich und anderen beweist, daß das, was man meint, richtiger ist.

Das „Empfinden für das Stimmende“ ist nichts Mysteriöses, ist nichts „Moralisches“ und nichts „Ethisches“, sondern ist eine Funktionsweise, die auch zu unserer biologischen Ausrüstung gehört. Dies „Empfinden für das Stimmende“ leitet den Menschen von den ersten Atemzügen an bei der Eroberung des Zugangs zu sich selbst und zur Umwelt und wird ihn um so sicherer auch beim Älterwerden, bei sozialen Problemen und „moralischen“ Forderungen leiten können, je weniger die Beziehung zu dieser inneren Führung in der frühen Jugend gestört worden ist.

Wenn ein Säugling versucht, einen Schnuller in den Mund zu stecken, so fährt er damit zunächst vielleicht nach den Augen, nach der Nase oder den Ohren, bevor er in dieser frühen Etappe seinen Mund findet. Offenbar spricht auch bei ihm bereits das „Empfinden fürs Stimmende", denn niemand muß ihm sagen, daß es „richtig" sei, wenn er den Mund damit findet. So früh fängt die Führung von innen her an, schon bevor das Kind eine zuverlässige Beziehung zum Sichtbaren, Hörbaren und Räumlichen hat erarbeiten können. Die Fähigkeit, sich durch das „Empfinden fürs Stimmende" zu orientieren, macht es möglich, sich etwas zu erarbeiten.

Schon früh wird unsere eigene Erwachsenenunsicherheit und -besorgtheit dem Kleinen gegenüber wirksam. Wir helfen, wo es sich bereits selber helfen würde, und beunruhigen damit so ein kleines Wesen. Wie „empfindlich" ein Säugling reagiert, kann man daran merken, wie beunruhigt das Kind ist, wenn die Mutter sich z. B. über etwas geärgert hat. Die kleinste Gereiztheit und Unruhe des Erwachsenen wirken sich auf das Kind aus. Deshalb gebe ich — obwohl ich nicht gerne Ratschläge gebe — den Rat, der auch für viele andere Situationen nützlich werden kann: Man möge, ehe man zu einem kleinen Kind geht, spüren, ob man abgehetzt oder gereizt ist, und versuchen, zu sich zu kommen.

Wer bei sich ist — ohne unter „bei sich" etwas Besonderes verstehen zu wollen —, spürt deutlich — und zwar über eine andere Leitung als über den „klugen Kopf" —, was notwendig ist. Man sagt gewöhnlich: „So etwas kann man nicht lernen!", und ich sage: Das ist das Einzige, was sich zu „lernen" lohnte. Man kann nicht „lernen", aber man kann es sich erarbeiten. Zum Erzieherberuf, zum Pflegerinnenberuf, aber auch zum Arztberuf sollte ein Mensch nicht zugelassen werden, bevor er eine Ahnung von der Tragweite der Wirkung seines Zustandes und Verhaltens hat. Man muß bewußt erfahren haben, was Bei-sich-Sein für das In-Beziehung-Kommen, das Kontaktgewinnen mit Menschen bedeutet, damit es einem wichtig werden kann, so sein zu können.

Es gibt Menschen, deren „normale" Alltagsverhaltensqualität Bei-sich-Sein ist. — Sie erscheinen uns als die „geborenen" Pädagogen, Ärzte, Pfleger o. ä., als die „Begabten". Und doch sind es nur Menschen, die sich unbewußt zweckmäßig verhalten. So offen, gelassen, angstlos zu werden, daß Prozesse so ablaufen können, wie sie sich auf Grund unserer Struktur gesetzmäßig abzuspielen haben, ist etwas, das man sich nur allmählich erarbeiten und erdienen kann. Auch wer im allgemeinen nicht ängstlich ist, hat ein großes Maß an Arbeit zu leisten, damit ihm schließlich zuverlässig zur Verfügung steht, was sonst nur glücksfallsweise gelingt.

Gäbe es noch mehr, was Sie sich zum Probieren anbieten könnten?

Schwester W.: Ich habe mich bemüht, nach Ihrem Vorschlag früher in die Schule zu gehen. Ich bin sonst immer im letzten Moment gekommen und habe den Unterschied sehr stark gespürt. Aber hängt die verschiedene Verfassung, in der man ist, nicht auch mit dem Wetter zusammen?

H. J.: Wissen Sie, das Wetter ist als Ausrede fast so nützlich wie die „Vererbung"! Viele Menschen reagieren auf größere Schwankungen des barometrischen Drucks. Aber es ist ein großer Unterschied, ob man registriert und reagiert oder ob man den Schwankungen zum Opfer fällt.

Auch diese Frage hängt mehr mit unseren Arbeitsproblemen zusammen, als Sie vielleicht zunächst meinten: Wenn nämlich die Umstände günstig sind, ist es keine Kunst, etwas zu können. Aber bei ungünstigen Verhältnissen kann sich erst erweisen, ob man wirklich etwas kann. Die sogenannten Begabten sind im allgemeinen Menschen, in deren Leben viele Faktoren günstig zusammengewirkt haben, so daß alles scheinbar „von selbst" geht. Bei anderen wären ähnliche Leistungen ebenfalls möglich, nur müßten bei ihnen zuvor die Auswirkungen ungünstiger Verhältnisse neutralisiert werden.

Was wir den „Charakter" des Menschen nennen, das bildet sich in den ersten drei bis vier Lebensjahren heraus. Dafür hat vor allem die Arbeit von Freud einen zuverlässigen Nachweis erbracht.

Wenn nicht eine bewußte Arbeit einsetzt, wirkt das, was uns in den ersten Lebensjahren verstört hat, zukunftbestimmend, falls wir nicht in Lebensverhältnisse kommen — was im allgemeinen nicht von uns arrangiert werden kann —, durch die manches zurechtgeschliffen und „geheilt" wird.

Viele Menschen gehen daran zugrunde, daß die in der Jugend erlittenen Verstörungen durch ihre Lebensbedingungen noch verstärkt werden und nicht zu einer positiven Veränderung führen.

Aber nichts von dem, was uns unzweckmäßig scheint, müßte so bleiben! Es wäre jedoch einfacher und sinnvoll, dem Kind eine ungestörte Entfaltung zu sichern, denn dann wäre beim Erwachsenen später keine Umerziehung und Nachentfaltung nötig. Den Kindern Voraussetzungen für wirkliche Entfaltung zu schaffen, bedeutet nicht, sie zu verweichlichen und zu verwöhnen. Sie brauchen echte und nützliche Widerstände.

Entfaltung kann sich nur durch Auseinandersetzung mit Widerständen vollziehen. Widerstände und Verstörung erzeugende Einwirkungen sind jedoch nicht das gleiche. Das moderne Schlagwort „Hemmung" ist ursprünglich ein vernünftiger Begriff. Hemmungen werden nicht durch wesentlich anderes erzeugt, als durch das, was auch Widerstände schafft. Ein Widerstand wird zur Hemmung, wenn er überdosiert und damit nicht überwindbar ist, während ein zweckmäßig dosierter Widerstand eine wohltätige Wirkung haben kann. Zweckmäßig dosieren lernt man nicht aus Büchern und in Seminaren, sondern nur dadurch, daß man bei sich ist und spürt, ob die Zumutungen bewältigbar sind oder nicht.

Es ist ein Irrtum zu glauben, fleißiges Lernen und Üben führe zu qualifizierten Leistungen. Auch die besten Ratschläge bekommen nur für den, der bereits „auf der Suche" und in der Auseinandersetzung begriffen ist, Gehalt.

Auch bei der Auseinandersetzung mit Menschen, sowie bei Erziehungsaufgaben, muß man sich erst mobilisieren und versuchen, selber zu erkennen, was richtig und nötig ist. Erst wenn man allein nicht weiterkommt, sollte man sich beraten lassen oder in der Literatur nachsehen, wie andere solche Situationen beurteilen.

Das bedeutet einen grundsätzlichen Unterschied. Dort stecken die Schwierigkeiten von uns allen, die wir die übliche intellektuelle Erziehung hinter uns haben. Es erfordert große Arbeit und die Bereitschaft, freiwillig auf einen naheliegenden, bequemen Ausweg übers „Wissen" zu verzichten, um sich erst einmal selber auseinanderzusetzen.

Bevor wir auseinandergehen, möchte ich von Ihnen hören, was Sie in der Zwischenzeit noch selber ausprobieren könnten.

Fräulein E.: Versuchen, im Zusammensein mit Menschen auch bewußter aufgeschlossen über das Hören zu funktionieren.

H. J.: Wir können verabreden, in Fällen, in denen wir uns leicht nur übers Auge orientieren, zu versuchen, bewußt zu einer gewissen Lauschbereitschaft zu kommen. Versuchen Sie außerdem, ganz allgemein empfindlicher dafür zu werden und zu erkennen, ob Sie sich beim Sehen oder Hören anstrengen!

Wir haben alle schon erlebt, wie es ist, wenn man „glotzt". Dann können Sie versuchen, mit Humor und guter Laune zu konstatieren, daß der Aufwand gar nicht nötig ist, und sich freundlich zureden, mit weniger Aufwand zu schauen und zu hören. Freuen Sie sich, wenn Ihnen das „Glotzen" bewußt wird, weil das eine Chance bietet, sich bewußt eine andere Verhaltensqualität zu erobern!

Probieren Sie alle jetzt, die Augen zugehen zu lassen, und versuchen Sie, ob es möglich ist, die Augenlider nicht zuzuklemmen und bei geschlossenen Augen auch Ihr Nachaußengerichtetsein, Ihre Schau-Absicht aufzugeben. Nun auch nicht statt nach „außen" nach „innen" zu sehen versuchen! Probieren Sie das inzwischen alleine aus und versuchen Sie analog auch beim Hören, die Hör-Absicht abklingen zu lassen.

Ergänzung zum 4. Kurs

Infragestellung der Haltbarkeit der Beispiele der Familien Bach und Bernoulli zum Begabungsproblem

H. J.: Wir brauchen nur auf die für uns spezifische Weise gewisse persönliche und in der betreffenden Zeit liegende Faktoren zu untersuchen, um bei der Frage, ob bestimmte Gene bei den sog. Familienbegabungen eine entscheidende Rolle spielen, zu anderen als den üblichen Resultaten zu kommen.

Der erste Mathematiker dieser Familie, Jakob Bernoulli, der übrigens ursprünglich Theologe und als Mathematiker Autodidakt war, hat die Anregung zu seiner wesentlichsten Leistung durch eine Publikation von Leibniz empfangen. Und dieser „Zusammenstoß" mit Leibnizens Infinitesimalkalkül gibt ein drastisches Beispiel für die Fruchtbarkeit des Selbererarbeitenmüssens einer bereits vorhandenen Erkenntnis. (Vergl. „Zum 200. Todestag von Johann Bernoulli" von J. G. Fleckenstein, National-Zeitung Nr. 27 vom 18. 1. 48.)

Johann (I) Bernoulli war der Schüler seines älteren Bruders Jakob, und wie sehr seine Bedeutung auf die erzieherische Leistung des großen Bruders und Lehrers zurückzuführen ist, spricht Jakob selber in der Hochzeitsgratulation an Johann aus: „Was soll ich leugnen, daß Du dem Bruder und einstigen Lehrer den Rang abgelaufen hast? Doch einen Vorrang mußt Du auch wider Willen dem älteren Bruder lassen. Eines konntest Du von ihm bisher nicht lernen, nämlich einen solchen Schüler heranzubilden, wie er an Dir einen besaß!" (National-Zeitung Nr. 35 vom 22. 1. 48). Und Johann Bernoulli wurde der Lehrer seiner Söhne Johann (II) und Nikolaus (II).

Außer dem persönlichen Faktor, in einem Milieu aufzuwachsen, in dem eine selbstverständliche, angstlose Beziehung zu mathematischen Problemen zur Atemluft der Kinder gehörte, war für das Entstehen ihrer zu ihrer Zeit so hervorragenden Leistungen ein anderer Faktor vielleicht noch entscheidender, nämlich, daß die Familie Bernoulli lange Zeit hindurch gewissermaßen ein Monopol für jenen fundamental neuen und in seinen Auswirkungen umwälzenden Infinitesimalkalkül besaß, der auch weniger produktiven Persönlichkeiten Entdeckungen und Leistungen möglich machen konnte, die sich aus der erstmaligen Anwendung des neuen Schlüssels geradezu aufdrängen mußten. Sie leben und wenden ihr mathematisches Instrument in einer Zeit an, in der grundlegend neue „Ansichten" der Welt und der naturwissenschaftlichen Probleme durch die gerade vorausgegangenen grundsätzlichen Leistungen eines Newton, Kepler, Galilei, Descartes, Leibniz etc. möglich und notwendig geworden waren.

Wer mit jenem neuen „Schlüssel" der Integral- und Differentialrechnung an die damals akut werdenden Probleme der Naturwissenschaft herangehen konnte, mußte — auch wenn er sonst nur war, was man einen „mittelmäßigen" Kopf nennt — eine Fülle von neuen Einsichten und Aufschlüssen gewinnen, die in ihrer Zeit epochemachend waren. Es ist eine Vermutung, die sich leider hinterher nicht experimentell nachweisen läßt, daß einige jener hervorragenden Nachkommen der Bernoullis, wenn sie 50 oder 100 Jahre später geboren worden wären, — nachdem jene damals naheliegenden Entdeckungen, denen sie ihr Ansehen verdanken, bereits gemacht worden waren, oder wenn zu ihren Lebzeiten die Infinitesimalrechnung eine bereits seit Jahrhunderten bekannte Art des Kalküls gewesen wäre, so daß die wichtigsten Konsequenzen damals bereits ausgeschöpft gewesen wären, — vielleicht sehr gute, aber durchaus nicht auffällige Mathematiker geworden wären.

Auch derartige Möglichkeiten oder eher Wahrscheinlichkeiten müssen wir mit einbeziehen, wenn wir Zusammenhangsbetrachtung durchführen wollen. Wir erleben gerade jetzt eine historisch ähnliche Situation im Bereich der Naturwissenschaften, wo nach dem grundlegend Neuen, das die Entdeckungen und Theorien Plancks, Einsteins, Bohrs etc. für die Atomphysik brachten, auf Grund der neuen Konzeption vom Wesen der Materie von dem neu gewonnenen Standort aus unzählige vertraute Probleme ein „neues" Gesicht bekommen, — wo sich mit naturgesetzlicher Notwendigkeit neue Probleme klar und eindeutig auch dem nichtoriginellen Forscher aufdrängen müssen, — wo bloße Fleiß- und Ausdauerleistungen zum ersten Male Dinge in der Geschichte der Menschheit zustande bringen können, die die Namen derer, die sie zustande bringen, als Namen von Pionieren in die Geschichte der Wissenschaft eingehen lassen.

Ist der entscheidende, neue Schritt einmal getan, so können Menschen mit einer verhältnismäßig durchschnittlichen Qualität des Forschens nach diesem Start in einer neuen Richtung wichtige, bedeutungsvolle Entdekkungen und Taten gelingen, und das während einer um so längeren Zeitspanne, je unbebauter das Feld, das sie bearbeiten, bisher gewesen ist. Heute genügt schon — und noch — die bloße Beherrschung des „Werkzeugs", der Grundlagen der theoretischen Physik und der dazu gehörenden Methoden der höheren Mathematik, um tatsächlich Neues zu finden und zu leisten. Wobei wir nicht vergessen wollen, daß dieses Werkzeug so kompliziert ist und seine Handhabung so qualifizierte Arbeit voraussetzt, daß schon der bloße Umgang mit diesem Werkzeug überdurchschnittliche Anforderungen stellt, zumindest in der gegenwärtigen Etappe. Zur Zeit der Jakob und Johann Bernoulli und ihrer Söhne war das Umgehenkönnen mit dem Infinitesimalkalkül für sich allein schon eine mathematische Höchstleistung und in gewissem Grade noch ein Privileg bzw. Monopol der Familie Bernoulli, während heute jeder Mittelschüler mit der Integral- und Differentialrechnung umgehen können muß. Vielleicht wird das in hundert Jahren mit den Grundlagen der Atomphysik und der Quantenmechanik auch nicht anders sein.

Ganz Analoges ließe sich auch über „Vererbung" der „musikalischen Begabung" in der Familie Bach beibringen.

Nur bei ungenügender Zusammenhangsbetrachtung, bei geradezu lächerlich geringen Ansprüchen an Sauberkeit und Zuverlässigkeit lassen sich diese beiden „Glanzstücke" bei der Beweisführung für die Vererbung von „Begabungen" benutzen. Und doch erscheint vielen ernsthaften Forschern, Psychologen und Pädagogen, weil sie diese Glanzstücke unüberprüft als wahr, als richtig hinnehmen, all das in ihrem Denken wahr und richtig, was davon abgeleitet bzw. damit belegt wird.

Es ist keine Revolution unseres Denkens nötig, um all das zu sehen, sondern bloß ein wenig gesunder Menschenverstand, bloß die Bereitschaft, nicht unbesehen zu „schlucken", was bei sauberer Prüfung sich als unverdaulich erweisen würde. Offenbar haben wir so gute Mägen, daß uns dergleichen keine Molesten macht, oder sie sind so schlecht, daß sie das Unverdauliche glatt passieren lassen.

Würde alles Unüberprüfte und alles Unhaltbare wirklich Beschwerden in unseren Mägen machen, dann würden wir nicht mehr so viele Halbwahrheiten und so viel Unrichtiges zu uns nehmen, wie uns mit dem üblichen Lernen zu schlucken zugemutet wird. So etwas meint sicher auch Lichtenbergs Stoß-Seufzer: „Wenn man nur die Kinder dahin erziehen könnte, daß ihnen das Undeutliche völlig unverständlich wäre!“

5. Kurs

Erzogen werden durch Auseinandersetzung mit der Umwelt
Voraussetzung einer Wissenschaft des Erziehens
Nur gelernte Theorien
Probleme der Lehrerbildung und des Fortschrittes in der Erziehung
Selbständigkeit als Voraussetzung für Umgehenkönnen mit Kindern
Von einem biologisch begründeten Bild des Menschen und seiner Möglichkeiten
Von der Ausstattung zur Bewältigung von Fehlern der Erzieher
Was ist Charakter? Wie bildet er sich?
Unter gleichen Verhältnissen aufwachsen?
Störbarkeit der kindlichen Charakterentwicklung
Ehrfurcht vor dem Kind als einem vollwertigen Mitmenschen
Angst als Erziehungsmittel
Störung der Vertrauensbereitschaft des Kindes
Vertrauenschaffende Erlebnisse als Wiedergutmachung
Einsicht in die Bedingungen der Partnerbeziehungen sollte zur allgemeinen Bildung gehören — Freud
Entschuldigung durch die Art zu sein
Praktische Versuche in der Zwischenzeit:
Antenniges Verhalten erproben — Verhalten beim Schauen — Hören — Sicherinnern

15. Februar 1945

H. J.: Wenn wir uns ausführlich mit der frühkindlichen Situation beschäftigen, so geschieht es, weil wir unsere Erwachsenensituation nicht verstehen können, ohne die Ursachen kennenzulernen, die uns so haben werden lassen, wie wir sind. Ohne Einsicht in diese Zusammenhänge können wir nie bewußt etwas dazu beitragen, daß die verstörenden Einwirkungen nicht bei jeder Generation wieder von neuem geschehen. Beim Vorgang des Erziehens gibt es für mich keinen Unterschied zwischen „Erziehern" und „Kindern", weil auch die Kinder erziehend auf uns Erwachsene zurückwirken. Alles Lebende und Nichtlebende um uns herum, alles, mit dem bewußt und unbewußt Auseinandersetzungen stattfinden, erzieht uns.

Zur Erziehung und zum Erziehen gehören weniger Kenntnis der Philosophie und Psychologie, als Ausbilder der Erzieher meinen, als mehr Amlebensein und Selbständigsein! Mit Nachdruck auf sein und nicht auf davon und darüber wissen.

Ich hoffe, daß sich allmählich philosophische und psychologische Einsichten und Erkenntnisse ausbreiten, die ihr Entstehen der Auseinandersetzung mit der Realität und der ständigen Prüfung durch die Realität verdanken und die eine Sammlung von Kenntnissen gesetzmäßiger Zusammenhänge darstellen, die neu sich zu erarbeiten Aufgabe jeder neuen Generation von Erziehern zu sein hätte.

In der Naturwissenschaft zweifelt man am Erfaßthaben gesetzmäßiger Verhältnisse, wenn, trotz strenger Einhaltung der vorgeschriebenen Versuchsbedingungen, das erwartete Resultat nicht eintritt. Aber wenn man in der Psychologie und Pädagogik die auf Grund der betreffenden „Theorie" vorgeschriebenen Maßnahmen durchführt und dennoch die versprochenen Resultate nicht eintreten, wird die „Theorie" kaum bezweifelt. Wie viele „wissenschaftliche" Theorien, die sich widersprechen, existieren nebeneinander!

Auch die jungen Lehrer haben durch ihr vieles „Wissen" meist den Blick für das Entscheidende vernebelt bekommen, nämlich für das, was als lebendiges Leben ihnen entgegentritt.

Man kann pädagogische und psychologische Theorien gelernt haben, ohne gezwungen worden zu sein zu prüfen, ob die jungen Menschen, an denen sie praktiziert werden, wirklich auch entfaltet werden!

Unter ein paar tausend Menschen, die ich befragt habe, für was sie sich unbegabt halten, haben mehr als 75% u. a. auch die Mathematik genannt. Nun lehrt doch der Lehrer die Mathematik auf Grund von Methoden, die man ihm beigebracht hat, und auf Grund des Pädagogik- und Psychologieunterrichtes, den er gehabt hat. Wenn nur so wenige positive Resultate — und die müßten noch daraufhin geprüft werden, wieweit es sich nicht wesentlich um „erfolgreiches" Auswendiglernen handelt! — sichergestellt werden, dann müssen Sie meine Skepsis gegenüber der „Wissenschaftlichkeit" des Vorgehens begreifen.

Pädagogen und Psychologen müßte jede Möglichkeit genommen werden, den, der nicht „mitkommt", allzu rasch als „schwach begabt" oder „unbegabt" zu bezeichnen, anstatt ihr Vorgehen, ihre Methode des Lehrens in Frage zu stellen. Es ist ein gefährlicher Ausweg zu sagen: „Der ist eben unbegabt!" Mir scheint heute wichtiger denn je, daß jeder Mensch eine bewußte Ahnung von seiner unbewußten Erzieherwirkung und damit auch Erzieherverantwortung bekäme.

Der Lehrer hat keine „Schuld". Er hat seine „Pflicht" getan, wenn er so lehrt, wie er wiederum gelernt hat, daß man es machen solle. Er hat sich die Methodik seines Vorgehens gewöhnlich auch nicht erarbeitet.

Niemand sollte in der Schule unterrichten dürfen, bevor er nicht einige Jahre in verschiedenen praktischen Berufen gearbeitet hat!

Ich will mit alledem nur andeuten, daß Menschen, die mit „Theorie" vollgestopft worden sind und dann auf die Praxis losgelassen werden, nicht nur nicht geeignet sind, die Entfaltung junger Menschen sicherzustellen, sondern in große Schwierigkeiten kommen müssen und aus ihrer Unsicherheit heraus ungeeignete Jugendführer und -berater werden.

Frau H.: Ein junger Lehrer wird durch eine praktische Tätigkeit doch nicht tauglicher, mit Kindern umzugehen, — wenn er z. B. Schreiner oder dergleichen wird!

H. J.: Der Lehrer soll lernen, mit sich umzugehen, soll selber reifer werden! Dann ist es kein Problem mehr, auch mit Kindern umgehen zu können. Jeder von uns kann mit Kindern umgehen, wenn er nur erst einmal anfängt, auf seinen eigenen Beinen zu stehen. Man kann nicht mit Kindern umgehen, wenn man voller Unsicherheit und Angst steckt, voller „Verpflichtung", ein „Ideal"-Bild vorzustellen, zu scheinen, was man gar nicht ist! Manch ein Lehrer arbeitet nächtelang an der Vorbereitung seiner Stunden, damit er für jede mögliche Frage der Kinder gewappnet ist. Solange sein Prestige davon abhängt, „alles" zu „wissen", ist er meinem

Empfinden nach noch nicht geeignet, andere Menschen aufschließen zu können und zu lehren.

Man steckt doch voller Wissens-Konserven, denen die Vitamine fehlen, wie beim Konservengemüse! Die sogenannte Schulreform bleibt deswegen so unfruchtbar, weil sie sich um die Bekämpfung der Symptome mit immer wechselnden Mitteln plagt, wie man es im Bereich der Medizin auch meist tut.

Zweckmäßige Maßnahmen werden vor allem — abgesehen von den unterschiedlichen sozialen Verhältnissen — dadurch verhindert, daß man nicht ausreichend versucht, ein biologisch und psychologisch fundiertes Bild von den Möglichkeiten des Menschen zu bekommen. Das wäre das Bild, das sich aus der Prüfung der biologischen Ausrüstung und der funktionellen Voraussetzungen für die Beziehung zur Umwelt und für die Verarbeitung der Resultate dieser Beziehung ergibt. Es wird durch Höchstleistungen, die Menschen zu irgendeiner Zeit auf Grund dieser Ausrüstung möglich geworden sind, verifiziert.

Statt dessen wimmelt es von pädagogischen, religiösen, moralischen, philosophischen Idealen, von optimistischen, pessimistischen und skeptischen „Bildern" vom Menschen und seinen Möglichkeiten. Wünsche, was aus dem eigenen Kind werden soll, werden von gesellschaftlichen, klassenmäßig, zunftmäßig bedingten „Idealen" diktiert. Dadurch bekommt man gar keine Vorstellung von den realen Gegebenheiten des Menschenkindes, mit dem man zu tun hat!

Wie hat die Natur dieses Wesen ausgestattet? Was dürfen wir von jedem Menschen, selbst von einem behinderten, verkrüppelten oder blinden Menschen erwarten, sobald wir für zweckmäßiges Verhalten, zweckmäßigen Gebrauch der Ausrüstung und zweckmäßige Aufgabenstellung sorgen?

Herr Z.: Es ist aber sehr schwierig, das zu erziehende Kind zu erkennen! Dazu bedarf es einer Kunst des Einfühlens. Es besteht bei den meisten ein Unvermögen, das Kind zu erkennen.

H. J.: Bleiben wir bei der Notwendigkeit, ein — durchaus erreichbares — sachliches Bild zu bekommen von den funktionellen Voraussetzungen, die jedes kleine Kind mit auf die Welt bringt, sofern nicht schon schwere intrauterine oder bei der Geburt erlittene Schädigungen nachweisbar sind.

Wir müssen zu erkennen versuchen, wie so ein kleines Wesen auch zur Bewältigung der Fehler, die wir mit ihm machen, ausgestattet ist. Offenbar ist jedes kleine Kind mit einem respektablen Maß an Auseinandersetzungsmöglichkeit und Widerstandskraft gegenüber Fehlern der Umgebung ausgestattet, denn sonst wäre die Menschheit vielleicht schon längst ausgestorben. Es gehören also Möglichkeiten, so auszuweichen, so zu überbrücken oder so zu kompensieren, damit das Leben dennoch weitergehen kann — ohne daß jeder Widerstand gleich zu einer Hemmung wird —, ebenfalls zur elementaren biologischen Ausrüstung jedes Menschen. Erst wenn der Widerstand so groß ist, daß die Gegebenheiten der biologischen Ausrüstung nicht ausreichen, ihn positiv zu bewältigen, wird eine „Hemmung", eine Verkümmerung, eine Verstörung eintreten. Daraus können später große Schwierigkeiten entstehen, Schwierigkeiten, die sich so manifestieren können, daß es oft nicht leicht ist, ihren Ursprung zu erkennen.

Der Charakter ist die gesetzmäßig bedingte Antwort der biologischen Ausrüstung auf die Art ihrer Beanspruchung und Beeinflussung in den ersten Lebensjahren. Seine „Formung" hängt von der Art der Widerstände und der fördernden Einflüsse ab, die in diesen ersten Jahren dem kleinen Menschen begegnen.

Unsern Charakter nehmen wir mit ins Grab, nicht, weil er uns angeboren ist, sondern weil wir weitgehend unter der Anschauung groß geworden sind, „Temperament" und „Charakter" seien angeboren!

Ohne bewußte Arbeit der Menschen an sich selbst sieht es oft so aus, als sei der Charakter angeboren und unveränderlich. Früher hing es vom Zufall, von günstigen oder ungünstigen Umständen ab, ob das Leben zur Auflösung von Charakterschwierigkeiten beitrug oder die negative Tendenz noch verstärkte. Die Einsichten von Freud und manches, was Alfred Adler nachgewiesen hat, haben „Mechanismen" aufgedeckt, nach denen sich gewisse „Charakterzüge" bilden und die stets neu zu deren Entstehung führen. Dadurch ist es nicht nur möglich geworden, das Entstehen bestimmter Charakterzüge zu verstehen, sondern es sind auch Wege für deren Veränderung aufgezeigt worden.

Dr. X.: Wieso entwickeln sich aber zwei Geschwister, die dieselbe Erziehung haben, oft so verschieden?

H. J.: Sie meinen doch Kinder, die unter gleichen Verhältnissen aufwachsen?

Dr. X.: Ja!

H. J.: Es ist die geisteswissenschaftliche Mentalität, die es uns gestattet, von „gleichen" Verhältnissen zu reden, wo die wesentlichen Faktoren alles andere als gleich sind. Wenn zwei Menschen a und b heiraten und ein Kind c bekommen, so kommt das Kind c zur Einheit (a + b) dazu. Das zweite Kind d kommt aber hinzu zur neuen Einheit (a + b + c)! „d" kommt also in ein grundsätzlich anderes Milieu — nämlich zu zwei Erwachsenen und einem Kind.

Das ist die eine Tatsache, die bereits ausschließen müßte, gleiche Verhältnisse anzunehmen. Bei Zwillingen liegen hinsichtlich dieser Ungleichheit etwas andere Verhältnisse vor.

Aber selbst bei Zwillingen müßte man sagen, daß sie nicht unter gleichen Verhältnissen geboren werden, daß z. B. die Situation während der Geburt bereits für das zweite Kind anders ist als für das erste und je nachdem sogar die traumatische Situation bei der Geburt für die Zwillinge sehr verschieden sein kann. — Dies nur, um die Komplexheit des Problems anzudeuten. Aber auch Zwillinge werden oft nicht die ganz gleiche Behandlung erfahren. Sind sie z. B. ein Pärchen, so wird fast selbstverständlich der Junge von der Mutter, das Mädchen vom Vater bevorzugt. Das ist wiederum ein wesentliches Element der Ungleichheit der Verhältnisse, selbst bei Zwillingen! Diese affektive Bindung zwischen Eltern und den Kindern zweierlei Geschlechts verstärkt natürlich noch die Ungleichheit der Verhältnisse dort, wo die Kinder verschieden alt sind.

Es gibt also viel zu berücksichtigen und zu prüfen, wenn man die Frage nach den „gleichen Verhältnissen" ernst nimmt. Gerade die affektiven Elemente im Milieu, die Art und das Maß von Zuneigung und Abneigung, die dem einzelnen der Geschwister entgegengebracht werden, sind die Faktoren, die den kleinen Menschen am stärksten in seiner charakterlichen Entwicklung, in seiner Vertrauens- oder Angstbereitschaft, in seiner Aufgeschlossenheit oder Zurückhaltung, in seiner Gleichgültigkeit oder Interessiertheit, in seiner Nachgiebigkeit oder Oppositionsneigung für sein späteres Leben beeinflussen.

Ich möchte etwas ausführlicher auf Faktoren und Hintergründe eingehen, die die affektiven Anteile deutlicher sichtbar werden lassen, welche schon bei dem kleinen Menschen so stark für dessen spätere Einstellung zum Leben wirksam werden können. Nehmen wir einmal an, die Ehepartner kommen gut miteinander aus. Sie sind in bescheidenen wirtschaftlichen Verhältnissen und wollen aus irgendwelchen Gründen — vielleicht weil der Mann sich noch beruflich weiterbilden will — vorläufig noch kein Kind. Bei der Durchsetzung dieses Wunsches spielt es eine große Rolle, wie die Partner erzogen sind. Sind sie „prüde" erzogen? Sind sie religiös

— besonders streng katholisch — erzogen? Was für ein Kampf beginnt nun für viele Frauen, wenn es trotzdem zur Konzeption kommt! Es ist schon ein guter Ausgang dieses Konfliktes, wenn sich die Frau schließlich mit der Tatsache der Schwangerschaft abfindet und der Mann nicht gereizt und bösartig wird, weil ihm das Kind einen Strich durch seine Zukunftspläne macht. In unzähligen Fällen aber kommt es statt dessen zur Abtreibung.

Halten Sie sich gegenwärtig, mit welch einer Belastung der Selbstverständlichkeit im Verhalten, der Offenheit, mit wieviel bewußtem und unbewußtem bösen Gewissen es verbunden sein kann, wenn das Kind unerwünscht kommt!

Wollen wir uns eine Vorstellung von den Verhältnissen verschaffen, unter denen ein Kind aufwächst, und von dem, was charakterbildend auf es einwirken mag, dann müssen wir mit dem Prüfen solcher Voraussetzungen beginnen.

In diesem Fall des unerwünschten Kindes hat die Mutter vielleicht schon während der Schwangerschaft eine positive Beziehung zu dem kleinen Wesen bekommen, und es könnte sogar sein, daß sie es — bewußt oder unbewußt — aus schlechtem Gewissen verzärtelt und verwöhnt. Danach könnte man schon eine lange Lebensgeschichte der Beteiligten und vor allem gewisse Charakterzüge, die bei dem kleinen Menschen zu erwarten wären, zeichnen. Der Vater, der des unerwünschten Kindes wegen seine Hoffnung auf Karriere aufgeben muß, wird vermutlich — bewußt oder unbewußt — etwas gegen das Kind empfinden, selbst wenn er es bald liebgewinnt.

Jedenfalls wird die affektive Beziehung zwischen Vater und Kind und zwischen Mutter und Kind auf Grund solcher Vorgeschichte verschieden sein, wie auch die affektive Beziehung zwischen den Eheleuten verändert und — eventuell — ungünstig beeinflußt sein wird.

Nun könnte der Vater, der resigniert und seine subalterne Stellung als „Schicksal" hingenommen hat, eventuell in einer Konjunktur eine ausgezeichnete Stellung finden und mehr verdienen, als er je mit einer Weiterbildung hätte erwarten dürfen. Beide Eltern freuen sich auf ein zweites Kind. Ist der Verlauf der neun Schwangerschaftsmonate für das zweite Kind, — ist die Atmosphäre, die affektive Situation, in die es geboren wird, grundsätzlich anders als beim ersten Kind?

Werden unmittelbare Wärme und Bereitschaft zu Geduld gegenüber dem zweiten Kind größer sein? Wird man ihm gegenüber weniger leicht gereizt, heftig und zu Schlägen geneigt sein als gegenüber dem „unwillkommenen" Kind, — vielleicht völlig unbewußt?

Das erste Kind könnte auch unter Verhältnissen kommen, in denen es dem Vater erwünscht, aber der Mutter unerwünscht wäre. Ein gutbürgerliches Mädchen bekommt von einem Burschen, den es ganz gern hat, ein Kind und „muß" heiraten, obwohl es sich eigentlich für die Ehe einen anderen gewünscht hätte. Sie gibt gewissermaßen ihre „Karriere" zugunsten des Kindes auf und kann — bewußt oder unbewußt — eine belastete Beziehung zu dem Kind haben, während der Vater eine uneingeschränkt positive Beziehung zu ihm haben kann.

Ich deute derartige Beziehungen und Zusammenhänge nur grob an, um auf die Vielfalt der Einflüsse und Verhältnisse hinzuweisen, die die affektiv positive oder negative, die ablehnende oder gleichgültige Einstellung des einzelnen Ehepartners zum Kind und die Veränderung der Qualität der Beziehung zwischen den Ehepartnern mitbestimmen. Die Romane, die ich Ihnen entwickeln könnte, würden nur Verhältnisse darstellen, unter denen heute Millionen und Abermillionen kleiner Menschen ins Leben treten und Familien entstehen.

Wenn ich an die Tausende von Schicksalen denke, die mir in meinem Leben begegnet sind — aus vielen Gesellschaftsschichten und verschiedenen Nationalitäten —, und mir Rechenschaft gebe, wie selten das anzutreffen war, was man eine Ehe nennen könnte — selbst wenn die Menschen nett zueinander waren —, dann muß ich sagen, daß die entscheidende Voraussetzung dafür, daß ein Kind gedeihen, wie eine Pflanze heranwachsen kann, in unsern gesellschaftlichen Verhältnissen nur selten anzutreffen ist: nämlich eine Atmosphäre der ungestörten, warmen Vertrauensbeziehung zwischen Ehepartnern.

(Nach einem weiteren anschaulichen Beispiel:)

Ich erinnere Sie noch an eine andere Kategorie von Beziehungsstörungen zwischen Ehepartnern, die sich auf alle Mitglieder des Milieus auswirkt. Wie wenig gehört dazu, daß, während die Vertrauensbeziehung zwischen den Ehepartnern bei der Ankunft des ersten Kindes noch ungestört war, später begründete oder unbegründete Eifersucht bei Mann oder Frau entsteht und das nächste Kind in einer Atmosphäre von Mißtrauen und Gereiztheit ins Leben tritt!

Das alles sind grobe Faktoren, aber Sie wissen wahrscheinlich alle recht gut, was für Imponderabilien ausreichen, um die Stimmung in einer Familie aufzuheitern oder zu bedrücken!

Die Ungeduld, Gereiztheit und Heftigkeit von Vater oder Mutter können in kurzer Zeit die gesamte zukünftige Entwicklung eines kleinen Menschen entscheidend beeinflussen, und sie werden bestimmender sein für die zukünftige Vertrauensbereitschaft, Protesthaltung oder Gleichgültigkeit und Stumpfheit als pädagogische Ratschläge und die Anwendung nur intellektuell zur Kenntnis genommener psychologischer Theorien.

Deswegen erscheint es mir als wichtige Aufgabe, uns unserer Verhaltensweisen so weit bewußt zu werden, daß wir stolpern — ohne aufmerksam gemacht werden zu müssen —, wenn in unserm Verhalten etwas nicht in Ordnung ist. Ohne das kann man kaum sinnvoll an sich arbeiten. Nicht daß man sich einem Kind gegenüber gehen läßt, ist das Schlimme — das kann auch einem stillen Menschen unter bestimmten Umständen passieren —, sondern daß es einem eventuell gar nicht bewußt wird und man darum nicht begreifen kann, warum das Kind so ist und sich verhält, wie es einem nicht gefällt. Merkt man aber, daß etwas Unverantwortbares geschehen ist, kann man auch ein kleines Kind um Entschuldigung bitten.

Ob Sie wohl verstehen, was ich damit sagen will? Man braucht nichts zu sagen. Wenn man spürt, daß man etwas gutzumachen hat, wirkt sich das Verhalten mehr und positiver aus, als alle Worte es könnten. Das gleiche gilt auch gegenüber Erwachsenen!

Damit berühren wir ein Schlüsselproblem aller Erziehung und bekommen wir den Schlüssel für die Lösung der meisten Erziehungsschwierigkeiten: das Problem der Ehrfurcht vor dem kleinen Wesen als einem vollwertigen Mitmenschen!

Wir dürfen uns nicht wundern, wenn ein Kind später nicht von dem, was es plagt, zu den Menschen reden kann, zu denen es kein wirkliches Vertrauen mehr haben kann. Selbst wenn wir sehr nette Eltern gehabt haben, denen gegenüber wir doch „von Natur aus" am ehesten hätten aufgeschlossen sein können, haben wahrscheinlich die meisten von uns, die wir hier zusammen sind, von den echten Sorgen und Konflikten, die kleinere und größere Menschen quälen können, viel eher mit „fremden" Freunden gesprochen als mit unsern Vätern, Müttern oder Erziehern.

(Allseitige uneingeschränkte Zustimmung)

Fräulein D.: Das mangelnde Vertrauen ist doch durch jene Unaufrichtigkeit der Erwachsenen entstanden, in der sie tun, als ob sie das alles selber täten und könnten, was sie als moralische Forderungen an die Kinder richten.

H. J.: Das ist ein wichtiger Faktor, aber Heftigkeit, Gereiztheit, Drohungen und Schläge machen auf eine andere Weise verschlossen, trotzig oder ängstlich als die Entdeckung, daß die Erwachsenen Heuchler sind.

Daß Eltern meinen, ihren Kindern gegenüber vollkommen erscheinen zu müssen, ist bereits der Ausdruck dafür, daß sie das kleine Wesen nicht „für voll" nehmen, weil sie es „unter"-schätzen. Wir müssen dem Kinde vertrauen, wenn es uns vertrauen können soll.

Man arbeitet schon mit der „Angst" als Erziehungsmittel, bevor das Kind etwas von der Heuchelei zu merken vermag.

Der „schwarze Mann", der St. Nikolaus und andere, mit denen gedroht wird, sind doch ganz „normale", „legitime" Hilfsmannschaften, wenn Erwachsene sich nicht zu helfen wissen. Dabei ist jene Hilflosigkeit nichts als der Ausdruck der eigenen Unsicherheit und der Unkenntnis der Tatsache, wie selbstverständlich und willig ein Kind funktioniert, wenn wir bei uns sind und dadurch fähig, mit dem Kind in Kontakt zu sein. Das Problem des Vertrauenhabens, des Vertrauengewinnens ist sehr komplex! Kinder sind empfindlich für „falsche Töne" und werden früher mißtrauisch, als es dem Erwachsenen auf Grund seiner Beziehungslosigkeit empfindbar wird. Aber wo Ehrfurcht gegenüber dem Kinde besteht, versucht der Erwachsene gar nicht, dem Kind vorzutäuschen, er sei bereits so, wie er höchstens versuchen kann zu werden! Ehrfurcht vor dem Kind, vor dem Menschen im Kind bedeutet, dieses Wesen so ernstzunehmen, wie man einen Menschen, an dessen Hochachtung einem viel liegt, ernst nimmt. Das kleine Kind ist ein vollwertiger Mensch, nur ein sehr kleiner, schutz- und hilfsbedürftiger Mensch.

Hätten wir kleine Menschen um uns anstatt Kinder, wäre schon viel gewonnen! Da ist nicht „nur ein Kind", das dies und das noch nicht „versteht" und jenes noch nicht „merkt" und das noch so klein ist, daß dieses und jenes „noch nichts macht"!

Wie aber wollen wir Ehrfurcht und Distanz gegenüber dem Kind erwarten, wenn die Erwachsenen selber das Gefühl dafür und das Bedürfnis danach in ihren eigenen Erwachsenenbeziehungen nicht mehr haben!

Natürlich gibt es Verhältnisse, in denen die ökonomische Situation zu Hilfe kommt, wo genug Wohnraum vorhanden ist und man sich aus dem Weg gehen kann, wenn einmal „dicke Luft" herrscht; aber diese Voraussetzungen treffen nur für eine sehr kleine Schicht zu. Die abstumpfende Wirkung der ständigen und zu großen Nähe, das Routiniertwerden der Beziehungen ist ein großes Problem.

Routine ist für unsere und unserer Kinder Entfaltung eine große Gefahr, und zu dichtes Beieinanderleben erhöht die Gefahr der Routine in der Beziehung zwischen Menschen.

Das ist wiederum ein ökonomisches Problem. Es würde zu den Mindestforderungen eines befriedigenden Lebensstandards gehören, daß jeder Mensch, daß Frau und Mann und jedes Kind einen Raum für sich haben können. Das wäre wichtiger als vieles andere.

Wir können diese Zusammenhänge nicht ernsthaft genug in Betracht ziehen, wenn wir uns über elementare Fragen der Erziehung klären wollen. Es ist in der Struktur der gegenwärtigen gesellschaftlichen Verhältnisse begründet, daß man sich nicht nur zu wenig dafür interessiert, wie und mit was für Möglichkeiten der Mensch auf Grund seiner biologischen Ausrüstung auf die Welt kommt, sondern daß man auch kein rechtes Bild von dem hat, was der Würde des Menschen gemäß ist.

In der Erziehung bemüht man sich genauso wie in der Schulmedizin, Schwierigkeiten, die Anzeichen bestehender Störungen sind — die nur Symptome sind —, mit allerhand Rezepten und Mitteln zu bekämpfen. Wenn schon früh Störungen stattgefunden haben, durch die Angst und Mißtrauen entstanden sind, so plagt man sich gewöhnlich mit erzieherischen Kunststückchen, um die Folgen bestehenden Mißtrauens und der Angst zum Verschwinden zu bringen. Natürlich müssen wir versuchen, Schwierigkeiten zunächst wenigstens in ihren ärgsten Auswirkungen abzuschwächen. Die wichtigere Aufgabe aber ist zu versuchen, die Ursachen der Konflikte und damit die Spannungen zwischen Menschen, die sich „theoretisch" am nächsten stehen, aufzulösen und für Bedingungen zu sorgen, in denen derartige Konflikte nicht mehr in dem üblichen Maße entstehen können. Ein „gesundes" Maß von Widerständen und Konflikten, das der Ausdruck von Lebendigkeit ist, wird es immer geben, denn es gehört zum Leben, daß man sich reibt. Die Frage ist nur, mit was für Vorzeichen das geschieht. Wer weiß, daß Menschen, die sich gern haben und davon auch überzeugt sind, manchmal recht bösartig miteinander schimpfen können? Das ist stets ein Zeichen ungenügender Distanz.

Wenn aber Menschen gereizt und ungeduldig miteinander schimpfen und es nicht von beiden als unzulässig empfunden wird, so wird damit etwas Wesentliches und für die positive Qualität einer Beziehung Entscheidendes verletzt.

Wenn so etwas nur ein einziges Mal einem kleinen Kind durch den Erwachsenen geschehen ist, so kann damit etwas endgültig in der Vertrauensbeziehung zwischen Kind und Erwachsenen vorbei sein.

Das Kind geht an solchen Verletzungen und Vertrauenseinbußen nicht zugrunde. Aber daraus entwickelt sich das, was wir häufig als „angeborene Charakterzüge" mißverstehen. Daß so ein kleiner Mensch dadurch nicht zugrunde geht, sondern trotzdem ein brauchbarer — wenn auch eventuell vereinsamter oder trotziger — Mensch werden kann, zeigt, wie wunderbar die Ausrüstung für die Bewältigung von selbst schweren Verletzungen ist. Wenn ich gesagt habe, daß es mit einer gewissen selbstverständlichen Vertrauensbereitschaft — der Voraussetzung für Kontakt jeglicher Art — nach solch einer Verletzung endgültig vorbei sei, so habe ich gleichzeitig dazugefügt: sofern nicht eine echte Entschuldigung stattgefunden hat.

Jenes Vertrauende, Offene im Wesen eines kleinen Kindes, das uns so unmittelbar anspricht, verschwindet sonst, und die Folgen werden zu einem „Charakterzug", sofern der Mensch sich nicht später bewußt auf einer höheren Ebene eine neue Vertrauensmöglichkeit, Kontaktbereitschaft dem Leben gegenüber erarbeitet.

Ich habe auch auf eine dritte Möglichkeit hingewiesen, nämlich daß es „Glücksfälle" gibt, in denen das Schicksal Erlebnisse an den verletzten Menschen heranbringt, die so vertrauenschaffend wirken, daß — gewöhnlich über die Beziehung zu einem geliebten Menschen — die Vertrauensbereitschaft sich auf diesem Wege allmählich wieder einstellt.

In der Vertrauensbereitschaft gestörte Menschen geraten aber leicht in einen Teufelskreis; denn viele von ihnen finden später nie den Ansatz für eine Partnerwahl. Im entscheidenden Moment weichen sie aus. Es gibt Menschen, die ständig auf der Suche sind, die sich häufig „verlieben" und sich — ihnen unbewußt — immer Partner wählen, die schon „besetzt" sind. Die unbewußte Angst, doch nicht vertrauen zu dürfen, bewirkt, daß sie sich so verhalten.

Das sind Zusammenhänge, die meiner Ansicht nach nicht nur jedem Erzieher bekannt und vertraut zu sein hätten. Die Einsicht in derartige Mechanismen der menschlichen Beziehungen sollte für spätere Generationen unbedingt zu den Elementen der allgemeinen Bildung gehören. Allmählich müßte jeder die „Spielregeln", nach denen die sozialen Beziehungen zwischen den einzelnen Menschen sich abspielen, und die Faktoren, die störend einwirken, soweit sie heute schon bekannt sind, bewußt kennenlernen, denn sie gelten für alle möglichen Verhältnisse zwischen Menschen, sie gelten für alle Gesellschaftsschichten und gelten auch in allen

Gesellschaftsformen. Gerade dafür hat Freud eine so bedeutende Pionierarbeit für die Zukunft geleistet!

Keiner der Faktoren, die ich Ihnen einzeln dargestellt habe, sagt für sich die ganze Wahrheit; aber etwas davon spielt in jeder zwischenmenschlichen Beziehung mit.

Je illusionsloser man die Realität vieler Eltern-Kind-Beziehungen sieht, desto eher kann man an sich arbeiten, um seine Art und sein Verhalten so bewußt empfinden zu können, daß es dadurch allmählich möglich wird, in menschenwürdigerer Weise zu funktionieren.

Herr A.: So, wie Sie hier den Begriff Distanz gebraucht haben, bin ich nicht einverstanden mit Ihnen. Ich meine, daß erst, wenn man jede Distanz verloren hat, eine richtige Beziehung entstehen kann, — daß eine Beziehung zwischen Menschen nur erhalten bleiben kann, wenn man ihn vollständig versteht. Wenn man die Geschichte von etwas vollständig überblickt, kann man sie erst richtig verstehen, und dann schimpft man doch nicht mehr.

H. J.: Das ist richtig. Aber die Distanz, von der ich sprach — das „Nicht-zu-nahe-Treten" —, spielt sich nicht in der Region ab, in der wir die Geschichte von Schwierigkeiten verstehen können. Wie problematisch das Hängenbleiben an einem Begriff, losgelöst vom betreffenden Zusammenhang, ist, sehen Sie am besten daran, daß man selbst, um einen Überblick bekommen zu können, von dem Sie gerade sprachen, auch Distanz nötig hat. Wer einer Sache zu nahe ist, bekommt keinen Überblick und kann sie im allgemeinen nicht ganz zutreffend beurteilen. — Ein anderes Problem ist jene Distanz, von der ich im Zusammenhang mit Partnerschaft oder überhaupt mit zwischenmenschlichen Beziehungen sprach.

Auch in einer wirklichen Freundschaft oder Ehe könnte die nächste Nähe nicht stimmen, wenn die Ehrfurcht vor dem anderen nicht wirksam wäre.

Herr A.: Ich verstehe das Wort „Ehrfurcht" in diesem Falle nicht. Ich denke, man hat vor dem anderen soviel Ehrfurcht, wie man vor sich selbst hat, und das kann man mit Distanz nicht ändern.

H. J.: Was ich als Distanz bezeichnete, hat einen Gehalt, der sich fast mit dem deckt, was vorhin mit Ehrfurcht bezeichnet wurde. Man kann doch einem Menschen sehr nahe sein, auch körperlich, und kann doch Distanz haben!

Herr A.: Ja, ich glaube, das verstehe ich. Ich fürchte aber, das wird falsch aufgefaßt, so, daß man gewisse Dinge nicht ausspricht, daß man den Fragen nicht auf den Grund geht.

H. J.: Wollen Sie mir nicht ein konkretes Beispiel geben für das, was Sie meinen?

Herr A.: Das habe ich zur Zeit nicht zur Verfügung, aber ich will darüber nachdenken. (Allgemeine Heiterkeit!)

H. J.: Tun Sie das, obwohl Sie vielleicht schon gemerkt haben, daß ich mir vom Denken nicht viel verspreche — und schon gar nicht vom „Nachdenken"! —, wenn es um Probleme geht wie die, mit denen wir uns gerade beschäftigen.

Ich möchte Sie auf ein grundsätzliches Problem, das bei jeder Diskussion entscheidend ist, aufmerksam machen. Wenn es nicht erkannt wird, ergeben sich meistens große Schwierigkeiten bei den Verständigungsversuchen, und es bleibt beim bloßen „Diskutieren". Bei mir verknüpfen sich Äußerungen von anderen soweit wie möglich mit etwas Realem, Vorstellbarem. Dieser Prozeß macht es erst möglich zu prüfen, ob ich Äußerungen anderer zustimmen kann, ob ich zurückfragen, etwas ergänzen, einwenden muß oder ablehnen etc. Wenn man sich aber abstrakte Formulierungen und Aussagen als Abstrakta anhört, ohne zu versuchen, in Kontakt mit den dahinter befindlichen Realitäten zu kommen, bleibt man notwendigerweise im Gestrüpp der Worte und Formulierungen hängen und „spinnt" darin weiter.

Wenn Sie zurückfragen: „Was meinen Sie mit Ehrfurcht?" — „Was meinen Sie mit Distanz?", muß ich Sie bitten, wieder in Kontakt zu kommen mit den großen Zusammenhängen, in denen ich diese Begriffe gebraucht habe. Außerhalb des Zusammenhanges ist „Ehrfurcht" nur ein Wort, genauso wie „Freiheit" oder „Liebe" Worte sind, die jedem sagen können, was ihm gerade gefällt. Ich habe weder von „Ehrfurcht" noch von „Distanz" allgemeinhin gesprochen, sondern von konkreten Verhältnissen, in denen Phänomene akut wurden, die ich dann mit diesen Begriffen bezeichnet habe.

Wie alle Qualitätsbegriffe können auch diese Begriffe immer nur in einem gewissen Zusammenhang und darüber hinaus noch durch die Vorstellung ihres Gegenteiles einen greifbaren Gehalt bekommen. Wenn Sie schimpfen können mit jemandem, ist schon etwas von der notwendigen Distanz nicht vorhanden.

Es kann aber geschehen, daß ein Mensch, in dessen Grundhaltung vieles stimmt, schimpft, weil er vielleicht von Schmerzen zermürbt ist oder

Kummer hat. Solch ein Mensch wird, wenn er zur „Besinnung“ kommt, sicher das rechte Wort, den rechten Ton finden, um sich zu entschuldigen. Er braucht nicht einmal etwas zu sagen! Die Art und Weise, wie man eine Hand gibt, wie man den Menschen ansieht, kann mehr „sagen“ als die bestens formulierte Entschuldigung. Ein anwesendes Streicheln über die Haare des von uns gekränkten Kindes, bei dem aus unserm ganzen Verhalten spürbar ist, wie gern wir etwas ausgleichen möchten, wird mehr echte Entschuldigung sein können, als wenn man mit dem Kind einen halben Tag lang die „Angelegenheit“ durchsprechen würde. (Heiterkeit!)

Ja, Sie lachen! Aber ein Teil der „modernen“ oder „modernisierten“ Erziehung erschöpft sich in „Aussprachen“. Dahinter hat ursprünglich auch etwas Vernünftiges gestanden. Aber da soll so viel erledigt werden mit „Worten“ anstatt durch unsere Art, zu *sein*! Entschuldigen kann ich mich allein dadurch, wie ich *bin*, nicht mit dem, was ich *sage*.

Wahrscheinlich können wir unsere Familienschwierigkeiten nur deshalb so schwer selber verstehen und selber in Ordnung bringen, weil wir nicht Abstand genug haben, um Überblick zu haben. Man steckt zu sehr „mitten drin“. Es ist offenbar gar nicht so leicht, *Nähe* mit *Distanz* und *Ehrfurcht* mit *Vertrauen* gleichzeitig zu haben. Aber bleiben wir nicht an Wörtern hängen! Es muß aus dem jeweiligen Zusammenhang heraus spürbar werden, was die Worte aussagen sollen. Wir sollten — selbst wiederholt auftauchende — Begriffe nicht mit einer nur durch „Formulierung“ begrenzten Bedeutung in unser Jargonlexikon eintragen!

Ist Ihnen auch in diesem Zusammenhang schon ahnbar geworden, welch entscheidende Rolle die Qualität unseres Verhaltens in allen Lebensbeziehungen spielt? Vergessen Sie nicht, daß ich heute versucht habe, Ihnen verständlich zu machen, wie unstatthaft es ist, bei Geschwistern vom „gleichen“ Milieu zu sprechen, und wie außerordentlich komplex das Problem der „gleichen“ Verhältnisse in Wirklichkeit ist!

Dabei ist es Ihnen wahrscheinlich nur ahnbar geworden, aus wie vielfältigen Faktoren sich der Einfluß der Erwachsenen auf die Entwicklung des Kindes — im besonderen auf die Möglichkeiten von Vertrauensbereitschaft, Kontakt und Angst — täglich neu und täglich anders in den sogenannten gleichen Verhältnissen auswirkt.

Probieren Sie bis zum nächsten Mal, Gelegenheiten zu nützen, bei denen Sie Ihr Verhalten beim Schauen, beim Lauschen und beim Sicherinnern bewußt zur Kenntnis nehmen können und versuchen können, sich „antennig“ zu verhalten!

6. Kurs

Verhalten beim Sehen und Lesen
Verhalten beim Sehen — Verhalten beim Denken
Denken aus zweiter und dritter Hand
Die Kluft zwischen Wissen und Sein
Verhalten in zwischenmenschlichen Beziehungen
Stille setzt nicht notwendigerweise akustische Stille voraus
Daß etwas stimmt, wird nicht aus der Betrachtungs-, Reflektier- und Bedenkregion bewußt
Verhaltensqualität und Qualität der Eindrücke
Bei zweckmäßigem Verhalten bewirkt die Auseinandersetzung mit dem Leben Entfaltung
Alt sein — entfaltet sein? — Elsa Gindler
Alfred Adlers Lebensschablone
Die Bedeutung affektiver Elemente bei Denkprozessen
Bescheidwissen über eigene Schwierigkeiten
Freud
Erfahrungen beim Aufgeben der Schau-Absicht bei geschlossenen Augen
Sprechen — Gelassensein
Hören — Sehen

19. Februar 1945

H. J.: Wem ist in der Zwischenzeit sein Verhalten beim Sehen, beim Hören oder beim Sicherinnern manchmal bewußt geworden?

Fräulein L.: Ich habe bemerkt, daß ich beim Lesen immer Runzeln mache und daß ich dabei eine ganz verkrampfte Stirn habe; aber ich kann das noch nicht ändern.

H. J.: Haben wir uns schon so weit verstanden, daß Ihnen einleuchtet, wie wenig zweckmäßig es wäre, isoliert die „zusammengezogene" Stirn lösen zu wollen? Natürlich werden Sie, wenn Sie allmählich mehr von Ihrem Kopf und Ihrer Stirne empfinden, erreichen, daß die Falten sich glätten; aber das wird nur so lange vorhalten, als es Ihnen bewußt ist.

Sie kennen derartige Schwierigkeiten wahrscheinlich auch aus anderen Situationen. Wer hat z. B. erlebt, daß oft ermahnt wurde: „Halt dich doch gerade!" „Sitz nicht so krumm!" etc. Wenn die Aufforderung kam, nahm man sich zusammen — oder auch nicht! —, und sobald man nicht mehr „daran dachte", war man wieder so schlaff wie vorher.

Warum aber ist die Stirne gerunzelt?

Fräulein L.: Weil der Gedanke im Buch ist!

H. J.: Nun, die gerunzelte Stirn und das Zusammengesunkensein im Sitzen drücken doch etwas aus, sind ein Resultat von etwas! Solange wir die Gründe nicht erkennen und die Ursachen nicht auflösen, müssen wir ständig aufpassen, daß wir es nicht „falsch" machen. Vielleicht hängt die gerunzelte Stirn mit Fräulein L.s Jugenderlebnissen beim Lesen- und Schreibenlernen zusammen? Erinnern sie sich an die Haltung und das Verhalten eifriger Schulanfänger, wenn sie ihre Buchstaben malen oder versuchen die Silben und Wörter zu entziffern? Wieviel Anstrengung spricht da aus dem ganzen kleinen Menschen!

Vermutlich wird Fräulein L. mehr Chancen haben, daß ihre Runzeln, die sie beim Lesen macht, verschwinden, wenn sie im allgemeinen mehr über das Zuviel-an-Aufwand stolpert und allmählich etwas davon aufzugeben vermag.

Frau V.: Hängt das Schauen nicht auch mit dem Denken zusammen? Wenn ich versuche, den Blick nicht so hinauszusenden, kann ich gar nicht mehr so zukünftig denken. Ich muß vielmehr in der Gegenwart denken.

H. J.: Das ist keine schlechte Erfahrung!

Zweifellos bestehen zwischen unserm Verhalten beim Sehen und der Qualität unseres Denkens enge Zusammenhänge. Ich habe schon darauf hingewiesen, wie stark die visuelle Herkunft unseres Wissens die Art unseres Denkens, unsere ganze Mentalität bestimmt.

Auch für den Denkprozeß und unser Verhalten beim Denken trifft Analoges zu wie für unser Verhalten beim Sehen, Hören und Sicherinnern: Man kann sich auch beim Denken anstrengen; man kann grübeln und Muskelaufwand treiben, obwohl hier noch evidenter ist als auf andern Gebieten, daß wir keine Muskulatur besitzen, deren Kontraktion Denkprozesse produktiver verlaufen lassen könnte. Man kann versuchen, auch beim Denken gelassen zu sein, und kann erlauben, daß der Denkprozeß sich vollzieht, daß „es" in uns denkt, anstatt daß „wir" denken. Sie werden zunehmend bei allem, was Ihnen die Beziehung zur Umwelt und zu sich selber ermöglicht — auch beim Studium der Bewegung —, die gleichen beiden Tendenzen antreffen. Aufwand, der weder notwendig noch zweckmäßig ist, oder Gelassensein und Gehorsam. Das „heftige Denken", das Nachdenken, daß der Kopf „raucht", ist eine der Ursachen, daß so viel steril gedacht wird. Wahrscheinlich gehen deswegen von den vielen Büchern, die in einem Jahr gedruckt werden, wenige die Menschen wirklich etwas an.

In einem tieferen Sinn scheint der alte Akiba mit seinem: „Alles schon dagewesen" recht zu haben. Die wichtigsten „Neuigkeiten" sind — wenn auch in anderer Gestalt, so doch hinsichtlich ihres funktionellen Gehaltes — vor ein paar tausend Jahren schon bekannt gewesen. Wahrscheinlich muß all das immer wieder neu ausgesprochen werden, weil zu wenig von dem Einleuchtenden realisiert wird. Auch dabei spielt der alte Konflikt zwischen Wissen und Sein mit.

Man kann doch ruhig in der linken Tasche die Bergpredigt und in der rechten einen Revolver tragen! Jene riesige Kluft zwischen Wissen und Sein, die wir bei unsern wesentlichen Bekenntnissen vorfinden, besteht auch bei all den kleinen Verabredungen, die wir mit uns selber treffen. Überall, wo wir bloß „über den Kopf" „ja" sagen, zeigt sich diese Kluft zwischen dem, was man weiß, und dem, was man in Wirklichkeit ist.

Vielleicht ist es sogar ein Charakteristikum unserer öffentlichen Verhältnisse, daß es nicht anstößig ist, ein Programm aufzustellen ohne die Verpflichtung, daß das, zu dem man „ja" sagt, auch „ja" getan wird. Wie wenig fühlt man sich auch im öffentlichen Leben verpflichtet, für die

Realisierung dessen zu sorgen, dem man zugestimmt hat und für das man „gestimmt" hat.

Jene Unverbindlichkeit in unserem Verhalten ist wahrscheinlich eine Konsequenz der Tatsache, daß man auf zweierlei Weise „denken" kann und doch beides mit dem gleichen Begriff bezeichnet: das Denken, das aus unserer Art zu sein, aus dem, was uns widerfährt, was wir erleben, gespeist wird und herauswächst, und jenes andere „Denken", bei dem man über von andern Leuten Gedachtes und Formuliertes aus zweiter und dritter Hand „denkt". Diese beiden Funktionsweisen, die auch Ausdruck von zwei Qualitäten des Verhaltens sind, finden wir nicht so sauber getrennt, wie ich sie hier auseinanderhalte. Sicher aber ist, daß die übliche Erziehung dazu geführt hat, daß man das wenigste, was man „denkt", schon gedacht hat im Sinne von Denken in Beziehung zur Realität. Auf diese Tatsache bezieht sich auch Wilhelm Ostwald mit seinem Ausspruch: „Selbstverständlich ist nur das, worüber man noch nicht nachgedacht hat."

All das gehört auf das engste zusammen und ist im Grunde nur Ausdruck der Qualität unserer Verhaltensweise gegenüber der Realität. Es ist kein Zufall, daß das Verhalten der Menschen in so vielen Richtungen unzweckmäßig ist; aber wir können niemanden anklagen deswegen. Wir können nur versuchen, immer bewußter und klarer zu erkennen, warum als Folge unserer üblichen Art von Erziehung diese Unverbindlichkeit von Bejahtem und Eingesehenem niemandem anstößig ist. Das ist eine sonderbare Tatsache! Wenn man im Privatleben sein Wort nicht hält, ist man doch kein anständiger Mensch! Wie mag es nur kommen, daß man so viele Dinge öffentlich sagen, behaupten und bejahen, ja, daß man sie ausdrücklich lehren kann, ohne für einen unanständigen Menschen gehalten zu werden, wenn man all das weder repräsentiert noch erfüllt? Kommt Ihnen das nicht auch sonderbar vor, wenn man Sie ganz nüchtern auf diese Tatsachen aufmerksam macht? . . .

Frau B.: Kürzlich unterbrach mich mein Partner plötzlich in einem Gespräch mit einem: „Sei doch nicht so aufgeregt!" Ich war völlig überrascht, denn ich hätte geschworen, ich sei ruhig und gelassen.

H. J.: Vielleicht war der Partner nur irritiert, weil Sie möglicherweise etwas stiller und mehr bei sich waren als sonst?

Frau V.: Ich habe schon die Beobachtung gemacht, daß, wenn der eine still bleibt, der andere schließlich auch still wird.

H. J.: Diese Feststellung ist uns nicht ganz unbekannt, denn das ist doch eines der Probleme, mit denen wir uns fortwährend beschäftigen. Wenn man wirklich bei sich ist, kann der andere nicht auf die Dauer außer sich bleiben. Weniges ist so „ansteckend" wie wirkliche Stille. Nur nennen wir vorläufig vielerlei Stille, was nicht wirklich Stille ist. Stille ist zunächst für uns auch nicht viel mehr als ein Wort. Das Phänomen „Stille" muß uns so eindeutig werden, daß es unmöglich mehr mit Pseudostille — z. B. aus Erschlaffung — verwechselt werden kann.

Wir haben schon davon gesprochen, daß Stille nicht notwendigerweise akustische Stille voraussetzt, aber der Ausdruck der Tatsache ist, daß man ohne Angst ist und ganz bei einer Sache. Wer ohne Angst ist, besitzt eine wichtige Voraussetzung zum Sachlichseinkönnen. Wer ganz bei der Sache ist, mit der er zu tun hat, ohne Angst, ohne Geltungs- und Prestigebedürfnis, der ist still, ist gelassen, und mit dem können Sie keinen Streit anfangen. Es gibt aber Leute, die können so ostentativ und impertinent „still" sein, daß sie schimpfen, obwohl sie kein Wort sagen. So etwas haben Sie vielleicht auch schon erlebt?

So problematisch sind Wörter, solange man am Wort hängenbleibt und sich nicht darum kümmert, welche Prozesse und welche funktionellen Zusammenhänge dahinterstehen. Man kann also „laut" sein, ohne zu schimpfen, und man kann schweigen und damit heftig schimpfen. Es kann „still" sein, und wir brauchen nicht gelassen, offen und in der Stille zu sein, und es kann lärmig sein, und man kann trotzdem ganz in der Stille sein. Lauter widerspruchsvolle Dinge! Wieder soll eine Behauptung richtig sein und ihr Gegenteil ebenfalls!

Frau B.: Gibt es keine Hilfen, um sich zuverlässig an das zu erinnern, was neulich wirklich gewesen ist? Ich würde gerne wissen, ob ich mich über mein Verhalten geirrt habe, um mich selber kennenzulernen und mich entsprechend verhalten zu können.

H. J.: Sie sagten viel zutreffender, als Ihnen bewußt war: „Ich würde gerne wissen, ob ich mich geirrt habe . . .", und ich sage Ihnen: „Seien Sie ganz uninteressiert daran, ob Sie sich irren oder nicht irren!" Wenn es wirklich stimmt, werden Sie das so deutlich spüren, daß Sie nicht in Versuchung kommen, mit dem „Kopf" nachzuprüfen. Zweifel kann man fast schon als einen Beweis dafür nehmen, daß es nicht ganz gestimmt hat.

Das, was „stimmt", meldet sich aus einer anderen Region und wird aus einer anderen Region bewußt als aus der Betrachtungs-, Reflektier-, Bedenk- und Beurteilungsregion, die fast immer im normalen Leben als Kontrollinstanz und Polizei funktioniert.

Um sich einigermaßen orientieren zu können, bedarf es vieler praktischer Erfahrungen auf der Grundlage unserer gegenwärtigen Verabredungen. Man muß ausreichend Material haben, um Zustände und Verhaltensweisen vergleichen zu können, und kann nicht nach ein oder zwei Versuchen erwarten, sich schon zuverlässig orientieren zu können. Vorläufig ist es ausreichend, wenn Ihnen in einer alltäglichen Situation spürbar wird, daß etwas von dem akut wird und Sie etwas von dem ausprobieren könnten, was wir verabredet haben.

Sie müssen bei Ihren Versuchen zunächst ohne jede Erfolgsabsicht, nur sachlich und allgemein an den besprochenen Phänomenen interessiert, so probieren, wie es Ihnen möglich ist.

Ich werde Sie heute noch einiges mit den Augen und mit dem Sehen ausprobieren lassen. Und da das Schauproblem so eng mit dem Hörproblem verknüpft ist, werden wir gleichzeitig die Beziehung zur Lauschmöglichkeit vertiefen.

Sie werden in einer bestimmten Versuchsanordnung eindeutig erfahren können, daß gewisse Kategorien einer Erscheinung sich einem mehr aufdrängen beim Hinsehen und daß andere Kategorien sich mehr aufdrängen, wenn es gelingt, beim Schauen gelassen zu sein. Je nach der Qualität unseres Verhaltens wird auch die Qualität der Eindrücke, die wir bei uns registrieren können, verschieden sein. Uns erscheint anderes als wesentlich, wenn wir auf etwas hinsehen, und wir erkennen anderes als wesentlich, wenn wir die Erscheinung auf uns wirken lassen.

Da unmittelbares Denken aus dem, wie wir erfahren, und aus dem, was wir erfahren, gespeist wird, ist es nicht ohne Bedeutung, in welcher Qualität wir e r f a h r e n und was für eine Empfindung die Erfahrung in uns auslöst, die damit Material für unser Denken schafft. So wird, „was" wir von etwas denken und „wie" wir über etwas denken, auch durch unser Verhalten beim Schauen, bzw. ganz allgemein durch unser Verhalten der Umwelt gegenüber, gefärbt. Je „abstrakter", je mehr „aus zweiter Hand" man zu denken gewöhnt ist, desto weiter ab ist es von dem, was für uns hier von Bedeutung ist.

Vorausdenken und Nachdenken sind die uns vertrauten Gewohnheiten; aber Mitdenken treffen wir viel seltener an.

Jeder hat sich auf Grund seiner Vorgeschichte auf andere Weise zu plagen, um sich allmählich zweckmäßiger verhalten zu können. Jemand kann eben eingesehen haben, worauf es ankommt, und kann kurz darauf so verdreht sein, daß er sich genauso unzweckmäßig benimmt wie vorher.

Der Unterschied gegen vorher wäre nur der, daß er diesmal merken könnte, wenn und daß er verdreht ist.

Was Sie sich bei unseren Versuchen holen können, ist nichts, was sich auf Grund von „Fleiß“ konservieren ließe, sondern etwas, das immer wieder neu erdient werden muß.

Nur wer häufig bewußt erlebt hat, wie man zulassen kann, daß Zustand und Verhalten sich zweckmäßig verwandeln, wird immer schneller und unmittelbarer den Zugang finden.

Wenn wir uns bewußt zweckmäßig verhalten können, führt jeder Versuch zu einem positiven Resultat in der Aufgabe und zugleich zu einem Mehr an Entfaltung.

Der übliche Fleiß hat bisher bei den meisten Menschen nicht zu Entfaltung, sondern neben einer Anhäufung von Wissen zu mehr Routine und zum bloßen Erledigen von Aufgaben geführt.

Im Grunde sollte uns die Auseinandersetzung mit dem Leben ständig mehr entfalten. Wir arbeiten doch von früh bis spät mit jeder Bewegung und mit jedem Wort, das wir sagen, mit jedem Blick, durch alles, was wir hören. Das Leben lebt uns ständig. So müßte uns bei zweckmäßigem Verhalten jede Minute entfalteter und reifer werden lassen!

Das mag sonderbar klingen, wenn wir bedenken, daß bei der Berufsarbeit, für die am meisten Kraft und Zeit eingesetzt wird, der größere Teil der Menschen die Arbeit mehr oder weniger bloß „erledigt“, — versucht, „seine Pflicht“ zu tun und dabei stumpf, müde und „verarbeitet“ wird statt entfalteter, sicherer und reifer.

Damit berühren wir ein Problem, hinter dem auch entfaltungshindernde Vorurteile wirksam sind und das eines der Hauptprobleme in der Arbeit Elsa Gindlers ist: Ein alter Mensch sollte sich von einem jüngeren Menschen nicht in erster Linie durch geminderte Leistung, Gebrechlichkeit und Gedächtnisstörungen o. ä. unterscheiden. Vielleicht wäre es auch nicht nötig, daß er kränklich wird, schlechter hört und schlechter sieht usw., was so zu den selbstverständlichen Eigentümlichkeiten des Altwerdens beim Gros der Menschen zu gehören scheint. Würden wir unser Leben „zweckmäßiger“ leben, so müßten wir dem Optimum an Entfaltung und Reife entgegenleben können und werden können wie eine reife Frucht! Die Frage des Alters und des Alterns wird uns noch eingehend beschäftigen. Auch dabei werden Tatsachen, die beweisen, wie menschliches Alter auf Grund der biologischen Ausrüstung sein könnte — daß es z. B. Höchstleistungen von Siebzigjährigen und noch älteren gibt, daß es Völker gibt, deren Greise tätig, rüstig und frisch sind, bis sie, nicht an Krankheit, sondern am „Vollendetsein“ auslöschen —, dazu zwingen, unsere landläufigen Meinungen über das Alter zu prüfen.

Wie wenig Menschen sterben bei uns, weil sie sich zu Ende gelebt haben, und wie viele an immer schwerer werdenden Störungen und Krankheiten. Wie wenig Menschen sind durch das lange Am-Leben-gewesen-Sein wirklich entfaltet worden! Damit möchte ich andeuten, daß das, was uns bis jetzt schon als „unzweckmäßiges“ Verhalten bei so vielen elementaren Notwendigkeiten des Lebens begegnet ist, zweifellos wesentlich dazu beiträgt, wenn Älterwerden vor allem zu Verbrauchterwerden und nicht zu mehr Entfaltung führt.

Herr Z.: Kommt man, wenn man diese Fehlentwicklung von dem kleinen Sektor Denken her prüft, nicht zu dem Schluß, daß die geringe Entfaltetheit des Menschen damit zusammenhängt, daß er sein Denken nicht versachlichen kann?

H. J.: Qualifiziertes Denken ist das Resultat von zweckmäßigem Verhalten in ganz anderen Regionen!

Herr Z.: Aber indem Sie sagen, „es“ denkt, so denkt „es“ doch in einer bestimmten Lebensrichtung — Adler nennt das „Lebensschablone“ —, die in jedem Menschen vorhanden ist ...

H. J.: Ich habe Alfred Adler sehr geschätzt, aber diese große Vereinfachung der „Lebensschablone“ kann ich nicht akzeptieren. So ein Schema, das viel Einleuchtendes für sich hat, läßt sich der komplexen Wirklichkeit gegenüber so wenig aufrechterhalten wie die „Typen“. Damit würden wir die unabänderliche Fortwirkung der Verkümmerungen aus der frühen Jugend anerkennen, anstatt daß es unsere Aufgabe wäre, jene „eingefahrene“ Schablone aus der frühen Jugend zu neutralisieren, aufzulösen zugunsten eines Wieder-offen-Werdens für das Improvisatorische.

Und wie jedes Denken das Resultat von etwas ist, das uns geschehen sein muß, so ist auch die „Schablone“, von der Sie für das Denken sprechen, bereits ein Resultat von etwas. Das ist so, auch wenn einem „das Denken“ noch so souverän erscheint.

In einem Menschen, der gereizt ist, „denkt es anders“ als in einem Menschen, der offen und sachlich interessiert ist. In einem Menschen, der verletzt oder ungeduldig ist — und wenn er noch so klug ist und philosophisch, weltanschaulich ein noch so klares Programm hat —, „denkt es anders“ als in einem Menschen, der gelassen ist.

In jedem Resultat eines Denkprozesses finden sich auch Färbungen aus den affektiven Elementen und nicht nur Resultate seiner logischen Organisiertheit. Es wäre nur Symptombehandlung, wenn wir uns direkt ans „Denken" wenden würden, um unsere Denkresultate zu verbessern. Man müßte bewußt erfahren, wie man so selbständig und angstlos werden kann, daß man nicht mehr so leicht affektiv reagiert, denn „affektiv funktionieren" bedeutet fast immer zugleich, „Opfer des andern werden". Das ist wieder so grob formuliert, daß es nur in dem großen Zusammenhang tragbar ist, in dem ich es sage. Es gibt kein Denken, kein „noch so objektives" Denken, das nicht auch wesentlich gefärbt ist durch den Zustand und das Verhalten des Menschen, in dem es sich vollzieht!

Das ist kein „philosophisches" Problem und kein Problem der „Logik", sondern nur eine Konsequenz unserer biologischen Ausrüstung, die so strukturiert ist. Ich will in dieser Etappe nicht ausführlicher darauf eingehen, sonst würden wir uns bereits des „Denkens auf Vorrat" schuldig machen und uns mit Abstraktionen beschäftigen, mit deren realen Voraussetzungen wir uns noch nicht genügend auseinandergesetzt haben.

Denken, das sich unverstört auf der Basis unserer Ausrüstung für Verknüpfen von Erlebnisssen abspielt, e i n s o l c h e s D e n k e n w ä c h s t, und wir brauchen es genauso wenig zu „schulen", wie wir unsere Sinne „schulen" müssen.

Unmittelbares Denken wächst uns so zu und verläuft so geordnet, wie das Sprechen einem Menschen im sprechenden Milieu zuwächst, der seine Muttersprache versteht, ohne daß er sie extra verstehen lernen mußte! Das Denken „besonders gescheiter" Menschen vollzieht sich oft so wie das Sprechen von Menschen, die sich in einer nach der Grammatik gelernten Fremdsprache äußern.

Das eine Mal erleben wir eine Kombinations„tätigkeit" auf Grund von Gelerntem und das andere Mal einen selbstverständlichen Prozeß, der sich um so ungestörter, um so richtiger abspielt, je weniger man dazu tut.

(Nach einem längeren Gespräch anläßlich verschiedener Fragen und Berichte:)

H. J.: Man kann vieles wissen und klug denken und reden über Individual-Psychologie und Psychoanalyse, man kann auch „psychologisch" Bescheid wissen über die Hintergründe seiner eigenen Schwierigkeiten und wird trotzdem nichts an seiner Situation ändern können, wenn sich nicht in der gesamten Verhaltensweise etwas wesentlich ändert.

Das Erkennen der Zusammenhänge — z. B. in einer Analyse — kann einem vielleicht den Mut geben und einen veranlassen, an sich zu arbeiten, statt die Schwierigkeiten als „Schicksal“ hinzunehmen. Aber Erkennen und Denken bleiben ein Nichts, wenn es nicht auch zu einer wirklichen Verwandlung im Grundverhalten dem Leben gegenüber führt, wenn nicht eine konsequente Arbeit der Selbst-Erfahrung und Selbst-Nacherziehung einsetzt.

Mit den Grundeinsichten von Freud sollte sich jeder Mensch auseinandersetzen!

Man muß zumindest erfahren haben, daß es eine Möglichkeit gibt, Zusammenhänge so zu sehen. Freuds Leistung ist eine Tat, die für unser Denken über den Menschen, für das Bild, das wir vom Menschen und von menschlichen Verhältnissen haben, mindestens so wichtig ist wie die Tat des Kopernikus für unser astronomisches Weltbild. Das darf man aber nicht ohne weiteres auf die „Methode“ der Psychoanalyse übertragen. Von welcher Bedeutung ist allein Freuds Leistung, bewußt gemacht zu haben, daß hinter allem, was wir bewußt denken, unbewußte Tendenzen wirksam sein können, die uns führen, und zwar so führen, daß wir überzeugt sind, „wir“ denken, „wir“ handeln, obwohl in Wirklichkeit jene unbewußten Tendenzen den Inhalt des Gedachten und die Handlungen bestimmt haben. Davon sollte jeder etwas wissen, auch wenn das, was dabei zutage kommt, ihn vielleicht schockiert. Wenn Sie die Augen offen haben, wird Ihnen auch sonst im Leben viel auffallen, das schockierend ist!

Schließen Sie nun alle die Augen, auch während ich weiterspreche, und überprüfen Sie, ob Sie bloß die Augenlider zuklemmen oder ob es Ihnen möglich ist, die Unruhe, die Sie eventuell in den Augen vorfinden, ein wenig abklingen zu lassen. (Alle registrieren große Unruhe.)

Fräulein St.: Ich sitze ganz unsicher, mich zieht es ein bißchen nach rechts.

Schwester W.: Das ist offenbar ein Gleichgewichtsproblem!

H. J.: Versuchen Sie bitte alle, das, was Sie nun mitzuteilen haben, mit geschlossen bleibenden Augen zu sagen!

Dr. X.: Das scheint auch mit dem Atmen zusammenzuhängen. Wenn ich tief und gleichmäßig atme, sind auch die Augen ruhiger.

H. J.: Es ist vorläufig nicht leicht festzustellen, ob Sie ruhigen Atem registrieren, weil Sie Schau-Absicht haben aufgeben können, oder ob, weil Sie ruhig atmeten, die Augen ruhiger geworden sind. Wer merkt schon, daß unsere Verabredung eine Zumutung an unseren Gesamtzustand ist und nicht bloß an den Kopf und die Augen appelliert? (Zustimmung!)

Herr O.: Zuerst habe ich noch Farbmuster gesehen, — dann wurde es grau, und nun ist es ziemlich dunkel.

H. J.: Probieren Sie alle, ob Sie die Schau-Absicht so weit aufgeben können, daß es dunkler hinter den Lidern wird, obwohl ich das Licht nicht lösche! Schirmen Sie mit der Hand vorübergehend etwas ab!

Herr A.: Mir fällt auf, wie sich das Gesicht mit dem Ruhigerwerden der Augen entspannt, und auch im ganzen Körper spüre ich mehr Entspanntheit. (Dies wird von den meisten bestätigt.)

H. J.: Jetzt erleben Sie, daß man im Ganzen stiller werden muß, damit sich Falten auf der Stirn glätten können.

Frau T.: Im Anfang konnte ich mich gar nicht konzentrieren auf das, was gesagt wurde, jetzt geht es schon besser.

H. J.: Müssen Sie sich extra konzentrieren? Kommt nicht zu Ihnen, was gesagt wird? Sie müßten sich doch Wachs in die Ohren stopfen, damit es nicht zu Ihnen kommen kann! In der Unruhe ist man nur nicht bereit, sich erreichen zu lassen. Wahrscheinlich erledigt sich vieles, was Sie an den ersten Abenden auf Vorrat gegen das Augenschließen vorgebracht haben, wenn Sie registrieren, daß Sie mit „stilleren Augen" allmählich besser hören. Sie waren doch überzeugt, daß einem viel entgehe, wenn man nicht schauen dürfe. Versuchen Sie zu Hause, mit geschlossenen Augen auf einem Bein zu stehen, und berichten Sie, was Ihnen dabei begegnet ist!

Sie werden erleben, wie stark wir unser Pseudogleichgewicht mit Hilfe der Augen sichern. Bei echtem Gleichgewicht brauchen wir die Augen nicht. Die Unsicherheit ist zunächst selbstverständlich, weil wir zu sehr daran gewöhnt sind, die Augen als „Krücke" zu benutzen.

(Es wird erstaunt registriert, daß bei den meisten eine Gesamtberuhigung entstanden ist.)

H. J.: Die Gesamtberuhigung, die Sie nun registrieren, ist etwas, das nie von uns *gemacht* werden kann. Jede Anstrengung, jedes Ruhig-werden-Wollen, jedes Gelöst-werden-Wollen ist unzweckmäßig. Man kann nur erlauben, daß Beunruhigtheit oder Zusammengezogensein sich verringern.

Frau B.: Mir fällt auf, daß meine Hände sich lösen. Das ist interessant für mich, denn oft wache ich nachts auf und merke, daß die Hände ganz angespannt sind.

H. J.: Wer hat auch schon erlebt, daß man sogar nach langem Schlaf mit zusammengezogenen Gliedern und starren Gelenken aufwachen kann? (Zustimmung!) Das passiert auch jungen Menschen.

Fräulein N.: Wenn ich sonst die Augen schließe, habe ich Mühe, wach zu bleiben. Hier ist die Gefahr geringer.

H. J.: Es kommt darauf an, was wir probieren und wie wir probieren. Man kann nämlich auch dabei aus dem Schlaffsein statt aus der Munterkeit „probieren", genauso, wie wir in anderm Zusammenhang schon festgestellt haben, daß man Gelassensein mit „Warten" verwechselt.

Fräulein St.: Ich habe jetzt empfunden, wie unsere Stimmen sich verändert haben. Alle, die jetzt sprachen, hatten eine andere Stimme als vorher, und ohne daß ich sehen mußte, wußte ich von jedem, der sprach, daß er die Augen geschlossen hatte.

H. J.: Wer hat das auch schon gemerkt? Die Qualität des Klingens hat sich bei den Einzelnen verändert, nicht bei allen auf die gleiche Weise. Wenn Sie mehr Erfahrung haben, werden Sie alle, ohne hinzuschauen, an der Art und Weise, wie es klingt, wenn jemand spricht, merken, ob er stiller geworden ist, ob er lauscht oder ob er nur die Lider zukneift. Ihre Erfahrung ist auch ein Beitrag zu der Tatsache, daß der Mensch sich im Ganzen verändert, sobald es ihm gelingt, die Schau-Absicht aufzugeben.

Wer hat bemerkt, daß in dem Moment, in dem er anfangen will zu sprechen, die Augen unruhig werden? (Allgemeine Zustimmung!). Versuchen Sie deshalb, sich, wenn Sie etwas sagen wollen, etwas Zeit zu lassen, damit Sie Ihr Gelassensein nicht durch den Sprechbeginn stören.

Fräulein Qu.: Wenn ich versuche, gelassener zu werden, spüre ich schon Ruhe kommen, aber nur zeitweise. Wenn wirkliche Ruhe eintritt, ist zugleich auch ein Genuß dabei. Die ganze Entspannung, besonders auch in der Stirn.

H. J.: Es ist besonders im Anfang schwierig, in gleichbleibender Qualität bei der Verabredung zu bleiben. Wer merkt bei sich auch das Schwanken zwischen „Ankommen" und „Abreisen"? (Allgemeine Zustimmung!)

Herr A.: Ich habe festgestellt, daß ich jetzt, wo ich die Augen geschlossen habe, meinen Kopf nicht mehr stütze, im Gegensatz zu früher, wo ich beinahe nicht sein konnte, ohne den Kopf zu stützen und auch die Beine zu kreuzen.

H. J.: Es freut mich, daß Ihnen das auffällt. Wer von Ihnen hat auch den Eindruck, daß seine Art zu sitzen sich verändert hat? Ich stelle fest, daß mehr als die Hälfte von Ihnen die Arme gehoben hat.

Frau M.: Ich habe zu Hause x-mal versucht, die Augen zu schließen, aber es ist mir dabei nie gelungen, zur Ruhe zu kommen. Ich habe feststellen müssen, daß ich keinen Halt in mir habe.

H. J.: Haben Sie versucht, Ihre Schau-Absicht aufzugeben? Zu welchem Zweck hatten Sie zu Hause die Augen geschlossen?

Frau M.: Ich war aufgeregt.

H. J.: Wenn man aufgeregt ist und schließt die Augen, um zur Ruhe zu kommen, handelt es sich um ein anderes Problem, als wenn wir sachlich versuchen, so still zu werden, daß es glückt, die Schau-Absicht aufzugeben.

Sie müßten ausprobieren, wie weit es Ihnen möglich wird, die Unruhe in den Augen abklingen zu lassen, und nicht unsere Verabredung unbewußt dahin abändern, daß Sie hoffen, durch Ihre Sorgen weniger beunruhigt zu sein, weil Sie die Augen schließen.

Frau M.: Ich sagte mir: „Du mußt dich nicht aufregen, das ist nicht so furchtbar, komm lieber jetzt zur Ruhe!“ Ich habe dann die Augen geschlossen, und es ist mir trotzdem nicht gelungen.

H. J.: Wenn Sie sich zureden, um zur Ruhe zu kommen, machen Sie etwas. Ruhe ist etwas, dessen Entstehen man nur gestatten kann. Sich Ruhigsein abverlangen, sich durch Zuspruch beruhigen oder sich durch andere beruhigen lassen zu wollen, ist etwas wesentlich anderes.

Fräulein E.: Bei mir scheint das Aufgeben der Schau-Absicht immer noch identisch mit dem Aufgeben des Denkens, d. h. mit dem Aufhören des Denkens. Es beschäftigt mich sehr, daß ich etwas von diesem Zusammenhang merke. Ich wollte nur fragen, ob ich dabei recht vorgehe.

H. J.: Sie gehen dabei weder „recht“ noch „unrecht“ vor. Wir müssen bereit sein auszuprobieren und damit auch bereit sein, zunächst sogar Unsinn zu machen, denn auch hierfür gilt, was ich schon wiederholt gesagt habe: Jeder bringt eine andere Vorgeschichte mit, und jeder wird deswegen auch auf ein solches Versuchsangebot etwas anders reagieren und es mit gewissen Abweichungen erleben und bewältigen.

Vorläufig können Sie sich nur freundlich anbieten, die Schau-Absicht aufzugeben und gelassener zu werden. Je häufiger Sie sich so etwas anbieten, desto höher werden Ihre Ansprüche.

Geben Sie dem sichtbar entstehenden Dehn- und Streckbedürfnis nach! Man kann sich frisch gähnen, wenn man dabei nicht erschlafft.

Herr O.: Ich kam heute abend müde hierher und suchte instinktiv nach einem Ausweg, trotzdem gut hören zu können, und hatte längere Zeit die Augen geschlossen. Dann habe ich tatsächlich — entgegen meinen früheren Äußerungen, daß ich beim Hören vom Sehen abhängig sei — nur deswegen, weil ich die Augen schloß, gut zuhören können. Die Müdigkeit wurde anscheinend überwunden, weil es mir gelang, die Anstrengung des Sehens abzulegen.

Und jetzt fällt mir etwas ein: Ich habe einen Bekannten, der blind ist. Als ich ihn kürzlich zur Straßenbahn begleitete, sagte er plötzlich mitten im Lärm: „Jetzt kommt meine Bahn!“ Dabei sah man sie noch gar nicht! Er hat sie am Klang erkannt. Das war ein Erlebnis für mich.

H. J.: Muß man erst blind werden, um die Lauschausrüstung so zu entfalten, wie auch wir sie mitbekommen haben?! Der Blinde hat keine besseren Ohren bekommen, nur hat das Nicht-mehr-Sehenkönnen ihn gezwungen, wacher zu sein für das, was das Hören ihm mitzuteilen vermag!

Jetzt können die Augen wieder aufgehen! Versuchen Sie bitte, ohne Schau-Absicht zu bleiben, obwohl Sie die Lider öffnen! Lassen Sie nur das, was dann im Blickfeld sein wird, auf sich wirken und sich nicht zum Hin-Sehen verleiten!

Falls Ihnen etwas bei sich oder an der Umwelt auffällt, so berichten Sie es bitte!

Schwester W.: Mir fällt auf, daß alle Leute jetzt viel entspannter aussehen. Wir haben nicht mehr so viele Falten im Gesicht!

Herr O.: Mir ist aufgefallen — ich möchte sagen beim „Aufwachen“ —, daß die Formen fast „hart“ erschienen! (Allgemein wird bestätigt, wieviel plastischer nun alles aussieht.)

H. J.: Gegenüber der Flachheit, die wir bei unserem routinierten Sehen erleben, bekommt alles jetzt mehr Volumen. Gelassenes Schauen bewirkt Resultate solcher Art.

Zurufe: Es ist alles kontrastreicher, die Farben sind kräftiger, alles ist bunter!

H. J.: Das gehört zu dem, wovon ich heute abend sprach: Wenn wir uns anders verhalten, bekommen unsere Erlebnisse eine so positiv veränderte Qualität, daß dadurch auch unserem Denken ein anderes Material geliefert wird.

Herr P.: Ich habe zuerst ohne Brille um mich geschaut, und mir ist aufgefallen, daß die Eindrücke nicht nur nicht undeutlicher waren als mit der Brille, sondern daß es sehr angenehm war und die Kontraste stärker waren als vorher.

H. J. (nach einem Hinweis auf die Durchschnittserfahrungen der meisten Brillenträger):

Ist es verständlich, daß wir von diesen kurzen Versuchen noch keine hundertprozentigen Auskünfte erwarten dürfen? Und trotzdem konnten Sie schon allerlei positive Veränderungen konstatieren!

Versuchen Sie also bis zum nächsten Mal, bei geschlossenen Augen so weit zur Ruhe zu kommen, daß sie Ihnen an stillen Augen und Augenlidern empfindbar werden kann.

Wir müssen zum Aufgerichtetwerden von innen her kommen, wie es vielen von Ihnen bei dem Versuch passiert ist, ohne daß es Ihnen im ganzen Ausmaß bewußt geworden wäre. Es muß zu einem Bedürfnis werden, straffer zu werden. Das gibt andere Voraussetzungen, als wenn man sich von außen her in eine Form zwängen will.

Versuchen Sie bis zum nächsten Mal, Gelegenheiten zu nützen, bei denen Sie unauffällig probieren können — um vertrauter damit zu werden —, daß man hören kann, während man nicht schaut. Wer hat Ähnliches erfahren, wie Herr O. berichtete: nämlich entgegen der vorgefaßten Meinung, man höre bei geschlossenen Augen zu wenig, merke man — sobald man zur Ruhe kommt — unabweisbar, daß man differenzierter hören kann? Man muß halt immer erst probieren!

Aber gewöhnlich versucht man, wenn einem derartiges zugemutet wird, mit allerlei Theorien zu beweisen, daß nicht möglich sei, was man noch gar nicht ausprobiert hat.

Das liegt tief in der Art der Erziehung begründet, die wir hinter uns haben.

Die meisten reagieren gewöhnlich allem Ungewohnten gegenüber zunächst so. Viele dieser Einwände sind auch auf Grund unserer sonstigen Verhaltensgewohnheiten naheliegend. Ich will nicht, daß Sie in Zukunft die Augen nicht mehr benutzen. Das sind Versuchsverabredungen, um ganz bestimmte Zusammenhänge bewußt erleben zu können — und prüfen zu können.

7. Kurs

Prinzipielles über Versuche, die Schau-Absicht aufzugeben
Sachliches Interesse an einem Bild vom Menschen und an erkennbaren Gesetzmäßigkeiten — ein Ziel der Arbeitsgemeinschaft
Von der allgemeinen Tendenz zu unzweckmäßigem Verhalten
Man soll bei Heinrich Jacoby nichts lernen
Neue Worte — alte Verhaltensweisen und Zustände
Durch Lernen auf Vorrat werden die wichtigsten Voraussetzungen für Forschenkönnen verschüttet
Vom Untergraben der Ehrfurcht vor echter wissenschaftlicher Leistung
Schule — was müßte sich ändern?
Erfahren wir die Umwelt je nach Verhalten verschieden?
Verhaltensänderung beim Sehen — Verwandlung des ganzen Menschen
Sehen — aber wie?
Hören — aber wie?
Denken — aber wie?
Gleichgewicht — Prothesenwirkung des Sehens — Selbständigkeit
Entfaltung: Selbständige Auseinandersetzung des Säuglings mit der Schwerkraft, seiner Last — seiner Unterlage
Elsa Gindler
Konsequenzen der Störungen im Gebrauch unseres Skelettes
Antenniges Verhalten bei Tasterlebnissen
Erfahrbereitsein

22. Februar 1945

Beginn mit Berichten über Erfahrungen bei Versuchen zum Aufgeben der Schau-Absicht.

H. J.: Haben Ihre Versuche schon bewirkt, daß Ihr Gesamtzustand sich etwas veränderte? Ist Ihnen bewußt geworden, daß man aus dem Zu-aktiv-Sein leicht in das Schlaffsein gerät?

Frau B.: Ich habe eine unruhige Woche hinter mir und habe versucht, mehr Ruhe durch das Schließen der Augen und das Aufgeben der Schau-Absicht zu bekommen, aber ich konnte nicht so lange abwarten, bis die Ruhe wirklich eintrat. Ich kam in einen immerhin positiv empfundenen Zustand, der ein Mittelding zwischen Schlaffsein und Gelöstheit war.

H. J.: Hierzu möchte ich etwas Prinzipielles bemerken! Mit unseren Versuchen — z. B. die Schau-Absicht aufzugeben — möchte ich Sie veranlassen zu überprüfen, was für Konsequenzen es hätte, wenn man sich nicht unnötig anstrengte, — wenn man versuchte, sich wieder so zu verhalten, wie es unserer biologischen Organisation entspricht. Wenn dadurch gewisse positiv zu wertende Veränderungen eintreten, wie z. B., daß man im allgemeinen ruhiger wird, daß es einem wohler wird usw., so ist dieses Wohlerergehen keineswegs das Ziel meiner Arbeit. Das sind Begleiterscheinungen, Nebenprodukte, die sich bei der Realisierung unserer Verabredungen einstellen. Es ist etwas Grundsätzliches, daß ich nicht die Absicht haben darf, Ihnen zu „helfen".

Ich möchte Sie für ein Bild vom Menschen interessieren, wie es sich sachlich darbietet, wenn wir von einem ungewohnten Standort aus gewisse Verhältnisse überprüfen, die uns so zur Selbstverständlichkeit geworden sind, daß wir sie hinnehmen, als ob sie in Ordnung wären. Wenn wir zur Klärung dieses Bildes aus sachlichem Interesse allerhand praktisch ausprobieren, wird sich als Nebenprodukt für jeden viel ergeben, das ihm persönlich nützt und hilft. Wenn es Ihnen z. B. gelingt, sich beim Sicherinnern nicht mehr anzustrengen, dann wird bei denen, die bisher ein „schlechtes Gedächtnis" gehabt haben, das „Gedächtnis" besser. Aber ich würde es ablehnen, einen Kursus für Leute mit schlechtem Gedächtnis zu geben. Das ist etwas Grundsätzliches! Es handelt sich um Gesetzmäßigkeiten, die, wenn man sie zur Kenntnis nimmt und auch versucht, daß das Wissen um sie im realen Dasein zur Verwirklichung führt, gewisse uns persönlich angenehme Veränderungen bringen.

Auf dem Umweg über allgemeine überpersönliche Einsichten werden persönliche Wünsche und Erwartungen auch befriedigt werden. Vielleicht wissen Sie aber aus eigener Erfahrung, wie leicht man alles, was nicht zu den eigenen Problemen zu gehören scheint, irritiert und ungeduldig vorübergehen läßt? Dabei merken die Menschen es oft gar nicht, wenn von jenen „eigenen" Problemen gesprochen wird. Sie können es nicht merken, denn wer kennt wohl die Hintergründe seiner Schwierigkeiten und Nöte! Wir dürfen uns nicht von den Symptomen zu unzweckmäßigen Maßnahmen verleiten lassen.

Wenn Sie erleben, daß das Gesuchte — wenn Sie etwas vergessen haben — „von selber" auftaucht, sobald Sie sich gelassen verhalten, dann haben Sie etwas Grundsätzliches erfahren und den Zugang zu etwas gefunden, das nicht nur für das Gedächtnis entscheidend ist, sondern zu einem Schlüssel für qualifizierte Bewältigung aller wesentlichen Lebensaufgaben und -notwendigkeiten für Sie werden kann.

Es gibt fast keine Aufgabe gegenüber der Umwelt wie gegenüber uns selber, bei der wir uns nicht bei unzweckmäßigem „Machen" begegnen können. Nicht nur beim Sehen, Hören, Schmecken, Riechen, Tasten, beim Sicherinnern und Nachdenken, beim Sichbewegen, beim „Eindruckmachen" auf andere Leute. Sie werden noch bei vielen anderen Gelegenheiten merken, wie sehr man gewöhnt ist, etwas zu „machen", obwohl die entgegengesetzte Verhaltensqualität zur qualifizierten Leistung führen würde. Eine allgemeine Tendenz zu unzweckmäßigem Verhalten durchzieht unser Leben und offenbart bei so vielen elementaren Möglichkeiten der Beziehung zur Umwelt einen Aufwand, der der Funktionsweise unserer Organisation nicht entspricht. Sie haben noch nicht ausreichend bewußte Erfahrungen, um im ganzen Ausmaß erkennen zu können, wie sehr unsere vertraute „Machhaltung" und Überladung den Kontakt mit der Umwelt und mit uns selber verhindert.

Wenn jemand Augen- und Sehschwierigkeiten hat, wird er wahrscheinlich auf ganz anderen Gebieten und bei Gelegenheiten, bei denen er es gar nicht erwartet, erleben können, was zum Bewältigen jener Schwierigkeiten zweckmäßigerweise zu geschehen hätte.

Dahinter steht auch etwas Grundsätzliches: Überall, wo man konventionelle Meinungen hat, wo man Schwierigkeiten schon mit „Mittelchen" hat bewältigen wollen, sieht man fast immer nur die äußere Form, in der sich die Schwierigkeiten bemerkbar machen.

Unsere „Schwierigkeiten" sind nie die „eigentliche" Schwierigkeit, sondern bloß das Signal für das Vorhandensein elementar bedingter Störungen.

Wenn es Frau B. nach so kurzer Zeit und wenigen Erfahrungen bereits glückt, Unruhe abklingen zu lassen, so ist das schon viel, denn man kann noch nicht, woran man erst zu probieren beginnt. Vorläufig brauchen Sie dazu noch Zeit, mit anderen Worten: ausreichende Erfahrung auf Grund von Hunderten von bescheidenen, stillen Versuchen.

Wenn man erst Kontakt mit den wesentlichen Elementen einer Aufgabe hat und auf Grund von Erfahrungen die notwendige „Geländevertrautheit", hängt es nur noch von dem Ausmaß der eigenen Initiative ab, wie „leicht" oder wie „schwer" einem die Bewältigung der Aufgabe wird. „Schwer"-fallen ist dadurch charakterisiert, daß man noch viel Zeit für Vorerfahrungen braucht, und „Leicht"-fallen dadurch, daß man nicht mehr extra „Zeit" braucht, um Beziehung und Kontakt zu bekommen.

Nur in dem Maße, in dem der einzelne allgemeingültige Zusammenhänge in ihrer Allgemeingültigkeit erkennt und sie auf sinnvolle Weise bei sich selber auszuprobieren und zu prüfen beginnt, verringern sich auch die entsprechenden persönlichen Schwierigkeiten.

Erinnern Sie sich daran, daß ich am ersten Abend gesagt habe, ich hoffte, daß niemand etwas bei mir l e r n e n würde? Wird das, was ich damit sagen wollte, auch in diesem Zusammenhang verständlicher? Was hätten Sie davon, wenn Sie später auch das sagten, was ich sage! Was hat sich geändert, wenn solche „Lerner" später das Wort „Begabung" vermeiden, weil man es nicht mehr mit gutem Gewissen „anwenden" darf? Vielleicht sagt man statt dessen „Fähigkeit" oder „Anlage", behält aber im Grunde sein „altes" Bild vom Menschen und dessen Möglichkeiten und bleibt in seinem praktischen Verhalten unverändert.

So werden „Kenntnisse" assimiliert, ohne daß man sich mit dem betreffenden Problem auseinandersetzt. Wenn ich merke, daß solch eine Sorte von „Verständnis" einsetzt, sage ich vielleicht das Gegenteil von dem, was ich zuvor gesagt habe, um das bloße Wortverständnis zu erschüttern.

Das Eingeleuchtethaben ist schon gut, aber es bedeutet nicht, daß man sich auch auseinandergesetzt hat, die Zusammenhänge erarbeitet hat. Ehe das geschehen ist, sind es nur „fremde Kleider"!

Bitte lassen Sie sich, wenn etwas Wohltuendes bei der einen oder anderen Verabredung herauskommt, nicht dazu verleiten, diese Verabredung bloß um des Wohltuenden willen wieder auszuprobieren! Später können Sie sich mit alledem auf vielerlei Weise helfen. Unsere Verabredungen sollen zunächst also nur Situationen schaffen, in denen die besprochenen Phänomene vertrauter werden können und in denen Sie Resultate prüfen können.

Sie sollen nichts von mir „annehmen". Wenn Sie zu Hause und dem „suggestiven" Einfluß unserer Arbeitsgemeinschaft entzogen sind, müssen Sie sich vergewissern, daß es dann auch noch stimmt. Natürlich kann einem in der Gruppe die allgemeine Interessiertheit und Aufmerksamkeit dazu verhelfen, über sein übliches Niveau hinaus still und anwesend zu sein. Aber solange man von dieser Kollektivleistung getragen ist, kann man nicht wissen, ob es einem auch allein möglich sein wird.

Es nützt nichts zum Selbständigerwerden, wenn man nur mit Hilfe von anderen einige Zeit über seinem gegenwärtigen Alltagsniveau funktioniert.

Eine Gefahr für unsere Entwicklung ist, was uns vorzeitig einleuchtet. Das sollte zu den Maximen für jede Auseinandersetzung und Verständigung gehören! Auch das ist etwas, was der Schul- und Schülermentalität entgegengesetzt ist, bei der es darauf ankommt, so rasch wie möglich Symptome der Verständigung zu erzeugen. (Es folgt ein Exkurs über Sinn und Bedeutung von „matura" und deren Entwertung durch bloßen Nachweis von Vielwisserei und über den Mangel an Querverbindungen im Schulwissen und die „Fächermentalität", die die spätere „Fachmann"-Mentalität bereits in der Schule vorbereitet.)

Früher hat man mit der unsinnigen Viellernerei verhältnismäßig wenig Menschen geplagt, und die Matura war, wenn überhaupt, nur für begrenzte Bezirke notwendiges Eintrittsbillet. Heute gilt es fast schon als eine nicht abgeschlossene Schulbildung, wenn jemand keine Matura hat.

(Es folgt ein Hinweis darauf, daß z. B. Newton oder Faraday oder Justus Liebig heute auf Grund ihrer „unzulänglichen" Schulbildung nicht zum Universitätsstudium zugelassen würden, geschweige denn eine Chance hätten, Hochschullehrer zu werden . . .)

Es ist eine wesentliche Frage, ob den Menschen, die viel von dieser offiziellen Vielwisserbildung schon früh über sich ergehen lassen müssen, dadurch nicht häufig die wichtigsten Voraussetzungen für das Forschenkönnen verschüttet werden. Wer schon viel zu wissen meint, prüft nicht mehr. Es gibt viele gescheite Leute, die eine Fülle von klaren, von andern überprüften Kenntnissen besitzen und diese ständig weitergeben. Nur durch Zufall kommen diese Kenntnisse dann an jemand, der noch so offen und lebendig geblieben ist, daß er auf jenen Voraussetzungen produktiv weiterschaffen kann.

Wenn unsere Schule „theoretisch" die jungen Menschen reif fürs Leben machen soll, so soll sie „praktisch" doch in erster Linie möglichst viele Menschen als „Nachwuchs" für die Bedürfnisse unseres Wirtschaftslebens vorbereiten. Jedenfalls geht es überall weniger um die Entfaltung des jungen Menschen als um Berufsvorbildung, trotz aller pädagogischen Programme, deren „Ideale" nur auf dem Papier zu finden sind.

(Herr A. „verteidigt" die heute viel rationelleren Methoden im Unterricht.)

H. J.: Reicher an intellektuellen Kniffen, an Papierwissen wohl, aber weder reifer, noch selbständiger, noch produktiver sind diese Erzeugnisse rationellerer Belehrungsmethoden meistens. Das schafft bei den jungen Menschen die Illusion, mehr zu wissen, und oft auch die Neigung, sich einzubilden, mehr zu sein als andere, die nicht so viel gelernt haben.

Das heißt nicht, daß man bei sinnvollerem Vorgehen etwa weniger zu arbeiten brauchte. Aber jede Stunde sinnvollen Arbeitens könnte zugleich auch ein Mehr an Entfaltung sicherstellen und hätte nicht die sterilisierende Wirkung des Viellernens! Ausnahmsweise kann sogar jemand relativ unbeschädigt durch diese Wissensmastanstalten durchgegangen sein, aber nur ausnahmsweise.

Weil so viele junge Menschen gezwungen werden, so viele Dinge zu lernen, die sie nicht im geringsten interessieren, die ihnen meistens auf eine Weise nahegebracht werden, die kein Interesse wecken kann, werden sowohl die Ehrfurcht vor echter wissenschaftlicher Leistung als auch die Verpflichtung zu wissenschaftlicher Verantwortung und Sauberkeit untergraben.

Ich muß Sie aber wieder daran erinnern, daß man, indem die Schule „kritisiert" wird, die Schule, die auch nur ein Produkt gesellschaftlicher Zustände ist, nicht allein verantwortlich machen darf. Der kleine Mensch wird schon schief und krumm gemacht, bevor er in die Schule kommt.

Wie vielerlei Vorzeichen und Funktionen hat das, was man so obenhin „Schule" nennt! Daß Schulen so sind, wie sie sind, hat genauso seine Geschichte, wie unsere persönlichen Schwierigkeiten ihre Geschichte haben.

Soziale Tatbestände und Situationen haben ihre Geschichte. Die Schule ist ein sozialer Tatbestand, und unsere Schule ist auch der Ausdruck einer ganz bestimmten Etappe der historischen Entwicklung. Wie man sagt: „Jedes Volk hat die Regierung, die es verdient!", so könnte man auch sagen: „Jedes Land hat die Schulen, die es verdient!" Dabei müßte man ebenso einschränken wie bei der Regierung: Wenn etwas nicht richtig, nicht tragbar ist, trifft jeden die Mitverantwortung, daran zu arbeiten, daß sich das Änderungsbedürftige ändert.

Dazu muß man allerdings die negativen Ursachen erst klar erkennen, aus denen sich das „Symptom" der unzulänglichen Schule ergibt.

Unsere Auseinandersetzung wird auf ein falsches Geleise verschoben, wenn wir meinen, die Schule sei der „Sünder". In der Schule geschieht nur auch und systematischer als in den früheren Etappen der Kleinkindererziehung etwas, das sich allgemein auf die Qualität der Leistungen negativ auswirken muß. Ändern müßten sich Mentalität und Verhalten der lehrenden Erwachsenen, die Einstellung zu den Möglichkeiten des jungen Menschen — zu dem, was man seine Gaben und Fähigkeiten nennt, zu dem, was man seinen Charakter nennt — und die Meinungen über den Prozeß der Vermittlung, des Lehrens und Lernens. Das alles hätte Vorrang vor Änderungen von Lehrplänen und Lehrstoffen etc. Diese würden sich dann von selber — aber als Resultat von etwas Wesentlicherem — ergeben.

Das Entscheidende muß sich woanders vollziehen! Wenn es Ihnen z. B. bewußt erlebbar wird, daß es Ihnen möglich ist, Ihre Verhaltensqualität in kurzer Zeit bewußt so zu ändern, daß Sie eine wesentlich andere Qualität der Beziehung zu derselben Aufgabe, demselben Vorgang bekommen können als zuvor — als Sie nur an Ihre Gerichtetheit auf das Objekt und an Ihren „Kopf" appellierten —, dann bekommen Sie eine Ahnung davon, von woher die Änderung kommen müßte, derer auch unsere Schule dringend bedarf.

Wem ist spontan aufgefallen, wie anders alles aussah, als er die geschlossenen Augen nach dem Abklingenlassen von Schau-Absicht — was dabei zunächst nur unzulänglich „geglückt" sein konnte — wieder aufgehen ließ, — wie alles plastischer, kontrastreicher, farbiger und mehr in die Umwelt einbezogen erschien? (Allgemeine Zustimmung.)

Habe ich Ihnen das vorausgesagt oder eingeredet, oder wußten Sie noch gar nicht, auf was ich aus war? Obwohl Sie in dieser Richtung erst wenig probiert haben, noch nichts können und nichts Besonderes unternommen haben, sondern nur versuchten, sich so zu verhalten, wie es auf Grund unserer biologischen und physiologischen Struktur allein zweckmäßig ist — und dem kleinen Kind noch ganz selbstverständlich! —, erlebten Sie beträchtliche Veränderungen in der Qualität Ihrer Eindrücke und Ihrer Beziehung zur Umwelt.

Wenn Sie mehr probiert haben, wird Ihnen deutlicher sein und werden Sie auch nüchtern prüfen können, daß Ihnen, wenn Sie beim Sehen und Hören gelassen bleiben, andere Eigentümlichkeiten an den Gestalten der Umwelt auffallen, bewußt werden — und vor allem auch wichtig werden — als die, die Ihnen wichtig erscheinen, solange Sie die Gestalten an-sehen oder ihnen zu-hören.

Im Zusammenhang damit wird auch verständlich werden, wie man auf andere Weise „fragen" kann, Aufgaben so gestalten kann, daß für den Gefragten eine wesentlich andere Möglichkeit des Antwortens vorbereitet ist, — in einer Art, die es ihm unmöglich macht, „unbegabt" zu bleiben — oder zu werden.

Wenn wir ein zutreffenderes Bild vom Menschen und seinen Möglichkeiten, von seiner Ansprechbarkeit haben — davon, wie er auf Grund zweckmäßigerer Art der Ansprache erreichbar ist —, ergibt es sich erst, wie wir vorgehen müssen, um die Kulturgüter der jungen Generation so zugänglich werden zu lassen, daß sie dadurch produktiver und in einem tieferen Sinne kultiviert würde.

Damit schließen wir den Ring unserer Überlegungen: Die Schule würde dann ihre Funktion erfüllen, wenn der Gehalt des Wortes „Matura" erfüllt würde und die jungen Menschen die erreichte Reife mit ihrem Zeugnis bescheinigt bekommen könnten. —

Versuchen Sie so viel wie möglich, sich für das Aufgeben der Schau-Absicht zu interessieren, und erinnern Sie sich dabei an unser heutiges Gespräch!

Die Versuche bezwecken vor allem, daß Sie zunächst bei sich selber merken, wie stark Schau-Absicht besteht, selbst hinter geschlossenen Lidern, — wie viel Gerichtetsein und Gerichtetbleiben nach außen ständig wirksam ist und in welcher Richtung Sie eine Änderung Ihres Verhaltens ausprobieren können, um später auch bei geöffneten Augen gelassener, antennenhafter funktionieren zu können.

Wem ist aufgefallen, daß sich bei solchen Versuchen auch seine Beziehung zum Hören in dem Sinne verändert hat, daß er empfangsbereit lauschen konnte?

(Alle melden sich.)

Sie erleben also, daß der ganze Mensch — auch sein Gesamtzustand — beteiligt ist, wenn sich seine Verhaltensqualität beim Sehen ändert! Einige haben beim letzten Mal sogar bemerkt, daß sie sich während der Versuche ganz von selbst in ihrer „Haltung" im Sinne von mehr Aufgerichtetsein verändert haben. Je gelassener man bei einer Spezialverabredung werden kann, um so mehr wird der ganze Mensch verwandelt. Durch mehr Erfahrung wird Ihnen auch von dieser Seite her deutlicher werden, wie vieles sich schon in unsern Schulen zentral verändern würde, wenn jeder Lehrer bewußt daran arbeiten könnte, sich zweckmäßiger zu verhalten, angstloser zu werden, improvisationsbereiter zu sein. Dann könnte derselbe Lehrer in derselben Schule, mit denselben Lehrbüchern und mit denselben, noch kurz vorher undisziplinierten oder „dummen" oder gleichgültigen Kindern sein, und es würde etwas völlig anderes vor sich gehen. Auch hier, wie überall sonst im Leben, hängt es weniger von dem „Was" ab als von dem „Wie". Man kann jemandem ein Gebet „beibringen" und kann ihn mit dem routinierten Heruntersagenlassen dieses Gebets abstumpfen. Jemand kann aus ganzem Herzen fluchen, und das kann richtiger — man könnte geradezu sagen frömmer — sein als das Herunterleiern eines Gebetes. Zweifellos ist das „Was" durchaus nicht gleichgültig. Trotzdem spielt das „Wie" in der Wirkung auf andere die entscheidendere Rolle: „Sehen, aber wie?" — „Hören, aber wie?" — „aus welcher Qualität des Verhaltens?" „Greifen, tasten, sich bewegen, sich erinnern, denken, aber wie?"

Sie müssen eindeutig erleben, daß es ein unverwechselbares „Wie" des Verhaltens gibt, das man nüchtern studieren kann und das nichts „Neues" ist, das wir erst zu lernen hätten. Es entspricht der Qualität des Verhaltens, die ein einigermaßen unverstörtes kleines Kind unbewußt noch praktiziert. Man sollte versuchen, sich diese Möglichkeit wieder zu erobern!

„Man kann es nicht jedermann recht machen", und trotzdem müssen wir in einem bestimmten Sinne versuchen, es jedermann recht zu machen, weil hinter den verschiedenen „Jedermann" ein seiner Struktur und seiner Funktion nach Wesensgleiches steht. Ohne diese Voraussetzung wäre es aussichtslos, sich mit Gruppen von Menschen verständigen zu wollen.

Schwester W.: Wir sollten versuchen, auf einem Bein zu stehen und dabei die Augen zu schließen. Jetzt hätte ich gerne gewußt, was Sie dabei für ein Gefühl haben.

H. J.: Darüber will ich Ihnen gerne berichten, aber erst, nachdem Sie alle das ausprobiert haben. Was ist Ihnen denn dabei aufgefallen?

Schwester W.: Ich war entsetzt, daß ich so gewackelt habe. Dann habe ich dic Schuhe ausgezogen und es in Strümpfen probiert. Dann habe ich die Augen aufgemacht, um zu sehen, ob es mir überhaupt Mühe macht, auf einem Bein zu stehen. Tatsächlich konnte ich mit offenen Augen ganz gut stehen. Offenbar hängt es also nicht mit den Beinen, sondern mit den Augen zusammen.

H. J.: Es ist kein Zufall, daß ich Ihnen empfohlen habe, das zu probieren. Fräulein St. hatte festgestellt, daß sie im Sitzen wackelig wurde, wenn sie die Augen schließen mußte. Wahrscheinlich wird es keinem unter Ihnen, der probiert hat, mit geschlossenen Augen auf einem Bein zu stehen, anders ergangen sein als Schwester W.! (Spontane Zustimmung.)

Ich wollte Ihnen mit dieser Verabredung etwas Bestimmtes deutlich werden lassen im Zusammenhang mit unserer Auseinandersetzung über das Schauen und über die einseitig visuelle Orientiertheit in unserem Denken und unserem Dasein. Sie haben nun erfahren, daß uns das Sehen sogar als Prothese dienen kann, um uns zu „stützen", wenn wir beim Sitzen oder Stehen nicht in Beziehung zu unserer Last sind und keinen Kontakt zu unserer Unterlage haben. Wenn wir stehen, ohne uns wirklich im Gleichgewicht vom Boden tragen zu lassen, bewahrt uns das Sehen — durch das wir erkennen können, ob wir einigermaßen in der Vertikalen stehen — vor der Panik der Fallangst. Diese Panik überfällt uns — sobald wir die Augen schließen —, wenn wir — wenn auch unbewußt — spüren, daß wir uns nicht vom Boden tragen lassen, sondern uns festhalten müssen. Daß diese Prothesenwirkung des Sehens nicht notwendig ist, können Sie daraus sehen, daß ein Blinder, der seine Blindheit akzeptiert hat, nicht wackelt, wenn er steht oder geht.

Fräulein E.: Ich wackle sogar, wenn ich die Augen offen habe.

H. J.: Das gibt es auch. All das hängt eng mit dem Problem einer echten Selbständigkeit zusammen, und ebenso hängt unsere „geistige Selbständigkeit" mit dem wirklichen Stehen zusammen. Ein Mensch, der selbständig ist, ist auch verhältnismäßig angstlos, ist unabhängig und nicht anlehnungsbedürftig. Die meisten verlieren schon als kleines Kind durch unzweckmäßiges Einwirken ihrer Erzieher beim Sitzen-, Stehen- und Laufenlernen den unmittelbaren Kontakt mit dem Boden und das Empfinden des Getragenseins vom Boden.

Eine starke reale Angst, die uns schon in der frühen Kindheit auch in übertragenem Sinn angstbereit macht, ist die Fall-Angst. Dabei gehörte wenig dazu, die allgemein verbreitete Unsicherheit beim Kind nicht erst entstehen zu lassen! Ein Kind, dem man weder bei den Aufrichteversuchen zum Sitzen und Stehen, noch bei den ersten Laufversuchen hilft, dem man keine Hand gibt, um es hochzuziehen oder zu stützen, wird von Anfang an selb-sitzig und selb-ständig sein und bleiben. Aber wieviel Selbstdisziplin des Erwachsenen ist notwendig, damit er nicht eingreift! Es ist eine der wichtigsten und entfaltendsten Aufgaben, die das Leben schon dem Säugling stellt, sich beim Sichbewegen mit seiner Unterlage und mit seiner Last auseinandersetzen zu müssen. Nichts anderes steckt hinter dem Problem des Sitzens, Stehens und Laufens. Ein Kind, das sich die Beziehung zu seiner Körpermasse ohne fremde Hilfe erarbeitet hat, wird diese Beziehung kaum mehr verlieren und auch in anderer Beziehung selbständiger, unabhängiger, weniger anlehnungsbedürftig sein als das Gros unserer Zeitgenossen.

Auch hierbei verrät die Weisheit der Sprache die tiefe Einsicht in den Zusammenhang jener „Charakterzüge" mit der primitiven physiologischen Tatsache des Im-Gleichgewicht-Seins! Im-Gleichgewicht-Sein setzt Beziehung zum Boden und Beziehung zu dem Gewicht des eigenen Leibes* voraus. Es ist eine weit verbreitete Gewohnheit, von „Haltung", von „guter Haltung" und von „schlechter Haltung" zu sprechen und — im übertragenen Sinne — von „Haltung bewahren". Haltung bedeutet, daß etwas gehalten werden muß. Solange wir im Gleichgewicht stehen oder im Gleichgewicht sitzen, gibt es nichts zu „halten"! Solange man sich halten muß, wird man müde, wenn man längere Zeit stehen muß, und wird wakkelig, wenn man beim Stehen — noch dazu auf einem Bein — die Augen schließt.

Es versteht sich von selbst, daß hier mit Halten etwas anderes als der natürliche, gesunde Spannungszustand des Muskelbandapparates — der Tonus — gemeint ist. Je weniger unser Skelett die in seiner Struktur gegebenen statischen Voraussetzungen erfüllen kann, desto mehr sind wir gezwungen, uns zu halten, um das Umfallen zu verhüten. Das bedeutet, daß man ständig Muskelarbeit leisten muß, um das Fallen nach vorne, hinten oder nach der Seite zu verhindern. Dieser Zustand ist allen so vertraut und selbstverständlich geworden, daß sie von dem Haltenmüssen gar nichts mehr spüren, aber um so mehr seine Konsequenzen, nämlich das Müdewerden und die Fußschmerzen, Rückenschmerzen, „Haltungs"-schäden u. a.

Der Arbeit von Elsa Gindler verdanken wir die Einsicht in die Notwendigkeit, Beziehung zum Boden zu gewinnen, um zu unermüdlichen

* Siehe 23. Kurs

Sitzern und Stehern werden zu können. Sie ließ die bewußte Beziehung zum Boden und das Empfinden für das Getragenwerden unseres Leibes durch den Boden als wichtiges Element für Ruhenkönnen und Zur-Ruhe-Kommen erarbeiten.

(Demonstration von Beispielen unserer Gewohnheit, beim Sitzen entweder einer Lehne zu bedürfen, die das Umfallen nach hinten verhindert, oder sich vorne zu stützen, damit man nicht nach vorn umfällt.)

Sie kennen wohl auch das schlaffe Zusammensinken, das uns schon von klein an die „freundliche“ Aufforderung: „Sitz doch gerade!“ einbrachte?

Es ist ein wunderbares Erlebnis von großer, vertrauenschaffender Tragweite, zu spüren, daß der Boden einen trägt. Man kann viele Stunden sitzen und viele Stunden stehen, ohne dabei müde zu werden. Im Gegenteil! Je mehr man im Sitzen und Stehen Kontakt zum Boden hat, desto ausgiebiger kann man dabei regenerieren, desto frischer kann man werden.

(Am Skelett des Beckens und der Wirbelsäule wird die Funktion der Sitzknorren demonstriert.)

Die einzelnen Wirbelkörper sind Teile einer Säule, Wirbelkörper über Wirbelkörper, mit geringer Schwingung vertikal zum Boden orientiert.

Die betonte, übliche, in der Anatomie als natürlich gelehrte, S-Form ist weitgehend das Resultat des fehlenden Kontakts zum Boden und die Ursache des Sich-halten-Müssens. Beim zweckmäßigen Sitzen handelt es sich wiederum nicht um ein „Ideal“, sei es ein ästhetisches oder ein gymnastisches Ideal oder dergleichen. Das Aufgerichtetsein ist nichts als die Konsequenz der Erfüllung der mechanischen Voraussetzungen, wie sie in der Struktur des Skeletts gegeben sind, die uns zeigt, daß es unter allen denkbaren Möglichkeiten und Richtungen und Formen des Sitzens nur eine einzige zweckmäßige Art gibt: Der „knochige“ Kontakt mit der Unterlage unter Ausnutzung der Sitzknorren ist die Voraussetzung für müheloses Aufgerichtetsein. Das gleiche gilt fürs Stehen, das nur dann stimmt, wenn die statischen Verhältnisse unseres Skeletts im Sinne der Gesetze der Mechanik, denen auch der Mensch unterworfen ist, nicht verletzt werden. Die kleinste Abweichung von den gesetzmäßigen Gegebenheiten macht sonst überflüssige Muskelarbeit notwendig.

(Es folgen eine kurze Demonstration des Fußskelettes und der der Funktion der Sitzknorren analogen Gegend auf dem Sprungbein und ein kleiner Exkurs über Fußlagestörungen, Plattfüße etc., die Unhaltbarkeit der Meinung von „ererbten“ Plattfüßen und über den Zusammenhang von Plattfüßen, Spreizfüßen und dergleichen mit der vorzeitigen Verführung des Kleinkindes zum Stehen.)

Wenn Platt- oder Senkfuß nur eine Angelegenheit des Fußes wären, wäre es nicht so schlimm. Wenn aber die Knochen des Fußes aus der für das Tragen der Körperlast mechanisch günstigsten Lage verschoben sind — was z. B. beim Auswärtsstellen des Fußes stets der Fall ist —, ändert sich die Stellung aller Knochen oberhalb des Fersenbeines und wird sonst unnötige Haltearbeit der Muskulatur notwendig. Das Entstehen von X- und O-Beinen ist u. a. eine Ausgleichsfunktion für Störungen im Fundament, ebenso ist es beim „eingezogenen Kreuz“, bei der überbetonten S-Form der Wirbelsäule und bei vielen Skoliosen. Im allgemeinen hat man keine Vorstellung davon, wie verbreitet solche Störungen sind.

(Es folgen ein Hinweis auf die vielen Fuß- und Beinleiden und Rückenschmerzen von Menschen, die im Beruf viel stehen müssen, und ein Hinweis auf die Ergebnisse der Musterungen fürs Militär!)

Wenn durch mehr Beziehung zum Boden in der Statik des Skeletts wieder mehr Ordnung eintreten kann, so verschwinden häufig Begleiterscheinungen jener statischen Unordnung, die meistens als isolierte, selbständige Krankheiten behandelt werden und gar nicht in Zusammenhang gesehen werden mit den gestörten mechanischen Verhältnissen des Skeletts.

Vielleicht sehen Sie auch in diesem Zusammenhang, wie notwendig — aber auch wie möglich! — es für jedermann wäre, ein zutreffenderes Bild vom Menschen zu gewinnen. Im Anatomieunterricht lernt man die Sitzknorren mit der Bezeichnung „Sitzknorren“ kennen. Aber es ist wieder charakteristisch für das Lernen, daß man sich nicht veranlaßt fühlt zu prüfen, ob man selber seine Sitzknorren zum Sichtragenlassen benutzt.

Die ersten Anatomen, die das Becken und seine statischen Funktionen studiert und auch von der Existenz der Sitzknorren Kenntnis genommen haben, sind in einer anderen Situation gewesen als ihre Nachfolger. Sie haben sich nicht nur die Beziehung zur Struktur erarbeiten müssen, sondern auch die Begriffe, mit denen die einzelnen Gegenden treffend zu bezeichnen waren. Diese Menschen haben nicht lernen müssen, wie diese oder jene Gegend heißt, sondern sie waren interessiert: „Was leistet das?“! Nachdem ihnen deutlich geworden war, was jene Gegend funktionell zu leisten hat, haben sie sie „Sitzknorren“ genannt.

Nachdem uns durch Störungen in der frühen Jugend die selbstverständliche Geordnetheit verlorengegangen ist, die durch die Gleichgewichtsbeziehung zum Boden gesichert wäre, müssen wir uns bewußt dafür interessieren und darüber orientieren, was geschehen müßte, wenn wieder mehr Ordnung eintreten sollte.

Für die Bereitschaft, bei Tasterfahrungen „antennig" zu funktionieren, wollen wir bis zur nächsten Woche analoge Versuche verabreden, wie wir sie schon für das Schauen und Lauschen verabredet haben. Wir können die Gegenstände mit der gleichen „Gier" und der gleichen Gerichtetheit auf das Objekt hin „an"-fassen, — wir können sie bedrücken und mit den Händen genauso „anglotzen" wie mit den Augen. Versuchen Sie, auch beim Berühren von etwas stiller zu werden, stiller zu sein, erfahrbereit zu sein beim Gebrauch Ihrer Hände, — erfahrbereit und gelassen zu sein und nicht neu-gierig, wiß-begierig, nicht hab-gierig, — offen zu sein: „Was wird meiner Hand, was wird mir von dem Gegenstand mitgeteilt?"

(Es werden gemeinsam einige Versuche in dieser Weise probiert, und es wird verabredet, in der Zwischenzeit analog zu versuchen, auch erfahrbereit via Gesäß und erfahrbereit via Fußsohlen zu werden.)

8. Kurs

Schau-Absicht — sich äußern — Qualität des Klingens
Beurteilen von Verhaltens- und Zustandsqualitäten
Von der Organisation für Zustandsempfindungen
Das Empfinden für das Stimmende
Von der Bedeutung zweckmäßiger Frage- und Aufgabenstellung
Verhalten beim Sicherinnern — Angst vor dem Vergessenhaben
Seh-, Hör-, Tasterfahrungen
Wissen und Sein
Auswirkungen der Kurserfahrungen beim Unterrichten
Nie von Resultaten sprechen, ehe probiert worden ist!
Stillseinkönnen — angstlos sein
Wichtiges Fach in der Lehrerbildung
Verhalten bei der Arbeit — wichtig — unwichtig
Antenniges Verhalten — Kontakt mit der Umwelt
Erfahrbereitschaft — Tasten
Sich dehnen, spannen, gähnen — Atmung
Krankheit
Machen — Geschehen-Lassen bei elementaren Funktionen
Fortschritte in der Erziehung nur durch größere Reife und Geordnetheit der Erzieher
Versuche: Antenniges Verhalten beim Schauen, Lauschen und bei Tasterfahrungen
Erfahrbereitschaft via Gesäß

1. März 1945

H. J.: Wir brauchen viele bewußte Erfahrungen, wie sie durch die Verabredung, die Schau-Absicht aufzugeben und bei geschlossenen Lidern zur Ruhe zu kommen, zu gewinnen sind. Ich bitte Sie um Entschuldigung, weil ich Sie jedesmal unterbrechen werde, wenn Sie hier im „Laboratorium“ sprechen wollen, ohne gleichzeitig zu versuchen, Ihre Augensituation zu erfahren. Nur bei Einhaltung dieser Verabredung können Sie allmählich deutlicher erleben und sachlich vergleichen, wie sich auch die Qualitäten Ihres Klingens voneinander unterscheiden, je nachdem ob Sie die Verabredung einhalten oder nicht.

Fräulein E. fragte neulich, wie es „richtig“ sei. Auskunft können Sie nur bekommen durch Vergleichen Ihrer Eindrücke bei Erfahrung A mit denen bei Erfahrung B und C usw. — Die Qualität des Verhaltens, auf die es ankommt, kann man mit Worten im Detail nicht präziser schildern als durch die Bezeichnung der entgegengesetzten Verhältnisse und der extremen Kontraste, wie „Gelassensein“ und „Unruhe“ („Sichanstrengen“). Für jeden von uns verknüpft sich mit dem Begriff „Gelassensein“ eine andere Qualität des Empfindens des eigenen Zustands. Das sind vorläufig relative Begriffe, und die Bewertung unserer Zustandsänderungen ist abhängig von der durchschnittlichen Qualität unseres „Normal“zustandes. Einem Menschen, der verhetzt und verstört ist und bei dem Versuch, etwas von seiner Beunruhigtheit abklingen zu lassen, etwas weniger verhetzt wird, wird dieser neue Zustand schon „gelassen“ vorkommen, aber nach einiger Zeit des Versuchens, stiller zu werden, wird ihm ein Zustand ähnlicher Qualität wahrscheinlich nicht genügen.

Man fühlt sich oft zu etwas verpflichtet, das sachlich gar nicht begründet ist. Allerdings ist in unserer Arbeitsgemeinschaft ein Empfinden von Verpflichtetsein wünschenswert, denn wir sind verpflichtet zu versuchen, gewisse elementare Verabredungen einzuhalten.

Fräulein E.: Es ist mir nicht gelungen, das Gelassensein einerseits mit dem Muntersein anderseits zu kombinieren.

H. J.: Es kommt nicht darauf an, Gelassenheit und Munterkeit zu kombinieren. Es handelt sich nicht um Verschiedenes. Immer ist es unser Gesamtzustand, der zur Diskussion steht. Je nach dem Standort, von dem aus wir interessiert sind zu erfahren, was bei uns vorgeht, werden wir z. B. entweder mehr Gelassenheit konstatieren oder mehr Munterkeit bzw. Nichterschlaffen. Es handelt sich also nicht um eine Kombination, sondern das eine bedingt das andere und umgekehrt. Man kann nicht wirklich munter sein, ohne zugleich auch gelassen zu sein!

Fräulein E.: Aber das ist doch ein Zeichen, daß es so, wie ich es gemacht habe, noch nicht recht war!

H. J.: Es muß Ihnen vorläufig genügen — und das ist schon viel für eine zukünftige Verständigung —, daß Sie es spüren — obgleich Sie noch nicht „wissen" können, was Ihnen geschehen wird —, wenn etwas noch nicht „richtig" ist. Da spricht jene Instanz, die ich das Empfinden für das Stimmende nenne. Die Tatsache, daß Sie spüren, es sei noch nicht „richtig", obwohl Ihnen das „Richtige" noch gar nicht begegnet ist, müßte in ihrer großen Tragweite bewußt werden. Sie können nur versuchen, immer mehr so zu werden, daß Ihr Empfinden Ihnen mit zunehmender Deutlichkeit meldet, ob sich das, was Sie während Ihrer Versuche bei sich erleben, in der verabredeten Richtung abspielt. Beim Sprechen über diese Tatbestände müssen wir uns auf Andeutungen beschränken.

Ich kann vorläufig nur versuchen, an Erfahrungen anzuknüpfen, die bei jedem von Ihnen vorauszusetzen sind. Erinnern Sie sich, wie es einem zumute ist, wenn man an einem schönen Frühlingstag in den Wald kommt, wo das erste zarte Grün der Bäume sich gegen den blauen Himmel abhebt, die Luft so leicht ist, daß einem das Herz aufgeht?

Erlebt, was munter ist, straff, beschwingt und Sichleichtfühlen — mit was für einem Zustandsempfinden so etwas verknüpft ist —, hat schon jeder. Nur bedeutet das noch nicht, daß man sich, wenn man müde und schlaff ist und vielleicht Kummer und Sorgen hat, auf Wunsch zu einer solchen Zustandsqualität verwandeln kann. Ich spreche also von einer Erlebnisqualität, die jedem von Ihnen bekannt ist, wenn er auch — als sie ihm geschah — seinen Zustand nicht bewußt überprüft haben mag. So etwas nimmt man hin, man genießt es, ist glücklich. Das heißt nicht, daß Sie sich, wenn wieder einmal so ein schöner Tag kommt, neugierig und intellektuell „beobachten" sollten. Vielleicht aber können Sie dann versuchen, bewußt zu erfahren, wie sich so ein Zustand als Körperempfinden erleben läßt. Bewußt spüren, bewußte Zustandsempfindungen erleben zu wollen, ist etwas ganz anderes als Bescheid „wissen" zu wollen über seinen Zustand.

Einen Zustand kann man nicht „wissen“, sondern kann ihn sich nur über unsere Organisation für Zustandsempfindungen bewußt empfindbar werden lassen. Einen Schmerz wollen Sie nicht „wissen“ und können Sie auch nicht wissen. Sie können ihn nur empfinden und erleben ihn auf einer unmittelbaren Leitung. Sie können hinterher außerdem noch wissen, daß Sie etwas schmerzt oder daß Sie etwas geschmerzt hat.

Es geht darum, Empfindungen von Zuständen in ihrer Dynamik bewußt miteinander zu vergleichen, bewußte Zustandserfahrungen zu haben. Sich bewußt erleben, sich in seiner Leiblichkeit bewußt empfinden, bewußt über die Empfindung zur Kenntnis zu nehmen, daß und wie man existiert, ist etwas grundsätzlich anderes als sich zu beobachten und über sich zu spekulieren.

Sagt Ihnen diese Unterscheidung etwas, auch wenn das nur grobe Andeutungen und Gegenüberstellungen sind? (Zustimmung!) Es ist nicht schwer, sich zu verständigen, wenn man nicht den Ehrgeiz hat, sich bereits präziser verständigen zu wollen, als es in der Etappe, in der wir gegenwärtig auf Grund unserer wenigen gemeinsamen Erfahrungen sind, möglich ist. Aber über die Richtung sollten wir uns schon verständigen können!

Verknüpft sich bei Ihnen schon etwas Konkretes damit, das Sie sich selber anbieten und selber prüfen können, wenn ich von einem zweckmäßigen Verhalten gegenüber gewissen Aufgaben und Forderungen spreche? (Allgemeine Bejahung)

Auf ähnliche Weise muß auch das Problem der zweckmäßigen Fragestellung* allmählich konkrete und von jedem überprüfbare Gehalte bekommen. Wenn man zweckmäßig fragt, wird fast immer auch das Verhalten bei der Lösung der Aufgabe zum Zweckmäßigen hin verwandelt. Je weniger zweckmäßig die Aufgabe gestellt ist, desto größer ist die Verführung, sich unzweckmäßig zu verhalten!

Der Weg zum Erarbeiten von Zusammenhängen, zum Erarbeiten von Lösungen bestimmter Fragen muß so organisiert werden, daß durch die Art des Weges und des Vorgehens ein Versagen ausgeschlossen ist.

Lassen Sie jemand, der unruhig ist, ein Tablett mit einigen bis zum Rand gefüllten Gläsern tragen! Er kann nicht zum Ziel kommen, ohne etwas zu verschütten, wenn er nicht zuvor stiller geworden ist. In ähnlicher Weise lassen sich auch komplexere Aufgaben gestalten, so daß man sich in zweckmäßiger Richtung verwandeln muß, sobald die Verabredung, die

* Konkrete Beispiele ab 16. Kurs.

Aufgabe verstanden und akzeptiert worden ist. Das setzt allerdings voraus, daß derjenige, der die Aufgaben stellt, selber in der Lage ist, sie auf zweckmäßige Weise zu bewältigen.

Fräulein E.: Beim Erinnern geht es mir jetzt so: Ich merke, daß ich mich ängstlich anstrenge, wenn mir etwas nicht gegenwärtig ist. Darum versuche ich, mich nicht mehr so anzustrengen und zu warten, aber das Gesuchte kommt vorläufig noch nicht, und ich merke, daß mein Warten weitgehend ein Erschlaffen ist.

H. J.: Munter und gelassen sein zu können, setzt noch etwas voraus: Offen- und Gelassensein ist weitgehend ein Vertrauensproblem, und um gelassen und vertrauend werden zu können für das Auftauchenlassen des „Vergessenen", muß man überzeugt sein, daß es aus biologischen Gründen kaum möglich ist, etwas wirklich zu vergessen!

Ich habe das Problem des Sicherinnerns für unsere Auseinandersetzung mit zweckmäßigem Verhalten als ein drastisches Beispiel genommen für Gelegenheiten, in denen einem unzweckmäßiges Verhalten bewußt werden kann.

Mit dem Phänomen Gedächtnis haben wir uns bisher noch nicht beschäftigt. Beim praktischen Versuch, sich gegenüber „Vergessenem" zweckmäßig, d. h. gelassen und offen zu verhalten, muß noch die Angst neutralisiert werden, daß das Gesuchte verschwunden sein könnte. Wenn es einem schon gelingt, sich weniger anzustrengen, so braucht man noch nicht das Vertrauen zu haben, daß die benötigte Erinnerung kommen werde. Auch daran können Sie erkennen, wie komplex all die Fragen sind und wie wenig sinnvoll es ist, eine neu gewonnene Teileinsicht gleich als isoliertes „Rezept" anwenden zu wollen.

Was zu klären ist, ist nicht kompliziert; es läßt sich nur nicht in ein paar Sätzen so sagen, daß man es nur über die logische Leitung zur Kenntnis nehmen und dann „schwarz auf weiß nach Hause tragen" könnte. Das, was sich bei Ihnen als Klärung vollzieht, kann nur allmählich mehr Gestalt annehmen, und durch den Klärungsprozeß wird auch das Problem selbst, um das es geht, mehr Gestalt annehmen können. So wird sich mit der Zeit auch das, was man gewöhnlich unter „Gedächtnis" versteht, in seinem Gehalt verändern. Wir haben das Phänomen einerseits auf Grund der Tatsache zu sehen, daß aus biologischen Gründen ein völliges „Vergessen" kaum möglich ist, und andererseits auf Grund der banalen physiologischen Tatsache, daß wir auch für das Sicherinnern keine Muskeln mitbekommen haben, deren Kontraktionen zu besserem Erinnern verhelfen könnten. Das ist analog zu dem, was wir fürs Sehen, fürs Hören und fürs Tasten festgestellt haben: nämlich, daß wir für all diese Funktionen keinerlei Muskulatur besitzen, deren Kontraktionen einen fördernden Einfluß auf das Spielen der Funktionen ausüben könnten. Trotzdem nimmt bisher kaum jemand daran Anstoß, daß sich die meisten Menschen beim Sehen, Hören und Tasten und Erinnern anstrengen. Auch dieses zur Frage: „Wissen und Sein"! Auch das praktische Verhalten von Physiologen, Psychologen und Ärzten ist meistens so, als ob sie von alledem nichts wüßten. Wird es Ihnen deutlich, wie überall Vorurteile und Verhaltensgewohnheiten aufzugeben und zu ändern sind und wie die Vorurteile und Verhaltensgewohnheiten und Verhaltensgewohnheiten und „Denk"gewohnheiten sich gegenseitig stützen und zu konservieren helfen? Wieviel wäre noch zu tun, damit in unserer Welt der Fachmentalität Probleme eine wirkliche Gestalt bekämen und nicht nur eine Fassade hätten, und zwar für jede Art von Fachmann gewöhnlich nur eine Fassade. Ein Problem müßte für uns Gestalt haben wie eine Plastik, um die man herumgehen kann und die bei jedem Schritt ein anderes Stück ihrer „Fassade" zeigt und die, obwohl sie von jedem Ort aus anders aussieht, dennoch allemal dieselbe ist.

Ist noch von anderen über Erfahrungen während der letzten Woche zu berichten?

Schwester W.: Ich fürchte, es klingt etwas anmaßend, wenn ich Ihnen erzähle, was mir begegnet ist. Wir Quäker sind die Stille in der Andacht gewöhnt. Und ich hätte immer gerne den Kindern, die ich ein Jahr lang im Unterricht habe, etwas davon gegeben. Das darf aber nicht von der religiösen Seite her geschehen. Nun ist mir das, was wir bei Ihnen erfahren, eine große Hilfe, und ich habe mir gesagt, wenn die Kinder das kennenlernen, müßte ihnen in der Stille das andere auch aufgehen. So habe ich den Kindern gesagt: „Ich möchte, daß Ihr etwas kennenlernt, das mir sehr wichtig scheint. Macht doch einmal die Augen zu!" Ich bin überrascht gewesen, wie die Kinder das aufgenommen haben. Nur zwei haben zuerst gelacht. Nachdem die Kinder die Augen eine Zeitlang geschlossen hatten, wurden sie ruhiger. Ich habe dann, ehe ich mit meinem Unterrichtsstoff anfing, über die Stille gesprochen und wie sie einem, wenn man vor schwierigen Dingen stünde, eine Hilfe sein könnte. Allmählich fiel auch das Zusammengezogensein von den Kindern ab, und ihre Gesichter veränderten sich. Sie haben z. T. herzige Gesichter bekommen und selber etwas von ihrem Anderssein gespürt. Interessant ist auch gewesen, daß sie beim Aufstehen am Schluß der Stunde nicht mehr den Lärm machten wie sonst. Diese Fünfzehn-, Sechzehnjährigen kommen gewöhnlich sehr müde und abgehetzt an und sind am Anfang und am Schluß der Stunde immer sehr laut und aufgeregt.

H. J.: Das ist doch ziemlich üblich. Erinnern Sie sich nur, was für ein Krach in einem Schulhaus ausbricht, wenn das Signal zur Pause gegeben worden ist, und was für ein Geschrei auf dem Schulhof herrscht. Nichts beweist drastischer als jenes Ausbrechen, sobald der Zwang der Stunde vorbei ist, daß die Kinder während des Unterrichts gar nicht still gewesen sind, sondern daß sie nur unter dem Verbot standen, Krach zu machen.

Zu Schwester W.s Meinung, was sie gesagt habe, klinge etwas anmaßend, ist zu sagen: So wie das für ihren besonderen Fall — wie das praktische Resultat beweist — wohl nicht zutrifft, träfe es wahrscheinlich für die meisten anderen zu, die von heute auf morgen etwas Halbverstandenes und Halberprobtes als neuestes „Rezept" und neue Übung mit ihren Schülern versuchten. Sicherlich hat Ihnen das bestehende Vertrauensverhältnis dazu verholfen, daß Ihr Versuch nicht mißlungen ist, obwohl Sie zwar nicht zu früh mit Ihrem Versuch angefangen haben, aber zu viel über die Stille geredet haben.

Bei unserer Einstellung zum Erarbeiten dürften die Kinder nichts „auf Vorrat" über die Bedeutung der Stille erfahren. Wenn Sie nämlich unsere nüchterne Verabredung getroffen und so viel Kontakt mit den Kindern haben, daß diese das Verabredete ausprobieren, dann spüren sie selber, daß sich etwas geändert hat. Vielleicht können Sie sie am Ende der Stunde fragen, ob ihnen etwas aufgefallen sei. Aber es wäre besser, das erst zu tun, wenn Sie noch einige Male mit den Kindern probiert hätten, weil ihnen dann allerhand Konsequenzen unausweichlicher auffallen würden.

Methodisch sind Sie nach meiner Auffassung vom Erarbeiten nicht zweckmäßig vorgegangen, weil Sie vom Resultat gesprochen haben, bevor probiert worden ist. Wenn Kontakt zwischen den beteiligten Menschen vorhanden ist, ist es nicht so wichtig, daß alle formalen Faktoren in Ordnung sind. Nichts sorgt so für das Ausgleichen von Fehlern wie das Bestehen einer Vertrauensbeziehung. Wo diese nicht vorhanden ist, kann sich schon ein kleiner Fehler folgenschwer auswirken.

Solange man nicht bewußt um diese Zusammenhänge weiß, bleibt es dem Zufall überlassen, wie sich Menschen verhalten. Wenn ein junger Mensch die Angstlosigkeit, die Selbständigkeit nicht schon in das Lehrerseminar mitbringt, im Seminar und durch den Unterricht, den er dort hat, kommt er gewiß nicht dazu. So zu werden und so sein zu müssen, ist leider kein Lehrgegenstand!

Es muß als eine der zentralen und der wichtigsten Aufgaben in der Ausbildung zum Erzieher und Lehrer erkannt werden, den jungen Menschen bewußt erleben und erkennen zu lassen, daß Angstloserwerden, Vertrauenkönnen und Stillseinkönnen Voraussetzung sind für jeden Kontakt, und daß solch ein Kontakt wiederum Voraussetzung für jedes Sichmitteilen, für jedes Erziehen, aber auch für jedes Schulen zu sein hätte. Dann brauchte es auch keine „unbegabten“ Erzieher mehr zu geben.

Auch durch religiöse Erziehung läßt sich dieses Ziel selten erreichen. Das ist schon fast zweitausend Jahre lang versucht worden. Durch religiöse Ideen erreicht und verwandelt werden fast nur solche Menschen, die bereits von ihrer ganzen Lebenssituation her dafür aufgeschlossen sind.

Deswegen haben wir kaum ein Recht zu hoffen, daß auf diesem Weg die menschlichen Verhältnisse geordnet werden könnten. Aller Zuspruch und alle moralischen Forderungen zählen bewußt und unbewußt auf das Vorhandensein von Voraussetzungen, auf deren Vorhandensein wir so, wie die gesellschaftlichen Verhältnisse im allgemeinen sind, zu zählen nicht berechtigt sind.

Es ist eine Frage zweiter Ordnung, wem man sein Aufgeschlossensein, sein Vertrauenkönnen und sein Verwandeltsein zuordnet, wem man dafür „dankbar“ sein will, — wie man jene höhere Instanz nennen will, von deren Existenz man etwas zu spüren anfängt. Das ist nie das Entscheidende. Es kommt darauf an, wie jemand ist, und nicht, wo er sich hinbekennt. Jedenfalls sollte es für die Praxis der Arbeit für eine bessere Zukunft der Menschheit in erster Linie darauf ankommen!

Fräulein Qu.: Ich habe im Theater eine merkwürdige Erfahrung beim Hören gemacht. Ich bin kurzsichtig und sehe ohne Glas undeutlich und leicht die Dinge doppelt. Diesmal habe ich oft die Augen geschlossen und bedeutend mehr von der Aufführung gehabt als früher, wenn ich so angestrengt meine Augen zusammengekniffen habe, um nichts zu verpassen. Ich habe viel besser und mehr gehört als sonst, und wenn ich die Augen wieder öffnete, sah ich auch alles besser als vorher. Das Bild ist plastischer und deutlicher gewesen. Das war nicht immer und nicht für längere Zeit, aber doch sehr oft so.

H. J.: Das kann noch nicht anders sein. Den Normalsichtigen gelingt es vorläufig auch nur kurze Zeit, mit offenen Augen so gelassen zu bleiben, wie sie bei geschlossenen Augen waren. Daß es vorläufig nur für kurze Momente so überraschend deutliche Bilder gibt, kann uns nicht wundern, denn jahrzehntelanges Gewöhntsein an eine bestimmte Verhaltensart kann man unmöglich allein durch einen intellektuellen Entschluß und einige Versuche ändern.

Übersehen Sie bitte nicht, daß, indem Sie spüren, daß das Resultat Ihres Versuchs noch nicht befriedigend ist, Sie sich gleichzeitig beweisen, daß Sie in sich eine Instanz haben, die als Kompaß für die Richtung zum zweckmäßigeren Verhalten hin dient!

Schwester W.: Ich bin nachmittags so müde, daß ich vor dem Unterricht die Hände in kaltes Wasser stecken muß, um einigermaßen brauchbar zu sein. Meinen Sie, daß man durch eine andere Einstellung diese Müdigkeit überwinden kann?

H. J.: Das kann man nicht mit der „Einstellung" ändern, sondern vor allem dadurch, daß man die Arbeit am Vormittag in einer zweckmäßigeren Verhaltensweise leistet. Gewöhnlich ist es nicht das Quantum Arbeit, das einen so verbraucht, sondern die unzweckmäßige Qualität des Verhaltens, in der man arbeitet. Sofern es nicht eine unangemessene Arbeit ist, die über Menschenkräfte geht, kann man sich bei jeder Arbeit so verhalten, daß man durch sie zunehmend munterer und entfaltet wird und nicht müder und verbraucht. Es ist keine Kunst, bei einer Arbeit, die einem Spaß macht, munter und leistungsfähig zu bleiben. Aber sobald man etwas tun muß, das man nicht gerne tut, wird es akut, daß man versucht, trotzdem sachlichen Kontakt zu dieser Arbeit zu finden. Auch bei gering geschätzter Arbeit sollte es möglich sein, eine Qualität des Daseins zur Verfügung zu haben, durch die die Arbeit qualifiziert getan und sogar interessant werden kann. Ich vermute, daß Schwester W. zwar ihre Arbeit gerne tut, aber vielleicht während der Mahlzeit vielerlei „erledigen" muß.

Schwester W.: Sie haben recht!

H. J.: Auch beim Essen besteht ein Verhaltensproblem, und das ist mindestens so wichtig wie das beim Schauen oder Lauschen.

Man braucht nicht extra zu arbeiten und zu üben; man muß nur zunehmend spüren, wo überall man sich so verhält, daß es nicht der Qualität entspricht, die einem schon bekannt ist und möglich wäre. Bei vielen Dingen, die einem nicht „wichtig" sind, leistet man sich oft eine Verhaltensqualität, die einem peinlich sein würde, wenn man sie nüchtern und objektiv von außen miterlebte.

Wem es im Kleinen gelingt, Kontakt mit den Dingen zu haben, der braucht nicht in Sorge zu sein, ob es ihm auch bei einer wichtigeren Sache möglich sein wird. Wer erst munter werden will, wenn es wichtig ist, wenn es „sich lohnt", der darf sich nicht wundern, wenn er sich im wichtigen Augenblick unsicher fühlt, Herzklopfen bekommt und besorgt ist, ob es ihm „glücken" wird. Unsere Einstellung gegenüber wichtigen und unwichtigen Dingen muß auch revidiert werden. Was man tut, muß im Augenblick des Tuns das Wichtigste sein.

Jedem noch unverstörten Kind ist das selbstverständlich, uns aber nicht mehr. Wie ist so ein Kind noch ganz bei der Sache, gleichgültig, was es auch tut! Auch damit zeigt uns das Kind, wie unsere Mitgift ursprünglich ist. Ich habe schon darauf hingewiesen, als wir von der Konzentriertheit sprachen und der Forscher„begabung". Erst die Erwachsenen tragen „unwichtig" und „wichtig" in die Sphäre der kindlichen Interessiertheit hinein. Wie häufig wird das kleine Kind aus einer Beziehung zu etwas herausgerissen, wenn keinerlei Notwendigkeit dazu besteht! Es gibt so schon genügend echte soziale Forderungen, bei denen es auf momentane Wünsche zu verzichten hat!

Wir wollen nun zu jenem weiten Fragenkomplex der Antennen-Verhaltensweise beim Kontakt mit der Umwelt übergehen!

(Es folgen Berichte über Erfahrungen beim Hören während des Versuches, auf Schau-Absicht zu verzichten. Es wird übereinstimmend registriert, wie häufig dabei erst die Überlautheit und Stoßhaftigkeit der Stimmen auffällt und der unnötige Lärm beim Sichbewegen, bei Alltagsverrichtungen.)

Und wie sind die Erfahrungen beim Tasten?

Fräulein E.: Ich habe zu Hause beim Anfassen von Gegenständen probiert, was wir hier probiert haben, und dabei sehr deutlich erlebt, daß eine nähere Beziehung zum Gegenstand entsteht, als wenn ich auf die übliche Weise hinfasse. Ich spüre eigentlich schon einen Kontakt, bevor ich ganz am Gegenstand bin.

H. J.: Es ist nicht zweckmäßig, dabei von Kontakt zu sprechen, weil das immer „Berührung" bedeutet. Man sollte eher sagen, es entstünde schon vorher eine Art Aufgeschlossensein für den kommenden Moment des Kontaktes!

Fräulein L.: Ich spüre viel besser, was ich in der Hand habe, wenn ich nicht gleich so fest anfasse, und habe dann ausgiebigere Eindrücke. (Allgemeine Zustimmung!)

H. J.: Da die gesamte Haut für Tastempfindungen ausgestattet ist, hätten Sie viel Gelegenheit, antenniges Verhalten für Tasterfahrungen auszuprobieren. Wie ist es mit der Erfahrbereitschaft via Gesäß? Kann man das gut während des Sitzens ausprobieren?

(Zuruf: Im Moment des Sichsetzens!)

H. J.: Man muß, bevor man sich niederläßt, erfahrbereit sein, um das Inberührungkommen mit der Unterlage bewußt erleben zu können. Wenn Sie sich bewußt mit den statischen Verhältnissen des Skeletts auseinandersetzen wollen, müssen Sie mehr Erfahrungen durch bewußte Tastempfindungen via Gesäß erarbeiten.

(Herrn P. ist schlecht geworden. Es wird gelüftet und verabredet, daß alle versuchen, sich bewußt zu dehnen und zu spannen, sich einen Widerstand zu suchen, gegen den sie sich dehnen und spannen können. (Dabei werden Hund und Katze als Beispiel erwähnt.) Das wird besonders denen empfohlen, die leicht müde werden und erschlaffen.

Es folgt ein Exkurs über das Gähnbedürfnis als Ausdruck für Übersättigung mit Kohlensäure, — über die Entgiftung durch die reichliche Ausatmung beim Gähnen und die Möglichkeit, dadurch aus Müdigkeit wieder zur Frische zu kommen.)

Der Atemvorgang ist ein Beispiel zum Problem „Machen" oder „Geschehen-Lassen". Durch den außerordentlich komplexen, aber bewußt unterstützbaren Prozeß der Ausatmung wird jene Situation geschaffen, aus der das Einströmen der Luft — die Einatmung — sich als zwangsläufige Reaktion ganz ohne jedes Zutun vollziehen muß, — als etwas, das wir nur zuzulassen, geschehen zu lassen, aber niemals zu „machen" brauchen. Je heftiger man aktiv einatmet, desto weniger frische Luft kann in die Lunge hineinströmen.

Der Atemprozeß gehört auch zu jenen komplexen Funktionen, bei denen die „Natur" viel besser „weiß", was zu geschehen hat, als wir, oder bei dem „es" besser „weiß", was zu geschehen hat, als wir. — Besonders wenn es einem schlecht geht, ist es schwierig, bereit zu werden, sich zu spannen, denn das Sich-schlecht-Fühlen charakterisiert sich dadurch, daß man schlaff ist.

(H. J. rät, für das Sichspannen Steine und Kugeln zu benutzen, — die Mittelhand zu benutzen beim Kugel-herum-Fassen, — eine „offene Hand" zu haben und eine Faust zu machen, ohne das Ellenbogengelenk steif zu machen. „Katzenbuckel".)

H. J.: Ich bin voller Mißtrauen gegen die Qualitäten eines „Geistes", der in einem *schlaffen* — nicht in einem zarten oder schwachen — Leib zu Hause ist. Versuchen Sie öfter, mit Interesse zu erleben, wie sich das Behagen, das aus Straffheit entsteht, von der „Klubsesselbehaglichkeit", der „Gemütlichkeit" unterscheidet. Behagen in Schlaffheit und Behagen in Straffheit ist etwas, das bei vielen Leuten zum Verwechseln nahe beieinander zu liegen scheint. Für die „Erholung" gilt genau das gleiche.

Gehen Sie einmal Sonntag abends, wenn die Ausflügler vom Wochenende heimkommen, in die Bahnhofshalle, und lassen Sie mit geschlossenen Augen das schlappe Schlurren und Schleifen der Füße und die Qualität der übrigen Geräusche, vor allem der Laute des „Frohsinns", bewußt auf sich wirken! Wie anders würde das klingen, wenn die Menschen sich an dem freien Tag wirklich erholt hätten! So gibt es den „blauen Montag" und dauert es in den Betrieben oft bis Mittwoch, bis die Leute sich vom Wochenende erholt haben! Es muß also in der üblichen Einstellung für die Erholung etwas nicht stimmen.

(Herr P. stellt fest, daß es ihm jetzt bedeutend besser gehe! „Vorhin wollte ich mich einfach zwingen, als es mir so schlecht war!")

H. J.: Von unserm Standort aus gehört das Sichzwingen zum Schlecht-mit-sich-Umgehen. Ich bin gewiß nicht für schwächliches Nachgeben und Sichgehenlassen! Es kommt in solcher Situation darauf an, herauszufinden, was sinnvollerweise zu geschehen hätte, damit es einem besser gehen könnte! „Um keinen Preis nachgeben!", das ist gewöhnlich falscher Heroismus. — Solange man keine anderen Möglichkeiten kennt, hat man allerdings keinen anderen Ausweg als dies Sich-zwingen-Wollen.

Man könnte allmählich auch erfahrbereiter werden für die ersten leisen Signale von Störungen. Diese kann man über lange Zeit ignorieren oder verdrängen und sich ständig sagen: „Nimm dich zusammen!" Natürlich gibt es aber auch Situationen, in denen es das einzig Richtige ist, durchzuhalten.

Das trifft die grundsätzliche Frage der Einstellung zu Krankheit und zu Kranksein überhaupt. Wie weit sind wir uns klar, daß fast alles, was man Krankheit auf Grund eines Krankheits„bildes" nennt, bereits die Folge einer elementaren Funktionsbeeinträchtigung ist? Man registriert zwar verschiedene Krankheiten, aber alle sind im Grunde durch einige wenige elementare funktionelle Störungen bedingt, die sich in so vielfältig verschiedenen Formen und Formnuancen manifestieren können. Wären wir mehr um das ungestörte Funktionieren der elementaren Funktionen besorgt, gäbe es nicht so viele Krankheiten.

Gewöhnlich nehmen wir erst von den Signalen der Störungen Kenntnis, wenn diese schon so „laut“ geworden sind, daß wir sie nicht mehr überhören können, und die Unordnung schon so groß geworden ist, daß sie kaum mehr bewältigt werden kann. Deswegen haben wir auch die Frage der Atmung, der Ernährung, des Stuhlgangs und der allgemeinen Körperpflege von unserem besonderen Standort aus mit einzubeziehen, insbesondere weil wir dabei noch Situationen antreffen werden, bei denen wir etwas „machen“, wo etwas nur zugelassen werden müßte. Die Ausscheidung durch den Darm gehört auch zur Verhaltensproblematik „Machen oder Geschehen-Lassen“. Üblich ist das Sichanstrengen beim Stuhlentleeren. Die charakteristischen volkstümlichen Bezeichnungen zeigen den unzweckmäßigen Aufwand drastisch an: „Drücken“ und „Machen“! Auf Grund der physiologischen Gegebenheiten brauchten wir die Schlakken nur zu entlassen und nicht herauszupressen. Allerdings setzt das bloße Entlassenkönnen der Schlacken eine gewisse Straffheit voraus. (Bei Verstopfung spielen noch andere Faktoren mit.)

Woher kommt nur dieser unzweckmäßige Aufwand bei einer so elementaren Funktion? Das „Drücken“ ist u. a. der drastische Ausdruck des Mangels an Vertrauen, daß die Schlacken von sich aus abgehen können. Nun erinnern Sie sich bitte an die Formen der „Reinlichkeits-Erziehung“ kleiner Kinder, die man doch oft direkt zum „Drücken“ auffordert!

Es gibt kaum ein drastischeres Beispiel für „Erziehung“ zu einem Verhalten, welches dem „von Natur aus“ zweckmäßigen genau entgegengesetzt ist. Ganz davon abgesehen, daß das Interesse des Kindes betont auf Vorgänge gelenkt wird, die sich sonst unbeschwert von Angst, Affekt und Sorge auch im späteren Leben selbstverständlich abspielen könnten.

Wieviel chronische Stuhlverstopfung mit ihren sekundären, oft schweren Folgen hängt mit jener unnötigen und sinnwidrigen Akzentuierung der Stuhlentleerung in der frühen Kindheit zusammen!

Je weniger wir Interesse an all dem zeigen, desto eher erledigen sich derartige Dinge bei den Kindern von selbst.

Das, was für uns dem Kind gegenüber keinen Akzent hat, behält für das Kind den Charakter des Selbstverständlichen.

Mit dem Essen und dem „Theater“ beim Essen ist es genauso. Je weniger der Umwelt in der üblichen aufdringlichen Weise daran liegt, daß regelmäßig gegessen und auch immer alles aufgegessen wird, desto weniger wird das Essen für das Kind zu einer guten Gelegenheit, jene daran interessierte Umwelt zu terrorisieren. Es gibt viele Kinder, die das „Hergeben“ ihres Stuhls genauso zum Terrormittel gegenüber ihrer Umwelt benutzen wie das Nichtessen oder das Nicht-genügend-Essen. Hinter alledem stehen die Angst und die Unsicherheit des Erwachsenen, sein Mangel an Vertrauen, daß das Funktionieren und das soziale Sicheinspielen jener Funktionen in der biologischen Ausrüstung des kleinen Menschen auch vorgesehen sind.

Die soziale Einordnung, die Gewöhnung an gewisse Zeiten erledigt sich um so einfacher und selbstverständlicher, je weniger die Erwachsenen besorgt sind. Wenn aber der Erwachsene kein Vertrauen gegenüber diesen elementaren Funktionen hat und selber ungeordnet ist, wird es trotz der besten „Kenntnisse" bei den Kindern nicht recht funktionieren.

Es kommt vor allem auf das Erarbeiten der Einsichten an, welche Verhaltensqualitäten zweckmäßig sind, und auf die eigene Umerziehung in die Richtung der als zweckmäßig erkannten Verhaltensqualitäten. So gerne zitierte Worte, wie: „Und setzt ihr nicht das Leben ein, nie wird euch das Leben gewonnen sein" oder: „Nur der verdient sich Freiheit wie das Leben, der täglich sie erobern muß", bekommen einen realen und jeden Menschen angehenden Gehalt, wenn wir sie im Zusammenhang mit der Notwendigkeit zu sehen versuchen, ständig anwesend und munter zu sein, — und im Zusammenhang mit der Einsicht, daß man Anwesend- und Muntersein nicht einfach „haben" kann, sondern es sich täglich, — stündlich und minütlich neu erarbeiten muß.

Bitte erproben Sie zum nächsten Mal Antennen-Verhalten beim Schauen, beim Lauschen und bei Tasterfahrungen. Versuchen Sie auch, erfahrbereit zu sein via Gesäß und sich vor dem Einschlafen, beim Erwachen und auch tagsüber häufiger zu dehnen und zu spannen. Seien Sie außerdem bereit, Ihr Verhalten auf dem Häuschen zu prüfen.

9. Kurs

Antenniges Verhalten — Verwandlung im Ganzen
Erfahrungen aus der Zwischenzeit
Disziplin — Machen — Geschehen-Lassen
Stille — ohne moralischen oder religiösen Beiklang
Das Allgemeingültige in drei geschilderten Erlebnissen
Entscheidendes für den Umgang mit Menschen
Besitzmentalität in Familienverhältnissen
Reagieren statt an Konventionen und Formalitäten festhalten
Erfahrungen bei Tastversuchen
Erfahrbereitschaft ist eher ein geistiges als ein manuelles Phänomen und Problem
Zweierlei Pfeilrichtung im Verhalten beim Erfahren der Umwelt
Bei-sich-Sein — ein realer, praktisch zugänglicher, bewußt realisierbarer Gehalt
Sitzen
Falsch — Richtig
Erfahrungen eines Vaters mit seinem vierjährigen Kind beim Zeichnen
Mangel an Vertrauen zu den Lebensvorgängen
Entwicklung auf Teilgebieten vorwärts treiben stört die Harmonie der Gesamtentwicklung
Hilfsbereitschaft der Erwachsenen
Unnötiges Helfen betrügt das Kind um Möglichkeiten seiner Entwicklung und Entfaltung
Erwachsene und Kind — Machen — Geschehen-Lassen
Verhalten bei Gesprächen
Pubertätsprobleme

5. März 1945

H. J.: Ist Ihnen wieder aufgefallen, daß der Versuch, bei optischen, akustischen oder anderen Sinneserfahrungen antennig zu funktionieren, eine Gesamtzustandsänderung bedingt und bewirkt? (Allg. Zustimmung) Diese Tatsache gehört zum Wichtigsten, mit dem man vertraut werden muß. Auf der üblichen routinierten Leitung werden Eindrücke ohne solch eine Verwandlung nur isoliert zur Kenntnis genommen.

Schwester W.: Ich habe mich so gefreut, denn ich bin in der vergangenen Woche abends nicht mehr so müde gewesen. Ich habe weiter probiert, die Schüler am Beginn der Stunde durch Schließen der Augen stiller werden zu lassen. Da jetzt mehr Kurse still begonnen haben und dadurch auch konzentrierter waren, ist mir das Unterrichten leichter geworden. Ich habe gemerkt, welche Anstrengung wir Lehrer brauchen, damit die Kinder ruhig werden und hören, was wir ihnen sagen. Es braucht viel Zeit, bis diese Bereitschaft da ist, und man kann viel Kraft sparen, wenn man dies Stillerwerden durch Schließen der Augen erreicht. Die Kinder haben das mit Freude aufgenommen.

H. J.: Sie haben etwas Wichtiges gesagt. Leuchtet es Ihnen ein, daß Schwester W. recht interpretiert hat, wenn sie meint, sie sei jetzt abends nicht mehr so erschöpft, weil das Arbeiten mit den Kindern auf einem andern Niveau verläuft? Erinnern Sie sich an die Gereiztheit, Pedanterie und Herrschsucht mancher Lehrer, die uns in unserer Schulzeit begegnet sind. Im Grunde kommt das daher, daß diese Menschen gegenüber Fragen der Disziplin hilflos sind. Sie treiben ständig einen Aufwand, um die wilde Herde zu bändigen, und haben Angst, daß die Disziplin verlorenginge, wenn sie selber auch nur einen Moment in ihrer Angestrengtheit nachlassen würden.

Hier haben Sie wieder einen drastischen Beitrag zum Problem „Machen und Geschehen-Lassen“. Die meisten Menschen meinen nämlich, sie müßten etwas „machen“, um Menschen an sich zu binden und zu interessieren; ganz gleich, ob sie das bewußt meinen oder unbewußt.

Man strengt sich an, um etwas herbeizuführen, das auf einem höheren Niveau eintreten würde, wenn man es geschehen lassen könnte. Selbst diese Bereitschaft einer zerstreuten und aufgeregten Schar von Kindern oder jungen Menschen geschieht, vorausgesetzt, daß der Lehrer bei sich ist.

Schwester W.: Letzten Sommer hatte ich einen Kurs für Nachkriegsfürsorge, und der war besonders schwierig. Ich hatte noch selten solche Kurse, wo z. B. einer eine Zeitung liest, während man spricht; einer einen Apfel ißt, einer verschwindet und ein anderer später kommt. Ich kann nicht Kurse erteilen, wenn die Leute nicht dabei sind. Heute würde ich den Kurs anders beginnen.

H. J.: Das ist ein charakteristischer Beitrag dafür, was alles möglich ist mit Erwachsenen, von denen in diesem Fall fast die Hälfte Akademiker waren. So etwas wird nicht mehr geschehen können, sofern Sie nicht eher den Mund auftun, als bis der letzte Flegel seinen Apfel oder seine Zeitung weggelegt hat. Sie brauchen kein Wort zu sagen, dürfen nicht streng dreinschauen, dürfen nicht beleidigt sein. Denn darauf legen es Neurotiker — und das sind erwachsene Flegel gewöhnlich — an. Es kommt darauf an, bei sich zu bleiben, anstatt sich verleiten zu lassen, sich von sich weg auf die andern zu richten, die nicht ihren Anteil an Verantwortung für die Gemeinschaft auf sich nehmen.

Schwester W.: Man sucht die Schuld dann auch bei sich. Man denkt, man gestalte die Arbeit zu wenig interessant oder mache sonst etwas falsch.

H. J.: Es stimmt auch, daß es an uns liegt; nur in einem anderen Sinne, als Sie vermutlich meinen.

Die Hintergründe für das Erreichenkönnen von Menschen und die Eigentümlichkeiten des Erarbeitens, Verhaltensprobleme und Qualitäten des Verhaltens sind Gegenstand unserer Zusammenarbeit. So müssen diese Zusammenhänge Ihnen, um sie bewußt nützen zu können, erst bewußt werden. Hat man sich darüber geklärt, so darf man — wenn man das Erfahrene und Erkannte nun anwenden will — in seiner praktischen Arbeit von alledem nicht reden.

Sie müssen nur selber immer mehr so sein. Je weniger Sie die Aufmerksamkeit darauf lenken, desto selbstverständlicher wirkt es sich aus.

Meinen Sie, es sei dem lieben Gott weniger lieb, wenn Menschen aus sachlichen Anlässen mehr zu sich kommen und nicht aus religiös bestimmten Forderungen?

Schwester W.: Nein, das glaube ich nicht. Nur gibt es uns, wenn wir jene Verbindung dazu spüren, noch etwas Wesentlicheres.

H. J.: Ich bin überzeugt, daß das Wesentliche, um das es auch im Religiösen geht, viel eher eintritt und eher stimmt, wenn man nicht so viel davon spricht. Man kann sogar Atheist sein und in einem tieferen Sinne fromm sein als die meisten „frommen" Leute.

(Fräulein Qu. berichtet, daß sie mit 15 Männern die Gartengestaltung bei ihren Siedlungshäusern zu beraten hatte. Sie habe diesmal den Mut gehabt, von jedem einen Plan von seiner Vorstellung für seinen Garten zu verlangen (gezeichnet). Bei den 15 Einzelbesprechungen (je eine halbe Stunde) am Sonntag, bei denen die Leute oft sehr eifrig wurden, habe sie immer wieder die Augen geschlossen und versucht, still zu werden, und dadurch am Schluß einen klaren Überblick gehabt. Sie habe weiter versucht, bei dem zusammenfassenden Vortrag ohne Notizen zu sprechen (improvisationsbereit), habe am Anfang nicht in die Unruhe hineingesprochen, sondern versucht, selber still zu werden, bis alle anderen auch still waren, und bei jeder Unruhe durch Nachzügler bewußt versucht, still zu bleiben oder zu werden und Kontakt zu dem zu bekommen, was sie noch zu sagen hatte. Nach alledem sei sie komplett erholt und die Aufgabe sehr gut gelöst gewesen.)

H. J.: Das hat doch so geklungen, als ob Fräulein Qu. die Chance, etwas bewußt von dem auszuprobieren, was wir verabredet haben, gut genutzt hätte. Ohne Gelegenheiten, bei denen man sich mobilisieren muß, kommt man schwerer vom Fleck. Jedes Gespräch z. B. könnte man in unserm Sinne nützen. Dazu braucht es nicht Auseinandersetzungen mit einer Gruppe von Menschen, oder es braucht nicht erst eine Frau sich gegenüber einer Gruppe von Männern durchsetzen zu müssen.

Fräulein Qu.: Früher hätte ich auch nicht gewagt, was ich zum Schluß gesagt habe, als es zur Abstimmung kommen sollte. Da hatte ich den Mut, ganz ruhig zu sagen: „Ihr müßt nicht ja sagen. Ihr müßtet ja eine große Niederlage erleben, wenn Ihr bei einer Frau alles richtig finden solltet." Das hat eine gute Stimmung gegeben, und alle meine Vorschläge sind angenommen worden.

Fräulein E.: Ich mußte zu einer Frau gehen, der ich als Vertreterin der Vormundschaftsbehörde ein Kind wegzunehmen hatte, womit sie nicht einverstanden war. Ich kannte die Vorgeschichte und wußte, daß ich auf einen Kampf zu rechnen hatte. Darum habe ich vor der Tür dieser Wohnung bewußt versucht, ruhig zu werden und bei mir zu sein, und habe dann erlebt, daß mir die Frau von sich aus, ohne daß ich viel sagen mußte, das Kind übergab. Das war für mich wirklich ein Erlebnis.

H. J.: Es kann durchaus sein, daß das das Resultat Ihrer Art zu sein gewesen ist. Es kann natürlich auch sein, daß jener Frau in der Zwischenzeit etwas widerfahren ist, wodurch sie einsichtiger geworden ist. Fräulein E. hat es insofern gut, als ihr Beruf sie häufig in schwierige Situationen bringt.

Fräulein E.: Ich habe wirklich bewußt erlebt, was es bedeutet, wenn man mit einem anderen Verhalten zu den Menschen kommt; wie man dadurch auch anders empfangen wird und die Wechselwirkung eine andere wird.

H. J.: Übersehen wir nicht, daß die Situationen, die jeweils zu bewältigen waren, ihren schwierigen Charakter nicht verloren haben. Nur bekommt das, was schwierig ist, ein anderes Gesicht und ein anderes Gewicht, wenn wir akzeptiert haben, daß Schwierigkeiten zu bewältigen sind, anstatt Angst vor der drohenden Schwierigkeit zu haben und uns überdies noch auszumalen, wie schwierig alles verlaufen wird. Was sich bei Fräulein E. und Fräulein Qu. zwischen Erwachsenen abgespielt hat oder was zwischen Schwester W. und ihren Schülern vorgegangen ist, das steht für jede Mutter und jeden Vater in der Beziehung zu den Kindern, für jede Hausfrau und jeden Betriebsleiter in der Beziehung zu ihrem Personal zur Diskussion, für jeden Menschen in der Beziehung zu seinem Partner, überhaupt für jeden Menschen, der mit einem andern zu tun hat. Und wir können uns positivere Beziehungen allein schon dadurch sichern, daß wir bereit werden zu spüren, wenn wir beunruhigt, starr oder aggressiv sind. Da ist der Schlüssel für Entscheidendes im Umgang mit Menschen und insbesondere im Umgang mit Kindern. Wir werten doch gewisse Menschen als begabt für den Umgang mit Kindern, und von andern sagen wir, sie könnten nicht mit Kindern umgehen. Solange man noch meint, man müsse etwas „machen“, um Kinder und Schüler, überhaupt andere Menschen, zu interessieren und zu gewinnen, tut man unbewußt etwas, das echten Kontakt verhindert.

Herr Z.: Mir ist auch etwas Erstaunliches passiert. Wir wollten Abschied von einem Mitarbeiter feiern. Da niemand für die sogenannte „Schnitzelbank“ bereit war, habe ich sie übernommen, obwohl ich niemals Gedichte habe machen können. Nun habe ich in zwei Stunden 15 Gedichte gemacht.

H. J.: Glauben Sie, daß diese plötzliche Produktivität auf unsere Verabredung zurückzuführen ist?

Herr Z.: Ja, ich habe mich anders konzentrieren können als früher. Es kommt noch etwas Erstaunlicheres: Ich habe mich doch für ganz unmusikalisch gehalten und habe nun zu einer Melodie neue Verse machen können.

H. J.: Das würde noch nichts pro oder contra Ihre Musikalität aussagen. Wir dürfen also konstatieren, daß bereits unsere allgemeinen Erwägungen über entfaltungshindernde Vorurteile bewirkt haben, daß der eine oder andere mit Erfolg etwas versucht hat, an das er sich früher nicht herangetraut hätte. Ganz gleich, wo einer steht, das Leben sorgt bei jedem ausreichend für Gelegenheiten, allerlei auszuprobieren. Wahrscheinlich ist vielen von Ihnen, die versucht haben, etwas Schau-Absicht und Hör-Absicht abzubauen, noch allerhand dabei geschehen, von dem ihnen nichts bewußt geworden ist. Die meisten Veränderungen, die sich dabei ergeben, geschehen zum Selbstverständlichen hin und nicht in Richtung zu etwas Auffälligem.

Vielleicht sollte ich Sie noch an die Verabredung erinnern, bewußt zu versuchen „anzukommen", zu sich zu kommen, ehe man zu einem Kind — oder auch Erwachsenen — ins Zimmer tritt. Anklopfen an der Tür des andern, sogar in der Familie — auch beim Kind — wäre keine schlechte Gewohnheit. Wenn wir jedem Menschen ganz selbstverständlich seine eigene Lebenssphäre zubilligten, bedürfte es solcher Äußerlichkeiten wie des Anklopfens — das gar zu schnell ebenso zur Formalität wird wie der Händedruck oder der Begrüßungs- und Abschiedskuß — nicht mehr.

Aber das setzt das Aufgeben jener unerquicklichen Besitzmentalität voraus, die auch die Familienverhältnisse weitgehend bestimmt: „mein" Mann, „meine" Frau, „mein" Kind, „mein" Vater, „meine" Mutter, „mein" Bruder etc. Mit diesem „Mein", mit diesem selbstverständlichen „Haben" von jemand, fällt die Notwendigkeit dahin, sich Neigung, Vertrauen und Liebe des andern jeden Tag neu zu erwerben. Wäre das selbstverständlicher, so gäbe es bessere Ehen, bessere Verhältnisse zwischen Eltern und Kindern und umgekehrt. Und wenn die Ehe, ursprünglich ein Besitzvertrag, seit etwa 1500 Jahren auch ein Sakrament sein soll, so ist sie keineswegs überall zum Sakrament geworden.

Sehr selten ist das Verhalten der Partner — auch derer, die die Ehe unter dem Segen der Kirche eingehen — so, daß sie sich dadurch etwas Höherem verpflichtet fühlen und durch die Verbindung zum Religiösen auch in schwierigen Zeiten getragen werden. Das konservative Festhalten an gewissen Formen bedeutet nicht, daß dadurch der ursprünglich mit ihnen verbundene Gehalt wirksam wird. Es ist kein Zufall, daß es so ist. Bestünde eine Beziehung zu diesem Gehalt, so wäre es leichter, jene ehrfürchtige Distanz zueinander zu behalten, und es wäre selbstverständlich, daß man die Neigung des anderen jeden Tag neu als ein Geschenk erlebte und sie sich neu zu erwerben bereit wäre. Er-werben kommt von werben. Wie verhältnismäßig selten ist eine Ehe auch eine echte Freundschaft.

Wir haben jetzt aber weder über das Phänomen Freundschaft noch über das Problem Ehe ausführlich zu sprechen. Es wurde nur im Zusammenhang mit unserer Tendenz zu Routine und der Notwendigkeit, in allen Lebensbeziehungen munterer zu sein, aktuell. Es handelt sich dabei um Gelegenheiten, günstige Voraussetzungen für Kontakt und Aufgeschlossensein zu erproben und zu sichern.

Je starrer wir an gewissen überkommenen Konventionen und Formalitäten festhalten, desto mehr tragen wir — meist unbewußt — zum Entstehen tragischer Konflikte in zwischenmenschlichen Beziehungen bei. Man kann auch die durchschnittlich gültige Form der zwischenmenschlichen Beziehungen nicht isoliert von den jeweils herrschenden, allgemeinen gesellschaftlichen Umständen verstehen.

Haben Sie noch über Erfahrungen bei Tastversuchen zu berichten?

Fräulein E.: Ich hatte bisher wenig Beziehung zu den Dingen und vor allem wenig Beziehung dazu, wie sie sich anfühlen. Jetzt habe ich zwei Stoffe so berührt, daß ich offen war für den Eindruck. Ich war überrascht, daß ich die Qualität des Stoffes in diesem Moment erst kennenlernte.

H. J.: Ist Ihnen klar, daß Sie von früh bis spät Chancen für derartige Erfahrungen hätten, wenn Sie sich etwas Zeit ließen, um erfahrbereit zu werden, bevor Sie etwas anfassen? Wenn man die Dinge bereits angefaßt hat, ist es zu spät. Die Erfahrbereitschaft im Moment der Berührung ist eher ein geistiges als ein manuelles Problem. Es ist eine Frage des Bei-sich-Seins, des so Stillseins, daß man deutlicher „lesen" kann, was einem von den Dingen mitgeteilt wird. Wenn man routiniert und abwesend irgend etwas anfaßt, wird unsern Tastorganen trotzdem alles genauso mitgeteilt. Jeder Stoff, den man mit so leeren Händen anfaßt, teilt einem all seine Qualitäten mit; aber man ist für Meldungen der Tastorgane nicht erreichbar, wenn man nicht bei sich ist.

Wir haben von den beiden Pfeilrichtungen* gesprochen, dem Glotzen nach außen und der Antennenqualität durch die Erfahrbereitschaft, bei

* Siehe Heinrich Jacoby: Jenseits von „Musikalisch" und „Unmusikalisch". Voraussetzungen und Grundlagen einer lebendigen Musikkultur. Mitgeteilt auf dem 2. Kongreß für Ästhetik und allgemeine Kunstwissenschaft. Berlin, Oktober 1924

der man etwas mit Pfeilrichtung auf sich wirken läßt. So könnte man entsprechend sagen, man gehe von sich fort — um nicht zu sagen „man sei außer sich", das schon in einem bestimmten anderen Sinne verwendet wird —, wenn die Aufmerksamkeit mit Pfeilrichtung auf die Umwelt gerichtet wird, und man sei bei sich, wenn man gelassen, offen und empfangsbereit sein kann. Vielleicht sollte man vom „Draußensein" als Gegensatz zum „Bei-sich-Sein" sprechen. Im Sprachgebrauch benutzt man das „Jemand ist bei sich" ähnlich zutreffend, wie man sagt: „Er steht auf seinen beiden Beinen", oder wie wir vom „gesunden Menschenverstand" reden. Damit erwähnen wir wieder etwas lobend und charakterisieren damit als ungewöhnlich, was im Grunde selbstverständlich sein sollte.

Wenn ich Ihnen von Anfang an geraten hätte: „Versuchen Sie, mehr bei sich zu sein", hätten Sie wahrscheinlich wenig damit anfangen können. Wer in seinem Grundverhalten bei sich ist, hat den Hinweis nicht nötig, und wer in seinem Grundverhalten nicht bei sich ist, kann mit dem Rat nichts anfangen. Es wäre ebensowenig wirkungsvoll, wie jemandem, der Angst hat, zuzureden, er solle doch keine Angst haben.

Das so zutreffende Bild vom Bei-sich-Sein kann aber einen durchaus realen und außerdem praktisch zugänglichen, realisierbaren Gehalt bekommen. Wenn Ihnen die Antennenstruktur unserer Sinnesorgane bewußt geworden ist und Sie häufiger empfunden haben, daß man die Dinge zu sich kommen lassen kann und bei solch stiller Empfangsbereitschaft die Umwelt in eindeutig anderer Qualität als üblich erlebt, erfährt, erschließt sich Ihnen dieser Gehalt immer mehr.

Ich bin bei mir, und ich bleibe auch bei mir, wenn es etwas zu erfahren gibt. Dann kann ich deutlich empfinden und erkennen, was alles bei mir ankommt. Wenn ich draußen bin, trifft mich von der Umwelt her genau dasselbe, aber ich bemerke es nicht.

Es ist notwendig, sich zunehmend auch für die Erfahrmöglichkeiten via Gesäß zu interessieren, um sich beim Sitzen bewußt mit der Statik des Skelettes auseinandersetzen zu können.

Fräulein St.: Ich habe das Gefühl, daß auch die Oberschenkel beim Sitzen mithelfen müssen. Ich weiß nicht, ob ich es lange aushalten würde, wenn ich nur die Sitzknorren benutzen würde.

H. J.: So etwas kann man nur ausprobieren. Wir können sogar sagen, daß man die Sitzknorren noch nicht zum Sich-tragen-Lassen benutzt, solange man noch auf den Oberschenkeln sitzt. Die gesamte Gesäß- und Hüftgelenkmuskulatur muß gelöster und freier werden, damit das Becken zwischen den beiden Oberschenkeln Platz erhält und die Sitzknorrengegend so tief heruntergehen kann, daß die Sitzknorren Kontakt mit der Stuhlfläche bekommen.

Wenn Sie mehr auf der Stuhlkante zu sitzen versuchen, haben Sie vorläufig bessere Chancen.

Fräulein St.: Bis jetzt habe ich immer nur so halbwegs auf dem Stuhl gesessen. Nach dem, was ich von Ihnen gehört habe, nehme ich an, daß das nicht recht ist, und ich will mich nun recht setzen.

H. J.: Liebes Fräulein St., Sie müssen studieren, was für verschiedenartige Eindrücke Sie von Ihrer Art zu sitzen und von der Art des Getragenwerdens durch den Stuhl jeweils bekommen, während Sie auf verschiedenartigste Weise probieren, auf Ihre Sitzknorren zu kommen oder auf die Gegend, die Sie vorläufig dafür halten.

Auch das Falsche ist richtig, solange es noch das Angemessene ist, und das ist es, solange es noch nicht unmittelbar als nicht richtig empfindbar geworden ist. Es hat keinen Sinn, auf ein theoretisches Richtig hinzusteuern oder auf ein Richtig, das von andern Leuten dafür gehalten wird. Dahinter steckt stets noch das Verpflichtetsein, etwas möglichst rasch richtig zu machen.

Wenn man die selbstverständliche Beziehung zum Boden durch Störungen in der Kindheit verloren hat, so ist eine differenzierte und längere Arbeit erforderlich, bis man die Rumpflast wieder auf zweckmäßige Weise vom Boden — bzw. der Unterlage — tragen lassen kann.

(Es folgt ein Hinweis auf die Ergebnisse der Forschungsarbeit von Elsa Gindler und auf die Notwendigkeit eines veränderten Vorgehens bei der Behandlung und dem Versuch der Behebung von Fuß-, Bein- und Wirbelsäulen-Anomalien und -Schäden, die durch gestörte Beziehung zum Boden entstanden sind.)

Herr O.: Ich möchte im Zusammenhang mit dem Erkennen der Unzweckmäßigkeit des Machens über eine Erfahrung mit meinem Kind berichten: Vor einigen Wochen — es war, während unser Kurs hier schon lief — merkte ich, daß ich ziemlich ungeduldig war zu sehen, wie meine vierjährige Kleine sich beim Zeichnen verhalten würde. Damals saßen wir zusammen, und sie sagte, daß sie zeichnen wolle. Ich wollte nun den Moment abwarten, bis sie von sich aus etwas beginnen würde. Sie fragte mich aber, was sie zeichnen solle. Ich habe ihr, obwohl ich zunächst nicht wußte, ob das vernünftig sei, gesagt: „Sieh dir mal dieses Radio an. Kannst du das zeichnen?" Sie hat dann erstaunlicherweise gut die Form des einfachen Radiokastens und den Kreis für den Lautsprecher darin gezeichnet. Ich war zufrieden, daß sie irgendwie den Stift zu handhaben wisse. Es kam bald danach eine Begebenheit in der gleichen Richtung, wo ich mich aber so zusammennahm, daß ich, ohne einen Rat zu geben, der Sache ihren Lauf ließ: Es schneite, und die Kleine hatte einen grünen Stift bei der Hand. Auf einmal sagte sie: „Es schneit." Und im gleichen Rhythmus, in dem sie sprach, hämmerte sie vergnügt mit dem grünen Stift auf dem Papier herum. Das gab die Schneeflocken. Ich war sehr neugierig, ob sie nur bei diesem Schneetreiben bleiben oder noch irgend etwas anderes tun würde. Ich ging still aus dem Zimmer und nach einer Weile wieder hinein.

Zu meiner Freude sah ich, daß sie ganz von selbst zu einem Bildchen gekommen ist, indem sie das wilde Schneetreiben oben und unten durch einen Strich abgetrennt hat. Sie hat sich dabei den Himmel vorgestellt und den Boden, und auf diesem Boden hat sie zwei feste Männer in den Schnee hineingestellt.

Hier habe ich tatsächlich erfahren, daß ohne das Dreinreden und das Eingreifen viel, viel mehr geschieht, als wenn man so seine Tips gibt, die im allgemeinen gewünscht und bequem sind.

H. J.: Sich mit seinen Ratschlägen zurückhalten können, und schon gar wenn man meint, etwas besser zu wissen, verlangt viel. Wir könnten sogar im Zusammenhang mit unserm gegenwärtigen Gespräch so weit gehen zu sagen: Ratschlägegeben ist ein weiteres Beispiel für unzweckmäßiges Machen. Wieviel zweckmäßiger ist es zu schweigen, aber da zu sein, anwesend zu sein, als zu reden und zu raten. Das ist schon für die Situation zwischen Erwachsenen richtig, dem Kind gegenüber aber unbedingt nötig.

Ihr erster Rat, das Kind solle den Radiokasten zeichnen, ist nicht nützlich gewesen. Seine Darstellung kam aus einer anderen Gesamteinstellung als die Zeichnung der Männer im Schnee.

Herr O.: Es hat aber damals so ausgesehen, als ob sie gar nicht gewußt hätte, was sie tun sollte.

H. J.: Das alles ist nicht so wichtig; denn ich finde es erstaunlich, daß das Kind einen Zeichner zum Vater hat und vier Jahre alt werden durfte, ohne verführt worden zu sein, Zeichnungen zu machen.

Es braucht, damit man bei den komplizierteren Dingen — wie z. B. Zeichnen und Singen — nicht vorzeitig eingreift, genauso Vertrauen dazu, daß sich ohne unser Zutun etwas entwickelt, wie beim Sitzen-, Stehen- und Laufenlernen des Kindes.

Am Mangel an Vertrauen zu den Lebensvorgängen liegt es, wenn man so oft unnötigerweise eingreift, statt ein Empfinden für den Gesamtzustand des Kindes zu haben und offen dafür zu sein, daß alles sich nur im Kontakt mit der Gesamtentwicklung einstellen darf. Durch unser Eingreifen wird eventuell eine Entwicklung auf einem Teilgebiet vorwärts getrieben, — „getrieben" im Sinne von Treibhaus. Eine solch scheinbare Förderung vollzieht sich auf Kosten der Harmonie der Gesamtentwicklung. Je mehr man ein Kind — z. B. hier beim Zeichnen — in Ruhe läßt, desto sicherer kommt der Moment, in dem das Kind so etwas von sich aus probiert; dann ist das, was bei solch einem autonomen Versuch herauskommt, der echte Ausdruck der gegenwärtigen Gesamtsituation dieses kleinen Menschen. Die Auseinandersetzung mit dem „Es schneit" ist aus einem spontanen Berührtsein entstanden, das Abzeichnen des Radiokastens auf Grund eines Ratschlags und aus einer andern Qualität des Interessiertseins und einer andern Arbeitsmentalität. Über die Darstellungsweise, die bei der einen Art von Versuchen von der andern Art sehr verschieden sein wird, wird später noch mancherlei zu sagen sein, da wir uns ausführlich mit den Problemen der Darstellung von Gestalten beschäftigen werden. Dabei wird das Problem des Verhaltens beim Schauen auch wieder akut werden.* Man sieht es den Zeichnungen an, aus was für einem Schau-Verhalten sie entstanden sind.

Fräulein Qu.: Ich erinnere mich, daß ich als Kind immer dazu gezwungen worden bin, konstruktiv und perspektivisch zu zeichnen, ganz anders, als ich die Dinge gesehen habe.

H. J.: Wenn man einem Kind gezeigt hat, wie etwas richtig ist — d. h. was wir für richtig halten —, so genügt das, daß es von da an nicht mehr darauf aus ist, Entdeckungsreisen zu machen, sondern sich überlegt, was es machen muß, damit der Erwachsene zufrieden ist, damit es richtig ist. Der Einbruch unserer Erwachsenenvorstellung von „richtig" in die unbefangene Probierfreudigkeit des Kindes bringt wieder ein Element von Beunruhigung, ein angsterzeugendes Motiv in das Grundverhalten des Kindes und jene fatale Tendenz, ständig nach rechts und links zu sehen, zu fragen, was die Leute sagen; die Tendenz, immerzu zu fragen, wie man es machen soll, anstatt dem zu folgen, was in ihm aus seiner Gesamtsituation, auf Grund des gerade erreichten Entwicklungsstandes seiner Fähigkeit zum Vergleichen akut geworden ist. Zeigte es sich, daß bei den Ver-

* Siehe Kurs 24

suchen des Kindes ständig nur chaotische Produkte entstehen, wäre es immer noch Zeit, ordnend im Sinne unserer Erwachsenenvorstellungen einzugreifen. Wo Chaotisches entsteht bei den selbständigen Versuchen des Kindes, hat das nie mit den Gebieten zu tun, auf denen gerade probiert wird, sondern es kommt daher, daß das Kind allgemein gestört und beunruhigt worden ist und deswegen auch kein Vertrauen mehr zu seiner inneren Führung hat.

Sie wissen wohl alle aus Erfahrung, wie hingegeben und still ein halbwegs unverstörtes kleines Kind sich mit seinen selbstgewählten Aufgaben auseinandersetzt. Sie haben sicher schon gesehen, wie ein kleines Kind, das einen Bleistift erwischt hat, den Bleistift mit dem umgekehrten Ende benutzt. Wenn es mit seinem Stöckchen auf einem Stück Papier oder dem Boden herumfährt, will es oft gar nicht zeichnen, sondern versucht es nur, mit diesem Stöckchen „auch" irgendwelche Bewegungen zu machen, weil es gesehen hat, daß der Erwachsene solche Stöckchen hin- und herbewegt. Aber kaum sieht der Erwachsene, daß das Kind den Bleistift verkehrt herum gebraucht, kommt er schon hilfreich mit seinem: „Dreh's doch herum! Du mußt es so anfassen!" Vielleicht wollte das Kind noch gar nichts aufs Papier bringen. Wenn es aber wirklich diese Absicht gehabt hat, dürfte man ihm erst recht nicht helfen. Es wird schon merken, daß kein Strich auf das Papier kommt, wenn es sich mit dem falschen Ende darauf bewegt.

So „voller Vertrauen" funktionieren Erwachsene in der Nähe eines Kindes, und so gedankenlos und beziehungslos manifestiert sich Hilfsbereitschaft. Hilfsbereitschaft dem Kinde gegenüber ist oft Ausdruck mangelnden Vertrauens dazu, daß es ohne uns gehen könnte, und darüber hinaus der Ausdruck einer beziehungslosen und gedankenlosen Gewohnheit, immer einzugreifen und uns und dem Kinde beweisen zu wollen, wie tüchtig wir selber sind. Mit jedem unnötigen Helfen betrügen wir das Kind um Möglichkeiten seiner Entwicklung und Entfaltung. „Komm, ich will dir zeigen, wie man es machen muß", das ist der Beginn des Unproduktivwerdens des Kindes. In welchem Ausmaße wir dem Selbstordnenden im Kinde Vertrauen entgegenbringen dürfen, kann kaum jemand ahnen, der nicht still und offen miterlebt hat, wie ein Kind selber probiert.

Das hat nichts mit gewissen Schlagwörtern der sogenannten „modernen Erziehung" zu tun, mit jenem: „Man soll das Kind nur machen lassen, was es will." Es handelt sich nicht um ein bloßes Laisser-faire. Ich habe nicht umsonst vorhin ausdrücklich unterstrichen: Schweigen! — Aber als warmer, interessierter Mensch anwesend sein, da sein!

Solange ein Kind nicht verstört wird, solange seine Vertrauensbereitschaft und damit seine Angstlosigkeit bestehen bleibt, ist es kontaktbereit, sozial eingliederbar, funktioniert es produktiv, ist es weder bösartig noch gereizt, noch bedarf es besonderer Disziplinvorschriften. Zeigt sich im Verhalten und in den Äußerungen des Kindes starke Affektivität, Unruhe und Unordnung, so können wir unbesehen annehmen, daß in der Umgebung des Kindes etwas nicht in Ordnung ist. Ganz besonders wird auch das Verstörtsein des Kindes an der Art seines Klingens offenbar.

Einen weiteren Beitrag zur Frage „Machen und Geschehen-Lassen" erleben Sie, wenn Sie offen dafür werden, wie Erwachsene aussehen, sich bewegen und wie die Stimmen klingen, wenn sie sich so beflissen um das Kind kümmern. Wie häufig würde so ein Säugling erschreckt zurückfahren, wenn er ausweichen könnte, sobald so ein „liebevoll interessierter" Erwachsener mit seinem Gesicht auf das Kind hinabstößt. Auf die Dauer kann so ein offenes Wesen nicht unverstört bleiben, wenn so viele unerfüllte, laute und stoßhafte Liebes- und Interessebeweise auf es einstürmen. Benutzen Sie die nächsten Gelegenheiten, all das bewußt auf sich wirken zu lassen und es mit der Empfindung für die Tragweite zur Kenntnis zu nehmen.

Auch dies zum Problem der Stille; und zum Grund dafür, daß so wenig Menschen noch eine Empfindung für Stillesein und Bei-sich-Sein haben. Wie soll es anders sein, wenn schon so früh dies Theater mit uns und um uns gemacht wird.

Bei Gesprächen sollten wir stets im Moment, in dem wir angesprochen werden oder uns äußern, versuchen, einen Augenblick zu spüren, ob es nötig wäre, gelassener zu werden, und versuchen, einen Eindruck von der Verhaltensqualität des andern zu bekommen, und zwar nicht, um nun andere kritisch zu beobachten, sondern um schlicht registrierend Verhaltensqualitäten zu unterscheiden.

Es wird Ihnen mancherlei als Ausdruck von allgemein verbreiteten Tendenzen des Verhaltens oder als Signal für das Vorhandensein sehr verbreiteter Arten von Verstörtheit auffallen, was Sie früher als persönliche Eigenart von jemandem angesehen haben. Sie sollten aber nicht mit Überlegenheit feststellen, wie verstört, überaktiv und „glotzend" sich so viele Menschen verhalten. Das wäre sehr billig. Es ist jedoch für Ihre eigene Entfaltung und für Ihre Mobilisierung und Initiative entscheidend, daß Sie allmählich immer bewußter erleben, wie verbreitet die Tendenz zu unzweckmäßigem Verhalten ist.

Manches, mit dem man sich bisher vergeblich geplagt hat, was eine Fülle von Konflikten im Gefolge hat, und von dem Sie bisher vielleicht angenommen haben, das sei nun mal so („So ist dieser Mensch eben." Oder: „So ist sein Charakter — das ist sein Wesen"), kann sich ändern. Das gilt auch für ganze Kategorien: „Schüler sind eben so" — „Kinder in der Pubertätszeit sind eben so".

Pubertätsprobleme* gibt es nicht darum, weil in der Zeit der Geschlechtsreife die jungen Menschen etwa notwendigerweise sonderbar und schwer zugänglich, besonders reizbar und empfindlich werden. Die Zeit der Pubertät verläuft so schwierig, wenn das Kleinkind so verstört worden ist, daß, wenn die Zeit der Geschlechtsreife kommt, sich die Auswirkungen dieser Störungen, nur gewissermaßen in andere Münze umgewechselt, präsentieren.

Wären nicht schon längst vorher Angst und Unaufrichtigkeit da, würde die Pubertät deren Auswirkungen nicht in so charakteristischen Formen aktualisieren. „Der Flegel" und die „Flegeljahre" könnten anders sein, als sie gewöhnlich sind.

Munterkeit und „Munterkeit" ist zweierlei. Es hat stets seine Geschichte, wenn etwas als Flegelei sich äußert, das ebensogut so verlaufen könnte, daß es allen Beteiligten als Zeichen von Aufgewecktheit und Lebensfreude nur Freude machen würde. Allerdings wäre noch zu prüfen, wann und warum ein Kind z. B. frech ist. Denken Sie nur an das „enfant terrible", das die Wahrheit in einem Moment sagt, in dem es dem Erwachsenen nicht paßt, oder an das Kind, das mit einer Bemerkung tatsächlich recht hat, wobei der Erwachsene nicht zugeben will, daß er im Unrecht ist. Schon ist das Kind „frech". Es scheint doch, daß der Erwachsene weitgehend und subjektiv jeweils bestimmt, was Flegelei ist und wann etwas frech ist, — und er bestimmt das oft aus seiner eigenen Verletzlichkeit heraus, d. h. wenn er selber an einer schwachen Stelle getroffen worden ist.

* Siehe auch Kurs 13

10. Kurs

Akzeptieren — eine Voraussetzung für Stillwerden-Können
Der Mensch ist nicht gut — nicht schlecht
Berichte über Erfahrungen
Seinen Affekten nicht zum Opfer fallen — ein Problem der Selbständigkeit
Verhalten beim Sichäußern — unmittelbare Äußerung
Improvisationsbereitschaft
Bilder: Was Schwerbehinderte leisten können
Qualität des Zustandes und Verhaltens dieser Menschen bewußt zu empfinden versuchen
Armlose: Gebrauch der Füße — Gleichgewicht — Selbständigkeit — Entfaltung durch zweckmäßiges Sichgebrauchen
Was ist menschenmöglich?
„Wunder des Willens“
Akzeptierthaben — Vertrauen — spontanes, interessiertes Ausprobieren
Kein gewalttätiges Training
Willen — getarnter Begabungsbegriff
Bedeutung der Verhaltensqualität für Schwerbehinderte
Du mußt nur mehr wollen! — Was für ein Rat!
Was sagen uns diese Bilder?
Ansehen und bestaunen? — Konsequenzen ziehen!
5. Ergänzung: Wille und Wollen

8. März 1945

H. J.: Haben Sie noch Beispiele dafür angetroffen, daß Geschehen-Lassen zweckmäßiger ist als Machen?

Fräulein D.: Gehört es auch dazu, wenn man vor dem Einschlafen zu zählen anfängt oder sich an bestimmte Dinge zu erinnern versucht, anstatt still zu werden und den Tag abklingen zu lassen?

H. J.: Sicherlich! Man ist besetzt von Dingen, die einen so beunruhigen, daß man nicht zum Schlafen kommt, und versucht, sich mit langweiligen Dingen zu beschäftigen in der Hoffnung, dadurch vom Beunruhigenden abgelenkt zu werden.

Es ist eine Frage, ob es glücken kann, still zu werden, ehe man die Voraussetzungen für das Stillwerden-Können geschaffen hat. — Man müßte sich erst mit dem, was einen beunruhigt, auseinandergesetzt haben!

Selbstverständlich gibt es echte, begründete Sorgen, die durch nichts unwirksam gemacht werden können. Andererseits kann jemand so stoisch in gutem Sinne geworden sein, daß er sich mit Erfolg sagen kann: „Wozu sich jetzt grämen, da ich das Kummervolle doch nicht ändern kann? Wenn ich morgen nicht ausgeruht bin, kann ich nicht nützlich sein." Aber so etwas ist leichter zu raten als zu realisieren! Es erfordert wirkliches Akzeptieren von Tatsachen, die man durch Grübeln allein nicht ändern kann! Eher kann man kaum zur Ruhe kommen.

Leider gibt es noch sehr viele Menschen, die viel zu gut schlafen können und sich nicht von den furchtbaren Dingen, die auf der Welt geschehen, erreichen lassen! Im übrigen: Man kann schlecht schlafen, ohne daß man sich im geringsten vom Elend in der Welt beunruhigen läßt, und man kann gut schlafen, obwohl man offen dafür ist und davon erschüttert wird! Wieder so ein Fall, in dem das Gegenteil auch stimmen kann!

(Schwester W. berichtet ausführlich darüber, daß sie in der Haushaltungsschule mit verwöhnten „höheren Töchtern", mit denen zu arbeiten allen Lehrern schwer sei, auch am Aufgeben der „Schau-Absicht" probiert habe: „Es war mir ein großes Erlebnis, wie diese Mädchen sich verändert haben!")

H. J.: Es sind wünschenswerte und eindrucksvolle Erfahrungen, zu erleben, wie wirksam unsere Verabredungen selbst dort sind, wo man eher ein Scheitern erwartete! Aus dem Verhalten von Gruppen junger Menschen, Angehörigen anderer Nationen oder irgendeiner Gesellschaftsschicht zu schließen, diese Menschen seien eben so, verrät oft — ähnlich wie bei Meinungen über „Unbegabte" — bewußten oder auch unbewußten Hochmut.

Aus diesem schlechten Benehmen spricht doch weitgehend die Jugendgeschichte, aber es muß nicht so bleiben!

Man muß die Menschen in Situationen bringen, in denen sie nicht so bleiben können, wie sie zu sein gewohnt sind, und schon kommt unerwartet Positives zutage.

Der Mensch ist nicht „gut", und der Mensch ist nicht „schlecht", sondern es kommt auf die Situationen an, in denen leichter die eine oder die andere Reaktionsmöglichkeit aktualisiert wird. Wie der Mensch in einer bestimmten Situation reagiert, wird weitgehend durch die Auswirkungen seiner bisherigen Geschichte bestimmt. Er reagiert so, wie seine jeweilige Möglichkeit, anwesend zu sein, es ihm gestattet, und kein Mensch hat es schwerer, anwesend zu sein, als der, der Angst hat.

Ich wünsche sehr, daß Ihnen deutlich wird, wie positiv es sich auswirkt, wenn wir andern, auch den von uns Abgelehnten, bewußt Chancen zu geben versuchen. Selbst da, wo wir berechtigten Anlaß hätten, unmutig und irritiert zu sein, tritt etwas Positiveres zutage, wenn es gelingt, den Menschen gegenüber trotzdem Vertrauen zu haben. Gemeint ist nicht blindes oder sentimentales Vertrauen, sondern sachliches Vertrauen aus der Überzeugtheit, daß in der Reaktion des anderen etwas anderes zutage kommt, wenn wir uns nicht „hilfsbereit", ratgebend als der Überlegene an ihn wenden, sondern ihn — uns auf die gleiche Ebene mit ihm stellend — zur Mitarbeit gewinnen. Schwierige Menschen sind nur schwierig, weil sie bewußt oder unbewußt in Not sind, und zeigen sich häufig besonders dann von ihrer schlechtesten Seite und werden bockig, wenn sie spüren, daß man ihnen „von oben herab" helfen will.

(Frau M. berichtet, wie es ihr bei einer amtlichen Vorladung für eine für sie wichtige Entscheidung geglückt sei, bewußt ruhig zu werden, bevor sie in das betreffende Zimmer hineinging, während sie sonst bei solchen Gelegenheiten sehr aufgeregt war. Die Sache sei dann gut ausgegangen, und am meisten habe sie überrascht, wie sie sich hinterher frei und vergnügt gefühlt habe.

Frau M. berichtet weiter, daß ihr von einem Menschen Unrecht getan worden sei und daß sie das so beunruhigt habe, daß sie durch bewußtes Schließen der Augen versucht habe, zu sich zu kommen. Als sie nach einiger Zeit die Augen wieder aufgehen ließ, habe zufällig in ihrer Blickrichtung eine Photographie an der Wand gehangen, die sei so plastisch und lebendig gewesen, als ob der Mensch selber da sei und sich bewege.

Dieser lebendige Eindruck sei gleich wieder verschwunden, obwohl sie versucht habe, ihn festzuhalten.)

H. J.: Den Eindruck „festhalten" können Sie nicht. Sie können aber versuchen, die Qualität Ihres Verhaltens, wie sie beim Aufgehen der Augen war, beizubehalten. Hat dieses Erlebnis nun Konsequenzen für Sie gehabt?

Frau M.: Ich habe mir überlegt, ob man mit dem Augenschließen so weit kommen könnte, daß man später jeden Gegenstand so lebendig sehen könnte, ohne jedesmal vorher so lange still sitzen zu müssen, bis man zu sich gekommen ist.

H. J.: Viele würden gern durch fleißiges Üben Dauerstille und Aufgeschlossenheit für immer erreichen. Man kann nur durch häufiges Ausprobieren allmählich so weit kommen, daß man nicht nur im allgemeinen weniger beunruhigbar ist, sondern daß man sich auch möglichst frühzeitig beim Unruhigwerden begegnet. Dann wird es leichter, beginnende Beunruhigung abklingen zu lassen.

Man muß auch empfindlich dafür werden, wenn irgendein Anlaß einen „unmenschlich" werden läßt. Wenn man beleidigt, gereizt, böse, zum Schimpfen geneigt ist, wird man unmenschlich. Damit will ich nicht sagen, daß man nicht auch einmal aus vollem Herzen empört sein dürfte über etwas, das abzulehnen berechtigt und notwendig wäre.

Bei den meisten Menschen gehört leider nicht viel dazu, „aus dem Häuschen" gebracht zu werden. Das ist auch ein Problem der Selbständigkeit, die man sich bewußt erobern muß, wenn man sie nicht von Kindheit an hat behalten können. Je selbständiger man ist, desto sicherer registriert man Unpassendes und Ungehöriges. Aber es ist ein großer Unterschied, ob man so etwas empfindet, bemerkt und auch durchaus bewertet oder ob man affektiv darauf reagiert und ihm zum Opfer fällt. Ich habe von unmenschlich gesprochen. Wir könnten es genausogut unwürdig nennen; denn es gehört zur Menschenwürde, seinen Affekten nicht zum Opfer fallen zu müssen! Große Reizbarkeit hat auch ihre Geschichte.

Je mehr man durch das Erlebnis, daß und wie man zu sich kommen kann, Vertrauen zu dieser Möglichkeit bekommen hat und nun auch vertraut, weil man erlebt hat, daß das positive Konsequenzen hat, desto unmittelbarer wird einem das „Umschaltenkönnen" zugänglich.

Frau M.: Ich habe mit meinem Kinde auch eine Bestätigung erlebt für das, was Sie uns gesagt haben. In der letzten Zeit war meine Tochter sehr verändert und oft aufgeregt. Ich wußte nicht, ob ich durch mein Verhalten daran schuld sei. So habe ich mir vorgenommen zu versuchen, bewußt so still und offen zu bleiben, wie ich beim Aufstehen war. Früher bin ich nie auf die dummen, „gescheiten" Fragen eingegangen, die das Kind an mich stellte. Jetzt aber versuchte ich, sie wirklich ernst zu nehmen, und bin auf alles eingegangen, was sie erzählte. Das Kind lebte richtig auf und erzählte von allem, was ihm begegnet war. Der ganze Tag verlief anders.

Da habe ich wirklich erlebt, wie richtig es ist, wenn Sie sagen, daß die Kinder für voll und ernst genommen werden möchten, und ich habe das Gefühl, daß ich, wenn ich das aufrechterhalten könnte, uns das Leben leichter und schöner gestalten könnte!

H. J.: Verstehen Sie, was es einem Menschen bedeutet, wenn er erkennt, wie seine Beziehung zu seinem Kind sich positiv verändern kann? Sie erleben zugleich wieder, wie wenig es nützte, wenn ich Ihnen viele richtige und wichtige Fakten mitteilte, ohne daß Sie anfangen, sie auszuprobieren.

Fräulein E.: Ich wollte noch etwas zum Problem „Machen und Geschehen-Lassen" sagen! In einem Gespräch ist mir aufgefallen, daß meine Gedanken sehr arbeiteten, daß ich etwas machte. Ich wurde dieser Anstrengung, dieses Machens ganz plötzlich inne. Als ich versuchte, dieses Angestrengtsein beim Denken aufzugeben, spürte ich, daß viel weniger Worte nötig waren und daß die Worte, die ich schon „gemacht" hatte, mehr oder weniger Phrasen waren. Ich habe erlebt, daß es, wenn man bei sich ist, keine Phrasen mehr gibt. Es gibt weniger Worte; aber die Worte, die gesprochen werden, sind wahre Worte!

H. J.: Sie sprechen von etwas Wesentlichem. Vielleicht haben Sie schon bemerkt, wie sich die Qualität einer Aussage verändert hat, wenn ich jemand, der die Augen noch offen hatte, in seiner Rede unterbrochen habe und er erst weitergesprochen hat, nachdem er die Schau-Absicht aufgegeben hatte.

Auch die Frage der Improvisation, die Frage der Unmittelbarkeit der Äußerung, bei der man sich die Worte während des Sprechens zuwachsen läßt, anstatt den Wortlaut vorher festzulegen, erledigt sich von selbst, sobald es einem gelingt, stiller zu werden und dabei zu erleben, wie sehr man darauf vertrauen darf, daß einem dann die richtigen Worte zuwachsen.* Man legt sich im allgemeinen das, was man sagen will, nur deshalb vorher im Wortlaut zurecht, weil man nicht das Vertrauen hat, daß das, was man äußern möchte, im gegebenen Augenblick auch klar herauskommen werde. Mit der Vorformulierung versucht man, sich zu sichern! Es käme besonders bei Auseinandersetzungen darauf an, so offen zu bleiben, daß einem im letzten Augenblick noch etwas anderes zuwachsen könnte als das, was zu sagen man sich vorgenommen hatte! Wir wollen diese Auseinandersetzung für heute abbrechen, damit uns noch Zeit für Lichtbilder bleibt.

(Es folgen Lichtbilder zum Thema: Was schwerbehinderte Menschen alles leisten können.)

H. J.: Sehen Sie diese Bilder als Beitrag zu dem Problem: Kann man es sich als Vollsinniger, der im üblichen Sinne gesund ist, noch leisten, sich für unbegabt oder zu ungeschickt für Aufgaben zu halten, die Schwerbehinderte — jemand, der keine Arme hat, jemand, der keine Beine hat, jemand, der blind ist — in so guter Qualität bewältigen? Außerdem möchte ich, daß Sie versuchen, gelassen zu bleiben, damit Sie von diesen „stehenden" Bildern einen Eindruck von der Qualität des Verhaltens und vom Zustand dieser Menschen bei ihrer Tätigkeit bekommen können.

Sie sollen nicht nur registrieren („Derartige Dinge sind möglich"), sondern sich auch fragen, wie man sich erklären kann, daß derartige Leistungen tatsächlich möglich sind. Ich setze dabei voraus, daß Sie nicht annehmen, daß jemand, der ohne Arme auf die Welt gekommen ist, als Ersatz dafür „besonders begabte" Füße mitbekommen habe!

1. Bildserie: Die ohne Arme geborene Engländerin Phyllis Lumley, die diesen ihren ersten Säugling ohne jede Hilfe anderer ebenso versorgt wie ihre sechs später geborenen Kinder. Es fällt auf, wie offen, gelassen und freundlich ihr Ausdruck ist.

2. Bildserie: Ältere Frau ohne Arme beim Sticken, Stricken und Schreiben. Auch hier fällt die offene, gelassene Verhaltensweise und nicht nur die Gelöstheit von Beinen und Füßen auf, sondern auch, daß diese Frau die feine Arbeit mit den Füßen so weit entfernt von ihren Augen machen kann. Offenbar muß es in den biologischen Möglichkeiten des Auges gegeben sein, so feine Arbeiten in so großer Distanz machen zu können . . .

All diese Menschen unter anormalen Lebensbedingungen haben die große Chance, weitgehend alles selber ausprobieren zu müssen!

* 18. Kurs

3. Bildserie: Hermann Unthan. (Empfehlung der Lektüre des „Pediskript"!*) Zuerst Unthan bei Alltagsbeschäftigungen als Andeutung, wie weitgehend ein Mensch ohne Arme sich selber helfen kann.** Unthan bei der Morgentoilette: Abtrocknen des Kopfes, des Rückens, Rasieren, Nägelfeilen, Kragenknopfeinstecken. (Heiterkeit und Gelassenheit fallen auf.)

H. J.: Behinderte, denen trotz Armlosigkeit eine positive Bewältigung des Lebens gelingt, fallen meistens durch Heiterkeit und Ausgeglichenheit auf. Für uns ist das nicht so unerklärlich, denn diese Menschen sind in einem ungewohnten Maße zur Selbständigkeit im buchstäblichen Sinne des Wortes, zur Auseinandersetzung mit dem Gleichgewicht gezwungen. Bedenken wir nur, wieviel fehlendes Gleichgewicht beim Stehen und Gehen wir durch den Gebrauch unserer Arme ausgleichen! So ein Mensch muß nicht nur anders stehen als wir, weil er keine Arme hat, mit denen er seine Unsicherheit ausgleichen könnte, sondern steht natürlich auch anders auf so wunderbar gebrauchten und lebendigen Füßen als wir auf unseren leblosen, verbildeten Füßen. Man müßte sich im Interesse seiner Selbständigkeit um den Gebrauch seiner Füße kümmern, um eine echte Nachentfaltung durch zweckmäßigen Gebrauch zu erreichen.

(Es folgen weitere Fotos von Unthan: Bleistift anspitzend, mit der Feder schreibend, mit dem Mund schreibend, an der Schreibmaschine, als Schütze, als Pistonbläser und als Geiger.)

H. J.: Unthan selbst hat sein erstaunliches Können den drei Maximen seines Vaters zugeschrieben:

Nicht bedauern! Nicht helfen! Keine Strümpfe und Schuhe anziehen!

Wieviel Kontaktbereitschaft und Einsicht der Erwachsenen gehören dazu, einem kleinen Kind ohne Arme nicht zu helfen! Den Durchschnittserwachsenen gelingt es doch kaum, Kindern, die gesunde Arme haben, nicht zu helfen. Dabei könnte jedes dreijährige Kind sich allein waschen, kämmen, anziehen etc.

Die Drei- bis Vierjährigen könnten schon helfend und verantwortlich im Haus mitarbeiten. Die Kinder gäben wohlgemute und vergnügte Gehilfen, wenn sie auch in dieser Richtung als gleichberechtigt ernstgenommen würden. Natürlich darf man den Kindern nicht zum Spaß „auch etwas"

* Das Pediskript, Robert Lutz Verlag, Stuttgart 1925. Die Bilder stammen aus der Schrift von H. Unthan „Ohne Arme durchs Leben", Verlag G. Braun, Karlsruhe

** Leider kann im Rahmen dieses Buches von fast allen Serien nur eine kleine Auswahl gebracht werden.

zu tun geben und ihnen aus pädagogischen Gründen Scheinarbeiten auftragen und die Leistung mit falschem Getue bewundern.

4. Bildserie: Elroy beim Lesen, Rasieren, Telephonieren.

5. Bildserie: Bilder von Gemälden von Aimée Rapin.

Interessieren Sie sich hierbei nicht für das künstlerische Niveau der Bilder, sondern für die Tatsache, was menschenmöglich ist! Bemerkenswert ist auch das „Handschrift"-Bild von Aimée Rapin.

6. Bildserie: Charles Pasche.

Es geht um die Tatsache, daß jemand mit den Füßen differenzierter arbeiten kann als andere mit ihren Händen, — als jene anderen, die glauben, sich darauf zurückziehen zu können, daß sie für Handwerkliches oder Technisches zu ungeschickte Hände hätten, daß ihnen die Begabung dafür fehle!

Dies alles sind keine „Wunder des Willens"*! Es sind Resultate von Akzeptieren, von Vertrauen, Angstlosigkeit und interessiertem Ausprobieren. Nichts ist dabei durch gewalttätiges Training erpreßt worden. Unter diesen Voraussetzungen erweist sich stets, daß die biologische Ausrüstung trotz des Fehlens so wichtiger „Teile" noch immer ausreichend ist, um etwas auf einem guten Niveau zu leisten, wovon sehr viele Menschen ohne derartige Beeinträchtigungen meinen, es nicht zustandebringen zu können. Wenn ich Ihnen als Ergänzung zu diesen Bildern nun noch einige Berichte aus meiner Kartei mitteile, so geschieht es vor allen Dingen, um Ihnen deutlich werden zu lassen, wie wenig wir bisher darüber wissen, wo die Grenze des Menschenmöglichen liegt, sobald man auf eine sinnvolle Weise vorgeht:

Ein noch schulpflichtiges Mädchen gerät beim Spiel unter die Straßenbahn: Der rechte Arm muß dicht über dem Handgelenk, der linke dicht unter dem Schultergelenk, das linke Bein unter dem Knie amputiert werden. Es bekommt ein Kunstbein, der rechte Arm eine einfache Prothese, der linke Arm eine Prothese mit Hämmerchen. Es lernt Schreibmaschine-Schreiben und Stenographie und arbeitet so flott, daß es mit der durchschnittlichen Leistung einer gesunden, unbehinderten Stenotypistin konkurrieren kann!

Ein Junge verliert bei einer Explosion beide Hände und ein Auge: Die Unterarmstümpfe werden gespalten; das ergibt je zwei große „Finger". Der Junge wird Tischler, arbeitet mit Säge, Hobel, Zange und Hammer so

* Siehe Ergänzung: „Wille" und „Wollen" zum 10. Kurs

sachgemäß, daß die Handwerksinnung bei der Prüfung ein genügendes Prädikat gibt. Er erreicht 80 Prozent der Leistung eines Normalen!

Wahrscheinlich hat ihn das Tischlern von sich aus interessiert, sonst hätte er es in der Handhabung der nötigen Werkzeuge gewiß nicht so weit gebracht, — so wenig, wie Hermann Unthan Geiger hätte werden können, wenn ihn Musik und Violinspiel nicht von sich aus interessiert hätten. Entscheidend bleibt bei der Berufswahl und Berufsberatung von Körperbehinderten in noch höherem Maße als bei Normalen, daß ihre innere Anteilnahme an dem, was erarbeitet werden soll, gesichert wird. Nur so können ihre positiven Möglichkeiten zur Entfaltung kommen.

Unter Sportlern, die später Weltrekordler geworden sind, finden wir auch solche, die in ihrer Jugend ausgesprochen schwächlich gewesen sind, wie z. B. die berühmten Nurmi, Heinrich Eberle, der wegen schwächlicher Konstitution militärdienstlich untauglich erklärt worden war, und Ray C. Ewry, der nach seiner Erkrankung (Beinlähmung?) Weltrekorde bei den Olympischen Spielen im Standhochsprung und Standweitsprung aufstellte.

Offenbar ist Ewry die konsequente Art des Probierens nicht „durch seinen unbändigen Willen" möglich geworden, sondern höchstwahrscheinlich hat er Kraft und Beharrlichkeit aus seinem Bedürfnis, wieder selbständig und unabhängig zu werden, bezogen.

Fräulein Qu.: Ich glaube, daß ein Moment der Hartnäckigkeit, des Wollens, dabei sein muß.

H. J.: Das Wollen ist bei allem dabei, das uns zum Tun veranlaßt. Jedoch die Vorstellung eines als besondere „Macht" verselbständigten „Willens" und die Mentalität, die sich in der Vorstellung des Beherrschenmüssens — z. B. Körperbeherrschung — ausdrückt, gehören zu den problematischen Vorstellungen der Menschen. Wenn man abhängig und unselbständig ist und diese Abhängigkeit einem in jeder Weise unerträglich ist, wird einen die Vorstellung des Ziels, das man hat, mobilisieren!* Dann braucht man nicht noch eine besondere Sorte Willen, um beharrlich zu sein. Die Verbundenheit mit einem bejahten Ziel liefert die Hartnäkkigkeit. Das Bejahen eines Zieles ist der Vater des Wollenkönnens. Es hat seinen Grund, daß ich die Vorstellung vom Vorhandensein einer besonderen Sorte Willen in diesem Zusammenhange als unhaltbar denunziere, denn das ist auch eine Art von getarntem Begabungsbegriff. Es ist so be-

* Siehe 5. Ergänzung: „Wille" und „Wollen"

quem für Menschen, die sich selber nicht gerne mobilisieren — weil sie wahrscheinlich sozial nicht genügend eingeordnet sind, um in weitem Sinne selbständig sein zu wollen —, bei denen, die sich mobilisieren, eine besondere Sorte „Willen" vorauszusetzen, die jene eben mitbekommen haben. Das, was man als „besondere Willensleistung" erklärt, ist der Ausdruck von etwas Umfassenderem, — etwas, das eine Einstellung voraussetzt, die ich in anderm Zusammenhang als „Akzeptierthaben" bezeichnet habe. Das Bedürfnis, unabhängig und selbständig zu sein, gibt z. B. Ewry die Kraft, so sauber und konsequent zu probieren, daß ihm Weltrekorde im Hoch- und Weitsprung aus dem Stand möglich werden. Offenbar hat er sich in der Not des Gelähmtseins unbewußt zweckmäßig verhalten. Er hat wahrscheinlich gar nicht springen wollen, sondern wollte sich, da er seine Beine nicht einzeln bewegen konnte, wenigstens mit einer Art Hüpfen vorwärts bewegen, und dabei hat er sich — ihm unbewußt — eine bewußte Beziehung zu seiner Körperlast, zum Phänomen Anziehungskraft* und zum Boden erobert. So hat sich die gesamte dazu benötigte Muskulatur ungewöhnlich ausgiebig und zweckmäßig entwickelt, weil sie während der Versuche auf eine zweckmäßige Weise angesprochen worden ist, — ganz anders, als wenn bei üblichem Sport und Turnen die Sprünge mit irgendeiner „Ladung auf Vorrat" erpreßt und „gerissen" werden.

Nurmi, der ursprünglich eine so schwächliche Konstitution hatte, daß er als junger Mann aus Gesundheitsgründen mit Waldlauf begann — niemals Läufer werden wollte —, und Ewry sind in der Geschichte des Sports noch von einem andern Standort aus ungewöhnliche Erscheinungen: Während Welthöchstleistungen den Menschen im allgemeinen nur einige Jahre hindurch möglich sind, haben diese beiden sich fast zwei Jahrzehnte hindurch in Welthöchstleistungsform gehalten. Wir finden in der Geschichte ungewöhnlicher Leistungen so viele derartige Fälle, daß es von unserm besondern Standort des Interesses aus allmählich möglich wird, jene Höchstleistungen nicht mehr als individuelle Einzelfälle mit persönlichen Voraussetzungen zu sehen. Sie gestatten, gewisse Schlüsse zu ziehen, was für ein Verhalten, was für eine Art der Zielsetzung im Spiel waren, während solche Menschen ihre selbstgestellten Aufgaben ausprobiert haben und dabei zu Resultaten gekommen sind, auf die sie nicht in erster Linie gezielt haben.

Von hervorragenden, schwer körperbehinderten Sportsleuten nenne ich Ihnen nun noch einige: Der einarmige Amerikaner Castro führte im Fuß-

* Siehe 23. Kurs

ballkampf 1928 auf der Amsterdamer Olympiade die entscheidende Wendung für Uruguay herbei. Der einarmige Münchener Pledel war einer der besten deutschen Fußballer. Der einbeinige Amerikaner Pitchen Garver aus Washington ist als Rekord-Baseballspieler anerkannt. Der Tennis-Weltmeister William T. Tilden hält mit der verkrüppelten rechten Hand den Schläger besser als viele mit gesunden Händen. Der einbeinige Däne Luther Bardett sprang seine ungewöhnlichen Weit- und Hochsprünge auch ohne Prothese. Der Besteiger des Monte Rosa Oberst Young war einbeinig. Der ausgezeichnete Schwimmer und Bergsteiger Lord Byron war das trotz eines gelähmten Beines! Der einarmige Volrath durchschwamm die Danziger Bucht von Hela nach Zoppot, und im Juni 1921 gewann er in der Donau-Meisterschaft über 5 km den zweiten Ehrenplatz. 1912 errang der Leipziger Oberschenkel-Amputierte Resleure Siege über die erste Seniorklasse usw. Charles Zimmy, ein Amerikaner, stellte ohne Beine in Honolulu mit 100 Std. den neuesten Rekord im Dauerschwimmen auf. Er hatte beide Beine durch einen Haifisch verloren. Der einfüßige Ungar Hallassy siegte gegen die besten europäischen Mitbewerber im 1500 m Crawl-Schwimmen in Paris. Er war nicht nur der beste Wasserballspieler der besten Wasserballmannschaft der Welt, sondern auch Europameister im Springen. Der armlose Fritz Bongarz aus Solingen erwarb sich die deutsche Sportmedaille mit 100 und 300 m Schwimmen, Laufen über 100 m, Weitsprung und Eislauf. Coli, der verschollene Atlantik-Flieger, war einäugig und einbeinig. Ozeanflieger von Hühnefeld konnte sich nur mit großen Schwierigkeiten fortbewegen. Der einarmige Berthold ist aktiver Flieger-Offizier, ebenso Faillant.

Der armlose englische Artist Elroy, von dem ich Ihnen schon Lichtbilder zeigte, lenkte das Steuerrad seines Autos in den verkehrsreichsten Straßen mit den Füßen. Um 1754 lebte in der Schweiz ein armloser Uhrmacher. Er wird, da er sogar „verdorbene" Uhren flickte, in der Chronik von Oberburg als „unser kunstreicher Uhrenmacher" genannt.

Zur Gruppe der Armlosen möchte ich noch die Japanerin Joneko Imaguchi erwähnen, der der Vater in einem Wahnsinnsanfall beide Arme abgehackt hat und die später eine hervorragende Malerin geworden ist. Sie führt den Pinsel mit den Zähnen. Es wird in einem Bericht besonders darauf hingewiesen, daß sie sich lange vergeblich quälte, daß sie aber, sobald sie zu merken anfing, daß doch eine Chance bestünde, zum Ziel zu kommen, mit Feuereifer weiterarbeitete, bis sie ihre Ziele erreichte.

Ich wies vorhin auf die Notwendigkeit hin, die Vorstellung von der

Existenz einer besonderen Sorte „Willen" zu erschüttern, weil das auch eine getarnte Begabungsvorstellung ist, und zwar mit deren sämtlichen negativen Auswirkungen. Es gibt noch eine andere negative Auswirkung: Wahrscheinlich ist jedem von uns vertraut, daß man sich Vorwürfe macht und sich der Willensschwäche bezichtigt, — sich vor sich selber schämt, wenn man nicht die „Willenskraft" hat, das zu tun, was man sich vorgenommen hat. Statt sich willensschwach vorzukommen, sollte man prüfen, ob in der gestellten Aufgabe und in der Beziehung zur Aufgabe etwas nicht stimmt. Wahrscheinlich hat man etwas gewollt, was einem nicht zukommt, wofür man die notwendigen Voraussetzungen noch nicht geschaffen hatte. Vielleicht verstehen Sie wieder etwas besser, warum ich mich gegen jene Vorstellung der besonderen „Willenskraft" wende. Diese unzutreffende Art der Betrachtung lenkt unsere Aufmerksamkeit bei der Untersuchung der Ursachen des Mißlingens von Aufgaben nach einer falschen Richtung. Es wäre notwendig, die von uns berührten Zusammenhänge auch für die unzähligen Unfallgeschädigten und Kriegsbeschädigten nützlich werden zu lassen. Solche Menschen sollten nicht nur durch die Tatsache, daß derartig erstaunliche Leistungen trotz größter Behinderungen möglich sind, ermutigt werden, sondern sie sollten auch eine Ahnung bekommen, daß man sich bewußt für die Qualität seines Verhaltens interessieren und die verschiedenen andern Zusammenhänge, von denen wir sprachen, berücksichtigen müßte, wenn solch ungewöhnliche Bewältigung der Schwierigkeiten nicht vom zufälligen Zusammentreffen glücklicher Umstände abhängig bleiben soll.

Ohne diese Klärung schafft es wohl der eine oder andere, aber viele plagen und plagen sich nach dem Vorbild, das man ihnen gezeigt hat, ohne das Ziel zu erreichen. Man sagt viel zu schnell von dem, der durch bloßes Nachmachen der Vorbilder nicht zum Ziele kommt — und dadurch auch nicht zum Ziele kommen kann! —, es fehle an genügendem „Willen". Wie häufig heißt es: „Du mußt nur mehr wollen!" Solch einen Rat kann nur geben, wem nicht klar geworden ist, warum den andern etwas geglückt ist.

Ich führe noch Fälle von Menschen an, die mit der rechten Hand gearbeitet haben, durch Unfälle den rechten Arm verloren haben und danach ihre Arbeit mit vollem Erfolg links tun: Nino Gloza modelliert seine Bildhauerarbeiten nach seinem Unfall mit der linken Hand. Der Porzellanmodelleur Heidenreich modelliert nach der Verletzung der rechten Hand mit der linken Hand. Der Organist Reginald Silby Lewis, der im Krieg drei

Finger der rechten Hand verlor, wurde später wieder ein so ausgezeichneter Organist, daß er die Orgelwerke Bachs vollendet zu spielen vermochte. Götz von Berlichingen, der ausgezeichnete Kämpfer „mit der eisernen Hand"! Geza Graf Zichy, der bei einem Jagdunfall als junger Mensch den rechten Arm verlor, wurde später Konzertpianist (Schüler von Liszt) und spielte so vollklingend, „als ob er mit vier Händen spiele". Später wurde die andere Hand durch einen Unfall längere Zeit unbrauchbar. Graf Zichy versuchte darauf, sich mit den Füßen zu helfen, und brachte es zu weitgehender Selbständigkeit. Auch dieses zur Frage, was alles möglich ist, wenn man von einem Ziel und einer Aufgabe so ergriffen ist, wie z. B. der junge Zichy leidenschaftlich der Musik verbunden war.

Im Kontakt mit einer wirklich akzeptierten Aufgabe formt sich in einem gewissermaßen jede Faser zum Bereitwerden für die Lösung dieser Aufgabe. Es handelt sich wiederum nicht darum, irgend etwas zu machen, von dem dieser oder jener gesagt hat, daß man es „machen" solle. Es handelt sich nicht darum, „Gebrauchsanweisungen" zu befolgen, sondern wir stellen die Frage: „Aufgabe, was willst du von mir?" „Instrument, was willst du von mir?" „Ding, was willst du von mir?"

Erinnern Sie sich bitte bei alledem an den Ausgangsstandort unseres Interesses an den Leistungen Körperbehinderter: Diese Bilder und Beiträge sollen helfen, ein Bild davon zu gewinnen, wozu die biologische Ausrüstung, die der Mensch mitbekommen hat, auch dann noch ausreicht, wenn sogar wesentliche Teile jener Ausrüstung entweder von Geburt an fehlen oder später verloren worden sind. Außerdem soll dadurch für jeden zunehmend unmöglich werden zu denken, man könne „zu ungeschickt" für etwas sein oder unzureichend ausgerüstet, wenn man nicht nur seine gesunden Glieder hat, sondern auch sonst im üblichen Sinne gesund und vollsinnig ist.

Anschauen und Bestaunen ist eines, Konsequenzen für sich ziehen ein anderes!

Ich möchte Sie mit dem Wunsch entlassen, daß diese Bilder nicht nur an Ihnen vorbeigeglitten sein mögen! Sie sollten erlauben, daß die Erinnerung an diese Bilder im Laufe der nächsten Tage wieder auftaucht und Sie auch beschäftigt. Überlegen Sie sich, wie es kommen mag, daß dergleichen möglich ist! Ob das vielleicht alles nur besonders begabte Menschen gewesen sind? Womit mag es zusammenhängen, daß Menschen mit solch enormen Behinderungen dergleichen zustande bringen können?

Was hat uns das zu sagen für unser Vorgehen gegenüber Körperbehinderten? Was hat es uns zu sagen für unser Vorgehen gegenüber „normalen" Kindern und Erwachsenen?

Ich möchte, daß das, was Sie hier gesehen haben, nicht bloß „interessant" für Sie gewesen ist!

Ergänzung zum 10. Kurs

„Wille" und „Wollen"

Fräulein B.: Einen starken Willen zu haben, ist das nicht auch eine Art von Veranlagung?

H. J.: Der Begriff „Wille" ist an sich nichtssagend. Durch die übliche Art, „Wille" als eine „Sache", statisch, aufzufassen, als etwas, das „groß" oder „klein", „stark" oder „schwach" sein kann — so wie man von „dem" Gedächtnis und von „der" Stimme spricht —, wird das Phänomen Wille nicht nur nicht erfaßt und „erklärt", sondern als Phänomen vernebelt und zu einem mysteriösen Etwas gemacht, über das man Weltanschauungen entwickeln und Bücher schreiben kann. Daß ich wollen kann, hängt nie von meinem Willen ab. Das Wollenkönnen hängt mit der Tatsache zusammen, daß wir sozial eingebaut sind, daß wir in Beziehung zu etwas funktionieren und in Richtung auf etwas unterwegs sind.

Sobald wir so weit in Kontakt mit Zielen oder Vorstellungen sind, daß wir sie als Ziel oder Aufgabe akzeptiert haben, entsteht unser Wollen — das, was man Wille nennt — als Resultat des Gerichtetseins auf etwas und des Eingeordnetseins. „Wille" wird als Schlagwort für das Resultat des Zusammenspiels von Funktionen und Zusammenhängen benutzt, die zwar bei jedem Menschen in jedem Augenblick seiner Existenz im Spiel sind, deren Qualität aber komplex bedingt ist! Wenn man keinerlei Interesse an einer Aufgabe hätte, würde man sie eventuell trotzdem zu lösen versuchen — nicht weil der Wille das bewirkt —, weil Faktoren im eigenen Leben — Wünsche, die auch sozial bedingt sind, Geltungsbedürfnis, die Notwendigkeit der Sicherung der Existenz etc. — ausreichend wirksam sind, um einen bewegen zu können. Unser Wollen wird durch soziale Tatbestände ausgelöst, die bewirken, daß man bereit wird zu handeln, oder die derartige Widerstände in uns aktivieren, daß wir nicht bereit werden zu handeln oder es bloß bei einer Geste des Handelns bewenden lassen! Es gehört kein großer Wille dazu, etwas zu wollen, wenn durch den bisherigen Verlauf unseres Lebens schon so viel Beziehung zu einem Ziel, einer Aufgabe gewachsen ist, so viel Druck oder so viele Verlockungen wirksam werden, daß das Ziel, die Aufgabe einen interessiert — erinnern Sie sich an Inter-esse? — und keine Widerstände aus bewußten und unbewußten Regionen dagegen wirksam werden. Aber es gehört viel dazu — sofern es überhaupt möglich ist! —, ein unbejahtes Ziel erreichen zu können! Bereitschaft, mobilisiert zu sein durch Interesse, schafft die Voraussetzungen, auch zu können!

Auch hinsichtlich Wollenkönnen und Tüchtigsein geht von der akzeptierten Aufgabe eine Einstellwirkung auf uns aus, während — umgekehrt — von einer nicht akzeptierten Aufgabe eine Wirkung auf uns ausgeht, die uns „willensschwach", ungeschickt, nachlässig, faul oder vergeßlich werden lassen kann.

Schwester W.: Aber es muß doch eine Art Willen geben, sonst würde man sich nicht überwinden können. Als ich z. B. meinen ersten Vortrag halten sollte, war mir sehr davor angst! Ich wurde krank und spürte deutlich, daß ich ausweichen würde, wenn ich dem nachgeben würde. Also bin ich hingegangen und habe meine Sache recht gemacht. So habe ich mehrmals erlebt, daß etwas mich hindern wollte, eine Aufgabe zu erfüllen, wie wenn ich mich flüchten wollte. Aber ich habe nicht nachgegeben und war glücklich hinterher, daß ich das habe schaffen können. Das hätte ich „Willen" genannt!

H. J.: Das würden die meisten Leute so nennen. Aber damit, daß man die Tatsache des Gekonnthabens auf den Willen zurückführt, ist weder erfaßt noch erklärt, wieso man hat wollen können und was sich dabei abgespielt hat!

Schwester W.: Als ich während der Ausbildung zum ersten Mal bei einer Operation dabei sein sollte, wurde ich wohl bleich im Gesicht, denn der Arzt sagte mir, ich solle hinausgehen, sonst fiele ich in Ohnmacht!

Aber ich bin nicht hinausgegangen, habe die Zähne aufeinander gebissen und bin nicht ohnmächtig geworden!

H. J.: Schwester W. beißt die Zähne aufeinander, ist gewissermaßen eigensinnig, will nicht nachgeben.

Aber weder ein Bedürfnis nach Sichbewähren noch Eigensinn, Widerspruchsgeist oder der Wunsch, nicht schwach zu erscheinen, sind gegebene Willenskräfte. Es muß aus Schwester W.s Geschichte heraus etwas wirksam geworden sein, das stärker wirkte als die Tendenz zu flüchten.

Der Wille ist aber nicht bloß ein soziales Phänomen, das durch unsere Kindheitsgeschichte und durch zu bewältigende Aufgaben bestimmt wird. Er ist nicht *unser* Wille; denn wenn wir schließlich wollen können, hat im Widerstreit zwischen verschiedenen Strebungen und Tendenzen eine Tendenz durch das Wirksamwerden stärkerer Triebkräfte das Übergewicht über die andern Tendenzen erhalten. Es ist eine primitive und irreführende Vereinfachung, wenn Sie den Sieg Ihrem „Willen" zuschreiben.

Ich wende mich auch deswegen gegen jenen statischen Willen, den wir wie eine Sache, wie ein eindeutiges Etwas einschätzen — und dementsprechend auch als *unseren* Willen, das uns Eigene etc. —, weil wir es, wenn es mit einer Schwierigkeit gut ausgeht, als *unser* persönliches Verdienst auf unser Könn-Konto buchen, und wenn etwas schlecht ausgeht, gewöhnlich die Macht der Verhältnisse, der Zufall oder Ähnliches *schuld* gewesen sind.

Sie sollten klar zu erkennen versuchen, daß der „starke" oder der „schwache" Wille keine angeborene besondere Anlage, keine besondere „Gabe" ist, sondern daß das Wollenkönnen auch zur allgemeinen biologischen Ausrüstung eines jeden gehört und daß unsere Erziehung, daß Bindungen zu Menschen mit bestimmten Verhaltenstendenzen, die uns zu Vorbildern werden, entscheidend für das verantwortlich sind, was wir schließlich bejahen, was wir ablehnen, was wir lieben und schätzen etc. Die Auswirkung von alledem schafft jedem erst die Möglichkeit, im kritischen Augenblick z. B. mehr in die Richtung der Bewährung als in die Richtung der Flucht und des Ausweichens zu tendieren! Daß wir die Existenz eines Willens und das Notwendighaben eines Willens in uns erleben, wird immer erst akut, wenn verschiedene Tendenzen miteinander in Widerstreit sind. Ist das nicht der Fall, haben wir gar nicht das Empfinden zu wollen und wird uns das Phänomen des Sich-entscheiden-Müssens, des Wollenkönnens nicht bewußt!

Die weit verbreiteten Meinungen über den „Willen" sind nichts als der

Ausdruck jener generellen Tendenz, Phänomene statisch zu betrachten und verstehen zu wollen, sie isoliert zu sehen. Diese statische Betrachtungsweise, die wir schon bei vielen Gelegenheiten angetroffen haben, hindert uns, bei der Bewältigung von Schwierigkeiten, die mit solchen Phänomenen zusammenhängen, zweckmäßig vorzugehen.

Wenn jemand scheitert, wo man nach der Durchschnittsnorm unserer gegenwärtigen gesellschaftlichen Verhältnisse nicht scheitern dürfte — ohne daß es als negativ gewertet würde —, so muß etwas nachgeholt, etwas geordnet, nacherzogen werden, damit der Betreffende schließlich auch kann, was sonst gewissermaßen „jeder" kann! Menschen mit sogenannter Willensschwäche sind sehr oft Menschen, die in der Jugend verwöhnt worden sind, die sich schon in der frühen Kindheit leisten konnten auszuweichen, die zu ihrer Entfaltung notwendige Widerstände nicht überwinden mußten.

Frau T.: Es gibt aber doch Menschen, die, gerade weil man bei ihnen in der Kindheit etwas hat unterdrücken wollen, später konsequent das Gegenteil von dem tun, was man von ihnen verlangt!

H. J.: Daß auf Unterdrückung Trotzreaktionen die Antwort sind, finden wir außerdem sehr häufig! Ein junger Mensch, dessen Erziehern der Versuch, den Willen zu brechen — wie das manchmal heißt —, mißlungen ist, wird häufig auf Verbote, vor allem auf affektiv gefärbte und mit Drohungen verbundene Verbote, so reagieren, daß er intensiv das *will*, was man ihm verbietet!

Das ist eine konsequente Reaktion auf eine unzweckmäßige Art des Verbietens!

Sie wissen, daß man, besonders wenn affektive Momente mit im Spiel sind, bloß etwas zu verbieten braucht, damit es um so mehr gewünscht wird! Man braucht einem verliebten jungen Menschen nur zu verbieten, den geliebten Partner zu heiraten, und schon wird die Reaktion sein: „Diese und keine andere!" Damit wird man unter Umständen einen Willen von so großer Stärke aktualisieren, daß der Betreffende erstaunliche Leistungen bei der Überwindung von Hindernissen zustande bringt!

Dabei können die Motive des Älteren, der verbieten wollte, wohlbegründet sein. Und dann gibt der Mensch sich der Illusion hin, daß es der eigene Wille sei, der ihn so intensiv und machtvoll „wollen" läßt!

Nie werden Verbot oder Abraten schuld an einer solchen Protest-Reaktion sein! Es muß eine lange Vorgeschichte haben, daß es, wenn einem wohlgesinnte Menschen — wie etwa Durchschnittseltern — von etwas abraten, dazu führt, das Gegenteil zu wollen!

Es gibt auch Menschen, von denen man sagt, daß sie „überhaupt keinen Willen“ hätten, die überall versagen, schwächlich sind, vor allen Forderungen und Schwierigkeiten ausweichen und im Verlauf ihres Lebens in Situationen kommen, in denen sie plötzlich mehr Ausdauer, mehr Willen und Beharrlichkeit beweisen, als ihre Umgebung je von ihnen erwartet hätte. Irgend etwas ist eingetreten, das bei jenen Menschen ein Interesse hat entstehen lassen, ein Ziel, das andere Triebkräfte zu aktivieren vermochte als die sonst wirksamen „negativen“, als Bremse wirkenden Triebkräfte!

Starken Willen mit negativem Vorzeichen zeigen oft Asoziale, und bei der Durchführung von Verbrechen werden manchmal viel Fleiß, Intelligenz und Ausdauer „investiert“ bei gleichzeitiger Willensschwäche gegenüber dem „Guten“.

Wollenkönnen bedeutet vor allem, Kontakt mit einem Ziel haben, Interesse an etwas haben! Dabei ist es gleichgültig, ob uns etwas von diesem Kontakt und Interesse auch bewußt wird. Willen, Wollenkönnen setzt immer voraus: Unterwegs sein von etwas zu etwas!

Was Schwerbehinderte leisten können!
Bildserien 1 bis 6

1. Bildserie: die Engländerin Ph. L.

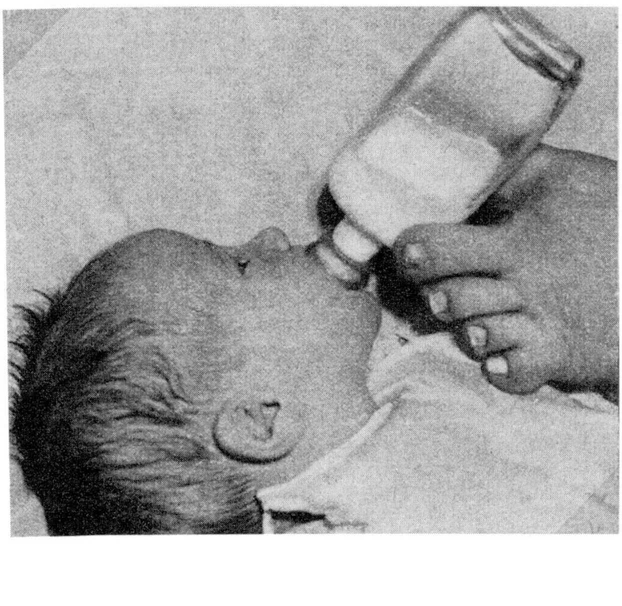

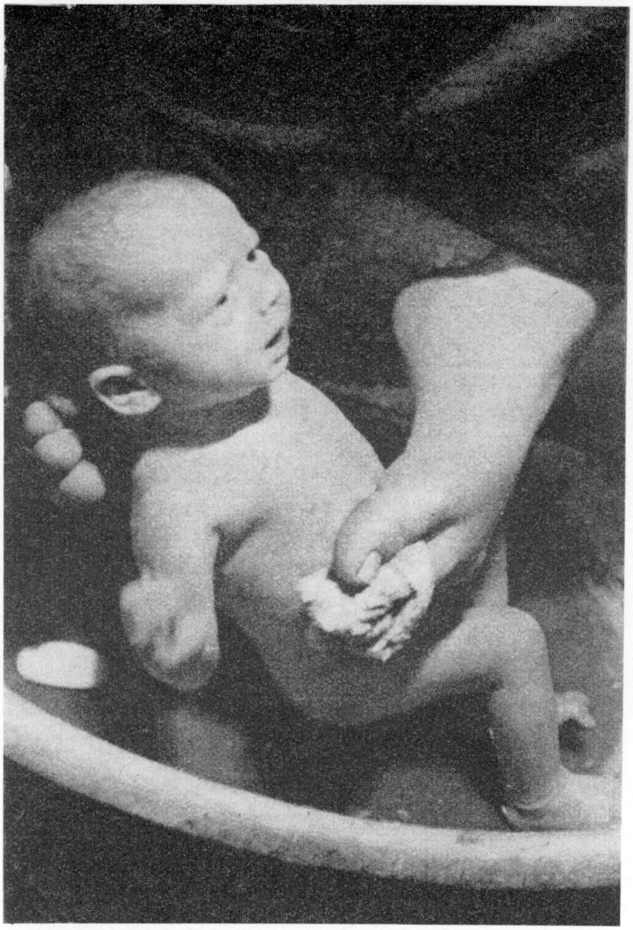

2. Bildserie: Ältere Frau ohne Arme

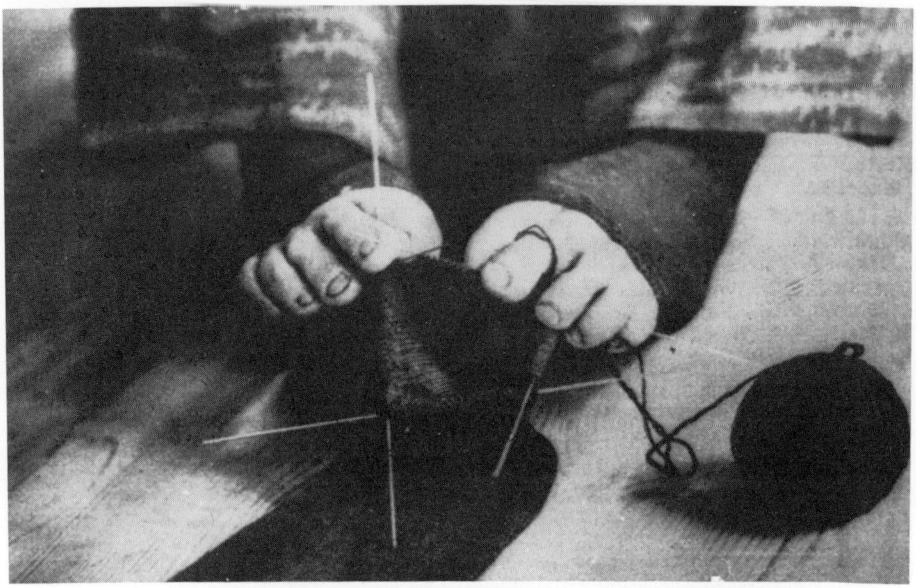

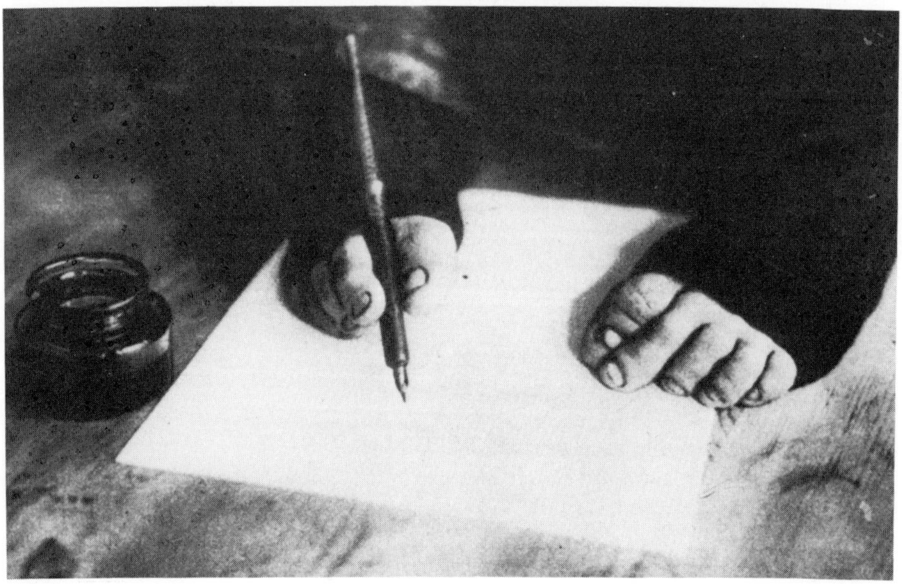

3. Bildserie: Hermann Unthan

4. Bildserie: Elroy

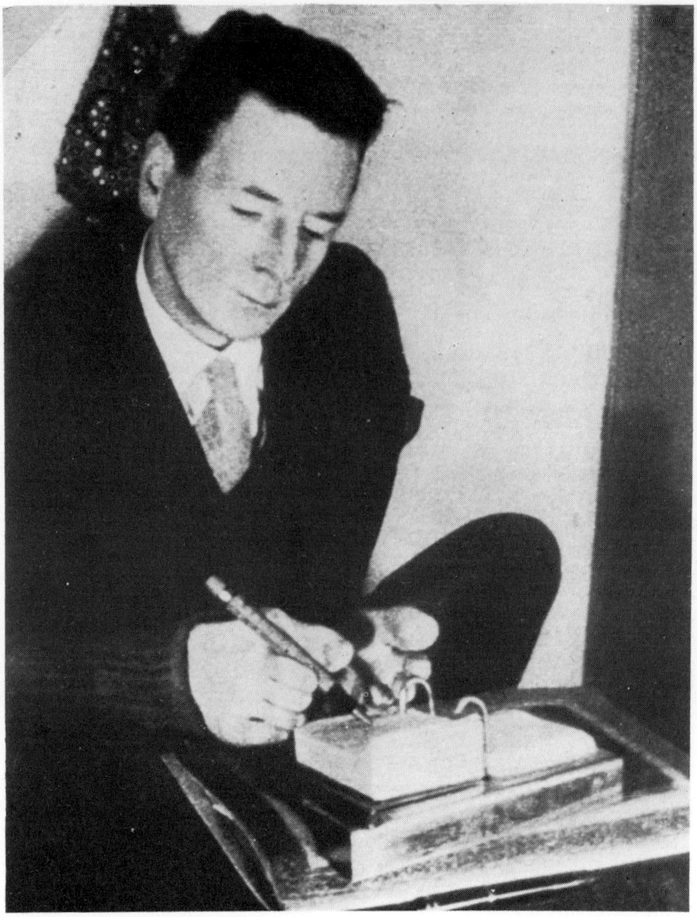

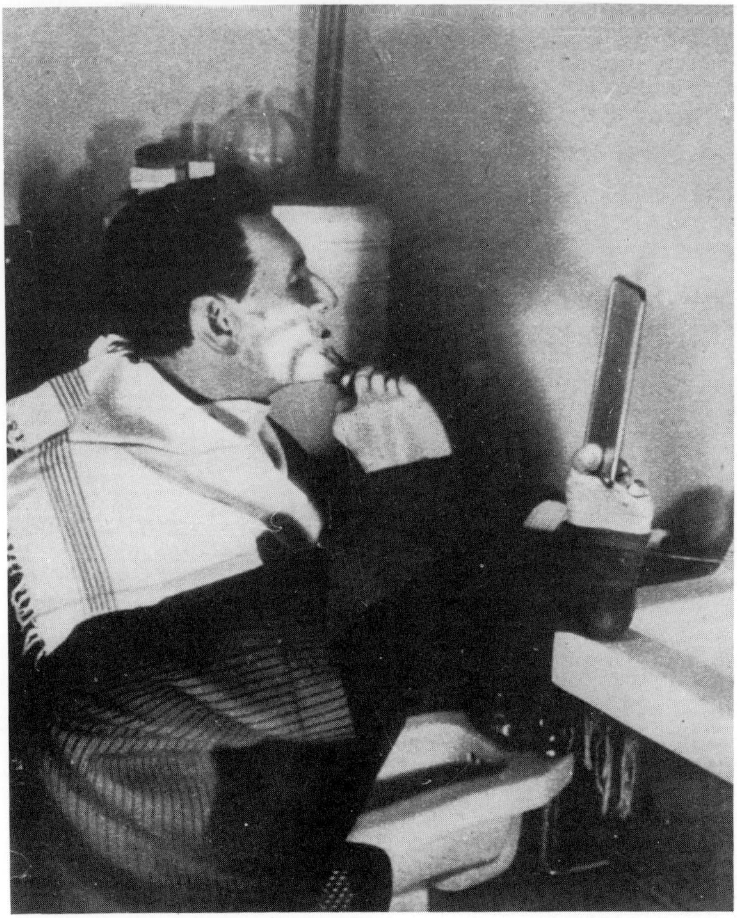

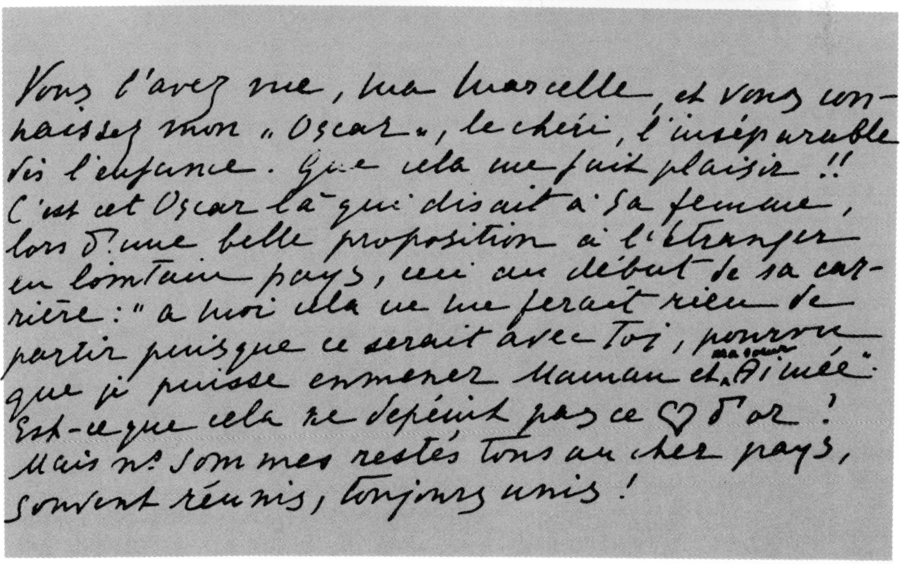

Vous l'avez vue, ma Marcelle, et vous con-
naissez mon „Oscar", le chéri, l'inséparable
dès l'enfance. Que cela me fait plaisir !!
C'est cet Oscar là qui disait à sa femme,
lors d'une belle proposition à l'étranger
en lointain pays, ceci au début de sa car-
rière: "à moi cela ne me ferait rien de
partir puisque ce serait avec Toi, pourvu
que je puisse emmener Maman et ma sœur Aimée."
Est-ce que cela ne dépeint pas ce ♡ d'or !
Mais n.s sommes restés tous au cher pays,
souvent réunis, toujours unis !

5. Bildserie: Selbstbildnis, Fußschrift und Portraits von Aimeé Rapin

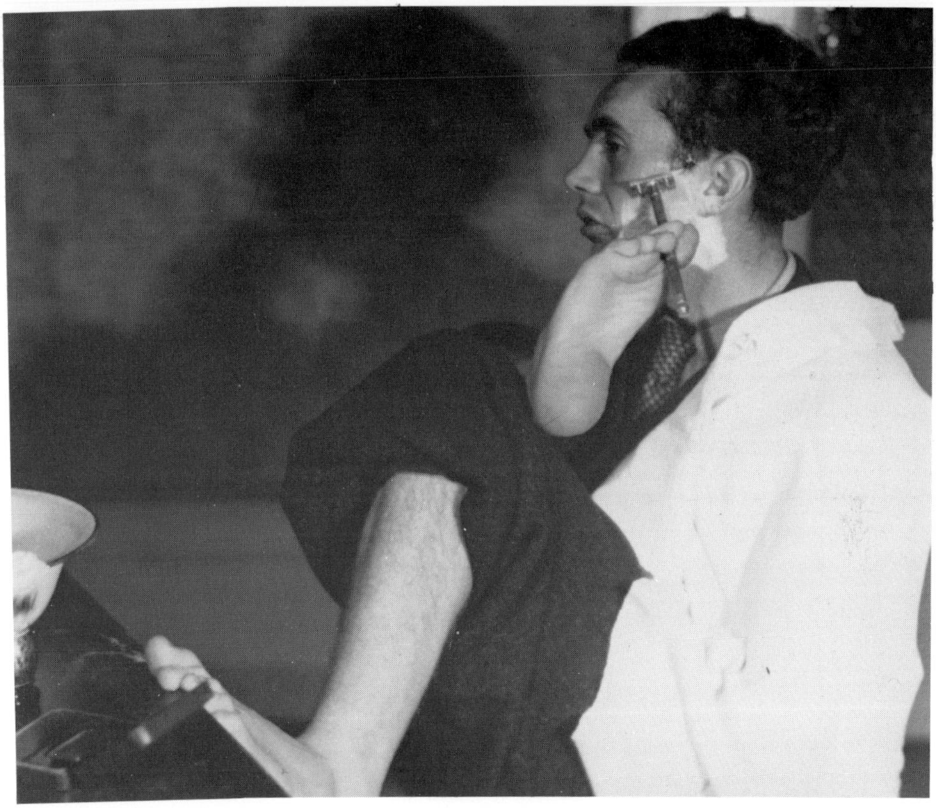

6. Bildserie: Charles Pasche, Kunstmaler, lebt in Versoix/ Schweiz, ist jetzt 65 Jahre alt, verheiratet, hat zwei Söhne und vier Enkelkinder

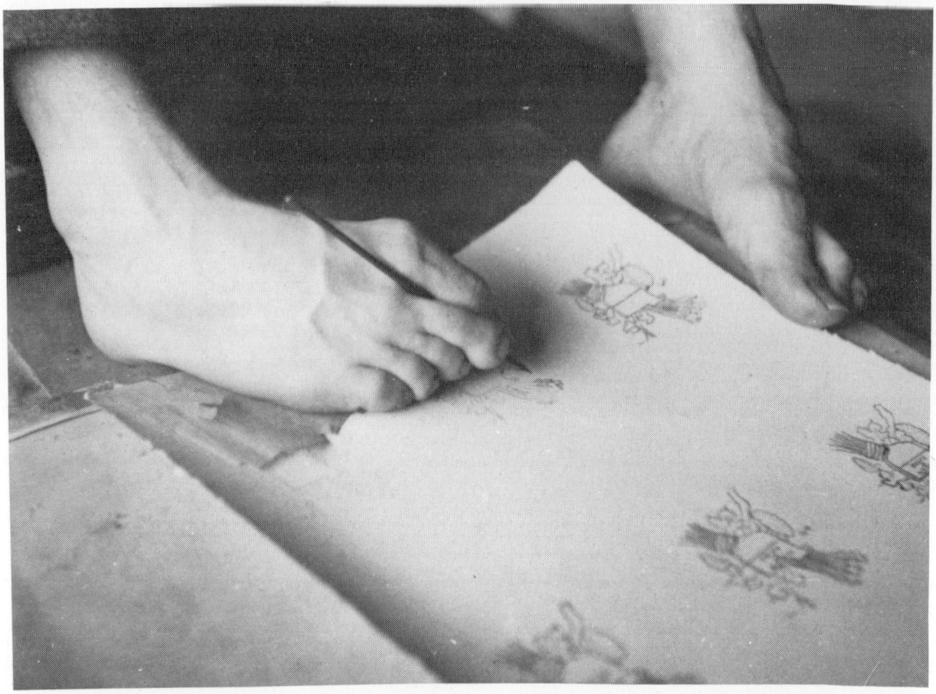

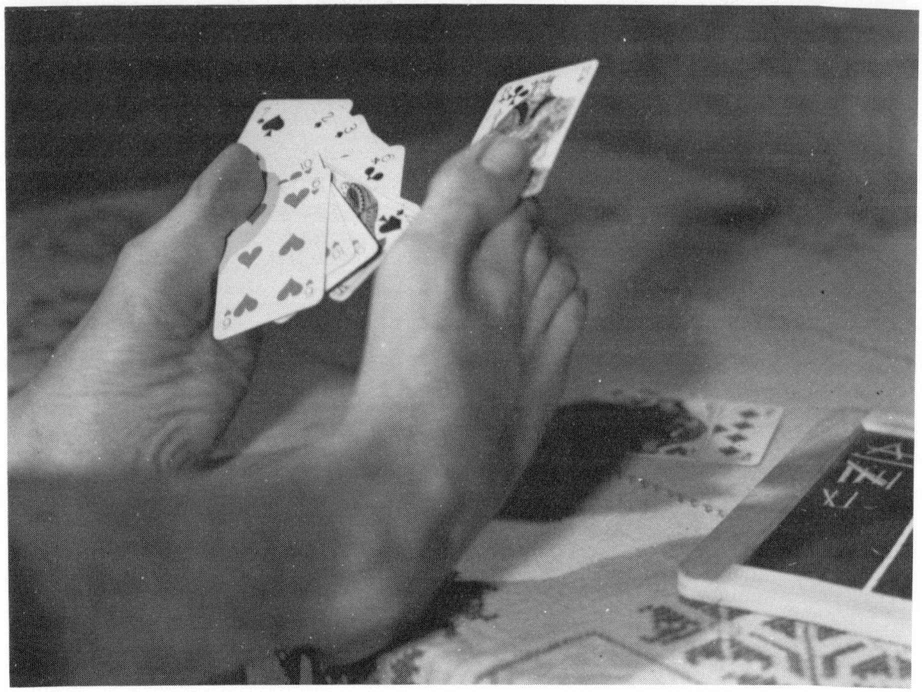

11. Kurs

Schwerbehinderte möglichst rasch in einen Arbeitsprozeß einbeziehen oder ihre entfaltbaren Möglichkeiten so weit als möglich zur Entfaltung bringen?
Verhalten der Umgebung — der Fürsorger
Über Maximen des Vaters von Unthan
Ungewöhnliche Leistungen der Behinderten und das Problem der Begabung
Verhalten der Behinderten — körperliche oder geistige Fähigkeiten?
Grenzen der Entfaltungsmöglichkeiten?
Entfaltung und Sicht neuer Möglichkeiten brauchen nie aufzuhören
Die Bereitschaft der Menschen zu unmittelbarer Schlichtheit ist reduziert
Voraussetzung für ein höheres Niveau des Entfaltet-Seins für jedermann
Drei Faktoren, die das Problem der Begabung in einem anderen Licht erscheinen lassen
Bilder: Vier Serien von Entwicklungen „Unbegabter" in der Arbeit bei Jacoby als Resultat zweckmäßigen Verhaltens und zweckmäßiger Aufgabenstellung (siehe Kurs 24)
Wie man diese Bilder sehen sollte!
Keine speziellen Erfolgsprobleme für Zeichnen
Erste Klärungen 1915—1925 auf dem Gebiet Musik

12. März 1945

H. J.: Haben Sie noch etwas zum letzten Abend zu sagen?

Herr O.: Wir sahen die Bilder von Hermann Unthan bei den einfachen täglichen Verrichtungen. Ich habe daraus viel für mich und meinen Alltag gelernt, vor allem gewisse Sachen, bei denen ich leicht ungeduldig wurde, mit mehr Beziehung zu machen.

Frau V.: Ich muß gestehen, daß ich, nachdem wir diese Bilder gesehen haben, tief beschämt darüber war, als Fürsorgerin solche Erscheinungen und Leistungen nicht zu kennen. Ich glaube, daß man auf eine andere Weise Fürsorge treiben könnte, wenn man sich mehr mit solchen Fragen auf Ihre Weise beschäftigte.

H. J.: Jemanden zu beschämen war nicht der Zweck dieser Bilder. Wahrscheinlich müßte man in der fürsorgerischen Ausbildung auch für ausgiebigere heilpädagogische Erfahrungen sorgen. Man zielt im allgemeinen zu sehr darauf, Schwerbehinderte, wenn immer möglich, in den Arbeitsprozeß einzubeziehen, damit sie ihren Lebensunterhalt selber verdienen können. Zweifellos ist es eminent wichtig, daß Schwerbehinderte sozial mehr eingeordnet werden und nicht das Empfinden haben, daß sie andern zur Last fallen.

Aber das ist zu wenig. Man müßte ihnen die Chance geben, möglichst viele ihrer Fähigkeiten, die sie neben ihren Gebrechen haben, zur Entfaltung zu bringen!

Manche Fürsorger sind gekränkt, wenn der Schützling, anstatt dankbar zu sein, daß man ihm diese oder jene Stelle anbietet, nicht ohne weiteres „ja" sagt und sich erlaubt, sich eine Tätigkeit zu wünschen, bei der er etwas von seinen Fähigkeiten verwirklichen könnte. Viele Fürsorger und Heilpädagogen haben — ihnen selber wahrscheinlich unbewußt — die Tendenz, sich etwas von oben herab an den Fürsorgebedürftigen zu wenden. In einer gewissen „fürsorgenden" Absicht liegt fast immer etwas von dieser Haltung.

Fräulein U.: Bei uns wird oft darüber diskutiert, und es fällt schwer, die Menschen dazu zu bringen, nicht von oben herab Fürsorge zu treiben, sondern sich gleichzustellen.

H. J.: So etwas ist leichter gesagt oder gefordert als getan! Auf Grund der üblichen Ausbildung kann man bei Fürsorgenden solch ein Verhalten ebensowenig als selbstverständlich voraussetzen wie bei Mitgliedern anderer pädagogischer Berufe.

Dr. X.: Aber kommt es nicht vor allem darauf an, daß man die Behinderten ihre Infirmität nicht fühlen läßt, daß man ihnen die Sicherheit gibt, daß sie zu etwas nützlich sind?

H. J.: Meiner Meinung nach sollte man nicht versuchen, Körperbehinderten ihre Infirmität nicht fühlbar werden zu lassen. Man müßte — im Gegenteil — den Infirmen helfen, ihre Behinderung akzeptieren zu können, so daß es sie nicht mehr irritiert und sie ihre Möglichkeiten so weit entfalten, daß sie durch die positive Bewältigung ihrer Aufgaben beweisen: „Auch so, wie ich bin, kann ich ein ganzer Mensch sein!"

Ich habe Ihnen diese Bilder gezeigt, damit Sie erleben, daß solche leiblich stark reduzierten Menschen häufiger ganze Menschen sind als ein Teil der Gesunden! Bis heute ist es noch von glücklichen Umständen abhängig, wenn Lebensgestaltungen wie die von Unthan oder Rapin Wirklichkeit werden.

Der Vater Unthan hat seine so entscheidenden drei Grundforderungen aus seinem eigenen gesunden Menschenverstand aufgestellt. In jenen drei Forderungen ist mit einer dem Vater Unthan unbewußten Allgemeingültigkeit ausgesprochen, auf was es wesentlich ankommt.

Die Antwort auf Dr. X.s Frage möchte ich mit jener Forderung Vater Unthans geben: „Wer das Kind bedauert, bekommt es mit mir zu tun!" Das Bedauern der Gebrechlichen provoziert zwei besonders auffallende Reaktionen: Entweder wird daraus jene große Gruppe der Fürsorgefälle, die sich von der positiven Auseinandersetzung mit der Umwelt zurückzieht, oder aber die Infirmen reagieren auf die Mitleidsäußerungen mit Protest — und zwar stark affektiv — gegen die Verletzung ihrer berechtigten Empfindlichkeit. Sie werden zu Menschen, die überall in Abwehr, überall in Protest sind und manchmal daraus den Elan zu jener Art von Überkompensation finden, auf die Alfred Adler aufmerksam gemacht hat. In beiden Fällen wird aus den behinderten Menschen nicht das, was bei Unthan und Aimée Rapin so auffallend ist, — was allerdings durch die Art ihres Gebrechens noch gefördert wird: Menschen, die wahrhaft — im buchstäblichen wie im übertragenen Sinne — auf ihren beiden Beinen stehen!

Vorläufig glückt das nur in seltenen Fällen, nämlich wenn besonders anwesende Erwachsene, eine besonders aufgeschlossene und vertrauende Umwelt, die ersten Schritte ins Leben begleiten.

Es wäre notwendig, aus jenen geglückten Fällen die grundsätzlichen Zusammenhänge abzuleiten, die erkannt und erfüllt werden müssen, wenn man eine positive Entwicklung für Körperbehinderte allgemein bewußt sicherstellen wollte.

Fräulein E.: Wahrscheinlich müßten wir außer den Erziehern und Fürsorgern noch die Allgemeinheit umerziehen und aufklären. Mir ist das im Falle Unthan so bewußt geworden: Man läßt den Armlosen nicht im Konzertsaal auftreten, sondern zwingt ihn, sich in Zirkus und Varieté zur Schau zu stellen!

H. J.: Wenn wir festgestellt haben, daß die Um- und Nacherziehung der Erwachsenen für einen Fortschritt in der Erziehung entscheidend ist, so gilt das besonders auch für die Umgebung von Gebrechlichen.

Aber vergessen Sie nicht, daß die Bilder, die ich Ihnen zeigte, und die Fragen, die sich daraus ergeben, zunächst zu einer weiteren Klärung der Begabungsprobleme ausgewertet werden müssen: Wie kann ein Lehrer es wagen, wenn seine Schüler sich ungeschickt anstellen oder bei der Auseinandersetzung mit Aufgaben allgemeiner Art versagen, anzunehmen, geschweige denn auszusprechen, das Kind sei nicht ausreichend begabt dafür, wenn so schwer behinderte Menschen zugleich so gewandt und geschickt sein können!

Dr. X.: Bezieht sich das nicht nur auf körperliche Fähigkeiten?

H. J.: Ich habe noch nie eine körperliche Begabung gesehen, sowenig wie ich eine geistige Begabung angetroffen habe. Es geht wieder um die Frage der Einheit von Körper und Geist und um die Notwendigkeit einer wirklich ganzheitlichen Beurteilung des Menschen.

Dr. X.: Das interessante und lehrreiche Bildmaterial beweist doch nur, daß der Mensch Fähigkeiten auf körperlichem Gebiet hat — also z. B. in den Füßen —, die zum großen Teil durch die Zivilisation verschüttet worden sind und meistens nur entfaltet werden, wenn die Notwendigkeit dazu sich — wie z. B. bei den Armlosen — unbedingt ergibt.

H. J.: Bei einem wohlgeborenen Menschen sollte auch zur Entfaltung gehören, daß er eine lebendige Beziehung zu seinen Füßen und Beinen hat und mit zweckmäßig gebrauchten Beinen und Füßen existiert. Das gehört zum Bild eines entfalteten Durchschnittsmenschen, das Sie allmählich gewinnen müßten!

In diesem Sinne können uns Normale jene Bilder sehr viel lehren; aber das war nicht der Grund, aus dem ich Ihnen die Bilder gezeigt habe. Vorläufig sollten sie vor allem erkennen lassen, daß sich niemand zurückziehen dürfte, indem er sagt: „Meine Hände sind für dieses oder jenes zu ungeschickt“; denn Sie haben gesehen, daß man sogar so feine und differenzierte Arbeiten mit den dafür viel weniger zweckmäßig organisierten Füßen ausführen kann.

Ich habe Sie neulich gebeten, die Bilder nicht nur zu betrachten und den dargestellten Tatbestand nicht nur zur Kenntnis zu nehmen, sondern auch zu versuchen, auf das zu reagieren, was vom Zustand und Verhalten jener Menschen empfindbar werden kann. Ist Ihnen aufgefallen, wie gelassen, wie anwesend und in Kontakt sie bei ihren Tätigkeiten gewesen sind? Gehört all dieses zu den körperlichen oder zu den geistigen Fähigkeiten des Menschen? Allein daraus sollten Sie spüren können, wie untrennbar diese Zusammenhänge sind. Deswegen spielen das Verhalten, die innere Einstellung, der Takt der Umgebung eine so entscheidende Rolle für die Sicherstellung der Entfaltung von Gebrechlichen.

Unthan, Aimée Rapin und Pasche haben in normalen Verhältnissen mit normalen Menschen zusammengelebt und ihre Beine und Füße dadurch zur Entfaltung gebracht, daß sie sie den Lebensansprüchen gegenüber gebraucht haben, wie die gesunden Menschen in ihrer Umgebung ihre Hände gebraucht haben. Ob ein Gebrechlicher oder Körperbehinderter wach und munter ist und interessiert und angstlos ausprobiert, wie er Aufgaben des Lebens auf einem guten Niveau bewältigen kann, ist auch kein Problem einer besonderen „geistigen“ Begabung. Es hängt von der Mentalität des Kindheitsmilieus, in dem der Betreffende aufwächst, ab, ob eine aufgeschlossene und positive Einstellung zum Leben sichergestellt werden kann.

Ich bin überzeugt, daß man allmählich ganz ohne die übliche Begabungswertung auskommen kann. Die großen Gestalten der Kultur, jene als genial bezeichneten Menschen wie z. B. Plato, Leonardo, Shakespeare, Goethe oder Beethoven können wir bei unseren Klärungsversuchen beiseite lassen.

Deswegen lehne ich auch jene Einwendung, die ich so häufig zu hören bekomme, kühl ab: „Aber Sie wollen doch damit nicht sagen, jeder könne ein Shakespeare oder ein Goethe werden?“ — Zweifellos könnten bei zweckmäßigem Verhalten und zweckmäßiger Fragestellung nicht nur die heute als durchschnittlich angesehenen Leistungen von jedem nicht kranken Menschen erwartet werden, sondern auch das, was heute als besonders qualifiziert gilt! Dabei betone ich noch ausdrücklich, daß wir nicht berechtigt sind, von vornherein irgendeine Grenze nach oben anzunehmen. Man darf ziemlich gewiß sein, daß Menschen, die ihre Aufgaben akzeptiert haben, die von Anfang an in Kontakt mit ihren Aufgaben sind, die sich unbewußt oder bewußt zweckmäßig verhalten und deren Aufgaben auch auf Grund zweckmäßiger Fragestellung gestaltet worden sind, noch weit über das heute als gut angesehene Niveau hinausgelangen können und müssen. Wie weit Entfaltung gehen kann, kann man im voraus nie wissen, denn die vorhandenen Möglichkeiten können sich nur entsprechend dem Ausmaß und der Qualität des Gebrauchs offenbaren.

Sofern wir uns zweckmäßig verhalten und uns für zweckmäßige Aufgabenstellung einsetzen, hören Entfaltung und die Sicht neuer Möglichkeiten bis zum Grabe nicht auf! Daß das nicht das Problem einzelner Personen ist, habe ich schon oft betont; denn auch die Möglichkeiten von zweckmäßigem Verhalten und zu zweckmäßiger Fragestellung können gefördert oder beeinträchtigt werden durch die jeweilige historische und gesellschaftliche Situation. Ich brauche mich nur an das Schicksal von einigen hundert Menschen zu erinnern, die jahrelang bei mir gearbeitet haben, deren Entwicklung durch Bewußtwerden bestimmter Tatbestände und Zusammenhänge sich auf einem andern Niveau zu vollziehen begann und denen ihre Entfaltungsmöglichkeiten unter dem Druck von Nationalsozialismus, Konzentrationslagern oder Kriegsereignissen verkümmerten oder vernichtet wurden. Von solchen merkwürdigerweise als höhere Gewalt bezeichneten Verhältnissen abgesehen, kann man nur immer wieder feststellen, daß es für die Entfaltung zu einem höheren Niveau der Leistung und des Könnens unter den genannten Voraussetzungen keine anderen Grenzen gibt, als sie durch Interesse und Eigeninitiative der betreffenden Menschen gesetzt werden. Sie können wieder sagen: „Ja, aber die Bereitschaft, sich einzusetzen, ist bei den einzelnen Menschen verschieden!“ Damit drehen wir uns im Kreis; denn das Maß der persönlichen Initiative hängt wiederum vom Ausmaß des Abgedrosselt-worden-Seins oder der Förderung jener kindlichen, unmittelbaren Interessiertheit und von vielen andern, gesellschaftlich bedingten Faktoren ab ... nur nicht, wie man meistens bequemerweise meint, von dem Erbgut des betreffenden Menschen, der Begabung, die er mitgebracht haben soll.

Erst wenn wir all diese Zusammenhänge berücksichtigt haben, dürfen wir fragen, ob in der Anlage etwas fehle. Das aber läßt sich erst in Erwägung ziehen, nachdem zweckmäßiges Verhalten angestrebt und zweckmäßige Fragestellung und zweckmäßiger Gebrauch sichergestellt worden sind. Alle anderen Überlegungen und Meinungen bleiben bis zu dem durchgeführten Versuch des zweckmäßigen Gebrauchs nur Spekulationen und durch bewußte und unbewußte Vorurteile beeinträchtigtes Theoretisieren.

Wenn Gesunde sich in der gleichen Qualität einsetzen würden, wie wir sie bei jenen Behinderten angetroffen haben, würde das Niveau ihrer Leistungen viel höher sein als das übliche.

Ein Gebrechen kann ein Faktor sein, der den Menschen auf positive Weise mobilisiert. Die Behinderten sind zu ungenügend ausgerüstet, als daß sie auf dem kläglichen Niveau von Gleichgültigkeit und Routiniertheit, das dem Gesunden genügt, um die Anforderungen des Lebens auf die übliche Weise zu bewältigen, auch nur mittelmäßigen Anforderungen genügen könnten. Die ungewöhnlichen Leistungen Schwerbehinderter sollen an sich, isoliert, gar nichts beweisen. Sie sind einer jener drei Faktoren, welche es Ihnen, wenn sie Ihnen bewußt gegenwärtig sind, unmöglich machen müßten, so über Begabung zu denken wie bisher.

Der erste Faktor ist die Verhaltens- und Leistungsqualität des noch unverstörten Kleinkindes, das auf einem erstaunlich qualifizierten Niveau funktioniert. Obwohl sie als Kind jene Unmittelbarkeit der Reaktion, jene Versunkenheit und Aufgeschlossenheit, jenes hingegebene Forschen hatten, wie wir sie bei den großen, produktiven Menschen bewundern, funktionieren dieselben Menschen als Erwachsene meist nur noch mittelmäßig oder sogar unter dem Mittelmaß. Wir können nicht annehmen, daß das eine Mitgift ist, die dem Menschen als Funktionsweise nur für die ersten drei bis vier Lebensjahre gegeben ist. Wir nennen gewöhnlich die Menschen „begabt“, die noch jene kindliche Qualität des Aufgeschlossenseins, der Unmittelbarkeit, der Unbeirrbarkeit und Konzentriertheit zur Verfügung haben. Solche Menschen haben keinen besseren Denkapparat mitbekommen, sondern weil sie aufgeschlossener sind und kontaktbereit gegenüber der Umwelt, wird ihnen von der Umwelt mehr mitgeteilt und kann ihnen Qualifizierteres bewußt werden als anderen. So wird auch ihre Denkfunktion durch zweckmäßigeren Gebrauch mehr entfaltet. Wir brauchen nicht die Existenz besonderer geistiger Fähigkeiten anzunehmen, von denen der eine mehr und der andere weniger mitbekommen hätte.

Je offener und wacher ein Mensch ist, je zweckmäßiger er sich verhält, desto mehr erzählt ihm die Umwelt. Je mehr ihm die Umwelt erzählt, desto erfahrener wird er. Je erfahrener er wird, desto selbständiger, sicherer und produktiver seine Art zu denken!

Das ist zunächst grob formuliert. Aber man kann nicht wissen, wie hoch das Niveau der geistigen Fähigkeiten ist, die jemand mitbekommen hat, bevor seine Aufgeschlossenheit gegenüber der Umwelt — gegenüber dem, was ihm von der Umwelt und von sich selber bewußt wird — nicht das Niveau erreicht hat, das allein auf Grund von zweckmäßigem Verhalten und Gebrauch in Erscheinung treten kann. Ein Mensch, der verstört ist und unruhig, kann an den wunderbarsten Dingen und Ereignissen vorbeigehen, ohne etwas von ihnen zu bemerken. Ein Mensch, der bei sich ist, kann an scheinbar banalen Dingen vorbeigehen und ist beglückt von all dem, was ihm dabei begegnet. Solange man sich aber so verhält, daß man an den schönsten Dingen — wollen wir ruhig offen lassen, was jeder einzelne damit meinen könnte — vorbeigehen kann, ohne überhaupt zu merken, daß sie vorhanden sind, und solange sich gleichzeitig erweist, daß Höchstleistungen, die einen bezaubern, die Qualität selbstverständlicher Leichtigkeit und Einfachheit haben, so daß die spontane Empfindung entsteht, solches selber gefunden, gesagt oder getan haben zu können, — solange sollte man mit einer isolierten Beurteilung scheinbar isolierter geistiger oder körperlicher Fähigkeiten zurückhaltender sein. Sicher ist jedem von uns schon begegnet, daß man, wenn man eine Bemerkung eines bedeutenden Menschen liest, die einen anspricht und zu der man spontan nicht nur „ja“ sagt, sondern auch „ja“ empfindet, das Empfinden hat: „Der spricht aus, was ich — nur halbbewußt — auch schon gedacht habe . . .“

Die Originalitätssucht und der Persönlichkeitskult, die sich im 19. Jahrhundert herausgebildet haben, haben unsere Bereitschaft zur unmittelbaren Schlichtheit so belastet und reduziert, daß ein Mensch sich heute fast geniert, etwas einfach zu sagen, weil er, wenn es einfach gesagt ist, berechtigte Besorgnis haben muß, daß die Leute seine Aussage nicht wichtig nehmen. So kommt es, daß das Nächstliegende und für die Entfaltung der Menschen Wichtigste den Menschen, wenn sie es überhaupt sehen, zu selbstverständlich, zu einfach, zu banal erscheint, als daß es sich lohnte, sich darum zu kümmern. Ich bin überzeugt, daß in der Zukunft ein höheres Niveau der Entfaltung für jedermann als selbstverständlich gelten wird als heute. Die Voraussetzung dafür ist aber nicht, daß die Menschen in Zukunft noch mehr lernen müßten und daß die Erzieher noch mehr über Psychologie und Pädagogik wissen müßten. Im Gegenteil! Sie müßten nur endlich das Bild des Menschen und seiner biologisch gegebenen Möglichkeiten unbefangener sehen! Vor lauter Bildern von „Persönlichkeiten", von Einzelmenschen und Typen sehen wir nicht die allgemein-menschliche Situation und nicht die Struktur der biologischen Ausrüstung des Menschen.

Schwester W.: Ich bin ganz erlöst, wenn Sie das sagen! Ich muß so oft bitten, ob man eine Sache nicht etwas einfacher sagen könne, weil auch Leute, die zum Volk reden wollen, so abstrakt und kompliziert reden und so tun, als ob das alles viel zu kompliziert für den einfachen Menschen sei.

H. J.: Sicher gehört es zu den Forderungen, die in Zukunft auch in der Wissenschaft des deutschen Sprachbereiches erfüllt werden müssen, daß sogar die Darstellung komplizierter Wissensgebiete so ist und über sie so gesprochen wird, daß jeder Mensch auf Grund des gesunden Menschenverstandes sich etwas Konkretes darunter vorstellen kann und sich eine Beziehung zum Wesentlichen der Probleme erarbeiten kann.

Ich erinnere mich an einen Vortrag von Einstein über den gekrümmten Raum und die Raumschrumpfung vor einem großen Laienpublikum, bei dem es jedem spürbar werden konnte, um was es bei diesen scheinbar so fernen und speziellen Problemen geht. Niemand ist mit einer Suada von Fremdwörtern stumpf und dumm gemacht worden; trotzdem war nicht die geringste Konzession hinsichtlich Exaktheit und Wissenschaftlichkeit der Darstellung nötig! — Lesen Sie einmal die Darstellungen Faradays über seine Forschungen! Faraday hat nur in einer Volksschule lesen, schreiben und rechnen gelernt und sich das meiste selber er-arbeitet! Je mehr einer bloß gelernt hat, desto unerfüllter und lebloser sind meistens seine Darstellungen, weil alles zumindest aus zweiter Hand kommt. Man merkt sofort, ob Menschen sich mit der Realität auseinandergesetzt haben; denn ihr Denken ist gespeist durch ihre reale Beziehung zur Welt und nicht durch übernommene, auswendig gelernte Gedanken. Auch das ist ein Beitrag zur Frage der Unmittelbarkeit oder der Mittelbarkeit der Beziehung zu etwas, die uns noch oft begegnen wird! Eine unmittelbare Beziehung haben zu können, setzt voraus, daß man sich z. B. sein Arbeitsgebiet erarbeitet hat, ehe man darüber weiter denkt und weiter arbeitet. Aus Äußerungen bedeutender Menschen über ihre Schaffensweise können Sie erfahren, daß diese produktiven Menschen der Meinung sind, das, was sie gelernt haben, habe ihnen lange Zeit die Sicht für das Wesentliche verbaut, anstatt sie zu fördern.

Auch das Wissen, das man gelernt hat, muß man noch erwerben, um es zu besitzen! Es charakterisiert den selbständigen Forscher — auch den selbständigen Menschen! —, daß er sich das überlieferte Wissen noch selber erarbeiten will. Hoffentlich wird Ihnen mit der Zeit deutlich werden, daß es eher weniger Zeit braucht, sich die Grundlagen zu erarbeiten, statt sie zu lernen.

Ich möchte nun, weil uns das die Verständigung über all diese Fragen auf einer andern Basis ermöglichen wird, zu dem dritten Faktor übergehen, der dazu beitragen soll, übliche Anschauungen über Begabung unhaltbar werden zu lassen und ein zutreffenderes Bild vom Menschen und seinen Fähigkeiten zu schaffen. Bilder zum ersten Faktor, dem Verhalten und den Möglichkeiten des Kleinkindes, werde ich zeigen, wenn Sie sich mit Ihrer Verhaltensweise gegenüber Ihrem Organismus etwas mehr auseinandergesetzt haben werden. Bei dem dritten Faktor handelt es sich um die Frage — und für mich außerdem um den Nachweis, daß es möglich ist —, ob Menschen, die bei der üblichen Beurteilungsweise unbegabt erscheinen, unbegabt bleiben müssen oder ob sie sogar zu überdurchschnittlichen Resultaten auf Gebieten gelangen können, für die man sie ein halbes Leben lang für unbegabt gehalten hat. Daß es möglich ist, will ich Ihnen im Lichtbild mit einer Reihe von Entwicklungen zeigen, die von Ausgangszeichnungen ausgehen, wie sie mir jeder vor Kursbeginn einreichen muß. Die Darstellungsversuche sind nur Kontrollversuche für die Qualität des Verhaltens beim Schauen, entstanden auf Grund der Arbeit an bestimmten Einsichten in das Zustandekommen visueller Wahrnehmung von Gestalten. Es sind Versuche, die zu Hause durchgeführt werden mußten und der Arbeitsgemeinschaft nur jeweils zur Begutachtung vorgelegt worden sind, ob und wieweit die getroffenen Verabredungen bei den Versuchen eingehalten worden sind.

Sie werden einiges erfahren, was uns wahrscheinlich viel Spekulationen und Diskussionen über die Frage „Was ist Begabung?" ersparen wird. Ich möchte, daß wir allmählich zu fragen beginnen, wie ich seit nun 30 Jahren frage: „Wer ist unbegabt? — Bitte, komm her, stell dich der Nachprüfung! Wir wollen versuchen, ob du unbegabt bleiben kannst!" Ich halte das für das einzig produktive Vorgehen. Ich habe keinen gefunden, der unbegabt geblieben ist, sobald er sich an gewisse erarbeitete präzise Verabredungen gehalten hat, — zum Beispiel als Verabredung Nr. 1, zu stolpern, wenn man beim Sehen so angestrengt auf die Umwelt gerichtet ist. Damit fängt die Verwandlung schon an!

Bevor ich Ihnen diese Lichtbilder zeigen werde, erinnere ich Sie an das, was ich zu den Bildern der armlosen Aimée Rapin gesagt habe: Diese Bilder gehen uns zunächst nichts an hinsichtlich ihres Kunstwertes, ihrer ästhetischen Bewertung! Lassen Sie sie als nüchterne Dokumente auf sich wirken und als Niederschlag der evtl. veränderten Beziehung zur Welt des Sichtbaren und zum Verhalten beim Schauen. Sehen Sie die späteren Versuche immer in Relation zur Ausgangssituation!

7. Bildserie (Entwicklung H. B.):

(Dr. X. findet die Ausgangszeichnung noch begabt: „Ich könnte das nicht!")

H. J.: Statt die Bilder anzugucken, reagieren Sie bitte darauf, was für ein Verhalten, was für eine Qualität der Beziehung daraus zu einem spricht!

(Es wird festgestellt, daß der Mensch, der die „Kätzchen" und das „Ohr" darstellte, in einem andern Zustand und mit einem andern Verhalten gearbeitet haben muß als bei der Ausgangszeichnung.)

H. J.: Die Ausgangszeichnung stammt von einem Menschen, der damals ca. 35 Jahre alt war, viele Jahre Zeichenstunden in der Schule gehabt hat, — und das Resultat ist diese „Schale"! Das „Ohr" ist der 23. Versuch nach Modell seit jener „Schale", nach ca. ¾ Jahren Beschäftigung mit unseren Schau-Verhaltensproblemen. Dies als Beitrag zu Ihren Vermutungen, man könne sich die entscheidenden Dinge nicht erarbeiten, weil das zu viel Zeit brauchen würde! Mir scheint das Erarbeiten rationeller zu sein, wenn so eine Verwandlung in kurzer Zeit bei einem von seiner Unbegabtheit überzeugten erwachsenen Menschen möglich ist, der sich zunächst jeden neuen Versuch „abringen" läßt.

8. Bildserie (Entwicklung B. G.):

Dr. X.: Das Gesicht und die Katze da oben (Ausgangszeichnung), das ist für mich Kunst, und das andere (Strohhut auf Stuhl) ist Hexerei.

(Es folgt ein Hinweis auf die Revisionsbedürftigkeit unserer Meinungen über „Technik" (Können!).)

19 Versuche und etwa ½ Jahr liegen zwischen dem einen und dem andern Versuch. Und diese ca. 45jährige „Unbegabte" hat in dieser Zeit diese „Technik" bekommen! Ob das, was wir gewöhnlich als fabelhafte Technik bestaunen, vielleicht gar nicht das Resultat von langjährigem Üben und Training ist, sondern sich aus dem Kontakt mit einer Aufgabe und der Beziehung zum Kern ihrer funktionellen Voraussetzungen ergibt?

Herr O.: Es ist erstaunlich, wie da eine Beziehung zu den Dingen in dem Sinne entstanden sein muß, daß man sie ohne alle Hindernisse sehen und deswegen vielleicht auch besser wiedergeben kann. Vorher war man in all die gelernten Vorschriften so verstrickt, daß man sich nicht weiterentwickeln konnte.

H. J.: Welche Fragestellung dieses Sichbeschränken auf „Töne“ mit Notwendigkeit auslöst, werden wir in einem anderen Zusammenhang klären.

Es wird geschehen, wenn wir diese Hell-Dunkel-Versuche* als Beispiel für zweckmäßige Aufgabengestaltung heranziehen werden. Dann werden Sie auch begreifen, daß diese Verwandlungen eintreten müssen, gerade weil es uns nicht um Zeichnen und Bildermachen geht.

9. Bildserie (Entwicklung E. G.):

Ausgangszeichnung und erste grobe Versuche. Der Hund!

Herr A.: Sind das nicht Paradestücke? Entspricht das nicht einem besseren Durchschnitt?

H. J.: Sehen Sie doch noch einmal die Ausgangszeichnung, um sich selber die Antwort wegen des besseren Durchschnitts geben zu können!

Herr A.: Könnte jeder von ähnlichen Ausgangssituationen zu solchen Leistungen gelangen?

H. J.: Prinzipiell können Sie die gleiche Veränderung überall dort erleben, wo die Betreffenden sich in gleichem Maße an die präzisen Ausgangsverabredungen halten. Diese Beispiele hier wirken nur so drastisch, weil die Ausgangsleistung so infantil ist. Derartige Veränderungen ergeben sich nicht etwa nur bei „Unbegabten“. Jemand, der zeichnen kann, beginnt nach einiger Zeit auch anders zu arbeiten.

Dr. X.: Diese Menschen müssen aber doch irgendwelche Anweisungen bekommen haben, z. B. nicht die Umrisse zu zeichnen etc.

H. J.: Es wurde keine Anweisung gegeben, sondern auf der Basis unserer allgemeinen Verständigung über Verhalten und Art der Aufgabengestaltung gearbeitet. Die Auseinandersetzung mit der Bedeutung einer zweckmäßigen Fragestellung analog zum zweckmäßigen Verhalten wird Ihnen den Aufschluß bringen, wieso so etwas möglich ist, ja, wieso es notwendigerweise eintreten muß! Je weniger man ein Bild machen will, desto eher wird das, was bei zweckmäßigen Versuchen herauskommt, wie ein Bild aussehen.

Ist es nicht so, daß es unter den unzähligen guten Zeichnungen sogenannter Begabter wenig Zeichnungen gibt, die einen wirklich etwas angehen, d. h. Zeichnungen, die einem auch dann noch etwas sagen, wenn man

* Siehe 24. Kurs

sich nicht verpflichtet fühlt, sie als Kunst zu bestaunen? Erst wenn man sich ganz allgemein mehr Beziehung zu einem gelasseneren Schauen erarbeitet hat, sollte man mit derartigen Versuchen beginnen. Wenn man schauend anders zu erleben beginnt, können sich nach verhältnismäßig wenigen praktischen Versuchen solche Veränderungen einstellen. Wenn man sich anders verhält, erlebt man auch anders.

Herr A.: Sonderbarerweise haben alle diese Menschen die gleiche Darstellungstechnik!

H. J.: Diese Darstellungstechnik ergibt sich zwangsläufig aus der Beziehung des offen Schauenden zur Realität. So läßt uns nämlich die Natur Gestalteindrücke erlebbar werden und nicht so wie Zeichenlehrmethoden, die zum Abstrahieren verführen.

Herr O.: Mir leuchtet das ein. Ich habe den Eindruck, das müsse eine sehr große Hilfe sein gegenüber den früheren Zeichnungsarten in dem Sinne, daß vorher unter allerlei schwierigen Umständen auf das Papier gezeichnet und später aus dem Papier heraus gezeichnet wurde.

H. J.: Ich würde sagen, später wurde überhaupt nicht mehr gezeichnet, sondern es wurde „mit Licht" gearbeitet; es wurde aufgehellt und abgedunkelt.

Erst dadurch, daß uns bewußt wird, wie Gestalteindrücke bei uns entstehen, können wir dem Menschen die Frage und die Aufgabe so stellen, wie sie der Natur — unserer biologischen Ausrüstung — gemäß ist. Weder Leonardo noch Holbein, noch Menzel sind, wenn ihnen an einer Gestalt etwas wichtig gewesen ist, anders vorgegangen, wenn auch vermutlich weitgehend nur „instinktiv" und damit nicht bewußt lehrbar. Nur wo sie Notizen machen wollten, wo sie skizzieren oder eine Bewegung andeuten wollten, schrieben sie mit linienartigen Strichen, aber keine jener hinstenographierten Schriftzüge zeigen Linien oder auch nur Konturen, die am Objekt „in der Natur" vorkommen! Darauf werde ich später ausführlicher eingehen.* Wenn man so unzweckmäßig anleitet, wie es üblich ist, dürfen wir uns nicht wundern, wenn die Mehrzahl der Menschen nicht mit „Begabung" darauf reagiert! Ich muß noch einmal darauf hinweisen, daß es jetzt nur auf das Entdecken der Mittel ankommt, mit denen wir eigene visuelle Eindrücke für andere visuell erlebbar werden lassen können.

10. Bildserie (Entwicklung N. M.):

Nehmen Sie immer die Relationen zur Ausgangszeichnung zur Kennt-

* Siehe 24. Kurs

nis! Hat sich etwas verändert in der Art des Schauens, im Selbstvertrauen, im Bezug auf das Manuelle? Dieser Mensch war damals fast 50 Jahre alt. Ob ein Mensch da weiterarbeitet und wie weit er noch kommen könnte, wird abhängen von dem echten Interesse, das er an der Welt des Sichtbaren dabei gewinnt, und von der Qualität und Ausdauer seines Versuchens. Er muß, indem er so probiert, sich auch mehr entfalten.

Das sind keine speziellen Erfolgsprobleme beim Zeichnen.

Ich habe diese Beziehungen zuerst auf dem Gebiete der Musik vor fast 30 Jahren* herausgearbeitet.

Das Geheimnis, weswegen die „Unmusikalischen" bei zweckmäßigem Vorgehen** nicht „unmusikalisch" bleiben können, ist in einer analogen Richtung zu erklären wie das, weshalb einer, der überzeugt ist, fürs „Zeichnen" ganz „unbegabt" zu sein, es nicht bleiben kann. Analog liegen die Verhältnisse auf anderen Gebieten: Fremdsprache, Mathematik, Stil der Muttersprache etc.

Das alles sind weder Zeichen-, Bild-, Musik- oder Instrumental- noch Mathematik-Probleme etc., sondern Probleme des Verhaltens und Probleme des Verstehens der Zusammenhänge, die die zweckmäßige Fragestellung bestimmen.

Wiederum muß ich Sie bitten, diese Leistungsänderungen nicht nur zu bewundern, sondern sie als Möglichkeit für jeden zur Kenntnis zu nehmen.

Versuche auf diese Weise und erlebe, was alles dabei herauskommen mag!

* (In der Zeit von 1915—1925. S. L.)

** Siehe 17. Kurs

Entwicklungen ,, Unbegabter“ Bildserien 7 bis 10

7. Bildserie: H. B. Anfangszeichnung
17. Versuch nach 11 Monaten

23. Versuch nach 12 Monaten

24. Versuch nach 13 Monaten

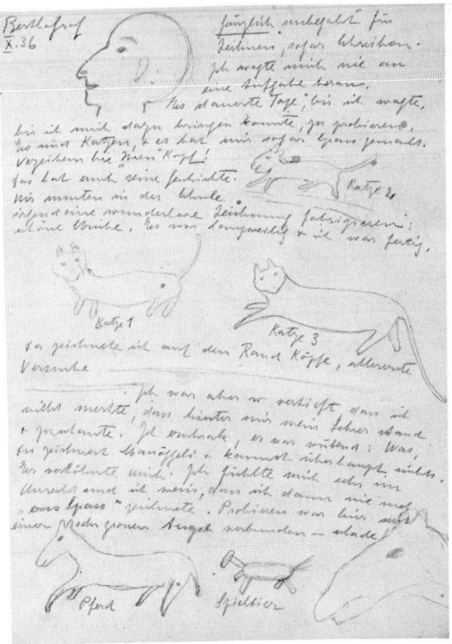

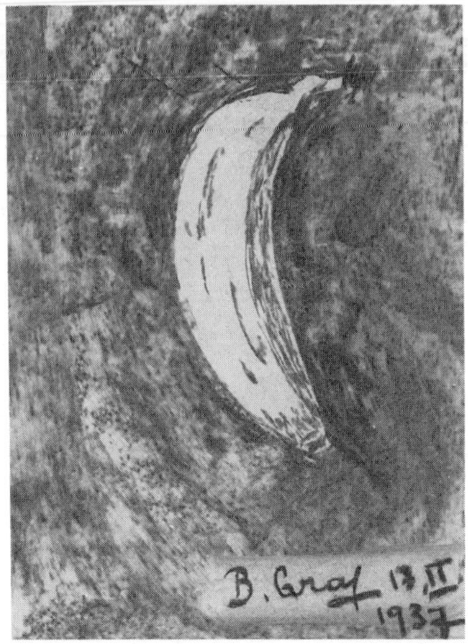

8. Bildserie: B. G.

Anfangszeichnung

3. Versuch nach 10 Tagen
27 x 20 cm

8. Versuch nach 18 Tagen
18 x 36 cm

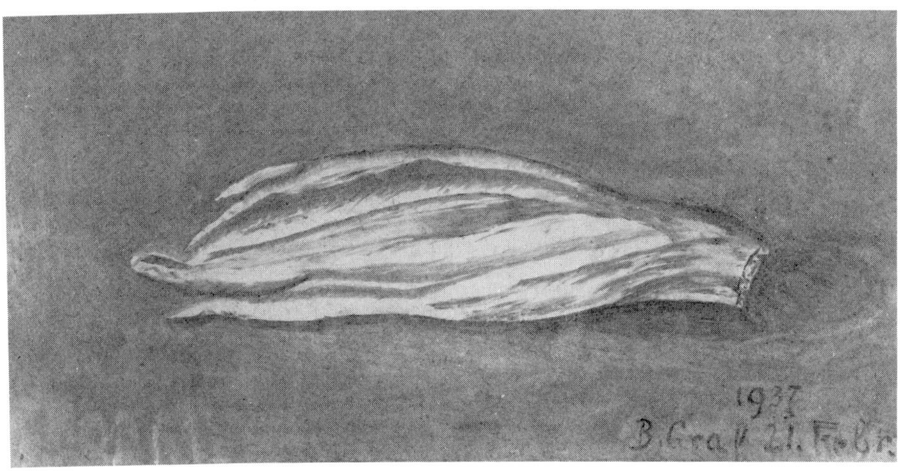

14. Versuch nach $3^1/_2$ Monaten
29,5 x 46 cm

18. Versuch nach 6 Monaten
65 x 48 cm

19. Versuch nach 6 Monaten
57 x 39 cm

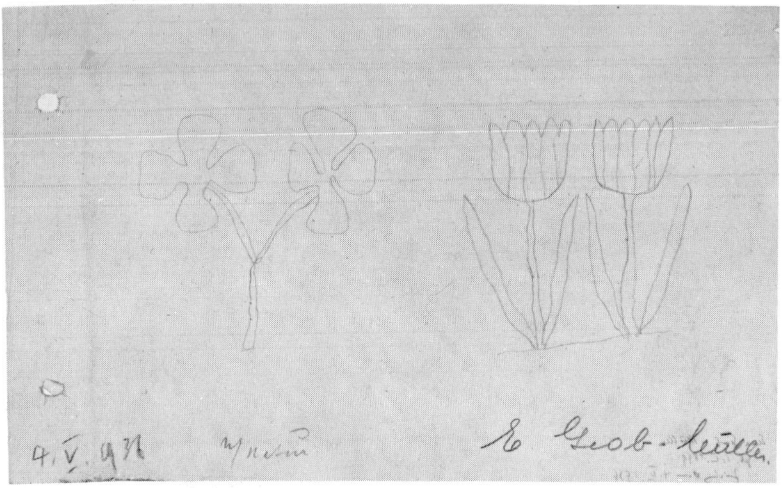

9. Bildserie: E. G.

Anfangszeichnung

10. Versuch nach 7 Monaten
50 x 38 cm

11. Versuch nach 7 Monaten
39 x 50 cm

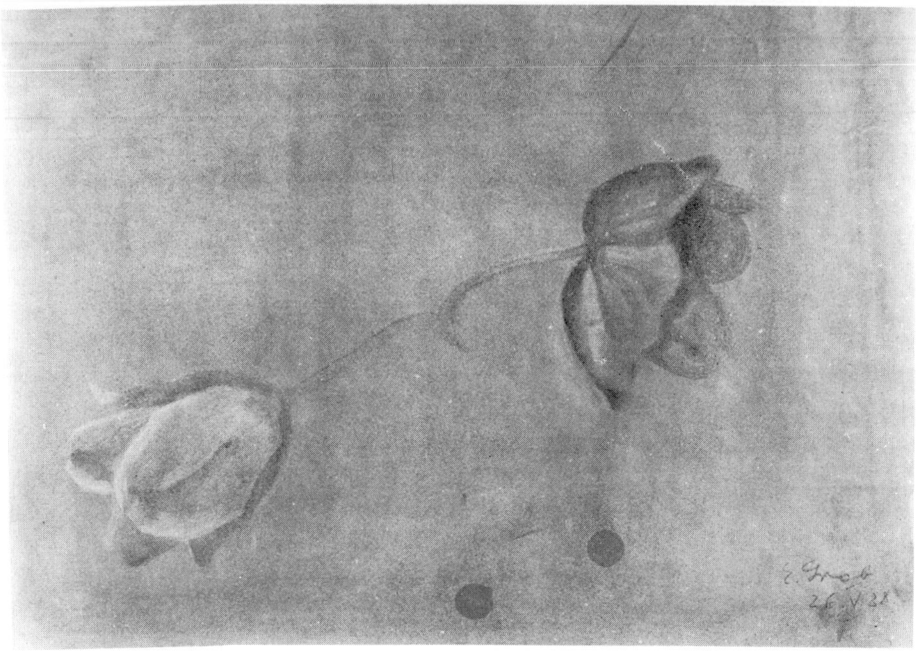

18. Versuch nach 10 1/2 Monaten
48 x 59 cm

10. Bildserie: N. M. Anfangszeichnung
15,5 x 32 cm

27. Versuch nach 5 Monaten
53 x 36 cm

40. Versuch nach $7^1/_2$ Monaten

51. Versuch nach 8½ Monaten
33 x 32 cm

76. Versuch nach 14½ Monaten
34 x 40 cm

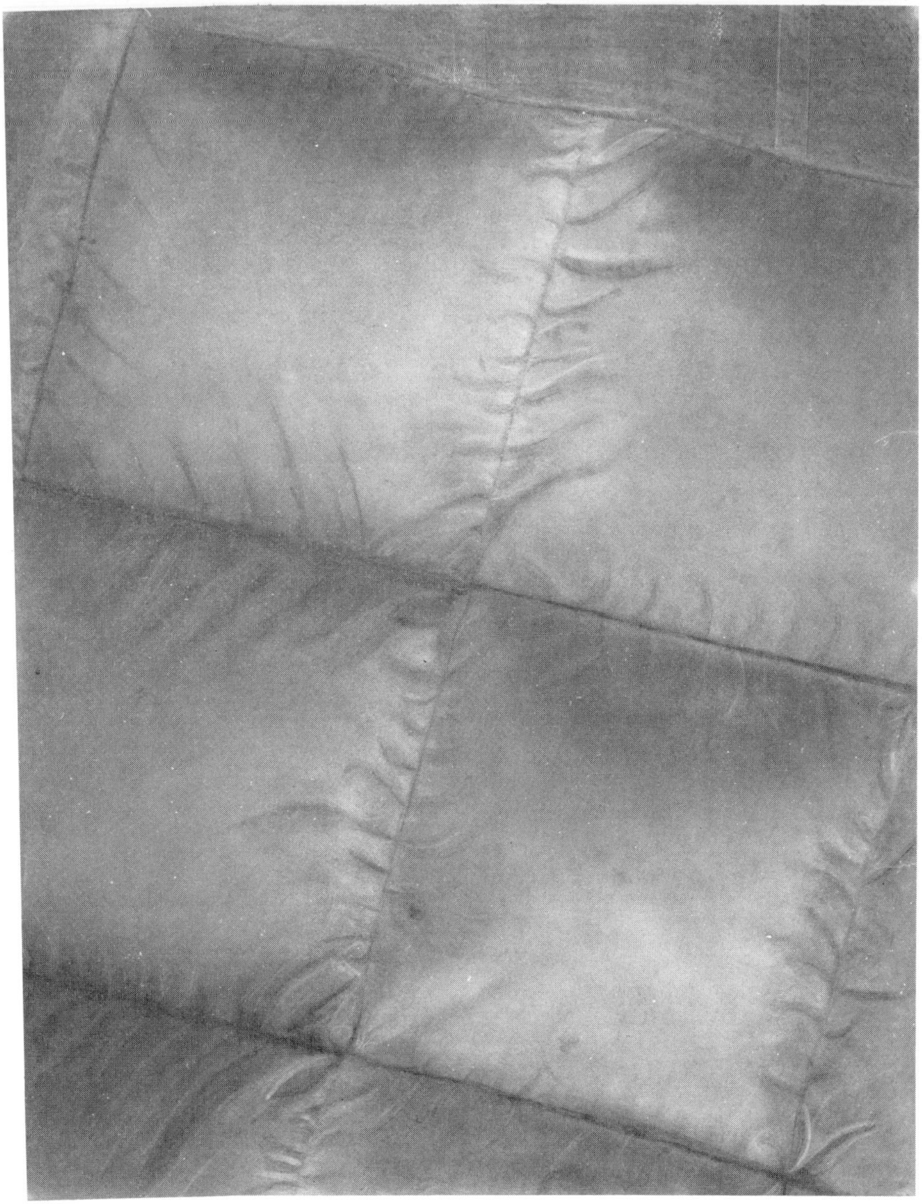

73. Versuch nach 12 1/2 Monaten
70 x 53 cm

12. Kurs

Zu den Hell-Dunkel-Blättern: Sie erleichtern die Überprüfung von Verhaltensqualitäten

Was sagen die Bilder uns? Für uns?

Zweckmäßige Fragestellung und zweckmäßige Zielsetzung bestimmen den Weg und die Methode des Vorgehens

Die Probleme gehen Person und Art des Seins der Mitarbeitenden an

Intellektuellenproblem: Lieber wissen als selber probieren wollen

Hell-Dunkel-Versuche: Verhalten beim Sehen

Erarbeiten: Das Rätsel aufbekommen und selber die Lösung finden

Lernen: Die Lösung diktiert bekommen und günstigenfalls das Rätsel nachher mitgeteilt bekommen

Fragen und Rätsel

Das Fragenkönnen durch Probieren erobern

Über Hintergründe schöpferischer, produktiver Leistungen

Die Freude des Entdeckens

6. Ergänzung: Von der Notwendigkeit, in seinem Sein — im eigenen Zustand — etwas von dem „gewußten" kopernikanischen Weltbild zu erleben

15. März 1945

H. J.: Gibt es noch Fragen oder Beiträge zu den Lichtbildern vom letzten Abend?

Frau B.: Ich habe mich gefragt, warum Sie die Aktivität der einzelnen und die nähere Beziehung zu den Dingen gerade auf das Gebiet der Zeichnung lenken?

H. J.: Die Auseinandersetzung mit dem Hell-Dunkel-Problem ist nur ein Beispiel für allgemeine Verhältnisse auf allen Gebieten. Ich habe die gleichen Probleme und Zusammenhänge auf dem Gebiet der Musik — wie bereits gesagt — vor fast 30 Jahren aufgezeigt. Warum habe ich Ihnen die Lichtbilder — Ihrer Vermutung nach — wohl gezeigt?

Schwester W.: Das haben wir schwarz auf weiß!

H. J.: Jawohl! Diese Hell-Dunkel-Arbeit ist weitgehend eine Konzession an das Bedürfnis, Dinge schwarz auf weiß vor sich zu sehen, um den Mut zu haben, der eigenen Urteilsfähigkeit zu trauen. Beim Lauschen sind wir noch weniger offen und unbefangen und vor allen Dingen viel weniger erfahren im Vergleichen als beim Schauen. Beim Schauen haben wir die Möglichkeit, mehrere Dinge gleichzeitig zum Vergleichen vor uns zu haben. Wir können immer wieder nachprüfen und uns vergewissern. Was geklungen hat, ist endgültig v o r b e i. Bei großer Erfahrung kann man natürlich — besonders mit Hilfe von Phonogrammen — auch akustisch vermittelte Eindrücke zuverlässig vergleichen. Diese leichtere Vergleichbarkeit von Sichtbarem ist ein Grund. Ein anderer Grund ist, daß in einer Kultur, die wie die unsere so betont visuell bestimmt ist, die Möglichkeit, sich bewußt ein zweckmäßigeres Verhalten beim Schauen und damit eine andere Qualität der Beziehung zur Umwelt erarbeiten zu können, von besonderer, praktischer Bedeutung werden muß. Für das Ziel in meiner Arbeit mit Menschen, eine bewußte Beziehung zu Verhaltensqualitäten erarbeiten zu lassen und deren Tragweite deutlich erkennbar werden zu lassen, ist es von entscheidender Bedeutung, unsere Verhaltensweisen beim Schauen und Vergleichen visueller Eindrücke exakt prüfen zu können und auf Gebieten praktisch zu arbeiten, auf denen jeder selber präzise prüfen kann.

In einer mehr akustisch orientierten Epoche, in der eine Generation bereits zwischen unmittelbar akustisch fixierten und reproduzierbaren Dokumenten aufwächst, wird vermutlich das Sichorientieren an akustischen Vorgängen den Menschen selbstverständlicher und zugänglicher sein. Dieser Ausblick ist allerdings erst durch Edisons Erfindung des Phonographen möglich geworden. Vor Edison ist jedes akustisch verlaufende Ereignis unwiederbringlich gewesen! Eine echte Wiederholung von gesprochenen oder musizierten Gestalten ist ohne das Phonogramm unmöglich, und erst am Phonogramm ist das zuverlässige Studieren dessen, was bei einer akustischen Äußerung vor sich gegangen ist, möglich geworden.

Eigentlich wären mir Fragen, die Ihre persönliche Beziehung zu den Entwicklungen, die Sie gesehen haben, betreffen, wichtiger als Ihre Neugier, warum ich wohl zeichnen lasse. Ich kann mir nicht vorstellen, daß Sie jene Veränderungen, die ich Ihnen mit den Lichtbildern gezeigt habe, so selbstverständlich haben hinnehmen können. Wen von Ihnen hat die Tatsache, daß solche Leistungsänderungen möglich sind, nachdenklich gemacht? (Alle melden sich.)

Und wer hat das auch auf seine eigene Situation bezogen? Es müssen sich doch aus diesen Ergebnissen auch Forderungen an uns ergeben.

Den meisten Menschen ist leider vorläufig noch wohler, wenn sie sich und anderen mit gutem Gewissen sagen können: „Ich bin nun einmal so!“ Der Zusammenstoß mit dieser Tatsache erweckt für viele nicht bloß Hoffnungen, sondern auch Unbehagen! Das trifft auch für Menschen zu, die sich theoretisch wünschen, das Optimum von Entfaltung zu erreichen. Sie möchten es gern, wenn man dafür nur Pillen zu schlucken oder Übungen zu machen brauchte. Aber wenn man es sich erarbeiten soll, wird der Schwung der idealen Wünsche schon schwächer.

Herr A.: Mich interessiert, wie groß die Entfaltungsmöglichkeiten der Menschen im allgemeinen sind, wenn man mit einbezieht, daß doch bei vielen Menschen die Schwierigkeiten einer Nachentfaltung viel größer sind als bei den Fällen, die Sie uns im Lichtbild gezeigt haben. Ich frage noch einmal wie das letzte Mal.

H. J.: Es ist durchaus richtig, daß Sie noch einmal fragen, auch wenn ich schon kurz geantwortet habe. Hier sollten Sie alle die Zusammenhänge so deutlich erkennen, daß Sie den Konsequenzen dessen, was Sie gesehen haben, nicht so leicht mit irgendeinem spekulativen „Aber“ ausweichen können.

Wenn Sie hierbei an die Verwirklichung der Entfaltungsmöglichkeiten in einer möglichst großen Breite, an die Entfaltung der Massen denken, wird eine Frage, die weder mit „Begabung" noch mit Entfaltbarkeit unmittelbar zu tun hat, akut. Selbstverständlich muß ein Mensch in Verhältnissen leben, die ihm eine stille Arbeitsecke und etwas Muße neben seiner Berufsarbeit sichern, — die ihm gestatten, sich zurückzuziehen, um dergleichen ausprobieren zu können. Es gibt ökonomisch bestimmte soziale Faktoren, die gegen die Entfaltung der menschlichen Möglichkeiten wirken.

Ein Teil der Schwierigkeiten, die in jenen Blättern zu erkennen sind, ist das Resultat unzweckmäßiger Lehrmethoden, mit denen man uns in der Kindheit Zeichnen hat beibringen wollen; ein anderer Teil ist Ausdruck von Gehemmtsein — ich benutze dieses Schlagwort ausnahmsweise einmal in dem verschwommenen Sinn, in dem es sich in unserer Umgangssprache eingebürgert hat —, Ausdruck von Starre, von Angst, von Unoffensein dem Leben gegenüber etc. Ist Ihnen beim Sehen der Ausgangszeichnungen etwas davon spürbar geworden? Haben Sie etwas von dem Zustand empfunden, in dem die Menschen jene Ausgangszeichnungen zeichneten, und die Blätter nicht nur als Bilder angesehen? Zweifellos ist in der Art jener Ausgangsversuche auch zu spüren, daß mancher seit seiner Schulzeit nicht mehr gezeichnet hat.

Wenn nun Herr A. fragt, ob ich Ihnen mit den Bildern vielleicht nur Parade-Pferdchen gezeigt hätte, so muß er das so lange vermuten, bis er selber ausprobiert hat, daß dergleichen möglich ist, bzw. bis er so etwas bei andern, die „unbegabt" gewesen sind, miterlebt hat. Sie müssen sich alle selber überzeugen, denn Sie sollen mir nichts glauben. Ich brauche keine Sorge zu haben, ob das dem Ausprobieren standhält, weil hundertfache Erfahrungen gezeigt haben, daß, wenn man sich an die erarbeiteten Verabredungen hält, jene andere Qualität der Produkte entstehen muß. Wenn es sich dabei um die Existenz und Auswertung gesetzmäßiger Gegebenheiten und Zusammenhänge handelt, dann muß das erwartete Resultat herauskommen.

Das ist der Unterschied gegenüber der Anwendung irgendwelcher „Methoden" und methodischer Kniffe, die sich nur auf persönliche Meinungen oder auf quantitativ zu beschränkte Erfahrungen gründen. Wir haben z. B. bei den Hell-Dunkel-Versuchen keine Methode für Zeichnen, sondern es handelt sich um die konsequente Auswertung gewisser Einsichten, die auch da, wo man interessiert ist, Bilder entstehen zu lassen, mit Notwendigkeit zu bestimmten Resultaten führen muß. Auch hierbei bestimmen zweckmäßige Fragestellung und zweckmäßige Zielsetzung den Weg und das Vorgehen. Selbstverständlich ist es für Menschen mit der üblichen Art, Dinge zu betrachten und einzuordnen, nicht leicht, bei jenen Lichtbildern von Gedanken an ihren Zeichenunterricht loszukommen.

Zweifellos ist die Erkenntnis, daß vieles, was durch Erziehungsfehler schief geworden ist, nicht so irreparabel ist, wie man gemeint hat, ein Trost. Nur geht das, was unsere Arbeit leisten kann, weiter. Sie zeigt, wie vieles noch reparabel ist, was man bisher für angeborenen Charakter, angeborene Gabe oder mangelnde Begabung gehalten und nicht als Erziehungsfehler angesehen hat. Ein Trost, ja! Aber auf keinen Fall eine Entlastung für die Schule! Es finden sich doch kaum Schulen, in denen nicht vieles bewußt anders probiert und anders aufgebaut werden müßte. Widerstände gegen solche Notwendigkeiten sind verständlich, und besonders wenn Menschen sich sagen, daß es bisher auch so ganz gut gegangen sei, oder wenn sie merken, daß von ihnen Arbeit an sich selber verlangt wird und daß es nicht genügt, noch ein paar neue, modernere Methoden und Übungen zu lernen, mit denen man die Schüler auf verbesserte Weise unterrichten kann.

Eines ist sicher: Wer nicht an sich selber, wer nicht am eigenen Leibe erlebt hat, was für Verwandlungen des Menschen und was für Veränderungen in der Qualität seiner Leistungen möglich sind, hat nicht die tiefe innere Überzeugung und das feste Vertrauen, die notwendig sind, um andere so ansprechen zu können, daß sie Vertrauen bekommen und entsprechend reagieren können.

Der größte Teil der schulreformerischen Maßnahmen scheitert daran, daß die Lehrer nur lernen wollen, was sie anders mit den Kindern machen sollen, aber nicht sich selber ändern wollen.

Wie oft erlebe ich in meinen Einführungskursen große Widerstände, sobald Menschen merken, daß diese Arbeit sie und ihre Art zu sein angeht und sie nicht bloß ihren Wissensvorrat vergrößern können. Viele Intellektuelle empfinden es geradezu als eine unzulässige Zumutung, etwas mit sich selber ausprobieren, — ja, überhaupt irgend etwas praktisch ausprobieren zu sollen! Sie kommen her, um zu hören, was der andere meint, was der andere denkt, und sind bereit, stundenlang darüber zu diskutieren, was sie denken über das, was ihrer Meinung nach der andere denkt. So zu sein und so zu reagieren gehört zu den Konsequenzen der üblichen Vorgeschichte der meisten Intellektuellen und damit zu den Gegebenheiten, mit denen wir während einer Auseinandersetzung rechnen müssen.

Auch Herr A. kann eine Antwort auf seine Frage erst bekommen, wenn er sich bewußt mit dem Hell-Dunkel-Problem auf der Basis unserer Verabredungen auseinandersetzt und die Zumutungen am eigenen Leib erlebt, die dabei an unser Verhalten gestellt werden. Da er, wie ich aus seiner Ausgangszeichnung gesehen habe, nicht zu den „Unbegabten" gehört, kann er bei sich selber nicht so drastische Veränderungen erleben. Aber ihm kann durch Versuche bald deutlich werden, daß die Qualität seiner Ausgangszeichnung weit entfernt ist von dem Optimum, das ihm möglich wäre.*

Da er selber neulich vom Optimum gesprochen hat, möchte ich Sie nochmals an das erinnern, was ich Ihnen das letzte Mal zu den Lichtbildern sagte: Keiner dieser in der Relation zum Ausgang so befriedigenden Versuche stellt auch nur entfernt das Optimum dessen dar, was den betreffenden Menschen möglich wäre. Sie sind erste bescheidene Schritte auf einem Weg — oft nur der 10. oder 20. Versuch — und wurden oft als unbefriedigend empfunden. Die Menschen werden durch das Probieren, durch die Auseinandersetzung anspruchsvoller und spüren und sehen zunehmend, wie etwas sein könnte. Dabei vergessen sie leicht ihre Ausgangssituation.

Vergessen Sie bitte nicht, daß ich Ihnen die Hell-Dunkel-Versuche vorläufig nur zeige, damit Sie an ihnen schwarz auf weiß erfahren können, was für ungeahnte Möglichkeiten erwachsene „Unbegabte" in sich tragen, nicht aber, um Ihnen zu zeigen, auf welche Weise man die Aufgabe, Gestalten visuell darzustellen, am besten bewältigen kann.

Bei Ihnen hat sich nach der Betrachtung der Lichtbilder die Einordnung Ihrer Erlebnisse unbewußt verschoben. Es beschäftigte Sie sofort: „Wie macht man das?", d. h. Sie waren interessiert am Zeichenproblem, trotz meiner Bitten, zunächst nur die Relation zwischen Ausgangsqualität und später möglichgewordener Qualität zur Kenntnis zu nehmen! Wie so etwas zustande kommen kann, wird deutlicher werden, wenn wir an Beispielen klären, was mit zweckmäßiger Fragestellung gemeint ist, nachdem Sie nun allmählich eine Ahnung bekommen von dem, was unter zweckmäßigem Verhalten zu verstehen ist.**

Was zum Gelingen jener Entwicklungen geführt hat, ist nichts Mysteriöses, sondern nur die Erfüllung nüchterner Verabredungen. Was dazu ge-

* Das hat Herr A. im Fortführungskurs bei seinen eigenen Versuchen dann tatsächlich erlebt. (S. L.)

** Siehe 24. Kurs

hört, ist so einfach, daß es für die meisten Menschen zu einfach ist, als daß sie sich davon Erfolge versprechen würden. Man müßte die wichtigen und wirksamen einfachen Dinge künstlich verkomplizieren, damit es den Menschen lohnend erschiene, sich dafür einzusetzen.

Frau B.: Konnten Sie, falls Sie die Möglichkeit hatten, die Entwicklung jener Menschen weiterzuverfolgen, feststellen, daß die Erkenntnisse, die sie bei Ihnen gewannen, zu einem unverlierbaren Besitz wurden?

H. J.: Haben Sie nicht schon bemerkt, wieviel Mühe wir haben und was alles geschehen muß, um Menschen aus der üblichen Besitzmentalität und dem Bestreben, haben und behalten zu wollen, zu befreien? Wir müssen auch die Vorstellung, das Resultat unserer Bemühungen als einen unverlierbaren Besitz behalten zu können, revidieren. Für uns gilt jenes: „Nur der verdient sich Freiheit wie das Leben, der täglich sie erobern muß!" Da gibt es keinen unverlierbaren Besitz, wohl aber eine unverlierbare Erkenntnis. Die Erkenntnis bleibt, aber sie muß uns ständig neu mobilisieren.

Eine einmal gewonnene Erkenntnis ist nicht nur in das Bewußtsein eines Menschen gelangt, sondern gewissermaßen in das Bewußtsein der Menschheit. Wer von der Erkenntnis des Kopernikus gehört hat, kann evtl. unverlierbar wissen, daß die Erde nicht der Mittelpunkt der Gestirne ist, und wenn nicht alle Menschen ausgerottet und die Bücher vernichtet werden, in denen davon berichtet wird, bleibt diese Erkenntnis unverlierbar. Damit wir aber selber zu einem kopernikanischen Weltbild kommen, müssen wir über das bloße Wissen hinaus versuchen, ob wir uns nicht so verhalten könnten, daß wir von der Bewegung der Erde etwas zu empfinden vermögen, und ständig neu in diesem Sinne wach und anwesend sein, um — dem Augenschein entgegen — auch zu erleben, daß es nicht die Sonne ist, die auf- und untergeht. Ich habe dieses Beispiel an unserm ersten Kursabend als drastischen Beleg für einen Widerspruch zwischen Wissen und Sein gebracht, an den wir gewöhnt sind, ohne ihn überhaupt zu empfinden. Das Wissen um das heliozentrische System ist alles andere als ein unverlierbarer Besitz hinsichtlich unseres Seins auf Grund von Einsicht!*

Im allgemeinen haben nur jene verhältnismäßig wenigen Menschen, die sich aus echtem Interesse mit Astronomie beschäftigen, eine Chance, sich

* Siehe 1. Kurs und Ergänzung zum 12. Kurs: Von der Notwendigkeit, in seinem Sein — im eigenen Zustand — etwas von dem gewußten, dem kopernikanischen Weltbild zu erleben.

auch erlebnismäßig mit geozentrischen und heliozentrischen Beziehungen auseinanderzusetzen, obwohl das jedem möglich wäre. Wieviel Gewohnheit, sich mit unerfülltem Wissen zufriedenzugeben, ist noch aufzugeben! Auch „lebendige" Menschen können bei sich große Sektoren vorfinden, in denen nur ererbtes Wissen konserviert wird.

Erarbeiten muß die selbstverständliche Grundlage und Form der Auseinandersetzung mit allem Kulturgut werden. Das Beibringen von fertigen Resultaten verhindert auch das Entstehen produktiver Neugier, jener produktiven Spannung, die den ganzen Menschen mobilisiert, die sein ganzes Sein angeht und es unmöglich macht, daß er nur mit seinem abstrahierenden Intellekt aufnimmt und zur Kenntnis nimmt. Wenn wir die Lösung vorausnehmen, kann der junge Mensch sie nicht mehr selber finden. Indem er schon weiß, geht die Spannung auf das, was herauskommt, wenn man dieses oder jenes probiert, verloren.

Nehmen Sie ein Rätsel: Glauben Sie, daß ein Mensch, dem Sie zuerst die Lösung mitteilen, das Rätsel noch raten könnte? Er kann dann höchstens feststellen, daß er nun versteht, warum diese Lösung die Lösung des Rätsels ist. Aber um das, was beim Rätselraten reizt und Spaß macht, gerade um dieses produktive Munterwerden, durch das Kinder entfaltet werden, betrügen wir sie, wenn wir Lösungen mitteilen. Ich könnte grob vereinfachend auch sagen, man müßte der jungen Generation alles Kulturgut in Form von Rätseln nahebringen, um sie zu zwingen, selber probierend herauszufinden, was jeweils das Richtige ist, wie wir doch auch, wenn wir Spaß an Rätseln haben, mit großer Beharrlichkeit probieren, verwerfen und wieder probieren, bis wir die Lösung gefunden haben.

Vielleicht können Sie an dem Beispiel eines sinnvollen Rätsels verstehen, welche Kluft zwischen Erarbeiten und dem liegt, was wir üblicherweise unter Lernen verstehen. Erarbeiten bedeutet, das Rätsel mitgeteilt bekommen und selber die Lösung finden müssen. Lernen bedeutet, die Lösung diktiert bekommen und günstigstenfalls nachher noch das Rätsel mitgeteilt bekommen.

Schwester W.: Aber solche Rätsel könnten doch auch in Form einer Frage gestellt werden.

H. J.: In gewissem Sinne könnte man sagen, jedes Rätsel sei eine Frage, aber zweifellos eine besondere Art von Frage. Man kann leider so fragen, daß der Gefragte nicht wirklich mobilisiert wird. Ich spreche nicht umsonst von Erfahren, von Erarbeiten und von Erfahrungsgelegenheiten und von Erfahrungsresultaten. Wir müßten Erfahrungsgelegenheiten — Rätsel-Situationen — so arrangieren, daß der Mensch dadurch mobilisiert wird, etwas zu entdecken, zu erfahren. Wenn man Menschen fragt, so appelliert man meistens nur an ihr Erinnerungsvermögen oder an ihren reflektierenden Verstand.

Wenn ich aber frage: „Wie kommen Sie zu visuellen Gestalteindrükken?", so bedeutet diese Frage für die meisten Menschen, selbst wenn sie in der Schule Physik- und Physiologieunterricht gehabt haben, zunächst nur ein Rätsel. Sie müssen erst erkennen, daß man sie nach funktionellen Zusammenhängen und gesetzmäßigen Phänomenen fragt, deren Wirkungen wir Gestalterlebnisse verdanken. Wenn ich fragen würde: „Wieso fällt der Stein hinunter, sobald ich ihn loslasse?", würde den meisten Menschen bei einer Antwort aus gut formuliertem Schulwissen, erst während sie antworten, spürbar werden, wie wenig konkrete Erfahrung, wie wenig erlebte Auseinandersetzung für sie hinter dem richtigen Wortlaut ihrer Antwort steht.

Wir werden uns zunächst mit einer Reihe von konkreten Beispielen zweckmäßiger Fragestellung, zweckmäßiger Aufgabenstellung auseinandersetzen, damit Sie dabei bewußt gewisse grundsätzliche Faktoren kennenlernen, durch die sich jene Art Fragestellung charakterisiert, die nicht nur zu einer Mobilisierung für die Beantwortung zwingt, die nicht nur zu zweckmäßigem Verhalten zwingt, sondern die den Menschen auch so zentral anspricht, daß es kaum möglich ist, bei der Beantwortung zu versagen.

Frau B.: Eine zweckmäßige Fragestellung setzt doch ein Wissen um die Lösung voraus?

H. J.: Kein Mensch kann zweckmäßig fragen, wenn er keine Beziehung zur Lösung hat. Auch Fragenkönnen ist etwas, das man sich nur erobern kann durch viel Probieren. An der unbefriedigenden Antwort kann man erkennen, daß die Frage noch nicht ganz zweckmäßig war.

Je mehr man auf einem Gebiet probiert hat, aber auch, je öfter man dabei gescheitert ist, desto mehr Voraussetzungen zu immer zweckmäßigerem Fragen hat man bekommen. Wo man keine „Gelände-Kenntnisse" hat, kann man höchstens so zufällig zweckmäßig fragen wie jemand, der zum ersten Mal in seinem Leben schießt, ins Schwarze treffen kann.

Herr A.: Ich möchte zur Bestätigung dessen, was Sie sagen, daran erinnern, daß auch in der Entwicklung der Kunst der Weg über viele Umwege und Erfahrungen oft zum Einfachen zurück führt. Man sieht manchmal Bilder, auf denen mit wenigen richtigen Strichen etwas dargestellt ist. Das ist erst am Ende einer langen Entwicklung möglich. Offenbar handelt es sich dort ebenso darum, sehen zu lernen, wie es sich darum handelt, fragen zu lernen.

H. J.: Ich habe einmal gesagt, daß man in einem guten Buch nur so viel findet, wie man selber schon ist, oder in einem guten Rat nur so viel findet, wie man selber an Erfahrung mitbringt. Der gute Rat sagt einem erst etwas, wenn er Auskunft gibt über etwas, um das man sich schon bemüht hat. Sonst wird der gute Rat auch nur ein Rezept. Er kann als Hinweis, in welcher Richtung die Lösung zu suchen sei, Entscheidendes bringen, wenn sich jemand bereits für die Lösung eines Problems mobilisiert hat. Im übrigen ist das Vollkommene stets auch das Einfache. In der Technik wie in der Mathematik spricht man von der eleganten Lösung, d. h., es kann schon verschiedene Lösungen für ein Problem geben, und dennoch braucht keine ganz befriedigend zu sein, weil man auf Grund von Überlegungen weiß oder aus bestimmten Erfahrungen schließt, daß es noch einfachere, überzeugendere, rationellere Lösungen geben muß. Es ist nicht schwer, die Hintergründe einer schöpferischen Leistung zu verstehen, wenn man sie nicht in etwas Mystischem, Phantastischem sucht. Schöpferische Leistungen sind das Resultat eines gewöhnlich unbewußten Gehorsams gegenüber den Gesetzen, nach denen wir auf Grund der Struktur unserer biologischen Ausrüstung im Kontakt mit der Realität funktionieren können.

Produktive Leistung ist zugleich der Ausdruck von optimalem Gehorsam gegenüber den Gegebenheiten der eigenen Struktur wie gegenüber den Gegebenheiten des Problems, mit dem man in Kontakt zu kommen versucht. Je vollkommener der Kontakt und der Gehorsam, desto eleganter wird die Lösung ausfallen müssen. Wenn man sich das konkret vorstellt, muß es verständlicher werden, daß es möglich ist, sich auch die komplizierteren Probleme der Wissenschaft zu erarbeiten, statt nur den Ertrag der Bemühungen um Einsicht, die andere eingesetzt haben, kennenlernen und gebrauchen zu wollen! Allerdings: Ich, der Lehrende, muß mir die Sache erarbeitet haben, damit ich die Aufgabe sinnvoll formulieren kann!

Der andere erlebt sonst nichts von dem, was wohl etwas vom Schönsten und Beglückendsten in der Welt ist, — nämlich die Freude des Entdekkens! Erinnern Sie sich an das wunderbare Strahlen eines kleinen Kindes, wenn es etwas entdeckt oder wenn ihm etwas gelingt, an dem es lange probiert hat?

Und wie ist es bei uns Erwachsenen? Im Grunde auch nicht anders. Bei jeder Aufgabe, die wir selbständig lösen können, haben wir etwas von jener spontanen, befreienden Entdeckerfreude. Es wäre ein wünschenswerter und produktiver Ehrgeiz, wenn wir uns gegen das vorzeitige Liefern von Lösungen wehren würden und es als falsches und unselbständigmachendes Helfen betrachten würden, wenn jemand uns etwas verraten will, bei dem wir auch nur eine kleine Chance sehen, die Lösung selber finden zu können. Allerdings wäre es unsinnig, selber hinter etwas kommen zu wollen, wofür man noch keine Voraussetzungen erarbeitet hat und auch nicht bereit ist, sie sich zu schaffen.

Wenn man sich mit Problemen des Schauens und der Darstellung visuell erfahrbarer Gestalten nie beschäftigt hat — und man kann viele Jahre Zeichenunterricht gehabt oder sogar gegeben haben, ohne sich auch nur der Existenz solcher Probleme bewußt geworden zu sein —, dann wäre es wenig sinnvoll, sich zu wehren und zu sagen: „Da will ich alleine dahinterkommen." Das wäre nur möglich, wenn man bereit würde, sich ernsthaft und wahrscheinlich jahrelang mit den Voraussetzungen zu beschäftigen und viel zu probieren.

Bei solchen Darstellungsversuchen haben wir die günstige Situation, daß es, wenn jemand zu Hause probiert hat und wir dann gemeinsam seinen Versuch anschauen, schnell offenbar wird, wie weit der betreffende Mensch sich wirklich an die Verabredungen gehalten hat. Ich brauche kein Wort dazu zu sagen. Der eine oder andere, der am selben Problem gearbeitet hat, sieht dann nämlich, ob die Arbeit in Beziehung zu den erarbeiteten Erkenntnissen entstanden ist.

Bis zum nächsten Mal probieren Sie bitte, etwas mit Ihren Füßen zu tun! Sie werden sich dabei viel mehr holen können, als Sie heute vermuten. Berichten Sie dann bitte, was Sie beim Benutzen Ihrer Füße erfahren haben!

Ergänzung zum 12. Kurs

Von der Notwendigkeit, in seinem Sein etwas von dem „gewußten" kopernikanischen Weltbild zu erleben.

H. J.: Ich habe, als mir in meiner Jugend der Konflikt bewußt geworden war, draußen in der Natur vor der „untergehenden" Sonne probiert zu erleben, daß die Hügelkette an der Horizontlinie oder der Dachfirst eines Hauses gewissermaßen in die Höhe wanderten und allmählich die Sonne zudeckten und die Sonne nicht mehr dahinter versank.

Dadurch, daß es mir inzwischen selbstverständlich geworden ist, dieses Phänomen so zu erleben, wie ich weiß, daß es sich vollzieht, hat meine Freude an einem Sonnen-„Aufgang" oder -„Untergang" nicht nur nicht abgenommen, hat das Ereignis für mich nicht nur nichts an Schönheit eingebüßt, sondern ich fühle mich dabei nun außerdem als Mensch auf einer anderen Ebene in Beziehung zur Welt. Ich habe eine der wertvollsten Erfahrungen meines Lebens gewonnen, als ich aus eigenem Entschluß anfing zu versuchen, diesen Bruch zwischen Wissen und Sein zu verkleinern, und zu prüfen, wieweit ich wohl etwas von dem erleben könnte, das mir bis dahin nur über das Wissen bekannt war. Für mich sind, obwohl ich keine speziellen astronomischen Kenntnisse habe, der Himmel, die Gestirne eine ganz andere Art Erlebnis, seitdem mein Standort ein erlebbarer Standort geworden und nicht mehr nur ein gewußter Standort ist.

Wenn wir erlebnismäßig eine zutreffende Beziehung zu den Bewegungsverhältnissen Erde-Sonne haben, sind auf dieser Basis viele der anderen Bewegungsbeziehungen nicht mehr so unvorstellbar, so kompliziert für uns. Ich wähle in jedem Einführungskurs dieses Beispiel von unhaltbarem Nebeneinander in unserem Wissen und Sein, weil hierbei etwas für unser Leben, für Erziehung und Wissen Bedeutungsvolles akut wird.

Hierbei wird nämlich der ganze Komplex, der sich auch in der Philosophie hinter dem Problem einer Welt-Anschauung verbirgt, akut: Es kann keine diskutable Welt-Anschauung geben ohne ein wirkliches W e l t b i l d !

Mein „Weltbild" ist ein papierenes Weltbild, wenn ich mich selber — soweit das für einen Menschen erlebbar ist — nicht so erlebe, wie unsere Einsicht in die Weltverhältnisse und die Art unseres Eingeordnetseins in sie es erfordert und möglich macht, auch wenn das zunächst nur auf einer verhältnismäßig primitiven Ebene möglich sein sollte. Für das Erlebnis der Bewegungsbeziehung der Erde zur Sonne sind die komplizierten Ortsveränderungen des Sonnensystems als Ganzem im Kosmos relativ belanglos.

Es ist eine merkwürdige Erscheinung, daß wir Erkenntnisse, um die die bedeutendsten Menschen in der Geschichte der Menschheit Jahrhunderte hindurch gerungen haben und von deren Gehalt nicht nur das Bild des Menschen selber, sondern auch das Gesamtbild von der Welt, in der er lebt, und der Bedingungen, durch die er darin lebt, auf so entscheidende Weise abhängen, — daß wir solche Erkenntnisse bloß als Papier-Wissen neben unserem lebendigen Leben bestehen lassen können, anstatt das, was davon unser reales Alltagsleben tangiert, auch erleben zu wollen! Hier liegt für jeden Menschen — und besonders jeden Erzieher und Lehrer — ein Problem und eine praktische Aufgabe von zentraler Bedeutung.

Leider haben wir noch keine befriedigenden Bezeichnungen für diese beiden Ereignisse gefunden, die in das kopernikanische Weltbild passen. Selbst Astronomen sprechen unbeirrt von Sonnen-„Aufgang" und Sonnen-„Untergang".

Unsere Sprache ist oft bewußten Einsichten weit voraus. Hier aber stimmt das anschauliche Bild vom Erlebnis des naiven Beschauers nicht mehr mit dem bewußt Erkannten überein.

Wenn man fordert, der Mensch solle so handeln, wie er weiß, daß man handeln solle, empfindet man das Problem der Übereinstimmung zwischen Wissen und Sein meist als ein moralisches Problem. Man sollte es hierbei auch als Problem ganzheitlicher, wissenschaftlicher Wahrhaftigkeit der Persönlichkeit sehen und anerkennen! Der Mensch sollte sich und seine Umwelt so erleben können, wie er weiß, daß sich Natur- und Lebensvorgänge vollziehen. In dieser Forderung ist der Schlüssel zu dem zu finden, was das Zweckmäßigsein von Verhalten und Fragestellung bestimmt.

Ein Kernproblem und ein spezifisches Vorgehen in unserer Arbeit — das wir meines Wissens sonst nirgends finden — besteht darin, daß wir versuchen, uns z. B. beim Hören, Schauen, Tasten, Riechen, Bewegen, Erinnern und Denken so zu verhalten, wie wir wissen, daß sich die betreffenden Prozesse auf Grund unserer biologischen Struktur abspielen. Erinnern Sie sich an die Antennenhaftigkeit unserer Sinnesorgane und an jene sonderbar widerspruchsvolle Verhaltensweise beim Hören, Sehen, Tasten etc., die dem, was zweckmäßig wäre, entgegengesetzt ist, d. h. daß wir uns anstrengen und die Dinge an-sehen, zu-hören, an-fassen etc. und etwas

„machen", wo etwas von selber zu uns käme, uns geschähe! Hier liegt ein analoger Unsinn vor — nur nicht auf kosmische Verhältnisse bezogen —, nämlich daß wir uns auch dem entgegengesetzt verhalten, was uns unser biologisches und physiologisches Wissen über unsere Organisation und unser physikalisches Wissen über die Eigentümlichkeiten von Schall, Licht, Schwerkraft, Hebelgesetzen etc. als einzig zweckmäßig und naturgemäß vorschreiben.

13. Kurs

Über den Gebrauch von Füßen und Beinen
Elsa Gindler
Problem der Gesamtentfaltung — Selbständigkeit
Gebären — zweckmäßiges Verhalten
Gebären — Panikbereitschaft
Bewußte Beziehung zur Qualität des eigenen Verhaltens
Erziehung zur Reinlichkeit, zum Sichschämen
Pubertätserscheinungen
Vertrauensbereitschaft = die primäre, naturgegebene Verhaltensweise der kleinen Menschen
Fruchtbare Beunruhigtheit
Stehen — unsere statische Situation — Angst — Fallangst
Hohes Leistungsniveau — Gelassenheit — Entfaltung
Schäden bei Instrumentalmusikern und Sportlern — Beziehung zu den Aufgaben
Das Kind entfaltet sich, wenn der Erwachsene nicht durch Eingreifen stört
Nach-Machen — Auch-Machen
Armige Beine — handige Füße

19. März 1945

Berichte über Versuche, die Füße zu gebrauchen.

Schwester W. erzählt, daß sie versucht habe, mit dem Fuß ihren Namen zu schreiben.

H. J.: Probieren Sie ruhig so etwas vorläufig noch Unzweckmäßiges. Wenn Sie bei sich sind, werden Sie selber spüren, wenn Sie sich mit etwas übernehmen. Die Verabredung wird unbemerkt zu einem — halb spielerischen — Ehrgeizproblem. Vorläufig handelt es sich nicht darum, mit den Füßen etwas zu können, sondern, vereinfacht gesagt, käme es darauf an, das zu bekommen, was wir mit „armigen" Beinen und „handigen" Füßen bezeichnen. Selbst wenn wir mit der Beweglichkeit und Zugänglichkeit unserer Arme und Hände nicht zufrieden sind, müssen wir konstatieren, daß unsere Beine und .Füße längst nicht so zugänglich und durchlässig sind wie unsere Arme . . .

(Es folgen Versuche, beim Sichbewegen Zustandsempfindungen in den Armen mit Zustandsempfindungen in den Beinen zu vergleichen:

1. Versuchen, die Arme bei geschlossenen Augen zu bewegen.

2. Sich mit einem Bein ähnlich zu bewegen versuchen und über die Empfindung den Unterschied im jeweiligen Aufwand zu erfahren versuchen. Es wird registriert, wie schwer die Beine sind und wie mühsam — vergleichsweise — es ist, sie zu bewegen.)

H. J.: Zweifellos konnten ein Unthan oder eine A. Rapin ihre Beine so leicht bewegen wie wir unsere Arme.

Frau H.: Glauben Sie nicht, daß jene Armlosen die Arbeiten, die sie mit den Beinen tun, doch weniger lange aushalten als wir, wenn wir die gleiche Arbeit mit den Armen tun — z. B. das Malen?

H. J.: Diese Frage könnten Sie sich selber beantworten, wenn Sie sich an die Feinheit z. B. der Bilder von A. Rapin erinnern, die nicht aussehen, als ob sie mühsam gemalt worden wären. Ich empfehle Ihnen erneut, das Pediskript von Unthan zu lesen! Dann werden Sie erfahren, daß er mit seinen Füßen ausdauernd und unermüdlich gearbeitet hat und dazu noch differenzierter als viele Menschen mit ihren Händen. Ihre Frage ist zwar naheliegend, ist aber auch wieder eine der üblichen Vermutungen auf

Vorrat. Wenn Sie mehr probieren, Ihre Beine zu gebrauchen, werden Sie erleben, wie Beine und Füße allmählich mehr zu einem gehören und auch für differenzierteres Bewegen vom Rumpf aus zugänglicher werden. Für uns sind doch unsere Beine, sobald wir sie für etwas anderes als zum Stehen oder Gehen benutzen wollen, wie Fremdkörper.

Im übrigen sind wir wieder bei unserem alten Problem! Erst wenn man selber genügend probiert, kann man eine Ahnung davon bekommen, was einem jeweils möglich werden kann.

Vor allem muß man besser sitzen können, d. h. ruhen können im Sitzen, den Boden besser ausnützen können; denn Beine lassen sich nicht frei bewegen, wenn Rumpf und Hüftgelenke steif sind, weil man durch Festhalten das Umfallen verhindern muß. Ist Ihnen aufgefallen, wie wunderbar im Gleichgewicht jene Armlosen sitzen? Wenn man merkt, wie stelzig und schwer die Beine vorläufig beim Bewegungsversuch sind, hält man es leicht für ausgeschlossen, mit den Beinen auch nur einige Zeit etwas tun zu können, ohne dabei zu ermüden.

Vergessen Sie nicht, daß Sie bei Ihrem ersten zaghaften Probieren noch gar nicht I h r e Beine benutzt haben. Vorläufig sind Ihre Beine eigentlich für Sie noch „fremde" Beine! Mehr Zugang zu seinen Beinen zu bekommen kann für viele bedeutsame Konsequenzen haben. Dieser Zugang ist von großem Einfluß auf den gesamten Zustand. Die Durchblutung des Bauches, die Funktion der Unterleibsorgane und geregelte Darmtätigkeit hängen u. a. weitgehend damit zusammen.

Das sind Tatsachen, die auch mit zweckmäßigem oder unzweckmäßigem Gebrauch zusammenhängen. Wie spielend bewegt ein kleines Kind seine Beinchen, solange es nicht beim Aufrichten zum Sitzen und Stehen und beim Laufen verstört worden ist, und wie klingt später das Kindertrippeln mit den starren, in den Leisten zusammengeklemmten, stockigen Beinchen! Wenn Kinder so laufen, muß eine Störung vorhanden sein. Durch die unzweckmäßige Art, in der sich ein so aus dem Gleichgewicht gebrachtes Kleinkind anstrengt und festhält, werden andere Muskelgruppen benützt, als wenn es sich das Stehen und Laufen in Beziehung zu seinem Rumpfgewicht hätte erarbeiten können.

Aber selbst wenn man vierzig, fünfzig und mehr Jahre alt ist, besteht noch die Möglichkeit, unzweckmäßig gebrauchte Beine durch ein tastendes und stilles Probieren zu gesünderen und brauchbareren Beinen werden zu lassen, was Elsa Gindler in ihrer Arbeit so überzeugend nachgewiesen hat! Aber wenn wir uns jahrzehntelang unzweckmäßige Bewegungsroutine angewöhnt und antrainiert haben und sich entsprechende Haltegewohnheiten eingestellt haben, ist es mit ein paar Versuchen, mit mehr Beziehung zu funktionieren, nicht getan. Man muß immer wieder wach und munter probieren! Auch hier gilt: Nur der verdient sich muntere Beine, der täglich sie erobern muß!

Man muß so lange auf sinnvolle Weise probieren, bis einem ein Rückfall in die alten Gewohnheiten unerträglich wird. Auch wenn wir die Funktionsmöglichkeiten unseres Leibes mehr zur Entfaltung bringen wollen, stellen sich die Aufgaben nicht anders, als wenn wir mit irgendeiner Aufgabe außerhalb von uns in Beziehung kommen wollen. Wir haben analog zu fragen: „Beine, was wollt ihr von mir?" — und dürfen nicht die vertraute Tendenz haben: „Ich will jetzt irgend etwas mit meinen Beinen machen!" Man muß auch hierbei so still werden, daß man spürt, wieviel Energie* es braucht, um z. B. ein Bein bis zur Türklinke zu bewegen, anstatt es auf Vorrat in die Höhe zu schwingen und mit starrem Bein und Fuß die Klinke hinunterzudrücken. Auch das versteht man schneller, als man es realisiert. Wahrscheinlich müssen Sie sich erst einige Tage oder Wochen Zeit lassen, bis Sie auf einem Bein so sicher stehen, daß Sie mit dem anderen Fuß auf Türklinkenhöhe kommen können, ohne sich dabei zu quälen und zu stoßen. Wenn Sie probieren, Beziehung zu Ihren Beinen und Beziehung zum Boden zu bekommen und die Türklinke schließlich so leise und drucklos zu benutzen, wie man das mit der Hand kann, so braucht das Ihr ganzes Anwesendsein, benötigt Munterkeit und Stille des ganzen Menschen und ist dann alles andere als eine Übung. Sie können auch mit angstvoll eingezogenem Bauch und gestoppter Atmung fertigbringen, die Türe zu öffnen, aber das hat nichts mit dem zu tun, wofür ich Sie interessieren möchte und was Sie fördern könnte. Auch hierbei ist entscheidend, wie wir etwas versuchen und nicht nur, daß wir es versuchen.

Wer sich übernimmt, fällt zurück! Wer sich so mobilisiert, daß er etwas erreicht, was er, ohne so munter zu sein, nicht könnte, wird bei jedem neuen Versuch etwas mehr entfaltet.

Vergessen Sie bitte nicht bei diesen Versuchen, daß es sich nicht um ein Fuß- oder Bein-Problem handelt. Es handelt sich um ein Problem der Gesamtentfaltung und des Erarbeitens günstigerer Voraussetzungen, nicht nur für unsere physische Selbständigkeit, sondern auch für Sicherheit des Stehens im übertragenen Sinne, d. h. allgemein im Leben mehr „auf seinen zwei Beinen stehen" zu können!

* Siehe 23. Kurs

Dabei muß ich Sie auf die erstaunlichen Erfahrungen Elsa Gindlers mit Hunderten von Frauen hinweisen, die mehr oder minder schwere Unterleibsstörungen hatten, als sie in ihre Arbeitsgemeinschaften kamen, und auf ihre Erfahrungen mit Frauen, von denen es hieß, sie könnten Kinder höchstens mit Hilfe von Kaiserschnitten gebären. Sie hat die Zusammenhänge von Gebärmutterknickungen und -verlagerungen, von schlaffen Bändern etc. mit Störungen in den Füßen und Beinen, mit einseitigem Belasten beim Stehen und mit Erschlaffung als Gesamtzustand erkannt und in ihrer Arbeit seit 1920 aufgezeigt, wie der Zustand der Gewebe sich insgesamt zu gesunder Spannung hin ändert, wenn Beziehung zwischen Boden und Rumpflast entsteht und das Stehen ein Ruhen im Gleichgewicht wird und nicht ein ständiges Festhalten ist.*

In diesem Zusammenhang werde ich daran erinnert, daß wir auf das Phänomen Gebären unbedingt näher einzugehen haben, weil wir damit einen drastischen Beitrag zur Frage des unzweckmäßigen Machens an Stelle des Geschehenlassens finden. Bei Gebärenden sind die Ursachen der unzweckmäßigen Verhaltensweisen besonders leicht zu erkennen. In unserer Zivilisation ist bei sehr vielen Frauen eine Angst- und Panikbereitschaft erzeugt worden, die ihr Verhalten bewußt oder unbewußt beim Prozeß des Gebärens beeinflußt.

Angst aber erzeugt Abwehrhaltung, Starre, Sichzusammenziehen. Damit diese Panikbereitschaft aufgelöst und nicht mehr erzeugt werden kann, müßte die Vorstellung von der Schwierigkeit und Gefährlichkeit der Geburt aufgegeben werden. In diesem Zusammenhang weise ich gern auf Berichte z. B. vom Balkan hin, aus denen hervorgeht, daß hochschwangere Bäuerinnen zur Arbeit aufs Feld hinausgehen, niederkommen, ihr Kind allein abnabeln und weiterarbeiten, bevor sie zur üblichen Zeit mit dem Neugeborenen auf dem Tragkorb nach Hause gehen. Damit soll nicht gesagt sein, es sei wünschenswert, daß eine Frau unter solchen Ver-

* Elsa Gindler hat ab Mitte der zwanziger Jahre regelmäßig Schwangeren-Kurse gegeben, in denen sie den Frauen bewußte Beziehung zu den Prozessen der Schwangerschaft und Geburt vermittelte, so daß diese durch das gewonnene Verständnis und die Arbeit in Richtung notwendiger Zustandsänderungen angstlos und mit dem Bedürfnis, die Geburt bewußt miterleben zu können, der Geburt entgegensahen.
Einige wesentliche gesetzmäßige — durch Elsa Gindler aufgedeckte — Bedingungen, deren Erfüllung zu dem natürlichen Verlauf dieser Prozesse beiträgt, sind auch heute — trotz Read — noch nicht allgemein bekannt.
Auch bei Frauen, von denen es hieß, sie seien zu alt für eine leichte Geburt, erfolgten durch diese Vorbereitung rasche und leichte Geburten. (S. L.)
Grantly Dick Read, „Mutter werden ohne Schmerz", Hoffmann und Campe Verlag

hältnissen gebären und gar noch weiterarbeiten solle! Und daß bei uns unehelich geborene Kinder öfter heimlich und ohne jede fremde Hilfe zur Welt kommen, wird Ihnen vermutlich bekannt sein.

Die meisten Frauen verhalten sich, wenn die Wehen kommen, nicht anders als wir alle beim Zahnarzt: Man zieht sich voll Abwehr zusammen und wird starr. Der Vorgang des Gebärens ist — wie er sich bei uns meistens vollzieht — ein Musterbeispiel für Panik, wo gelassen und spürbereit zu sein die Voraussetzung dafür wäre, daß der Prozeß sich den biologischen und physiologischen Gegebenheiten entsprechend vollziehen könnte! Damit die Verhältnisse sich im Interesse der Frauen und Kinder ändern, ist es notwendig, eine bewußte Beziehung zum Verhalten gegenüber Schmerz und Panikbereitschaft zu schaffen. Es ist notwendig, den Schmerz zu akzeptieren, zu versuchen, mit ihm in Kontakt zu kommen, wenn die Wehen anfangen, und auf das zu reagieren, was nun geschieht, anstatt sich aus Angst vor dem Schmerz und in Abwehr zusammen- und zurückzuziehen.

Ein Mensch, der sicher steht, durchlässige Beine, freie Leisten und Beziehung vom Rumpf zu den Beinen hat, wird auch in solch einer Situation unverstörter funktionieren als jemand, der starr oder schlaff ist. Bei der Starre des „Verkrampftseins" wie bei der Schlaffheit ist der Kontakt zu dem Ereignis gestört. Und eine Frau, die sich durch eine Narkose um das Erlebnis des Gebärens betrügen läßt, wird um eine der wichtigsten Erlebnismöglichkeiten betrogen! Gerade bei der Atmosphäre, mit der Schwangerschaft und Gebären belastet sind, kann man das Erzeugen von Panikbereitschaft durch die Unvernunft der Umwelt verfolgen und beobachten, wie eines der selbstverständlichsten biologischen Phänomene so belastet werden kann, daß eine panikfreie und selbstverständliche Geburt fast eine Ausnahme ist.

Es ist auch eine Folge der üblichen Erziehung, daß die meisten Menschen so wenig Beziehung zu sich selber, zu ihrem Organismus haben, daß sie in kritischen Situationen sich nicht selber raten und helfen können. Das setzt eine bewußte Beziehung zu der Qualität seines Verhaltens voraus: Man muß still genug werden können, um zu spüren, wenn man starr wird und sich zusammenzieht, muß stolpern, wenn man in Panik gerät, und schon vorher mit Interesse versucht haben, empfindlich für Erschlaffungszustände zu werden, — zu spüren, ob man Kontakt zum Boden, Kontakt mit seiner eigenen Last hat usw.

Mit solchen Voraussetzungen vollzieht sich das Gebären unter günstigeren Bedingungen für das Kind. Das „Trauma" der Geburt hat andere Vorzeichen bei einer gelassen Gebärenden als bei einer angstvoll Gebärenden.

Jede Art Angst — auch das Genieren ist nur eine Art Angst — bewirkt Kontraktion. Und derartige Kontraktionen bewirken Bewegungsstörungen. Bewegung setzt Gelöstsein voraus! Die Störungen, die bei der Erziehung zur Reinlichkeit und zur Schamhaftigkeit dem Kinde zugefügt werden, tragen ebensoviel zur späteren Un-selb-„Ständigkeit", zum Nicht-stehen-Können, zu Bein- und Fuß-Schwierigkeiten bei wie jene Störungen, die durch das Verführen zum Sitzen, Stehen und Laufen und das falsche Helfen erzeugt werden!

(Frau B. berichtet vom Vortrag eines Kinderpsychologen, in dem gesagt wurde, es gäbe in der Entwicklung eines jeden Kindes — unabhängig von seiner Erziehung — ungefähr im dritten Jahr eine Etappe, in der das Kind sich seiner Nacktheit bewußt würde und die Tendenz zeige, seine Nacktheit zu verbergen.)

H. J.: Dieser Kinderpsychologe hat mit der Konstatierung derartiger „Tatbestände" sicher recht, nicht aber mit deren Begründung! Das gehört nicht zu einer bestimmten Entwicklungsetappe. Es geschieht in der Zeit, in der das Kind anfängt, ich-bewußt zu werden und sich gewissermaßen mit den Augen der Erwachsenen zu sehen, in der es anfängt, von „ich" zu reden, während es bis dahin von sich stets in der dritten Person sprach. In dieser Zeit wird dem Kind auch bewußt, daß, während es z. B. nackt herumspringen darf, die Erwachsenen das nicht tun. In dieser Situation wirkt nur das Anderssein, die mangelnde Unbefangenheit der Erwachsenen auf das Kind zurück. Nichts anderes! Da ist weder ein Gesetz noch eine biologisch bedingte Etappe und Reaktion! Bei Erwachsenen, die ihrer eigenen Nacktheit gegenüber unbefangen sind — die das Kind auch unbefangen hat nackt sehen können —, wird das Kind, wenn es das dritte Jahr vollendet hat, in dem es die Tendenz zu zeigen hat, seine Nacktheit zu verbergen, Kinderpsychologen nicht den Gefallen tun, sich zu schämen, wo es nichts zu schämen gibt.

Das ist genauso oberflächlich motiviert und geurteilt wie es meistens gegenüber der „Begabung" geschieht. Es ist leicht, ein System von Etappen und Entwicklungsperioden aufzustellen, mit dessen Hilfe wir das „zwangsläufige" Auftreten von häufig erscheinenden Verdrehtheiten und Verstörtheiten motivieren und legitimieren können, die wir selber — wenn auch unbewußt — dem kleinen Wesen zugefügt haben. Je allgemeiner die

Gepflogenheiten sind, die sich verstörend auswirken, desto allgemeiner werden die entsprechenden Verstörungen auftauchen und sogar so allgemein, daß man meinen könnte, dergleichen gehöre eben zu den Wesenseigentümlichkeiten der Menschen. Das Gleiche gilt auch für das „selbstverständlich notwendige" Auftreten gewisser Störungen in der Pubertätszeit. Die Flegelhaftigkeit z. B. hängt mit der Pubertät zusammen, ist aber weder eine Konsequenz noch eine notwendige Begleiterscheinung der Pubertät.

Es treten in dieser labilen Etappe Störungen, die in der Kleinkindzeit verursacht wurden, nur in einer anderen, dieser Etappe angemessenen Form in Erscheinung. Ein Kind, das bei der Reinlichkeitserziehung nicht verstört und nicht zum Sichgenieren veranlaßt worden ist, das nicht durch falsche Zärtlichkeit etc. übertrieben affektiv an ein Elternteil gebunden oder sonstwie verstört worden ist, wird auch in der Pubertätsetappe nicht die sonst für diese charakteristisch scheinenden Störungen zeigen. Hat es aber, wie das bei uns fast „normal" ist, derartige Verstörungen in der frühen Kindheit erfahren, so werden in jener Etappe, in der mit den ersten Regungen der eigenen Geschlechtlichkeit die Existenz des anderen Geschlechts bewußt empfindbar zu werden beginnt, die dabei auftretenden Probleme mit anderer Färbung und anderem Akzent konfliktschaffend wirksam sein. Wiederum ist es einfacher und bequemer, wenn z. B. ein Junge in bestimmtem Alter anfängt, sich so zu benehmen, wie das für den Flegel charakteristisch ist, zu sagen, er komme nun in die Flegeljahre und das seien Pubertätserscheinungen, als zu erkennen oder zuzugeben, daß das die Quittung sei für viele Fehler, die man — zwar mit den besten Absichten und sich ihrer verstörenden Wirkung nicht bewußt — gegenüber den Kindern in der frühesten Kindheit begangen haben muß. Natürlich gilt das Entsprechende für junge Mädchen.

All das ist Quittung für mangelnde Selbstverständlichkeit, mangelnde Aufgeschlossenheit, mangelnde Aufrichtigkeit, mangelnde Ehrfurcht, mangelndes Vertrauen, zu große Ängstlichkeit und Unsicherheit der Erwachsenen gegenüber dem Kinde während der ersten Lebensjahre!

Sie brauchen mir das nicht zu glauben. Man kann so etwas nicht glauben, man kann nur versuchen, es zu überprüfen. Mir genügt es vorläufig, wenn Sie bereit werden, die Möglichkeit des Bestehens solcher Beziehungen und Zusammenhänge mit in Erwägung zu ziehen, sobald Sie Kinder und Erwachsene und deren Verhalten und Charakterzüge zu beurteilen haben, — wenn Sie über sie urteilen und sie evtl. auch verurteilen. Überall sind größere Zusammenhänge zu berücksichtigen. Für den Erzieher, wie für den jungen Menschen, wie für die Gesellschaft wäre wirklich alles einfacher, wenn wir einen menschenwürdigeren Verlauf der frühen Kindheit sicherstellen könnten.

Herr O.: Beim Zahnarzt kommt man auch leicht in Panik, manchmal schon im Wartezimmer.

H. J.: Beim Zahnarzt besteht, wie ich schon sagte, ein dem Gebären analoges Problem. Dort kann man in relativ harmlosen Situationen, wenn etwa das Bohren anfängt und die Schmerzen beginnen, bewußt versuchen, gelassen zu bleiben. Es käme darauf an, still genug zu werden und zu bleiben, um, wenn man beginnt, sich aus Angst zusammenzuziehen, sofort versuchen zu können, das beginnende Sichzusammenziehen wieder abklingen zu lassen. Wenn Sie jeden neuen Ansatz von Sichzusammenziehen nicht groß werden lassen wollen, ist dafür so viel Anwesenheit und Interesse nötig, daß inzwischen gebohrt worden sein kann, ohne daß es zu einer Schmerzempfindung in der gewohnten Art gekommen wäre. Bitte kein Mißverständnis! Es handelt sich nicht um eine intellektuelle Interessiertheit am Schmerz oder für die Arbeit des Zahnarztes ...

Erinnern Sie sich daran, daß das Problem Gebären nur als drastisches Beispiel dienen sollte für unzweckmäßiges „Machen" und für die Möglichkeit des Offenbleibens bei Schmerzen, also für etwas, das uns das tägliche Leben in den verschiedensten Dosierungen zumutet. Gewiß sind wir Menschen durch die Zivilisation nicht so degeneriert, wie wir uns im allgemeinen verhalten. Aber es gehört wenig dazu, Menschen in eine solche panische Angst zu versetzen, daß sie sich so degeneriert benehmen, wie sie gar nicht sind. Auch bei jenen Balkan-Bäuerinnen finden Sie Züge zu dem Bild des Menschen, das Ihnen allmählich selbstverständlich werden müßte! Je selbstverständlicher uns ein zutreffenderes Bild vom Menschen und seinen Entfaltungsmöglichkeiten wird, desto weniger Bereitschaft für derartige destruktiv wirkende Angst wird es geben.

Vertrauensbereitschaft ist die primäre naturgegebene Verhaltensweise des kleinen Kindes! Weil so wenig schon genügt, um diese Vertrauensbereitschaft zu stören, scheint es mir so eminent wichtig, daß immer mehr Menschen das Bestehen dieser Zusammenhänge nüchtern zur Kenntnis nehmen und sich auch nicht dadurch, daß sie selber einigermaßen in Ordnung und vertrauensvoll sind oder daß in ihrer Umgebung vertrauende und offene Menschen sind, dazu verleiten lassen, sich der Illusion hinzugeben, die kleinen Menschen seien nicht so gefährdet. Wohl dem, der das

Glück hatte, in einem unverstörten Milieu heranwachsen zu können, und bei dem nichts von den Schwierigkeiten entstanden ist, die wir so weit verbreitet vorfinden, daß sie fast als „normal" angesehen werden.

Schwester W.: Was kann dahinterstecken? Ich habe eine Freundin, die mir gesagt hat, sie habe eine Grundangst, d. h. sie habe von früh bis spät vor allem, was sie unternehmen soll, Angst. Ich habe auch immer Angst, wenn ich etwas Neues übernehmen muß. Ich habe Angst, ich würde nicht genügen können, aber nie das Gefühl, daß ich eine Grundangst habe.

H. J.: Grundangst ist nur ein Name. Andere sagen Urangst. An schönen Namen für dergleichen fehlt es nicht. Nur haben die schönen Namen noch keinem Menschen geholfen, der Angst hat. Leistet Ihre Freundin etwas im Leben?

Schwester W.: Sehr viel!

H. J.: Na, dann erledigt sich die Frage weitgehend; denn es ist die Hauptsache, daß unsere Ängste uns nicht lebensuntüchtig machen. Im übrigen ist Beunruhigung und Angst nicht immer das gleiche. Es ist ein Unterschied zwischen einer fruchtbaren Beunruhigung, die zu einem Sichmobilisieren vor neuen Aufgaben zwingt, und jenem Lampenfieber, das zu panischer Angst führt, die lähmt und die Leistungsqualität mindert oder die Leistung verhindert.

Angst wird zu wirklicher Angst, wenn sie unsere Funktionsbereitschaft im entscheidenden Augenblick lähmt, aber nicht, wenn sie unsere Funktionsbereitschaft im entscheidenden Augenblick sogar noch erhöht. Diese Beunruhigtheit vor wichtigen Aufgaben wird nur eintreten, solange Anwesendsein und das Bedürfnis, unroutiniert und in wachem Kontakt mit unseren Aufgaben zu funktionieren, nicht unsere alltägliche Verhaltensqualität ist. Bei etwas Vertrautem, das sich routiniert bewältigen läßt, können wir uns leisten, weniger am Leben zu sein. Je mehr der Alltag glatt verläuft, obwohl man nicht wach und lebendig ist, desto mehr Beunruhigung erweckt jede außergewöhnliche Situation. Je mehr man im Alltag selbstverständlich munter ist, desto leichter und angstloser funktioniert man auch in schwierigen Situationen. Manche Menschen gebrauchen das Wort Angst schon für jede leichte Beunruhigtheit, und andere wiederum tun so, als ob ihre echten Ängste und Paniken, von denen sie besessen sind, gar nicht existierten.

Ein wesentlicher Teil unserer Ängste hängt mit unserer statischen Situation zusammen, — ist bedingt durch Fallangst, durch den Verlust des Vertrauens zum Getragenwerden vom Boden.

Wenn wir nicht mehr stehen, nicht wirklich „auf unseren Beinen stehen" — erinnern Sie sich an die tiefere Bedeutung, die wir in dieser Redewendung finden können —, haben wir berechtigten Grund zur Angst! Wir fallen nur deswegen nicht, wenn wir nicht im Gleichgewicht stehen, weil es uns ganz selbstverständlich geworden ist, uns zu halten. Deswegen versuche ich, Sie dafür zu interessieren, etwas mehr von jenen Verabredungen auszuprobieren, die — wie die Erfahrbereitschaft via Gesäß, das Interesse für die Benutzung der Sitzknorren und das Bedürfnis nach „handigeren" Füßen — dazu verhelfen können, mehr im Gleichgewicht zu sein. Das bewußte Erlebnis, von unserer Unterlage getragen zu werden, ist ein produktiv wirkendes Erlebnis. Daß ein fester Boden unter uns ist, den wir gewöhnlich bloß „benutzen", ist uns auch zu selbstverständlich und eine Angelegenheit der Routine.

In diesen Tatsachen und Zusammenhängen finden wir auch Ursachen dafür, daß Menschen „unbegabt" für Sport zu sein scheinen. Sie haben keinen „ungeschickten Körper"! Sie sind ungeschickt, weil sie voller Angst sind und jedes Ängstlichsein führt zu Versteifung der Gelenke.

Selbst überdurchschnittlich gute Sportler können ihren Sport, wenn sie bewußt daran interessiert werden, gelassen bleiben zu können, auf einem höheren Niveau realisieren. Manchmal gibt auch der gute Sportler zu, daß er unmittelbar vor einer schwierigen Aufgabe Angst zu überwinden hat. Aber es gehört zum Heroismus — besonders bei den Männern —, das so zu verbergen, daß alles möglichst gleichmütig aussieht. Und der, der seine Angst deutlich spürt, kommt sich noch kleiner vor, weil er sieht, wie „völlig angstlos" die anderen das alles können!

Ein großer Teil der Ängstlichkeit und Unsicherheit bei Menschen, die Schwierigkeiten bei Aufgaben haben, bleibt bestehen oder wird sogar noch größer mit der Zeit, weil sie ein falsches Bild von dem haben, was bei denen passiert, die etwas besser können.

Wer z. B. wieder Ski laufen wird, sollte sich einen Hügel mit kleinem Gefälle wählen, um bei Beginn der Bewegung versuchen zu können, so gelassen zu bleiben, wie er ist, wenn er noch auf ebenem Gelände steht. Das gehört zum Wesentlichen des Panikstudiums: bewußt zu versuchen, falls man vorher einigermaßen gelassen war, so gelassen bleiben zu können ...

Es ist das Charakteristikum der Leistungen von Menschen, die etwas auf hohem Niveau leisten, daß sie spielend, leicht, frei und selbstverständlich entstehen. Wer gelassen und spielend zu seinen Höchstleistungen kommt, wird durch jede Gelegenheit, etwas zu leisten, entfalteter. Wer seine Leistungen erpreßt, kann seinem Organismus derartige Vergewaltigungen nur über eine beschränkte Zeit zumuten; es vollzieht sich das Gegenteil von Entfaltung, und die Höchstform verschwindet bereits in jungen Jahren. Das gilt für jeden von uns ebenso, auch wenn er nicht auf Rekordleistungen aus ist! Jeder könnte im Alltag bei der Arbeit — besonders wenn er manuelle Arbeit zu bewältigen hat —, beim Sport und Wandern etc. versuchen, bewußt zu spüren, wieviel Aufwand er dabei treibt und ob er nicht mit weniger Aufwand und mehr Gelassenheit an die gleichen Aufgaben herangehen könnte.

Ich möchte nur auf die bekannten Sport-Deformationen, den „Tennis-Arm“, die „Tänzerinnen-Waden“ und auf die analogen Schäden bei Instrumentalmusikern — Sehnenscheiden-Entzündungen, Überbeine etc. — hinweisen. (Es gibt Spezialisten, Ärzte und Orthopäden, die vorwiegend derartige Schäden bei Musikern und Sportlern behandeln.)

Wenn dergleichen Schäden entstehen, ist es der Beweis, daß in der Beziehung zum Musikinstrument oder zur betreffenden Sportaufgabe etwas nicht stimmt.

Ich weiß nicht, wieweit Ihnen spürbar ist, daß wir unser Ausgangsproblem, die Bedeutung der Beziehung zu Beinen und Füßen, die ganze Zeit hindurch nicht verlassen haben? Ich möchte, daß Sie sich noch weiter für Ihre Beine und Füße und für Ihr Verhalten bei deren Gebrauch interessieren.

Sie haben nun schon ein ziemlich umfangreiches Programm, wenn Sie bereit werden, beim Schauen, beim Lauschen, beim Tasten, beim Schmekken, beim Riechen, beim Sicherinnern und beim Denken zu stolpern, sobald Sie sich anstrengen, und versuchen gelassener zu werden.

Außerdem hatten wir verabredet, mehr empfinden zu wollen von unserer Unterlage beim Sitzen und beim Stehen. Aber Sie sollten nicht nur erfahrbereiter via Gesäß werden, sondern auch erfahrbereiter mit Ihren Händen sein. Offeneres Verhalten beim Tasten ist für uns nicht leicht zugänglich, weil wir bei allem Fassen und Greifen besonders routiniert sind.

(Es folgt ein kleiner Exkurs über das Sichdehnen und -spannen als Hilfsmittel zum Regenerieren.)

H. J.: Wer schlapp, elend und müde ist, zu Erkältungen neigt und für Infektionskrankheiten anfällig ist, wird, wenn er sich täglich in kürzeren Abständen spannt, bestimmt gesünder werden, als wenn er zur Erholung fährt und nur herumsitzt oder -liegt. Es müßte Ihnen zum Bedürfnis werden, sich zu spannen, zu dehnen und sich dabei ausgiebig zu „entgasen“.

Das Schwierige ist nur, daß es einem, wenn man sich schlecht fühlt, schwer fällt, selber Initiative zu haben und sich spannen zu wollen; um so notwendiger ist es aber!

Erleben Sie mit, wie ein Säugling sich spannt. Wenn Sie darauf reagieren, kann es Ihnen dabei wohl werden. Etwas davon können Sie auch bei einem gesunden Hund oder einer gesunden Katze erleben. Bei den Kinderbildern, die ich Ihnen zeigen werde*, werden Sie auch sehen, wie Säuglinge, denen man Gelegenheit und Platz gibt, sich spannen, sich Widerstände schaffen und ausnützen, wie sie ihre Fingerchen benützen und die Füße, Kopfstand probieren und dergleichen mehr und wie dabei Sinnvolleres geschieht als z. B. bei Säuglingsgymnastik! Das Kind entfaltet sich in diesen frühen Monaten zwangsläufig, wenn wir nicht störend eingreifen. Wenn Sie aber wissen wollen, wieviel grotesker Unsinn mit kleinen Kindern gemacht wird, dann hätten Sie jetzt in den Parkanlagen die beste Gelegenheit zu Studien. Hören Sie sich die Ermahnungen mit an — auch die abwesend wiederholten ständigen Ermahnungen —, während die Mutter im Gespräch mit ihrer Nachbarin ist oder beim Lesen nicht gestört werden will. Hören Sie die Ungeduld und das Gekeife, und registrieren Sie die Püffe und Schläge, die es gibt, wenn das Kind nicht so will wie der Erwachsene! Reagieren Sie auf diese „liebevolle" Besorgtheit, die sich da zeigt, und dann erinnern Sie sich zugleich an das Problem der Ehrfurcht und der Menschenwürde und der Sicherung einer vertrauensvollen Beziehung zwischen Kind und Erwachsenen!

Herr A.: Diese vertrauensvolle Beziehung scheint bei dem Tier in einem ganz anderen Maße dazusein. Ich sah dieser Tage das Bild von einem kleinen Löwen, der vor seiner Mutter sitzt. Er schaut zu ihr auf, wie vielleicht überhaupt kein Kind zu seiner Mutter aufschaut. Daraus spricht so viel Vertrauen, und ich bin fest überzeugt, daß, wenn die Löwin irgend etwas unternehmen würde, was schwierig wäre, das Kleine es ganz selbstverständlich vertrauend nachmachen würde.

H.J.: Ob es „nachmacht", wollen wir noch offenlassen. Die Frage des Nachahmens und Nachmachens der Kinder wird uns ausführlicher beschäftigen, denn zwischen „nachmachen" und — wie ich es nenne — „auch-machen" liegt eine Welt!

Aber Herrn A.s Hinweis ist wichtig. Es sollte Sie auch interessieren, wie Tiere mit ihren Jungen umgehen. Bei einer Löwin können Sie studieren,

* Siehe 15. Kurs

wie „Säuglingsgymnastik" zu sein hätte, — wie sie zart dem Jungen einen Stupf mit der Pranke gibt und wie das schon genügt, daß es sich dagegen spannt und dehnt. Sie schafft dem Kleinen spielend Widerstände.*

Ich habe im Anfang einmal eine wenig freundliche Bemerkung über die viele Lernerei gemacht und über das, was in der Kindergärtnerinnen- und Lehrerausbildung alles gelernt, gewußt und geübt werden muß. Wird Ihnen allmählich verständlicher, was ich damit meine? Je mehr man „weiß", was man machen muß, desto weniger scheint man bei sich sein zu müssen! Ursprünglich hat wahrscheinlich hinter vielem, was uns überliefert worden ist, etwas unmittelbar Erlebtes, Sinnvolles gestanden. Wenn so etwas aber gelöst aus dem ursprünglichen Zusammenhang nur noch kolportiert wird, wird es zu einer Sorte Gebrauchsanweisung, die dem, der sie zu befolgen versucht, erspart, munter und wach am Leben zu sein.

Bitte versuchen Sie zum nächsten Mal, etwas mit Ihren Füßen und Beinen zu tun und dabei „armige" Beine und „handige" Füße zu bekommen! Und erinnern Sie sich: Sich nicht zu viel zumuten, aber immer etwas mehr als schon von selber geht! Sobald sie spüren, daß Sie bei Ihrem Versuch starr werden, ist es zu viel! Bringen Sie zum nächsten Mal selber Vorschläge, was man ausprobieren könnte, ohne daraus Übungen zu machen!

* Hierzu schrieb mir Elsa Gindler: „Bei kranken Äffchen sah ich, wie die Mutter, wenn die Kleinen so erschlafft lagen, das Pfötchen in den Mund nahm und leise daran zog, mit immer zunehmender, sanft anwachsender Spannung. — Zuerst reagierte das schlaffe Körperchen wie leblose Masse, bis die Art des Zuges den Widerstand weckte, eine Gegenwirkung erfolgte und die ausgelöste Spannung zu einem Aufatmen führte. Sofort ließ die Mutter ihre Aufforderung abklingen, nicht erschlaffen! Und es blieb bei einem Versuch. Ich habe erlebt, daß sie es erst nach einer sehr langen Pause wiederholte."

14. Kurs

Qualität des Versuchens mit den Füßen — Bedeutung des Gebrauchs der Füße
Wissen — Sein — Berufsverhalten — Alltagsverhalten
Übungen machen — wiederholen
Das preußische Schulsystem
Dressurabsichten verletzen die Menschenwürde
Selbständige Menschen sind unbequem
Selbständige Menschen — die Ausnahme
Auch-Machen — Nach-Machen
Entscheidende Voraussetzungen für Entfaltung in den ersten Lebensjahren zu sichern ist heute schon möglich
Vertrauen aus religiöser Bindung — Gnade
Vom erarbeiteten „Richtig" und den großen Heiligen
Vom Atheisten Beethoven, dem seine letzten Klaviersonaten und Streichquartette „in der Gnade" eingefallen sein müssen
Mit den „letzten Dingen" zu früh kommen
Die Bibel und konfessionelle Schulung — lernen oder erarbeiten?
Selbst stehen — anlehnen
Vertrauen zur Fähigkeit, mehr Ordnung in sich finden zu können, bewußt erarbeiten
Nicht aus dem Leben austreten — (Meditation, Introspektion, Konzentration)
An konkreten Leistungsnotwendigkeiten zu sich kommen, still werden
Versuche: Elsa Gindler
Sich spannen — abklingen lassen — nicht erschlaffen — das Problem des Rückwegs — Etappe Nr. 2
Die funktionelle Bedeutung der Aufgabe Freizeitgestaltung

22. März 1945

Berichte über Erfahrungen beim Gebrauch der Füße.

Frau B.: Ich hatte ziemliche Schwierigkeiten, nachdem ich mit den Füßen probiert hatte, aber vielleicht hängt das mit der Verletzung meiner Wirbelsäule zusammen.

H. J.: Wer Schwierigkeiten im Rumpfskelett hat, sollte besonders tastend arbeiten, denn jede Veränderung in den Füßen hat Konsequenzen für das ganze Skelett.

Wirbelsäulenverkrümmungen sind zu einem großen Teil Auswirkungen von Störungen in Füßen und Beinen. Sobald im Fundament etwas nicht stimmt, sobald z. B. ein Fußgewölbe sich senkt, müssen in allen Teilen des Skeletts Ausgleichsänderungen einsetzen. (Es folgt ein kleiner Exkurs darüber, daß viele orthopädische Maßnahmen nur Symptombehandlungen sind, mit denen man Schäden behandelt, ohne die Ursachen dieser Schäden einzubeziehen und zu versuchen, diese zu beheben.)

Viele krumme Wirbelsäulen richten sich von selbst mehr auf, wenn Füße und Beine — und damit die Beziehung zum Boden — wieder mehr in Ordnung kommen. Solange Sie probieren, „armige" Beine zu bekommen und sich im Kontakt mit der Last Ihrer Beine oder Ihres Rumpfes zu bewegen*, kann Ihnen nichts passieren, selbst wenn Sie mit Folgen von Störungen zu tun haben. Sogenannt Gesunde sollten sich auch so tastend verhalten wie ein Mensch, den Schmerz und Folgen eines Unfalls dazu zwingen. Erinnern Sie sich, daß ich beim Zeigen der Versehrten-Bilder gefragt habe, wie Sie sich wohl erklären, daß solche schwerbehinderten Menschen so überdurchschnittliche Qualität in ihren Leistungen erreichen können? Wenn dieses unbewußt zweckmäßige Verhalten durch die gegebene Situation erzwungen wird, sichert es auch weitgehend zweckmäßigen

* Siehe 23. Kurs.

Gebrauch des Organismus und damit einen höheren Grad von Entfaltung.

(Es wird von Verschiedenen registriert, wie unzugänglich für Bewegungsversuche die einzelnen Zehen sind.)

H. J.: Jeder Säugling benutzt seine Zehen zunächst noch zum Greifen wie seine Fingerchen. Dieser selbstverständliche Gebrauch wird sowohl durch das frühzeitige Anziehen von Strümpfen und Schuhen wie durch die Tatsache, daß in der Umgebung des Säuglings niemand seine Füße zum Greifen benutzt, sehr bald abgedrosselt. Für kleine Kinder — auch in jedem Kindergarten! — sollten Gelegenheiten arrangiert werden für das Gebrauchen der Füße. Dazu braucht es keine besondere Anleitung, denn den Kindern macht es großen Spaß. Ich werde Ihnen Bilder von Kindern zeigen, die bei Schülern von uns gearbeitet haben. Sie werden dann sehen, wie interessiert Kinder ihre Füße gebrauchen, ohne etwa Fußübungen zu machen.

Sie werden vorläufig nur bei unbelastetem Fuß ausprobieren können, einen „handigen" Fuß zu bekommen.

Erst wenn man „handige Füße" hat, wenn man den Fuß schon so zweckmäßig gebraucht und entfaltet hat, daß er mit den geeigneten Stellen zum Tragen benutzt wird — wie es beim Sitzen mit den Sitzknorren geschehen sollte —, kann der Fuß „handig" bleiben, wenn er die ganze Körperlast zu tragen hat.

(Das Fußskelett wird daraufhin noch einmal demonstriert.)

Bei nach außen ausweichendem Fersenbein steht der Fuß so unter Druck, daß man mit ihm kaum tastend versuchen kann. Es ist ein Kriterium für einen gesunden, entfalteten Fuß, daß er frei und leicht beweglich in all seinen Teilen „handig" funktionieren kann, auch wenn er mit dem gesamten Körpergewicht belastet wird! Ich muß Sie aber daran erinnern, daß die Füße nur ein Beispiel für etwas unzweckmäßig Gebrauchtes und unentfaltet Gebliebenes sind! Jeder könnte versuchen, sie zwecks Nachentfaltung mehr und zweckmäßiger zu gebrauchen, und sich damit tauglichere Fundamente für sein Stehen und günstigere Voraussetzungen für wirkliches Aufgerichtetsein erarbeiten.

(Exkurs über die irrtümliche Meinung, es sei die Aufgabe des Schuhes, dem Fuß Halt zu geben. In diesem Fall würde der Schuh schon als Prothese wirken, so wie die Einlagen unter dem Fußgewölbe in dem Sinne als Prothese wirken, daß sie die Mittelfuß- und Gesamtfußmuskulatur vom wirklichen Zusammenspiel des Tragenkönnens entwöhnen. Einiges über positive und problematische Wirkungen von Einlagen, — über den Zusammenhang zwischen allgemeiner Erschlaffung, Schwäche, Ermüdbarkeit und Schmerzen in den Füßen und über die positiven Wirkungen von Greifversuchen für das Fußgewölbe, selbst bei Plattfüßen.)

Die Regenerationsfähigkeit unserer Organisation ist so wirkungsbereit, daß man meinen könnte, diese Fähigkeit warte nur darauf, wirksam werden zu dürfen.

(Es folgt ein Exkurs über das Problematische von Spezialtraining, bei dem wie bei vielen Artisten isoliert gewisse Fertigkeiten gedrillt werden, ohne daß der Mensch dadurch entfalteter wird; und über ähnliche Tatbestände bei durchschnittlich guten Schauspielern und Musikern, in deren Alltagsverhalten sich wenig von der Verbundenheit mit jenen ungewöhnlichen Gehalten großer Kunstwerke auswirkt, mit denen sie sich in ihrem Beruf darstellend auseinanderzusetzen haben; ... und darüber, daß wenige überdurchschnittlich gute Sportler in ihrer privaten Existenz etwas Überdurchschnittliches in Verhalten und Leistung zu haben scheinen, d. h. daß die Art der Beziehung zum eigenen Organismus bei den meisten keineswegs zu allgemeiner Entfaltung geführt hat.)

Wer mit einer Aufgabe wirklich verbunden ist, hat als ganzer Mensch zu ihr Beziehung, und bei dem gibt es weder jene große Kluft zwischen Wissen und Sein, noch jene Kluft zwischen Berufsverhalten und Alltagsverhalten, zwischen Berufsleben und Privatleben.

Entfaltung entsteht, wie ich immer wieder betonen muß, nur durch zweckmäßigen Gebrauch und nie durch „Übungen machen". Vorläufig werden Sie noch häufig z. B. Ihre Füße „üben" wollen, statt sie zu gebrauchen. „Übungen machen" bedeutet, durch häufiges formales Wiederholen derselben Aufgabe — in diesem Fall Bewegungen — positive Resultate erreichen zu wollen. Jede Wiederholung muß eine neue Nuance eines Problems ergeben, wenn sie sich nicht in jener routinierten, stumpf machenden Art vollziehen soll, zu der wir von klein an verführt worden sind. So hoffen die meisten, daß man sich einen Text, ein Gedicht, eine „Rolle" etc. dadurch „aneignen" kann, daß man sie wieder und wieder aufsagt, — oder einen Lehrsatz, eine Regel durch mehrmaliges Aufschreiben zu begreifen. Im Musikunterricht übt man viele Stunden dieselbe Sache. Man soll sie so lange wiederholen, bis sie „im Schlaf" geht. Wer sich beim ersten Versuch nicht zweckmäßig verhält, wird sich beim dreißigsten Wiederholen kaum zweckmäßiger verhalten. Im Gegenteil: man wird noch abwesender und die Aufgabe noch uninteressanter, weil sie einem nicht als Problem entgegentritt, das einen Zuwachs an Munterkeit verlangt.

Für uns bedeutet erarbeiten auch nicht „wiederholen".

Wenn man versucht, zu dem eigentlichen Gehalt des Begriffes „wiederholen" Beziehung zu bekommen, offenbart sich etwas Sinnvolles. Es heißt nicht, wie wir im Alltagssprachgebrauch betonen, wiederholen, sondern kann dem Sinne nach nur wiederholen bedeuten. Nichts entlarvt so sehr den Mangel an Beziehung zum Sinn dieses Begriffes wie unsere beziehungslose Betonung: wiederholen. Welch ein anderes Verhalten in der Beziehung zu etwas offenbart es, wenn wir von wiederholen sprechen: Das bloße Wiederholen steht in seiner Mentalität in enger Beziehung zum Gehalt des Wortes „auswendig" und zum „Auswendiglernen". Wenn man etwas lernt, bis es einem zur Verfügung steht, bezeichnen wir das im Deutschen mit „auswendig" können. Wie sagt man im Französischen und im Englischen? . . . Par coeur, — by heart!

Vielleicht verrät Ihnen das etwas über eine gewisse Art von Kulturmentalität, von Schulmentalität, von Lernmentalität. Es ist aufschlußreich, daß das Wort „auswendig" laut Grimms Wörterbuch erst in der Mitte des 18. Jahrhunderts in den deutschen Sprachgebrauch kommt, also etwa zur Zeit der Einführung der preußischen Schulpflicht. Im Mittelhochdeutschen sagt man noch „harzliche", was ungefähr dem „by heart" und „par coeur" entspricht. „Auswendig" kommt von dem ursprünglichen „uzwendec": „äußerlich", „auswärtig".

Aber „auswendig" ist seinem Sinngehalt nach nicht nur ein verräterisches Wort, sondern auch die zutreffende Bezeichnung für das, was in unserm Lernbetrieb noch weitgehend gefordert wird, was z. B. für ein Examen ausreichend ist.

Sie sollten bereit werden, auch zu stolpern, wenn Sie im üblichen Sinne „wiederholen" wollen, — wenn Ihnen bewußt wird, daß Sie noch meinen, durch ein bloßes Wiederholen mehr Beziehung zu etwas gewinnen zu können.

Mehr Beziehung entsteht nur durch zunehmendes Anwesendwerden bei der Auseinandersetzung mit einer Sache. Je häufiger wiederholt, desto routinierter die Beziehung! Dahinter verbirgt sich die groteske pädagogische Meinung — die man besonders in bezug auf den sogenannten Elementarunterricht finden kann —, man müsse den kleinen Menschen „Automatismen" anerziehen. Ich habe noch nie gesehen, daß etwa eine Katzenmutter ihre Jungen Automatismen einüben läßt, damit sie später so gut springen könnten wie sie!

Es besteht ein Mißverhältnis zwischen den theoretischen Zielsetzungen der pädagogischen Programme, die behaupten, die Entfaltung des jungen Menschen zum Ziel zu haben, und den Lehrmethoden, durch die möglichst viel Wissen in die jungen Menschen hineingestopft werden soll, um sie für Zwecke vorzubereiten, die von der jeweiligen gesellschaftlichen und wirtschaftlichen Situation bestimmt werden.

(Es folgt ein Exkurs über die ursprünglichen Ziele der preußischen Schulen, die lange als Musterschulen gegolten haben, und über das Mißverstehen der Funktionsweise dieser Schule, deren ursprüngliche und erste Aufgabe es war, die Abrichtbarkeit, die Unselbständigkeit und die Bereitschaft zum „Parieren auf jeden Pfiff" bei den Untertanen auch in ihren „geistigen" Belangen sicherzustellen und zu fördern.)

H. J.: Indem die Umwelt einen großen Teil der Tüchtigkeit der Preußen, und damit auch der wirtschaftlichen und politischen Erfolge, auf die preußische Schule zurückführte, ließ sie sich dazu verführen, um auch politisch wettbewerbsfähig zu werden, das preußische Schulsystem „nachzumachen". Wir haben gesehen, was daraus entstanden ist! Das preußische Schulsystem ist „gewachsen" auf Voraussetzungen allgemeiner Art, die in Preußen gegeben waren, gewachsen auf der Grundlage und für die Ziele jenes Feudalsystems, das im Grunde noch bis heute wirksam ist.

Es gibt keine isolierte pädagogische Problematik, abgelöst von der sozialen, ökonomischen, politischen Situation. Die Kopie der preußischen Schule läßt sich daraus verstehen, daß es üblich ist, alles, was Erfolg hat, schnell nachzumachen. Wenn jemand oder etwas Erfolg hat, prüft man die Äußerlichkeiten, denen man den Erfolg zuschreibt, und die problematischen Konsequenzen dieses „Abguckens" und „Nachmachens" können selbstverständlich nicht ausbleiben . . .

Je mehr man lernt, desto weiter entfernt man sich von der spontanen Auseinandersetzung mit dem Leben. So wenig erfolgreich in einem tieferen Sinne meistens unsere Erziehung ist, so ausgezeichnete „Erfolge" hat die Abrichtung mit Hilfe der üblichen Lehrmethoden gleichzeitig gezeitigt. Wir leben und denken doch so, wie wir es auf Grund der Aneignung von Fertigware und der Dressur für „Techniken" selbstverständlich tun müssen: voller Vorurteile, — echter Vor-Urteile —, Voraus-Urteile.

Selbst die an sich richtigen Urteile anderer bleiben so lange bloß Vor-Urteile, wie wir uns den Gehalt dieser Urteile nicht selber erarbeitet haben. Auch beim Abgerichtetwerden wird etwas Wesentliches der Menschenwürde verletzt. Ich glaube, daß nicht zuletzt die Lernschule mit daran schuld ist, wenn wir das Empfinden für Menschenwürde verloren haben und keine Ehrfurcht haben vor produktiven Leistungen, die auf Grund von Erarbeiten und von Wachsenkönnen zustande gekommen sind. Schon die Dressurabsicht verletzt die Menschenwürde. Diese Absicht ist auch nur möglich, solange man ein unzutreffendes Bild von den Möglichkeiten des Menschen hat.

Die Schule und der schulmeisterlich eingestellte Teil der Lehrerschaft sind nicht „schuld" daran. Die Schule ist nur ein Instrument, dessen sich die jeweilige gesellschaftliche Organisation bedient. Die Wirtschaft und der Verwaltungsapparat haben kaum Bedürfnis nach entfalteten und gebildeten Menschen. Sie brauchen eher Menschen, die auch intellektuell weitgehend für typische Bedürfnisse typisiert sind, — die für bestimmte Zwecke möglichst spezialisiert sind usw. Je komplizierter und differenzierter die Struktur der Wirtschaft wird, desto differenzierter muß auch das intellektuelle Typisieren durchgeführt werden. Wirklich entfaltete, selbständige Menschen sind da nicht erwünscht, weil solche Menschen keine Phrasen und Schlagworte hinnehmen, sondern nachforschen und prüfen. Ein Mensch, der selbständig ist, ist für die große Masse derer, die bloß viel gelernt haben, unbequem. Ist ein Mensch unbequem, so läßt man es ihn fühlen und macht ihm das Leben schwer. Wir sind deswegen nicht berechtigt, in den üblichen Verhältnissen wirkliche Selbständigkeit bei den Menschen zu erwarten. Wir können uns höchstens darüber freuen, wenn sie uns begegnet. Es gibt sie als Ausnahme. Wer wirtschaftlich abhängig ist, kann es sich kaum leisten, selbständig zu sein.

Deswegen ist überall die kleinbürgerliche Mittelschicht in ihrer Denkweise die unselbständigste Schicht, auch wenn sie zugleich oft in intellektueller Hinsicht gebildet ist. Wer nichts besitzt, kann sich eher leisten, selbständig zu sein, weil er nur gewinnen kann, wenn er sich mobilisiert und einsetzt. Wer viel besitzt, kann sich auch leisten, selbständig zu sein, denn er ist nicht auf die gute Meinung und das Wohlwollen seiner Umgebung angewiesen. All das muß einem gegenwärtig sein, damit man auch von diesen Zusammenhängen aus ein reales Bild von den Verhältnissen bekommt, die die Entfaltung des Menschen behindern.

Es stehen noch andere Aufgaben als nur eine Schulreform vor uns, wenn die Möglichkeiten, die jeder Mensch mitbringt, zur Entfaltung kommen sollen. Es müßte viel geschehen, damit aus unseren Entfaltungsmöglichkeiten ganz allgemein auch Entfaltungswirklichkeit werden könnte! Darum scheint es mir notwendig zu sein, immer wieder darauf hinzuweisen, daß die entscheidenden Voraussetzungen für Entfaltung und Selbständigkeit der Menschen schon in den ersten Lebensjahren vor Beginn der Schulpflicht gesichert oder gestört werden können und daß die Sicherung der Entfaltung der Möglichkeiten des kleinen Menschen in breitem Maße auch unter unseren gegenwärtigen gesellschaftlichen Verhältnissen durchgeführt werden könnte. Ich habe schon in anderen Zusammenhängen darauf hingewiesen, daß ein kleiner Mensch, dessen Entfaltung in den ersten Lebensjahren durch die Sicherung zweckmäßiger Auseinandersetzung mit der Umwelt organisch verlaufen ist, von der Schule, wie sie auch sein möge, nicht mehr so beschädigt werden kann! Solche jungen Menschen werden mit der Schule fertig, aber mit den gestörten kleinen Menschen wird die Schule fertig! ...

Erinnern wir uns, daß ein sinnvoll heranwachsendes Kind schon mit zweieinhalb Jahren im Haushalt mithelfen kann und sich damit selbstverantwortlich in eine Gemeinschaft hineinlebt. Wieviel Wichtiges und Wesentliches könnte sich ein kleiner Mensch schon erarbeiten, bevor er in die Schule geht! Aber was für eine Arbeit an Nacherziehung der Erwachsenen ist notwendig, bis sie bei ihren konventionellen und routinierten Maßnahmen gegenüber dem kleinen Kind rechtzeitig stolpern, — stolpern, sobald sie die kindliche Initiative stören oder abbremsen!

Wie bereit sind Kinder für Ausprobieren! Kinder wollen spontan das auch probieren, was die Erwachsenen tun und nicht — wie wir gewöhnlich meinen — nachmachen. Dazwischen besteht ein grundsätzlicher Unterschied. Es ist ein großes Mißverständnis in der Kleinkinderziehung, daß man meint, das Kind „lerne“ durch Vor-machen und Nach-machen. Es lernt in Wirklichkeit — wenn wir hier lernen im positiven Sinne nehmen wollen — nicht durch Nach-machen, sondern es erarbeitet sich etwas durch den Versuch, es auch zu machen. Das ist keineswegs ein Spiel mit Worten. Dem Auch-machen liegt ein anderes Verhalten zu Grunde als dem Nach-machen. Genauso wie bei Üben und Wiederholen auf der einen und Probieren und Wiederholen auf der anderen Seite. Das sind zwei verschiedene Mentalitäten, bei denen man sich nüchtern und eindeutig klarwerden muß, daß die eine menschgemäß und menschenwürdig ist, daß sie Entfaltung, Selbständigkeit und Reife bewirkt, und daß die andere für irgendwelche äußeren Interessen und Zwecke „nützlich“ sein mag, — für Zwecke, die wenig mit der Menschlichkeit des Menschen und gar nichts mit seiner Entfaltung zu tun haben, wohl aber viel zu tun haben mit der Brauchbarkeit und Mißbrauchbarkeit des Menschen für vielfältige Interessen. Ich glaube, man braucht nicht erst auszusprechen, daß ein gut gedrillter Mensch leichter verführbar ist und leichter mißbrauchbar als ein selbständiger!

(Schwester W. berichtet, daß drei Hebammen in der Klinik bestätigt hätten, was Jacoby zum Gebären gesagt habe, und daß Frauen mit religiöser Bindung manchmal eine vertrauensvolle Einstellung und dadurch auch die nötige Entspannung hätten.)

H. J.: Was uns hier beschäftigt und woran wir praktisch durch systematische Versuche arbeiten, können wir jedem, wirklich jedem Menschen bewußt zugänglich werden lassen. Man muß die gesetzmäßigen Beziehungen und Bedingungen, die hinter alledem stehen und die einen Schlüssel für unzählige Lebensaufgaben liefern, in ihrer Gesetzmäßigkeit zu erkennen versuchen.

Zum Vertrauenkönnen in echtem religiösen Sinne kann man nicht „erziehen". Das geschieht einem und man empfindet es als „Gnade".

Wenn wir heute von Gnade sprechen, so bedeutet es — vorausgesetzt, daß man es nicht als Phrase benutzt —, daß einem etwas geschehen ist, etwas geschenkt wird, das man weder machen noch verlangen, noch wollen kann, — etwas, das man nur hinnehmen kann und für das man nur dankbar sein kann. Wenn man still wird, offen und anwesend, dann wird man bereit, das Phänomen Gnade zu erleben. Wem wir die Herkunft der „Gnade" zuweisen, ob irgendeiner göttlichen Instanz oder der „Natur", oder ob wir gar nicht danach fragen, „wem" wir dieses Geschenk verdanken, ist eine ganz persönliche Frage. Man muß dankbar dafür sein, eine Gnade erfahren zu haben, und sich kein Verdienst daran zuschreiben. Sich Verdienste zuzuschreiben charakterisiert weitgehend unsere Persönlichkeits- und Individualitätsmentalität: Wenn einer etwas kann, wenn eine Sache gelingt, ist „er" es gewesen!

Das ist bei unserer heutigen Besitz- und Verwertungsmentalität nicht verwunderlich. Es ist der nüchterne Ausdruck der Tatsache, daß besondere Leistungen — auch in den „geistigen" Bereichen — in klingende Münze umgesetzt werden können, — eine Konsequenz der allgemeinen ökonomischen Verhältnisse und nicht etwa ein Mangel an idealistischer Einstellung einzelner. So ist es möglich, daß jemand, dem eine Gnade widerfahren ist, das Verdienst daran sich selber zuschreibt. Das erlebt man jedoch kaum bei Menschen mit wirklich ungewöhnlichem Können. Goethe z. B. hat sich selber nie ein Verdienst an dem Außerordentlichen zugeschrieben, das durch ihn in Erscheinung treten konnte. Lesen Sie autobiographische Äußerungen ungewöhnlicher Menschen, dann werden Sie erfahren, wie häufig diese betonen, nur gehorsames Instrument zu sein! Je mehr einer kann, desto einfacher und — im besten Sinne — bescheidener ist er gewöhnlich.

(Es folgt ein kleiner Exkurs über die Lebensgeschichte einiger großer Heiliger wie Augustinus oder Franziskus und die vielen Irrtümer, die schweren Sünden, die sie begehen mußten, bevor sie das Leben führen konnten, dessentwegen man sie später heiliggesprochen hat, und darüber, „daß im Himmel viel mehr Freude über einen, der Buße tut, ist, als über neunundneunzig Gerechte".)

Es gehört auch zum Problem, am Falschen zu erleben, was das Richtige ist, daß so viele der großen Heiligen so unheilig gewesen sein mußten, um heilig werden zu können. Man kann das „Richtige" aus Vertrauen, aus Glauben als „richtig" hinnehmen, aber dieses Richtige ist etwas anderes als das, was man erarbeitet und erkämpft hat.

Man kann sich dem Wesentlichen einer Erscheinung von vielen Standorten nähern, obwohl es immer um dasselbe Wesentliche der Erscheinung geht.

Stille ist für jeden, dem sie begegnet, etwas Unverwechselbares. Wenn dem Atheisten Beethoven so „himmlische Musik" eingefallen ist, wie z. B. in seinen letzten Klaviersonaten oder Streichquartetten, dann kann ich mir keinen Menschen vorstellen, der „religiöser" sein könnte als Beethoven in jenen Momenten, in denen ihm diese Musik eingefallen ist. Wem so etwas einfallen kann, wer so aufgeschlossen und hingegeben, so wahrhaft in der Gnade sein kann, der ist im tiefsten Sinne mit etwas verbunden.

Das Hereinziehen von religiösen Fragen bei dem gegenwärtigen Stand unserer Arbeit kann nur verwirren. Wir haben noch lange zu arbeiten und auszuprobieren und können uns noch lange klarwerden und orientieren, ohne nach jenen „letzten" Dingen fragen zu müssen. Meiner Empfindung nach heißen sie mit Recht die „letzten Dinge". Die meisten Menschen kommen zu früh damit an. Wenn man bewußt, ohne dabei ein einziges Wort aus dem Bereich des konfessionellen Jargons zu benutzen, etwas dazu beitragen kann, daß Menschen vertrauender und offener werden, so scheint mir das wünschenswert zu sein.

Mir kommt es um so mehr darauf an, weil, wie Sie wahrscheinlich wissen — und es wird für einige von Ihnen direkt zutreffen —, sehr viele Menschen ihre „Rolläden" herunterlassen, sobald von irgend etwas mit konfessionellen Vorzeichen gesprochen wird oder sobald diese Vorzeichen nicht die Vorzeichen ihrer Konfession sind.

Herr A.: Es ist doch richtig, wenn wir versuchen, diese Fragen weder zu bejahen noch zu verneinen. Man kann doch versuchen, ohne die weltanschaulichen Fragen zu beantworten, sich ein Bild zu machen.

H. J.: Wir müßten — um Sie wieder einmal beim Wort zu nehmen — ein Bild bekommen, es entstehen lassen, anstatt es uns zu „machen". Es kommt darauf an, möglichst viele Vorurteile aufzugeben und durch immer unbefangeneres Aufgeschlossensein, durch Kontakt mit der Welt, ein Bild von der Welt von ihr selber mitgeteilt zu bekommen und nicht durch Weltanschauung! Je mehr Meinungen religiöser, weltanschaulicher oder wissenschaftstheoretischer Art man bloß gelernt, bloß übernommen hat, desto verschlossener ist man gegenüber alledem, was die Welt einem ständig unmittelbar mitteilt. Das ist eine Tatsache, die auf alles zutrifft, was man bloß gelernt hat, und die meisten Menschen haben auch ihre Konfession zunächst nur gelernt.

Es kommt darauf an, wieweit das Leben des einzelnen so verläuft, daß er irgendwann zu entdecken beginnt, wieviel wirklich hinter dem steht, was er bisher nur „gewußt" hatte. Erinnern Sie sich nur, wie man in der Schule die Bibel gelesen und oft sogar manches daraus auswendig zu lernen gehabt hat! Was für erstaunliche Dinge begegnen einem in den Heiligen Schriften, wenn man sie als Erwachsener ohne jede Verpflichtung liest!

Und man versteht unter Umständen manches, gegen das man sich früher ablehnend verhalten hatte, mit Recht ablehnend, weil sich einem sein tieferer Gehalt noch nicht erschlossen hatte.

Die Bibel und die Frage der konfessionellen Schulung gehören insofern zu unserem unmittelbaren Problemkreis, als man all dieses lernen, aber auch erarbeiten kann.

Wenn wir uns wirklich verstehen in dem, was ich mit Vertrauen und Stille meine, dann können Sie vielleicht zustimmen, wenn ich sage, daß das Erlebnis des Anwesendseins, des Verbundenseins, der Stille so wirkt, daß es die Frage nach dem „Woher" tilgt und daß es auch das Bedürfnis nach Wissen stillt, — zumindest so lange, wie das Erlebnis selber wirksam ist.

Im Moment, in dem einen etwas wirklich ergreift, fragt man nicht, will man nicht wissen, zumindest noch nicht wissen. Vielleicht steckt das auch in jener Charakterisierung des Glückes, die uns sagen läßt, man sei „wunschlos glücklich"! Also Glück als Ausdruck von Ausgeglichenheit und Gleichgewicht.

(Schwester W. spricht von der Tendenz religiös nicht gebundener Frauen, ihren Mann zum Herrgott zu machen.)

H. J.: Darauf möchte ich jetzt nicht ausführlich eingehen, denn damit müßte die Frage der Ehe aufgerollt werden. Aber von dem Problem der Selbständigkeit her wäre dazu vieles zu sagen. Ein Mensch, der auf Menschen „baut", ist nie sicher, nicht enttäuscht zu werden. Man sollte stets, bevor man fremde oder gar höhere Hilfe in Anspruch nehmen will, versuchen, auf seine eigenen Beine zu kommen und nicht mehr anlehnungsbedürftig zu sein. Je mehr man auf seinen Beinen steht, desto mehr echte Kameraden wird man haben. Ein Mensch, der selbständig ist, ist nie allein, selbst wenn er von außen gesehen noch so allein wäre. Man kann nämlich zu einer Gemeinschaft von Menschen gehören, die sich nicht zu kennen brauchen. Wer sich anlehnt und abhängig ist, wird eines Tages erleben müssen, daß jener „Halt" nicht mehr hält, und zwar wahrscheinlich nicht deshalb, weil jener Halt zu schwach wäre, sondern weil kein Mensch gerne lange Stütze für andere ist. Deswegen sind die Ehen jener Frauen, die sich so gerne an ihre Männer anlehnen, gefährdet. Auch in der nicht stimmenden Beziehung zwischen Männern und Frauen, in der anmaßenden Überheblichkeit von Männern und in der falschen Unterordnungsbereitschaft von Frauen ist viel zu ändern, wenn wir in der Erziehung weiterkommen wollen.

Statt über solche Fragen bloß zu sprechen oder gar zu diskutieren, sollten wir praktisch ausprobieren, wie weit es möglich ist, Vertrauen zu der Fähigkeit, mehr Ordnung in sich selber finden zu können, mehr von innen her geführt werden zu können, zu gewinnen! Wenn Sie häufiger und deutlicher erleben, wie erstaunlich klar und zuverlässig wir Gesetzmäßigkeit und Möglichkeit des Gehorsams gegenüber den gesetzmäßigen Beziehungen, die unsere Äußerungen und deren Gestaltung bestimmen, wie sauber wir unsere Reaktionen auf Menschen und deren Reaktionen auf uns zu empfinden vermögen, dann klärt sich vieles, über das Sie vorläufig noch lieber diskutieren und spintisieren als es erst einmal auszuprobieren. Wir wollen nun hören, ob noch jemand etwas über Erfahrungen beim Gebrauch seiner Füße zu berichten hat!

Fräulein E.: Ich habe versucht, die Türe zu öffnen und zu schließen, abwechselnd mit dem linken und dem rechten Fuß. Erst nachher ist mir aufgefallen, wie gut das gegangen ist. Ich habe mich gefreut und spürte ganz deutlich, daß es nur deshalb so gegangen ist — und das habe ich gleich hinterher auch an anderen Dingen erproben können —, weil ich wirklich einmal bei mir war — wie Sie sagen —, „zu Hause" war! Das geht bis ins Kleinste, ist ohne Hast, und ich möchte fast sagen: in Ruhe und im Gleichgewicht. Ich hatte danach bei anderen Arbeiten das bewußte Empfinden vom Bei-sich-Sein so stark und merkte, wie anders man dann arbeitet! Andererseits habe ich z. B. im Gespräch mit andern deutlich empfunden, wenn der andere nicht bei sich war, und wie oft die Menschen leer aneinander vorbeireden. Das hat mir einen tiefen Eindruck gemacht. Es hat sicher bisher ebenso für mich gegolten, aber ich glaube, es hat sich bei mir ein gewisses Erwachen in dieser Beziehung vollzogen.

H. J.: Da fangen Sie offenbar an, etwas von dem zu erleben, auf das ich Sie verschiedentlich hingewiesen habe: Wenn man stiller wird, ist es unvermeidbar zu erleben, daß — je stiller man wird — die Stille um so entlarvender wird für alles, was nicht stimmt. Wir werden anspruchsvoller, sind mit vielem nicht mehr zufrieden, das uns zuvor selbstverständlich gewesen ist. Wir müssen uns nüchtern gegenwärtig halten, daß wir, sowie wir selber nicht bei uns sind, auch nicht anders sind, wie die anderen uns oft erscheinen, sobald wir mehr bei uns sind.

Es kann eine große Hilfe werden, wenn Sie erkannt haben, daß man durch jede kleine Arbeit, durch jede kleine Verabredung, die man unroutiniert und anwesend zu bewältigen versucht, so aufgeschlossen werden kann, daß man dadurch brauchbarer für andere Anforderungen wird. Man sollte an Hand konkreter Aufgaben und konkreter Leistungsnotwendigkeiten versuchen, zu sich zu kommen. Ich sage das in ausdrücklichem Gegensatz zu „Konzentration" und „Introspektion" und „Meditation" usw., die weitgehend doch ein Rückzug vom Leben bedeuten. Wir sollten im Leben durch die konkrete Aufgabe und bei der konkreten Aufgabe anwesend werden können und nicht aus dem Leben austreten müssen, um still werden zu können! Das Entscheidende ist, was ein Mensch *tut* und *wie* er es tut. Nur daran wird man erkennen, ob man das gleiche meint: ob z. B. in der Meditation erreichte Stille sich auch im Alltag auswirkt, ob Gelassenheit und Stille sich nur als „nützliches" äußerliches Programm erweisen etc. Ich habe die Stille weder erfunden, noch gemacht und habe die Ruhe weder erfunden, noch gemacht. Ich habe das Gelassensein weder erfunden, noch gemacht. Aber wir können hier — vielleicht zum ersten Male in dieser sachlichen Nüchternheit — bewußt gewisse Zusammenhänge aufdecken und bewußt eine Beziehung zu ihnen erarbeiten, die jene Menschen gefühlsmäßig und unbewußt ausnützen, die aus „Begabtheit" auf einem hohen Niveau funktionieren. Obwohl diese Zusammenhänge so klar erfaßbar sind, können sie nur dem fruchtbar werden, der sich auch wirklich einsetzt. Das „Wissen" um sie hilft niemandem.

Gebrauchen als Jargon kann das jeder sehr schnell, aber mißbrauchen kann man Einsichten dieser Art deswegen nicht, weil sie nur dann etwas Reales bedeuten, wenn man anfängt, etwas davon auszuprobieren, zu erarbeiten und zu erdienen. Eine gute Qualität, zu der man durch ehrlichen Einsatz gelangt ist, hat man jedoch nur solange zur Verfügung, wie es einem gelingt, wach und offen zu bleiben. „Besitzen" kann man das nicht; man kann es sich nur jeden Tag und jede Stunde neu erdienen, neu erwerben, um es zu besitzen.

Zum Schluß ein paar kurze Versuche, Steine zum Dehnen und Straffwerden auszunutzen: Steine pressen, aber nur so, daß dabei die Gelenke nicht steif werden. Erleben der Erschlaffung durch plötzliches „Loslassen" im Moment des stärksten Drucks auf die Steine. — Als nächstes: Versuch, im Moment des stärksten Drucks erfahrbereit zu bleiben und den Prozeß allmählich abklingen zu lassen. —

Die gleiche Notwendigkeit, im Höhepunkt der Spannung straff und anwesend zu bleiben und den Prozeß abklingen zu lassen, begegnet uns auch beim Gähnen, beim Ausatmen, im Grunde bei jeder Leistung.

Damit begegnet uns ein allgemeines Problem:

Das Problem des „Rückwegs", der Etappe Nr. 2.*

Es ist eine allgemein bestehende Tendenz, nach dem Höhepunkt einer Anspannung unmittelbar zu erschlaffen. Wir können auch Feiertage, Wochenenden und Ferien als eine Etappe Nr. 2 erkennen, in der die Menschen meist erschlaffen. Anstatt faul zu erschlaffen und untätig „auszuruhen", müßte man die Anspannung oder Überspannung durch die Arbeit allmählich abklingen lassen. Bei besonderen Aufgaben, Aufgaben, bei denen es „darauf ankommt" — u. a. bei Wettkämpfen —, erleben wir häufig drastisch die Erschlaffung, mit der die Menschen nach Erreichung des Zieles plötzlich „loslassen" oder sogar zusammenbrechen.

Die heute so modern gewordene „Freizeitgestaltung" ist wahrscheinlich in der Erfahrung der unbefriedigenden Wirkung der Freizeit begründet. Man hat erkannt, wie häufig Freizeit zur Erschlaffung führt.

Freizeitgestalter sollten bewußt die funktionelle Bedeutung ihrer Aufgaben erkennen: Das Verhindern der Erschlaffung, der üblichen Qualität

* Siehe 23. Kurs.

jener Etappe Nr. 2, die nicht „loslassend“ sein dürfte oder ablenkend, sondern abklingend, wodurch allein genügende Regeneration sich vollziehen kann.

Gebrauch der Füße

15. Kurs

Berichte: Überraschende Erfahrungen

Senk- und Plattfüße bei kleinen Kindern — Fuß- und Beinleiden Erwachsener

Verstörung des Kindes beim Stehen, Sitzen und Laufen

Eine ganzheitlich gegründete Gesamtordnung ist vorhanden, solange zweckmäßiges Sichgebrauchen nicht gestört wird

Schon die Kinder sollten Verständnis für die wesentlichen funktionellen Zusammenhänge und Ehrfurcht vor der Ganzheit und Einheitlichkeit unserer Organisation bekommen

Schulwissen — leeres Wissen schläfert ein

Dienen statt ausnützen, verwerten, Profit haben wollen

Füße — Entfaltung durch Gebrauch

Keine Konzessionen, wenn es um kleine Kinder geht

Vom Gierig-Gehen — Ballspielen — Tennisspielen — Klettern

Grundproblematik menschlichen Verhaltens: Die Qualität von Verhalten und Zustand ist von entscheidender Bedeutung für die Qualität jeder Art Leistung

Ferienversuche — weitere Erfahrensberichte — statt Fortschritte machen wollen, auf Entdeckungsreisen gehen

Vom Erwachen — linke Hand gebrauchen

26. März 1945

Erfahrungen seit dem letzten Kursabend.

Frau V.: Während ich versucht habe, eine kleine Fadenspule mit dem einen Fuß dem anderen zu geben, habe ich meine Sitzknorren entdeckt. Als ich durch das Greifen, während ich am Boden saß, gezwungen war, meine Beine freier zu bewegen, habe ich bemerkt, wie ich anders zu sitzen anfing, und konnte schließlich lange so sitzen, ohne müde zu werden. Es ist interessant gewesen, daß ich durch einen Versuch, der auf etwas anderes zielte, etwas entdecken konnte, was ich nicht zu entdecken beabsichtigt hatte.

H. J.: Sie werden noch häufiger erfahren, daß man, wenn man mit einem Problem beschäftigt ist, darüber anderes entdeckt und zu unerwarteten Erfahrungen kommt. Es ist oft mein Prinzip beim Aufbau von Erfahrungsgelegenheiten, nicht direkt an dem arbeiten und auf das zielen zu lassen, das man sich erarbeiten muß; denn sonst starrt man leicht in die Richtung des erwarteten Resultats und ist nicht offen und frei genug, sich etwas auffallen oder einfallen lassen zu können. Ist Ihnen verständlich, daß es nicht möglich ist, Beine und Füße differenzierter zu gebrauchen, ohne die Beziehung zur Unterlage zu verbessern? (Fast alle stimmen zu.) Ist Ihnen noch etwas bei Ihrem Versuch aufgefallen?

Frau V.: Mir ist bei meiner Kleinen, die jetzt zu gehen beginnt, allerlei aufgefallen. Obwohl ich sie ihre ersten Schritte ganz ohne Hilfe machen lasse, senkt sich das Füßchen leicht nach innen. Ich weiß nicht, ob da irgendeine Deformation des Fußes besteht?*

H. J.: Eine zuverlässige Auskunft kann ich Ihnen darüber aus der Ferne nicht geben. Die meisten Säuglinge haben wenig oder gar kein Fußgewölbe. Es entwickelt sich erst durch Gebrauch. Aber ich vermute, daß, wenn Sie dem Kind beim Gehen jetzt nicht helfen, manche Verführung zum Sichaufrichten sowohl zum Sitzen als auch zum Stehen früher statt-

* Hier sei erwähnt, daß Frau V. große Fußschwierigkeiten hatte und deshalb bei ihrem Kind schon darauf „wartet", daß sich die gleichen „ererbten" Füße zeigen werden.

gefunden hat. Aber wenn wir noch mit vierzig, fünfzig und mehr Jahren Platt- und Senkfüße durch zweckmäßigen Gebrauch von Beinen und Füßen zu mehr Ordnung bringen können, kann es nicht so schwer sein, die Füßchen eines eineinhalbjährigen Kindes auf sinnvolle Weise zu kräftigen.

Man sollte Kinder niemals zum Sitzen oder gar zum Aufstehen veranlassen, ehe die „unbewußte Klugheit des Organismus" das Signal dazu gibt, d. h. ehe sie es selber probieren. Es kann schon eine Störung verursachen, wenn man ein Kind, das ohne Hilfe schon einmal aufgestanden ist, dazu verführt, wieder aufzustehen. Am Morgen hatte es z. B., indem es auf seine Weise probierte, sich mit seiner Last auseinanderzusetzen, genügend Straffheit bekommen, um von sich aus zum Stehen kommen zu können. Abends, wenn der Vater heimkommt, nimmt die Mutter das Kind aus seinem Bettchen, um dem Vater vorzuführen, wie gut das Kind schon stehen kann. So etwas geschieht doch fortwährend in aller Harmlosigkeit und aus lauter „Interesse" und „Liebe". Abends hat aber nichts von jener straff machenden Vorarbeit stattgefunden, die das Kind am Morgen unbewußt geleistet hat, bevor es sich völlig aufrichtete. Das Kind zielt auch nicht darauf zu „stehen"! Es hat lange Zeit vorher versucht, sich zu spannen, zu dehnen, und hat Ansätze, seine Last zu heben und zu balancieren, probiert.

Wer kleine Kinder wach erlebt hat, wird wissen, wie unermüdlich sie darin sind, Widerstände auszunützen, sich selber Widerstände zu schaffen, sich irgendwo festzuhalten, sich hochzuziehen, wegzustemmen usw. Dadurch wird das Kind im Gesamtorganismus schließlich straff genug, um seinen Füßen und Beinchen zumuten zu können, die ganze Rumpflast zu tragen. Ihnen allen, die Sie nun bewußt versuchen, die Füße zu gebrauchen, kann spürbar werden, was für ein Zusammenhang zwischen der Qualität des Sitzens und der Durchlässigkeit und Beweglichkeit von Beinen und Füßen besteht. Wenn ein Kind aufgesetzt worden ist oder sich mit Hilfe aufgesetzt hat, sitzt es gewöhnlich nicht auf seinen Sitzknorren, und wenn es später zu stehen anfängt, hat es durch die Beinchen hindurch keine selbstverständliche Beziehung zum Boden. Es ist erschreckend zu sehen, wie die meisten kleinen Kinder fürs Sitzen, Stehen und Laufen verstört worden sind. Wie verbreitet unter Erwachsenen Fuß- und Beinleiden sind, zeigen z. B. die vielen Annoncen, in denen Heilmittel dagegen angeboten werden. Wäre nicht ein so großer Bedarf an solchen Hilfen, gäbe es nicht jene ausgedehnte pharmazeutische, kosmetische und orthopädische Industrie.

Aufschlußreich sind auch die Statistiken der militärischen Musterungen, deren Zahlen die Verbreitung dieser Störungen und ihrer Folgeerscheinungen (Wirbelsäulenschäden etc.) nachweisen. Bei den Frauen ist es nicht anders. Wie viele Schwierigkeiten haben Menschen in „stehenden" Berufen! Diese Schäden finden Sie auch bei der ländlichen Bevölkerung, so daß das eventuelle Barfußlaufen und das Nichtgezwungensein, sich auf Asphalt zu bewegen, nicht von solcher Bedeutung zu sein scheint, wie das viele Leute, auch Orthopäden, annehmen. Ich bin überzeugt, und viele Erfahrungen aus unserer Arbeit und auch aus der unserer Schüler bestätigen, daß überall da, wo man die kleinen Kinder weder zum Aufsitzen noch zum Stehen, noch zum Laufen veranlaßt, die Gesamtorganisation sich so ordnet und kräftigt, daß es später nicht so wichtig ist, auf was für Boden sie gehen müssen. Allerdings brauchen solche Füße auch passendes Schuhwerk!

(Es folgt eine erneute Demonstration des Fußskelettes mit Hinweis auf die vielen Gelenke und die komplexe Muskulatur, die je nach der Art, wie der Fuß belastet wird, mehr oder weniger, zweckmäßiger oder unzweckmäßiger gebraucht und damit mehr oder weniger entfaltet wird.)

Sachliche, nüchterne, logische Überlegungen machen deutlich, wie weittragend die Folgen für die Bewältigung aller statischen Probleme des Organismus sein werden, je nachdem, ob man das kleine Kind beim Aufsitzen, Aufstehen und Laufen in Ruhe läßt, es selber seine Entdeckungsreisen machen läßt, es ungestört die Beziehung zu seiner Rumpflast erobern läßt oder ob man es durch Helfen und Stützen vom Selbständigwerden im buchstäblichen Sinne fort-verführt. Auch mit orthopädischen Spezialübungen kann man hinterher nichts von jener ganzheitlich begründeten Gesamtordnung herbeiführen, die von Natur aus so lange vorhanden ist, wie der zweckmäßige Gebrauch nicht gestört worden ist. Wenn wir nur eine Ahnung davon haben, was für ein wunderbares Zusammenspiel von Funktionen und was für eine komplexe und differenzierte Struktur im menschlichen Organismus gegeben ist, müssen wir uns fragen: „Was für eine Courage gehört dazu, in diese wunderbare Organisation, die wunderbare Einheitlichkeit korrigierend eingreifen zu wollen?"

Auch hier besteht ein Ehrfurchtproblem. Wir müssen bescheiden und gehorsam auf Entdeckungsreisen gehen, wenn bei uns irgend etwas nicht in Ordnung ist, und fragen: „Organismus, was willst du von mir?" —, statt ihm Vorschriften zu machen, ihn beherrschen zu wollen. Seiner Organisation dienen zu wollen, sie nicht zu vergewaltigen, ihr gehorchen zu wollen, ist zugleich die ideale Form von Herrschaft. Dann funktioniert der Organismus so, wie wir ihn für optimale Leistung brauchen. Wenn wir irgendeine Spezialleistung von ihm erpressen, schaffen wir mehr Unordnung, als wir ahnen. Es müßte mit den Grundlagen der elementaren Erziehung und Schulung sichergestellt werden, daß die Kinder Verständnis für die wesentlichsten funktionellen Zusammenhänge und Ehrfurcht vor der Ganzheit und Einheitlichkeit unserer Organisation bekämen. In den meisten Schulen gibt es doch Skelette, Bildertafeln, Modelle und Präparate des menschlichen Organismus, und schon in der elementaren Schulbildung werden den Kindern viele Namen beigebracht. Sie wissen, daß es eine Lunge, einen Magen und eine Leber etc. gibt, und sie lernen auswendig, wieviel Hals-, Brust- und Lendenwirbel ein Mensch hat. Aber weder von den statischen Zusammenhängen noch von der Funktionsweise im Ganzen gesehen, noch von der Tatsache, daß es sich bei dem, was sie da sehen und lernen, um Funktionsmöglichkeiten ihres eigenen Organismus handelt, müssen sie dabei eine Ahnung bekommen. Das ist die Art von Schulwissen, gegen die ich mich wehre. Tausend Dinge hat man memoriert, unzählige Fakten auswendig gelernt und braucht doch keine Ahnung von Organisation und Funktionsweise zu haben.

Schwester W.: In meinen Anatomiestunden haben die Leute das alles auch bloß lernen müssen. Aber ich habe immer über die innere Harmonie gesprochen, weil mir das einen kolossalen Eindruck gemacht hat.

H. J.: Wenn Sie zu Ihren Schülern von jener „inneren Harmonie", die Ihnen persönlich Eindruck gemacht hat, bloß gesprochen haben, wird es vermutlich wenig Konsequenzen gehabt haben. Derselbe Mensch, zu dem Sie davon gesprochen haben, wird z. B., wenn er krank wird und Pillen oder Spritzen bekommt, kaum zur Kenntnis nehmen, daß mit diesen Medikamenten jene „innere Harmonie" meistens gestört wird. Immer wieder werden nur Symptome bekämpft. Um welchen Preis das geschieht, darüber gibt sich kaum jemand Rechenschaft. Daran wird sich nur etwas ändern, wenn allmählich jeder Mensch genügend Einsicht in die elementaren Funktionszusammenhänge hat und genügend Vertrauensbeziehung zu dem, was er in seiner eigenen Organisation spürt.

Wer sich um eine zweckmäßige Ernährung kümmert, bei wem wichtige Ausscheidungsvorgänge — über Niere, Darm, Haut und Lunge — ungestört funktionieren, wer auch spürt, wenn er mit seiner Ausatmung erschlafft, der kann sich selber helfen, wenn trotzdem einmal eine akute Störung auftritt.

Ich habe nichts gegen das Wissen, wenn es als zweite Instanz auftritt, wenn es ein Sich-Rechenschaft-Geben bedeutet über bereits erfahrene Tatsachen und Zusammenhänge. Aber ich habe sehr viel gegen das Wissen, wenn es als theoretisches Wissen, als gelerntes Programm, sich anmaßt, Führer sein zu wollen. Die Erfahrungen anderer kann ich erst wirklich werten, wenn ich selber auch Erfahrungen habe. Das viele leere Wissen schläfert ein, führt zu Abhängigkeit und verleitet, gegen die eigene Empfindung zu handeln.

Man kann von diesen Tatsachen und ihrer Tragweite nur immer mehr bewußt erfahren, kann sie in Zusammenhänge einordnen und erleben, wie von diesen aus Licht auf neue Zusammenhänge fällt. Im übrigen kann man nur versuchen, sich dienend ihrer zu bedienen. Wenn Sie mit alledem etwas „machen" wollen, wenn Sie es verwerten wollen, geht Ihr Vorhaben schief aus, und Sie selber werden auch schief dabei. Sowie man ehrgeizig wird und eitel und für seine Person einen Profit haben will, kann man sich nämlich nicht so gelassen verhalten und so gehorsam, wie das hierbei Voraussetzung ist, und wenn man es noch so sehr wollte.

(Frau V. kommt nochmals auf die Füße ihres kleinen Mädchens zu sprechen, die sie beunruhigen. Es ist jetzt 14 Monate alt und läuft seit 14 Tagen.)

H. J.: Ich würde mich an Ihrer Stelle nicht beunruhigen, aber wachsam sein. Sorgen Sie für frische Nahrung, und geben Sie dem Kind Gelegenheit, seine Füßchen zu benützen. Geben Sie ihm Dinge zum Spielen mit den Füßen, und probieren Sie selber öfter in seiner Gegenwart, Ihre Füße zu benützen, aber ohne sich demonstrativ vor das Kind zu setzen. Dann wird es auch mit seinen Füßchen etwas tun wollen.

Frau V. dürfte sich nicht beunruhigen, denn mit ihrer Beunruhigtheit lenkt sie unbewußt bei dem Kind einen Akzent auf seine Stehsituation, der nicht günstig ist.

Es gibt keine bessere Heilungsmöglichkeit für Platt-, Spreiz-, Senkfüße, als die Füße viel zum Greifen zu gebrauchen.

Auch dies zur Frage: Entfaltung durch Gebrauch. Wenn die Zehen greifen, wird die gesamte Muskulatur, die bei der Bildung des Fußgewölbes funktionieren muß, gekräftigt. Ererbte Plattfüße sind bequeme Ausflüchte zum Verdecken der Unwissenheit über die Ursachen der so häufigen Plattfüße. „Ererbt" sind nur die Untugenden der Erwachsenen, die kleinen Kinder zu stören, in ihre Entwicklung einzugreifen, sie zu verwöhnen etc. Viele Eltern behaupten, sie würden ihrem Kinde nie beim Sitzen oder Stehen helfen, wenn es noch nicht von selber sitzen oder stehen will, und sie setzen z. B. — ohne den Widerspruch zu bemerken — das Kind auf ihren Arm oder aufs Töpfchen, obwohl das Kind noch nicht sitzen kann, und wenn es spazierengefahren wird, wird es mit einem Kissen hinter dem Rücken aufgesetzt, lange bevor es von selber seine Unterlage fürs Sitzen ausnutzen kann. Es wimmelt im Umgang mit dem Kleinkind von Gewohnheiten des Helfens und Stützens, die so selbstverständlich sind, daß man dabei nicht erkennt, daß sie etwas mit Helfen zu tun haben.

Ich kann Ihnen nur wieder empfehlen, mit offenen Augen auf das zu reagieren, was Sie in dieser Hinsicht zu sehen bekommen, u. a. wie die Kinder oft in ihren Wägelchen „hängen". Wenn durch all das der Rumpf schlaff geworden ist, darf man sich nicht wundern, wenn die Zumutung der Belastung für die Füße zu groß ist. Straffheit der Fußgewölbe ist ein Problem von Straffheit im Ganzen. Für die neue Generation könnten wir sicherstellen, daß sie gesündere Füße und eine gerade Wirbelsäule behalten kann. Daß es heute nicht mehr so viel Rachitis gibt wie früher, ist bereits ein großer, bewußter Fortschritt. Es ist nur ein halber Fortschritt, wenn nicht die bewußte Einsicht dazukommt, daß dem kleinen Kind unter keinen Umständen bei seinen Versuchen zur Erarbeitung seiner Beziehung zur Rumpflast auf irgendeine — auch nicht auf die versteckteste — Weise geholfen werden darf. Sonst wird es, trotz Verhütung der Rachitis, weiterhin krumme Beine, Platt- und Senkfüße und Haltungsschäden geben.

Mit der Zeit werden Sie merken, wie wenige elementare grundsätzliche Fragen es sind, mit denen man sich bewußt auseinandergesetzt haben muß, um zweckmäßigen Gebrauch und wirkliche Entfaltung bei unseren Kindern sicherstellen zu können. Sie bekämen damit zugleich einen Schlüssel für die Beantwortung vieler differenzierter und spezieller Probleme, die Ihnen vielleicht später im Leben begegnen. Sie brauchen nicht so beunruhigend viele Antworten auf Vorrat zu lernen.

Mehr als seine Aufgabe, und im besonderen seine Erzieheraufgabe als junge Mutter, verantwortungsbewußt zu bewältigen zu versuchen ist keinem Menschen möglich. Aber wenn Mutter und Vater noch so vernünftig sind in ihrem persönlichen Vorgehen, müssen sie sich noch gegenüber der Umwelt durchsetzen. Man kann Eltern nicht oft genug daran erinnern, daß sie sich darüber klarwerden müssen, wem sie mehr schuldig sind: dem kleinen hilflosen Wesen oder jenen Erwachsenen, die in ihrer gedankenlosen Freundlichkeit so viel Unsinn machen. Wie häufig läßt man sich sogar bewußt zu Konzessionen verführen, wenn z. B. jemand zu Besuch kommt, den man auf keinen Fall kränken darf.

Ich vermute, daß Sie alle schon Situationen erlebt haben, in denen Sie merken konnten, daß derartige Verhältnisse und Interessenverquickungen dazu führen, das gesunde Empfinden der beteiligten Menschen zu korrumpieren. Wo wir Konflikte antreffen, treffen wir das Problem echter Selbständigkeit an. Ist es ein Problem der Selbständigkeit, sein kleines Kind schützen zu können? ...

Ein Mensch, der still genug ist, um zu spüren, was man spüren kann, und dann noch die Courage hat, zu seiner Empfindung zu stehen, ist besser daran als jemand, der viel gelernt hat, aber nur gelernt hat und keinen Halt in sich hat.

Wer hat noch von Erfahrungen mit seinen Füßen zu berichten? Wer hat auch beim Gehen versucht, armige Beine und handige Füße zu bekommen?

Schwester W.: Ich habe das Gefühl, daß ich weniger müde werde beim Stehen und beim Gehen.

H. J.: Es ist unvermeidlich, daß Sie, sobald Sie das Verabredete probieren — selbst wenn Sie vorläufig nur ungefähr probieren — zu solchen Erfahrungen kommen. Sie ahnen nicht, was für phantastische Regenerationsmöglichkeiten wir haben.

Schwester W.: Mir ist noch etwas bewußt geworden, nämlich daß ich — wir sprachen doch vom „gierig" Sehen und „gierig" Hören —, daß ich gierig gehe. Ich bin manchmal mit dem Oberkörper schon an einem anderen Ort als mit den Beinen. Ich begegne mir andauernd dabei.

H. J.: Das ist gut, denn Sie wissen bereits, wie wichtig es ist, derartiges erst einmal zu merken. Dann kann man sich mit Humor daran erinnern, daß man nicht früher zum Ziel kommt, wenn man gierig läuft, als wenn man gelassen bleibt. Besonders gut können Sie beim Ballspielen bewußt erleben, daß man, wenn man sich beim Fangen Zeit läßt, nicht mehr Zeit braucht. Wenn man gelassen spielt, fliegt der Ball in die Hand, und er scheint langsamer zu fliegen, als wenn man hastig und gierig greift. Wenn man gierig greift, verfehlt man den Ball auch viel eher.

Dr. X.: Die großen Tennisspieler scheinen fast überhaupt nicht zu laufen. Sie bleiben scheinbar stehen und sind doch immer am Ball. Ganz anders als die mittleren Spieler, die immer hin und her rennen.

H. J.: Da haben Sie ein gutes Beispiel für „Einstellwirkung". Der wirkliche Spieler springt nicht dem Ball entgegen, sondern läßt sich zum Ball ziehen. Der Könner strengt sich nicht an. Er rennt nicht umher, sondern spielt spielend. Die meisten Tennisspieler hingegen schuften sich im Schweiße ihres Angesichts ab. Das ist genauso, wie viele Musik „machen" und Schwerarbeit an Klavier und Geige leisten. Vielleicht wird Ihnen allmählich spürbarer, was ich damit meine, wenn ich sage, daß die Qualität von Zustand und Verhalten von entscheidender Bedeutung für die Qualität jeder Art von Leistung ist. Sie müssen das als eine Grundproblematik des menschlichen Verhaltens erkennen und nicht als Spezialratschlag für diese oder jene Art von Aufgabenauffassen. Jemand, der nie im Leben Tennis gespielt hat, in seinem Grundverhalten aber offen und gelassen ist, wird sich, wenn er anfängt Tennis zu spielen, wahrscheinlich auch vernünftig verhalten.

Dr. X.: Es gibt einen Sport, bei dem man wie bei keinem andern gezwungen ist, armige Beine und handige Füße zu haben. Das ist das Klettern im Hochgebirge und besonders bei schwierigen Klettereien. Ich habe dabei erlebt, daß man wirklich mit jeder einzelnen Zehe und jedem einzelnen Fußglied tasten und greifen muß, wie sonst niemals im Leben.

H. J.: Bei schwierigen Klettereien ist die Tatsache, daß die Situation gefährlich ist, eine wunderbare Hilfe, straffer und tastender zu werden.

Herr P.: Bei solchen schwierigen Klettertouren spielt auch unser Problem des Ruhigseins und des Vertrauens eine große Rolle. Man kann dabei nie hastig vorwärts, sonst wäre man viel zu schnell ausgepumpt. Wenn man ruhig bleiben kann, ist so eine Kletterei nicht so anstrengend, wie Leute, die so etwas nie versucht haben, es sich vorstellen.

H. J.: Sicher sind derartige Klettereien — solange es sich nicht um tollkühne Aufgaben handelt —, wenn man dabei bei sich ist, erholsamer, als es leichte Wanderungen für viele Menschen sind. Man muß, wenn es gefährlich wird, mobiler werden. Das gehört auch zu jenem Freizeitproblem, von dem wir das letzte Mal sprachen, nämlich daß Ferien ergiebiger werden, wenn man in dieser Zeit munter werden muß.

Fräulein St.: Ich habe versucht, mit den Füßen den Wasserhahn zu öffnen. Weil ich aber nur mit den Zehen probiert habe, bekam ich einen Krampf. Nun habe ich ja die Antwort, warum ich den Krampf bekommen habe, nämlich weil ich zu isoliert probiert habe.

H. J.: Sobald Sie sich bei einer Aufgabe quetschen, Muskelkater oder einen Krampf bekommen, können Sie sicher sein, daß Sie nicht in Kontakt mit der Sache funktionieren. Man macht eine isolierte Übung aus der Verabredung, ist ehrgeizig und will etwas erpressen, was im Moment noch nicht möglich ist. Solch eine Art, sich zu gebrauchen, wirkt nie entfaltend. Zunächst etwas unzweckmäßig bei unsern Versuchen vorzugehen ist auf Grund unserer Geschichte naheliegend und sollte Sie nicht irritieren. Erst wenn Sie selber merken, daß es so herum nicht stimmen kann, werden Sie allmählich differenzierter probieren und z. B. beim Öffnen des Wasserhahns sich an den Zustand von Armen und Händen erinnern, um auch über die Empfindung etwas mit der Verabredung von „armigen Beinen" zu verbinden. Sie haben doch alle schon bemerkt, wie selbst nach recht unzulänglichen Versuchen die Beine etwas weniger stelzig waren als vorher.

Herr O.: Ich habe früher schon bemerkt, daß ich beim Gehen irgendwie steif bin, daß ich zu sehr nur mit den Füßen gehe. Das Bein war bei mir fast wie eine Schiene. Als mir nun spürbar wurde, daß man das ganze Bein wie einen Arm durchlässig benutzen könnte, ist mir das Gehen zum Vergnügen geworden.

H. J.: Je mehr es Ihnen gelingt, mit armigen Beinen zu gehen, desto straffer und frischer können Sie allein durch Gehen werden.

Fräulein N.: Ich habe bemerkt, daß alles, was ich mit den Beinen und den Füßen ausprobierte, besser ging, wenn ich dabei die Augen geschlossen hatte oder es im Dunkeln ausprobierte. Ich war weniger am Endeffekt interessiert. Wenn ich z. B. die Tür mit den Füßen öffnen wollte, schaute ich unwillkürlich immerzu auf die Türklinke und war schon auf das Ergebnis gespannt. Wenn ich das aber im Dunkeln probierte, geschah es langsam, daß der Fuß der Klinke immer näher kam.

H. J.: Helfen Sie sich vorläufig so, wie es Ihnen möglich ist. Aber wir müssen es erreichen, auch im Hellen auf einem guten Niveau zu probieren, indem es uns glückt, dabei unsere Schau-Absicht aufzugeben. Sie müssen etwas erleben durch Ihre Empfindung* für Schwere, Zug und Widerstand, durch Ihr Empfinden für Distanz und Raum etc. und nichts sehen oder wissen wollen. Sie werden alle noch oft merken, wie sehr unsere Augen im Wege sind, wenn es gilt, etwas unmittelbar in unserem Organismus zu empfinden.

Herr Z.: Ich habe versucht, mit den Beinen in der Luft große Buchstaben zu schreiben, und habe gemerkt, wie während des Probierens die Buchstabenformen weniger eckig und meine Beine gelenkiger wurden.

H. J.: Gelenkigere Beine? — Das kann sich auf etwas Positives bezie-

* Siehe 23. Kurs.

hen, unter Umständen aber mißverständlich sein. Wir können nicht gelenkigere Beine bekommen, sondern Beine, zu denen vom Rumpf aus mehr Beziehung besteht, die — ähnlich wie unsere Arme — durchlässig sind. Unsere Beine sind von Natur aus gelenkig.

Wenn sie aber — wie üblich — starr sind, weil sie wenig zweckmäßig gebraucht worden sind und die mangelnde Beziehung zum Boden durch Versteifung der Muskulatur ausgeglichen werden mußte, bleibt einem nichts anderes übrig, als bei längeren Schreibversuchen in der Luft Starre immer mehr abklingen zu lassen. Sonst würde man müde und bekäme Schmerzen in den Beinen. Insofern kann Ermüdung auch ein Lehrmeister sein.

Frau H.: Ich versuche jetzt auch, wenn ich telefonieren muß, die Augen zu schließen. Aber sobald mich das Gespräch interessiert, gehen die Augen wieder auf. Trotzdem habe ich das Gefühl, daß ich ein bißchen Fortschritte gemacht habe.

H. J.: Die Hauptsache ist, daß Sie sich solche Versuche öfters anbieten. Das Fortschritte-machen-Wollen können Sie vielleicht mit der Zeit noch aufgeben. Machen Sie lieber — an Stelle von Fortschritten — Entdeckungen. Gehen Sie auf Entdeckungsreisen. Je mehr man ausprobiert, desto mehr Geländekenntnis bekommt man. Wenn ich eine Gegend kennenlernen will, muß ich in dieser Gegend umherwandern und nicht nur eine gute Landkarte studieren. Dabei lerne ich zwar die Gegend auch kennen, aber nicht ihre Realität, sondern nur gewisse örtliche und räumliche Beziehungen. Bei unseren Versuchen genügt es nicht, daß man Berichte der anderen versteht, daß Bemerkungen einleuchten. Wir müssen in das Land reisen, müssen darin spazierengehen, müssen spüren, wie es sich dort lebt, wie es sich dort atmet, wie farbig alles ist, wie es riecht, was alles sich dort bewegt und lebt etc. — Das erfahren wir auch durch die beste Reisebeschreibung nicht.

Fräulein N.: Ich habe in meinem Beruf ausgiebig beim Telefonieren versucht. Im Anfang war es für mich eine Verabredung mit mir, die Augen zu schließen, aber jetzt ist es mir zum Bedürfnis geworden. Ich habe den ganzen Tag viel zu telefonieren. Früher stürzte ich mich immer aufs Telefon. Jetzt nehme ich die mannigfaltigen Aufträge anders entgegen als früher.

H. J.: Vorläufig ahnen Sie noch nicht, wieviel Erleichterung Sie sich schaffen könnten, wenn Sie auch in Ihrem Beruf mehr von diesen Verabredungen auszuprobieren versuchten. Sie könnten nach einem Tag mit vielen Telefongesprächen am Abend sogar weniger müde sein als am Morgen. Die Situation am Morgen und das Erwachen wird uns noch ausführlich beschäftigen. Für ein Erwachen, das Ihnen ein munteres In-den-Tag-Gehen sichern würde, sollten Sie bei einem gesunden Säugling in die Schule gehen.

(Es folgt ein kleiner Exkurs darüber, wie so ein kleines Kind sich lange Zeit dehnt und spannt, bevor es die Augen öffnet.)

Eine gewisse Qualität von Arbeits- und Funktionsbereitschaft sollten wir uns auch bewußt durch ein zweckmäßiges Erwachen vorbereiten. Wenn durch das Dehnen und Sichspannen, bevor die Augen aufgehen, Ihr Organismus ausgiebig entschlackt worden ist, kommen Sie anders in den Tag, weil dann der gesamte Organismus funktionsbereit geworden ist. Wenn man straff und munter geworden ist, funktioniert auch der Intellekt auf einem anderen Niveau.

(Es folgt noch ein kurzer Hinweis darauf, daß man versuchen sollte, die linke Seite bevorzugt zu gebrauchen, soweit man nicht „Linkshänder" ist, und ein kleiner Exkurs über die Unhaltbarkeit der Anschauungen von den geborenen Linkshändern und eine Erinnerung daran, wie die Umgebung sich gewöhnlich gegenüber einem kleinen Kind verhält, das seine linke Hand ausgiebig benutzt.)

H. J.: Die linke Hand muß fast so viel an Entfaltung nachholen gegenüber der rechten wie Beine gegenüber den Armen. „Gib das schöne Händchen!" heißt es, wenn ein Kind dem Besuch die linke Hand reicht. Aber das Bezeichnen der Rechten als schönes Händchen diffamiert — wenn auch ihm unbewußt — die Linke. Dann wird die Linke nur noch benutzt, wo man sie unbedingt braucht. Und schon wächst ein Rechtshänder heran.

Wie überall sonst auch erleben wir auf solche Zumutungen an das Kind verschiedene Reaktionsmöglichkeiten: ein Nachgiebigsein oder ein Sichzurückziehen, evtl. eine Trotzreaktion.

Der Nachgiebige, dem man bereits „den Willen gebrochen hat", wird vielleicht ein biederer Rechtshänder, und wer mit Opposition auf derartige Gebote und Verbote reagiert, wird oft zum Linkshänder.

Die verhältnismäßig vielen Linkshänder, die mir im Laufe der Jahre begegnet sind, gehörten meistens zu den Menschen, die sich eigenwilliger, unabhängiger verhalten, sich nicht so einseitig gebrauchen und deshalb der Umwelt häufig begabt erscheinen. Aber nicht die Linkshänder sind besonders begabt, sondern Menschen, die durch die übliche Erziehung nicht so steril geworden sind. In Wirklichkeit ist der Mensch ein Gleichhänder.

(Es folgt ein kleiner Exkurs über unsere rechtshändige Zivilisation, über die vielen Werkzeuge etc., die ausgesprochen für die rechte Hand gebaut sind, und über das Unzweckmäßige des isolierten Spezialtrainings mit Etüden für die linke Hand beim Instrumentalspiel.)

Da wir nach dem heutigen Kursabend drei Wochen Pause in unserer Zusammenarbeit vor uns haben, wollen wir noch ein kleines Ferienprogramm verabreden:

Nützen Sie Gelegenheiten zur Auseinandersetzung mit dem Verhalten beim Schauen, Lauschen, Tasten, Sicherinnern, beim Sichbewegen und beim Gebrauch der Hände und Füße. Beziehen Sie die linke Hand ein beim Probieren, und nützen Sie die Tatsache, daß man mit der Linken unroutinierter, unbelehrter als mit der Rechten funktioniert und reagiert. Hilfen für den Gebrauch der Linken im Alltag wären z. B., den Schlüssel in die linke Tasche zu stecken, die Türe links zu öffnen etc.*

* Als Beitrag zum Problem der Zustands- und Verhaltensqualitäten, die dem unverstörten Kind in den ersten drei bis vier Lebensjahren so erstaunliche Leistungen ermöglichen, hat Heinrich Jacoby am Schluß dieses Kurses viele Fotos von Säuglingen und Kleinkindern gezeigt.
Eine Reihe dieser Fotos war dem Buch „Mit Tud Màr A Baba?“ der ungarischen Kinderärztin Emmi Pikler entnommen, das eindrucksvolle Beiträge und Hinweise zu diesen Themen vermittelt.
Dieses Buch ist 1982 in deutscher Sprache unter dem Titel „Friedliche Babys — zufriedene Mütter“ in der Herderbücherei erschienen. Frau Dr. Pikler ist seit 1937 mit der Arbeit von Elsa Gindler und Heinrich Jacoby vertraut.

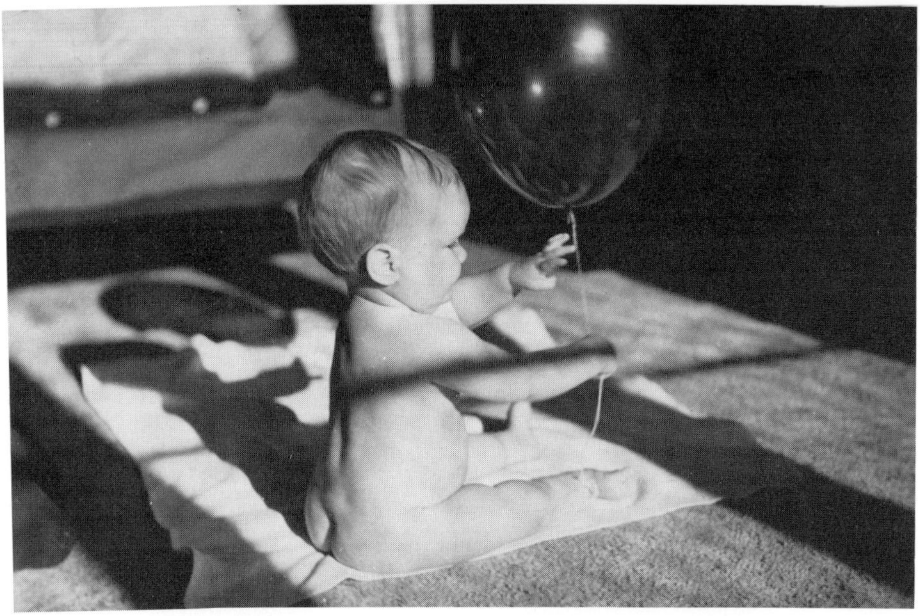

Niemand hat sich „helfend“ eingemischt

Das erste freie Stehen

In welch ungestörter Gesetzmäßigkeit in der Beziehung zu Schwerkraft und Mechanik hat sich das Kind entfalten können!
Siehe Kurs 24

16. Kurs

Falsch — Richtig? — den Weg zu einem Ziel akzeptieren
Kinderheimprobleme
Probleme von Kollektiv- und Individualerziehung
Kleine Menschen — nicht nur Kinder
„Bessere" Menschen?
Von der Würde, die jedem Menschen eingeboren ist
Verletzung von Menschenwürde erkennen
Staatsbürgererziehung
Zweckmäßige Fragestellung: Schwimmen (einfaches Beispiel)
Wer ist frei von Angst im tiefen Wasser? Wie haben Sie schwimmen gelernt?
Autodidakten — Erfahrungen
Was ist unter dem Phänomen Schwimmen zu verstehen?
Spezifische Voraussetzungen unserer biologischen Ausrüstung für Schwimmenkönnen
Die zweckmäßige Art des Vorgehens:

1. den Auftrieb erleben — in Rückenlage anfangen
2. Bewegungen sind nur zum Fortbewegen — zweckmäßiges Sichbewegen ausprobieren

Schwimmen als Gelegenheit für Verhaltens- und Zustandskontrolle
Tauchen
Zweckmäßige Fragestellung und zweckmäßiges Verhalten in ihren Zusammenhängen
Analogien?

19. April 1945

Einige Berichte über Versuche der Kursteilnehmer veranlassen H. J., noch einmal über zweckmäßiges und unzweckmäßiges Vorgehen bei selbständigen Versuchen zu sprechen.

Frau V.: Ich habe mich für Gehen und Stehen interessiert, und nun sind mir die Schuhe unbequem. Die Einlagen halte ich nicht mehr aus, aber ohne sie passen mir die Schuhe nicht. Barfuß gehen geht gut. Wenn ich aber die Schuhe anziehe, bekomme ich einen Krampf im ganzen Bein.

H. J.: In unseren unzweckmäßigen „normalen" Schuhen kann man kaum einen handigen Fuß haben. Daß Ihnen, wenn Sie die Füße wieder in die Schuhe hineinzwängen, die Beine weh tun, ist nicht verwunderlich, denn mit der positiven Veränderung der Füße ändert sich auch der Zustand der Beine.

Frau V.: Ich habe auch das Bedürfnis, den ganzen Fuß und die Ferse beim Gehen zu benutzen und nicht nur die Zehen.

H. J.: Sie sollten alles, was Sie je an Ratschlägen, etwa in der Gymnastik, gehört haben, vergessen und auf Entdeckungsreise gehen. Es gibt kein wirkungsvolleres und kein sichereres Rezept, als auf „armige" Beine und „handige" Füße aus zu sein. Alles andere ergibt sich von selbst. Je stiller Sie mit handigen Füßen gehen und stehen, desto sicherer werden Sie spüren, auf welche Weise die Füße am zweckmäßigsten belastet werden. Es schadet nichts, wenn das noch nicht „richtig" verläuft. Sie wissen, daß ich der Meinung bin, das Falsche sei so lange das Richtige, wie es der Ausdruck der gegenwärtig möglichen Realisation ist. Falsch ist es immer, wenn man etwas, das nur durch viel Probieren zu erreichen ist, sofort „machen", können, haben will.

Man muß auch bereit sein, den Weg zu akzeptieren, der zu einem bestimmten Ziele gegangen werden muß.

Frau V.: Ich komme manchmal in Bedrängnis. Ich spüre, daß ich alles auf einem viel besseren Niveau erledigen könnte, wenn ich mir mehr Zeit ließe.

H. J.: Derartige Schwierigkeiten lassen sich in einer Übergangszeit nicht vermeiden. Es genügt, wenn Sie häufiger bewußt zu sich kommen und prinzipiell für sich akzeptiert haben, stolpern zu wollen, wenn Sie sich unzweckmäßig verhalten. So wird sich die Routine immer aufdringlicher bemerkbar machen, und das wird helfen, sie allmählich aufgeben zu können.

Herr O.: Meine Fähigkeit, gelassen zu sein, wurde in der Zwischenzeit auf harte Proben gestellt. Wir haben unser Kind auf Drängen des Arztes für neun Wochen in ein Kinderheim gebracht, weil es im letzten Winter eine Lungenentzündung gehabt hatte. Nun kam das Kind in schlimmerem Zustand zurück. Abgesehen vom Krankheitsbefund kannten wir unser Kind nicht mehr recht. Sie ist jetzt viereinhalb Jahre alt. Sie hat sich hingestellt wie eine Filmdiva und hat auch so gelächelt, hat merkwürdige Bewegungen gemacht. Offenbar hat sie ähnliche Gesten und Dinge dort gesehen. Und wenn sie geweint hat, weinte sie wie ein zweijähriges Kind.

Wir haben sie in aller Ruhe darauf aufmerksam gemacht, daß sie kein so kleines Kind mehr sei. Nach ein paar Tagen war sie wieder das natürliche Kind von vorher, wozu eine ziemlich große Wandlung nötig war.

H. J.: Ein Kind, das in einer stillen, verständnisvollen Umgebung aufwächst, ist fast immer gefährdet, wenn es plötzlich in ein Heim kommt. Es ist gut, daß es ihm erst mit viereinhalb Jahren passiert ist. Wäre es früher passiert, hätte sich das Negative vermutlich nachhaltiger ausgewirkt.

Herr O.: Heute nachmittag hat sie mir etwas erzählt, was mir sehr aufschlußreich scheint. Sie sagte: „Die liebste Schwester war die Schwester Margrit. Sie hat gar nie geschimpft, auch wenn wir etwas Dummes gemacht haben."

H. J.: Heime und insbesondere Kinderheime sind ein schwieriges Kapitel. Es ist ein Glücksfall, wenn in solchen Heimen Erwachsene sind, die bei sich, die anwesend sind. Im besteingerichteten Heim, in der schönsten Gegend mit der besten Verpflegung werden die Kinder doch nicht gedeihen, wenn die Erwachsenen nur Pflegebeamte sind. Und warme, offene, an der Entfaltung der Kinder interessierte Menschen werden in einem Heim, auch bei ärmlichen Verhältnissen, sogar mitten in der Großstadt, ein Segen für die Kinder sein können. Aber Arbeit in Heimen stellt hohe Ansprüche an die Erwachsenen. Gewöhnlich wird ihnen zu viel aufgebürdet. Sie haben zu wenig freie Zeit, zu wenig Gelegenheit, für sich allein zu sein und zu sich zu kommen. Sie müssen auf eine private Existenz verzichten. Das ist eine schwerwiegende Forderung, die durch die beste Bezahlung nicht ausgeglichen werden kann.

Die Frage nach der Zweckmäßigkeit von Kollektiv- oder Individualerziehung läßt sich nicht losgelöst von der jeweiligen sozialen Struktur beantworten. In Verhältnissen, in denen als Ideal der Erziehung die individuelle Bildung auf der Basis der Familie gesehen wird, hat das Heim, d. h. das Erziehungsheim, von vornherein gewisse negative Vorzeichen. Zur Heimerziehung greift man als Ausweg, als notwendigem Übel, z. B. wenn ein Kind „schwer erziehbar" ist, was gewöhnlich in den Familienverhältnissen begründet ist.

Damit ist an sich noch nichts über Nützlichkeit oder Schädlichkeit der Heimerziehung gesagt.

Fräulein D.: Es ist schwer, ein Heim zu leiten, denn es ist schon schwer, ein Kind zu erziehen, und im Heim sind es nicht einmal die eigenen Kinder . . .

H. J.: Eltern — wie auch Erwachsene der Familie — verhalten sich doch den eigenen Kindern gegenüber nicht immer vernünftiger als gegenüber fremden Kindern. Bei einem Erzieher würde etwas Entscheidendes nicht stimmen, wenn er etwa deshalb mehr Geduld aufzubringen bereit wäre, weil es sich um seine eigenen Kinder handelt.

Wer mit Kindern umzugehen hat, sollte in ihnen kleinen Menschen begegnen und nicht bloß Kindern. Leider ist das nicht die Grundhaltung der meisten Erzieher, und zwar weder in der Familie noch im Erziehungsheim.

Fräulein E.: Mich hat schon vor dem Kurs und seither noch mehr beunruhigt, daß wir aufbauen wollen und daran arbeiten, Mensch zu sein, während überall in der Welt zerstört wird. Für was sollen wir noch an uns arbeiten? Für wen?

H. J.: Ich kann zwar Ihre Beunruhigung, besonders unter den gegenwärtigen Verhältnissen*, verstehen, aber Ihre Fragestellung nicht akzeptieren. Es wäre nur wünschenswert, daß von dem vielen Schrecklichen, das geschieht, viel mehr Menschen berührt würden.

Fräulein E.: Aber es ist so schwer zu glauben, daß es einen Sinn hat aufzubauen, wenn immer wieder alles zerstört wird.

H. J.: Sie sollten konkreter sagen, was Sie plagt, denn in den letzten Jahren ist nicht so viel Schreckliches passiert, das nicht schon unaufhörlich seit vielen, vielen Jahren passierte. Nur konnte man sich alledem früher leichter entziehen. Man brauchte nichts davon zu merken und konnte,

* April 1945

wenn jemand davon berichtete, diese Dinge beiseite schieben und ruhig weiterschlafen.

Fräulein E.: Ich bin von dem, was ich jetzt erfahre, so erschreckt. Ich hätte nie für möglich gehalten, daß Menschen so sein können.

H. J.: Das ist eine andere Frage. Aber es gehört auch zum Reiferwerden, daß man den Wunsch hat, nicht mehr in Illusionen und Wunschträumen zu leben, und bereit wird, auch von dem Unerfreulichen, das auf der Welt existiert, offener und sachlicher Kenntnis zu nehmen, daß man sich nicht von alledem wegwendet, was einem den Seelenfrieden stören könnte.

Fräulein E.: Aber wie kann man noch Mut und Kraft haben, am Menschlicherwerden der Menschen zu arbeiten, aus den Menschen bessere Menschen machen zu wollen?

H. J.: Wir sind nicht dabei, am Menschlicherwerden der Menschen zu arbeiten, sondern dabei wegzuräumen, was den Menschen am Menschlichsein hindert. Es ist gar nicht nötig, bessere Menschen zu machen oder die Menschen besser zu machen. Wir brauchten nur dafür zu sorgen, daß die Würde des Menschen, die jedem Menschen eigen ist, nicht auf jene fahrlässige und gedankenlose Weise angetastet wird, wie wir es als selbstverständlich auch selber zu tun und hinzunehmen gewöhnt sind und wie wir es sogar in jener Sie alle heute besonders erschreckenden Form schon seit Jahren hingenommen haben.

Wenn wir dafür arbeiten wollen, daß für den größten Teil der Menschheit menschenwürdige Verhältnisse geschaffen werden, dann müssen wir vor allem bewußt zur Kenntnis nehmen, daß unzählige Menschen unter Verhältnissen existiert haben und existieren, die eine Verletzung der Menschenwürde bedeuten. Im allgemeinen stört es die Menschen nur wenig, wenn die Würde anderer verletzt wird. Das ist auch darin begründet, daß sie weitgehend das Empfinden dafür verloren haben, wann ihre eigene Menschenwürde verletzt wird.

Sie schauen mich erstaunt an. Und doch ist es so. Wie selbstverständlich ist es z. B. dem größeren Teil der Frauen, eine Behandlung und eine Stellung in der Männergesellschaft hinzunehmen, die sie gar nicht mehr merken lassen, wie dadurch ihre Kollektivwürde als weibliche Wesen, als zahlenmäßig sogar größerer Teil der Gesellschaft, ständig verletzt wird. Wenn so viele Frauen der Emanzipationsbewegung gleichgültig oder gar ablehnend gegenüberstehen, zeigt das deutlich, daß sie nicht bewußt empfinden, daß mit der Stellung, die man ihnen in der Gesellschaft anweist, bereits ihre Menschenwürde verletzt wird. Was muß wohl noch geschehen, damit die betroffenen Menschen ihr Selbstgefühl und ihr Selbständigkeitsbedürfnis wiedergewinnen und zu spüren beginnen, wenn man es ihnen gegenüber an Ehrfurcht fehlen läßt.

In dieser Richtung liegen Aufgaben für jeden von uns. Jeder kann dazu beitragen, daß Menschen sich menschlicher verhalten können und müssen. Man braucht dazu weder auf bessere Zeiten noch auf die Schaffung einer besseren Gesellschaftsordnung zu warten. Das ist zunächst eine — wenn auch nur fragmentarische — Antwort auf Fräulein E.s beunruhigte und besorgte Frage. Jene Menschen, deren Handlungen uns so entsetzen und erschrecken, sind nicht schlechtere Menschen als wir.

Solche Erklärung ist genauso bequem, wie wenn wir jemand als unbegabt abstempeln, anstatt uns für die Zusammenhänge und Hintergründe zu interessieren, die ihn so haben werden lassen.

(Es folgt ein Exkurs über mißverstandene Autorität und Angst; über die Möglichkeit, Verhältnisse bewußt so zu gestalten — wie das Hitlerreich uns demonstriert hat —, daß die Menschen ihr Gefühl für Menschenwürde betäuben und aus Angst und absichtsvoll mobilisierter Aggression so sind und handeln, wie wir es jetzt erlebt haben, und über die Erziehung zum „Untertan“, die schon mit den ersten Einschüchterungen, durch Drohung und damit Angsterzeugung, und ganz gewiß durch Prügeln zuverlässig eingeleitet wird.)

Staatsbürgererziehung kann man nicht durch Unterricht in Staatsbürgerkunde erreichen oder nachholen. Sie hätte zu beginnen mit der Ehrfurcht vor der Würde des Menschen schon im kleinen Kinde und müßte die Entfaltung eines unbestechlichen Empfindens für alles, was zur Würde des Menschen gehört, zum Ziel haben. Für sich selber ist man gewöhnlich recht empfindlich — wenn auch nicht immer bei der rechten Gelegenheit —, aber für das, was anderen geschieht, meist bedeutend weniger. Wir haben da weniger aufzubauen als allerlei abzubauen, womit das Positive zugedeckt ist.

Wenn Menschen den zukünftigen „besseren“ Menschen zu „machen“, zu „gestalten“ hätten, dann allerdings hätten wir Grund zu verzweifeln. Das sind nicht nur individuelle Fragen und Aufgaben für einzelne Menschen. Es sind soziale Aufgaben. Das bedeutet die Notwendigkeit, dafür zu arbeiten, daß gesellschaftliche Verhältnisse so gestaltet werden, daß möglichst weitgehende Entfaltung der jungen Menschen — und zwar von möglichst vielen — gesichert wird. Wer an sich arbeitet und für mehr

Ordnung bei sich selber sorgt, wird zugleich ein tauglicheres Teil der Menschheit.

Jeder von uns kann, wenn er zunehmend empfindlicher für das wird, was für uns Menschenwürde bedeutet, sich nicht mehr nur um sich selber kümmern. Es werden ihn auch soziale Probleme bewegen, die früher nicht für ihn existiert haben. Es liegt mir viel daran, daß Sie eine bewußte Ahnung von den großen Möglichkeiten bekommen, die Sie — jeder von Ihnen — in sich tragen und jeder Ihrer Nachbarn so gut wie Sie.

Wir wollen jetzt dazu übergehen, einige konkrete Beispiele von zweckmäßiger Fragestellung zu besprechen, und dazu zunächst ein Gebiet wählen, das verhältnismäßig einfach und nicht mit weltanschaulichen oder ästhetischen Problemen und dergleichen belastet ist und das zugleich jedem von uns vertraut oder zumindest leicht zugänglich ist. Wer von Ihnen kann nicht schwimmen? (Drei melden sich.) Wer von den Schwimmern könnte sagen, daß er frei von Angst ist, wenn er in tiefem Wasser schwimmt oder sich weit vom Ufer entfernt?

Herr P.: Das ist bei mir verschieden. Wenn ich behaglich auf dem Rükken liege, fühle ich mich wirklich wohl. Wenn ich aber eine weite Strecke vor mir habe, kommt ein Moment, wo ich unruhig werde . . .

(Einige berichten, daß sie auch Angst bekämen, wenn sie sich weit vom Ufer entfernten, andere, daß sie überhaupt Angst beim Schwimmen hätten.)

H. J.: Wer von Ihnen kann auf dem Rücken liegen, ohne sich zu bewegen? (Mehrere melden sich.) Für wen gehört es zum Charakteristischen des Schwimmens, daß man sich dabei bewegen muß? (Nur vier melden sich nicht.)

Wer hat im Schwimmunterricht gelernt, welche Bewegungen er mit den Armen, welche mit den Beinen machen müsse, und hat zur Sicherung einen Schwimmgürtel umgehabt? (Alle bis auf drei melden sich.) Wer hat noch eine Stange vorgehalten bekommen? (Ungefähr ein Drittel meldet sich.) Und wer meint, daß ohne jede Bewegung auf dem Rücken liegen zu können, ein besonderes Können verlangt?

Ich habe so ausführlich gefragt, damit Sie aus Ihren eigenen Äußerungen erfahren, wie selbstverständlich und allgemein Menschen vom Schwimmen die Vorstellung haben, daß man mit den Bewegungen das Untersinken verhindert.

Man schließt daraus, daß man, wenn man sich aus irgendeinem Grund, aus Ermüdung oder infolge eines Krampfes, nicht mehr bewegen könne, in Gefahr sei, zugrunde zu gehen und hierbei sogar im wörtlichen Sinne. Ich mache Sie auf diese Zusammenhänge besonders deswegen aufmerksam, weil wir uns jetzt nicht mit dem Problem Schwimmen um des Schwimmens willen beschäftigen, sondern weil ich an diesem Beispiel deutlich machen will, was unter zweckmäßiger Fragestellung zu verstehen ist und welche Konsequenzen zweckmäßige und unzweckmäßige Fragestellungen mit sich bringen.

Fräulein D.: Ich bekomme, wenn ich weit hinausschwimme, plötzlich das Gefühl von der Tiefe des Sees, und dann verläßt mich das Vertrauen. (Allerseits zustimmendes Nicken.)

H. J.: Begründete Angst besteht nur durch die Gefahr starker Strudel, die jedoch mit dem Problem und Phänomen Schwimmen direkt nichts zu tun hat.

Herr P.: Ich habe seinerzeit allein schwimmen gelernt. Wenn die andern dabei waren, hatte ich ein Angstgefühl. Darum versuchte ich es alleine in einem Kanal mit ganz schwacher Strömung. Das Wasser reichte mir stellenweise bis zur Brust, stellenweise bis zum Kopf. Ich ging ganz langsam vorwärts und habe mich ein wenig tragen lassen, und plötzlich lag ich oben, und ich ließ geschehen, wie es kommen wollte. Dann hatte ich das Gefühl: Jetzt ist es richtig. Ich wurde ganz allmählich sicherer und habe Bewegungen probiert, und so habe ich schwimmen gelernt.

H. J.: Sie hören hier wieder einmal mehr, wieviel besser Autodidakten daran sind als die, die ihre Sache gelernt haben, denn dieser Weg, vom Erleben des Getragenseins zu den Bewegungen überzugehen, ist der einzig zweckmäßige.

(Fräulein Qu. berichtet, daß sie auch autodidaktisch zum Schwimmen gekommen sei und daß sie ganz ohne Angst schwimmen könne. Wenn sie als Kinder weit in den See hinausgeschwommen seien und müde wurden, hätten sie sich einfach auf den Rücken gelegt, ohne eine Bewegung. So hätten ihnen große Distanzen nie etwas ausgemacht.)

H. J.: Fällt Ihnen bei den Berichten unserer Autodidakten auf, daß sie das Getragensein vom Wasser erlebt haben, bevor für sie das Problem der Fortbewegung akut geworden ist? Damit kommen wir zum ersten Schritt der Klärung zurück, die uns den Schlüssel für zuverlässiges Können liefert: Was ist unter dem Phänomen „Schwimmen" zu verstehen? Ein Stück Holz oder ein Korken, also etwas, das leichter als Wasser ist, s c h w i m m t. Holz oder Kork brauchen nicht zu rudern, um das Untergehen zu verhindern. Das Phänomen „Schwimmen" bedeutet nichts anderes als Getragensein, als Leichtersein als das Wasser und hat mit Fortbewegung noch nichts zu tun. Wo Wasser in Bewegung ist, wo Strömung ist, trägt die Strömung fort, was schwimmt.

Im Hinblick auf den Menschen hätte man beim Problem Schwimmen zuerst zu fragen, ob der Mensch in diesem Sinne schwimmen kann, d. h. ob sein spezifisches Gewicht größer ist als das des Wassers oder kleiner. Durch Erkenntnisse der Physik wissen wir, daß das spezifische Gewicht des menschlichen Körpers etwas geringer ist als das des Wassers, daß der Mensch die physikalischen Voraussetzungen besitzt, wie ein Stück Holz schwimmen zu können. Wäre von dieser Seite her allgemein vertraut und bekannt, daß man nicht untergehen kann, wenn man sich so verhält, daß man den Auftrieb des Wassers voll ausnützt, wäre damit die Hauptquelle von Beunruhigung und Angst, die Schwimmen und Schwimmenlernen zu einem Problem machen, aus der Welt geschafft.

Das Nicht-zur-Kenntnis-Nehmen, daß der menschliche Körper tatsächlich schwimmen kann, wodurch erst Angst vor dem Untergehen erzeugt wird, und zugleich die Meinung, Bewegungen machen zu müssen, um das Untergehen zu verhindern, verführen zwangsläufig sowohl zu unzweckmäßigem Verhalten wie zu unzweckmäßigen praktischen Maßnahmen.

Man müßte die jungen Menschen bewußt und systematisch ausprobieren lassen, was unsere Autodidakten unbewußt und instinktiv getan haben: Das Wasser kann uns tragen. Um das erleben zu können, muß man still und angstlos sein. Sobald man sich angstvoll zusammenzieht und den Atem anhält, kann man das Getragenwerden im Süßwasser nicht erleben, weil man dadurch unbewußt physikalisch ungünstigere Voraussetzungen dafür schafft, d. h. man wird spezifisch schwerer und sinkt deswegen etwas tiefer ein.

Will man nun zu Beginn der Auseinandersetzung mit dem Schwimmen versuchen, den Auftrieb zu erleben, kann bewußt werden, daß es unzweckmäßig ist, mit dem Schwimmen auf dem Bauch anzufangen, da man dabei, um atmen zu können, den Kopf aus dem Wasser heraushalten muß. Dadurch sinkt der Körper tiefer ein, denn die Last des Kopfes wird nicht durch den Auftrieb neutralisiert. In der Rückenlage kann der Kopf so tief einsinken, daß nur noch die Nase herausragt, und das entsprechende Quantum Wasser verdrängen. Das sind Voraussetzungen für das erste Erleben des Phänomens S c h w i m m e n.

Etwas vom Getragenwerden kann man schon in der Badewanne bewußt ausprobieren, wenn man z. B. spürt, wie Arm und Hand — und je nach Lage auch die Beine — an die Wasseroberfläche gehoben werden, wenn man sie nicht absichtlich unten hält.

(Es folgt ein Hinweis, daß man sich beim Tauchen geradezu anstrengen muß, um tiefer unter den Wasserspiegel zu kommen, und dabei erlebt, wie stark das Wasser einen nach oben drückt.)

Angsthaben, Starrwerden, Atemanhalten und schließlich Wasserschlukken, das muß alles zusammenkommen, damit der schwimmende Körper für einige Zeit tiefer unter den Wasserspiegel sinken kann. Gelassenes Ausprobieren und Erfahren wird oft dadurch erschwert, daß das Wasser nicht warm genug ist und man sich unter dem Kältereiz zusammenzieht und starr wird.

Wenn wir also von den physikalischen und physiologischen Gegebenheiten unseres Organismus ausgehen, wenn wir nach den spezifischen Voraussetzungen unserer biologischen Ausrüstung fragen, gibt es nur eine Art des Vorgehens, die zweckmäßig ist: davon auszugehen, daß das Phänomen Schwimmen zunächst nichts anderes bedeutet, als den Auftrieb auszunutzen. Alle Schwimmbewegungen sind Mittel zur Ortsveränderung, zur Fortbewegung. Mit den Bewegungen verhindern wir nur insofern das Untersinken, als wir, wenn wir auf dem Bauch schwimmen, die durch das Heraushalten des Kopfes aus dem Wasser zu große spezifische Schwere auszugleichen versuchen und, wenn wir in stehendem Wasser probieren, durch unsere Bewegungen künstlich jene Strömung erzeugen, die uns in fließendem Wasser das Getragenwerden leichter macht. Wenn wir schon die kleinen Kinder auf dem Rücken liegend das Getragenwerden erleben lassen, ist das Vertrauen zum Wasser von Anfang an vorhanden, und alles weitere spielt sich von selbst ab. Auch die Angst vor tiefem Wasser und vor weiten Strecken kann kaum mehr entstehen, weil man erlebt hat, daß man sich jederzeit auf den Rücken legen und ausruhen kann.

Fräulein Qu.: Ich habe kürzlich mit zwei Sportlehrern deswegen gestritten. Sie haben mir vorgehalten, ich könne gut auf dem Rücken liegen, weil ich so viel Fett hätte, und sie seien beide so schlank und knochig, daß es ihnen nicht möglich sei, sich ohne Bewegungen vom Wasser tragen zu lassen. Da ich das, was Sie uns heute gesagt haben, nicht gewußt habe, habe ich leider klein beigeben müssen.

H. J.: Das ist das Pech des Autodidakten. Er ist zwar dem Fachmann praktisch überlegen und kann etwas, was jener nicht kann, aber er ist der „Gescheitheit" des Fachmannes ausgeliefert, sobald er erklären soll, wieso er das kann. Ich selber wiege kaum mehr als 50 kg. Trotzdem kann ich mich im Wasser still auf den Rücken legen und mich tragen lassen.

Das Beispiel Schwimmen kann Ihnen helfen, allerlei hinsichtlich Zustandskontrolle, Gelassenbleiben und Gelassenwerden, also hinsichtlich zweckmäßigen Verhaltens zu studieren. Selbst diejenigen, die autodidaktisch auf eine vernünftige Weise zum Schwimmen gekommen sind, werden noch allerlei entdecken, wenn sie bewußt erleben, wie man sich bis in Hände und Füße dem Auftrieb überlassen kann. Je weniger starre, versteifte Gelenke, desto vollkommener kann der Auftrieb sich auswirken. Je starrer man ist, desto mehr Widerstand setzt man, ohne es zu merken, der Auswirkung des Auftriebs entgegen. Es ist wohl nicht übertrieben zu vermuten, daß bei uns die meisten Schwimmer noch nie das beglückende Gefühl des wirklichen Schwimmens erlebt haben.

Fräulein D.: Das Gefühl habe ich oft erlebt, aber es genügt, daß jemand mich lachen macht, damit ich untergehe. Dann fange ich an, Bewegungen zu machen, bekomme darüber Angst, und es wird immer schlimmer.

H. J.: Das muß Ihnen doch jetzt verständlich sein, denn sobald man Angst bekommt, zieht man sich zusammen. Im strömungslosen Süßwasser gehört mehr Gelassenheit dazu, den Auftrieb vollkommen nützen zu können, als z. B. im warmen Mittelmeer, wo der Auftrieb des Salzwassers größer ist, so daß man beim Stilliegen nicht immer haarscharf an der Gleichgewichtsgrenze bleibt. Wenn einen jemand zum Lachen bringt, atmet man stoßweise aus, zieht den Leib ein, hält den Atem an und geht nicht unter, sondern sinkt etwas tiefer ein. Im Augenblick, in dem man etwas mehr einzusinken beginnt, bekommt man Angst. Die Angst verstärkt das Zusammenziehen, und so steigert sich das in sich selber, bis man schließlich in echter Panik ist.

Herr Z.: Ich habe früher viele Kilometer weit schwimmen können, ohne zu ermüden. Als ich vor mehreren Jahren in einem breiten Fluß schwamm, verfing ich mich in einer von Fischern ausgelegten Angelschnur und hatte große Mühe, mich frei zu machen. Ich bekam dabei einen solchen Krampf im Bein, daß ich überzeugt bin, wenn ich mich nicht gleich auf den Rücken gelegt hätte, wäre ich ertrunken. Seither habe ich beim Schwimmen die Angst vor diesem Krampf und traue mich nicht mehr, lange Strecken alleine zu schwimmen.

H. J.: Sie können an diesem Beispiel erkennen, daß man, selbst wenn man als Autodidakt und „Naturkind“ von selber zum Schwimmen gekommen ist, das Zweckmäßige in Wirklichkeit noch nicht besitzt. Wenn

Sie sich die Beziehung zum Getragenwerden bewußt erarbeitet haben, kann Sie ein solches Mißgeschick nicht mehr so verstören. Weil man sich nicht bewußt mit der Tatsache des Getragenwerdens auseinandergesetzt hat, genügt eine verhältnismäßig kleine, plötzlich auftretende Behinderung, um den Schwimmer in Todesangst zu versetzen.

Man müßte sich auch das Tauchen bewußt erarbeiten. Wer anwesend mit offenen Augen tauchen kann, ist gefeit gegen die meisten Gefahren des Wassers, d. h. man muß unter Wasser gelassen und bewußt die Augen öffnen, sich vergnügt umschauen können, ohne dabei angestrengt den Atem anzuhalten. Wer das probiert, wird erleben, daß man es um so länger unter Wasser aushält, je angstloser man ist.

(Es folgt ein Hinweis auf die langen Tauchzeiten der Perlenfischer in der Südsee. Offenbar gehört Tauchen und sogar minutenlang unter Wasser bleiben können mit zu den Gegebenheiten unserer biologischen Ausrüstung.)

Ich möchte noch einmal zusammenfassen, daß man beim Schwimmenlehren so unzweckmäßig wie nur möglich vorgeht, wenn man mit Anweisungen beginnt, die auf Vorrat gegeben werden, und dadurch von der Auseinandersetzung mit dem Wesentlichen, auf das es ankommt, systematisch ablenkt. Man verleitet durch die Art der Aufgabenstellung systematisch zu unzweckmäßigem Verhalten.

Erst wenn man schwimmen kann, wenn man sich Vertrauen zum Getragensein durch das Wasser erarbeitet hat, sollte man anfangen auszuprobieren, welche Wirkung einzelne Bewegungen für die Fortbewegung haben. Dabei kann man sich probierend erarbeiten, wie man sich am zweckmäßigsten bewegt, um mit dem geringsten Kraftaufwand am raschesten vorwärts zu kommen.

Wenn man so vorgeht, kann es niemand geben, der nicht mit Leichtigkeit und Freude zum Schwimmen käme, der nicht ein angstfreier und ausdauernder Schwimmer werden könnte und dazu einer, der zu schwimmen vermag, wie es unter den gelernten Schwimmern nur wenige können.* Außerdem könnte *jeder*, der sich auf diese Weise *bewußt* das Schwimmen erarbeitet hat, jeden anderen zum Schwimmen bringen; jeder könnte also ein ausgezeichneter Schwimmlehrer sein. Zur Meinung, daß Erarbeiten umständlicher sei und länger brauche, möge man sich das vergegenwärtigen. Es würde vermutlich auch niemand, der sich seine

* Was aber z. B. deutlich bei Mark Spitz (Olympiade München) zu erkennen war. (S. L.)

Schwimmbewegungen in der bewußten Auseinandersetzung mit dem Widerstand, den die Dichte des Wassers dem Sichbewegen bietet, erarbeitet hat, in Gefahr kommen, beim längeren Schwimmen Krämpfe zu bekommen, denn er würde sich zweckmäßig bewegen, so daß das Sichbewegen ihn entfalten und nicht ermüden würde. Unbegabt für Schwimmen — das könnte es auf diese Weise auch nicht mehr geben.

Vergessen Sie bitte nicht, daß ich mit Ihnen jetzt nicht um des Schwimmens willen über das Schwimmen gesprochen habe. An der primitiven Aufgabe „Schwimmen" habe ich Ihnen ein primitives Modell dessen gegeben, was ich unter zweckmäßiger Art von Frage- und Aufgabenstellung verstehe. Vielleicht kann Ihnen an diesem Beispiel der Möglichkeit, sich das Schwimmen zu erarbeiten, deutlich werden, wie man die funktionellen Grundlagen eines Problems zu erfassen hätte und wie man die Auseinandersetzung mit diesem Problem im Kontakt mit den spezifischen, in unserer biologischen Ausrüstung gegebenen funktionellen Voraussetzungen einzuleiten hätte, um auszuschließen, daß jemand bei der Auseinandersetzung versagen kann. So müßte die Fragestellung für jedes Gebiet gestaltet werden, mit dem wir die junge Generation in Beziehung zu bringen wünschen.

Fräulein D.: Was Sie über das Schwimmen sagten, hat mir sehr eingeleuchtet, aber für andere Aufgaben sehe ich nicht, wie man es anders anpacken könnte.

H. J.: Niemand kann von Ihnen erwarten, daß Sie jetzt schon „sehen" können, wie man etwa Fremdsprachen oder Mathematik als Phänomene ähnlich erfassen könnte wie das Phänomen Schwimmen, also im Hinblick auf die in unserer biologischen Ausrüstung dafür gegebenen funktionellen Voraussetzungen. Trotzdem dürfte es Ihnen nicht mehr so unvorstellbar für andere Gebiete sein, denn Sie haben neulich im Lichtbild die Entwicklung der fürs Zeichnen „Unbegabten" bei den Hell-Dunkel-Versuchen gesehen. Die Verwandlungen, die Sie dort gesehen haben, sind nur dadurch möglich geworden, daß wir auch bei dem Problem Zeichnen analog dem Problem Schwimmen unmittelbar an die biologische Ausrüstung appelliert haben.

Erinnern Sie sich künftig stets daran, daß man die beiden entscheidenden Faktoren unserer Art des Vorgehens nie trennen darf: Die erkannte zweckmäßige Art der Fragestellung ist noch nichts ohne die Einbeziehung des zweckmäßigen Verhaltens, und die Klarheit darüber, welche Qualität des Verhaltens zweckmäßig ist, ist noch nichts ohne die Erkenntnis dessen, was die Fragestellung jeweils zur zweckmäßigen Fragestellung werden läßt. Wenn jemand sich offen und angstlos verhält, sich aber unzweckmäßige Aufgaben stellt oder gestellt bekommt, so wird er sie zwar besser bewältigen als jemand, der voller Angst ist, aber er wird zweifellos dabei nicht das erreichen, was er bei zweckmäßiger Aufgabengestaltung erreichen würde. Andererseits: Wenn jemand vor einer zweckmäßig gestalteten Aufgabe steht, wenn er z. B. weiß, daß es darauf ankommt, sich vom Wasser tragen zu lassen, sich aber nicht tastend und probierend verhält, darf man sich nicht wundern, daß er, obwohl er sich vorschriftsmäßig auf den Rücken legt, dabei nicht zu dem Erlebnis des Getragenwerdens kommt. So wie wir gefragt haben: „Was ist eigentlich schwimmen?", so müssen wir auch fragen: „Wie kommen visuelle Gestalteindrücke bei uns zustande?", wenn wir Gestalten darstellen wollen — oder: „Welches sind die funktionellen Voraussetzungen des Phänomens Muttersprache, und inwiefern sind die Verhältnisse anders bei dem, was man eine Fremd-Sprache nennt?" etc.

Ist Ihnen schon klargeworden, daß z. B. die Methode des Schwimmunterrichts, die sich aus unserem Gespräch von heute ergibt, keine „Methode Gindler" oder „Methode Jacoby" oder dergleichen ist, sondern daß die Art des praktischen Vorgehens, die Methode, sich zwangsläufig ergibt aus dem Verständnis des Phänomens, zu dem eine Beziehung erarbeitet werden soll?

Haben wir die wesentlichen Zusammenhänge erkannt, dann liegt es nicht mehr in unserem Belieben, so oder so vorzugehen. Es gibt nur einen Weg, der der wirklich zweckmäßige ist: nämlich derjenige, der sich aus dem Erkennen der funktionellen Zusammenhänge aus sachlichen Gründen selber vorschreibt. Hier ist ein Ansatzpunkt für den zukünftigen Aufbau einer Pädagogik, die mit etwas mehr Recht die Bezeichnung wissenschaftlich verdienen würde, als jene Sammlungen von Rezepten und Vorschriften und philosophischen und psychologischen Spekulationen, die man unsere Lehramtskandidaten lernen läßt.

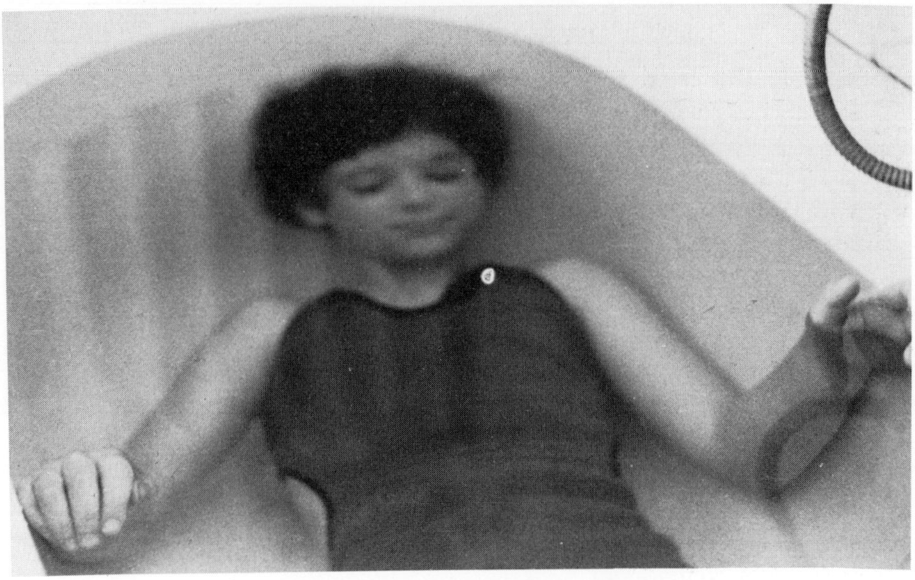

In der Badewanne tauchendes Kind

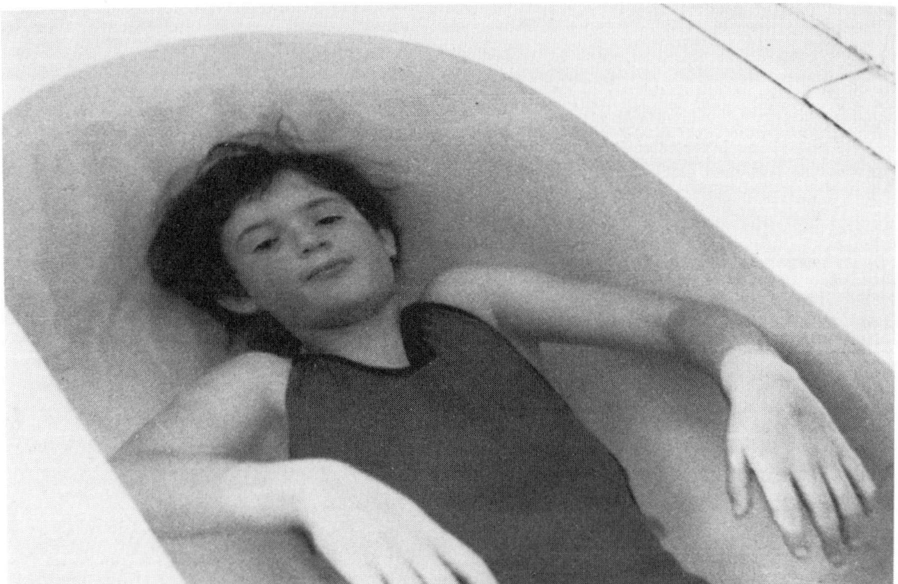

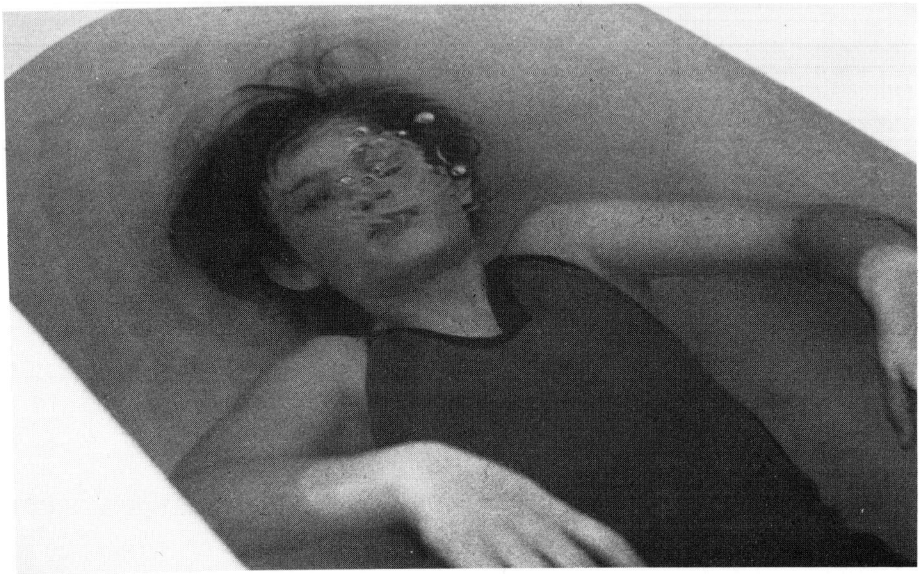

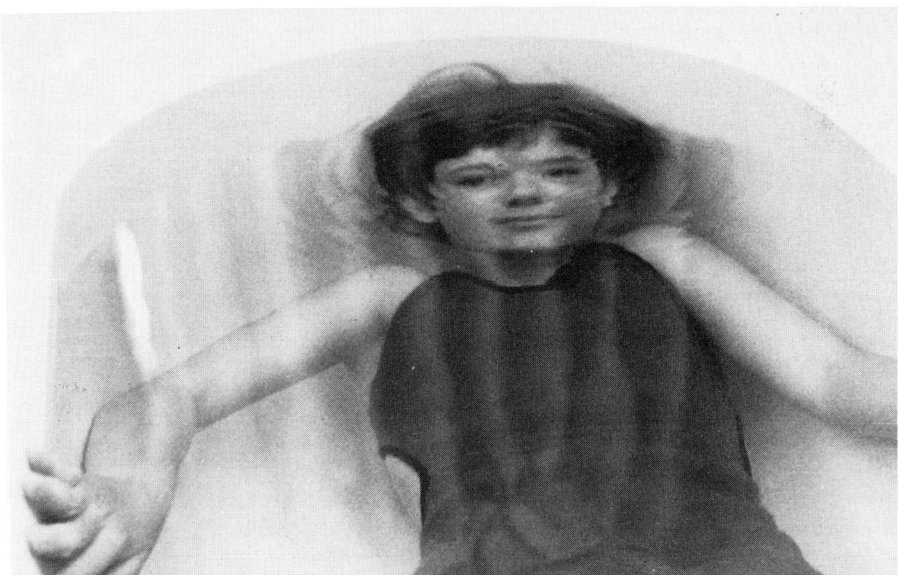

17. Kurs

Zweckmäßige Fragestellung: Musik
Anfänge von Klavierunterricht
Wofür Stellungs- und Haltungsanweisungen?
Noten — „Anschlag“
Das Interesse wird auf visuelle, intellektuelle und motorische Aufgaben gelenkt
Improvisationsbereitschaft
Musikalische Zusammenhänge nach dem Gehör zum Klingen bringen
Ausprobierend Geländekenntnis auf dem Instrument erarbeiten, auf dem Weg über falsche Klänge — Klimpern
Die eigenen Ohren als Lehrer
Falsch-Singen — ein Verhaltensproblem
Richtig-Singen — ein Problem des Vertrauens zur eigenen Empfindung
Musik — ein Ausdrucksmittel wie die Sprache
Erlebenkönnen des Gehaltes von Musik — Verständnis des Musikstoffes
Energetische Prozesse
Erste Beziehung des kleinen Kindes zur Musik
Improvisation
Musikverständnis — Verlust der spontanen Beziehung zum Phänomen „Musik“
Die biologische Ausrüstung des Menschen und die funktionelle Eigentümlichkeit des Phänomens „Musik“
Über den eigentümlichen Wirkungsbereich der Sprache und der Musik
Was ist das Wesentliche des Phänomens „Musik“?
Gehalt und Funktion der heutigen Musik
Gibt es ein gesetzmäßig bedingtes tragendes Element im Phänomen Musik?
Musik — Kunst — „Begabung“ des Musizierenden?
Interesse am Stoff der Musik
Vom Energetischen
Alle Sprachen haben funktionell den gleichen Gehalt

„Wie“ und „Was“ beim Klingen
Improvisierte Beispiele (H. Jacoby) — das Wesentliche des Phänomens „Musik“
Reagieren auf Gesetzmäßigkeiten in den Strukturen von Musik
Ziel — Ladung — Energie — Ablauf
Schießen als Beispiel zur Verdeutlichung der Phänomene
Gesetzmäßige Voraussetzungen geglückter Improvisation
Das Entscheidende muß vor Beginn geschehen sein
Re-Produzieren

23. April 1945

H. J.: Für welches Gebiet möchten Sie erfahren, wie man sich auf analoge Weise zuverlässig einen Zugang erarbeiten könnte?

Frau V.: Könnten wir nicht das Gebiet der Musik nehmen? Ich würde sehr gern musizieren, aber ich mache immer wieder die Erfahrung, wie unbefriedigend das ist, was dabei herauskommt. Ich habe mir überlegt, wie man analog zum Schwimmen vorgehen könnte, und schon vor einiger Zeit, als wir uns hier mit den Tastversuchen beschäftigten, probiert, auf dem Klavier zu tasten. Darüber habe ich eine kleine Ahnung von neuen Möglichkeiten bekommen, aber ich komme nicht allein vorwärts.

H. J.: Als Beispiel benutze ich die Musik gerne. Bei allen anderen Gebieten — ob Sprechen, Zeichnen (d. h. unsere Hell-Dunkel-Versuche), Bewegung oder Mathematik etc. — handelt es sich um Analogien zu meinem ursprünglichen Vorgehen bei der Musik. Außerdem können gerade dabei manche Gedankenlosigkeiten und Vorurteile entlarvt werden.

Wir wollen uns also über das Phänomen „Musik" verständigen wie über das Phänomen „Schwimmen". Die Analogie zu jener Sorte Schwimmunterricht, bei der man die Teilbewegungen gesondert lernen und üben muß, ist beim Instrumentalunterricht nicht schwer zu finden. Beim Klavierunterricht wird häufig damit angefangen, wie man sich hinzusetzen hat. Der Stuhl muß eine bestimmte Höhe haben, damit der Unterarm in bestimmtem Winkel zum Oberarm steht. Der Ellenbogen muß entweder höher oder tiefer als die Tasten, das Handgelenk höher oder tiefer als der Unterarm stehen und die Finger gekrümmt oder gestreckt sein, und nur so ist es richtig, wie es die Methode vorschreibt, die der betreffende Lehrer hat. Wem von Ihnen ist es so gegangen? Heben Sie die Hand! Nun schauen Sie sich alle um und registrieren Sie, daß es allen, die Klavierunterricht gehabt haben, so gegangen ist!

Fräulein D.: Ich kann mich noch erinnern, daß man mir ein Buch auf die Hand gelegt hat, um zu erzwingen, daß sie flach bleibt.

H. J.: Andere legten ein Geldstück auf den Handrücken. Also, die äußere Form der Haltung steht wieder im Vordergrund des Interesses und am Anfang der Anweisungen. Es ist natürlich kein Zufall, daß Stellungs-

und Haltungsanweisungen in allen Instrumentallehrmethoden zu finden sind. Ahnen Sie, warum das so ist?

Herr P.: Damit die Hand nicht ermüdet!

H. J.: Meiner Erfahrung nach gibt es — ganz im Gegenteil! — kein besseres Mittel, um vorzeitige Ermüdung zu erzeugen, weil man u. a. aus Angst, irgend etwas falsch zu machen, starr wird! Für gewisse artistische Aufgaben gibt es günstigere und weniger günstige Arten von Haltungen und Handstellungen, und die Methodiker haben versucht, von ungewöhnlich virtuosen Musikern abzugucken, wie diese ihre Hände halten, ihre Finger bei der Bewältigung besonders komplizierter Griffe, Passagen und Sprünge stellen etc. Derartige Stellungen und Haltungen werden erst notwendig — falls jemand später an schwierigeren Aufgaben interessiert ist —, nachdem man sich viele Jahre lang mit einem Instrument auseinandergesetzt hat. Hat das aber jemand wirklich getan, so braucht er derartige Vorschriften nicht, weil auch dabei das Ausprobieren der zweckmäßigste Weg ist, um die zweckmäßigste Bewegungsart herauszufinden.

Gleichzeitig mit dem Aufpassenmüssen auf die Haltungsvorschriften sind gewöhnlich die Noten zu entziffern, die man auch erst zu lernen anfängt, und ist aufzupassen, daß die Finger auf der Klaviatur den rechten Ort finden, den die Note auf dem Papier ankündigt. Wenn man sich nun um all diese Vorschriften bemüht, durch das Richtig-machen-Wollen der Bewegung steif geworden ist, durch das Richtig-entziffern-Wollen der Noten starre Augen bekommen hat und trotzdem mit dem Finger die richtige Taste erreicht, dann muß man diese Taste anschlagen!

Außerdem verlangt man von den Kindern meistens, daß sie von Anfang an kräftig und möglichst mit jedem Finger gleich stark die Tasten anschlagen. Der Name „Tasten“ sagt im Grunde alles aus, was zu geschehen hätte, wenn jemand mit dem Klavierspielen anfangen will! Trotzdem machen auch Absolventen der Musikhochschulen noch ihre Anschlagübungen! Daß man ganz selbstverständlich vom „guten“ oder „schlechten“ Anschlag des Spielers spricht, verrät viel. Mit diesen Anweisungen wird das ganze Interesse des Anfängers auf visuelle, intellektuelle und motorische Aufgaben gelenkt, während das Wesen von Musik ein akustisches Phänomen ist. Und da es vor allem darauf ankommt, alles Vorgeschriebene möglichst rasch „richtig“ zu machen, kommen viele von Anfang an in eine Panikbereitschaft.

Wenn man Musizieren auf dem Klavier vorbereiten wollte, wäre es hinsichtlich des Kontaktes mit dem Instrument die erste Aufgabe, ausprobieren zu lassen, daß und wieviel Tastenwiderstand zu überwinden ist, um die verschiedenen Klangqualitäten zu erzeugen.

(Es folgt ein Hinweis auf den großen Kraftaufwand von Kindern wie von Erwachsenen beim Klavierspiel, obwohl der Tastenwiderstand nur ca. 60 g beträgt.)

Die Ermüdung kommt sowohl vom Starrsein wie von der Tatsache, daß man ohne Kontakt mit dem Tastenwiderstand bei jedem Anschlag großen Aufwand treibt. Wie beim Schwimmenlernen die Bewegungsvorschriften und die Bewegungsübungen einsetzen, bevor eine Auseinandersetzung mit dem Phänomen Schwimmen eingeleitet worden ist — bevor es zum Erlebnis des Getragenwerdens gekommen ist —, so beginnt man auch beim Instrument mit Bewegungsanweisungen und -vorschriften, bevor eine Auseinandersetzung mit dem Phänomen Musik stattgefunden hat.

Der Anfänger kann sein Instrument nicht kennenlernen, kommt nicht in Kontakt mit ihm, ganz davon abgesehen, daß er nur nach Ausführung aller intellektuell, visuell und motorisch zu bewältigenden Vorschriften post festum auch hört, was zum Klingen kommen soll.

Nun haben wir uns aber — wiederum analog zum Schwimmen — mit der viel wichtigeren Frage zu beschäftigen, was das Charakteristische des Phänomens Musik ist, an welche spezifischen Eigentümlichkeiten unserer biologischen Ausrüstung musikalisches Geschehen appelliert und welchen Gegebenheiten in unserer Ausrüstung es sein Entstehen verdankt. Zunächst handelt es sich immer — gleichgültig, was für eine Art von Musik wir nehmen — um den Ablauf von Ereignissen, die akustisch in Erscheinung treten und akustisch wahrnehmbar werden. Was alles im Verlaufe eines musikalischen Ablaufes vorgehen mag, wie sein Klangstoff strukturiert sein mag, welche affektiven Gehalte durch ihn aktualisiert werden mögen, auf jeden Fall müssen wir lauschbereit werden, wenn wir mit diesem Ereignis in Beziehung kommen wollen! Und bevor ein Musikinstrument oder „Stücke" der Musikliteratur in Frage kommen, müßten spontane musikalische Äußerungen entstanden sein und die Auseinandersetzung damit stattgefunden haben. Schon ein zweijähriges Kind, das vor sich hinsummt, noch keine Lieder kennt und nichts von der Existenz von Musik weiß, musiziert, und das Instrument, mit dem es musiziert, ist es selber.

An diese kindliche Improvisationsbereitschaft sollte man viel eher anknüpfen als an bekannte Kinderlieder, die das Kind fast immer in unmusizierter Qualität hört.

(Es folgen Phonogramme als Plärrbeispiele von „Hänschen klein“ und von „Ihr Kinderlein kommet“.)

Merkwürdigerweise ist diese Plärrerei die übliche Form und Qualität, in der wir Kinder mit Musik in Beziehung bringen. Es ist kaum zu verstehen, daß das für kindlich und für kindgemäß gehalten wird!

Liedchen singen und Musikstückchen spielen ist etwas anderes, als wirklich bewegt zu sein von etwas, bewegt von einer Stimmung, von einer Empfindung, die sich durch Klänge Gestalt schafft!

Wenn man an das anknüpfen kann, was jeder an Musik in sich selber vorfindet, wird das Instrument wirklich zu dem, was das Wort eigentlich bedeutet, zum Werkzeug, mit dessen Hilfe etwas hörbar werden kann, für das das eigene Instrument nicht mehr ausreicht. Will man ein Instrument spielen, wäre es das Nächstliegende zu versuchen, musikalische Zusammenhänge, die einem einfallen, nach dem Gehör auf dem Instrument zum Klingen zu bringen. Der erste Schritt wäre, ohne Anweisungen, ohne Vorschriften Entdeckungsreisen auf dem Instrument zu machen, auszuprobieren — „Klavier, was willst du von mir?“ —, wie tastend man sein muß, um den Tastenwiderstand in Kontakt zu überwinden, und auszuprobieren, wo überall die Tasten liegen, die man braucht, um die Klänge jener Melodie zum Klingen zu bringen, die man „im Ohr“ hat.

Das wäre Erarbeiten als Verfahren für das Gewinnen der Geländekenntnis auf dem Instrument. Auch hier gilt es, am Falschen zu erkennen, was das Richtige ist. Auch beim Musizieren sollte man nur auf dem Wege über falsche Klänge zum Richtigen kommen.

Alle Kinder, die man nicht verstört hat, wollen, wenn es in ihrer Umgebung ein Klavier gibt, darauf ihre Entdeckungsreisen machen. Aber auch hier greifen die Erwachsenen gewöhnlich ein, weil sie das Geklimper stört oder weil sie meinen, das schade dem Instrument etc. Dann läßt man dem Kind Musikunterricht geben, damit es rasch etwas „Richtiges“ lerne. Manche Kinder lassen sich durch den Unterricht nicht ganz von ihrer Lust am Klimpern abbringen. Die meisten aber werden durch die ständigen Hinweise, sie sollten lieber üben, was sie aufhaben, gestoppt und werden später so unlebendig spielen, wie man es zu hören gewöhnt ist. Andere streiken, verlieren die Lust am Musizieren oder werden gar „unmusikalisch“, was man ihnen eigentlich nicht verübeln kann.

(Es folgt ein Hinweis darauf, wie man durch Vertröstungen auf später den Kindern das Durchhalten schmackhaft zu machen versucht und wie es geradezu als selbstverständlich gilt, daß man erst lange Zeit üben müsse und das ganze trockene, sinnlose und verstörende Verfahren zu praktizieren habe, bis Musik auch Freude machen kann.)

So wenig man den Schwimmlehrer dulden dürfte, der so vorgeht, wie ich es als unzweckmäßig beschrieben habe, so wenig dürfte man einen Klavierlehrer dulden, der so vorgeht, wie ich es beschrieben habe, wenn man wünscht, daß ein Kind mit Musik in Beziehung kommen soll. Auf dem Klavier liegt alles parat, so daß man dem Kind nur zu erlauben brauchte, Entdeckungsreisen zu machen. Je weniger verstört ein Kind ist, je mehr es noch bei sich und auf Probieren aus ist, je selbständiger es hat aufwachsen dürfen, desto gewisser wendet es sich an den Lehrer, den es selber mitbringt, nämlich an seine eigenen Ohren! Hier ist wiederum Still-sein-Können und sachliches Interessiertsein der Schlüssel. Dann hört jedes Kind besser, als irgendein Lehrer ihm sagen könnte, ob etwas falsch ist, und bald auch, *was* falsch ist! Wenn das Kind aber Stückchen spielen soll, die vor ihm auf dem Papier aufgezeichnet sind und die es erst durch das komplizierte Kombinieren optisch-motorisch-intellektuellen Aufwandes hinterher zu hören bekommt, anstatt daß es probiert, auf dem Instrument zusammenzusuchen, was es bereits „im Ohr" hat, dann ist es allerdings auf den Schulmeister neben sich angewiesen, der kontrollieren und korrigieren muß. Auch die Sprache der Musik muß man sich erstottern und erstammeln dürfen, d. h. ausprobieren dürfen! Wer hat denn seine Muttersprache gleich „richtig" sprechen können? Dabei läßt das Kind sich doch auch durch sein Ohr ständig berichtigen, bis es schließlich ganz selbstverständlich so spricht wie die Erwachsenen in seiner Umwelt. Auch dabei hat ein Kind es um so schwerer, sich allmählich klar und richtig zu äußern, je mehr man ihm *vor*spricht und an seinen Äußerungen herumkorrigiert. Solange Kinder — und auch Erwachsene — einigermaßen unbefangen und unverstört im Gesamtverhalten sind, benutzen sie ganz selbstverständlich das eigene Ohr als Richter, und zwar als einen unbestechlichen!

Fräulein D.: Woher kommt es aber, daß so viele Kinder falsch singen?

H. J.: Zunächst singen alle Kinder falsch, bevor sie allmählich — ganz wie bei der Sprache — richtig singen. Je früher ein Kind beim „Falsch"-Singen korrigiert wird, desto gewisser wird es später beim Intonieren unsicher bleiben und sich so verhalten, daß man ein „schlechtes Gehör für Musik" konstatiert. Desto mehr wird seine Unbefangenheit und Bereitschaft, sich selber zu korrigieren, gestört, desto mehr gewöhnt es sich daran, sich nach außen zu orientieren und die anderen zu fragen, ob etwas falsch oder richtig sei, und desto weniger kann es gelassen probieren, Klänge so zu intonieren, wie es sie hört.

Nur solche Menschen singen falsch — gleichgültig ob Erwachsene oder Kinder —, die so abwesend oder ängstlich oder starr sind, daß sie drauflos singen, zu wenig still sind, um ihr eigenes Empfinden für falsch und richtig, für hoch und tief zur Selbstkorrektur nützen zu können.

Das Richtig-Singen muß als ein Problem des Vertrauens zur eigenen Empfindung erkannt werden! Ein Kind kann leicht so beunruhigt werden, daß es ohne eine später einsetzende bewußte Arbeit in unserm Sinne für immer falsch singen wird. Es gibt keinen Menschen — vorausgesetzt, daß er keine Gehörerkrankung hat —, der es nicht wieder erreichen könnte, richtig zu singen.

Auch hierbei ist der Schlüssel ein Verhaltensproblem: Abbau von Angst und Panik, — wieder dazu kommen zu lauschen, — nicht mehr mit den Ohren zu „glotzen"! Es gibt kein besonderes „Ohr für Musik". Aber man kann einen kleinen Menschen gegenüber der Qualität von Klängen so befangen machen, daß er „seinen Ohren nicht mehr traut".

Eine ungeschickte Zurechtweisung führt leicht dazu, daß ein Kind entweder überhaupt nicht mehr zu singen versucht oder daß es zumindest meint, bei ihm sei etwas nicht in Ordnung. Wir ahnen nicht, wie wenig dazu gehört, die Selbstverständlichkeit der Beziehung zu der Ordnung, die einem von innen her diktiert wird, zu verlieren!

Anzufangen mit dem Spielen nach Noten ist, wie wenn jemand nach einem Buch sprechen lernen sollte! Man bringt die Kinder an Musik heran, als ob sie ihre Muttersprache lesen lernen müßten, bevor sie sprechen können! Sie äußern sich dann nicht mehr unmittelbar, sondern wiederholen nur noch Äußerungen anderer. Die spontane Äußerung ist aber, genau wie bei der Sprache, die funktionelle Grundlage aller Musik! Also müßte überall die Improvisation am Anfang stehen und nicht die Reproduktion! Jedes halbwegs unverstörte kleine Kind singt stundenlang Melodien vor sich hin, die es nie von andern gehört hat. Das hört gewöhnlich spätestens auf, wenn ein systematischer Unterricht beginnt. Das improvisierende kindliche Gesumme ist in den Augen — oder besser den Ohren — der Erwachsenen n i c h t s! Liedchen oder Stückchen, das ist etwas!

(Es folgt ein Exkurs über die Vieldeutigkeit des Begriffes unmusikalisch.) Auch hierbei wimmelt es von Vorurteilen und wird kein sachlicher Maßstab für die Bewertung benutzt.

Ein sogenannter Unmusikalischer hat oft ein zuverlässigeres Urteil darüber, ob erfüllt musiziert worden ist, als der sogenannte Musikalische. Ihm sagt Musik nichts; er wird nicht von ihr berührt, solange unerfüllt „musiziert" wird. Der sogenannte Musikalische, der etwas von Musik versteht, hat viele Möglichkeiten zu Ersatzbefriedigungen. Sein Intellekt kommt auf seine Kosten, auch wenn es in der Qualität des Musizierens nicht stimmt. Der „Unmusikalische" bleibt unbewegt und kommt sich minderwertig, eben „unbegabt" vor und staunt darüber, was die anderen auf Grund ihres besonderen Verständnisses alles erleben und bemerken.*

Es besteht ein Unterschied zwischen Musikvorgang und Musikstoff. Für den Musikstoff und seine Struktur bestehen die gleichen Voraussetzungen für Verständnis wie für Orthographie und Grammatik in der Sprache. Aber für das Erleben des Gehaltes von Musik ist das Verständnis des Musikstoffes seiner Struktur nach so sekundär wie Orthographie und Grammatik für das Erleben und Erfassen von Gehalten der Sprache. Vermutlich werden Sie mir zugeben, daß ein Mensch, der weder lesen noch schreiben kann und nichts von Orthographie und Grammatik weiß, wenn er wach und lebendig ist, mehr gesunden Menschenverstand haben kann und unbestechlicher sein kann in seinem Denken und Urteilen als jemand, der literarisch hoch gebildet ist. Womit ich nicht gesagt haben will, daß man sich, wenn man sich in Kunstmusik vertiefen wollte, nicht auch — aber immer erst post festum, wenn man bereits eine lebendige Beziehung zu dieser Sprache gewonnen hat! — für die Struktur, die Grammatik, die Orthographie usw. der Musik interessieren müßte. Musik berührt, bewegt uns und stillt uns, erzeugt Spannungszustände und bringt sie wieder zum Abklingen. Dieser Wechsel von Stille, Bewegtheit und Wieder-zur-Ruhe-Kommen ist das Wesentliche, das Menschen berührt, verwandelt und beglückt. Durch was für eine Art Klangstoff diese Bewegtheit ausgelöst wird, ist in gewissem Sinne sekundär. Wie auch auf anderen Gebieten sind wir bei der Musik durch eine abstrahierende Hinlenkung auf den Stoff vom Wesentlichen abgelenkt worden, sind durch den Betrieb der Amüsierindustrie gewöhnt worden, die Massierung, die Verkomplizierung des Stoffes, das Sich-selbständig-Machen des Virtuosen zu bestaunen und ästhetische Interessen und Bedürfnisse befriedigen zu wollen.

Obwohl die Situation bei der Musik viel komplexer ist als beim Schwimmen, müssen wir die Voraussetzungen, die für das Zustandekom-

* Vergl. auch Jenseits von „Musikalisch" und „Unmusikalisch" — Zitierung von Abraham.

men und das Erfassen des Phänomens Musik in unserer biologischen Ausrüstung gegeben sind, genauso erkennen, wie wir die biologischen, physiologischen und physikalischen Voraussetzungen, durch die Schwimmen auch dem Menschen möglich ist, kennen müssen, um bewußt optimale Leistung und Entfaltung zu ermöglichen. So, wie man sogar still werden muß, um das Phänomen des Auftriebs, des Getragenseins im Wasser zu erleben, muß man still und offen sein, um den konsequenten Verlauf, die gesetzmäßig bedingten Wirkungen jener energetischen Prozesse, die das Wesen von Musik bedeuten, an sich erfahren, bewußt erleben zu können.

Genauso ist es mit den Gesetzmäßigkeiten, durch die die Struktur des Stoffs der Musik, der Klanggestalt bestimmt ist. Wenn der „Unmusikalische“ anfängt, angstlos und offen zu lauschen und auf die Klangerscheinungen, von denen er dann auch erreicht wird, zu reagieren, zeigt es sich, wie zuverlässig auch er die feinsten Unterschiede bemerkt, wie auch er seine Eindrücke zu vergleichen und dadurch auch zu messen und zu beurteilen vermag. Es ist gedankenlos und kurzschlüssig anzunehmen, ein Mensch habe, weil er scheinbar z. B. Dur von Moll nicht unterscheiden kann, kein musikalisches Gehör!

Bei der Unterscheidung von Dur und Moll handelt es sich um eine Differenz von einem Halbton, also die geringste Klangdistanz, die unsere abendländische Musik kennt. Diese Halbtondistanz ist aber ein grober Unterschied im Vergleich zu dem, was derselbe Mensch im Alltag bei der Unterscheidung akustischer Phänomene leistet. Er geht nicht an die Tür, wenn das Telephon läutet und umgekehrt; er erkennt ohne weiteres am Stimmklang, am Tonfall, am Tritt etc., wer von ihm bekannten Personen auf dem Korridor spricht oder sogar nur geht. Derselbe Mensch spürt am Tonfall, wie ein anderer Mensch gelaunt ist, ob er ärgerlich ist, vergnügt, gelangweilt oder ungeduldig. Das sind alles viel feinere Unterscheidungen übers Ohr als der grobe Unterschied zwischen einem Halbton- und einem Ganztonschritt.

Wenn ein Mensch in seinem Alltag spontan so fein unterscheidet, muß es an etwas anderem fehlen als an einem unzulänglichen Ohr, wenn er bei Klängen bestimmter Art plötzlich nicht mehr unterscheiden können soll.

Das war eine der ersten Überlegungen, die meine Arbeit in die Richtung gelenkt hat, in der sie heute verläuft. Als mir vor nun etwa 35 Jahren bei der Beschäftigung mit sogenannten „Unmusikalischen“ auffiel, daß diese Menschen sich in ihrem Verhalten veränderten, in Panik kamen, starr wurden, zaghaft oder abwesend, sowie man ihre Aufmerksamkeit auf etwas, was mit Musik zu tun hatte, lenkte, bestärkte es mich in meiner Vermutung, daß ihr Versagen nicht durch die Qualität ihres Gehörs bedingt sein könne.* Später wurde es für mich zur Gewißheit, daß ihre Unbefangenheit gegenüber Musik und Klängen gestört worden sein mußte und daß sie deshalb in Panik gerieten. Für den Zustand der Panik ist es charakteristisch, daß man weder recht sieht noch recht hört, noch klar denken kann. Und daß ein sonst vernünftiger Mensch ängstlich wird, wenn es um Klänge geht, das muß seine Geschichte haben. Stellen Sie sich bitte einmal vor, was alles sich manchmal an einem Kinderbett abspielt! Vielleicht muß so ein kleines Wesen aus instinktiver Abwehr, aus Selbstschutz schon in der Wiege unmusikalisch werden! Nehmen Sie diesen Hinweis im Zusammenhang mit alledem zur Kenntnis, was wir im Verlauf unserer Arbeitsgemeinschaft zur Frage von Stille, von Gelassenheit, von Distanz und Ehrfurcht vor dem Kind gesagt haben. Genauso, wie viele Erwachsene komisch werden und meinen, dem Kind besonders verständlich zu werden, wenn sie mit ihm in der sogenannten Babysprache sprechen, scheinen manche Menschen — ihnen selber kaum bewußt — zu meinen, man müsse quasi in einer bestimmten Babymusizierweise dem Kinde etwas vorplärren.

Es gibt kaum ein besseres Mittel, das Aufgeschlossensein gegenüber dem Phänomen Musik bei einem Kinde zu stören, als ihm möglichst früh traditionelle Musik vorzuspielen, d. h. stofflich komplizierte und musikalisch unerfüllte Musik! Wo wirkliches Musizieren sich abspielt, gibt es kein „Vor-Spielen". Da sind die Menschen bei sich und ihrer Musik. Wenn ein Kind in solcher Atmosphäre erfüllten Musizierens heranwächst, gibt es kein Problem von Musikalität. Wirklich musizierende Menschen sind kaum beunruhigt oder besorgt, ob ihr Kind wohl musikalisch wird!

Die ersten Beziehungen zur Musik, die das kleine Kind erlebt und die bei ihm entstehen, sind durch die Art der musikalischen Äußerungen der Erwachsenen aus der Umgebung des Kindes bestimmt. Und wenn wir dem Kind etwas vor-singen oder vor-spielen mit der Absicht, auf das Kind einzuwirken, stimmt bereits etwas Entscheidendes nicht.

Vielleicht verstehen Sie im Zusammenhang mit allem, was wir bisher über Stille und In-Kontakt-Sein gesagt haben, den bedeutsamen Unterschied zwischen dem Vor-Führen, dem Vor-Machen von etwas, dem Vor-Singen etc. und dem Verbundensein mit Musik, dem Verbundensein durch

* Ungefähr 1910/1912 (S. L.)

Musik oder dem Verbundensein durch eine Geschichte, mit der man von etwas erzählt, das einen unmittelbar erfüllt und bewegt! Man muß doch selber still geworden sein, damit einem so etwas wie ein Wiegenlied einfallen oder man ein Wiegenlied so summen kann, daß es als Schlaflied wirkt, durch das das Kind stiller wird und einschlummert!

Herr O.: Ob das nicht auch ein Weg zur Musik beim kleinen Kind ist, was mir bei meiner Kleinen begegnet ist? Als sie mit etwa 2½—3 Jahren anfing, das, was sie sonst erzählt hat, zu singen, sagte sie hinterher: „Das war jetzt ein Lied." Ich habe es in allem Ernst als Lied hingenommen. Schwierig wurde die Sache nur, wenn sie mich aufforderte, ein solches Lied mitzusingen. Ich habe es oft versucht, aber es ist gar nicht so einfach. Dann muß man wirklich in viel höherem Grade offen werden, um das Spiel mitspielen zu können.

H. J.: Vielleicht wissen Sie, daß „in alten Zeiten" Geschichten, Heldenepen und Märchen auf eine rezitativartige Weise gesungen wurden. Homer war ein Sänger, und die Barden waren auch Sänger. Im Orient wird noch heute das, was wir erzählen, rezitativisch gesungen.

(H. J. berichtet von seinen Eindrücken vom „Erzählen" arabischer Märchenerzähler, vom singenden Vortragen des Korans und vom singenden Vortragen der Bibel im jüdischen Gottesdienst.)

Herr O.: Gerade aus solchen rezitativischen Äußerungen des Kindes sollten Musikpädagogen erkennen, wie das Kind zur Musik geleitet werden könnte. Es wäre doch das Natürlichste von der Welt, wenn man das Kind sich selber äußern ließe.

H. J.: Derartige Vorschläge habe ich vor 35 Jahren (d. h. 1910!) gemacht, nur waren auf die übliche Weise ausgebildete Musiklehrer kaum tauglich, auf das einzugehen, was das Kind ihnen entgegenbringt. Dafür müßte eine Voraussetzung erfüllt werden, die unserem gesamten Musikleben abgeht. Improvisation müßte sowohl für Musiker als auch für Musikpädagogen Beginn allen Musizierens sein. Sie müßten selber improvisieren können, müßten die Sprache der Musik so frei und selbstverständlich sprechen können wie die Muttersprache! Sonst können sie sich nicht mit Hilfe von Klängen mit dem Kind unterhalten!

Unser Musikbetrieb hat sich leider in den letzten 200 Jahren so entwikkelt, daß man auch unter großen Künstlern — selbst unter Komponisten, geschweige denn unter Sängern und Instrumentalisten — kaum mehr jemand findet, der das, was man mit „Improvisieren in der Sprache der Musik" bezeichnen könnte, einigermaßen beherrscht.

Unser Musikbetrieb ist auf dem Reproduzieren, dem Kopieren fertiger Kompositionen aufgebaut.* Von der Kunstmusik führt kein Weg zu einer produktiveren Mentalität in der Musikerziehung. Erst wenn man still und bescheiden seine eigenen Improvisationsmöglichkeiten wiederzuentdecken versucht und sich das „Musiksprechen“ zu erstammeln und zu erstottern bereit ist, wie das ursprünglich mit der Muttersprache geschehen ist, — erst dann kann man auch mit dem Kind improvisieren und an dessen Improvisationsbereitschaft anknüpfen.

Es gibt in andern Ländern, bei weniger von intellektueller Zivilisation verbildeten Völkern, Verhältnisse, z. B. auf dem Land in Ungarn, auf dem Balkan, bei russischen Bauern, bei Farbigen der Südstaaten der USA, in denen das Improvisieren auch heute noch eine entscheidende Rolle spielt und eine Tradition von festgelegter Musikliteratur, von bestimmten Liedern und Tänzen, nur auch besteht. Wer Gelegenheit hat, solche Menschen in ihrer Heimat musizieren zu hören, oder wer sie im Konzertsaal, Radio oder durch das Phonogramm hört, ist oft beglückt von der Lebendigkeit und Erfülltheit ihres Musizierens, selbst wenn sie bereits Musikliteratur singen und spielen. Solche Menschen sind so lebendig in ihrem Musizieren und so überzeugend, daß auch „Unmusikalische“ davon unmittelbar berührt werden. Dann hören sie auf, „unmusikalisch“ zu sein, weil sie — vielleicht zum ersten Mal — lebendige Musik erleben! In unseren Schulen läßt man schon frühzeitig Noten-Lesen lernen, und durch den Musikunterricht hat man viele technische und musiktheoretische Kenntnisse unter die Leute gebracht. Man hat damit herangebildet, was man als intellektuelles und ästhetisierendes Vergnügen unter Musikverständnis versteht und was man besser als Musikstoff- und Notenverständnis bezeichnen sollte.

Als Preis für diesen „Fortschritt“ hat man mit dem Verlust der spontanen Beziehung zum Phänomen Musik, zur lebendigen Sprache Musik bezahlen müssen. Nur in seltenen Fällen auf einer hohen Ebene des Könnens, bei Menschen wie Toscanini, Casals, Hubermann u. a. begegnen wir im Bereiche der Kunstmusik wirklich erfülltem Musizieren, einem Musizieren, das uns jene alten Märchen von Orpheus und Arion verständlich und glaubhaft werden läßt, nämlich, daß man die Menschen mit Musik bezaubern und verzaubern könne!*

* Das wurde 1945 gesagt. (S. L.)

Die Auseinandersetzung mit einem Musikinstrument ist der sekundäre Teil des Musikproblems. Wir müssen uns nun fragen:

1. Welches sind die mit der biologischen Ausrüstung des Menschen in Beziehung stehenden Phänomene, die den Menschen das Ausdrucksgebiet Musik haben gestalten lassen?

2. Was ist von der biologischen Ausrüstung des Menschen her gesehen die funktionelle Bedeutung, die funktionelle Eigentümlichkeit des Phänomens Musik?

Klingende Musik ist auch nur ein Bild der wunderbaren Gesetzmäßigkeit und Ordnung, die in der Struktur des Menschen begründet sind und den Menschen befähigen, Musik entstehen lassen zu können.

Zweifellos ist Musik ein Ausdrucksmittel wie die Sprache!

Nur bedient sie sich, obwohl auch die Sprache wesentlich auf dem akustischen Wege in Erscheinung tritt, anderer akustisch wahrnehmbarer Gestaltungsmöglichkeiten als die Sprache.

(Exkurs über den eigentümlichen Wirkungsbereich der Sprache und den eigentümlichen Wirkungsbereich der Musik: Darüber, daß affektive Aussagen, wie z. B. Trauer und Freude, sich zwar mit der Sprache auch sagen lassen, aber immer nur mittelbar; über das Fließende der Grenzen; über die scheinbare Vermischung von Sprache und Musik im Lied; darüber, daß Musik als ein selbständiges Gebiet, das nicht mehr nur der Unterstützung des Wortes oder der Bewegung (Tanz, Kult) dient, als ein Gebiet, auf dem Gestaltungen entstehen, die allein durch die Art der Organisation der Klangstruktur spezifische Wirkungen durch Klangzusammenhänge möglich machen, noch eine historisch sehr junge Erscheinung ist, und daß die Struktur der Klanggestalt unserer heutigen Musik etwas grundsätzlich anderes ist als alles, was die Menschheit bis vor etwa 800 Jahren als Musik gekannt hat;
darüber, daß Musikalischsein im Grunde nur eine Aussage sein kann über Tauglichsein zur Beschäftigung mit der Sorte Musik und Musizieren, die jeweils Ausdruck einer bestimmten Epoche ist;
darüber, daß die Musik, wie sie sich im Abendlande im Laufe der letzten tausend Jahre herausgebildet hat, der einzige wirklich originelle Beitrag des Abendlandes zur menschlichen Kultur ist;
über eine ähnliche Tendenz zur Verselbständigung, zum Sich-selber-Genügen durch Far-

---

* Heinrich Jacoby hat in seinen Ausführungen zum „akustischen Zeitalter" stets darauf hingewiesen, daß die technische Entwicklung eine Qualitätsverbesserung auf dem Gebiet der Musik bewirken würde: In seiner umfangreichen nachgelassenen Diskothek befinden sich viele Platten von Toscanini, Casals, Hubermann, Anni Fischer, Isaac Stern, David Oistrach, Svjatoslav Richter, M. Rostropowitsch, Artur Rubinstein, Paul Robeson, Les Frères Jacques, Victoria de los Angeles u. a. und auch solche von verschiedenen Dirigenten, die er im letzten Jahrzehnt seines Lebens oft als Beispiele für diese Qualität erfüllten Musizierens in seinen Arbeitsgemeinschaften benutzt hat. (S. L.)

ben, Farbbeziehungen und Flächenbeziehungen in der modernen Malerei, indem man versucht, sich ähnlich gegenüber dem „Gegenständlichen" zu verselbständigen, wie die Musik sich gegenüber dem Wort und der Tanzbewegung verselbständigt hat;
über die Entdeckung des Zusammenklanges und die Entwicklung der vielstimmigen Musik als Voraussetzung für die Entwicklung einer so differenzierten Struktur von Klanggestalten, wie sie notwendig war, um die Selbstgenügsamkeit der neueren Musik möglich werden zu lassen; über den monomelodischen Charakter aller früheren Musik: Obwohl schon die Pythagoräer alle wesentlichen gesetzmäßigen Zusammenhänge der Klangstruktur kannten, wurden doch all diese Kenntnisse nie zu einer polymelodischen Musik genutzt; über den gleichbleibenden Grundklang von Dudelsack und ähnlichen Instrumenten als primitive Vorstufen der polymelodischen und vielklängigen Musik.
H. J. improvisiert Beispiele monomelodischer Musik, Dudelsack-Musik und danach die gleiche Melodie anstatt mit der gleichbleibenden Quinte vierstimmig durchharmonisiert.)

Der erste Schritt, um die Verhältnisse in der heutigen Musik studieren zu können — natürlich auch, um einen Standort für die Beurteilung der Qualitäten „musikalisch" und „unmusikalisch" zu gewinnen —, wäre, von einem bestimmten Standort klar zu umreißen, was das Wesentliche des Phänomens Musik ist. Was ist charakteristisch für Musik, das z. B. in der Sprache und ihren Grenzgebieten nicht geleistet wird? Sind die Voraussetzungen für das Zustandekommen von Zusammenklängen, wie sie als Stoff der neueren Musik gebraucht werden, in der biologischen Ausrüstung jedes Menschen gegeben? Gibt es Menschen, die nicht für das Erkennen und Erfassen oder auch für das Produzieren solcher Zusammenklänge organisiert sind? Ist überhaupt das Unterscheiden etc. von Klängen die wesentliche Voraussetzung für das In-Beziehung-Kommen zu Musik? Ist die Struktur des Musikstoffes der abendländischen Musik nur auf eine Konvention zurückzuführen, oder ist sie der Ausdruck gesetzmäßiger Verhältnisse, die durch die Struktur des menschlichen Organismus bestimmt sind? Gibt es etwas Allgemeineres und Wesentlicheres, das die Gestalt musikalischen Ausdrucks bestimmt, als die Struktur der Klangkombinationen der europäischen Musik? Gehalt und Funktion der heutigen Musik sind trotz der so wesentlich anders gewordenen Struktur des Stoffes grundsätzlich nichts anderes als Gehalt und Funktion von Musik zu irgendeiner anderen Zeit oder in einem anderen Kulturkreis, denn sie ist und bleibt in erster Linie Ausdrucksmittel und ist in gewissem Sinne eine Art Sprache wie die Muttersprache.

In diesem Sinne bleibt das Wesentliche von Musik ganz unabhängig von der jeweiligen Art der Stoffstruktur, und es ist kein entscheidender Unterschied, ob sie sich eines Stoffes bedient wie dessen der arabischen, der indischen, der chinesischen oder der irgendeines Negerstammes oder wie der unserer polyphonen abendländischen Musik! So lautet die Frage nach dem Wesentlichen, das Musikgestalten stets zugrunde liegen müßte: Was ist es, das Klangfolgen so ordnet, daß aus einer Folge von Klängen der Eindruck einer notwendigen Folge, eines Zusammenhanges, einer bestimmten Art von organisierter Gestalt wird und daß der Hörer in einem ganz bestimmten Sinne, auf eine bestimmte Weise berührt und verwandelt wird, — daß es einem naiven, von Musik nichts „verstehenden" Menschen spontan möglich ist zu unterscheiden, ob eine willkürlich aneinandergereihte Folge von isoliert bleibenden Klängen oder ein sinnvoller Zusammenhang erklingt, d. h. ob ein innerer Zusammenhalt empfindbar wird, der aufeinanderfolgende Klänge überhaupt erst zu Musik werden läßt. Wenn es im Phänomen Musik ein — im buchstäblichen Sinne — tragendes Element gibt, das gesetzmäßig bedingt und Ausdruck von Ordnung ist, wie man sie stets beim Bestehen von gesetzmäßigen Verhältnissen registrieren kann — und das gibt es! —, dann kann es, wenn man den Menschen veranlaßt, darauf zu reagieren, keinen „Unmusikalischen" geben. Was läßt uns eine Folge von Wörtern als Zusammenhang erleben, — und zwar auch dann als Zusammenhang, als Gestalt, erleben, wenn wir die betreffende Sprache nicht kennen, also den intellektuellen Gehalt zunächst nicht erfassen können?

(H. J. spricht eine Reihe von Wörtern ohne Sinnzusammenhang, die als Un-Sinn empfunden werden, in denen offenbar ein Element fehlt, dessen Anwesenheit uns den gleichen Stoff als etwas Zusammenhängendes und Sinnvolles empfinden lassen würde ... Er spielt ein entsprechendes Beispiel von isolierten Klängen, das kein Mensch spontan als Musik, als etwas Zusammengehöriges empfinden würde. Dann spricht er die gleichen Wörter, die zuerst als Unsinn empfunden wurden, so, daß ein Zusammenhang spürbar wird, und spielt die gleichen, vorher isoliert klingenden Klänge so, daß spontan ein Zusammenhang spürbar wird.)

H. J.: Es ist nicht leicht für mich gewesen, von der traditionellen Musik herkommend, allmählich so elementar fragen zu können, und diese Art Frage ist wie ein Columbus-Ei. Bei uns schien Musik bisher in erster Linie Kunst zu sein. Außerdem wurde bei aller Beschäftigung mit Musik bisher der Klangstoff und die Struktur dieses Stoffes als das Wesentliche der Musik angesehen. Nur mit diesem Stoff und den technischen Voraussetzungen für seine Darstellung hatte man sich zu beschäftigen. Alles Weitere, den lebendigen Gehalt erlebbar werden zu lassen, die überzeugende Darstellung, hing von dem Grade der „Begabung" des Musizierenden ab.

Man kann alles, was für die Struktur des Stoffes wichtig ist, lernen. Man kann Regeln der Musiktheorie so genau zu befolgen lernen, daß man eine wohlklingende Fuge durch rein intellektuelle Bemühungen schreiben — buchstäblich komponieren, zusammensetzen — kann, ohne dabei auch nur einen Klang gehört haben zu müssen! Wenn man die gelernten Regeln genau befolgt, klingen die aufgeschriebenen Klänge „richtig".

Die im üblichen Sinne „Musikalischen" halten fast nie auseinander, ob ein Produkt aus einer spontanen Ausdrucksnotwendigkeit und den entsprechenden Wachstumsgesetzen folgend entstanden ist oder ob es nur auf Grund eines gut gelernten „Jargons" kom-poniert, zusammengesetzt wurde. Ihr Hauptinteresse ist auf den Stoff gerichtet. Sie finden nichts einzuwenden, solange nichts gegen die Regeln verstößt. Das ist nicht so befremdlich, wie es zunächst klingen mag, denn wir erleben auch, daß man dicke Bücher schreiben kann, ohne etwas zu sagen zu haben, sofern einem ein bestimmter Jargon zur Verfügung steht.

Was ist jenes X, das die Elemente der Sprache so zusammenhält, daß das Gesagte lebendige Äußerung ist, — daß jeweils wirklich etwas wächst und so elementar in uns wirksam ist, daß es uns — uns nicht bewußt — bewegt, führt und so sicher führt, daß es durch das übliche Lernen höchstens verschüttet wird?

Schwester W.: Aber sprechen müssen wir doch lernen?

H. J.: Müssen wir sprechen lernen oder bloß den spezifischen Wortstoff der betreffenden Muttersprache kennenlernen? Müssen wir z. B. zustimmen oder verneinen lernen, begehren oder ablehnen lernen, oder lernt das Kind nur allmählich die in seiner Umgebung dafür gebräuchlichen Wörter kennen, den Stoff, der jeweils gültig ist, um mit bestimmten Lautkombinationen zu bezeichnen und unterscheidbar zu machen, was an allgemeinen Aussagen oder Feststellungen ausgedrückt werden soll? Was geht vor, wenn man einen intellektuell „fehlerfreien" Zusammenhang bloß herunterplärrt — z. B. Die/Son/nee/scheint/ —, statt daß es eine fließende Aussage wird, die einen so engen Zusammenhalt hat, daß diese drei Wörter wie ein einheitlicher energetischer Prozeß ablaufen? Was machte die Wort-„Brocken" vorhin so klingen, daß wir sie als ein sinnvolles Ganzes empfinden konnten? Bei jenem Geplärre — Die/Son/nee/scheint — kann man nur „wissen", was mit der Aussage, d. h. mit dem Wortlaut gemeint sein soll! Der Ausruf oder der Hinweis oder die Feststellung: „Diesonnescheint!" ist doch etwas prinzipiell anderes als jenes schulmäßige Silbengeplärre von: „Die., Son.,nee.,scheint.." —

(Hinweis auf das Syllabieren und Im-Chor-Lesen in der Schule.)

Herr A.: Beim ersten drücken Sie die Empfindung spontan aus, — merkt man, daß Sie selber gerade merken, daß die Sonne scheint ... — und in Tönen wäre es wahrscheinlich analog, daß eine wirklich gehabte Empfindung Voraussetzung ist, um die Klänge in einem richtigen Zusammenhang klingen lassen zu können.

H. J.: Gewiß! Aber dahinter stecken noch primitivere Gemeinsamkeiten, wie etwa, wenn ich folgendes sage:

Die Sonne scheint.

Der Regen tropft.

Die Kinder schreien.

Das Licht brennt.

Diese vier verschiedenen Mitteilungen enthalten etwas Gemeinsames. Die Wörter sind allemal verschieden, auch der materielle Inhalt des Ausgesagten ist jedesmal ein anderer, aber darüber hinaus sind alle vier sachliche Aussagen, Konstatierungen, die den eigentümlichen Klangverlauf, Tonfall, Zusammenhang einer solchen schlichten Konstatierung haben. Wenn ich sehr leise gesprochen hätte und Sie hätten den Wortlaut nicht genau unterscheidbar gehört, so hätten Sie dennoch spontan gespürt, daß etwas konstatiert worden ist und nicht etwas gefragt, bejaht oder abgelehnt oder gegen etwas protestiert worden ist. Wenn wir nicht — wie gewohnt — zu-hören, können wir sogar bei einer Sprache, die uns völlig unbekannt ist, durchaus spüren, ob der Mensch, der spricht, bei sich ist, ob er bei seiner Aussage ist, ob er sich äußern will oder ob er nur Wortgebilde aus seiner Sprache aneinanderreiht, wie ich es vorhin mit deutschen Wörtern gemacht habe. Sie werden aber auch spontan spüren können, ob er ablehnt, fordert oder bejaht etc.

Je weniger man hin-hört, zu-hört, desto offener ist man für den eigentümlichen Fluß, der hinter dem Wortstoff — und analog auch bei musikalischen Äußerungen hinter dem Klangstoff — abläuft. Das Wesentliche des Phänomens Sprache und des Phänomens Musik — die lebendige Klangqualität, die Eigentümlichkeit des jeweiligen Erklingens —, das hinter dem Stoff der Sprache und der Musik wirkt, wird durch etwas anderes als das Wissen um die logischen Zusammenhänge auf bestimmte Weise gruppierter Vokal- und Konsonant- oder Klangkombinationen bestimmt. Es ist nicht leicht, den Standort zu finden — und sich dann auch mit der ihm entsprechenden Qualität zu verhalten —, von dem aus das „Energetische" dieser Vorgänge uns in seiner Einfachheit und Gesetzmäßigkeit bewußt empfindbar werden kann.

Man kann sich auch beim Schwimmen vor allem für die Art der Schwimmbewegungen interessieren und das eine Mal das Brust-Schwimmen als das Schwimmen sehen und das andere Mal z. B. das Kraulen und braucht nicht zu merken, daß beides nicht das für das Schwimmen Wesentliche ist. Man könnte beide Schwimmarten als zwei verschiedene Sprachen auffassen: Wie man bei den — den Bewegungsformen nach — verschiedenen Arten von Schwimmen das eigentliche Phänomen Schwimmen verfehlen kann, so kann man bei den — den Stofformen nach — verschiedenen Sprachen das Phänomen Sprache verfehlen.

Nehmen wir statt bloßer Konstatierungen etwas anderes:

„Sind Sie müde?"

(Spontane Antworten: „Nein!" und sofort Lachen, weil man die Frage ernst genommen hatte, obwohl sie nur ein Beispiel für etwas sein sollte!)

„Ist es hell genug?"

„Ist Ihnen kalt?"

„Gehen Sie gleich heim?"

„Bindo la badje?"

Daß Sie gefragt worden sind, spüren Sie spontan an etwas anderem als dem Wortlaut der Frage. Hinter allen Sprachen steht trotz der verschiedensten Wortstoffe im wesentlichen die Notwendigkeit des Äußerns der gleichen Phänomene, Beziehungen und Probleme, z. B. daß es ein Oben und Unten, ein Hinten und Vorne, ein Jetzt, ein Vorher und ein Nachher, ein Ich, ein Du, ein Er, ein Wir, ein Ihr und ein Sie gibt, — daß etwas zu Mir oder zu Dir oder zu jemandem Dritten gehört. Mit was für Lauten und Lautgruppen die Phänomene und Beziehungen jeweils verabredungsgemäß in einem Sprachkreis bezeichnet werden, ist sekundär. In diesem Sinne gibt es gar keine „Fremdsprachen", sondern nur die Muttersprache einer anderen Gruppe, die aber funktionell den gleichen Gehalt hat wie unsere Muttersprache!

Der Stoff der einzelnen Sprachen ist verschieden, obwohl sie auch stofflich untereinander dadurch verwandt sind, daß verschiedene Wortformen gemeinsame Wurzeln haben. Aber der Inhalt einer Sprache deckt sich im Grunde mit dem Inhalt aller Sprachen auf der ganzen Welt! Der funktionelle Gehalt jeder Sprache ist eben, sich in der Vielfalt der Erscheinungen dieser Welt unterscheidend und bezeichnend orientieren zu können, sich zu anderen äußern zu können und sich verständigen zu können mit sich, über sich, mit den anderen.

Wie nuanciert die Unterscheidung, wie hoch die Ansprüche an differenzierte Aussagen sind, das kennzeichnet den kulturellen Entwicklungsstand eines Sprachbereiches.

Hier wäre der Ansatz zu einer Antwort auf Fräulein D.s Frage zu finden, wie man beim Lernen von Fremdsprachen vorgehen müsse, damit es keine „Unbegabten" zu geben brauchte. Solange man die Kinder lehrt, für das Wort „Herz" in der Muttersprache sage man z. B. im Französischen „coeur" und für „Mutter" sage man „mère", sie Regeln auswendig lernen läßt, nach denen man Worte aneinanderreihen muß, wie man sie jeweils abändern muß etc., sie konjugieren und deklinieren etc. lernen läßt, sie dann nach jenen grammatikalischen Rezepten und nach Mustersätzen selber Sätze konstruieren läßt, — solange werden sie aus lauter Stoffbrocken durch viel Üben und Wiederholen eine Fremdsprache immer nur konstruieren lernen. Wenn man so vorgeht, braucht man sich nicht zu wundern, daß sehr viele als „unbegabt" auf der Strecke bleiben und daß man nach vielen Jahren derartigen Lernens z. B. den Franzosen nicht versteht und von ihm nicht verstanden wird.

Wir müßten versuchen, die „fremde" Sprache so zu erleben und zu erarbeiten, daß wir dabei ständig spüren, daß es keine fremde Sprache, sondern anderer Leute Muttersprache und dem Gehalt nach das gleiche ist wie die eigene Muttersprache, wie sie auch die gleiche Funktion wie die eigene Muttersprache hat, nämlich Äußerung und Verständigung. Die Sprache besteht nicht bloß aus Wörtern; sie bedient sich nur auch der Wörter im Sinne logischer Begriffe und Abgrenzungen. In der Sprache ist Bewegtheit, Tonfall, Verhalten etc. des ganzen sich äußernden Menschen! Das Wort bewirkt schließlich nur noch die Eindeutigkeit der Aussagen im intellektuellen Sinne, die Verständlichkeit auch abgelöst vom Sprecher. Das Wort ist zwar ein wesentliches Element der sprachlichen Verständigung, gehört aber nur a u c h zum Sichäußern und Sichvermitteln. Das Wort i s t nicht die Sprache! Wie etwas klingt, ist oft wichtiger, als was klingt! Mit diesem Hinweis habe ich Ihre früheren Einwände gegen das Augenschließen beantwortet und darauf hingewiesen, daß uns wie etwas klingt unmittelbarer berührt, wenn wir lauschen, ohne dabei noch sehen zu wollen. Wir lassen uns dann mehr von der „Musik" der Worte erreichen, vom Tonfall, von der Zurückhaltung, der Beschleunigung, von dem Akzent, der

Betonung, von all jenen Elementen, die wir auch in der Musik antreffen.

Vorläufig möchte ich Sie auch nur darauf hinweisen, daß man eine beabsichtigte Aussage mit verschiedenem Stoff aussagen kann:

„Machen wir jetzt Schluß!"

„Hören wir jetzt auf!"

„Lassen wir dies Thema!"

Mit ganz verschiedenen Worten ist inhaltlich dasselbe ausgesagt. Aber das ist nur möglich, weil so ein Satz nicht isoliert gesagt wird, sondern in einem Zusammenhang, in einer bestimmten Situation auftaucht und seine jeweilige „Eindeutigkeit" oder Verständlichkeit innerhalb des Ganzen der Situation empfängt.

Ich möchte so gerne, daß Sie bewußt und sachlich erkennen, daß Sie, wenn Sie wirklich angesprochen werden, spontan und in erster Linie mit etwas anderem funktionieren und reagieren als mit dem logisch verstehenwollenden Intellekt. Das Ereignis „Ausdruck" und das Spüren, daß jemand sich zu uns wendet und sich äußert, das Spüren, daß wir angesprochen werden, hat zunächst mit unserm Verstand nichts zu tun. Wenn ich Sie jetzt auf „Hindostanisch" etwas im Tonfall der echten Frage, wie wir ihn bei uns gewohnt sind, fragen würde, so würden Sie auch ein „Mekóla ta pařem te lit?" als Frage empfinden, obwohl Sie logisch dabei unmöglich etwas erfahren könnten. Mit einer Konstatierung wäre es das gleiche.

(Es folgen einige Beispiele von „Berichten" in einer Phantasiesprache, bei denen das Vorhandensein eines Zusammenhangs registriert wird, obwohl die Hörer nicht wissen können, ob dabei Wörter, die es gibt, benutzt wurden oder barer Unsinn.)

Diese erstaunliche Tatsache zeigt sich allerdings nur, wenn der Hörer kein Zu-hörer ist und nicht vor allem wissen will, sondern bereit ist, auf das Phänomen Sprechen und auf das Angesprochenwerden zu reagieren!

Ich gebe Ihnen Musikbeispiele.

(Eine kurze Melodie, die kurz nach dem Beginn des zweiten Teils einer Periode abbricht. Alle registrieren spontan, die Melodie sei nicht fertig. Jemand sagt, sie sei unterbrochen, aber mehrere stellen sofort richtig, das sei abgebrochen.)

H. J.: Woher wissen Sie das? Kennen Sie die Melodie, die ich eben abgebrochen habe? — (Befremdetes ... Nein!) — Registrieren Sie nur bewußt, daß Sie, obwohl Sie die Melodie nicht kennen, spontan urteilen konnten, da habe etwas angefangen und sei in seiner Entwicklung plötzlich abgebrochen worden.

(Es folgt eine Melodie, die am Ende der ersten Hälfte der Periode, beim Halbschluß, aufhört.)

Was hätten Sie jetzt zu konstatieren? War das fertig?

Zuruf: Es könnte so fertig sein!

Herr P.: Ich müßte es offen lassen, denn es könnte eigentlich auch weitergehen.

H. J.: Im Vergleich zu dem vorhergehenden Beispiel könnte man spontan feststellen, daß das kein willkürliches Fragment gewesen sei, sondern etwas Einheitliches. Aber offenbar haben Sie doch alle die Empfindung, daß es, obwohl Sie gespürt haben, diese Melodie sei gewissermaßen etwas Ganzes, dennoch nicht fertig war.

(Es folgt die gleiche Melodie, nach dem Halbschluß geht sie aber weiter bis zum wirklichen Ende der Periode.)

H. J.: Was ist hierzu zu konstatieren?

Zurufe: Diesmal ist es „fertiger" als vorhin!

H. J.: Sie haben also alle miteinander — auch die „Unmusikalischen" — spontan bei diesen drei Beispielen — obwohl Sie keine dieser Melodien kannten — registrieren können, daß ich das eine Mal „abgebrochen", das zweite Mal „unterbrochen" und das dritte Mal „abgeschlossen" hatte.

Mit solchen Versuchen habe ich vor nun mehr als fünfundzwanzig Jahren angefangen*, den Nachweis zu erbringen, daß es keine „Unmusikalischen" geben kann, wenn man so zweckmäßig fragt, daß an jene Funktionsmöglichkeiten der biologischen Ausrüstung appelliert wird, die jeden befähigen, sowohl musikalische Gestalten zu schaffen als auch auf Gesetzmäßigkeiten in den Strukturen von Musik zu reagieren. Auch der „Unmusikalische", sobald er nicht mehr angestrengt zu-hört, nicht mehr voller Angst ist, etwas nicht zu merken oder nicht unterscheiden zu können, — sobald er nicht partout etwas wissen will, sondern statt dessen bereit wird, sich dem zu überlassen und auf das zu reagieren, was geschieht und dadurch auch ihm geschieht, muß genauso spontan reagieren und das gleiche registrieren, das Sie eben registriert haben.

Herr O.: Da muß doch in uns so etwas wie ein Gefühl für Ganzheitserkenntnis sein!

H. J.: Ganz gewiß gehört unser Empfinden für „ganz" und „nicht ganz" zu den elementaren Funktionen unseres Erkenntnisvermögens. Sie haben auch erfahren, daß man, wenn man beim zweiten Beispiel sagen

* (1919! S. L.)

konnte, es sei fertig, und zugleich merkt, es sei fertig und doch nicht fertig, beim dritten Beispiel ebenso spontan registriert: „Wenn das vorhin fertig war, ist dieses dritte Beispiel auf eine andere Weise fertig als das zweite." Und es spielt keine wesentliche Rolle, ob ich nur eine einstimmige Melodie für das Beispiel benutze oder einen gleichorganisierten Zusammenhang vielstimmig ausharmonisiert spiele.

(Es folgt die gleiche Melodie, Periode, aber voll harmonisiert.)

H. J.: Dieses Beispiel ist nur seiner Stoffstruktur nach komplizierter geworden, aber als Geschehen, als Ablauf in der Zeit, als Gesamtgestalt und Sinngehalt ist alles Wesentliche gleich geblieben.

(Es folgen drei Perioden der gleichen Struktur und Ausdehnung wie die vorhergehende, aber jeweils mit andern Melodien und Akkorden, als analoge Beispiele zu dem, was sie vorhin bei einer Gruppe von Fragen und einer Gruppe von Aussagen in der Sprache registrieren konnten, als Beispiel dafür, daß es möglich ist, das „Gleiche" auf stofflich sehr verschiedene Weise auszusagen. Es folgt ein akkordlich kompliziertes Beispiel, das wieder willkürlich abgebrochen wird. — Es wird wieder registriert: Abgebrochen!

Es folgt ein stofflich kompliziertes Beispiel für unterbrochen. Es wird allen deutlich, daß es sich dabei um ein Glied eines wesentlich größeren Ganzen handelt.)

H. J.: Wie ist es möglich — auf Grund welcher Prozesse und Phänomene —, daß wir alle bei einer Aussage, bei einer Musik, die wir nicht kennen und deren weitere Entwicklung uns unbekannt ist, spontan empfinden, daß es sich um ein Glied eines größeren oder kleineren Zusammenhanges handelt? Ich spiele jetzt noch einmal einen Anfang, und wenn ich unterwegs aufhöre und Sie spüren, daß die Sache noch nicht fertig ist, so überlassen Sie sich Ihrer Empfindung, wie die Sache weiterlaufen müßte. Signalisieren Sie, wann sie Ihrer Meinung nach zu Ende gewesen wäre, sofern ich weitergespielt hätte. Bitte nicht zuhören, nicht aufpassen, nicht ehrgeizig werden, nicht „richtig" signalisieren wollen!

(Es wird eine sechzehntaktige Periode gespielt und beim vierzehnten Takt abgebrochen. Spontan summen einige die beiden letzten Takte bis zum Ende. Die anderen registrieren, daß sie den Rest auch so empfunden haben.)

H. J.: Woher wissen Sie das? Kannten Sie die Musik, die ich gespielt habe? (Nein!) Das wäre auch nicht gut möglich, denn ich habe das Beispiel improvisiert!

Fräulein St.: Da muß doch so etwas wie ein Urempfinden sein. Wenn ich z. B. Teppich klopfe, höre ich auch nicht plötzlich auf; auch bei andern Sachen merke ich das.

H. J.: Urempfinden ist eine problematische Formulierung, aber es ist auch nicht leicht, diese Dinge zu fassen und sich auf konkrete Weise darüber zu klären. Es handelt sich um genauso sachliche und biologisch, physiologisch und physikalisch begründete Erscheinungen wie beim Auftrieb als Voraussetzung für Schwimmenkönnen. Offenbar brauchen wir dafür weder etwas zu lernen noch zu üben! Wiederum braucht man nur still und offen zu werden, um zu spüren, daß man „getragen" wird und sich tragen lassen kann von dem, was da geschieht und weiterfließt. Sind Sie sich dessen klar bewußt, daß Sie weder notwendig hatten zu beobachten noch zu denken, um bis dahin weitergetragen zu werden, wo die Musik aufhörte, und um sogar noch die notwendigen Klänge geliefert zu bekommen, mit denen Sie den fehlenden Schluß spontan ergänzt haben? Ist Ihnen auch klar, daß Sie nicht etwa nötig hatten, sich an das zu erinnern, was ich gespielt hatte, um selber weitersummen zu können? Sie brauchten nicht zu denken, brauchten nichts zu wollen! Was bisher geschehen war, trug Sie einfach weiter bis zum Schluß!

(Es folgt ein weiteres Beispiel einer sechzehntaktigen Periode, die diesmal am Ende des zwölften Taktes, bei der ersten Hälfte der „Antwort", unterbrochen wird. — Es wird tatsächlich nach dem weiteren Verlauf von vier Takten das Eintreten des Schlusses signalisiert. Einige hatten zunächst versucht, wieder summend zu ergänzen, gaben es aber unterwegs auf.)

H. J.: Offenbar haben Sie selber gemerkt, daß Sie, wenn Sie absichtsvoll versuchen weiterzusingen, sich dadurch im Empfinden des restlichen Verlaufes stören. Lassen Sie sich beim nächsten Beispiel ruhig treiben in dem Fluß, der Sie tragen wird, und melden Sie sich, wenn Sie wieder ans Ufer kommen!

(Es folgt eine achttaktige Periode mit einem Trugschluß im achten Takt und eineinhalb Takte Weiterführung zum Ganzschluß hin. Wieder wird das Eintreten des Ganzschlusses von allen deutlich signalisiert.)

H. J.: Es gibt keine andere Möglichkeit, zu einem eindeutigen Reagieren zu gelangen, als still, gelassen und vor allem ehrgeizlos zu werden, loszukommen von der Verpflichtung, es „richtig" zu machen! Dann werden Sie z. B., wenn Sie meinen, nun seien Sie „angekommen", bereit sein, im letzten Augenblick zu merken, daß es noch nicht das Ufer war, und sich noch das Stückchen bis zum Land treiben lassen.

(Einige sagen, daß es ihnen spürbar geworden ist, wie sehr sie bereits wieder darauf aus waren, es richtig zu machen, den richtigen Moment nicht zu verpassen.)

H. J.: Das kann vorläufig nicht anders sein! Auch hierbei müssen Sie erst durch vielfältige Erfahrung bewußt zum Vertrauen kommen, daß Sie das, worauf es ankommt, nicht verfehlen können, solange Sie nicht durch Angst, es zu verfehlen, beunruhigt sind. Hier können Sie wirklich im Laboratorium sauber und sachlich erleben, wie etwas passiert, von dem Sie sagen können: Das geschieht mir!

(Es folgt ein Beispiel: Sechzehntaktige Periode, gespielt bis zum Ganzschluß, aber angefangen mit einer Ladung für eine dreiteilige Liedform, so daß allgemein spürbar wurde, daß trotz des vollkommenen Abschlusses im Musikstoff die Musik noch ein beträchtliches Stück hätte weiterlaufen können und sollen.)

H. J.: Offenbar war am Beginn meiner Improvisation eine so starke Ladung vorhanden, daß die Energie dort, wo ich scheinbar vollkommen abgeschlossen hatte, noch nicht aufgebraucht war. Sie konnten registrieren, daß, obwohl im Sinne des traditionellen Musikstoffes alles aus war — die Musik fertig zu sein schien —, ein Spannungszustand bestehen blieb, der noch aufzulösen war, bevor man zur Ruhe kam. Im Stoff gibt es häufig Struktureigentümlichkeiten, die Repräsentanten für einen Schluß sind, und doch gibt es in der Gesamtgestalt nur einen wirklichen Schluß, nämlich dann, wenn der Ablauf zur Ruhe gekommen ist, wenn alle verfügbare Energie aufgebraucht ist.

(Es folgen einige Beispiele von größeren Zusammenhängen, die an verschiedenen Stellen unterbrochen wurden, mehrere beim Schluß einer Periode, so daß es jeweils noch Zeit brauchte, bis wirklich Ruhe empfindbar war.)

H. J.: Bei der Erfüllung dessen, wofür ich Sie jetzt zu interessieren begonnen habe, fängt für mich „Musik" erst an. Immer muß sich Musizieren so vollziehen, daß etwas wächst und so lange wächst, bis es ausgewachsen ist. Sie haben gespürt, daß Abgebrochenes Beunruhigung hinterläßt und daß Sie selber auch beruhigt und „ausgebügelt" werden, wenn etwas so laufen darf, daß es wirklich zum Ende, zur Ruhe kommt. Beim Musizieren wie beim Sprechen muß offenbar in dem, der sich äußert, etwas vor dem Beginn geschehen sein, durch das die Gestalt, die Ausdehnung, das Schicksal des Ganzen — wie ich das in Jenseits von „Musikalisch" und „Unmusikalisch" bezeichnet habe — energetisch festgelegt wird. Ich benutze zur Verdeutlichung das Beispiel vom Schießen: Bevor man abzieht, muß man nicht nur gezielt, den Lauf gerichtet haben, sondern es muß auch eine ausreichende Ladung vorhanden sein, um die Kugel bis zum Ziel tragen zu können.

Eine „Ladung" zur Verfügung zu haben und auf ein Ziel gerichtet zu sein bzw. sich der Einstellwirkung zu überlassen, die vom Ziel ausgeht, gehört zu den entscheidenden Elementen einer jeden geglückten Äußerung und auch jeder geglückten Verständigung. Ob ich musiziere oder spreche, ob ich summe, ob ich ein Selbstgespräch führe oder ob ich eine bestimmte Gestalt, ein Gedicht oder ein Musikstück, sprechen oder spielen will — also reproduzieren will und nicht improvisieren —, macht dabei keinen Unterschied.

(Es folgt ein Sprechbeispiel, bei dem H. J. mitten im Satz, aber bei einer organischen Zäsur, aufhört — unterbricht — und bei dem registriert wird, daß das nicht nur noch hätte weiterlaufen müssen, sondern daß auch spürbar war, bis wohin.

An Beispielen wird erlebt, daß die Möglichkeit, den gesetzmäßigen Ablauf erleben zu können, entscheidend davon abhängt, in welcher Qualität die Anfänge zum Klingen gekommen sind, und daß man, falls die ersten Worte mit ständigem Erschlaffen aneinander-„geschoben" werden, völlig desorientiert ist, wenn bei solch erschlaffender Sprechweise „abgebrochen" oder „unterbrochen" wird.

Es folgen analoge Beispiele beim Musizieren und weitere Beispiele von erschlaffendem, stoßhaftem und überladenem Sprechen.

Es folgt ein Hinweis auf den mangelnden Zusammenhang zwischen dem spürbar werdenden Aufwand und dem Gehalt, der Ausdehnung und der Bedeutung dessen, was gesagt werden will, und darauf, daß es viel häufiger ist, daß man sein „Pulver verschossen hat", ehe man fertig ist, und deshalb unterwegs immer wieder nachschieben muß, als daß man fertig ist und noch Energie zur Verfügung steht.)

H. J.: Im Beispiel vom Schießen bedeuten Ziel und Zielen folgendes: Wenn man bei sich ist, hat man beim Sichäußern unbewußt ein Empfinden für die zu bewältigende Distanz, und dieses Empfinden reguliert — ebenso unbewußt — die Ladung. Es ist wenig zweckmäßig, eine nicht weittragende Waffe für ein entferntes Ziel zu benützen und umgekehrt. Zum Erreichen der Ziele genügen aber nicht allein angemessenes Kaliber und angemessene Ladung, sondern unerläßlich ist das Bei-sich-Sein, das In-Kontakt-Sein mit dem Ziel im Moment des Abziehens, — beim Start. Mit einem Ziel im intellektuellen Sinne, einem „geistigen" Ziel, mit Nachdenken oder, besser gesagt, Vorausdenken hat die spontane Äußerung nichts zu tun!

Mit dem Erfülltsein von etwas, durch das ein Äußerungsbedürfnis entsteht, — mit dem Ablauf, durch den wir getragen werden und während dessen Verlaufs uns aller Sprach- und Klangstoff ganz von selbst zuwächst, begegnen uns die Wesenseigentümlichkeiten allen Ausdrucks, die Improvisation, und zugleich die gesetzmäßigen Voraussetzungen geglückter Improvisation. Man braucht kein intellektuelles Ziel und kein bewußtes Wissen um ein Ziel zu haben. Man braucht nur dem gehorsam zu sein, was mit den ersten Worten oder Klängen hörbar geworden ist, was aus der vorhandenen Ladung zu entstehen begonnen hat, und schon wird man zu dem Ziel getragen, das man vorher weder bewußt „gesehen" noch bewußt gewußt zu haben braucht.

Ich habe das Bild vom Schießen, vom Zielen und vom Treffen des Zieles nicht benutzt, um Ihnen zu sagen, Sprache oder Musik, das sei wie „Schießen auf ein Ziel", sondern habe mit diesem Beispiel die Beziehungen von Ladung, Energie, Distanz und Ziel bildlich gebraucht, und zwar so, daß nicht das Schießen dem Ausdruck gleichzusetzen wäre, sondern der Klang — das Gesprochene oder Musizierte — der Geschoßbahn gleichzusetzen wäre. Mit diesem Bild wollte ich Ihnen vor allem verdeutlichen, daß alles Entscheidende vor dem Erklingen des ersten Wortes oder der ersten Klänge einer Äußerung geschehen sein muß. Ob wir uns verstehen, kann sich — besonders hierbei — erst erweisen, wenn Sie sich selber durch praktische Versuche mit dem Phänomen von Ladung und Ablauf, von Gehorsam und von Geführt- und Getragensein auseinanderzusetzen beginnen.

(Als drastisches Beispiel läßt H. J. mit abgewandtem Gesicht von weit oben den Zeigefinger auf die Klaviatur fallen und aus dem so entstandenen Klang einen etwa 64 Takte langen Ablauf sich entwickeln.)

H. J.: Ich habe jetzt, noch während ich mit Ihnen sprach, ohne zu überlegen, meinen Finger auf eine Taste kommen lassen und versucht, die Ladung, die vorher bestanden haben mußte, erst während des Klingens der ersten Klänge so deutlich zu spüren, daß ich mich ihr überlassen konnte. Und schon wurde ich weit weg von den Ausgangsklängen getragen. Ich habe es ein bißchen gemacht wie Münchhausen, als er nach dem Abschuß einer Kanone auf die Kugel sprang, um sich durch sie in die beschossene Stadt tragen zu lassen. Zu so etwas muß man munter sein und außerdem gehorsam. Vielleicht wird Ihnen in diesem Zusammenhang deutlicher, was ich damit meinen könnte, wenn ich immer wieder von Gehorsam spreche? Wenn man seiner Empfindung gehorsam ist, wird man geführt. Ich habe nicht „wissen" können, was sich aus den ersten Klängen ergeben würde. Ich konnte nur versuchen, das weiter wachsen zu lassen, was angefangen hatte. Leider ist es möglich, z. B. Werke von Bach oder Beethoven auswendig spielen zu können, ohne etwas von dem zu empfinden, was hier zur Diskussion steht, geschweige denn, dem gehorsam zu sein. Man muß auch nicht improvisieren können, um Konzertpianist oder Dirigent zu sein, d. h. man muß die Sprache nicht sprechen können, in der die Werke geschrieben sind, die man vorträgt! Man kann ein Stück ganz richtig spielen, d. h. alle Noten mit den vorgeschriebenen Akzenten und im vorgeschriebenen Tempo, und doch braucht nichts von jenem Wesentlichen dabei zu geschehen, von dem ich eben sagte, daß man ihm gehorsam zu sein hätte . . .

(Es folgt ein Präludium von Bach [in D-Dur] ledern und beziehungslos, gut gelernt gespielt, und das gleiche Präludium so, daß es ablaufen kann.)

H. J.: Das klingt so verschieden, daß ein unbefangener, ein nicht musikverständiger Hörer wahrscheinlich die zweite Ausführung nicht als dieselbe Musik empfinden würde. Und er hätte zutreffender geurteilt als der „Musikverständige", weil er auf das Gesamtereignis reagiert, während der „Musikverständige" zuerst den „Stoff" wiedererkennt und sich vorwiegend an seiner Zusammensetzung orientiert.

So befremdlich Ihnen das noch klingen mag: Das Reproduzieren stellt höhere Anforderungen an Selbstdisziplin und Auseinandersetzung mit dem Werk als das Produzieren. Mit dem Reproduzieren als Aufgabe wie als Begriff hat sich eine ähnliche Sinnwandlung vollzogen wie mit dem Wiederholen und dem W i e d e r - H o l e n. Re-Produzieren heißt nichts anderes als noch einmal produzieren. Man muß vor Beginn eines zu re-produzierenden Stückes eine so klare Beziehung zu seinem Gesamtverlauf haben und es muß davon eine so starke Einstellwirkung auf den Spieler ausgehen, daß in ihm v o r Beginn jene Ladung entsteht, die nötig ist, um ihm dieses Stück — gerade dieses Stück — ohne Erschlaffung und ohne Überladung bis zum letzten Klang noch einmal zuwachsen zu lassen, so daß die Ladung verbraucht wird und mit dem letzten Klang auch wirklich Stille eintritt.

(Es folgen einige Versuche mit dem D-Dur-Präludium von Bach, begonnen mit nicht stimmender Ladung, so daß, als das Spiel unterwegs unterbrochen wird, die Hörer nicht so weitergeführt werden, wie es das Bach-Präludium verlangt. Beim nächsten Versuch beginnt H. J. wieder mit einer „falschen" Ladung, bricht aber nicht ab, sondern läßt die Musik sich so weiterentwickeln, wie es auf Grund des Beginnens weiterlaufen müßte. Es ergibt sich daraus auch eine sinnvolle Musik, aber es wird ein anders strukturiertes Gebilde als das Original von Bach.)

H. J.: Wenn Sie selber probieren und mehr Erfahrung bekommen, werden Sie besser verstehen, warum ich es als unwesentlicher empfinde, ein Vergreifen, einen falschen Klang zu konstatieren, als zu empfinden, daß nicht musiziert wird, daß der Ablauf, der Fluß des Ganzen nicht nur nicht in Ordnung ist, sondern daß evtl. sogar nichts von energetischer Geordnetheit, von Sich-zuwachsen-Lassen dabei geschehen ist! Man registriert es wohl beglückt und zufrieden, wenn so musiziert wird, daß man den Eindruck des zwingend notwendig Gerade-so-sein-Müssens empfängt.

Das wird dann als Ausdruck „besonders begabten" Musizierens gewertet, während es die erste Voraussetzung für Musizieren sein sollte und auch sein könnte.

Von jener echten Verwandlung, jenem Ergriffensein, Bewegt- und wieder Gestilltwerden, das mit allem echten Musizieren verbunden ist, geschieht selten etwas. Aber man muß auch ein kleines Volkslied mit einem Finger so spielen können, daß alle Menschen in einem großen Saal dadurch still werden. Damit fängt Musik an! So könnte alles Musizieren verlaufen, wenn die Auseinandersetzung mit den Phänomenen, von denen wir heute gesprochen haben, am Beginn des Sicherarbeitens der Beziehung zu Musik — aber auch zur Sprache — stünde. All das gilt auch für das Sprechen eines Gedichtes, eines Vortrages etc. Hier gibt es Gesetzmäßigkeiten, die nüchtern und bewußt zu erkennen sind und denen man bewußt zu gehorchen versuchen kann . . .

Versuchen Sie im Alltag zuweilen bewußt auf gelassenes Lauschen umzuschalten, wenn jemand musiziert oder spricht, und versuchen Sie, wieweit es Ihnen schon spürbar wird, ob das seinen Weg weitergeht oder ob unterwegs abgebogen und geschoben wird. — Da gäbe es viel zu probieren und Erfreuliches zu erleben, und vielleicht ahnen Sie nun, daß es im Ausdruck überhaupt — hier zunächst in der Musik und in der Sprache —

etwas gibt, von dem man sich vertrauend tragen lassen kann, das einen leitet, wenn man nur still genug ist.

Damit wird bewußt ein Stück Welt erschlossen, das anzutreffen Sie wahrscheinlich kaum erwartet haben, als wir an den ersten Abenden von zweckmäßigem und unzweckmäßigem Verhalten sprachen und von der Tragweite, die es haben müsse, wenn es gelänge, ein zutreffenderes Bild vom Menschen und seinen Möglichkeiten zu erarbeiten!

18. Kurs

Phantasie
Geschichten erzählen und Lieder vorsingen für Kinder
Anhänglichkeit
Von der „eigenen kleinen Welt“ der Kinder
Ein Beispiel von zwei Kindern, die keine Phantasie haben sollen
Phantasie und Kenntnis der realen Welt
Individualität — In-dividuum — Originalität
Von den originellen Äußerungen kleiner unverstört gebliebener Kinder
Vom Verderben des geistigen Magens der Kinder
Originalität und Phantasie beim Erwachsenen
Die funktionellen Voraussetzungen für Phantasie hat jeder Mensch in seiner biologischen Ausrüstung mitbekommen
Phantasie und Traum
Vom „Formen“ kleiner Kinder
Kritik — Sich-kritisiert-Fühlen
Das Forschen gehört zu den elementaren, spontanen Verhaltensgewohnheiten des kleinen Kindes
Das Kind teilnehmen lassen an unserem Leben und Erleben — nicht an unserer Phantasie
Das Schöpferische gehört zu jedem Menschen — zur Tatsache, daß wir leben
Goethe und Originalität
Traum — Schopenhauer über den Traum
Rücksichten, wenn es um kleine Kinder geht?
Woran Kinder „Freude“ haben
Phantasie und biologische Ausrüstung
Phantasie und Improvisation
Improvisationsbereitschaft — Vertrauensbereitschaft — Produktivität

26. April 1945

Fräulein St.: Ich habe in einem Kinderheim 4—10jährigen Kindern manchmal vor dem Einschlafen ein Liedchen gesungen. Oft fragten mich die Kinder: „Singen Sie uns heute abend noch ein Liedchen?" Heute frage ich mich: War es wirklich ein Bedürfnis der Kinder oder nur der Wunsch, das Einschlafenmüssen zu verzögern?

H. J.: Das wird nachträglich kaum zu entscheiden sein. Ich kann mir nach meinem Eindruck von Ihnen vorstellen, daß Sie still bei den Kindern gesessen und so gesungen haben, daß es sie angesprochen hat. Aber wir sind nicht jeden Tag in der gleichen Verfassung. Solange man sich nicht mit seinem Verhalten bewußt auseinandergesetzt hat, wird es vom Zufall abhängen, ob einem der verflossene Tag dazu verhelfen konnte, am Abend still bei den Kindern zu sitzen. Wenn man sich vornimmt, wieder zu singen, oder den Kindern ihren Wunsch erfüllen will, wird es nicht immer so glücken wie vielleicht am Abend zuvor.

Bei dem Wunsch der Kinder kann noch etwas anderes mitgespielt haben: Kinder spüren nämlich — unbewußt — sehr deutlich, was den Erwachsenen Freude macht, und bitten, wenn sie gut mit den Erwachsenen stehen, darum manchmal: „Erzähl uns doch etwas!" oder: „Sing uns etwas!" Aber sehr häufig steht hinter solchen Bitten nur der Wunsch, das Lichtlöschen und Alleinbleibenmüssen hinauszuzögern. Wünsche der Kinder, Lieder und Geschichten zu hören, kommen kaum aus Kunst-, Literatur- oder Musikbedürfnis! Das gibt es aber auch, denn es gibt — wenn auch nur selten — Erwachsene, die so bei sich sind und so lebendig erzählen, daß es Kinder anspricht und sie das Erzählte miterleben können. Das Geschichtenerzählen ist ein Kapitel für sich! Eitelkeit ist oft mit im Spiel, und man hätte zu prüfen, wieweit man sich durch sie zum Erzählen oder Singen verführen läßt.

Es tut manchem wohl zu spüren, daß Kinder an ihm hängen! Sicher stimmt ebensoviel nicht, wenn Kinder an einem hängen, wie wenn Erwachsene an einem hängen. Sie werden abhängig, d. h. unselbständig. Kontakthaben und Liebhaben ist nicht das gleiche wie An-jemandem-

Hängen. Manche Pädagogen gelten beim Durchschnittspublikum für besonders gute Pädagogen, weil die Kinder an ihnen hängen. Wenn Kinder Vertrauen haben, Kontakt haben, wenn sie frei von Angst sind gegenüber dem erziehenden Menschen, ist das etwas anderes, als wenn sie an ihm hängen und z. B. fleißig sind auf dem Umweg über die Bindung an den Lehrer, dem Lehrer „zuliebe" etc. Durch ein mißverstandenes schulreformerisches „Erzieher-Ideal" hat sich schon mancher Lehrer verleiten lassen, es geradezu darauf anzulegen, die Kinder an sich zu binden.

Liebe kann man nicht gewinnen. Geliebtwerden ist etwas, das eintritt als Reaktion auf eine gewisse Art zu sein. Aber bestechen zur Anhänglichkeit kann man leicht, und schon gar Kinder, die — zumindest scheinbar — mit mehr und mit einfacheren Mitteln zu bestechen sind als Erwachsene. Und — um auf unseren besonderen Zusammenhang zurückzukommen —, bestechen kann man Kinder sogar mit einer Geschichte oder einem Lied!

Frau V.: Ich habe mich auch schon gefragt, ob es richtig ist, den Kindern Geschichten und Märchen zu erzählen. Selbstverständlich sollte man keine Märchen erzählen, die Lügen sind, aber doch Märchen, in denen tiefe Dinge berührt werden.

H. J.: ... die gewöhnlich nicht einmal die Erwachsenen verstehen, geschweige denn die kleinen Kinder!

Frau V.: Kinder leben in ihrer eigenen Welt! Wenn sie z. B. in der Natur draußen sind, leben sie auf ihre eigene Weise in ihrem Gärtchen.

H. J.: Die eigene Welt der kleinen Kinder spielt in einer gewissen Sorte von romantisierender Kleinkindererziehung eine fatale Rolle. Erwachsene sind — allerdings bloß auf Grund von Hörensagen und auch auf Grund pseudopädagogischer Theorien — häufig überzeugt, daß kleine Kinder ihre eigene Welt haben, gewissermaßen ihre Märchenwelt.

Fräulein D.: Ich kenne zwei kleine Kinder, die wohnen in einem Bauernhof, weit abseits. Sie sind den ganzen Tag draußen und wachsen ohne viel Betreuung auf. Sie pflegen Tiere und haben ihren kleinen Garten, aber es ist mir aufgefallen, wie wenig Phantasie diese Kinder haben, wahrscheinlich, weil sie zu wenig Anregung haben. Sie haben z. B. eine Art „Schwarzer-Peter-Spiel" geschenkt bekommen, haben sich diese Karten angeschaut und nur dazu gesagt: „Das ist ein Huhn und das ein Fuchs" usw., und die betreffende Karte fortgelegt. Dann habe ich erlebt, wie ein kleines Mädchen dorthin auf Besuch kam und mitspielte. Es hat bei einer Karte, auf der ein Tier und ein Jäger abgebildet waren, gesagt:

„Der Jäger ist ein böser Mann, er macht diesem Tier weh“, und hat eine ganze Geschichte um dieses kleine Bild erzählt, während die andern beiden Kinder es bloß zur Kenntnis genommen haben. Ich hatte damals das Gefühl, daß die Phantasie jener Kinder angeregt und gepflegt werden müsse und daß es nicht genüge, Kinder nur so aufwachsen zu lassen, selbst dort, wo es unter günstigen äußeren Bedingungen geschieht.

H. J.: Ich habe wiederholt ausgesprochen, daß ein bloßes „Laisser-faire“ nicht ausreicht, um als Positivum jener verstörenden Erziehungsweise, die aus Abwesendsein und Gedankenlosigkeit gegenüber kleinen Kindern praktiziert wird, entgegengestellt zu werden. Aber was man unter Anregung versteht, ist meist problematisch. Wie alt sind die beiden Kinder?

Fräulein D.: Vier und sechs Jahre . . .

H. J.: Und wie alt war das Kind, das zu Besuch kam?

Fräulein D.: Etwa fünf Jahre.

H. J.: Ich gehe gern ausführlicher auf diese Frage ein, denn sie gehört zu dem, was wir mit meinem Hinweis, daß man an das Improvisatorische — an die Initiative des Kindes — anknüpfen müßte, schon kurz berührten.

Wie wir bei der Musik an die Ansätze des Kindes, etwas improvisierend vor sich hinzusummen, anknüpfen können, anstatt ihm fertige Liedchen und dergleichen beibringen zu wollen, so können wir auch an die erzählende Initiative des Kindes anknüpfen. Ich bin z. B. nicht überzeugt, daß jene beiden Kinder keine Phantasie haben und der Anregung ihrer Phantasie bedürfen, weil sie nicht so eine Geschichte zu dem Bildchen mit dem Jäger erzählt haben wie der kleine Besuch.

Mir klingt die Geschichte eher so, als ob das Kind von dem „bösen Mann“ gesprochen hat, wie Erwachsene mit ihm über solche Dinge reden und ihm Geschichten erzählen. Natürlich kann ich nach den wenigen Angaben nichts Definitives sagen, aber auf Grund von vielen Erfahrungen scheint mir jene uninteressierte Haltung der beiden Kinder gegenüber den Bildern des „Schwarzen-Peter-Spiels“, jenes Unbeteiligtbleiben, ehrlicher zu sein. Sie sind draußen in der Natur mit den Wirklichkeiten von Pflanzen und Tieren in Berührung, und die sagen ihnen anderes und Wesentlicheres als jene gewöhnlich nicht guten Bilder. Wir sollten uns das „Schwarzer-Peter-Spiel“ gemeinsam ansehen können, um sachlich davon Kenntnis zu nehmen, was man Kindern in die Hand gibt, um sie zu beschäftigen und anzuregen. Die beiden Kleinen können im Alltag und auch mit ihren Tieren erfüllter und bewegter von Erlebnissen, Eindrücken und Geschehnissen sein als das Besuchskind.

Wir sollten überprüfen, was wir, die wir überwiegend aus der intellektuellen Mittelschicht kommen, unter jener Phantasie verstehen, von der Fräulein D. zu wenig bei den beiden Kindern zu finden meint. Es spielt höchstwahrscheinlich eine z. T. unbewußte Vorstellung von dem mit, was Kultur sei, was Kunst, und wieviel von alledem als das Höhere unser tägliches Leben verschönern müßte! Solche Vorstellungen haben wir z. T. mit der Atmosphäre unserer Kinderstube aufgenommen, z. T. von bewunderten Vorbildern übernommen, z. T. auch literarischen Einflüssen zu verdanken. Oft hat sich daraus eine Art Ideal entwickelt, wie man selber sein und werden solle bzw. wie andere — in unserem gegenwärtigen Falle auch wie Kinder — sein sollten, — ein Ideal, das nach meinen Erfahrungen die Möglichkeit ungestörter, lebensnaher Entwicklung junger Menschen beeinträchtigt. Nur wenn später das Leben die betreffenden Menschen etwas rauh anfaßt, wird vielleicht einiges wieder zurechtgerückt. Sonst werden sie zu jenen „mehr für Geistiges" interessierten Menschen, die überzeugt sind, daß es nur auf das, was sie für das Höhere halten, im Leben ankomme. So bekommen sie nicht nur ein falsches Bild vom realen Leben — und nicht nur vom realen Leben der großen Masse, das alles andere als erfreulich ist —, sondern auch ein problematisches Bild von einem Leben, wie es ihnen persönlich wünschenswert erscheint, aber im Interesse einer besseren Zukunft der Menschheit nicht wünschenswert ist.

Wenn wir mit Phantasie etwas meinen, das im Menschen entsteht, — etwas, das bewirkt, daß er in seinen Äußerungen Gehalte bringt, die nur bei ihm selber und nicht durch Kommunikation mit der Umwelt gewachsen sind, — eine Meinung, von der wohl in all den wenig präzisen Gehalten, die die verschiedenen Menschen dem Begriff „Phantasie" beilegen, stets etwas enthalten ist, so läßt sich das bei näherem Überprüfen nicht aufrechterhalten. Wenn ein Mensch in einem produktiven Sinne Phantasie hat, so nährt sich diese Phantasie von dem, was er in seinem bisherigen Leben *gelebt* hat. Die bedeutenden Schöpfungen der „Phantasie" in den Meisterwerken der Kunst entstehen bei Menschen, die der Realität des Lebens gegenüber besonders aufgeschlossen sind. Die großen Meisterwerke der Literatur und der bildenden Kunst enthalten doch gewissermaßen einen Extrakt aus der Realität. Erinnern Sie sich an die Gestalten Shakespeares und deren Schicksale, an den Gehalt von Goethes Werken, an das, was Leonardo und Michelangelo oder Rembrandt dargestellt haben!

Gerade in den Meisterwerken finden Sie die Darstellung von Schicksalen von Menschen aus Fleisch und Blut und nicht von Phantomen und „zusammenphantasierten“ Wesen! Was für eine Erkenntnis der Funktions- und Reaktionsweise des Menschen und was für eine Kenntnis der realen Welt, in der diese Menschen leben, handeln und erleiden, tritt uns aus den Dramen Shakespeares entgegen und nirgends etwas von jener Pseudophantasie, die von sehr vielen Menschen der Realität des Lebens als Gegenpol gegenübergestellt wird!

Die großen Werke der Kunst sprechen so viele Menschen über weite Epochen an, weil in ihnen so allgemein Menschliches und allgemein Gültiges ausgesprochen oder dargestellt ist und nicht etwas „Phantastisches“!

Unsere verschiedenen Meinungen über Phantasie hängen auch eng zusammen mit den Vorstellungen von Individualität und der Annahme, die großen Persönlichkeiten hätten alles aus sich, z. B. kraft ihrer besonderen Phantasie. — Der Mensch ist ein soziales Wesen, als Individuum der kleinste, unteilbare Teil der Menschheit und nur durch sie und nicht ohne sie denkbar. Jeder Mensch — und der, der später ein großer, ein ungewöhnlicher wird, erst recht! — ist tief verwurzelt mit seiner Vergangenheit, mit seiner Gegenwart.

Sein Schicksal ist nicht sein „individuelles“ Schicksal, sondern das Resultat der Auseinandersetzung mit Forderungen und Möglichkeiten, mit Spannungen und Konflikten, zu deren Entstehen eine Umwelt das Material stellt.

Die Menschen, die uns wenig „originell“ erscheinen, sind Menschen, die aus zweiter Hand leben, die sich nicht dem Leben stellen, es nicht an sich herankommen lassen, sondern nach einem anerzogenen oder übernommenen Schema, nach festen Konventionen unter dem Druck einer Unzahl von Vorurteilen ihr Schifflein möglichst reibungs- und umweglos seinen Weg — vorgebahnt durch Kanäle — ziehen lassen wollen.

„L'art pour l'art“ ist auch weitgehend dadurch charakterisiert, daß sich Menschen vom Leben zurückziehen, statt sich ihm zu stellen! Jeder produktive, phantasievolle Mensch zieht seine „Nahrung“ durch vielfältige Wurzeln aus der Realität des Lebens. Die mittelmäßige „Kunst“ nährt sich weitgehend durch Wurzeln, die die Nahrung aus dem bedruckten Papier der „Literatur“ saugen. Das lebt alles aus zweiter Hand, zehrt von den „großen Vorbildern“ und empfängt nichts von jener echten Kraft, die denen zuwächst, die in und mit der Allgemeinheit, mit dem Schicksal des Menschen, der Menschen, der Menschheit verwurzelt sind!

Was wir werden und was wir sind, sind wir nie „allein aus uns".

Wir entziehen uns anderseits der Verantwortung für unsere Entfaltung, die auch wir, sofern wir selbständig sein wollen, tragen, wenn wir der „Vererbung" und der „Begabung" bei der Gestaltung der Persönlichkeit einen so großen Anteil einräumen.

Frau B.: Ich fürchte, daß von den überlieferten Vorstellungen — nein, ich fürchte nicht, sondern ich sehe es —, daß von den überlieferten Vorstellungen eigentlich alles fragwürdig wird.

H. J.: Das ist nicht anders möglich! Ich versuche ja, Sie dazu zu bringen, die unüberprüften „Selbstverständlichkeiten" immer mehr selber zu merken. Vieles, was Sie bisher so selbstverständlich über den Menschen, seine Möglichkeiten und über die Art des Umganges mit Menschen gedacht haben, kann einer Überprüfung von unserm Standort aus kaum standhalten.

Frau B.: Aber geht damit nicht auch die Unbefangenheit verloren?

H. J.: Was für eine Unbefangenheit meinen Sie?

Frau B.: Nehmen wir das Beispiel von heute abend, die Phantasie! Wenn ein Mensch z. B. seinem Kind aus Freude am Erzählen erzählt, ohne sich um die Übereinstimmung dieser Geschichten mit der Wirklichkeit zu kümmern. Ich habe meinem Jungen immer Geschichten erzählt, die ganz unwahrscheinlich waren. Ich hatte genausoviel Freude daran wie er.

H. J.: Sie hatten „genausoviel Freude daran" wie Ihr Junge! Erinnern Sie sich, was ich von der Liebenswürdigkeit der Kinder sagte? Im übrigen habe ich nie gesagt, wir sollten keine Geschichten erzählen oder wir müßten uns um die Übereinstimmung dieser Geschichten mit der Wirklichkeit kümmern. Wir sprachen von der Phantasie, und ich versuchte, Sie darauf aufmerksam zu machen, ob wir nicht u. U. Äußerungsweisen als Phantasie in einem positiven Sinne bewerteten, die bei näherem Zusehen nicht so positiv zu bewerten sind. Vielleicht ist in der Meinung, wir müßten das Kind z. B. durch Erzählen von Geschichten anregen, damit es mehr Phantasie bekäme, doch etwas unhaltbar?

Darf ich Sie daran erinnern, daß Kinder, die einigermaßen unverstört geblieben sind, gewöhnlich in ihren Äußerungen und Bemerkungen überraschend originell sind? In der Zeit, in der sie ihre Entdeckungsreisen bewußter beginnen, berichten sie oft in verblüffender Weise darüber. Solange man nicht besonders Notiz davon nimmt, das Kind mit seinen „originellen" Bemerkungen nicht vor Freunden und Verwandten zur

Schau stellt, solch eine unbefangene kindliche Auseinandersetzung also nicht stört, wird das Kind sich weiterhin so originell äußern. Wenn wir uns sachlich dafür interessieren, werden wir merken, daß das Kind uns originell erscheint, weil es noch unbefangen und unmittelbar auf die Realität reagiert, seine Eindrücke unmittelbar verarbeitet und deshalb, wenn es von seinen Erlebnissen berichtet, nicht den Jargon benutzt, in dem wir von unseren Eindrücken zu reden gewohnt sind. Ihm ist noch alles neu, und ihm ist alles „Ereignis", was uns längst „bekannt" ist, was wir nicht mehr unmittelbar erleben, sondern nur noch beziehungslos und „selbstverständlich". Diese Unmittelbarkeit und Entdeckerfreude gehen um so rascher verloren, je mehr man das Kind belehrt, statt es weiter entdecken und erarbeiten zu lassen, d. h. je mehr das Kind dahin gebracht wird, die Umwelt mit den Augen und Ohren der Erwachsenen zu erleben und zu interpretieren anstatt mit seinen eigenen Sinnen. „Originalität" und „Phantasie" zeigen Erwachsene, die noch unmittelbar auf das reagieren, was ihnen begegnet, und nicht auf dem Umweg über Vorurteile, Meinungen, gelernte Theorien und „Weltanschauungen".

Ich werde Ihnen nachher etwas von Goethes Meinung über den Ursprung seiner „Phantasie" und „Originalität" vorlesen. Die „Geschichten", die wir den Kindern erzählen, kommen, selbst wenn wir sie selber „erfinden", selten aus dem realen Boden des eigenen Erlebens, aus dem allein neues Leben wächst, sondern sie kommen gewöhnlich mehr oder weniger aus der Erinnerung an Geschichten, die wir selber gehört oder gelesen haben, aus der Literatur oder vagen Meinungen darüber, wie Geschichten für kleine Kinder zu sein hätten. Solange der kleine Mensch sich in der Auseinandersetzung mit der Umwelt nicht so weit entfaltet hat — auch in dem sogenannten „geistigen" Erfassen der Umwelt —, daß er Kontakt mit ihr hat und einigermaßen selbständig in ihr „steht", besteht die Gefahr, daß wir seinen geistigen Magen verderben mit dem, was wir in der Meinung an ihn herantragen, daß wir ihn schon für das „Höhere" vorbereiten sollten, seine Phantasie anregen müßten und dergleichen mehr. Schöpfungen, die die menschliche Kultur weiterbringen, Äußerungen und Gestaltungen, welche überpersönliche Bedeutung haben und Menschen zu allen Zeiten unmittelbar berühren, bewegen oder auch erschüttern können, werden kaum bei Menschen wachsen, die man in der Jugend auf „literarischen" oder sonstigen Umwegen dazu hat anregen wollen.

Das wirklich Bedeutsame wächst fast immer entgegen den zur Zeit herrschenden Meinungen, „Idealen“ und Kunsttraditionen o. ä.

Zum Wachsen braucht man nicht zu „wissen“! Beim Wachsen kann alles von außen herangetragene bloße Wissen höchstens beunruhigen und stören. „Anregen“ zu müssen, das glauben wir nur, weil wir zu wenig Vertrauen haben und zu wenig Ahnung davon haben, was jeder Mensch an Entfaltungsmöglichkeiten mit auf die Welt bringt. Diese Fähigkeiten werden um so gewisser an den Tag kommen, je weniger wir uns einmischen und in den ersten drei bis vier Jahren „fördern“ und „helfen“ wollen, in denen ein kleiner Mensch die Beziehung zur Welt und zu sich selber erlebt und sich er-arbeitet! Damit wir aber ein Kind in diesem Sinne in Ruhe lassen können, bedarf es bei uns Erwachsenen einer besonderen Munterkeit: Man muß empfindlich dafür werden, wenn etwas von dem vielen Unsinn, unter dessen Wirkung wir selber aufgewachsen sind, so zur Selbstverständlichkeit geworden ist, daß man dadurch Störungen bewirkt, die auf Grund allgemeinerer Einsicht nicht mehr nötig wären! Hat man diese Munterkeit, braucht man nicht besorgt zu sein, seine Unbefangenheit zu verlieren, solange man nicht bei beginnender Einsicht gleich einen intellektuellen Polizisten aus sich macht. Übrigens bekommt man die Quittung für alles Unzweckmäßige, das man tut, sehr bald, sofern man bereit ist, die betreffenden Signale zur Kenntnis zu nehmen. Wenn Sie z. B. einem Kind die Geschichte vom Rotkäppchen und dem Wolf, der die Großmutter gefressen hat, erzählt haben und in einer der nächsten Nächte hören, daß das Kind im Schlaf aufschreckt oder schreit oder z. B. vor Hunden Angst bekommt, dann sollten Sie sich fragen, ob es richtig sei, so etwas zu erzählen.*

Zu dem Problem von Fräulein D. müßte man noch erfahren, wie die Erwachsenen in der Umgebung dieser Kinder sind, ob sie die Kinder sich selber überlassen aus einer vernünftigen Grundeinstellung heraus oder aus Nachlässigkeit oder zeitlicher Überlastung. Haben die Kinder Kontakt mit den Erwachsenen? „Wes Geistes Kind“ sind diese Erwachsenen? Ihre Frage läßt sich nicht beantworten als isolierte Angelegenheit dieser beiden Kinder.

Die funktionellen Voraussetzungen für Phantasie hat jeder Mensch mit seiner biologischen Ausrüstung mitbekommen. Leistungen jener Phantasie-Tätigkeit hat jeder Mensch schon an sich, in sich erlebt. Erinnern Sie sich nur an ihre erstaunliche Leistung und Erscheinungsart, die zum We-

* Die gleiche Problematik finden wir heute in verstärktem Maße im Thema: „Kind und Fernsehen“! (S. L.)

sen und Erleben jedes Menschen gehört: den Traum! Eine andere Frage ist es, ob und wieweit ein Mensch sich auch im Wachsein angstlos und offen dem überlassen kann, was ihn bewegt und beschäftigt, und weshalb er sich evtl. nur schwer äußern kann und deshalb phantasielos erscheinen könnte. Erinnern Sie sich auch daran, daß eine Fülle von Gefühlen, von Wünschen, Bildern, Gedanken, kaum bewußt werdend, wieder verdrängt wird oder sogar, noch bevor sie bewußt wird, einer inneren Zensur-Instanz zum Opfer fällt! Auch hierzu hat Freud einen außerordentlich wichtigen Schlüssel geliefert. Je ängstlicher, unsicherer, unselbständiger ein Mensch geworden ist — auch schon ein kleiner Mensch! —, desto leichter und desto früher setzt oft jene Zensur ein, weil unsere Phantasie uns nicht immer solche Inhalte liefert, wie sie uns oder der Umwelt angenehm und wünschenswert sind. Wie viele Todeswünsche tauchen z. B. schon bei kleinen Kindern auf — besonders gegenüber jüngeren Geschwistern — und können zu wirklichen Mordversuchen werden!

Und wie schöpferisch sind die Leistungen unserer Phantasie, indem sie von der Zensur nicht durchgelassene Wünsche und Bilder in eine vom Wachzustand erlaubte Symbolik übersetzt! Auch bei einem äußerlich ganz phantasielos erscheinenden Menschen — und schon beim kleinen Kind — geschieht sehr viel, das von uns als Zeichen einer lebendigen und starken Phantasie bewertet werden müßte, wenn es nach außen durchscheinen würde. Wir müssen wieder einmal mehr feststellen, daß unmöglich Fähigkeit und Funktion fehlen können und daß wir uns dafür interessieren müßten, was für Gründe deren In-Erscheinung-Kommen verhindern. Dann wären andere Maßnahmen notwendig als etwa Zufuhr von „Nahrung“ für die Phantasie durch Bilder oder Geschichten von außen her oder als der Versuch, durch Liefern derartiger Modelle das Kind zu verleiten, das, was es innerlich bewegt, in dem Jargon jener Modelle auszudrücken!

Ein ganz anderes Problem wäre es, wenn wir aus vernünftigen pädagogischen Absichten dem Kinde auf dem Umweg über eine Geschichte mit bestimmtem Symbolgehalt — etwa im Sinne der Fabeln — etwas nahebringen wollten, für das wir es ohne direkte Aufforderung interessieren wollen. Dazu gehörte aber ein ungewöhnliches Niveau der Erwachsenen, wenn es nicht bloß bei einem „Durch-die-Blume-Sagen“ bleiben soll.

Wenn man meint, kleine Kinder „formen“ zu müssen, ist das stets der Ausdruck eines bewußten oder unbewußten Mangels an Vertrauen, daß das Kind ausreichend ausgerüstet ist! Die beste „Formung“ kommt dadurch zustande, daß wir keinen Moment das Empfinden für die Würde des Menschen und für Ehrfurcht — auch bei dem kleinsten Kinde! — durch unsere Wünsche oder gar unsere Affekte übertönen lassen und daß wir uns in seiner Nähe möglichst so verhalten, wie wir wünschen, daß es sich verhalten möge. Jedes kleine Kind er-lebt so viel und hat eine Fülle von Widerständen und Konflikten zu bewältigen, so daß es an anderen Ursachen liegen muß als an ungenügend genährter Phantasie, wenn ein Kind uns phantasielos erscheint. Kindern, die viel allein in der Natur und mit Tieren leben, fließt nur der Mund nicht so leicht über wie Kindern, die zwischen gesprächigen Erwachsenen und in intellektuell betontem Milieu heranwachsen. Auch Erwachsene, die im Kontakt mit der Natur leben, sind meistens weniger gesprächig als intellektuelle Städter, und doch nehmen wir von diesen nicht ohne weiteres an, es fehle ihnen an Phantasie.

All das soll keine endgültige Antwort — weder auf das, was Frau V. sagt, noch auf Fräulein D.s Bemerkung — sein, sondern ein Hinweis darauf, daß wir erst einmal ein zutreffenderes Bild der Möglichkeiten des kleinen Menschen auch hinsichtlich seiner Ausstattung für schöpferische Leistungen erarbeiten sollten, bevor wir „Anregungsmaßnahmen" auf Vorrat unternehmen. Ich habe Frau B. vorhin unterbrochen, als sie von der Freude am Erzählen zu sprechen anfing und davon, daß die Unbefangenheit verlorenginge. Wenn jemand schon im ersten Satz seines Beitrages zum Gespräch etwas Wesentliches sagt, das nicht ohne Widerspruch oder unbesprochen vorbeigehen darf, dann muß ich oft sofort eingreifen, weil sonst alles Folgende aus Voraussetzungen entsteht, die für uns nicht tragbar sind. Im privaten Gespräch ist das anders.

Frau B.: Als ich davon sprach, ich fürchtete, die Unbefangenheit könnte verlorengehen bei dieser Kritik, die wir an unserm Verhalten dauernd üben sollen, . . .

H. J.: Sollen wir „Kritik" daran üben?

Frau B.: Ja, das sollen wir!

H. J.: Wir werden gemeinsam prüfen, ob Sie wirklich Kritik üben sollen! Habe ich Sie aufgefordert, Kritik an Ihrem Verhalten zu üben, oder habe ich versucht, Sie dafür zu interessieren, was für Verhaltensqualitäten aus sachlichen Gründen als „zweckmäßig" zu gelten hätten und was für Verhaltensqualitäten als „unzweckmäßig", wenn wir ein Optimum an Entfaltung durch Gebrauch sicherstellen wollen? Habe ich Sie nicht dafür zu interessieren versucht, bereit zu werden zu stolpern, wenn Sie spüren, daß Sie sich „unzweckmäßig" verhalten, bewußt spüren zu wollen, in welcher Richtung Ihr Verhalten jeweils tendiert: in Richtung „Gelassensein" oder in Richtung „unnötiger Aufwand" etc.? Sie müssen weder über Ihr Verhalten nachdenken, noch sollen Sie es als „falsch" oder „richtig", als „böse" oder „gut" werten! — Was man selber als unzweckmäßig empfindet, kann man, wenn man stiller wird, abklingen lassen.

Bedeutet das „Kritik" an seinem Verhalten, oder ist es die Bereitschaft zu erlauben, immer mehr so zu werden, wie man es in guten Momenten mehr oder weniger unbewußt als möglich erlebt?

Ich habe nicht unterbrochen, weil ich etwas gegen die Verwendung des Wortes Kritik hätte, sondern weil spürbar war, daß für Frau B. intellektuelle Reflexion und Sichbeobachten damit verbunden ist anstelle von Sichspüren, Sich-in-seiner-Zuständlichkeit-Erleben.

Sie sollen selber überprüfen! Allerdings verhalten sich viele Menschen so, daß sie, wenn etwas in Frage gestellt wird und zu überprüfen wäre — und zwar von ihnen geprüft werden müßte —, wegen dieser Zumutung das Gefühl haben: „Da wird etwas kritisiert!" Und zwar fühlen sie sich dadurch kritisiert. Allein die Anzweiflung des „Selbstverständlichen" provoziert, sobald es um den Menschen geht, Abwehr und Affekte. Das hat aber mit jener Art Kritik nichts zu tun, bei der „Rechthaben" mit „Mehr-Gelten" verquickt ist und „Im-Unrecht-befunden-Werden" etwas Ähnliches — auch für Erwachsene! — bedeutet wie eine schlechte Zensur! Die Neigung, etwas als Kritik zu charakterisieren und ihm damit einen negativen Beigeschmack zu geben, also zu versuchen, die Tragweite und Verbindlichkeit von etwas, wenn vielleicht auch nur unbewußt, zu entwerten, wächst sehr stark, wenn man zu spüren beginnt, daß einem eine Verantwortung auferlegt würde, falls die Feststellung stimmte.

Wenn ich jemanden auf die Plattform eines Turmes mitnehme, der bisher die Häuser nur von der Straße aus gesehen hat, so wird er von oben etwas zu sehen bekommen — z. B. in die Höfe schauen und Zusammenhänge der Planung erkennen können —, das er von der Straße aus nie gesehen hat, nie hat sehen können. Werden nun der Betreffende oder sein früheres Bild „kritisiert"? Oder stellen der Zuwachs an Einsicht und Überblick, der neue Eindruck der Realität bzw. diese Realität selber das alte Bild in Frage?

Wenn Galilei sich ein starkes Fernrohr baut, damit entdeckt, daß um den Jupiter mehrere Monde kreisen, und nun von dem Standort, auf dem sich bisher noch niemand befunden hatte, der erstaunten und ungläubigen

Welt berichtet, was er sieht, „kritisiert" er damit die Astronomen, die diese Monde bisher nicht haben finden können? Galilei konstatiert nur, was er sieht und was von nun an jeder andere auch sehen und erkennen kann, sofern er bereit ist, das Entscheidende zu tun, nämlich sich auf den Standort zu begeben — durch das Fernrohr zu sehen —, von dem allein jene Monde sichtbar werden!

Bereit sein, in Frage zu stellen, bereit sein zu überprüfen, ist etwas anderes als kritisieren im vorhin gebrauchten Sinn, als von der gefährdeten Unbefangenheit die Rede war. Wenn Menschen veranlaßt werden sollen, Tatbestände zur Kenntnis zu nehmen, die jedem, sobald er sachlich überprüft, unhaltbar erscheinen müssen, sagen sie, daß „kritisiert" würde. Das ist eine sehr weit verbreitete Reaktion!

Dr. X.: Ich glaube aber doch, daß das Forschen der Kinder, von dem Sie gesprochen haben, ein Wecken und Anregen der Einbildungskraft durch die Eltern voraussetzt. Das muß nicht immer durch Märchen erfolgen. Das Kind muß von den Erwachsenen angeregt werden, dann wird es mehr forschen.

H. J.: Wenn Sie sich bewußt für eine größere Zahl nicht allzu verstörter Kinder interessieren würden, müßten Sie bemerken, daß das Forschungsbedürfnis der Kinder zu ihren elementaren und spontanen Verhaltensgewohnheiten gehört und sich so lange auswirkt, wie man das Kind nicht verängstigt und nicht durch Vormachen und falsches Helfen abgestoppt hat. Ein nicht eingeschüchtertes Kind forscht so unbeirrt und so ausdauernd, daß es den meisten Erwachsenen sogar unbequem wird. Ein Kind, das nicht mehr forscht und phantasielos erscheint, hat sicher auch an der Möglichkeit, unzensuriert zu äußern, wovon es erfüllt ist, eine Verstörung erlebt.

Frau B.: Goethe sagt doch einmal, daß er die Lust zum Fabulieren von seiner Mutter bekommen habe. Und dieses Fabulieren, dieses ungehemmte Erzählen, ist mir bei meinem Kind aufgefallen. Für mein Kind war die ganze Welt, auch die sogenannten toten Gegenstände, belebt. Das Kind fragte mich einmal, da es gehört hatte, daß man das Schreibpult „Pult" genannt hatte: „Wie heißt der Pult mit dem Familiennamen?"

H. J.: Dieser Beitrag gehört zu den originellen Äußerungen der Kinder, von denen ich vorhin gesprochen habe. Meiner Ansicht nach spricht daraus weniger eine besondere Phantasie als die Tatsache, daß kleine Kinder in einem gewissen Sinne konsequenter in ihrer Interpretation der Welt sind als wir. Wenn ein Kind öfter gemerkt hat, daß Menschen zwei Namen haben, so ist es naheliegend, daß es annimmt, auch die Gegenstände hätten einen Vor- und einen Nachnamen. Mit Fabulieren hat das nichts zu tun. Und bei Goethe heißt es: „Vom Vater hab' ich die Statur, des Lebens ernstes Führen, vom Mütterchen die Frohnatur und Lust zum Fabulieren." Goethe sagt nicht, er hätte das Fabulieren „vom Mütterchen", sondern die Lust zum Fabulieren. Einem kleinen Kind Geschichten vorerzählen ist mindestens so problematisch, wie wenn man ihm etwas vor-singt, vor-musiziert! Wie häufig bin ich früher von Eltern um Rat gefragt worden: „Was kann ich dafür tun, daß mein Kind musikalisch wird?" Ich habe Mütter gekannt, die während ihrer Schwangerschaft viel musiziert haben, weil sie hofften, dadurch ein besonders musikalisches Kind zu bekommen. So närrisch können sich Menschen einer Schicht verhalten, die sich für besonders kultiviert hält. Dahinter steckt viel mehr literarisch-ästhetisch-snobistische Verdrehtheit und Eitelkeit als etwa ein echter Wunsch, das Kind möge ein wertvolles Mitglied einer zukünftig besseren Gesellschaft werden. Im Gegenteil! „Mein" Kind soll ein besonders begabtes Kind werden! „Mein" Kind soll es besonders gut haben! etc.

Frau B.: Wenn ich als Mutter den ganzen Tag mit meinem Kind zusammen bin, rede und antworte ich dem Kind, indem ich ihm auch erzähle. Ich kann ihm von dem Hund, der Katze, der Maus und von den Dingen, die um uns sind, so erzählen, daß das alles ganz belebt ist. Vielleicht werde ich auch dabei Kind und verstehe mich so mit dem Kind. Ich will ihm nichts erzählen, um es anzuregen oder ihm eine Bildung beizubringen; aber nach dem, was ich hier gehört habe, wird es mir fraglich, ob diese unbekümmerte Art, die mir auch Freude macht, in Ordnung ist.

H. J.: Was Sie eben sagten, illustriert eine etwas andere Situation als die, von der Frau V., und als die, von der Fräulein D. sprach. Es wäre noch die Frage, ob Sie dem Kind Geschichten in der Art der „Vermenschlichung" solcher Tiere erzählen, wie sie häufig in Kinderbüchern zu finden sind, oder ob Ihnen Ihre Erzählungen aus dem Kontakt, den Sie im Leben schon mit Maus oder Hund gehabt haben mögen, eingefallen sind. Haben Sie etwas zu erzählen, weil Sie tatsächlich mit Tieren leben, — weil Sie mit ihnen vertraut sind, — weil sie Ihnen dabei ihr Wesen unmittelbar offenbaren, oder erzählt man „ausgedachte" Geschichten nach dem Muster jener „Tiergeschichten", in denen Tiere vermenschlicht werden, lange Reden halten etc.?

(Es folgen Hinweise auf den unechten „Märchenton" beim Geschichtenerzählen, — auf die „Märchentante" im Radio! Grammophonplatten werden vorgespielt, und es wird daran erinnert, daß Märchen gewöhnlich Geschichten sind, die ursprünglich von Erwachsenen für Erwachsene erzählt worden sind.)

H. J.: Das Entscheidende ist, ob Sie mit den Tieren Kontakt und echte, nicht bloß „literarische" Erlebnisse haben! Wenn ich von dem kleinen Finken erzähle, der auf meinem Balkon jeden Tag so lange piept, bis ich die Türe öffne und er sich das Futter aus meiner Hand holen kann, und davon, wie er zwischendurch zuweilen eine Freßpause macht und mir ein kleines Lied vorzwitschert, so könnte ich lange von dem kleinen Wesen erzählen und brauchte dazu kein bißchen Phantasie, denn ich erlebe ihn tatsächlich und unterhalte mich mit ihm, und er antwortet mir sogar. Ich käme kaum auf den Gedanken, einem Kind aus Gründen der Anregung davon zu erzählen! Ich würde dem Kind ein paar Körner geben, damit es selber mit dem Finken verkehren könnte.

Wenn ich erzählen würde, würde ich versuchen zu berichten, was mir widerfahren ist, was mich bewegt und berührt, wenn das kleine Tier so vertrauend auf meine Hand geflogen kommt und die Körner aus meiner Hand haben will und sich gar nicht darum kümmert, daß genug Futter auf der Fensterbank liegt. Wenn man offen ist, kommen die Tiere von sich aus zu einem, und dann wird man überschüttet mit realen Erlebnissen und braucht sich nichts auszudenken. Ich könnte Ihnen ein kleines Buch über meine Erlebnisse mit dem Finken schreiben, ohne daß ich meine Phantasie bemühen müßte. Vielleicht würden Sie, wenn Sie das Büchlein läsen, sagen: „Was hat der für eine Phantasie!" Und doch war ich nur offen gegenüber der Realität. Ich reagiere bloß auf das, was mir geschieht. Wenn ich von alledem mit einem Kind spräche, ließe ich es teilnehmen an meinem Leben und Erleben. Aber nicht an meiner Phantasie!

Ist man aufgeschlossen, überfällt einen das Leben mit lebendigen und auch berichtenswerten Mitteilungen. Man braucht nichts zu erfinden. Da kommt alles aus erster Hand! Aber viele sogenannte „originelle" Phantasien sind bei näherer Prüfung nur papierene Produkte, unbewußt entlehnt aus Literatur, die einem einmal imponiert hat. Vieles ist auch „Literatur", die sich in einer besonderen Art von literarischem „Stil" äußert . . .

Ich werde Ihnen nun vorlesen, was Goethe einmal zu Eckermann über die „Originalität" etc. sagte gelegentlich einer Unterhaltung über die große Persönlichkeit Mirabeau (17. Febr. 1832):

„Die Franzosen erblicken in Mirabeau ihren Herkules, und sie haben vollkommen recht. Allein sie vergessen, daß auch der Koloß aus einzelnen

Teilen besteht und daß auch der Herkules des Altertums ein kollektives Wesen ist, ein großer Träger seiner eigenen Taten und der Taten anderer. Im Grunde aber sind wir alle kollektive Wesen, wir mögen uns stellen wie wir wollen. Denn wie weniges haben und sind wir, das wir im reinsten Sinne unser Eigentum nennen! Wir müssen alle empfangen und lernen, sowohl von denen, die vor uns waren, als von denen, die mit uns sind. Selbst das größte Genie würde nicht weit kommen, wenn es alles seinem eigenen Innern verdanken wollte. Das begreifen aber viele sehr gute Menschen nicht und tappen mit ihren Träumen von Originalität ein halbes Leben im dunkeln. Ich habe Künstler gekannt, die sich rühmten, keinem Meister gefolgt zu sein, vielmehr alles ihrem eigenen Genie zu danken zu haben. Die Narren! Als ob das überall anginge! Und als ob sich die Welt ihnen nicht bei jedem Schritt aufdrängte und aus ihnen trotz ihrer eigenen Dummheit etwas machte! Und was ist denn überhaupt Gutes an uns, wenn es nicht die Kraft und Neigung ist, die Mittel der äußeren Welt an uns heranzuziehen und unseren höheren Zwecken dienstbar zu machen? Ich darf wohl von mir selber reden und bescheiden sagen, wie ich fühle. Es ist wahr, ich habe in meinem langen Leben mancherlei getan und zustandegebracht, dessen ich mich allenfalls rühmen könnte. Was hatte ich aber, wenn wir ehrlich sein wollen, das eigentlich mein war, als die Fähigkeit und Neigung, zu sehen und zu hören, zu unterscheiden und zu wählen, und das Gesehene und Gehörte mit einigem Geist zu beleben und mit einiger Geschicklichkeit wiederzugeben. Ich verdanke meine Werke keineswegs meiner eigenen Weisheit allein, sondern Tausenden von Dingen und Personen außer mir, die mir dazu das Material boten. Es kamen Narren und Weise, helle Köpfe und bornierte, Kindheit und Jugend wie das reife Alter: alle sagten mir, wie es ihnen zu Sinne sei, was sie dachten, wie sie lebten und wirkten und welche Erfahrungen sie sich gesammelt, und ich hatte weiter nichts zu tun, als zuzugreifen und das zu ernten, was andere für mich gesät hatten. — Es ist im Grunde auch alles Torheit, ob einer etwas aus sich habe oder ob er es von andern habe; ob einer durch sich wirke oder ob er durch andere wirke: die Hauptsache ist, daß man ein großes Wollen habe und Geschick und Beharrlichkeit besitze, es auszuführen; alles übrige ist gleichgültig."

Nun zitiere ich ungern „Autoritäten", weil die Menschen sich damit gewöhnlich auf etwas stützen wollen, das ihnen Verantwortung tragen hilft. Ich zitiere Goethe hier nicht als Autorität, sondern ganz einfach als jemanden, der Außergewöhnliches geleistet hat und nun seine eigene Erfahrung und seine Meinung über das Eigentum an seinen Werken und die Quellen, aus denen er geschöpft hat, mitteilt. Ich bin sehr glücklich gewesen, als ich vor einigen Jahren diese Bemerkung Goethes fand. Man ist manchmal auch bedürftig nach Bestätigtwerden und nicht nur nach dem Gegenteil. Mir ist alles bloß Literarische wegen seiner unbescheidenen Borniertheit mit der Zeit zuwider geworden und im besonderen jene vielen literaturkritischen kleinen Moritze, die selber unproduktiv sind und trotzdem so viel besser wissen wollen, wie es mit dem Schöpferischen bestellt ist, als Menschen, die wirklich etwas Produktives geleistet haben. Diese intellektuell ästhetisierende Schicht wirkt auch ständig mit an der Schaffung und Erhaltung der üblichen Anschauungen von der „Begabung"!

Das sind alles noch eigentümliche Züge jenes Bildes vom Menschen, von dem ich Ihnen zu Beginn unserer Arbeit sagte, es müsse überprüft werden und es halte einer Prüfung nicht stand.

Damit „kritisiere" ich jenes Bild nicht, sondern spreche ich von einem zutreffenderen Bild, das auch jeder von Ihnen vorfinden wird, sowie er anfängt, wie Goethe vorhin sagte, zu benutzen, „was eigentlich mein war": „die Fähigkeit und Neigung, zu sehen und zu hören, zu unterscheiden und zu wählen ..." und sich von der Realität erzählen zu lassen, was die Realität bereit ist, uns zu offenbaren, sowie wir bei uns sind. Dann sind wir übervoll von Phantasie! Sowie Zensur einsetzt, ist es aus mit Phantasie und aus mit Improvisationsbereitschaft! Dann verkriecht sich die Phantasie dorthin, wo wir selber auch bei der größten Skepsis merken müßten, daß jeder mit dieser Gabe ausgestattet ist, — nämlich als Traum in den Schlaf! Voraussetzungen dafür, „innere Bilder" zu haben, erstaunlich lebendige und plastische Vorstellungen zu haben, von Geschehnissen bewegt und so erfüllt zu sein, daß man der Schöpfer ganzer Dramen wird, trägt, wie der Traum beweist, offenbar jeder Mensch in sich.

Schopenhauer macht einmal die Bemerkung: „Der Traum hingegen steht da als ein völlig fremdes, sich wie die Außenwelt, ohne unser Zutun, ja wider unsern Willen Aufdringendes. Das gänzlich Unerwartete seiner Vorgänge, selbst der unbedeutendsten, drückt ihnen den Stempel der Objektivität und Wirklichkeit auf. Alle seine Gegenstände erscheinen bestimmt und deutlich, wie die Wirklichkeit, nicht etwa bloß in bezug auf uns, also flächenartig-einseitig, oder nur in der Hauptsache und in allgemeinen Umrissen angegeben, sondern genau ausgeführt bis auf die kleinsten zufälligen Einzelheiten und die uns oft hinderlichen und im Wege stehenden Nebenumstände herab:

Da wirft jeder Körper seinen Schatten, jeder fällt genau, mit der seinem spezifischen Gewicht entsprechenden Schwere, und jedes Hindernis muß erst beseitigt werden, gerade wie in der Wirklichkeit. Das durchaus Objektive desselben zeigt sich ferner darin, daß seine Vorgänge meistens gegen unsere Erwartung, oft gegen unsern Wunsch ausfallen, sogar bisweilen unser Staunen erregen, daß die agierenden Personen sich mit empörender Rücksichtslosigkeit gegen uns betragen; überhaupt in der rein objektiven dramatischen Richtigkeit der Charaktere und Handlungen, welche die artige Bemerkung veranlaßt hat, daß jeder, während er träumt, ein Shakespeare sei. Denn dieselbe Allwissenheit in uns, welche macht, daß im Traum jeder natürliche Körper genau seinen wesentlichen Eigenschaften gemäß wirkt, macht auch, daß jeder Mensch in vollster Gemäßheit seines Charakters handelt und redet."*

Indem ich versucht habe, die Frage von „viel oder wenig Phantasie" für Sie mit den Gegebenheiten unserer biologischen Ausrüstung in Beziehung zu bringen, wollte ich sie mit unserm allgemeinen Begabungsproblem in Beziehung bringen und zeigen, daß auch hier wieder andere Faktoren beim Unzulänglicherscheinen wirksam sind als etwa Mängel der biologischen Ausrüstung. Der Traum zeigt uns besonders drastisch, wie phantasievoll auch der „phantasieloseste" Mensch ist, wenn die Zensur, die im Wachen bewußt und unbewußt durch seine Ängste, durch unzeitige intellektuelle Reflexion, durch Vorurteile etc. ausgeübt wird, nicht eingreifen kann, eben deshalb, weil die „Behörde" gerade schläft! Kaum sind wir in einem Zustand, in dem jene Zensur keine Macht mehr hat, spielt in uns eine Fülle von Erlebnissen, um die wir uns zuweilen im Wachen beneiden. Sollten Sie noch einmal daran zweifeln, wie ungeahnt viel Produktives in jedem Menschen geschieht, so brauchten Sie sich nur an die Tatsache „Traum" zu erinnern, um erkennen zu müssen, wie voller Bilder und voller Erlebnisse jeder Mensch ist, auch wenn er, solange er wach ist, nach außen nüchtern und „phantasielos" erscheint. Bei all dem gehen uns Art und sonstige Qualitäten der Trauminhalte nichts an!

Frau V.: Sollte man so selbständig sein, einem Großvater sagen zu können, er dürfe solche Sachen nicht seinem Enkelkind erzählen?

* („Versuch über das Geistersehen und was damit zusammenhängt, Parerga und Paralipomena", 1. Teil, Insel-Ausgabe Bd. 4, S. 277)

H. J.: Ich würde nicht sagen: „Du darfst solche Geschichten nicht erzählen!“ Wenn Sie wünschen, die unverständige Umwelt auf positive Weise zu neutralisieren, müßten Sie vor allem versuchen, die betreffenden Menschen dafür zu interessieren, die Zusammenhänge und die Verhältnisse allmählich so zu sehen, wie Sie sie nun zu sehen anfangen. Selbst wenn Sie sagten: „Ich möchte das nicht gern!“ oder „Unterlaß das mir zuliebe!“, also höflicher wären als bei Ihrem: „Du darfst nicht!“, wäre es zu wenig, denn das führt zu Widerständen und Spannungen und nicht zu Verständnis und vor allem nicht zu Einverständnis. Sie brauchen nur einen Moment nicht in der Stube zu sein, und schon geschieht, was Sie für unrichtig halten.

Man könnte versuchen, sich so durchzusetzen, daß es dem anderen nicht einmal bewußt wird, daß man sich durchgesetzt hat, — daß es gelingt, das Notwendige zu des anderen eigener Sache werden zu lassen. Dazu braucht man nicht „diplomatisch“ zu sein. Man muß nur, bevor man mit dem anderen redet, dafür sorgen, daß Kontakt da ist, und es braucht auch Vertrauen dazu, daß selbst ein Großvater noch „umlernen“ könnte. Auch hier wird mehr an unser Verhalten appelliert als an den Menschen, den wir überzeugen wollen, den wir bitten wollen, etwas anderes zu tun, als er vorhat. Es gehört wenig dazu, anstatt Einverständnis Widerstand zu erzeugen! Wenn der andere dann noch überzeugt ist, es besser zu wissen oder es so tun zu dürfen, wie er es für richtig hält, z. B. weil er der Ältere ist, ist es doppelt schwierig, sich durchzusetzen. Was ich über die Bereitschaft denke, sogenannte „Rücksicht“ zu nehmen, wenn es um das Wohl der Kinder geht, habe ich kürzlich gesagt: Wer ist wohl schutzbedürftiger? Der „empfindliche“ Großvater oder Ihr 14 Monate altes Kind? Ich vermute, die Frage so stellen, heißt auch sie beantworten!

Fräulein D.: Aber wie ist das mit diesem schutzbedürftig? Wenn ich daran denke, wie Kinder daran hängen, solche Geschichten zu hören, und wieviel Freude es ihnen bereiten kann, dann kann ich nicht einsehen, vor was man die Kinder dabei schützen soll.

H. J.: Ich habe eben nicht nur von „Geschichten“ gesprochen, sondern von der grundsätzlichen Frage der Schutzbedürftigkeit des Kleinkindes und den Rücksichten gegenüber unverständigen oder unwissenden Erwachsenen. Wir haben noch andere Instanzen zu Rate zu ziehen als die, ob die Kinder an etwas Freude haben. Auch das „Spaß-Haben“ und das Verlangen nach Dingen, die sich bei näherem Zusehen als schädlich für das Kind erweisen, werden immer erst akut, nachdem die Kinder an dergleichen Dinge gewöhnt worden sind! Wenn man einem kleinen Kind einige Zeit lang Schleckereien gibt, dann „hängt" es später nicht nur an Süßigkeiten, sondern Sie können ihm auch viel Freude machen, wenn Sie ihm Zuckerzeug schenken. Ist aber ein Kind zweckmäßig ernährt, dann hat es wenig Interesse an Zuckerzeug und ist ihm eine reife Frucht lieber.

Vielleicht verstehen Sie an diesem Beispiel, daß es auch bei der Freude an den Geschichten darauf ankommt, was vorausgegangen ist und wie die Kinder hinsichtlich Wärme, Kontakt und Vertrauen „ernährt" und gepflegt worden sind. Wir haben schon davon gesprochen, für wie viele „Hintergründe" die Freude an Geschichten oder am Vorsingen ein Vorwand sein kann. Vielleicht sollten wir eine Möglichkeit noch hinzufügen: Ein Kind, das wenig Wärme erfährt und dem von seiner „normalen" Umgebung wenig Interesse entgegengebracht wird, erfährt dadurch, daß jemand ihm eine Geschichte erzählt, daß jemand für es da ist und sich für es interessiert, etwas Beglückendes, so daß es fast gleich ist, was für Geschichten erzählt werden. In der Tatsache, daß jemand sich an es wendet, kann so viel Ermutigung und Hilfe enthalten sein, daß es unter Umständen in einer solchen Situation wichtiger und richtiger ist, eine Geschichte zu erzählen als aus „pädagogischer Konsequenz" zu schweigen. Allerdings ist dies Beispiel insofern konstruiert, als für jemand, dem das Problematische des Geschichtenerzählens bewußt ist und der anwesend genug ist, etwas von der Liebebedürftigkeit eines vernachlässigten oder vereinsamten Kindes zu merken, genügend andere Möglichkeiten bestehen, das Kind zu ermutigen und es Wärme spüren zu lassen. Sie wissen, wie sehr ich davor warne, Feststellungen, zu denen wir auf Grund ausführlicher Überlegungen und Überprüfung größerer Zusammenhänge gekommen sind, isoliert als „Rezepte" oder „Forderungen" zu behandeln und zu benutzen.

Ich habe oft, wenn Kinder Geschichten erzählt bekommen wollten, gesagt: „Erzähle du mir doch etwas!" Den Anhängern des Geschichtenerzählens empfehle ich, dieses zu versuchen, denn nichts zeigt deutlicher, ob das Interesse des Kindes an Geschichten echt ist, als das, was Kinder einem dann erzählen. Sie würden staunen, was für einen Geschichtenjargon man oft zu hören bekommt!

Wenn mir dergleichen Kopien von einfältigem Erwachsenengeschwätz begegnet sind, brauchte ich nur noch ernst zu nehmen, was das Kind dahergeschwätzt hatte, und schon entspann sich ein für beide Teile interessantes und anregendes Gespräch. Wenn ich sachlich auf des Kindes Äußerungen einging, wurde unerfülltes Geschwätz für das Kind von selber untragbar. Solche Gespräche können auch mit 3—4jährigen im besten Sinne Auseinandersetzung zwischen zwei Menschen — nicht etwa nur zwischen einem Erwachsenen und einem „Kind“ — sein.

Lassen Sie sich noch einmal an den Standort erinnern, von dem unser Gespräch ausgegangen ist! Hoffentlich ist Ihnen die Wichtigkeit dieses Problems deutlich geworden und die Notwendigkeit, sich zu fragen: Wie weit gehören die funktionellen Voraussetzungen für das, was wir als Phantasie zu bezeichnen gewöhnt sind, auch zur biologischen Ausrüstung des Menschen? Wenn sie zur biologischen Ausrüstung gehören, kann unsere Vorstellung von einer „Phantasie“, die wir durch Zufuhr von Phantasieprodukten anregen oder nähren wollen, sich nicht halten lassen.

Es gehört nämlich auch zur biologischen Ausrüstung des Menschen, daß das Kind die Reize und Erlebnisse, die es treffen, von sich aus so verarbeitet und bearbeitet, daß sich dabei mitentfaltet, was später als Phantasie und Phantasieleistung eingeordnet wird.

Auch im Phantasieproblem steckt das Problem der Improvisationsfähigkeit und Improvisationsbereitschaft, das wir, als wir von kindgemäßen musikalischen Äußerungen sprachen, berührt haben. Unmittelbares Geschichten-erzählen-Können, dessentwegen man dem Erzähler Phantasie zuschreibt, setzt voraus, daß der Erzähler sich bei der Äußerung dem zu überlassen vermag, das ihn bewegt. Das bedeutet improvisatorisches Verhalten.

„Improvisation“ kommt, wie wir schon einmal feststellten, von „improvisus“ — „unvorhergesehen“ oder, noch zutreffender, „un-voraus-gesehen“ und bedeutet, etwas äußern, das spontan wächst, das nicht vorher zurechtgelegt worden ist. Spontan kann aber nur wachsen, was nicht durch Unsicherheit, durch Angst, durch Zensur beeinträchtigt wird.

Die Tragweite des Problems Improvisation geht weit über Geschichtenerzählen und Musizieren hinaus. Die Möglichkeit improvisatorischen Verhaltens ist von wesentlicher Bedeutung für unsere gesamte Einstellung dem Leben gegenüber. Bedürfnis nach Sicherung, Gebundensein an Konvention und Formalität, geordnete, pedantische Programme, Nichtaufgeschlossensein gegenüber dem, was der Tag bringt und was der Tag von uns fordert, — all das ist das Gegenteil von Improvisationsbereitschaft! Es ist kein Zufall, wenn es so schwerfällt, aufgeschlossen und improvisationsbereit in der Grundhaltung dem Leben gegenüber zu sein. Beängstigendes, Unsicherheiten, berechtigte Sorge, ungeschützt zu sein, gibt es genug auf der Welt. Gerade darum ist es wichtig, sofern wir um die Entfaltung eines Kindes besorgt sind, so zu sein, daß es seine ungestörte Vertrauensbereitschaft behalten kann und nicht schon so früh starr und ängstlich werden muß; so zu sein, daß gerade das, was einzig die Bezeichnung „produktiv" verdient und zur Mitgift eines jeden Menschen gehört, sich entfalten kann und nicht durch Ängste, Starre und Zensur unterdrückt und zurechtgestutzt wird.

Im Kind geht immer etwas vor, und es ist eine Frage des Kontakthabens und des Kontaktfindens zu jemand, der Empfänger sein kann für das, was an den Tag will, damit echter Ausdruck zustande kommt.

Ausdruck ist ein soziales Phänomen. Ob ein Kind produktiv oder phantasievoll ist, tritt nicht isoliert an dem Kind in Erscheinung, sondern kann nur deutlich werden in der Art der Beziehung zwischen einem Kind und anderen Wesen oder sogar Dingen.

Ein Kind kann sich unter Umständen sehr lange mit einem Hund oder einer Katze unterhalten oder mit einem Stein. Es kann einem Holzspielzeug Geschichten erzählen und kann gleichzeitig Erwachsenen, denen gegenüber es nicht aufgeschlossen ist, ganz phantasielos erscheinen.

Ich möchte nicht weiter auf die Sorgen um die „Phantasie" eingehen, weil ich hoffe, daß sich das Problem durch unser Gespräch auf eine andere Ebene verlagert hat.

Bei näherer Überprüfung könnten derartige Sorgen gegenüber etwas, das wie das Atmen zum Leben gehört, überflüssig werden!

19. Kurs

Verhaltensqualitäten und schöpferische Leistungen
Die in unserer Organisation, unserer biologischen Ausrüstung, gegründete Ordnung läßt uns Phänomene der organischen Gliederung sprachlicher und musikalischer Gestalten einer jeden Äußerung bewußt erkennen
Mathematik
Beispiele zur Verdeutlichung der Phänomene
Von der Aufgabe des Intellektes
Produktion und Reproduktion
Voraussetzungen schaffen, daß den anderen ein Licht aufgehen kann
Vom Schriftsteller und dem reproduzierenden Schauspieler
Verhalten beim Re-Produzieren — improvisatorisches Verhalten
Gehorsam — Horchen — Gehorsam als Machtproblem
Über zwei Arten des Verhaltens, der Arbeitsweise, beim Entstehen von Meisterwerken
Das Wesentliche der Produktionsprozesse hat nichts mit Kunst zu tun
Vom „Empfinden für das Stimmende"
Erfüllte Darstellung sollte das Selbstverständliche sein
Singetreu statt wortgetreu, notengetreu
Von der Zugänglichkeit der Philosophie
Junge Menschen als Formulierungsjongleure
Wichtigste Aufgabe der Philosophie
Grammatik des Lebens, Grammatik des Erkennens
Zwang zur ständigen Überprüfung und Berichtigung allein im Bereich der angewandten Naturwissenschaften

3. Mai 1945

Herr O.: Manche von uns haben es als beglückend empfunden, daß dieses „Ganzheitsbedürfnis", dieses unbewußt in uns Wirkende, von dem sie früher unbewußt schon etwas gespürt hatten, durch Ihr Spiel zu solcher Klarheit bewußt geworden ist.

H. J.: Da ist etwas ganz Wesentliches! Was Sie bei den Musizierversuchen, wenn auch nicht klar erkennen, so doch deutlich haben empfinden können, sind Gesetzmäßigkeiten, deren bewußte Kenntnis ermöglicht, das Eigentümliche und Wesentliche des schöpferischen Prozesses bewußt zu erfahren und als Phänomen studieren und überprüfen zu können. Gleichzeitig ermöglicht es, Zusammenhänge zwischen der Qualität unseres Verhaltens und den Voraussetzungen schöpferischer Leistungen so klar zu erkennen, daß wir daraufhin bewußt an der praktischen Änderung unseres Verhaltens arbeiten können. Wir können miterleben, wie Äußerungen entstehen, einem zuwachsen und wie sie weiterwachsen können. Sie haben vorläufig nur ein paar grobe Phänomene kennengelernt, aber auf der gleichen Grundlage können auch differenzierte Strukturverhältnisse zugänglich werden. Wir haben uns bisher nur mit einfachen Phänomenen der organischen Gliederung solcher Gestalten beschäftigt, und Sie waren sehr davon berührt, daß sich in diesen Erscheinungen eine in unserer eigenen Organisation begründete wunderbare Ordnung offenbart, daß es sich nicht um etwas Willkürliches handelt, wenn wir den Eindruck von Geschlossenheit, Unterbrechung oder Abgebrochenem registrieren, und daß das kaum auf angelernter Konvention beruhen kann, denn in der Musik z. B. registrieren musikalische „Analphabeten" spontan genauso wie Menschen, die mit Musik vertraut sind, u. U. sogar noch zuverlässiger! Fachmusiker hätten vielleicht versucht, irgendeinen Begriff aus der Formenlehre für die eine oder andere Situation, in die ich Sie gebracht habe, anzubieten, da sie gewöhnt sind, sich an den Eigentümlichkeiten des Stoffes zu orientieren. Aber es handelte sich um Wachstumsetappen, um Struktureigentümlichkeiten, die nicht der Musik oder der Sprache als einem „Kunst"-Gebiet eigentümlich sind, sondern um Phänomene, die die Struktur und die Organisation einer jeden Äußerung bestimmen! Entsprechende funktionelle Voraussetzungen für die Orientierung in der Struktur von visuell wahrnehmbaren Gestalten finden wir in unserer biologischen Ausrüstung auch. Wenn man sich schauend analog verhält wie beim Lauschen, empfindet man die Entwicklungstendenz eines eindeutig begonnenen Fragments einer Linie, und man empfindet ebenso sicher, wieweit gesetzmäßige Verhältnisse in der Ausdehnung von Flächen, in ihrer Beziehung zu anderen Flächen, in der Ausdehnung von Helligkeitsquantitäten und in den Qualitäten von Helligkeit erfüllt oder verletzt sind etc. Auch bei einer Linie — und das besonders charakteristisch und deutlich bei unserer Schreibschrift — können wir spontan registrieren, ob sie abgebrochen, unterbrochen oder zu Ende gelaufen ist „nach dem Gesetz, nach dem sie angetreten"!

(Es folgt ein Exkurs über ähnliche, in unserer biologischen Struktur gegebene Voraussetzungen für das Entstehen bzw. Erkennen gesetzmäßiger Verhältnisse im Bereiche der Mathematik, über die Voraussetzungen zur Berechnung eines Kurvenverlaufes, wenn nur ein kleines Fragment gegeben ist, über die Möglichkeit des Integrierens, über die Orientierung in Fläche und Raum und die a priori vorhandenen Voraussetzungen für die Unterscheidung bzw. Auszeichnung des Horizontalen oder Vertikalen, der spitzen oder stumpfen Winkel, des Kreises, des Mittelpunktes etc.)

H. J.: Vielleicht läßt diese kurze Zwischenbemerkung Sie zumindest ahnen, daß selbst die Grundlagen der höheren Mathematik durch die elementare und allgemeine Struktur unserer biologischen Ausrüstung gegeben sind. Auch hierbei hat die Menschheit sich nur bestimmte gesetzmäßige Verhältnisse bewußt werden lassen können, für die die Voraussetzungen genauso in der eigentümlichen Struktur unseres Organismus wie in der Struktur der Verhältnisse in unserer Umwelt vorhanden sind. Wir dürfen nie vergessen, daß wir die „Natur" nur durch jene Brille zu sehen und zu erkennen vermögen, die uns mit der spezifischen Struktur unserer Erfahr- bzw. Denkorganisation gegeben ist. Auch hierbei würde sich die Frage der „Begabung" erledigen, wenn die Aufgaben an die spezifischen Struktureigentümlichkeiten des menschlichen Organismus appellieren würden.

Als ich Sie für die Art des Verlaufes musikalischer Abläufe interessierte, habe ich nur an gewisse strukturelle Gegebenheiten appelliert, die jeder Mensch mitgebracht hat und die ihm gestatten, sich bei Geschehnissen in der Dimension „Zeit" zu orientieren.

Es war für das Erleben dieser Phänomene nicht wesentlich, ob der akustisch wirkende Stoff aus Wortelementen oder Klangelementen bestand: „Wenn ich jetzt anfange, mit Ihnen zu sprechen und / ...", so habe ich mit diesem „Abbrechen" genau das gleiche Phänomen erfahrbar werden lassen wie neulich beim Musizieren. „Wenn ich jetzt anfange, mit Ihnen zu sprechen, und mir überlege / ...", so habe ich jetzt nicht „abgebrochen", sondern „unterbrochen". Nun könnten Sie bei diesem Beispiel etwas einwenden, was Sie bei den Musikbeispielen nicht einwenden könnten: Sie hätten das eine Mal gemerkt, daß der Satz abgebrochen sei, weil ich an einer „sinnlosen" Stelle plötzlich aufhörte, und das andere Mal hätten Sie registriert, der Satz sei nur unterbrochen, weil Sie an dem Wortlaut intellektuell hätten erkennen können, daß es nur Teil einer Mitteilung war und eine Ergänzung folgen müßte. Man könnte zunächst auf die Vermutung kommen, man habe nur bemerkt, der Satz sei das eine Mal abgebrochen und das andere Mal unterbrochen, weil unsere logischen Bedürfnisse auf zweierlei Weisen unbefriedigt geblieben sind. Das trifft auch zu; so ist es aber nur außerdem! Wenn ich Ihnen nämlich in irgendeiner „Phantasiesprache", die in keiner Weise etwas logisch Erkennbares mitzuteilen vermag, ähnliche Gebilde sage: „X ..."

Was ist jetzt geschehen?

(Alle konstatieren, daß willkürlich abgebrochen wurde. Es folgt ein Beispiel, nach dem alle konstatieren, es sei „unterbrochen" worden.

Es folgt ein drittes Beispiel, nach dem allerseits registriert wird, dies „Babolabu" sei ganz zu Ende gegangen.)

H. J.: Da weder Sie noch ich die „Sprache" verstehen, in der ich eben zu Ihnen gesprochen habe, möge Ihnen mit diesen Beispielen noch deutlicher werden, daß wir da offenbar auf Phänomene reagieren, die nicht mit unserem logischen Verständnis zusammenhängen. Daß wir hinterher, auch „verstehend", selbst in diesen sonderbaren Sprachgebilden gewisse ordnende Phänomene entdecken können, geschieht nur außerdem! Dann erfüllt unser Bedürfnis nach verstehendem Einordnen die ihm zukommende Funktion, nämlich immer hinterher etwas einzuordnen, etwas zuzuordnen, etwas wiedererkennen zu können, Gleichartiges als gleichartig erkennen zu können und damit die Möglichkeit zu schaffen, auch Regelmäßigkeiten und Gesetzmäßigkeiten als solche erkennen und benennen zu können. Aber die Phänomene, an denen uns die Existenz von Gesetzmäßigkeiten erkennbar wird, werden uns nicht durch den Intellekt erlebbar. Der Intellekt ermöglicht uns nur, Ereignisse, die uns durch „andere Pforten" erreicht haben, beschreibbar und aussagbar werden zu lassen. Ohne mein Gegenbeispiel mit dem „Babolabu" hätten Sie sicher — zumindest vor sich selber — darauf bestanden, die Orientierung sei Ihnen nur möglich gewesen, weil bei meinem Sprechen jeweils Ihre „Grammatikbedürfnisse" mehr oder weniger ausreichend befriedigt wurden. Man hat dann „gemerkt", da ist nur ein Nebensatz und es fehlt der Hauptsatz, oder da ist ein Hauptsatz, dessen Inhalt verrät, daß noch ein Nebensatz kommen müsse etc. Es gehört auch zu den großen Leistungen unserer intellektuellen Erziehung, daß sie uns hat bereit werden lassen, uns „Theorien" über etwas zurechtzulegen, das wir gar nicht überprüft haben. Wenn das nicht so wäre, könnte es nicht so vielerlei philosophische Systeme geben, von denen jedes einzelne den Anspruch erhebt, die Wahrheit darzustellen bzw. der unfehlbare Schlüssel zur Wahrheit zu sein.

Wie selten wird an die Fähigkeit zur unmittelbaren Auseinandersetzung mit Phänomenen appelliert, und wie beruft man sich ständig auf Material „aus zweiter Hand"! Solange Menschen noch nicht systematisch dazu verführt worden sind, beim Urteilen und Beurteilen ein unzweckmäßiges Organ zu benutzen, reagiert jeder Mensch bei allen Arten von Äußerungen auf etwas, das uns unmittelbarer erreicht und bewegt als das Spielenlassen unserer intellektuellen Reflexion. Was dann in seiner Wirkung spürbar wird, ist etwas Gesetzmäßiges. Dem liegen so elementare Phänomene zugrunde, daß Menschen mit den verschiedensten intellektuellen Voraussetzungen, aber auch mit den verschiedensten Störungen der Vertrauensfähigkeit etc. spontan so reagieren, wie Sie alle hier reagiert haben.

(Fräulein E. berichtet, daß es ihr bei eigenen Versuchen, Sätze zu bilden und dabei zu unterbrechen oder abzubrechen, in einer Phantasiesprache leichter gewesen sei als in der Muttersprache.)

H. J.: Das ist nicht verwunderlich, weil, wie ich schon sagte, Produktion „leichter" ist als Reproduktion.

Wenn Sie etwas äußern wollen, das Sie sich vorher überlegt und im Text festgelegt haben, so ist das eine Reproduktionsaufgabe. Dazu muß man nicht nur munter sein, sondern im Moment des Startes auch genau die „Ladung" zur Verfügung haben, die nötig ist, damit gerade dieser Satz mit diesem stofflichen Inhalt, mit der gewählten Wortfolge, zum Klingen kommt. Man muß gut „schießen" können, wenn man nicht von Zufallstreffern abhängen will. Bei der „Phantasie"-Sprache lassen Sie aber spielend die Laute nur so ablaufen, wie sie gerade kommen, und lassen den „akustischen Quatsch" weitergehen, bis die „Ladung", die Sie absichtslos und unbewußt beim Beginn zur Verfügung hatten, aufgebraucht ist. So entsteht kein Konflikt zwischen Ihrem dynamischen Schlußempfinden und Ihrem Bedürfnis nach einem logischen Abschluß des Satzes. Diese Zusammenhänge werden durch eigene Versuche deutlich werden.

In einer der ersten Arbeitsgemeinschaften habe ich gesagt, ich hoffte, Sie würden bei mir nichts „lernen". Ich habe das ernster gemeint, als Sie vielleicht heute noch denken. Meine Aufgabe kann nur sein, eine besondere Art von Erfahrungsgelegenheiten so zu arrangieren, daß Ihnen derartige Gesetzmäßigkeiten und Tatbestände etwa so wie bei den musikalischen Abläufen bewußt empfindbar werden können. In den vorausgegangenen Abenden mußte eine Fülle von Voraussetzungen, die weder direkt mit Musik noch direkt mit Sprache zu tun haben, geschaffen werden, damit Ihnen in einer bestimmten Etappe unserer Auseinandersetzung Prozesse das sagen und erschließen konnten, was Ihnen an den Musik- und Sprechbeispielen deutlich geworden ist.

Herr A.: Jetzt wird mir ein Spruch von Konfuzius plötzlich verständlich, der heißt: „Wenn du jemandem etwas sagst und er versteht es nicht, dann sage es ihm kein zweites Mal!"

H. J.: Diese Worte kann man in der Richtung des eben Gesagten interpretieren. Ich habe einmal vom Bücherlesen und Ratgeben gesagt, man fände darin nur so viel, als man selber schon ist.

Der gute Rat läßt einem also ein Licht für etwas aufgehen, wofür die Voraussetzungen bereits da sind. Wenn man das Erarbeiten der Beziehung zu einem bestimmten Gebiet organisieren will, muß der für das Erarbeiten Verantwortliche Voraussetzungen dafür schaffen, daß es nicht dem Zufall überlassen bleibt, ob jemandem ein Licht aufgeht oder nicht, sondern daß es ihm aufgehen muß.

Es muß ihm etwas zwangsläufig „auffallen", „einfallen" oder „aufgehen", vorausgesetzt, daß der Jemand nicht schläft, mit anderen Dingen besetzt oder affektiv in Opposition ist, so daß er gar nicht reagieren kann. Offenbar haben selbst unsere „Unmusikalischen" klar und sauber registriert, was die andern, die jahrelang zur Musik Beziehung gehabt haben, auch registriert haben und denen trotz ihrer langjährigen Beziehung genauso ein Licht aufgegangen ist wie den „Analphabeten"!

Herr O.: Ich bin froh, daß Sie noch einmal auf den Satz, daß Produzieren leichter sei als Reproduzieren, eingegangen sind. Ich habe schon neulich aufgehorcht, als ich das hörte, obwohl ich nicht gleich ein Beispiel dafür fand. Ich denke an den Schriftsteller, der etwas für die Bühne geschaffen hat, und an den Interpreten. Da habe ich miterlebt, daß es zu großen

Konflikten kommt: Der Schöpfer ist erfüllt von der Art und Weise, wie er etwas dargestellt haben möchte, und der Reproduzierende greift ständig daneben oder bleibt nur im Äußerlichen stecken, vielleicht nur an der Sprache. Ist das nicht ein Beispiel dafür, daß das Produzieren leichter ist?

H. J.: Das hat durchaus mit meiner Feststellung zu tun, aber diese Situation zeigt nur einen in den Bereich der Kunst gehörenden Sonderfall meiner allgemeinen Bemerkung. Wenn dem Schriftsteller sein Stück wirklich eingefallen ist, wenn das Werk bei ihm gewachsen ist aus unmittelbarer Beziehung zu dem Gehalt, der ihn bewegt hat, dann — nur dann — hat der Autor mit seiner Vorstellung, wie das Werk in der Darstellung zum Leben kommen soll, recht! Aber nicht „er" hat dann recht, denn „er" hat das Werk nicht „gemacht". Er ist nur Instrument gewesen, — einer, der diente, — einer, der sich beim Schaffen gehorsam verhalten hat.

So Geschaffenes und so Beschaffenes ist sehr selten! Ein Reproduzierender wird diese Eindeutigkeit kaum verfehlen, wenn er dem Gehalt des Wortes „Reproduktion" entsprechend versucht, Wieder-Schöpfer zu sein, Noch-einmal-Schöpfer!

Wer sich der Wirkung des Eingestelltwerdens, die von dem in der Niederschrift latent wirkenden Gehalt des Werkes ausgeht, gehorsam zu überlassen versucht, wird so sicher geleitet von dem, was „hinter" dem Stoff wirksam ist, daß seine Darstellung so werden wird, wie der Schöpfer sie sich nur je hat wünschen können!

Dazu muß man sich so dienend und sachlich mit den Werken beschäftigen, wie das einem Toscanini oder Casals z. B. selbstverständlich gewesen ist. Darüber hinaus muß man sich während der Äußerung improvisatorisch verhalten können, so daß einem das Werk so zuwachsen kann, als fiele es einem eben ein. Dabei kann das Werk bei jeder Wiederholung anders klingen. Aber jedesmal wird sein Wesen deutlich und überzeugend in Erscheinung treten. Die aus dem erarbeiteten Kontakt mit dem Gehalt des Werkes entstehende Wirkung des Eingestelltwerdens wird jene „Ladung" im Darstellenden vor dem Start entstehen lassen, die für den Ablauf des Nachfolgenden notwendig ist.

Je mehr sich aber jemand durch Üben und technisches Training nur mit den Struktureigentümlichkeiten des betreffenden Stoffes beschäftigt hat, je mehr er bloß wiedergeben will, was er gelernt hat, desto weniger wird er sich beim Reproduzieren produktiv verhalten können, d. h. beim Wiedergeben von etwas Festgelegtem sich dennoch ständig improvisatorisch verhalten können. So offen und gehorsam zu sein, so wenig fixiert an einen intellektuellen Plan für die Darstellung, so bereit, sich noch während des Lautwerdens der Darstellung durch das, was einem dabei geschieht, zurechtweisen zu lassen, aber zugleich auch so vertraut mit dem „Gelände" und seinen Forderungen zu sein, daß man dem gehorchen kann, was einen führt, das ist bei gleichzeitigem Gebundensein an die Stoffgestalt des Werkes in einem ganz bestimmten Sinne schwerer als das unmittelbare Schaffen. Auch hierbei treffen wir die Forderung nach Ge-horsam an, und zwar im wörtlichen und tiefen Sinne dieses Wortes, das von „horchen" kommt.

Daß „Gehorsam" und „Gehorchen" später eine so problematische Bedeutung im Sinne von Unterwerfung, von „einem Zwang folgen" bekommen hat, ist kein Zufall. Daß zum Gehorsam noch Macht, Befehl und Zwang nötig ist, ist auch ein Resultat von unzweckmäßigem Verhalten; denn nur dann wird „Gehorsam" zu einem „Macht"-problem — und das insbesondere beim Kind — , wenn wir unsere Wünsche und Forderungen dem anderen nicht so nahebringen, daß er darüber lauschbereit werden muß! Dem Kind wird es nicht zum Problem, „gehorchen" zu müssen, wenn es den Auftrag in Kontakt mit dem empfängt, der ihn gibt.

Beim Begriff „Reproduktion" besteht ein ähnlicher sinnentleerender Bedeutungswandel wie beim „Wiederholen", von dem wir gelegentlich der Problematik „Lernen, Üben — Erarbeiten, Probieren" gesprochen haben. Diese Umwandlung von wieder-holen zu wiederholen treffen wir analog beim Problem re-produzieren und reproduzieren! Dieser sinnvolle und vielsagende Begriff hat unter dem Einfluß bestimmter ökonomisch, gesellschaftlich, kulturhistorisch bedingter Änderungen der allgemeinen Mentalität auch seine eigentliche Bedeutung geändert. Das kam mit der Entwicklung gesellschaftlicher Verhältnisse, in denen Kopien in Massen und Kopien für Massen notwendig wurden.* Der Sinnwandel in der Sprache gibt uns weitgehende Aufschlüsse über soziale und kulturelle Wandlungen.

Ist es nun schon deutlicher, wieso Re-Produktion vom Reproduzierenden in mancher Beziehung mehr verlangt an bewußtem Können und an Selbstdisziplin als vom „nur" Produzierenden? Der Produzierende braucht „nur" dem gehorsam zu sein, was ihm spontan zuwächst und ge-

* Es folgen Hinweise — als Beispiel — auf den Übergang von der handschriftlichen Reproduktion (hier viel besser „Vervielfältigung") zum Buchdruck, von der handwerklichen zur maschinellen Erzeugung von Lebensbedarf.

schieht. Allerdings bedarf es viel an Anwesendsein und Dienbereitschaft, damit man ein taugliches Instrument sein kann, in dem ungestört ablaufen kann, was aus einem sprechen will. Es verlangt, daß der Mensch sich — was meistens unbewußt ist — so zu verhalten vermag, daß ihm etwas geschehen kann und daß er sich das, was ihm geschieht, während des Geschehens so bewußt werden lassen kann, daß es sich in einen für die Mitteilung tauglichen Stoff verwandeln kann. Dann funktioniert etwas unverstört, was bei allen Menschen funktionieren könnte. Sobald der reflektierende Intellekt, Geltungsbedürfnis und Ehrgeiz sich einmischen, wenn etwas, das einem eingefallen ist, weiterzuwachsen beginnt, ist es um die Einheitlichkeit des Gestaltungsprozesses geschehen. Wir finden in der Literatur, der Musik und der Malerei genug solcher verkrüppelter Produkte. Wieviel gute Ansätze gibt es, die nicht so zu Ende gewachsen sind, wie es angefangen hatte! Und das wirklich Gewachsene hat nicht so sehr den Charakter des Ungewöhnlichen als den Charakter des Selbstverständlichen!

(Es folgt ein Exkurs darüber, wie relativ belanglos es ist, auf welchem Weg etwas entstanden ist, das uns schließlich den Eindruck des Selbstverständlichen macht, und über zwei Arten des Verhaltens, des Vorgehens, der Arbeitsweise beim Entstehen von Meisterwerken: Das Mit-sich-Herumtragen, bis etwas ausgereift ist und gewissermaßen in einem Zug hingeschrieben werden kann, einerseits [z. B. bei Mozart und Goethe] und andererseits das frühzeitige Notieren von Skizzen und Fragmenten, das ständige Verwerfen und Feilen, bis schließlich, nach unzähligen „Umwegen", das Ganze dennoch den Eindruck des Selbstverständlichen macht [z. B. bei Heine, Flaubert, Beethoven etc.])

H. J.: Beidemal sind es Menschen, die gegenüber der Welt ungewöhnlich aufgeschlossen sind, die vom Leben ergriffen und erschüttert werden und schließlich so erfüllt sind, daß sie es äußern müssen. Denjenigen, die ihre Einfälle in sich ausreifen lassen, ohne an Skizzen feilen zu müssen, ist offenbar ihr Vertrauen zur Zuverlässigkeit ihres Gedächtnisses nie erschüttert worden.

(Es folgt ein Exkurs über: Mozart und die „Don-Juan"-Ouvertüre für Prag, — das Ausschreiben der Stimmen ohne Partitur, nur aus der Vorstellung der Partitur und — ausführlich — über die prinzipiellen Unterschiede in der Arbeitsweise Mozarts und Beethovens.)

H. J.: Analoge Arbeitsweisen kommen auch bei unseren bescheidenen Alltagsproduktionen vor: Die einen schreiben ihre Briefe spontan, die anderen notieren rasch einen Anfang, bleiben stecken, verlieren den Kontakt mit dem Ganzen, verbessern, entwerfen neu etc., bis schließlich das Ganze einen einheitlichen und selbstverständlichen Eindruck macht. Man kann Opfer einer nicht einwandfreien ersten Notiz werden, die einen beim Weiterarbeiten in eine unzweckmäßige Richtung führt, und dabei auf einer anderen „Leitung" als durch intellektuelle Reflexion spüren, daß etwas nicht so bleiben kann, wie man es weiterführt, und durchaus ein — wenn auch nicht klar bewußtes — Empfinden für die Gestalt des Ganzen haben, das um so deutlicher spricht, je angstloser und stiller man bei der Arbeit ist.

Was sich bei ungewöhnlichen Gestaltern vollzieht, vollzieht sich im Prinzip auch bei jedem Durchschnittsmenschen.

Das Wesentliche der produktiven Prozesse hat nichts mit „Kunst" zu tun, sondern mit Leben! Ich habe in andern Zusammenhängen schon darauf hingewiesen, daß in den großartigsten Leistungen durchaus nichts „Besonderes" gestaltet wird, sondern das „Einfache", etwas, dessen Gehalt etwas allgemein Menschliches sein muß, weil von ihm unzählige Menschen angerührt werden, die in den großen Meisterwerken im Grunde sich selbst und ihre eigenen Möglichkeiten, Wünsche, Konflikte und Nöte erkennen.

(Es folgt ein 2. Exkurs über die Arbeitsweise großer Gestalter: Über Leonardo, der 9 Jahre an einem Bild malt, über Goethe, der Jahrzehnte am „Faust" und am „Wilhelm Meister" arbeitet [Goethe sagt einmal zu Eckermann [10. Nov. 1823] gelegentlich der Niederschrift der Gedicht-Trilogie „Paria": „... Ich habe aber auch den Gegenstand 40 Jahre mit mir herumgetragen, so daß er denn freilich Zeit hatte, sich von allem Ungehörigen zu läutern."], und über die zahllosen Korrekturen Heines an seinen kurzen Gedichten, die zu den Meisterwerken der Weltliteratur gehören.)

H. J.: Offenbar wird jeder Mensch — und nicht nur der außergewöhnliche, künstlerische Gestalter — , wenn er nur still genug ist, von einer Empfindung für das Stimmende geführt. Der wahrhaft gehorsame Mensch wird, sofern etwas nicht beim ersten Ansatz gelingt, so lange tastend probieren, erwägen, verwerfen und neu erwägen, wieder verwerfen, bis eine Instanz in ihm signalisiert, daß es jetzt stimme. Auch das gehört zu dem Kapitel: „Am Falschen erkennen, was das weniger Falsche und schließlich, was das Richtige ist!" Auch die größten schöpferischen Leistungen sind auf Grund der Bereitschaft entstanden, am Irrtum, am

Nichtzutreffenden das Zutreffendere zu entdecken! Wenn der „normale" Mensch sich ein bißchen plagen muß und etwas nicht gleich beim ersten oder zweiten Versuch gelingt, sagt er sich — und andere sagen es von ihm —, er sei halt unbegabt, denn die „Begabten" können so etwas ohne weiteres . . .

Nun noch einmal zur Frage „Produktion" und „Reproduktion". Reproduktionsaufgaben, wie wir sie heute in Theater und Konzert antreffen, sind erst durch die allgemeine gesellschaftliche Entwicklung während der letzten 300—400 Jahre entstanden. Theaterspielen und Musizieren vollzogen sich in früheren Jahrhunderten wesentlich auf der Basis der Improvisation. Die heiligen Schriften der verschiedenen Religionen und auch die großen Volksepen sind oft erst viele hundert Jahre nach ihrer Entstehung schriftlich festgehalten worden. Die Tradition hat sie bis zu diesem Zeitpunkt über das Erlebnis der gesprochenen Darstellung an das neue Geschlecht weitergegeben. Schon dadurch konnte eine der Hauptursachen, derentwegen heute Reproduktion meistens so problematisch verläuft, vermieden werden, nämlich die Notwendigkeit zur klanglichen Rekonstruktion auf Grund der Abstraktionen einer Niederschrift.

Die Katholische Kirche hat versucht, die Exaktheit der Tradition der Kirchenmusik zur Zeit Papst Gregors des Großen auch außerhalb Roms dadurch sicherzustellen, daß man in alle Länder Kirchensänger schickte, die in Rom ausgebildet worden waren, denn die Notenzeichen jener Zeit, die sogenannten Neumen (Neuma = Hinweis), gaben nur Andeutungen für gewisse Eigentümlichkeiten der Singeweise, enthielten aber keine zuverlässigen Angaben für die Struktur der Musik im einzelnen. Infolge der späteren Exaktheit und Zuverlässigkeit der Schriftzeichen wurde es allmählich wichtiger, etwas buchstabengetreu wiederzugeben, als den Gehalt zum Leben kommen zu lassen. Schließlich ist es so weit gekommen, daß es, wenn aus der Bibel gelesen oder zitiert wird, wichtiger ist, daß wörtlich genau zitiert wird, als daß Leser oder Sprecher dieser „Worte" von ihrem Gehalt erfüllt sind, diesen Gehalt tragen können durch Verbundenheit mit dem, „was geschrieben steht". Daß man sich allmählich mit dem Wortgetreu bzw. Notengetreu zufriedengibt, anstatt vor allem ein Bedürfnis nach Sinn-getreu zu haben, offenbart den großen Zwiespalt, den wir in der Degeneration der echten Re-Produktion, des Re-Produzierens, zum bloßen „Reproduzieren" vorfinden. Jene sterile Reproduziererei, die wir heute so oft als Surrogat von Ausdruck antreffen, ist das typische Resultat des Gebundenseins an den durch die Niederschrift isoliert konservierbaren Stoff.

Jeder Mensch ist beglückt, wenn ihm eine erfüllte Darstellung begegnet. Man bewertet eine solche Darstellung als außergewöhnliche Leistung von besonders Begabten, statt als Begegnung mit dem Selbstverständlichen, mit dem, wie jede Darstellung sein müßte! Würde das Unerfüllte, Unlebendige kein Publikum mehr finden, so würde die übliche Art des Reproduzierens wahrscheinlich bald einem erfüllten Re-Produzieren weichen. Mit jenem verdrießenden Reproduzieren wird der Stoff von Werken, die von anderen geschaffen und gestaltet worden sind, bloß als Stoff kopiert. Es müssen erst besonders glückliche Umstände zusammentreffen, damit mit der Darstellung des Stoffs auch das geschieht, was seinem Schöpfer geschah, während ihm der Stoff des Originals zuwuchs. Der Gehalt des Werkes, dem sein stofflicher Leib sein Entstehen verdankt, ist in dem überlieferten Stoff stets auffindbar latent, sofern die Gestaltung des stofflichen Gehäuses — im Original — einwandfrei gelungen ist.

Auch weil es beim echten Re-Produzieren notwendig ist, die eigene Initiative, das eigene „Temperament" zu zügeln und sich nur von dem verwandeln zu lassen, was man hinter den Noten oder Worten stehend spürt, ist Re-Produzieren schwerer als Produzieren. Man muß die Ichhaftigkeit zurücktreten lassen und bereit werden, sich vom Gehalt der Sache, der man dienen will, einstellen, verwandeln zu lassen, so daß es klingt, als ob es einem eben einfällt und nicht z. B. von Goethe oder Beethoven schon vor 150 Jahren geschaffen worden wäre. Der Reproduzierende benutzt meistens seinen routinierten Kopf und die Techniken, die er sich als „Fachmann" erworben hat, und hat auch kaum die notwendigen Voraussetzungen, sich zu jenem Menschen verwandeln lassen zu können, den Dichter oder Komponist in ihren Werken zum Leben gebracht haben.

Frau B.: Sie scheinen als selbstverständlich anzunehmen, daß die Menschen, denen die Werke Shakespeares oder Goethes mitgeteilt werden, wenn die Darstellung erfüllt ist, den Gehalt ohne weiteres erfassen können. Wenn es sich aber um eine Philosophie handelt, sind Sie offenbar weniger überzeugt, daß die Menschen den Gehalt erfassen könnten. Ich möchte gerne begreifen, worin der Unterschied in der Beurteilung jener Phänomene begründet ist.

H. J.: Bei den großen Kunstwerken ist die Situation in mancher Hinsicht anders. Vor allem hat dort — erfüllte Wiedergabe vorausgesetzt — der Darsteller den entscheidenden Teil der Klärungsarbeit im voraus für den Hörer geleistet. Diesem wird durch eine erfüllte Darstellung die Möglichkeit des Miterlebens des Gehaltes gesichert! Wenn jemand die betreffenden Werke nur liest, hat er als Leser noch selber hingegen jene Arbeit zu leisten, die der echte Re-Produzierende für den Hörer durch oft jahrelange Vorarbeit geleistet hat! Liest jemand ein philosophisches Werk, so ist er also in einer wesentlich anderen Situation als z. B. der Zuschauer eines Schauspiels oder der Hörer eines Konzertes. Es ist aber für uns nicht zulässig, einfach von „der Philosophie" oder von „einer Philosophie" zu sprechen, wenn wir fragen, warum die Menschen den Gehalt nicht auch erfassen können sollen. Wir müssen zwischen Philosophien und „Philosophien", zwischen Philosophen und „Philosophen" unterscheiden, zwischen Menschen, die sich mit dem Leben auseinandergesetzt haben, weise geworden sind und nun ihre Erkenntnisse aussprechen, und Menschen, die in intellektuellen Systemen und Lehrgebäuden nur über das Leben spekulieren, ohne sich dem Leben zu stellen, über anderer Leute Gedanken Bücher schreiben und Philosophien aus zweiter Hand fabrizieren etc.

Ich meine jene „wissenschaftliche" Welt, in der die Philosophie zu einem Lehrfach wird, wie die Religion als „Theologie" zu einem Lehrfach wird. Es gibt in der Philosophie intellektuelle Virtuosen genauso wie in der Kunst. Ich wende mich nur gegen jene „Philosophen" und „Philosophien", die niemals unmittelbar den Menschen etwas zu sagen vermögen, weil nicht das reale Leben und Erleben ihr Gegenstand ist, sondern „Formulierungen" und „Systeme", die sie verbessern oder denen sie ihr „eigenes" neuestes und einzig richtiges System entgegensetzen. Diese „Papier"philosophen haben es mit auf dem Gewissen, wenn Generationen junger Menschen mit intellektuellem Jargon gefüttert werden, den sie dann für ihr eigenes „Weltbild" halten und anstelle eines eigenen Weltbildes benutzen. Sie sind dann fest überzeugt, etwas über die Welt oder überhaupt etwas auszusagen, wenn sie die gelernten klugen Sprüche kolportieren, anstatt daß sie sich gedrängt fühlen, sich zuerst erlebend mit der Welt auseinanderzusetzen und später sich vielleicht dafür zu interessieren, was dieser oder jener über das gleiche Problem gedacht hat.

Das ist so ähnlich, wie wenn man Menschen zuerst Grammatik lernen läßt, bevor sie die Sprache als Sprache erlebt haben. Man kann sich nicht scharf genug über den intellektuellen Ballast äußern, mit dem die junge Generation nicht nur dumm gemacht wird, sondern auch überheblich; durch den sie vollgestopft wird mit fremden Meinungen über Dinge, über die sie sich erst selber eine Meinung zu bilden versuchen müßte. Die jungen Menschen sind dann so voller „fertig gekaufter" Ansichten und Meinungen, daß sie ihre eigene Empfindung überhaupt nicht mehr benutzen, um sich im Leben zu orientieren! Da lernt man schon so vieles über die „letzten Dinge“ auswendig, bevor auch nur die „ersten“ oder die „mittleren“ Dinge erlebnismäßig für einen akut geworden sind! Wenn man „Philosophie“ nicht lehren würde und sie nicht lernen ließe, hätte ich nichts dagegen zu sagen. Das Unhaltbare und Sterile würde sich dann von selbst erledigen!

Natürlich könnte man sich auch mit Philosophie re-produzierend beschäftigen. Um aber auch nur eines der Werke, z. B. Platos oder Leibnizens, prüf- und probierbereit durchzuarbeiten, brauchte es nicht nur viel Einsatz und Zeit, sondern auch Lebensreife. Statt dessen werden die jungen Menschen zu Formulierungsjongleuren gemacht, die nicht mehr merken, daß sie mit Begriffen leben, die für sie gar nichts „begreifen“. Die echten Philosophen und die verhältnismäßig wenigen Werke der Philosophie, für die das nicht zutrifft, sind nicht bedürftig, verteidigt zu werden, und solche Werke können auch von jedem Menschen erfaßt werden, sofern er versucht, sich auf Grund seines gesunden Menschenverstandes einen Zugang zu erarbeiten.

Nach meiner Anschauung über „Helfen“, „Vormachen“, „Lernen“ und über Ausprobieren, Überprüfen und Erarbeiten können auch philosophische Erkenntnisse immer erst als zweite Etappe akut werden, nachdem — und in dem Maße, in dem — man sich erlebend und erarbeitend mit dem Leben auseinandergesetzt hat. Alles intellektuelle Gut, und wenn es sich um noch so bedeutende Einsichten handelte, hätte stets nur Etappe 2 einer Auseinandersetzung zu sein und niemals Vorlage, Muster für eine Entwicklung! Es kann immer nur helfen, die Realität zu lesen, aber zuvor muß etwas als Realität bewußt erlebt worden sein. „Grammatik“ des Lebens, „Grammatik“ des Erkennens kann erst akut werden, wenn eine lebendige Aufgeschlossenheit fürs Leben Voraussetzungen dafür in einem hat entstehen lassen! Wie oft habe ich erlebt, daß Menschen in ihrer Fähigkeit, sich dem unmittelbaren Leben und Erleben zu öffnen und aufgeschlossen zu reagieren, um so mehr beeinträchtigt waren, je mehr intellektuelles Wissen über die Welt, über den Menschen sie hatten. Meinem Empfinden nach wäre die wichtigste Aufgabe der Philosophie, dem Menschen Gesetzmäßigkeiten und Zusammenhänge bewußt werden zu lassen, wo er bisher nur isolierte und dadurch nicht recht einzuordnende Erlebnisse und Erkenntnisse gehabt hat.

Abschließend möchte ich noch sagen, daß ich — im Gegensatz zu Frau B.s Vermutung — überzeugt bin, daß jeder Mensch sich einen Zugang zu den Gehalten der Philosophie sowie zu allem kulturellen Gut erarbeiten kann, wenn es sich um echte Probleme und produktive Leistungen handelt. Mit dieser Überzeugung befinde ich mich in recht guter Gesellschaft. Vielleicht lesen Sie gelegentlich den Menon-Dialog des Plato, in dem er den Sokrates während einer Diskussion über die Voraussetzungen und Fähigkeiten, die der Mensch mit auf die Welt bringt, einen ,,unwissenden Sklaven" holen läßt, um seinen Zuhörern zu demonstrieren, wie jener Sklave Menons, obwohl er keine Ahnung von Mathematik hat, die Lösung eines mathematischen Problems zu finden vermag (die Verdoppelung eines Quadrates). Das ist nicht nur ein typisches Beispiel für den Weg, am Falschen das Richtige zu erarbeiten, sondern auch ein Beitrag zum Problem der allgemeinen Zugänglichkeit sowohl der Mathematik wie der Philosophie.*

Nochmals zur Frage ,,Produktion und Reproduktion"! Die Verführung zur beziehungslosen, sturen Reproduktion, zum Memorieren und Wiederholen von Stoff beginnt schon beim Kleinkind mit dem Vorsagen von Verschen und dem Aufsagenlassen von Verschen, wenn das Kind noch kaum sprechen kann; später im Kindergarten werden Kinderverse und Kinderlieder heruntergeleiert und in der Schule Meistergedichte der Literatur durch Auswendiglernen und Herunterhaspeln-Lassen der Wortlaute beigebracht. Dort wird jene sture ,,Reproduktion" von Stoff konsequent gelehrt, die nichts, aber auch gar nichts, mit produktivem Verhalten, nichts mit Auseinandersetzung mit dem Wesensgehalt, nichts mit Spürbereitschaft und mit Ehrfurcht vor dem Werk zu tun hat.

(Es folgen einige Beispiele von ,,Aufsagen": ,,Das Lied von der Glocke", ,,Die Bürgschaft" etc.)

Das setzt aber, wie gesagt, nicht erst in der Schule ein. In jenem ,,Aufsagen" und dem Geplärre der Lieder liegt schon der Grund, aus dem später Erwachsene so schwer verstehen können, daß unter Reproduzieren nicht der routinierte Leerlauf zu verstehen ist, sondern die Notwendigkeit, etwas noch einmal in sich erstehen und sich zuwachsen zu lassen! Die Erwachsenen scheint weder etwas zu stören noch vermissen sie etwas, wenn die Kinder ihre Gedichte und Lieder ,,hersagen" und auswendig wissen. Später, in der Mittelschule, ,,vertieft" man die Beziehung z. B. zur Literatur, indem man Gedichte bespricht, die jungen Menschen Aufsätze über Dichter und Gedicht schreiben läßt, sie verführt, über die Werke zu

* (Plato ,,Menon", Verlag Eugen Diederichs 1908, ab S. 189)

ästhetisieren und ... zu „philosophieren"! Da wird aus Büchern anderer Leute Meinung über Werk und Schöpfer zusammengetragen und umformuliert und in den jungen Menschen die Ehrfurcht tötende Illusion erzeugt, sie hätten sich mit dem Gehalt eines Werkes auseinandergesetzt oder gar eine eigene Meinung darüber gewonnen. Diese Erziehung zum gewandten Schreiben und zum — hier könnten Sie nun mit Recht den Begriff anwenden! — Kritisieren der bedeutendsten Erscheinungen der Menschheit und ihrer Werke erfährt dann auf der Hochschule ihre höchste und vielleicht unerfreulichste Steigerung.

Die Erziehung zur Überbewertung des Stoffs und Vernachlässigung des Gehaltes beginnt in der Kindheit und setzt sich fort in jede Art von Beruf, in die Handwerkserziehung, in die Wirtschaft, in die Mentalität der Beamten, in die Lehrerbildung, in die Hochschulen, auf die Bühne, in den Vortrags- und Konzertsaal. Sie findet eine einigermaßen zuverlässige Korrektur einzig im Bereiche der angewandten Naturwissenschaft und der Technik, weil dort die Resultate bzw. das Versagen zur ständigen Überprüfung und Berichtigung zwingen. Es tut mir leid, daß ich bei so vielen Gebieten zur Wachsamkeit mahnen muß und dabei so manche Illusion zerstöre. Ich vermute übrigens, daß es kaum jemand gibt, der noch nie empfunden haben sollte, wie problematisch vieles ist. Aber gewöhnlich haben Menschen nicht die Courage, ihrem Empfinden zu trauen, weil es von der „Autorität", die all das stützt, erdrückt wird. Man zweifelt eher an sich und hält sich für „dumm", wenn man manches nicht verstehen kann, wo es wirklich nichts zu verstehen gibt und wo das Gros der Menschen sich benimmt wie der Hofstaat des Landgrafen von Hessen, als Till Eulenspiegel ihm seine Wandgemälde zeigte. Aus Furcht, man könnte ihn für unehrlich geboren halten, will jeder die Gemälde gesehen haben und bewundert sie laut, obwohl die Wände bloß und leer sind!

Wir werden jetzt einige Phonogramme hören, bei denen jene Qualitätsunterschiede bei Gesprochenem und Musiziertem, bei denen die Problematik der bloß gewandten Reproduktion und der produktiven Re-Produktion erfahren und überprüft werden können. Zweifellos verletze ich mein Prinzip, alles erarbeiten zu lassen, wenn ich meine Einstellung zu etwas dadurch erkennen lasse, daß ich die Beispiele pro und contra für Sie auswähle.

Ich bringe Ihnen Material aus verschiedenen Gebieten nahe, weil ich hoffe, daß Ihnen durch analoge Arten von Erscheinungen, wenn sie an stofflich verschiedenartigen Gebieten empfindbar werden, die Tatsache der Existenz solcher, der Funktion nach gleichartiger Zusammenhänge deutlicher erlebbar wird, als wenn ich Ihnen auf nur einem oder zwei Gebieten unsere Problematik „gründlicher" nahebringen würde . . .

Also bitte nicht zu-hören!

Zunächst einige Kinderchöre:

„Rosenstock, Holderblüt . . .

. . . wenn i mein Dirnderl sieh,

lacht mer vor lauter Freud'

's Herzerl im Leib . . ."

Nehmen Sie von diesem Text Notiz, und stellen Sie sich die Auseinandersetzung mit dessen Gehalt durch etwa zwölf- bis vierzehnjährige Kinder vor, denen „vor lauter Freud' 's Herz im Leib hüpft, wenn sie ihr Dirndl sehen"! . . .

Reagieren Sie auf die „Erfülltheit" dieser geplärrten „Marschmusik"!

„Mein Mädel hat 'nen Rosenmund . . ." — gesungen vom selben Kinderchor.

Ein holländischer Kinderchor: „Ruim Baan" . . . und „Bij Moeders Papput" . . . und

ein Pariser Kinderchor: „Les petits nains . . .".

Ist es spürbar, wie unerfüllt und abwesend all das heruntergeplärrt wird? „Normalerweise" findet man, wenn einem dergleichen draußen begegnet, das doch „niedlich" oder „nett" etc.

Schwester W.: Das ist wirklich katastrophal!

H. J.: Aber so sieht es doch in Wirklichkeit fast überall aus! Das sind anerkannte, ausgezeichnete Chöre!

Und nun zur Frage „Kunst für Kinder": „Die Geschichte vom Zappelphilipp" . . .

(Alle brechen in Gelächter aus . . .)

H. J.: Ich finde es eher zum Heulen als zum Lachen. So etwas schenkt man den Kindern zum Geburtstag und zu Weihnachten, um ihnen Freude zu machen. Das gehört auch zu jenen „Anregungen" durch Geschichtenerzählen.

(Es folgt der Bakule-Chor: „Die Giftmischerin".

Es wird spontan konstatiert, daß diese Kinder offenbar Beziehung zu dem haben, was sie singen, zumindest zum Gehalt der Musik, da wir den tschechischen Text nicht auf seine Zugänglichkeit für Kinder prüfen können.)

H. J.: Das sind jene verwahrlosten Kinder, die Bakule sich am Ende des ersten Weltkrieges in Prag von der Straße holte. Leider bringen diese Platten nicht mehr die Qualität, die dieser Chor hatte, bevor er weltberühmt wurde.

(Ein weiterer Bakule-Chor: „Es fließt Wasser". Es wird registriert, daß deutlich spürbar ist, wie diese Kinder im Gegensatz zu dem Geplärre der deutschen, holländischen und französischen Kinderchöre straff und munter sind.)

H. J.: Man muß Hunderte von Platten abhören, bis man das Glück hat, solche positive Qualität zu finden.

Was Sie jetzt an Kinderchören gehört haben — den Bakule-Chor selbstverständlich ausgenommen —, zeigt Ihnen die Qualität des guten Durchschnitts des „Musizierens" von Kinderchören im Bereich der allgemeinen Schulpflicht. Nehmen Sie nüchtern und möglichst auch in seiner Tragweite zur Kenntnis, wie wenig das alles mit Musik in dem Sinne zu tun hat, in dem wir davon gesprochen haben.

Wir wollen uns nun ein paar große Sängerinnen und Sänger anhören: Hermine Bosetti singt aus dem „Barbier von Sevilla": „Frag ich mein beklommen Herz . . .".

(Es wird registriert, wie „äußerlich" und gequält dieser Koloraturgesang klingt und wie das auch nur graduell verschieden ist von der Qualität der Chöre.)

H. J.: Klingt das wohl so, als ob jene Dame „ihr beklommenes Herz" frage? . . .

(Als Kontrast Lucienne Boyer: „Parlez-moi d'amour".

Es wird konstatiert, daß dieses Musizieren aus einem andern Grundverhalten kommt.)

H. J.: Dort erleben wir etwas von jenem Gehorsam, auch wenn die Sängerin wahrscheinlich nur unbewußt beziehungsvoll und erfüllt funktioniert.

(Es wird von allen zu ihrem Erstaunen empfunden, daß sie plötzlich munter und interessiert geworden sind, verwandelt durch das Hören dieser Platte.)

Sie erleben, daß dieser Zauber, wenn er bei der Originalleistung vorhanden gewesen ist, auch durch die Platte vermittelt wird und auf uns als Publikum so positiv verwandelnd wirkt, wie jenes Geplärre müde und stumpf macht. Dieser Zauber, den man oft für den „eigentümlichen Reiz der Persönlichkeit" hält, spricht uns auch aus dem Phonogramm an.

Und die Menschen reagieren ebenso spontan auf die erfüllte Qualität des Musizierens einer Lucienne Boyer wie auf die eines Toscanini oder Casals. Ob das „schwere“ Musik oder „leichte“ Musik ist, spielt dabei keine wesentliche Rolle, denn man kann „schwere“ Musik unerfüllt und unlebendig und „leichte“ Musik erfüllt und lebendig musizieren, und man kann „schwere“ Musik erfüllt und lebendig musizieren und „leichte“ Musik unerfüllt und unlebendig. Es ist nur naheliegend, daß wir leichter Musiker und Darsteller finden können, die das „leichte“ Genre lebendig vermitteln, als solche, die das „schwere“ lebendig vermitteln, weil es viel weniger Menschen mit jener menschlichen Reife gibt, die Voraussetzung dafür ist, den Gehalt der wesentlichen großen Werke der Weltliteratur tragen und erfüllen zu können.

Ich könnte Ihnen noch unzählige Beispiele jener unerfüllten Art der Reproduktion aus allen Gebieten der Musik, aus Oper und Symphonie, aus Kirchenmusik, Kunstlied und Kammermusik bringen, aber leider viel weniger Beispiele von erfülltem Musizieren.*

(Es folgt eine Platte von St. Nikolaus mit Gedichten und dem Lied „Ihr Kinderlein kommet“, das zum Abschluß alle Kinder im Chor singen.)

H. J.: Würde ich Ihnen so etwas vorplärren, um zu zeigen, wie unsere Kinder singen, dann würden Sie wahrscheinlich empört protestieren und sagen, ich übertriebe. Hier hören Sie die Wirklichkeit, und zwar wiederum eine Wirklichkeit, die von Ihnen, wenn sie Ihnen im täglichen Leben begegnete, wahrscheinlich als „kindlich“ oder gar „kindgemäß“ hingenommen würde. So etwas können Sie am Radio zur Genüge hören!

Wenn schon so früh das unerfüllte Reproduzieren, das beziehungslose Aufsagen und Plärren so „selbstverständlich“ ist, wie sollen wir uns dann wundern, daß so wenig Menschen weder Anstoß nehmen noch bewußt etwas davon empfinden, wenn uns auf einem höheren Niveau der Inhalte und des technischen Könnens die gleiche Leere und Unerfülltheit im täglichen Leben wie in der Kunst entgegentreten!

Wir sind jedoch spontan beglückt, wenn uns etwas wirklich Erfülltes begegnet, und sind zugleich auch bereit, diese Qualität für unsere Person dadurch unverbindlich zu machen, daß wir Menschen, die sich mehr einsetzen und anwesend funktionieren, als besonders begabt bezeichnen.

Alle Menschen haben das Empfinden für das Stimmende als eine zuverlässig funktionierende Instanz in ihrer Ausrüstung mitbekommen, und alle Menschen sind spontan berührt und beglückt, wenn es irgendwo stimmt.

* An dieser Stelle sei nochmals darauf hingewiesen, daß im Platten-Archiv von H. Jacoby nach dem Kriege eine größere Sammlung von Beispielen erfüllten, echten Musizierens entstanden ist. (Siehe 17. Kurs)

20. Kurs

Begabung — Verhalten
Mechanistisch-materialistische Philosophie: angeborene Begabung — angeborener Charakter
Der Mensch ist nicht schlecht
Besitz- und Profitmentalität als Motivation für persönliches Sicheinsetzen
Die entscheidende Bedeutung unseres Verhaltens. Zitate aus: Jenseits von „Musikalisch" und „Unmusikalisch", 1925
Verhalten — sehen, hören, tasten etc.
Verhalten — bewußte Erfahrung
Verhalten — spontane Produktivität
Verhalten — Denken
Die Arbeit von Heinrich Jacoby: Es ist nicht immer das zweckmäßigste Verfahren, nur dem logischen Faden zu folgen
Den Zugang zum Grundlegenden sämtlicher Kulturgebiete in die Grundlagen einer echten Allgemeinbildung einbeziehen
Verhalten beim Singen und Sprechen — vom üblichen zu großen Aufwand
Stottern und Gesamtverhalten
Forderungen an Kinder stellen oder ihr Interesse an Mitarbeit gewinnen?
Beispiele von autodidaktischem Vorgehen
Antworten auf Fragen geben, die noch nicht entstanden sind
Das Problem „gelernt oder erarbeitet" bei Arbeitern und Handwerkern

7. Mai 1945

H. J.: Ich mache Sie immer wieder darauf aufmerksam, daß Begabte sich bei näherem Überprüfen als Menschen erweisen, die nicht so durch Erziehung verstört worden sind, ihre Vertrauensbereitschaft nicht so verloren haben wie der Durchschnittsmensch. Es wird oft gefragt, ob Begabte als besondere Gabe vielleicht eine größere Widerstandsfähigkeit, mehr Vitalität oder dergleichen mitbekommen hätten, so daß die übliche Erziehung ihnen nicht so sehr habe schaden können.

Wenn man nachforscht, zeigt sich fast immer, daß eine Mutter, ein Vater oder sonst eine Persönlichkeit, bei der etwas Wesentliches in Ordnung gewesen ist, die Vertrauen um sich verbreitet hat, in den für eine ungestörte Entfaltung entscheidenden ersten Lebensjahren in der Umgebung des Kindes gewesen ist. Dadurch hat sich eine Verhaltensqualität im kleinen Menschen gefestigt, die ihn später widerstandsfähiger und unverletzbarer sein läßt.

Darin, daß man den einzelnen Menschen verschieden große Quantitäten an Begabung, als bei der Geburt mitgebracht, zuschreibt, offenbart sich eine statische, mechanistisch-materialistische Vorstellung vom Menschen. Es ist erstaunlich, wie wenig Anhänger der idealistischen Philosophie merken, was für eine mechanistisch-materialistische Philosophie sie mit ihren Vorstellungen von angeborener Begabung und angeborenem Charakter praktizieren! Ich kann nicht häufig genug wiederholen: Was wir auch mitbekommen haben mögen, — es wäre übergenug, sofern nur das zur Entfaltung käme, was auf alle Fälle vorhanden ist. Würden Erziehung und Bildung mehr Entfaltung sicherstellen, würden sich viele Fragen über Vererbung, Begabung und Charakter gar nicht erst stellen. Die übliche Betrachtungsweise hat ihre Geschichte und ist besonders bequem, weil sie von Verantwortung zu entbinden scheint, wo unsere Verantwortung anfangen müßte!

In Medizin und Psychologie* sehen wir die gleiche Mentalität bei der

* Das wurde 1945 gesagt (S. L.).

Bewertung der Konstitution und der Zuordnung zu Typen. Ein Mensch mit schwächlicher Konstitution kann bei zweckmäßiger Ansprache, bei zweckmäßiger Art des Sichgebrauchens, bei zweckmäßiger Hygiene, Ernährung etc. zu einem brauchbareren Menschen werden als jemand, der seine robuste Konstitution unzweckmäßig gebraucht.

Besonders dem Menschen gegenüber gibt man sich mit ungeprüften Selbstverständlichkeiten zufrieden, die um so selbstverständlicher sind, je mehr sie religiösen oder „philosophischen" Anschauungen und den durch sie bestimmten Wünschen und Erwartungen entsprechen. Auf keinem sachlichen Gebiet würde man sich mit derartigen Selbstverständlichkeiten zufriedengeben!

Herr A.: Bei einem Vermögen z. B. weiß man, was man sich zu überlegen hat; aber ob eine Kinderpflegerin oder ein Lehrer geeignet ist, das können die meisten Menschen nicht entscheiden.

H. J.: Vorläufig noch nicht! Glauben Sie nicht, daß außerordentlich umfassende und eingehende Untersuchungen und Auseinandersetzungen mit der Realität durch lange Epochen hindurch vorausgehen mußten, bis z. B. die grundlegenden Verhältnisse der Finanzwirtschaft und die elementaren Prozesse der Finanzmanipulationen und die funktionellen Zusammenhänge im Bereiche des Ökonomischen erkennbar werden konnten?

Hätte man nur versucht, das Funktionieren des Menschen und seine Möglichkeiten mit so ernsthaftem Interesse und so eingehend zu erforschen! Das ist nur eine nüchterne Konstatierung.

Schwester W.: Für mich müßte ich protestieren, — obwohl etwas daran ist!

H. J.: Hoffentlich gibt es viele Menschen — auch hier unter uns —, die mit einer gewissen Berechtigung protestieren dürfen, zumindest in dem Sinne, daß sie sagen können, es sei ihnen mit der Erziehung ernst und sie versuchten ihr Bestes. Es fragt sich nur, ob man dabei so zweckmäßig vorgeht, daß sich das, was man unternimmt, positiv auswirkt.

Es muß seine Geschichte haben, wenn ein Mensch gewissenhafter und unbeirrbarer seine Verantwortung in der Erziehung spürt als die meisten. Sei es z. B., daß er in einer günstigen Atmosphäre aufgewachsen ist oder daß er es so schwer gehabt hat in seiner Jugend, daß ihn der Wunsch bewegt, die nächste Generation solle es besser haben.

Aber für jene Millionen und Abermillionen Durchschnittsmenschen, die überall mitlaufen und alles nachschwätzen, was ihnen mit der nötigen

Autorität vorgesetzt wird, hat es auch seine Geschichte, daß sie so lau, so uninteressiert sind, — daß sie Spießer sind.

Fräulein E.: Wird das je einmal anders werden?

H. J.: Das hängt von jedem von uns ab!

Fräulein E.: Es sind doch immer nur wenige Rufer in der Wüste!

H. J.: Sorgen wir dafür, daß es allmählich mehr Rufer in der Wüste werden! Dann hört die Wüste auf, Wüste zu sein. Wir dürfen nie fragen: Wird das je einmal anders werden? Wenn wir überzeugt sind, daß etwas anders werden müßte, und zu erkennen beginnen, was anders werden müßte, sind wir nicht mehr frei. Wir können dann nicht mehr anders, als versuchen, unser winziges Teil dazu beizutragen, daß es einmal anders werden wird. Sobald wir unsere Bereitschaft, uns einzusetzen, davon abhängig machen, daß es sich lohne, stimmt etwas Entscheidendes nicht.

Wir brauchen eine andere Art der Führung von innen her, die uns treibt, etwas zu tun, als „Es nützt etwas", oder „Es wird sicher gelingen". Ob etwas gelingen wird, kann sich nur erweisen, wenn man sich einsetzt, wagt und probiert.

Hinter jenem Zweifeln und Zögern steckt auch etwas von jener Schulmentalität, die uns zur Angst vor dem Falschmachen erzogen hat und zu dem Wunsch, alles möglichst ohne Fehler machen zu wollen. Wenn man aber sagt: Ich will mich einsetzen, wenn ich weiß, daß es etwas nützt, oder: Es ist immer so gewesen; wird es nicht immer so bleiben müssen?, dann wird es so gehen, wie es zugegangen ist beim Heraufziehen dieses Krieges, dessen offizieller Abschluß morgen* gefeiert wird. Was sind das für Leute, die uns antworten: „Kriege hat es von jeher gegeben, und deshalb wird es immer wieder Kriege geben!"? So sprechen auch Menschen, die sich dem Krieg und seinen Wirkungen entziehen konnten oder am Krieg profitieren. Nichts ist bequemer als jenes: „Das hat's immer gegeben!" Das antworten Leute auch oft, wenn von der Notwendigkeit gesprochen wird, Elend und Not aus der Welt zu schaffen. Allerdings, mit Wünschen, es möge keine Kriege mehr geben, ist es nicht getan! Man müßte sich darum kümmern, was für Verhältnisse und Zusammenhänge immer wieder mit Notwendigkeit zum Entstehen von Kriegen führen. Jedenfalls sind es andere Ursachen als die Schlechtigkeit des Menschen!

Die meisten Menschen sehen auf Grund ihrer statischen Betrachtungsweise all die furchtbaren Geschehnisse, die wir gegenwärtig erleben, in der

* 8. 5. 45 (S. L.)

Natur des Menschen nicht nur als möglich, sondern als notwendig begründet. Aber stellen Sie nur die Beziehung zu unserer generellen Art der Fragestellung her!

Offenbar müssen bestimmte, in ihrer gesetzmäßigen Bedingtheit erfaßbare Zusammenhänge wirksam werden, damit der Mensch so bestialisch funktioniert, wie er auf Grund seiner biologischen Ausrüstung durchaus zu funktionieren in der Lage ist.

Welches sind die Konstellationen, in denen derartige Reaktionen ausgelöst werden? Welches sind die Mächte, die ein Interesse daran haben könnten, solche Konstellationen herbeizuführen? Wenn man da klarer zu sehen beginnt — und wir sind in der Lage, uns Einsichten zu schaffen —, wächst unsere Verantwortung. Mit der Verantwortung wächst auch das Verständnis für das, was jeder einzelne tun könnte und müßte, wenn er sein Teil dazu beitragen wollte, daß so etwas allmählich weniger leicht arrangiert und provoziert werden kann.

Gewiß ist es schwer, dem lebendigen Leben gegenüber offen zu bleiben! Aber meinen Sie denn, so wichtige Leistungen, wie die Menschheit sie noch zu vollbringen hat, damit einmal menschenwürdige Verhältnisse für alle Menschen entstehen, kommen von selbst zustande?

Wahrscheinlich ist die Bereitschaft, mehr an all dem Schrecklichen, das ständig im Übermaß — auch ohne Krieg — rings um uns passiert, Anteil zu nehmen, auch wenn es einen persönlich nicht trifft, unerläßlich, um so tatbereit zu werden, wie es notwendig ist, wenn sich etwas Entscheidendes ändern soll. Es ist kein Zufall, daß Menschen, die ökonomisch weniger gesichert sind, mehr Sorgen haben und mehr unter Druck stehen, im allgemeinen bereiter sind, sich um das Schicksal der Allgemeinheit zu kümmern, sich solidarisch zu verhalten, als Menschen, denen es — wenn es ihnen auch nicht besonders gut geht — doch so gut geht, daß sie von alldem, was gegen die elementaren Forderungen der Würde des Menschen verstößt, nicht unmittelbar „gebissen" werden.

Je weniger ein Mißstand einen selber betrifft, desto eher kann man es sich leisten, von der Zeit eine Besserung zu erwarten! Daß der Druck, der auf uns ruht, noch nicht drückend genug ist, scheint ein wesentlicher Grund dafür zu sein, daß wir nicht so mobil werden, wie es nötig wäre. Beunruhigend und kummervoll ist vieles. Man kann durch solchen Kummer widerstandsfähiger werden, aber sich auch in dem „Mitgefühl" mit dem Unglück, das andern geschehen ist, sonnen.

Das sind die gleichen Menschen, die salbungsvoll von dem Frieden reden, durch den nun endlich das furchtbare Unheil des Krieges beendet worden ist, die froh sind, daß andere Leute dafür gesorgt haben, daß es ihnen nicht an den Kragen gegangen ist.

Wir sollten etwas von der Dankbarkeit empfinden, die wir jenen schulden, denen wir es verdanken, daß morgen Victory-Day gefeiert werden kann ...

Nach diesem Exkurs, der vielleicht in Anbetracht des besonderen Tages gestattet ist, wollen wir, obwohl die eben berührten Fragen als Verhaltensproblem auch zu unserem Thema gehören, zu unserem engeren Thema zurückkehren.

Wie weit ist Ihnen beim Anhören der Phonogramme spürbar geworden, daß man das Geschehen, das sich in dem Stoff der Sprache und dem der Musik abspielt, bewußt miterleben kann?

Ist Ihnen deutlich geworden, daß die Möglichkeit, das Energetische, den Ablauf bewußt mitzuerleben, entscheidend von der Qualität unseres Verhaltens abhängt; daß man still sein muß und nicht angestrengt „zuhören" darf, wenn man empfinden will, ob etwas „unterwegs" ist, ob etwas „zur Ruhe gehen" wird etc.?

(Allgemeine Zustimmung!)

In einer abschließenden Veröffentlichung über meine Arbeiten auf dem Gebiete der Musik, in Jenseits von „Musikalisch" und „Unmusikalisch", die schon vor mehr als 20 Jahren (1925) erschienen ist, schrieb ich: „Das Zu-Hören, das Richten des beobachtenden und messenden Bewußtseins auf den Klangstoff muß notgedrungen zum Hängenbleiben an stofflichen Einzelheiten und Eigentümlichkeiten, an — im Sinne des Gesamtverlaufes — Akzidentellem führen. Das übliche Zuhören verhindert geradezu das Erkennen der gesetzmäßigen Beziehungen. Um Gesetzmäßigkeiten empfinden und auffinden zu können, um nicht immer wieder vom Akzidentellen des Stoffes abgelenkt und in Anspruch genommen zu werden, müßten wir auch beim Beobachten und Aufnehmen von Klangzusammenhängen unsere Einstellung und ‚Hör'-Richtung von Grund aus ändern — eine grundsätzliche Wendung in unserem Verhalten zum musikalischen ‚Stoff' vornehmen ..." (S. 44/45) Und später (S. 46) unterstreiche ich: „.... Im gleichen Sinne, wie bei der Musik, haben wir unser aktives Verhalten beim Aufnehmen auf allen anderen Gebieten, einerlei ob Farbe, Linie, Raum, Wort oder Körperbewegung — nachzuprüfen und Stoff und Funktionen wieder deutlich zu scheiden ..."

Und auf Seite 46 unten heißt es:

„. . . Wie sehr die falsche Aktivität gegenüber Eindrücken zur Selbstverständlichkeit auch auf allen anderen Ausdrucksgebieten geworden ist, zeigt der Sprachgebrauch mit dem Wort ‚auf-nehmen'. Dies Wort ist ebenso drastisch bezeichnend und aufschlußreich wie das Reden vom ‚Musik-Machen' . . ."

Sie haben schon — wenn auch nur summarisch — Gelegenheit gehabt, die Beziehung zwischen der Qualität des Verhaltens und dem, was man jeweils von dem Wahrzunehmenden bewußt erfährt, kennenzulernen. Was sieht man, wenn man sich anstrengt, und was sieht man, wenn man sich nicht anstrengt? Was für einen Ein-Druck im wörtlichen Sinne erfährt man von den Objekten, wenn man sich beim Tasten anstrengt, und was für einen, wenn man sich nicht anstrengt? Damals haben Sie bei den wenigen Versuchen schon konstatieren können, wieviel weniger man von dem Objekt, das man berührt, empfindet, wenn man es an-faßt, als wenn man seine Eigenschaften auf sich wirken läßt. Auch beim Schauen konnten Sie registrieren, daß Sie, sobald es Ihnen gelang, dabei gelassener zu bleiben, mehr das ganze Objekt, mehr von seiner Umgebung, von dem Ort im Raum sahen; daß Sie es plastischer erlebten und die Farben kräftiger erschienen, während Sie beim angestrengten Hinsehen, beim „Glotzen", bloß Ausschnitte und Stoffdetails sahen und Linien und Konturen. Beim Hören haben Sie analoge Erfahrungen gehabt. Sie haben beim angestrengten Zu-Hören stoffliche Details, Worte und Wortlaute, Klänge und Melodien, Fragmente und intellektuelles Interesse an Details des Stoffes angetroffen und, wenn es Ihnen gelang, sich empfangend, lauschend zu verhalten, zu Ihrem Erstaunen entdeckt, wie es auch im Bereiche des Akustischen ein Empfinden für die Ganzheit von Gestalt gibt und wie sich einem dabei der Zusammenhang, die Entwicklungstendenz, das Energetische und das Miterleben des Wachsens, des Sichentwickelns des Ereignisses aufdrängt.

Ist Ihnen zugleich deutlich geworden, daß es wiederum mit der Qualität unseres Verhaltens zusammenhängt, ob unsere Äußerung die Qualität spontaner Produktivität hat, improvisatorisch entsteht, uns zuwächst, oder ob sie aus Routine kommt, einen unerfüllten Jargon bringt und deshalb so unerfüllt wirkt wie alles bloß mittelbar Geäußerte? Hoffentlich wird Ihnen allmählich auch deutlich, welch eminente Tragweite die jeweilige Qualität unseres Verhaltens bei allem, aber auch allem hat, was Leben heißt; bei allem, was wir tun, und bei allem, was uns begegnet. Es gibt überhaupt nichts in der Welt, gegenüber dem — wenn wir uns mit ihm auseinandersetzen wollen — die Qualität unseres Verhaltens nicht eine entscheidende Rolle spielt!

Es wird nun an Ihnen sein, im Gesamtbereich Ihrer Existenz und Ihrer Auseinandersetzung mit der Umwelt für diese Zusammenhänge ansprechbarer zu werden.

Es hängt auch von der Art unseres Verhaltens ab, ob wir unterscheiden können, ob unsere bewußten Eindrücke aus der Umwelt durch Interesse am Stoff bestimmt sind oder dadurch, daß wir uns berühren lassen, uns bewegen lassen von dem, was z. B. in einer Äußerung — und damit auch uns — geschieht, — vom Funktionellen. Die bewußte Kenntnis dieser Zusammenhänge ist von entscheidender Bedeutung für das Verständnis des Phänomens „Denken". Die Qualität unseres Denkens und die Qualitäten, die uns von den Ereignissen erreichen — das, was wir gewissermaßen be-denken, über das wir denken —, hängen also ebenfalls weitgehend von der jeweiligen Qualität unseres Verhaltens ab. Ein aufgeschlossener Mensch, der sich erreichen und bewegen läßt von dem, was ihn trifft, bekommt andere Inhalte und Gehalte für seine Denkprozesse als ein Mensch, der die Umwelt „anglotzt", mit seinem Interesse nach außen auf die stofflichen Eigentümlichkeiten gerichtet ist, der also die typischen Eigentümlichkeiten der „Wiß-Begier" repräsentiert.

Zugunsten einer Verständigung über das Prinzipielle habe ich das eben etwas grob vereinfacht gesagt. Die beiden Extreme der Interessenrichtung sind beim selben Menschen nicht immer so scharf getrennt. Der Mensch hat aus Gründen, die wiederum in seiner Jugendgeschichte zu finden sind, nicht allen Forderungen und Ereignissen des Lebens gegenüber die gleiche Verhaltenstendenz.

Auch in der Philosophie und der Psychologie konstatiert man — offenbar aber ohne die das Verhalten betreffenden Zusammenhänge zu ahnen — verschiedene Arten von Denken. Man spricht z. B. von „statischem", von „logistischem" Denken, und man spricht von „dialektischem", von „dynamischem" Denken. Da die meisten Überlegungen in der Philosophie und in der Psychologie sich bewußt und unbewußt auf der Basis der üblichen Begabungsmentalität abspielen, registrieren viele Philosophen und Psychologen, daß die Menschen verschiedene Sorten von „Denkbegabung" mitbekommen. So gilt der eine seiner Konstitution, seiner Persönlichkeit nach als „Statiker", der andere als „Dynamiker". Auch hier stellt sich die Frage für uns anders: Es muß seine Geschichte haben, wenn der eine wesentlich am Stoff interessiert ist, angestrengt nach außen gerichtet ist und deswegen die Umwelt statisch erlebt und statisch interpretiert; und es muß seine Geschichte haben, wenn der andere sich gelassen verhält, sich mehr bewegen und berühren läßt von dem, was ihn erreicht, so daß ihm mehr vom Geschehen und von den Zusammenhängen bewußt wird und dadurch sein Denken über die Welt mehr dynamisch verläuft und er beim Beschreiben dessen, was ihm geschieht, mehr dialektisch verfährt.

Wir treffen also auch im Bereich der Philosophie und der Psychologie, sogar hinsichtlich des Grundphänomens, dem die Philosophie ihr Entstehen verdankt, beim Denken, auf Vorstellungen von Konstitutions- und Begabungstypen, die unbedingt in Frage gestellt werden müssen.

Ich habe schon einmal* „die Stimme" als Beispiel benutzt für statische Mentalität, und zwar nicht nur bei der Klärung von Phänomenen, sondern auch bei der praktischen Auseinandersetzung mit diesen Phänomenen. Ich sagte damals: Die Stimme gibt es gar nicht! Das Phänomen, das Ereignis, von dem wir als die Stimme reden, ist unsere Art zu klingen als Resultat des Zusammenspiels vieler Funktionen, das bewirkt, daß unser „Instrument Leib" zu klingen vermag. Hat nun jemand eine Stimme, die nicht gefällt, so ist es eine Konsequenz statischer Mentalität, daß man versucht, die Stimme zu verbessern, zu bilden, zu üben. Damit haben wir auch ein Musterbeispiel für unzweckmäßige Fragestellung, die zu unzweckmäßigen Maßnahmen verleitet, zu Maßnahmen, die zu unzweckmäßigem Sichgebrauchen verleiten und damit Entfaltung verhindern. Wenn wir aber das Phänomen „Stimme" als Funktion, als ein Geschehen verstehen, denken wir auch anders über die Stimme, erfassen wir sie dynamisch und dialektisch und werden uns, wenn sie nicht in Ordnung ist, selbstverständlich darum kümmern, wo im ganzen menschlichen Organismus, in der gesamten Funktionsbereitschaft des Menschen etwas nicht in Ordnung ist; was im Gesamtzustand, in der Befriedigtheit, der Beunruhigtheit etc. nicht stimmt.

Wir haben uns inzwischen mit anderen Fragen und Aufgaben beschäftigt. Wenn Sie sich aber heute an das wenige erinnern, das Ihnen damals zum Phänomen „Stimme" begegnet ist, bekommt es post festum ein anderes Gesicht und Gewicht, und das Beispiel von der Stimme und das, was früher gesagt worden war, gibt nun — auch wieder dialektisch — dem,

* 3. Kurs vom 8.2.45 und Ergänzung zum 3. Kurs

was wir gegenwärtig über statische und dynamische Betrachtungsweise und über das Phänomen Denken zu klären versuchen, mehr Gewicht und Gesicht. Ich unterstreiche das, weil Sie daraus auch einen Beitrag bekommen zu dem, was für mich „erarbeiten" heißt.

Bei dieser Gelegenheit möchte ich Sie noch auf etwas anderes aufmerksam machen: Wir beschäftigen uns gegenwärtig mit Fragen, die zu den subtilen und nicht leicht zugänglichen Fragen gehören, von denen die meisten Menschen meinen, ihre Behandlung würde viel Wissen und spezielle Fachkenntnisse voraussetzen; Fragen, für deren Behandlung man nicht nur auf eine besondere Weise ästhetisch, philosophisch oder psychologisch interessiert, sondern auch intellektuell „begabt" sein müßte, um sie zu erkennen und zu verstehen. Aber wir erleben in unserm Kreis, daß zum Verständnis des Wesentlichen dieser Phänomene und Zusammenhänge weder eine besondere Bildung nötig ist noch Spezialkenntnisse der Fachphilosophie und -psychologie.

Sind die von mir berührten Probleme zunächst ihrem prinzipiellen Gehalt nach allen zugänglich? (Allgemeine Zustimmung!)

Sie haben alle — auch unsere „Unmusikalischen" — beim Hören der Musikbeispiele bestimmte Phänomene registrieren und eindeutige Aussagen über das Geschehen machen können. Vom Standort des Fachwissens über Musik sind das komplizierte und differenzierte Phänomene und Probleme. Und doch haben Sie erlebt, daß man diese Probleme so an Sie heranbringen kann, daß nicht nur deutlich wird, wie elementar diese Phänomene auf uns wirken, sondern daß auch Musikanalphabeten das Grundsätzliche, um das es ging, bei sich registrieren konnten.

Ich bringe diese Erfahrung in Beziehung mit dem, was ich vorhin über das Phänomen „Denken" sagte, um eine weitere, früher noch unbeantwortet gebliebene Frage hinsichtlich der Reichweite und Möglichkeiten des Erarbeitens — wenn auch wiederum nur teilweise — durch Sie selbst beantworten lassen zu können.

Wie erscheint Ihnen heute meine Behauptung, daß jeder Mensch mit Voraussetzungen dafür ausgerüstet sei, sich auf positive Weise mit allem Kulturgut auseinandersetzen zu können; daß keiner dafür „unbegabt" sein könnte, wenn man dafür sorgt, daß er sich zweckmäßig verhält und daß die Fragestellung zweckmäßig gestaltet wird?

Schwester W.: Für die Musik ist mir das sehr deutlich geworden.

H. J.: Auf den Gebieten, die wir bisher berührt haben, haben Sie sich vorläufig weder ein sauberes Wissen noch ein Können erarbeiten können.

Vielleicht aber haben unsere wenigen Erfahrungen dazu geführt, daß Sie sich darüber klarwerden konnten, daß es sich bisher stets um Phänomene und Probleme handelte, die sich eindeutig erleben und sachlich und nüchtern erkennen lassen. Wäre dem nicht so, besäße ich gar nicht die Möglichkeit, in unserer Arbeitsgemeinschaft so systematisch die Voraussetzungen dafür vorzubereiten, daß Ihnen hier ganz Bestimmtes geschehen muß. Es kommt noch nicht darauf an, daß Sie über die Probleme und Zusammenhänge, die Ihnen hier begegnet sind, viel wissen. Wie wir das, was Ihnen hier begegnet, am zweckmäßigsten benennen werden, wieweit dafür Begriffe aus dem Bereiche unseres traditionellen Wissens brauchbar sind, muß noch offen bleiben. Wir müssen auch das Schulwissen über diese Gebiete und die Art der Einordnung vieler Phänomene von Grund aus überprüfen, weil der größte Teil des offiziellen Wissens über die von uns berührten Gebiete auf der Basis der statischen Mentalität entstanden ist. Der Begriff „Begriff" sollte seinen realen Sinn dadurch wiederbekommen, daß er bezeichnet, was einem bereits durch Begegnung bekannt geworden ist.

Wenn Sie sich erinnern, was wir bisher alles über Erarbeiten und über die Eigentümlichkeiten des Erarbeitens gesagt und erlebt haben, werden Sie es vielleicht schon als weniger absurd empfinden, daß wir möglichst viele unserer Möglichkeiten durch zweckmäßigen Gebrauch entfalten sollten und daß wir, wenn wir das auf dem Weg des Erarbeitens versuchten, auch keine Angst vor Oberflächlichkeit und Dilettieren haben müßten. Diese Frage entstand, als ich sagte, wir müßten den Zugang zu dem Grundlegenden sämtlicher Kulturgebiete in die Grundlagen einer echten Allgemeinbildung einbeziehen. Das Spezialisieren würde erst auf einer höheren Ebene akut.

Erst sollte j e d e r so viel Beziehung zu dem Grundsätzlichen vieler Gebiete gewinnen, daß er sich den differenzierteren Stoff der Gebiete, die er sich zum Beruf wählt oder die ihn besonders interessieren, später auch erarbeiten könnte. Niemand brauchte dann mit der Vorstellung, für irgend etwas nicht begabt zu sein oder zu irgendeinem Gebiet keinen Zugang finden zu können, zu leben.

Ein besonders wichtiges Resultat des In-Beziehung-Seins zu vielen verschiedenen Gebieten ist es aber, daß das Spezielle, in das man sich vertieft, um so gestalthafter und lebensnaher wird, je mehr Beziehungen aus Querverbindungen dazu bestehen. Außerdem kann man sich dann nie mehr so verhalten, als ob die Probleme, mit denen man sich beschäftigt, für sich allein existierten und isoliert in ihrer Bedeutung voll erfaßt werden könnten.

Auf dieser Basis können wir — ohne utopisch zu sein — als wesentlich in unser Bild von den Möglichkeiten des Menschen einbeziehen, daß Vielseitigkeit selbstverständlich dazu gehört. Diese könnte sogar bei geringerem Zeit- und Arbeitsaufwand, als dem für die heutige Durchschnittsbildung verwendeten, sichergestellt werden.

Vielleicht können Sie verstehen, daß Ihr Vertrauen zu den Signalen, die es Ihnen ermöglichten zu konstatieren, daß etwas fertig, unterbrochen oder abgebrochen sei oder wie weit es noch weiterlaufen müsse, — Ihr Vertrauen zu Ihrer Empfindung größer werden würde, wenn wir uns hauptsächlich mit dem beschäftigen würden, was ich Ihnen mit ein paar Musikbeispielen nahegebracht habe.

Häufigere und vielfältigere Erfahrungen sind notwendig, damit Sie mit zunehmender Deutlichkeit erleben, daß jeder Versuch Ihnen auch zur Ausdehnung Ihrer Geländekenntnisse im Bereich der Musik verhilft und damit zugleich zu mehr Entfaltung der Voraussetzungen, die wir für Erleben und Äußern von Musik in uns haben. Man kann viele Jahre lang Musik gehört und auch selber gespielt haben, man kann viel Musikverständnis bekommen haben, und doch braucht dadurch nichts, was man als Entfaltung ansprechen könnte, geschehen zu sein. Es braucht weder zuverlässigere Orientierungsmöglichkeit entstanden zu sein noch deutlichere Beziehung zu Gestalteigentümlichkeiten oder gar Entfaltung der Improvisations-, der Sprech- und Ausdrucksfähigkeit etc.!

Ist es Ihnen klargeworden, daß ich Ihnen weder eine musikalische oder pädagogische Theorie noch meine persönliche Meinung nahebringen wollte? Es handelt sich um Einsichten, zu denen jeder selber kommen müßte, wenn er seine Ohren zum Hören und seine Augen zum Schauen benutzen würde. Nur ist es leider meist so, daß wir Ohren haben und nicht hören und Augen haben und nicht sehen. Wir merken auch nicht, daß wir eine Ausrüstung für die Koordination all der Reize haben, die gleichzeitig durch die verschiedenen Sinnespforten zu uns kommen, und daß wir an diese Instanz, der wir die Möglichkeit zu Gesamteindrücken verdanken, nicht appellieren, weil wir mit unserm intellektuellen und analysierenden Interesse meistens isoliert auf den Stoff gerichtet sind ...

Schwester W.: Ich möchte mich, wenn ich wieder ein bißchen Zeit habe, mit Musik beschäftigen!

H. J.: Haben Sie früher einmal Klavierstunden gehabt?

Schwester W.: Ja. Aber das ist lange her, und ich habe es zu nichts gebracht. Das zählt gar nicht.

H. J.: Da irren Sie sich. Kurze Zeit Klavierunterricht kann unter Umständen genügen, um fürs ganze Leben für eine sinnvolle Auseinandersetzung mit dem Klavier untauglich zu machen.

Schwester W.: Mir wäre jetzt eigentlich das Singen wichtiger.

H. J.: Wenn Sie mit dem, was wir Stimme nennen, also mit dem Instrument, das Sie mit sich selber fürs Klingen zur Verfügung haben, musizieren wollen, müssen Sie versuchen, es tastend zum Ansprechen zu bringen. Das bedeutet, mit einem Minimum an Aufwand — und das ist stets zunächst summend — zum Klingen zu kommen. Das übliche Singen ist fast immer ein beziehungsloses, oft gewalttätiges „Machen" mit dem eigenen Instrument, ein Herauspressen und Herausquetschen von Klängen. Fast immer erzeugt man dabei einen ähnlichen Aufwand, ein ähnliches „Drükken", wie wenn man am Klavier die „Tasten" anschlägt.

Wir müssen auf Entdeckungsreisen gehen, um tastend und probierend zu erleben, wie wir zum Klingen kommen. Das gilt nicht nur fürs Singen, sondern ebenso fürs Sprechen! Die meisten Menschen „machen" fast immer etwas mit ihrem Instrument, „drücken" mit Überladung, wenn sie sprechen. Es ist kein Zufall, daß für Sichäußern das drastische Bild vom „Aus-Drücken" geprägt wurde. Wenn Sie still und offen gegenüber kleinen, einigermaßen unverstörten Kindern sind, können Sie erleben, wie selbstverständlich so ein kleines Wesen, solange man es noch nicht durch „Vorsingen" und „Vorsprechen" verstört hat, zart und tastend sein Instrument zum Ansprechen bringt und leise vor sich hin lallt und summt. Wir verleiten — uns unbewußt — die Kinder zu einem ähnlichen unzweckmäßigen Aufwand wie dem, den sie bei uns spüren. Bei Erwachsenen finden wir selten eine einfache, klingende, weder den Sprecher noch den Hörer ermüdende Sprechweise.

Viele sprechen auch aus Mangel an Kontakt zum Partner oder zur Größe des Raumes fast immer „zu laut", zu „gewalttätig".

Schwester W.: Mir ist aufgefallen und andern auch, daß ich, seitdem ich meinen Unterricht aus mehr Stille anfange, leiser spreche. Die Kinder haben mehr Ruhe.

H. J.: Diese Reduktion des Aufwandes beim Sprechen, die gewissermaßen „von selber" geschieht, ist ein „Abfallprodukt" einer allgemeinen positiven Veränderung des Gesamtverhaltens in der Richtung von mehr Gelassenheit. Ich verlange nicht nur aus Gründen einer sauberen und wissenschaftlich verwertbaren Dokumentation bei Beginn der Arbeit Fragebögen mit Ihren Meinungen über sich, Lebensläufe, Zeichnungen und Phonogramme von Ihnen. Es ändert sich nämlich im Laufe der Arbeit vielerlei „ganz von selber“ und wird den meisten gewöhnlich erst bewußt, wenn sie durch andere, die sie längere Zeit nicht gesehen haben, daraufhin angesprochen werden oder wenn sie nach längerer Zeit ihre Fragebögen, Zeichnungen und Phonogramme überprüfen. Daß von solchen Veränderungen so wenig bewußt wird, ist nicht verwunderlich, denn diese Veränderungen vollziehen sich in die Richtung zum Einfacherwerden, zum Sachlicherwerden hin. Wir werden nicht „auffälliger“, sondern unauffälliger, wenn wir geordneter funktionieren. Wir werden weniger hastig, weniger laut, weniger aufdringlich in unserm Sein und Tun. Da solche Veränderungen sich allmählich vollziehen, werden sie von uns vertrauten Menschen kaum registriert.

Oft wird erst beim Vergleichen mit dem Ausgangsphonogramm deutlich, in welchem Maße sich Sprechweise und eventuell auch Singweise verändert haben. Diese verändern sich oft allein dadurch, daß Menschen mehr von der Gesamtqualität ihres Verhaltens zu spüren anfangen, im Ganzen tastender und anwesender funktionieren.

Ich „erziehe“ Sie nicht zu irgend etwas und „unterrichte“ Sie nicht in irgend etwas. Ich möchte, daß Sie bewußt erleben und erkennen, was Sie in sich tragen. Wenn Sie sich von mir dazu bewegen lassen, sich für die Qualität Ihres Verhaltens und für Verhaltensprobleme überhaupt in einer bestimmten Weise zu interessieren, ergeben sich daraus eine Fülle von Konsequenzen, die man Sie nicht lehren kann und nicht zu lehren braucht.

Wenn Schwester W. vor ihrer Klasse versucht, stiller zu werden, kann sie, wenn sie zu sprechen anfangen will, gar nicht mehr anders, als den Überdruck, die Überladenheit abklingen zu lassen. Daran braucht man nicht zu „denken“! Wenn aber jemand von solchen Möglichkeiten bloß gehört hätte und daraufhin vor einer Klasse versuchen würde, absichtsvoll „leise zu sprechen“, würden die Schüler den Lehrer entweder „komisch“ finden, oder es würde sie irritieren, daß er „so leise spricht, daß man ihn nicht verstehen kann“. Wenn das Leiserwerden sich aber als Resultat eines in positivem Sinne veränderten Gesamtverhaltens einstellt, ist der Mensch meistens besser zu verstehen als sonst.

Auch Menschen, die im Alltag schlicht und vernünftig funktionieren, werden, wenn sie singen — auch wenn sie es im üblichen Sinne gut können —, leicht etwas absonderlich. „Mit-voller-Stimme-Singen“ würde z. B. bei uns zivilisierten Menschen nur sehr selten als stimmender Ausdruck unseres Gesamtzustandes entstehen. Wie selten sind Menschen so erfüllt von Freude und Lebenslust, daß sich das in einem ungekünstelten und selbstverständlichen Singen äußern könnte!

Herr A.: Das Rezept, das Sie uns vermittelt haben, damit unsere Stimme besser klingt, wäre das Augenschließen und Lauschen. Nun lese ich etwas ganz anders, das mir bei einem Freund aufgefallen ist, der sehr heftig stottert. Wenn er sich ganz festgefahren hat und nicht mehr weiterkommt bei einem Wort, schließt er einen Moment die Augen, und dann geht es wieder. Das macht er ganz automatisch, obwohl er nichts von Herrn Jacoby weiß. (Heiterkeit.) Er hat immer viel Arbeit und muß immer pressieren. Das ist sicher auch ein Grund, warum er nicht von seiner Stotterei loskommt.

H. J.: Ihr Bericht erinnert wieder an den Hinweis, den uns der Sprachgebrauch gibt. Wir sagen, wenn die Zeit knapp ist und es jemand eilig hat: „Es pressiert" oder „Er pressiert". „Presser" bedeutet „drücken". Also wenn es eilig ist, drückt man, strengt man sich an. Und je mehr man drückt, um so mehr wird die Bewegungsfähigkeit beeinträchtigt. Auch hierbei verhält man sich dem Zweckmäßigen entgegengesetzt.

Schwester W.: Aber solche Art von Stottern sollte man doch heilen können.

H. J.: Das sollte man wahrscheinlich nicht „heilen" wollen. So ein Mensch könnte nur sich selbst heilen, sofern er bereit wäre, sich mehr Ordnung zu erarbeiten. Dabei besitzt und benützt er das hauptsächliche „Rezept" bereits, denn er schließt spontan — wahrscheinlich sich selber nicht bewußt — die Augen, sowie er in Not kommt, und ermöglicht sich dadurch — auch wieder nicht bewußt — ein Abklingen des Überdrucks. Er müßte nur nicht erst stiller werden wollen, wenn die Panik bereits einen hohen Grad erreicht hat, sondern im allgemeinen stiller zu werden versuchen, damit er den Beginn der Panik empfinden kann. Auf diese Weise hat mancher, der mit Stottern oder Sprachstörungen in unsere Arbeit gekommen ist, seine Störungen neutralisiert.

Solche Sprechstörungen verlieren sich oft auf eine ähnlich selbstverständliche Weise, wie das vorhin vom zu lauten Sprechen konstatiert wurde. Das gilt auch für allerhand Manieren bei Menschen, die viel vor Publikum sprechen und aus Mangel an Anwesenheit, aus Verlegenheit oder um des Zeitgewinnes willen zum Beispiel nach jedem dritten Wort ein „ä-ä" einflechten. Manche Stotterer sprechen zuweilen über längere

Zeit ganz fließend und fangen plötzlich wieder zu stottern an. Sie müssen offenbar nicht stottern.

Wenn es so einem Menschen glückt, innerlich verbunden mit seiner Mitteilung zu sein und so zu bleiben, während er sich äußert, ist ein Stottern kaum mehr möglich. Aber sowie auch nur für den Bruchteil einer Sekunde der Kontakt mit der Aussage unterbrochen wird, kann das genügen, die Erinnerung auftauchen zu lassen: „Hoffentlich mußt du jetzt nicht stottern" — oder aber bewußt zu merken: „Wunderbar, diesmal geht es ganz glatt", und schon setzt das Stottern wieder ein ...

Bei diesem Problem sind noch umfassendere Zusammenhänge zu berücksichtigen. Aber gewöhnlich liegen zwei deutlich unterscheidbare Arten von Schwierigkeiten zugrunde: Irgendeine Verstörung, ein Trauma, muß immer stattgefunden haben, sei es in der frühen Jugend oder als Schockwirkung, z. B. bei einem Unfall oder auch im Krieg durch Verschüttungen. Entweder handelt es sich um Verletzungen, die als solche noch wirksam sind, oder aber — und das sind die viel häufigeren Fälle — um Verhaltensgewohnheiten, die sich nach der Verletzung oder Verstörung herausgebildet haben, so daß man sich gewissermaßen „angewöhnt" hat zu stottern.

Stottern hat viel mit Angst zu tun. Viele Menschen, die sonst nicht stottern, stottern oder „es verschlägt ihnen die Stimme", wenn sie Angst haben. Wie viele Kinder stottern in der Schule, um Zeit zu gewinnen für eine Antwort etc.! Wenn diese Reaktion sich als Verhaltensgewohnheit eingefahren hat, können die ursprünglichen Anlässe und Traumata weit zurückliegen und erledigt sein, aber als Verhaltensgewohnheit kann solches Stottern erhalten bleiben, sofern nicht eine bewußte Selbst-Nacherziehung einsetzt. Solche Verhaltensgewohnheiten sind verhältnismäßig leicht ohne tiefgründige Behandlung oder Analyse abzubauen. Man muß über längere Zeit still und bewußt probieren, wenn man eine langjährige Verhaltensroutine auflösen oder zumindest neutralisieren will.

Ähnliche Verhältnisse des Konservierens überflüssig gewordener Verhaltensgewohnheiten und Schutzverhaltensweisen, die zu neuen Störungen führen können, treffen wir häufig nach Verletzungen, bei denen der Schmerz in der Phase der Heilung ein Stillstellen von Gliedern erzwingt. Oft noch nach Jahren hält jemand ein Bein „fest", macht es steif, obwohl dieses Stillstellen nur für kurze Zeit notwendig gewesen wäre. Wenn man nun aber — wenn auch nur unbewußt — aus Angst vor Schmerz auf Vorrat z. B. ein Bein routiniert steif hält, schafft man sich unter Umständen Voraussetzungen für neue, andersartige Störungen, die sich fatal auswirken können, weil wahrscheinlich weder der Betroffene noch der Arzt den Ursprung der neuen Schwierigkeiten in jenem konservierten Schutzverhalten erkennen werden.

Frau M.: Ich habe bei meinem Kind, dem nach einer Verletzung für längere Zeit ein Fußgelenk „festgestellt" worden ist, eine Bestätigung dessen erlebt, was Sie eben sagten. Es kann den Fuß schon wieder gut bewegen, aber beim Treppe-hinunter-Gehen hält es ihn steif.

H. J.: Ist sie beim Hinuntergehen überhaupt ängstlich und macht sie sich deswegen steif? Vielleicht gelingt es Ihnen, Ihr Kind dafür zu gewinnen, daß es sich selber für sein Verhalten mit dem Bein interessiert.

Frau M.: Ich habe gefragt: „Warum hältst du dein Bein jetzt steif?", und da antwortet sie: „Ich gehe so besser!"

H. J.: Sie hat wahrscheinlich recht mit solch einer Antwort, denn Sie haben sich nur an ihr Köpfchen gewendet: „Warum tust du das jetzt und sonst nicht?"! An Ihrer Stelle würde ich das Kind veranlassen auszuprobieren, ob es nicht auch beim Abwärtsgehen den Fuß allmählich mehr benutzen könnte. Es ist ein Unterschied, ob man eine — wenn auch noch so freundliche und „liebevolle" — Forderung an das Kind stellt oder ob man versucht, sein Interesse für Mitarbeit in bestimmtem Sinn und in bestimmter Richtung zu gewinnen. Das Kind ahnt noch nicht, daß es nur auf Grund seines eigenen Einsatzes gesünder werden kann. Es ist überzeugt, daß der Arzt dafür da ist.

Frau M.: Das kann man, glaube ich, nicht sagen. Die aktiven Bewegungen, die man mit ihr macht, sind sehr schmerzhaft.

H. J.: Warum lassen Sie die „aktiven Bewegungen" ausführen?

Frau M.: Der Arzt hat sie verordnet.

H. J.: Wenn das Kind selber anfängt, Bewegungen auszuprobieren, weil es daran interessiert ist, sich allmählich besser bewegen zu können, kann es dosieren und so probieren, wie es die Zumutung schon bewältigen kann. Aber dazu müßte auch Ihre eigene Autoritätsgläubigkeit etwas mehr abgebaut sein. Wir können jetzt unmöglich im Detail auf diesen Fall eingehen. Dazu müßten wir das Kind hier haben. Wenn Sie positive Veränderungen erreichen wollen, müssen Sie sich an unsere grundsätzlichen Forderungen erinnern, die wir fürs Sprechen, Hören, Sehen, Bewegen, Sicherinnern etc. ausführlich geklärt haben. Hat man diese Notwendigkeit akzeptiert und versucht man, still zu werden, wird man bald merken, ob etwas zu viel oder zu wenig ist, und kann selber die Verantwortung für das übernehmen, was man sich und evtl. anderen zumutet.

Herr O.: Ich möchte noch etwas zur Frage der Beziehung zu einem Instrument berichten. Ich hatte vor 15 Jahren das Glück, daß ein Klavier in meine persönliche Reichweite kam. Ich ging ganz unvorbereitet nur so daran, daß ich Entdeckungsreisen machen mußte, so, wie wir es hier als sinnvollen Weg besprochen haben. Ich habe das Instrument damals als ein neues Wesen empfunden. Ich kam aber bald an einen andern Ort, und mein Weg hat mich vom Klavier weggeführt. Nun erkenne ich nach dem, was ich hier gehört habe, daß dieses Erlebnis mit dem Klavier mir später auf andern Gebieten geholfen hat. Merkwürdig ist nur, daß ich bis vor kurzem bei allem, was Musik betrifft, bedauert habe, daß ich das Technische, das Handwerkliche in der Musik mir nicht habe zulegen können. Mir wird jetzt erst dieser Widerspruch in meiner Einstellung deutlich.

H. J.: Das ist nicht so verwunderlich, denn Sie konnten, nachdem Sie die ersten selbständigen Entdeckungsversuche gemacht hatten, von sich aus den weiteren Weg noch nicht sehen. Man freut sich zwar über die beginnende Beziehung zum Instrument bei seinen autodidaktischen Reisen und hat gleichzeitig ein schlechtes Gewissen, weil man nicht den Weg eines vorgezeichneten Unterrichts geht. So bleibt man überzeugt, daß man, wenn man etwas von der Struktur der Musik, von Instrumentaltechnik etc. kennenlernen wollte, doch den andern Weg gehen müsse. Sie konnten nicht wissen, daß sich, je konsequenter man auf jenem Weg des Entdekkungsreisenmachens, des Ausprobierens nach dem Gehör weitergeht, auch die differenzierteren Probleme lösen lassen. Wenn Sie Ihrem „Ohr" und Ihrem „Empfinden für das Stimmende" wirklich vertrauen würden, so würde es Sie genauso zur probierenden Erarbeitung der Musiksprache bringen — vorausgesetzt, daß Sie viel Musik um sich herum zu hören Gelegenheit haben —, wie ein kleines Kind sich aus seinem Lallen heraus seine Muttersprache erarbeitet. Bei der Musik haben wir aber auf Grund der allgemeinen Meinung über Musik die Vorstellung, allein durch eigenes Probieren käme man nicht über das Lallen und Stammeln hinaus. Wir verhalten uns dann so, wie wenn man einem Kind, das nun schon seit ein paar Monaten seine merkwürdigen Wortgebilde ausprobiert und sich langsam der Sprechweise der Erwachsenen anzunähern beginnt, etwa in seinem 2./3. Lebensjahr sagen würde: „Nun müssen wir mit dem Grammatikunterricht anfangen, damit du richtig sprechen lernst!" Aber die

Grammatik ist etwas von der gesprochenen Sprache Abstrahiertes. Erst durch ihre Entfaltung ließen sich an dem Gesprochenen all die erstaunlichen Regelmäßigkeiten und Gesetzmäßigkeiten ablesen, die uns die Struktur der Sprache post festum auch intellektuell erkennen läßt. Wie niemals eine Sprache auf Grund der Kenntnis der Grammatik entstanden ist, so ist auch alles Wissen über die Struktur der Musik, über Noten und Akkorde usw. etwas, das immer erst post festum zu kommen hat. Erst wenn Sie so viel probiert haben, daß Sie auf dem Klavier alles, was Sie hören, auch mit Akkorden und allem, was dazu gehört, auffinden und nachspielen können, wäre es an der Zeit, sich bewußt Rechenschaft über die Struktur dessen zu geben, was Ihnen über das Gehör längst zur Verfügung steht, und im Grunde brauchten Sie auch nicht früher Noten lesen zu können! Aber selbst die theoretischen Kenntnisse in der Musik brauchten Sie dann nicht schulmäßig zu lernen, denn auch sie könnten Sie durch Entdeckungsreisen systematisch erarbeiten. Wenn man schon musizieren kann, macht man seine Entdeckungsreisen in der Struktur der Musik auf Grund von Erfahrungen, die man schon in der Realität der Klangwelt gewonnen hat. Und man versucht nicht, auf Grund von Rezepten irgendeiner Sorte von Harmonielehre zu musizieren.

Sich systematisch in das vorhandene Kulturgut und in das Wissen über dieses Kulturgut zu vertiefen, kann so geschehen, daß man bei seinen praktischen Entdeckungsreisen auf immer neue Probleme stößt und jedes Mal für sein Wissen jene Antworten bekommt, die die Menschheit im Laufe ihrer Geschichte auf dem betreffenden Gebiet entdeckt hat. Sie bekommen diese Antworten dann als Antworten auf Fragen, die bei Ihnen während Ihres Ausprobierens aufgetaucht sind. Das ist das Entgegengesetzte des üblichen Unterrichtens, bei dem man Antworten bekommt auf Fragen, die in einem noch gar nicht entstanden sind.

Herr A.: Ich sehe jetzt plötzlich eine Tatsache, die mir bei vielen jungen Freunden aufgefallen ist, aus einer anderen Perspektive als bisher. Diese, Söhne aus gutbürgerlichen Familien, haben Klavierspielen gelernt und nach ein paar Jahren aufgehört. Jetzt würde ich sagen, sie hätten aufgehört, weil man ihnen mit dem üblichen Unterricht den Weg und auch die Beziehung zur Musik verbaut hat. Später haben diese jungen Menschen Jazzmusik gehört und sind, weil das anscheinend gar nichts mit der andern Musik zu tun hatte, viel unbefangener mit ihr in Beziehung gekommen und haben selber so etwas am Klavier probiert. Eine ganze Reihe von diesen jungen Menschen kann jetzt gut Klavier spielen, aber eben Jazzmusik. Ich habe einen Freund, der spielt in einem Orchester mit und kennt nicht einmal Noten. Er spielt alles, was er hört.

H. J.: In den Lebensläufen und Fragebögen vieler Hunderte Menschen, die bei mir gearbeitet haben, wiederholt sich immer wieder die Feststellung, daß sie oft sechs, acht und mehr Jahre Musikstunden gehabt haben und das Musizieren, sobald der Zwang des Unterrichts aufgehört hat, entweder ganz sein ließen oder nichts auswendig spielen können. Und diejenigen, die weitergespielt haben, können auf Aufforderung meistens nur spielen, wenn sie in der letzten Zeit regelmäßig „geübt" haben. Sonst steht ihnen ihre „Technik" nicht zur Verfügung! Wenn man aber hört, was schließlich zur Verfügung steht, ist das meistens so dürftig, daß man nur den Kopf schütteln kann über den Ertrag von so viel Zeitaufwand und so viel Fleiß.

Herr A.: Ich habe auch den Eindruck, daß, wenn jene jungen Leute ihren Jazz systematisch im Unterricht gelernt hätten, sie ihn jetzt genausowenig spielen würden, wie sie früher ihre Klaviermusik weitergespielt haben.

Fräulein Qu.: Wir haben davon gesprochen, wie sich die Störung des Vertrauens zum selbständigen Erarbeiten und zum Probieren und die Meinung, man sei für gewisse Sachen nicht begabt, in der Kindererziehung und in unserer eigenen Entwicklung auswirken. Mir begegnet das Problem auch bei meinen Arbeitern. Wenn man z. B. einen Maurer, der nur auf „Backstein" gelernt hat, bittet, eine Steinarbeit zu machen, bekommt man oft die Antwort: „Das kann ich nicht." Es ist notwendig, daß die Leute vielseitiger werden.

H. J.: Dazu wäre viel zu sagen; aber Sie sollten sich nicht darüber wundern. Es kommt weitgehend wiederum daher, daß so viele Arbeiter und sogar Handwerker ihr Metier auch nur „gelernt" haben und nicht erarbeitet. Deshalb können sie nur das — so problematisch dies Können jeweils auch sein mag —, was sie einmal in Gestalt bestimmter Griffe und Kniffe „gelernt" haben.

Aber Sie treffen manchmal Autodidakten an, die viel ausprobiert haben, Bastler sind und konsequenterweise sogar Spaß haben, wenn man ihnen eine Arbeit anbietet, bei der es für sie etwas auszuprobieren gibt. Sie verstehen oft die Grundzüge von ungefähr allen Handwerken. Solche Allerweltskünstler sind gewöhnlich auch sonst munterer als der brave Durchschnitt und häufig so etwas wie originelle Käuze.

Fräulein D.: Mir ist in Umschulungskursen aufgefallen, wie rasch Menschen, wenn sie selber allerlei ausprobieren können, durchaus brauchbare Arbeiten zustande bringen und wieviel mehr da herauskommt als bei der Art, mit der man bei uns die Lehrlinge anlehrt. Da lernt man sicher mancherlei, aber man erlebt wenig dabei.

H. J.: Wenn man auch beim Handwerk mit dem Probieren und Ausprobieren anfinge — so wie wir gerade erlebt haben, daß man es etwa am Klavier probieren könnte —, dann würde eine handwerkliche Ausbildung auch positivere Resultate zeitigen. Aber wenn ein Lehrling nicht besonderes Glück hat, wird er im wesentlichen so „angelehrt", wie man oft das Klavierspielen beibringen will. Man zeigt ihm, wie er am Schraubstock stehen muß, die Zange fassen oder die Feile halten soll etc. Je gewissenhafter ein Lehrmeister ist, desto mehr meint er, darauf dringen zu müssen, daß jeder Griff und jede Bewegung genauso gemacht wird, wie er selber das einmal gelernt hat. Wir brauchen uns nicht zu wundern, daß sehr viele junge Menschen es nach einer solchen Lehre für unmöglich halten, etwas richtig machen zu können, ohne vorher gezeigt bekommen zu haben, wie man es machen solle.

In meiner Jugend hatte ich noch die naive Meinung, beim Handwerk sei alles ganz anders als in unserm intellektuellen Schulbetrieb. Da läge es schon in der Situation selbst, daß man gezwungen sei, ständig auszuprobieren, und daß deswegen eine handwerkliche Schulung vielleicht die beste Vorschule für eine spätere höhere Bildung wäre. Als ich später einmal eine Schlosserwerkstatt und allerhand andere Betriebe kennenlernte, mußte ich feststellen, daß sich im Grunde auch da schon unsere Lernschulmentalität so durchgesetzt hat, daß man auf die gleiche Mentalität in der Lehrlingsausbildung stößt, auf die gleiche Pedanterie und Schulmeisterei, auf das gleiche Vormachen und Zeigen etc. — und auf die gleiche Erzeugung von Angst vor Fehlern. Das ist das Übliche geworden, und zwar in der Meinung, man hätte damit gegenüber früher, als so ein Lehrmeister in erster Linie noch ein Praktiker war, unsystematisch vorging und seine Lehrlinge die Dinge ausprobieren ließ, einen großen Fortschritt gemacht. Auf diese Weise ist der sterilisierende „Geist der Lernschule" auch in die handwerkliche Arbeit eingedrungen. Daß es auch dabei Ausnahmen gibt, bestätigt wiederum nur die Regel.

Frau G.: Wenn wir als Kinder gesagt haben: „Das kann ich nicht", sagte meine Mutter immer: „Ich habe mir ein Motto für mein Leben gewählt, das heißt: Was andere Hände können, können meine Hände auch." Diese Einstellung meiner Mutter hat mich geradezu erdrückt. Ich kam mir ungeschickt vor und habe die Arbeit gerne meiner Mutter überlassen, die so viel geschickter war.

H. J.: Allzu tüchtige Mütter sind eine Gefahr für die Kinder. Wenn eine Mutter z. B. nur sagt: „Was andere Hände können, können meine Hände auch“ und die eigene Tüchtigkeit damit gewissermaßen zur moralischen Forderung gegenüber dem Kind werden läßt, anstatt vielleicht zu sagen: „Probier doch einmal. Es macht nichts, wenn es nicht gleich gut geht.“ Das Kind wird sich vermutlich noch ungeschickter vorkommen, wenn die Mutter dann noch so „nett“ ist, die Arbeit, die das „ungeschickte“ Kind hätte tun sollen, selber zu tun.

Hätte Ihre Mutter mit Ihnen zusammen probiert und hätten Sie bei allerhand Dingen erlebt, daß es nicht so schwer ist, wenn man anfängt, wirklich zu probieren, dann hätten Sie später wahrscheinlich gesagt: „Die Maxime meiner Mutter ist wirklich richtig gewesen. Ich merke jeden Tag neu, was andere Hände können, können meine Hände auch.“

Dies Beispiel zeigt deutlich, daß das Weitergeben einer Einsicht ein ernstes und wichtiges Problem ist. Wenn man eine gewonnene Einsicht bloß weitersagt, wird sie gewöhnlich zu einer Quelle von unproduktiven Konflikten.

21. Kurs

Das Energetische und der Stoff beim Phänomen „Äußerung“
Vom Startbereitwerden — Stillwerden des Musikers, ehe er beginnt
Suggestive Wirkungen — suggestive Kräfte?
Start — Ablauf — Ziel
Fassade und Gestalt
Vom Sicheinspielen-Müssen
Kinderlieder als Musikbeispiele
Vom-Blatt-Spielen
Ein Gedicht wird gesprochen — Wie kann man dem Gehalt der Dichtung zum Leben verhelfen?
Unbefangenheit — Empfindungstaubheit?
Voraussetzungen für überzeugendes, erfülltes Sichäußern
Rezitation
Das Versmaß
Der Rhythmus
Sprechen um des Wohllautes willen?
Große Gestalter und „ihre Form“

14. Mai 1945

H. J.: Welche Probleme aus unseren bisherigen Auseinandersetzungen scheinen Ihnen zu wenig geklärt zu sein?

Herr A.: Mir fällt immer mehr auf, wie viele wesentliche Begriffe für mich durch die neue Perspektive einen anderen Inhalt bekommen, z. B. bei der Musik. Ich hatte bisher nie als das Wesentliche der Musik erkannt, daß man — und zwar jeder — einen Wachstumsvorgang gesetzmäßiger Art empfinden und mitempfinden kann. Früher habe ich gelegentlich etwas davon gespürt, wahrscheinlich wenn in dem Musizieren etwas besonders geglückt war. Ich habe es aber nie als das „Eigentliche" der Musik angesehen, nicht als elementare Grundlage der Musik.

H. J.: Das konnte kaum anders sein, denn intellektuelles Interesse am Stoff finden wir heute auf allen Gebieten. Der Stoff und seine Eigentümlichkeiten werden fast überall als das Wesentliche angesehen.*

Sie haben nun erlebt, daß das Wesentliche jedes Musikvorganges, dem der Stoff von Musik sein Entstehen verdankt, offenbar Ausdruck sein muß; die Tendenz, Menschen anzusprechen, mit ihnen in Beziehung zu kommen, sie zu bewegen.

Bei allen Gestaltungen sollten Sie gegenwärtig haben, daß das Phänomen Ausdruck etwas ist, das einen „Leib" hat — Worte, Klänge z. B. —, so wie der Mensch Leib ist und lebendiger Gehalt, der sich in jenem und durch jenen „Leib" vollzieht, jenes Funktionelle, Energetische, das wir Seele, Geist oder wie Sie es sonst bezeichnen wollen, nennen. Und genauso, wie man beim Menschen jene mechanistische Trennung von Körper und Geist, von Leib und Seele nicht machen darf, dürfen Sie beim Phänomen „Äußerung" den Stoff nicht vom Funktionellen, vom Energetischen trennen — weder bei der Musik, noch bei der Sprache, der Malerei, der Bewegung etc. —, wenn Sie sich zuverlässig über das Wesentliche orientieren wollen.

Wenn man konsequent wäre, müßte man sogar sagen: Musik — also hörbar werdende organisierte Klangfolgen —, in der sich nicht das ab-

* Siehe Jenseits von „Musikalisch" und „Unmusikalisch"

spielt, für das ich Sie interessieren will, ist im Grunde so etwas wie eine jener Wachsfiguren aus Madame Tussauds Wachsfigurenkabinett. Die Figuren sind so naturgetreu gemacht, daß man meint, sie ansprechen zu können, aber sie leben nicht, weil das Entscheidende ihnen fehlt. Wie sind wir beglückt, wenn uns statt dieser Figuren einmal volles, erfülltes Leben begegnet, — wenn also jenes Wesentliche mit dabei ist.

Herr P.: Es hängt aber nicht nur von der Darstellung ab, ob wir bewegt werden, sondern auch von unserer Bereitschaft, etwas aufzunehmen.

H. J.: Diese Frage haben wir einmal kurz berührt. Ich wies damals darauf hin, daß Musik oder Gesprochenes, wenn bei der Darstellung das Wesentliche geschieht — wenn der Stoff durch das Energetische, durch die funktionellen Zusammenhänge, im Ablauf geordnet erscheint —, jene Macht, jene verzaubernde Wirkung hat, die für mich ein entscheidendes Charakteristikum der Kunst ist: die Macht, den Hörer zu verwandeln und auf die Weise zu bewegen und zu stillen, die für das Werk charakteristisch ist, das der Reproduzierende noch einmal produziert. Auch das charakterisiert die erfüllte Äußerung: daß sie den nicht bereiten Menschen so „anspricht", daß er bereit wird, vorausgesetzt, daß er nicht in einer bewußten Ablehnung befangen ist. Aber selbst der Ablehnende oder der Übelwollende kann gegen seinen Willen verwandelt werden, wenn das Wesentliche in der Darstellung stimmt.

Immer wieder wird in der Geschichte der Musik und des Theaters berichtet, daß ein Musiker oder ein Werk sich gegen den Widerstand eines konservativen, vorurteilsvollen oder durch Cliqueninteressen beeinflußten Publikums durchgesetzt hat. Eine andere Frage ist es, ob eine gewisse intellektuelle Absicht, etwas auf sich wirken zu lassen, auch Aufgeschlossenheit bedeutet. Wir haben doch darüber gesprochen, wie ungeordnet, wie besetzt vom Alltag die Menschen meistens zu den Veranstaltungen kommen und wie fremd im allgemeinen die Vorstellung ist, daß man selber etwas zum Stillerwerden beizutragen hätte, bevor z. B. ein Konzert beginnt.

Vielleicht haben Sie aber bei den wenigen Malen, bei denen Sie wirkliches Ergriffen-worden-Sein erlebt haben, bemerkt, daß man, selbst wenn man müde und irritiert gekommen ist, verwandelt wird; daß es im ganzen Saal eine andere Atmosphäre gibt, sobald etwa Casals sich mit seinem Cello gesetzt hat, — oft bevor der erste Klang erklungen ist. Er fängt nicht an, bevor es in ihm still und startbereit geworden ist, und dadurch werden wir schon zum Stillwerden hin verwandelt. Und selbst ein Casals müßte erleben, daß sein Publikum zerstreut und unruhig würde, sobald er auch nur für kurze Zeit nicht bei sich wäre.

Was man als suggestive Kraft empfindet oder als suggestive Wirkung, ist nichts als das Resultat des Bei-sich-Seins, der Hingabe solcher Menschen an die Sache. Indem die Reproduzierenden sich durch die Wirkung, die von dem Werk auf sie ausgeht, einstellen, verwandeln lassen; indem sie bereit sind, selber Instrument zu werden, zu dienen, wird auch der Hörer verwandelt. Offenbar sind die dabei wirksamen Phänomene durchaus im Bereich des naturwissenschaftlich Faßbaren. Dieser „Zauber" kann auch abgelöst von der Anwesenheit solcher Musiker und Sprecher allein durch ein Phonogramm einer geglückten Darstellung zur Wirkung gebracht werden.

Frau H.: Aber ist nicht auch eine suggestive Kraft dabei?

H. J.: Ich weiß nicht, warum Sie besondere Suggestivkräfte oder hypnotische Kräfte zum Verständnis dessen, was sich da abspielt, heranziehen wollen; d. h. ich verstehe gut, daß Sie es tun, denn man benutzt überall und ganz allgemein das wenig aussagende und verschwommene Schlagwort „Suggestion", sobald einem Wirkungen zwischen Menschen begegnen, die man sich nicht erklären kann. Der Laie denkt dabei an den Besitz einer besonderen Kraft und evtl. auch an die absichtsvolle Ausübung einer Macht. Wenn ein Mensch bei sich ist und zu irritierten oder ängstlichen Menschen kommt, können diese Menschen allein dadurch aus ihrer Beunruhigtheit verwandelt werden.

So etwas können Sie auch bei Kranken erleben, zu denen ein Arzt kommt, der wirklich aufgeschlossen ist und nicht nur Vertrauen und Ermutigung spielt, weil das eines der gelernten therapeutischen Hilfsmittel ist. Solchen Menschen begegnen wir nicht häufig, so daß wir selten Gelegenheit haben, die „suggestive" Kraft des Stillseins zu erleben und mitzuerleben.

Je mehr Sie selber probieren, zu sich zu kommen, desto deutlicher wird Ihnen werden, daß man bewußt auf eine Qualität von Anwesendsein hinarbeiten kann, die einem hie und da, wenn man in Stimmung gewesen ist, schon bei sich begegnet ist, die aber nicht bewußt herbeiführbar war. In solchen Momenten ist man beglückt, aber daraus entsteht — leider! — kaum ein Bedürfnis, die Qualität, in der man sein Leben leben könnte, an diesem Daseinsniveau zu orientieren. „Gehorsamsein" hat hier weder einen moralischen noch einen diktatorischen Beigeschmack. Es ist nichts als die Bereitschaft, Abläufe und Prozesse, die begonnen haben, sich in der ihnen innewohnenden Gesetzmäßigkeit vollziehen zu lassen, ohne sich störend einzumischen, ohne Vorschriften machen zu wollen, wo Vorschriften nur stören können.

Ich habe neulich als Beispiel für die verschiedenen Entwicklungen, die sich bei verschiedener Art von Ladung im Anfangsstoff ergeben, das kleine D-Dur-Präludium von Bach benutzt.

(Es folgen nun weitere Beispiele: Noch einmal das D-Dur-Präludium von Bach mit Akzent auf dem ersten Klang, Erschlaffung am Ende des ersten Taktes und die daraus sich ergebende neue Entwicklung. Dann folgt wieder Akzent auf dem ersten Klang und Erschlaffung nach der ersten Hälfte des dritten Taktes sowie die Fortführung zu dem neuen Stück, das daraus wachsen müßte.)

Also je nachdem, auf welche Weise mißverstanden der Anfang des Stoffes eines bestimmten Stückes gespielt worden ist, müßte ein anderes Stück weiterwachsen als das, das in den Noten steht. Damit wenigstens der Stoff noch so gespielt werden kann, wie er „im Buche steht", muß nach der ersten Erschlaffung eine neue Ladung entstehen.

(Als nächstes Beispiel folgt der Beginn der As-Dur-Sonate von Beethoven (Opus 26) und folgen verschiedene Entwicklungen dieses Anfangsmotivs, wie sie sich aus verschiedener Art von Ladung ergeben.)

Schwester W.: Bei dem Rezitieren eines Gedichtes muß es offenbar auch so sein.

H. J.: Bei der sprachlichen Äußerung sind diese Verhältnisse vollkommen analog. Ich habe neulich einmal das Beispiel vom Schießen benutzt.* In diesem Bild vom Schießen ist das, was im Gesprochenen oder in der Musik geschieht, die hörbar werdende Geschoßbahn. Es ist der Weg, der zurückgelegt worden ist vom Beginn der Explosion, der Expression, bis zum Wiedereintritt der Ruhe.

Improvisatorisches Verhalten bedeutet, sich während des ganzen Verlaufes einer Äußerung so zu verhalten, daß diese sich dem Start entsprechend entwickeln kann.

Wenn wir bei einer Äußerung einen Fehlstart haben, zwingt uns leider nichts und niemand, neu und für das zu erreichende Ziel zweckmäßiger zu starten. Wir versuchen statt dessen — gewöhnlich unbewußt — die ungeeignete Laufrichtung oder das unzweckmäßige Tempo unterwegs zu verändern. Auf diese Weise kommt man auch ans Ziel, aber der Ablauf, der Weg als Ganzes wird krumm sein und die Äußerung als Ganzes ein

* Siehe 17. Kurs

„Krüppel". Wenn Sie mehr Erfahrung in dieser Richtung haben werden, vor allem wenn Sie selber probiert haben werden, jenes Phänomen im Verlauf Ihrer eigenen Äußerungen bewußt zu empfinden, werden Sie erleben, wie absolut eindeutig man geführt wird, wenn man sich der Initiative überläßt, die zum Start geführt hat und mit dem Start wirksam geworden ist. Für mich persönlich besteht keine Problematik mehr, wenn ich Ihnen solche Beispiele mit bestimmten Ablauftendenzen demonstrieren will, aber nur auf Grund der Tatsache, daß ich mich nun etwa 35 Jahre lang* vollbewußt mit diesen Phänomenen beschäftigt habe. Darum kann ich mir auch bewußt vornehmen, auf diese oder jene Weise absichtlich falsch anzufangen. Ein Mensch, der offen für Musik ist, spürt natürlich den Unterschied, ob ich die As-Dur-Sonate kurzatmig anfange und mich unterwegs durch Nachschieben weiterschleppen muß bis dahin, wo auch die Noten zu Ende sind, oder ob so ein Stück Musik in einem ungestörten Fluß abläuft. Die wenigsten haben jedoch die Möglichkeit, sachlich zu erkennen, warum sie das eine Mal weniger und das andere Mal mehr berührt bzw. befriedigt worden sind.

Aber gleichgültig, ob so ein Stück mehr oder weniger geordnet abläuft oder ob es nur ledern heruntergespielt und stoßweise bis zum Schluß hingeschoben worden ist, immer stellen die Hörer dann fest: „Das ist die As-Dur-Sonate, Opus 26, von Beethoven." Wenn dieses Stück aber unerfüllt und routiniert, wenn auch ohne „Fehler", erklingt, sage ich von meinem Standort aus: „Nein, das ist weder die As-Dur-Sonate, Opus 26, von Beethoven noch ist es wirklich Musik, sondern wir haben bloß den Stoff der As-Dur-Sonate zu hören bekommen, und zwar ist dieser Stoff dazu benutzt worden, gelehrige Finger auf den Tasten eines Klaviers zu beschäftigen." Wenn dieser Stoff so erklingt, daß die As-Dur-Sonate „wächst", als ob sie dem Spieler eben einfällt, ist das keine neue Art Musikauffassung, sondern damit fängt Musik überhaupt erst an, Musik zu sein.

(H. J. spielt das Thema der As-Dur-Sonate in den verschiedenen Arten.)

Sicher ist es zu allen Zeiten so gewesen, daß die Menschen bewegt worden sind, wenn das Phänomen, das ich Sie jetzt bewußt erfahren lasse, zur Erscheinung gekommen ist.

Wenn man beim Musikhören seine Gedanken spazierengehen lassen konnte, ins Träumen oder Phantasieren gekommen ist oder Farben und

* Seit 1910

Bilder gesehen zu haben behauptet, bin ich überzeugt, daß in der Reproduktion etwas Wesentliches nicht gestimmt haben kann. Denn wenn Musik aus einem geglückten Start zum Klingen kommt und die Musizierenden unterwegs gehorsam bleiben, sind wir „gefesselt", lassen wir uns bewegen und ordnen, wir denken nicht, aber wir träumen auch nicht und verdösen nicht. Im Gegenteil! Wenn man so etwas erlebt hat, ist man wacher und angeregter.

Man ist sogar tatbereiter. Das übliche „Musik"-Geplätschere ist für Menschen einer gewissen Lebenshaltung ein geeignetes Mittel, ihr Bedürfnis, sich selber zu entrinnen, sich zu zerstreuen, befriedigen zu helfen.

Durch die Gewöhnung an solche leeren, routinierten Darbietungen werden die meisten Menschen korrumpiert. Sie werden systematisch dazu erzogen, die Fassade für die Gestalt selber zu nehmen. Man hört die Musik so, wie die meisten Häuser ansehen. Wenn die Fassaden so gegliedert oder ornamentiert sind, daß sie nach etwas aussehen, sind es „schöne" Gebäude. Ob es eine gelungene Architektur ist, läßt sich nur erleben, wenn man im Haus ist. Wenn das Gebäude in Ordnung ist, erweckt die Fassade schon bestimmte Erwartungen von dem, was räumlich dahinter sein wird. Aber bei vielen Gebäuden, an denen die Fassade imponiert, ist man überrascht darüber, wie es in dem Gebäude aussieht, weil die Fassade in solch einem Fall für das Scheinen nach außen hin gemacht worden ist und nicht der organische Ausdruck der inneren Struktur, nicht die „Außenhaut" für den Leib ist.

So ist man auch gewöhnt, das eigene Empfinden zu überhören und es als Kunst zu akzeptieren, wenn die Akkorde und die Passagen prasseln oder die Worte pompös und pathetisch deklamiert werden.

Aber man hat kein Recht, an andere Ansprüche an Erfülltheit zu stellen, solange man sich nicht selber zunehmend erfüllter äußert, zunehmend anwesender wird. Deswegen habe ich Sie neulich beim Hören der Phonogramme ausdrücklich darauf hingewiesen, daß man, indem man klar gewisse Irrtümer und Unzulänglichkeiten zu erkennen beginnt, die den betreffenden Musikern und Sprechern nicht bekannt oder nicht bewußt sind, kein Recht hat, von oben herab zu urteilen und Leistungen zu bemängeln, die man kurz zuvor sogar noch bewundert hätte. Wenn man selber im Kleinen versucht, ahnt man allmählich, was dazu gehört, erfüllt und gehorsam bei einer Leistung zu funktionieren, und kann nicht mehr hochmütig urteilen. Wenn man aber selber im Alltag anwesender funktioniert, ist einem vieles nicht mehr erträglich, das man sonst als „normal" oder richtig hingenommen hat. Allerdings: Wenn einem dann etwas begegnet, bei dem es wirklich stimmt, sagt es einem viel mehr, bewegt es einen mehr!

(Es folgt ein Hinweis auf das Sicheinspielen-Müssen und darauf, daß es sogar guten Reproduzierenden oft erst im Verlaufe ihres Programmes gelingt, zu qualifizierter Leistung zu kommen.)

Aber wenn es einem Reproduzierenden nur hie und da — als etwas wenig Zuverlässiges, als Zufälliges — geschieht, so hat er keine bewußte Kenntnis von dem und auch keine bewußte Beziehung zu dem, auf das es verhaltensmäßig ankommt. Diese Zusammenhänge sind bisher anscheinend kaum jemandem bewußt bekannt.

Herr A.: Mir ist immer wieder aufgefallen, daß man nach dem Konzert oder Theater so wenig aussagen kann, wenn man gefragt wird, wie es gewesen ist. Ich kann nichts aussagen, wenn ich nicht bewegt worden bin.

H. J.: Das mag für Sie zutreffen; aber im allgemeinen ist es doch so, daß die Menschen desto eher allerlei aussagen, d. h. klug reden können, je weniger sie erlebt haben. Je mehr man berührt und ergriffen ist, desto mehr wird man das Bedürfnis haben, sein Bewegtsein abklingen zu lassen. Wer wirklich berührt ist, kann nicht schwätzen.

Solche Untersuchungen, wie wir sie vorhin an dem Bach-Präludium und der Beethoven-Sonate vorgenommen haben, können Sie auch für sich allein mit jeder Grammophonplatte durchführen. Da der Anfang stets genau gleich klingt, können Sie, wenn Sie die Nadel immer an derselben Stelle abheben, noch deutlicher überprüfen, ob es auf der Platte so weitergeht, wie der Anfang es Sie erwarten ließ. Sie können solche Versuche auch mit eigenen Musizier- und Sprechversuchen durchführen. Wählen wir noch ein paar Beispiele, die nichts mit Kunst zu tun haben und allen bekannt sind. Nehmen wir „Hänschen klein . . .“.

(Es folgt die Melodie, mit einem Finger im üblichen Plärrton gespielt. — Es wird der Anfang mit Akzent auf „Häns-“ und mit Erschlaffung auf „klein“ gespielt und spürbar gemacht, daß die Melodie nur dann so weitergehen könnte wie im Original, wenn ein aktiver neuer Anstoß für das „geht allein“ käme. — „Hänschen klein“ wird dann so angefangen, daß es ein einheitlicher Zusammenhang werden **muß**.

Es folgt der gleiche Versuch mit „Ihr Kinderlein kommet“.)

Auch hierbei muß man, bevor man wirklich für „Hänschen klein“ oder für „Ihr Kinderlein kommet“ starten möchte, eine Beziehung zum Gesamtverlauf und zu dem, was dabei geschieht, gewonnen haben. Die

Kenntnis der Noten und der nötigen Griffe genügen nicht. Bei Gedichten ist es nicht anders. Selbst wenn der logische Gehalt mit dem Lehrer besprochen worden ist, ist doch gewöhnlich nur der Wortlaut memoriert worden, und man müht sich, die Worte in irgendeiner Weise „richtig" zu sprechen, wie man die Tasten in irgendeiner Weise „richtig" zu greifen versucht. Bei „Hänschen klein" kann, wenn man es aus der Beziehung zum Ganzen anfängt und gehorsam weiterlaufen läßt, so viel Musik geschehen, daß dieses Kinderlied so interessieren kann wie ein musiziertes Stück von Bach. —

(Es folgt „Ein Männlein steht im Walde".)

An solchen Kinderliedern und an der Art und Weise, wie wir sie zu hören gewohnt sind, mag Ihnen noch deutlicher werden, daß man von klein auf zu jener Sorte von „Musik" und „Musikmachen" erzogen wird, die nichts mit Musik zu tun hat.

(Hinweis auf Rhythmik, in der man die guten Taktteile besonders betonen muß.

Dann wird „Ein Männlein steht im Walde" so gespielt, daß es bis zum Ende ein einheitlicher Ablauf ist.

Es wird allerseits registriert, wie interessiert und still man dabei war, obwohl das Lied nur mit einem Finger gespielt wurde und etwas längst Vertrautes ist.)

H. J.: Offenbar hat der Mensch auf Grund seiner ihm eigentümlichen Struktur nicht nur ein spontanes Bedürfnis nach Geordnetheit, sondern auch eine große Bereitschaft, sich ordnen zu lassen, sobald etwas auf ihn einwirkt, in dem sich ein gesetzmäßiger Ablauf ungestört vollzieht.

(H. J. spielt zur Illustration auf die übliche routinierte Weise „Ein Männlein steht im Walde" als Klavierstück mit allen Wiederholungen zwei Verse lang.

Dann folgt nur ein Vers des Liedes, aber so gespielt, wie es laufen müßte, und die paar Takte bewirken, daß sich alle von dem leeren Geklimpere von vorher erholen.)

Wieviel Bewegungsaufwand braucht es zum üblichen „Musikmachen", und wie spielend, einfach und selbstverständlich verläuft auch die manuelle Tätigkeit beim sich überlassenden Musizieren! Ich muß meinem Finger nur erlauben, die betreffenden Tasten anzutippen. Die Klänge werden mir „aus den Fingern gezogen". — Allerdings muß ich von Kopf bis Fuß munter sein!

Für die routinierte Spielerei aber braucht man im Grunde nichts einzusetzen als jene Studienzeit, die nötig war, um den Fingern die Orientierung auf dem Instrument zu ermöglichen. Dann braucht man sich für das Musizieren — leider, leider! — nicht mehr zu mobilisieren. Wenn man aber etwas von dem, um das es heute abend wieder geht, realisieren will, muß man — selbst wenn man etwas schon Hunderte von Malen erfüllt gesprochen oder musiziert haben sollte — vor und bei jeder Wieder-Holung wieder ganz bei sich sein. Sonst käme es nur routiniert heraus.

Das So-werden-Können steht einem um so leichter zur Verfügung, je häufiger man so probiert hat, daß man eine bewußte Beziehung zu der Verhaltens- und Zustandsqualität bekommen hat, die Voraussetzung für erfüllte, lebendige Äußerung ist. Ich möchte Sie nicht gerne eher aus unserm Einführungskurs entlassen, als bis Ihnen am eigenen Leib erlebbar geworden ist, wie wenig Aufwand nötig ist, damit etwas sich ordnen oder geordnet verlaufen kann, wieviel zu unterlassen ist, damit etwas geschehen kann, — wieviel mehr wir erlauben müssen und wieviel weniger wir zu „machen" brauchen.

Schwester W.: Das habe ich schon bei meinen Schulstunden in den letzten Wochen erlebt. Sie geben mir weniger zu tun und machen mich weniger müde als früher. Ich mache auch nicht mehr so viel. Wenn ich den Kindern und mir Zeit lasse, bis wir still geworden sind, fängt der Unterricht fast von selbst an.

H. J. (auf eine Frage nach dem Vom-Blatt-Spielen unbekannter Musik): Beim Vom-Blatt-Spielen können günstigstenfalls auf Grund von viel Erfahrung und Überblick und — im buchstäblichen Sinne — von Voraussicht kurze Teile mit zweckmäßiger Ladung gespielt werden, aber nie kann dabei das Werk als Ganzes im Sinne des konsequenten Ablaufs mit der ihm angemessenen Ladung zum Klingen kommen. Dazu muß man sich zuvor die Beziehung zum Gehalt des Ganzen erarbeitet haben.

Wir wollen uns nun ein Gedicht wählen, um zu prüfen, wieweit dabei die gleichen Phänomene wirksam sind wie bei der Musik. Wer ist bereit, ein paar Verse zu sprechen —, und zwar etwas, zu dem er Beziehung zu haben glaubt?

Frau B. meldet sich und spricht:
„An den Mond" von Goethe
Füllest wieder Busch und Tal —
Still mit Nebelglanz —
Lösest endlich auch einmal —
Meine Seele ganz — . . .

H. J.: Die Verszeilen „klappern“.

(Frau B. wird gebeten, die Verse noch einmal zu sagen. Sie spricht sie mit etwas mehr Gefühl, aber ebenso beziehungslos wie vorher. Daraufhin hören wir die ganze Strophe, die aufgenommen worden ist, aus dem Lautsprecher. Es wird besprochen, wie sinnlos z. B. jenes „endlich auch einmal ... (Erschlaffung) Meine Seele ganz ...“ mit dem Bruch am Zeilenende klingt.

Auf die Bitte an Frau B., diese Strophe noch einmal zu probieren, wehrt sie sich und sagt: „Ich kann nicht mehr. Ich verliere dabei meine ganze Unbefangenheit.“)

H. J.: Es ist gut, daß Sie das sagen. Sie waren es doch, die neulich erklärten, Sie fürchteten, man müsse bei unserer Art des Vorgehens seine Unbefangenheit gegenüber vielen Dingen verlieren. Nun liefern Sie selber sich und uns das Material, das ermöglicht nachzuprüfen, wieweit Ihre Sorge berechtigt ist und was für eine Sorte „Unbefangenheit“ verlorengehen können soll. Ich hoffe, daß das drastische Beispiel, das wir jetzt gemeinsam erleben und bei dem das Phonogramm ein unbestechlicher Helfer ist, Ihnen und uns allen nützlich werden kann. Vielleicht verstehen Sie jetzt, weshalb ich sage, es sei ein Glück, wenn man gegenüber Unhaltbarem, wie z. B. der üblichen Art des Aufsagens, die sonderbare, offenbar nicht bewußte Empfindungstaubheit verlieren würde, die Sie anscheinend mit Unbefangenheit verwechseln. Um einen Zugang zu dem G e h a l t bekommen zu können und lauschend ausprobieren zu können, wie man diesem Gehalt zum Leben verhelfen könnte, müßte einem jene Rezitier-Routine, die man uns von klein auf anerzogen hat, so bewußt werden, daß man selber darüber stolperte. Vorher kann man nicht bewußt versuchen, von der Manier loszukommen, in der wir gewöhnt sind, Verse zu sprechen und gesprochene Verse zu hören.

Liebe Frau B., mir scheint, Sie sind jetzt nicht „nicht mehr unbefangen“, sondern Sie fangen an zu spüren, daß plötzlich eine Aufgabe vor Ihnen steht, wo Sie keine vermuteten, — eine echte, auf Grund unserer Vorgeschichte nicht einfache Aufgabe. Lassen Sie sich Zeit, um spüren zu können, wie Sie sich verwandeln lassen müßten, damit Sie einigermaßen mit dem Sinn und Gehalt, der unverkennbar hinter Goethes Worten steht — zunächst nur mit dem engeren Sinn der ersten Strophe —, zum Klingen kommen können.

(Frau B. spricht wieder die beiden ersten Strophen und füllt nun fast jedes Wort mit Gefühl. Das Phonogramm wird wieder abgehört und besprochen.)

H. J.: „. . . wie des Freundes Auge mild . . .“ — Merken Sie, wie viele Akzente Sie aus eigenem Gefühl setzen, wo im Gedicht nichts davon zu finden ist? Wenn Goethe „Freund“ schreibt, braucht man doch nur „Freund“ — ohne alles Unterstreichen — zu sagen, denn er hat „Freund“ empfunden und nicht z. B. „Feind“. Viele Menschen haben die Gewohnheit, das, was ihnen selber wichtig oder deutlich geworden ist, den andern durch Unterstreichung, durch Nachdruck, nahebringen zu wollen. Bereits damit wird das schlichte Ins-Leben-treten-Lassen und Wirkenlassen des Wortes durch seinen ihm eigenen Gehalt verhindert.

Man legt zuviel von seiner Meinung, von seinen Gefühlen in die Worte, statt zu versuchen, nur Instrument zu sein, mit dessen Hilfe des Dichters Worte zum Erklingen kommen können.

Wenn Shakespeare seinen Hamlet in einer gewissen Entwicklungsphase seines Schicksals die Worte sagen läßt, die dieser Situation entsprechen — ihn z. B. im Selbstgespräch sich fragen läßt, ob es besser sei, die Unerfreulichkeiten dieser „schönen“ Welt zu ertragen oder aus dem Leben zu flüchten —, sollte es unmöglich sein, mit Pathos und erhobener Stimme zu deklamieren: „Sein oder Nichtsein“.

(Vergl. Kainz und Moissi. Beide Platten werden gespielt.*)

Hamlet fragt sich still und zweifelnd im Selbstgespräch. Der Sprecher des Hamlet brauchte sich nur zu jenem Menschen mit seiner Ungewißheit und Zwiespältigkeit verwandeln zu lassen, und schon würden ihm diese Worte Shakespeares so zuwachsen, als fielen sie ihm eben ein! Diese Gestalt von Shakespeare ist so „gezeichnet“, daß sie wirklich Leben hat.

Das ist das Shakespearesche, daß er seinen „Helden“ nur Worte äußern läßt, wie sie ein solcher Mensch auch im Leben in der Situation, in der sie in seiner „Rolle“ vorkommen, sagen würde.

Bevor nun Frau B. noch einmal probiert, sollte sie sich Klarheit über die Situation erarbeiten. Hatten Sie den Eindruck, daß Frau B. mit dem Mond gesprochen hat? Goethe wendet sich an den Mond und schreibt es ausdrücklich als Titel über das Gedicht.

* Hamlet Monolog J. Kainz, Grammophon — Die Stimme seines Herrn, Best. Nr. 61576; Hamlet Monolog A. Moissi, Electrola D. B. 519. Wenn wir heute Kainz- und Moissi-Platten als Beleg für das, was Jacoby damit demonstrieren wollte, vielleicht als überholt und in seiner Art als „zeitbedingt“ ansehen, so ist dazu zu sagen, daß auch aus den letzten zehn Jahren viel mehr Beispiele für Unerfülltheit, leere Deklamation und Routine zu finden sind als für Erfülltheit und Lebendigkeit der Äußerung. (S. L.)

Das, was Ihr Verhalten und Ihr Gerichtetsein beim Sprechen des Gedichtes bestimmen müßte, wäre eine dankbare Hinwendung zu jemandem, dem man sagt, wie er einen beglücke. Wären Sie sich darüber im klaren, so wäre der Grundzustand, aus dem heraus Sie sprechen müssen, für Sie so eindeutig bestimmt, wie er für Hamlet dadurch bestimmt ist, daß er sich aus der Gespaltenheit der eigenen Gefühle im Selbstgespräch mit der Frage „To be or not to be" zu plagen hat.

Es brauchte kaum Diskussionen über „Auffassungen" zu geben, wenn man sich vor allem um die Gesamtsituation kümmerte, — ernst nähme, was geschieht, und sich nicht über die „Worte" den Kopf zerbräche! Sobald „An den Mond" aufhört, Literatur für uns zu sein und statt dessen wird, was Goethe von seinen Gedichten sagt, nämlich ein „Gelegenheitsgedicht", wird so ein Gedicht lebendiges Leben, das durch bewußt erlebtes reales Leben veranlaßt wurde!

Wenn Goethe von seinen Gedichten als „Gelegenheitsgedichten" spricht, so bedeutet das nicht, sie seien jeweils bei einer oder für eine Gelegenheit entstanden. Beim „An den Mond" hat sich nicht ein Erlebnis, sondern vielleicht eine Fülle von Erlebnissen kristallisiert, „ver-dichtet". Da spricht ein der Natur gegenüber aufgeschlossener Mensch, der viel in der Nacht gewandert ist; sonst könnte ihm solch ein Gedicht nicht einfallen.

(Nun folgt ausführliches Eingehen auf das, was als allgemeine Tendenz aus den Worten des Gedichtes zu „lesen" ist.)

H. J.: Frau B. soll es noch einmal versuchen. Probieren Sie alle innerlich mit! . . .

(Frau B. spricht die erste Strophe, unterbricht sich selbst und sagt: „Es war schlecht!")

H. J.: Offenbar ist Frau B. inzwischen anspruchsvoller geworden, denn obwohl sie die Verse eben sinnvoller gesprochen hat als zuerst, spürt sie anscheinend schon deutlicher, wie es sein könnte.

Fräulein D.: Wie kommt es nur, daß man ein Gedicht innerlich gut spüren kann und daß es beim Sprechen ganz anders herauskommt?

H. J.: Wenn es anders herauskommt, haben Sie ein eindeutiges Beispiel dafür, daß man mit Sprechen angefangen hat, ehe man durch das, was man sagen wollte, genügend verwandelt worden ist. Wahrscheinlich hat man sogar mit dem Sprechen begonnen, ohne daß man sich den Gehalt ausreichend erarbeitet hatte, — bevor er einem wirklich vertraut war. So kann mit dem bloßen Sicherinnern an das Gedicht keine ausreichende

Einstellwirkung entstehen, um vor dem Start die „Ladung“ zu haben, die unerläßlich ist, damit einem z. B. die Worte Goethes aus dem Kontakt zu ihrem Gehalt zuwachsen können. Außerdem muß im Gesamtzustand auch eine Verwandlung zur Sprech-Bereitschaft entstanden sein! . . .

Man ist gewöhnt, seine eigenen „Gefühle“ besonders hineinzulegen, wenn man ein Gedicht „liebt“. Damit kommt eine Betonung hinein, die nicht zur Sache gehört . . . Man spricht dann so, wie wenn man einzelne Noten einer Melodie noch extra betont oder Klänge, die einem besonders schön erscheinen, extra hervorhebt.

Frau B.: Als ich das Gedicht für die Aufnahme vor Beginn des Kursus sagte, war ich innerlich ganz mit dem Herzen dabei. Jetzt wird es für mich so etwas wie eine Lehrstunde der Rezitation. Damit kommt etwas Falsches im Ton hinein.

H. J.: Ich wage, das Gegenteil zu behaupten. Vorhin — und auch in Ihrem Ausgangsphonogramm — war neben spürbarer Wärme nur konventionelles, gefühlsgeladenes Rezitieren.

(Das Phonogramm Nr. 1 wird gespielt, und alle konstatieren, daß das „Falsche im Ton“ darin genauso war.)

H. J.: Bei Ihrem letzten Versuch lassen sich schon Ansätze zu mehr Unmittelbarkeit erkennen. — Wir wollen, wenn wir das Gedicht hören, nicht Frau B. kennenlernen, sondern Goethe! Es ist für Sie alle vorläufig schwer, erst still zu werden, zu lauschen, anstatt Ihre Gefühle in ein Stoffgehäuse zu bringen, das Ihnen als Stoff gefällt. Mit Rezitation hat das, was wir wollen, nichts zu tun. Aber wie Frau B. vorhin und auf der Ausgangsplatte gesprochen hat, ist charakteristisch für übliche Rezitationsmanieren. Es ist nicht leicht, solch ein Gedicht so schlicht zu sagen, wie es klingen würde, wenn einem wirklich so zumute wäre. Stellen Sie sich einmal folgendes vor: Man wäre draußen in der Natur in einem vom Monde beschienenen Tal, wäre von Empfindungen bewegt, wie sie Goethe aus seinem Gedicht erkennen läßt, und würde den Mond mit ein paar mit Gefühl beladenen Versen „anreden“! . . .

Auch sogenannte gute Sprecher versuchen selten, vor ihren Äußerungen bewußt so offen zu werden für die Grundhaltung, die Atmosphäre und den Gesamtgehalt, die hinter dem Wortstoff stehen, daß sie dadurch erreicht, bewegt und erfüllt werden können. Es ginge um Rezitation, wenn wir uns darum kümmerten, wie man dieses Wort betonen müsse oder jenes, ob wir da im Tempo zurückhalten müßten oder beschleunigen, ob wir die Stimme hier heben oder senken müßten etc. Aber Sie müßten —

im Gegenteil! — alles, was Sie je über die „Kunst des Sprechens" und dergleichen gehört haben, unbeachtet lassen und versuchen, die Worte des Dichters so schlicht zu sagen, wie Sie sachlich und selbstverständlich etwas im Alltag sagen.

Weil wir mit „Kunst" zu tun haben, meinen wir, wir müßten anders sein als bloß „wir", als schlicht und selbstverständlich. Dadurch drängt sich etwas zwischen das Werk und uns: Unsere bewußte oder unbewußte Meinung, unsere Vorstellung, wie so etwas sein sollte, oder aber auch die naive Freude, die eigenen Gefühle in solch ein Gefäß „gießen" zu können. Ein Gefäß, in das ich meine Gefühle „hineingießen" kann, muß dafür doch leer sein. Bei allem, das wohlgewachsen und in Ordnung ist, brauche ich nichts hineinzutun!

Herr P.: Man kann aber ein Gedicht für sich selber sagen, bloß um den Wohllaut der Sprache nachzufühlen, und kann es häufig vor sich hin sagen und jedes Mal etwas anders sagen, und doch wird es immer dasselbe Gedicht sein.

H. J.: Wenn man z. B. um des Wohllautes willen ein paar Verse vor sich hin spricht, wird es sich kaum um Bewegtsein vom Gehalt handeln, sondern eher um Spaß am Spiel mit wohltönenden Worten oder bestimmten Metren. Es gibt viele wohllautende Gedichte, hinter denen kaum mehr ist als Wortgeklingele. — „An den Mond" ist auch wohllautend, aber nur a u c h! Solange jemand mit dem Wohllaut spielend bloß für sich selber so etwas vor sich hin sagt, kann er machen, was er will. Sobald man aber jemand anderem z. B. den Gehalt dieses Gedichtes vermitteln möchte, muß man versuchen, sich in seinem Gesamtzustand von diesem Gehalt so verwandeln zu lassen, daß die stille, dankbare Hinwendung zu jenem Spender der Erlebnisse und Wirkungen einer Mondnacht als Grundstimmung dem Hörer spürbar werden muß. Sobald man sich in den Dienst des Gedichtes stellt, ist man nicht mehr frei. So gehorsam werden zu können, verlangt von Menschen mit unserer Lebensweise und unserer Alltagsmentalität außerordentlich viel!

Fräulein D.: Es gibt aber Gedichte, bei denen der Rhythmus so wesentlich ist, daß die Freude daran beim Sprechen in den Vordergrund treten kann.

H. J.: Sie sollten uns ein Beispiel nennen!

Fräulein D.: Es fällt mir gerade keines ein.

H. J.: Ohne ein Beispiel können wir uns nicht sauber verständigen, denn dazu ist der Begriff „Rhythmus" zu vieldeutig. Wenn eine straffe metrische Struktur in einem Gedicht besonders auffallend ist, hat sie wahrscheinlich etwas mit dem wesentlichen Gehalt des Gedichtes zu tun, unterstützt vielleicht den Eindruck von Tätigkeiten, von denen in den Versen die Rede ist, oder dergleichen. Wo der Rhythmus sich selbständig macht, ist das Gedicht als Gedicht zweifellos verunglückt. Der spezifische Rhythmus muß unter allen Umständen etwas mit dem Gehalt zu tun haben, der ausgesagt werden soll. Würden wir das Metrische — wie wir zutreffender sagen sollten! — bei einem Gedicht oder bei einer Musik (auch bei „Hänschen klein") so überbetonen, daß es zur Hauptsache würde, dann hätten wir Worte oder Melodie dazu benutzt, unser Bewegungsbedürfnis zu befriedigen, wie eine gewisse pathetisch-gefühlvolle Art des Rezitierens im Grunde nichts ist als das Benützen von Versen, um eigene Gefühle damit auszudrücken. Vorausgesetzt das Gedicht ist ein Meistergedicht, dann ist so etwas stets Mißbrauch des Stoffs des Gedichtes für unsere persönlichen Zwecke! Das gleiche gilt für die Musik.

Uns beschäftigt augenblicklich einzig und allein das Problem der Re-Produktion, und es gibt nicht die geringste Konzession, sobald wir die Absicht haben, Vermittler zwischen Dichter und Hörer zu sein!

(Herr P. weist darauf hin, daß ganz bestimmte Versmaße für ganz bestimmte Inhalte geeignet seien.)

H. J.: Das stimmt! Aber bei der Verwendung gewisser Versmaße und Formen spielen Tradition und Konvention eine größere Rolle, als wir meinen. Das Beschäftigen mit dem Versmaß gehört ähnlich zum „Stoffinteresse" wie die Beschäftigung mit Harmonielehre und Kontrapunktregeln bei der Musik. Wo das Versmaß eine eigentümliche Bedeutung für den Gehalt eines Gedichtes hat, darf man es beim Sprechen niemals durch Skandieren und Betonen der Reime etc. unterstreichen. Im Gegenteil! Sein Reiz wird erst wirksam, wenn die Sprache frei fließt wie Prosa und wenn Versmaß, Reim und Strophe diesen freien Fluß kaum ahnbar ordnen! Sie haben bei Frau B.s Versuch, „An den Mond" zu sprechen, miterleben können, wie verheerend sich die äußerliche Bindung an Versmaß, Reim und Zeilenende auf die schlichte Mitteilung des Gehaltes auswirkt. Je schlichter man beim Sprechen wird, desto Goethe-naher ist man. Je weniger B., desto mehr Goethe! Je weniger Jacoby, desto mehr Beethoven!

(Herr O. und Herr P. kommen noch einmal auf die Frage der Beziehung bestimmter Inhalte zu bestimmten „Versmaßen" zurück. Der Inhalt z. B. eines Sonetts sei doch etwas ganz anderes als der einer Ballade, und beide seien verschiedene Versarten.)

H. J.: Es gibt Balladen in verschiedenen Versarten. Die Inhalte von Sonetten umfassen eine große Breite des Aussagbaren, vom Spottgedicht der Florentiner, den Sonetten zum Preise von Taten und Werken bis zu den Gehalten der Sonette Michelangelos oder Goethes. Problematisch ist immer, wenn wir unser „Kunst-Wissen", unser Stoffstrukturwissen benutzen, um etwas damit zu machen. Auch der Stoff eines Werkes, das gewachsen ist, ist dem Menschen auf Grund der gesamten kulturellen Voraussetzungen zugewachsen, die dieser Mensch bisher erlebt hat. Wer zwischen viel „Literatur" aufgewachsen ist, kann kaum anders, als gewisse überkommene Ausdrucksformen und Qualitätsvorstellungen bei seinen Äußerungen mit wirksam werden zu lassen ... Es ist kein Zufall, daß zu allen Zeiten Menschen, die Wesentliches zu sagen haben, einen großen Teil ihres Lebens dazu brauchen, sich von dem ganzen Wust von konventionellen Formen, Ansprüchen und Fachvorschriften so weit frei zu machen, bis sie — wie man so schön sagt — ihre „eigene" Form oder ihre „eigene" Sprache gefunden haben! Vom älteren Beethoven sagt man z. B., er habe „die Form gesprengt", obwohl er nur endlich die letzten Reste konventioneller Formvorschriften neutralisieren konnte. Es geht nicht darum, daß solch eine Persönlichkeit „ihre" Form erst zu finden hätte, sondern sie hat sich nur genug Selbständigkeit und Unabhängigkeit gegenüber Tradition und Fachmentalität zu erobern, um immer unmittelbarer dem Diktat der Empfindung folgen zu können, anstatt die kaum geborenen „Einfälle" sogleich — unbewußt — in das Prokrustesbett traditioneller Stoffstrukturen zu zwängen.

Die Gestalter waren nicht auf der Suche nach ihrer Form. Sie haben nur allmählich genug Kraft und Vertrauen bekommen — trotz Tradition und Konvention —, ihrem Empfinden zu gehorchen, anstatt das noch nicht geborene Kind mit Zumutungen, wie es aussehen soll, zu bedrängen! Wer erfüllt von etwas ist und Beziehung zu dem Ausdrucksmittel hat, dessen er sich bedient, aus dem strömt, was ihn erfüllt. Wer wirklich „jemand" ist, wird — auch wenn er sonst voller Konflikte steckt — in seinen Produktionen eine eigentümliche Ordnung haben. Wenn es stimmt, ist auch der Rhythmus mitgewachsen. Wem ein Gedicht „einfällt", der überlegt sich nicht zuvor, was für ein Versmaß er nehmen soll. Wenn ein „Morgenlied" eine zähfließende metrische Struktur hätte, wäre es ein verunglücktes Morgenlied. Und wenn ein „Abendlied" straff in seiner metrischen Struktur wäre, wäre es ein verunglücktes Abendlied.

Das ist aber keine Frage von „geeignetem" Versmaß. Sondern der Zustand, in dem der Dichter ist, der Zustand des gelassenen Stillseins der Abendstille ist eine andere Art von innerer Bewegtheit als etwa der Zustand munterer Tatbereitschaft und des Aufbruchs in den Tag an einem hellen Sommermorgen. Wenn ein Gedicht Ausdruck eines Zustandes des „Erfülltseins von etwas" ist, kann dem Dichter nur die Art von Bewegtheit geschehen, die dem entspricht. Das Versmaß ist dann der Niederschlag der eigentümlichen inneren Bewegtheit.

Am Stoff des gewachsenen Gedichtes kann man dann gewisse metrische Eigentümlichkeiten erkennen und sie aus den dem Gedicht zugrunde liegenden Empfindungen und Gehalten verstehen. Der „Rhythmus" aber — der „Fluß", ῥεῖν fließen, strömen, ῥεῦμα das Fließen, die Strömung — ist das ungestört Fließende im Ablauf, das gewöhnlich niemand Rhythmus nennt, weil man an der Struktur des Stoffs hängen bleibt. Gerade dem Metrischen, dem Versmaß fallen wir gewöhnlich zum Opfer, denn beim Sprechen prägen wir es gewöhnlich dem eigentlichen großen Fluß auf und stören damit dessen Ablauf.

H. J. (nach nochmaligem Versuch von Frau B.): Das Sprechen eines Gedichtes, das ein strenges Versmaß hat, wäre geglückt, wenn man — wie ich schon sagte — das Versmaß nicht mehr merkte; wenn das Gedicht wie selbstverständliche Prosa klänge, nur stetiger fließend. Frau B. hat das Gedicht jetzt zwar etwas freier gesprochen, aber einige Sinnentstellungen tauchen immer wieder auf, weil man beim Vers noch „motorischer" redet als sonst und aus ungenügender Beziehung zu Sinn und Gehalt nicht wach genug ist für das, was sogar während des Sprechens noch unsere Lippen von innen her formen möchte.

(Die Sinnentstellungen werden näher besprochen.)

H. J.: Die Sprechweise von Frau B. weist die typischen Eigentümlichkeiten auf, die auftauchen müssen, wenn man Opfer des Metrums wird, das einem schon von klein an für ein Gedicht wesentlich scheint; Opfer von Stoffstruktureigentümlichkeiten, die mit dem eigentlichen G e h a l t des Gedichtes nur sekundär zu tun haben. Aber viel anstößiger müßte uns sein, daß in der Grundeinstellung des Sprechenden — ihm offenbar unbewußt — etwas nicht stimmt, mit dessen Erfüllung sich die Versmaßfrage von selbst erledigen würde: Bei den Versuchen von Frau B. haben wir nicht ein einziges Mal spüren können, daß die Worte des Gedichts mit einer direkten Rede beginnen, daß „Füllest wieder ..." eine A n - r e d e ist: „An den Mond."

Man verwechselt immer wieder „Gedicht" mit „Versen" und den verdichteten Extrakt lebendigen Erlebens mit stofflichen Eigentümlichkeiten von Sprachformen. Vor lauter Bemühungen, jene stofflichen, auffallenden Struktureigentümlichkeiten richtig wiederzugeben, spürt man wenig von dem eigentlichen Gehalt. Ja, man nimmt an, der sei vom Lesen her bekannt, weil das Worte unserer Muttersprache sind, bei denen es uns selbstverständlich scheint, daß wir sie ohne weiteres „verstehen". So kommt es, daß man sich schon nach dem ersten Lesen bemüht, etwas „richtig" zu sagen, bevor man versucht hat, Beziehung zu dem Gehalt zu gewinnen!

Ich wollte Ihnen an einem Beispiel verdichteter und gewachsener sprachlicher Äußerung zeigen, daß und inwiefern es beim Re-Produzieren auf etwas anderes ankommt als auf das „richtige" Wiedergeben von durch „Metren" und Pseudo-Rhythmen geordneten Worten und ein bloß intellektuelles Verstandenhaben. Hoffentlich ist Ihnen heute etwas deutlicher geworden, was damit gemeint sein kann, wenn ich sage, es käme darauf an, so viel Beziehung zu dem Gesamtgehalt einer zu reproduzierenden Äußerung zu bekommen, daß das Sicherinnern an diesen Gehalt genügt, um jene Wirkung des Eingestelltwerdens auszulösen, die vom gerade bestehenden Alltagszustand zu einem Zustand verwandelt, aus dem die Worte so zuwachsen könnten, wie sie einmal dem Autor zugewachsen sind.

Für erste systematische Versuche ist ein Gedicht wie „An den Mond" nicht das geeignetste, weil dieses Gedicht einen viel längeren Atem verlangt als viele andere gute Gedichte.

Was müßte geschehen, damit beim Sprechen sinnvolles Re-Produzieren einfacher und leichter würde? Vor allem dürften wir junge Menschen in der Schule nicht mehr dazu verleiten, Gedichte auf jene Weise zu lernen und auswendig zu lernen, an die wir gewöhnt worden sind. Erinnern Sie sich nur an das Gedichte-„Aufsagen" im Unterricht und bei besonderen Anlässen!

Ich werde Ihnen das nächste Mal zur stillen Überprüfung dessen, was ich eben gesagt habe, einige Phonogramme von Gedichten vorführen, gesprochen von den Dichtern und von weltberühmten Sprechern.

Herr Z.: Dieses sonderbare Deklamieren hängt doch mit der Poesie zusammen. Wenn jemand Prosa liest, klappt es doch immer.

H. J.: Da „klappt" es auch fast nie! Es klappt höchstens leichter, weil, wenn jemand Prosa so sinnlos gefühlsüberladen und entgegen dem Fluß des inneren Gehaltes zerrupft sprechen würde, wie wir es bei Gedichten als selbstverständlich hinzunehmen gewöhnt sind, sogar „die Hühner lachen würden"! Bei Prosa läßt sich die Unaufrichtigkeit und Unechtheit nicht so leicht verhehlen wie bei der Poesie. Trotzdem können Sie auch Prosa mit einem geschwollenen pathetischen, deklamatorischen Tonfall hören. Erinnern Sie sich daran, wie von vielen Kanzeln herab gesprochen wird! Solche pathetisch gesprochene Prosa können wir allerdings nur an einem Ort akzeptieren, zu dem wir bereits nicht mehr einfaches, offenes Verhalten und Erwartung eines unbefangenen Menschen mitbringen. Sie werden aber, wenn es bei dem Redner wirklich stimmt, wenn er innerlich tragen kann, was er zur Gemeinde sagt, auch von der Kanzel nur schlichte Einfachheit hören! Leider gibt es einen Kanzelton, der geradezu als offizieller Stil gelehrt und gepflegt wird.

Vergessen Sie bitte nicht, bis zum nächsten Mal zu versuchen, die Anfänge von einigen Gedichten zu sprechen. Vielleicht können wir einiges davon hören, obwohl wir noch ein beträchtliches Programm vor uns haben.

22. Kurs

Das Reproduktionsproblem bei der sprachlichen Äußerung
Gedichte werden gesprochen
Phonogramme
Frage: Wie ist die offensichtliche Tatsache und Gewohnheit, sich ganz allgemein so unzweckmäßig zu verhalten, in unserem Kulturbereich entstanden?
Angst und unzweckmäßiges Verhalten
Kleist: Über das Marionettentheater
Bibel: Die Geschichte vom Sündenfall
Das verlorengegangene Paradies — der Verlust der Unbefangenheit
Die Schlange als Symbol
Von der Ausrüstung des Menschen, sich als soziales Wesen zu erleben
Gebote und Verbote von innen her — Gebote und Verbote von außen
Die Fähigkeit zu erkennen, zu vergleichen und zu messen — Element unserer biologischen Ausrüstung
Sexuelle Problematik in frühen Zeiten
Angst, Angstbereitschaft — Konflikthaftigkeit der gesellschaftlichen Verhältnisse
Schon heute können viele Entfaltung hindernde Faktoren vermieden werden
Maßnahmen beim Kleinkind, die das spätere so unzweckmäßige Verhalten einleiten
Korrigieren, Besserwissen schafft Widerstand, Ablehnung
Improvisatorisches Verhalten in zwischenmenschlichen Beziehungen

17. Mai 1945

H. J.: Hat inzwischen jemand probiert, ein Gedicht zu sprechen?

Schwester W.: Ich habe an einem Gedicht von Adolf Maurer probiert: „Herrgott, wie bist du groß und weit dein Zelt. Du trägst in deinem Schoß die ganze Welt. Und ich, ein Hauch, ein Nichts . . ."

H. J.: Wenn Sie das auch nicht so haben kommen lassen, wie es kommen könnte, so war es wenigstens möglich mitzuhören.

Dieses Gedicht würde ich nicht zum gemeinsamen Probieren empfehlen. Wenn man solch einen Inhalt zu tragen vermag, so kann man ihn zu niemandem sagen als zum Herrgott selber.

Wie müßte sich ein Mensch verwandeln, um solche Worte so sagen zu können, daß sie nicht nur fromme Sprüche sind. Ich empfinde das Aussprechen solch religiöser Bekenntnisse vor fremden Ohren, gerade wenn ein Mensch verbunden ist mit dem Gehalt, wie eine Unkeuschheit. Das mag eine sehr persönliche Meinung sein, aber mir scheint sogar, daß man sich mit seinem Herrgott nicht mit Worten zu unterhalten brauchte. Was einen da bewegt, brauchte sich nicht zu Worten zu verdichten.

Ist es doch ein fast tragisches Problem, daß die Menschen in ihren Gottesdiensten gewöhnlich nicht ihre eigene Sprache sprechen, wenn sie sich an ihren Herrgott wenden, sondern Worte, die andere zu diesem Zweck für sie gedichtet haben.

Wie wenige Menschen sind aufgeschlossen und reif genug, um wirklich t r a g e n zu können, was ihr Mund sagen soll. Bei dem, was wir über Dienen bei der Reproduktion von Musik und Literatur gesagt haben, gilt genau das gleiche.

Wer von all denen, die das Adagio einer Beethoven-Sonate spielen, kann denn, ohne sich völlig aus seinem Alltagsverhalten zu verwandeln, tragen, was als Empfindungswelt durch die Klänge Beethovens in Erscheinung treten soll? Überall wird da das Problem von Ehrlichkeit und Aufrichtigkeit akut: So zu werden, daß man den Gehalt, den man ausspricht, als seine eigene Äußerung tragen kann. Von dieser Verbundenheit sind wir weit wegerzogen worden.

Die Unerfülltheit der Beziehung zum Wort gibt es bei fast allem, was wir lernen mußten, nicht etwa nur bei der Poesie. Wir finden sie auch bei wissenschaftlichen Formulierungen, Erklärungen und bei Lehrsätzen. Versuchen Sie nur zu erinnern, wie es klingt, wenn jemand irgendeine Erklärung oder eine Regel sagen soll!

Gewöhnlich wird dann ein auswendig gelernter Satz aus der Grammatik oder aus dem Physikbuch heruntergesagt. Die meisten können jene an sich richtigen Formulierungen genausowenig tragen wie die Worte eines Gedichtes, weil sie zu dem Gehalt jener Formulierungen keine erarbeitete Beziehung haben.

Wir sind bei der Sprache fast ebenso gewöhnt, uns mit äußerlich geordneten Wortfolgen zufriedenzugeben, wie wir bei der Musik mit äußerlich geordneten Klangfolgen zufrieden sind.

Herr O.: Im Zusammenhang mit unsern Erwägungen ist mir ein Gedicht von Conrad Ferdinand Meyer eingefallen, das wir im Konfirmandenunterricht gelernt haben. Ich erinnere mich, wie wir damals jene einfache Anfangsstrophe ganz hölzern sprachen und aus dem Wortgewirr gar nicht herauskamen. Nun ist mir klargeworden, wieviel einfacher ich das heute sagen könnte. Es beginnt so:

„Da die Hirten ihre Herde ließen
und des Engels Worte
trugen durch die niedere Pforte
zu der Mutter und dem Kind,
fuhr das himmlische Gesind
fort im Sternenraum zu singen,
fuhr der Himmel fort zu klingen:
Friede, Friede auf der Erde!"

H. J.: Versuchen Sie bitte, das Gedicht noch einmal zu sprechen. Lassen Sie sich Zeit, bevor Sie beginnen, um Kontakt mit der Situation, mit der Atmosphäre zu bekommen.

(Herr O. spricht diese Strophe noch einmal.)

H. J.: Hatten Sie jetzt während des Hörens mehr Möglichkeit mitzuerleben, unmittelbar zu verstehen? (Allgemeine Zustimmung.) Ist Ihnen deutlich geworden, wieviel stiller Herr O. werden mußte, um den langen Atem zu bekommen, den es für diesen langen Satz braucht?*

Ich werde Sie nun einige Phonogramme hören lassen, durch die Ihnen deutlich werden kann, daß man beim Sprechen, sobald einem etwas wichtig ist — und besonders wenn es um Literatur und Kunst zu gehen scheint —, so leicht sonderbar wird.

* Siehe Nachwort

Zunächst werden Dichter eigene Dichtungen sprechen:

(1. Theodor Däubler spricht „Millionen Nachtigallen schlagen ...")

H. J.: Wer von Ihnen hat verstanden, wovon gesprochen worden ist? (Alle verneinen, und das Gedicht wird noch einmal gehört.)

H. J.: Spüren Sie das periodische Erschlaffen innerhalb der Verszeilen und bei den Zeilenenden? Offenbar besteht weder zum Weg noch zum Ziel eine Beziehung.

Da es ein bekannter Dichter ist, hört man eine Stunde oder auch länger im Vortragssaal zu. Viele sind dann pflichtschuldigst begeistert, und wenn ein paar Menschen dabei sind, denen das nichts sagt und die evtl. verdrossen sind, suchen sie leicht den Fehler bei sich und meinen, ihnen fehle ein „Organ für Kunst".

(2. spricht Josef Magnus Wehner „Hymne an Deutschland", wobei es allen ähnlich ergeht wie beim ersten Phonogramm, und

3. spricht Rudolf v. Tavel einige Teile aus „Der Läbchueche" (Lebkuchen), was als positives Beispiel empfunden wird.

Nun folgen Phonogramme von berühmten Schauspielern:

1. Ludwig Wüllner spricht aus dem Faust „Ein Sumpf zieht am Gebirge hin ..." Alle — auch diejenigen, denen diese Stelle bekannt ist — sagen, daß sie in all den Betonungen und all dem Aufwand nichts verstanden haben. Es ist ein Schwall von Wörtern, der an einem vorbeirauscht, ohne daß Sinn und Gehalt einen erreichen.)

H. J.: Es ist sonderbar, daß weder solche Sprecher selber noch das Publikum merken, welch ein Mißtrauen gegenüber dem Eigengehalt des Wortes spürbar wird, wenn nicht nur jedes Wort so betont wird, sondern auch der affektive Gehalt des Werkes noch zusätzlich hervorgehoben wird.

(2. spricht nun Friedrich Kayssler „Ein Sumpf zieht am Gebirge hin ...")

H. J.: Obwohl noch Nachdruck spürbar ist, kann man mithören und unmittelbar verstehen, wovon gesprochen wird. Kayssler „macht" zwar noch viel, aber man spürt nicht nur, daß eine Auseinandersetzung mit dem Gehalt stattgefunden hat, sondern auch die Lebendigkeit und das Dabeisein des Sprechers. Sie brauchen sich im Vergleich dazu nur die hohle Deklamation vorzustellen, wie wir sie vom Durchschnittsschauspieler zu hören gewohnt sind. Wie bereit sind wir im allgemeinen, im Theater eine Qualität hinzunehmen, die uns, wenn wir ein Phonogramm der gleichen

Aufführung in sachlicher Atmosphäre hören würden, nicht mehr tragbar wäre.

(Nachdem 3. Ludwig Wüllner „Feiger Gedanken bängliches Schwanken ..." von Goethe gesprochen hat)

H. J.: Ich lasse diese Rezitationen nicht hören, damit Sie sie überlegen ablehnen, sondern damit Sie bewußt empfinden und erkennen, wie sich das anhört, was den meisten Menschen unseres Milieus als etwas Besonderes und Ungewöhnliches gilt. Ich habe jetzt Spitzenleistungen hören lassen. Könnte ich eine Aufnahme einer mittelmäßigen Klassikeraufführung eines mittelmäßigen Schauspielhauses hier hören lassen, dann wären Sie über die Leere und Verlogenheit erschreckt.

Das sind die Klassikeraufführungen, die man den jungen Menschen als Schülervorstellungen darbietet! Die Menschen sind durch eine Tradition, die auch wieder den Charakter des Selbstverständlichen bekommen hat, an solche Leere und solch verlogenes Pathos gewöhnt, daß ihnen schlichte Einfachheit manchmal fast dürftig erscheint.

(Nachdem 4. Alexander Moissi „Novemberwind" von Emile Verhaeren gesprochen hat)

Frl. D.: Vielleicht ist es doch nötig, wenn von solcher Herbststimmung und solchem Wind die Rede ist, das auch mit der Stimme zu malen.

H. J.: Das Gedicht müßte als selbständige Gestalt mit eindeutigem Gehalt mißglückt sein, wenn es nötig wäre, durch Säuseln und Gefühlsschwulst den nötigen Sinn hineinzulegen.

(Und nachdem 5. Moissi „Prometheus" von Goethe gesprochen hat)

H. J.: Wie anders müßte man werden, um die aufrührerischen Worte dieses Goetheschen Prometheus in ihrem Gehalt tragen zu können. Pompöses Pathos und stärkster Stimmaufwand können nicht Ausdruck jener selbständigen Kühnheit sein, die dem Prometheus erlaubt, so mit Zeus zu reden. Wer das Gedicht nicht kennt, kann kaum etwas vom Inhalt ahnen.

Wenn in unserer Literatur-, Amüsier- und Kunstindustrie die Unaufrichtigkeit, die Unerfülltheit und Verlogenheit der Gefühle so hoch im Preise stehen, ist es verständlich, daß jeder, der es besonders gut machen will, unbewußt versuchen wird, solch eine Karikatur aus sich zu machen. Er hat doch so oft erlebt, wie man sein muß, damit andere Leute es schön finden.

Dürfen wir in der Schule den Kindern zumuten, die dichterischen Leistungen der erfülltesten und reifsten Menschen, deren Gehalt sie weder erlebt noch verstanden haben können — selbst wenn sie Aufsätze darüber haben schreiben müssen —, auswendig zu lernen und als Verse herunterzusagen? Wahrscheinlich sollten wir das Beibringen von Gedichten in Frage stellen. Wenn Sie empfindlicher werden, wird es Ihnen nicht nur bei der Kunst häufiger unbehaglich sein als bisher, sondern auch z. B. bei Politikern werden Sie die tönenden Reden nicht mehr so leicht hinnehmen können . . .

Herr A.: Wie ist eigentlich die offensichtliche Tatsache und Gewohnheit, sich ganz allgemein so falsch und unzweckmäßig zu verhalten, in unserem Kulturbereich entstanden?

H. J.: Ich bin erstaunt, daß diese Frage in dieser allgemeinen Form nicht schon früher aufgetaucht ist. Natürlich ist es günstiger, daß wir uns erst jetzt damit beschäftigen, weil Sie auf immer mehr Gebieten, die wir im Laufe dieser Abende berührt haben, gemerkt haben können, mit welcher sonderbaren Konsequenz die Menschen sich auf ungefähr allen Gebieten dem Zweckmäßigen entgegengesetzt verhalten. Im Grunde können Sie erst jetzt allmählich die Tragweite erfassen, die es für unsere gesellschaftliche Gesamtsituation haben muß, wenn man in der Erziehung so unzweckmäßig vorgeht. Sie brauchten sich bloß die Zusammenhänge zu vergegenwärtigen, auf die ich Sie bei der Behandlung der einzelnen Gebiete jeweils aufmerksam gemacht habe, um zu merken, daß Herrn A.s Frage eigentlich längst beantwortet worden ist. Aber man könnte immer noch fragen, woher es kommt, daß man sich so allgemein schon bei der Erziehung der kleinen Menschen unzweckmäßig verhält.

Wenn wir den Lebenslauf eines Kindes vom ersten Tage der Geburt an von unserm Standort aus überprüfen — im Grunde müßte man die Zeit vor der Geburt miteinbeziehen —, finden wir eine ununterbrochene Kette von Einflüssen und Einwirkungen, die die Offenheit beeinträchtigen und die selbständige Auseinandersetzung mit der Umwelt stören. Wir haben aber auch festgestellt, wie wenig alles Wissen über Erziehung und Verhalten hilft, wie wenig die besten Allgemein- und Fachkenntnisse helfen, solange es bei und zwischen den Erwachsenen nicht stimmt und die Erwachsenen ihre eigene Unsicherheit, Affektbereitschaft und Angst nicht bewußt zu bewältigen versuchen.

Herr A.: Es wäre aber sehr wichtig, wenn Sie uns wenigstens noch andeuten würden, wie sich diese Verhältnisse durch lange Perioden so haben entwickeln können.

H. J.: Um das zu verstehen, muß uns vor allem bewußt sein, daß hinter unzweckmäßigem Verhalten fast immer Angst steht. Wir haben festgestellt, daß der Mensch, sobald er beunruhigt und unsicher wird, sich zusammenzieht, starr wird, affektiv reagiert und gewalttätig wird, d. h. er wird das Gegenteil von vertrauend, gelassen und kontaktbereit. Der Konflikt zwischen Vertrauen und Angst und Beunruhigung hat die Menschheit offenbar — wenn auch nicht von dem Standort, von dem aus wir jetzt interessiert sind — von den frühesten Zeiten an bewußt beschäftigt. Woher die Angst kommt, wieso die Menschen ihr Vertrauen, ihre Einfachheit und Unbefangenheit verloren haben, das beschäftigt die Menschen seit Jahrtausenden. Die Geschichte der Vertreibung aus dem Paradies ist nur ein Beispiel dafür — sogar ein spätes —, auf welche Weise Menschen dieses Problem zu erfassen versucht haben . . .

(Es folgt ein Hinweis auf Kleists „Über das Marionettentheater" und das dort geschilderte Beispiel eines Jünglings, der den ganzen Charme seiner ungewöhnlich freien und selbstverständlichen Bewegungen dadurch verliert, daß er sich im Bad zufällig in dem Augenblick im Spiegel sieht, in dem er den Fuß auf den Schemel setzt, um ihn abzutrocknen, und ihm dabei bewußt wird, daß er in diesem Augenblick der Statue des Dornausziehers gleicht.)

Offenbar ist es in der Möglichkeit zu erkennen, zu vergleichen, zu beurteilen, nach Gründen zu fragen, die der Mensch als wesentliche Eigentümlichkeit seiner Organisation mitbekommen hat, gegründet, daß er dazu verurteilt ist, früher oder später seine selbstverständliche Unbefangenheit, sein Paradies zu verlieren.

Kleist spricht in diesem Aufsatz über jene Störung der Unbefangenheit, die mit dem Einsetzen der bewußten Reflexion eintritt, vergleicht sie mit dem Verlust des Paradieses und schließt: „Mithin müßten wir wieder von dem Baum der Erkenntnis essen, um in den Stand der Unschuld zurückzufallen?" — „Allerdings", antwortete der Partner, „das ist das letzte Kapitel von der Geschichte der Welt."

Man müßte sich also, da wir „ohne Gnade und Barmherzigkeit" das Paradies der Unbefangenheit verlieren müssen, durch eine bewußte Auseinandersetzung mit den wesentlichen Voraussetzungen unseres Daseins den paradiesischen Zustand der Unbefangenheit auf einer höheren Ebene wieder erobern! Es ist die Eigentümlichkeit des paradiesischen Zustands, daß er so lange bestehen bleibt, wie man nicht — um mit der Bibel zu sprechen — vom Baum der Erkenntnis gegessen hat. Aber keinem Menschen bleibt das Erkennenkönnen und Erkennenwollen als Schicksal erspart. Es kommt nur darauf an, auf welche Weise das in sein Leben einbricht; ob er ohne intellektuelle Gier tastend und forschend sich all das „erwerben“ kann, was er „von seinen Vätern ererbt“ hat, oder ob eine bösartige Schlange, ob unfähige Eltern oder tüchtige Schulmeister ihn dazu verführen, bloß in einen Apfel zu beißen, den andere schon für ihn gepflückt haben. Übrigens steht in jener Geschichte im 1. Buch Moses, die wir — sehr charakteristisch — die Geschichte vom Sündenfall nennen, kein Wort von Sünde und auch nichts von Erbsünde. Ich empfehle allen, jenes Kapitel in einer textgetreuen Übersetzung zu lesen. Es ist erstaunlich, wieviel Aufschlußreiches, wieviel allgemein menschliche Weisheit in der Geschichte von der Vertreibung aus dem Paradies enthalten ist. Man müßte das Buch der Bücher nur so lesen, als ob es eine Mitteilung sei, unmittelbar an den gerichtet, der liest.

Dasselbe Problem finden wir in irgendeiner Gestalt auch in andern Kulturen und Religionskreisen. Bei Dschuang-dsi oder Lao-tse finden wir die gleiche Tatsache unmittelbarer und allgemeinverständlicher ausgesprochen, wenn es dort z. B. heißt: „Wer die Schlösser erfunden hat, hat auch die Diebe erfunden.“ Wir können auch sagen: „Wer Verbote aufstellt, erfindet und schafft erst Sünden und Sünder.“ Wenn ein Verbot von außen gestellt wird und sich nicht aus der Beziehung zum Ganzen, aus Verbundensein von innen her stellt, wird mit ihm nicht nur seine Übertretung gezeugt, sondern bei dem Übertreter auch das schlechte Gewissen. Wenn man näher hinsieht, ist nicht die listige Schlange schuld, sondern die ausdrückliche Erlaubnis: „Von allen Bäumen des Gartens kannst du nach Belieben essen“ . . . und das ausdrückliche Verbot: „. . . aber von dem Baum der Erkenntnis des Guten und Bösen, von dem darfst du nicht essen, denn sobald du von ihm issest, mußt du sterben.“

Je mehr Verbote und Gebote, je mehr Drohungen, desto mehr Angst und desto mehr schlechtes Gewissen! Da der Mensch die Mitgift bekommen hat, erkennen und vergleichen zu können, ist es unvermeidbar, daß er in dem Maße, in dem er lebendig lebt, auch vergleicht, erkennt und forscht. Damit aber, daß die Menschheit über unendlich lange Zeiträume hinweg die Fähigkeit, bewußt zu vergleichen und zu messen, bei sich entwickelt hat, ist die Möglichkeit, heranzuwachsen, ohne die „Unbefangenheit“ zu verlieren, ausgeschlossen worden.

Es lohnt sich, in der Bibel nachzulesen, um sich Rechenschaft zu geben, daß zwar die Schlange und der Acker von Gott verflucht werden, nicht aber Adam oder Eva. Es scheint auch etwas in der Drohung Gottes, wer vom Baume der Erkenntnis äße, müsse daran sterben, nicht ganz in

Ordnung gewesen zu sein, denn Adam wie Eva blieben am Leben und hätten wahrscheinlich auch, obwohl sie vom Baum der Erkenntnis gegessen hatten, im Paradies bleiben dürfen, wenn dem lieben Gott nicht noch eingefallen wäre: „Fürwahr, der Mensch ist geworden wie unsereiner, indem er Gutes und Böses erkennt; daß er nun mir nur nicht seine Hand ausstreckt und auch von dem Baume des Lebens nimmt und ißt und ewig lebt."

Wir sollten die Bibel nicht nur als ein „frommes" Buch, als eine „heilige" Schrift ansehen, sondern zugleich auch als den Niederschlag der tiefsten Einsichten, zu denen Menschen im Laufe von Jahrtausenden über das Beunruhigende gelangt sind, das um sie herum und in ihnen ist, und als einen Versuch, sich — wenn auch in Bildern — zu erklären, was wohl die Ursache ihrer Schwierigkeiten sei und wie diese Schwierigkeiten bewältigt werden könnten.

Ich bin in meiner Jugend, als ich jenen Aufsatz von Kleist las, auf die symbolhafte Bedeutung des „verlorenen Paradieses" als des Verlustes der Unbefangenheit aufmerksam geworden. Dieses Paradies müssen wir alle verlieren. Ein kleines Kind kann unmöglich heranwachsen, ohne dieses Paradies zu verlieren, und auch in Zukunft muß jeder kleine Mensch in dem Maß, in dem seine Wahrnehmungsfähigkeit sich entfaltet, in dem er zu unterscheiden und zu vergleichen beginnt, die nicht bewußte Beziehung an das Bewußtwerden verlieren. Es fragt sich nur, auf welche Weise und mit welchen Vorzeichen sich diese Ablösung des unbefangenen Daseins durch bewußtes Erkennen einleitet und vollzieht.

Es ist ein Unterschied, ob der kleine Mensch selber forscht und erarbeitet, vergleicht und entdeckt oder ob eine „listige Schlange" ihm ständig sagt: „Probier doch einmal von dem!" und „Probier doch einmal von jenem!" oder gar: „Stopf dich voll mit dem!" und „Stopf dich voll mit jenem!" Wir können die Schlange durchaus auch als Symbol für eitle Eltern und beziehungslose Erzieher nehmen. Was ich erkenne, während ich mich mit etwas auseinandersetze, das erkenne ich im Prozesse des Sichauseinandersetzens, des Erarbeitens. Das absichtsvolle Hinweisen, Belehren und Beibringen, das aus ganz andern Gründen erfolgt als aus dem Wunsche, die Entfaltung des kleinen Menschen zu fördern, ist die Tat der Schlange, die verführt. Die Eva ist nicht „neugierig" gewesen. Die Schlange hat es nur zweckmäßig angefangen, sie neugierig zu machen, indem sie „harmlos" fragte: „Hat Gott wirklich gesagt: ‚Ihr dürft von keinem Baume des Gartens essen!'?" Natürlich mußte daraufhin Eva berichtigend sagen, sie dürften von allen Früchten essen, nur nicht von dem Baum mitten im Garten. Gott habe gesagt, daß man sonst sterben müsse. Schon antwortet die Schlange: „Ihr werdet ganz gewiß nicht sterben; sondern Gott weiß gar wohl: Sobald ihr davon eßt, da werden euch die Augen aufgetan, daß ihr werdet wie Gott, erkennend Gutes und Böses."

Vielleicht werden Sie staunen, wenn Sie heute aufgeschlossen die „Geschichte vom Sündenfall" lesen. Auch für die Bibel trifft es zu, daß man in einem Buch nur so viel findet, wie man selber schon mitbringt. Dort finden Sie auch als charakteristisches Zeichen eines positiven Zustands geschildert, daß Adam und Eva nackt waren und sich nicht voreinander schämten. Ich habe früher in anderem Zusammenhang darauf hingewiesen, wie verstörend unsere eigene Unfreiheit gegenüber allem, was die sexuelle Sphäre betrifft, sich bei der Erziehung des Kleinkindes auswirkt. Auch damit tragen wir dazu bei, daß schon sehr früh etwas von dem paradiesischen Zustand verlorengeht.

Es ist kein Zufall, daß jene Geschichte als erstes Resultat des Essens vom Baume der Erkenntnis Adam und Eva auffallen läßt, daß sie nackt sind. Sie nehmen plötzlich etwas wahr, was vorher auch dagewesen ist. Und es ist wiederum wichtig und aufschlußreich, daß die Menschen sich in diesem Zusammenhang zum erstenmal fürchten. Adam antwortet Gott, der nach ihm ruft: „Ich hörte deine Tritte im Garten; da fürchtete ich mich, weil ich nackt bin, und versteckte mich." Und Gott fragt zurück: „Wer hat dir verraten, daß du nackt bist?" Der Mensch ist nach der Bibel nicht aus dem Paradies vertrieben worden, weil er vom Baume der Erkenntnis genascht hat und dadurch gottähnlich wurde, sondern weil die Gefahr bestand, daß er, nachdem er von diesem Baum gegessen hatte, auch vom Baum des Lebens essen könnte und ewig leben würde; denn nachdem er zu erkennen vermochte, hätte er wahrscheinlich jenen bisher nicht ausdrücklich verbotenen Baum noch entdeckt. Er mußte das Paradies auch räumlich verlassen, weil er sonst nicht nur Gott ähnlich, sondern erkennend und unsterblich und damit Gott gleich geworden wäre.

Das spricht Gott ausdrücklich als Motiv für die Vertreibung aus. (Es folgt die Verlesung des Kapitels aus der Kautzsch-Weizsäcker-Text-Bibel.)

Mir scheint, daß man oft andere Vorstellungen mit dem Inhalt der Geschichte vom Sündenfall verbindet, die doch alle einmal gelesen haben.

Begegnet uns hier nicht zugleich eine einleuchtende Erklärung über die Herkunft unserer Angst und Angstbereitschaft und unserer Bereitschaft zu schlechtem Gewissen? Woher die Angst, woher die Störung der Unbefangenheit, Offenheit und Selbstverständlichkeit kommt, das haben sich Menschen offenbar schon vor Jahrtausenden, bevor sie etwas von Philosophie, Psychologie und Psychoanalyse etc. gewußt haben, gefragt. Was in der Bibel ein paar tausend Jahre vor Christi Geburt formuliert worden ist, ist ein später Extrakt aus ungezählten Versuchen, sich das eigentümliche Schicksal des Menschen zu erklären. Natürlich sind das alles bloß Bilder gewesen, aber Bilder waren eben das angemessene Darstellungsmittel, das den Menschen in jener Etappe der Entwicklung der menschlichen Fähigkeit zu erkennen zur Verfügung gestanden hat. Ich zitiere hier die Bibel nicht als ein religiöses Buch, sondern als eines der ältesten Dokumente darüber, auf welche Weise Menschen versuchten, sich ihr eigenes Sein und die Gegebenheiten ihrer Existenz verständlich zu machen.

Es gehört auch zur Ausstattung des Menschen, sich als soziales Wesen erleben zu können und sich selbst — wenn er offen ist und dadurch in Kontakt mit seiner Umgebung — von innen her Gebote und Verbote zu geben. Erst mit Geboten und Verboten, die von außen her gestellt werden und deren Einhaltung von außen her erzwungen wird, beginnen Angst und schlechtes Gewissen. Ich habe oft genug darauf hingewiesen, daß man, wenn man dem kleinen Menschen mit Ehrfurcht begegnet, ihn nicht erst zur Ehrfurcht zu erziehen braucht. Man braucht ihm auch nie zu verbieten, frech gegen Erwachsene zu sein, weil er es nicht sein wird. Der kleine Mensch, der zwischen Menschen aufwächst, die sich gegenseitig achten und das Empfinden für die Würde des Menschen nicht verletzen, wird all die Gebote von außen her nicht nötig haben. Sobald man uns gestört hat — bei was es auch sei —, haben wir unser Paradies verloren, sind wir nicht mehr unbefangen und selbstverständlich. Ein kleiner Eingriff kann die Unbefangenheit für das betreffende Gebiet fürs ganze Leben nehmen, sofern nicht eine bewußte Auseinandersetzung mit den Folgen dieser Störung stattfindet und man sich dadurch — nun auf einer bewußten Ebene — die Voraussetzungen erobert, um wieder funktionieren zu können. Solange die Störung wirksam bleibt, bleibt das „Paradies“ verloren!

Es bleibt uns nur übrig zu versuchen, bewußt gehorsam sein zu können, wo der naive Mensch noch unbewußt gehorsam ist.

Wenn der Mensch ein erfülltes Leben leben können soll, scheint es sein Schicksal zu sein, sein Paradies verlieren zu müssen, um zu l e b e n wie ein M e n s c h und nicht zu „schweben“ wie ein „Gott“. Wer vom Baum der

Erkenntnis gegessen hat, muß von da an arbeiten. Alles, was uns begegnet, stellt uns von da an Fragen, weil wir nun nicht mehr bloß hinnehmen. Aber Arbeitenmüssen ist kein Fluch — auch in der Bibel nicht —, sondern nur eine Konsequenz der Erkenntnis.

Die Fähigkeit zu erkennen, zu vergleichen und zu messen, gehört offenbar zu den Elementen unserer biologischen Ausrüstung; und zu leben verlangt, auch ständig erkennen zu müssen. Wenn wir diese Fähigkeit durch zweckmäßigen Gebrauch zur möglichst vollkommenen Entfaltung zu bringen versuchten, brauchte Erkennen nicht zu Unsicherheit und Angst und Befangenheit zu führen. Wer bloß ein naives Vertrauen hat, kann es jeden Augenblick verlieren. Es braucht nur im rechten Moment die richtige Schlange aufzutauchen. Aber wenn das naive Vertrauen beim kleinen Menschen nicht erschüttert worden ist, kommt er im Heranwachsen zu so vielen vertrauenschaffenden und vertrauenfestigenden Erlebnissen, daß ihm sein Vertrauen auch auf der bewußten Ebene erhalten bleibt und er damit auch gegen Verstörungen von außen gesichert ist. Das ist ein Vertrauen, das unvermerkt zu einem bewußten Vertrauen geworden ist auf Grund vieler positiver Erlebnisse der eigenen Möglichkeiten.

Wenn wir uns mit den Mitteln des Erkennens, mit denen wir ausgerüstet sind, bewußt zu erfahren versuchen, müssen wir auch erkennen, daß wir mit einer Organisation — einem „Empfinden fürs Stimmende" — ausgerüstet sind, die uns, sowie wir still werden und bei uns sind, meldet, was erlaubt und was verboten, was zulässig und was unzulässig ist. Die Schlange hat mit ihrem raffinierten Fragen erreicht, daß Eva außer sich geraten ist. Wäre sie bei sich geblieben, so wäre sie nicht verführbar gewesen. „Ver-führen" heißt nur wegführen, ablenken von einem rechten Weg, auf dem man ist. Je stiller einer ist, je mehr er bei sich ist, desto weniger leicht ist er verführbar, denn desto unmißverständlicher empfindet er, was das Empfinden fürs Stimmende ihm meldet. Er spürt sich von innen her geführt und nicht von außen.

Als Beispiel dafür, wie verhältnismäßig leicht das verlorene Paradies auf einer höheren Ebene der Bewußtheit wiedererobert werden kann, könnte Ihnen dienen, was wir kürzlich bei der Musik erlebt haben. Unsere „Unmusikalischen" haben offenbar ihr Musikparadies, ihre Unbefangenheit gegenüber musikalischen Vorgängen verloren gehabt, auch wenn sie sich im einzelnen nicht mehr erinnern konnten, wer oder was ihre selbstverständliche Beziehung zur Musik gestört haben mag. Nun sind sie von einer anderen Seite mit den Phänomenen in Beziehung gebracht worden.

Dabei war es nicht möglich, in Abwehr zu geraten, denn sie konnten nicht wissen, daß man sie von da aus ansprechen könnte. Schon mußten sie merken, daß ihnen das Paradies nicht endgültig verloren ist. Es ist ihnen durch eine andere Tür wieder zugänglich geworden.

(Gelegentlich gewisser konfessionell gefärbter Bedenken gegen diese Auffassung vom Paradies durch Schwester W.):

Ich habe jetzt von einem kulturgeschichtlichen und nicht von einem religiösen Problem gesprochen. Wie Sie die Kraft oder die Instanz, die Hilfe, die Empfindung benennen, die uns gestattet, menschenwürdig zu funktionieren, ist mir gleich, sofern man sich nur wirklich menschenwürdig verhält. Was des einzelnen Menschen letzte Instanz ist, wie er benennt, dem er vertraut oder dankbar ist, bleibt die persönlichste Angelegenheit eines jeden Menschen. Wenn man noch soviel religiöse Tradition mit sich trägt, wenn einem darin noch soviel selbstverständlich ist, müßte man sich sogar seine Beziehung zu Gott noch erwerben, um sie zu besitzen. Selbst hierfür müßte man sich sein Paradies auf einer anderen Ebene erwerben.

Man spricht bei gewissen primitiven Völkerstämmen von paradiesischen Zuständen. Selbst wenn noch heute in abgelegenen Gegenden Menschen zu finden sind, von denen wir sagen, sie lebten im Vergleich zu unseren korrupten Verhältnissen in einem paradiesischen Zustand, braucht es nur ein bißchen Aufmerksamkeit und Interesse, um zu sehen, was auch diese Menschen für Kummer und Sorgen haben, daß sie sich ihre Fetische machen und ihre Zauber veranstalten müssen, daß sie Götter und Götzen haben müssen, um auf irgendeine Weise mit ihren Ängsten fertig zu werden.

Es ist kein Zufall, daß als erste Konsequenz und als wesentliches Indiz für das Genaschthaben vom Baum der Erkenntnis Adam und Eva anfangen, sich voreinander zu schämen. Das verrät deutlich genug, was für eine Beunruhigung die sexuelle Problematik schon in frühen Zeiten für die Menschen bedeutet haben muß. Und wir hören von sogenannten primitiven Völkern in der Südsee, die auf ihre Weise viele Schwierigkeiten und Sorgen haben, aber in ihren geschlechtlichen Beziehungen in einem Maße unbefangen, angstlos und ohne böses Gewissen sind, wie es uns für uns selber fast unvorstellbar scheint!*

In unsern Konventionen wimmelt es von „Selbstverständlichkeiten", die Erzeuger von Angst und von schlechtem Gewissen sind. Und wenn je-

* Dieses wurde 1945 gesagt.

mand sich nicht reibungslos in all jenen Vorschriften und Forderungen zurechtfindet, die in unsern Konventionen als selbstverständlich gelten, kommt er sich unzulänglich, minderwertig oder schlecht vor, oder er wird von einem Teil der Gesellschaft so abgestempelt. Wer in Gemeinschaften einer bestimmten Struktur lebt, muß sich selbstverständlich an Konventionen halten, deren Verletzungen gemeinschaftssprengend wirken würden. Aber es ist ein großer Unterschied, ob man in der Überzeugung aufgewachsen ist, daß alle Forderungen der Umwelt „selbstverständlich richtig“ seien und daß es das schlechthin Böse im Menschen sei, das ihn auch nur wünschen läßt, gegen Forderungen zu verstoßen, oder ob man erkennt, daß sachliche Notwendigkeiten die Bewältigung persönlicher Wünsche verlangen, die an sich durchaus menschlich sein können und die in anderen Kulturkreisen, in andern sozialen Verhältnissen weder böse noch asozial erscheinen würden. Man kann verstehen, daß es das Menschliche in einem selber ist, das einen andere Wünsche haben läßt als die Wünsche der Gesellschaft, in der man lebt. Wenn man weiß, daß das, was einen beunruhigt, menschlich ist, wird man sich mit anderm Vorzeichen damit auseinandersetzen, als wenn man immer gehört hat, man sei sündig, es sei das Böse, das aus einem spräche. Das bedeutet keinen Freibrief, so zu sein und sich so zu verhalten, wie es die Gesellschaft, in der und mit der man lebt, nicht tragen kann; aber die Art, in der man dann seine eigenen Schwierigkeiten liest und wertet, bekommt andere Vorzeichen, und der Wunsch, mit den Schwierigkeiten fertig zu werden, kommt dann aus Einsicht und Selbstverantwortung und nicht aus Angst. Ich muß sie bewältigen, weil ich ein Mensch bin, und nicht, weil ich schlecht bin!

Das bewirkt einen erheblichen Unterschied in der Bereitschaft für Angst und schlechtes Gewissen und damit auch für Verstörung des Verhaltens. Wir wissen, daß ein Mensch, wenn er etwas vor anderen oder vor sich selber vertuschen oder verstecken will, weder vertrauend noch offen, noch gelassen sein kann. Das ist eine der wesentlichen Ursachen dafür, daß unzweckmäßiges Verhalten in so erstaunlichem Ausmaße überall in Erscheinung tritt. Natürlich ist mit dem Hinweis auf den entscheidenden Anteil von Angst und Angstbereitschaft an der Entstehung unzweckmäßigen Verhaltens noch nichts wirklich geklärt.

Woher kommt denn das, was wir Angst nennen? Was für reale Lebensgegebenheiten aktualisieren die ebenfalls in unserer biologischen Ausrüstung gegebenen Reaktionen, die wir mit Angst und mit Furcht bezeichnen? Offenbar hat es die menschliche Gesellschaft bisher noch nicht geschafft, ihre soziale und ökonomische Struktur wirklich zweckmäßig zu organisieren und die Lebensbedingungen der überwiegenden Mehrzahl ihrer Glieder so weit zu sichern, daß die heute noch so wirksamen realen und berechtigten Anlässe zu Angst und Furcht verschwinden. Der größte Teil unserer Angstbereitschaft und Ängste, unserer Beunruhigung und Reizbarkeit ist zweifellos in der Konflikthaftigkeit der gesellschaftlichen Verhältnisse begründet. Nicht umsonst zielen alle Kämpfe um sozialen Fortschritt bewußt und unbewußt auf die Verminderung jener Anlässe zur Erzeugung von Angst und Furcht. Wieviel Angst und Furcht kommen aus wirtschaftlicher Ungesichertheit, aus der Bedrohung durch Not, durch Gewalt, durch physische wie durch wirtschaftliche Übermacht etc.!

Aber vergessen Sie nicht, daß ich Sie von Anfang an darauf hingewiesen habe, wieviel Entfaltungshinderndes, wie viele unhaltbare Vorurteile und „Selbstverständlichkeiten", die zweckmäßige Verhaltensweisen von klein an beeinträchtigen, bereits unter unseren gegenwärtig noch so konflikthaften wirtschaftlichen und sozialen Verhältnissen unwirksam gemacht werden könnten. Wir müssen nicht warten, bis sich irgendwann einmal in einer zweckmäßiger organisierten Gesellschaft soziale und ethische Forderungen und Gegebenheiten so gestalten ließen, daß sie weniger Angsterzeugendes und Verhaltenstörendes bewirken würden. Wir haben auf konkreten Gebieten klären können, wie systematisch Vertrauensbereitschaft und Aufgeschlossenheit schon beim kleinen Kind in seinen Beziehungen zur Umwelt aus Gedankenlosigkeit, aus Fahrlässigkeit gestört werden und wie es durchaus möglich wäre, nicht nur diese ständig neuen Verstörungen bei der jungen Generation einzuschränken und auszuschalten, sondern auch bei uns Erwachsenen die Folgen solchen frühen Verstört-worden-Seins durch bewußte Arbeit an uns unwirksam werden zu lassen ...

Wir haben auch erkannt, wie scheinbar bloß an der Peripherie sich vollziehende vertrauenschaffende Erfahrungen auch einen generellen Zuwachs an Vertrauenkönnen zu bringen vermögen und damit eine allgemeine Bereitschaft zu zweckmäßigerem Verhalten. Die Erfahrung beweist stets aufs neue, daß man weiterkommt, wenn man, von den kleinen, einfachen, nächstliegenden Dingen ausgehend, versucht, sein Verhalten bewußt zu ändern, als wenn man mit den „großen" Dingen anfängt.

Um im Zusammenhang ein Bild von der „Lückenlosigkeit" der Maßnahmen zu bekommen, mit denen wir schon beim Kleinkind das später so weitgehend unzweckmäßige Verhalten vorbereiten, will ich Sie rasch an einige besonders drastische erinnern. Die gesamte psychische und physische Verfassung der werdenden Mutter, u. a. auch die Angst vor dem Gebären sowie der Gebrauch von Reizmitteln und Medikamenten, wirken sich bereits auf den Embryo aus. Die Angst, nicht genug Milch zu haben, führt häufig zum Versiegen der Quelle, und viele Mütter stillen nicht mehr, weil die künstliche Ernährung — Baby-Fabrik-Nahrung — für sie so viel bequemer ist.

Wie stark wirkt sich aber auch jede Spannung zwischen den Erwachsenen, zwischen den Ehepartnern auf das Kind aus. Die Erwachsenen sind durch ihr Beunruhigtsein nicht bei sich. Aus dem Nicht-bei-sich-Sein, dem Mangel an Kontaktbereitschaft entstehen bereits verstörende Einflüsse auf das Kind, ganz davon abgesehen, daß Erwachsene, wenn sie so wenig bei sich sind, nicht auf das Kind reagieren können und nicht spüren, was es braucht. Affektives Verhalten in der Umwelt des Kindes und affektives Verhalten gegenüber dem Kind — damit störendes Einwirken — können wir fast überall vorfinden.

Andererseits kann es zwischen Mann und Frau stimmen, und beide Partner können gelassene, aufgeschlossene Menschen sein; wenn sie aber mit konventionellen Vorstellungen aufgewachsen sind, wie man mit kleinen Kindern umzugehen habe, werden sie sie z. B. zum Sitzen verführen. Und schon ist die kindliche Auseinandersetzung mit dem Eigengewicht beeinträchtigt. Dasselbe gilt bei der Verführung zum Stehen und Laufen. Es wimmelt von Verführungen, etwas zu „machen", wo etwas sich auf produktive Weise vollziehen würde, wenn man nur bewußt wüßte, daß man nicht eingreifen darf.

Dann spricht man dem Kind vor: „Sag einmal schön ‚Maaa-maaa' oder ‚Paaa-paaa'!" —, oft bevor das Kind zu lallen beginnt.

Und keinem Erwachsenen wird dabei bewußt, was für ein Zerrbild von Sprache er dem Kind vormacht und was für ein Zerrbild eines Menschen er dabei aus sich macht. Das sind die ersten „liebevollen" Anleitungen zum Sprechen. Hierbei treten auf analoge Weise Störungen für eine spätere, selbstverständliche Auseinandersetzung mit Wortbildung und Sprache ein wie bei der Störung der Auseinandersetzung mit Gewicht und Gleichgewicht für die Gesamtbewegung. Woher kommt das überall bei uns anzutreffende angestrengte Verhalten der Erwachsenen beim Sehen? Warum glotzen wir so viel? „Schau mal, was die Tante dir da mitgebracht hat!" — und schon fuchtelt man mit dem Püppchen dem Säugling vor den Augen herum, als ob er kurzsichtig wäre. Mit dem Bilderbuch macht man es genauso: „Siehst du den Wauwau-Hund?“ „Schau mal hin! Siehst du das Eselchen?“

Mit diesen Aufforderungen glotzt der Erwachsene gewöhnlich selber die Bilder an.

Ist es wirklich so schwer zu verstehen, warum schon die kleinen Menschen anfangen, sich beim Schauen anzustrengen? Wenn der Onkel eine Rassel mitbringt, wird damit dem Kind vor den Ohren herumgefuchtelt. „Hörst du, wie schön das klingt, was der Onkel dir mitgebracht hat?“ Als ob das Kind schwerhörig wäre. Oder der Großpapa hält seine Uhr ans Ohr und fragt: „Hörst du, wie die Uhr macht? Tick-tack, Tick-tack, Tick-tack — —!“ Das Kind wird beunruhigt und zu einem zweck- und ziellosen Sichanstrengen verführt. Haben Sie schon gemerkt, wie aufgeregt Kinder durch all diese gutgemeinten „harmlosen“ Dinge werden? Über all das haben wir ausführlich gesprochen. Im Grunde brauchten Sie kaum mehr zu fragen, welches die Ursachen für das so weit verbreitete unzweckmäßige Verhalten, das unnötige „Machen“, in unserem Kulturbereich sind. Wir Erwachsene sind selber als Kinder durch die kontaktlose Art, in der man mit Kindern umgeht, in dieser Weise verstört worden. Wenn Sie Ihre Augen und Ohren benutzen, muß Ihnen all das, von dem ich eben noch einmal gesprochen habe, auf Schritt und Tritt auch begegnen. Scheinbar sind das alles harmlose Kleinigkeiten. Sie sind es nur, solange wir keine Ahnung haben, wie groß deren Tragweite sein kann!

Es wäre auch hierbei nötig zu versuchen, bei den „ersten“ Dingen mehr bei sich zu sein; dann würde später eine Fülle von Schwierigkeiten komplizierter Art gar nicht mehr vorkommen. Sicher bestimmen auch soziale Verhältnisse, wieweit es leichter oder schwerer ist, als unzweckmäßig Erkanntes in der Praxis des Lebens abzubauen und den Abstand zwischen Wissen und Sein zunehmend zu verringern. Im wesentlichen hängt ein Abbau dieser Entfaltungsbedrohungen des Kleinkindes von zunehmender Einsicht, vom Bewußtwerden der Störungsfaktoren ab, d. h. — grob gesprochen — von „Aufklärung“. Wenn ich mir Verhalten, Benehmen und Denkweise des Durchschnitts auch der klugen, gebildeten Menschen — einschließlich Lehrern und Erziehern — gegenwärtig halte, drängt sich die Überzeugung auf, daß hinsichtlich einigermaßen fundierter Vorstellungen eines Bildes vom Menschen und von seinen Entfaltungsmöglichkeiten unsere „Zeit“ — trotz Sokrates und Plato, trotz Heinrich Pestalozzi und Karl Marx und trotz Rousseau und Sigmund Freud — mit ihren Meinungen über die Rolle der Vererbung, über Anlagen und Begabungen, über die Bedeutung einer besonderen Konstitution und eines angeborenen Charakters etc. noch unwahrscheinlich rückständig ist.

Schwester W.: Mir fallen diese Sachen seit dem Kurs viel mehr auf. Ich kam zu einem Kind von etwa 3 Jahren, dessen Brüderchen im Spital war. So fragte ich denn: „Was macht der Hansli?" „Hansli ist im Spital. Hansli ist krank. Huhuhuhuhu!" machte das Kind und lachte, und die ganze Antwort kam wie aus einem Automaten. Kurze Zeit danach kam noch jemand ins Zimmer, und das Kind gab genau die gleiche Antwort mit dem gleichen sonderbaren Lachen. Später kam das Kind mit dem Vater zu mir, und er sagte: „Ruthli, komm, setz dich hierher. Jetzt wirst du ein bißchen plaudern!" Das Kind sollte plaudern, damit wir hören, was es alles sprechen kann.

H. J.: Vielleicht wissen Sie alle, daß so etwas keine Ausnahme ist.

Schwester W.: Aber ich habe es nie als so schrecklich empfunden.

H. J.: Sie dürfen mir nicht böse sein, daß ich das wahrscheinlich mit auf dem Gewissen habe; aber ich sehe es auch als meine Aufgabe an, Sie bewußt empfindlicher werden zu lassen für Dinge, die unzulässig sind. Diese Verstörungen werden später zu Charakterzügen und zu Material für psychologische Typenlehren. Ein Kind, das sich später „so" bewegt oder hält, das später „so" redet oder „so" denkt, hat eben Züge eines bestimmten Typs.

Fräulein E.: Ich bin mir nicht im klaren, wieweit man zu Eltern etwas sagen darf, wenn einem solche Dinge nun auffallen ... Als ich z. B. gestern bei einer Frau mit einem ein paar Monate alten Kind war, nahm sie es bei den Händchen, stellte es auf den Tisch und sagte triumphierend: „Schauen Sie, es steht schon!" Es stand aber noch gar nicht ... Diesmal konnte ich mich nicht enthalten zu sagen: „Es ist besser, Sie stellen das Kind noch nicht auf seine Füßchen, sonst riskieren Sie, daß es später Knickfüße oder dergleichen bekommt." Wahrscheinlich hat die Frau das am andern Tag schon wieder vergessen.

H. J.: Damit bin ich nicht ohne weiteres einverstanden. Ich habe Sie schon darauf aufmerksam gemacht, daß es darauf ankommt, wie man eine Bemerkung macht, wie anwesend und wie erfüllt man zu einem Menschen spricht, damit die Bemerkung nicht vergessen wird. Von einem isolierten Hinweis und etwa der Drohung mit Schäden, die entstehen könnten, kann man nicht die Einsicht und Bereitschaft zur Mitarbeit erwarten, die ich bei Ihnen durch lange Vorarbeit und Einordnung in große Zusammenhänge erst vorbereiten mußte. Es ist nicht zweckmäßig, aus den Einsichten, die

Sie hier von einem ganz bestimmten Standort aus gewonnen haben und die Ihnen in bestimmten größeren Zusammenhängen wichtig geworden sind, isolierte Rezepte und Vorschriften für andere zu machen. Auf Grund all unserer Auseinandersetzungen werden Sie vermutlich gewisse Einsichten ohne Abwehr, ohne Affekt so akzeptieren, daß Sie bereit sein werden, sich selber zur Ordnung zu rufen, sowie Sie im Begriffe sind, Unsinn zu machen.

Fräulein E.: Die Leute sind sehr empfindlich und können nicht recht fassen, was man ihnen sagt.

H. J.: Es wäre Ihre Aufgabe zu spüren, ob Sie schon genügend Kontakt mit den Menschen haben, um sie ohne ausführliche Unterhaltungen für die Zusammenhänge interessieren zu können, derentwegen es nützlich wäre, so und so vorzugehen. Korrigierend und besserwissend darf man sowieso nichts zu den Menschen sagen, weil man dadurch nur Widerstände oder Abneigung und Ablehnung — und dann ganz mit Recht — erfährt.

Es wäre besser, Menschen nicht vor irgend etwas zu warnen mit dem Hinweis auf die schlimmen Folgen, sondern sie für das Positive zu interessieren, das dem Kind gesichert werden könnte, wenn man zweckmäßiger vorginge.

Fräulein E.: So was verstehen aber die Leute nicht.

H. J.: Ich glaube, da müssen Sie noch allerlei erkennen. Die Leute, von denen Sie als „die Leute" reden, sind nämlich genau solche Menschen wie wir alle. So wie wir uns überschätzen und das Kind unterschätzen, wenn wir „kindlich" werden wollen und uns von unserem Erwachsenen-Thron zur „Sphäre des Kindes" hinabneigen wollen, so überschätzen wir uns und unterschätzen wir die „einfachen" Menschen, wenn wir für sie „einfach" werden wollen. Wenn man den anderen menschlich nicht erreicht, liegt es wahrscheinlich daran, daß man nicht einfach und unmittelbar ist, sondern versucht, so zu sein, wie man meint, sein zu müssen. Daß man viel häufiger so funktioniert, als man ahnt, hat natürlich auch seine Geschichte.

Ich möchte Sie noch einmal daran erinnern, was wir wiederholt über die Notwendigkeit des Bereitwerdens für das Improvisatorische gesagt haben!

Vielleicht haben Sie in Ihrer fürsorgerischen Tätigkeit bei Besprechungen ein Programm, das Sie sich vorher zurechtgelegt haben. Wenn Sie aber still und offen sind, spüren Sie möglicherweise, daß nichts von dem zu gebrauchen ist, was Sie sich vorgenommen haben. Indem Sie auf das reagieren, was die Situation von Ihnen verlangt, wird die Aussprache nicht nur anders, sondern wahrscheinlich auch positiver verlaufen.

So sein zu können, muß man bewußt probieren. Es gehört langjährige, durch Ausprobieren erarbeitete Erfahrung dazu, sich gelassen und improvisatorisch verhalten zu können, ohne sich die Führung entgleiten zu lassen. Auch hierbei gibt es die Gefahr des „Laisser-aller" und der Verwechslung des Geschehenlassens mit Schlaffwerden. Dafür, daß es uns auch in schwierigen Situationen gelinge, uns einigermaßen so zu verhalten, wie wir spüren, daß es sein könnte, muß man bereit sein, „das Leben einzusetzen"!

Ich hoffe, daß das, was ich zu Herrn A.s Frage gesagt habe, Ihnen doch gewisse elementare Zusammenhänge erhellen konnte.

Elsa Gindler und Heinrich Jacoby in Zürich 1957

23. Kurs

Zweckmäßige Fragestellung: Bewegung
Zustimmen — Bescheidwissen — — — Ausprobieren — Prüfen
Bewegung — zweckmäßige Bewegung
Zweckmäßige Bewegung — zweckmäßige Frage- und Aufgabenstellung
Elsa Gindler:
Bewußte Empfindung des eigenen Leibes
Bewußte Empfindung der Schwere des Leibes
Beziehung zwischen der Qualität des Rückwegs in der Bewegung und Regeneration und Ermüdung
Auch der Mensch ist ein Teil der Masse des Himmelskörpers Erde und ist den Gesetzen der Mechanik unterworfen
Wie selten sind Geordnetheit und Selbstverständlichkeit in menschlichen Bewegungen
Stehen — Aufgerichtetheit — Aufrichtigkeit
Charaktereigentümlichkeiten bezeichnet durch Bilder aus der Situation des menschlichen Leibes
Kontakt zur Schwerkraft beim Umgang mit den Dingen
Realisationsmöglichkeiten im Alltag und ihre Konsequenzen
Kraft — Muskelkraft
Krankheiten
„Lebenswille“ und „Lebensrhythmus“

24. Mai 1945

H. J.: Heute abend möchte ich das Problem „Bewegung" — wenigstens in großen Zügen — mit Ihnen besprechen. Sie bekommen damit ein weiteres Beispiel für das, was ich unter zweckmäßiger Fragestellung verstehe, und für die unmittelbaren praktischen Konsequenzen, die sich aus einer solchen Fragestellung u. a. auch für viele Ihrer Fragen, die Ermüdbarkeit, Ausdauer, Leistungsfähigkeit und -qualität, Krankheit und Gesundheit betreffen, ergeben. Ich hoffe, daß Ihnen dabei auch charakteristische Phänomene und wesentliche Bedingungen deutlich werden, von denen es abhängt, ob Bewegungen geordnet und unroutiniert verlaufen und ob man seinen Organismus beim Sichbewegen so zweckmäßig gebrauchen kann, daß er — anstatt mißbraucht zu werden und zu ermüden — durch Bewegung regeneriert und zugleich mehr entfaltet wird.

Aus dem Verständnis dieser Zusammenhänge ergeben sich weitere Möglichkeiten, in Ihrem Alltag Nützliches auszuprobieren.

Verknüpft es sich bei Ihnen schon mit Erfahrungen, wenn ich sage, die Frage sei so zu stellen, daß man sich nicht mehr in erster Linie an den Kopf, an die Gescheitheit wendet, nicht nur wissen will, sondern daß sie unmittelbare Reaktionen auslösen muß, bei denen wir von einer anderen Instanz geführt werden als vom Sichorientieren an bloß Gewußtem? (Zustimmendes Nicken.) Lassen Sie sich zugleich an meine Hinweise erinnern, daß der „Kopf" dabei durchaus nicht überflüssig sei, — daß wir nur dafür zu sorgen hätten, daß er jene ihm eigentümliche Funktion erfülle, die ihm in der Gesamtorganisation des Menschen zukommt, d. h. das, was uns geschieht und uns verändert, uns bewußt werden zu lassen und zu verarbeiten, — also eine Instanz zu sein, die zur Kenntnis nimmt, nicht aber vorschreiben und „kommandieren" kann, was und wie es uns geschehen solle. Daß wir ständig die Tendenz haben, uns mit dem Kopf vorzeitig einzumischen, kann uns nicht verwundern, nachdem unsere Erziehung uns systematisch dazu verführt hat, immer z u e r s t Bescheid wissen und — wenn überhaupt — erst hinterher probieren oder prüfen zu wollen.

Erinnern Sie sich nur daran, wie viele Widerstände fast jeder von Ihnen zu überwinden hat, wenn er hier etwas probieren soll! Probieren hat viel mit jenem improvisatorischen Verhalten zu tun, das eine wesentliche Voraussetzung für Produktion und Re-Produktion ist. Einer Sache zustimmen, glauben, sie verstanden zu haben, und eine Sache ausprobieren und nachprüfen, das ist zweierlei! Das Entscheidende, auf das es mir ankommt, ist, daß Sie ausprobieren und nachprüfen, sich in Situationen begeben, in denen Sie selber sich verwandeln lassen müssen, um am eigenen Leibe zu erfahren, was das, dem man über den Kopf schon zugestimmt haben mag, an Sich-Einsetzen verlangt.

Wenn Sie z. B. mit kleinen Kindern anders umgehen möchten, als es gewöhnlich geschieht, müßten Sie in Ihrer ganzen Art zu sein, in Ihrem Gesamtverhalten anders werden, damit das, was Sie durch unsere Zusammenarbeit nun darüber wissen, sich produktiv auswirken kann.

Wenn Sie das, was wir hier im Prinzip zu klären versucht haben, ernst nehmen und für sich verbindlich werden lassen, dann könnten Sie allmählich auch versuchen, bei Aufgaben und Problemen, über die wir hier nicht gesprochen haben, von selber zweckmäßiger vorzugehen.

Selbstverständlich kann ich nicht erwarten, daß Sie all das haben „lesen" können, was Ihnen an Material und an Problemstellungen begegnet ist. Es ist hierbei wie beim Lesen eines guten Buches, in dem man nur so viel findet, wie man selber schon ist. Dieser Vergleich stimmt nur insofern nicht ganz, als der Zwang mitzuspielen hier größer ist und das „Buch" von Ihrer Existenz und Ihrer Anwesenheit Notiz zu nehmen und auf Sie zu reagieren vermag.

Die praktische Bedeutung der Probleme, die sich uns mit dem Phänomen „Bewegung" stellen, ist evident, weil wir uns von früh bis spät bewegen. Interesse für Bewegung gäbe ausgiebige Gelegenheit, das Ausmaß unserer Tendenz zu beziehungslosem, routiniertem „Funktionieren" bewußter zu erkennen, und weitere Ansatzmöglichkeiten für Änderung unseres Verhaltens.

Bewegungsprobleme existieren für den Menschen nur, weil er meistens ohne Beziehung zu sich selbst und ohne Beziehung zu den Dingen, zur Umwelt, lebt. Warum das so ist, haben Sie z. T. erfahren, als wir von den Störungen sprachen, denen das Kleinkind bei der Auseinandersetzung mit seinem Gewicht und Gleichgewicht und mit der Umwelt ausgesetzt ist.

Das sind niemals isoliert körperliche Störungen. Bewegungsstörungen in weitestem Sinne und äußerst komplexer Art werden auch durch jede.

psychische Verstörung bzw. Verstörtheit (Verängstigung, Zur-Schau-Stellung, Geltungsbedürfnis, Auslösung der Tendenz zu aggressivem Verhalten etc.) sowie durch isolierte oder überbetonte intellektuelle Ansprache und Beanspruchung bewirkt.

Das Bewegungs-„Können", das wir als Resultat der Bemühungen in Gymnastik, Turnen, Tanz, Sport und dergleichen erleben, ist fast überall weit davon entfernt, aus der Orientierung an den in der Struktur des menschlichen Organismus erkennbaren Gesetzmäßigkeiten erwachsen zu sein und damit zur Entfaltung des Menschen beizutragen. Diese Gegebenheiten und Möglichkeiten scheinen noch wenig bekannt zu sein.

Über das Entscheidende, auf das es bei Bewegung ankommt, kann uns das Wort „Bewegung" Auskunft geben: Etymologisch finden wir in dem Wort „Bewegung" in der deutschen Sprache die Wurzel von zwei Phänomenen. Es kommt aus der gemeinsamen Wurzel für das Phänomen „Weg" sowie für das Phänomen „Wägen". „Weg" ist die Distanz, die Strecke vom Ausgangsort zum Ziel, und „Wägen" ist das, was zu geschehen hat, um Kontakt mit der Last zu bekommen, die vom Ausgangsort zum Ziel befördert werden muß.

„Wägen" bestimmt die Kraft, die benötigt wird, damit das zu Bewegende eine bestimmte Strecke zurückzulegen vermag.

Bewegung bedeutet sowohl seinem ursprünglichen Sinn als auch der realen Funktion nach nichts anderes als irgendein Etwas , eine Sache, eine Last über einen Weg zu befördern. Bewegung bedeutet stets Ortsveränderung von etwas, gleichgültig, ob es die Ortsveränderung von uns selbst, eines Teiles von uns oder irgendeiner Sache ist.

In der Physik, in der Mechanik ist das Wesen von Bewegung Ortsveränderung von Materie. Wenn wir uns darüber im klaren sind, daß das Quantum der Masse, das Gewicht der Last, und die Distanz, die zurückzulegen ist, das Wesen von Bewegung bedeuten, so ist damit eindeutig umrissen, was zweckmäßig ist, — nämlich Bewegung, bei der der Energieaufwand so groß ist, wie er zum Bewegen der Last über die in Frage kommende Distanz notwendig ist.

Sobald wir von diesem Standort aus fragen, ob wir uns zweckmäßig bewegen, muß uns das Problematische der Qualität unserer üblichen Bewegungsart deutlich werden. Haben wir Beziehung zu der Last, die wir jeweils bewegen? Dabei ist es zunächst nicht von Bedeutung, ob uns etwas von dieser Beziehung bewußt oder nicht bewußt ist. Hier ist der Schlüssel für das bewußte Erarbeiten zweckmäßiger Bewegungen, für entfaltende

Bewegungen, für Bewegungen, die zugleich ein Optimum an Regeneration ermöglichen. Von dieser Fragestellung aus können Sie die Analogie zu den andern Beispielen finden, an denen ich bisher versucht habe, Ihnen deutlich werden zu lassen, was mit zweckmäßiger Fragestellung gemeint ist.

Den Ansatzpunkt für das Erarbeiten des Zugangs zu zweckmäßigen Bewegungen finden wir wieder in der uns vertrauten Frage: „Sache, was willst du von mir?" oder „Leib, was willst du von mir, wenn ich hier sitze und z. B. aufstehen will?" Auch hierbei ist es notwendig, still und anwesend zu werden, so daß von dem zu bewegenden Objekt, von seinem „Gewicht" und von der Distanz, über die es bewegt werden soll, eine Einstellwirkung auf uns ausgehen kann, die sowohl das Ausmaß der notwendigen Ladung wie das Zusammenspiel unseres komplexen Hebelsystems bestimmt, durch dessen Spiel Richtung und Distanz bewältigt werden können. Wenn wir darauf reagieren, wie andere sich bewegen, etwas tragen, — wie wir selber uns bewegen und etwas tragen, müssen wir feststellen, daß sowohl Ladung wie Richtung oder Schwung kaum jemals durch Kontakt mit Last und Distanz reguliert werden, sondern daß wir fast immer routiniertes Bewegen erleben, d. h. ein Bewegen, ohne in Kontakt mit den jeweils zu überwindenden Widerständen gekommen zu sein, — also mit Ladung auf Vorrat und Schwung auf Vorrat, die durch die Erinnerung an ähnliche Aufgaben bestimmt werden und durch Vermutungen, die wir aus Daten beziehen, die unser Auge uns liefert.

Zweckmäßiger Verlauf von Bewegungen läßt sich beim Menschen — ähnlich wie das zweckmäßige Arbeiten von Maschinen — u. a. auch an der Geräuschlosigkeit erkennen, mit der die Leistung sich vollzieht. Erinnern Sie sich an Poltern im Treppenhaus, an zugeschmetterte Türen, an das Plumps-Geräusch, wenn jemand sich auf einen Stuhl fallen läßt! Stellen Sie sich das Teller- und Besteckklappern in einem Raum vor, in dem eine Gruppe Menschen ißt! Erinnern Sie sich, wie es klingt, wenn viele Menschen, z. B. in einem Saal, sich setzen oder aufstehen, — wenn man einen Stuhl von einem Ort zum andern stellt etc.! Kann uns dabei unser Ohr etwas verraten über das Ausmaß der Beziehung, die jeweils zu der zu bewegenden Last besteht? Offenbar stimmt weder in der Beziehung zum Gewicht der Last noch in der Beziehung zum Weg etwas. Hat man Beziehung zum Widerstand, den die zu bewegende Tür bietet, wenn man sie aufreißt, oder zur Klinke, wenn man sie mit „Ladung auf Vorrat" hinunterdrückt?

Frau B.: Wenn man Gegenstände fallen läßt, muß auch in der Art des Kontaktes etwas nicht stimmen!

H. J.: Zweifellos! Es fällt einem leicht etwas aus der Hand, wenn man müde, erregt oder besetzt ist und damit nicht bei der Sache, d. h. in einem Zustand und einer Verhaltensqualität ist, die das Kontaktgewinnen erschweren. Solche Prozesse sind natürlich auch vom Aspekt der „Fehlleistungen" zu beurteilen, über die uns Freud als erster Aufschlüsse vermittelt hat . . .

Das Bewegungsproblem stellt Sie in keiner Weise vor neue Aufgaben, denn auch dabei ist es wieder notwendig, Voraussetzungen für In-Beziehung-Kommen zu sichern: Abbau von Angst, von unnötigem Aufwand, Routine, — offen sein für das, was die Situation von einem fordert! Wenn man müde ist, ärgerlich ist, Sorgen hat, schlaff ist, kommt man nicht in Kontakt mit den realen Gegebenheiten, kann man nicht gehorsam sein gegenüber der Möglichkeit des Eingestellt-Werdens! Dann funktioniert man mit Überdruck, und wenn man Leistungen zustande bringt, gehören sie zur Kategorie jener erpreßten Leistungen, von denen wir seinerzeit gesprochen haben.

Schlaffsein und Kranksein liegen nahe beieinander. Beziehungslose Bewegungen, d. h. Funktionieren mit übermäßigem Aufwand, mit einem Aufwand, der zu Übermüdung und Erschlaffung führt und nicht genügend Regeneration ermöglicht, sind die besten Voraussetzungen zum Krankwerden.

Ich erinnere Sie in diesem Zusammenhang an die gesundheitsschädigenden Wirkungen z. B. von Sport, bei dem Leistungen erpreßt werden, und an die entfaltenden Wirkungen, wenn Leistungen im Kontakt mit den Gegebenheiten spielend zustande kommen. Auch Schlaffsein ist ein drastisches Beispiel für Beziehungslosigkeit gegenüber seiner eigenen Last.

Die vertraute statische Mentalität, aus der wir gewöhnt sind, Vorgänge, Prozesse als isolierte Größen und Quantitäten mißzuverstehen, finden wir auch bei dem Phänomen „Gewicht" wieder.

Man redet von „Gewicht", von großem und geringem Gewicht, genauso wie von „kleiner" oder „großer" Stimme, von „gutem" oder „schlechtem" Stimm-„Material"! Man redet von „Gewicht", als ob das eine Sache wäre, und verhält sich auch gegenüber der Schwere von etwas so, als ob das eine Sache wäre. Wenn einem aber bewußt wird, daß der Kontakt mit dem Gewicht von etwas zu Bewegendem entscheidend für zweckmäßiges Sichbewegen ist, so wird vermutlich auch klar, wie entscheidend es ist, was man unter dem Phänomen „Gewicht" versteht, und daß eine unzutreffende Meinung über dieses Phänomen zu unzweckmäßigem praktischen Verhalten verleiten muß.

Das Schwersein von etwas ist das Resultat der Tatsache, daß Kräfte auf Masse wirken. Dieses Stückchen Holz hier wird, wenn ich es loslasse, den gesetzmäßigen Wirkungen einer Energie folgend, die wir als Gewicht empfinden, fallen. Das, wofür Sie den Begriff „Anziehungskraft" in der Schule gelernt haben, wirkt auf die Masse dieses Holzes, und ich muß auf irgendeine Weise Gegenkräfte wirksam werden lassen, damit es nicht fällt.

Es ist für die positive Bewältigung aller Bewegungsprobleme von entscheidender Bedeutung, wenn es gelingt, von jener statischen Einstellung frei zu werden, aus der man sagt, denkt und auch empfindet, eine Sache sei „so und so schwer", und sich zunehmend bewußt und unbewußt so zu verhalten, daß man empfindet: auf diese Sache wirkt von der Erde her ein bestimmter Zug, — z. B. auf meinen Arm, den ich hier in der Luft halte, wirkt von der Erde her soundso viel Zug. Und damit mein Arm nicht sinkt, muß Energie wirksam werden, muß ich diesem Zug entsprechende Arbeit für einen Gegenzug leisten. Kontakt mit einem Gegenstand zu haben, den wir bewegen, bedeutet vor allem, Beziehung zu dem Quantum Zug zu haben, das auf die Masse dieses Gegenstandes wirkt, und entsprechende Gegenzüge wirksam werden zu lassen.

Es wären konsequente Versuche, Ihr Alltagsverhalten zu ändern, notwendig, wenn diese dynamische Beziehung zum Phänomen „Gewicht" Ihnen selbstverständlich werden sollte! Sie sollte so selbstverständlich werden, daß sie für Ihre Verhaltensbeziehung zu Gegenständen eine ähnliche kopernikanische Wendung brächte, wie sie für unser Wissen durch die Erkenntnis, daß das Gewicht von etwas nur der Ausdruck von Kräften ist, die auf dieses „Etwas" wirken, entstanden ist.

Wir sollten Zeit haben, uns Schritt für Schritt zu erarbeiten, was ich Ihnen jetzt nahezubringen versuche!

Elsa Gindler hat als erste die entscheidenden Voraussetzungen, die für das bewußte Sicherarbeiten zweckmäßiger Bewegung, für den zweckmäßigen Gebrauch unseres Organismus in Ruhe und Bewegung erfüllt sein müssen, klar erkannt. Diese Voraussetzungen, durch die ein Optimum an „Entfaltung durch zweckmäßigen Gebrauch" sichergestellt werden kann, ließ sie in praktischer Arbeit Tausende von Menschen klar erkennen und zu realisieren versuchen.

Die bewußte Empfindung des Leibes, der leib-seelischen Prozesse und die bewußte Empfindung der Schwere des eigenen Organismus wurden zur Grundlage der Orientierung des Menschen in sich selbst, zur Wiedergewinnung naturgegebener Ordnung.

Bei Bewegungsprozessen ließ sie die Beziehungen zwischen der Qualität des „Rückwegs" und Regeneration oder Ermüdung klar erkennen und damit auch die ständige Verwechslung von Entspannung mit Erschlaffung, die auch heute noch weitgehend anzutreffen ist.

Hat man z. B. einen Arm ohne Kontakt zu dem Zug, der auf ihn wirkt, bewegt, wird man ihn auch nicht im Kontakt zu diesem Zug sinken lassen, sondern ihn schlaff hinunterfallen lassen, was man zutreffend als „loslassen" zu bezeichnen gewöhnt ist. Die Qualität des Verhaltens beim Rückweg, in der „Etappe 2" des Bewegungsprozesses, ist uns bereits in anderen Zusammenhängen begegnet: z. B. beim Sichdehnen, beim Gähnen, in der Ausatmungsphase. In der „Etappe 2" geht der Kontakt mit der Last — sowohl mit der eigenen als auch mit fremder — fast immer verloren, da die Last „von selber fällt"!

Das Erschlaffen auf dem Rückweg entsteht, weil kein Kontakt zu dem Zug besteht, der auf die Masse wirkt, sondern nur so viel Bremswirkung ausgelöst wird, als nötig ist, um einen zu harten Aufschlag der Dinge oder unseres Organismus zu verhindern. (Es folgen Hinweise auf die physikalischen Grundlagen der Mechanik, auf die Beziehung zwischen dem Quantum der Masse und dem Zug, der auf sie wirkt, und auf das gleich schnelle Fallen verschieden schwerer Dinge im luftleeren Raum, z. B. von Vogelfeder und Stein etc.)

Bei alledem geht es um Phänomene, die von entscheidender Bedeutung für die Qualität der Bewegungen unseres Leibes, der Bewegung in unserem Leibe und für Ermüden oder Regenerieren sind.

Wesentliche Gesetze der Mechanik hat man einmal auswendig gelernt, aber wer hat sich wirklich mit ihnen auseinandergesetzt?

Da treffen wir eine der wichtigsten negativen Konsequenzen des Nicht-Erarbeitethabens der Grundlagen unseres Weltbildes und Wissens an! So kommt es, daß ich kaum bei einem von Ihnen voraussetzen kann, daß sich bei ihm bewußte Empfindungen mit dem verknüpfen, von dem wir jetzt gesprochen haben, obwohl das Wissen davon zu den Elementen gehört, die Sie einmal gelernt haben!

In diesen Fragen können Sie einen Schlüssel finden, der es ermöglicht, Bewegungsschwierigkeiten, viele Probleme des Ermüdens und Erkrankens anders zu lesen und anders als üblich zu bewältigen.

Auch der Mensch ist nur ein Teil der Masse des Himmelskörpers „Erde“. Die Schwerkraft, der Luftdruck etc., all das wirkt genauso auf uns — genauso bestimmend, entscheidend und gesetzmäßig — wie auf irgendwelche andere Masse im Bereiche des Schwerefeldes der Erde.

Gewöhnlich besteht keine Brücke zwischen unseren eigenen Schwere-Erlebnissen und dem, was man über Schwere in der Physikstunde lernt. Was wir im Physikunterricht über Mechanik lernen mußten, haben wir vorher längst gelebt und an uns selber erfahren! Würde der Unterricht in Physik auch auf der Basis zweckmäßiger Fragestellung vor sich gehen, würde man im Grunde nur wiederzuerkennen, zu benennen und einzuordnen brauchen, was man in und mit seiner leiblichen Organisation von früh bis spät erfährt und leisten muß. Jede Handbewegung läßt wesentliche Probleme der Mechanik akut werden! Jeder Gegenstand, den ich hebe, läßt wesentliche Probleme der Mechanik akut werden!

(Am Anheben eines kleinen Gegenstandes wird demonstriert, was dabei an Zug und Gegenzügen auftritt, wie die Auseinandersetzung mit der Reibung notwendig wird, damit der Gegenstand nicht den Fingern entgleitet. Auch auf die mechanischen und energetischen Zusammenhänge zwischen Zug und Reibung und Struktur der Fläche wird hingewiesen.)

Jedes kleine Kind hat im Grunde schon viele Probleme der Mechanik gelebt und erlebt und sie sogar auf seine Weise auch bewußt angetroffen. Würde der Unterricht an die Struktur und die Funktionen der komplizierten „Maschinerie“ anknüpfen, die der Mensch selber vorstellt, gäbe es keinen Menschen, der für dieses Fach unbegabt sein könnte, ganz davon abgesehen, daß eine derartige Auseinandersetzung mit den Gesetzen der Mechanik für jeden Beteiligten brennend interessant wäre! Auch die Mechanik brauchte man nicht zu lernen, — auch ihre Voraussetzungen tragen wir in uns. Man müßte nur dafür sorgen, daß sie uns bewußt werden.

Was eine zweckmäßige Bewegung ist, wird durch Gesetze der Mechanik bestimmt. Beim Sichbewegen verhält man sich dann zweckmäßig, wenn man die gesetzmäßigen Forderungen der Mechanik möglichst vollkommen erfüllt, d. h. ihnen gehorcht: Wenn man keine Unterladung hat, so daß das Zuhebende nicht sinkt oder fällt, — wenn man keine Überladung hat, so daß das Zubewegende keinen Schaden nimmt und der Sichbewegende die Funktionen seines Organismus nicht stört und dadurch nicht unnötig ermüdet.

Die Verführung zu unnötigem Aufwand wächst in dem Maße, in dem die Last uns klein erscheint . . .

Beim Sichbewegen kommt es auch darauf an, in der Realität des täglichen Lebens unser Wissen um die Zusammenhänge in unserem Sein zu verwirklichen. Man müßte bei allem „Heben von etwas" bewußt versuchen, statt das statische Gewicht eines Gegenstandes oder der eigenen Masse bewegen zu wollen, mit der Energie-Wirkung Kontakt zu bekommen, die von der Erde her an der betreffenden Masse zieht, — müßte das Gewicht von etwas bewußt als einen Widerstand erleben, den es durch bestimmte Gegenzüge zu überwinden gilt. Physikalisch gesehen muß man Gegenzug erzeugen gegen den Zug, der von der Erde her auf die zu bewegende, die zu hebende Masse wirkt.

Wodurch erfährt man aber, wieviel Gegenzug man beim Anheben erzeugen muß? Nur dadurch, daß man still genug wird, um unroutiniert probieren und empfinden zu können, wie groß der Widerstand ist, der überwunden werden muß.

(Es folgt eine Demonstration des Anhebens von Gegenständen aus der Routine, d. h. mit Ladung auf Vorrat, bzw. mit der traditionellen Überladung und mit Unterladung, die nicht für den ganzen Weg ausreicht, sondern zu erneutem Bewegungsansatz zwingt, und anderseits der Versuch des Anhebens mit der Verabredung: „Ding, was willst du von mir?", — mit dem Versuch, bevor man das Objekt bewegt, kontaktbereit für den Zug zu werden, der darauf wirkt.)

Wer so zu funktionieren versucht, wird merken, daß er viel weniger leicht ermüdet. Wenn Menschen schnell ermüden, kommt es hauptsächlich davon, daß sie infolge von „Ladung auf Vorrat" mit Überladung funktionieren — also mehr Energie aufwenden, als notwendig wäre — und daß sie außerdem auf dem „Rückweg" meistens erschlaffen, also gerade in jener Etappe Nr. 2, in der Regeneration sich vollziehen könnte und in der sie sich erholen könnten.

Versuchen Sie von nun an bei allem, was Sie zu „heben" haben, es hoch-„ziehen" zu wollen, statt es routiniert anzuheben! Das ist nicht nur ein anderes Wort, ein anderer Begriff, sondern bedeutet auch eine andere Einstellung und eine andere Richtung für das Wirksamwerden unserer Arbeitsenergie!

Wenn es klar ist, um was es geht, können wir uns auch praktisch anders verhalten.

Auch hier wieder geben uns Verständnis der Phänomene und Einsicht in die elementaren Zusammenhänge vom Standort der physikalischen und physiologischen Gegebenheiten unserer biologischen Ausrüstung den

Schlüssel dafür, welches Verhalten gegenüber einer Aufgabe zweckmäßig ist und auf welche Weise die Frage so zweckmäßig zu stellen ist, daß jedem eine optimale Lösung möglich wird.

Nun könnte man sagen, Sichbewegen sei etwas so Selbstverständliches, daß es unnötig sei, sich besonders dafür zu interessieren oder gar dafür zu arbeiten. Wenn dem wirklich so wäre, würden bei uns nicht unzählige Menschen u. a. über Fuß- und Beinschmerzen, Rückenschmerzen oder Nackenschmerzen, über Sitzbeschwerden, Steh- oder Gehbeschwerden klagen müssen! Die kommen offenbar daher, daß wir beim Bewegen der Last (Masse!) unseres Leibes nicht so funktionieren, wie wir auf Grund unserer biologischen Ausrüstung und auf Grund der physikalischen Gegebenheiten funktionieren könnten und müßten.

Wem verdanken wir es, daß dem so ist? Sich frei bewegen zu können sollte doch von allem Natürlichen das Natürlichste sein können! — Wie selten erleben wir, daß jemand sich so bewegt, daß man von der Selbstverständlichkeit und Geordnetheit seiner Bewegungen angesprochen wird!

Bei einfachen Menschen und besonders in Ländern, in denen die Menschen nicht auf Grund der allgemeinen Schulpflicht durch Lernen und einseitige intellektuelle Beeinflussung so leicht verstört werden wie bei uns, trifft man noch eher jene selbstverständliche Anmut der Bewegung an, die man gewöhnlich ästhetisch wertet. Vielleicht ist Ihnen in Filmen, in denen das Leben primitiver Völker gezeigt wird, z. B. aus Zentral-Afrika, Zentral-Amerika oder von der Südsee, schon aufgefallen, wie selbstverständlich und geordnet die Menschen sich dort bewegen, — noch so selbstverständlich, daß wir spontan sagen, sie bewegten sich wie Tiere! Diese Menschen sind nicht bloß von der intellektuellen Seite her weniger verstört. Entscheidend ist es, daß sie ihren eigenen Leib noch bejahen und ihr Leib nicht ein notwendiges Übel, eine beschwerliche Beigabe zum Geist für sie ist! Diese Menschen, die auch im Rahmen ihrer eigenen „primitiven" Kultur Zivilisationsschädigungen ausgesetzt sind und die auf ihre Weise auch voller Konflikte und Ängste stecken, sind offenbar nicht so zentral geschädigt, wie z. B. wir West-Europäer es meistens sind. Wenn Sie solche Menschen beim Arbeiten, beim Fischen, Klettern etc. bewußt sehen würden, wären Sie spontan davon berührt, wie selbstverständlich und frei — unverstört — diese Menschen „in ihrem Leib" leben, und wie sie noch in Kontakt mit den Dingen, so ganz ohne Bewegungsroutine funktionieren. Sie haben dabei ein außerordentliches Können, sind im Vergleich zu uns auffallend gewandt, kräftig und ausdauernd, aber ihr

Können hat nichts mit dem „Bewegungskönnen" gemein, das wir bei uns antreffen!

Fräulein D.: Mir ist auf dem Balkan aufgefallen, wieviel aufgerichteter und freier sich dort viele Menschen bewegen, die noch Lasten auf dem Kopf tragen!

H. J.: Ohne Schaden kann man größere Lasten auf dem Kopf nur tragen, wenn man straff wird und gewissermaßen vom Boden her durch Beine, Rumpf und Hals mit dem Kopf gegen die Last „gespannt" ist.

Wir empfinden die „Haltung" solcher Menschen als stolze Haltung. In Wirklichkeit sind sie nur aufgerichtet. Ich sage „nur", — aber das bedeutet nichts anderes als das, was wir mit aufrecht und „aufrichtig" aussagen wollen. Wer Kontakt mit dem Boden hat, wer wirklich auf seinen beiden Beinen steht und dadurch aufgerichtet ist, ist nicht nur aufrecht, sondern hat auch den Mut, aufrichtig zu sein.

In unserer Sprache finden wir als Bezeichnung für Charaktereigentümlichkeiten häufig Bilder aus der Situation des menschlichen Leibes: Nicht nur selbständig oder aufrecht oder aufrichtig, — auch hartnäckig oder halsstarrig, steckköpfig, querköpfig, kopfhängerisch, linkisch, einseitig, jemandem den Kopf verdrehen, —— aber auch begreiflich und unbegreiflich, faßbar und unfaßbar, weitsichtig für vorausschauend, kurzsichtig für beschränkt, kurzatmig und langatmig (weitschweifig), verrückt, verschroben (von schrauben), jemand ist schief, hat schiefe Ansichten etc. Die Sprache ist voller Bilder, die darauf hinweisen, daß es auch in der „Haltung" im Sinne von Aufgerichtetheit, von wirklich Stehen, Sitzen etc. nicht stimmt, wenn es im Charakter eines Menschen nicht stimmt. Abhängig, anlehnungsbedürftig, aber auch Zustand, Anstand, anständig etc. — solche Bilder sind, als kennzeichnend für die Mentalität eines Menschen, den Menschen beim Entstehen der Sprache in einer Zeit zugewachsen, in der man offenbar den vom Körper getrennt existierenden Geist noch nicht kannte.

In diesem Zusammenhange erinnere ich noch einmal an den Hinweis von Elsa Gindler, daß wir Tiere, wenn sie sich so bewegten wie die meisten Menschen, spontan für krank halten würden. Viele Menschen, die für gesund gelten, existieren an der Grenze zum Kranksein. Wahrscheinlich ist uns allen aus eigener Erfahrung vertraut, wie man, sobald man sich ernsthaft krank fühlt, so schlaff wird, daß der eigene Zustand sogar einem selber als schlaff auffällt. Dabei begegnet uns das gleiche — bloß auffällig verstärkt —, das uns so weitgehend als „selbstverständlich" vertraut ist.

Wenn wir einen guten Tag hatten, in Stimmung waren oder „aufgeräumt", haben wir alle schon für kurze Zeit etwas von jener Zustandsqualität des Straffseins erlebt, von jener Daseinsqualität, die, wie ich schon in einem anderen Zusammenhang sagte, uns verrät, wie unsere normale Daseinsqualität sein könnte, wenn wir etwas gehorsamer funktionieren würden.

Sowie wir den Kontakt mit dem Phänomen „Schwere" beim Bewegen verlieren, sind wir den Gesetzen der Schwerkraft gegenüber ungehorsam. Jede Bewegung, die sich mit Überladung vollzieht, ist bereits eine ungehorsame Handlung! Damit fordere ich Sie nun nicht auf, über Gesetze der Schwerkraft nachzudenken.

Die Aufgabe heißt: „Wie muß man werden, damit man etwas von dem Widerstand spürt — und das hat mit Denken nichts zu tun —, den man zu überwinden hat, wenn man z. B. irgend etwas in die Hand nimmt?"

Wir wollen jetzt alle einmal bewußt versuchen, mit Gegenständen bzw. dem Zug, der auf diese Gegenstände wirkt, Beziehung zu bekommen.

Nicht zu leichte Dinge wählen bei den ersten Versuchen! Je kleiner die Masse, desto wacher muß man werden, desto stiller muß man werden können, um den Zug so deutlich zu empfinden, daß man vergleichen kann ...

(Nach zahlreichen Versuchen, einen Hocker hochzuziehen, probieren alle, so aufzustehen, daß sie etwas von ihrer Körperlast erleben.)

An der stoßhaften und überladenen Art des ersten Aufstehens kann deutlich werden, wie selbstverständlich der Mißbrauch des Organismus schon bei jedem Aufstehen und Setzen ist.

Wenn Sie etwas von Ihrer Last spüren wollen, müssen Sie an der Umwelt desinteressiert sein, um erfahrbereit für das werden zu können, was sich in und an Ihnen vollzieht.

Also auch hierbei die Schau-Absicht aufzugeben versuchen! Nun versuchen Sie, Ihre Rumpflast wieder an den Stuhl abzugeben und unterwegs nicht die Beziehung zu ihr zu verlieren.

Man muß also, selbst wenn das Gesäß schon den Stuhl berührt, noch wirklich stehen, — sich bis dahin bewußt von seinen Beinen tragen lassen, nicht im letzten Augenblick loslassen, schlaff werden und die Rumpflast auf den Hocker „kippen" lassen! ...

Wenn Sie in Ihrem Alltag sehr oft beim Aufstehen und Setzen versuchen würden, die Forderungen zu erfüllen, die sich aus dem Wesentlichen der Bewegung ergeben, würden Sie allein dadurch allmählich zu einem viel weniger ermüdenden Sitzen und Stehen kommen. Sie kämen nicht nur erfahrbereiter mit Ihrem Gesäß auf die Sitzfläche des Hockers, sondern auch mit einem besser stützenden Becken. Wenn man durch andere Anforderungen müde geworden ist, können durch bewußte Versuche Regenerations-, wirkliche Erholprozesse ausgelöst werden. Das gleiche kann beim Bewegen fremder Last geschehen.

Besonders bei ständig zu wiederholenden Arbeitsbewegungen kann es verhältnismäßig leicht gelingen, Beziehung zur Last zu bekommen bzw. zu behalten.

Das schnelle Müdewerden, das Steifwerden der Arme, das Auftreten von Rückenschmerzen etc. — auch bei gewissen Arbeiten im Haushalt — wäre durchaus nicht notwendig, wenn man auch auf dem Rückweg Kontakt zur zu bewegenden Last behielte.

Nun müssen wir uns noch fragen: Woher bekommt man die Kraft, um schwere Gegenstände heben zu können? Woher bekommen wir die Kraft, um aufstehen zu können, wenn wir sitzen?

Zurufe: Durch die Arbeit der Muskeln!

H. J.: Das ist zwar die allgemeine Meinung, aber trotzdem stimmt es nicht ganz. Hat schon einmal jemand von Ihnen beim Schwimmen versucht, irgend etwas Schweres — und sei es auch nur ein paar Kilo schwer! — zu tragen oder gar beim Tauchen vom Grund heraufzuholen, also hochzuheben? Wenn Sie keinen Boden als Widerstand benutzen können, gegen den Sie sich spannen können, haben Sie keine Kraft, um etwas zu heben, selbst wenn Sie Athletenmuskeln hätten!

Kraft zu haben, um etwas zu heben, setzt voraus, daß wir eine Unterlage haben, die nicht nachgibt. Theoretisch kann man gelernt haben und wissen, daß man den Widerstand nützt und daß auch die Festigkeit des Bodens z. B. Ausdruck von Kräften ist, aber bei den Alltagsaufgaben ahnt man kaum etwas davon und kann diese Möglichkeit darum auch nicht optimal nützen. Auch unsere Muskeln würden keine Kraft haben, wenn diese elastischen, verkürzbaren und verlängerbaren Muskeln nicht jeweils an starreren, festeren Teilen, an Hebeln, an Knochen befestigt wären. Die Muskeln — bzw. die Muskelkraft — dienen dazu, durch Verkürzung oder Verlängerung Hebelarme zu heben oder sinken zu lassen oder Gelenke so zu verfestigen, daß Teile — z. B. eines Armes — dadurch zu einem einzigen, längeren Hebelarm werden!

Unsere Muskeln beziehen die Möglichkeit zu ihrer Kraftleistung auf Umwegen aus dem Widerstand, den feste Körper bilden.

(Es folgt eine Demonstration dieser Zusammenhänge am Vorgang des Aufstehens und Setzens.)

Wenn ich unter meinen Füßen nicht den Boden als feste Unterlage hätte, könnte ich dieselben Muskeln noch so sehr zu kontrahieren versuchen und käme doch niemals in die Höhe. Wir haben alle schon Erlebnisse gehabt, die uns unsere Ohnmacht haben empfinden lassen, sobald wir nichts haben, das uns trägt. Ist daraus eine Beziehung entstanden zu all dem Wissen, das man einmal im Physikunterricht gelernt hat? Hat man daraus auch Schlüsse gezogen? Haben sich jene Erfahrungen zu Einsichten geordnet?

Wird es Ihnen deutlich, daß auch beim Phänomen „Bewegung" die Voraussetzungen dafür, daß der Mensch sich zweckmäßig — oder wieder zweckmäßig — bewegen kann, zuverlässig gesichert werden können? Daraus ergibt sich unmittelbar, daß unsere Bewegungen entfaltend und ordnend wirken, anstatt u. a. die Statik unserer Skelettstruktur zu stören und uns zu ermüden und zu „kränken". Wir brauchen dazu nur die Einsicht, daß es darum geht, Masse über einen Weg zu befördern, und daß das bedeutet, Kontakt mit dem Widerstand zu bekommen, den die Anziehungskraft erzeugt, und Kontakt mit dem Widerstand zu bekommen, den uns der Boden liefert.*

Man kann z. B. beim Gehen bewußt den Widerstand des Bodens und den Kontakt zu Rumpf- und Beinlast ausnutzen, um sich dadurch „gesund zu gehen". Es gibt auch bei jedem Schritt, bei jedem Wechsel von Spielbein zu Standbein und umgekehrt eine Etappe Nr. 2, in der man gewöhnlich erschlafft, aber nicht zu erschlaffen brauchte. Auch beim Gehen ist der Lärm, den wir mit unseren Füßen, insbesondere den Absätzen oft machen, ein Gradmesser für Beziehung oder Beziehungslosigkeit zu unserer Last und zum Bodenwiderstand.

Bisher haben wir uns vor allem mit der „Ladung" beschäftigt, die sich aus dem zu bewältigenden Widerstand fürs Hochziehen ergibt. Damit die Bewegung gesetzmäßig — geordnet und einheitlich — verlaufen kann, muß aber auch die Distanz, die Länge des Weges, die beim Bewegen bis zum Ziel zurückgelegt werden muß, ein Eingestelltwerden in uns bewir-

* Die großen Kraftleistungen beim Sport, soweit sie nicht zu den gewalttätig erpreßten Leistungen gehören — besonders beim Kugelstoßen, beim Weit- und Hochsprung, aber auch beim Schnell-Lauf etc. —, kommen weitgehend durch zweckmäßiges — wenn auch nicht bewußtes —, gehorsames Ausnützen des Bodenwiderstandes zustande.

ken. Wir treffen also die gleichen Zusammenhänge an wie seinerzeit bei der Musik und beim Sprechen, als wir von der Notwendigkeit sprachen, daß die „Ladung", die beim Start — beim „Abschuß" — wirksam werden muß, durch die zu bewältigende Distanz und durch die Richtung, in der das Ziel liegt, entscheidend mitbestimmt werden muß, wenn die ganze Äußerung ohne Nachschieben und Nachstoßen gesetzmäßig und geordnet ablaufen können soll. Wenn ich diese Kugel jetzt anhebe und Kontakt mit dem Zug habe, der auf sie wirkt, verläuft die Bewegung nur dann wirklich geordnet, wenn die Ladung ausreicht, um die Kugel gerade bis dorthin zu befördern, wo sie wieder abgesetzt werden soll, so daß ich nicht zuwenig Ladung habe — genau wie beim Sprechen und Musizieren —, nicht unterwegs nachschieben muß, und daß ich auch nicht zuviel Ladung habe, nicht im letzten Moment vor dem Ziel abbremsen muß, um nicht über das Ziel hinauszuschießen. Wir brauchen also überall Kontakt zur Last — d. h. zu dem Zug, der auf die Masse wirkt —, zur Richtung und Distanz und Kontakt zum Boden.

Bewegungsroutine aufzugeben ist keine einfache Aufgabe. Dazu muß es vor allen Dingen akzeptiert werden, daß eine andere Qualität der Beziehung notwendig ist. Der größte Teil jener Störungen, die man als Krankheiten bezeichnet, ist das Resultat beziehungslosen und mißbräuchlichen Gebrauches unserer eigenen Organisation! Wir ahnen gar nicht, in welchem Maß ein Mensch, der die Beziehung zum Boden beim Sitzen und Stehen nicht mehr ausnutzt und deswegen erschlafft und starr wird, die Funktion wichtiger Organe beeinträchtigt. Stellen Sie sich nur vor, wie der Bauchinhalt zusammengequetscht wird, wenn jemand mit umgefallenem Becken auf einem Stuhl hockt!

Fräulein E.: Aber warum ist jemand schlaff? Hängt das nicht mit ungenügendem Lebenswillen zusammen?*

H. J.: Ihr „Lebenswille" ist auch ein Wort aus der Welt der statischen Mentalität. Damit wird eine unbekannte Größe benannt, aber nicht erkannt. Sie wissen, wie nötig wir es haben, größere Zusammenhänge mit einzubeziehen. Auch bei dem, was Sie mit „Lebenswille" bezeichnen, sollte uns bewußt sein, daß immer in der Geschichte des einzelnen Menschen Verhältnisse wirksam sein müssen, die ihm sein Leben lebenswert oder nicht lebenswert erscheinen lassen. Lebenwollen ist etwas so Elemen-

* Siehe Ergänzung zum 12. Kurs

tares und so Starkes, daß man oft erst, wenn es wirklich ans Leben geht, merkt, was für einen mächtigen Lebenswillen man hat. Alle philosophischen und psychologischen Spekulationen über Lebenswillen, Lebenstrieb und Todestrieb sind gewöhnlich nichts als Schreibtischtheorien. Man kann sich leisten, schlaff zu sein, zu behaupten, man habe keine Lust zu leben, solange es nicht ums Leben geht! Wenn Menschen schlaff sind, lebensunlustig und misanthropisch, sind sie es nicht, weil sie zu wenig Lebenswillen mitbekommen haben — solche Theorien gehören auch zu der statischen Begabungsauffassung —, sondern weil von klein auf Wirkungen aus dem umfassenden Bereich von Störmöglichkeiten mitgespielt haben, mit dem wir uns hier beschäftigt haben. Wir haben doch erkannt, wie wenig Einwirkungen genügen, daß der kleine Mensch von einem großen Teil der wunderbaren Organisation, die jeder fürs Leben mitgebracht hat, keinen Gebrauch mehr macht oder aber einen so fehlgeleiteten, unzweckmäßigen Gebrauch, daß dieser niemals zu wirklicher Entfaltung führen kann. Sie brauchen einem kleinen Kind z. B. nur überall zu helfen, wo es sich selber helfen könnte, es nur zu verängstigen, einzuschüchtern oder zu entmutigen, und schon wird es später dem Leben gegenüber so funktionieren, als ob es nicht genug Lebenswillen besäße.

Offenbar hängt es von andern Faktoren als von einer persönlichen „Mitgift" ab, damit Möglichkeiten zum Muntersein oder zum Gelangweiltsein, zum Fleißigsein oder zum Faulsein, zur Ausdauer oder zum Schnell-verzagt-Werden aktualisiert werden. Wenn ein Mensch sich sozial eingeordnet empfindet, wenn er Aufgaben spürt, die er bewußt oder unbewußt bejaht und akzeptiert, dann brauchen Sie nicht besorgt darum zu sein, ob er genug Lebenswillen habe.

Wie oft erleben wir, daß einem — vom Physiologischen her gesehen — ungewöhnlich zarten Organismus außergewöhnliche Leistungen an Ausdauer, Einsatz, an Hingabe möglich werden! Ein Mensch, der Beziehung zu einem Problem gewonnen hat, das ihn wirklich interessiert und bewegt, kann auch etwas ganz für sich allein ausprobieren und erforschen und dabei sozial mehr eingeordnet sein als Menschen, die in einer großen Familie leben oder in irgendeiner sozialen Organisation auf konventionelle Weise eingeordnet sind.

Der Mensch muß von irgendwoher nach irgendwohin unterwegs und in Kontakt mit Aufgaben sein, die das Wirksamwerden der in ihm latenten Kräfte auszulösen vermögen. Es ist wieder ein sozial bedingtes Verhaltensproblem par excellence und nicht das statische Problem einer gewissen

Quantität von Lebenswillen, wenn man aufgeschlossen gegenüber der Umwelt sein kann und dadurch in Beziehung zur Welt kommt.

Fräulein D.: Ich habe bisher gemeint, das Schlappwerden von Menschen hinge mit ihrem besonderen Lebensrhythmus zusammen und damit hinge es auch zusammen, daß der eine schneller ermüdet und der andere sich schneller erholt.

H. J.: Ihr Lebensrhythmus gibt im Grunde nicht mehr Auskunft als Fräulein E.s Lebenswille! Auch Ermüdung und Erholung, leichte Ermüdbarkeit und leichte Regenerationsmöglichkeit sind keine isoliert erfaßbaren Prozesse. Ein Mensch kann sich so verhalten, daß er bei einer bestimmten Aufgabe leicht ermüdet, und kann sich so verhalten, daß er bei derselben Aufgabe munterer und in seinen Möglichkeiten gesteigert wird. Und ein Mensch, der bei einer leichten, nicht akzeptierten Aufgabe ermüdet, kann durch eine sehr viel schwierigere Aufgabe, die er bejaht, so angeregt und frisch und tüchtig werden, daß Sie ihn nicht wiedererkennen. Die Annahme, es handle sich dabei um mehr oder weniger Lebenswillen oder um verschiedene Sorten individueller „Lebensrhythmen", ist wiederum nichts als eine jener „Selbstverständlichkeiten", die Sie noch nicht überprüft haben. Offenbar sind weder besondere denkerische Anlagen noch Denkleistungen nötig, um die Verhältnisse anders zu lesen ...

Prüfen Sie Ihren Lebensrhythmus einmal in der Praxis! Kommt es vor, daß Sie sich manchmal sehr müde fühlen? Dann haben Sie eine gute Gelegenheit zu probieren, ob Sie kraft Ihres besonderen Lebensrhythmus so müde bleiben müssen oder ob Zustand und Verhalten veränderbar sind. Vielleicht genügt dafür unter Umständen schon, daß Sie mit dieser Kilo-Kugel oder sonst einem nicht zu leichten Gegenstand versuchen, in Kontakt mit dem Zug zu kommen, der von der Erde her auf diesen Gegenstand wirkt, und ihn bei gleichzeitigem Versuch, Kontakt mit der eigenen Unterlage zu haben, hochzuziehen und zu bewegen.

Herr O.: Das habe ich jetzt erlebt. Ich bin heute abend besonders müde gewesen, und seit ich die Kugel in der Hand habe und das ausprobiere, geht es mir schon besser.

H. J.: Wenn Sie nun noch versuchen, mit Kontakt zur Kugellast eine bestimmte Distanz zu überwinden, — mit einem geordnet verlaufenden Bewegungsprozeß die Kugel an ein bestimmtes Ziel zu legen, dann werden Sie noch munterer und ausgeruhter werden.

Dabei wird das gleiche Phänomen akut wie beim Sprechen und Musizieren und der gleiche Gehorsam notwendig, der Voraussetzung für lebendiges Re-Produzieren ist. So elementar sind die Gesetzmäßigkeiten, die jedem Gestaltungs-Prozeß zugrunde liegen, daß wir ihnen von früh bis spät gehorsam sein könnten.

Statt daß wir die einfachen Forderungen, die die Struktur der Umwelt an unsere eigene Struktur stellt — zu deren Erfüllung uns die Tatsache, daß wir am Leben sind, doch im Grunde „verurteilt" —, gehorsam zu erfüllen versuchen, verbauen wir uns durch unsere intellektuelle Überheblichkeit den unmittelbaren Zugang zur Realität.

So verhindern wir unser eigenes optimales Funktionieren und damit eine optimale Entfaltung. So kommt es zur Suche nach Auskünften bei den letzten Dingen statt zur Bereitschaft, sich mit den uns unmittelbar widerfahrenden nächsten Dingen auseinanderzusetzen! Ist Ihnen deutlich geworden, daß wir unter Kontakthaben, unter Beziehunghaben nichts Mysteriöses verstehen?

Außerdem: Eine Bewegung in Kontakt zu Last, Richtung und Distanz empfinden Menschen als Zuschauer stets auch als eine ästhetisch befriedigende, als eine schöne Bewegung. Es sind die zweckmäßigen Bewegungen, die wir spontan als schön empfinden.

Isaac Stern

Helen Keller
Die Geschichte
meines Lebens
Robert Lutz
Verlag
Stuttgart

Ibsen
„Gespenster"
(Tragik d. erblichen
Belastg.)

Gisela Gindler!!
S. 268

24. Kurs

Berichte — Fragen — Probleme
Empfinden — ausprobieren — bewußt miterleben, anstatt zu „denken"
Erarbeitete Erfahrungen und Leistungen des Kindes in den ersten drei Lebensjahren
Erkannte Möglichkeiten im Alltag zu realisieren versuchen
Bewußt empfinden, daß man lebt — das könnte ein Normalzustand werden
Schlafbedürfnis — Erwachen
Essen — antenniges Verhalten beim Riechen und Schmecken
Empfinden für das Stimmende
Zweckmäßige Fragestellung: Zeichnen
Probleme des Gestalterlebens
Farbe und Gestalterlebnis
Probleme der Wiedergabe des Gestalteindruckes
Verhalten beim Sehen — Linien?
Zweckmäßiges Verhalten beim Sehen
Vorgehen bedeutender Darsteller im Bereich des Malens und Zeichnens
Von der „Sprache des Lichtes"

28. Mai 1945

H. J.: Haben Sie inzwischen versucht, sich in der verabredeten Weise mit dem Phänomen „Bewegung“ auseinanderzusetzen und „Gewicht“ als Zug zu empfinden?

Herr A.: Man ertappt sich fortwährend dabei, daß man's nicht so macht, wie es möglich wäre! (Allgemeine Zustimmung)

H. J.: Das ist schon etwas! Es ist der erste Schritt zum Zweckmäßigeren, wenn man beim Unzweckmäßigen zu stolpern beginnt.

Herr O.: Man kann meistens nicht so bleiben, wie man ist, wenn man den Zug spüren will. Man muß dafür sehr still werden. (Allgemeine Zustimmung.)

H. J.: Außer der Luft bzw. dem Atemprozeß ist die Wirkung der Schwerkraft das erste, mit dem der Säugling sich auseinandersetzen muß, sowie er auf die Welt kommt. Ist es Ihnen bewußt geworden, daß man auch beim Sichbewegen versuchen muß, wieder gehorsam gegenüber jenen elementaren Gegebenheiten werden zu können, die ständig auf uns wirken?

Frau T.: Mir ist aufgefallen, daß ich, nachdem wir uns mit dem Tasten auseinandergesetzt haben und ich die Dinge nicht mehr so derb anfasse, unbewußt auch schon auf den Zug reagiert habe.

H. J.: Wahrscheinlich ist es andern auch begegnet, daß Sie zu dem „Gewicht“ der eigenen Hand mehr in Beziehung kommen mußten, um nicht auf das Objekt zu drücken? Insofern ist das, was ich Sie zu untersuchen und auszuprobieren bat, nicht etwas völlig Neues. Wir begegnen bekannten Phänomenen nur von einem andern Standort aus.

Schwester W.: Die Auseinandersetzung mit dem empfangsbereiten Tasten gibt eine wirkliche Bereicherung. Aber beim Sichbewegen kann man doch nicht immer denken: „Jetzt soll ich mich für den Zug interessieren“.

H. J.: Denken müssen Sie dabei nicht, sondern versuchen, etwas vom Zug zu empfinden.

Schwester W.: Ist es erstrebenswert, daß man das immer spürt? Braucht das nicht viel zuviel Zeit?

H. J.: Ob das erstrebenswert ist, kann man nur ausprobieren. Ich habe jedenfalls immer gemerkt, daß man, sobald man Kontakt mit den Dingen hat, auf einem anderen Niveau erlebt und lebt und daß sich die Aufgaben leichter und in besserer Qualität bewältigen lassen. Zeit brauchen Sie in einem andern Sinne, nämlich eine längere Übergangszeit mit vielen Versuchen, still genug zu werden, um bewußt Kontakt mit unseren Verabredungen bekommen zu können. Wenn Sie mehr ausprobieren werden, wird Ihnen deutlich werden, daß es die einfachere und unmittelbare Art zu existieren ist, die Sie interessieren könnte. Sie sollen doch nicht versuchen, etwas zu werden, was Sie noch nie gewesen sind! Sie hätten nur zu versuchen, wieder mehr so zu werden, wie Sie „von Natur aus" in der frühesten Jugend selbstverständlich funktioniert haben.

Es ist das, was sich beim kleinen Kind vom ersten Tag an, solange man es nicht verstört, vollzieht: Es setzt sich — wie wir zu sagen gewöhnt sind — mit seinem Gewicht auseinander.

Sogar sein Kopf ist ihm im Anfang noch zu schwer, so daß es Zeit braucht, bis es im Ganzen straff genug geworden ist, um den relativ starken Zug zu bewältigen, der auf seinen Kopf wirkt.

Es muß sich auch mit dem Weg auseinandersetzen, mit der Distanz, mit den räumlichen Verhältnissen, und es greift lange zu kurz und zu weit, bis es hingelangt, wo es hingelangen möchte.

Die eigenen Glieder sind so einem kleinen Wesen im buchstäblichen Sinn des Wortes noch Objekt für Erlebnisse. Ich habe auch darauf hingewiesen, welches phantastische Maß an Erfahrungen und Leistungen das Kind sich in den ersten drei Lebensjahren erarbeitet. Es ist ein Glück, daß es noch dazu verurteilt ist, sich die Beziehung zur Umwelt wirklich zu erarbeiten! Es kann in der ersten Zeit seines Lebens noch nicht fragen: „Wie soll ich das machen?" Es ist ein Segen, daß wir Erwachsene ihm weder sagen noch zeigen können, wie weit es greifen muß und wie es sein Händchen bewegen muß, um irgend etwas zu erreichen. Die Natur hat dafür gesorgt, daß das kleine Wesen in den entscheidenden Monaten auf dem intellektuellen Wege noch nicht zu erreichen ist. Sie wissen ja auch, daß Erwachsene es kaum erwarten können, bis das Kind für ihren Wortschwall zugänglich wird! . . .

Liebe Schwester W., hat Sie das „Bereichertwerden" durch die unmittelbare Beziehung zu den tastbaren Qualitäten der Dinge besonders viel Zeit gekostet?

Schwester W.: Nein! Aber so etwas kann man den ganzen Tag über nebenbei probieren!

H. J.: Und das gilt Ihrer Meinung nach für die Beziehung zu Last und Bewegung nicht? Schwester W.! Nehmen Sie doch einmal Ihre Tasche, stehen Sie auf, — gehen Sie an die Türe, — machen Sie sie auf, — gehen Sie auf den Korridor — und machen Sie sich fertig zum Nach-Hause-Gehen! Damit Sie den Mantel anziehen können, müssen Sie Ihre Tasche abstellen. Dann müssen Sie die Tasche wieder aufnehmen, die Korridortüre öffnen und hinter sich schließen. Hätten Sie dabei Gelegenheit gehabt, „so nebenbei" allerlei von unsern letzten Verabredungen auszuprobieren? Zeit brauchen Sie nur, um aus der Abwesenheit und Routiniertheit, mit der wir unsere Griffe im Alltag erledigen, herauszukommen.

Fräulein N.: Aber man muß doch dabei denken, und Sie sagten vorhin, man brauche nicht zu denken!

H. J.: Ich vermute fast, daß bei dem, was Sie eben sagen, die Verständigungsschwierigkeit aus einem üblichen Sprachgebrauch kommt. Wir haben die merkwürdige Gewohnheit zu sagen: „Denk daran!", wenn jemand sich an etwas erinnern soll, obwohl das Erinnern, das Auftauchenlassen von etwas, in eine andere „Region" gehört als das Denken.

Bereit zu werden, sich an eine Verabredung zu erinnern, sich einfallen zu lassen, daß man beim Bewegen von etwas Kontakt zu dem Zug zu bekommen versuchen könnte, hat mit Reflektieren und mit Logik noch nichts zu tun.

Es geht um das Akzeptierthaben, daß einem bei bestimmten Gegebenheiten des täglichen Lebens etwas einfalle und auffalle. Wenn Sie dabei „denken" wollen, würden Sie vermutlich versuchen, sich zu beobachten, aber damit wären Sie bereits auf der „falschen Leitung". Wenn Sie z. B. von dem Hocker aufstehen wollen, kann Ihr Verstand Ihnen nichts dazu nützen, den Zug zu empfinden, der auf Ihre Rumpflast wirkt. Es sind andere Sektoren unserer Funktionsmöglichkeiten im Spiel, wenn wir bewußt miterleben, was auch ohne unser Daran-Interessiertsein auf uns einwirkt und sich an uns vollzieht. „Denken" müssen und können Sie sich den Zug nicht.

Er wirkt auch auf uns, wenn wir nicht denken. Sicher ist, daß, wenn Sie weniger routiniert leben, wenn Sie erfüllter, mit mehr Kontakt mit der Realität funktionieren, die Problematik „Denken" sich auf einer andern Ebene zu klären beginnen wird.

Es ist eine der negativen Auswirkungen der üblichen Erziehung, daß wir zunehmend dazu verleitet worden sind, anstatt zu spüren, anstatt zu erleben, zu . . . „denken"! So kommt es, daß wir, wenn uns Probleme begegnen, bei denen es darum ginge, etwas zu empfinden, etwas auszuprobieren, zu bewußten Erlebnissen zu kommen und ihren jeweiligen Gehalt zu vergleichen, statt dessen etwas vermuten, uns an Meinungen und Gelerntes erinnern, spekulieren und eben . . . „denken".

Wenn wir jetzt längere Zeit gemeinsam probieren könnten, könnten wir uns durch gemeinsame Erfahrungen präziser verständigen.

Sie würden bald unterscheiden, ob jemand sich wirklich mit den Phänomenen, über die wir uns Klarheit erarbeiten wollen, auseinandergesetzt hat oder ob er nur behauptet, sich damit auseinandergesetzt zu haben. Ob jemand wirklich probiert oder ob er nur eine Geste macht. Wir haben hier z. B. schon deutlich feststellen können, wie leicht jeder erkennen kann, ob jemand wirklich probiert, seine Schau-Absicht aufzugeben, oder ob er seine Augenlider nur vorsichtig zumacht oder sie gar zusammenkneift. So läßt sich jede Verabredung erfüllt oder pro forma durchführen.

Ich kann nichts dazu tun, daß nun z. B. Heben für Sie zum Ziehen wird. Das kann nur das Resultat Ihres immer erneuten Bereitwerdens sein, so etwas zu erleben! Man kann, wie man durch das Offenerwerden für Tasterlebnisse bereichert werden kann, auch dadurch bereichert werden, daß man von seiner Leiblichkeit mehr erlebt und spürt.

In positivem Sinne empfinden Menschen ihren Organismus meist nur noch in jenen seltenen Fällen, in denen sie sich besonders wohl in ihrer Haut fühlen.

Man spürt, daß man wirklich lebt! Das ist für die meisten Menschen aus unserem zivilisierten Milieu ein Ausnahmezustand. Es könnte aber einmal Normalzustand werden. Diesen Normalzustand kann man sich er-arbeiten!

Das Erarbeiten der Gesundheit und der Leistungsfähigkeit kann ebensogut damit beginnen, daß man sich das Erwachen wirklich erwacht, erarbeitet, wie damit, daß man abends bewußt versucht, nicht schlaff ins weiche Bett zu fallen. Wenn man eine halbe Stunde, bevor man aufstehen muß, mit Dehnen anfängt und diese Zeit von seinem Schlaf opfert, so gewinnt man sie dadurch wieder, daß die Forderungen des Tages weniger ermüden, weil man munterer in den Tag kommt. Je anwesender man tagsüber funktioniert, desto weniger Schlaf braucht man. Wir brauchen den Schlaf zum Regenerieren und brauchen so viel Schlafzeit, weil wir uns zu selten so verhalten, daß wir auch im Wachsein regenerieren können. Wenn wir uns im Kontakt zur Last bewegen, ist jeder „Rückweg" eine Chance zur — im besten Sinne des Wortes — Entspannung, zum Regenerieren.

Natürlich spielt noch anderes mit, u. a. zweckmäßige Ernährung, anwesendes Kauen und dadurch ausgiebigere Vorverdauung. Dann belastet man den Organismus nicht mit so vielen schwerverdaulichen Dingen, und damit verschwindet wieder ein Anlaß zum Müdesein, zur Autointoxikation. Wir können bewußt viel dazu beitragen, daß wir uns weniger verbrauchen und mißbrauchen. Die lange ungestörte Schlafzeit als „Notwendigkeit" ist eine Folge der Domestikation des Menschen. Der Mensch wird ein „Haustier". Auch wenn man in Etappen schläft, könnte man sich erholen. Führen Sie das Erwachen einmal wirklich konsequent während einiger Wochen durch! Vorher können Sie nicht wissen, was dabei zu gewinnen ist. Solch eine Verabredung mit sich selber ohne Konzessionen durchzuführen, hat mindestens so ermutigenden und stärkenden Effekt wie das erfolgreich durchgeführte Erwachen selber.

Sie zu erfüllen scheint mehr eine „seelische" als eine „körperliche" Leistung zu sein. Eine Verabredung mit sich treffen, einer Verabredung treu zu sein und das Verabredete in der bereits möglichen Qualität sich abspielen zu lassen, bedeutet offenbar eine Zumutung an den Menschen, an seine Wachheit, seine Intelligenz, seine Ehrlichkeit etc. All das wird bei der bewußten Auseinandersetzung mit dem Erwachen aktuell. Wenn man wirklich munter wäre, bevor man aufsteht, könnte man bereits versuchen, Kontakt mit der Last seines Beines zu bekommen, indem man es aus dem Bett hinausbewegt, könnte bereits erfahrbereit mit seiner Fußsohle auftreten, seine Körperlast empfinden, wenn man ins Badezimmer geht, und könnte den Zug empfinden, der auf Kamm und Arm wirkt, wenn man sie beim Kämmen hochziehen muß. Das bedingte keine zusätzliche Arbeit! All das muß sowieso geschehen, und man braucht nur zu versuchen, während sich das vollzieht, anwesender zu werden.

Wir können unter den heutigen verworrenen Lebensverhältnissen nicht mehr erwarten, daß die Mehrzahl der Menschen unverstört und darum gesund sei. Daher besteht ganz allgemein das Problem „Gesundheit und Krankheit", und für uns heißt es: Was kann ich, wenn ich mich schlecht fühle, aus eigener Initiative dazu beitragen, wieder straffer und frischer zu werden? . . .

Über Ernährung wäre viel zu sagen. Dabei hätte auch jeder vor allem wach und tastend auszuprobieren. Wer im Alltag beim Hören und Sehen und Tasten anwesender und antennenmäßiger zu funktionieren beginnt, wird allmählich auch beim Riechen und Schmecken unbestechlicher werden und wird eher dem gehorchen, was ihm seine Zunge und die Nase melden. Auch beim Essen treffen wir das Problem von Stillewerden, Anwesendsein, von Routine und von In-Beziehung-Sein mit dem, was man gerade zu tun hat, an. Weder das Lesen beim Essen, noch Familiendiskussionen und das Abreagieren des Verdrusses, der einem tagsüber entstanden ist, noch Sachgespräche sind günstig.

(Es folgt ein kleiner Exkurs über den Einfluß von Verdruß, Gereiztheit und Ärger auf die Verdauungsvorgänge, über das aktive Hinunterschlukken und das Fletschern.)

Der Eßvorgang selber bzw. das Kauen und Schlucken sind drastische Beispiele für Gelassenheit oder Gier, für Geschehen-Lassen oder Machen. Je stiller man beim Essen ist, desto weniger kann man die Speisen herunterschlingen und desto sicherer empfindet man, was einem im Moment zuträglich ist, — was einem heute zuträglich ist, ist einem nicht ohne weiteres auch morgen zuträglich —; desto sicherer spürt man, wenn man genug hat, und reagiert man darauf, wenn man keinen Appetit hat.

Wenn man keinen Appetit hat, sollte man nicht essen. Keinen Appetit zu haben ist ein zuverlässiges Anzeichen aus dem Organismus, daß er nicht durch weitere Zufuhr von Speisen belastet werden will. Aber länger andauernde Appetitlosigkeit kann ein Zeichen dafür sein, daß bereits schwerere Störungen bestehen. Nicht zu essen bei Appetitlosigkeit hat noch nie jemandem geschadet; aber am ständigen Weiteressen ohne Appetit ist schon mancher zugrunde gegangen. Ein Tier, das krank ist, ist auf gar keine Weise dazu zu bringen, etwas zu fressen. Sogar bei vermenschten Haustieren sehen wir als erstes Zeichen für Krankheit, daß sie das Futter stehen lassen.

Es wäre notwendig, in der Elementarbildung einen Überblick zu geben über die funktionellen Zusammenhänge, in denen sich die Lebensprozesse abspielen, und zwar nicht „gelernt" nach dem Lehrbuch, sondern erlebt und erarbeitet in Beziehung zu uns selber und an uns selber. Wer zu sich kommt, wer anfängt, mehr Vertrauen zu seiner Empfindung zu bekommen, wird merken, daß das Empfinden für das Stimmende auch hierbei spricht. Wenn man dem Empfinden für das Stimmende wirklich folgen würde, hätten die Ärzte weniger zu tun. Der Organismus meldet seine Bedürfnisse und z. B. sein Genughaben stets, nur brauchen wir keine Notiz davon zu nehmen.

„Der Weg zur Gesundheit geht durch die Küche und nicht durch die Apotheke!" Das ist ein richtiger Satz! Würden Sie auf dieser Basis längere Zeit funktionieren, so würden sich gewiß viele gesundheitliche Schwierigkeiten, derentwegen einige mich gebeten haben, noch einmal von Gesundheit und Krankheit zu sprechen, von selbst auflösen.

Natürlich können so viele Konflikte, so viel Unruhe, Kummer und Belastungen von außen her — besonders in Zeiten wie jetzt — auf einen einstürmen, daß all das nicht leicht zu bewältigen ist. Es gehört viel dazu, trotz des Bestehens solcher Verhältnisse zu sich kommen zu können und nicht so verstört zu sein, daß man den Verhältnissen immer wieder zum Opfer fällt.

Wenn die Situationen schwierig sind, muß man bewußt versuchen, funktionsbereit zu werden, zu sein.

Je mehr man die sogenannten „kleinen Dinge“ ernst zu nehmen versucht, desto sicherer schafft man Voraussetzungen dafür, auch schwierigere Verhältnisse gut bewältigen zu können.

Hierzu wäre noch viel zu sagen, aber das würde erst fruchtbar werden, wenn Sie zuvor mehr sauber probiert hätten! —

Ich werde nun noch kurz auf das Problem „Zeichnen“ — das für uns nichts mit dem üblichen Zeichnen zu tun hat — als Beispiel für zweckmäßige Fragestellung eingehen: Wie muß man vorgehen, damit die Darstellung von Gestalten aus der Welt des Sichtbaren sich so vollziehen kann, daß kein Mensch zu versagen braucht? Wie bei den Problemen Schwimmen, Sprechen, Musizieren oder Bewegung müssen wir uns von der biologischen, physiologischen und physikalischen Seite her klarwerden, mit was für Phänomenen wir es dabei zu tun haben und welche Funktionsweisen unserer Organisation zum Spielen kommen müssen. Wir haben die Frage schon kurz berührt*, als es um die Zusammenhänge Verhalten/Schauen ging und um die grundsätzlichen Unterschiede in unseren Eindrücken, je nachdem, ob wir uns gelassen schauend oder angestrengt glotzend verhalten.

Auf Grund welcher Vorgänge erleben wir Gestalteindrücke beim Schauen? Auf Grund welcher Phänomene, auf Grund welcher Prozesse? Auf Grund welcher spezifischen Ausrüstung unserer Organisation?

Zurufe: Durch Licht und Schatten!

Herr O.: Wir vergleichen mit früheren Eindrücken und bekommen ein

* Vgl. 11. Kurs

neues Bild. Wenn verschiedene Leute dasselbe Objekt zeichnen, kommen dabei lauter verschiedene Bilder heraus. Das muß doch mit früheren Eindrücken zusammenhängen!

H. J.: Es fragt sich nur, ob jene Unterschiede mit früheren verschiedenartigen visuellen Eindrücken der betreffenden Menschen zusammenhängen oder mit ihrer verschiedenartigen allgemein-menschlichen Geschichte, die verantwortlich dafür ist, daß sie eine unterschiedliche Qualität des Verhaltens und der Interesserichtung beim Schauen haben. Aber damit berühren wir verhältnismäßig späte Konsequenzen des Problems der Gestaltwahrnehmung und der Gestaltdarstellung. Zunächst haben wir elementare Zusammenhänge zu klären. Meine Frage bezieht sich noch nicht auf das Problem Zeichnen oder gar Zeichenstile und „Kunst", sondern ich frage, wie es überhaupt dazu kommt, daß man Gestalteindrücke erlebt. Fräulein N. meinte vorhin, das geschähe auf Grund von Licht und Schatten. Damit berühren wir zwar eine elementare Situation, treffen aber noch nicht ganz das Wesentliche.

Fräulein D.: . . . auf Grund von Farb- und Formunterschieden!

H. J.: Auf Grund von was erkennen wir aber Formunterschiede?

Fräulein D.: Auf Grund von Unterschieden in Hellem und Dunklem!

H. J.: Das ist zweifellos das elementarere Phänomen. „Licht und Schatten" ist bereits ein Sonderfall der allgemeinen Unterschiede von Helligkeiten bzw. von hell und dunkel. Helligkeitsunterschiede erleben wir auch dort, wo keine Schatten sind. „Schatten" ist eine besondere Art der Dunkelheit, die dadurch entsteht, daß der Zutritt von Licht verhindert wird. Schatten entsteht, wenn eine lichtundurchlässige Schicht zwischen Lichtquelle und beleuchtete Gegend tritt. Wir erhalten Gestalteindrücke und können Gestalteindrücke vergleichen, wenn verschiedene Helligkeitswerte unsere für Licht empfindlichen Empfangsorgane erreichen.

Für Gestalteindrücke ist die Farbe, d. h. die bunte Farbe, nicht von wesentlicher Bedeutung. Wenn wir jetzt mehr Zeit vor uns hätten, müßten Sie sich das Verständnis solcher Zusammenhänge und solcher Tatsachen wiederum erarbeiten. Aber daß die bunte Farbe keine wesentliche Voraussetzung für unsere Gestalterlebnisse ist, müssen Sie weder lernen noch mir glauben, sondern Sie brauchen sich nur gewisse Ihnen vertraute Erfahrungen im Zusammenhang mit unserer Fragestellung bewußt werden zu lassen. In der Dämmerung z. B. können wir die bunten Farben nicht mehr deutlich oder überhaupt nicht unterscheiden, und trotzdem können wir die Gestalten in ihrer Gestalthaftigkeit deutlich erkennen. Auch im Mondlicht sehen Sie zwar nicht die bunten Farben, aber durchaus die Gestalthaftigkeit der Gestalten. Eine Rhododendronblüte oder eine Rose erscheinen uns unter allen Umständen und zuerst als Rhododendron oder als Rose, ganz gleich, ob sie weiß, gelb, rot oder sonstwie gefärbt sind.

Bei der unbunten Photographie z. B., wo nur der Helligkeitswert, der Schwarz- bzw. der Weißgehalt, der bunten Farben die lichtempfindliche Schicht des Filmes beeinflußt hat, ist die Lesbarkeit von Gestalteindrücken doch eindeutig. Wenn ich anstelle des gewöhnlichen „weißen" Lichtes dieses Zimmer mit blauem, grünem oder rotem Licht beleuchte, sehen wir zwar unserer Färbung nach alle etwas ungewohnt aus, aber an unserer Erkennbarkeit als Gestalten mit allen ihren Zügen und Eigentümlichkeiten wird dadurch nichts geändert.

Wenn die Gestaltcharakteristika nicht unabhängig von der Art ihrer Buntheit wären, so hätten die Menschen niemals das, was wir „zeichnen" nennen, entdecken bzw. herausbilden können, zumindest nicht die Möglichkeit von Bilddarstellungen mit einfarbigen bzw. unbunten Darstellungsmitteln. Sicher ist die Darstellung in den Originalfarben die naivste und unmittelbarste Darstellungsweise, wenn auch nicht die einfachste. Das Darstellen der Gestalten ohne bunte Farbe fordert ein Abstrahieren von der Buntheit der Realität und ein Abschätzen und Umsetzenkönnen der Helligkeitswerte der jeweils sichtbaren bunten Farben. In beiden Fällen bleibt aber noch jener kühne Schritt — wenn auch unbewußt — zu tun, die eigentümlichen Phänomene aus der dreidimensionalen Wirklichkeit herauszuabstrahieren, der es ermöglicht, zweidimensional arbeitend den Eindruck der Dreidimensionalität zu erwecken.

Wenn wir also den Zugang zu einer Verfahrensweise und einer Aufgabe gewinnen wollen, deren Ziel es ist, eigene Gestalteindrücke für andere sichtbar machen zu können, haben wir zuerst zu klären, auf Grund von was solche Gestalteindrücke zustande kommen, und zwar zunächst bei uns, die wir bereits bloß Bilder von Gestalten sehen und nicht die Gestalten selber. Die zweite Frage wäre, wie wir derartige „Bilder" von den Dingen, die das Licht auf unserer Netzhaut erzeugt, auf irgendeiner glatten Fläche so darstellen können, daß diese zweidimensionalen Abstraktionsresultate für den Beschauer ähnliche Gestaltbedeutung bekommen wie jene Bilder, die unsere Augen von der dreidimensionalen Wirklichkeit gesandt erhalten.

Die biologisch gegründete Voraussetzung für all dies ist in der Organisation unseres Auges gegeben, das uns Bilder vermitteln kann, weil es eingerichtet ist, Helligkeitsunterschiede in einer bestimmten Weise zu empfangen und an unser Interpretationsvermögen weiterzuleiten. Wenn es aber die Helligkeitsunterschiede sind, die uns auf optischem Wege Gestalteindrücke vermitteln, so ist, wenn wir für andere Menschen Bildeindrücke erzeugen wollen, das biologisch und physiologisch gegebene Verfahren damit eindeutig und in unserem Sinne als zweckmäßiges Verfahren bestimmt. Wir hätten die Helligkeitsunterschiede, die die Gestalten reflektieren, bewußt zu erleben und zu versuchen, entsprechende Helligkeitsunterschiede z. B. auf dem Papier mit geeigneten Hilfsmitteln zu erzeugen.

Zunächst hätten wir nichts weiter zu versuchen, denn wenn wir die empfundenen Helligkeitswerte möglichst getreu auf das Papier bringen, muß dort ganz von selbst das „Bild" entstehen von dem, was wir vor Augen haben. Hier bedarf es wiederum einer analogen „kopernikanischen" Wendung, wie wir sie beim Problem Schwimmen, bei der Bewegung oder dem Musizieren als notwendig erkennen mußten.

Üblicherweise verleitet man die jungen Menschen, wenn man sie darin unterrichten will, Gestalteindrücke wiederzugeben, etwas machen zu wollen, was es bei den Objekten gar nicht gibt, nämlich Linien, Umrisse, Konturen, — etwas, das nur durch ein problematisches Abstraktionsverfahren und durch Befolgen halbverstandener Vorschriften auf problematische Weise zustande kommen kann. Ihnen allen wird aus der Schulzeit noch erinnerlich sein, daß man veranlaßt wurde, Umrisse zu sehen und Umrisse zu zeichnen, in die Umrisse Schatten hineinzuzeichnen.

Es gibt viele moderne Lehrmethoden des Zeichnens, die aber von der linearen Bedingtheit des Zeichnens — im Gegensatz zum Flächigen des Malens — und damit von einer späten und aufs äußerste abstrahierenden Etappe der Entwicklung der Darstellungsverfahren ausgehen. Diese modernen Zeichenmethoden gehen, soweit sie mir bisher bekannt geworden sind, am Wesentlichen und am allein Zweckmäßigen genauso vorbei wie die alten Lehrmethoden.

Es besteht ein ähnliches Verkennen des Wesens des zu bewältigenden Problems wie etwa beim Schwimmen, wo man Bewegungenmachen lehrt, anstatt zuerst zur Auseinandersetzung mit dem Auftrieb anzuleiten. Wenn wir Gestalteindrücke nach außen projizieren wollen, müssen wir vor allem nicht mehr zeichnen, nicht mehr Bilder machen wollen, sowenig wie wir die Dinge so betrachten dürften, daß wir sie gewissermaßen nach Umrissen, nach linear zu erfassenden Eigentümlichkeiten absuchen. So kommen wir wieder zum Verhaltensproblem beim Sehen: Man muß gelassen werden und sich immer zuverlässiger bewußt so verhalten können, daß einem an den Dingen, den Gestalten, zunehmend die Helligkeitsunterschiede empfindbar und bewußt werden. Durch jene Verführung zum Hin-Sehen, zum Sichanstrengen sind wir systematisch daran gewöhnt worden, Umrisse zu sehen. So ist es uns schließlich gelungen, „Konturen“ zu sehen oder zumindest uns einzureden, daß wir welche sähen, d. h. Linien zu sehen, die es nirgends gibt!

(Es folgen einige Versuche, nicht-glotzend Gestalten im Raume zu sehen und auf Linien oder Hell-Dunkelhaftigkeit hin zu prüfen: zunächst wird das Sichabheben der dunkleren Gestalten als Ganzes von dem hellen Vorhang und der hellen Wand empfindbar.)

Wegen der Aufdringlichkeit des Phänomens „Sichabheben-von-Etwas“ haben die Menschen sich offenbar dazu verführen lassen — allerdings erst in einer verhältnismäßig späten Etappe der kulturellen Entwicklung —, sich besonders für die Stelle zu interessieren, wo die beiden Gestalten — der Hintergrund hat ja für sich auch Gestalt — „zusammenstoßen“, und dabei den Umriß aus der Gesamtrealität zu abstrahieren und aufzuzeichnen. Damit hat man begonnen, Linien zu zeichnen, die es gar nicht gibt!

(Leonardo da Vinci: „Die Abgrenzung eines Dinges von einem andern ist von der Natur einer mathematischen, nicht einer gezeichneten Linie.“

Es folgen Hinweise darauf, daß die Linien, die die großen Zeichner auf ihren „geschriebenen“ Zeichnungen gemacht haben, alles andere sind als Konturen — daß derartige Linien an den Modellen selber nicht zu finden wären —, sondern eher etwas wie Bewegungssymbole oder den stenographischen Extrakt einer Gestaltempfindung bedeuten.)

Zur Nachprüfung der Nichtexistenz der Umrißlinien sollten Sie den Versuch machen, den Umriß einer Gestalt, z. B. auf einer Photographie, auszuschneiden. Besonders eindrucksvoll sind solche Versuche, wenn man die Bilder zuvor auf weißes Papier klebt und die ausgeschnittenen Figuren, die weiße Seite nach oben, andern zeigt und sie raten läßt, was diese ausgeschnittenen Figuren darstellen. Nur wenn die Figur — der Mensch, das Tier, die Plastik oder dergleichen — genau im Profil aufgenommen ist, ist zu erkennen, was für ein Modell es ist. Man erhält dabei aber nur soviel Aufschluß, wie eine Silhouette geben kann. Überall, wo verschiedene Helligkeiten mit erkennbarem Helligkeitsunterschied aufeinandertreffen und nicht in allmählichem Übergang vom Helleren zum Dunkleren oder umgekehrt verlaufen, entsteht die Verführung, eine Linie zu sehen. Das ist kein Zufall; denn beim scharf abgegrenzten Zusammenstoß verschiedener Helligkeiten — und je größer der Kontrast zwischen den beiden Helligkeiten, desto ausgeprägter — entsteht als optische Täuschung im hellen Teil eine ganz schmale dunkle Zone.

(Es werden Photos gezeigt, bei denen dieser Effekt deutlich sichtbar wird.)

Mit Linien gezeichnete — oder besser „geschriebene" — Bilder werden von kleinen Kindern oder von Menschen aus primitiven Kulturen nicht unmittelbar als das wiedererkannt, was sie darstellen sollen. Z. B. ein Neger im Urwald erkennt wohl das mit Strichen gezeichnete Bild eines Elefanten als ein Zeichen, das ihn an „Elefant" erinnern soll, aber er wird es nie spontan als Bild des Elefanten empfinden! Solche Zeichen erkennt er im Sinne von Hieroglyphen einer Bilderschrift mit kultischer Bedeutung oder sie vermitteln ihm Nachrichten. Dem Primitiven und dem kleinen Kind ist noch deutlich empfindbar: „Das soll ein Affe sein, das soll ein Männchen sein" etc., aber mit dem Nachdruck auf „das soll". Niemals aber werden sie es als „Das ist ein Affe und das ist ein kleiner Mensch" empfinden. Auch uns geht es bei den Meisterzeichnungen, die geschriebene Skizzen sind, nicht anders. Aber uns ist das Abstrahieren so selbstverständlich geworden, daß es uns nicht bewußt wird, wenn wir es nur mit „Hinweisen" auf bestimmte Gestalten und nicht mit Abbildern dieser Gestalten zu tun haben! Bei jenen geschriebenen Zeichnungen werden ästhetische Probleme, Fragen bestimmter Traditionen, Probleme, die wir heute als für die Kunst charakteristisch empfinden, akut. Unsere Klärung der wesentlichen Eigentümlichkeiten unseres Gestalterlebnisses und der Phänomene, durch die wir Gestalteindrücke empfinden und durch deren Anwendung wir Gestalteindrücke erwecken können, hat aber nichts mit Kunst zu tun, obwohl, was im Bereiche der Kunst vor sich geht, sich organisch daraus entwickeln kann.

Bei den Bildern der Eiszeit weisen gerade die ältesten Bilder, die uns bekannt sind, keine Linien auf. Erst in einer späteren Etappe, offenbar nachdem das Abstraktionsvermögen schon entfaltet war, finden wir lineare Darstellungen. Das sind aber solche, mit denen versucht wurde, die echte Kontur wiederzugeben, nämlich den Umriß, wie er sich in der vollkommenen Profil- oder vollkommenen En-face-Darstellung darbietet.

(Es werden Bilder gezeigt aus Herbert Kühn: „Die Malerei der Eiszeit".)

Welche Lebendigkeit in dem Bison! Und das gehört zu den Leistungen der ersten bekannten Darstellungsversuche von Gestalten! Dies ist ein kleiner Hinweis darauf, wie die Menschheit im Laufe ihrer Menschwerdung vorgegangen ist. Allerdings haben jene Jäger, die Tiere auf die Wände von Höhlen gemalt haben, nicht versucht, Bilder für die Kunstausstellung zu zeichnen, und nicht versucht, dabei möglichst originell und eigenartig zu erscheinen. Sie waren nicht darauf aus, sich und anderen die Notwendigkeit und Wichtigkeit gerade ihrer Bilder gegenüber so vielen andern Bildern, die schon gemalt worden sind, zu beweisen. Offenbar haben jene Menschen nur versucht, ihre Gestalteindrücke unmittelbar und ohne Reflexionen wiederzugeben. Was heute, in unserer verworrenen und verstörten Situation, wo intellektuelle Reflexion und Geltungsstreben sich vor das unmittelbare Sich-mitteilen-Wollen und -verständigen-Müssen drängen, in weiten Kreisen als „Kunst" gilt, liegt weit ab von dem, was wir uns als Grundlagen und Voraussetzungen unmittelbarer Gestalterlebnisse bewußt zu erarbeiten haben! Dabei wird es aufschlußreich sein zu prüfen, wie die bedeutenden Maler und Zeichner vorgegangen sind.

Wir werden sehen, daß — ganz gleich ob wir Leonardo, Bellini, Menzel, Daumier, Holbein oder andere nehmen — diese Menschen sich im Prinzip an den Helligkeitswerten orientiert haben, sobald ihnen die Gestalt als Gestalt wichtig gewesen ist.

Die „geschriebenen" Skizzen haben eine andere Funktion und Bedeutung und sollen gar nicht Gestaltbilder sein, sondern sind entweder flüchtige Notizen als Studien und Vorstufen oder Versuche, Bewegungseigentümlichkeiten festzuhalten.

(Es werden Skizzen von Rodin und Marées als Stellungs-, Bewegungs- und „Aufbau-" studien gezeigt.)

Das sind Versuche des Malers oder Bildhauers, irgendeinen Eindruck für sich selber zu notieren, für sich selber festzuhalten. Linien solcher Skizzen sind etwas anderes als Konturen, und sie kommen so weder an den Gestalten noch an ihrem „Zusammenstoß" mit der Umwelt vor! Das sind stenographische Notizen des Gestalteindrucks, den der Zeichner hatte. So etwas kann man erst sehr spät, — erst wenn man sich lange mit Gestalten und den Eigentümlichkeiten von Gestalten auseinandergesetzt hat, — wenn man so vertraut mit dem jeweils für sie Charakteristischen geworden ist, daß man es in einer kurzen „Notiz" aufzeichnen kann. Dann wird von der dreidimensionalen Gestalt nicht mehr nur ein Teilphänomen abstrahiert, sondern der Gesamteindruck davon wird gewissermaßen in eine andere Sprache übersetzt.

(H. J. zeigt eine Rötelstudie von Leonardo.)

Wo finden Sie auch nur eine einzige Linie?

(Holbein: Lämmer.)

Die Gestalthaftigkeit und Lebendigkeit entsteht durch Helligkeitsabstufungen und nicht durch Linien.

(Dürer: Reh, Prudhon: Mädchen-Akt, Menzel: Verschiedenes aus dem Skizzenbuch, Selbstportrait.)

Nirgends etwas von Linien, nirgends ‚Konturen'!

(Marées: Skizzen, Notizen aus der Werkstatt, Gruppierungs- und Stellungsvorversuche für später Auszuführendes.)

Das sind Notizen aus Etappen des Sichauseinandersetzens! Das sollen noch nicht Bilder der Gestalten sein!

Mit den Mitteln, derer sich die Meister in verhältnismäßig späten Etappen eines großen Könnens und großer Erfahrung bedienen, läßt man Kinder beim Beginn einer Auseinandersetzung arbeiten. Man verführt sie zum Linien-Machen schon dadurch, daß man ihnen spitze Stifte* in die Hand gibt. Man verführt sie systematisch zum Konturen-Sehen, zu einem mißverstandenen Verfahren, das ursprünglich das Resultat eines durch lange Vorarbeit der Beschäftigung mit der Realität erst möglich gewordenen vereinfachenden und verdichtenden Abstrahierenkönnens ist! Dieses Abstrahieren würde organisch erst dann akut werden können, wenn man bereits „modellieren" kann, wenn man sich — wenn evtl. auch nur unbewußt — schon mit den wesentlichen Elementen der „Sprache des Lichtes" auseinandergesetzt hat.

Sie haben selber erfahren, daß sich einem, je mehr es gelingt, sich beim Schauen gelassen zu verhalten, um so mehr die Helligkeiten und deren Relationen aufdrängen. Je mehr man glotzt, desto mehr sieht man bloß den „Zusammenstoß" kontrastierender Helligkeiten — die Umrisse —, oder man kommt überhaupt nicht in Kontakt mit den optisch wahrnehmbaren Erscheinungen. Das ist die Situation der meisten, die für „Zeichnen" unbegabt zu sein scheinen! Wer nun versucht, sich so zu verhalten, daß es ihm gelingt, bewußt auf Helligkeiten und Helligkeitsunterschiede, auf Ausdehnungen und Übergänge von Helligkeiten zu reagieren, und danach nichts weiter versucht, als die Helligkeiten „niederzuschreiben", die ihm an der Realität deutlich empfindbar geworden sind, — wer also versucht, nur zu registrieren und gewissermaßen über seine Helligkeitseindrücke auf dem Papier zu „referieren" — nicht aber ein Bild machen

* Das wurde 1945 gesagt!

will —, bei dem wird Ähnliches entstehen wie das, was ich Ihnen im Lichtbild gezeigt habe.

Damit bekommen Sie — wenigstens als Prinzip — den Schlüssel dafür, wieso das, was Sie damals erstaunte, nicht nur zustande kommen konnte, sondern sogar zustande kommen mußte. Jene Leistungen von vorher scheinbar Unbegabten sind nichts als unvermeidbare Konsequenzen einer zweckmäßigen Fragestellung. Das will, kann und soll noch nichts mit Zeichnen in irgendeinem Sinne von Kunst zu tun haben. Die großen Gestalter, die sich in jenen geglückten Zeichnungen der Linie in einem anderen Sinne als dem von Kontur bedienen, die vereinfachend, verdichtend, weglassend Hinweise auf das ihnen als wesentlich Erscheinende geben, versuchen nur, den Extrakt von etwas niederzuschreiben, mit dem sie sich zuvor lange auf andere Weise auseinandergesetzt hatten.

(H. J. zeigt von Leonardo eine Studie der Hände für die „Gioconda" und eine Studie für den Engel der „Felsenmadonna", wo das dem Maler Wichtige vollkommen und ausschließlich mit Hell-Dunkel-Mitteln dargestellt ist, die Andeutungen der weiteren Umgebungen aber nur mit charakteristischen „geschriebenen" Schnörkeln, die bloß im Zusammenhang mit dem aus-geführten, aus-gezeichneten Hell-Dunkel-Teil eindeutig verständlich werden. Es werden noch eine Reihe von Beispielen dafür gezeigt, wie jenes „Etcetera" der Schnörkel isoliert völlig unverständlich, unentzifferbar bleibt, sobald man das Wesentliche, das in Hell-Dunkel Ausgeführte, abdeckt. Das Abdecken kann zu einem Hilfsmittel für die Klärung dieser Probleme werden, denn dadurch kann deutlich werden, daß „geschriebene" Zeichnungen nur als größerer Zusammenhang Eindeutigkeit bekommen, daß Teile keine verstehbaren Gestalteindrücke, Gestalterinnerungen erwecken können. —)

„Unbegabte" kann es beim Zeichnen nur geben, weil wir auf Grund einer mißverstandenen Tradition die junge Generation durch eine unzweckmäßige Fragestellung, durch Aufgaben aus einer späten Etappe der Zivilisation zu unzweckmäßigem Verhalten, zu unzweckmäßigem praktischen Vorgehen verführen, anstatt sie für zweckmäßiges Verhalten zu interessieren und sie zur Auseinandersetzung mit den dabei entstehenden Eindrücken und zur bloßen Niederschrift dessen, was ihnen dabei erlebbar geworden ist, hinzuleiten. Die Sprache des Lichtes, die Hell-Dunkelhaftigkeit der Welt der sichtbaren Gestalten, erlebt jeder Mensch, wenn er nicht blind ist!

(H. J. zeigt noch ein Blatt von Daumier: Bildnis eines Mädchens, dessen Gesicht völlig ohne Striche und Linien dargestellt ist, während bereits der Rumpf und Arme und Hände mit dem für Daumier typischen Illustrationsstil „gezeichnet" worden sind.)

Illustrationen wollen Geschichten erzählen, nicht aber eindeutige individuelle Gestalten darstellen! Je wichtiger dem Darstellenden die Gestalt selber, ihre Realität, ihre Leiblichkeit und ihr Ausdruck, desto mehr ist er gezwungen, den Weg zu gehen, auf dem die Natur uns Gestalt erlebbar werden läßt. Auf diese Weise erklärt sich z. B. das Zustandekommen jener Blätter eines 40jährigen Menschen, der als Ausgangszeichnung die Kleeblätter und Tulpen noch so infantil zeichnete und nach kaum einem Dutzend Versuchen schon jenen lebendigen ‚Hund' zustande brachte, den viele spontan als Leistung eines „Begabten" werteten (E. G.).

Lassen Sie sich noch einmal daran erinnern, daß in meiner Arbeit all das weder etwas mit Kunst zu tun hat noch mit Zeichnen. Wer aber anfängt, sich auch gegenüber den sichtbaren Gestalten so zu verhalten, wie er es bei allen Fragen des Verhaltens gegenüber der Umwelt wie gegenüber sich selber als zweckmäßig erkennen mußte, der wird, wenn ihn aus irgendwelchen Gründen Darstellungsaufgaben zu interessieren beginnen, auf der Basis der Hell-Dunkel-Auseinandersetzung mit Notwendigkeit allmählich so klare Beziehungen zu Gestalten bekommen, daß er auf Grund dieser Beziehungen auch noch selber einen Weg zu jenem verdichtenden, schreibenden Skizzieren finden könnte, das uns bei einigen großen Zeichnern so lebendig entgegentritt.

Unter den genannten Voraussetzungen kann es keinen Menschen geben, der nicht auch das Problem der zeichnenden Darstellung von Gestalten auf positive Weise zu bewältigen vermöchte. Dabei würde sich auch eine persönliche Entfaltung vollziehen, wie sie stets bei zweckmäßigem Sichgebrauchen eintritt. Wer sich mit der Hell-Dunkelhaftigkeit der Erscheinungen als erste Etappe, als zuerst zu erfüllende Voraussetzung für jeden weiteren Schritt, so eindeutig auseinandergesetzt hat, wie wir uns z. B. beim Schwimmen zuerst mit dem Getragenwerden auf Grund des Auftriebs auseinanderzusetzen haben, für den bleibt es geradezu unvermeidbar, daß ihm seine Darstellungsversuche von Geschautem als Konsequenz seiner zunehmenden Beziehung zur Sprache des Lichtes auf einem überdurchschnittlichen Niveau gelingen müssen.

Sie werden verstehen, daß mir — in Anbetracht meiner Einstellung zum Beibringen und zum Erarbeiten — nicht wohl dabei ist, daß ich Ihnen aus Zeitmangel so viel Wichtiges über Bewegung und über zeich-

Liegendes Lamm – Hans Holbein der Jüngere
19,5 x 24 cm

Honoré Daumier
29 x 22 cm

nerische Gestaltung habe nur mitteilen können. Mögen die beiden Beispiele, auch infolge der darin enthaltenen Analogien, dazu beitragen, Ihnen rückwirkend noch manches von dem aufzuhellen und zu bestätigen, das ich Ihnen nahezubringen versucht habe!

Immerhin hoffe ich, daß Ihnen vieles deutlich genug geworden ist, um schon jetzt in Ihrem Alltag, und nicht bloß neben Ihrem Alltag, vielerlei Konkretes praktisch ausprobieren zu können! Möge es Ihnen gelingen, unsere alte Verabredung, möglichst überall über unzweckmäßigen Aufwand zu stolpern, wirklich zu akzeptieren! Wenn Sie beim Schauen, Hören, Tasten, beim Sichbewegen, Sichäußern, Sicherinnern, beim Denken und Nachdenken usw. längere Zeit hindurch dafür offen bleiben, dann wird vieles, von dem wir bisher bloß reden konnten, von Ihnen so deutlich erlebt werden, daß Sie weitere konkrete Ansatzpunkte für selbständige Arbeit an der eigenen Entfaltung und Nachentfaltung entdecken werden. Daß Sie die Kolumbus-Eier, auf die ich Sie hier aufmerksam gemacht habe, nicht selber hätten finden können, ist klar. Das setzte voraus, daß Sie dem realen Leben gegenüber bereits weitgehend so funktionierten, wie Sie es sich noch erarbeiten müssen. All das sind Dinge, die immer da sind und immer da waren.

Und nun habe ich zum Schluß noch eine Bitte. Sie wissen, daß ich von Ihnen ein Resümee erwarte. Es wird für Sie nützlich sein, sich Rechenschaft darüber zu geben, was Ihnen in diesen Monaten hier begegnet ist und was davon Sie auch persönlich etwas angegangen ist. Ich würde gerne von Ihnen erfahren, was Sie nachdenklich gemacht hat, — ob sich Anschauungen über bestimmte Dinge geändert haben und in welchem Sinne. Was ist Ihnen unklar geblieben? — Womit sind Sie nicht fertig geworden? Wichtig wären mir vor allem Angaben darüber, was für Sie zu besonderen Zumutungen geworden ist; was noch nicht bewältigt wurde. Ich würde gern von Ihnen erfahren, was Sie bei sich selber oder bei anderen heute anders sehen als vor Beginn unserer Zusammenarbeit und was Sie bei bestimmten Fragen und Problemen heute anders sehen; was Sie heute anders zu tun versuchen und was Sie bereits anders tun können. Haben sich Zielsetzungen oder Wünsche inzwischen verändert? Inwiefern sind sie zu anderen Zielen oder Wünschen geworden? Hat sich Ihr Bild von sich selber oder von Aufgaben, die Sie vor sich sehen, geändert?

Was ich von Ihnen erwarte, sind Anhaltspunkte und Hinweise dafür, wie sich der Zusammenstoß mit den Problemen unserer Arbeit in Ihnen abgespielt und gespiegelt hat; was Ihrer Meinung nach sich dabei für Sie ergeben hat bzw. was Ihnen davon bewußt geworden ist. Mir wäre wichtig zu erfahren, inwieweit Sie von Problemstellungen, Vorgängen und Verabredungen, die Ihnen hier begegnet sind, erreicht wurden; was Sie nachdenklich gemacht hat; was Sie beunruhigt, was Sie befremdet hat; womit Sie sich identifizieren konnten etc.

Ganz unabhängig davon, ob Sie irgendwann noch einmal mitarbeiten werden, läge mir daran, einen Eindruck von der Art der Resonanz zu bekommen, die unsere Probleme bei Ihnen gefunden haben.

Heinrich Jacoby 1958

Heinrich Jacoby am 31. 10. 1947:

Wenn ich versuche, Ihnen ein zutreffenderes Bild von den Entfaltungsmöglichkeiten des einzelnen und des Menschen überhaupt zu vermitteln, so geschieht das nicht, damit der einzelne nur im Sinne der Entwicklung seiner Persönlichkeit mehr entfaltet wird, sondern damit er durch die Erkenntnis und das Realisieren eigener Möglichkeiten – durch seine Nachentfaltung – zu einem Menschen wird, der an der Entwicklung der Menschheit und damit einer positiven friedlichen Gestaltung ihrer gesellschaftlichen Verhältnisse interessiert ist.
Er sollte durch das, was er durch bewußte Arbeit an sich selbst als Nachentfaltung erleben kann, zunehmend tauglicher werden zur Mitarbeit an einer allgemeinen menschlichen Entfaltung und Nachentfaltung. Nicht nur ein menschlicherer Einzelmensch werden, sondern ein menschlicherer Mitmensch.
Ich erinnere an eine Bemerkung Kants: „ E i n Prinzip der Erziehungskunst ist: die Kinder sollen nicht zu dem gegenwärtigen, sondern zu dem zukünftig möglichen, besseren Zustande erzogen werden!“
Wir wären schon ein gut Stück weiter, wenn es uns gelänge, unsere Kinder und uns selbst auch nur zu dem bereits gegenwärtig möglichen besseren Zustande zu erziehen!

Nachwort

Leider ist es aus ökonomischen Gründen nicht möglich gewesen, diesem Buch Kassetten oder Tonbänder mit den Musizierbeispielen oder Beispielen sprachlicher Äußerungen beizufügen, die analog zu den Hell-Dunkel-Versuchen Qualitätsveränderungen durch zweckmäßiges Verhalten und zweckmäßige Fragestellung drastisch offenbaren.

Diese müssen, ebenso wie der umfangreiche Nachlaß in Form von Tonbandaufzeichnungen der Kurse bis 1964 (u. a. Spezialkurse: Erziehung, Musik, Sprechen), Kursprotokollen, vielen weiteren Hell-Dunkel-Versuchen und einer einzigartigen Sammlung von Dokumenten verschiedenster Art, einer späteren Auswertung vorbehalten bleiben.

S. L.

Elsa Gindler

geboren am 19. 6. 1885 in Berlin — gestorben am 8. 1. 1961 in Berlin.
1912 Ausbildungsabschluß im ‚Seminar Kallmeyer für Harmonische Gymnastik' und 1913 Leitung des Seminars während Frau Kallmeyers Abwesenheit von Berlin.
Allmähliche schöpferische Entwicklung einer eigenen Arbeitsweise und seit 1917 ein eigenes „Seminar für Harmonische Körperausbildung", in welchem bis Mitte der zwanziger Jahre ca. 70 Gymnastiklehrerinnen ausgebildet wurden. Zusammenarbeit mit Gertrud Markus (G. v. Hollander).
1926 Mitbegründerin des 1933 aufgelösten Deutschen Gymnastikbundes, in dem Elsa Gindler als zweite Vorsitzende neben dem ersten Vorsitzenden, dem Schulreformer Franz Hilker, wesentlichen Einfluß auf die Entwicklung der modernen Gymnastik gehabt hat.
Ab 1926 Zusammenarbeit mit Heinrich Jacoby in Berliner Arbeitsgemeinschaften und Ferienkursen in Deutschland.
Ab 1933 Hilfe und Unterstützung für rassisch und politisch Verfolgte und erfolgreiche Weiterführung ihrer Kurse, zurückgezogen von der Öffentlichkeit. Ferienkurse mit Heinrich Jacoby bis 1939 in Italien und in der Schweiz.
1945 Verlust fast des gesamten dokumentarischen Materials, von Filmen, Fotos, Manuskripten u. ä. durch Kriegseinwirkung.
Ständiges Forschen und Weiterentwickeln ihrer Arbeitsweise in großen Kursen in Berlin bis zum Sommer 1960.
Im Januar 1962 Pflanzung eines Elsa-Gindler-Waldes in Israel.

Heinrich Jacoby

geboren am 3. 4. 1889 in Frankfurt am Main, bis 1940 deutscher Staatsangehöriger, ab 1935 in Zürich. 1955 Schweizer Bürger, gestorben 1964 in Zürich.
1907 Beginn des Musikstudiums in Straßburg i. E.
Von 1908—1913 Schüler in der Kompositions- und Dirigentenklasse von Hans Pfitzner. (Hörte Philosophie und Psychologie an der Universität.)
Von 1909—1913 unter der Direktion von H. Pfitzner Kapellmeister und Regievolontär am Straßburger Stadttheater.
Ab 1913 (wegen Ablehnung der traditionellen Musikerziehung) Lehrer für Harmonie- und Formenlehre an der Lehrerbildungsanstalt Jacques Dalcroze in Dresden-Hellerau und Mitarbeit an der Einstudierung der Festspiele.
Ab 1915 Leiter der Lehrerbildung für Musik an der „Neuen Schule für angewandten Rhythmus" in Dresden-Hellerau.
1917—1919 Seminarleitung in München: Untersuchungen über Zweckmäßigkeit und Grenzen der Sinnesschulung und über Ursachen der Entstehung von „Unbegabtheit" auf dem Gebiet der Musik.
1919—1922 Leitung der Musikerziehung in der Odenwaldschule. Untersuchung über Störungen der Ausdrucksfähigkeit durch die Kleinkindererziehung.
1922—1924 Mitarbeit am Auf- und Ausbau einer höheren Versuchsschule in Dresden-Hellerau.
1924—1933 Arbeit als Privatgelehrter in Dresden und Berlin, ab 1928 ausschließlich in Berlin. Arbeitsgemeinschaften zur Einführung in die praktischen pädagogischen Ergebnisse seiner Untersuchungen für Lehrer, Ärzte, Heilpädagogen, Psychotherapeuten und ausübende Künstler u. ä. Übertragung der Erfahrung auf dem Gebiet des musikalischen Ausdrucks auf Probleme des Sprechens, der Stimme, der Sprache, der Bewegung, der bildnerischen Gestaltung. Untersuchung der Bedeutung von Zustand und Verhalten für die Qualität von Wahrnehmungs-, Ausdrucks- und Gestaltungsvorgängen unter ganzheitlichen Voraussetzungen.
Ab 1935 Arbeit unter erschwerten Bedingungen in Zürich. Arbeitsgemeinschaften, Einführungskurse, Ferienkurse im Rahmen der „Schweizerischen Vereinigung zur Förderung der Begabungsforschung". Gestorben am 25. 11. 1964 in Zürich.

Vorträge und Publikationen

Grundlagen einer schöpferischen Musikerziehung

Jena, Diederichs-Verlag. Erschienen im März 1922 in „Die Tat" — Monatsschrift für die Zukunft deutscher Kultur und im „Buch der Erziehung", Braunscher Verlag, Karlsruhe. Als Rede gehalten anläßlich der Kunsttagung des Bundes entschiedener Schulreformer in Berlin am 5. 5. 1921

Jenseits von „Musikalisch" und „Unmusikalisch"
Voraussetzungen und Grundlagen einer lebendigen Musikkultur

Mitgeteilt auf dem II. Kongreß für Aesthetik und allgemeine Kunstwissenschaft, Berlin im Okt. 1924. I. d. Zeitschrift für Aesthetik und allgemeine Kunstwissenschaft, Jahrgang 1925, Heft 1—4

‚Die Befreiung der schöpferischen Kräfte dargestellt am Beispiel der Musik'

Vortrag auf der III. Internationalen Pädagogischen Konferenz in Heidelberg am 5. 8. 1925. Referenten: Martin Buber, Heinrich Jacoby und Marcault
Zusammenfassender Bericht über Vortrag und eine Reihe anschließender Demonstrationen an den nachfolgenden Konferenztagen in „Das Werdende Zeitalter", 4. Jahrgang, Heft 4

Muß es Unmusikalische geben?

Erschienen in der „Zeitschrift für Psychoanalytische Pädagogik" in Heft 2 und 4, Nov. 1926 und Januar 1927, Hippokrates-Verlag, Stuttgart—Berlin—Zürich

Two types of attitude during perception and expression and their influence upon the quality of our achievement

(Von zweierlei Arten des Verhaltens beim Erfahren und Sichäußern und deren Einfluß auf das Niveau der Entfaltung des Menschen und auf die Qualität seiner Leistungen)

New Education Fellowship, 8. 3. 1939, London

Von Elisabeth Rotten übersetzte und vorgetragene Einleitung zu einem Vortrag — mit Demonstration und Diskussion — von Heinrich Jacoby

Erziehung der Erzieher — Wie die Kinder wachsen und werden

Arbeitsgemeinschaft — Heinrich Jacoby — im Rahmen des ‚Internationalen Pädagogischen Treffens vom 14.—19. August 1950 in Jugenheim a. d. Bergstr., veranstaltet vom Weltbund für Erneuerung der Erziehung — New Education Fellowship

*

Willy Tappolet über Heinrich Jacoby

in: Die Musik in Geschichte und Gegenwart
Allgemeine Enzyklopädie der Musik, herausgegeben von Friedrich Blume, Bärenreiter -Verlag, Kassel und Basel, S. 1632